한반도의 격동 1세기 반

권력, *이데올로기*, 민족, 국제관계의 교착

(上)

獻辭: 남편의 연구생활에 희생을 아끼지 않았던 아내의 영전에
이 책을 바친다.

翰林科學院叢書 123

한반도의 격동 1세기 반

권력, 이데올로기, 민족, 국제관계의 교착

(上)

梁 好 民 지음

One and a half Centuries Conflict in the Korean Peninsula:

Interaction of Power, Ideology, Nation and International Relations

Ho-min Yang

한림대학교출판부

| 저자의 말 |

우리는 지금 북한의 도발 가능성이 나날이 높아져가는 핵전쟁의 위협 속에 살고 있다. 핵전쟁하면 우리와는 무관한 다른 나라 일로만 알고 있던 터에 민족의 일대위기의 그림자가 엄엄한 현실로써 한반도에 드리우게 되었다. 1945년 8월 이 나라가 일본 제국주의로부터 해방되었을 때, 그 해방의 결과가 이런 것이 되리라고 예측했던 사람은 아마 아무도 없었을 것이다. 실로 몽상조차 하지 못했던 비극이다. 위기의 평화적 해결은 국제적으로, 국내적으로 예의 모색하고 있지만 낙관적 예측보다도 비관적 우려가 앞선다.

사태가 여기에까지 이르게 된 원인은 남-북의 분단, 6 · 25남침전쟁, 북한의 '남조선해방' 전략과 전술의 일관된 고수, 북한체제의 가장 가혹한 군사적 전체주의화(化), 국제적으로 핵(核)국가의 지위를 차지하려는 김일성-김정일의 야심 등을 들 수 있다. 이러한 북한정치의 과정을 체계적으로 분석하기 위하여 저자는 8 · 15해방 이후 60여년에 이르는 북한 공산주의의 행태를 논구(論究)하는 계획에 착수하기로 했다. 그러나 북한 공산주의의 특성을 보다 정확하게, 심층적으로 파악하기 위하여서는 그것의 뿌리가 되어 있는 국제공산주의(코민테른) 특히 스탈린주의를 자세히 살필 필요가 있음을 느꼈다. 그리고 3 · 1운동 전후하여 한인공산주의자들의 주요한 활동무대가 되었던 시베리아, 만주(뒤에는 연안)의 사정을 고려해야 한다는 생각에 도달했다. 그리하여 집필의 계획을 확대하여 이 부분의 연구를 간단하게나마 중점적으로 포함시켰다. 이와 함께 한국 민족운동에서 두 개의 기둥을 형성하고 있던 민족주의와 공산주의의 관계, 그리고 민주주의(특히 해방 후 북한이 주장하는 것)의 이론과 실천문제에 관해서도 적지 않게 논급했다.

이렇게 계획을 수정하다보니, 연구의 공간은 북한만이 아니라 한반도 전체까지 논급하게 되었고 이론적 고찰의 테마는 정치에서의 전략, 권력, 이데올로기, 민족의 제(諸)문제 및 국제 관계까지를 포괄하게 되었다. 그리하여 저서의 분량이 예상외로 많이 늘어나 하는 수 없이 초고 중에서 많은 부분을 삭제하고 중점적으로 간추려 서술했다. 이에 덧붙여 일언하고자 하는 것은 해방 후의 한국의 민족문제에서, 큰 비중을 차지하고 있는 '6 · 25사변' 즉 '한국전쟁'이다. '한국전쟁'은 휴전 후 근 60여년의 세월이 흘러갔지만, 이에 대한 연구는 국내외에서 계속 이어져 논저들이 출판되고 있다. 그것은 "한국전쟁"이 국제정치에서 중대한 사건이었다는 것을 입증하는 것이다. 그런데 본서에서는 이 문제의 서술은 생략했다. 그 까닭은 이미 저자는 방일영 문화재단의 후원을 받아 2004년 『38선에서 휴전선으로』(총 503페이지)라는 제하의 한국전쟁 연구서의 일단을 내놓은바 있어, 중복되지 않을까 염려되었기 때문이다.

끝으로 밝혀둘 것은 장기 계획 하에 약 5~6년에 걸쳐 이 책을 완결해보려는 것이 필자 본래의 계획이었다. 그 사이에 부분적으로 끝낸 집필부분은 비매품이며 한정판인 북한 전문연구지인 『北韓學報』에 그때그때 축소하여 실렸었다. 물론 거기에 실린 논문들은 그간 집필 중인 저서의 한 부분을 압축한 것임을 밝혔고 본 저서는 그 후 초고는 많이 수정하고 보완했다. 그런데 저자는 이전부터 앓고 있던 만성적 척추협착증이 악화되어 일을 하기가 아주 어렵도록 심대한 타격을 받아왔다. 이 밖에도 여러 질환으로 인해 가끔 입원생활도 해야 했다. 근년 초 언제부터인가 똑똑치 않지만 왼쪽 눈의 시력이 갑자기 떨어져 책이나 잡지를 보기가 아주 힘들어졌고, 게다가 나이가 들어감에 따라 건망증이 겹쳐 본인이 쓴 원고도 어디에 무슨 내용이 들어있는지를 기억하지 못하는 때가 비일비재하였다. 원고는 1996년경부터 집필에 착수하여 몇 년 동안에 걸쳐 간신히 약 절반을 끝냈었다. 그 후 건강상의 악조건과의 악전고투 끝에 마감 날짜를 10년 가까이 지연시켜 이제 겨우 연구계획을 끝내고 보니 심신의 해방감을 만끽하게 된다.

본서는 한림대학교 한림과학원의 연구비 지급의 결실로써 이루어진 점을 밝히면서, 그 동안 본인을 성의껏 후원해주신 한림과학원에 마음으로부터의 감사를 드려

마지않는다. 현승종 전 원장 때부터 현 김용구 원장에 이르기까지 관계 교수, 직원 여러분들의 이해와 도움이 없었더라면 본서는 햇빛을 보지 못했을 가능성이 크다. 더구나 김용구 원장은 너무나 오랫동안 본서의 탈고 지연을 양해해주시었고 비호해 주셨다. 이 자리를 빌려 진정으로 고마움을 표시하는 바이다.

끝으로 본 저서가 한반도의 정치사 특히 격동하는 한반도의 근대-현대의 동태를 연구하려는 후학들에게 조금이라도 보탬이 된다면 더 바랄 것이 없겠다.

2010년 2월

梁 好 民

| 차 례 | (上)

제3편 만주(滿洲) : 혁명운동의 책원지(策源地)(上)

제4편 만주(滿洲) : 혁명운동의 책원지(策源地)(下)

제5편 해방된 북한(北韓) *소비에트화*(化)로 폭주(暴走)

제6편 민주주의냐 독재(獨裁)냐의 노선투쟁

| 차 례 | (下)

제10편 중-소의 대립(對立)과 북한의 곡예(曲藝)

제11편 북한에서의 개인숭배(個人崇拜)

제12편 '자주적' 대외정책의 노선(上)

제13편 '자주적' 대외정책의 노선(下)

제14편 핵(核)무기의 어두운 그림자
—다가오는 파멸의 위기의식 속에서

제16편 자유와 평화에 대한 근본적 장애 : 북의 '미제국주의론'–그 구조와 목표

• 일러두기

1. 본서의 내용은 모두 16편으로, 한 편을 여러 장으로 나누었다. 독자의 편의를 고려 책의 내용을 '장', '절' 등으로 세분했으며, 이에 해당하는 부분은 본문보다 큰 활자로 표시했다.

2. 참고문헌 중 단행본은『 』안에 신문, 잡지, 팸플릿, 방송사 등의 이름은 ≪ ≫ 안에 넣었다. 그리고 논문 또는 논설, 연설문, 성명서, 결정서, 조약명, 비망록, 결의문, 격문, 담화, 선언서, 법령, 포고문 등은「 」안에 삽입했다.

3. 기관(단체)명, 신생국가명, 정당, 사회단체, 군사조직, 회담, 동맹체 등의 고유명사는 고딕체로 표시하였다.

4. 필자가 어떤 사건, 상황, 인물 등의 내용을 알기 쉽게 간단히 보충한 부분은 [ ] 안에 삽입하였다.

5. 외국의 출판물, 인명, 고유명사(칭) 등과 외국에서 유입된 말이 순 한글로 표기된 것은 눈에 띄기 쉽도록 이탤릭체로 처리하였다. 외국인 인명 표기는 그 나라 원음을 가급적 따르려 하였으나, 영어 발음으로 보편화된 것은 그것을 따랐다. 예 : 스탈린, 소비에트, 트루먼 등

6. 중국, 일본의 한자로 된 지명, 인명 등의 고유명사는, 중국어의 경우는 종래대로 한국어 원음으로 표기하였다. 아직 중국어 원음은 우리에게 생소하기 때문이다. 일본의 인명, 지명 등은 일본 발음에 따라 표기하였다. 쉽게 읽을 수 있도록 하기 위해서다.

7. 인용문은 " "로 표시하되, 인용문 속에 들어 있는 인용문(또는 낱말)은 ' '안에 넣었다.

8. 자칭, 타칭 또는 세칭 등 사실 여부가 확실치 않은 사항은 " "로 표시하였다.

제1편

*시베리아*에서 부는 *볼셰비즘*의 열풍(烈風)(上)

제1장

10월혁명(革命)과 조선인(한인)들의 초기 공산주의운동

제1절 *시베리아* 이주 조선인들

1917년 10월(*러시아*曆)※ *러시아*에서 일어난 *볼셰비끼* 10월혁명은 일본제국주의의 민족적 억압정책과 경제적 착취라는 이중적 고통으로 신음하고 있던 한반도에도 민족운동과 사회운동에 적지 않은 영향을 미치게 되었다. 김일성(金日成)은 소련의 해석 그대로 "10월혁명 승리의 결과로 *맑스-레닌*주의의 선진적 혁명 사상이 조선에 침투되어 급속히 전파되기 시작하였으며 점차적으로 조선민족 해방운동의 전략 전술의 기초가 되었다."[1]고 쓰고 있다. 여기서 그의 "민족해방운동"이란 민족주의자들의 독립운동이 아니라 공산주의자들의 반일(反日) 혁명운동을 의미하는 것이었다.

10월혁명에서 승리한 *레닌*은 제국주의 지배하에 신음하고 있던 모든 피억압민족의 민족자결권(民族自決權)-식민지(植民地)해방정책을 지체 없이 선언하여 식민지-반(半)식민지였던 *아시아*의 민족주의적 독립운동에 상당한 기대와 희망을 안겨주었다. 신생(新生) *소비에트*정권에 대한 호감이 확산되고 있던 상황에서 조선인들의 민족 독립운동 안에는 다른 식민지 지역에서와 마찬가지로 공산주의자와 민족주의지기 뒤섞여 사상적 차이가 분명치 못한 때가 많았다. 이러한 현상은 8·15해방 직후의 과도기를 통하여 우리나라의 통일운동과 건국사업에서 착잡한 혼선을 일으켰다. 그리하여 구(舊)공산주의자가 민족주의 진영으로, 구(舊)민족주의자가 공산주의

※ *러시아*는 1918년 2월 1일까지는 날짜 계산에서 *그레고리*曆보다 13일이 늦은 구 *러시아*曆을 사용해왔다. 1918년 2월 신력(新曆)인 *그레고리*曆으로 이행하여 유럽과 일치시켰다. 그 후 *러시아*에서는 그레고리曆의 기준에 따라 사건들의 일자를 기입하기로 했다.

1) 『김일성선집』 제4권, 1954년도 판, p. 4.

진영으로 넘어오고 넘어가는가 하면 그 중간에서 우왕좌왕하는 난맥상을 노정시켰던 것이다.

한(韓)반도에서의 공산주의 운동은 다음의 몇 시기를 거쳐 전개되었다. 첫째는 민족 독립운동의 전략으로 민족주의자들이 *러시아*의 신생 *볼세비끼*정권과 제휴하여 *러시아*영(領) *시베리아*2) 및 중국의 만주(滿洲)지방에서 공산주의운동을 펼친 시기요, 둘째는 일본 *도-쿄*(東京)와 서울에서 *맑스*주의사상 단체들을 조직하고 *써클활동*을 했던 시기요, 셋째는 *프롤레타리아트*의 전위로서 '조선공산당(朝鮮共産黨)'을 결성, 지하 운동을 했던 시기다. 넷째는 소련군에 의해 일제(日帝)로부터 해방된 북조선에 김일성을 우두머리로 공산당 정권을 수립하고 *스탈린*식의 체제건설을 강행한

---

2) 20세기 초에서 20년대 중반까지 조선 혁명가들의 활동 투쟁무대였던 광활한 *시베리아* 지역은 관례상 또는 행정구분상 몇 개의 지역으로 나뉘어 있었다. 10월 혁명 이전부터 *시베리아*라는 지역명은 서에서는 *우랄*산맥(山脈)(*러시아*를 *유럽*과 아시아로 갈라놓는 분계선)에서부터 동에서는 태평양 연안까지를 포함하는, 그리고 北에서는 북극해 해안으로부터 南에서는 *까자흐스탄*, 몽고 및 중국과의 국경지대에 이르는 北아시아 모든 지역을 가리켰다. 그 면적은 2,213Km², 조선반도의 100배나 된다. 그런데 제정 *러시아* 말기와 소련시대에 행정구분이 개폐되었으므로 그런 구분은 약간의 혼동을 일으킬 만 했다. 이를테면 東*시베리아*의 중심부분을 차지하고 있던 *야쿠트*(Yakurt) 자치공화국(1922년 창설)은 1892년 사하(Sakha)공화국으로 편성되고 행정구분에서도 '극동'으로 분류되었다. *시베리아*는 관례상 西*시베리아*, 東*시베리아*, 극동 지역의 세 지역으로 구분해 왔다.

ⓐ 西*시베리아*: 西에서는 *우랄*산맥, 東에서는 *예니세이*江 유역 사이에 위치한 *시베리아*의 서쪽 부분을 가리킨다. 그 한 복판을 *오비*(Obi')江 과 그 지류인 *이르티슈*(Irtysh)江이 남에서 북으로 관통한다. *쮸메니*, *옴스크*, *똠스크*, *노보시비르*, *께메로보*(Kemerov) 각 주와 *알타이* 자치주(현재는 공화국)를 포함하며 이 지역의 중요 도시들은 10월 혁명 직후의 내전 때 여러 번 주인이 바뀌었던 정치-군사적 요충이었지만 조선인 혁명가들의 주요한 활동무대는 아니었다.

ⓑ 東*시베리아*: *예니세이*江 以東은 *타이가*(taiga)로 불리는 침엽수림의 고원지대가 대부분을 차지하는데 이 지대는 계속 남쪽으로 펼쳐져서 *시베리아* 동부의 거의 전부를 껴안고 있다. 이 고원지대는 南에서는 세계 최심의 *바이칼*(Baikal)湖畔에서 끝난다. *바이칼*호는 *레나*江의 水源이 되고 있는데 이 호수는 *시베리아* 남쪽의 *부랴트*(Buryat) 자치공화국(현재는 공화국)과 *이르끄츠까*에 걸쳐있다. 東*시베리아*는 *이르끄츠끄*州, *치따*州, *끄라스노야르스끄*지방, 오늘의 *뚜바* 및 *부랴뜨* 공화국을 포함한다. 그중 *이르꾸츠끄*市와 *치따*市는 조선인 혁명가들의 극히 주요한 거점이었다.

ⓒ 極東: "극동"이란 통념상 중국, 한반도 일본 등 東*아시아*에 위치한 국가들의 영토를 의미한다. 그러나 *러시아*에서의 "극동"이란 그 의미가 다르다. *바이칼호*와 *레나*江의 동쪽은 침엽수(주로 낙엽송)가 덮인 산악들과 고원지대가 태평양 연안까지 뻗어 나간다. 이것이 '극동'이다. 즉 *시베리아* 최 동편 지역, 다시 말하면 *바이칼호* 以東의 지역(*자바이칼리에*), *레나*江 동편에서 태평양 연안에 이르기까지의 여러 주를 지칭하는 이름이다. *아무르*, *마가단*, *깜차까*, *사할린*의 각 주, *하바로프스끄* 지방 및 沿海지방 *야꾸치아*(그 후 *야꾸뜨* 공화국)를 말한다. 극동지역은 조선 혁명가들이 민족적 혁명가들이 민족적 독립을 달성하기 위하여 싸운 극히 중요한 지역이었다.

시기이다. 다섯째로는 *스탈린* 사망 후에 격화된 중-소의 대립 속에서 김일성이 "주체"를 외치면서 전체주의 1인 독재를 더욱 공고히 해온 시기이다. 끝으로는 김일성(金日成) 사망 후 아버지의 독재 권력을 고스란히 승계한 장자 김정일(金正日)이 김일성 정권의 본질을 원형 그대로 고수하면서 "선군정치(先軍政治)"의 구호 아래 전 인민을 이끌고 나가고 있는 현 시기이다.

한-일합방을 전후하여 일제가 자행한 가혹한 탄압정책 때문에 국내에서 활동의 무대를 상실한 조선의 많은 민족주의 혁명가들은 부득이 해외로 흩어지지 않을 수 없었다. 그들은 조선반도와 인접하고 있을 뿐만 아니라, 일본 세력이 침입은 했어도 아직 완전히 지배하지 못하고 있었던데다, 수십만의 동포들이 이주해서 살고 있던 만주(滿洲)와 *시베리아*에서 독립운동의 발판을 마련했던 것이다. 지금까지 알려진 기록에 의하면 조선인들이 "사회주의"란 이름으로 조직한 정당의 기원은 *러시아*에서 2월혁명(1917. 2)이 일어난 지 6개월 뒤이며, 3·1운동이 폭발하기 1년 5개월 전으로 소급된다.[3] 이제 본 장(章)에서는 우선 현대 공산주의운동의 진원지인 *러시아*의 사정을 살펴보기로 한다.

1917년 10월 25~26일 *레닌*이 이끄는 *볼셰비끼*당은 *뻬쩨르부르그*시(市)*에서 무장봉기를 일으켜, 그 8개월 전인 2월혁명 때에 출현했던 *께렌스끼*(A. Kerensky)의 임시정부를 전복하고 *소비에트*정권을 선포한 *레닌*은 제2차 '전(全) *러시아* 노동자-병사 대표 *소비에트* 대회'(10. 25~26)를 열고 즉각 세 개의 보고(報告)를 채택케 했다. 그 첫 번째인 '평화(平和)에 관한 포고(布告)'에서는 제1차 세계대전의 모든 교전국

3) 1917년 8월 申奎植을 중심으로 하는 독립투사들이 상해에서 "조선사회당"을 조직했다. '조선사회당'은 당시 *스톡홀름*에서 열릴 예정이었던 제2*인터내셔널*에 조선의 독립을 요청할 목적에서 종래의 동제사(同濟社)란 단체의 이름을 바꿔 급조된 것인 듯싶다. 그러나 *스톡홀름*회의가 유산되자 이것은 유야무야로 해체되고 말았다. 金俊燁·金昌順, 『韓國共産主義運動史』 I, 高麗大學校 亞細亞問題硏究所, 1967년, p. 175, 동 당을 구성한 지도부에 어떠한 인물들이 있었는지, 그리고 이들이 어느 정도까지 사회주의 사상의 영향을 받고 있었는지는 규명할 근거가 없지만 申奎植이 대한민국 臨時政府(上海)의 지도자로 생애를 마쳤다는 사실만으로 보아도 '조선사회당'은 민족주의운동의 계보에 속한 극소수의 망명 애국자들의 써클이었음이 확실하다.

* *러시아*는 19세기 초 *뽀뜨르* 大帝가 건설한 *쌍끄뜨·뻬쩨르부르그*市를 수도로 삼고 있었으나 1914년 제1차 대전에서 對獨戰을 치루고 있을 때 수도 이름이 독일식이라고 하여 폐지하고 '*뻬뜨로그라드*'라는 *러시아*어로 개칭하였다가 1924년에는 *레닌*의 이름에 따라 *레닌그라드*라고 다시 개칭했다. 그리고 소련이 붕괴한 후에는 *뻬쩨르부르그*라는 원명으로 되돌아갔다.

정부는 무 병합－무 배상 조건에서 즉시 강화조약을 체결할 것을 제의하는 한편, "약소민족이 확실하게, 명백하게, 그리고 자발적인 동의와 희망을 포시하지 않았는데도 이 민족을 강대국가에 편입하는 것은 타국의 병합, 또는 타국의 토지의 약탈이라고 우리 정부는 해석한다"[4]고 세계에 선언했다. 이로써 그는 평화를 갈망하는 *러시아* 안의 민중과, 독립을 열망하는 식민지 민족들의 마음을 사로잡으려 했던 것이다.

두 번째인 「토지(土地)에 관한 포고(布告)」에서는 지주들의 토지 무상 몰수, 토지 사유(私有)의 영구 폐지, "자기 자신의 노동으로 경작하기를 원하는 *러시아* 국내의 전 시민"에 대한 토지 이용권 부여, 토지의 매매－임대－고용노동의 금지 등을 선언했다.[5] 이로써 *레닌*은 지주의 토지를 수탈하여 자력으로 경작하고 싶어 하는 하층 농민들의 계급적 소원을 충족시키고자 했던 것이다.

셋째는 「인민위원회의(人民委員會議)의 조직에 관한 보고」였다. 이 「보고」는 '인민위원회의'를 "헌법 제정회가 소집될 때까지 임시 노농(勞農)정부"라고 규정했다. 새 정부의 의장(수상)에는 *레닌*, 외무 인민위원에는 *뜨로츠끼*, 민족문제 인민위원에는 *스탈린*이 임명되었다.[6]

신생 노농(勞農)정부에는 어떤 영토적 명칭도 붙지 않았고 그 통치력은 *유럽* 쪽 *러시아* 지역과 *모스크바* 등 몇몇 대 도시와 주변 지방에만 미치고 있었을 뿐이었다. 노농정부에 "*러시아 소비에트*공화국"이라고 비로소 영토의 이름을 붙인 것은 1918년 1월 10~18일에 열린 제 3차 '전(全)*러시아* 노동자－병사－농민 대표 *소비에트* 대회'가 *레닌*이 집필한 「근로－피(被)착취 인민의 권리 선언」을 채택한 때였다. 이 「선언」은 "*러시아*를 노동자－병사－농민 대표 *소비에트*공화국으로 선언한다"고 했고, "*러시아 소비에트*공화국은 자유로운 제민족(諸 民族)의 자발적동맹의 기초 위에 *소비에트* 제(諸)민족 공화국의 연방(聯邦)으로 건립된다"[7]고 선언했다. 또한 「선언」은 *소비에트* 국내의 기본임무로서 인간에 의한 인간의 착취의 폐지, 사회주의 건설, 계급의 말살 등을 위한 혁명 목표를 내세웠다.

---

4) 「Decree on Peace」 Lenin, *Collected Works* 26, 1977, Moscow, pp. 249~250.
「Decree on Land」, 같은 책, p. 258.

5) 「Decision to form the Workers and Peasants Government」 같은 책, p. 262.

6) 「Declaration of Rights of the Toiling and Exploited People」, 같은 책, p. 423.

7) 「Declaration of Rights of the Toiling and Exploited People」, 같은 책, p. 423.

이에 앞서 1917년 11월 2일에는 인민위원회의 의장 *레닌*과 민족문제 인민위원 *스탈린*의 이름으로 다음과 같은 내용의 「*러시아* 제민족의 권리의 선언」을 발표하고, 이것을 *소비에트* 민족정책의 실천 원칙으로 삼는다고 선포했다.[8)]

이어 1917년 11월 20일에는 「*러시아*와 동방(東方)의 모든 회교도(回敎徒) 근로자에게」[9)]라는 열렬한 호소문을 발표, *유럽* 제국주의 "강도들"을 규탄하면서 각 민족의 자치권을 거듭 강조하였다. 호소문은 *러시아* 영토 안에서 최다수의 비(非)기독교도였던 회교도와 주변 각국 회교도들을 신생 *소비에트* 정권 테두리에 결속시키기 위하여 그들의 "민족적-문화적 제도, 신앙 관습은 자유이며 침범할 수 없다"고 선언했다. 이 호소문은 "동방의 회교도여, *페르샤*인, *아랍*인, 그리고 인도인이여! 우리는 세계 피압박민족의 해방을 우리의 기치에 명기(明記)하는 바이다." 라는 말로 끝을 맺었다. 그리하여 혁명 이전에는 오랫동안 "제민족(諸 民族)의 감옥"이라는 혹평을 받았던 *러시아* 영토 내의 여러 민족들에게는 자유와 해방의 서광이 찬란하게 깃들고 있는 듯이 보였다.

소비에트 러시아 정부는 국제관계에서도 구체적으로 「*페르샤* 정부에 대한 제정(帝政) *러시아*의 일체의 특권 포기선언」(1918. 1), 「중국에 대한 과거의 일체의 불평등 조약 폐기와 특권포기에 관한 선언」(제'1차 *까라한* 선언.' 1919. 7)과 그 밖의 조약의 체결 등으로 중국, *페르샤, 아프리가니스탄, 터키,* 몽고(蒙古) 등 그 변경의 반식민지(半植民地) 종속국 민족들에 대한 평등화 정책을 공약했던 것이다.

10월 혁명의 시기와 내전기(內戰期)에 쏟아져 나온 이상 일련의 「포고」, 「선언」, 「호소」, 「조약」 등은 피압박 민족의 자유를 날(經)로 하고 피착취 계급의 해방을 씨(緯)

---

8) 「宣言」의 내용은 다음과 같다. 즉
   1. *러시아* 제 민족의 평등과 주권
   2. 분리와 독립국가의 형성까지를 포함하는 *러시아* 국내 제 민족의 자유로운 자결권
   3. 일체의 민족적 민족 종교적 특권과 제약의 폐지
   4. *러시아* 영토 내에 살고 있는 소수 민족과 인종적 집단들 [이를테면 *시베리아* 북극해 연안에 사는 극히 뒤떨어진 인종]의 자유로운 발전이었다.

   이 「선언」의 영어 全文 「Declaration of the Rights of Russia」는 James H. Meisel(ed), *Materials for the Study of the Soviet system*, The George Wahr Publishing Co, 1950. p. 26에 게재

9) 이 호소문의 영어 全文은 「Appeal to the Working Moslems of Russia and the East」는 William H. Chamberlin, *The Rusian Revolution 1917~1918*, Vol. Ⅰ, Princeton University Press(Paperback), 1987, APPENDIX, pp. 484~486을 참조하라.

로 하여 엮어진 *볼셰비끼*의 획기적이요, 매혹적인 민족정책이었다. 공산주의혁명운동은 본래부터 국내적인 동시에 국제적인 것이었음으로 *레닌*주의는 국경과 민족의 한계를 넘어 번져나갔다. 이상주의적 국제주의자였지만 현실주의적 혁명가였던 *레닌*은 이상과 같은 자기의 약소민족 해방정책으로 누란의 위기에 직면해 있던 *소비에트* 정권을 구출하려는 전략으로 구상했던 것이다.[10] 그런데 정권이 공고화되고 시간이 흘러가자 이상의 모든 공약들은 공문화(空文化)되고 말았다.

'3·1운동'을 전후하여 *러시아*령(領) *시베리아*로 피신하여 활동하고 있던 조선의 혁명가들 사이에서는 *볼셰비끼*정권의 피압박 민족 해방에 대한 열렬한 선동 속에서 공산주의 단체들이 급속히 조직되어 갔다. 그 중에서 탁월한 민족혁명가요, 공산주의 지도자로 등장한 선구자는 구(舊)한국정부의 무관(武官)을 지낸 이동휘(李東輝)였다. 그는 *러시아* 극동(極東)의 교통 요충지인 *하바롭스크*지역에 거점을 마련하고 연해주(沿海州)*, 국내, 만주(滿洲)의 간도(間島) 등지에로 투쟁을 확대해갔다. 회고컨대 *시베리아*에서의 조선인 공산주의운동은 다난하고 착잡했던 역사의 몇 고비를 돌아서 전개되었다.

이것을 이해하기 위해서는 우선 *러시아*인들은 *시베리아* 일대를 어떻게 구분하고 있었는지, 그리고 1860년대 이후 *시베리아* 지역으로, 특히 연해주(沿海州)로 이주 또는 망명해 온 조선인들의 인구 분포상황이 어떠했는지를 간단히 살필 필요가 있다. 조선인들이 통상적으로 *시베리아*라고 부르는 *러시아* 땅으로 이주를 시작한 것은 1860년대 초였다는 것이 통설로 되어있다. 당시는 *러시아*제국(帝國)이 청국(淸國)으로부터 양국의 국경인 *아무르*강(黑龍江) 좌안(左岸) 일대와 연해주를 무력으로 위협하여 이양 받아 이것을 자국에 병합하고 바야흐로 식민(植民)을 장려하고 있던 시기였다. *러시아*제국과 일본제국 측 조사기록들은 1863년 또는 1862년쯤을, 이에 대해 미국의 학자 *콜라즈*(W. Kolarz)는 1861년을 조선인들이 최초로 집단이주한 연도로

---

10) *레닌*은 당시 서구 자본주의의 나라들이 부르짖고 있던 "인간의 권리", "민주주의", "자유" 등의 가치 개념을 그들이 사실상 자국 내 국민들에게 국한시켰던 것과, 그 내용도 "철두철미 *부르죠아的*"이요, "기만적"이며, 식민지의 주민 및 약소민족의 해방에 결부시키지 못했던 맹점을 신랄하게 비판하고 있었다. 무엇보다도 그는 자유와 독립을 갈망하는 *러시*아 국내외의 약소민족들(그들 거의 전부는 피 착취 계급)의 민족적 계급적 해방운동을 자기편으로 유도하기 위한 전략으로써 자본주의적 제국주의 국가들의 민족정책을 가차 없이 공격했던 것이다.

잡고 있다.[11]

집단이주의 주요한 동기는 주로 본국에서 봉건적 농민수탈, 기근, 병란(兵亂), 민란(民亂) 등을 피하여 살길을 찾아가는데 있었다. 이들은 노동력이 필요했고, 자기들을 비교적 우대하는 안주(安住)의 땅으로 도피하고 싶어 했다. 이 지역의 선구적 이민은 중국인이었다. 조선인 이주민은 중국인 이주민과 더불어 계속 늘어났다. 이들은 주로 *아무르주*(州)와 *우스리주*(州)로 들어갔고 연해주의 중심 도시인 *블라지보스똑*으로 집결했다.[12] 1879년 현재로 여기에는 3,470명의 중국인, 500명의 조선인, 600명의 *러시아* 시민(군인은 별도)이 거주하고 있었으며[13] 도시 명도 중국인들은 *하이쌴웨이*(海參威)라고 불렀다. 1902년에 와서 중국인은 15,000명, 조선인은 2,300

---

* 沿海州(Primorskii krai=沿海지방의 속칭); 1860년 淸－露간의 '북경조약'에 의하여 제정 *러시아*의 영토가 된 지역이며, 당초 행정적으로는 *하바로프스끄*에서 *아무르*江(黑龍江)의 하류 유역까지를 포함하고 있었다. 西편에서는 중국과, 남단에서는 두만강을 사이에 두고 북한과 접하고 있다. 뒤에 와서 *사할린*州 *깜차까*州의 전 지역이 이에 포함되어 있었으나 1918년에 와서 *아무르*江 하류 유역은 *사할린*州에 편입되었다. 연해주는 *블라지보스똑*(海參威)을 중심으로 발전했고 한－일 합방 후엔, 많은 조선인들이 일제의 지배를 피하여 이 지역으로 밀려들었다. *스탈린* 시대에 와서는 연해주에 *하바로프스끄*를 포함시키지 않았다. 연해주는 1910~20년대 조선인들이 집중적으로 이주해 와서 살던 곳이며 따라서 그들의 혁명운동의 가장 활발한 무대가 되었다.

11) *콜라즈*에 의하면 조선 왕조의 엄격한 이주금지 정책에도 불구하고 조선인들이 1861년 *뽀시예뜨*灣[Posiet, *블라지보스똑* 바로 동남방에 위치한 한－*러* 접경지역]에 이주한 때로부터 *시베리아* 이주는 시작되었으며, 1868년까지에는 4개의 큰 조선인촌이 *러시아* 영토 내에 존재했고 당시 *우수리* 주의 조선인 총수는 1,800명을 넘고 있었다고 한다. Walter Kolraz, *The Peoples of the Soviet Far East*, Frederik A. Praeger, Inc. 1954, p. 33. 또한 앞의 金俊燁 · 金昌順, 공저 『韓國共産主義運動史』, 제1권, pp. 27~13 참조. 이 책은 일본, *러시아*, 청국, 구한국 때의 자료에 입각하여 조선인들의 집단이주를 상세하게 분석한 역삭이나.

12) 중국 이주민들은 *시베리아*에서 압도적 우세를 차지하고 있었다. 이들의 *시베리아* 이주가 언제부터 시작되었는지는 분명치 않지만 19세기에 있은 인구 과잉과 정치 소요로 말미암아 華中으로부터 *아무르*州, *우수리*州로 이민해 갔다고 한다. 그리하여 1885년까지 *아무르*州에는 10,500명, 그리고 연해주에는 9,500명이 정주하고 있었으며 그 위에 약 30,000명의 떠돌이 노동자가 있었다는 것이다. 이 무렵 조선인 농민들의 이동이 일어났다. *아무르*총독 *꼬르프*(Korf)가 1986년 정부에 제출한 보고서에 의하면 *아무르* 지역의 조선인 및 중국인 총수는 36,000명이었다. *알레나 보로흐바*(Alena Volokhova)의 논문, 「Chinese and Korean Imigration to the Russian Far East in the Late 19th and Early 20th Centuries」, *Far Eastern Affairs*, No. 6, 1996, p. 62. 이들은 華北의 圖們 계곡과 *우스리*州 南쪽의 綏芬(Sufen)계곡으로 들어갔다. 한편 1880년대 초 이곳에 정주한 조선인들은 약 8,800명이었다고 한다. James Forsyth, 「*A History of the Peoples of Siberia*」, Cambridge University Press, 1992, p. 220. 이 책은 구미와 최근년의 *러시아* 학자들의 자료를 기초로 하여 조선인들의 이주 상황을 비교적 자세하게 해명하고 있다.

13) Kolarz, 앞의 책, p. 44.

명, 일본인은 2,400명, *러시아*인은 11,500명(13,000명의 군인은 별도)을 포함하고 있었다.[14] 즉 주민의 대부분은 "황색인"이었던 것이다. 1914년까지의 시(市) 인구는 120,000명으로 늘어났는데 그중 23,770명(20.7%)은 중국인이었다.[15]

1910년 이후 조선인 이주민은 급격히 팽창하여 *우스리주*(州)에는 51,000명이상, 그리고 *아무르강*(江) 유역에는 약 1,500명의 조선인들이 거주하고 있었는데 이들은 농민이건 금광 광부이건 간에 그 조용한 성격, 활동력, 정직성, 특히 *러시아*정교(正教)로의 개종 때문에 훌륭한 이주민이란 호평을 받았다. 농민들의 경우, 극동지역에서 많은 농토를 소유하고 있던 *러시아 꼬사끄*들에 비하여 훨씬 능률을 올렸다. 그리하여 조선인들은 *러시아*인들로부터 중국인들보다는 덜 차별대우를 받았다는 것이다.[16] 조선인 이주민들은 *러시아* 당국으로부터 호평을 받았다.[17]

조선인 이주자들이 최대로 집중한 곳은 한-*러* 국경에 가까운 *뽀시예뜨*(Posiet)에서부터 *블라지보스똑*에 이르는 연해주였는데, 여기에는 20개 이상의 조선인촌이 있었다. 그리고 1912년 *우수리주*(州)에는 57,290명의 조선인 중 기독교(*러시아*정교)로 개종한 약 17,500명의 조선인들이 *러시아* 신민(臣民)으로 공식 등록했다.[18] *러시아*의 학자 *부가이*(N. F. Bugai)의 최근년의 조사에 의하면 1914년 당시 *러시아*의 신민(臣民)이 된 조선인 수는 20,109명이었는데 여기에 새로 *러시아*로 이주해 온 44,200

---

14) 같은 책, p. 45. 이 무렵 (1897) *블라지보스똑* 市外의 *우스리-아무르*州에는 65,000이상의, 그리고 *자바이칼*州에는 2,400명의 조선인과 중국인이 살고 있었으며 13년 후 (1900) 그 수는 2배 이상이 되었다고 한다. James Forsyth, 앞의 책, p. 220. 그러나 자세한 조선인의 수는 알 수가 없다. 한편 *콜라즈*에 의하면 태평양 연안 지역에 거주하고 있던 조선인 수효는 1898년에는 23,000명, 1907년 [구한국이 일본의 보호국이 된 휘]에는 46,000명, 1910년 [한일합방의 해]에는 52,000으로 증가해갔다는 것이다. 앞의 Kolarz의 책, p. 34.

15) Forsyth, 앞의 책, pp. 220~221. 한편 *꼬르프*의 후임 총독 *두홉스끼*(Dukhovski)장군이 조사한 인구통계의 보고(1893~95)에 의하면 *아무르주*, 연해주, *자바이칼*지방의 총 인구는 908,364명이었는데 그중 35,470명이 외국인이었으며 외국인 중 5,500명이 조선인이요 중국인은 28,868명이었다. 앞의 *Far Eastern Affairs*, No. 6, 1996, p. 63.

16) Forsyth, 앞의 책, p. 222.

17) *아무르*지방의 총독 *두홉스끼*도 조선인 이주민들에 관해 호평하였다. 그는 기록하기를 조선인들은 전형적으로 온유한 기질을 가지고 있고 대개는 농업에 종사하고 있었으며, 오랜 농업기술의 전수자로써 현지의 조건에 잘 적응하면서 *러시아*인 정착자들보다 많은 수확을 거두고 있었다고 쓰고 있다. 그는 조선인들이 정착지에 머물러 있어야한다고 제의하고 *러시아*의 국적을 취득하여 *러시아* 농민들과 마찬가지로 병역에 복무할 것을 권유했던 것이다. *알레나 볼로호프*의 앞의 논문, *Far Eastern Review*, No. 6, 1976, p. 65.

18) Forsyth, 앞의 책, pp. 222~223.

명을 합치면 *시베리아*의 조선인 수는 모두 64,309명에 이르렀다.[19] 이들은 1910년 망국(亡國) 당시 자기들에게 피난처를 제공한 *러시아*인들의 생활 방법에 순응, *러시아* 제국의 신민(臣民)이 되어 제1차 대전 때에는 150명의 장교를 포함, 약 4,000명이 출전하였다는 것이다.[20]

*소비에트*정권이 수립된 후 조선인(거의 전부 농민)의 수효는 더욱 늘어났다.[21] 이들 조선인 정착 농민들의 숫자는 *시베리아* 이주 조선인 총수의 80%에 해당했다.[22] 한편 *블라디보스똑주*(州)(*뽀시에뜨* 지구와 *수찬* 지구) 내의 인구 비율을 보면 전 주민 106,654명 중 조선인 이주민은 그 50%인 52,934명이었다. 이에 인접한 *니꼴스끄-우스리스끄*(雙城子)*에서는 전 주민 148,188명 가운데 34,212명(약 25%)이 조선인이었다.[23] 1926년의 호구 조사에 의하면 *블라지보스똑*시의 일본인은 582명으로 감소했지만 *러시아*인은 65,500명, 중국인은 22,000명, 조선인은 6,900명으로 크게 증가하여 비(非)*러시아*인 중 조선인은 수적으로 제2위를 차지하게 되었다.[24]

이상 소략하게 살펴본 기록들은 조선인들의 *시베리아* 이주가 시작된 것은 1860년대 초였고 1920년대 중간까지 급속히 증가해 나갔으며 그들의 절대다수는 극동지방, 그 중에서도 특히 연해주와 *아무르-우수리주*(州)에 살고 있었음을 말해주고 있다. 이 지역은 훗날 조선인들의 민족주의운동과 공산주의운동의 활발한 근거지가 되었던 것은 당연했다. 그러면 1910년 한-일합방 이후부터 *소비에트 러시아*의 초기까지 *시베리아*로 넘어가 살고 있던 조선인 총수가 얼마나 되었을까. '조선총독부(朝鮮總督府)'의 조사 통계는 1910~1921년의 10년 동안 46,064명이 *러시아*영(領)으로 넘어갔

---

19) *니꼴라이* P. *부가이*, 『在蘇朝鮮人들의 受難史』(최장윤 역), 세종연구소, 1996년, p. 7.

20) Kolarz, 앞의 책, p. 34.

21) 1917년 당시 연해주의 조선인 가구는 9,308家口였던 것이 1922년에는 18,40가구로, 1925년에는 21,555가구로 증가했다. 이주민들의 대다수는 연해주의 남-북부 세 구역, 즉 *뽀시에뜨*(Posyet, 煙秋), *수찬*(Suchan, 蘇城)(20년대에 *블라지보스똑주*에 통합되었음), *수이푼*(*Suifen*, 綏芬河)연안에 거주하고 있었다. 한 구역의 이주민을 약 3만명씩으로 치면 3구역에서는 총 90,000명에 이른다. *부가이*, 앞의 책, p. 8.

22) 같은 책, p. 8.

* *블라지보스똑* 북쪽에 붙어 있는 *우수리스끄*는 *니꼴스끄*라고도 불렀는데 1926년에 이 고장은 *니꼴스끄-우수리스끄*로 개칭했다가 1957년 *우수리스끄*라는 이름으로 되돌아갔다. 이 두 지역은 하나로 간주할 수 있으며, 혼란을 일으킬 만큼 중요하지는 않다.

23) 같은 책, p. 8.

24) Kolarz, 앞의 책, p. 45.

고 1921년 말 그곳의 조선인 이주민은 모두 94,554명이라는 계수(計數)를 발표한 바 있다.[25]

한편 *콜라즈*는 많은 조선인들이 혁명의 혼란기에 *러시아*로 이주하였다고 하면서, 공식자료에 의하면 1927년에 소련 내의 조선인은 17만명에 불과했지만 비공식적으로는 "최소한 25만명"이 있었다고 했다.[26] 끝으로 '*러시아*공산당' 당원이요 *코민테른* '*꼬르뷰로*'의 간부였던 한명세(韓明世)에 의하면 1922년 12월 당시 연해주와 *아무르* 연안의 조선인 거주자는 약 20만명에 달한다고 했다.[27] 누구도 정확한 숫자를 확언할 수는 없으나 대체로 20만명 정도였을 것으로 추정된다.

제2절 *러시아*의 내전(內戰)에서

이상 *시베리아* 이주(移住) 조선인들은 민족독립운동에 인적-물적 자원을 제공했으며, 그들의 거주지역은 운동의 근거지가 되었다. 그렇지만 *시베리아*는 결코 안전지대는 아니었다. *러시아*제국은 1904년의 *러*-일전쟁 이후 연속적 소란상태에 직면했다. 전쟁 중인 1905년에 발발한 제1 *러시아* 혁명, 1914년 *러시아*의 제1차 세계대전 참전, 대전 중인 1917년 2월 제2차 혁명에 의한 제정(帝政)의 붕괴 및 민주주의 임시정부의 출현, 1917년 10월 *볼셰비끼* 혁명에 의한 임시정부의 전복과 *레닌*을 수

25) 이 숫자는 조선총독부 내무국 사회과 편 「滿洲及西比利亞地方における 朝鮮人事情」, 京城, 1923년, p. 14. pp. 21~22. 앞의 金俊燁 · 金昌順의 책, p. 31 및 p. 32에서 인용. 이러한 숫자는 지역이 광대한데다 자기들이 직접 조사한 것이 아니었다는 당시의 실정을 고려할 때 절대로 정확한 것이라고 볼 수는 없다. 그리하여 이상 조선총독부의 조사에서도 *시베리아* 조선인 이주민의 수는 1921년 말 현재로 15만명이 될 것이라는 추정을 내렸던 것이다.

26) Kolarz, 앞의 책, p. 35.여기서 *콜라츠*는 1917년 이후 *소비에트 러시아*의 조선인의 실제 수자에 관하여 절대로 신뢰할 수 있는 자료란 없다고 했다. 그는 「極東共和國」(1920. 4~1922. 7 *바이칼*湖 以東에 *레닌*이 세웠던 *러*-*일*간의 완충국) 民族問題省에 의하면 그 *판토* 〔東*시베리아* 전부를 포함〕 안에 거주한 조선인의 수는 30만명을 헤아리며 이들은 *러시아*인, *우크라이나*인 다음으로 세 번째의 큰 인종 집단이었다고 기술하고 있다.

27) '*러시아 소베뜨*사회주의연방공화국 민족인민위원부' 앞으로 보낸 韓明世의 보고(1922. 12. 25)와 그의 승인하에 '*러시아* 사회주의연방공화국 농업인민위원부'에 보낸 조선인 대표들의 편지. *리 블라지미르 뾰도로비치*(李우호), *김 에브게니 에브게니에비치*(金영웅) 편저, 『*스딸린* 체제의 조선인 강제이주』, 건국대학교 출판부, 1994년, pp. 75~79에 수록.

반으로 하는 *소비에트* 정부의 수립, 1918년 5월부터 1921년 3월까지의 내전(內戰) 및 '외국간섭군(外國干涉軍)'과의 전쟁, 1920년 4월 *폴란드*의 *러시아* 침공 등의 대사건들이 연속적으로 일어났다. 한마디로 세계대전－혁명－정체(政體)의 전복－내전의 발발이 전 *러시아*를 진동시키고 있었다.

*레닌*은 10월 혁명에 의하여 거의 무혈(無血)로 *뻬뜨로그라드*에서 임시정부로부터 정권을 탈취하는데 성공했지만, *러시아* 변경에서는 1918년 초부터 적군(赤軍)(*소비에트* 정부군)과 이에 대항하는 반(反)*볼셰비끼*계의 백위군(白衛軍)사이에 무력충돌이 일어났고 이것은 3년 동안이나 처참하기 그지없는 전국적 내전으로 발전했던 것이다.[28)]

내전의 원인은 복잡 다단(多端)했다. 사회적으로는 10월 혁명에서 재산과 지위를 빼앗겼던 구(舊) 지배계급의 기득권 회복에 대한 집념을 들 수 있다. 그러나 이들은 이미 몰락하여 대중들에 대한 영향력을 잃고 있었다. 군사적 측면에서는 구(舊)정권의 많은 군인들이 *레닌* 정부가 독일과 체결한 굴욕적 *브레스뜨－리똡스끄*강화조약

---

28) 1918년 1월 *돈*(Don), *꾸반*(Kuban) 지방에서 *꼬르닐로프*(Lavr G. Kornilov), *깔레진*(Alexei M. Kaledin), *데니낀*(Anton I. Denikin) 등 제정 시대의 장군들이 이끄는 *꼬사끄*(Cossack)군과 *러시아* 赤軍과의 무력충돌이 일어나 국토의 대부분에서는 내전이 벌어졌다. 내전에는 赤軍과 각계의 반공적 白軍과의 무력분쟁이라는 의미 이외에도 광범한 뜻을 가지고 있었다. 즉 *레닌* 등 *볼셰비끼*党 지도자들에 있어서 내전이란 "*프로레타리아트*"의 전위인 자기들의 黨과 국제적 "*부르죠아지*"사이에 일어나는 세계적 계급 분쟁이었다는 것, 즉 냉전은 가장 넓은 의미의 "계급전쟁"이며 군사적 분쟁은 내전의 단지 일면일 뿐이라는 점을 *피입스* 교수는 지적한다. Richard Pipes, *Russia Under Bolshevik Regime*, Alfred A Knoph, 1993, pp. 7~8참조.

*꼬사끄*는 자치를 요구했고, 한편 임시정부의 일부 각료들은 내전이 일어나자 反*볼셰비끼* 세력에 가세했다. 이들은 *레닌*이 2월 혁명 후 각 당이 참여하여 민주선거로 선출한 '헌법제정회의'를 무력으로 해산하고 *볼셰비끼* 일당의 독재를 실시하고 있는데 대해 적개심을 품고 있었다. 이들 反*볼셰비끼* 군대는 *볼셰비끼*의 적군(赤軍)과 대칭적으로 백위군(백군)이라고 불리웠다. *베르나츠끼*에 의하면 미국에서 통념으로 되어 있던 것과는 반대로, 이들 白派(Whites)는 공식적으로는 분명히 *짜리*파가 아니었다. 그는 그 예로써 *볼가*江 연안 *사마라*의 정부는 대부분이 '사회주의 혁명당'(*에쓰 에르*) 소속 헌법제정회의 대의원들에 의하여 수립되었던 정부로서 분명히 공화제 정부였다는 사실을 들고 있다. 백위군의 최강의 지도자였던 남부의 *데니낀* 장군과 *시베리아*의 *꼴차끄* 제독은 혼란한 과도기에는 강력한 군사정부를 조직하고, 다음에는 국회를 소집한다는 생각을 가지고 있었다고 한다. 내전의 전 기간을 통하여 백파의 주요한 투쟁은 입헌적 또는 공화제 정부형태를 반대했다기보다는 공산주의에 반대한 투쟁이었다고 그는 해석했다. George Vernadsky, *A History of Russia*, Yale University Press, 1959, p. 305. 여하튼 10월 혁명 이전에 지주, 자본가, 제정파 정치인들을 위시하여 내전 기에 백위군에 가담했던 입헌 민주주의자들과 *멘쎄비끼*, *에쓰 에르*파 등의 반공적 사회주의자들, 그리고 그밖에 장성, 군인, 지식인, 예술가들 중 외국에 망명한 사람들은 통칭 白系 *러시아*인이라고 불리었다.

은 *러시아*의 국가 이익을 훼손하는 것이며 *러시아*의 동맹국들에 대한 배신이라고 간주하고 있었다. 한편 정치면에서는, 권력을 장악한 *볼셰비끼*가 민주주의 원칙을 공공연히 유린하면서 이미 선출한 '헌법 제정회의'[29]를 해산시킨 폭거에 대항하고자 *에쓰 에르*(SRs '사회주의 혁명당원'들) 등이 *러시아* 여러 지방에서 반(反)*볼셰비끼* 정부를 조직하고 싸우기 시작했다. 내전(內戰)은 곧 연합국들의 이른바 간섭전쟁(干涉戰爭)을 불러 일으켰다.[30] 1918년 5월 *체코슬로바키아*군단(軍團)이 *시베리아*에서 *소비에트*정부에 대하여 일으킨 반란[31]을 계기로 내전은 *러시아*의 서부, 동북부, 남

---

29) '헌법제정회의'의 구성은 2월 혁명 후 임시정부가 공약했던 것으로서 *볼셰비끼*도 이것을 지지해 왔다. 그런데 *레닌*은 10월 혁명에서 권력을 장악하자 '헌법제정회의'의 선거를 지연시키려 했었지만 黨 내외의 반대에 부딪쳐 1917년 11월 말 선거를 실시했다. 이것은 *러시아* 역사상 최초의 보통선거였다. 혁명의 와중에 실시된 선거에서 투표율은 50%에 약간 미달했으나 각 계보의 온건 사회주의자들이 약 62% (그 대부분은 *에쓰 에르*右派), *볼셰비끼* 약 20%, 보수정당과 자유주의 정당이 약 13%를 획득했다. 의석수로는 피선된 707명의 대의원 중 410석이 '사회혁명당'(*에쓰 에르*)이였고, 이들 중 좌파는 40명이었으며, 170명이 *볼셰비끼*였다. *멘셰비끼*는 16석, 입헌민주당은 17석을 차지했고 나머지 86석은 각파 민족주의 단체들이 차지했다. 득표수에 있어서 *볼셰비끼*와 그리고 잠시 이들에 동조했던 *에쓰 에르 左派*를 합쳐도 *에쓰 에르 右派*에 훨씬 못 미쳤던 것이다. William H. Chamberlin, 앞의 책, pp. 365~366 및 Hugh Seton-Watson, *From Lenin to Khrushchev*, Westview Press, 1985, p. 36.

*레닌*은 *러시아* 유권자들이 *볼셰비끼*黨에 패배를 안겨준 판정을 존중할 의사가 없었다. 그는 어떻게 하면 그런 판정을 무시할 수 있는가 하는 논거를 찾고 있었다. 1918년 1월 5일 '헌법제정회의'가 소집되었지만 회의는 *소비에트*를 헌법제정회의 상위기관으로 만들려는 *레닌*의 요구를 138대 237로 부결하자 다음날 *레닌*정부는 이것을 무력으로 해산시키고 말았다.

30) 대전 중 연합국들이 *레닌*의 *소비에트*정권에 대해 군사적 간섭에 뛰어들었던 과정은 복잡하다. 1918년 2월 *소비에트* 정부가 *러시아*의 모든 외채(外債)의 무효를 선언한데 대해 채권국인 연합국들은 당황했다. 더욱이 *레닌*이 독일제국과 단독으로 강화조약을 체결한 것은 연합국들에 대한 배신행위로 보고 격분했다. 그리하여 연합국들은 *볼셰비끼*와 혈투하고 있던 우파의 장군들 즉, *데니낀*과 *꼴차끄*를 지원하기로 결정했다. 그 위에 전시 중 연합국이 *러시아*에 대여한 무기와 탄약 등 대량의 군수물자가 북해의 *무르만스끄*(Murmansk), *아르항겔리스끄*(Arkhangelsk), 연해주의 *블라지보스똑*에 저장되어 있었는데 연합국은 이것들이 적군(赤軍)이나 독일군에 넘어가지나 않을까 하고 크게 우려했다. 그리하여 1918년 3월에는 먼저 영국군이 *무르만스끄*에 상륙했고 이어 *프랑스*와 미국도 이곳에 파병했다. 4월 5일에는 일본 육전대 500여명과 영국군 50명이 *블라지보스똑*에 상륙하여 이 도시의 경비를 맡았다. 이렇게 시작된 연합국 군대의 對蘇 간섭전쟁에는 군사적 목적뿐만 아니라 경제적·정치적 목적이 깔려있었다. 즉 *프랑스*는 1987~1917년 제정 *러시아*에 대해 160억 *프랑* 상당의 투자를 했었는데 이것이 10월 혁명 후 국유화되어 큰 타격을 받게 되었던 것이다. 한편 영국은 근동과 중동의 자국이익을 지키기 위해서는 *러시아* 내전에 간섭할 필요가 있다고 생각했다. 그리고 일본은 *시베리아*에 대해 눈독을 들이고 있었다. 이밖에도 뒤의 일이지만 1919년 1월에는 독일에서 *스파르쿠스*團('독일 공산당'의 전신)이 봉기를 일으켰고 3월에는 *헝가리*에 *소비에트* 혁명정권이 수립되었다. 이런 사건들을 *유럽* 전체에 대한 위협의 시작으로 느낀 자본주의 연합국들은 공산주의 혁명의 물결이 유럽으로 밀려드는 것을 막기 위하여 파병에 박차를 가했던 것이다.

31) 제1차 세계대전이 발발하자 '*오스트리아－헝가리* 帝國'에 의하여 *러시아*의 *시베리아* 전선에 동원되었다

부로 확대되어 그 후 3년 동안에 이 나라는 전사자 외에도 잇따른 정변에서 살육, 아사, 동사, 질병 등으로 수백만 명이 사망한 아비규환(阿鼻叫喚)의 장으로 화했다.

체코슬로바키아 군단의 병력은 *시베리아*와 *볼가강*(江) 유역(流域), *우랄* 지방에서 *소비에트*정권을 해체하고 *러시아* 내의 반(反)*볼셰비끼* 세력으로 하여금 정권을 수립케 했다. 그리하여 *사마라*(Samara, 1918.7), *까잔*(Kazan, 1918. 8), *옴스끄*(Omsk, 1918. 9)등 *시베리아* 횡단철도 연변의 *러시아* 여러 도시에는 한때 30개 이상의 반(反)*볼셰비끼*정권이 출현했다. *볼셰비끼*정부에 대한 최강의 반대파는 *에쓰 에르*(SRs)를 중심으로 하는 사회주의자들이었다. 이들은 여러 곳에서 반(反)*볼셰비끼*정권을 조직했었는데 그중 제일 큰 세력은 *옴스끄*를 본거지로 하는 집정부(執政府), 즉 자칭 "전(全)*러시아*정부"였다.[32)]

내전(內戰)이 확대되어가자 영국－*프랑스*－미국 등 연합국은, 연합국이 가장 위급할 때 *레닌*의 혁명정부가 연합국을 배신하고 독일과 단독 강화조약을 체결했던데 대

가 붙잡힌 포로들과 도망친 *체코*人, 본래의 이주민, *슬로바키아*人들은 연합군이 승리할 때 *오스트리아*로부터 조국을 해방하기 위하여 의용군을 조직했다. 이 병력은 *러시아* 임시정부 때는 2개 사단, 약 3만명으로 추산되는 軍團으로 성장했다.

이 군단의 병력은 그 후 연합국에 가담하여 4만 5천명으로 늘어났다. 이 *체코*人 단체는 흔히 "*체코스로바키아*軍團"으로 불리었다. 이들은 *프랑스*군 최고사령관 관할하에 있었다. *체코슬로바키아* 독립운동의 최고기관인 이때 '*체코슬로바키아* 국민회의'(*빠리*에 본부를 둠) 의장으로 있다가 대전 후 대통령이 되었던 *마시리크*(Thomas. G. Masaryk)는 이 군단을 서부전선으로 이동시킬 계획을 세웠다. 赤軍의 배치상황과 지리적 조건 등을 고려한 결과 이 군단을 *시베리아*, 태평양, 미국, 대서양을 횡단케 한 후 *러시아*의 서부로 투입하여 독일과 싸우게 하려고 했다. 실로 놀랄만한 大長征의 계획이었다. 제1진은 *시베리아* 횡단열차에 실려 무사히 *블라지보스똑*에 도착했다. 그런데 그 후속부대가 *우랄* 산중의 *첼리아빈스끄*(Cheliabinsk)에서 독일－*오스트리아*人 포로와 충돌한 사건이 일어났다. *소비에트* 정부(*뜨로쯔끼* 군사인민의원)가 *체코슬로바키아*군단 병사들의 무장을 해제하려 하자 이들은 반란을 일으켜 전투가 시작되었다. 그리고 *시베리아*의 反*볼셰비키*적 *러시아*人들의 원조를 받고 또한 白軍을 지원하게 되었던 것이다. 이 사건을 계기로 *러시아*의 내전은 확대되어 갔다. *체코슬로바키아*군단에 관한 간명한 분석은 George F Kennan, *Russia and the West Under Lenin and Stalin*, Little, Brown and Company, 1960, pp. 97~98.

32) 이들 反*볼셰비끼*정권 중 *옴스끄*를 본거지로 하는 '社會主義革命黨'系의 임시 *시베리아*정부(1918. 9)와 헌법제정회의내의 '사회주의혁명당'대의원들이 만든 '*사마라*정부'(1918. 6)는 보수주의자들을 규합하여 1918년 9월 *우랄*산맥 남서부의 *우파*(Ufa)에서 "국가회의"(Ufa State Conference)를 소집하고 타협을 본 후, 執政府(Directory)형태의 통합 정부를 조직하고 그 본거지를 *옴스끄*로 택했던 것이다. 집정부는 10월 혁명에 의하여 전복된 *뻬트로그라드*의 임시정부의 계승자로 자처하고, "全*러시아*의 정부"라고 주장했으나 이것은 행정기구도 재정 수단도 공식적 기관도 가지지 못한 "이름뿐인 정부"에 불과했다. William H. Chamberlin, 앞의 책, pp. 20~21 참조. 그럼에도 불구하고 집정부는 내전 기간 동안 反*볼셰비끼*정권 중 가장 힘이 센 정권이었다.

해 큰 충격을 받았다. 그리고 그런 *볼셰비끼* 혁명정부에 크게 분개했다. 연합국들은 *볼셰비끼*와 전면전쟁을 치르고 있던 *꼴챠끄*(Alexandr V. Kolchak)제독과 *데니낀*(Anton I. Denikin)장군을 후원해야 한다는데 의무감을 느끼고 *소비에트 러시아*에 대한 간섭전쟁(干涉戰爭)을 개시하였다.[33] *브레스뜨-리똡스끄(Brest-Litovsk)* 강화조약에 의하여 서부전선에서 대독전(對獨戰)의 부담을 벗어난 *러시아*적군(赤軍)은 *시베리아*의 *빨치산* 지역으로 진출하려 했고, 한편 *러시아*군(軍)과의 전쟁에서 빠져나온 독일군은 서부전선에서 연합국 군대에 대하여 일대 공세를 취하려고 했다. 연합군은 독-소군의 협공 상태에 몰려 들어갈 상황에 처했다. 이때 연합군은 *러시아*가 *볼셰비끼*하에 들어가는 것도, 독일군에게 석권되는 것도 원치 않았다.

이런 상황에 직면하여 심각한 불안에 휩싸여 있던 연합국 군대들은 *러시아*의 전선을 재구축, *러시아*적군(赤軍) 및 독일군을 봉쇄하려 했다. 그런데 1918년 11월 집정부의 육해군 대신이었던 *꼴챠끄* 장군은 허약했던 정부를 영국 장군의 지지하에 *쿠데타*에 의하여 전복한 후 *러시아* "최고 집정관"(Supreme Leader)이란 이름의 독재자가 되었다. 그리고 그는 사회주의자들을 정권으로부터 몰아냈다. 이렇게 집정부가 *에쓰 에르*를 비롯한 사회주의자들을 적으로 돌리게 되자 *볼셰비끼*는 *시베리아*에 관한한 우익(右翼) 장군들과만 싸우면 되었다.[34]

*러시아*에서 *소비에트*정권의 운명이 최대 위기에 처했을 때 독일군은 서부 전선에서 영국-*프랑스*군에 의하여 대패하고 1918년 11월 드디어 항복했다. 제1차 세계대

---

33) 즉 1918년 7월 11일 미군 해병대 150명이 *무르만스끄*에 상륙했고 이 부대는 그 달 말 영국군에 의하여 보강되었다. 한편 위에서 살펴본 대로 *시베리아*에서는 *오스트리아*軍으로부터 탈주한 *러시아* 내의 *체코*人 포로 수만 명으로 '*체꼬슬로바키아*軍團'을 형성했다. 그런데 이 軍團이 뜻하지 않게 소비에트 당국과 충돌하여 反*볼셰비끼*세력의 집결 거점이 되었다. 이때 연합국은 이들을 구원한다는 목적에서 공동 출병에 합의를 보았던 것이다. 그리하여 4월 일본군은 대거 *블라지보스똑*에 상륙했고 그달 16일에는 미군 분견대 7천 5백명이 이에 뒤따랐다. 이 무렵인 8월 초에는 영국군이 *아르항겔*을 점령했으며 9월 초에는 소수 미군 병력이 *아르항겔*에서 영국군에 합류했다. 미국은 당초 *시베리아* 파병에는 극히 회의적이었으나 '*체코슬로바키아*군단'의 반란사건을 계기로 생각을 바꾸어 일본에다 공동 출병을 제안했던 것이다. 이때 美-日은 각각 7천명의 병력을 파견, '*체코슬로바키아*군단'의 구출이라는 목적을 달성하면 철수하자고 합의했었다. 그런데 *시베리아*에 대해 영토적 야심을 가지고 있던 일본은 미국과의 합의를 무시하고 7만여명의 대병력을 파견하여 1925년까지 *시베리아* 각지에 주둔시켰던 것이다. 연합국들의 출병 경위에 관하여 Robert V. Daniels, *Russia*, Harvard University Press, 1985, pp. 137~138.

34) *꼴챠끄* 장군의 *옴스끄 쿠데타*는 *러시아*의 反*볼쉐비끼* 투쟁을 패배케 한 중요한 원인이 되었다. 이 *쿠데타*의 경위에 관한 자세한 분석은 Pipes의 앞의 책, pp. 39~46 참조.

전이 끝난 것이다. 그렇지만 내전과 외국간섭군과의 전쟁은 계속되었다. 1919년 3월 *시베리아*의 *꼴챠끄*군(軍)이 *우랄*산맥을 넘어 *모스끄바*로, 그 해 5월에는 *유데니취*(Nikolas L. Yudenich)군대가 *발트*(Balt)지방에서 *뻬뜨로그라드*로, 6월에는 *러시아* 남부 전선(戰線)의 *데니낀* 군대가 *우끄라이나*를 지나 역시 *모스끄바*로 진격했었지만 이들 백위군은 적군(赤軍)의 완강한 저항에 부딪혀 1920년까지 모두 격퇴되었다.

그러자 1920년 4월에는 *폴랜드*가 *러시아*에게 빼앗겼던 구(舊)영토를 회복하기 위하여 *러시아*에 선전 포고를 하고 *우끄라이나*로 공격해 들어왔다. 이렇게 하여 "*폴란드* 전쟁"이 일어나게 되고 남부 *러시아*에 남아있던 최후의 백위군인 *우랑겔리*(Pyotr N. Vrangel')부대가 1920년 6월 *크리미아* 반도를 점령한 뒤 *폴랜드* 군과 합세하여 *꾸반* 지방으로 진주하려 했다. 그러나 1920년 10월 소련-*폴랜드*가 돌연 휴전협정을 체결함으로써 *우랑겔리*부대는 패주하고 말았다.

이렇게 하여 대전이 끝나자 연합국은 각각 자국의 국내 사정에 따라 *러시아* 내전에 더 이상 개입할 의욕을 상실해갔다. 1919년 가을 북부 *러시아*에 주둔했던 모든 미군(美軍)은 철수를 끝냈고, 1920년 봄 연합국 군부대들과 *체코슬로바키아* 군단은 *블라지보스똑*을 떠났다. 미군이 *러시아*의 영토에서 마지막 철수를 끝낸 것은 그 해 4월 1일이었다. *므르만스끄*와 *아르항겔리*에 상륙했던 영국군도 1919년 가을까지는 전원이 철수했다.

*러시아*가 이와 같이 세계대전-국내혁명-내전-외국간섭군과 전쟁이라는 계기적(繼起的)인 격동 속에 휩쓸려 들어갔을 때, 그 소용돌이 속의 조선인 사회는 어느 편이 승리할지 모르는 극히 불안한 상황에서 극심한 동요와 수난을 겪지 않을 수가 없었다. 회고컨대 1904~1905의 *러*-일전쟁은 만주와 한반도의 이권을 둘러싸고 일어난 전쟁이었다. 전쟁의 와중에서 일본은 조선으로 하여금 1904년 8월에 강요된 '제1차 한-일협약'에다, *러*-일전쟁에서 승리한 직후인 1905년 11월에는 '제2차 한-일협약'에, 그리고 1907년 7월에는 '제3차 한-일협약'에 강제로 조인케 함으로써 한반도에서 *러시아*의 세력을 거세하고 조선의 국정 전반을 장악했던 것이다. 당시 일본은 영-일동맹(1902~1921)과 *태프트-가즈라*(Taft-桂) 비밀협약(秘密協約)(1905. 7)의 체결에 의하여 영-미로부터 조선에 대한 지배를 사실상 보장받고 있었다. 5년 뒤인 1910년 8월의 한일합방 조약은 한반도의 식민지화(植民地化)의 완결을 공적으

로 선포한 것에 불과했다. 취약하기 그지없었던 '대한제국(大韓帝國)'은 열강들의 음모, 기만, 군사적 압력, 막후의 비밀거래가 상례적 수법이었던 제국주의 외교시대의 제물이 되고 말았다.

그런 와중에서도 조선인들의 항일 민족운동은 그치지를 않았다. 소위 "을사(乙巳) 보호조약"(1905. 11)을 기점(起點)으로 하여 국내에서는 용맹하기는 했지만 처절하기 그지없었던 반일(反日) 의병투쟁이 일어났고, 이것은 이윽고 전국적으로 확대되었다. 그러나 일제(日帝)의 세상이 다 된 국내에서 진지를 확보하기가 불가능하게 되자 많은 애국지사와 구(舊)한국군 지휘관들은 한반도에 인접한 만주와 *러시아*의 극동(極東)(이 지역도 조선인들은 *시베리아*라고 불렀다)으로 들어가 의병 또는 독립군의 해외 근거지를 확보하고자 했다. *시베리아*에서 처음 조직된 의병은 1908년에 출현한 창의회(彰義會)였다.[35] 그러나 제정 *러시아* 정부는 조선인들의 항일 무력투쟁을 억제하는 조치를 취했다. 그 까닭은 일본정부의 잇따른 압력 때문이었다.[36] 국내혁명에 지치고 패전에 의하여 약화된 제정 *러시아* 정부는 극동에서의 안정을 찾기 위하여 일본과의 마찰을 피하려고 했던 것이다.

'한일(韓日)합방'은 *시베리아*를 기지로 한 조선인들의 항일투쟁을 더욱 어렵게 만들었다. 위의 각주에 소개된 책에서 일본 학자 *하라*(原)는 일본과 *러시아*의 자료들

35) 1907년 舊한국 군대가 일제에 의하여 강제로 해산되자 그들 중 洪範圖, 車道善 등 일부는 의병에 가담하여 북간도와 연해주 *뽀이세뜨*(煙秋)로 이동하여 이곳에서 李範允, 崔在亨의 도움을 받으면서 항일투쟁을 벌이게 되었다. 이 과정에서 '창의회'가 조직되었다는 것이다. 朴永錫, 「露領地域의 抗日民族 獨立運動」, 韓國史硏究協議會 발간, 『韓露關係 100年史』, 1984년, pp. 253~254 참조.

36) 1908년 全濟德 부대가 함경북도 慶興 남방을, 金永善 부대가 惠山鎭 방면을 공격하는 등 의병투쟁이 번번이 일어났다. 이에 충격을 받은 일본정부는 외교활동을 강화하여 한국 의병들의 무장해제와 체포, 송환을 *러시아* 정부에 요구하게 되었다. 일본과의 친선관계의 유지를 원하고 있던 제정 *러시아*정부는 한인들에 대한 단속을 강화하여, 우선 민간에서의 총기 거래를 금지하고 조선인들의 여권을 조사하기 시작했다. 같은 책, 위와 같음.

또한, *러시아* 당국은 조선인들에게 반일 선동과 무장 부대의 조직을 불허하고 그런 목적을 위하여 *꼬사끄*병을 한-*러* 국경에다 배치하기까지 했다고 한다. Teruyuki Hara, 「The Korean Movement in the Russian Maritime Province 1905~1922」. Dae-Sook Suh (ed), *Koreans in the Soviet Union*, Papers of the Center for Korean Studies No. 12, University of Hawaii, p. 3.

제정 *러시아*정부의 억압정책에도 불구하고 항일 무력투쟁은 지속되었고 1909년 10월 *블라지보스똑*을 출발한 조선인 안중근은 伊藤博文을 추적하여 *하얼빈* 역두에서 그를 사살했다. 그 후 柳麟錫, 李範允, 崔在亨의 의병부대는 투쟁을 계속하였다. 이들은 사상적 계보로 볼 때 사회주의와는 관계없이 李氏 왕조를 회복하려는 보수적 민족주의에 속해 있었지만 애국심은 투철했다.

을 기초로 하여 그 실례를 극명하게 제시한 바 있다. 한-일합방 소식이 전해지자 이에 격분한 신한촌(新韓村)의 조선인들이 *블라지보스똑*에 거주하는 일본 거주민들을 공격한 사건이 발생했다. 이 사건을 기회로 일본정부는 *러시아*정부에 요구하여 조선인 "불령(不逞)분자"들을 탄압하게 했으며[37] 그 위에 1911년 6월 1일에는 '*러*-일 범인인도협정'까지 체결하여 *러시아* 영내 조선인들의 반일운동(反日運動)에 심대한 타격을 주었다[38]고 그는 기술하고 있다.

1905년 *러시아* 제1차 혁명이 일어나자 *시베리아*의 조선인들은 "조선인 사회의 공동의 이익을 위하여" 각종 단체들을 여러 지역에서 조직했다. 최초로 출현한 것이 1905년 말 *블라지보스똑*에서 조선인들의 자치기관으로 조직된 '한족회(韓族會)'였다. 그 후 '대한교육청년회'(1907~1910년), '공진회(共進會)', '대한교육연합회'(1910, 蘇城), '성명회'(聲鳴會, 1910년, 李相卨), '권업회'(勸業會, 1912년, 李相卨 · 李東輝), '공공회'(公共會, 1910년), '조선인민회'(1911년, 姜良好, 金萬謙), '암살단'(暗殺團, 1914년, 金昌鳳) 등이 속출했다.[39] 이 단체들은 물론 반일(反日) 정치단체, 경제단체, 교육기관의 성격을 띠고 활동하고 있었다. 그런데 1914년 8월(구력 7월) 제1차 세계대전이 발발했다. 이때 제정 *러시아*가 독일과의 전쟁에서 영-불 등 서방 제국 및 일본과 연합국이 됨으로써 *시베리아*의 반일 조선인 혁명가들은 난감한 운명에 부딪히

---

37) *블라지보스똑* 일본 총영사 *오오시마*(大島)의 요구에 응한 *러시아* 정부 당국은 韓人民會 의장 金學万에게 경고를 보내고 신한촌에 대한 순찰을 강화했다는 것이다. 나아가 *빼뜨로그라드* 주재 일본대사는 이런 탄압 방침에 따라 앞의 조치보다 더 효과적인 탄압조치를 공식적으로 요청했다. *블라지보스똑* 경찰은 *러시아* 내무성의 훈령을 기초로 하여 43명의 조선인을 체포한 후 그 중 7명을 "반일운동의 주모자"로써 *이르꾸츠끄*州로 추방했나고 한다. 앞의 Teruyuki Hara의 논문, 같은 책, p. 4.

조선인 측 기록에 의하면 일제측은 *헤이그* 밀사사건에 관련되어 궐석재판에서 사형언도를 받은 李相卨의 신변 인도를 요구했다. 이에 *러시아* 당국은 일본과의 외교적 마찰을 피하기 위하여 결국 李相卨, 李範允, 金佐鎭, 李圭豊 등 7명을 *이르꾸츠끄*로 추방하는 식으로 일본에 협력했다고 한다. 이들은 다음해인 1911년 사면되어 돌아왔다. 國史編纂委員會 발행, 宋相燾 『騎驢隨筆』, 1971년, p. 116.

38) 이 '범인인도協定'에서는 *러*-일 두 정부의 이해가 일치했다. 협정의 부속 '秘密宣言'은 정치범의 인도에 관하여 기술하였는데, 정치범의 인도는 국제법의 일반 원칙에 위배되는 것이었다. 협정교섭의 역사는 *러시아*인들이 이 협정을 먼저 제안한 사실을 보여주고 있다. *러시아* 정부의 목적은 1905년의 제1차 혁명 후 일본에 피해 가있던 *러시아* 정치 망명객들의 활동을 진압하는데 있었다. 일본도 자국 정부에 위협이 되는 어떤 외부 세력도 뿌리를 뽑겠다는 열의에 있어서는 *러시아*정부에 뒤떨어지지 않았다. 그 결과로 *러시아* 영내 조선인들의 반일운동은 잠잠하게 되었다는 것이다. 위의 Teruyuki Hara의 논문, 앞의 Dae-Sook Suh(ed)의 책, p. 4.

39) 朴永錫의 앞의 논문, 같은 책, pp. 258~260 및 金俊燁 · 金昌順, 앞의 책, pp. 77~86 참조.

게 되었다.

제정 *러시아*정부는 대전이 일어나자 정치활동 금지령을 선포하고 일본의 환심을 사기 위하여 조선인들의 반일운동을 일체 금지시켜버렸다. 1914년 12월 5일 *뻬뜨로그라드* 주재 일본대사는 *러시아* 외무성에 각서를 전달하고 그 부속 명단에 오른 몇 명의 조선인들을 *러시아*로부터 추방할 것을 요구했다. 이에 대한 *러시아* 외무성의 회답은 *러시아*의 신민(臣民)(귀화한 조선인들)은 누구도 인도할 수 없지만, 비(非)귀화 조선인들은 1914년 6월 1일의 「*러*－일 범인인도협정」부속 비밀선언에 따라 누구라도 추방할 수 있다는 것이었다. 그리하여 *러시아* 지방 당국은 *뽀이세뜨* 지역의 비(非)귀화 조선인들에 대한 가혹한 추방정책을 입법화했던 것이다.[40)]

제1차 대전 중에 '2월혁명'(1917)이 일어나서 300년간 지속되어 온 *로마노프*왕조(1613~1917)는 막을 내리고 '임시정부'가 들어섰다. 격렬(激烈)의 도를 높여가는 노동자들의 파업, 잇따른 군중시위, 병사들의 반란 속에서 *짜리*정부는 무너졌다. 1917년 3월 1일 국회(Duma)는 그 안에 '임시위원회'를 구성, 새 정부를 지명했다. 같은 날 *뻬트로그라드*에서는 '노동자－병사대표 *소비에트*'가 *멘세비끼*파(派) 간부의 주도하에 조직되었다. 대중 조직에 기초한 *소비에트*는 점점 강화되어 갔다. 국회 내의 '임시위원회'는 *러시아*의 임시 중앙정부를 만들었으나 힘이 취약했기 때문에 국정에 관하여 '*뻬트로그라드 소비에트*'와 합의를 봐야했다. 이렇게 *러시아*에서는 국회를 기초로 한 '임시정부'라는 권력이 있는 가하면 다른 한편에는 노동자－병사들의 민중세력을 기반으로 하는 '*소비에트*'라는 권력이 병존(竝存)하고 있었다. 이러한 현상은 '2중(二重)권력'이라고 불리었다. 이런 "이중권력"의 현상은 *시베리아*에서도 나타났다.[41)] '2월혁명'은 불완전하나마 *러시아*에서 일시는 성공한 역사상 최초의 민주주의

---

40) 일본정부는 1915년 8월, 이에 만족치 않고 다시 새로운 각서를 *러시아* 정부에 보내 30명의 조선인들을 체포한 후 일본 당국에 인도할 것과 만일 그것이 불가능하다면 이들을 *시베리아*의 오지로 추방하여 항상 경찰 감시하에 둘 것을 요구했다. 이러한 외교적 압력 외에도 일본의 비밀기관은 "李東輝가 東滿철도(현 長春철도)를 파괴하려 하고 있으며, 反*러시아* 음모를 조직하고 있는 독일의 앞잡이"라는 풍설을 조직적으로 유포시켰다. 그리하여 이동휘는 1917년 독일 간첩의 혐의로 투옥된 일이 있다고 한다. B. D. Pak, 「제1차 세계대전 전야의 조선민족 해방 투쟁」, 위의 Hara(原) 논문, 같은 책, p.5에서 인용. 이와 같이 "*러*－*日*의 협약이 존속하고 있는 한, *짜리 러시아*와 일본은 조선인 민족주의운동을 진압하는 면에서 신뢰할 수 있는 한 패였다"고 *하라*(原)는 결론을 지었다.

41) *벨그라드*에 臨時政府가 수립되었다는 소식이 전해지자 정치적 감각과 의식이 예리한 주민들－주로 *시베리아* 횡단철도 연변 도시에서 살고 있던 *러시아*人들은 질서유지와 제도의 민주화 개혁을 위하여 지역적

혁명이었다. *유럽*에서 가장 부자유했던 나라가 별안간 가장 자유로운 나라로 돌변한 것이다. 정치적 자유의 파도(波濤)에 편승하여 *러시아*의 변경에서는 자치정부 또는 민족 독립국가를 수립하려는 운동이 거세게 일어났다.

*짜리*정부에 의하여 억압받아 왔던 조선인들의 정치-사회 활동은 '2월혁명' 후의 흥분 속에서 소생했다. 1917년 5월에는 과거의 '한족회(韓族會)', '대한교육청년회', '권업회(勸業會)'와 그 밖의 여러 조선인 단체들을 총 망라하여 *러시아* 안에 민족운동의 단일적 중앙기관을 창설하기 위한 발기인 대회가 *니꼴스끄-우스리스끄*(*블라지보스똑* 시 바로 북쪽에 위치)에서 열렸다. 그런데 이 대회에서는 *러시아* 국적을 가진 대표와 갖지 않은 대표자 사이의 문제로 분쟁이 일어났고 드디어는 분열되었다.[42] 이 분열의 중요한 원인은, 첫째로는 발기인대회에서 귀화 이주민대표(다수파)

으로 '社會團體委員會'(Committee of Social Organizations)를 조직했다. 이 '위원회'의 위원은 '입헌민주당', '사회혁명당'계 사회주의자들 '사회민주노동당'계의 *멘셰비끼*와 *볼셰비끼* 등이 혼재하고 있었다(Forsyth, 앞의 책, p. 209). 그런데 소련공민(해방 후 북한정권의 건설상 및 노동당 중앙위원회 위원역임)인 金承化는 판에 박힌 계급사회관에 따라 '사회단체위원회'(그는 '社會安全委員會'로 기술)는 *블라지보스똑*의 "부유층"이 조직했고, 그 수반으로는 "열렬한 반동주의자" *유센꼬프*(Lusenkov)를 선출했다고 헐뜯었다. 그에 의하면 '사회안전위원회'는 "*부르죠아*"권력이요, '*소비에트*'는 "근로자의 정권"이라고 했다. 이것은 극히 획일화된 편견이다.

'*소비에트*'는 *크라스노야르스끄*(Krasnoyarsk), *똠스끄*, *바르나울*(Barnaul) 등 西*시베리아*의 공업인구가 꽤 많은 *러시아*인 지주 지역에서 볼 수 있었다. 그런데 전 *시베리아*를 통하여 가장 명망 있는 혁명정당은 *맑스*주의系 '社會民主勞動黨' 내의 *볼셰비끼*派나 *멘셰비끼*派가 아니라 *체르노프*(V. M. Chernov)가 지도하는 농민지향적인 '社會主義革命黨'이었다(Forsyth, 앞의 책, p. 230). 9월에 가서는 '사회주의혁명당'의 세력이 막강했던 '西*시베리아* 農民*소비에트*'까지 조직되었다. 그러나 10월 *레닌*이 *쿠데타*를 통하여 집권하자('10월혁명') 사태는 바뀌어 갔다. '10월혁명' 수개월이 지나는 동안 *시베리아* 공업지대에서는 '노동자-병사 *소비에트*'들이 지방의 정권들을 이양하라고 요구했다. *옴스끄*, *이르꾸츠끄* 등지에서 그런 요구를 거부하자 이 도시들은 전쟁터가 되었다.

그러나 1918년 1월 초순까지에 *시베리아*의 민주적 행정기관들은 무장한 '*소비에트*'들에 의하여 접수되었다. 많은 '사회주의혁명당' 간부들은 체포를 피하여 "극동" 지역으로 도피, 그곳에서 反*볼셰비끼* 투쟁을 계속했다(같은 책, p. 220).

42) 조선인 發起人대회에 참석한 각 단체의 대표는 총 96명이었다. 그중 3분의 2는 이미 *러시아*에 귀화한 즉 *러시아*化한 고참 이주민들이고, 3분의 1은 귀화하지 않은, 즉 순수한 조선인으로 남아있는 신참 이주민이었다. 두 이주민들 간의 갈등으로 歸化移住民들은 非歸化移住民들을 멸시하고 한 자리에 앉기를 꺼려했으며 서로 通婚도 하지 않았다. 귀화이주민들은 일찍이 이 나라에 와서 생활의 터전을 마련한데다가 *러시아* 정부로부터 땅을 무상으로 배당받고 있었음으로, 이들은 일종의 특권층이요 부유한 계급이었다. 이에 대해 비(非)귀화이주민들은 토지소유권을 인정받지 못했음으로 하여 *러시아*人 또는 귀화 조선인 동포들의 토지를 소작할 수밖에 없었다. 소작기간은 아주 짧았고 소작료는 높았다. *시베리아* 이주 조선인들은 이방 속의 이방인으로 소외된 존재였다. *짜리*정부는 *시베리아*의 개발과 병력 충당의 목적에서 외국

들이 비(非)귀화 이주민(소수파)대표들의 발언권은 인정하되 의결권은 부인한다는 의안을 다수의 힘으로 가결했던 배타적 태도에 있었다.

비(非)귀화 이주민들은 이에 반항, 대회에서 퇴장한 결과 대회는 분열되고 말았다. 대회에 잔류한 다수파의 대표들은 자기들만으로 *러시아* 내에 거주하는 한족들의 중앙대표 기관으로써 '전로한족회 중앙총회(全露韓族會 中央總會)'를 조직했던 것이다. 둘째로는 중앙에서 병존하면서 각축하고 있던 두 *러시아*의 정치권력, 즉 '임시정부'와 '*소비에트*' 중 어느 편을 지지하는 가의 입장 차이에 그 원인이 있었다. 귀화 이주민대표들은 '임시정부'를 지지하고, 비귀화 이주민대표들은 '*소비에트*'를 지지함으로써 양측의 정치노선은 대립하게 되었다. 이 밖에도 본래 두 파 안에는 출생한 고향이 다른데서 오는 지방색, 국내에서 각자가 타고난 신분과 빈부의 차별, 소속했던 단체와 지도자들의 이념과 성격으로부터 입은 영향 등이 민족적 단합이라는 명분을 누르고, 이 두 파의 심층심리(深層心理)에 깊이 자리 잡고 있었다. 비귀화 조선인들과 귀화 조선인들은 각자의 신문 『청구신보(靑邱新報)』와 『한인신보(韓人新報)』를 통하여 격렬한 논전을 벌이다가 결국은 서로 양보하여 타협하는 방향으로 해결의 가닥을 잡아갔다.

그러는 사이에 *뻬트로그라드*에서는 '10월혁명'이 일어나 결국 정권은 *레닌*을 선두로 하는 *볼셰비끼*파(派)로 넘어갔다. *러시아*의 천지는 다시 바뀌고 있었다. 1919년 2월 '전로한족회 중앙회'는 그 명칭을 '대한국민의회(大韓國民議會)'로 기구를 대대적으로 개편하고 그 안에 각 파 각계의 대표들을 망라했다. 이렇게 하여 '대한국민의회'는 명실 공히 *러시아* 내 조선인들의 대표기관으로 되었고, 조선인들의 유일한 임시정부로 자처했던 것이다. '대한국민의회'는 조선인 혁명단체들 간의 복잡한 분규 속에서 민족의 단합된 힘을 형성, 독립운동의 앙양을 위하여 진력(盡力)했다. 그러든 중 1920년 4월 일본군이 *블라지보스똑*에 상륙하여 소위 "불령(不逞)" 조선인들의 기관들을 모조리 파괴하는 폭거를 자행했다. 이 재난을 피하기 위하여 '대한국민의회'는 *아무르주*(州)의 주도(州都)인 *블라그베셴스끄*(Blagoveshchensk)로 옮겨갔다. 여기서 극동의 *볼셰비끼* 두목 *크라스노 쉬띠꼬프*의 정치공작에 포섭되어 간부들은 전

이민들을 이렇게 우대하여 그들을 유인했던 것이다. 귀화 이주민 비귀화 이주민 간의 사회적 차별성에 관한 간결한 요약은 앞의 임경식, 『한국사회주의의 기원』, pp. 53~54 참조.

원이 그 곳 공산당 조직에 가입하게 되었다.[43]

이하 일련의 격변을 겪는 가운데 일어난 *불라고베쉔스끄* 사건은 대제국(大帝國)이 붕괴한 직후의 *러시아*의 극히 복잡하고 불안했던 당시의 사정에서 볼 때 조선인 혁명가들이 *러시아*에서 새로 출현한 정부와 손을 잡으려 했던 것은 충분히 있을 수 있는 일이었다. '전로한족회 중앙총회'는 2월혁명 후 *러시아*에서 출현한 최대의 조선인 정치단체로서 여러 지역에다 활발하게 분회(分會)를 조직해 나갔다. 그러나 대의원의 구성은 착잡하여 곧 분열될 수밖에 없는 운명에 있었다.

1910년 전후의 在滿韓人 활동무대

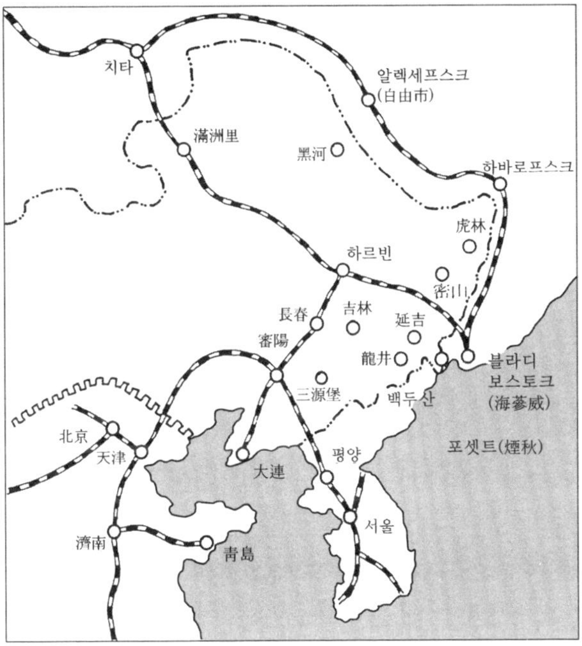

한편 *짜리* 정부의 대독(對獨)전쟁 정책을 계승했던 *러시아*의 2월 임시정부는 사활을 건 이 전쟁을 계속했고 일본과는 동맹국으로써 제휴를 계속하고 있었다. 동맹의 표시로 *러시아* 임시정부는 조선인 정치 망명객 수명을 투옥했으며, 그 안에는 반일투쟁의 제1인자인 이동휘(李東輝)가 들어 있었나. 그러나 이동휘는 *블라지보스똑 소비에트*의 *볼셰비끼* 간부들의 적극적인 도움으로 석방되었다고 한다.[44] 이러한 상황에서 이동휘를 비롯한 조선인들의 항일 민족주의 독립운동이 자기들을 도와주는 *볼셰비끼*와 제휴하게 된 것은 자연스러운 추세였다.

43) 앞의 金俊燁 · 金昌順의 책, pp. 127~128.

44) Hara의 같은 논문, 같은 책 같은 페이지.

제2장

두 개의 "고려공산당(高麗共産黨)" 출현 :
'상해파(上海派)'와 '*이르꾸츠끄*'파(派)의 각축

제1절 "한인사회당(韓人社會黨)"의 창립

이동휘(李東輝)는 1918년 6월 26일에 *하바롭스끄*에서 *볼셰비끼* 정부와의 제휴하에, 박 애(朴 愛), 전 일(全 一), 박진순(朴鎭淳), 김 립(金 立), 이한업(李漢業) 등과 함께 '한인사회당(韓人社會黨)'을 조직하고[45] *볼셰비키*정권을 지지하는 조선인들의 운동을 주도해 나갔다. 그 후, 즉 1921년 1월 동당(同黨)은 당 본부를 상해(上海)로 옮기면서 당명을 '고려공산당(高麗共産黨)'으로 바꾸었다.[46] 이것이 세칭 고려공산당 '상해파(上海派)'인데 뒤에 이들은 국내에서는 '서울파(派)'라는 *맑스*주의 *써클*과 결탁

45) '韓人社會黨'에 관해서는 여러 설이 있다. 日帝의 조사 기록에 의하면 *모스크바*의 *코민테른*(이것은 아마 '*러시아* 공산당'의 착각인 것이 틀림없다. 당시는 *코민테른*이 조직되기 이전이었기 때문이다)으로 파견된 극동방면 선전위원 *그리고리노프*(Grigorinov)라는 사람이 *하바롭스끄*에 왔을 때 朴鎭淳의 중개로 李東輝와 만났는데 이 두 사람이 합세하여 한인사회당을 창립했다는 것이다. 「高麗共産黨 及 全露共産黨ノ梗概」, 『現代史資料』 29, 朝鮮(5), みすず書房, 1972年, p. 453.

'조선인사회당' 창립에서 지도적 역할을 했던 李東輝 자신의 말에 의하면(1921. 12. 15) "1918년에 新民會의 회원 유동렬, 양기탁, 조성희, 이동령, 안정근 등 수십 인이 회의하다 의견이 不同하여, 나는 그 회의에서 탈퇴하여 사회당 조직에 착수했다"고 술회하였다(임경식, 『한국사회주의의 기원』, 역사비평사, 2003년, p. 35에서 재인용). *러시아 공민*인 金承化에 의하면 '조선인사회당'(조선사회주의자동맹으로 기술)은 조선인계의 열렬한 *볼셰비끼*였던 *알랙산드라 뻬뜨로브나 김*(金 Alexandra Petrovna)의 역할을 통하여 1918년 3월(6월이 아니라)에 조직되었고, 그녀 자신도 黨의 조직자 중의 일원이었으며 중앙위원회 위원이었다고 한다. 동 당은 군대 조직에 적극 참여하여 1918년 6월말에는 이미 100명으로 이루어진 제1 조선인 부대를 구성했다는 것이다. 金承化 저(정태수 편역), 『소련 한족사』, 대한교과서주식회사, 1989년, pp. 86~89 참조. 그런데 이와는 달리 *부가이*는 1918년 4월 *블라디보스똑*에서 조선인들이 발족시킨 '한인사회동맹'이 "*소비에트*정권을 지지하는 조선인들의 운동을 주도했다"고 쓰고 있는데 이것은 이동휘계의 '조선인사회당'을 가리키고 있는 것으로 생각되나 창립의 일자와 장소가 다르다. *니콜라이* P. *부가이*, 앞의 책, p. 9.

46) 「高麗共産黨及全露共産黨ノ梗概」, 앞의 『現代史資料』 (29), p. 453, p. 457.

하게 되었다. 이로부터 1년 3개월 뒤인 1919년 9월 5일 이동휘계의 '상해파' 고려공산당과는 별개의 공산당조직이 김철훈(金哲勳), 오하묵(吳河默), 최고려(崔高麗) 등에 의하여 *이르꾸츠끄*에서 창립되었다.[47] '*이르꾸츠끄*파(派)'는 고려공산당 '상해파'[48]와 함께 초기 조선인공산주의운동내의 파벌투쟁에서 2대 원류의 하나를 형성했었다. 이에 관해서는 곧 뒤에서 논급할 것이다.

이 시기에 국내에서는 3·1운동이 폭발했고, 국제적으로는 우연히 같은 3월에 국제공산당 즉, *코민테른*(Comintern. '제3*인터내셔널*')이 창립되어 혁명의 물결이 최고조에 달한 감을 주었다. 이동휘는 독립운동에 필요한 군사적, 재정적 원조를 얻기 위하여 *모스크바*와의 유대를 강화하는데 최대한의 힘을 기울였다. 그는 박진순(朴鎭淳)

---

47) 같은 책, pp. 457~458.

48) *코민테른*의 기록(1921. 11. 15)에 의하면 "상해파 측의 [한인]사회당, 즉 공산당은 공산당이라는 이름으로는 *이르꾸츠끄*派 공산당보다 먼저 조직된 것으로써 1919년 이미 朴 愛, 朴鎭淳 등을 *모스코바*에 파견하여 국제공산당과 연락했다. 즉, 다른 일파 [*이르꾸츠끄*파]는 전자보다 약간 뒤늦게 10월혁명 후인 1920년 6월경 비로소 공산주의의 무대에 나타났다. [이것이] 형식적으로 공산주의로 전진한 것은 실로 1921년 4월경의 일이었음"이라고 한다. 「朝鮮問題についての調査委員會の 決定書」, 『コミンテルン資料集』 2 (1921~1924) 大月書店版, 1978. 資料 13, p. 75.

※ '極東共和國'이 창설된 것은 미군의 마지막 부대가 1920년 4월 1일 *블라디보스똑*에서 철수한 6일 후의 일이었다. 새 공화국의 처음의 수도는 *베르흐네-우진스끄*(Verkhne- Udinsk, 그 후 Ulan-Ude로 개칭)였으며 공화국 수반은 *크라스노쉬쵸꼬프*(A. M. Krasnoshchchyokov)였다. 그 후 백위군이 만주로 패주하자 공화국의 영역은 *바이칼*湖 以東의 일본군 점령하에 있던 태평양 연안의 沿海州까지의 전역에 이르게 되었다. 뒤에 와서 '공화국'은 수도를 *치따*로 옮겼다. 이것이 세칭 "*치따*정부"였다.

*소비에트 러시아*정부는 기존의 복안대로 "극동공화국"을 승인하고 외교관계까지 맺었다. "극동공화국"은 *소비에트 러시아*와 일본 사이의 직접 충돌을 피하기 위한 완충국으로써, *레닌*의 계획에 따라 만들어진 *러시아*의 위성국이었다. "극동공화국"은 창설 직후부터 日本에 대해 일본군의 계속적인 연해주 점령과 백위군 잔당에 대한 지원에 항의했다. 이와 동시에 공화국은 赤軍이 아니라 "인민혁명군"이란 이름으로 군대를 조직하고 *빨치산* 부대들을 정규군화 하여 백위군을 격파하는가 하면, *소비에트 러시아*의 무력지원을 요청하여 1920년 가을 적군의 *치따* 진주를 도와주었다.

일본은 자국의 *시베리아* 정책이 이리저리 흔들리는 동안 *시베리아* 철수를 결정짓지 못하고 있다가 1922년 10월 말 드디어 *시베리아*에서 완전히 철수해버렸다. 여기에 이를 때까지 극동공화국은 '大連회의'(1921. 9), '*워싱톤*회의'(1922. 2), '長春회의'(1922. 9) 등에서 끈질기게 일본군 철수를 요구했다. 한편 '극동공화국' 정부는 만일 *시베리아*에다 공산주의 국가를 수립한다면 일본의 침략을 오히려 조장할 것이라는 점을 우려해서, 사유재산권을 인정하고 언론의 자유 및 보통선거를 선언하면서 의회주의 공화제를 채택했다. 물론 '공화국'의 지도권은 공산당 손에 있었다. 일본군의 *시베리아* 철수가 끝나자 *모스크바*는 '극동공화국'을 더 이상 필요로 하지 않게 되었다. 1922년 11월 13일 '극동공화국 국민회의'는 투표를 통하여 자원의 형식으로 이것을 *소비에트 러시아*에 합병시켰다. 그렇지만 '극동공화국'이 해체된 후에도 일본군은 1925년 1월까지 北*사할린*에 주둔해 있었다.

등 대표를 수차 *모스크바*에 파견하여 줄곧 정치 교섭을 벌이는 한편, *볼셰비끼*의 군사적 후원하에 *시베리아*와 만주에서 조선인의 군사단체를 조직하고 소-만국경을 넘나들면서 일본군에 대해 완강한 무력투쟁을 감행했다. 이들은 대체로 독자적인 부대를 편성했거나 또는 *러시아*인 *게릴라*군(軍)에 가담하여 싸웠다. 또한 이들은 1920년 4월 *레닌*이 계략적으로 *시베리아*에다 "극동공화국(極東共和國)"*이란 이름으로 *소비에트 러시아*의 위성국을 창설한 후에는 그 군사적 지원하에 항일전을 벌였다.

한편 *러시아*의 *볼셰비끼*정권의 처지에서 볼 때는 *시베리아*로 침공해온 외국간섭군, 그 중에서도 7만 3천명이나 되는 엄청난 일본군을 축출하기 위해서는 어떠한 반일(反日) 세력과도 제휴해야 하리만큼 그곳의 사태는 위급했다. 앞에서 언급한 바와 같이 1918년 봄부터 영-불-미의 간섭군은 *소비에트 러시아*에 진주하기 시작했고, 동년 4월에는 일본군이 *블라지오스똑*에 상륙했다. 세계대전에 의하여 극도로 약체화(弱體化)된 *러시아* 국가를 물려받은 *볼셰비끼*정권은 방대한 지역에서 외국간섭군과 싸우는 한편, 이들에 호응했던 *러시아* 내의 모든 불만분자들과 사투를 계속하지 않을 수 없는 존망(存亡)의 위기에 처해 있었다.

이때 *모스크바*가 예의 주목하고 지원한 것이 *시베리아*에 근거지를 둔 조선인들의 항일(抗日)민족혁명 세력이었다. *부가이*에 의하면 조선인 *빨치산* 부대들은 동포들이 밀집하여 거주하고 있던 극동지역에서는 물론, 멀리 서편 동(東)*시베리아*의 *옴스끄, 쮸메니, 또볼스끄(Tobolsk)* 등지에서도 *볼셰비끼* 편에 가담하여 투쟁했다고 기록하고 있다.[49] 백군(白軍)과 외국 간섭군에 대항하여 싸운 전투에서 '조선인 사회당'['조선인 사회동맹'으로 기술] 당원들 중 100여명 이상이 *우스리스끄* 전선에서 전사했다고 *부가이*는 말하고 있다.[50]

*러시아*의 *볼셰비끼*는 *시베리아*, 특히 극동지역에 거주하고 있던 조선인들의 목적의식과 자각, 혁명열의를 아주 높이 평가했다. 물론 일부의 결점도 지적하였다. 1920년 5월 1일자 [극동공화국 주재 *소비에트 러시아*] *시베리아* 공사관(公使館)의 한 문건, 「동부 *시베리아* 접경 국가들의 사업관계」는 다음과 같은 점을 강조하였다. 즉

49) 극동에서 싸운 조선인 *빨치산*부대에는 5軍(司令官 최진태)소속의 국제연대, 조선인 旅團 (吳河默), 지대(黃河)의 부대들이 들어있고, *차파에프* 師團에 속해있던 222聯隊에서 조선인들은 명성을 날렸다고 한다. *알렉산드르 부가이*, 앞의 책, p. 9.

50) 위와 같음.

(1) 조선인 공산주의자들의 조직이 "거의 전체 *시베리아* 도시들에" 광범하게 널려있다 (2) "원동(극동)에서 영웅적 *빨치산* 전쟁"에서 "현재 많은 조선인 혁명가들이 *빨치산* 대열에 서있으며, 반(反)혁명 투쟁에 참가하고 있다. *니콜스크, 이만, 올긴*전선에서는 독립적인 [독자적으로 조직된] 조선인 *빨치산*부대들이 우리 *빨치산*들과 협력하고 있다." (3) 조선인들이 *러시아 빨치산*대열에 참가했다는 사실이나 독립적인 조선인 *빨치산*부대가 조직했다는 사실은 "자연 발생적인 것이 아니라, [*시베리아*] 공사관에서 조직에 필요한 방조를 준 결과다"[51]는 등등…

또한 이 문건은 조선인 혁명가들의 우수한 자질을 인정하고 이들을 *러시아* 적군(赤軍)의 장교로 양성할 의향이 있음을 밝히고 있다.[52]

위에서 "조선인 *빨치산*부대"라는 병력은 대부분 이동휘의 직접적 영향하에 있었던 항일 독립군 부대였다. 이에 대해 '*이르꾸츠끄*파(派)'의 군인들은 거의가 *러시아*의 정규군에 소속되었던 것으로 보인다. 이동휘는 물론 군(軍) 지휘관이 아니라 혁명가요 정치가였다. 민족혁명운동에서 공산주의자와 민족주의자와의 공동투쟁을 구상해 온 이동휘는 *모스코바*와 정치적 연락을 유지하면서 착잡한 협상을 거쳐 이동휘는 1918년 9월 상해(上海)의 대한민국 임시정부의 국무총리에 취임했다('한인사회당', 당수직은 그대로 유지). 대통령('執政總裁')은 이승만(李承晩)이었다.[53] 3·1운동의 독립정신을 계승한 초창기의 상해 임시정부는 정치적 *이데올로기* 여하를 막론하고 모든 반일(反日)세력을 망라했다는 명분을 내세운 일종의 연립정부였다.

여기서 민주주의자와 민족주의적 공산주의자들은 독립이란 단일 공동목표를 위하여 서로 협조하게 되었다. 임시정부는 *소비에트* 정권 및 *코민테른*으로부터 어느 정도의 후원을 받고 있었다. 그러나 이동휘와 대립하고 있던 '*이르꾸츠끄*파' 조선인공

51) 앞의 『朝鮮共産黨史(秘錄)』, pp. 19~21 참조.

52) 즉 (1) "*시베리아*의 조선인 주민들(대부분의 망명한 혁명적 기분을 가진 *인텔리*들)은 대단히 재능 있는 사람들이며, 그들을 군사적인 지도원으로 양성하는 것은 조선의 혁명적 조직 강화의 견지에서 볼 때 대단히 바람직한 일이다." 이미 조직된 조선인 군부대들(*첼라빈스끄*에서 *르흐네-우진스끄*까지 400~500명 정도)을 직접 전투단위로 이용하는 것은 "전혀 비효과적"이다. 그들을 장래의 붉은 군대 하급지휘관 양성준비에 이용하는 일은 가능하고 필요한 것이다. (2) *시베리아*에 거주하고 있는 중국인들의 "사회적 성분"을 보면 조선인들이 "민족적 자주성(독립)"을 찾기 위하여 혁명투쟁에 가담한 것과 달리, 중국인들은 "소(小)상인적인 욕망"을 추구하고 있다는 것을 알 수 있다고 기록하고 있다. 같은 책, pp. 18~20 및 p. 22.

53) 이때 '대한민국임시정부' 대통령 대리에는 안창호가 되었다. Robert. A. Scalapino and Chong-sik Lee, *Communism in Korea, Part I : The Movement*, University of California Press, 1972, p. 52.

산주의자들은 상해(上海)의 임시정부와 이승만을 증오하고 맹렬히 반대했다.

*'이르꾸츠끄파'*는 상해임시정부를 "귀족(양반) *부르죠아* 층의 발기에 의하여 창설되었다"느니, 대통령 이승만은 "미국에 살면서 돈을 빌리고 그 대가로 인천(仁川)항을 제공할 것을 정부로부터 위임받았다"느니 하고 비방했다. 그러면서 "자본주의 국가들과의 이런 타협정책은 조선을 오직 새로운 형태의 노예적 예속상태로 끌고 가는 것이므로 조선근로자들은 이것을 지지할 수 없다"는 반대 입장을 명확히 했다.[54] 이와 같이 민족주의 혁명가 이승만에 대한 *러시아 볼셰비끼*의 허위적 비방의 원형(原型)은 1945년 8월 이후가 아니라 이미 이때에 형성되었던 것이다.

그렇지만 한편 상해의 임시정부가 반일(反日)투쟁에서 *소비에트 러시아*를 제휴의 상대로 삼으려고 시도하고 있는 점을 고려하여 "[우리] 당(黨)의 노선이 상해 임시정부의 과업과 공통성을 가질 때에는 그를 지지한다"는 단서를 붙였다. 그리고 이들은 공산당대표가 임시정부의 성원(成員)이 되었을 때는 정부의 위상을 이용하여 조선인 대중 속에 계급적 각성을 일으킬 것이며, 동시에 "전체의 정권을 당(黨)이 장악하게끔 하기 위하여 정부를 내부로부터 파괴한다"[55]는 전술을 밝혔다. 이것이 철저한 *볼셰비끼*였던 '*이르꾸츠끄파*' 공산주의자들의 대한민국 임시정부에 대한 기본입장이었다.

그런데 *레닌*이 '상해 임시정부'에 보내온 정치자금을 이동휘의 비서 김 립(金 立)이 유용했다는 의혹 사건을 둘러싸고 일어난 분규[56]때문에 '상해파' 고려공산당은 얼마 안가서 분열되었고, 임시정부 내의 연립도 와해되어 1921년 1월 이동휘는 국무총리 직을 사임했다. 그러나 그의 혁명 활동은 계속되었다.

일본관헌의 한 조사기록에 의하면 그는 상해(上海), 북경(北京), 광동(廣東)(중국본토), 만주의 대흑하(大黑河)유역, *러시아*의 *치따, 울라지보스똑*, 수청(水清), 서울(국내 전부 포함), *도키요*(일본), 심지어는 *하와이*와 *샌프란시스코*(미국)에까지 선전 기관을 설치하고 조직에 힘썼다고 한다. 당시의 '상해파'의 당세는 약 6천 8백여명의

---

54) 1920년 10월, 「*러시아* 조선인 노동자 및 혁명적 단체대회」라는 이름으로 발표한 「상해임시정부에 대한 우리의 입장(1)」, 앞의 『朝鮮共産黨史(秘錄)』, p. 50.

55) 1920년 10월 '*이르크츠크* 제1차 조선인 공산주의 단체 *러시아* 대회'(제1차 한인공산주의자 대회). 「상해임시정부에 대한 우리의 입장」(Ⅱ), 같은 책, pp. 52~53.

56) 이 정치자금의 입수경위의 유용에 관해서는 여러 가지 이설이 있다. 자세한 것은 金俊燁 · 金昌順, 앞의 책, pp. 195~198, pp. 218~219 참조.

당원을 규합한 것으로 추산되고 있었다.[57] 그러나 정확한 숫자는 알 길이 없다.

제2절 양파(兩派)의 정체성(正體性) 차이

조선인 독립운동에 있어서 불요불굴(不撓不屈)의 투사로 알려져 있던 이동휘의 공산주의운동이 어느 정도까지 공산주의의 *이데올로기*에 철저했던 가에는 많은 의혹이 남아있다. 물론 표면상으로는 *러시아*의 *볼셰비끼*정권과 *코민테른*의 노선에 대해 절대적인 충성을 표시해 왔다. 일례로 *코민테른* 제2차 세계대회(1920년 7~8월)에 대의원 자격으로 참석했던 그의 동지 박진순(朴鎭淳)은 민족 및 식민지문제 분과위원회에서 후진적 극동에 있어서의 혁명노선을 명료(明瞭)하게 제기한 바 있다.[58]

박진순은 이 석상(席上)에서 후진적 동방(東方)에 있어서 혁명의 제1단계를 "*부르죠아 민족주의적*" 민족혁명으로, 다음 단계를 농민을 중심으로 한 "사회혁명"으로 규정한 점은 *레닌*주의의 혁명이론에 대체로 비슷하게 들어맞은 것으로 볼 수 있다. 이 점을 보다 명확하게 표현한 문언(文言)은 1921년 5월에 발표된 '상해 고려공산당(上海高麗共産黨)의 선언(宣言), 강령 및 규약(綱領 及 規約)'에서 찾아볼 수 있다. *맑스*와 *엥겔스*의 『공산당선언(共産黨宣言)』의 전문(前文)을 인용하면서 제시한, 웅건(雄建)한 필치의 이 강령은 조선인들의 민족 독립투쟁을 국제*프롤레타리아*의 계급투쟁의 일환으로 해석하면서 다음과 같이 쓰고 있다.

> … 무릇 사회(社會)에 있어서의 압박자와 피압박자, 약탈자, 즉 강자와 약자간의 대치와 적시(敵視)는 날로 더 예격(銳激)해져 극도에 달했다. [이 양자 간의 투쟁은] 밖으로

---

57) 「高麗共産黨及全露共産黨ノ梗概」, 앞의 『現代史資料』(29), pp. 459~461.

58) …우리는 東方에 있어서의 혁명의 제1단계는 자유주의적 *부르죠아지*와 민족주의적인 *인텔리겐챠*의 승리가 될 것이라는 것을 인정하면서, 이제 다음 단계를 위하여 우리의 역량을 준비하지 않으면 안 된다. 즉 가급적 빨리 *아시아*에 있어서의 농민적-사회적 혁명을 성취할 수 있도록 봉건적 체제에 예속된 농민대중으로부터 조직적 힘을 규합하여야 한다. 일본을 논외로 한다면, *아시아*의 공업 *프롤레타리아트*는 우리들이 [이 지역에서의] 조속한 공산주의 혁명을 이룩할 수 있다는 큰 희망을 지니기에는 너무나 미약하다. 그렇지만 만일 우리가 당면한 문제는 大 유혈투쟁이라는 점을 파악할 수 있게 된다면 農民革命이 성공하리라는 데는 의심의 여지가 없다. Robert. A. Scalapino and Chong-sik Lee, *Communism in Korea, Part I : The Movement*, University of California Press, 1972, p. 17에서 재인용.

는 식민지 민중의 민족적 해방운동이 되고, 안으로는 유산계급에 대한 무산군중의 운동이 된다.… 한일(韓日)합방의 불합리, 부자연함은 명확한 사실이다.… 일본은 한국을 합병한 때부터 오인(吾人)의 언론, 출판, 집회 등 모든 자유를 박탈하고 그 향상을 저지함과 동시에 산업경영에 관한 부자연한 제(諸)법규로써 오인의 기업에 막대한 간섭을 행했던 때문에 상공업의 발달을 방해함은 실로 그 극에 달했다. … 여기에 이르러 오인은 오인의 존영(尊榮)을 위하여 일본의 기반[羈絆. 굴레]을 이탈할 것을 절규하는 자(者)이다.… 그러나 오인의 민족적 해방운동은 사회혁명의 한 계급[단계]이며 결코 목적은 아니노라. 오인은 현 사회의 모든 계급을 타파하려는 자(者)이다.[59](밑줄은 저자)

이 「강령」은 계속하여 *윌슨*의 민족자결주의와 *베르사이유*회의(會議)는 "피압박 군중을 기만"하는 것이며 이 회의는 "제국주의, 자본주의의 주구(走狗)"라고 신랄하게 공격하고, 한국에 *프롤레타리아트* 독재의 "*소비에트* 정권을 수립할 것"을 대담하게 제창하면서 다음과 같이 끝맺고 있다.

…오인은…다 같이 돕고 다 같이 사랑하는 대동사회(大同社會)를 건설하기 위하여 무산자독재(無産者獨裁)의 한국 *소비에트* 정권의 실현을 기(期)하는 자이다. 한반도 인구의 10분의 7을 차지하는 도시 및 농촌의 무산군중은 반드시 동일 보조로써 계급투쟁의 최후의 승리를 기(期)해야 할 것이라고 믿는다. 모든 무산자여, 공산당 기치하에 단결하라.[60]

이상의 문언들이 당시의 *코민테른*의 노선을 거의 그대로 답습한 것임을 즉각적으로 간파할 수 있다. 이러한 문언에 나타난 표현만으로 본다면 '상해파(上海派)' 고려공산당은 강고한 *볼셰비끼*적 당이라고 간주할 수 있다. 그러나 한편 이동휘(李東輝) 자신은 공산주의 이론에는 큰 관심도 이해도 없었고, 단지 독립의 쟁취를 위하여 *레닌*의 *볼셰비끼*정권에 편승함으로써 *코민테른*을 이용하려 했으며, 공산주의를 민족주의에 종속시켰다는 많은 설이 있었다. 앞의 일제(日帝)관헌(官憲)의 조사서는 '상해파 고려공산당'의 특징을 다음과 같이 분석하였다.[61]

---

59) 「上海高麗共産黨宣言, 綱領級 規約」. 『現代史資料』(27), 朝鮮(三), みすず書房, 1970年, pp. 38~40에 수록. 이 문건의 한글 원문은 찾아볼 수 없다. 이상 일문 *텍스트*의 영역 全文은 Dae-Sook Suh, *Documents of Korean Communism 1918~1919*, Princeton University Press, 1970, pp. 25~40에 수록되어 있다.
60) 위와 같음.

(1) [동 당은] 조선의 독립 사업을 달성하는 것으로써 최종의 목적을 삼고, 이 목적을 수행하기 위해서는 여하한 방법이라도 강구하며 또한 여하한 수단을 취하는 것도 사양하지 않는다.
(2) 당원의 대부분은 조선의 독립 사업에 대한 극렬한 사상을 견지하고 있는 자들이다.
(3) 당원의 대부분은 *러시아*내의 비(非)귀화 조선인을 망라하고 있었으며, 한편 그 대부분은 *러시아* 귀화를 달갑게 생각지 않는다.
(4) 공산주의를 신봉하는 것은 조선의 독립 사업을 수행하기 위한 일시적 가면이요, 하나의 보호색으로 삼는데 불과했다. 요컨대 *소비에트[러시아]* 정부를 이용하여 그 보호를 받으면서 조선의 독립 사업에 이바지하자는 것이다.
(5) 당원의 대부분은 공산주의를 신봉하는 것을 흔쾌히 여기지는 않되, 단지 조선의 독립 사업이라는 일대 목적을 위하여 대국적(大局的)으로 공산주의를 신봉함으로써 [그렇게 하는 것이] 가장 빠르고 유익하다고 생각한 자들뿐이다.

이밖에도 당시 이동휘 일파의 *이데올로기*의 미숙성 내지 "민족주의적 편향"을 지적한 일본, 중국 공산주의자들의 갖가지 증언이 있다.[62] 그런데 *이데올로기*나 사상적 입장에 있어서 이동휘 일파와 대립하고 있던 집단이 *이르꾸츠끄*파(派)였다. 이들은 본래 *러시아* 공산당의 지방조직인 '*이르꾸츠끄* 공산당 조선인 지부(支部)'(1918. 1)에 속해 있다가 *러시아*에 귀화한 조선인들이었다. '전로(全露)조선인공산당'이란 이름으로 출발한 보다 더 *러시아*적(的)이요 *볼셰비끼*적(的)인 이 당은 처음부터 *이르꾸츠끄* 주재 *코민테른* 극동서기국 책임자인 *슈미야츠끼*(Boris Z. Shumiatsky)의 직접 지도하에 있었다. 이들은 *러시아* 안에 거주하는 조선인 공산주의자들을 모두 자당 안에 흡수하여 '상해파'에 대한 *모스크바*의 신임과 자금 원조의 *루트*를 끊고, 이것을 자기편으로 돌리려고 획책했던 것이다.

일제의 앞의 조사서에 의하면 1919년 9월 5일에 창립되었던 '전로(全露)조선인공산당'은 1920년 12월 25일 당명을 '전*러*공산당(全露共産黨)'으로 불렀다. 그리고 이들은 '상해파 고려공산당(高麗共産黨)'을 '전*러*공산당'으로 통일하여 대대적인 선전 공작에 힘쓰라는 지령을 *코민테른*으로부터 받자 1921년 11월 3일 곧 그 이름을 즉각 '전*러*고려공산당(全露高麗共産黨)'으로 개칭한 것으로 되어있다.[63] 이것이 세칭 '*이르*

61) 「高麗共産黨及全露共産黨ノ梗槪」, 앞의 『現代史資料』(29), p. 451.
62) 이에 관해서는 R. A. Scalapino and Chong-Sik Lee, 위의 책, pp. 30~31 참조.

꾸츠끄파' 고려공산당인데 이 정파는 뒤에 와서 국내에서는 '화요회'(火曜會)라는 *써클*과 결탁하였다. 이들은 '서울파'와 제휴한 '상해파'에 대항하면서 해외에서는 물론 국내 공산주의운동에서 또 하나의 큰 파벌을 형성했던 것이다. 앞의 일본관헌의 조사서는 '*이르꾸츠끄*파'의 특색을 아래와 같이 결론지우고 있다.

(1) [그들에 있어서는] 공산주의를 신봉함으로써 적색 *러시아*의 원호를 받아들여 나중에 조선독립의 대사업을 달성할 수 있다면, 이것은 실로 일거양득의 현명한 처세책이다. 또한 그들은 천여(天與)의 낙토(樂土)인 *시베리아*의 땅에 영주(永住)를 결정한 이상, 그 나라의 사회정책에 순응함은 본래부터 당연한 처사일 뿐만 아니라 그들이 공산주의를 신봉하지 않는 경우에는 백해무일리(百害無一利)하며, 반대로 공산주의를 신봉하는 때에는 적색 *러시아*에 의하여 공순한 양민으로써 대우를 받는 이익을 볼 것이라고 생각한 자다.

(2) 당(黨)을 조직한 수뇌 간부는 모두가 *러시아*에 귀화한 조선인들일 뿐만 아니라 당원의 대부분은 비록 *러시아*에 귀화하지 않은 경우에도 오랫동안 *러시아*에 거주했고 또한 영구히 *러시아* 거주를 바라며 아울러 조만간 *러시아*에 귀화수속을 하고자 하는 자들뿐이다.

(3) 조선의 독립 사업은 이것을 희망하지 않는 바는 아니지만 공산주의를 신봉하고 *러시아*의 원호에 의하여 그 목적을 달성할 수 있다면 물론 다행이라고 생각하는 자다.

(4) 당원의 대부분은 모두가 *러시아*에서 그 나라의 시정(施政)은 물론 인정(人情) 풍속에 익숙하여 다시 고국으로 귀환하지 않을 것을 신조로 삼고 있을 뿐만 아니라, 대체로는 공산주의의 참뜻을 이해하므로 *러시아*에 영주하는 이상은, 그 나라의 국시(國是)인 공산주의를 신봉함은 당연한 귀결이요 그곳 주민으로써는 기꺼이 취하여야 할 처사로 생각하는 자들이다.

(5) 일반 당원은 대부분 적색 정규 군인으로 행동하는 자들뿐이다.[64)]

'*이르꾸츠끄*파'는 *러시아*에 오래 사는 동안 이미 *러시아*화(化) 한 한교(韓僑)를 기

---

63) 「高麗共産黨及全露共産黨ノ梗槪」, 앞의 『現代史資料』(29), pp. 458~459. 동 당의 중앙간부는 金哲勳(간부장), *슈미야츠끼*(고문), 韓*안드레이*, 李 橲, 吳河默, 高昌範, 安秉翼, 金萬謙 등이었다. 그런데 '全露韓人共産黨'이 1920년 12월 25일 당명을 '全露共産黨'으로 바꾸었다는 것은 착오임에 틀림없다. 왜냐하면 *러시아* 내 조선인들의 공산당 조직이 '全*러시아* 공산당'이란 이름을 붙일 수는 없었기 때문이다. 여기서 "전로공산당"이란 "*이르꾸츠系* 全露高麗共産黨"의 약칭이었던 것으로 판단된다.

64) 같은 책, p. 452.

반으로 하여 '*러시아* 공산당의 *이르꾸츠끄* 조선인 지부(支部)'로써 역할을 해왔다. 그러나 '전*러*고려공산당(全露高麗共産黨)'으로 개칭할 무렵에는 그 기반이 중국까지 확장되었다. 그 까닭은 *코민테른*으로부터 자금유용 분규를 계기로 '상해파'내의 반(反)이동휘 계(系)−여운형(呂運亨), 최창식(崔昌植), 조동우(趙東祐 또는 호 祜), 김단야(金丹冶), 박헌영(朴憲永), 김만겸(金萬謙) 등과 그 밖의 많은 사람들이 '*이르꾸츠끄*파'로 넘어갔던[65] 때문이다. 그리하여 '*이르꾸츠끄*파' 역시 잡다한 요소를 내포하게 되었다. 그들의 선전기관은 *모스코바, 하바로프스끄, 니꼴스끄, 치따, 블라지보스똑, 대흑하*(大黑河)(*러시아*), *하얼빈*, 장춘(長春)(만주), 북경(北京), 상해(上海)(중국본토), 평양(平壤)(전국 포함)까지 퍼졌으며 당원 수는 4천 4백여명에 이르렀다고 기록되고 있다.[66]

이상 한국공산주의운동의 2대 조류를 형성했던 '상해파'와 '*이르꾸츠끄*파'는 그 출발점에서부터 생활감정, *이데올로기*, 항일독립군의 통수권(統帥權), *코민테른*의 지원, 인적(人的)관계를 둘러싸고 반목과 대립을 일으켜 왔다. 무엇보다도 두 파는 다 같이 민족독립과 공산주의의 깃발을 휘날리고 있었지만 정신적 기반을 달리하고 있었다.

전자는 고난의 망명생활에서도 항상 독립한 고국으로 돌아갈 날을 희구했으며 독립을 궁극의 목표로 삼고 공산주의를 민족주의의 이해관계에다 종속시켰고 *소비에트* 정권을 동맹자라고는 생각했어도 조선이 러시아에 흡수되는 것을 사실상 원치 않았다. 후자는 이미 *러시아*에 귀화하여 *러시아*를 영주(永住)의 땅으로 삼고 있었으며 항일 무력투쟁에 있어서도 신생 *소비에트* 정권을 '외국간섭군'으로부터 방위한다는 의무감을 지녔고, *러시아*에 대한 충성이 제1차적이요, 조선의 독립은 부차적인 문제였다. 양파는 상호 비방하면서 *소비에트* 정권과 *코민테른*의 신임과 지원을 독점하려고 했다.

그러던 중, 양자의 대결은 1921년 6월 27일 처절한 '흑하사변(黑河事變)'(일명 '자유시사건(自由市事件)'을 계기로 그 절정에 달했던 것이다.

---

65) R. A. Scalapino and Chong-Sik Lee, 앞의 책, p. 25.

66) 「高麗共産黨及全露共産黨ノ梗槪」, 앞의 『現代史資料』(29), pp. 460~461.

제3절 '흑하사변(黑河事變)'의 참극(慘劇)

'흑하(黑河)사변'의 경위는 착잡하며 진상의 기록이 거의 남아있지 않은데다가 뒤에 와서 진술한 사람들의 견해가 일정치 않음으로 엄밀한 해명을 하기란 아주 어렵다. 다만 사건을 간명하게 훑어보면 다음과 같다.[67] 즉 1920년의 청산리(青山里)전투에서 패배한 일본군의 맹렬한 보복 반격전의 공격을 받은 여러 계보의 조선인(韓人)독립군 부대들은 *시베리아*로 이동하여 '대한독립군단(大韓獨立軍團)'('대한의용군'이라고도 함)으로 통합되었다. 이 군단은 *이르꾸츠끄*파(派)의 김철훈(金哲勳), 오하묵(吳河黙)의 주선에 의하여 *시베리아*의 임시정권인 '극동공화국(極東共和國)'(세칭 *치따*정부)과 「공동작전 및 원조에 관한 군사협정」을 맺고, 흑룡주(黑龍州)(*슬랍스까야*) 부근 일대에 주둔하면서 적군(赤軍)을 도와 *시베리아*의 일본간섭군(日本干涉軍) 및 백위군(白衛軍) 토벌작전에 참여하고 그 대가로 *치따*정부로부터 무기를 공급받아 고려군관학교를 개설하려 했던 것이다.[68] 병력 약 3천으로 알려진 이 군단의 지휘관들은 *러시아*에 귀화한 조선인들에 대해 반감을 지니고 이동휘 파(派)와 깊은 관계를 맺고 있던 민족주의적 독립사상이 투철한 사람들이었다.

그런데 1921년 6월 '*이르꾸쯔끄*파'의 오하묵(吳河黙), 유동열(柳東悅), 최고려(崔高麗), 김하석(金夏錫) 등은 *코민테른* 극동(極東)서기국을 지휘하고 있던 *슈미아츠끼*의 후원 아래 '고려혁명군정의회(高麗革命軍政議會)'를 조직하고, 대한독립군단(大韓獨立軍團)을 자기들의 지휘하에 끌어들이려 했다. 당시의 사령관 이 용(李 鏞)의 무장 부대들은 이에 불응하여 독자적 행동을 취했다. 6월 22일 *볼셰비끼*에 충성을 다하는 무력부대(오하묵, 최고려(崔高麗)가 지휘)는 군정의회(軍政議會)부대, 즉 세칭 '자유대대(自由大隊)' 및 *러시아* 적군(赤軍)은, *아무르*강변(흑룡강변) 자유시(*일렉세에프스끄*, 그 후 *스보보드니* Svobodny로 개칭)에서 동부로부터 서부의 *치따*로 향하고 있

---

67) 黑河事變에 관한 분석은 Dae-Sook Suh, *The Korean Communist Movement 1918~1948*, Princeton University Press, 1967, pp. 31~34, Robert A. Scalapino and Chong-Sik Lee, 앞의 책, pp. 32~37 및 「高麗共産黨及全露共産黨ノ梗概」, 앞의 책, p. 456에서 간명하게 설명되고 있다. 가장 상세한 분석은 金俊燁 · 金昌順, 앞의 책, pp. 298~329 참조. 한편 *러시아*에서 발굴된 근년의 자료로써 종래의 연구들을 보충할 참신한 저서로는 임경석의 앞의 책, 『한국사회주의의 기원』(「제10장 자유시의 비극」)을 들 수 있다.

68) '極東共和國'과 조선인 독립군 간 군사협정의 간략한 내용은 朴永錫, 앞의 논문. 『韓露關係100年史』, pp. 265~267 참조.

던 대한독립군단을 포위하고 무장을 강제로 해제할 것을 통고했다. '대한독립군단'이 이것을 거부하자 28일 '자유대대'와 *러시아* 적군(赤軍)은 대포까지를 동원, '군단'을 공격하여 양자 간에는 치열한 전투가 벌어졌다.

이 사건은 당시 해외의 조선인 민족주의 독립단들에게 큰 충격을 안겨준 것은 물론 심각한 반발을 불러일으켰고 국내외에서는 흥분한 여론의 초점이 되었다. 간도(間島)지방 61개 단체는 「자유시사변에 대한 성토문」[69](1921. 9)을 발표했다. 이에 의하면 전투의 결과 '독립군단' 측 피해는 사망자 200여명, 익사자 31명, 행방불명 250여명, 포로 917명을 내는 대참변이 연출되었다고 했다. 한편 일제가 작성한 앞의 조사기록에 의하면[70] 이 전투에서 '독립군단' 3천여 병사 중 혹자는 총살되고 혹자는 도주했으며 약 1,500명은 무장을 해제당한 채 구금되었다고 한다. 주모자는 모조리 투옥되었고 병사 1,480여명은 *이르꾸츠끄*로 송치된 후 오하묵(吳河默) 지휘하에 *러시아* 정규적군(赤軍)에 강제 편입되었다는 것이다.

"흑하사변(黑河事變)" 또는 "자유시사변(自由市事變)"으로 불리우는 이 참극은 단지 독립투쟁 전선에서 민족주의적 공산당과 *러시아*화(化)한 공산당과의 충돌이었을 뿐만 아니라 *소비에트* 정권의 식민지 민족해방운동에 대한 지원의 방향

69) 이 「성토문」의 한글 全文은 남아있지 않다. 일역 全文으로부터의 영역은 Dae-Sook Suh, *Documents of Korean Communism 1918~1948*, 1970, Princeton University Press, p. 60에 수록되어 있음.

70) 「高麗共産黨及全露共産黨ノ梗概」, 앞의 『現代史資料』(29), p. 456. 당시에 발행된 친 '자유대대' · 反 이동휘계의 한 저서(저자 不明), 『在露 高麗革命軍隊 沿革』은 사망자 36명, 포로 864명, 도주자 334명, 행방불명 59명으로 기술하고 희생자를 극소화시켰다. 이 저서는 高麗大學校 亞細亞問題硏究所 발행, 『韓國共産主義運動史』〈資料 Ⅱ〉, 1980年에 포함되어 있음. 이 책 p. 41 참조.

과 기만성을 입증한 중대한 사건이기도 했다.

"흑하사변(黑河事變)"에서 폭로된 *이르꾸츠끄*파(派)의 '자유대대'와 *러시아*군의 만행을 직접 겪은 조선인 혁명가들은 *볼셰비끼*정권을 믿어왔던 때문에 비통한 격분을 참지 못했다. 이 사건은 결국 국내외의 독립 운동가들 사이에서 일대 물의를 일으켰다. '상해파'는 박진순(朴鎭淳) 등 사절을 *모스크바*의 *코민테른* 본부에 파견하여 이 사건을 제소하려 했다. 그런데 이 소문을 들은 *'이르꾸쯔끄파'*가 먼저 사절을 파견했다. *이르꾸쯔끄*파 사절들은 *모스크바*에서 진술하기를 "고려공산당(이동휘 파)은 조선독립에 전력을 경주하고 있으며 공산주의란 그들에 있어서는 단지 편의상의 가면이요 사실상 *이데올로기*의 선전에는 하등 이로울 것이 없을 뿐더러 오히려 백해무일리(百害無一利)하다"[71]고 모함했다.

*코민테른*은 독자적인 조사를 하기 위하여 *벨라 쿤*(Bela Kun), *쿠시넨*(Otto W. Kuusinen), *사파로프*(G. I. Safarov) 등 *코민테른*의 중진 3인으로 조사위원회를 구성하여 진상을 알아보게 한 후 1921년 11월 15일 「결정서(決定書)」를 발표했다. 5개항으로 된 이 「결정서」는[72] "양자의 어느 측도 조선(朝鮮) 혁명가들의 대표라고 특히 표방할 수는 없으며 오직 양자가 서로 연합하여야만 비로소 완전한 성과를 얻을 수 있다"고 전제한 다음, '흑하사변'에 대한 양파의 책임을 다 같이 추궁했다. 그리고 '대한독립군단(大韓獨立軍團)'(의용대)에 대한 '고려혁명 군정의회(高麗革命軍政議會)의 "무장해제의 상황은 실로 사람으로 하여금 두통의 감을 주었다"고 하고, 전투에는 "12시간에 이르는 대포의 사격과 소총의 난사"가 있었음을 시인했다. 그러나 *러시아* 적군(赤軍)이 이에 가담했던 사실에 대해서 일체 언급을 회피했다.

이 「결정서」에서는, *코민테른* 극동서기국장(極東書記局長)이 '*이르꾸츠끄*파'(派)만을 편파적으로 지지한 것은 "물론 이 충돌을 더욱 심하게 만들었다고 인정하지 않을 수 없다"는 정도로 그치고, *코민테른*의 책임은 전혀 인정하려 하지 않았다. 그리고 해결책으로 한국 내외의 양 단체들의 대표로 구성된 대의원회의(代議員會議)가 소집될 때까지 "양측으로부터 동수의 인원으로 임시중앙간부(臨時中央幹部)를 조직해야 할 것"이라는 결정을 내렸다. 요컨대 *코민테른*은 끝까지 양파(兩派)를 결속시켜 그들

---

71) 「高麗共産黨及全露共産黨ノ梗槪」, 앞의 『現代史資料』(29), p. 458.

72) 「朝鮮問題についての調査委員會の決定書」, 앞의 『コミンテルン資料集』 2, pp. 75~76.

의 군사력을 다 같이 이용하려고 했던 것이다.

코민테른 집행부는 1922년 4월 22일 다시 「조선문제(朝鮮問題)에 대한 결정서(決定書)」[73]를 채택하고 양파 중에서 복권시킬 자('*이르꾸츠끄*파'의 중앙(中央)에서 축출된 당원 전부), 당무에 관여하여 정지처분을 내릴 자(박진순, 박 애, 최고려 등), 그리고 이미 지급한 운동자금 잔액(상해의 김 립 보관)을 회수할 것 등의 대책을 밝히고 양파는 3개월 이내에 연합(통합)하라고 도저히 불가능한 지시를 내렸다. 그리하여 1922년 10월 양파는 *이르꾸츠끄* 부근에서 합동회의를 열었으나 결렬되고 말았다. *코민테른*은 표면상 양파의 책임을 다 같이 물었지만 내심으로는 '*이르꾸츠끄*파'를 신임하고 있었다.

이렇게 '흑하사변' 이후 더욱 *러시아*화(化)하고 *이데올로기*적으로 철저히 *볼셰비끼*화(化)되었던 '*이르꾸츠끄*파'의 세력은 크게 강화되었다. 반면, 공산주의기치 밑에서 *소비에트*정권의 지원에 의지하여 독립운동을 벌이고 있었던 이동휘 계(系)의 '상해파'는 급속히 몰락해 갔다. 이와 같은 사태의 의미를 그 후의 한국공산주의운동은 깊이 탐색했어야 했다. 그러나 그렇지 못하고 *모스크바*에 대한 맹종만을 일삼았던 것이다.

그러면 이 착잡한 초기 공산주의운동에 대한 북한의 평가는 어떠한가. 1950년대 북한의 관제사학(官製史學)은 10월혁명의 영향하에서 "소련 원동 [극동] 지방에 망명하였거나 이주하였던 조선 사람들의 많은 부분은 *소비에트* 국가와 *맑스-레닌*주의의 사상을 적극 지지했다"고 했다. 그러면서 이들은 "소련의 공산당원 및 붉은 군대, *빨찌산*들과 더불어 일제(日帝)를 위시한 제국주의 간섭자들과 '백파(白派)' 도당들을 반대하여 견결(堅決)히 투쟁하였다"[74]고 막연하게나마 찬양하였다. 이때의 혁명투사나 단체들의 이름에 대해서는 단 한마디 구체적인 언급이 없다. 이 무렵은 북한에서 노동당 내의 반(反)김일성파가 "종파분자(宗派分子)"로 몰려 깡그리 숙청되고 있던 때였다. 따라서 이동휘(李東輝) 계의 용맹한 무력 독립투쟁은 묵살하고 종파 싸움에 다만 초점을 맞추면서 다음과 같이 기술하고 있다.

---

73) 「朝鮮問題ニ對スル決定書」, 같은 책, p. 209.

74) 『조선통사』(중), 1958년, 평양, p. 239.

종파분자들의 책동은 1920년대 우리나라에서 *맑스-레닌*주의의 정상적 보급을 저해하였다. … 1921년에 *이르꾸츠끄*에서 『고려공산당』(소위 『*이르꾸츠끄*派』), 상해에서도 『고려공산당』(소위 『상해파』)이 조직이 되었고 1921년 서울에서 『서울청년회』(소위 『서울파』)가 조직되었다. 1922년에 서울에서 조직되었던 『신사상연구회』는 1924년에 『화요회』(소위 『화요파』)로 개편되었고… 이 단체들은 종파분자들의 파쟁의 도구로 전화되었다.[75]

1950년대 북한의 사학(史學)은 '*이르꾸츠끄*파'와 '상해파'를 이상과 같이 그런대로 공산주의 대열에 넣고 있었다. 그러나 1980년대에 이 두 파의 과거 *러시아*에서의 *무력분쟁*을 모두 민족주의적 독립군 내의 세력 싸움으로 단정하면서 공산주의운동의 계보에서 떼어내 버렸다. 그리고 양파의 투쟁의 본질에 대하여 『조선전사』는 "민족주의자들의 계급적 및 정치사상적 제한성으로 하여 처음부터 엄중한 결함을 가지고 있었으며 그것은 시일이 지남에 따라 한층 더 심각화 되어갔다"고 설명했다. 이어 '흑하(黑河)사변'에 대하여 다음과 같이 사실을 왜곡하는 해석을 내리고 있다.

3·1봉기 직후 간도를 중심으로 한 중국 동북지방을 거점으로 하여 활동을 시작한 독립운동은 시일이 감에 따라 점차 부대들 사이의 반목과 대립이 강화되기 시작했으며 그것은 이른바 『흑하사변』(『자유시사변』이라고 함)을 통하여 절정에 이르렀다. 당시 만주와 *로씨아*의 국경지대에 자리 잡고 있던 흑하시(자유시라고도 함)일대에는 청산리전투 후 북만으로 이동한 독립군부대들과 함께 *로씨아* 연해주 등지에서 조직된 독립군부대들도 집결되어 있었다. 그런데 원래부터 서로 질시하여 오던 이 두 갈래의 독립군 부대의 우두머리들은 세력권 문제를 둘러싸고 계속 싸움을 해오다가 끝내 일대 무력충돌까지 빚어내고야 말았다. 이 『사변』을 계기로 하여 독립군운동은 전면적인 와해과정에 들어섰다.[76]

'*이르꾸츠끄*파'와 '상해파'의 성격의 차(差)도, 흑하시(黑河市)에서의 양파가 충돌하고 있을 때 *러시아* 군부대(軍部隊)가 자행한 발포도, *코민테른*의 정책상의 치명적인 과오도 일체 무시한 채 "독립군부대"(대한독립군단과 자유대대 모두를 일괄하여 지칭한 말) 내부의 투쟁만을 강조한 이상의 기록은 민족주의 독립운동을 중상하려는

75) 같은 책, p. 240.

76) 『조선전사』 15, 근대 편 3, 1980년, 평양, pp. 203.

의도에서 씌어진 것은 물론이다. 북한의 *이데올로기*는 민족 독립운동을 틀에 박힌 계급적 관점에서 사실을 첨삭(添削), 변조하면서 당파성(당성)에 입각하여 왜곡하는 철저히 경직화된 습성을 지니고 있다. 그리고 그들은 역사란 필경은 전 인류가 공산주의를 향하여 전진하는 과정이라는 공식을 만들어 놓았다. 이러한 공식에 따라 '흑하사변(黑河事變)' 이후의 상황을 『조선전사』는 계속하여 다음과 같이 기술하고 있다.

> …『흑하사변』을 겪은 후 독립군의 적지 않은 성원들은 독립군 운동을 포기하고 뿔뿔이 흩어지고 말았으며 일부 성원들은 만주의 여러 지역에 널려있던 독립운동 단체에 소속되어 *부르죠아* 민족주의자들의 권력싸움을 위한 무력기반을 닦는데 이용되었다. 그리고 독립군의 하층 병사들 가운데서 일부는 상층의 세력다툼에 환멸을 느끼고 이 대열에서 떨어져 나와 노동계급의 선진사상에 공명하면서 진보적 운동 조류에 합류하고 나섰다.[77]

'흑하사변'은 독립운동을 *소비에트*정권에 의지하려 했던 이동휘의 '상해파 고려공산당'과 민족주의적 '대한독립군단'의 비참한 운명을 말해주고 있다. 이 비극은, 자파의 당면한 이익을 위해서는 어떤 세력도 이용하다가 그들의 *볼셰비끼*화(化)가 안 될 때에는 가차 없이 탄압한다는 *코민테른*의 민족-식민지 정책의 본질 및 그 편의주의적(便宜主義的) 전술과 결코 무관한 것이 아니었다. 여기서 우리는 *맑스-레닌*주의의 *이데올로기*에서 제시되고 있는 민족이론과 그 실천상의 실례를 심층적으로 고찰할 필요가 있다.

77) 같은 책, pp. 203~204.

제3장

민족자결권(民族自決權)의 호소와 그 결말

– *소비에트* 정권(政權)의 실제 정책(政策)의 대표적 예 등

제1절 처절한 비극 - *우끄라이나* 민족주의(民族主義)

1917년 10월 정권을 장악한 *레닌*은 일부 동지들의 비판을 물리치고 혁명 전부터 자기가 강력하게 주장했던 민족자결권(民族自決權)을 그대로 거듭 천명했다. 앞에서 논급한 바와 같이 그는 11월 2일 *러시아* 내의 모든 민족의 평등을 선언하고 *러시아*로부터의 분리를 포함하는 민족자결권을 승인했던 것이다. 그리하여 혁명정부가 들어서자 *러시아*내의 소수민족들은 독립 국가를 형성하든지 또는 *러시아*로 통합을 하든지 또는 자유로이 자신의 운명을 결정하든지 할 수 있는 권리가 명목상 주어졌다.

2월혁명(1917. 2) 이후 이미 *러시아* 판도(版圖)내의 비(非)*러시아*인들 사이에서는 민족 독립운동이 강렬하게 일어나고 있었다. 10월혁명(1917. 10)에 의하여 태어난 신생 *소비에트*정권이 민족자결의 원칙을 전 세계를 향하여 재확인하자 이들의 독립운동은 더욱 활발해갔다. 그리하여 *러시아*의 서부지역(*우끄라이나*), 남서부의 *자까프까즈* 일대(*구르쟈, 아르메니아, 아제르바이쟌*), 서북부(西北部) 지역(백*러시아, 라트비아, 핀란드* 등), *우랄*산맥(山脈) 서편지역(*따따르*), 그리고 방대한 *시베리아*의 변경에는 각양한 민족회의가 수립되어 독립 공화국, 자치 공화국, 자치주(州) 등을 선포했던 것이다.

이러한 거센 민족주의 운동의 파도에 부딪쳐 *러시아*는 해체의 과정을 더듬기 시작했다. *레닌*은 이들 제(諸)민족이 *소비에트 러시아*정부의 민족자결원칙을 문자 그대로 받아들여 *러시아*로부터 독립하려 하는 것을 보고 아마 크게 당황했을 것이다. 복수민족 국가인 *짜리 러시아*와, 또한 식민지를 기반으로 하는 자본주의 열강들을 내부로부터 파괴할 목적으로 제창되었던 민족자결권[78]이 *소비에트 러시아*에 그대로 적용되어 이 나라를 해체시키는 힘으로 전화하고 있던 사태에 직면하자 *볼셰비끼*는 자결권의 약속을 수정하지 않을 수가 없었다. 노동계급의 거대한 사회주의국가 건설을 이상으로 하고 있던 *'러시아* 공산당'은 가능한 한 구(舊)*러시아*제국(帝國)의 영토를 어떤 식으로라도 재 병합하고 싶은 충동을 느꼈다. 그리하여 *'러시아* 공산당'은 1917년 12월 *우끄라이나*와 *핀랜드*의 독립을 승인하기는 했었으나 이 나라들에서 일어난 친(親)소 *쿠데타*를 지원함으로써 내정에 간섭하기 시작했다.

10월 혁명 후 수년 동안은 *러시아*영내(領內)의 많은 민족들이 *러시아*인의 지배로부터 이탈하여 잠시 민족적 자유를 누릴 수가 있었다. 이러한 민족 분리의 현상은 사실은 *레닌*의 자발적 양보였던 때문이 아니라 혁명정권의 취약성 때문에 나타난 현상이었다. *레닌*은 당내 상당수의 강경한 반대를 물리치고 1918년 3월에 굴욕적으로 체결된 *브레스뜨-리똡스끄*(Brest-Litovsk) 대독(對獨) 강화조약에서, 강화의 대가로 *폴랜드-발트*해(海) 연안 백(白)*러시아*의 일부와 *우끄라이나*의 상당 부분을 독일에 할양하고 *자까카프까즈*지방의 일부를 *터키*에 넘겨주었다.[79] 그리고 1918년 후반기부터는 자본주의 연합국 군대의 무력간섭에 의하여 내전으로 들어갔기 때문에 *러시아*의 판도는 사실상 사분오열 상태에 있었다. 당시 *소비에트*정권의 통치력은 중앙(中央)*러시아*, 북부(北部)*러시아*, *아세아*의 영토 이외의 지역에는 미치지 못하고 있었다.

---

78) Alfred. C. *메이어*는 레닌이 민족 자결권의 공식을 단지 철저하게 "否定的인" 의미로 밖에는 이해하지 못했다는 점을 지적하고 "그는 민족주의를 미래를 위한 정치조직의 원리로써가 아니라 오직 파괴력으로써 승인했다"고 적절하게 논평하고 있다. Alfered G. Meyer, *Leninisim*, Pall Mall Press Paper-back, 1962, p. 152.

79) *부레스뜨-리똡스끄* 對獨 강화조약은 가혹하고 굴욕적인 조건에서 조인되었다. *레닌*은 독일군의 진격 앞에서 신생 *볼셰비끼정권*을 구출하고 혁명정부를 강화하기 위한 "숨 쉬는 틈"(breathing-space), 즉 시간을 벌기 위하여 독일에 막대한 대가를 치려야 했다. 그러나 독일군이 영-불군에 의하여 패망함으로써 이 조약은 무효화되어 *레닌*은 결과적으로 승리하게 되었던 것이다. *브레스뜨-리톱스끄*조약은 소련의 외교정책에서 고전적 모델을 제시했다. R. *파입스*는 그 원칙을 다음과 같이 요약했다. 즉 (1) *레닌*에게는 권력의 유지가 최우선이며, 이것을 확보하기 위해서는 인명, 국토, 자원, 국가적 명예 등, 모든 것을 희생시켜도 아깝지 않다는 것. (2) '10월혁명'의 과정에서 세계 공산주의의 중심이 된 *러시아*는 자국의 안전과 이익이 타국의 안전과 이익이나, 대의명분 또는 공산당의 그것에 우선한다는 것. (3) 한 때의 이득을 얻기 위해서는 "제국주의" 나라들과 화해(휴전으로 간주)하고 정세가 자기에게 유리하게 바뀌면 그것을 깨트려버린다는 것만을 예증하면서, *레닌*은 자본주의가 존재하는 한 국제협정이란 "종이쪽들"이라고 언명했던(1918.5) 점을 지적하고 있다. Richard Pipes, *The Russian Revolution*, Alfred A. Knopf, 1990, p. 604.

이러한 사태가 조성되기에 앞서 *레닌*은 *러시아*내의 여러 도시에 *볼셰비끼* 조직을 확장 강화해 나갔다. 그는 비(非) *러시아* 민족들이 어떤 지역에서 *러시아*로부터 분리하여 *볼셰비끼*정부가 아닌 다른 민족주의 정부를 수립했을 때는 그 곳 *볼셰비끼*조직을 통하여 그것을 전복시키려고 기도했다. 그럴 때는 예외 없이 *러시아*의 적위대(赤衛隊) 또는 적군(赤軍)('붉은 군대')※이 *볼셰비끼*를 지원했던 것이다. 그 전형적인 예가 *우끄라이나*였음으로 *레닌*의 민족정책을 이해하기 위하여서는 이에 대해 약간의 장황한 설명을 붙일 필요가 있다. *우끄라이나*인들은 2월혁명 후인 1917년 3월 여러 정치−사회단체 대표들로 '중앙(中央) *라다*'[80](Rada는 회의, 평의회라는 뜻. *러시아*어의 *소비에트*에 해당)라는 민주주의 자치의회를 *끼에프*에 창건하고 비교적 광범한 자치권을 행사하고 있었다.

그런데 *라다*가 민족자치권의 일환으로 특수 *우끄라이나*군(軍)의 창설을 요구한데 대해 *뻬뜨로그라드*의 임시정부가 이것을 거부하자[81] 양자의 관계는 긴장하게 되었다. 이에 격노한 *라다*는 6월 10일 「제1 선언」(First Universal)을 발표하고 *러시아* 임시정부의 권위에 도전하면서 '총서기국'(General Secretarat)이란 이름의 정부를 조직, 행정권을 행사하기 시작했다.[82] 그러나 *우끄라이나*를 *러시아*로부터 완전히 분리시

※ "赤軍"(붉은 군대)이란 "勞農赤軍"의 약칭. "노농적군"은 1918~46년까지 *소비에트 러시아* 육군의 공식 명칭이었으며 1946년에 "*소비에트* 육군"으로 개칭했다. "적군"은 *소비에트 러시아*의 정규군으로써 *소비에트* 정권을 수호하고 세계 *프롤레타리아*혁명의 전위가 될 것을 목적으로 1918년 1월에 창설되었다. 한편 "赤衛隊"는 "적군"창설 이전, 즉 1917년 '2월 혁명' 후 反혁명 음모에 대한 투쟁을 목적으로 조직된 노동자들의 무장부대였다. "적위대"는 1918년 1월 "적군"이 조직되면서 곧 이에 흡수되어갔다. 그러나 이 두 무력조직의 이름은 혁명기에 흔히 혼동되는 것이 일쑤였다.

80) *우끄라이나* '중앙 *라다*'는 1917년 3월 4일 '*우끄라이나* 사회주의연방당'의 한 회의에서 '*우끄라이나* 사회민주노동당', '*우끄라이나* 사회주의혁명당' 및 그 밖의 사회주의 단체들이 참가한 가운데 조직된 온건한 사회주의자 중심의 정치단체였다. '중앙 *라다*'의 지도자들은 *우끄라이나* 민족통일전선을 창설할 목적에서 州, 縣, 市에서도 *라다*를 조직해 나갔다. 농민, 병사, 노동자, 학생, 교사, 지주 대표들이 가입하면서 *라다*는 확장되었다. *라다*는 성격상 *레닌*의 이른바 "*부르죠아 민족주의*"정부, 즉 대의민주주의 정부의 기구였다. 「Central Rada」, *Great Soviet Encyclopedia*, Vol. 18, MacMillan INC, New York, 1975, p. 64. *라다*는 처음에는 주로 쇠퇴해가는 *우끄라이나* 문화문제에 관심을 기울이고 있었으나 임시정부가 약화되고 있는 것을 감지하면서 *우끄라이나*의 광범한 자치권을 요구했던 것이다.

81) 임시정부 각료의 대부분은 *러시아* 영토 내 非*러시아*인 지역의 자치에 반대하지 않았을 뿐만 아니라 오히려 동정적이었다. 그러나 당시는 *러시아*가 對獨 전면공세를 준비하고 있었던 때라, 민족자결의 원칙을 군대에까지 도입한다면 국가의 군사력이 약화될 것을 우려하여 *우끄라이나*軍의 창설을 허용하려 하지 않았다.

82) 「제1선언」은 *우끄라이나*인들에 보낸 *메시지*였다. 여기서 *라다*는, *우끄라이나*인들은 자기의 운명은 자기

킨다는 것은 고려하지 않고 있었다. 그러던 중 7월 말까지에는 *라다*와 임시정부와의 사이에 양해가 성립되어, 7월 3일에 발표된 그의 「제2선언」(Second Universal)에서는 '全*러시아* 제헌회의'(制憲會議)가 소집될 때까지는 자치의 실시를 연기한다고 했다.[83]

그러나 레닌의 '10월혁명'에 의하여 임시정부는 붕괴되었다. 그러자 *러시아* 전국에서는 *볼셰비끼*파와 반(反)*볼셰비끼*파 사이에 무력투쟁이 벌어져 권력은 대체로 조직력이 강한 *볼셰비끼*의 지배하에 있던 *소비에트*로 넘어갔다. 그러나 *우끄라이나*는 그런 *코스*를 밟지 않았다. *러시아* 10월혁명의 여파 속에 *끼에프*에서는 임시정부에 반대하는 무장봉기가 일어나 승리했다. 10월혁명에 "적대적 태도"를 취했던 *라다*는 이 기회를 이용하여 민족주의 군대를 *끼에프* 시내로 이동시켜 *볼셰비끼*의 정부기관들을 점령하고 10월 31일에는 도시를 장악했다 고 훗날 소련의 문서는 이것을 당연히 부정적으로 논평하고 있다.[84] 요컨대 민족자결주의적 *라다*는 *끼에프*를 *볼셰비키*에 넘겨주는 것을 거부했던 것이다. 이런 사태가 있은 후 *라다*는 *끼에프*의 주인으로 부상했다.[85] 11월 3일 '총서기국'은 *러시아* 전역에 무정부 상태가 만연하고 있는 상황에 처하여 *우끄라이나*영토 내에서 모든 권력을 스스로가 행사하고 있다는 선언을 발표했다. 또한 이 선언은 *우끄라이나*는 *러시아*를 안심시키기 위하여 *러시아* 공화국의 일부로 남기를 희망한다는 것을 다시금 강조했다.[86]

이어 11월 6일에는 위와 같은 취지의 「제3선언」[87]을 발표하고 '*우끄라이나* 인민

가 결정할 것이며, *러시아*로부터 분리하지 않은 채, 그 영역 내에서의 질서유지와 토지분배를 위한 모든 필요한 조치를 취할 것을 공포했다. 그리고 *라다*는 스스로를 *우끄라이나*人들의 민족적 의사 책을 대표하는 유일한 대의기구라고 주장하면서 특별 세금을 부과, 이것을 *라다*의 행정운영에 사용했다. Richard Pipes, 앞의 책, p. 59.

83) 앞의 *Great Soviet Encyclopdia*, Vol. 18, p. 64.

84) 위와 같음.

85) 이런 사태가 조성된 이후 *라다*는 *볼셰비끼* 군대와 임시정부 군대의 투쟁에서 중립을 지키고 있던 자기의 군대를 가지고, 시내의 중요한 공공건물과 전략적 요소들을 접수했다. 그 뒤 *라다*는 보다 많은 *우끄라이나* 군대를 육성하여 *볼셰비끼*의 무장을 해제하는데 성공했던 것이다. William H. Chamberlin, 앞의 *The Russian Revolution 1917~1918*, Vol. 1, p. 349.

86) 이 '宣言'의 중요한 부분은 앞의 Richard Pipes의 책, p. 115에 수록.

87) 「第3宣言」 즉 「Universal of the Ukrainian Central Rada」영어 全文은 같은 책, APPENDIX, pp. 479~482에 수록. 이 「선언」은 *러시아*에서는 유혈의 내전 속에서 어떤 중앙의 권위도 없이 무정부상태, 혼돈, 파국이 증대되고 있다고 전제하고 국가가 위기에 있음을 경고했다. 그리고 "*우끄라이나*人들의 의사를 실천

공화국(人民共和國)'(*소비에트* 공화국이 아님)을 선포했다. 이때에도 '중앙(中央)*라다*' 는 '*우끄라이나*인민공화국'이 '*러시아*연방공화국'의 한 구성원임을 명백히 하고 *러시아*로부터 완전분리를 부인했던 것이다. 그것은 레닌의 우려를 무마하기 위해서였다. 한편 *레닌*은 정권을 장악하기 이전에는 민족자결의 원칙을 내세워 '중앙 *라다*'에 호의적 *제스처*를 보이고 *우끄라이나*가 *러시아*군과는 별도의 자기 군대를 창설하겠다는 요구마저도 환영했다. 그것은 임시정부 통솔하의 *러시아* 군대를 약화시켜 해체케 하는 것이 임시정부를 타도하는게 혁명전략 상 유리하다고 믿었기 때문이다.

그러나 *볼셰비끼*는 권좌에 들어앉게 되자 생각이 바뀌었다. *레닌*은 '중앙*라다*'에 의한 *우끄라이나*군(軍) 창설과, *러시아* 군대에 복무하고 있던 *우끄라이나*인 병사들을 귀가시키려는 정책에 반대했다. 그 까닭은 이번에는 *레닌*정부 통솔하의 *러시아* 군대가 약화될 수밖에 없었기 때문이었다.

11월 말 *볼셰비끼*들은 지방 *소비에트*로 하여금 그곳 *러시아* 군대를 배경으로 하여 *쿠데타*로 *라다*의 권력을 탈취케 하려는 음모를 꾸미다가 발각되었다. 그 때문에 *끼에프 소비에트*는 *라다*에 의하여 심대한 탄압을 받게 되었다.[88] 이제 *뻬쩨르부르그*와 *끼에프*의 관계는 군사문제를 놓고 분열의 기로에 서게 된 것이다. *레닌*은 *라다*를 무력으로 제압하려는 계획을 세우면서 12월 4일 *라다* '총서기국'에 굴복을 강요하는 강경한 최후통첩을 보냈다.[89] 다음날 '총서기국'은 이 통첩을 민족자결권에 대한 언

하고 있는 '중앙*라다*'는 우리나라에서의 질서 확립, 全*러시아*의 구출이라는 이름에서 선언 한다–이제부터 *우끄라이나*는 인민공화국이 된다"고 선포했다. 또한 「선언」은 다음과 같이 쓰고 있다.–"*러시아*공화국으로 분리하지 않고 그 안에서 동맹을 유지하면서 全*러시아*를 우리의 힘으로 도울 수 있고 全*러시아*공화국이 자유 평등한 민족들의 연방이 되도록 우리는 우리 땅위에 굳건히 서있다"고. 그리고 "우끄*라이나* 制憲의회가 소집될 때까지 우리 땅에서 질서를 유지하고, 법을 공포하고 통치하는 모든 권한은 우리에게, 즉 *우끄라이나*人의 '중앙*라다*'와 우리의 정부–*우끄라이나* 총서기국에 속해있다"고 사실상의 독립을 선언했던 것이다. 이 「선언」에서는 *볼셰비끼*나 反*볼셰비끼*의 어느 편도 들지 않고 중립정책을 고수하고 있었다.

88) 1917년 11월 말, 중앙*라다*는 *볼셰비끼*들이 지방 *소비에트*를 시켜 *라다*의 권력을 빼앗을 음모를 꾸미고 있다는 정보를 입수하자 *끼에프 소비에트*에 탄압을 가했다. 많은 *볼셰비끼*요원들이 체포되고 이들에게 충성하는 군부대들은 *끼에프*市로부터 추방되었다. 이러한 *라다*의 조치는 *우끄라이나* 민족주의자들이 10월 혁명이후에 취해왔던 *볼셰비끼*–反*볼셰비끼*투쟁에서의 중립정책을 계속하지 않을 것을 뚜렷이 보여준 사건이다. Richard Pipes, 앞의 책, p. 119.

89) 이 최후통첩에서 '인민위원회의'(*소비에트 러시아*정부)는 *라다*는 *우끄라이나*군대를 赤軍으로부터 분리시키고 있다, *우끄라이나* 영토안의 *러시아*군대의 무장을 해제시키고 있다, *우끄라이나*에서 반혁명세력(*돈* Don 지방의 反*볼셰비끼*적 *꼬사끄*들)을 지지하고 있다고 격렬히 규탄하고 다음과 같은 준엄한 질문을 던졌다.

약의 위반이라고 항의하고 *레닌*의 '인민위원회의'를 전(全)*러시아*의 正統정부로 인정하지 않는다고 주장하면서 단호히 거절했다.[90] 그렇다고 하여 당장 전쟁이 유발되지는 않았다. *레닌*은 무력행사에 앞서 *라다*를 정치적 우위라는 힘으로써 제압하기 위하여 '전(全)*우끄라이나소비에트* 대회(大會)'를 소집할 것을 계획하게 되었던 것이다.

*레닌*의 계획은 인구의 대다수가 *우끄라이나*인이 아니라 *러시아*인이었던 대 도시의 노동자들의 지지를 계산하여 승리를 확신하고 꾸민 것이었다.[91] *라다*는 *끼에프*시를 제외하고는 주로 농촌에 뿌리를 박고 있었음으로 처음에는 *볼셰비끼*가 발기한 '전(全)*우끄라이나소비에트* 대회'의 소집에 응하지 않았다. 그러나 *볼셰비끼*와의 충돌을 피하기 위하여 이에 동의하기로 단안을 내리고, *우끄라이나* 각 단체는 모두 이 '대회'에 대표를 파견하라는 훈령을 띄웠다. *뻬뜨로그라드*로부터 최후통첩이 도착한 바로 그날, 즉 1917년 12월 4일 제1차 '전(全)*우끄라이나* 농민－노동자－병사대표 *소비에트* 대회'가 *끼에프*에서 열렸다. '대회'에 모인 대표 약 2,500명 중 *볼셰비끼*는 겨우 100명 정도였고 압도적 다수는 *라다* 지지파들이었다.[92] '대회'는 *러시아 볼셰비끼* 정부의 행동을 비난하는 강력한 결의[93]를 채택했다.

즉 ① *라다*는 전선을 해체하려는 것을 중지하겠는가 ② *라다*는 *돈, 우랄* 및 그 밖의 지역의 어떤(反*볼셰비끼*)군대의 이동도 (*러시아*)최고사령관의 승낙 없이는 *우끄라이나*영토를 통과하는 것을 허용하지 않을 것을 장차 책임지겠는 가 ③ *라다*는 反혁명 반란군과 싸우는 혁명군을 지원할 것을 서약 하겠는가 ④ *라다*는 *우끄라이나* 안의 *소비에트* 군부대와 노동자 적위대의 무장을 해제하려는 모든 기도를 중단하고 그들로부터 빼앗은 무기를 즉각 그들에게 돌려줄 것을 약속하겠는가 등이었다.

이 最後通牒은, 이상 질문에 대한 만족할만한 회답이 없을 경우에는 '인민위원회의'는 *라다*가 *러시아*와 *우끄라이나*의 *소비에트*정권을 반대하는 공공연한 전쟁상태에 있는 것으로 간주할 것이라는 위협적인 말로 끝을 맺었다. 이 최후통첩 全文의 영역, 「Ultimatum of the Council of People's Commissars to the Ukrainian Rad」는 William H. Chamberlin, 앞의 책, APPENDIX, pp. 486~488에 수록.

90) Richard Pipes, 앞의 책, p. 120.

91) Hugh Scaton-Watson, *The New Imperialism*, The Bodley Head, London, 1961, p. 43.

92) 木村英亮 著, 『ソ連の歴史』, 山川出版社(東京), 1991年, p. 60 및 앞의 Richard Pipes의 책, p. 121.

93) 이 「결의」의 일절은 다음과 같다. "*우끄라이나* 인민공화국을 공격한 인민위원회의(*소비에트 러시아*정부)로부터의 최후통첩을 검토하면서, 그리고 그 안에서 표명된 요구가 *우끄라이나* 인민들의 민족자결권과 정치생활의 자유로운 창조의 권리를 침해하는 것이라고 선언했다. 그리고 '全*우끄라이나* 농민 · 노동자 · 병사 대표 *소비에트* 대회'는 현 *모스크바*(大*러시아*) 정부의 중앙집권적 계획이 *러시아*인의 나라(MUSCOVY)와 *우끄라이나* 사이에 전쟁을 유도함으로써 *우끄라이나* 민주주의가 수립하고자 애쓰고 있는 연방 관계를 완전히 파괴하려고 위협하는 것이라고 간주한다.… '全*우끄라이나* 농민 · 노동자 · 병사 대표 *소비에트* 대회'는 골육의 유혈을 방지하기 위한 모든 조치를 취할 필요가 있다고 생각하여 *러시아* 內의 민족들에게 모든 가능한 방법으로 새롭고 수치스러운 전쟁의 가능성을 방지할 것을 열렬히 호소한

소수파 *볼셰비끼*는 이상의 「결의」를 저지하려다가 실패하자 '대회'에서 퇴장한 후 *우끄라이나* 제2의 도시인 *하르꼬프*로 가서 12월 11~12일 자기들대로 별도로 *소비에트* 대회를 열고 *끼에프* 정부에 대항하는 '*우끄라이나소비에트*공화국'을 선포했다. 이와 동시에 '인민서기국(人民書記局)'이란 이름의 "정부"를 선출한 후 이것을 전(全)*우끄라이나*의 "유일한 합법정부"라고 내세웠다. *하르꼬프*에는 *러시아*의 노동자, 병사들이 그곳 *볼셰비끼*를 지원하기 위하여 북방으로부터 투입되어 있었다. *레닌*정부는 곧 *하르꼬프*의 *소비에트* 정권를 "*우끄라이나*인민공화국의 진정한 정부"라고 선언하면서 *끼에프*의 *라다*정부를 부인하고, "형제적 공화국의 이 새 정부에 대해 완전한, 모든 가능한 지지"를 약속했던 것이다.[94)]

1918년 1월 초 *러시아*의 적위대 병력은 *우끄라이나* 북방으로 침공, 지방 적위대와 합세하여 여러 도시들을 점령하고, 다시 남하하여 끼에프로 진군했다. 그 사이에 많은 *우크라이나* 군인들은 *볼셰비끼*의 선동에 넘어가 부대에서 탈주하여 지방 적위대를 조직하기도 했다. *볼셰비끼*의 군대들이 진격해오는 동안 *라다*의 '총서기국'은 1월 9일, 마지막 「선언」이 된 「제4선언」(Forth Universal)을 발표하고 *우끄라이나*의 완전 독립을 선언했다.[95)] 이 정치 전 대 혼돈 속에서 *끼에프*에서는 그 지역 *볼셰비끼*들이 봉기하여 *우끄라이나* 군대와 싸워 며칠 동안 이 도시를 장악할 수 있었다. 그러나 결국 항복하여 대부분은 학살되었다. 그러자 1월 26일 적군(赤軍)은 그곳 *볼셰비끼*를 구출하기 위하여 *끼에프*로 입성하였다. 여기서 *라다*의 간부들은 자기들에 충성하는 군부대와 더불어 도피해야 했다.

*라다*의 지도자들은 이 위급한 사태에 직면하여 독일-*오스트리아*와 단독 강화조약을 체결했다. 그 해 3월 우세한 병력으로 *우끄라이나*에 진주한 양국군은 적군(赤軍)을 소탕하는 한편, *소비에트 러시아* 정부로 하여금 *브레스토-리톱스끄*조약을 체결할 때 *라다*를 *우크라이나*의 정식 정부로 승인케 했다. 그리하여 *우끄라이나*민족은 일시 *러시아*의 지배에서 벗어날 수가 있었다. 그러나 독일-*오스트리아* 점령군이 곡물 징발문제를 놓고 '중앙*라다*'와 대립해오던 중, 1918년 4월 독일 점령군은 *쿠데타*

다". Richard Pipes, 앞의 책, pp. 121~122에 수록된 부분에서 인용.

94) 「Greetings to the Worker's and Peasants Rada」(1917. 12. 16). William H. Chamberlin, 앞의 책, Vol. 1, APPENDIX, p. 490.

95) Richard pipes, 앞의 책, p. 125.

를 사수하여 '중앙(中央) *라다*'정부를 전복한 후 괴뢰정권을 수립했다.[96] 실로 걷잡을 수 없는 혼란극의 연속이었다.

11월 독일군이 영-불연합국에 의하여 완전 격멸되어 항복하자 독일군이 없는 *우끄라이나*는 한때 *러시아*적군(赤軍), 백군(白軍), *우끄라이나* 민족군(民族軍)의 투쟁장이 되었다가 결국 적군(赤軍)이 *끼에프*와 *하르꼬프*를 점령했다. 이로써 *우끄라이나*의 운명은 결정되었다. 즉 1919년 3월 5일 '*우끄라이나 소비에트*사회주의공화국'(공산당정부)이 출현했던 것이다. 그런데 이것이 1922년 12월에 '소(蘇)연방'(*소비에트*연방)의 일원이 되면서 이 나라의 *볼셰비끼*화(化)는 종결을 보게 되었다.

이처럼 *볼셰비끼*정권이 민족자결권을 거꾸로 실천함에 따라 그 이론도 재해석되기 시작했다. 1918년 1월 *스탈린*은 공산당을 '노동대중'과 동일시하면서 민족자결의 원칙은 사회주의를 위한 투쟁의 선언이 되어야 한다고 다음과 같이 노골적으로 주장했다. (밑줄은 저자)

> 민족자결의 원칙은 그 민족의 *부르죠아지*의 자결권으로써가 아니라, 그의 노동대중의 자결권으로써 해석되지 않으면 안 된다. … 자결의 원칙은 사회주의를 위한 투쟁의 수단이 되어야 하며 사회주의의 원칙에 종속되지 않으면 안 된다.[97] (밑줄은 저자)

제2절 *짜리* 제국(帝國)에서 "붉은 제국"(帝國)으로

한편 *레닌*은 비(非)*러시아* 민족들의 민족 감정을 만족시키는 동시에 분리의 물결을 진정시키기 위하여, 1917년까지 줄곧 반대해온 연방제국가[98]를 찬성하는 편으로

---

96) 이 傀儡政府의 수반에는 부농의 지지를 받는 과거 *짜리* 정부의 *러시아* 장군 *스꼬로빠츠키*(Pavlo Skoropadski)가 올라앉았다. 독일점령군 사령부 장군들의 목적은 가능한 최대의 곡물을 *우끄라이나*로부터 징발하는 동시에, 보수주의적 *프러샤*형의 질서를 회복하는데 있었으나 그들의 눈에는 중앙*라다*는 "지나치게 민주적"으로 보였다. 이들은 곡물 징집문제를 놓고 '중앙 *라다*'와 대립해 오다가 그 해 4월 *쿠데타*를 뒤에서 충동했던 것이다. 그 후 독일군은 재빨리 *라다*를 해산했다. William H. Chamberlin, 앞의 책, Vol. 2, p. 125. 해체된 *라다*는 5인의 '집정관정부'(Directory)를 조직하여 군사력을 규합하고 *끼에프*를 중심으로 비밀단체를 조직하여 독일괴뢰정부에 대항했던 것이다.

97) 『スターリン全集』(大月書店版), 第四卷, p. 53.

98) 1913년 *레닌*은 聯邦制를 반대하면서 이렇게 쓰고 있다. "우리는 원칙적으로 연방제를 반대한다. 그것은

입장을 바꾸지 않을 수 없었다. 사회주의의 급속한 발전을 위해서는 가능한 한 방대하고 중앙집권적인 단일 국가를 필요로 한다는 것이 이때까지 *볼셰비끼*가 지닌 일관된 신념이었다. 그러나 격동하는 제(諸) 민족들의 분리의 욕구 앞에서 *레닌*은 표면상 양보해야 했다. 당면한 *딜레마*에서 벗어나기 위하여 고안해 낸 것이 제 민족의 독립 공화국으로 연방을 구성하되, 전(全)연방에 존재하는 단일 정당인 공산당의 중앙집권제(中央集權制)에 의하여 전 연방을 통치한다는 안이었다. 그는 전(全)연방 공산당이 당의 조직원칙 상 자주적인 각 민족별 공산당의 연합체로 되는 것을 절대로 용인하지 않았다.

그리하여 각 지역의 *볼셰비끼*당(黨) 조직은 제 민족의 분리를 막는 물리적 결집력이 되었고, 당의 *이데올로기*는 이들을 통일하는 정신적 유대가 되었다. 말하자면 공산주의는 제정(帝政)*러시아*에서 정교(正敎)가 *슬라브* 민족 사이에서 담당했던 것과 비슷한 역할을 신생 *소비에트*연방에서 담당하게 된 것이다.

이러한 *레닌*의 구상은 우선 10월혁명 후의 최초의 헌법인 「*러시아*사회주의연방*소비에트*공화국헌법」(1918년)안(案)에 채택되었다. 즉 이 헌법 제2조는 동(同) 연방을 "민족*소비에트*공화국들의 연방"이라고 규정했지만 그 후에 전개된 사태를 보면, *레닌*이 비(非)*러시아*민족들에 대한 표면상의 양보에도 불구하고 연방제는 형식적인 것이 되어버리고 말았다. 그리고 전(全)*러시아*연방을 구성하는 모든 민족공화국들은 *프롤레타리아*의 이름을 빌린 *볼셰비끼*의 철저한 일당(一黨)독재하에 들어가게 되었다. 1919년 3월 제8차 '전(全)*러시아*공산당대회(大會)'에서 채택한 다음의 결의안은 동 당의 전일적(全一的) 지배를 명확하게 표시하고 있었다.

> 현재 *우끄라이나, 라트비아, 리트와니아* 및 백(白)*러시아*는 별개의 *소비에트* 공화국으로써 존재하고 있다. … 그러나 이것은 *러시아*공산당이 독립적인 공산당들의 연합으로써 조직되어야 한다는 것을 의미하는 것은 아니다. 필요한 것은 '*러시아* 사회주의연방 *소비에트* 공화국' 전체를 통해 당(黨)활동의 모두를 지도하는, 하나의 중앙위원회를 가진, 하나의 중앙집권적인 공산당의 존재를 유지하는 일이다. *러시아* 공산당과 그 중요

경제적인 결합을 약화시킨다. 그것은 단일국가를 위해서는 어울리지 않는 형태이다.…[*러시아* 안에서의 민족] 자치제가 民主國家를 조직하는 데서의 우리들의 계획이다" I. V. Lenin, *Collected Works*, Moscow, Vol. 19, pp. 500~501.

한 기관이 내리는 모든 결정은 무조건적이며 각개의 민족구성과는 별도로 모든 당(黨) 지부들을 구속하고 있다. *우끄라이나, 라트비아, 라트와니아*의 공산당 중앙위원회는 지구당(地區黨) 위원회로써의 권한을 가지고 있는 동시에 *러시아* 공산당 중앙위원회에 완전히 종속하는 것이다.[99]

第8차 '*러시아*공산당대회'는 격론 끝에 당(黨)의 새 강령(綱領)을 채택하고 *레닌*의 주장에 따라 계속 민족자결 원칙과 분리권(分離權)을 재확인하였다. 그러나 이것은 전술적인 감언(甘言)이었다. 이 강령에는 두 면에서 민족자결권을 제한하는 구절이 삽입되었다. 첫째는 연방제에 의한 제(諸)*소비에트*공화국의 결합을 "제(諸)민족의 통일을 완성하는 도상(途上)에서 과도적 방책"이라고 규정했다. 이 규정은 민족주의보다 국제주의를, 그리고 분리보다는 *러시아* 안에 제 민족을 통합할 것을 목표로 하는 것이었다. 둘째는 민족분리의 문제에 관하여서는 현실적으로 어느 계급이 민족의 의사를 대표하는 것인가를 그 민족의 역사적 발전단계에 따라 결정하지 않으면 안 된다고 명시했다. 즉 "그 민족이 중세(中世)의 제도에서 *부르죠아 민족주의*로 이행하는 도상에 있는가, 또는 *부르죠아* 민주주의에서 *소비에트* 민주주의 즉, *프롤레타리아* 민주주의로 넘어가는 도상에 있는가를 고려하면서 역사적 견지에서 고찰한다"[100]는 것이었다.

*레닌*에 있어서는 사회가 *부르죠아* 민주주의(자본주의)로부터 *프롤레타리아* 민주주의(사회주의)로 이행하고 있는 현시대에는, *프롤레타리아* 계급만이 그 민족의 의사를 대변하는 자며, *프롤레타리아* 계급의 전위(前衛)인 공산당원이야말로 각 민족의 지도세력이라는 것이었다. 이 편의적인 해석에 따라 실제로는 각 민족 안에서는 주로 *러시아*인으로 조직되어 있었고 *모스크바*의 지시를 받는 소수 공산당 간부가 그 민족 전체의 의사를 결정하는 권리를 가지게 되었던 것이다.[101]

---

99) Wladyslaw. W. Kulski, *Peaceful Co-existence*, Henry Regnery Company, Chicago, 1959, p.397에서 인용.

100) 「The Program of the All-Russian Communist Party (Bolsheviks)」 Adopted at the Eighth Congress. J. H. Meisel,(ed), 앞의 책, *Materials for the Study of the Soviet System*, p. 108.

101) 이 시기에 여러 非*러시아*人 지역의 공산당 책임자는 *러시아*人 또는 *러시아*化한 非*러시아*人이었다. 그 예로 한때 *까가노비치*는 *뚜르끼스탄*局 책임자로, *몰로토프*는 *우크라이나* 중앙위원회 위원장, *끼로프*는 *아제르바이잔*黨 중앙위원회 위원장으로 파견되었던 것이다. 그리고 1922년 현재로 全*러시아*공산당 당원의 72%는 大*러시아*人이 차지했고 *우크라이나*人과 유태人들 중 *러시아*에 동화되어 *러시아*어를 사용

다시 뒤로 소급하여 역사적 회고를 계속하기로 하자. 1918년 11월 독일제국(帝國)의 패망에 의하여 *'브레스뜨-리똡스끄조약'*(條約)이 무효화됨으로써 *소비에트* 정권은 사경에서 구출되었다. 이제 *볼셰비끼*는 독일군의 세력하에 있던 서방(西方) 변경지대와 *우끄라이나*에서 결정적인 행동을 취할 수 있게 된 것이다. *레닌*은 가능한 지역에서는 어디를 막론하고 소위 "*프롤레타리아*당(黨)"을 그 민족의 대표로 승인하고 이것으로 하여금 민족자결권을 행사토록 하여 분리 또는 통합을 선택케 했다.

비(非) *러시아*민족 안에는 각양한 사회주의 정당들이 서로 경쟁하고 있었지만, 어느 것이 "진정한 *프롤레타리아*당"인가를 결정하는 측은 *모스크바*였다. *모스크바*는 가능하기만 하면 적군(赤軍)을 현지로 파견하여 그들이 인정하는 유일한 "*프롤레타리아*당", -즉 아직은 약체였던 공산당-을 지원케 했음은 물론이다. 그 결과로 한 민족의 민족자결 여부는 그 민족의 의사에 의해서가 아니라 *볼셰비끼*의 군사력에 의하여 결정되었던 것이다.

이렇게 하여 '*러시아*공산당'에 의한 구(舊) *러시아*제국(帝國) 영토의 통합(統合)과정은 시작되었다. 앞서 논급한 *우끄라이나*인들은 독일-*오스트리아*군(軍)이 철병한 후 1918년 12월 *끼에프*에 자기들의 민족정부를 재건했었지만 *'러시아*공산당' 중앙위원회는 이번에는 *모스크바*의 서남쪽에 위치한 도시 *꾸르스크*(Kursk)에 우선 공산주의 *'우끄라이나*정부'를 선포케 하고 그 최초의 수반으로는 *러시아*인 *삐아따꼬프*(Grigorii Piatakov)를 임명했다. 그의 후임자는 *러시아*화(化) 한 *불가리아*인 *라꼽스끼*(Khristian Rakovskii)였다. *러시아* 적군은 *우끄라이나* 민족주의자들과 착잡하게 얼크러진 전투 끝에 1919년~20년 사이에 *우끄라이나* 전토(全土)를 재정복했던 것이다.[102)]

백(白) *러시아, 아르메니아, 아제르바이잔, 그루지아* 및 중앙 아세아를 '*러시아*사회주의 *소비에트*연방공화국'에 통합하는데도 마찬가지로 *러시아* 적군의 무력이 결정적 역할을 했다. 적군은 이 지역들을 강점하고 *소비에트* 공화국을 수립하든가(백*러시아*의 경우), 또는 그곳의 소수파 *볼셰비끼*를 시켜 혁명위원회를 조직, 반란을 일으키도

하는 사람들까지 합치면 근 80%에 이르렀다. Lenonald Schapiro, *The Commist Partly of the Soviet Union*, Vintage Books, 1971, p. 228.

102) Wladyslaw. W. Kulski, 앞의 책, p. 399.

록 공작했다. 다음에는 이 '혁명위원회'가 요청한 군사적 지원을 승낙하는 형식으로 적군(赤軍)을 파송했다. 이들 적군은 이미 수립되었던 현지 민족의 자치정부를 전복하는 동시에, '혁명위원회'로 하여금 *소비에트* 공화국을 선포케 하고 이와 갖가지 동맹을 맺은 후 이것을 점차로 *러시아*에 흡수하는 수법을 사용했던 것이다. 한 예로 *스탈린*의 어용 역사가 *츄가에프*(Chugaev)는 *구르지아* 정복에서 전개된 사태를 아래와 같이 자랑스레 요약했다.

> *구르지아*에서 무장봉기는 *세르고 오르죠니끼제*(Grigorii Sergo Ordzhonkidze)가 영도한 *러시아* 공산당(*볼셰비끼*)의 *까프까즈*서기국(書記局)이 발표한 지령에 따라 준비되고 있었다. 무장봉기는 1921년 2월 중순에 일어났다. …혁명위원회가 조직되었다. 이 위원회는 '*구르지아 소비에트* 사회주의공화국'을 선포하고 *소비에트 러시아*에 원조를 호소했다. 적군(赤軍)은 *러시아* 공산당(*볼셰비끼*) 중앙위원회의 결의에 따라, 그리고 *레닌*과 *스탈린*으로 부터 직접 지령에 의거하여 제11군의 분견대(分遣隊)를 1921년 2월 15일 즉각 *구르지아* 수도에 투입시켰다. *세르고 오르죠니끼제*는 *레닌*과 *스탈린*에게 길보(吉報)를 보냈다. "*소비에트* 정권의 붉은 깃발이 *찌플리스(구르지아*의 首都) 상공에서 휘날리고 있다"고.103)

이러한 정복의 공식이 실패한 곳은 서(西)*유럽* 제국에 가까운 *핀랜드, 발트* 3국, *폴랜드* 정도였다. 1954년 *츄가에프*는 구(舊)*러시아*영토의 재정복 경위를 다음과 같이 기록하였다.

> *러시아*의 중앙에서 파송한 적군(赤軍) 분견대, 혁명군의 육군과 해병, 그리고 "*부르죠아* 민족주의정부"를 반대하는 두쟁에 일어선 변경시내의 근로사들은 그 힘을 규합하여 이 여러 지대에 있던 반(反)혁명의 중심부들을 분쇄했다…*러시아* 인민(人民)이 모든 변경 민족들에게 준 막대한 정치상, 경제상, 군사상의 원조는 변경지대에서 주권을 가진 *소비에트* 공화국들의 창설과 강화, 그리고 *러시아*연방 주위에 있는 변경 민족들의 동맹에서 결정적인 요인이 되었다.104)

이상의 기술에서 "*부르죠아 민족주의*"란 용어를 비(非)*러시아*계(系) 민족들의 민

103) 같은 책, p. 402에서 인용.

104) 같은 책, p. 398.

족자결주의로, "근로자"란 말을 그 지방 공산주의자로, "반(反)혁명의 중심부"란 말을 비(非) *러시아*적이며, 비(非)공산주의적인 민족주의운동의 본거지란 말로 바꾸고, "주권을 가진"이라는 말을 "*러시아* 공산당에 종속된"이란 표현으로 고친다면 위의 문장 전체의 도착(倒錯)된 설명을 옳게 이해할 수 있을 것이다.

요컨대 '10월혁명' 후의 *볼셰비끼*는 민족자결의 원칙을 스스로에게 편리한 공식으로 만들어버렸다. 즉, *러시아* 영외(領外)의 지역에서는 피압박 민족은 분리해야 한다고 민족자결을 선동하고, 반대로 *러시아* 영내에서는 분리를 목적으로 하는 민족주의운동을 "*부르죠아*적(的)"이라고 하여 진압했던 것이었다. 1920년 10월 *스탈린*은 이것을 제국주의와 관련에서 다음과 같이 정당화했다.

> …우리는 인도(印度), *아라비아, 이집트, 모로코*와 그 밖의 식민지들이 연합국으로부터 분리하는데 찬성한다. 왜냐하면 이 경우의 분리는 이들 피압박 제국(諸國)의 제국주의로부터의 해방, 제국주의의 지위의 약화, 혁명의 지위의 강화를 의미하기 때문이다. 〔반대로〕 우리는 [*러시아*] 변경지대가 *러시아*로부터 분리하는 데는 반대한다. 왜냐하면, 이때의 분리는 변경지대에 대한 제국주의적 노예화, *러시아*의 혁명력의 약화, 제국주의 측의 지위의 강화를 의미하기 때문이다. 그렇기 때문에 [제1차 대전 시의] 연합국은 인도, *이집트, 아라비아,* 그 밖의 식민지의 분리에 반대하면서 동시에 [*러시아*] 변경지대에 속해 있는 *러시아*로부터의 분리를 위하여 투쟁하고 있다. 그렇기 때문에 공산주의자는 식민지의 연합국으로부터의 분리를 위하여 싸우면서 동시에, [*러시아*] 변경지대에 속해 있는 *러시아*로부터의 분리에는 반대하여 투쟁하고 있는 것이다. 분리라는 문제가 구체적인 국제적(國際的) 제 조건에 따라, 혁명의 이익에 따라 결정되는 것은 자명한 일이다.[105]

이상 *스탈린*의 설명은 요컨대 구(舊)*러시아* 제국(帝國)의 판도는 그대로 유지하는 한편, 서방제국의 영역은 와해시키자는 전략이었다. *러시아*로부터 일단 분리해 나온 나라들이, 자국을 *러시아*에 재통합시키려는 *볼셰비끼*의 군사적 위협을 벗어나기 위해 서방제국의 힘을 빌리려했던 것은 당연했다. 그러나 *레닌-스탈린*에 의하면 그런 행동은 제국주의 열강에 예속되는 길이었다. 객관적으로 볼 때 국제관계에서 민족자결주의(民族自決主義)란 개개의 민족의 운명을 스스로 자유로이 결정하는 권리를 의

---

105) 『スタ二リン全集』, 大月書店, 第四卷, p. 403.

미하는데 대해, 제국주의란 어떤 민족이 다른 민족에 대해 그들의 의사에 반하여 정치적, 군사적, 경제적 또는 문화적으로 지배를 강제하고 그 지배를 확대하는 것[106]이다. 그렇다면, *레닌-스탈린* 자신의 민족정책은 어디에 속하는 것이었을까? *소비에트 러시아*는 자본주의국가가 아니라 사회주의국가라는 이유만으로 그의 군사적 정복이 "해방"으로 합리화될 수 있었을 것인가? 무력에 의한 정복 방식을 통하여 수립된 *러시아* 내 각 민족들의 *소비에트* 공화국들을 *러시아*연방에 재편입하고 난 다음 그 단계의 정책에 관하여 *스탈린*의 어용사학자 *츄가에프*는 공공연히 다음과 같이 밝힌 바 있다.

> *우끄라이나*, 백(白)*러시아*, *아제르바이잔*, *아르메니아* 및 *구르지아*의 형제적 *소비에트* 공화국들의 최초의 헌법은 1918년 '*러시아 소비에트*사회주의 연방공화국 헌법'의 제원칙에 기초를 두고 그것을 *모델*로 했으며 많은 중요한 규정들을 그것에서 빌려왔다. 모든 *소비에트* 사회주의 공화국들은 자국의 영토에다 '*러시아 소비에트*사회주의 연방공화국'의 법규정들을 강요했다.[107] (밑줄은 저자)

이와 같은 *소비에트*화(化)의 과정을 거쳐 이상의 모든 공화국들은 통합 조약(條約)에 형식적으로 조인한 후 *러시아*공화국 주도하에 1922년 12월 '*소비에트* 사회주의 공화국연방'(소련방)이라는 이름으로 단일 연방 국가를 형성했다. 그리하여 수세기를 두고 *러시아*의 *짜리*들이 *유라시아*(*Eurasia*, 歐亞) 대륙에서 무자비한 정복전쟁에 의하여 형성했던 방대한 *짜리*제국(帝國)은, 뜻밖에도 "민족자결권"의 *이데올로기*를 무기로 내세운 전체주의적 공산주의 대제국(大帝國)으로 계승되었던 것이다.

*소비에트*연방을 창설할 때, 흑(黑)을 백(白)으로 역전시키는 어법(語法)을 빌려 "연방은 평등한 권리를 가지는 제 민족의 자유의사에 의하여 형성된 통합체"라는 것, "각 [연방구성] 공화국은 연방으로부터 자유로이 탈퇴할 권리가 보장되고 있다"[108]는 것을 *스탈린*은 하등의 부끄러움도 주저도 없이 태연스럽게, 1924년 1월 헌법 전문(前文)에 명문화시켰던 것이다. 이런 헌법상의 명문(明文)은 물론 허위였다. 이상에

---

106) Wladyslaw. W. Kulski, 앞의 책, pp. 398~399.

107) 같은 책, p. 405.

108) 「The First Union Constitution」, J. H. Meisei (ed), 앞의 책, p. 155.

서 고찰한 *러시아* 공산당의 민족정책을 1924년 *스탈린*은 세계 *프롤레타리아*혁명이란 구도 안에서 다음과 같이 정당화했다.

> 이전에는 민족문제는 자본가의 정권 및 제국주의의 타도와 *프롤레타리아 혁명*이라는 일반적 문제와 연결되지 않는 독립한 문제로써, 개량주의적으로 생각되어왔다.… 이제는 이러한 반(反)혁명적 관점은 폭로되었다고 말할 수 있다. …민족문제는 *프롤레타리아*혁명이라는 전반적 문제의 한 부분이며 *프롤레타리아트*의 독재의 문제의 한 부분이다.[109)]

*스탈린*이 너무나 단순하게 도식화(圖式化)한 이상의 설명은 그의 사망과 더불어 *맑스*주의진영 안에서마저도 곧 휴지가 되었다. 한편 그의 생시에 있어서도 이런 궤변으로 피압박 민족의 자결권을 소련연방의 팽창을 위하여 말살하려 한데 대하여 수다한 저항이 일어났던 것이다.

민족주의 혁명가로서 초기의 조선인 공산주의자들이 앞에서 고찰한 *레닌-스탈린*의 민족이론의 내용을 어느 정도까지 파악하고 있었는지, 이 이론에 내포되어 있는 민족주의와 *볼셰비끼*형(型) *프롤레타리아* 국제주의와 양립할 수 없는 모순을 과연 정확하게 이해하고 있었는지, 그리고 *볼셰비끼*정권이 *러시아* 내 여러 민족들의 자결권, 즉 독립의 권리를 무자비하게 진압하고 있던 과정을 과연 면밀하게 살피고 있었는지는 알 수가 없다. '흑하(黑河)사변'(자유시사건)같은 참극을 겪으면서도 국제적으로 고립무원 상태에 있던 당시의 민족혁명가들은 *레닌*이 제창한 피압박민족들의 민족자결권에 큰 기대를 걸고 계속 공산주의자로 자인하면서 항일(抗日)을 위하여 '*소비에트 러시아*'의 지원을 획득하는데 백방의 노력을 기울였던 것이다.

한편 *레닌*은 조선 공산주의 운동의 민족주의화(民族主義化)를 근본적으로 반대하고, 민족독립운동의 소위 "*부르죠아*적(的)"성격을 경계하면서도 이 운동이 지닌 반(反)제국주의적 혁명성격 때문에 전략적으로 그것을 이용하려 했다. 여기서 양자 사이에 일정한 기간 서로 협조할 가능성이 생겼던 것이다. 요컨대 조선의 민족주의자들은 *레닌*의 민족자결권의 공약(公約)과 *소비에트* 정권의 원조를 이용하여 *볼셰비즘*

---

109) Bruce Franklin(ed), 『Foundations of Leninism』, *The Essential STALIN*, Groom Helm Ltd. 1973, p. 147.

을 민족적 독립을 달성하는 수단으로 삼으려 했고, *레닌*과 *코민테른*은 이들의 반일(反日) 독립운동을 *러시아*에 출병한 일본세력을 교란하는 돌격대로 이용하면서 국제공산주의의 도구로 삼고자 했던 것이다. 이동휘(李東輝)와 같은 민족주의적 공산주의자들이 *러시아*공산주의와 제휴했던 사정은 당시의 역사적 배경에서 평가되어야 함은 물론이다.

조국을 등지고 외국에 망명한 그들은 국민 대중으로부터 멀리 격리되어 있었으며 국제적으로 기댈 곳이라고는 *러시아*의 *볼셰비끼*정권 밖에는 없다고 생각했을 것이다. 당시 일관하게 반(反)제국주의의 기치를 들고 *아시아* 피압박민족의 해방을 가장 소리높이 제창한 나라는 *러시아*의 *볼셰비끼*였기 때문이다. 그러나 *레닌*의 영향은 3·1운동 때까지 조선 국내에는 거의 파급되지 못하고 있었다. 조선의 독립운동에 지대한 영향을 끼쳐 3·1운동을 일으키는데 기여했던 것은 1918년 1월 미국대통령 *윌슨*이 천명한 민족자결주의였다.

그런데 1차 대전 후 자주독립의 열망이 앙양되고 있던 *아시아* 제 민족 독립운동가들의 상당수는 자기들에 대한 *레닌*과 *소비에트* 정권의 열렬한 고무, 성원 때문에 정도의 차이는 있었으나 이것과 숙명적으로 결부되지 않을 수 없었다. 중국혁명에서 민족주의자 손문(孫文)의 '국민당'이 "연아용공(聯俄容共)"정책을 택했고, *터키*의 *무스타파 케말*(Mustapha Kemal)이 *소비에트 러시아*와 제휴하여 *유럽* 열강을 견제하면서 자국의 근대화를 도모했던 사례는 당시 '국제연맹'이 *아시아* 제(諸)민족의 자유를 고려의 대상에서 소외시킨데 절대적 책임이 있었던 것이다.

그러면 *소비에트* 정권의 민족정책의 이론적 기조는 어떠한 것이었는가. 이제 *맑스-엥겔스*부터 *레닌-스달린*에 이르는 현대 공산주의 창시사들의 민족이론을 간략하게 검토하고 넘어가고자 한다.

제4장

맑스-*레닌*주의 민족이론

제1절 원천(源泉) : *맑스*와 엥겔스

맑스-*레닌*주의(*레닌*-*스탈린*주의라는 말이 적절함)의 민족이론은 고전적(古典的) *맑스*주의에 의거하고는 있다고 해도 사실은 *레닌*이 19~20세기의 제국주의 시대를 배경으로 하여 거의 독자적으로 전개한 민족이론이다. 그러나 *레닌*은 자기의 민족이론은 *맑스*와 *엥겔스*의 그것을 계승 발전시킨 것이라고 하면서, 빈번히 그들을 인용하고 있었으므로 본 저자는 *레닌*의 민족이론을 규명하기에 앞서 잠시 *맑스*와 *엥겔스*의 논점을 고찰하고자 한다. 이에 앞서 먼저 지적하고자 하는 점은 *맑스*와 *엥겔스*, *레닌*, *스탈린*에 있어서 민족은 사회과학적, 인류학적 관심의 대상이 아니었다는 점이다. 따라서 그들의 민족이론에서는 민족에 대한 순수한 인문과학적 분석 같은 것은 거의 찾아볼 수가 없다.

*맑스*와 *엥겔스*에 있어서 민족이론이란 엄밀하게는 혁명의 문제를 중심으로 개진(開陳)한 민족정책이었다. 그 핵심적 과제는 19세기 *유럽*열강에 예속되어 있던 식민지-종속국 민족들의 민족자결의 문제를 국제 *프롤레타리아*혁명의 수행을 위하여 어떻게 풀어야 하는가에 있었다. 그들은 19세기 *유럽* 각국 내의 민족적 상황과 영-*불*-독-미 등 제국주의 열강에 의하여 정복된 후진지역의 민족문제에 관하여 수다한 시사적 논문을 발표했지만 명쾌하고 일관성 있는 민족이론이라고 할 만한 것은 남기지를 못했다.[110] *맑스*주의의 창시자들에 의하여 명확한 이론상의 골격이 형성되지 못했던 데다 그들의 논점이 시기에 따라 바뀌어서 앞뒤에 상당한 차이가 노정되

110) *맑스*와 *엥겔스*는 민족의 정의조차 내린 일이 없다. 그들은 "*나치온*"(=Nation : 민족, 국민, 국가)과 "*나치오날리테트*"(=Nationalität : 민족성, 민족적인 것, 민족, 국적)라는 말을 때로는 구별하고, 때로는 동의어로 사용하고 있어서 민족의 개념이 명확치 않다. 이런 독일어를 한자로 어떻게 옮기느냐에 따라 漢文 문화권 안에서는 그들이 所論의 전체적 의미에 상당한 차이가 날 수 있다.

었기 때문에, 후세에 와서 *오스트리아-헝가리*제국(帝國), *러시아*, *폴란드* 등의 *맑스*주의자들 사이에는 격렬한 논쟁이 벌어졌다.

*맑스*와 *엥겔스*의 민족문제에 관한 견해는 전기(前期), 즉 1860년 전반까지는 뜻밖에도 구미(歐美) 선진국의 식민주의 및 정복정책을 합리화(合理化)하는 것 같은 입장에 머물러 있었다. 그 뒤, 즉 후기에 와서는 식민국들의 수탈과 억압을 신랄히 비판하면서 억압당한 민족의 자결권(독립)을 옹호하는 방향으로 입장이 바뀌게 되었다. 전기에 있어서는 『공산당선언(共産黨宣言)』(1848)이 대표적으로 보여주듯이 그들은 선진 자본주의 열강에 의하여 예속된 후진지역의 민족 해방에 대해서는 공명하지 않았다. 그것은 물론 그들이 침략주의의 편에 서 있었기 때문은 결코 아니었다. 그들은 민족적 경계선을 초월한 *프롤레타리아트*의 세계혁명과 공산주의적 미래라는 관점에서 역사를 관찰하고 있었던 것이다.

따라서 그들에 있어서는 "민족"이니, "민족성"이니, "민족 통합"이니, "민족 자결"이니 하는 것은 그 자체로서는 별로 의미가 없었다. 그들은 *코스모폴리탄*적 자유무역(自由貿易)과 세계시장(世界市場)의 형성이 지니는 역사적 의의를 강조했고, 그리고 자본주의적 생산양식(生産樣式)이 세계적으로 파급하여 세계시장이 형성되게 되면 후진지역의 미개한 전통사회는 파괴되고 자본주의가 세계적 규모로 발전할 것으로 전망하고 있었다.[111] 또한 그렇게 될 때 산업 노동자 계급 (*프롤레타리아트*)이 전 세계적으로 인구의 절대다수를 차지하게 되어 *프롤레타리아*혁명의 전제조건이 마련된다고 그들은 확신했던 것이다.

---

111) *맑스*와 *엥겔스*는 「共産黨宣言」(1848)에서 다음과 같이 쓰고 있다. "자기의 제품의 판로를 언제나 확장하려는 *부르죠아지*의 욕망은 *부르죠아지*를 전 지구상으로 뛰게 하였다. …*부르죠아지*는 世界市場을 개척함으로써 모든 나라의 생산과 소비를 국적(國籍)을 초월한 것으로 만들었다. …*부르죠아지*는 모든 생산도구의 급속한 개량에 의하여, 아주 용이해진 교통에 의하여 모든 민족들을, 심지어 가장 미개한 민족들까지도 문명 속으로 끌어들인다. 그들의 값싼 상품은 이것에 의한다면 중국의 만리장성까지도 무너뜨리고 미개인에 대한 가장 완고한 외국인의 증오심까지도 굴복시키는 大砲이다. 그들은 모든 민족에 대해 멸망하고 싶지 않거든 *부르죠아지*의 생산양식을 채용하도록 강요한다. 그들은 모든 민족에게 소위 문명을 자국에 수입하도록, 다시 말해 *부르죠아*가 될 것을 강요한다. …*부르죠아지*는 농촌을 도시의 지배하에 두었다. …그들은 농촌을 도시에 종속시킨 것과 마찬가지로 未開國과 半미개국을 文明國에, 농경민족을 *부르죠아*적 민족에게, 동양을 서양에게 종속시켰다." Karl Marx/ Friedrich Engels, *Manifest der Kommunistiscben Partei* (Dietz Verlag, 1958), pp. 10~12.

그리하여 그들은 『공산당선언』에서 "노동자는 조국이 없다. 그들에게 없는 것을 그들로부터 빼앗을 수 없다"[112]고 갈파했고, 이들이 혁명에서 잃어버릴 것은 자기들을 구속하고 있는 "쇠사슬"뿐이며, 얻을 것은 "전 세계"이므로 국경과 민족을 초월하여 "전 세계의 *프롤레타리아트*는 단결하라!"[113]고 호소했던 것이다. 이 말은 *프롤레타리아트*에게는 조국이 필요치 않다는 것이 아니라 자신들의 조국을 쟁취해야 한다는 의미가 아닌가 한다. 『선언(宣言)』은 곧이어 "*프롤레타리아트*는 우선 정치권력을 획득하고, 스스로를 국민적 [지도] 계급의 지위에까지 높이고, 스스로를 국민으로 형성하여야한다"[114]고 강조했다. 요컨대 *맑스*와 *엥겔스*는 *부르죠아* 계급의 국가에서 *프롤레타리아* 대중은 아직은 국민이 아니며, 정치권력을 장악했을 때 비로소 참된 국민이 되는 것으로 생각했던 것이다.

그들은 자본주의가 타도된 후에는 *프롤레타리아트*의 지배가 국민 간의 대립을 소멸시킬 것으로 예견하고 있었다. "한 개인이 다른 개인을 착취하는 일이 없어지는 것과 함께 한 국민이 다른 국민을 착취하는 일이 없어질 것"이며, 그리고 "한 국민 내부에서 계급적 적대가 없어지면 국민들 상호간의 적대관계도 또한 없어질 것"[115]이라고 지극히 낙관적이고, 단순하게 미래를 전망하고 있었다. 그러나 10월혁명 후 소련 내에서 소수민족에 대한 탄압, 20세기 후반에 들어서 자본주의가 이미 소멸되어버린 "사회주의"국가들 상호간의 민족적 대립(예컨대 중-소 분쟁), 대국(大國)에 의한 소국(小國)의 수탈(*스탈린*의 위성국정책), 상호간의 전쟁(중-월 전쟁, 월-*캄보디아* 전쟁) 등 일련의 현상은 민족문제에 대한 *맑스*와 *엥겔스*의 단순화(單純化)된 근본적 통찰력의 잘못을 입증하고 있었다.

자본주의의 세계적 지배가 궁극에는 세계 *프롤레타리아*혁명의 선행조건이 되며, *프롤레타리아트*가 혁명에 의하여 정치권력을 장악하게 되면 *부르죠아*계급은 소멸하게 되고, 따라서 민족적 분열과 대립도 급속히 소멸될 것이라는 것이 *맑스*와 *엥겔스*의 예견이었다. 그리하여 그들은 일례로 영국 식민지들의 민족적 독립 같은 주장은 하지 않았다. 이러한 그들의 민족이론은 *아일랜드*와 *폴란드* 문제에서 대표적으로 표

112) 같은 책, p. 29.
113) 같은 책, p. 50.
114) 같은 책, pp. 29~30.
115) 같은 책, p. 30.

명되고 있었다. 이를테면, 1840년대에 그들은 *아일랜드*의 민족운동을 크게 주목하고 있었지만 *아일랜드*를 해방할 수 있는 것은 *아일랜드*의 민족운동이 아니라, *아일랜드* 노동계급의 운동으로 믿고 있었다.

그러므로 그들은 *아일랜드*노동자들이 영국의 혁명적 노동자들과 제휴할 것을 권유했다. 당시의 *아일랜드*는 서(西)*유럽*에서 공업이 가장 뒤떨어진 지역인데다 1840년대에는 기근으로 말미암아 인구는 약 절반인 4백만으로 줄었던 가난한 나라였다.

1830~40년대에 영국 노동자들 사이에서는 *'차티스트운동'*(Chartist Movement)이라는 보통선거권의 실시를 요구하는 대중운동이 광범하게 일어나고 있었는데, 청년 *맑스*는 보통선거만 실시되면 영국 인구의 대다수를 차지하는 *프롤레타리아트*는 정권을 획득할 것이라고 확신하고, 그렇게 될 때 *아일랜드*는 당연히 해방될 것이라고 생각했다. 그는 *아일랜드*의 해방 자체를 위해서가 아니라 영국 자본주의의 타도, 전 *유럽*의 *프롤레타리아*혁명이란 시각에서 *아일랜드*의 해방의 의의를 인정했던 것이다. 1867년까지만 해도 *맑스*는 *아일랜드*의 민족적 독립 자체를 지지하지는 않고 있었다.

*맑스*는 *엥겔스*와 더불어 당시 *유럽*자본주의의 모국(母國)이요 최 선진공업국이었던 영국에서 *프롤레타리아트*가 정권획득에 성공한다면 이것이 *유럽*의 자본주의 제도를 붕괴시킬 수 있도록 강력한 충격을 줄 것이라고 예견하고 있었다. 그런데 영국에서는 *차티스트* 운동의 결과로 보통선거권이 실시되지도 않았고, 따라서 *프롤레타리아*는 정권을 장악하지도 못했다. 그럼에도 불구하고 그 후에도 노동자들은 사회주의혁명보다는 오히려 의회의 입법을 통하여 자신들의 권리와 지위를 향상시키는 방향으로 정치운동을 발전시켰다. 여기서 *맑스*와 *엥겔스*는 앞에서 논급한 자기들의 입장과 정책을 변경하여, *아일랜드*의 혁명적 민족주의운동(농민중심)을 성원함으로써 우선은 *아일랜드*에서, 다음은 영국에서, 영국의 지주(地主)귀족계급의 세력을 격파할 것을 주장하게 되었다. 왜냐하면 이들 지주귀족은 영국의 지배계급인 동시에 *아일랜드*인들을 수탈하고 억압하는 지주였기 때문이다.

1867년 11월 2일 *맑스*는 *엥겔스*에게 보낸 서한에서 "나는 이전에는 *아일랜드*가 영국으로부터 분리하는 것은 불가능하다고 생각했다. 그러나 지금은 불가피하다고 생각한다. [영국과 *아일랜드*가] 분리한 후에는 연방이 될는지 모르지만, … *유럽*의 다른 어떤 나라에도 외국인의 지배가 이렇게 직접적인 형태로 토착민(土着民)을 수탈하고 있는 곳은 없다"[116)]고 *맑스*는 썼다. 그리고 같은 달 30일에 다시 *엥겔스*에게 보낸 서한에서는 *아일랜드*인이 필요로 하는 것으로 ① *아일랜드*의 자치와 영국으로부터의 독립, ② *아일랜드*인 자신에 의한 농업혁명(農業革命)(식량 증산), ③ 독립한 *아일랜드* 산업의 파괴를 막기 위한 보호관세(保護關稅)의 실시 등을 들었다.[117)]

*맑스*가 이러한 주장을 하게 된 것은 *아일랜드*의 정치적–경제적 독립이 영국 지배계급에게 결정적 타격이 될 것이라고 판단했기 때문이었다. 1870년 4월 9일 *맑스*는 자기의 친구들에게 다음과 같이 썼다.–"나는 오랫동안 *아일랜드* 문제를 연구한 뒤 다음과 같은 결론에 도달했다. 즉, 영국의 지배계급에 대한 결정적 타격은(그리고 이것은 전 세계 노동운동에 있어서 결정적인 것이 될 것이다) 영국에서가 아니라 *아일랜드*에서 가할 수 있을 것이다"[118)]라고….

*맑스*의 견해에 의하면 토지문제는 *아일랜드*인민의 대다수에 있어서는 생존의 문제, 생사의 문제이며 동시에 이것은 [*아일랜드*의] 민족문제(民族問題)와 끊을래야 끊을 수 없는 것이다. 그렇기 때문에 *아일랜드*에서 영국 귀족(지주)의 타도는 영국에서 "*프롤레타리아* 혁명의 전제조건"을 만들 것이라고 그는 확신했다. 이러한 맥락에서 그는 영국 노동계급이 *아일랜드*의 독립운동을 지원해야 할 이유를 명백히 하기 위해 "*아일랜드*의 민족해방은 영국의 노동계급에 있어서는 결코 추상적인 정의(正義)의 문제나 인정(人情)의 문제가 아니라 그들 자신의 사회적 해방의 제1조건이다"[119)]라고 강조했다. 이상이 영국의 식민지 *아일랜드*에 관한 *맑스*와 *엥겔스*의 후기의 견해였다. –이것을 보다 더 명백하게 설명한 *맑스*의 말은 '제1*인터내셔널*'('국제노동자협회') 총무위원회로부터 '*제네바 라틴* 계(系) *스위스*인 연맹'에 보낸 그의 1870년 1월 16일자 회신에서 찾아볼 수 있다.

> 무엇보다도 *아일랜드*는 영국의 지주제도의 아성이다. 이 지주(地主)제도가 *아일랜드*에서 무너지면 그것은 영국에서도 무너질 것이다. *아일랜드*에서는 공작(工作)이 백배나 용이하다. 왜냐하면 *아일랜드*에서는 경제투쟁이 오로지 토지 소유에 집중되어 있으며,

---

116) Karl Marx/Friedrich Engels *Werke*(이하에서는 *MEW*로 표기), Band 31, p. 376.

117) Karl Marx/ Friedrich Engels, *Ausgewälte Briefe*, 1953, p. 228.

118) 같은 책, p. 270. 이와 같은 사고의 전환은 1869년 12월 10일자 *맑스*가 *엥겔스*가 보낸 서신에서도 그대로 나타나고 있다.

119) 같은 책, p. 273.

또한 그곳에서는 이 투쟁은 동시에 민족투쟁이며, 그 위에 그곳 인민들은 영국과 비교하여 보다 혁명적이며 가장 격앙되어 있기 때문이다. …'국제노동자협회'('제1*인터내셔널*')의 제1의 임무는 영국의 사회혁명을 촉진하는 일이다. 그러기 위해서는 *아일랜드*에서 결정적인 타격을 가하지 않으면 안 된다. …영국의 노동계급의 해방을 위해서는 현재의 강제적 합병, 다시 말하면 *아일랜드*의 노예화를 폐지하여 가능하다면 이것을 자유롭고 평등한 연합으로, 또한 꼭 필요 불가피하다면 완전한 분리(分離)로 바꾸는 것이 필요하다.[120]

한편 *맑스*와 *엥겔스*는 *러시아*, *오스트리아*, 독일(*프러사*)에 의하여 분할되었던 *폴란드*의 민족주의 독립운동에는 특별한 공감을 표명하고 있었다. 이들은 '신성동맹'(神聖同盟)을 맺고 있던 이 전제주의적(專制主義的) 3대 열강에 의한 *폴란드*의 분할을 *유럽*의 반동적(反動的) 추세의 진원으로 보았다. 그리고 *러시아*전제주의 세력을 *유럽*에서 몰아낸다는 목적과 특히 독일의 민주혁명을 승리로 이끌려는 목적에서 *폴란드*의 민족적 독립을 지지했던 것이다. 1948년 2월 22일 *엥겔스*는 "독일과 *폴란드* 양국의 해방을 가져올 제1조건은 독일의 현 정치체제의 전복, *프러시아*-*오스트리아*의 붕괴, *러시아*를 *드네프르강* 내지(內地) *도나우강*(江)저쪽으로 밀어내는 것"[121]이라고 주장했다.

물론 *맑스*와 *엥겔스*가 지지한 *폴란드*의 민족적 독립이란 "봉건적 *폴란드*"의 유지를 위해서가 아니라 "민주적 *폴란드*"의 건설을 위해서였다.[122] 그가 이렇게 강조한 것은 "*폴란드*의 일부를 독일에 묶어 두고 있는 한, 우리는 여전히 *러시아*와 *러시아*의 정책에 묶여있게 되며, 우리 자신 안에 있는 가부장제적(家父長制的)-봉건적 절대주의를 근본적으로 격파할 수는 없다. 그리하여 민주적 *폴란드*의 건설은 민주적 독일의 건설을 위한 제1의 요건이 되는 것"[123]이라고 믿었기 때문이다.

1848년 '2월혁명'이 *유럽*을 뒤흔들고 있을 때 *맑스*와 *엥겔스*는 민주주의 혁명의 최대의 적(敵)은 전제주의(專制主義) *러시아*요, 그 다음은 *오스트리아*라고 생각하고

---

120) *MEW*, Band 16, pp. 387~389.

121) *MEW*, Band 4, p. 524.

122) 이때의 "민주주의"란 외국 지배자와 결탁하고 있는 *폴란드*의 家父長制적-봉건적 절대주의에 대해 투쟁하고 있는 "農業 民主主義"를 의미했다. *맑스*는 東*유럽*에서 가능한 유일한 민주주의는 "농업 민주주의"라고 생각했다. *MEW*, Band 5, p. 333.

123) 위와 같음.

있었다. 그리하여 이들은 *러시아*와 *오스트리아*로부터 해방되려는 모든 나라의 민족주의운동을 지지했다. 그리고 *폴란드*가 독립하면 독일의 대지주(大地主) 계급인 *융커*(Junker)도 타격을 받고, 그 결과로 전 독일의 민주주의 혁명세력도 강화될 것이라고 확신하고 있었다. 특히 제정 *러시아*는 *유럽*에 있어서 반동의 요새이기 때문에 *러시아*에 대한 투쟁은 곧 자기들의 혁명적 임무라는 신념을 그들은 죽을 때까지 버리지 않고 있었다. 이때에도 *맑스*와 *엥겔스*는 *폴란드*의 민족독립을 *폴란드*인의 인간적 권리라는 관점에서가 아니라 다른 정치목적을 위한 전략으로 제창했던 것이다. 식민지 독립문제에 대한 이러한 입장은 *맑스*주의와 그 후 *레닌*주의를 일관하고 있는 관점이었다.

제2절 "역사적 민족(歷史的 民族)"과 "역사 없는 민족"

*맑스*와 *엥겔스*는 *폴란드*의 민족적 해방에 대해 적어도 초기에는 *아일랜드*의 경우와 마찬가지로 *폴란드*인 자신의 노력만으로는 불가능하며, 자본주의가 가장 발달하여 계급적 대립이 극히 첨예화되고 있던 선진국, 특히 영국에서 *프롤레타리아*계급의 해방을 통해서만 가능하다고 생각하고 있었다. 이 선진 자본주의 나라인 영국에서 *프롤레타리아*혁명이 승리하게 되면 여타의 나라들도 뒤따라 혁명이 일어나게 되어 결국 민족문제는 간단하게 해결될 것이라는 것이 그들의 예견이었다. 1847년 11월 29일 *맑스*는 *폴란드* 해방에 관해 명석하게 다음과 같이 연설했다.

> …모든 나라의 *부르죠아지*는 세계시장(世界市場)에서 싸움과 경쟁에도 불구하고 모든 나라의 *프롤레타리아트*를 반대하여 단결하고 결합한다. 각 민족이 진정 단결하기 위해서는 그 이해(利害)가 공통적인 것이 되지 않으면 안 된다. 그 이해가 공통적인 것이 되기 위해서는 현재의 소유관계가 폐지되지 않으면 안 된다. 왜냐하면 현재의 소유관계는 각 민족 그 자체 안에서의 착취의 전제가 되어있기 때문이다. …현재의 소유관계(所有關係)를 폐지하는 것은 바로 노동계급의 이익이 된다. …*부르죠아지*에 대한 *프롤레타리아트*의 승리는, 동시에 오늘의 각양한 민족들을 서로 대립시키고 있는, 국가적·산업적 분쟁에 대한 승리다. 그러므로 <u>*부르죠아지*에 대한 *프롤레타리아트*의 승리는 동시에 모든 피압박 민족 해방의 신호이다.</u> …모든 나라들 중 영국이야말로 *프롤레타리아트*와

> *부르죠아지* 사이의 대립이 가장 잘 나타나 있는 나라다.
> 그러므로 영국 *부르죠아지*에 대한 영국 *프롤레타리아트*의 승리는 억압자에 대한 모든 피압박자의 승리에 결정적인 것이다. 그러므로 *폴란드*는 *폴란드*에서 해방되는 것이 아니라, 영국에서 해방될 것이다.[124](밑줄은 저자)

앞에서 고찰한 것처럼 *맑스*와 *엥겔스*는 식민지의 민족적 독립 문제를 선진 자본주의 국가 내의 *프롤레타리아트*의 해방이라는 목적의식에서 보고 있었다. 그리고 그들은 공산주의의 실현을, 선진적이며 지배적인 자본주의 나라들의 *프롤레타리아트*에게 부여된 세계사적(世界史的) 사명이라고 확신했다. 또한 그들은 자본주의의 세계적 발전이 세계적 규모의 *프롤레타리아*혁명의 선행조건(先行條件)이 된다는 생각에서, 영-불-미 등 자본주의 국가들의 식민주의적 팽창을 오히려 필요한 악(惡)으로 보고 그것을 용인했다.

이를테면 1853년 6월 10일 *맑스*는 「인도(印度)에 있어서의 영국의 지배」라는 논문에서 동양적 전제주의, 미신(迷信), 정체(停滯), 노예제, 몽매(蒙昧)를 특징으로 하는 인도의 전통사회를 혹평하고 영국의 식민정책이 그런 참상을 파괴하는 사회혁명(社會革命)을 일으킬 수 있는 한에서는 그것을 용인했던 것이다.

비록 영국의 식민주의가 그 동기에 있어서 저열하기 그지없을 정도로 이기적이요, 그 방법이 잔악하다고 해도 "그것은 문제가 아니다"라고까지 *맑스*는 주장했다. "문제는 오히려 인류가 *아시아*의 사회관계에서 근본적 혁명 없이 그 사명을 다할 수 있는가 없는가에 있다. 근본적 혁명 없이 사명을 다할 수 없다고 한다면, 그 범죄가 어떤 것이었던, 영국은 이 혁명을 수행하는데 있어서 역사의 무의식(無意識)의 도구에 불과했던 것이다"[125]라고 실로 놀랄만한 결론을 내렸던 것이다.

*맑스*의 이러한 역사해석에서 우리는 *헤겔*의 역사철학의 기조를 발견할 수 있다. *헤겔*은 세계사를 "이성(理性)"(즉 神)이 세계 계획을 수행해 나가는 과정으로 인식하고, 세계사에서 자기를 실현해 나가는 이성을 "세계정신(世界精神)"이라고 불렀다. 따라서 세계사는 피상적으로는 어떤 개인의 의식적 활동에 의하여 진행되고 있는 것처럼 보이지만, 이것은 세계정신의 시현(示現)에 불과하다. 사람들은 *알렉산더* 대왕(大

---

124) *MEW*, Band 4, pp. 416~417.
125) *MEW*, Band 9, p. 133.

王), *씨저*, *나폴레옹* 같은 영웅들을 세계사의 주역, 즉 "세계사적 개인"으로 생각되고 있으나 이들은 "세계정신의 무의식적인 대행자일 따름"이라고 했다.

*헤겔*에 의하면 세계사의 전개에서 중요한 동인(動因)이 되는 인간의 욕망(慾望), 충동(衝動), 정열(情熱), 개별적 이해관계(利害關係) 등은 사실은 '세계정신'이 스스로의 목적을 실현하기 위하여 사용하는 "하나의 고차원적(高次元的)이며 웅대한 것의 수단과 도구일 뿐이다." 즉 인간들은 각각 자기의 특수한 목적을 위하여 활동하고 있지만, 동시에 자기들은 전혀 아는바 없이 무의식중에 '세계정신'의 "보편적 이념"을 수행하고 있다는 것이다.[126] 이러한 인간의 역할은 연극에서 작가가 써준 각본에 따라 행동하는 무대 위의 주역의 역할에 비유할 수 있을 것이다. *헤겔*은 결국 그런 사람들은 "이성(理性)의 간계(奸計)(List der Vernunft)에 의하여 조종당하고 있다"[127]고 역사를 관조(觀照))하고 있었다.

세계사는 신(神)의 섭리(攝理)에 따라 전개되고 있다고 믿는 것이 기독교적 세계관이다. 그런데 이러한 사변(思辨)에 기초한 *헤겔*의 역사철학을 절대관념론(絕對觀念論)이라고 하여 배격했던 *맑스*에서 바로 *헤겔*의 사상을 엿볼 수 있는 실로 놀라운 일이 아닐 수 없다.

*맑스*와 *엥겔스*의 민족이론은 근대 문명국 중심으로, 즉 서(西)*유럽*과 중(中)*유럽*을 중심으로 형성되었다. 그들은 *아시아*나 *아프리카* 등 식민지지역에서 일어나는 "*부르죠아*" 민족주의의 혁명성은 중요시 하지 않았다. 심지어 *엥겔스*는 「노동계급은 *폴란드*에서 무엇을 할 것인가」라는 논문(1966. 3)에서 민족을 "역사적(歷史的) 민족"과 "역사 없는 민족"으로 구분하면서 "일찍이 역사를 가져본 일이 없고, 역사를 만드는데 필요한 *에네르기*도 없었던" 소수민족들이 "국민적 생존권"을 가진 국민(독립국가의 국민)이 되기를 바라는 데는 경멸하기까지 표현했던 것이다.[128] 특히 영국의 *웨일즈*인, *만*도(島)인, *프랑스*의 *겔트*인, *발칸*반도(半島)의 *슬라브*계(系) 제(諸)민족에

---

126) *프리드리히 헤겔*, 『歷史에 있어서의 理性』(林錫珍 譯), 志學社, 1980년, 「第2草案(1930)」 및 「歷史에 있어서의 精神의 實現」 참조.

127) 世界精神이 개인을 조종하여 서로 싸움을 붙이고 희생케 함으로써 개인이 의식 못하는 세계정신의 목적, 즉 자유를 실현해 나가는 것을 *헤겔*은 "이성의 속임수(奸計)"라는 말로 표현했다. Hegel. *Vorlesungen über die Philosophie der Geschite* (Suhrkamp Verlag, 1970), p. 49 참조.

128) *MEW*, Band 16, pp. 157~158.

대해 그러했다.

그 중에서도 *맑스*와 *엥겔스*가 *발칸*반도의 제(諸) *슬라브*계 민족을 증오하기까지 한 것은 이들이 범(汎)*슬라브*주의를 악용하려는 제정*러시아*의 정치적 앞잡이라고 보았기 때문이다. 이상의 소수민족들은 *맑스*와 *엥겔스*에 있어서는 무(無)역사적 민족, 즉 "역사 없는 민족"이었다. 반면 그들은 이른바 "역사적 민족"—독일인, *폴란드*인, *헝가리*인, *이탈리아*인 등—을 높이 평가했고 이 민족들의 국민적 생존권을 옹호했다. 이 "역사적 민족"들이 *러시아*인 이외의 다른 "역사 없는" *슬라브*족(族)들을 병합 통합하는 것은 오히려 당연한 일이라고 생각했던 것이다. *맑스*는 *발칸*반도에 산재하고 있는 *크로아티아*인(人), *체코슬로바키아*인(人), 세르비아인(人) 등 소수민족들은 *유럽*의 역사에서 어떤 중요한 역할도 한 바 없으며, 따라서 독립적 국민이 될 수는 없을 것이라고 주장하였다.[129)]

*맑스*와 *엥겔스*의 초기의 저작들을 일관하고 있던 위와 같은 견해는, 첫째로는 정치적 대 단위의 민족만이 역사 발전에 기여할 수 있고 영세한 민족들은 세계사의 발전 도상에 있어서 오히려 장애물(障碍物)이 된다는 사고에서 유래했다고 볼 수 있다. 그리하여 이들은 대(大)민족에 의한 소(小)민족의 흡수에 오히려 찬의를 표했던 것이다.[130)] 둘째로, 그들은 높은 문명이 낮은 문명을, 또한 진보(進步)가 야만과 정체(停滯)를 압도하는 것은 당연하다고 생각했다. 이러한 관점에서 *엥겔스*는 1849년 2월 미국의 *멕시코* 정복을 찬성까지 했다.[131)] 그리하여 후일 그들은 자본주의 열강(列强)의 식민지 팽창을 변호했다는 비판을 면치 못하게 되었다. 당시 그들이 자본주의 선진국의 식민주의를 하나의 불가피한 사실로 인정하고 있었음은 부인할 수가 없다.

그러나 이것은 그들이 자본주의의 지지자였기 때문이 아니었음은 물론이다. 그들은 *부르죠아지*가 동—서양의 후진지역(後進地域)에서 세력을 확장하여 그곳을 개발하고 산업화해 나가면 여기서 *부르죠아지*를 타도할 혁명세력, 즉 *프롤레타리아트*가 성장할 수 있다고 믿고 있었다. 1848년 1월 *엥겔스*는 이에 대해 다음과 같은 일반론

---

129) 같은 책, pp. 158~159.

130) *맑스*는 1895년 3월「*포*江과 *라인*江」이란 논문에서 "…이미 민족적 생존의 힘을 가지지 못하는 *민족 부스러기들*(Völkertrümmer)은 大민족에 병합된 채로 그 안에서 소멸되든가 또는 정치적 의의를 못가지고 인종학적 기념유물 속에 남아 있게 마련이다"고 야유조로 썼다. MEW, Band 13, p. 267.

131) *MEW*, Band 6, p. 273.

(一般論)을 내세웠다.

> 아주 미개한 나라들까지 *부르죠아지*는 진보(進步)를 이룩하고 있다. …우리는 *부르죠아지*의 벗이 아니다. …그러나 이번에 우리는 그들의 승리를 기뻐해준다. …그들이 도처에서 그들의 계획을 관철해 나가는데 대해 우리는 조금도 반대하지 않는다. …*부르죠아* 신사(紳士) 제위(諸位)는 자기 재산(財産)들을 위하여 활동하고 있다고 진정으로 믿고 있다. 그들은 자기들의 승리로써 세계는 최종적으로는 자기들의 [*부르죠아*적(的)] 모습을 지니게 된다고 믿을 만큼 우매하다. 그런데 사실에 있어서 그들은 어디서나 가는 곳마다 단지 우리들, 즉 민주주의자와 공산주의자만을 위해서 길을 열어주고 있다는 것, 그들은 기껏 수년 동안 불안정한 [*부르죠아지*로부터의] 노획물을 향락할 따름이며 곧 타도될 것이 틀림없다는 것, 이것처럼 명백한 일은 없다. 어디에서도 그들의 배후에는 *프롤레타리아*가 뻗치고 있다. …지배자(支配者)인 *부르죠아지*에 대한 공공연한 반란 속에서…[132]

*맑스*와 *엥겔스*는 자기들의 유물사관(唯物史觀)에 따라 인류 사회의 발전을 단계적으로 고찰했다. 그리고 그들이 전복하려는 자본주의의 단계는 그 이전의 봉건적 단계보다는 진보적이라고 설파했다. 그런 까닭에 후진지역을 선진 자본주의 국가들의 지배하에 두어 경제적 생산력 발전의 길을 열어주는 편이 낫다는 그들의 사고가 *유럽* 선진국에 후진지역을 종속시키는 그대로 둘 것을 찬성하는 결론에 이르게 했던 것이다. 그들에 있어서 자본주의는 과도적 지배 계급에 의한 억압과 착취를 의미했다. 그러나 그들이 예견한 최후의 종착지는 공산주의라는 천국이었다. 이 천국에 도달하기 위해서는 자본주의라는 연옥(煉獄)을 거치지 않을 수 없다는 것이 그들의 역사적 *비전*이었다.

그런데 식민지의 독립 투쟁이 거센 민족주의 운동으로 발전되어가자 *맑스*와 *엥겔스*의 시각은 바뀌게 되었다. 즉, 그들은 우선 *유럽* 내 소수민족들의 권리에 대한 요구에 찬성하게 되었다. 그리고 *프랑스*가 *알제리아* 점령에서 보여준 잔인성을 규탄했고, 소극적이나마 인도의 독립을 지지했다. 이에 앞서 언급했던 것과는 반대로 *아일랜드*인의 민족적 독립투쟁에 대해서도 열성적인 성원을 보냈다. *아일랜드*의 해방은 *맑스*와 *엥겔스*에 있어서는 식민지 문제로서는 가장 중요한 문제였다. 1860년대 후반

---

132) *MEW*, Band 4, pp. 501~502.

이후, *아일랜드* 문제에 대한 그들의 견해 전환은 민족문제 일반에 대한 견해의 변화의 전기(轉機)가 되었던 것이다. 그렇지만 그들은 후기에 있어서도 식민지의 민족자결(民族自決)이 그 자체만으로 가치가 있는 것으로는 생각한 일이 없었다.

제3절 *레닌-스탈린*적(的) 전략(戰略)

*맑스*와 *엥겔스*의 19세기적 민족이론을 20세기 초엽의 *러시아*의 국내 사정과 국제적 현실에 부합되도록 발전시켜 소위 *맑스-레닌*주의의 민족이론으로 정식화(定式化)한 사람은 *레닌*이었다. 그는 주로 *맑스*와 *엥겔스*의 후기이론을 수용, 확대하여 민족의 존재를 중요시하는 한편, 세계 피압박민족들의 완전한 민족자결권(民族自決權)을 옹호하는 면으로 자기의 이론을 구성했다. 그는 *프롤레타리아*혁명이 전 세계에서 승리하여 완전한 공산주의 사회가 실현되면 개개의 민족은 하나의 인류로 융합될 것을 상정(想定)하고 있었다. 그렇지만 다른 민족에게 예속되어 있는 민족들의 민족주의적 정감(情感)과 독립의 욕구를 결코 무시하지 않고 오히려 그것을 열렬히 부추겼다.

공산주의에 이르는 과도기에 민족문제를 안일하게 잘못 다루게 되면 *프롤레타리아*혁명은 결코 발전할 수 없다는 것을 *레닌*은 예민하게 간취(看取)하고 있었다. 그는 *프롤레타리아*혁명이라는 전략(戰略)에서 일찍이 1903년경부터[133] 민족자결권(民族自決權)을 핵심으로 한 자기의 민족이론의 골격을 제시했다. 1913년 그는 근대-현대의 민족운동과 민족국가는 역사직으로 자본주의의 발전 및 *부르쇼아*계급의 형성과 밀접하게 결부되어 있다는 이론을 설파하기 시작했다. 그리고 자본주의 시대의 "민족자결이란 어떤 민족들이 다른 [지배]민족의 집합체들로부터 정치적으로 분리하는 것을 의미하며, 독립된 민족국가를 형성하는 것을 의미하는 것이다"[134]이라는 정의를 내렸던 것이다.

---

133) *레닌*은 벌써 1903년 3월~7월에 「*아르메니아* 統合民主黨의 선언에 대하여」(1903)와 「우리 당 강령에 있어서의 민족문제」(1903)에서 민족문제에 대한 그의 기본적 관점을 제시했다.

134) V. I. Lenin, *Selected Works*, Vol. Ⅰ, International Publishers, 1967, p. 602.

*레닌*은 *러시아*의 혁명가였다. *러시아*의 혁명가로서 그는 *짜리즘*(제정*러시아*의 전제주의)을 전복하기 위한 전략에 따라 자기의 민족이론을 구상했다. 그는 *러시아*의 여러 도시에서 성장하고 있는 산업노동자들을 조직하여 반(反)*짜리즘* 투쟁(鬪爭)을 전개하는 동시에, *러시아*인들의 억압을 받고 있던 1백 20여개의 비(非)*러시아*민족들[135]의 민족적 저항과 *러시아*제국(帝國)으로부터 분리권(分離權)을 내용으로 하는 그들의 민족자결권의 요구를 열렬히 지지했다. 그것은 곧 거대한 복수민족 국가인 *러시아*제국을 내부로부터 와해시킬 수 있는 방책이었기 때문이다.

동시에 *레닌*은 세계혁명과 관련에서 *러시아*혁명을 생각한 전략가였다. 그는 *러시아*혁명을 세계혁명과 유리시켜, 그것 자체를 고립적으로 관찰하지는 않았다. 그는 식민지-종속국(從屬國)의 민족자결 운동을 제국주의 세력권 안에 확대시켜 이 지역에 민족혁명을 일으킴으로써 세계제국주의 체제를 와해시켜야 한다는 이론을 내세웠던 것이다. 이렇게 *레닌*의 민족이론은 그의 제국주의 이론과 직결되는 것으로, *러시아*혁명 및 세계*프롤레타리아*혁명을 수행하기 위해 제시된 전략이론(戰略理論)이었다. 제정(帝政)*러시아*의 소수민족 및 식민지 전반의 피억압 민족의 해방을 그는 열렬히 주장했지만, 그러한 해방은 *스탈린*의 해석대로 그 자체가 목적이 아니라 어디까지나 "*프롤레타리아*혁명이란 일반문제의 일부분", "*프롤레타리아트*의 독재라는 문제의 일부분"으로써 제기되었던 것이다.[136]

*스탈린*은 민족문제 해결에 있어서 *레닌*주의의 기본 명제(命題)를 1924년 「*레닌*주의의 기초」라는 논문에서 간명하게 다음과 같이 도식화하였다.[137]

1. 세계는 두 개의 진영으로, 즉 금융자본을 가지고 있으며, 세계의 방대한 인구를 착취하고 있는 한 줌의 문명민족(文明民族)의 진영과 세계 인구의 대다수를 구성하고 있는

---

135) *러시아* 제국내의 민족의 수효에 관해서는 의견이 구구하다. 소련의 공식 견해로는 1990년 현재 그 수는 128이라고 하고, 학자들에 따라서는 400으로 본다고 지적했다. *USSR Year* book' *91*, Novosti Publisher(Moscow) 1991, p. 31. 한편 *스탈린*은 '10월혁명' 직후 '*러시아* 사회주의연방 *소비에트*공화국'과 그 밖의 *소비에트* 공화국의 인구를 약 1억4천만명으로 보았고, 그중 大*러시아*人이 아닌 민족(*우크라이나*人, 白*러시아*人, *기르기스*人, *우즈베끄*人…등등)을 약 6천5백만으로 치고 있었다. 『スターリン全集』, 第五卷, 大月書店, p. 36.

136) 「Foundations of Leninism」, 앞의 *The Essential STALIN-Major Theoretical Writings 1905~52*, Edited and with an Introduction by Bruce Franklin, Groo Helm, p. 147.

137) 같은 책, pp. 150~151.

식민지-종속국의 피억압(被抑壓)-피착취민족(被搾取民族)의 진영으로 나뉘어 있다.

2. 금융자본으로부터 압박과 착취를 당하고 있는 식민지-종속국은 제국주의의 최대의 예비군(豫備軍)이며, 제국주의의 힘의 가장 중요한 원천이다.

3. 발전한 나라들의 *프롤레타리아*운동과 식민지의 민족해방의 이익이라는 점에서 볼 때, 이 두 형태의 혁명운동이 공동의 적에 대한, 즉 제국주의에 대한 공동전선으로 결합할 것을 요구하고 있다.

4. 이 두개의 공동혁명 전선을 조직하는 일은 "본국(本國)"의 제국주의에 반대하는 피압박민족의 해방운동에 대하여 억압민족 내의 *프롤레타리아*가 직접, 그리고 단호히 지지하지 않고서는 불가능하다. 왜냐하면 "타민족을 억압하는 민족은 자유로이 될수는 없기" 때문이다.

5. [분리, 즉 독립국으로 생존하는 민족의 권리라는] 이 *슬로건*을 실행하지 않고서는, 세계사회주의의 승리를 위한 물질적 기초가 되는 단일 세계경제의 체제 내에서 제민족의 결합과 협력을 이룩할 수가 없다.

6. 이 결합은 제(諸) 민족 사이의 상호신뢰와 우애관계를 토대로 하는, 자유의사(自由意思)에 의한 결합이 아니면 안 된다.

이상의 명제들은 *레닌*의 반(反)제국주의적 민족-식민지이론이 약소국의 민족주의를 존중한다거나 또는 그들의 영속적 독립을 기조(基調)로 하고 있다고 천명한 것은 결코 아니었다. 그가 피압박민족(被壓迫民族)에게 민족자결권의 원칙을 적용해야 한다고 한 주장은 이들 제(諸)민족의 독립을 위한 투쟁이 제국주의의 힘을 약화시켜 자국 내의, 크게는 전 세계 *프롤레타리아*의 입장을 강화시킨다는 전술적 계산에 입각(立脚)하고 있었다.[138]

*레닌*이 민족정책의 기본원칙으로 모든 민족의 민족자결권을 제창한 것은 세계 공산주의의 관점에서였지만 우선은 *러시아*의 공산주의자로서 *러시아*공산당의 강령 안에 이것을 채택하기 위해서였다. 당시 제정*러시아* 내에서 전 인구의 57%를 차지하는 약 1백 수십 개의 비(非)*러시아*민족은 대(大)*러시아*인을 지배층으로 하며 세계적으로 악명을 떨치고 있던 *짜리즘*의 억압하에 있었다. 이에 대해 이들 비(非)*러시아*민

138) *스탈린*은 이 문제를 보다 솔직하게 다음과 같이 부연하였다.

… *레닌*주의는 … 압박받는 나라들의 民族解放運動 내부에는 혁명적 능력이 있다는 것을, 그리고… [이것을] 그러한 능력을 … 제국주의를 타도하기 위하여 이용할 가능성이 있다고 인정한다. …이로부터 "지배적" 민족들의 *프롤레타리아트*는 피압박-종속국민족의 민족해방운동을 지지할 필요가, 그것도 견결히 적극적으로 지지할 필요성이 제기되는 것이다. 같은 책, pp. 147~148.

족 사이에서는 *러시아*민족의 지배를 반대하는 민족주의 운동이 도처에서 대두하고 있었다. 국내 피압박민족의 대부분은 *러시아*인에 대해서는 물론이요, 자기들 사이에서도 서로 대립 불신의 감정을 지니고 있었으며 이런 현실은 *짜리*정부에 의하여 이용되어 왔다.

이러한 민족적 증오감 때문에, 이민족(異民族)의 *프롤레타리아트*들 상호간에는 공산주의 *이데올로기*에서 중요한 의의를 지니는 계급적 연대의식이 성장하기 어려웠으며, 따라서 혁명운동도 적지 않게 저해를 받고 있었다. 이러한 상황하에서 *레닌*은 *맑스*주의의 관점에 의거하여 민족문제를 이론적으로 구명할 필요성을 절감했던 것이다.[139] *레닌*은 공평하게 보아 민족적 편견(偏見)에서 벗어난 혁명가였으며, 자본가와 지주에 의한 노동자, 농민의 착취를 반대했던 것처럼 한 민족에 의한 다른 민족의 지배도 반대했었다. 한편 그는 다른 사회주의자들과 마찬가지로 미래에 건설될 사회주의국가 안에서는 상당히 오랜 기간이 지나야 비로소 민족적 억압과 차별이 소멸될 것으로 생각하고 있었다.

민족문제에 관한 *레닌*의 이론은 그의 대부분의 이론과 마찬가지로 당시의 다른 *맑스*주의 이론가들과의 격렬한 논쟁의 과정에서 형성되었다. 그의 제일의 논적은 2중(重)군주제의 *오스트리아-헝가리*제국(帝國)(1867~1918)에서 민족자결권 대신에 제민족의 비(非)분리를 전제로 하면서 문화적-민족적 자치제를 주장했던 *칼 렌너*(Karl Lenner)와 *오토 바우어*(Otto Bauer) 등 우파적(右派的)인 *오스트리아*의 *맑스*주의자들이었다. 한편 또 다른 논적(論敵)은 *프롤레타리아*의 투쟁에서 민족주의와 민족문제의 의의를 근본적으로 부정하는 *폴란드*의 극좌파(極左派) *맑스*주의자 *로자 룩셈부르크*(Rosa Luxemburg) 및 *러시아* 내에 있는 그녀의 동조자들이었다.

*렌너*나 *바우어*에 의하면 민족문화는 자본주의의 상층 구조가 아니며, 사회주의 운동은 자본주의를 반대하는 것이지 민족문화를 반대하는 것이 아니었다. 그들은 복수민족국가인 *오스트리아-헝가리*제국(帝國) 내에 산재하고 있던 8~9개의 상이한 민족들의 민족적-문화적 전통을 적극적으로 존중하는 민족연방제(民族聯邦制)를 수립할

139) *레닌*은 1912~1916년에는 「民族問題에 관한 비판적 覺書」(1913), 「문화적 민족적 자치에 관하여」(1913), 「민족자결권에 관하여」(1914), 「사회주의혁명과 민족자결권」(1916) 등 많은 논문들을 발표함으로써 자기의 이론을 체계화해 나갔다.

것을 제창했다. 즉 각 민족의 성원들은 그 거주지의 여하를 불문하고 자기들의 교육, 언어, 그 밖의 문화 문제에 관해서는 같은 민족의 성원들이 선출한 민족회의의 지도 밑에서 자치를 실시하되, 민족문화 이외의 정치적-경제적 문제는 중앙집권적인 정부의 관리하에 두자는 것이었다.140) 이들의 이론은 제1차 세계대전 후 *오스트리아* 제국(帝國)이 해체됨으로써 불필요한 것이 되고 말았다.

그들이 이와 같이 *오스트리아-헝가리* 제국(帝國)의 정치적 판도를 유지하려 했던 것은 사회주의 경제의 조직을 위해서는 방대한 경제권을 그대로 유지해야 한다는 이론을 전제로 했기 때문이다.141) 이러한 민족적-문화적 자치제(自治制)의 원리를 *오스트리아*의 *맑스*주의자들은 당(黨) 조직으로까지 적용하여 '*오스트리아* 사회민주당'(社會民主黨)을 자치적인 민족단위를 기초로 하여 조직된, 개개 민족의 사회주의 정당들의 느슨한 연합체로 만들 것을 구상했던 것이다.142) 국가체제와 당 조직(黨組織)에 관한 이와 유사한 구상은 *러시아*제국 내 소수민족의 사회주의자들 사이에서도 표명되고 있었다.

통칭 *분트*(Bund)로 알려진 '*러시아* 및 *폴란드* 전(全)유태인 노동자동맹'은 '*러시아* 사회민주노동당'(후에 *볼셰비끼*는 이것을 분열시켜 자파(自派)를 공산당으로 개칭) 안에서 민족이 다르다는 이유를 내세워 자기들은 독립적 자치기구를 가지고 특별한 대우를 받아야 한다고 요구했고, *라트비아*와 *까프까즈(코카서스)*의 사회민주당들도 *러시아*의 *분트*와 마찬가지의 요구를 내세웠다.143) *레닌*에 있어서는 이러한 경향은 "우경적(右傾的)인 *부르죠아*적(的)노선"이었다. 그는 10월혁명 이전에 이미 그러한 민족당들의 연방제와 민족적-문화적 자치제를 반대하고 사회주의 국가는 중앙집권적이요, 동질적이어야 한다는 원칙을 고수하고 있었다, 그러면서도 어떤 민족이든

---

140) E. H. Carr, *A History of Soviet Russia*, Vol. 1, The Macmillan Co., 1950, p. 418.

141) *오토 바우어*의 민족이론은 1세기 전에 출판된 그의 방대한 저작 『민족문제와 사회민주주의』(*Die Nationalfrage und die Sozialdemocratie*, 1907, Wien)에서 제시되었다. 그의 이론의 명석한 요약은 Leszek Kolakowski, *Main Current of Marxism*, Vol. 2, Oxford University Press, 1978, pp. 285~299참조.

142) *오스트리아* 社會民主黨은 1897년 대회에서 이것을 6개의 자치적인 민족적 黨-독일人, *체코슬로바키아*人, *폴란드*人, *루마니아*人, *이탈리아*人 및 *유고슬라비아*人-의 연합으로 구성한다는 결정을 내렸던 것이다.

143) E. H. Carr, 같은 책, p. 419.

원하기만 한다면 자유의사에 따라 독자적인 국가를 수립해야 한다는 민족자결(民族自決)의 권리(이것은 동시에 분리의 권리를 의미한다)를 제창했다.

*레닌*은 사회주의 국가의 중앙집권주의(中央集權主義)의 조직원칙을 당에도 적용시켰다. 그에 의하면 어떤 특수한 민족의 당원을 위하여 당 내에 민족적 자치를 도입한다는 것은 조직상의 분열이며, 당의 통일을 약화시키는 일이었다. 그러므로 누구든지 일단 *볼셰비키*당원(공산당원)이 되면 그의 민족적 성분여하를 막론하고 당의 명령을 무조건 수락해야 하며, *러시아*인 아니라고 어떤 특수한 지위를 요구할 수는 없다는 것이었다.[144] 요컨대 *레닌*은 한편으로는 *러시아* 제국(帝國) 내의 모든 민족의 완전한 평등권과 민족자결권을 지지하는가 하면 다른 한편으로는 자기가 영도하는 *볼셰비키*당의 철저한 중앙집권제를 고수하고 있었다.

민족문제에 관한 *레닌*의 이론적 구상은 이미 1903년 초에 형성되었지만 이 문제가 열띤 논쟁의 *테마*로 된 것은 1912~1916년의 일이었다. 1913년 *레닌*은 *오스트리아*의 *갈치아*에 거주하고 있었는데, 이곳으로 자기를 만나러 온 *그루지아*인의 젊은 공산주의자 *쥬가시빌리*에게 민족문제에 관한 *볼셰비키*의 개념을 천명하는 논문을 쓰도록 위촉했다. 그가 바로 *스탈린*이었다. 그 결과가 후에(1913) 『*맑스*주의와 민족문제』란 제목으로 출판된 *스탈린*의 유명한 논문이다.

*스탈린*의 이 논문은 물론 *레닌*으로부터 내용과 연구방법을 전수 받아 쓴 것이지만, 이때부터 *스탈린*은 민족문제이론에 있어서는 *볼셰비키*당 내에서 제1인자가 되었다. 10월혁명 후 *스탈린*이 *볼셰비키*내각에서 '민족문제 인민위원'(人民委員)의 지위를 차지한 것은 결코 우연한 일이 아니었다. 그의 이론은 *레닌*에 의하여 그대로 옳은 것으로 인정되었고,[145] 『*레닌*주의의 기초』(1924)에서도 대체로 그대로 답습되어

---

144) 이것을 *스탈린*은 후에 「민족문제에 관한 보고」(1917. 4)에서 *레닌*의 주장을 다음과 같이 부연하여 설명하였다.－ "…어떤 나라의 *프롤레타리아트*를 민족별로 조직하는 것은, 오직 계급적 연대성의 개념을 파멸로 이끌 것이다. 어떤 국가의 모든 민족의 모든 *프롤레타리아*는 하나의 불가분의 *프롤레타리아* 집단에로 조직되어야 한다. 민족문제에 대한 우리의 견해는 다음과 같은 명제에로 귀착한다.

1. 각 민족에 대해 分離權을 인정한다.
2. 어떤 국가의 경계 내에 머무는 제 민족을 위해서는 지방자치제를 실시한다.
3. 소수 민족을 위해서는 그들에게 자유로운 발전을 보장하는 특별한 법률을 제정한다.
4. 어떤 국가 안의 모든 민족의 *프롤레타리아*를 위해서는 불가분의 단일적 *프롤레타리아* 집단, 즉 單一黨을 현성한다." Joseph V. Stalin, *Selected Works*, Cardinal Publishers, 1971, p. 97.

145) 民族理論에 관해 *레닌*과 *스탈린*의 견해에는 혁명 수년 후부터 양자 간에는 정책상의 대립이 생겨났다.

소위 *레닌-스탈린*적(的) 민족이론으로 발전하면서, 그 후 *소비에트* 민족정책의 토대가 되었던 것이다.

*레닌-스탈린*의 민족이론에 대한 또 하나의 도전자였던 *로자 룩셈부르크*는 극좌적(極左的) 사회주의자였다. 1890년대의 *폴란드* 사회민주주의자들은 민족문제를 둘러싸고 *피우스츠끼*(Josep. Pilsudski)와 *로자 룩셈부르크*의 양파로 분열되어 있었다. 그중의 한 파(派)가 *피우스츠끼* 중심의 "민족주의적"인 '*폴란드*사회당'(1893)이였다. 이에 반대하여 별도로 조직된 국제주의적 '*폴란드*사회민주당'(1893)은 *로자 룩셈부르크*의 견해를 지지하여 "*폴란드* 국가의 부활 요구"는 환상이라고 비난하면서, '*러시아* 사회민주노동당'의 지부가 되었다.[146] *로자 룩셈부르크*의 견해에 의하면, "민족"독립이란 *부르죠아*적(的) 문제요, 본질적으로 국제주의적인 *프롤레타리아트*는 이에 대해 관심을 두지 않는다는 것이었다.

그녀는 『민족문제(民族問題)와 자결(自決)』(1908) 등에서 *폴란드*의 민족적 독립을

대립의 초점은 *그루지아*(Gruziya=Georgia)의 독립문제였다. '10월혁명' 후의 복잡한 내전 기에 *아제르바이잔, 아르메니아, 그루지아* 등 제정 *러시아*의 식민지들은 모두 독립공화국을 선포하고 하나의 독립적인 '*자까프가즈(코카서스 Caucasus)*연방 공화국'(1918. 4)을 선언하였다. 그런데 1920년 4월과 그해 11월에는 *아제르바이잔*과 *아르메니아*에서는 혁명에 의하여 또는 *러시아* 적군의 지원하에 각각 *볼셰비끼*가 지배하는 '社會主義*소비에트*共和國'이 수립되었다. 그러나 *그루지아*에서만은 *멘셰비끼*정권이 들어서 있었다. *레닌*은 이런 현실을 인정하고 이 나라와 국교를 맺는 등 신축성 있는 정책을 채택했다. 그러나 '民族問題 인민위원' *스탈린*과 *까프가즈* 문제의 권위자 *오르죠니끼제*는 *레닌*의 승인 없이 *그루지아*에다 *러시아*의 적군을 파견하여 *멘셰비끼* 정권을 전복하고 '*그루지아 소비에트* 社會主義共和國'을 수립했다. *스탈린* 등은 이것을 *아제르바이잔, 아르메니아*와 하나로 묶어 '자까프기즈 社會主義聯邦*소비에트*공화국'을 구성했다(1922. 12). 그리고 同 연방을 '*러시아* 사회주의연방*소비에트*공화국'(1918. 7성립)에 나 동합시킴으로써 이 세 나라들을 독립공화국이 아니라 주권이 없는 자치공하국은 만들어 사실상 *러시아* 연방에 흡수시키려했던 것이다.

이 案은 *레닌*의 강한 반대에 부딪쳐 일단 저지되었다. *레닌*은 *그루지아*를 서둘러 *소비에트 러시아* 연방에 무력으로 흡수시킨다면 현지 민족들의 민족주의적 감정에 상처를 주어 그들의 지지를 잃고 *볼셰비끼*의 민족정책은 파산할 것으로 우려하고 있었다. *그루지아* 공산당도 격렬하게 *스탈린*에 저항했다. 그렇지만 뇌일혈로 사경을 헤매고 있던 *레닌*은 *스탈린*을 제압할 수가 없었다. 결국 1922년 12월 30일, *스탈린*의 구상대로 *러시아, 우끄라이나,* 白*러시아, 자까브까즈*의 4개 공화국들의 중앙집권적 연방으로써의 '*소비에트* 社會主義共和國聯邦'(소련방)을 발족시켰던 것이다. 이에 관해서는 Horace B. Davis, *Toward A Marxist Theory of Nationalism*, Monthly Review Press, 1978, pp. 77~83. 이와는 다른 견해로서는 Richard Pies, *The Formation of the Soviet Union*, Atheneum, 1974, pp. 266~293 참조. 그런데 민족문제에 대한 *레닌*과 *스탈린*의 정책의 異同에 관해서는 해석이 구구하지만, 양자의 목표는 기본적으로 일치하였음으로 본 저에서는 더 이상 논급하지 않기로 한다.

146) E. H. Carr. 앞의 책, p. 422.

단호히 반대했다. 그것은 그녀가 *폴란드* 민족에 대한 타 민족의 억압에 무관심했던 때문은 결코 아니었다. 그녀에 의하면 *폴란드*의 민족적 억압은 자본주의적 지배의 결과라는 것이었다. 따라서 사회주의 혁명이 승리하면 모든 형태의 억압이 소멸될 것이므로, 민족적 억압의 문제도 자연히 해결된다는 것이었다. 따라서 *프롤레타리아* 정당은 민족의 자결권이 아니라 *프롤레타리아트*의 자결권을 실현해야 한다. 그녀는 민족독립을 위한 투쟁은 국제적 *프롤레타리아* 혁명운동을 여러 분파로 분열시키고 단결을 파괴하기 때문에 해로운 것으로 보았던 것이다.

또한 그녀는 민족자결권을 말할 때, 민족을 균질적(均質的)인 사회-경제적 존재로 보는 개념을 소(小)*부르죠아 이데올로기*라고 생각하고, 민족자결권의 이름에서 독립한 민족국가가 *부르죠아지*에 의하여 지배당할 것을 우려하고 있었다.[147] 민족자결에 관한 그녀의 견해는 *레닌*의 그것과 첨예하게 대립하고 있었지만 이 대립은 사실은 전술상의 문제에 관한 대립이었다. *레닌*도 민족자결에 절대적인 가치를 부여한 일은 없었다. 그는 민족자결권을 줄곧 강조했지만 이것은 과도기의 전술적 양보요, *볼셰비키*가 권력을 장악한 뒤에는 거꾸로 *러시아* 내의 각 민족의 독립(분리)을 반대하는 운동을 벌여왔다. *로자 룩셈부르크*가 *맑스*와 *엥겔스*의 민족이론의 초기 입장에 서 있었다면 *레닌*은 그들의 후기 입장에 서 있었다고 볼 수 있다.

'*러시아* 사회민주노동당'내에서는 *칼 라덱크*(Karl Radeck)가 *로자 룩셈부르크*와 유사한 입장을 취하고 있었다. 즉, *라덱크*도 민족자결을 위한 투쟁은 "환상"이라고 혹평하면서 사회 민주주의자로서 민족자결을 지지한다는 것은 적극적으로 "사회애국주의(社會愛國主義)"로 가는 길이다. 그들이 수락할 수 있는 유일한 *슬로건*은 "국경을 없애라"는 것이라고 주장했다.[148] 그러나 *레닌*에 의하면 이러한 주장은 좌경적 망상(妄想)이었다. 그는 민족적-문화적 자치를 요구하는 *렌너-바우어*의 우경적 노선과, 민족주의 운동을 혁명세력으로 간주하지 않는 *로자 룩셈부르크*의 좌경노선 사이에서 중간적 위치를 택하였다고 볼 수 있다.[149] 그리하여 *레닌-스탈린*의 민족이

147) *로자 룩셈부르크* 민족문제에 대한 대표적 논문들(원문 *폴란드*語)의 영어 번역은 Horace B. Davis(ed), *The National Question-Selected Writings by Rosa Luxemburg*, Monthly Review Press, 1976과 그리고 그녀의 이론의 명석한 요약은 Leszek Kolakowski, 앞의 책, pp. 99, 88~97 참조.

148) Kolakowski의 앞의 책, p. 424.

149) Alfred G. Meyer *Leninism*, Harvard University Press, 1957, p. 148.

론은 현대 민족주의 세력을 현실적으로 중요시하면서, 그것을 *프롤레타리아*혁명으로 이용하는 방향으로 전개되었던 것이다.

*레닌*은 *프롤레타리아*혁명의 승리에 대한 가능성을 *맑스*처럼 단순하게 선진 자본주의 국가 내의 적대적인 두 사회계급, 즉 *부르죠아지*와 *프롤레타리아트*의 투쟁에서만이 아니라, 이와 결부된 식민지-종속국 민족들의 반제(反帝) 해방 투쟁에서 찾고 있었다. 그는 현대를 제국주의 시대로 규정하고 이 시대의 민족을 "억압민족(抑壓民族)"과 "피압박민족(被壓迫民族)"으로 구별했다. 이러한 전제에서 식민지-종속국의 피압박민족을 제국주의 억압민족으로부터 이탈케 하는 민족자결권의 승인을 국제공산주의 혁명운동이 승리할 수 있는 제1보(步)라고 인식하고 있었다.[150]

이것은 *레닌*이 *유럽*의 소수 혁명파의 노동운동을 8억 *아시아* 피억압민족의 독립운동과 결부시키려는 전략으로 내세운 세계혁명의 사상이었다. 그러자 국제공산주의 운동은 그 주요 무대를 협소한 선진적 서양의 노동운동에서 광활한 후진적 동양의 민족운동으로 옮기면서 영향력을 확대해 나갔다. 요컨대 *레닌*은 *프롤레타리아* 혁명(즉 "사회주의 혁명")이라는 요구에 맞춰 민족문제를 식민지 문제와 관련에서 제기한 것이다. 그리하여 *레닌*이래로 공산주의자들은 식민지-종속국의 피압박민족들을 제국주의 국가로부터 분리-독립시키는 것을 혁명투쟁의 주요한 목표로 삼아왔다. 왜냐하면 이러한 식민지-종속국가들의 제국주의세력으로부터의 분리-독립은 제국주의의 힘의 원천을 앗아감으로써 파멸로 이끌 수 있다고 생각했기 때문이다.

150) Waldyslaw W. Kulski, *Peaceful Coexislence*, Henrry Regney Company, 1959, p. 188 참조.

제2편

*시베리아*에서 부는 *볼셰비즘*의 열풍(烈風)(下)

제1장

"분리(分離)의 자유"냐 "분리반대(分離反對)의 자유"냐

제1절 궤변화(詭辯化)한 민족자결권(民族自決權)

그러면 민족이란 무엇인가. *스탈린*은 그의 정적(政敵)인 독일 · *오스트리아*의 사회주의자 *칼 카우츠키, 오토 바우어* 등의 민족규정의 특징을 차용(借用)하여 이(伊)－불(佛)－영(英)－독(獨)－로(露)의 예를 들면서 1913년 민족을 다음과 같이 규정했다.

> …민족이란, 사람들의 인종적 공동체도 종족적 공동체도 아니며, 역사적으로 구성된 사람들의 공동체이다.…민족이란 언어, 지역, 경제생활 및 문화의 공통성 속에 나타나는 심리상태 〔"민족적 성격"〕 등의 공통성을 기초로 하여 발생한 역사적으로 구성된 사람들의 견고한 공동체다.[151]

*스탈린*의 이 정의는 '10월혁명'을 전후하여 오랫동안 세계 공산주의자들의 민족이론의 기준이 되었다. 그리하여 북한에서 공식적으로 발표되고 있던 이론도 바로 이 정의를 글자 그대로 모방하고 있었다. 즉 북한의 이론가들은 *스탈린*의 이론을 그대로 뒤따라가면서 민족이란 "언어, 지역, 경제생활, 문화와 심리 등에서 공통성을 가진 역사적으로 형성된 사람들의 공고한 집단"[152]이라고 정의하였다.

민족의 기원에 대하여 *스탈린*은 민족 그 자체를 본래부터의 존재도 영속적 존재도 아니며 일정한 시대의 산물, 즉 자본주의 시대의 산물로 인식하고 있었다. 그는 *유럽*의 역사를 배경으로 하여 "민족은 일정한 시대의, 즉 발흥(發興)하고 있는 자본

---

151) 「Marxism and the National Question」, 앞의 *The Essential STALIN－Major Theoretical Writings 1905~52*, pp. 57~60.

152) 『철학사전』, 사회과학원출판사, 평양, 1970년, p. 256.

주의 시대의 역사적 범주(範疇)"며, "봉건시대가 해체되고 자본주의가 발전해가는 과정은 동시에 사람들을 각 민족으로 구성해가는 과정"[153]이라고 설명했다. 이러한 *스탈린*의 설명은 서(西)*유럽* 제국의 역사에 있어서는 대체로 타당성을 지니고 있었지만 자본주의가 출현하기 훨씬 이전에 민족과 민족국가를 형성했던 한국, 중국, 일본 등 동북(東北)*아시아* 제국(諸國)에는 들어맞지 않는다. 그는 그런 동북*아시아*의 민족국가 형성에 관해서는 설명한 일이 없다.

여기서 김일성(金日成)은 *스탈린*이 사망한 지 10년이 지난 1964년 1월 "조선 인민은 핏줄과 언어를 같이하는 하나의 민족"[154]이라고 한민족의 공통성으로써 혈통의 특징을 말한 적이 있다. 그 후 1970년경 북한은 *스탈린*에 대해서는 언급하지 않은 채, 우리나라의 민족적 공통성의 형성은 자본주의 이전에 "일찍부터 세워진……봉건적인 강력한 중앙집권적인 통일적인 국가"의 틀 안에서 "유구한 역사를 통하여" 이루어졌다고 *스탈린*의 이론을 수정했다.[155] 다시 1973년경부터는 민족을 특징지우는 *스탈린*의 이상 4개의 공통성에 또다시 "혈통(血統)"을 첨가시켰다.[156]

*스탈린*의 민족이론에 대한 북한의 수정은 *스탈린*의 권위가 그의 사망 후 땅에 떨어진 때에 나왔음으로 이 문제가 *모스크바*-평양 사이의 논쟁거리는 되지 않았다. 민족의 공통성이 어떠하든 모든 피압박(被壓迫) 민족은 제국주의적 예속으로부터 벗어날 권리가 있다는 것이 *레닌-스탈린*의 민족이론의 핵심이었다. 김일성은 이것만을 반미주의(反美主義)의 토대로써 아무 수정 없이 철저히 고수했다.

*레닌-스탈린*은 분리권(分離權)을 포함하는 민족자결권을 열렬히 주장함으로써 *러시아*내의 각양한 민족주의운동의 지지를 얻어 *짜리*제국(帝國)을 내부로부터 와해시키는데 성공하였다. 그 결과로 10월혁명 후 *짜리*제국 내에서는 *우크라이나*인, 백*러시아*인, *핀란드*인, *라트비아*인 등 여러 민족들은 독립공화국, 자치공화국, 자치주를 선포하고 *러시아*로부터 분리해 나왔다. 대국(大國) *러시아*는 와해의 위기에 봉착하게 되었다. 여기서 '*러시아*공산당'은 노동자들에게는 될 수 있는 한 대형의 사회주의국가의 수립이 유리하다는 이유에서 이 민족 단위의 신생(新生) 공화국들(*핀란드*

153) 앞의 *The Essential STALIN-Major Theoretical Writings 1905~52*, p. 65.

154) 『김일성저작선집』 4, 1968년, p. 1.

155) 앞의 『철학사전』, p. 256.

156) 『정치사전』, 사회과학출판사, 평양, 1973년, p. 423.

는 제외)을 1922년 12월말까지 '*소비에트*사회주의 공화국연방(共和國聯邦)'(소연방)이라는 공산당 1당(黨) 독재(獨裁)하의 새 단일 연방국가에 강압적으로 통합시켜버렸다. 이로써 *러시아* 영내의 제(諸)민족은 *러시아* 국가로부터 이탈할 수 있다고 *레닌*이 강조해 온 "분리권"은 사실상 공염불(空念佛)이 되고 말았다.

이 무렵 민족자결권에는 "분리에 반대하는 자유"도 포함된다느니, "분리의 자유는 통합의 자유를 전제로 한다"느니, "자유로운 동맹"이라느니 하는 말이 갑자기 선전되기 시작했다. 그러나 민족주의 운동이 소연방 안에서 꺼지지 않아 이것을 이론적으로 진정시키기 위하여 *스탈린*은 1929년 『민족문제와 *레닌*주의』라는 논문을 발표했다. 여기서 그는 16년 전인 1913년에 자기가 열거했던 민족의 4개 기본 특징의 공통성을 다시 내세우면서 "민족이란 언어의 공통성, 지역의 공통성, 경제생활의 공통성 및 문화의 고유한 특징의 공통성 안에 나타나는 심리상태[즉 "민족적 성격"]를 기초로 출현하여 역사적으로 구성된 사람들의 견고한 공동체"[157]라고 과거의 정의를 재천명했다. 그에 의하면 *부르죠아지*가 봉건제도와 봉건적 세분상태(細分狀態)를 타파한 후 자본주의의 융성기에 처음으로 민족이 성장했는데 이것이 "근대적 민족", 즉 "*부르죠아*적(的) 민족"이라는 것이다.[158]

*스탈린*은 "자본주의 이전의 시대에는 민족은 없었으며 있을 수도 없었다."고 단정하고 "이러한 민족의 운명이 자본주의의 운명과 결부되어 있다는 것, 자본주의의 몰락과 함께 이러한 민족은 [역사의]무대에서 사라지지 않을 수 없다는 것은 물론이다"[159]고 주장했다. 이때에 그는 민족을 "*부르죠아* 민족"과 "사회주의적민족"의 두 유형으로 구분하고, 이것이 "역사상 알려진 민족"이라고 했다. 그중 "*부르죠아*적(的) 민족"이란 자본주의 시대에 민족주의자들이 통치하는 민족이다. 다른 하나는 자본주의를 타도하고 *부르죠아지*의 민족주의 세력을 일소한 후 *소비에트 러시아*에서 형성된 "새루운 *소비에트*민족들"이다. "이 새루운 민족"들은, "구(舊) *부르죠아*민족"이 사회주의의 정신에 의하여 근본적으로 개조됨으로써 발생하고 발전한 민족으로 "이런 민족은 사회주의적 민족으로 불러야 할 것이다"[160]라고 그는 정의했다.

---

157) 앞의 『スターリン全集』 第11卷, p. 367.

158) 같은 책, p. 369.

159) 같은 책, p. 371.

160) 같은 책, pp. 372~373.

이상 *스탈린*의 설명에 의한다면 민족, 민족주의운동, 민족국가는 *부르죠아*시대의 산물이요 과도적 성격을 지니고 있다. 따라서 사회 발전의 보다 높은 단계에서는, 즉 자본주의가 사회주의로 이행(移行)한 후에는 *부르죠아*계급의 몰락과 함께 "*부르죠아* 민족"은 소멸하고 그 폐허위에 "사회주의적 민족이 형성 된다"는 것이다. 그렇다면 사회주의 소련연방(蘇聯聯邦)에서는 자본주의 시대의 민족주의 운동이 존립할 기반이 없어졌으므로 그런 운동은 하지 말아야한다. *스탈린*은 바로 이점을 말하고 싶었던 것이다.

그런데 *레닌*이나 *스탈린*이 크게 관심을 쏟은 것은 민족의 기원이나 형성의 문제가 아니다. 그보다는 *프롤레타리아* 혁명기에 있어서 민족자결권의 문제였다. 그러면 민족자결권이란 무엇인가. *스탈린*은 "[민족]자결권이란 그 민족 자신만이 민족의 운명을 결정하는 권리를 가진다는 것을 의미한다"고 정의하면서 다음과 같이 명료하게 그러나 실제 현실과는 정반대로 설명했다.

> [민족]자결권이란 어떤 민족이 자기의 희망대로 살아나갈 수 있다는 것을 뜻한다. 민족은 자치(自治)의 원칙의 기초위에서 그의 생활을 꾸려나가는 권리를 가진다. 민족은 다른 민족들과 연방(聯邦)관계에 들어서는 권리를 가진다. 민족은 완전히 분리(分離)하는 권리를 가진다. 민족은 주권(主權)을 가지며, 모든 민족은 평등하다.[161]

그런데 *레닌*의 주장에 의하면 민족자결권의 요구는 *프롤레타리아* 사회주의 혁명의 시기에서는 *부르죠아지*의 경우처럼 "목적" 그 자체도 절대적인 것도 될 수가 없다.[162] *볼셰비즘*의 혁명 목표를 기준으로 할 때 자결권을 핵심으로 하는 민족운동은 노동계급의 계급투쟁의 이익에 어떠한 영향을 미치느냐에 따라서 지지할 수도 지지하지 않을 수도 있는 것이었다라고 그는 주장한다.[163]

> 民族問題에 있어서의 *프롤레타리아트*의 정책은 일정한 방향에서 *부르죠아지*를 지지할 뿐, 결코 *부르죠아지*의 정책과 일치할 수는 없다. *프롤레타리아*는 민족문제에 있어서 원칙적인 정책을 내걸고 언제나 條件附로 [*부르죠아지*]를 지지할 뿐이다. …*프롤레타*

161) 앞의 *The Essential STALIN-Major Theoretical Writings 1905~52*, pp. 70~71.
162) Henri Lefevre, *Pour Connaitre La Pensee de Lenine*, Bordas, 1957, p. 365.
163) V. I. Lenin, *Selected Works*, Vol. I, pp. 613~615.

*리아트*에 있어서는 민족적 요구는 階級鬪爭의 利益에 종속한다. …*프롤레타리아트*는 민족들이 민족국가를 형성하는 평등의 권리를 승인하는 동시에 모든 민족들안의 *프롤레타리아트*의 동맹을 가장 높이 평가하고 가장 높은 위치에 둔다. 그리고 모든 민족적 요구, 모든 민족적 분리를 노동자의 階級鬪爭이라는 시각에서 평가하는 것이다.

*레닌-스탈린*에게 민족자결권이란 한마디로 정치적 의미의 독립권, 즉 억압민족으로부터 정치적으로 자유로이 분리하는 권리를 의미했다. "*러시아*를 형성하고 있는 모든 민족들에 대하여 자유로이 분리하고 독립 국가를 형성하는 권리를…부인한다든가, 이 권리가 실제로 보장되는 방안을 취하지 않는다는 것은 정복 내지는 병합의 정책을 지지하는 것과 마찬가지"[164]라고까지 *레닌*은 강조한 바 있다. 이런 말만으로 판단할 때 그들의 주장은 *윌슨*(W. Wilson)의 민족자결원칙과 다를 바가 없는 것처럼 보였지만,[165] *레닌*의 민족자결권에는 그 이론적 구조가 철저히 계급 투쟁적이요 책략적이며 또한 훨씬 체계적이다.

분리권(分離權)으로 제기된 *레닌*의 민족자결권이 최종의 목표로 삼은 것은 제 민족의 할거주의(割據主義)가 아니라 단일적 사회주의 국가로의 통합이었다. 그러나 자결권을 옹호함으로써 제(諸)민족 간의 의혹, 갈등, 적의, 소외감을 극복하고 상호 간의 신뢰를 높이며, 각 민족 안의 *프롤레타리아트*의 계급적 연대감을 강화하지 않고서는 그러한 통합은 불가능하다고 그는 생각하고 있었다. 그러자면 통합은 절대로 "자유로운 의사"에 의하여 이루어져야 한다는 논리를 그는 빈번히 강조했다.[166]

---

164) V. I. Lenin, *Selected Works*, Vol. 2, International Publishers, 1967, p. 111.

165) *윌슨*의 민족자결 원칙은 1918년 1월 *베르사이유*의 평화조약의 기준으로 발표한 「14조 신인」에 포함된 것인데, 그 목적은 주로 *독일, 오스트리아·헝가리*제국 밑에 있던 *유럽*의 약소민족들에게 주권을 부여하고 국경을 再劃定함으로써 국제적 분쟁의 원인을 제거하려는 데 있었다. 그러나 *레닌-스탈린*의 民族自決權은 *아시아* 8억의 피압박민족의 독립운동을 *유럽*의 *프롤레타리아*운동과 결부시킴으로써, 제국주의를 격파하고 *프롤레타리아* 세계혁명을 쟁취하자는 것이었다. 요컨대 이들의 민족자결권의 목표는 *레닌*의 제국주의론, *프롤레타리아트* 혁명론과 불가분의 관련을 맺고 일정한 체계를 형성하고 있었던 것이다.

166) 이 점에 관해 자기의 견해를 그는 다음과 같이 솔직하게 언명하였다.
"우리들은 다른 조건들이 같다면, 대형의 국가가 소형의 국가보다도 훨씬 성공적으로 경제적 발전의 문제와 *프롤레타리아트*의 *부르죠아지*와의 투쟁의 문제를 해결할 수 있다고 확신한다. 그러나 우리들이 존중하는 것은 자유의사에 의한 결합일 뿐이요, 결코 폭력에 의한 결합이 아니다. 우리는 각 민족이 분리할 것을 기어이 선언하는 바는 아니지만, 민족들 간에는 폭력에 의한 결합이 보이는 곳에서는 어디서든 민족의 정치적 자결, 즉 분리의 권리를 무조건 강하게 주장한다." V. I. Lenin, *Collected Works*, Vol.

그러나 각 민족은 폭력에 의해서가 아니라 자유의사에 의하여 결합하여야 한다는 *레닌*의 주장은 결국 기만이 되고 말았다. *프롤레타리아트*의 연방국가로의 초(超)민족적 통합을 예정하지 않은 분리운동, 민족자결 그 자체를 목적으로 추구하는 민족운동은 "*부르죠아* 민족주의"며, 필경은 반동적인 것이라는 비난 속에서 가혹한 탄압을 받았다. 그는 자기들 공산주의자는 "모든 민족주의의 적(敵)"[167]이라는 것을 명확하게 공언하면서 민족주의에 대한 자기의 입장을 1913년 다음과 같이 밝힌바 있다.

> *맑스*주의는 아무리 "정의(正義)롭고", "순수하고" 세련되고 문명적인 것이라고 해도 민족주의와는 양립하지 않는다. *맑스*주의는 모든 민족주의 대신 모든 민족을 보다 고도한 통합으로 융합하는 국제주의를 지향한다.[168]

이와 같은 이론의 전개과정에서 *레닌*은 하나의 낙관론을 전제로 하고 있었다. 즉, 그는 *러시아*가 그 안의 모든 민족들이 평등을 누리는 사회주의국가가 되면 "분리(分離)의 자유"를 인정하면 할수록 실제 결과는 반대로 분리의 위험성이 도리어 그만큼 감소되리라는 것을 확신했던 것이다.[169]

*스탈린*도 역시 1917년 4월 그의 「민족문제에 대한 보고(報告)」에서 "나는 *짜리*즘이 타도된 후에는 제(諸)민족의 10분의 9는 분리를 바라지 않을 것이라고 믿는다."[170]고 *레닌*과 마찬가지의 낙관론을 피력했다. 그러나 *짜리즘*이 타도된 후에 *러시아* 내의 비(非)*러시아* 민족의 거의 전부가 민족자결권을 들고 나와 *러시아*로부터 분리하고자 독립 공화국을 선포했던 경위는 이미 앞에서 언급한 바 있다. 이러한 현상은 구(舊)*짜리*제국의 판도(版圖) 위에 거대한 사회주의국가를 수립하려는 *레닌*으로서는 적지 않은 실망과 놀라움이 아닐 수 없었다. *레닌*과 *스탈린*의 기대는 거꾸로 들어맞

20, Moscow, 1968, pp. 222~223.

167) V. I. Lenin, *Collected Works*, Vol. 20, Moscow, 1968, pp. 222~223.

168) 같은 책, p. 34.

169) 1917년 5월 *레닌*은 아래와 같이 예견하고 있었다.
*러시아*가 자유로우면 자유로울수록, 우리 공화국이 諸 민족에 대해서 단호히 분리의 자유를 인정하면 할수록, 다른 제 민족은 우리들과의 동맹에 더욱 강하게 끌리고, 마찰은 더욱 적어지고, 실제로는 분리가 생기는 일이 더욱 드물게 되고, 어떤 민족이 [*러시아*로부터] 분리한 대로 남아있는 기간은 더욱 짧아지게 될 것이다. V. I. Lenin, *Collected Works*, Vol. 24, Moscow, 1968, p. 350.

170) J. V. Stalin, 앞의 *Selected Works*, p. 96.

은 셈이다. 그렇지만 *러시아* 적군의 무력과 각 공화국내 공산당의 분리 반대 투쟁에 의하여 공화국들은 '*소비에트* 사회주의 공화국연방' [소연방(蘇聯邦)]에 결국 통합되고 말았다.

제2절 유혈(流血)적 통합에서 허무한 해체(解體)로

러시아 내의 여러 민족들을 소연방(蘇聯邦)으로 통합하는 과정은 *볼셰비키*의 1당 독재를 반대하는 무수한 민족주의자, 사회주의자, 민주주의자들의 처절한 희생을 수반했다. 그 일례로 소연방이 수립된 후 1930년대(*스탈린* 시대)에 연방 내 여러 민족 공화국에서는 "민족주의자", 또는 "민족주의적 편향(偏向)"의 죄명으로 숙청된 사람의 명단에는 대통령 급만도 12명, 수상이 11명이오, 그밖에도 대신(大臣), 당 수뇌 간부로 총살-자살-추방된 자의 수효는 무수하다는 역사적 사실을 들 수 있다.[171)]

또한 소련 내의 독일계 민족과 유태인 등 소수 민족에 대하여서도 가혹한 탄압이 자행되었다. 자본주의 국가들의 속박으로부터 이탈하려는 민족운동은 제국주의의 세력을 약화시키기 때문에 공산주의자들은 그것을 격려하였지만, 사회주의 소연방(蘇聯邦)을 이탈하려는 민족운동은 *소비에트*연방을 와해시킬 것이기 때문에 그것을 *프롤레타리아* 혁명에 대한 중대한 죄악으로 단죄해 왔던 것이다.

그럼에도 불구하고 *맑스-레닌*주의의 민족이론은 제국주의의 억압하에 신음하던 식민지 각파 민족운동가들에게 큰 영향을 주었다. 이것은 일제하(日帝下) 한국의 경우도 예외는 아니있다. *볼셰비키*의 혁명전략에서 볼 때, *레닌-스탈린*적 민족자결권의 *슬로건*은 적어도 혁명 초기에는 대외적으로 상당한 성공을 거두었다고 볼 수 있다. 공산주의자들은 모두 민족의 "완전한 분리의 자유", "독립 국가를 형성할 권리", "모든 민족의 자유로운 형제적 동맹" 등을 열렬히 제창함으로써 피압박 민족들을 *모스크바* 편으로 유인할 수 있었다. 물론 처음부터 그 목적은 피압박 민족들의 독립운동을 선동하여 그들의 역량을 반제(反帝)투쟁으로 동원하는 동시에 그들 사이에서 *볼셰비끼*의 지지세력을 획득하여 취약하고 위태로운 *소비에트* 정권을 수호하는 데

171) トーニイ．クリフ,『現代ソ聯論』(Tony Cliff, *Russia-A Marxist Analysis*, 1964), 風媒社.

있었다.

*볼셰비즘*의 민족이론에 있어서 변할 수 없었던 기본 전제는, *프롤레타리아트*의 계급적(階級的) 이익이 민족자결의 이익과 자유보다 우위에 선다는 점이었다. 따라서 압박받는 어떤 나라의 민족운동이 *프롤레타리아*운동의 이해(利害. 사실은 소련의 이해)와 충돌하는 경우 그러한 민족운동에 대해서는 지지여부가 문제가 될 수 없었다. 왜냐하면 *스탈린*이 언명한대로 "민족의 권리문제는 고립된, 독자적으로 해결할 수 있는 문제가 아니라, *프롤레타리아* 혁명이라는 일반적 문제의 한 부분이요, 전체에 종속해 있으며 따라서 전체적 시각에서 관찰하지 않으면 안 되기"[172] 때문이다.

그러므로 공산주의자들은 제국주의하의 민족들에게는 민족자결과 자유로운 분리의 권리를 위하여 항의하고 투쟁하라고 부단히 선동해 왔지만, 여기에는 항상 *프롤레타리아트*의 계급투쟁의 이익이 우선이라는 부대조건(附帶條件)이 첨부되어 있었다. 사회주의 건설에서는 방대한 경제적 단위가 절대로 유리하다고 생각하고 있던 *레닌*과 *스탈린*에게는 이 *비젼*을 깨뜨릴 정도까지 사회주의 국가 안에서 분리권이 비(非)계급적으로 해석되어서는 안 되었다. 그리하여 그들은 분리권을 인정하는 일은 결코 "분리반대의 선전과 선동의 자유"를 막는 것이 아니라는 지극히 편의주의적(便宜主義的)인 논리를 첨가했던 것이다.[173]

이러한 논리는 *볼셰비키* 혁명 후 *러시아*에서는 더욱 강조되었다. 그것은 *러시아*제국의 판도가 여러 민족국가로 산산이 해체되는 것을 우려했기 때문이다. 그 후 소련에서는 어떤 공화국이 소련으로부터 분리권을 주장할 때는 그것은 중대한 반(反)국가적 범죄로 규탄을 받았다. 요컨대 *레닌*과 *스탈린*에게 분리권(민족자결권)은 *프롤레타리아트*(사실은 *볼셰비키*당)의 투쟁에 유리한가 또는 불리한가의 관점에 따라 그 지지여부를 결정해 왔다. 이와 같이 민족자결권의 원칙을 자본주의 국가들의 식민지—종속국들에서는 선동하면서도 *러시아* 내에서의 민족 분리에 한해서는 반대하는

---

172) 앞의 *The Essential STALIN—Major Theoretical Writings 1905~52*, p. 148.

173) 우리는 어떤 민족의 分離權을 인정할 수가 있다. 그것은 또한 우리가 그 민족에게 분리할 의무를 짊어지운다는 의미는 아니다. 민족은 분리권을 가지고 있다. 그러나 사정 여하에 따라서는 그 권리를 행사하지 않을 수도 있다. 이렇게 우리들에게는 *프롤레타리아트*의 이해에 따라서 *프롤레타리아* 혁명의 이해에 따라서 분리에 찬성하기도 하고 반대하기도 하는 선동을 할 자유가 있는 것이다. J. V. Stalin, 앞의 *Selected Works*, pp. 95~96.

것이 *레닌-스탈린*에게 결코 모순이 아니었다.

*레닌*은 분리의 문제를 문명사회에서 부부(夫婦)의 이혼과 비유하면서 "자결의 자유, 분리의 자유를 지지하는 것을 분리주의를 장려하는 것이라고 비난하는 것은, 이혼의 자유를 지지하는 것을 가정 유대의 파괴를 장려하는 것이라고 비난하는 것과 마찬가지로 어리석은 일이며, 위선이다"[174]라는 궤변을 내세웠다. 그는 사회주의 국가가 탄생하면 그 안에서는 민족적 억압이 없어지므로 민족들의 이혼문제가 일어나지도 않을 것이며, 사회주의 국가의 유대를 파괴하라고 장려하는 일도 없을 것이라고 했다. 왜냐하면 사회주의 국가는 제 민족들이 서로 화목하고 행복하게 하는 낙원이라고 믿었기 때문이다.

이와는 반대로 "자본주의 국가에서 자결의 자유, 즉 민족의 분리의 자유를 부정하는 것은 지배민족의 특권과 민주주의적 통치방법을 유린하고 경찰적(警察的)통치방법을 옹호하는 것"이라고 그는 비난했다. 그에 의하면 이러한 현상이야말로 *부르죠아* 사회에서 이혼의 자유에 반대하는 것이 실제로는 "남성의 특권과 부인에 대한 최악의 억압을 옹호하는 것"[175]과 같다고 비유를 계속했다. 이와 같은 비유로 *레닌*이 말하고자 한 바는 자본주의 사회에서 피지배(被支配) 민족은 절대로 분리하되 사회주의 *러시아*에서는 절대로 그렇게 하면 안 된다는 것이었다.

그런데 이상과 같은 *레닌-스탈린*적(的) 민족정책에는 중대한 고민이 내포되어 있었다. 모든 피압박 민족 내의 *프롤레타리아트*는 당연히 자기 나라 안의 민족해방투쟁을 지원해야 하지만, 이 투쟁이 민족주의의 병균에 감염됨이 없이 과연 어떤 기간, 어느 정도까지 계속될 수 있는가는 그들에게 간과할 수 없는 중요한 문제였다. 왜냐하면 식민지의 *프롤레타리아트*는 민족해방 투쟁의 과정에서 이 투쟁을 *프롤레타리아* 혁명을 위한 하나의 수단으로 보는 한계를 넘어 민족주의적 방향으로 이끌면서 *모스크바*가 설정한 목적과 수단을 전도시킬 가능성이 크기 때문이었다.

이 같은 변질을 *볼셰비즘*에서는 일괄적으로 "민족주의적 편향(偏向)"이라는 낙인을 찍어왔다. 이러한 사실은 그들이 선언하는 "반제민족해방투쟁(反帝民族解放鬪爭)"이 식민지-종속국에 있어서의 민족주의자들의 민족독립운동과 결코 동일한 것이

174) V. I. Lenin, 앞의 *Selected Works*, Vol. I, p. 625.
175) 같은 책, p. 624.

아님을 잘 설명해주고 있다.

공산주의자들은 이렇게 "민족적 자유", "민족적 평등", "민족자결권" 등 현대 민족주의 운동의 목표와 표면상 동일한 목표를 표방하면서도 식민지-종속국 안의 민족주의 운동을 의심, 불신, 비방하고 걸핏하면 이에다 "*부르죠아*" 또는 "개량주의(改良主義)"라는 낙인을 찍어 근본적으로 배격하는 전통을 확립해 왔다. *레닌*은 식민지의 민족주의 운동을 전략상 지원했고 각국의 공산주의자들은 민족주의자들과의 일시적인 통일전선을 형성하는 전술을 구사해 왔다. 그것은 식민지 민족주의 운동이 지니는 반(反)제국주의적 성격이 과도기적 이용가치를 지니고 있었기 때문이었다.

그렇지만 *맑스-레닌*주의의 *이데올로기*에서 볼 때 공산주의에 동조하지 않는 민족주의는 필경은 "*부르죠아 민족주의*", 즉 자본주의의 정치적 표현에 불과한 것이었다.[176]

이상과 같은 민족이론은 최후까지 소련의 국가*이데올로기*의 일부로 남아 있었으며, 그들이 말하는 이른바 "민족운동 안에 있는 진보적인 것"은 대외적으로는 *소비에트* 외교정책을 추종하는 세력, 소련에 충성하는 나라로 그 의미가 바뀌어갔다. 한편 소련에 동조하지 않거나 소련의 대외정책에 비판적인 한은, 어떤 민족운동도 그들은 "진보적"으로도, "반제"(反帝)로도, "*프롤레타리아*적(的)"으로도, "혁명적"으로도 간주하지 않을 뿐만 아니라 그 반대로 규정해 왔다. 이 점에서 *레닌-스탈린*적(的) 민족이론은 정략적(政略的)이요, 철저히 자국중심의 *이데올로기*라는 사실을 노정하여 왔다.

그리하여 *레닌-스탈린*적(的) 민족이론은 새로운 대국주의(大國主義), 즉 *소비에트* 제국주의의 *이데올로기*로 전락하고 말았다. 그럼에도 불구하고 김일성은 해방 직후부터 최소한 *스탈린*이 사망할 때까지 *레닌-스탈린*적 민족이론과 정책을 금과옥조(金科玉條)로 맹종하고 있었던 것이다.

*레닌-스탈린*적(的) 민족정책은 *흐루시초프-브레즈네프*를 거쳐 *고르바쵸프*에 이

---

176) *레닌*은 이른바 "*부르죠아 민족주의*"라는 것을 다음과 같이 경계했다.
"民族的 原則 (각 민족의 독립적 생존권)은 *부르죠아* 사회에서는 역사적으로 회피할 수 없다. 그리고 *부르죠아* 사회를 염두에 두고 *맑스*주의자는 민족운동의 역사적 정당성을 전적으로 인정한다. 그러나 이러한 인정이 민족주의의 辯護로 전환하지 않도록 하기 위해서는 그 [*부르죠아* 사회 안의 민족운동에 대한] 인정을 그 民族運動 안에 있는 진보적인 것에만 최대로 엄격하게 국한하는 것이 필요하다. 그것 [민족운동]을 인정한 결과 *부르죠아 이데올로기*가 *프롤레타리아* 意識을 모호하게 하지 못하도록 하는 것이 필요하다." (밑줄은 저자). V. I. Lenin, 앞의 *Collected Works*, Vol. 20, p. 34.

르기까지 소련 70년의 역사에서 그대로 고수되어왔다. 1991년 12월 구(舊)소련이 붕괴하고 '독립국가연합'(CIS)이 새로 출현할 때까지의 과정은 지극히 복잡하다. 여기서는 다만 세계 최대다수의 복수 민족국가였던 이 거대한 연방을 내부로부터 와해시킨 중요한 원인의 하나는 연방에서 분리하여 민족적 독립을 획득하거나 자기민족의 영토를 회복하려는 연방 내 제(諸)민족들의 민족주의적 분규였다는 점만을 언급하기로 한다.

소련내 민족들은 과거에는 '소련공산당'의 철통같은 통제하에서 침묵을 강요당하고 있었다. 그러나 고정불변의 역사는 없다. *고르바쵸프*의 *빼레스트로이까* [재편(再編)=개혁(改革)]와 이것과 표리관계에 있던 *글라스노트*(정보공개=언론자유) 정책에 따라 통제가 크게 완화되자 이들은 도처에서 자기들이 겪은 지난날의 억압, 대량학살, 강제추방 등에 대해 울분을 폭발시키면서 항의하고 독립과 민주화(民主化)를 요구하고 나섰다.

*고르바쵸프*는 소련에서 민족문제가 얼마나 심각하고 비극적이었는가를 잘 이해하지 못하고 낙천주의에 잠겨있었다. *레닌-스탈린*을 수뇌로 하는 덕에 '소련공산당'의 무자비한 독재권력으로 창설해놓은 *소비에트* 연방을 그대로 유지할 수 있을 것이라고 크게 착각하고 있었다.[177] *고르바쵸프*는 1987년에 발행된 그의 괄목할만한 저서 『*빼레스트로이까*』에 들어 있는 「사회주의적 제민족(諸民族)의 연방-특유한 국가형성」이라는 항목에서도 *짜리 러시아*가 민족의 감옥으로 불리웠다"는 사실을 상기시키고, "*러시아*혁명과 사회주의는 모든 민족들과 종족에 대한 민족적 억압과 불평등을 폐지하고 경제적, 지적(知的), 문화적 향상을 약속했다"고 자랑했다.

그러면서 "소련연방 내 공화국들이 동포애와 협조, 존중과 상호 부조를 기초로 한 하나의 공동체를 형성하지 않았더라면 소련연방은 지금까지 살아남지 못했을 것이

177) 1986년 2월 25일 '소련공산당' 제27차 대회석상에서의 보고연설에서 *고르바쵸프*는 다음과 같이 진술했다. … 우리나라에서 민족문제 해결의 기초로 된 것은 10월 사회주의 大革命이다. 소련공산당은 …이 분야에서 거대한 개조 사업을 수행했다. …그 결과… 민족적 억압과 불평등의 모든 형태와 현상은 영구히 일소되고 민족들의 不敗의 우호, 모든 민족의 민족문화와 민족적 존엄에 대한 존경은 확립되었고 그것은 수천만이나 되는 사람들의 의식에 뿌리를 내렸다. *소비에트* 인민은 경제적 이익, *이데올로기*, 정치적 목적의 일치에 의하여 결합된, 질적으로 새로운 사회적, 국제주의적 공동체로써 행동하고 있다. 「ソ連共産黨中央委員會書記長 M. S. ゴルバチョフ同志の 報告」, 『ソ連共産黨 第27回大會 資料集』, ソ連大使館 廣報部 編譯, 1965年 ありえす 書房, p. 61.

다"[178]라고 술회하면서 *레닌*의 민족정책을 찬양했다. 또한 그는 "민족들의 자기의식(自己意識)", "민족적 정감", 민족들의 "역사적 뿌리에 대한 자연스러운 관심"을 존중한다고 거듭 강조하는 한편, 이런 것들이 "시야가 좁은 민족주의적 견해, 민족적 적개심과 오만"으로 이어진 사실들을 인정하고 경고했다.

> …사람들의 민족적 정서는 존중하여야하고 무시할 수는 없다. 그렇다고 이것을 지나치게 생각한다는 것은 범죄라고는 할 수 없어도 정치적 무책임이다. 우리 당(黨)은 민족주의적 편협성과 호전적 애국주의, 지방근성, *시온주*의, 반(反)유태주의에 대하여, 그것들이 어떤 형태로 표현되든 간에 투쟁해온 전통을 가지고 있으며 우리는 이 전통을 지켜나갈 것이다. 우리들의 경험 전체가 가르쳐주는 바로는 이러한 민족주의적 성향은 일관된 국제주의와 국제주의 교육에 의하여 유효하게 반격할 수 있는 것이다.[179]

'소련공산당' 서기장으로서는 이례적으로 개방적이고 여러 면에서 명민했던 *고르바쵸프*가 목전에 다가오는 폭풍우를 가벼이 보고 그런 낙천적인 말을 한 것은 실로 놀랄만한 일이었다. 어떤 학자의 논평대로[180] *스탈린*을 비롯한 선임자들이 현지 민족 절대다수가 *러시아*로부터의 민족적 독립을 갈구하는 변경지역의 통치에 직접 관여한 경험을 가지고 있었던 것과는 달리 *고르바쵸프*는 그런 경험이 없었다. 그는 *브레즈네프* 시대(時代)에 내세워온 공식적 견해-소련 내의 소수 민족들은 진정한 "*소비에트* 민족"속에 융화되어 연방에 "의탁(依託)"했다는 것-를 믿고 있었던 것 같다. 그러나 *고르바쵸프*는 1986년 말부터 잇따라 일어난 민족주의적 지역분쟁과 폭동에 봉착했다.

1986년 12월 *알마 아타*(*까자프* 공화국 수도)에서 일어난 민족폭동을 시발로 하여 *러시아*연방, *아제르바이잔*, *아르메니아*, *발트* 3국, *우끄라이나*, *벨라루시*(구 백 *러시아*) 등 여러 공화국 수도에서는 평화적 집회에서부터 유혈시위, 폭동, 당국의 시위저지 소동, 비상사태 선포, 소련군 출동, 그 곳 민족들의 분리-독립 선언, 일부 공화국 공산당 내의 독립파와 소연방 유지파로의 분열 등 대 혼란과 심각한 소요 사태가 걷잡을 수 없이 일어났다. 이런 혼란은 *소비에트* 연방 내 소수 민족들 상호간의 영

178) Mikhail Gorbachov, *Perestroika*, Harper & Row Publishers, 1987, p. 118.

179) 같은 책, pp. 121~122.

180) Martin Malia, *The Soviet Tragedy*, The Free Press, 1994, p. 438.

토 분쟁과 이 분쟁이 연방으로부터 분리-독립하려는 민족적 투쟁과 겹쳐 극히 착잡한 양상을 띠게 되었다. 이에 기름을 부은 것은 악화일로에 있던 민중들의 경제생활이었다. 지난 70년간의 *레닌-스탈린*식 민족정책의 모순이 일시에 폭발한 것이다.

*고르바쵸프*는 소수민족들과의 유혈분쟁을 평화적으로 해결하며 이들의 연방으로부터 분리운동을 저지해 보려고 안간힘을 기울여 보았으나 끝내는 실패하고 말았다. 소련 연방의 해체를 막고 공산당의 1당 독재체제를 유지하려는 의도에서 1991년 8월 19일 당내의 보수파는 *모스크바*에서 *쿠데타*를 일으켰다. 그러나 이것은 민중의 저항에 부딪혀 3일천하로 허무하게 끝나고 말았다. 이 사태는 소련의 붕괴를 급속히 촉진시켰다.

결국 소연방은 우여곡절 끝에 민족 단위의 15개 독립 공화국으로 갈라졌고, 그중 11개국은 경제적 상호 의존의 이익을 고려하여 '영국 연방' 형(型)의 느슨한 '연합'(Confederation) 즉 "독립국가연합"(CIS)을 발족시키게 되었지만(1991. 12. 31) *발트* 3국은 이에 가담하지 않았다. 1993년에는 *그루지아*가 가담하여 CIS는 12개국이 되었다. 1989년 동(東)*유럽*에서 막이 오른 공산주의 연속적 붕괴의 *드라마*는 1991년 12월 25일 붉은 기(旗)가 *모스크바*의 *크레믈린궁*(宮)에서 하강함으로써 그 막을 내렸다. 소련연방이 허망하게 사라지는 순간 연방 대통령으로서의 *고르바쵸프*의 지위도 소멸했다.

세계 최대의 영토의 방대한 인구, 엄청난 천연자원을 보유하고 있는데다 나라의 방방곡곡을 지배하는 무수한 당 조직, 고도로 발전한 우주 과학기술, 우수한 연구원들과 학자, 미국과 맞먹는 가공할 군사력을 가지고 있던 공산주의 초대(超大)강국은 내진이 일어난 것도 아니고, 천새시변(天災地變)이 있은 것도, 핵전쟁(核戰爭)을 치른 것도 아닌데도 허무하게 쓰러졌다. *소비에트*연방의 와해에는 여러 가지 원인이 내재하고 있다. 여기서 확인하고자 하는 것은 소련의 붕괴로 *레닌-스탈린*의 민족이론-민족정책이 세기적 기만이었으며, "*소비에트* 민족"이니 "사회주의적 민족"이니 하는 것은 그 공식 선전과는 달리 폭력과 정치 술책에 의하여 형성된 하나의 허구였다는 것이 역사적으로 증명되었다는 점이다.

제2장

조선공산당(朝鮮共産黨)의 서막(序幕)

제1절 *코민테른*의 공작(工作)

한반도(韓半島)에 *볼셰비즘*(*레닌*식의 공산주의)을 이식(移植)하려는 노력은 제1차 세계대전이 끝난 후 국제 정치의 여파 속에서 *코민테른*에 의하여 집요하게 시도되었다. 대전이 종결된 지 2개월 뒤인 1919년 1월 *빠리*에서는 평화회의가 열렸다. 상해에 있던 '신한청년당(新韓靑年黨)' [총무 여운형(呂運亨)]은 김규식(金奎植)을 이 회의에 대표로 파견하기로 결정했다.[181] 그는 1월말 상해를 출발하여 3월 13일 *빠리*에 도착했다. 마침 국내에서는 3·1운동이 일어났고, 4월에는 대한민국 임시정부가 선포되었다. *코민테른*이 창립된 것은 공교롭게도 3·1운동이 일어난 다음 날인 3월 2일이었다. 자주독립에 대한 당당한 요구를 내세우고 거족적으로 일으켰던 3·1운동은 세계의 경탄과 동정을 사고 있었다.

따라서 그때까지는 고독했던 김규식(金奎植)의 입장이 떳떳해졌다. 그는 미국을 비롯한 영－불 등 연합국에 조선의 독립을 외교문서의 형식으로 청원했다. 그러나 조선의 독립문제는 평화회의에 상정되지 못했고 그는 회의에 출석조차도 허용되지 않았다. 전승(戰勝) 연합국의 일원이었던 일본의 방해가 집요했고 연합국들이 전후 처리문제를 둘러싸고 이권경쟁에 골몰하고 있었음으로 조선의 독립문제는 고려의 대상이 되지 못했다.

*윌슨*의 민족자결주의는 패전국인 독일－*오스트리아*의 구(旧) 종속국들에만 적용

---

181) 이에 관한 呂運亨자신의 진술에 의하면 1919년 1월 중순 '新韓靑年黨'의 呂運亨·金奎植·張德秀·申錫禹 등 4인이 상해에 모여 조선의 대표를 *빠리*의 평화회의에 파견하기로 결정한 결과 金奎植이 가게 되었다고 한다. '신한청년당'이란 1918년 여름경 상해에서 呂運亨, 張德秀, 趙東祐, 金 澈, 鮮于赫, 韓愼敎 등이 모여 만들었던 독립운동단체였다. 경성지방법원검사국, 「呂運亨調査」(二), 1930년. 高麗大學校 亞細亞問題硏究所 발행. 金俊燁·金昌順, 공편, 『韓國共産主義運動史』〈資料篇 Ⅰ〉, p. 253.

하려한 것이 제1차 세계대전 후의 국제적 상황이었음으로 민족자결주의를 믿었던 조선인들의 꿈은 무산되어버렸다. 그런 가운데 1921년 11월 12일부터 22년 2월 6일까지 *'워싱턴* 회의'가 열렸다. 이것은 *'빠리* 평화회의'의 연장의 의미를 가지는 것이었지만 사실상 조선의 독립과는 무관했다. 이 회의에서 중요 현안은 미-영-일 간의 군비 축소와 전승국들의 배상문제를 타결 짓는 일이었다.

'대한민국 임시정부'의 구미위원부(歐美委員部)는 1921년 11월 임정(臨政)에 대한 사실상(de facto)의 승인을 회의 측에 요청했지만 허사였다.[182] *'빠리*평화회의'에 대해 희망에 부풀었던 기대가 환상으로 돌아갔다. 3·1운동이 고립무원(孤立無援) 속에서 좌절되자 조선인들은 이번에는 *'워싱턴*회의'에 일말의 기대를 걸고 있었다. 그러나 *'워싱턴*회의'에서도 한국문제는 거론조차 되지 않게 되자 조선인들, 특히 지식인들의 구미(歐美)에 대한 환멸은 점점 커져갔고, 이에 비례하여 *소비에트 러시아*에 대한 기대는 상대적으로도 높아지게 될 수밖에 없었다.

그런데 구미, 그 중에서도 미국이 조선문제를 묵살한 것은 *소비에트*정권으로서는 지극히 다행한 일이었다. 왜냐하면 *러시아*의 공산주의자들이 한국의 독립운동을 자기의 영향하에 끌어들일 수 있는 *찬스*를 포착할 수 있는 기회가 주어졌기 때문이다. *코민테른*은 *'워싱턴* 회의'에 대한 강경한 대항의식에서 1922년 1월 21일~2월 2일 사이에 제1차 '극동제민족대표대회(極東諸民族代表大會)'를 *모스크바*에서 개최했다.[183] 여기에 참가한 극동의 정식대표 144명 중 조선인이 3분의 1인 52명을 차지했다. 이런 사실은 *모스크바*가 당시 조선공산주의운동을 얼마나 중시했는가를 추측케 한다. 한국대표로는 고려공산당(高麗共産黨)의 '상해파'와 '*이르츠끄*파'가 다 같이 참석했다. 이 가운데는 이동휘(李東輝), 박진순(朴鎭淳), 김시현(金始顯), 장건상(張健相), 여운형(呂運亨), 김규식(金奎植), 김원경(金元慶), 나용균(羅容均), 김태연(金泰

---

182) 김용원, 『在美韓人五十年史』, 1959년, pp. 389~393 참조.

183) 이 '대회'에 앞서 *코민테른* 極東書記局은 1921년 11월 11일 중국, 조선의 공산주의 단체들에게 대표 파견을 요청하는 취지문을 띄웠다. '대회'의 목적은 (1) "동양 민족에 대해 *워싱톤*에서 준비되어 있는 세계 제국주의자들의 음모의 참된 본질을 폭로하는 것" (2) "세계제국주의에 반대하는 진정한 사령부의 중심, *소비에트 러시아*의 주변에다 이들 민족을 단결시키는 것"에 있었다. 이 취지문은 "세계의 제국주의를 타도하라! 동양의 근로대중에 대한 세계의 강도들의 새로운 음모를 타도하라! *워싱톤* 대회를 타도하라!"는 열렬한 선동적 슬로건으로 끝을 맺었다. 『コミンテン資料集』(大月書店版, 1979), 제2권, pp. 126~127. 요컨대 이 '대회'는 *'워싱턴* 회의'를 성토하고 피압박민족을 자기편으로 끌어들이는데 그 목적이 있었다.

淵)(丹冶), 박헌영(朴憲永), 임원근(林元根), 권애라(權愛羅) 등의 이름이 들어 있었다.[184)]

그런데 그 중에서 국내 인사로서 끝까지 공산주의 운동을 계속한 사람은 박헌영(朴憲永), 김단야(金丹冶)정도였고, 그 밖의 인사들은 민족주의자 내지 민족주의적 성향의 사회주의자였다는 것은 해방 후 그들의 정치 노선에서 찾아볼 수 있다.

김규식(金奎植)은 1919년 자본주의 열강의 모임인 '*빠리* 평화회의'에 출석하여 상해임시정부의 외무총장 겸 전권대사의 자격으로 한국독립청원서(韓國獨立請願書)를 회의에 제출했고 '*워싱톤*회의'에도 참석했던 인사였다. 그런 그가 1922년에는 반(反)자본주의-반미적(反美的) 회합인 '*모스크바*회의'에 참가했다는 사실은 당시의 독립운동가들이 공산주의자로 자임했던 민족주의자로 자처했던 것을 막론하고 대체로 *이데올로기*는 2차적이요 민족독립의 달성이 지상 목표였다는 것을 단적으로 입증하고 있다.

제1차 '극동제민족대표대회'는 구미-일 제국(諸國)의 제국주의(帝國主義) 정책을 폭로하기 위한 회의였다. 1922년 1월 30일 채택한 「*워싱턴*회의의 결과와 극동의 정세」라는 이 회의의 결의는 3·1운동을 격찬하고 한국인의 비참한 처지에 대해 최대의 동정을 표시했다. 이 [결의]는 일제(日帝)의 만행을 격렬하게 비난하는 동시에 한국인의 운명에 대한 '*워싱턴*회의'의 "완전한 무관심"을 맹렬히 규탄했다. 이어 한국의 자유와 독립은 "국제*프롤레타리아트*의 승리"에 의해서만 보장될 수 있다고 독립운동의 방향을 *모스크바* 측으로 유도코자 했다. 「결의」의 일절은 다음과 같다.

> … *워싱턴*에서는 극심한 고통 속에서 신음하고 있는 조선에 대해서는 한마디의 언급도 없었다. … 미 제국주의(美帝國主義)도 또한 조선인민의 운명에 대해서는 완전한 무관심을 보였다. 1919년 3월, 무기를 갖지 못한 조선인민은 끊임없는 학대와 폭행과 조롱에 의하여 절망으로 몰려들어 독립을 요구하고 전원 일치하여 봉기했다. 소위 "문명적(文明的)인" *부르죠아* 사회에 대하여 수동적으로 항의를 한 이 혁명은, 당시 개최 중이었던 *베르사이유(빠리)*회의의 암묵의 격려를 받고 있다가, [일본의] 그지없이 잔인한 수단에 의하여 진압되었다.…*워싱턴* 회의는 4개의 흡혈귀(吸血鬼)의 동맹, 즉, 영-미-

184) Rovert A. Scalapino and Chong-Sik Lee, *Communism in Korea*, Part Ⅰ, California University Press, 1972, p. 38.

일-불의 4개국 동맹 [Four-Power Treaty]의 이름에서 일본 제국주의의 강도적 정책에 대하여 연대를 표명했다. 지금에 와서 조선의 노예화된 대중은 전 세계의 피압박민족과 동맹한 국제 *프롤레타리아트*의 승리만이 그들에게 자유와 독립을 보장한다는 것을 똑똑히 깨닫고 있다.185)

대회에서 *사파로프*(Georgi Safarov)가 제안한 "극동에 있어서 공산주의자의 임무에 관한 *테제*"에서는 공산주의자들은 조선의 민족주의 독립운동의 *헤게모니*를 빼앗은 뒤, 이 운동을 *레닌*형(型) *프롤레타리아트* 혁명으로 발전시켜야 한다는 것을 명백하게 제시하였다.

…중국과 조선에서의 혁명운동은 그 초기에 있어서는 불가피적으로 민족혁명의 성격을 띠지 않을 수 없다. 여기서 나오는 명백한 결론은 식민지적 노예제도와, 이것을 돕고 있는 봉건적 억압의 모든 유물(遺物)의 쌍방에 대하여 싸우는 것이 무조건 필요하다는 것이다. 공산주의자는 중국과 조선에서의 모든 민족운동을 지지하는 동시에 다소를 막론하고 근로대중을 희생시켜 서로 항쟁하는 제국주의적 제(諸) 집단과의 흥정에 응하기 쉬운 자유주의적 *부르죠아지* 분자(分子)의 동요와 어중간한 태도를 가차 없이 비판하고 폭로하지 않으면 안 된다. 各국 공산당은 계급조직을 기초로 하여…제국주의에 반대하는 비타협적인 투쟁을 통하여…광범한 근로대중을 자기편으로 끌어당겨…민족혁명운동의 지도적 선봉부대(先鋒部隊)의 지위를 차지하지 않으면 안 된다.186)

대회 마지막 날인 2월 2일 (*뻬뜨로그라드*에서 개최)에서 채택된 「극동 제 민족에 보내는 선언(宣言)」은 다른 나라와 함께 조선의 여러 애국단체들의 이름을 들고 그들의 이름으로 "평등, 자유, 독립"을 요구했다.187) 이와 함께 일-미-영-불의 약탈자들, 특히 "위선적이고 교활한 미(美)제국주의와 탐욕스러운 영국의 강탈자들에 대하여 필사(必死)의 전쟁을 선언"하는 한편 "세계의 노동자와 피압박 민족은 단결하

185) 『コミンテルン資料集』 (大月書店版, 1979), 제2권, pp. 137~138. 이 결의 全文의 한글 번역 「공산주의 *인터내셔널-워싱턴* 대표회의의 결과와 遠東의 정세」는 명지대학교 북한연구*센터* 발행, 『朝鮮共産黨史(秘錄)』, 1996년, pp. 320~329에 수록.

186) 앞의 『コミンテルン資料集』 2, p. 143. 이 *테제*의 한글 번역 全文은 앞의 『朝鮮共産黨史(秘錄)』, pp. 380~384에 수록.

187) 이 「선언」의 영문 *텍스트* 全文 「Manifesto of the First Congress of the Communist and Revolutionary Organization Far East to the Peoples of the Far East」는 Dae-Sook Suh, *Documents of Korean Communism 1918~1948*, Princeton University Press, 1970, p. 77 참조.

라!"는 새로운 구호를 내세웠다.[188)]

대회에서 한국의 민족주의자들은 일본 제국주의의 잔악한 지배와 그리고 '*워싱턴* 회의'가 보여준대로 한국인의 독립운동을 아예 묵살해버렸던 미국정부가 신랄한 공격을 받았을 때, 실로 통쾌함을 느꼈을 것이다. 또한 *빠리*에서도 *워싱턴*에서도 거론조차 되지 않은 조선의 독립이 *모스크바*에서는 열렬한 성원을 받았을 때 크게 감격했을 것이다. 그러나 조선의 독립을 국제적 계급투쟁의 일환으로 보고 공산주의자들은 "자유주의적 *부르죠아지*", 즉 '민족주의자'로부터 혁명운동의 주도권을 빼앗기 위해 그들의 '동요'와 불철저성을 비판 폭로하라고 선동했을 때, 민족의 초계급적 단결을 신조로 삼고 일제(日帝)에 저항해 온 이들은 동시에 큰 위화감(違和感)을 금할 수 없었을 것이다. 이들이 *모스크바*로부터 돌아온 후에 *코민테른*식(式) 반(反)민족주의적 민족해방 투쟁노선을 추종했다는 증거는 찾아볼 수가 없다. 요컨대 그들은 *모스크바*에 대해서도 실망을 느꼈을 것이다.

*모스크바*의 '극동제민족대표회의'에 뒤이어 또 하나의 중요한 회의, 즉 '고려공산당연합회의(高麗共産黨聯合會議)'가 1922년 11월 *시베리아*의 *베르흐네우진스끄*(Verkhneudinsk)에서 열렸다. *코민테른* 대표의 임석(臨席)하에 열린 이 회의는 동일한 혁명을 목표로 하면서도 심각한 분열과 대립을 일삼고 있던 '상해파'와 '*이르꾸츠끄*파'를 단일 '고려공산당'으로 통합시키려는 일종의 합동대회였다.

대회 참석자는 150명가량이었는데 저명한 조선인 공산주의지도자들의 대부분이 이 회의에 참석하였다. 여운형(呂運亨), 정재달(鄭在達)의 증언에 의하면 '상해파'의 수뇌는 이동휘(李東輝)였으며 현정건(玄鼎健), 강경선(康景善), 윤자영(尹滋英) 등이 그와 더불어 참가했다. 한편 '*이르꾸츠끄*파'의 지도자는 한명세(韓明世)(瑞)였으며 김만겸(金萬謙), 장건상(張健相) 등이 그와 더불어 참석했다. 그리고 국내에서는 정재달(鄭在達), 조봉암(曺奉岩), 정태신(鄭泰信)(鄭又英) 등이 출석했다.[189)] *코민테른*의 격려와 사전 준비에도 불구하고 수적으로 우세한 '상해파'와 이보다 열세한 '*이르꾸츠끄*파'는 이 자리에서 결의 방법과 대표 자격 문제를 놓고 6일 동안이나 아집과 논

---

188) 위와 같음.

189) 京城地方法院檢事局, 「鄭在達 · 李載馥 調書」, 1924년. 앞의 『朝鮮共産主義運動史』〈資料篇 1〉, p. 114, p. 181 및 「呂運亨 調査」(Ⅰ), 같은 책, pp. 251~252.

쟁을 반복하던 중 통합은 파탄되고 말았다.[190)]

*코민테른*은 일국일당(一國一黨)의 조직원칙에 의하여 두 개의 '고려공산당(高麗共產黨)'을 인정할 수 없었음으로 양 파에 대해 다 같이 해체의 명령을 내렸다. 그리하여 양 파는 파벌로는 표면상 소멸하고 말았다. 양 파가 해체된 뒤 *코민테른*은 1922년 12월 그 '극동총국(極東總局)' 안에 '고려부(高麗部)'(세칭 '*꼬르뷰로*' Korburo)을 설치하고 그 본부를 *블라지보스똑*에 두었다.[191)] '고려부'의 부원에는 양 파를 대표해 왔던 이동휘(李東輝), 윤자영(尹滋英)[(구 상해파), 한명서(韓明瑞)], 김만겸(金萬謙), 장건상(張健相)[(구 *이르꾸츠끄*파)] 등이, 그리고 고문에는 정재달(鄭在達, 무소속)이 임명되었다.[192)] 이 '고려부'를 관할한 사람은 *코민테른* '극동총국'책임자 *보이찐스끼*(Grigori Voitinsky)였는데 그는 *슈미야츠끼*(Boris Z. Shumiatsky)의 후임자였다. '고려부'의 임무는 *시베리아*, 중국, 조선내의 잡다한 조선인 공산주의 그룹을 하나로 결합시켜 조선 내에 통일된 단일 공산당을 조직하는 일이었다. 그리하여 1923년 4월에는 신 철(辛 鐵)과 국내 사정에 밝은 김재봉(金在鳳)이, 6월에는 정재달이 서울로 밀파되었다. 그는 신백우(申佰雨), 김약수(金若水), 이봉수(李鳳洙), 이영(李 英) 등 이곳의 각파 사상단체 대표들과 접촉했다.[193)]

그러나 그들의 공작은 성공하지 못했다. 왜냐하면 서울에서는 조선 내부의 사정을 모르는 외부 사람들이 들어와서 당 조직에서 주도적 역할을 하려는데 대해 거부감이 강했으며, 게다가 국내 각 *써클* 간에는 분파심리가 강하게 작용하고 있었기 때문이었다. *코민테른*의 국내 공작이 시작되자 '고려부' 내의 구(舊) '상해파'와 구 '*이르꾸츠끄*파'사이에는 서로 자기 세력을 부식(扶植)하려는 데서 새로운 분쟁이 일어났다. '양파'의 분쟁이 '고려부'를 마비상태로 몰아넣게 되자 *코민테른*은 이것을 해산한 후 조

---

190) 앞의「鄭在達· 李載馥 調書」, 같은 책, p. 114.

191) '極東總局'이란 정재달에 의하면 *코민테른* 중앙위원회의 소위 극동지국이며 일본, 조선, 중국을 총괄하여 공산주의를 선전하는 기관이었다. 그 안의 '고려부'란 조선, *시베리아*, 중국에 거주하는 자 뿐만 아니라 조선인 공산당을 조직하고 "主義化"(의식화)시키는 것이 임무였다. '극동총국'은 "*모스크바*에 자리 잡고 있었으며 *블라지보스똑*(의'고려부')은 그 연장인 출장소 같은 것"이라고 증언했다. 같은「調書」, 같은 책, p. 141.

192) 같은「調書」같은 책, pp. 160~161.

193) 畊夫 申佰雨先生 기념사업회 발행,『畊夫 申佰雨』, 1973, p. 145. 申佰雨(1887~1962)는 청년기에 민족주의운동과 노동운동 · 사회주의운동에 적극적으로 투신했던 인사였음으로 이 저서에는 소략하나마 소중한 자료들이 포함되어 있다.

선 내에 통일된 공산당을 조직하기 위한 새 계획으로 '고려공산당 준비 위원회'(약칭 '조직국' 組織局 Orgburo－*오르그뷰로*)란 것을 설치하고 그 본부를 역시 *블라지보스똑*에 두었다.[194)]

'고려부'가 해체되자 파쟁(派爭)의 거두들은 책임을 지고 *코민테른* 기관에서 모두 축출되었다. 그리하여 이동휘(李東輝), 한명서(韓明瑞), 김만겸(金萬謙), 정재달(鄭在達) 등은 '조직국'의 구성에서 일단 제거되었다. 그러나 곧 '조직국'의 요직의 상당수는 *러시아*화(化)한 구 '*이르꾸츠끄*파'의 간부들이 차지했다.[195)] 그 밖의 구 '상해파'이외의 사람들도 뒤에 다시 등용되었다. 요컨대 *코민테른*은 민족주의 의식을 탈피하여 *러시아*와 *볼셰비즘*에 충실한 조선인들을 골간으로 하여 한국 내에 공산당을 조직하자는 것이었다.

코민테른 지배하의 '조직국'의 임무는 '고려국'의 임무를 계승하여 한국 내에 공산당을 조직하는데 있었다. 그리하여 1924년 6월에는 재기용된 정재달을 다시 국내에 침투시켜 '*오르그뷰로*'의 국내 준비위원으로 이미 임명된 김약수(金若水), 신백우(申佰雨), 이봉수(李鳳洙) 등을 코민테른의 조선 요원으로써 확보하여 국내에 '고려공산당 준비위원회'지부를 설치하여 당의 기초를 굳히도록 시도했다. 그리하여 정재달은

194) 정재달, 이재복에 의하면 '고려공산당 준비위원회'를 '고려공산당대회 준비회', '연해주 조선인 공산당원 책임자 연합대회', '조선공산당 창립 준비위원회' 등 여러 이름으로 불렸으나 약칭은 '조직국'이었다. *코민테른*은 '고려국'을 해산시킨 후 파쟁을 청산한, 통일된 공산당을 한국 안에 조직하기 위하여 1924년 3월경 *코민테른* 극동총국의 *블라지보스똑* 주재 대표였던 *러시아*人 *인데르손*의 감독하에 각 지역의 대표를 소집하여 '고려공산당대회 준비회'라는 회의를 조직케 했던 것이다. 참석자는 *러시아* 거주 및 중국 거주 조선인 공산주의자 약 20명이었다고 한다. 그러나 국내에서의 참석자는 없었다. 준비위원회 결의 사항 중 가장 주목을 끄는 대목은 "*코민테른*은 조선내의 공산주의자의 존재는 인정하는 바이지만, 완전한 黨 기관이 인정되지 않는 현상에서는 완전한 공산당적 기초의 기관 설치는 *러시아*領 거주 조선인 공산당을 중심으로 설립하도록 진력할 것"이라는 부분이다. 이것은 조선의 통일공산당을 믿을 수 있는 *러시아*내 조선인공산주의자들을 핵심으로 창립하겠다는 *코민테른*의 방침을 명시한 것이었다. 준비위원으로 선출된 사람은 *인데르손*, 張道政, 張建相, 李亨建, 朴應七, 南萬春, 金哲勳 등이다. 위의 「鄭在達 李載馥 調書」, 앞의 『朝鮮共産主義運動史』(資料篇 1), pp. 120~121. 이들은 조선인 '*이르꾸츠끄*파'와 '상해파'의 싸움에 모두 관련되었던 사람들이었음으로 파벌배격은 말뿐이었다. 한편 국내의 준비위원으로는 본인들의 승낙 없이 金若水, 李鳳洙, 申佰雨를 선출하여 큰 물의를 일으켰던 것이다. 같은 「조서」, 같은 책, pp. 117~118.

195) '조직국'의 부서를 보면 崔高麗, 崔伊洙, 蔡*그레고리*(이상 조사부), 吳星黙, 金*미하일*, 金哲勳 (선전부), 金夏錫, 李求英, 金*아빠나시*(조직부), 朴君八, 朴 愛, 金萬謙(경제부) 등으로 되어있다. 같은 「調書」, 같은 책, p. 121. 이들 중 '*이르꾸쭈끄*파'는 崔高麗, 金哲勳, 金河錫, 金萬謙 등이었다.

이상 3인을 위시하여 많은 좌익단체의 지도자들과 접촉했으나 냉대를 받고 임무를 수행하지 못했다.[196] 정재달로부터 아무 소식이 없자 *코민테른*은 그 해 11월 다시 이재복(李載馥)-일명 이 정(李 檉) 또는 이 성(李 誠)-을 밀파하여 여러 좌익단체 간부들을 만나도록 했으나 역시 실패했다. 그의 임무는 이상 국내 대표 3명을 *블라지보스똑*으로 잠입시켜 '고려공산당 준비위원회'를 개최할 수 있도록 하는데 있었다.[197]

그러나 이들 3명은 응하지 않았다. 이들의 한결 같은 주장은 "조선인의 공산당은 자발적으로 조선 내에서 조직할 것임으로 해외에서 간섭하지 말라, 조선 내에서 조직이 만들어 질 때를 기다렸다가 직접 *코민테른*에 참가하는 것이 정당하다"[198]는 것이었다. 요컨대 국내 공산주의자들의 배타적 감정, *코민테른*의 전단적(專斷的) 행동에 대한 반발, 복잡한 파벌투쟁의 양상 때문에 *코민테른*의 계획은 성공하지 못했던 것이다. 1924년 9월 이재복과 정재달이 일본 경찰에 체포되자 '조직국'의 활동은 우야무야로 되었다가 25년 2월에는 '조직국' 자체가 '조선공산당'의 창건이라는 임무를 수행하지 못한 채 해체되고 말았다.

'조선공산당'의 창건에서 중요한 역할을 한 사람은 김재봉이었다. 그는 *'이루꾸츠끄파'*에 속해 있던 사람으로 1923년 5월 '고려국(高麗局)'의 일원으로 국내에 파견되어 있었다. '고려국' 내의 분쟁과 암투에 염증을 느꼈던 그는 이 기관의 밀파원(密派員)이라는 입장을 버리고 국내조직에 열중했다. 조선의 공산당은 해외가 아니라 이제는 국내에서 조직해야 한다는 *코민테른*의 원칙을 간파하고 있던 그는 국내에 머물면서 지하활동에 몰두했고, 뒤에 '조직국'이 *블라지보스똑*에서 구성되었을 때는 국내대표로 지명을 받았지만 출국하지 않았다. 그는 주로 '화요회'계 사람들과 접촉하면서 공산주의 *써클*을 조직하고 '조선공산당'의 결성 준비공작에 착수했다. 이와 같이 조선인들의 공산주의 운동은 이제 본무대를 *시베리아*와 만주로부터 한반도로 옮기게 되었다.

---

196) 같은 「調書」, 같은 책, p. 115.
197) 같은 「調書」, 같은 책, p. 118.
198) 같은 「調書」, 같은 책, pp. 118~119, pp. 123~124 참조.

제2절 *이데올로기*의 *메카*(Mecca) - *도쿄(東京)*

*러시아*의 *볼셰비즘*(*레닌주의*)이 한국 내의 민족운동과 사회운동에서 일정한 *인테리*적-대중적 기반을 구축한 것은 3·1운동 이후였다. 해방 후 북한의 김일성 일파는 *러시아* 10월혁명이 '3·1운동'에 미친 절대적 영향을 강조해 왔지만 그런 주장은 과장이다. 10월혁명에 의하여 수립된 *레닌*정권의 대외정책과 *코민테른*(1919년 3월 2일 창설)의 공작이 국내의 민족운동에 영향을 미치기 시작한 것은 '3·1운동'이 실패한 이후의 일이었다. '3·1운동'에서 특기할만한 것은 민주주의가 민족주의 운동의 이념으로 명확하게 의식화되었다는 사실이며,[199] 민주주의의 이념 위에 대한민국 임시정부가 건립되었다는 점이다.[200] 한국의 민족주의자들이 "민주주의"를 주장할 때는 공산주의자들과는 반대로 당연히 구미식(歐美式) 또는 의회주의적(議會主義的) 민주주의를 의미했다. 상해의 '대한민국임시정부'는 무엇보다도 한국의 장구한 역사에서 최초로 민주공화제의 정치체(政治體)(body politic)를 천명했다는데서 그 정치사상적(政治思想的) 의의를 찾을 수 있다.

'3·1운동'이 실패로 돌아가자 한국 국내와 그리고 만주 *시베리아* 등 회의에서도 민족운동은 점진적인 방법으로 새로운 활로를 모색하지 않을 수 없었다. 당시 민족주의자들은 첫째로 독립의 성취를 장기적 목표로 설정하고 언론-교육-문학예술-종교 활동의 활성화를 통하여 민족의식의 앙양과 지적(知的) 역량의 축적을 도모하는 문화적 민족운동을 전개했다. 둘째로는 이와 함께, 법조계, 체육계, 의약계, 사회사업-여권 운동-신분제도의 타파운동(백정들의 사회적 해방운동)-공공복지 향상 등의 여러 분야에서 사회적 민족운동을 벌였다. 셋째로는 민족 산업의 육성, 일본 상품의 *보이코트*, 물산(物産, 국산품)장려, 소비절약, 금주단연(禁酒斷煙) 등 경제적 민족운동도 촉진하였다. 이런 비(非)폭력적 민족운동을 공산주의자들은 뒤에 일괄하여

199) 그 대표적인 것은 1919년 2월 8일 '在日本 東京 朝鮮靑年獨立團'대표가 선언한 「2·8독립선언서」에서 새 국가건설의 원리로써 "정의와 자유를 기초로 한 민주주의"를 내세웠다는 예가 통례적으로 지적되고 있다.

200) 1919년 4월 11일자로 발표된 「大韓民國 臨時政府憲章」 제1조는 "대한민국은 민주공화제로 함"이라고 명문화했고, 이와는 별도로 1919년 4월 국내에서 선포된 「國民大會約法」도 제1조에서 "國體는 民主制를 채용함"이라고 규정했다. 國史編纂委員會 편, 『韓國獨立運動史』 資料 2, 〈臨政 篇〉 11, 1971년, p.1 및 p.10.

"*부르죠아* 민족주의" 또는 "민족 개량주의(民族改良主義)"라고 비방했던 것이다.

한편 해외의 민족주의자들의 운동방법은 국내의 민족주의자들의 그것과는 반드시 일치할 수는 없었다. 후자가 점진주의적(漸進主義的)이고, 민족의 주체적 역량의 육성을 지향하고 있던데 대해, 전자는 이것과 함께 급진주의적(急進主義的)이요 전투적이었으며, 격렬한 무력항쟁을 통해 독립을 쟁취해야 한다는 혁명노선을 추구하고 있었다. '3·1운동' 이후 만주와 *시베리아* 일대에서 전개되었던 각 계보의 독립군들의 의한 항일 무력투쟁은 바로 이 급진주의적 민족주의자들의 혁명운동의 일환이었다. 이 두 운동은 결합하는 것이 통례였다. 이런 방식의 투쟁은 괴뢰 "만주국(滿洲國)"이 출현(1932년)할 때까지 '상해 임시정부'의 지도하에 계속되었고 그 후 '광복군'의 조직으로 이어졌다. 해외의 민족주의 단체들은 국내에 무장대원(武裝隊員)을 잠입시켜 일제의 요인과 관헌을 처단하고 관공서를 폭격하는 혁명적 *테러리즘*에 호소, 일본 통치에 항거하였다. 1919년 9월 강우규(姜宇奎)의사(義士)의 *사이또*(齋藤)총독 습격을 비롯한 일련의 *테러* 항거는 1920~1922년대에 절정에 달했으며 서울, 동경(東京), 상해(上海) 등지에서는 1930년대까지 계속되었다. 여기서 가장 자기희생적이요 용맹했던 혁명단체는 '의열단(義烈團)'이었다.[201)]

'의열단'의 정치이념과 노선은 1923년 1월 신채호(申采浩)가 기초한 이 단체의 「조선혁명선언」[202)]에 극명하게, 정열적으로 천명되어 있다. 이 「선언」은 한국 민족주의 운동사에서 가장 전투적이요, 비타협주의적이며, 절대 폭력혁명주의를 제창했다는 점에서 독특한 위치를 차지하고 있다. 또한 「선언」은 갑신정변(甲申政變)이후 3·1 운동에 이르기까지의 독립운동의 방법과 노선을 일본 제국주의의 본질 규명과 폭력혁명의 원리에 입각하여 총괄적으로 비판했다. 이 「선언」은 갈파하기를 민중의 폭력적 혁명이 없는 운동이나 의거는 무의미하거나 또는 성공할 수 없다고 했다.

이 「선언」은 민중을 '혁명의 대본영(大本營)'으로 삼고, 폭력을 '혁명의 유일(唯一)

---

201) 1919년 11월 만주 吉林에서 金元鳳, 梁健浩, 郭在驥 등 13명에 의하여 급진적, 폭력적 독립운동의 비밀결사로써 창립된 '의열단'은 국내외에 조직망을 펴면서 일제의 관서-시설(경찰서, 총독부, 東京 二重橋, 東拓 등) 폭파, 요인(장성, 경찰간부) 저격 등 혁명적 *테러리즘*을 유일한 수단으로 하여 "조선의 독립과 세계의 평등"을 쟁취하려던 놀랄 만큼 자기희생적이요 애국적인 혁명단체였다. 암살, 파괴, 폭동을 행동강령으로 한 '의열단원'들의 투쟁은 초인간이라고 할 만큼 개인의 생사에 개의치 않았다.

202) 여기서 인용한 「朝鮮革命宣言」의 대본은 三省社版, 『世界思想全集』 31에 수록되어 있는 것을 인용했다.

무기'로 택하고, 민중 속으로 들어가 민중과 제휴하여 "불절(不絕)하는 폭력 암살－파괴－폭동으로 강도 일본의 통치를 타도"할 때만 해방은 가능하다고 극단주의적인 확신을 표명했다. 「선언」이 폭력 수단을 절대화하고, 민중의 혁명적 *에네르기*를 철저히 신뢰하고, 전면적 파괴에 의한 "이상적 조선을 건설"할 것을 호소한 그 심정적(心情的) 면에서는 *빠꾸닌*(M. Bakunin), *뜨까체프*(P. N. Tkachev), *네챠에프*(S. G. Nechaev) 등으로 대표되는 19세기 제정(帝政) *러시아*의 *나로드니끼*(Narodniki)계(系) 무정부주의자들의 혁명적 *테러리즘*과 흡사했다.[203] 이것만으로도 「조선혁명선언」과 「을미독립선언」(己未獨立宣言)과의 사이에는 방법론상의 질적 차이가 있음을 파악할 수 있다.

그런데 독립을 평화적 시위, 국제여론의 환기, 대외적 청원의 방식으로 획득하려던 3·1운동과 이것을 계승한 국내의 점진주의적(漸進主義的) 민족주의운동을 혁명주의－*테러리즘*－파괴의 방법에 의하여 독립을 쟁취하고자 했던 '의열단'이니 군사적 해방을 목표로 했던 항전파(抗戰派)와 비교하여 우열을 속단하거나 그 어느 한편만을 긍정 또는 부정한다는 것은 불공평한 사고다. 이 두 계보의 운동은 그 시기에 모두 출현할 수 있었던 운동이었으며 모두가 자기의 독립노선의 객관적 타당성을 주장할 수 있는 논거를 가지고 있었다.

이들의 방법론상의 차이는 무엇보다도 운동을 전개하는 지역적 조건(국내냐, *시베리아*냐, 만주냐, 미국이냐)에 의하여 발생했으며, 정치 *엘리트*들의 상이한 개성과 교육배경, 사회환경 등에서 오는 불가피한 결과였다. 이런 차이의 발생은 다른 나라 민족운동에 있어서도 극히 보편적인 현상이다. 위에서 언급한 몇 갈래의 독립운동은 서로 대립하는 면도 있었지만 거시적으로 고찰할 때는 자기들의 의사와는 달리, 전략적으로 상호보완 관계에 있었던 것으로 이해된다. 그리고 점진주의적 국내 운동과 급진주의적 해외운동은 대부분 병진되고 있었다. 총체적으로 볼 때 한국의 민족주의자들은 그 당시에 택할 수 있는 갖가지 방법을 모두 택해 보았다는 결론에 이르게 된다.

---

203) 이것은 「宣言」의 기초자였던 申采浩가 중국망명 시 중국의 무정부주의자 李石曾과의 교우를 통해 영향을 받았던 점에서 이해할 수 있다. 신채호와 이석증의 관계에 대해서는 같은 책에 포함되어 있는 申一澈의 「解題 : 申采浩의 民族史觀」 참조.

급진주의 운동은 3·1운동 이후 국내에서도 급속히 대두하였다. 앞에서 언급한 대로 한편에서는 민족주의자들의 문화적－사회적－경제적 민족운동 방법을 "민족 개량주의"라고 하여 배격하는 세력이 일어났다. 그들은 계급적 사회혁명에 의하여 일제(日帝)의 식민지 통치체제에 대항하려는 여러 계보의 '사회주의 운동'으로 형성되었다. 그리하여 사회주의운동은 민족주의 운동과 더불어 3·1운동 이후 한국의 민족운동에서 2대(大) 조류(潮流)를 형성하게 되었다. 사회주의 사상에 막연하게나마 공감을 느꼈던 청년 지식인들은, 3·1운동의 폭발에 놀란 일제(日帝)가 무단정치(武斷政治)를 '문화정치'로 그 정책을 바꾸고 회유책으로서 허용한 언론, 출판, 결사 등의 극히 제한된 자유를 역(逆)이용함으로써 자기들의 운동을 조직하였던 것이다.

당시의 사회주의운동은 *맑스*주의적 경향을 띤 이른바 '사상단체'들의 활동과 노동운동, 청년운동의 형태로 전개되었다. 이것을 조직한 *엘리트*는 처음에는 주로 동경(東京) 유학생들이었다. 1919~20년대의 일본은 세계적 불경기에 휩쓸려 들어가 사회간의 긴장이 극도로 첨예화하고 있는 가운데 서구(西歐)식 *맑스*주의, 무정부주의적 *쌩디칼리즘*, *볼셰비즘*(*레닌*주의), 사회민주주의 등의 사회사상이 이른바 "*다이쇼오*(大正) *데모크라시*"의 비교적 자유로운 환경 속에서 지식계급과 노동운동에 깊이 침투하고 있었다. 그리하여 무산자(無産者) 정당이 속출하고 파업과 소작쟁의가 격화되어 일본은 혁명 전야에 있는 것 같은 양상을 보이고 있었다.[204)]

상황은 *유럽*에서도 비슷했다. 이런 사회사상들은 무엇보다도 반(反)제국주의이었고, 제국주의의 경제적 토대인 자본주의 제도에 대한 과학적 분석을 나름대로 제시하고 있었다. 정치사상과 정치운동에서 새로운 지식을 갈구하고 새로운 방향을 찾고 있넌 한국 유학생들에게 사회수의의 조류가 커다란 영향을 끼쳤던 것은 당연했다.

'3·1운동' 이후의 한국의 사회주의적 사상단체(*이데올로기* 단체), 노동단체, 청년단체들은 *맑스*주의에 의하여 채색(彩色)되고는 있었으나 그 안에는 민족주의, 무정부주의, *볼셰비즘* 등이 *이데올로기*적 혼잡 미분의 상태에 있었다. 그리하여 이 단체들 사이에서는 파벌적 계보가 극히 착잡하게 형성되어갔고, 분파적 이합집산이 쉴 새 없이 반복되고 있었다. 1920년대의 사상단체만도 실로 30 여개가 출현하고 또 소

---

204) 당시의 일본 사회주의운동에 관해서는 赤松克磨, 『日本社會主義運動史』(岩波新書, 昭和 27年)중 「第三期 社會運動」 참조.

멸했던 것이다. 본서에서는 다만 이 운동에 관한 그간의 많은 자료와 노작들을 참조하면서 큰 맥락을 중점적으로 간략하게 고찰하고자 한다.

'동경조선고학생동우회(東京朝鮮苦學生同友會)' : 3·1운동 이후 대두한 사상단체의 모체는 1920년 1월에 조직된 '동경조선고학생동우회'였다. 당시 "신사상의 바람은 주로 동경(東京)의 조선 유학생들 사이에서 먼저 불어왔다. 그 하나의 계보는 "실행파"인데, 이것은 "자유연합주의적" *아나키스트*들의 조직으로 어떠한 독재체제도 반대했다. 다른 하나는 철저한 중앙집권적인 혁명가들의 투쟁으로 계급해방, 민족해방을 성취하려는 계보였다. 김사국(金思國), 김락준(金洛俊 = 金 燦), 김약수(金若水), 박열(朴 烈), 정태성(鄭泰成) 등에 의하여 창립된 이 회(會)는 노동자의 교육과 복지를 외견상의 '목적'[205]으로 표방했었으나 본질상 사상단체였다.[206]

그중 박 열, 김약수, 정태성 등은 조봉암(曺奉岩), 황석우(黃錫禹) 등과 더불어 1921년 1월 동경에서 '흑도회(黑濤會)'를 결성했는데 이것이 재일(在日) 조선인의 사회주의 운동단체의 시초였다.[207] 그런데 '흑도회'는 곧 *이데올로기* 분쟁으로 휩쓸려 들어갔다. "자유연합적" 무정부주의를 주장하는 박 열, 정태성의 소위 "실행파"와 중앙집권적 운동 형태와 무산계급의 독재를 주장하는 *맑스*주의의 신봉자 김약수, 김찬 등의 "이론파"로 분열되어 그 해 12월 해산되었다.

'북성회(北星會)'와 '북풍회(北風會)' : 실행파는 곧 '풍뢰회(風雷會)' [뒤에 '흑우회(黑友會)'로 개칭]를 결성했고, 1922년 4월에는 다시 비밀결사 '불령사(不逞社)'를 조직했으나 일본 천황의 암살을 시도한 죄목으로 박 열(朴 烈) 이하 20명이 검거됨으로써 해체되고 말았다.[208] '흑우회'에서 갈라져 나온 김약수, 변희용(卞熙用), 송봉우(宋奉瑀), 이여성(李如星) 등은 1923년 1월 동경(東京)에서 '북성회(北星會)'를 조직했다.[209] '북성회'는 1923년 8월 국내 각지의 순회강연을 통하여 사회주의 사상을 선전

---

205) '朝鮮苦學生同友會'의 사업목적은 ≪東亞日報≫, 1920년 6월 6일자.

206) '고학생동우회'는 1922년 2월 4일부 「조선일보」에 발표한 「선언문」, 같은 날자-'전국 노동자 제군 … 檄함'에서 "우리 동우회는 … 일본의 주요사상단체 및 노동단체와 제유하여 노동운동을 전개할 것이며 … 계급투쟁의 직접적 행동기관임을 선언함"이라고 했다. 같은 신문, 같은 일자

207) 金俊燁·金昌順, 공저, 『韓國共産主義運動史』, 第2卷, 高麗大學校 亞細亞問題硏究所, 1967년, p. 32.

208) 이의 자세한 경위에 관해서는 위의 책, p. 38 및 趙芝薰, '韓國民族運動史', 高麗大學校 亞細亞問題硏究所 篇, 『韓國民族文化史大系』 Ⅰ, 1964년, pp. 747~750 참조.

208) '북풍회'에 관한 간략한 설명은 文國柱 편저, 『朝鮮 社會運動史 事典』, 東京, 社會評論社, 1981年, pp.

보급시키는데 주력해 오다가 1924년 11월 서울에 이것을 기반으로 하여 '북풍회(北風會)'를 조직하였다. '북풍회'는 동경의 '북성회'의 국내 지도본부였다. 이러한 조직 확장에 힘입어 '북성회'는 1925년 1월 *레닌* 사망 1주기를 계기로 '일월회(一月會)'로 개칭하고 김세연(金世淵), 안광천(安光泉), 한위건(韓偉健), 최익한(崔益翰), 박낙종(朴洛鍾), 이우적(李友狄) 등의 지도하에 활동을 계속했다.[210]

'북풍회'는 직접 사회주의를 표방하지는 않았지만 그 '선언'에서 회원들은 스스로를 대중의 전위(前衛)분자로 자임(自任)하고 "오늘까지의 전위분자들은 이제부터는 대중과 함께 자본가의 본진(本陣)을 향하여 돌진할 각오를 가지지 않으면 안 된다"고 결의를 표명함과 아울러 그 '강령'에서는 대중의 "계급적 훈련"과 "모든 현상 타파"를 내세웠고, "계급 관계를 무시한 단순한 민족운동을 부인"한다고 선언했다.[211]

그러나 한편 이 회(會)는 "민족운동"(즉, 민족주의운동을 의미)도 불가피한 현실에서 발생한 이상, "양대(兩大)운동, 즉 사회운동과 민족운동의 병행에 대한 시간적[한시적] 협동을 기한다"[212]고 2년 뒤의 '신간회(新幹會)'의 결성을 예고했던 것이다. 이상으로만 보아도 '북풍회(北風會)'는 *레닌*주의의 *이데올로기*에 의하여 큰 영향을 받고 있었음을 간취할 수 있다. '북풍회'는 3 · 1운동의 실패를 계기로 새로운 민족혁명의 방법을 모색하는 과정에서 출현한 허다한 사상운동 단체 중의 하나였다.

당시의 재 일본 조선인 사상단체들은 반(反)제국주의적 *이데올로기*와 *슬로건*에 의하여 식민지 민족주의 운동의 새로운 세력으로 등장했다. 이 사상 단체들은 *소비에트* 공산주의 형(型) 사회주의 이론을 거의 통째로 수용하면서 계급투쟁을 주축으로 하는 민족운동과 사회운동을 조직하기 시작하였다. 그리하여 "계급투쟁", "무산계급 해방", "사회주의", "사본주의의 타도", "착취"라는 말이 당시의 상당수 지식분지들 사이에서는 유행처럼 퍼져나갔고, 그 영향은 국내로 밀려들었다.

이들의 운동은 물론 식민지 조선의 사회현실을 기초로 하고 있었다. 1920년대의

211~212 참조. 이 책은 李台錫 편저, 『社會科學大事典』(서울 文友印書館 발행, 1948년)의 번역이며 그 후 1980년까지의 사실에 대해서는 [追補]를 첨부한 것이다. 北風會의 상세한 분석은 앞의 金俊燁 · 金昌順,공저, pp. 38~40 참조.

209) 高峻石, 『日本の侵略と民族解放闘爭』, 社會評論社(東京), 1983年, p. 51.

211) 「宣言」(요지)는 앞의 文國柱 편저, p. 331.

212) 「綱領」은 같은 책, pp. 331~332.

조선은 미약하나마 근대적 노동계급의 수효가 증대하고 있었고, 일제의 자본주의적 착취가 가혹했던 데다가, 민족 성원의 압도적 다수를 차지하는 농민대중은 일본인 지주(地主) 및 조선인의 봉건적 소작제 밑에서 원시적 빈곤에 시달리고 있었던 고난의 세대였다.

제3절 국내의 사회주의 *써클*운동

'무산자동맹회(無產者同盟會)' : 국내의 사회적 상황이 이러했던 시기에 일본에서 불기 시작한 사회주의의 바람은 곧 조선에 영향을 미치게 되어 사회주의 *써클*운동이 우후죽순(雨後竹筍)처럼 퍼져나갔다. 서울에서는 '북성회'(1923. 1 *도쿄*에서 조직)가 서울에 나타나기에 앞서 벌써 1922년 1월, 윤덕병(尹德炳), 신백우(申伯雨), 김 한(金翰), 원우관(元友觀), 김달현(金達鉉) 등 19인의 발기로 "무산자(無產者)의 생존권을 확립"할 것을 목적으로 하는 '무산자동맹회(無產者同志會)'가 조직되었다. 이것은 배성룡(裵成龍)에 의하면 "우리나라에서 무산자의 혁명적 목적을 뚜렷하게 〔내〕 걸은 사상운동의 단체로서는 최초의 것이었으며 초기 발전 도상에 있는 조선 사회운동에 적지 않은 공적을 나타냈다"[213]는 것이다. '무산자 동지회'는 같은 노선의 사회주의 사상단체였던 '신인동맹회'(新人同盟會)[장병천(張炳天), 이 영(李 英) 등에 의하여 1922년 2월에 조직]와 통합하여 '무산자동맹회'(1922년 3월)로 발족(發足)을 보게 되었다.[214]

'조선청년연합회(朝鮮青年聯合會)' : 이밖에도 1920년대에 들어서면서 전국에는 수백 개에 이르는 크고 작은 청년단체들이 나타났다. 이 단체들은 '3 · 1운동' 후 민족독립을 열망하는 청년들이 조직한 것들이었다. 1920년 12월 서울에서는 오상근(吳祥根), 김명식(金明植), 장덕수(張德秀), 안 곽(安 廓), 안 준(安 浚), 장도빈(張道斌) 등이 중심이 되어 "조선 각지에 중성(衆星)처럼 산재한" 많은 청년단체들을 "일치단결" 시켜 "1대 연합단체"를 성립시키기 위한 그 중앙 연합기관으로[215] '조선청년연합회'

---

213) 앞의 『畊夫 申佰雨』, p. 127에서 인용.

214) 같은 책, p. 116.

를 결성하였다. 따라서 '조선청년연합회'는 단일적 조직체가 아니었다. 각 청년단체들은 각각 독립적 단체로 존재하면서 이 연합체의 일원으로 되어 있었던 것이다.

'서울청년회'(靑年會) : '조선청년연합회'의 116개 회원단체 중에서 가장 큰 청년단체는 '서울청년회'였다. 이것은 청년운동의 *헤게모니*를 장악하기 위하여 1921년 1월 이득연(李得秊), 김 한(金 翰), 오상근(吳祥根), 장덕수(張德秀), 홍증식(洪增植), 김사국(金思國), 이 영(李 英), 최창익(崔昌益), 윤자영(尹滋英), 한신교(韓愼敎) 등이 조직한 단체[216]로 곧 '조선청년연합회'에 그 일원으로 가입했던 것이다. '서울청년회'의 김 한, 김사국, 김명식 등 주요 간부는 위에서 언급한 여러 좌경단체들의 간부를 겸하고 있었다.

'서울청년회'는 그 결성 기에는 사회주의적 사상단체가 아니라 초(超)*이데올로기*적인 집합체로 장덕수, 오상근 등 민족 개량주의적(民族改良主義的) 경향의 우파(右派)와 여러 계보의 사회주의적 경향의 좌파(左派)가 그 성원을 이루고 있었다. 이윽고 '서울청년회' 안에서 내분이 일어났고 주도권은 1922년 2월경 좌파(左派)로 넘어가게 되었다. '서울청년회'의 주도권을 장악한 김사국 등은 장덕수를 '서울청년회'와 '조선청년연합회'로부터 축출하여 청년운동의 모든 지도권을 장악하려고 시도했다.

양 파(兩 派)사이의 분규와 대결이 절정에 이른 것은 1922년 4월에 열린 '조선청년연합회' 제3회 정기총회에서였다.[217] 여기서 김사국, 이 영, 김 한 등의 장악하에 있던 '서울청년회'는 세칭 "사기 공산당 사건" [이동휘(李東輝)로부터 온 공작금 횡령설사건] 관련설과 김윤식(金允植) 사회장(社會葬)(좌파는 반대, 우파는 찬성)문제를 놓고 장덕수 파를 맹렬히 공격, 이들을 '서울청년회'와 '조선청년연합회'로부터 다 같이 제명 처분하려 하자 일대 논쟁이 일어났다. 그러나 민족주의적 성향이 강했던 '조선청년연합회'는 그들의 제명 안을 부결시켰다.

패배한 '서울청년회'와 이에 동조한 18개 청년단체들은 그 해 4월 '조선청년연합회'에서 탈퇴해버렸다. 그 결과로 "일치단결"을 공언해 온 청년단체들은 '서울청년회'와 '조선청년연합회'계로 분열하게 된다. '조선청년연합회'에서 이탈한 '서울청년회'는 장

215) 이 회의 「趣旨」, ≪東亞日報≫, 1920년 7월 15일자.

216) 앞의 文國柱 편저, p. 247.

217) 제3회 정기총회의 양상에 관해서는 앞의 金俊燁 · 金昌順의 공저, pp. 109~113 참조.

덕수 파의 민족주의자들을 배척하면서 급진적으로 좌경화하게 되었고 그 강령을 "계급적(階級的) 자각과 단결로써 무산대중 해방운동의 전위(前衛)임을 기 한다"[218]고 개정했던 것이다.

다음으로 *맑스*주의자들의 독점하에 들어갔던 '서울청년회' 안에서도 분열이 일어났다. 즉 '무산자동맹회(無産者同盟會)'를 이끌고 있던 김 한 및 김사국 등과 다른 간부들 사이에 새로운 분규가 일어나 김 한은 아예 '서울청년회'를 탈퇴하고 말았다. 그리하여 '서울청년회'는 '무산자동맹회'와 결렬상태에 빠져들게 되었다. 그 뒤 김 한의 '무산자동맹회'는 지금까지의 경쟁자였던 '화요회'와 제휴하게 된 것이다. 이런 과정을 거쳐 '서울청년회'는 초기에 표방했던 대로 초(超)*이데올로기*적으로 통합된 청년단체가 아니라 *맑스*주의적 사회주의 사상단체로 뚜렷이 변질했던 것이다. '서울청년회'는 좌익계 단체들의 *헤게모니*를 장악하기 위하여 후에 '북풍회' 및 '화요회'와 격렬하게 반목 대립하게 되었다.

화요회(火曜會) : 그러한 가운데 1923년 7월에는 홍덕유(洪悳裕), 원우관(元友觀), 홍명희(洪命熹), 윤덕병(尹德炳), 김 찬(金 燦), 신백우(申佰雨), 박일병(朴一秉), 이준태(李準泰) 등이 서울에서 '신사상연구회(新思想硏究會)'를 조직하였다.[219] 이때의 "신사상"이란 곧 "사회주의사상"을 의미했다. 이 회(會)는 1924년 11월 2일 이름을 '화요회'(*칼 맑스*의 출생일인 1818년 5월 5일이 화요일이었다)로 고치고 종전의 이론연구 단체로부터 행동단체로 그 성격을 바꾸게 되었다.[220] 얼마 뒤에는 창립회원 외에도 상해에서 귀국한 조봉암(曺奉岩), 박헌영(朴憲永), 김단야(金丹冶), 조동우(趙東祐)같은 공산주의자들이 가담하게 되었다. 주지하는 바와 같이 '화요회'는 1925년 4월 제1차 '조선공산당' 조직에서 그 모체의 역할을 담당했다.

이밖에도 '토요회(土曜會)'가 있었다. (1923년 5월 '북성회(北星會)'계의 민태흥(閔泰興), 현칠종(玄七鍾) 등에 의하여 조직), '조선노동당'(1924년 8월 김 일(金 一), 이남두(李南斗), 이봉길(李鳳吉) 등이 결성), '사회주의자동맹'(1924년 12월 이 영(李英), 정 백(鄭 栢), 최창익(崔昌益) 등이 '서울청년회'의 별동체(別動體)로 조직), '혁청

---

218) 같은 책, p. 114.

219) 京城地方法院檢事局, 「金洛俊 調査」, 1931년, 앞의 『朝鮮共産主義運動史』〈資料 篇 1〉, p. 35 및 앞의 『畊夫 申佰雨』, p. 126.

220) 앞의 『畊夫 申佰雨』, p. 127.

단(革淸團)'(1923년 12월 김치명(金治明), 이계형(李啓亨) 등에 의하여 조직되었다가 사회주의 사상단체로 전환한 후 '화요회'계에 흡수되었다) 등 잡다한 *맑스*주의 *써클*들이 서울에서 출현하고 소멸했다. 그러는 가운데서 *소비에트*공산주의의 *이데올로기*를 선전하고 있었다. 그 중에서도 '서울청년회', '화요회', '북풍회'는 *맑스*주의적 사회운동에서 3대 세력을 형성하고 상호간에 격렬한 주도권 분쟁을 벌이고 있었다. 분쟁의 뿌리는 질기고도 길다. 이미 언급한 바와 같이 '상해파' 고려공산당과 결탁한 '서울청년회' 계와, '*이르꾸츠끄*파' 고려공산당과 제휴한 '화요회'계의 20~30대 청년들은 초기 한국공산주의운동의 2대 산맥으로 불구대천의 대립과 투쟁을 벌이고 있었다. 이 파쟁은 그 주역들이 이미 장년-노년이 된 8·15해방 후에도 서울에서 '조선공산당'의 재건과 '남조선노동당'의 결성을 둘러싸고 거세게 재연되고 있었던 것이다.

사상단체들의 출현과 때를 같이하여 노동단체와 청년단체들이 지식청년, 학생, 노동자, 농민들 사이에 조직되어 사회주의 운동의 대중적 토대를 마련해 나갔다. 그러나 이 각종 단체들의 *엘리트*는 거의 동일한 인물들로 구성되어 지도층의 중복현상이 나타났다. 그리고 *헤게모니* 장악을 위해 각자가 조직한 '대회', '준비회', '발기인회' 등의 갖가지 이름을 붙인 단체들이 쉴 새 없이 명멸(明滅)하고 있어서 각 계보의 착잡함은 갈피를 잡기 어려웠다.

'조선노동공제회(朝鮮勞動共濟會)' : 노동단체의 효시로는 1920년 4월 박중화(朴重華), 박이규(朴珥圭), 김명식(金明植), 김병노(金炳魯), 차금봉(車今奉), 오상근(吳祥根), 장덕수(張德秀), 신백우(申伯雨), 허 헌(許 憲), 김약수(金若水), 윤자영(尹滋英) 등이 창립한 '조선노동당공제회'를 들 수 있다. 동 회(會)는 노동자들이 스스로의 운명을 타개하기 위하여 조직한 것이 아니라 지식인들이 노동자를 위로부터 계몽하기 위한 단체였다. 이 회(會)는 기관지 『공제(共濟)』의 발행과 지방순회 강연-소작인 조합결성-수해 구제사업 등을 통하여 활발하게 운동을 전개했다.[221] 간부의 다수는 민족주의적 색채를 띤 지식인(의사, 언론인, 변호사, 실업가)이었으며 사회주의자는 소수였다. 이들은 사회개량주의적 「강령」(綱領)을 내걸고 노동자들을 위로부터 지도 계몽할 것을 실천 목표로 삼고 있었다.[222]

---

221) 같은 책, pp. 114~115.

222) 동 회의 「강령」은 온건하게 ① 조선 노동사회의 지식개발 ② 저축 장려 ③ 품성의 함양 ④ 위생사상의

'조선노동연맹회(朝鮮勞動聯盟會)' : 이러한 사회개량주의적 움직임은 사회주의자들의 반발을 일으켜 이 회는 1922년 10월 장덕수(張德秀)파(민족주의 계), 윤덕병(尹德炳)파(북성회 계), 차금봉(車今奉)파(노동자출신 계)로 분열 해체되고 말았다.[223) 이 분열에서는 *이데올로기*적 대립에 앞에서 언급한 바, 상해의 이동휘로 부터 보내온 8만원을 장덕수가 횡령했다는 세칭 "사기 공산당사건"이 겹친 데다, 주도권 쟁탈전이 작용하여 해체는 불가피하게 되었던 것이다. 여기서 차금봉파(派)는 '조선노동공제회'의 해체를 반대하고 그 간판을 고수해 오다가 '서울청년회'의 산하로 들어갔고, 장덕수 파는 이 분열과정에서 운동을 포기하였으며 윤덕병 파는 1922년 10월 신백우(申伯雨), 백광흠(白光欽), 윤덕병(尹德炳) 등과 더불어 '조선노동연맹회'를 결성하기에 이르렀다.

전국 13개 노동단체와 2만명의 회원이 참가했다는 위의 '조선노동공제회'가 노동사상을 계몽하고 노동자들의 상호부조를 강조하는 사회개량주의에 머무르고자 했던데 대해, 위의 '조선노동연맹회'(聯盟會)는 노동자들의 단결에 의한 자신들의 완전한 "해방"을 주장했다.[224)]

신백우가 기초한 '조선노동연맹회'의 선언은 "노동자를 기계시(機械視)하고 노동력을 상품시(商品視)"하는 자본주의 제도 그 자체를 단호히 배격하면서 "우리 조선의 노동자도 자유와 평등과 평화를 위하여 만국의 노동자와 단결하여 분투코자 하노라"[225)]고 계급투쟁을 통한 사회주의의 사회 실현을 "신 사회 건설"이란 말로 제창하였다. 이것은 일제하 한국 노동운동에서 사회주의를 지향하는 새로운 기점이 되었다. '조선노동연맹회'가 조직된 다음 해인 1923년은 전국에서 노동자의 파업과 소작쟁의가 급속히 증대하여 사회적 동요와 긴장상태가 전례 없이 고조되었던 때였다.[226)]

보급 ⑤ 환란 구제 및 직업소개 ⑥ 일반 노동 상황의 조사 연구 등을 내세웠다. 앞의 文國柱 편저, pp. 345~346. 그러나 그 「선언문」에서는 "우리 조선 노동자 농민대중은 … 민족적 사회적으로 2중의 압박과 착취의 대상이 되고 있다. … 그러므로 우리는 늘 압박과 착취와 굴욕을 무저항의 저항으로써 민족적 사회적으로 해방될 때까지는 항상 臨戰의 태세로써 생활할 것을 각오하고 강령의 실천을 서약함과 동시에 이를 만방에 선언하노라"는 비장한 투쟁을 선언하였다. 앞의 『畊夫 申伯雨』, pp. 111~112.

223) '朝鮮勞動共濟會'는 해산될 때까지 전국 각처에 수많은 지부를 두었고 약 2,500명이 회원을 가지고 있었다고 한다. 같은 책, p. 115.

224) 같은 책, pp. 122~123.

225) 申伯雨가 기초한 이 선언문은 같은 책, pp. 125~126.

226) 日帝측의 통계에 의하면 1923년에 노동쟁의는 72건, 관련인원은 6,041명에 이르렀고, 소작쟁의는 126

이러한 현상은 극도의 저임금과 일제의 식량 약탈 정책에 직면한 노농대중의 본능적인 생존권 투쟁의 표시였다. 격양한 사회분위기 속에서 1923년 4월에는 백정(白丁)들의 사회적 신분해방운동인 '형평사(衡平社)'가 강상호(姜相鎬), 신현수(申鉉壽) 등의 주도하에 진주(晉州)에서 조직되었다. 그리고 그 해 9월 '조선노동연맹회'는 '북성회'계의 김약수(金若水) 및 '화요회'의 김 찬(金 燦) 등의 지지를 얻어 전국적인 단일 운동체로 '조선노농총동맹(朝鮮勞農總同盟)'의 결성을 추진하고 있었다.

'조선노농총동맹(朝鮮勞農總同盟)' : 그런데 최창익(崔昌益), 정백(鄭栢) 등 '서울청년회'계가 이에 대항하여 '조선노농대회 준비 위원회(朝鮮勞農大會準備委會)'를 발기하자 이 맑스주의 양 파 간에는 서로 상대편을 비방하면서 노농대중을 장악하기 위한 수치스럽고도 심각한 주도권 쟁탈전이 벌어졌다. 그러면서도 이들은 노농운동의 파국을 피하고자 복잡한 조정과 타협의 과정을 거친 후 1924년 4월 15일 8개 단체의 대표 77인이 참석한 가운데 노동단체의 전국적 통일기관으로서의 '조선노농총동맹'의 결성을 정식으로 선언하기에 이르렀다.[227] 이것은 실로 획기적인 사건이었다. 그리고 20일의 임시대회에서는 그 강령 초안으로 (1) 노농(勞農)계급의 해방과 완전한 신 사회의 실현, (2) 자본가계급과의 철저한 투쟁, (3) 노농계급의 복지증진과 경제적 향상 등을 선포했다.[228]

하지만 '조선노농총동맹' 안에서는 결성 초부터 내부에서 '서울청년회'계와 '화요회'계 간에 치열한 파쟁이 벌어졌으며, 노동운동 조직과 농민운동 조직의 혼합 조직을 단일 조직으로 분리한다는 '조선공산당'의 끈질긴 방침에 따라 '조선노농총동맹'은 1927년 9월 '조선노동 총동맹'과 '조선농민 총동맹'으로 각각 분립하게 되었다. 이상에서 살펴본 비와 같이 노농운동은 처음의 비(非)계급적이고, 계몽적인 성격을 지녔으나 계급적이고, 전투적인 성격에로의 변질 과정을 통하여 곧 급진적 좌경화가 진행되었던 것이다.

조선청년총동맹(朝鮮青年總同盟) : 청년운동도 마찬가지의 과정을 밟았다. 전술한 '조선청년연합회'와 '서울청년회'가 민족주의자와 맑스주의자로 분열되어 '서울청년회'

건, 관련인원은 9,060명이나 되었다. 조선총독부 경무국 발행, 『最近におちける朝鮮治安狀況』, 1933년, pp. 83~86, p. 97.

227) 앞의 『畊夫 申佰雨』, p. 130.

228) ≪東亞日報≫ 1924년 4월 22일자. 앞의 金俊燁 · 金昌順, 공저, p. 97에서 인용.

가 맑스주의자들의 독점무대가 되는가 하면, 한편 1924년 2월에는 '화요회'와 '북성회'계의 '신흥청년동맹'이 출현하여 '서울청년회'계와 착잡한 분파 경쟁을 일삼고 있었다. 그러다가 1924년 4월 21~22일 청년운동의 전국적 통일시도 기관으로서 '조선청년총동맹'의 결성을 보게 된 것이다.[229] 이 '동맹'의 지도부는 '화요회'계, '서울청년회'계, '북풍회'계의 혼합체가 될 수밖에 없었다. 이러한 상황에서 '조선청년연합회'는 해산되고 말았다.[230]

한편 1924년 5월에는 박원희(朴元熙), 주세죽(朱世竹), 허정숙(許貞淑), 정종명(鄭鍾鳴) 등 사회주의 사상에 동조하는 여성들의 발기로 최초의 좌경적 여성단체인 '조선여성동우회'가 조직되었고, 이것은 1927년 5월 전국적인 여성운동의 동일조직으로서 '근우회(槿友會)'로 발전했다.

---

229) '朝鮮靑年總同盟'이 결성되기까지의 복잡한 과정과 총동맹의 의의에 관한 상세한 분석은 같은 책, pp. 378~381, 그 간략한 설명은 앞의 文國柱 편저, pp. 378~381.

230) 전국 청년들이 좌경화되어가는 대세 앞에서 약화되고 있던 '조선청년연합회'는 더 이상 존속할 힘이 없었다. 그 위에 전국의 모든 청년단체들이 하나로 결속하여 '조선청년총동맹'을 조직한다는 통합의 명분을 '조선청년연합회'는 거역할 수가 없어서 결국 이 운동에 합류하면서 소멸되고 말았다. 이것은 민족주의자들의 조직력이 맑스주의자들의 그것에 비하여 훨씬 취약했다는 것을 보여준 사례다.

제3장

'조선공산당(朝鮮共産黨)'의 결성(結成)과 투쟁(鬪爭)

제1절 청소(靑少)한 투사(鬪士)들

이상과 같은 여러 단체들의 조직과 활동을 기초로 하고 1925년 4월 17일 '화요회'계를 중심으로 하여 '북풍회'와 고려공산당 '상해파' 및 동 '*이루끄츠끄파*'의 극히 일부만이 가담한 가운데 김재봉(金在鳳)(*코민테른*이 파견. 당 책임비서), 김 찬(金 燦), 윤덕병(尹德炳), 유진희(俞鎭熙), 이봉수(李鳳洙), 조봉암(曺奉岩), 김두전(金枓佺)(若水), 주종건(朱鍾健), 조동우(趙東祐), 송봉우(宋奉瑀), 홍덕유(洪悳裕), 최원택(崔元澤), 박헌영(朴憲永) 등 18인이 서울에서 비밀결사 '조선공산당'을 결성했다.

다음날인 4월 18일에는 그 직계단체로서 박헌영(책임비서), 조봉암, 김단야(金丹冶), 임원근(林元根), 홍증식(洪增植), 권오설(權五卨), 김 찬, 주세죽(朱世竹) 등 18인이 '화요회'를 일색으로 하여 '고려공산청년회'를 조직하였다.[231] '조선공산당'은 그런대로 각 계파의 연합('서울청년회'계는 배제)으로 조직되었지만 '고려공산청년회'의 조직은 '화요회'파가 완전히 독점했던 것이다.

*코민테른*은 한국 안에 *모스크바*에 충실한 공산당을 조직하기 위하여 '조선공산당'의 결성준비단계에서부터 비상한 노력을 경주했다 당은 해외(중국의 상해, *러시아*의

231) 앞의 「金洛俊 調書」, 「金在鳳과 19인 調書」(Ⅱ), (Ⅲ), 앞의 『韓國共産主義運動史』〈資料篇 1〉, pp. 15~17, p. 444, pp. 640~641 및 坪內汕二, 『朝鮮民族運動秘史』, 日刊勞動通信社(東京), 1966年, pp. 133~134 참조. '조선공산당'과 '고려공산청년회'의 창립 *멤버*의 성명과 수효는 이상 자료마다 조금씩 다르다. '조선청년총동맹'은 지상에 들어난, 표면상으로는 합법적 조직이었다. 그런데 이보다 며칠 전인 4월 18일에는 지하 단체로써 '고려공산청년회'가 조직되었다. 공산주의자들은 이 '고려공산청년회'를 비밀조직으로 보존하면서 '조선청년총동맹'의 세포를 통하여 지상의 합법적 조직을 운영하는 방법을 구사했다고 한다. 앞의 文國柱 편저, p. 381 및 p. 231 참조.

연해주, 일본의 동경)와 국내에서 속출한 잡다한 *맑스*주의 사상단체들 내부의 극심한 분파주의투쟁을 그대로 반영하여 '서울청년회'파를 당 결성에서 깡그리 배제해버렸던 것이다. 따라서 당은 결코 모든 공산주의자들의 통일적 결집체는 되지 못했다. 그럼에도 불구하고 '조선공산당'은 1926년 4월 *코민테른*의 조선 지부(朝鮮支部)로써, 그리고 '고려공산청년회' 역시 '국제공산주의청년동맹' 조선지부로 승인을 획득함으로[232] 한국 공산주의 운동에서 역사적인 지위를 확보했던 것이다.

당(黨)은 창립 이후 야심찬 계획을 세우면서 신문사를 비롯하여 각 직장에 세포를 조직하고 '조선노농총동맹', '조선청년총동맹' 등 대중단체에 대해 *프락치* 공작(工作)을 하는 등 활동을 시작했다. 그러나 당 사업은 부진했다. 그 중요한 원인의 하나는 당 지도부 내의 '화요회'계(김 찬, 김재용, 조봉암 등)와 '북풍회'계(김약수, 송봉우 등) 사이에 있었던 분파 투쟁이었다. 그러던 중 뜻밖에도 '조선공산당'이 결성된 지 얼마 후인 1925년 11월의 '신의주 사건'(청년회원의 폭행사건)에서 당 비밀문서가 발각되자 제1차 검거사건이 일어났다. 이어 1926년 6월의 '6 · 10만세사건'을 계기로 일어난 제2차 검거 사건, 이에 뒤따른 제3차(1928. 2), 제4차(1928. 8)의 검거 사건을 통해 당은 괴멸상태에 빠졌다.

이러한 위기 속에서 당 지도부는 검거망에서 벗어난 당원들에 의하여 4차나 재편성되었고, 책임비서는 김재봉(제1차당)에서 강달영(姜達永)(제2차당) – 김철수(金錣

232) 당시 일본 경찰에 의하여 체포된 '조선공산당' 간부들은 – 일본 관헌의 여러 『조사기록』들에 의하면 – 한결같이 '조선공산당'은 1926년 4월 *코민테른*의 승인을 받았다고 진술하고 있다. 이것은 아마 틀림이 없을 것이다. 그러나 *코민테른*의 문건에서는 명확한 기록을 찾을 수 없다. 1928년 9월 1일 *코민테른* 제6차 대회의 결의는 다음과 같이 밝히고 있다. 즉 *코민테른* 제5차 대회(1924)와 제6차 대회(1928) 사이의 기간 중 *코민테른* 집행위원회가 '조선공산당', '*쿠바*공산당', '*아일랜드*노동자당'을 *코민테른*의 지부로써 가입시키기로 채택한 결정들을 제6차 대회는 승인한다고 했다. 따라서 '조선공산당'의 *코민테른* 가입은 1924~1928년 사이의 일일 것이다. 「Documents' 31」, Dae-Sook Suh, 앞의 책, p. 239.

한편 앞의 文國柱 편저의 기록 (p. 255)에 의하면 '서울청년회'는 金思國의 지도하에 이미 1924년 10월 노동대중의 전위조직으로 '고려공산동맹'을 결성했고 김사국은 책임비서가 되고, 李 英, 鄭 栢, 金學萬, 李廷允, 崔昌益 등은 중앙위원이 되었다고 한다. 즉 '조선공산당'과 '고려공산동맹'이 *프롤레타리아트*의 전위조직으로 각각 별도로 결성되었으며, *코민테른*에 각각 보고하여 승인을 요청한 결과, 1926년 4월 11일 두 파 모두 승인을 받았다는 것이다. 그러나 그 승인서 중에는 이 두 파 조직은 제2차 '조선공산당'대회에서 합동하라는 지시가 있었다고 기록하고 있다. 1國 1黨의 원칙을 고수하고 있던 *코민테른*이 한국에서 두 개의 공산당을 정식 승인했다는 것은 결코 있을 수 없는 일이다. 물론 '고려공산동맹'이 하나의 *써클*로서 존재하는 것은 인정할 수 있었을 것이다. *코민테른*의 정책에서 볼 때 '조선공산당'만이 통일적인, 유일한 당이었음에는 틀림이 없다.

洙)(임시) – 안광천(安光泉) – 김준연(金俊淵) – 김세연(金世淵)(제3차당) – 차금봉(車今奉)(제4차당) 등으로 빈번하게 교체되었다. 당의 재편성에 따라 '고려공산청년회'도 재편성되었다. 책임비서 박헌영을 비롯한 임원근, 홍증식 등 중앙 집행위원들이 검거되었고 김단야, 조봉암, 김 찬 등의 위원들은 상해로 도피했다. 검거망에서 벗어난 권오설, 김동명 등은 1925년 12월 중순 중앙집행위원회를 재편성하고 책임비서에 권오설을 선출했다.

이에 앞서 *코민테른*은 '고려공산청년회('국제공산청년동맹'의 조선지부로 승인)에 공작금을 지급하고, 이 돈을 '고려공산청년회'를 통하여 *모스크바* 공산대학에 파견하는 21명의 유학생의 학자금으로 충당케 했다.[233] *코민테른*의 대(對)조선 공작은 '조선공산당'이 괴멸하게 된 역경 속에서도 결코 뒷걸음치지 않고 진행되었던 것이다.

당 지도부의 변천을 보면 제1차~2차당에서는 '화요회'계가 당(黨)중앙기구를 거의 독점하고 있었다. 그러나 제3차당에서는 정세가 크게 바뀌었다. 이때까지의 당 책임비서였던 김재봉, 강달영을 비롯한 80여명이 실형을 언도받았고, 박헌영(꾀병으로 보석), 김 찬을 포함한 당과 공청(共靑)간부들은 해외로 도피하는가 하면 권오설은 옥사했다. 이렇게 '화요회'계의 세력이 치명적 타격을 입은 상태에서 당을 재건하기 위하여서는 다른 파의 세력으로 힘을 보강하지 않으면 안 되었다. 여기서 종래부터 공산주의 운동의 통일을 역설해 오던 '화요회'파 안의 김철수와 고광수(高光洙), 무파벌의 안광천, 양 명(梁 明), 하필원(河弼源) 등은 '서울청년회'계의 이인수(李仁秀)까지 참가시켜 극비리에 당 대회를 열고 새로 당 중앙기구를 선출했다. 이것이 제3차당(黨)이었다.

제3차당은 '화요회 파', '서울청년회 파' 무파벌의 당원들로 1926년 12월 조직했고 당명을 "통일공산당"이라고도 하고, 'ML당'(ML은 Marx-Lenin의 약자)이라고도 불렀다. 'ML당'은 물론 공식 당명이 아니라 *저너리즘*이 붙인 이름이었다. "통일공산당"이

233) 金 燦에 대한 일본 당국의 조사기록에 의하면, *코민테른*이 보낸 공작금의 일부인 1,850원(당시로서는 큰돈)을 1925년 8~9월경 權五稷(권오설의 동생)이 상해로 가서 그곳에 체재 중이었던 조봉암으로부터 받은 후 이 돈을 安東현까지 운반하여 林亨寬에게 인계했고 林은 이것을 다시 박헌영에 전달했다는 것이다. 이 공작금으로 高明子(女. 高四祭), 金明時(女), 金祚伊(조봉암의 처), 曺龍岩(조봉암의 동생), 鄭炳旭, 張道明 등 20명을 1925년 10월 10일경부터 11월 초순까지 사이에 *모스크바*로 유학시켰다고 한다. 유학생의 인선은 권오설과 김단야가 담당했다. 앞의 「金洛俊 調書」, 앞의 『韓國共産主義運動史』〈資料篇 1〉, p. 79.

출현이 태동하고 있을 때 두개의 '공청(共靑)', 즉 '화요회'계의 '고려공산청년회'와 '서울청년회'계의 '고려청년동맹'도 '고려공산청년회'라는 이름에서 하나로 합해지게 되었다. 그러나 당이나 공청(共靑)의 통일은 오래가지 못했다.

당 내의 분파투쟁을 청산하라는 *코민테른*의 잇따른 지시에도 불구하고 당과 공청(共靑)조직에서는 파벌적 *헤게모니* 싸움이 그치지를 않고 있었다. 1928년 2월에 일어난 제3차의 대규모 공산당 검거사건은 ML당, '고려공산청년회'에 극심한 타격을 가하였다. 당이 다시 괴멸상태에 빠지게 되자, 검거망에서 벗어나온 당 간부들은 곧 당 대회를 열고 이번에는 차금봉을 책임비서로 하는 제4차당의 중앙기구를 선출했다. 그러나 1928년 8월부터 시작된 검거 사건에 의하여 제4차당은 완전히 파괴되었고 드디어 *코민테른*이 내린 12월 *테제*의 당 재건 지시에 따라 '조선공산당'은 소멸하고 말았다.

당 조직을 절멸의 위기에서 소생시키려는 지하활동이 국내에서 종식되지는 않았지만 운동의 주요 무대는 일본 관헌의 단속이 극심했던 국내로부터 단속이 상대적으로 어려웠던 광활한 만주로 옮겨졌다. 한반도와 접경하고 있는 만주의 상당부분은 옛 고구려의 영토였으며 따라서 한민족과 만주와의 관계는 깊은 인연과 장구한 역사로 맺어져 있다. 이 지방은 본래 청조(淸朝)(1616~1912년) 창건의 발상지였지만 청국(淸國)이 북경을 수도로 하여 대(大)제국으로 발전하게 되자 청(淸)나라 조정은 만주지방을 오히려 변경(邊境)으로 간주하게 되었다. 그러나 북방으로부터 침략을 고려하여 이 지방은 청국의 극히 중요한 지역으로 간주되고 있었다. 이것은 *짜리 러시아*가 *시베리아*를 자국의 중요한 변방의 하나로 간주되었던 것과 시기적으로 거의 일치한다.

고대 한(韓) 민족의 강자 고구려가 붕괴한 후 협소한 한반도에 몰려 살고 있던 한민족이 언제부터 만주지방으로 이주를 시작했는지는 분명치 않지만 대체로 16세기 초 이전부터였던 것은 확실하다. 그렇다면 한민족의 만주 이주역사는 *시베리아* 이주의 역사보다 2세기 반(半)은 앞섰던 것으로 된다. 청-*러*의 변방 중시(重視) 정책은 *러시아*의 흑룡강(黑龍江)(Amur)유역 진출을 놓고 발생한 무력 충돌 사건에서 잘 입증되고 있다. 이 무력 분쟁은 1689년 9월 청국에게는 극히 굴욕적인 유명한 *네르친스끄* (Nerchinsk) 조약의 체결에 의하여 양국 간의 국경선을 설정함으로써 일단 해결되었던 것이다.

그러나 그 후 청국이 점점 약체화되어 감에 따라 *네르친스끄*조약은 '*아이훈*조약'(愛琿; 1858)－천진조약(天津; 1858)－북경(1860)－이리조약(伊犁; 1881) 등으로 변경되는 과정에서 열강들 간에는 이 지역의 이권을 놓고 심각한 대립이 노정되고 있었다. 바로 이런 시기에 조선인들의 만주, *시베리아* 이민이 진행되고 있었던 것이다. 17세기 20년대에 이르기까지 흉년과 기아에 시달리던 조선농민들은 농토를 얻기 위하여 또는 학정과 민란(民亂)을 피하기 위하여 조선에서 가장 가까운 동만(東滿)의 간도(間島)지방으로 밀려들어갔다. 그러자 청조(淸朝)는 이것을 금지하려고 갖가지 조치를 취했다.

20세기에 들어서면서 일본이 소위 「을사조약」(乙巳條約)(1905년)과 「한－일 합방조약」(1910년) 등으로 대한(對韓) 식민지화 정책을 강행한 이래로 조선인의 만주(滿洲 이주(移住)는 더욱 늘어났다. 일본인의 박해를 벗어나서 독립운동의 새 근거지를 구축하기 위하여 의병(義兵) 잔여 세력, 애국지사, 지식인, 종교인, 교육자들이 농업 이주민에 가세하였다. 조선총독부의 조사에 의하면 1926년대의 재만(在滿) 조선인 수는 55만명[234]을 헤아리게 되었다. 이들 조선인의 만주 이주 상황은 기아－학정－민란 회피, 정치적 망명이라는 면에서 *시베리아*로의 이주 상황과 성격이 너무나 흡사했다.

당시 조선인 이주민이 가장 많이 집결해 있던 지역은 402,631명의 인구를 안고 있던 길림성(吉林省)[뒤에 일부는 간도성(間島省)으로 개편]이었다. 길림성의 현(縣)들 중에서 이주민이 최대로 많았던 곳은 연길현(延吉縣)이었는데 여기에는 그 당시 164,679명[235]의 조선인들이 거주하고 있었다고 한다. 도시 중에서는 용정촌(龍井村)에 11,236[236]명이 집중하고 있었다. 이밖에 동－북만주의 모든 성(省), 모든 현(縣), 모든 도시는 물론이요, 거의 모든 촌락에 걸쳐 조선인 이주민이 살고 있지 않는 곳이 없었다. 이러한 지역상, 인구 분포상의 조건을 기초로 하여 조선인들의 민족주의 운동과 공산주의 운동은 *시베리아*의 운동과 연계하여 활발하게 일어나게 되었다.

---

234) 朝鮮總督府 內務局 社會科, 『滿洲及西比利亞 に於ける 朝鮮人事情』, 1927年, p. 14, 앞의 金俊燁 · 金昌順, 공저, 『韓國共産主義運動史』, 第4卷(청계연구소 판), p. 6에서 인용

235) 위의 『朝鮮人事情』, pp. 19~26. 金俊燁 · 金昌順의 같은 책 4(청계연구소 판), p. 9에서 인용.

236) 위의 『朝鮮人事情』, 같은 면, 金俊燁 · 金昌順의 같은 책, p. 10에서 인용.

"한일합방"(韓日合邦)을 전후하여 1920년대에 걸쳐 만주, 특히 간도(間島)지방에는 무수한 반일적(反日的) 정치단체, 군사조직, 교육기관, 청년회, 노동단체, 농민단체들이 결성되어 민족주의와 공산주의의 사상적 혼선(混線) 속에서 민족운동을 전개하고 있었다. 저자가 제1편 제5장 제1절에서 기술한대로 조선인 공산주의자들에 있어서 만주 전체는 정치적 의미에서 볼 때는 곧 중국의 *시베리아*로, 이주민들이 최대로 집결되고 있던 간도지방은 만주의 연해주(沿海州)로, 연길현(延吉縣)은 간도지방의 *블라디보스똑*으로 비유할 만 했다. 그리고 연길시(延吉市)에 인접한 용정촌(龍井村)은 *블라디보스똑*시(市) 안의 신한촌(新韓村)과 흡사한 곳이었다. 또한 연길시(延吉市) 주변 동만(東滿)의 제(諸) 도시들, 즉 왕청(汪淸, 훈춘(琿春), 화룡(和龍)은 *러시아* 극동의 *수찬*(蘇城), *나꼴스끄, 우스리스끼, 뽀시에뜨(Posiet)*와 같은 혁명투쟁의 거점들이었다. 상해는 아마도 중국 본토의 *하바롭스끄* 또는 *치따*로, 그리고 *하얼빈*시(市)는 북만주(北滿洲)의 *이르꾸츠끄*로 직유(直喩)할 수 있을 것이다.

제2절 '조선공산당의 허망한 종말(終末)'

'조선공산당'에 대한 제1차 검거사건이 일어나자 상해로 도피했던 조봉암, 최원택, 김동명 등은 1926년 5월 길림성(吉林省) 위사현(韋沙縣) '일면파(一面坡)'에서 '조선공산당 만주총국(滿洲總局)'을 결성하는데 일단 성공하였다. 이에 합세한 사람은 그곳에 미리 체류 중이었던 김철훈, 김하구(金河球), 윤자영(尹滋瑛) 등이었다. '만주총국'의 책임비서가 된 조봉암은 만주에 있는 '*이르꾸츠끄*파'와 '상해파' 동지들을 권유입당시키는데 전력을 기울였다. 그 해 가을에는 김동명, 朴允瑞 등이 합세하여 '고려청년회 만주총국'을 창설하고 진영을 갖추었다.[237] 이렇게 출발한 '만주총국'('화요회'계)은 그 산하에 동-남-북 만주에 '구역국(區域局)'이란 것을 조직하고 그것을 거점으로 하여 활동했다.

'만주총국'('화요회'계)은 당시 서울에서 진행되고 있던 '조선공산당'의 재판에 항의

---

237) 京城地方法院檢事局, 「中國共産黨事件 判例 案」, 1933年. 앞의 金俊燁 · 金昌順, 공편, 『韓國共産主義運動史』〈資料篇 Ⅱ〉, pp. 341~342.

하여 1927년 10월 2일~3일 동만(東滿) 지역에서 조선인 농민들을 동원, 용정촌(龍井村) 일대에서 대규모의 시위를 조직했다. 그러나 그곳의 지방정권과 일본영사관 경찰의 습격을 받고 최원택, 안기성(安基成) 등 28명이 체포되어[238] 이들은 서울로 압송된 후 6년에서~1년까지의 징역형을 언도받았다. 이것이 세칭 제1차 간도(間島)공산당사건이었다. 이로써 '만주총국'은 일단 파괴되었지만, 그 뒤 한상목(韓相睦) 등에 의하여 곧 재건되어 투쟁은 계속되었다.

1928년 9월 2일 '국제청년일(國際靑年日)'에 일어난 시위가 발단이 되어 72명이 검거되었고 많은 증거 문건들이 압수되었다.[239] 그리고 시위주모자들 중 81명이 서울로 압송되어 5년에서 2년까지의 징역형을 언도받았고 일부 피고는 집행유예가 내려졌다. 이것이 제2차간도(間島) 공산당 사건이었다.[240]

이어 1930년 3월에는 제3차간도(間島)공산당 사건이 일어났다. 그해 5월 30일 '중국공산당 만주성위원회(滿洲省委員會)'의 계획하에 폭발한 동만(東滿) 일대의 반일(反日) 대폭동(세칭 5·30폭동)에 조선인 공산주의자들도 대거 참가했다. 폭동이 처참하게 실패한 후 이들은 새로운 투쟁의 대열로써, '조선공산당 만주총국'의 결성에 착수했다. 그러나 '만주총국'도 국내 '조선공산당'내의 파벌 투쟁을 그대로 반영하여 1928년 5월에는 길림성 위사현 일면파(韋沙縣 一面坡)에서 '화요회'계 중심의 '만주총국'이 조직되는가 하면 이에 대항하여 같은 시기에 'ML당' 계파도 별도로 남만 반석(磐石)에서 '만주총국'을 조직하여 서로 분열 각축하고 있었다.

한편 '서울청년회'는, '고려공산당(상해파)'의 간부들-주건(朱建)·윤자영·김철수·신일용 등과 제휴하여 길림성 돈화(敦化)에서 자신들대로의 '만주총국'을 만들었다. 이 세 개의 '만주총국'[241]은 1928년의 「12월 *테제*」의 정신에 따라 모두 해체되었지만, 그 사이에 당 재건운동에서 주도권을 잡기위한 파쟁은 만주에서도 복잡하게 전개되었다. 「12월 *테제*」는 '조선공산당'을 해체한다고 명문화 하지는 않았으나 조선

---

238) 「高[麗]共靑 滿洲總局 圖安部 會員 檢擧顚末」, 같은 책, p.190.

239) 같은 책, pp. 190~191.

240) 「조선공산당 만주총국의 결성과 제1~2차 간도공산당사건에 대한 설명」은 高峻石, 『コミンテルンと朝鮮共産黨』, 社會評論社(東京), 1983年, pp. 120~122 참조.

241) '화요회파', '서울-상해파', 'ML파'의 3개 '만주총국'에 대한 간략한 설명은 앞의 文國柱 편저, pp. 295~303 참조.

공산주의 운동 내의 여태까지의 분파적 파쟁과 운동방식의 결함을 가차 없이 비판하면서 새로운 조직 원칙과 방침에 따라 당을 재건할 것을 지시함으로써 사실상 해체를 명령했던 것이다.242)

여기서 주목코자 하는 것은 '조선공산당'이 결성될 때까지 그들의 정치적-사회적 토대가 되었던 일련의 사상단체, 노농단체, 청년단체들의 정치 이념적 성격이다. 이 단체들의 *엘리트*는 대개가 일본 유학생이었으므로 일본의 사상 동향의 영향을 절대적으로 받고 있었다. 이 단체들의 공식적 *이데올로기*는 물론 *러시아* 공산주의의 사상의 복사판이 있었지만 적어도 처음에는 민족주의, 무정부주의, 비(非)*맑스*주의적 사회민주주의 사상 등의 요소들이 혼재해 있었다.243) 그러나 운동의 과정에서 이 단체들은 급속히 *볼셰비끼*화(化)해 갔다.

그런데 이 단체들은 일제(日帝)관헌의 탄압 정책과 분열 공작에 직면하여 단결하기 보다는 오히려 상호간에 쉴 새 없는 분파 투쟁에 정력을 소모하고 있었다. 이러한 현상은 비단 한국에서만의 특성은 아니었다. 사회주의 사상의 계몽기와 운동의 형성기에 있어서는 그러한 혼란은 서(西)*유럽*, *러시아*, 동(東)*유럽*, 중국, 일본 등 어디서나 보편적으로 일어났던 *이데올로기*적 병리현상이다.

그러면 '조선공산당'이 조직될 무렵 한국 내의 사회주의에 대한 이해는 어떠했는가. 1919년 3월 '공산주의 *인터내셔날*'(*코민테른*)이 *레닌*에 의하여 창립되면서 *유럽*

---

242) (1) 「12월 테제」의 내용을 요약하면 마음과 같다. (1) 공산주의자들은 계급적 자각에 의하여 분파투쟁을 청산할 것, (2) 당을 지금까지와 같이 小*부르죠아* 계급의 지식층 · 학생으로 조직할 것이 아니라 공업노동자 및 貧農으로 조직할 것, (3) 당면한 조선혁명의 성격은 "토지문제의 혁명적 변혁"을 내용으로 하는 "*부르죠아* 민주주의혁명"이라는 것 (4) 공산주의자들은 민족해방운동에서 그 *헤게모니*를 빼앗기 위하여 "타협으로 기울어지는 민족 개량주의자", 즉 "*부르죠아* 민족주의운동"으로부터 "완전히 분리하여" *부르죠아* 민족주의자들과 정력적으로 투쟁할 것 등이다. 이러한 기본방침은 *코민테른* 시대를 통하여 김일성에 이르기까지 변한 일이 없었다. (5) 한편 「12월 *테제*」의 내용은 정연한 것 같지만 장황하고 산만하며 같은 말을 반복하고 있고 논지도 불분명한 것이 많다. 「*테제*」의 영문 *텍스트* 全文 「Resolution of the E.C.C.C. on the Korean Question」는 앞의 Dae-Sook Suh의 책, pp. 243~256에 수록.

243) 일본 경찰의 조사에 의하면 1934년 12월말 현재 재일 한인관계 단체 수는 1천 87개, 가맹원은 149,632명이다. 그중 공산주의 단체 74개(극좌파 및 좌파) 맹원 5,261명, 사회 민주주의단체 4개, 맹원 163명, 무정부주의단체 11개, 맹원 616명, 민족주의단체 230개, 맹원 18,036명으로 나타나 있다. 이들 중 극좌파는 39개 단체에 2,604명의 맹원을 가진데 불과했지만 "운동은 극히 집요했다"는 것이다. 한인들이 공산주의운동에 가담한 동기는 일제에 대한 "민족적 만감"에서 출발하여 체포 후에도 상당수는 "민족적 공산주의 의식"을 포기하지 않고 있었다는 것이다. 金正明 편, 『朝鮮獨立運動』 Ⅳ-共産主義運動 篇, 原書房, 1967년, pp. 450~462 참조.

에서는 공산주의자(즉 *레닌*주의자)와 제2*인터내셔널*계(系)의 사회주의자로 분열되었다. 양자의 정치적 투쟁은 전 *유럽*을 휩쓴 사회주의 논쟁을 통하여 확산되었다. 이 두 조류는 각국 사회주의 운동 내의 정통과 이단(異端)들 간의 투쟁에서, 교리의 차원을 달리하는 이교도(異敎徒) 간의 투쟁으로 변전(變轉)하였다.

그리하여 사회주의자와 공산주의자 간의 구획선(區劃線)은 점점 선명해지고 "사회주의", "민주주의", "*맑스*주의", "자유" 등의 용어는 양자 간에 상이한 개념으로 사용되어 갔다. 국제 사회주의운동의 이러한 세기적 대 분열에도 불구하고 한국에서의 사회주의는 곧 *맑스*주의요 *맑스*주의는 곧 *레닌*주의이며, 민족주의는 곧 "*부르죠아*적 반동사상"이라는 극히 단순화된 인식상의 도식이 유행하고 있었다.

이러한 현상은 정치사상의 미숙을 단적으로 표시하는 것이었다. 1920년대의 사회주의자로 자처하는 사상운동-노농운동-청년운동의 *엘리트*들은 흔히 "*인테리*"라고 불렸다. 이들은 투지에 있어서는 강인했지만 지적(知的)으로는 성장 초기에 있던 30대 전후의 청년 및 청소(靑少)한 학생들이었고 외국에서 간행되는 간략한 선전 *팜플렛* 등을 통하여 사회주의 사상을 극히 피상적으로 이해하고 있었던 것으로 보인다. 당시 그 많은 사회주의 단체들의 출현에도 불구하고 단 한 권의 주목할 만한 사회주의 계몽서(啓蒙書)나 가치 있는 논저가 간행된 것이 없었다는 사실은, 일제의 엄격한 언론과 출판 통제를 고려하더라도 사회주의에 관한 지식의 축적이 태무에 가까웠다는 것을 입증하고 있다.

'3·1운동' 때까지 한국의 지성계(知性界)는 사회주의라는 면에서는 거의 공백지대였다. 헌법도, 의회도, 정당조직의 자유도 없는데다 공산주의에 선행한 사회주의 사상 또는 운동의 전통도 없었으며, 지적 정치적 수련의 기회가 없었넌 곳이 한국이었다. 그런 식민지 땅에 *러시아*의 *볼셰비키* 혁명의 바람을 타고 날아 들어온 공산주의의 씨앗이 떨어지자, 사상단체들이 우후죽순처럼 솟아났다. 일본 제국주의하의 암담했던 환경 속에서 민족의 해방과 사회의 진보를 열망하는 사상지향적(思想指向的) 청년들이 이 새로운 사조에서 이상을 찾았던 사정은 이해할 수 있다. 그렇지만 그들의 사고는 지나치게 편향적이어서 객관적 공정성을 잃고 있었던 것도 사실이다.

그들은 *레닌*주의의 *러시아*적 특수성, *소비에트 러시아*의 민족정책의 위선적 기만, *러시아*의 국가 이익을 방어하기 위한 *코민테른*의 정치 도구화(道具化), *프롤레타리*

아트 독재의 내재적(內在的) 위험성, *러시아* 공산당의 가혹한 일당독재, *레닌* 사후에 곧 벌어진 당내의 무자비한 권력투쟁 등을 캄캄하게 모른 채, 또는 모르는 척 눈을 감은 채 *코민테른*의 선전을 맹신하고 이에 추종하고 있었다. 각양한 사회주의 운동이 *레닌*주의식 공산주의 운동보다 반세기 이상이나 앞서있던 정치적 선진국들과는 판이하게 식민지 한국에서는 공산주의가 유일한 사회주의요, 가장 "진보적인 민주주의"며, 민족해방의 유일한 길인 것처럼 보였다. 이러한 정치적 오인(誤認)은 적어도 일부 사람들 사이에서는 해방 이후까지 한동안 해소되지 않고 있었다. 그 같은 상황은 물론 한국만의 일은 아니었다.

「12월 *테제*」에 따라 '조선공산당'이 해체된 직후부터 국내 공산주의자들 사이에서는 노동자–농민 대중에 뿌리를 내린 전위당(前衛黨)을 결성하려는 지하 운동이 국내외를 통하여 집요하게 계속되었다.[244] 공산주의자들은 당의 대중적 기반으로 노동조합–농민조합–청년단체를 조직하고 이것을 *볼셰비끼*적 방향으로 이끌고 나가기 위한 투쟁을 벌였다. 여기서 지침이 된 것은 「12월 테제」를 비롯한 *코민테른*의 일련

244) 그런 지하조직운동 중 비교적 큰 것을 정리하면 다음과 같다.
* 1929년 5월~1930년 3월의 '조선공산당 재조직 중앙간부회'(*블라지보스똑*–서울, 韓斌, 朴容善, 李宗林 등)
* 1929. 2~1931. 10. '조선공산당 재건설준비위원회'(吉林省 敦化–서울, 金綴洙, 尹滋瑛, 金學萬, 朱 鍵 등)
* 1929. 가을의 '조선공산당 재건동맹'(北京–國內 各地, 安光泉, 李康明 등)
* 1929. 11~1930. 3. '조선공산당 재건조직 준비위원회'(서울, 金丹冶, 蔡奎恒, 權五稷, 張奎晶 등)
* 1931. 1.~1932. 1. '조선공산당 재 건설 준비위원회'(서울, 金昌洙, 朴齊榮 등)
* 1931. 2~ '조선공산당 재 건설동맹'(서울, 高景欽, 權大衡, 姜 進 등)
* 1931. 4. '조선공산주의자협의회'(서울, 權大衡, 高景欽, 李宗林 등)
* 1931. 5. '조선공산당 재건투쟁협의회'(東京, 金致廷, 金斗禎 등)
* 1931. 7~1932.봄. 새 '조선공산주의자 협의회'(大邱. 權大衡, 徐寅植, 李宗林 등)
* 1934. 12~1936. 12. '조선공산당 재건 서울준비그룹'(서울, 李載裕, 鄭泰植, 李觀述, 朴英出 등)은 조직이 방대한 지하공작단체였으며 그 조직망은 서울에서 강릉, 함흥, 안변, 신의주 등의 여러 도시에 뻗쳤고 서울 근교의 공장들에서는 赤色 노동조합을 조직했으며 남녀중학교에서는 적색학생 *써클*을 만들어 동맹휴학을 선동했던 것이다.
* 1939~1941. 1. '서울 *콤·그룹*'(서울, 朴憲永, 權五稷, 李鉉相, 李觀述, 金三龍, 鄭泰植 등), 이 조직은 앞의 '조선공산당재건 서울준비그룹'중 검거망을 벗어난 공산주의자들이 갓 출옥한 박헌영을 책임비서, 즉 최고지도자로 영입한 강인한 조직이었다. '서울 *콤·그룹*'은 일제 하 '조선공산당' 재건운동의 최후의 보루였으나 1941년 1월 말까지에는 수차의 검거에 의하여 소멸되었다. 그러나 전시 하에서 이렇다 할 대중투쟁을 기도한 일이 없었기 때문에 구속된 조직원들은 가벼운 형만을 받고 풀려났다. 이들은 해방직후 기사회생하여 박헌영의 '재건과 공산당' 조직에서 중추적 역할을 담당하게 되었다.

의 *테제* 또는 지시였다.[245] 조선으로부터 멀리 떨어져 있는 *모스크바*에서 *코민테른*의 *이데올로그*들이 *레닌*의 혁명 전략(戰略)과 전술(戰術)의 도식(圖式)에 따라 작성하여 하달했던 그런 지시들의 내용은 지리하고 장황했으며 겉으로는 과학적인 것같이 보였지만 흔히는 기본적 주장의 반복이며 비현실적이었고 어떤 위대한 혁명가라 해도 도저히 실행할 수 없는 너무나 많은 투쟁 목표를 담고 있었다.[246] 그리하여 실제 운동에 있어서 무엇을 어떻게 해야 할는지 혼돈(混沌)을 일으키지 않을 수 없었다.[247] 당시의 국내 청년 공산주의자들이 그런 모호한 지시들을 어디까지 투철하게 소화하고 있었는지는 알 수 없다.

그러나 당(黨) 재건을 위한 공작은 *블라지보스똑*－상해－북경－동경－서울을 연결 고리로 하여 끈질기게 시도되었다. 물론 자금도 여러 경로를 통하여 *모스크바*로부터 국내로 흘러들어왔다. 혁명 간부를 교육한 것도, 투쟁의 전략과 전술을 가르쳐 준 것도 *코민테른*이었다. 당(黨) 재건 운동은 주로 지하출판물을 통한 선전과 각종 학교와 강습소에서 실시한 사상교육을 기초로 하고 있었다. 한 조직이 발각되어 조직자들이 검거되면 다른 조직이 그 뒤를 이어 불사조(不死鳥)처럼 소생했다. 이러한 비밀조직 운동은 성격상 폐쇄성과 상호 분산을 막을 수 없었기 때문에 그 안에서는 분파주의가 강하게 작용했다. 게다가 일본 경찰의 악착같은 추적에 쫓겨 공작은 이

---

245) 그런 지시로써 중요한 것은 「12월 *테제*」외에도 ① *코민테른*의 산하단체인 '국제적색노동조합'(Profintern)의 1930년 9월의 「조선의 혁명적 노동조합 임무에 관한 *테제*」(세칭 「9월 *테제*」), ② 1931년 10월의 「汎태평양노동조합 서기국(在 상해) *테제*」(세칭 「10월 *테제*」), ③ 1931년의 *옷토 쿠시넨*(Otto Kuusinen)의 이름으로 된 「조선공산주의운동에 관하여」(세칭 「*쿠시넨 테제*」), ④ 1932년 1월의 「국제공산주의 청년동맹의 조선공산주의단체에 대한 지시」(세칭 「共青 *테제*」) ⑤ 1934년 초의 조선공산당 발기인 일동(*모스크바*)에 의한 「조선공산당 행동강령」 등이었다.

246) 이를테면 「조선공산당 행동강령」은 조선의 *부르죠아 민주주의* 혁명단계에서의 (1) 기본 *슬로건*으로서 4개항 (2) 혁명운동의 부분적 요구를 위한 투쟁목표 2개항, (3) 일반적 요구 9개항, (4) 노동자의 특수요구 11개항, (5) 농민의 요구 14개항 (6) 도시 小*부르죠아지*의 이익 옹호투쟁호소 1개항 (7) 여성해방 투쟁목표 4개항 (8) 청년에 대한 요구 6개항 등 도저히 감당할 수 없는 것들을 나열했던 것이다. 「Platform of Action of the Communist Party of Korea」, 앞의 Dae-Sook Suh의 책, pp. 337~348.

247) 이를테면 「12월 테제」에서는 "혁명투쟁에서 일시적 동맹이 필요하다면 그것은 허용할 수 있으며 어떤 사정 하에서는 공산당과 민족혁명운동－그것이 혁명적인 한－과의 일시적 동맹은 허용된다."는 것을 강조하고 있었다. 그러면서도 "*부르죠아* 민주주의자들의 동요성을 부단히 가차 없이 폭로"하라는 조선공산주의운동의 기본방침을 내세웠다. 「Resolution of the E.C.C.I. on the Korean Question」, 앞의 Dae-Sook Suh의 책, p. 250, 253. 어떻게 *부르죠아* 민족주의자들을 계속 공격하면서 어떻게 그들과 일시적이나마 동맹을 맺을 수 있다는 것이었을까. '*코민테른*의 지시는 모두가 그런 식으로 무책임했던 것이다.

렇다 할 효과를 거두지 못하고 말았다.

그 위에 국제적으로는 *코민테른* 6차 대회(1928. 7~9)가 채택한 새 규약이 나라 마다의 공산주의 운동에서 복수의 당 조직들이 마찰을 일으키지 못하도록 1국(國) 1당(黨)의 원칙으로 엄격히 통제하였다. 그렇게 되자 만주지방의 조선 공산주의자들은 '중국공산당'에, 일본 내에 있는 조선공산주의자들은 '일본공산당'에 입당하게 되었다. 그 결과로 각 계파의 '조선공산당 만주총국'은 1930년 3월에, 그리고 '일본총국'은 1931년 10월에 모두 해체되었다. 이에 따라 '조선공산당'은 국외에서마저도 활동무대를 상실하고 말았던 것이다.

제3편

만주(滿洲) : 혁명운동의 책원지(策源地)(上)

제1장

열강(列强)의 중국–조선 침략

제1절 청국(淸國) - 조선의 반(半)식민지화 방식(1)

한국인의 현대적 민족 혁명운동의 발상지는 19세기 말엽의 한반도(韓半島)였으며, 운동을 촉발한 것은 일본제국주의의 침략이었다. 그 뒤 민족주의 계(系), 공산주의 계(系)를 통틀어 1920~30년대에 혁명투쟁의 책원지(策源地)요 그 주요 전선(戰線)은 한반도와 북방에서 국경을 맞대고 있는 중국 땅 만주(滿洲)[※]였다.

그러면 당시의 만주는 어떠한 상황에 있었는가. 19세기 말엽 일본과 제정(帝政) *러*

※ 滿洲란 '중화인민공화국'의 동북 지구, 즉 東3省(遼寧–吉林–黑龍江省)을 가리킨다. 舊 東北 정권하에서 처음에는 東3省을, 뒤에는 東4省(奉天–吉林–黑龍江–熱河省으로 개편)을 총칭하여 "東北"이라고 불렀고, 일본군 점령 하에서는 東4省을 "만주"라고 불렀다. "만주국" 시대에 일본인人들은 만주의 영역인 東4省에다 흔히 內蒙古 동부를 포함시켰다. 한 통계조사에 의하면 ①"만주국"의 총면적을 1백 30만 3천 1백 43.252㎢라는 설, ②"關東州"를 포함시키면 1백 30만 6천 9백㎢라는 설, "關東州"와 "滿鐵 附屬地"를 포함시킨 "滿洲國" 면적은 1백 41만 6천 92.67㎢라는 설 등 총면적은 통계마다 달랐다. 이 밖에도 한 소련인이 쓴 『중국의 東北』에서는 東4省 및 내몽고 동부(大興安嶺과 西嶺의 평원)의 총면적은 약 1백 60만㎢라고 했다. 中國國民黨 東北物資調節委員會 編 『東北經濟小叢書』(인문지리)는 "만주국" 총 면적은 1백 96만 9천 37㎢(1941년 말 추정)라고 했는데 이 마지막 숫자가 사실에 가깝다는 것이다. 毛經緯, 『東北經濟史』, 四川人民出版社, 1986년, pp. 1~2.

한편 만주 전토 중 "南滿洲"라는 지역은 "北滿洲"와의 대칭적 관용어로서 그 범위가 명확한 것이 아니었으며 이에 관해서는 여러 설이 있었다. ① 중화민국 시대에는 省의 경계선을 기준으로 하여 舊 遼寧省("만주국" 시대의 奉天–安東의 2省과 錦州省의 태반)을 "남만주"라고 불렀고, 舊 黑龍江省("만주국" 시대에는 松花江 이북의 각 省 및 興安 東北의 2省)을 "북만주"에 넣었으며, 舊 吉林省 남부를 "남만주"에, 그 북부를 "북만주"에 넣었다는 설, ② 地勢를 기준으로 하여 北流하는 松花江, 南流하는 遼河, 압록강의 각 유역으로써 남북 만주를 구분하였다는 설, ③ 鐵道의 세력범위를 기준으로 하여, 즉 *러*–일 전쟁 이후의 *러*–일 양국의 "세력범위"를 중심으로 남–북만주를 구분하였다는 說, ④ 무역 통계를 기준으로 하여 남–북 만주를 구분했다는 설, ⑤ 1907년의 「*러*–일 협약」에서 책정된 양국의 세력범위의 분계선을 기준으로 하여 남–북 만주를 구분했다는 설 등 이론이 구구하다. 이와 같이 남–북 만주의 지역 구분은 非과학적이며 명확하지 않았지만, 일반적 개념으로서는 북위 45도선을 경계선으로 하여 남–북 만주를 구분하면 무리가 없을 것이라는 설이 있다. 山崎 揔興, 『滿洲地名大辭典』, 圖書刊行會, 1939년, pp. 671~672.

시아 간의 첨예한 이권 각축장이 되었던 당시의 만주지방은 국제적으로 공인된 중국의 영토였다. 그러나 「청－일 전쟁」(1894~95)에 이어 「*러*－일 전쟁」(1904~1905)에서 일본이 승리한 후에는 남(南)만주는 일본의 반(半)식민지가 되었고, 북(北)만주는 *러시아*의 영향 하에 들어갔다. 그리고 일본이 소위 「만주사변」을 일으켜(1931. 9. 18) 전(全)만주지역을 정복하여 괴뢰 "만주국(滿洲國)"을 수립(1932. 3)하면서 만주는 일본의 완전한 식민지로 전락하고 말았다.

南滿-東滿(1910-1920년대)

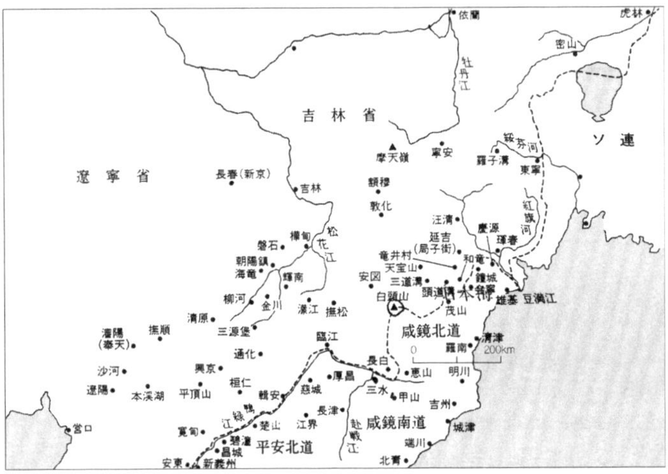

出典. 姜在彦『朝鮮近代史』평범사 p.235 圖5

여기에 이르기까지의 길고도 복잡한 과정의 연구는 이 분야의 국외자인 본 저자가 재론할 바는 아니다. 다만 본서에서는 한·중 양국의 현대 민족주의와 공산주의 운동의 상호관계에 대한 고찰의 서론으로써 이 운동들을 촉발시켰던 열강들의 제국주의 침략 과정을 간략하게 개괄하고자 한다. 회고컨대 *스페인－포르투갈－네덜란드* 등 16세기 초에 벌써 동(東)*아시아*에까지 진출했던 서양의 해양무역 식민국들이 쇠퇴기에 들어간 후 그 지위를 계승하여 몇 배로 강화한 것은 영－불－*러*－일－독－미 등의 자본주의 열강이었다. 그중 19세기의 영국은 노쇠한 대청제국(大淸帝國)을 침략하여 이것을 반(半)식민지 상태로 전락시킨 선봉적 제국주의 국가였다. 영국을 뒤따라 일본을 비롯한 다른 열강의 세력은 중국 본토에서 곧장 만주와 조선왕국으로 뻗쳐갔다.

조선국은 일본과는 동해를 사이에 두고 일의대수(一衣帶水)의 위치에 있으므로 일본으로서는 만주로 진출할 수 있는 중요한 관문이었다. 한편 북에서는 청국(淸國)과 압록강을 끼고, *러시아*와는 두만강을 끼고 접경하고 있는데다 서(西)에서는 황해 건너의 요동반도(遼東半島)와 산동성(山東省)을 마주 보고 있다. 이러한 지정학적(地政學的) 조건 때문에 열강, 특히 일－청－*러*의 이해관계가 얽혀 있던 조선반도는 동*아시아*의 *발칸*반도라고 할만 했다. 그러므로 이 나라들은 만주와 "조선문제(朝鮮問題)"를 하나로 묶어서 인식하고 정책을 수립했기 때문에 반도의 사정은 복잡다단했다. 제국주의 열강이 동*아시아*를, 특히 청국과 조선국을 침략한 목적은 물론 이권의 획

아편전쟁과 개항장

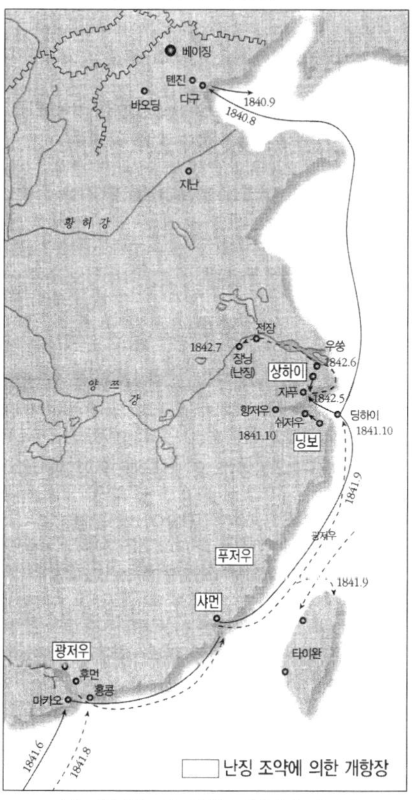

出典.『세계외교사』 김용구 서울대학교출판부 p.296

애로우 전쟁과 개항장

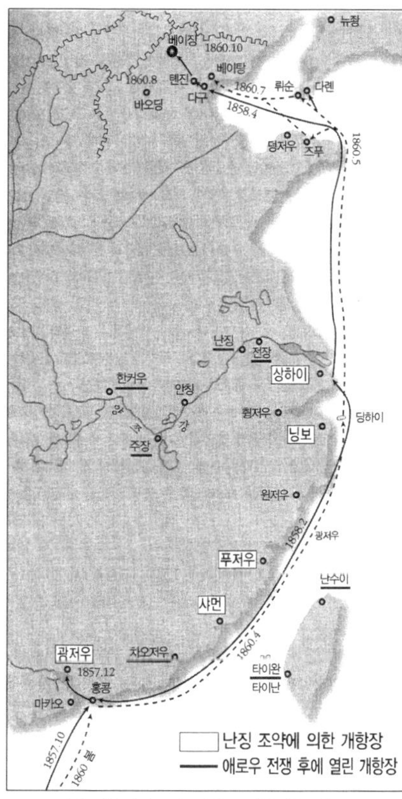

出典.『세계외교사』 김용구 서울대학교출판부 p.297

득에 있었다.

이권의 전형적인 대상은 주요 항구와 도시의 조차권(租借權), 철도 부설권, 광산 개발권, 공장 설립권, 전쟁배상금 청구권, 배상금 지불을 위한 차관(借款)의 담보로써 세관 관장권, 해군기지 설치권 등이었다. 그런 이권 획득의 과정은 청국에서는 「아편전쟁(阿片戰爭)」(1840~2), 「태평천국난(太平天國亂)」(1853~58), 「*애로우*전쟁(Arrow War)」(1856), 「의화단(義和團)사건」(1898~1901), 「청－일전쟁」(1894~95), 「3국간섭(三國干涉)」(1895. 4), 「*러*－일 전쟁」(1904~05), 「제1차 세계대전」(1914~18) 등의 풍운(風雲)을 거치면서 펼쳐졌다.

한편 조선국에서는 「운양호(雲揚號)사건」(1875. 8), 「임오군란(壬午軍亂)」(1882. 9), 「갑신(甲申)정변」(1884. 12), 「동학농민전쟁(東學農民戰爭)」(1894~96), 「을미사변(乙未事變)」(1895. 10), 「아관파천(俄館播遷)」(1886. 2~97. 2), 「청－일전쟁」(1894. 5~1895. 4), 「*러*－일전쟁」(1904. 2~1905. 9), 「조선에 관한 *러*－일협정」(1896. 8), 「대한제국에 관한 *러*－일협상」(「니시西－*로젠베르그* Rosenberg 협정」(1898. 4), 「한－일 신협약」(소위 '을사보호조약', 1905. 11), 「강압적 한－일합병」(1910. 8) 등의 연속적 격변 속에 이권(利權)이 잠식되었다.

그 후 세계사는 유위전변(有爲轉變)의 변천을 겪으면서 21세기에 들어섰다. 오늘에 와서는 중국－한반도에 대한 지배를 둘러싸고 일어났던 동아시아에서의 국제적 권력정치의 양상은 결코 과거의 유형 그대로로는 재 연출되지 않을 것이다. 무엇보다도 한 때의 반(半)식민지였던 중국은 바야흐로 미국 다음의 세계 초 대국의 지위에 오르려 하고 있다. 이 밖에도 현시대의 사조－국제 정치, 경제－사회제도－과학－기술－무기 보유 면의 양상이 놀랄 만큼 바뀌고 있다. 그리고 1945년 8월 미－소에 의한 분단의 결과로 한반도에서는 정치사상과 제도의 면에서 서로 판이한 두 개의 국가가 각각 남북에 출현하여 동족상잔의 혈전을 유발했다. 6 · 25전쟁은 승패 없이 끝났지만 이 전쟁은 민족 간의 내전인 동시에 국제전쟁이였다는 그 이중적 성격 때문에 휴전(1953. 7) 후의 상황을 극히 복잡하게 만들었다.

한반도를 둘러싼 국제정세는 제2차 세계대전 후 그렇게 크게 변모했다. 그렇다고 동북(東北)아시아의 강대국으로 부상하고 있는 중국, *유라시아(Eurasia)*대륙의 초 대국인 *러시아*, 그리고 국토는 비록 협소하지만 경제적－문화적으로 최선진국의 지위를 누리고 있는 일본 등과 반분(半分)된 소국인 남-북한이 이 나라들과 맺고 있는 상호관계의 현재와 장래를 과거의 그 기구하고 착잡했던 역사와 단절시켜 생각할 수는 없을 것이다. 역사란 무엇인가. *야콥 부르크하르트(Jacob Burckhardt)*는 말하기를 "역사란 한 시대가 다른 한 시대에 대하여 가지는 관심사"*(Geschichte ist, was ein Zeitalter an einem anderen interessiert)*[247]라고 했다. 이러한 시각에서 우리는 자신의 현 시대의 민족적 상황에 관심을 두면서 이상 19세기 중엽 이후 약 한 세기를 일별하고자 한다.

구미열강이 동(東)아시아를 침략한 방식은 단계적으로 발전했다. 첫째로 구미 열강이 함포(艦砲)의 위협 또는 전쟁의 수단으로 취약국(脆弱國)의 문호를 개방하여 불평등조약을 체결, 개항(開港)-개시(開市)를 강제하고, 이곳에 치외법권(영사재판권)과 자국군대의 주류권(駐留權) 경제 활동상의 특권을 누리는 조계(租界)를 개설하면서 자유무역의 실시와 수호조약의 체결을 요구한다. 조계란 형식상으로는 외세가 취약국 정부와 체결한 조약에 의하여 자국민의 거류지로로서 획정(劃定)받은 지역이었다. 따라서 조계는 법적으로는 청국(일본 또는 조선)영토였지만 조차국(租借國)들이 자치행정권, 경찰권을 가지고 있는 조차국내의 자국영토와 흡사한 것이었다. 이러한 조계를 거점으로 하는 개항장(開港場)-개시장(開市場)은 침략국의 상품 시장이 되고 그 배후지는 원료 공급지가 되었다.

그렇지만 열강은 적나라한 방법에 의한 지배를 피하고 청국(그 뒤에는 일본, 조선)을 국제법상의 식민지로 만들지 않고 "주권국(主權國)"으로 인정했다. 이것이 불가침조약 체제의 형식으로 된 "자유무역 제국주의"(*Free Trade Imperialism*)이었다. "자유무역 제국주의"는 곧 뒤에 와서는 "조차지 제국주의"(*Concession Imperialism*)의 형태를 취하게 되었다.[248] 조차지(租借地)(*Leased Territory*)란 어떤 강국이 취약국으로부터 일정한 기간 차용한 토지를 말한다. 청-일전쟁에서 청국의 취약성이 여지없이 드러나자 독-*러*-영-불-일 등은 19세기 말부터 경쟁적으로 청국에 압력을 가하여 그 해군 요충지를 일정한 기간 무상으로 조차했다. 조차국은 이곳에 입

247) Alter Theimer, *Geschite der Politischen Denken*, Sammulung Dalp, 1955, p. 5.에서 인용.

248) "자유무역 제국주의"와 "조차지 제국주의"의 개념은 '*Peter Duus, "Japan, the Western Powers, and The Semi-Colonization of China*"(「日本/西歐列强/中國の 半植民地化」)에서 원용. 이 논문의 日譯은 岩波講座『近代日本 と 植民地』2, 1992年 pp. 61~83에 수록.

법 · 사법 · 행정 전반에 걸쳐 통치권을 행사했으며 조차 기간은 보통은 99년, 즉 반(半)영구적이었다. 이때의 조차지는 사실상 할양(割讓)된 영토였으며, 조차기간 중에는 조차국의 준영토(准領土)나 다름이 없었다.

"자유무역 제국주의" 침략의 첫 희생자는 청국이었다. 청국(淸國)은 일본과는 달리 함포의 위협이 아니라 실제의 전쟁, 즉 영국과의 아편전쟁(1840~42)에서 패배하자 중국 최초의 불평등 조약인 「남경조약」(南京條約, 1842)을 체결, *홍콩*을 할양하고 광주(廣州) - 아모이(廈門) - 상해(上海) 등 양자강(揚子江)(장강) 이남의 5개 항구를 개방하는 한편 2천 100만 *멕시코 달러*의 배상금을 지불해야 했다. 다음 해에는 추가로 「오구통상장정」(五口通商章程)과 「호문(虎門)조약」에 조인함으로써 관세의 자주권을 상실했고 영국 거류민의 치외법권과 최혜국 대우를 인정했다. 「남경(南京)조약」이 체결되자 미국은 청국과 전쟁을 하지 않았음에도 불구하고, 이 조약과 유사한 조약을 체결하여 청국 내에 거주하는 자국민의 보호를 비롯한 그 밖의 특권을 인정받고자 외교적 교섭을 시작했다.

그 결과로 얻어낸 것이 「청 - 미 수호통상항해조약」(淸美修好通商條約), 세칭 「망하(望厦)조약」(1844. 7.)이었다.[249] 이 사태를 바라보고 있던 *프랑스*는 청 - 미 조약을 본보기로 한 「황포(黃埔)조약」(1844. 10.)을 체결함으로써 중국으로의 진출을 위한 정치 - 경제적 교두보(橋頭堡)를 확보했다. 청국과는 대조적으로, 일본의 개항은 실제적 전쟁에 의한 것이 아니었다. 1854년 1월 미국의 *페리*(Mattew C. Perry)제독은 7척의 군함을 끌고 일본에 내항하여 일본 막부(幕府)정권에 대하여 조약의 체결을 강요했다. 막부정권은 이에 굴복하여 200여년에 이른 쇄국정책을 포기하고, 「일미화친조약」(日米和親條約)(1854. 3. 30)[250]을 체결했다.

이 조약에서 일본은 *시모다*(下田)와 *하꼬다데*(箱館)의 두 항구를 개항(제2조), 미국 표류선의 구조와 부조(扶助) (제3조), 신수(薪水) 음료품, 석탄 등의 공급(제8조), 미국에 대한 최혜국 대우 (제9조) 등을 약정했다. 그리고 1858년 7월 29일 일본은 미국과 다시 「일미수호통상조약」(日米修好通商條約)을 체결했다. 이 「일미수호통상조약」은 *하꼬다데*(箱館), *시모다*(下田) 이외에 새로 4개의 개시장(開市場) · 개항장

249) 「望厦조약」의 내용은 김용구, 앞의 책, pp. 213~214.

250) 「日米和親條約」의 日本語 原文은 歷史學硏究會 編 『日本史史料』 [4], 岩波書店, 1997년, pp. 18~19.

(開港場)의 개설, 미국인의 거류지 설정, 자유로운 상행위 허용(제3조), 일본의 자주적인 관세 부과권 포기(제4조), 미국의 영사재판권(=치외법권) 인정(제6조) 등을 규정[251]한 전형적 불평등조약이었다. 요컨대 일본도 "자유무역 제국주의" 표적이 되었던 것이다.

그러나 일본은 명치유신(明治維新)(1868)이후에 부국강병(富國强兵)의 방침에 의하여 근대화 개혁을 단행한 후 구미 열강의 본을 따라 정치적－경제적 침략에 나섰다. 일본은 미국이 자국(일본)의 문호를 개방한 것과 꼭 같은 함포의 위협사격 방식으로 조선에서 운양호(雲揚號)사건을 일으켜 군사력을 시위함으로써 1876년 2월 27일 「조일(朝日)수호조약」 [「강화조약」(江華條約)]을 체결했다. 이 조약은 조선을 "자주국"이라느니 "일본과 평등의 권(한)을 보유한다"(제1조)는 것을 내세웠지만 열강이 청국과 맺은 조약들과 꼭 마찬가지로 전형적 불평등 조약이었다. 강화조약에 의하여 일본인은 개항장에서 거류지를 설정하고 그 곳에서 치외법권(治外法權)을 행사할 수가 있었다(제10조). 양국정부는 이 조약은 "변혁할 수 없다"(제13조)라고까지 규정함으로써 조선에 대한 일본의 속박을 영구화하려 했던 것이다.[252]

다시 1876년 7월 4일에 조인된 「조일수호조규부록」(朝日修好條規附錄)(제7조)에서는 일본 화폐를 개항장과 그 밖의 지역에서 통용할 수 있다고 규정했고, 이 「부록」과 함께 조인된 「통상장정」(通商章程)(제7조)은 양국 상품의 면세를 규정함으로써 일본상품의 자유로운 유입의 길을 열어주었다.[253] 구미열강(歐美列强)의 "자유무역 제국주의"의 침투대상이 되었던 일본은 이제 주변의 취약국 청국과 조선에 대하여 구미와 동일한 방식의 제국주의 국가로 전변(轉變)했다.

둘째로는, 외세와 그에 의존하는 국내의 수구적(守舊的) 지배세력에 반대하여 민족적－사회적 항거(반란)가 일어나면 열강은 이 기회를 이용하여 파병하는 수법이었다. 파병의 명목은 자국 거주민의 보호였다. 이때 파병을 요청한 측은 자력으로는 혼

251) 「日米修好通商條約」의 日本語 原文은 같은 책, pp 27~28. 그 후 일본은 이와 유사한 조약을 *폴란드, 러시아,* 영국, *프랑스*와도 체결했다.

252) 「朝－日修好條規」의 日本語 原文은 같은 책, p. 115. 평이한 한글번역은 高麗大學校 民族問題硏究所 발행 『韓國文化史大系Ⅱ』(1965년)에 들어있는 洪以燮, 『韓國外交史』, pp. 404~406에 의지.

253) 「朝－日修好條約 附錄」의 번역(漢文으로부터) 및 「通商章程」의 요지는 李瑄根, 『韓國史最近世編』, 乙酉文化社, 1961년, pp. 407~09에 수록. 이렇게 하여 일본의 세력은 개항장을 거점으로 하여 부식되어 갔던 것이다.

란을 수습할 수 없었던 조정(朝政)이었다. 조선왕조가 바로 그러했다. 즉 조선의 경우는 「임오군란」(壬午軍亂)(1882. 7)이 일어나자 당황한 민(閔)씨 정권은 청국에 원병을 요청했던 것이다. 청국은 조선으로부터 원병요청을 받자 종속국 보호라는 명분으로 4천명의 해군을 인천, 남양(南陽)에 파송했고 이에 대항하여 일본은 "거류민 보호"를 구실로 군함 2척에 육전대 150명을 인천에 파병했다.

그리하여 민씨 정권은 결과적으로는 청-일 양국군을 동시에 불러들이게 되었으며 이들 외국 군대들은 「임오군란」이 평정된 후에도 병력 수를 줄여 계속 조선에 주둔했다.

청국이 조선왕조와 달랐던 점은 자국 국내의 반란을 진압하기 위하여 조정이 선뜻 외국의 정규군 파병을 요청하지 않았던 점에 있다. 청국은 비록 노쇠했었지만 중화사상(中華思想)을 자만하면서, 세계의 제국으로 자임하고 허세가 강했기 때문에 국내의 반란이나 개혁세력을 분쇄하기 위하여 외국 정규군의 파병을 쉽사리 요청하지는 않았다. 1851~1864년 "멸만흥한(滅滿興漢)"의 기치를 휘날리며 '태평천국군(太平天國軍)'이 반란을 일으켰을 때 청국조정은 상군(湘軍) [증국번(曾國藩)의 '상용(湘勇)', 회군(淮軍), 이홍장(李鴻章)의 '회용(淮勇)'] 등 지방의 농민 의용병 [향용(鄕勇)]으로 반란군을 진압했다. 그리고 영-불-미 등 서방 열강도 청국에 대하여 처음에는 내정 불간섭과 중립적 입장을 유지하고 있었다. 그렇지만 그런 안이한 상태가 오래 가지는 못했다.

조선의 경우 민비(閔妃)정권은 청국의 원병으로 간신히 반란을 진압할 수 있었지만, 이것은 청국의 군사력에 의지하여서만 권력을 유지할 수 있다는 것을 보여주었을 뿐이었다. 민씨 일파는 개항을 계기로 하여 밀려오는 일본의 영향 하에서 잠시 개화정책(開化政策)을 시도해 왔었지만 이제는 청국에 의존하는 사대당(事大黨)으로 변신했다. 그리하여 군제(軍制)와 관제(官制)도 일본식에서 이제는 청국식(淸國式)으로 재편성되었다. 개화파와 친청(親淸) 수구파 간의 권력투쟁은 그치지 않았고, 사태를 어지럽게 만들어 갔다. 1884년 12월의 「갑신정변」(甲申政變)에서 개화당(開化黨)은 일본을 배후세력으로 하여 궁중 *쿠데타*의 방법으로 잠시 정권을 장악했었지만 청국의 군사개입으로 말미암아 개혁정권은 "3일천하"로 끝났고 민씨 일족의 사대당(事大黨)이 권좌에 복귀했다.

일본에 의존하고 있던 개화당이 붕괴하자 조선왕국에 대한 청국의 정치적－경제적 지배는 더욱 강화되어 갔다. 여기서 조선정부는 청국의 압박에서 벗어나기 위하여 이번에는 눈을 *러시아*에 돌리고 그 보호를 받고자 「조－아 조약」(朝俄條約)의 체결을 비밀리에 추진하였지만 이것을 알아차린 청국이 외교적으로 저지하여 실패하고 말았다.[254]

「갑신정변」(1884. 10)의 수습에서 청－일 양국은 「천진(天津)조약」을 체결하고 쌍방 군대는 4개월 이내에 조선에서 철수하며, 중대 사건이 발생하여 양국 또는 1국이 파병할 때는 미리 "행문지조(行文知照)"(문서로 알리는 것)하고 사건이 진정되면 동시에 철수할 것 등을 약속하여 일단락을 지었다. 그런데 1894년 3월에는 동학농민혁명이 일어나 전국으로 파급되었다. 민비 정권은 관군만으로는 농민혁명군을 진압할 수 없게 되자 또다시 청국에 원병을 요청했다. 청국은 3천명의 군대를 아산만에 파견하고 「천진조약」에 따라 이 사실을 일본에 통고했다. 그동안 청국과 전쟁할 기회만을 노리고 있던 일본은 7천명의 대 병력을 인천에 파송했다. 조선 조정을 서로 장악하려고 숨 가쁜 경쟁을 벌이고 있었다. 청－일 양국 간의 군사적 충돌은 피할 수 없게 되어 드디어는 청－일 전쟁이 일어나고 만 것이다.

제2절 청국(淸國) - 조선의 반(半)식민지화 방식(2)

외세는 이미 침략한 나라에 대하여 어떤 구실을 들어 다시 전쟁을 도발하거나 또는 내란에 편승하여 파병한다. 파병한 후에는 추가로 새로이 불평등조약의 체결을 강요하여 자국의 이권을 더욱 확대하면서 정치적 영향력을 강화하는 길로 들어섰다. 이것이 세 번째 침략 수법이었다. 이 면(面)에서 선도자는 역시 영국이었다. 당시 영국의 큰 관심은 청국에 대한 교역을 확대하는 데 있었다. 그런데 영국은 민족주의적, 반(反)식민지주의적 성격을 띠고 있던 '태평천국'의 혁명정권이 영국의 무역 확대 정책을 좌절시킬 것을 우려하고 있었다.

---

254) 「조선－*러시아* 밀약」 사건의 자세한 분석은 金容九, 앞의 『世界 外交史』, 서울대학교 출판부, 1998년판, pp. 322~327

드디어 영국은 1856년에 「*애로우*호(號) 사건」(Arrow Incident)을 구실로 삼아 "제 2의 아편전쟁"으로 불리는 「*애로우* 전쟁」을 일으키고 *프랑스*와 공동 출병, 광주(廣州)와 북경(北京)을 점령한 후 「천진조약」(天津條約)(1858)을, 다음은 *러시아*의 조정 하에 「북경조약」(1860)을 체결하였다.[255] 그런데, 열강은 천진-북경의 두 조약의 조인으로 대폭적인 이권을 얻게 되자 그것을 수호하기 위하여 청조(淸朝) 지원에 나서서 공동으로 '태평천국군(太平天國軍)'을 공격했다. 이때 원병을 요청한 것은 상해의 청조 당국과 매판(買辦) 상인들이었다고 한다.[256] 이 점에서는 청조와 조선왕조와는 사정이 유사했다.

*러시아*는 청국이 「*애로우* 전쟁」과 '태평천국'군에 의하여 내우외환에 시달리고 있던 기회를 이용하여 강화조약을 조정해준 대가로 청국과 애혼(愛琿)(*아이훈*)조약을 체결하고(1858. 5) *아무르*강(黑龍江) 좌안(左岸)과 그곳으로 가는 항행권(航行權)을 획득했다. 그 후 *우스리*강 이동(以東)의 광대한 연해주(沿海州)를 장악하고, 바로 일본이 건너다보이는 그곳 중심도시 *블라지뽀스똑*(Vladivostok)에 해군기지를 구축했다.

1898년, 이번에는 산동성(山東省) 일대에서 반(反)기독적-배외적(排外的)-반(反)제국주의적 의화단(義和團)이 "부청멸양(扶淸滅洋)"의 기치를 들고 봉기하였다. 이들은 산동성(山東省) 도처에서 철도와 전신을 파괴하고 기독교 교회당을 불지르면서 북상하여 천진(天津)-북경으로 진출했다. 이들이 북경의 외국 공사관 지역을 포위하고 외국 선교사와 독일 및 일본 외교관들을 살해하자 독-일-영-*러*-미-불-이-*오스트리아* 등 관련 8개국은 연합군을 조직하여 공동 출병했다. 일본 학자의 설명에 의하면 "약 3만 6천명의 연합군 중 주력은 2만 2천명의 일본군"이었다고 한다. 일본은 청국 본토에서 그다지 큰 이권을 가지고 있지는 않았지만 조선과 중국 동삼성

255) 영국은 「天津條約」에서 외국 공사의 북경 상주권, 南京-漢口 九江 등 10개항의 개항, 기독교 전도의 자유, 무역의 자유(아편 수입의 공인) 등 대폭의 이권을 더 획득했던 것이다. 그리고 「北京條約」에서는 새로이 天津의 개항, 중국인 노동자(*쿨리*)의 해외 이동 공인, *홍콩* 맞은 편 九龍반도의 일부 할양 등을 얻어냈다. 이 두 「조약」의 내용의 간결한 설명은 金容九, 앞의 책, pp. 217~219 및 pp. 222~223 참조.

256) 小島晋治, 丸山松幸의 앞의 책, p. 26. 서방 열강은 뒤에 와서 "常勝軍"이라고 불린 소규모의 용병을 조직하여 李鴻章의 지휘하에 참전했다. 이 외국인 용병은 처음에는 미국인 *워드* (Frederick T. Ward)가 조직했던 것인데 그의 死後 영국인 대위 *고든*(Charles G. Gordon)에게 인계되었다. Franz H. Michael and George T. Taylor, *The Far East in the World*, Holt, Rinehart and Winston INC., 1964, p. 140.

滿洲 내 열강의 세력 범위

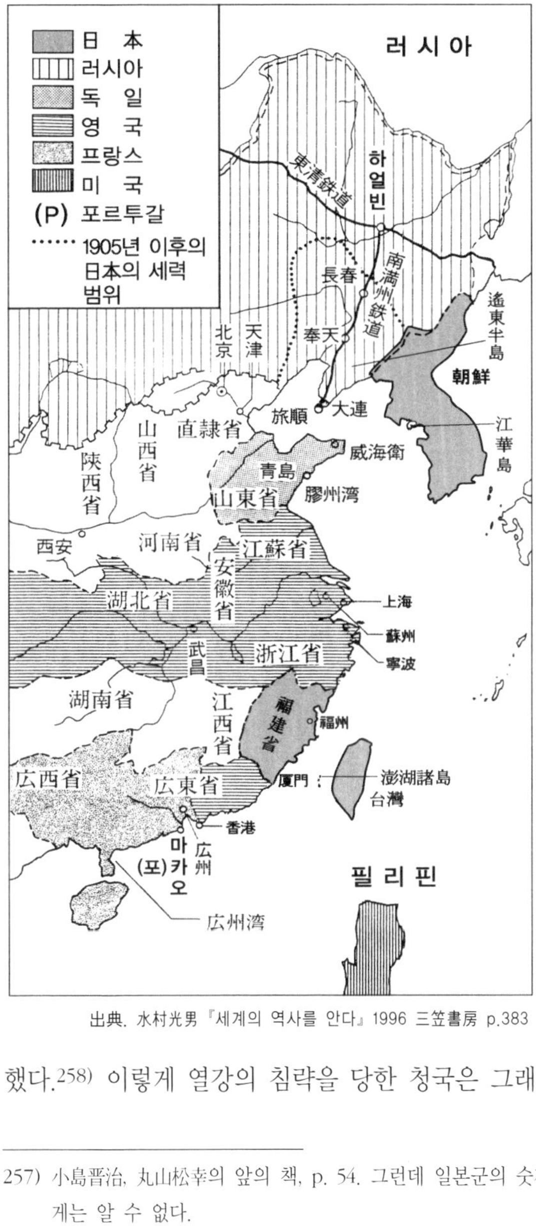

出典. 水村光男『세계의 역사를 안다』1996 三笠書房 p.383

(東三省)을 둘러싸고 *러시아*와 대립하고 있어서 "영-미의 지지를 필요로 하였다. 그렇기 때문에 그런 대 병력을 파병했던 것이다."257)

청국조정의 실권자 서태후(西太后)는 처음에는 '의화단'을 외세와의 대항에서 이용하고자 1900년 6월 21일 연합국에 선전포고를 하고 '의화단'을 원조했다. 연합군이 '의화단'을 격파하고 북경에 입성하자, 서안(西安)에 피난했던 그녀는 자기 보신을 위하여 돌연 '의화단'을 배신하고 이들에 대한 철저한 진압령(鎭壓令)을 내렸다. 즉 외세와 야합했던 것이다. 청조는 사건의 전 책임을 의화단에 떠넘기고 1901년 9월에 연합국들과 「의화단 의정서」(義和團議定書)[Boxer Protocol]. 일명 「신축화약」(辛丑和約), 또는 「북경의정서」(北京議定書)를 체결했다.258) 이렇게 열강의 침략을 당한 청국은 그래도 약소한 속방(屬邦) 조선왕국 만

---

257) 小島晋治, 丸山松幸의 앞의 책, p. 54. 그런데 일본군의 숫자는 자료마다 상당한 차이가 있어서 정확하게는 알 수 없다.

258) 이 조약은 청국에 결정적 타격을 주었다. 즉 청조는 ① 의화단 책임자 1백명의 처형, ② 참전 각국에 4억 5천만 량의 배상금 지불의 재원으로써의 국내와 鹽稅의 외국인 관장, ③ 무기와 군수물자의 2년간 수입금지, ④ 외국인 피격지대에서의 5년간 科學실시 중지 등을 약속하고, ⑤ 중국인의 거주를 인정하지

은 끝까지 놓지 않으려 했다. 임오군란(壬午軍亂) 후 1882년 9월에 체결한 「조-청 수륙상민무역장정」(朝淸水陸商民貿易章程)에서 조선을 청국의 "속방"으로 규정함으로써 청-조의 주종관계를 명문화했고 청국 상인이 조선 각지에서 자유로이 상품을 구입할 수 있는 특권을 사실상 허용해 주었다.[259)]

넷째로는, 어떤 외세가 일단 조선에 파병하여 주병권(駐兵權)을 획득한 후에는 "동양전국(全局)의 평화의 유지"니 "조선독립의 보존"이니 하는 구실로 좀처럼 철병하지 않고 자기 식의 소위 "내정개혁"을 상대국에 강요하는 수법을 썼다. 그렇다고 내정개혁은 언제나 외세의 강요 때문에 실시되는 것은 아니었다. 외국의 침략에 저항하는 혁명세력, 또는 위기의식을 느낀 조정 내의 선각자들이 구국을 위하여 개혁을 자주적으로 단행하기도 한다. 청국의 「태평천국운동」(太平天國運動), 「무술변법운동」(戊戌變法運動), 「의화단운동」, 「양무운동」(洋務運動) 등과 조선왕조시대의 「갑신정변」, 및 「동학 농민혁명」 등이 그런 개혁을 시도했던 것이다.

청국의 경우 내정개혁 운동은 태평천국이 1853년에 발포한 절대 평등주의적 "천조전묘제"(天朝田畝制, 토지의 평등 균분)에서 볼 수 있다. 이 개혁은 완전히 자주적이요 혁명적인 것이었다. 이 개혁안은 실천 불가능한 공상적 공산주의적 요소를 내포하고 있었지만 남녀평등, 축첩의 금지, 재산으로 흥정하는 결혼금지, 전족(纏足)금지, 아편 복용 금지 등 근대적인 성격의 사회개혁을 추진시켰다. 그러나 이 모든 노력은 '태평천국'의 붕괴 때문에 수포로 돌아갔다.

그 뒤 청-일 전쟁에서 청국이 참패한 후 강유위(康有爲), 양계초(梁啓超) 등 선각자적 지식인들과 이들에 공명하는 혁신적 관료들은 광서제(光緒帝)를 움직여 일본의 명치유신(明治維新)을 *모델*로 하는 제반 제도의 근대화 개혁에 자주적으로 착수했다. 이것이 "위로부터의 개혁"을 실시하려는 이른바 「무술변법(戊戌變法)운동」(1898. 6~9)이었다. 그 내용은 새로운 교학제도(敎學制度)의 창설, 과거제도(科擧制度)의 근본적 개혁, 군비(軍費)의 합리적 절약, 행정제도의 정비 등이었다. 이들에 있어서 "근대화"란 곧 애국이었다. 그러나 이 전형적 근대화개혁은 서태후(西太后)와 결탁한 수

않는 공사관 구역을 북경 내에 설정하여 군대를 주둔시키게 하고, ⑥ 북경에서 山海關까지의 沿線 요지에서도 각국의 駐兵權을 華北 침략의 지렛대로 사용했던 것이다. Franz H. Michael & George E. Taylor, 앞의 책, p. 165.

259) 국사편찬위원회 편, 『한국사』 16, 1975년, pp. 172~173 및 李瑄根의 앞의 책, pp. 541~542 참조.

구파의 *쿠데타*에 의하여 "100일 유신(百日維新)"으로 좌절되고 말았다. 이상 두 개혁운동은 외국의 군사적 압력에 의하여 강요된 것은 아니었지만 열강의 침략에서 받은 충격 속에서 일어났던 것이다.

"100일 유신"보다 약간 뒤늦게 일어난 '의화단'운동은 "밑으로부터의 혁명"운동이었다. 의화단원들의 대부분은 가뭄과 홍수 때문에 기아상태에 빠질 수밖에 없었던 빈농(貧農)들, 생계가 극한상황에 놓여있던 사회집단들 [이를테면 뱃사공, 차부(車夫), 직인(職人) 등]이었다는 의미에서 의화단운동은 "100일 유신"과는 달리 확실히 민중적 성격을 띠고 있었다. 그러나 *비앵꼬*는 적절하게 평하기를 '의화단'운동은 구식의 특징인에 대한 미신적 숭앙, 주문 외우기, 신들리기, 교령회(交靈會), 의화권(義和拳) 등의 의식 행사로 단원들을 불사신으로 만든다는 포교방법 등이, 전래적인 비밀결사를 상기시킨다. 그렇기 때문에 이 운동을 "진보적"으로 규정하는 데에는 엄격한 한계를 지울 필요가 있다.[260]고 평가한다. '의화단'운동은 열광적인 반(反)제국주의적 봉기였지만 내정개혁의 *프로그램*이 없었다는 점에서 '태평천국' 혁명과는 달랐던 것이다.

'태평천국'의 반란과 무술변법 운동의 중간기에 일어난 증국번(曾國藩), 이홍장(李鴻章), 좌종당(左宗棠)의 「양무운동(洋務運動)」(1861~1881)년경부터 약 20년 동안)은 "서체중용(西體中用)"론을 내세워 외국에 유학생을 파견하고, 양서(洋書)의 번역사업을 장려했으며, 외국어 강습소를 설립했다. '양무파(洋務派)'는 국영의 병기창, 조선소를 설립하고 영-불인 교관을 고용하여 '향토의용군(鄕土義勇軍)'(회군 淮軍, 상군 湘軍 등)을 서양식으로 훈련하도록 했다. 또한 '양무파'들은 각지에서 광산 개발, 제철소와 방직 공장의 설립에 정력을 쏟았고 전신(電信) 사업에도 착수했다. 이러한 사업들은 서양의 과학기술을 도입하여 군비를 서양식으로 강화하려는 군사의 서양화에 그 목적이 있었다. 그리하여 그 토대로 산업의 근대화를 추진하는데 박차를 가했다.

그렇지만 '양무운동'은 정치-사회제도 면의 개혁은 무시하고 청조의 봉건적, 군사 역사 지배체제를 그대로 복습하면서 서양의 기술 문명만을 모방하려는 모순을 내포하고 있었다. '양무운동'은 청-일 전쟁에서 최신식 북양함대(北洋艦隊)가 어이없이 일본 해군에게 격파됨으로써 그 취약점이 내외에 폭로되어 결국 사라지고 말았다.

---

260) Lucien Bianco, *Origins of the Chinese Revolution*, 1915~1949, Stanford University Press, 1971, p. 9.

한편 조선왕조 시대에 근대적 개혁안이 최초로 제시된 것은 앞에서 언급한 바와 같이 '갑신정변' 때에 공포한 「14개조 정령」(政令)(1884. 12. 4)에서였다. 여기에는 조공(朝貢) 폐지, 문벌(門閥) 철폐, 인민의 평등권 확립, 관리의 민선, 지세(地稅)의 개혁과 민생고 구출, 봉건적 부패 근절, 정치 체제의 개편, 행정제도의 정비 등이 모두 망라되어 있었다.[261] 이런 의미에서 '갑신정변'은 반(反)봉건적 근대화 형(型)의 혁명이었다. 김옥균(金玉均), 박영효(朴泳孝) 등 혁명의 *엘리트*들은 일본의 명치유신에서 큰 자극을 받았으며 일본의 지원에 기대를 걸었던 청년들이었다. 물론 일본은 이들을 친일파로써 이용하려 했다. 그럼에도 불구하고 갑신정변은 전(前)근대적 왕조체제를 근대적 국가체제로 바꾸기 위한 자주적이고 혁명적인 개혁운동이었다. 그러나 이 정변은 외국군(청군)에 의하여 참담하게 소탕되고 말았다.

보다 철저한 주체적 정치-사회개혁 안은 「갑신정변」 10년 후에 일어난 「동학 농민전쟁」(1894~96) 때에 공포된 12개조 "폐정개혁안(廢政改革案)"이라는 혁명강령 이었다. 이 강령은 일반적인 서정쇄신의 요구를 내세웠다. 강령에 따라 노비문서의 소각, 청춘과부의 재혼 허용, 관리 등용에서의 파벌 타파, 천민의 대우 개선, 과거의 공사채 무효화, 토지의 평균분작 등 획기적인 반(反)봉건적 사회혁명을 추구하고 50여 군에 설치된 '집강소(執綱所)'를 통하여 이것을 실행했던 것이다.[262]

민족적으로 볼 때, 「동학 농민혁명」은 장엄한 항일 구국전(救國戰)을 통하여 국민 일반의 민족의식을 크게 각성케 했다. 동학농민혁명을 진압한다는 구실로 청-일 양국군은 동시에 출병했지만 이 무렵에는 이미 동학군과 관군이 전주에서 화의(和議)한 후이므로 두 나라 군대가 조선에 계속 주둔할 이유가 없었다. 그리하여 청국은 양국 군대의 공동 철병을 제의했다.

그러나 일본은 청-일 양국이 함께 조선의 "내정개혁"(재정 조사, 관리 도태, 경비병 설치, 세입 제도 개선 등)에 착수하자고 역(逆) 제의하고, 이 문제가 청국과의 협상에서 타결될 때까지는 일본은 자국군을 "철수시키지 않겠다"고 주장했다.[263] 청국이 일본의 "내정개혁" 제의를 내정간섭이라고 하여 거절하자 일본군은 재빨리 경복

261) 金玉均, 「甲申日錄」. 『世界思想全集』 31, 三省社 版, pp. 79~80 참조.

262) 國史編纂委員會 編, 『한국사』 17, 1973년, pp. 127~128 참조.

263) 이 일본정부 「提議」의 일본어 원문 「朝鮮に關する日清共同内政改革提案」(1894. 8. 15)은 앞의 『日本史史料』 [4], p. 219에 수록.

궁을 점령(7. 23)한 후 대원군(大院君)을 옹립하여 집권케 한 다음 단독으로 "내정개혁"을 단행했다. 이것이 갑오경장(甲午更張)의 출발이었다. 이때 일본은 대원군을 자기들의 괴뢰로 삼으려 했지만 대원군은 독자적인 계책을 생각하고 있었다. 1894년 8월 김홍집(金弘集)을 수반으로 하는 새 내각(제1차 김홍집 내각)은 친청파(親淸派)를 몰아내고 친일 계(系)와 중립 계(系)로 구성되었다.

동학농민혁명은 청-일 양국군의 파병에 의하여 처참하게 좌절되었지만 국정개혁의 면에서 볼 때 당시의 지배층까지 반성을 촉발하여 갑오경장(1894~96)이라는 광범한 근대적 개혁을 시행케 했다. 갑오경장은 동학농민전쟁 때 조선에 출병한 일본군에 의하여 민씨 척족(戚族)정권이 쫓겨나고 일본 공사관의 후원으로 집권한 친일 개화파에 의하여 강력하게 추진되었던 것이 사실이다. 그리고 일본은 이들을 적극 지원했다. 그런데 개혁 문제를 둘러싸고 제1차 김홍집 내각(1894. 7) 이후 1895년 10월까지 정권은 1년 3개월 동안에 무려 다섯 번이나 바뀌었다. 그 막후에는 일본의 책동, 대원군과 민비의 치열한 권력투쟁이 있었다. 그러나 「갑오경장」은 일본의 간섭만이 작용한 완전히 타율적인 것이었다고 단정할 수만은 없다.[264)]

거시적으로 볼 때 세계의 어떤 개혁 운동에서도 이에 대한 찬반을 둘러싸고 각 정파 간에는 치열한 권력 투쟁이 전개되어 정권의 교체 또는 내각의 개편이 빈번히 일어났다. 여기서 개혁을 지지하거나 반대하는 열강간의 첨예한 이해의 대립은 결국 패권전쟁을 불러일으킨다. 청-일전쟁, 러-일전쟁이 그런 것이었다. 이상의 침략 방법들은 순차적으로 구사된 것이 아니라 중첩(重疊), 교착(交錯)되었던 것이다.

다섯 번째의 수법은 다음과 같았다. 즉 만주나 조선을 장악하기 위하여 패권전쟁을 지른 후에도 이 지역을 열강들 중 어느 1국이 독점적으로 지배할 수 없는 상황을 조성한다. 그렇게 되었을 때 상호간에 벌어지는 치열한 정략적 경쟁을 들 수 있다. 각국은 보다 더 많은 이권(권익)을 획득하고자 협상, 상호견제, 비밀 조약 체결, 야

264) 이에 관하여 유영익(柳永益)은 갑오 개화파 관료들을 "외세 의존적 · 반(反)민족적 친일 집단"이라고 규정하면서도 그들의 對日 의존적 측면과는 상반되는 "자주적 애국적 측면"이 있었다는 점을 실증적으로 분석하였다. 그리고 결론적으로, 甲午派 관료들은 내우외환(갑오 농민군봉기와 청-일양국의 무력침략)으로 "존망지추(存亡之秋)"에 임한 조선의 "보국안민(保國安民)"을 도모하려는 구국 애족의 동기에서 경장(更張)운동에 앞장섰지만 "조선에 대한 일본제국주의의 야욕을 충분히 간파하지 못하고 있었다."고 적절하게 논평하고 있다. 柳永益 저 『甲午更張硏究』, 一潮閣, 1990년, pp. 178~200 참조.

합, 군사동맹 체결, 세력균형의 형성, 분할 음모 등 갖가지 책략을 구사했다. 이 과정은 복잡하고 어지럽기 그지없으며, 제국주의 시대의 *매캬벨리즘*이 총 동원되었던 것이다. 이에 관해서는 곧 뒤에 가서 재론할 것이다.

제3절 '청 - 일(淸日)전쟁' : 대제국(大帝國)의 *피날레*

일본 제국주의에 의한 대중국 군사적 침략은 청-일 전쟁(1894~95)에서 시작되었다. 이 전쟁은 본질상 조선왕국을 계속 지배하려는 종주국 청국과 청국세력을 조선으로부터 몰아내려는 일본과의 사이에 일어난 패권전쟁이었다. 조선을 발판으로 하여 청국으로 진출하려는 것이 일본의 의도였다. 전쟁은 1894년 7월 25일 아산만 앞바다에서 일본군의 기습공격으로 시작되었다. 8월 1일 전쟁이 발발하자 일본천황은 선전포고를 발포하고 "독립국"조선에 대한 "내정간섭"과 "속방의 환란[갑신정변] 구원을 빙자한 청국의 출병"을 비난하면서, 일본은 "동양 전국(全局)의 평화유지"를 바라며 조선의 "독립"을 확보하기 위하여 싸운다고 일본의 야망을 미화(美化)했다.[265]

평양회전(會戰)과 황해해전에서 청군을 격파한 일본군은 여세를 몰아 1895년 2월 중순까지 만주의 여순(旅順)과 대련(大連), 중국 본토인 위해위(威海衛)를 점령했다. 일본은 조선을 관문으로 하여 그 세력을 만주-중국 본토에까지 신장시키려하고 있던 것이 명백해졌다. 패전국 청국은 1895년 4월 「청-일 강화조약」(「마관조약」馬關條約)을 체결, "조선은 완전무결한 자주국임을 확인함"으로써 조선에 대한 종주권을 영원히 상실했고 일본에 막대한 권익을 넘겨주었다.[266] 즉, 전승국 일본은 만주 봉

---

265) 「淸國に對する宣傳の 詔勅」(1984. 8. 1) 『일본사사료』 [4], pp. 220~221. 또한 일본의 개화주의자 *후쿠자와유끼찌*(福澤諭吉)는 청-일 전쟁을 "문명과 야만의 전쟁"이라고 규정하고 "전쟁의 근원을 찾는다면 문명세계의 진보를 도모하는 자와 그 진보를 방해하는 자와의 싸움으로써 결코 양국 간의 싸움이 아니다." 라는 궤변을 늘어놓았다. 福澤諭吉, 「日淸戰爭 は文野(文明野蠻)の戰爭なり」(1894. 7. 29), 같은 책, pp. 221~222. 그러나 청-일 전쟁의 본질은 어디까지나 조선의 독점적 지배를 위한 두 나라의 패권전쟁이라는 점에 있었다.

266) 「日淸講和條約」(「馬關條約」 또는 「下關條約」. 1895. 4. 27)의 일본어 全文은 외무성 편찬, 『日本外交年表竝主要文書』 上, 原書房, 1965年, pp. 155~169에 수록. 「조약」의 요점과 그 설명은 金容九의 앞의 책, pp. 385~387.

천성(奉天省) 남부－요동(遼東)반도를 조차하는 한편 중국 본토에서까지 사시(沙市)－중경(重慶)－소주(蘇州)－항주(杭州) 등의 개시(開市), 개항(開港) 등 많은 이권을 얻어내고 대만전도(全島)－팽호열도(澎湖列島)를 영유(「강화조약」제2조)했으며 그밖에 2억 량(兩)의 배상금을 받았다. 청－일 전쟁의 결과는 이윽고 청조의 붕괴를 초래한 중요한 원인이 되었다. 이때 만주－조선으로의 남하를 획책하고 있던 *러시아*는 독일－*프랑스*를 유인하여 이른바 "3국간섭(三國干涉)"으로 요동반도를 청국에 반환하도록 압력을 가했다.[267]

일본정부는 "3국간섭"에 굴복하여 요동반도를 내놓아야 했다. 그러나 그 대가로 청국으로부터 3억 량(兩)의 전쟁배상금과 그것과는 별도로 3천만 량의 보상금을 받아 그 전액의 대부분을 군비확장에 충당했고 나머지로 방적－견직 등의 경공업을 중심으로 하는 제1차 산업혁명을 이룩할 수가 있었다. 이윽고 일본은 제철소와 기계공업도 건설하여 무기생산에 진력했다. 또한 일본은 "3국 간섭"과는 연계시키지 않고, 청국과의 단독교섭을 통하여 청국 내의 이권을 집요하게 추구했다. 그리하여 일본이 '마관조약' 제6조에 의거하여 얻어낸 것이 1896년 7월의 「일－청 통상항해조약」(日淸通商航海條約)[268]의 체결이었다.

일본은 청국이 서양제국과 체결한 불평등조약들을 기준으로 하여 1896년 청국과 이 「조약」을 체결하고 치외법권, 조계 설정, [대일 무역상에서의] 관세 면제 등의 특권을 보장받았다. 일본은 요동반도를 청국에 반환하였다고 하여 청국 땅에서 쫓겨나지는 않았다. 이때 "3국 간섭에 대해서는 전체적으로 양보하되 청국에 대해서는 일보도 양보하지 말아야 한다"[269]는 것이 일본 조정의 확고한 결의였다. 청국은 1884~85년 '청－불 전쟁'(*베트남*의 지배권을 장악하기 위한 싸움)과 '청－일 전쟁'에서 모두 패배하여 내부적 취약성을 여지없이 노출하고 말았다. 이제 "대청(大淸)"은 "잠자는 사자"에서 "종이호랑이"라는 것이 입증된 것이다

267) *러시아*는 "3국 간섭"에 영국도 초대했지만, 영국은 자기의 대항세력인 *러시아*의 남하를 저지할 수 있는 세력으로써 일본을 중요시하고 일본과의 대립을 피하고자 참가를 거부했던 것이다.

268) 이 「日淸通商航海條約」의 일본어 全文은 앞의 『日本外交年表竝主要文書』上, pp. 176~181에 수록. 이 「조약」은 일본 경제가 청국으로 진출할 수 있는 길을 열어주었다. 일본 상품은 開港－開市場을 통하여 청국 본토와 만주로 흘러들어 갔고 여기에는 일본 공장들이 들어섰다. 청국 측으로서는 다른 외국들에 대해서와 마찬가지로 일본에 대해서도 最惠國 대우를 허용해야만 했던 것이다.

269) 「三國干涉受諾に關する廟議」(1895. 4. 29), 앞의 『日本史料集』[4], p. 225.

청국은 막대한 대일배상금의 지불을 위하여 외국은행으로부터 차관을 얻고 그 담보로 각종 이권을 내줘야했다. 이러한 사실들은 제국주의 열강에 청국의 분할 경쟁에 참여하도록 초청장을 낸 결과가 되었다. 일본 및 구미제국의 대 청(淸) 투자는 급속히 증가하여 "호분(瓜分)", 즉 청국이란 참외의 갈라먹기 과정이 진행되면서 나라는 4분 5열되었다. 이 무렵 청국 내 이권 분할을 놓고 열강 사이에서는 "조차지"(leased territory)니, "이권 범위"(sphere of interest. 즉 이익권)이니 "세력 범위"(sphere of influence. 세력권)이니 하는 새로운 정치개념들이 사용되었다.[270] 청국의 분할에 먼저 나선 나라는 "3국 간섭"의 주도국으로서 청국에 은혜를 베풀었던 *러시아*였다.

*러시아*는 1896년 6월에 체결된 「로-청 비밀군사동맹조약」(露淸秘密軍事同盟條約), 즉 「청-아밀약」(淸俄密約)에 의하여 동청철도(東淸鐵道)*의 부설권을 획득하였다. 이 「조약」의 내용은 다음과 같다. 즉 ① 청국 정부는 *러시아*의 '동청철도'의 부설에 동의한다(제4조). ② 일본이 극동의 *러시아* 영토나 청국, 조선을 침략하는 경우는 양국은 육해군의 전력을 동원하여 상호 원조한다(제1조). ③ 양국은 전쟁 상대국과 단독으로 강화하지 않는다(제2조). ④ *러시아*는 평시에도 전시에도 동청철도를 사용할 수 있다(제5조). ⑤ 전쟁 중에는 청국의 모든 항만을 *러시아* 군함에 개방한다(제3조). ⑥ 이 조약의 유효기간은 철도계약이 발효한 때로부터 15년으로 한다(제6조).[271]

러시아 다음의 청나라 침략국은 독일이요[272] 그 다음은 영국이었다.[273] 또 그 다

---

270) 열강은 "租借地"와 "利益範圍"를 영토 병합으로 가는 제1단계라고 이해하고 있었다. "이익범위"란 우세한 나라가 경제개발에 대한 우선권을 가지며 어떤 다른 나라도 그곳에서 이권이나 "조차지"를 얻지 못하도록 하는 지역을 의미했다. 이를테면 *러시아*의 만주 내 "이익 범위"나 독일의 山東省내 "이익 범위"가 그런 곳이었다. 우세한 나라가 정치적, 행정적 지배권을 행사할 때는 그런 지역은 "세력범위"로 알려졌다. 따라서 "세력범위"라고 하는 보다 강도 높은 용어는 "이익범위"와 공공연한 병합 사이의 중간단계로 간주되었던 것이다. Franz H. Michael and George E. Taylor, 앞의 책, *The Far East in the World*, Holt, Reinhart and Winston, Inc., 1964, p. 159 참조. 열강의 이권 분할로 청국의 완전한 해체는 임박한 것으로 보였지만 실제로 그런 일이 일어나지 않았던 것은 대내적으로는 애국세력의 필사적 저항 때문이요, 국제적으로는 열강들의 상호 견제 때문이었다.

* 東淸鐵道란 북만주의 滿洲里에서 黑龍-吉林 두 성을 서에서 동으로 가로 횡단하여 綏芬(Sufen)에까지 이르러, *블라디보스*톡港에로 연결되는 대동맥이었다. 현재의 '중국 長春철도', 일본에서는 당시 그것을 '東支鐵道', 또는 '北滿洲鐵道'라고 불렀음.

271) 「淸露 비밀군사동맹조약」의 일본어 원문은 井上 淸, 앞의 책, pp. 59~61. 이 '조약'의 자세한 분석은 申基碩, 『新稿 東洋外交史』, 探究堂, 1992년, pp. 184~189 참조.

음으로 *프랑스*와 일본은 *러시아*－독일－영국 등이 청국을 "갈라 먹기"하는 *찬스*를 놓치지 않고 끼어들었다.[274] 이어 *러시아*는 또다시 큰 몫을 차지했다.[275] 이렇게 하여 광대한 청국은 열강들의 배타적인 "세력범위"로 토막이 났다. 이홍장은 청－일 전쟁에서 일본에 패배한데 대한 복수심을 불태우면서 "이이제이(以夷制夷)"라는 중국 고대로부터의 외교전략 방식을 근대제국주의 시대에 적용하여 *러시아*의 힘을 이용하려다가 그만 청국의 분할－반(半)식민지화(化)만을 초래했던 것이다.

한편 미국은 19세기 80년대에는 세계 제1의 자본주의 공업국이 되었지만 *라틴 아메리카*로의 세력 확대, *스페인*과의 전쟁, *필리핀 독립운동*의 진압 등으로 여력이 없었던 때문에, 청국이 이미 열강에 의하여 분할된 후에 뒤늦게 이권 경쟁에 참가했다. 미국의 대청(對淸)무역은 이 무렵 극히 미미했다. 여기서 미국이 청국으로의 진출을 위하여 선언한 것이 "문호개방정책"(Open-Door Policy)의 원칙이었다. 1899년 9월 미 국무장관 *죤 헤이*(John Hay)는 일－*러*－영－독－불－이 등 6개국에 대하여 청국의 "문호개방"과 "기회균등"을 요구하는 유명한 「각서」('note')[276]를 전달했다. 청국에

---

272) "3국간섭"에서 淸國을 지원한 독일도 보상을 요구, 1897년 7월 독일은 *러시아*와 밀약하여 *러시아*가 旅順－大連지역의 침략을 지지하는 대가로 자국이 山東省의 膠州灣을 점유하는데 대하여 *러시아*의 동의를 얻어냈다. 청국은 호락호락 이것을 용인하려하지 않았다. 그러던 중 독일은 1897년 11월 산동성에서 자국인 선교사 두 명이 중국인에 의하여 살해된 사건을 구실로 교주만을 점령하고 청－독 「교주만 조차에 관한 조약」(1898. 3)을 체결, 靑島와 그 일대를 99년간 조차했다. 그리하여 산동성에서의 철도 부설권과 광산 개발권을 독점했다. 이에 관해서는 Franz H. Michael and George E. Taylor 앞의 책, p. 158 및 金容九의 앞의 책, pp. 397~398 참조.

273) 英國은 이 기회에 편승하여 *홍콩*의 對岸 九龍반도(그 부속 32개의 섬 포함)를 조차하는 한편, 여순 항을 차지하고 있던 *러시아* 세력과 군사적 균형을 유지하기 위하여 1897년에는 여순항 건너편 산동성 威海衛를 99년 기한 부로 조차했다 나아가 長江(양자강) 유역 省들에도 세력을 뻗쳤다. 金容九 앞의 책, p. 398 참조.

274) *프랑스*는 *통킹*灣(Tongkin Bay)에 근접해 있는 廣東 · 廣西 · 雲南 3省과 海南島를 타국에 양도하지 않는다는 것을 청국에게 인정케 했다(1898. 4). 이어 다음해에는 廣州灣을 99년 기한으로 조차했다. 위의 책, 같은 page. 일본도 이에 질 새라 대만의 맞은편에 위치한 福建省의 권익을 타국에 넘겨주지 않는다는 것을 「각서」로서 청국에게 인정케 했다.(1898. 4) 「福建 割讓に關する交換公文」. 앞의 『日本外交年表竝主要文書』 上, p. 185. 그러나 일본의 청국 내의 세력은 아직 미약했다.

275) 열강의 租借地 획득 경쟁이 치열했던 당시 *러시아*는 단지 영국 함대에 대처한다는 구실로 1897년 12월 旅順항을 점령하고 있었는데 1998년 3월 하순에는 청국과 「요동반도 조차조약」을 체결하여 일본이 청－일 전쟁 때 잠시 탈취하려 했던 요동반도 남단에 위치한 關東州(여순－대련 항이 들어있는 부속도서를 합친 3천 5백㎢의 지역)를 25년간 조차했다. 이와 동시에 東淸철도를, 그 중간 지점인 북만의 *하얼빈*에서 남하하여 여순까지 연결시키는 남부 지선('남만주 철도')의 부설권을 장악했다. 金容九, 앞의 책, pp. 397~398 참조.

대한 미국의 발언권이 강화되기 시작한 것은 '의화단'의 반란이 절정에 올랐을 때부터였다.[277)]

러시아는 예전부터 군대를 출동, '의화단'에 의하여 포위된 북경 공관(公館) 지역에로 돌입했지만 영국, 특히 *프랑스*와는 달리 청국에 호의를 보여주기 위하여 곧 철군했다. 그런데 청조가 연합군에 선전포고를 한 후에 '의화단' 봉기는 만주로 비화되었다. '의화단'이 청국 관군과 합세하여 *하얼빈*－대련(大連) 간의 철도건설지역을 공격하자 열악한 *러시아*인 경비병들은 요동반도 북방으로부터 일단 후퇴했다. 그러나 이때 *러시아*의 육군대신(大臣) *끄라뽀트낀*(Krapotkin)은 "이 사건이야말로 우리들에게 만주를 장악할 수 있는 기회를 줄 것"이라고 하면서 몹시 기뻐했다는 것이다.

1900년 7월 중순 청군이 흑룡강 남안(南岸)을 공격하자, *러시아*군(軍)은 *시베리아*로부터 진격하여 *하얼빈*, 길림(吉林) 등의 요소를 모두 공략하고 만주의 4분의 3을 차지해버렸다. 청－일－*러*의 힘의 관계는 조선조정에 그대로 반영되었다. 일본의 대*러*(對露) 선전포고가 있은 후 수일 만에 온건 친일 개혁파인 제1차 김홍집 내각이 출현했고(1894. 7), 일본군이 여순(旅順)을 점령한 다음 달에는 김홍집－박영호의 연립내각이 들어섰다(1894. 12). 그러나 곧 사태는 바뀌었다. 일본은 비록 청－일 전쟁에 승리했다고는 하지만 "3국 간섭"을 수락함으로써 조선에서 그 권위를 크게 상실했던 때문이다.

---

276) 이 「覺書」는 열강이 청국에서 획득한 모든 旣得權을 그대로 인정하면서 단지 미국 상품에 대해 差別待遇를 하지 못하게 하려는 순전한 상업상의 요구를 담고 있었다. '각서'의 내용은 다음과 같다. ①그 어떤 나라도 그의 소위 "이익 범위" 또는 조차지 안에서 條約港 또는 기득권에 결코 간섭하지 않는다. ② 상술한 "이익범위" 내의 각 港("자유항"은 제외)에 양륙 또는 하차하는 어떤 나라 상품에 대해서도 청국의 조약상의 세율을 동등하게 부과하며 관세는 청국정부가 징수한다. ③"이익범위"의 어떤 항구를 航行하는 선박에 대해서도 각국은 자국의 선박에 부과하는 이상의 港稅를 부과하지 않는다. 그리고 자국의 "이익범위"내의 상품의 철도운임도 자국 국민으로부터 받는 이상의 운임을 다른 군민으로부터 받지 못한다. 이 *헤이* 「각서」의 영어 원문은 앞의 Franz H. Michael and George E. Taylor의 책, p. 163에 게재.

277) 美國은 義和團反亂을 진압하는 연합군의 일원으로써 2천 500명의 병력을 파병했다. 1900년 7월 3일 국무장관 *헤이*는 다시 열강(이번에는 11개국)에 「각서」를 보냈다. 여기서 그는 청국의 領土保全－門戶開放－機會均等의 3원칙을 천명했던 것이다. *헤이*의 3원칙은 다음과 같았다. 즉 "미국정부의 정책은 중국의 영구한 안전과 평화를 실현하고, 중국의 영토보전과 행정상의 실재를 보전하고, 조약과 國際法에 의하여 우방들에게 보장된 모든 권리를 보호하고, 淸帝國의 모든 지역에서 평등하고 차별 없는 무역을 세계에 보장하게 될 해결책을 구하는 것이다." 이 「각서」의 영어 원문은 O. Edmund Club, *Twentieth Century China*, Columbia University Press, 1978, p. 28.

열강의 중국침략(1840년대~1898년까지)

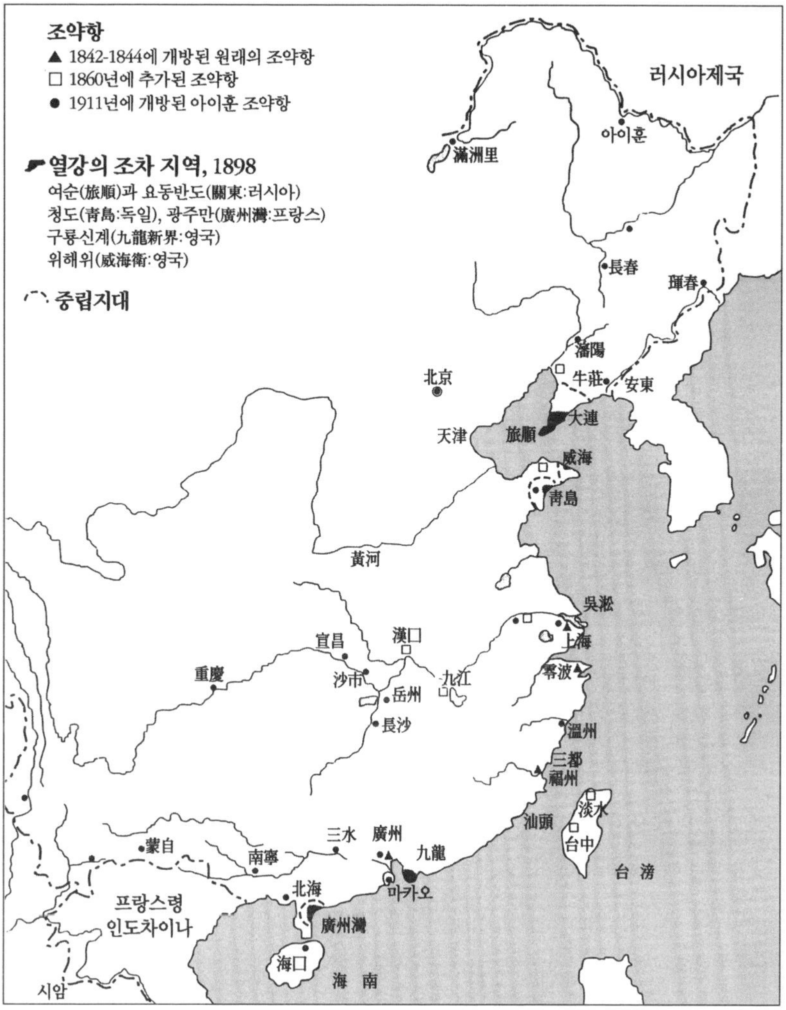

出典. 존 K. 페어뱅크『新中國史』 까치 1995, p.265

제2장

"3국 간섭(三國干涉)" 이후의 만주와 조선

제1절 일본의 한-만(韓滿) 분할책동

청-일 전쟁 후 전승국 일본의 압력에 의하여 그 세력이 일시 약화되었던 민비와 그 일족은 이제 권토중래(捲土重來)할 수 있는 기회를 찾았다. 그들은 막후에서 배일친로정책을 꾀하면서 *러시아*에 접근하여 서울 주재 *러시아* 공사(公使) *웨베르*의 지원을 얻어 친일 개화파인 박영효 등을 추방하고 1885년 8월 친미-친로파인 이범진(李範晋)-이완용(李完用) 등을 정권에 등용했다.(제3차 김홍집내각) 이것을 일본이 좌시할 까닭이 없었다. 일본공사 *미우라 고로*(三浦梧樓)는 친로파를 기어이 친일파로 교체시키기 위하여 음모를 꾸며 1885년 10월 8일 새벽 일본인 수비대와 랑인(浪人)들로 하여금 궁궐을 습격, 민비를 잔인하게 참살케 하였는데 이것이 악명 높은 「을미사변」(乙未事變)이었다.

조선조정은 일본의 계책에 따라 대원군 집정하에 김홍집을 수반으로 하는 반(反)민씨-반(反)친로적인 친일 개화파 내각(제4차 김홍집내각)의 조직을 전격적으로 단행했지만 그런 조치가 민심을 수습할 수는 없었다. 주지하는 바와 같이 '을미사변'의 만행은 조선의 민심을 완전히 반일(反日)로 돌리는 결과를 초래했던 때문이다. 전국도처에서 「단발령」(斷髮令)(1895. 12 공포)과 일본의 국모(國母) 살해에 항의하는 유인석(柳麟錫) 등의 반일의병항쟁이 일어나자, *러시아*는 자국 공사관의 보호를 구실로 삼아 인천에 정박 중인 *러시아* 군함으로부터 해병대 100명을 서울로 끌어들였다. 그러나 일본의 군사력으로는 이에 대적할 수가 없었다.

러시아 공사관은 이범진(李範晋) 등과 공모, 자국의 주둔 병력을 배경으로 하여 김홍집(金弘集) 내각을 타도하고 1896년 2월 11일 국왕 고종(高宗)과 왕세자를 궁궐로부터 *러시아* 공사관으로 탈출시켰다. 「아관파천」(俄館播遷)으로 불리는 이 수치스

러운 사건에 의하여 정국은 다시 뒤집혔다. 이러한 정치혼란 속에서 "자주독립(自主獨立)"-"자유민권(自由民權)"-"자강개혁(自强改革)"의 이념을 내세워 1896년 7월초 서재필(徐載弼) 지도하에 창립하여 분투한 것이 "독립협회(獨立協會)"였다. 국왕이 *러시아* 공사관 내에 만 1년 동안이나 체류하면서 정무를 보아야 했던 기간에 친일내각의 수뇌 김홍집-어윤중(魚允中)은 살해되고 유길준(兪吉濬) 등은 일본으로 망명했으며 친일 정객들은 쫓겨났고, *러시아*의 조종에 따라 친(親)*러* 내각이 구성되었다. 그 결과로 조선에서 *러시아*의 영향력은 급속히 강화되어 갔다.[278]

일본은, 요동반도를 청국에 되돌려주지 않을 수 없게 했던 3국 간섭의 주도국 *러시아*에 격분하여 "와신상담(臥薪嘗膽)"의 구호아래 군비를 강화해 나갔다. 그런데 「아관파천」 후 조선의 조정은 *러시아*에 의하여 조종되고 있었고 만주는 '의화단'의 난을 구실로 하여 출병한 *러시아*군(軍)에 점령되어 있었기 때문에 일본은 당장 무력으로 *러시아*에 대항할 수는 없었다. 여기서 양국 간의 이해의 대립을 외교적으로 조정하려는 일본의 끈질긴 협상이 시도되었다. 한편 *러시아*는 만주 경영에 골몰했기 때문에 일본과 일시적인 타협을 탐색하지 않을 수 없었다. 당시 *러시아*는 조선정부에 강요하여 함경북도와 압록강 유역에서 광산 채굴권과 삼림 벌목권(伐木權)을 얻었으나 조선의 경제를 독점적으로 개발할 만큼 자본이 풍부하지도 못했다.

*러시아*의 목표는 조선을 정치적으로 지배하면서 태평양 진출의 거점으로 삼자는 데 있었다. 이런 전략에서 *러시아*는 일본 세력의 조선 침투를 저지하기 위해 조선정부로 하여금 구미제국의 자본을 적극적으로 도입케 하여 조선의 각종 이권을 이 나라들에다 넘겨버리게 했다. 이권의 내용은 철도 부설권, 광산 개발권, 벌목권 등 엄청난 것이었다.[279] 조신에서 *러시아* 세력이 강화됨에 따라 불리한 입장에 서 있었던

---

278) *니꼴라이* 2세 戴冠式에 참석하기 위하여 *러시아*에 갔던 閔泳煥(특명전권공사)은 1896년 6월 *로바노프*(Alexsei B. Lobanov *러시아* 외상)에게 자관 제공, 군사 교관 및 선문가 파견, 징지 · 행징 · 칠도고문파견과 *러시아* 군인에 의한 국왕의 친위대 조직을 외교 각서로서 간청했다. 이에 대해 뒤늦게 *러시아* 측이 조선 공사에 보내온 「回答項目」(혹자는 「朝-露條約」이라고 부름)들에 따라 ① 서울 시내에는 *러시아*어 학교가 설립되고 ② 2명의 *러시아*인이 1명은 재정 고문으로 또 1명은 병기창 고문으로 초빙되고 ③ *러시아* 장교 3명(1명은 지휘관인 대령)이 하사관 10명을 인솔, 입국하여 군사교관으로서 조선 군대의 훈련을 담당하기로 되어있었다. 그러나 *러시아* 군인의 조선군대 훈련은 일본의 끈질긴 반대에 의하여 실시되지 못했다. 이 「回答項目들」의 全文과 이에 따른 이행 조치는 金容九의 앞의 책, pp. 407~408 및 洪以燮의 앞의 책, pp. 487~488에 수록.

279) 이 이권의 구체적 실상은 洪以燮의 같은 책, pp. 488~489.

일본은 대(對)*러시아* 협상을 통하여 조선의 완전한 지배라는 목적을 달성코자했다. 그 묘책으로 착안한 구상이 *러시아*의 만주 지배를 인정하는 대신, *러시아*로부터 일본의 조선 지배를 인정받는다는 제국주의 형(型) *빅 딜*(big deal)안(案), 소위 「만-한 교환론」(滿-韓 交換論)이었다.

「을미사변」후 새로 부임한 일본공사 *고무라 쥬다로오*(小村壽太郎)는 서울주재 *웨베르 러시아*공사와 협상하여 우선 양국 간의 대립 상태를 타개하려고 시도했다. 그 결과로 1896년 5월 14일 양자는 조선에 주둔할 수 있는 일본군의 숫자를 엄격히 제한하는 한편 지금까지 *러시아*가 가지지 못했던 주병권(駐兵權)을 일본이 인정한다는 「각서」[280]를 교환했다. 그리고 그해 6월에는 *러시아* 황제 *니꼴라이*의 대관식에 참석하기 위하여 일본의 전권 특명대사로 *모스크바*에 갔던 전 수상 *야마가다 아리도모*(山縣 有朋)는 *러시아* 측에 조선을 북위 38도선에서 분할 점령할 것을 제의했으나 거절당했다.[281]

여기서 *야마가다*는 *러시아* 측과 끈질기게 교섭을 계속하여 그해 6월 9일에는 *러시아* 외상 *로바노프*와의 사이에서 중요한 군사비밀 조항이 들어있는 '조선문제에 관한 「일-로 간 의정서」(日露間議定書)'에 조인하게 된다.[282] 이 협정에서 일본은 조

---

280) 「*웨베르*-小村 覺書」로 불리우는 이 문서에서 중요한 부분은 ① 서울-부산 간의 일본 전신線을 보호하기 위하여 특정의 장소에 일본국 衛兵을 주둔시키는 것을 *러시아*는 인정한다. 그러나 현재 3개 중대로 되어있는 위병은 조속히 철수하여 헌병으로 대체하고 그 인원수는 200명을 초과하지 않아야 하며, 조선 정부의 힘으로 안녕 질서가 회복되면 점차로 철수한다. ② 서울과 각 개항장의 일본 거주민을 보호하기 위하여 서울에 2개 중대, 釜山에 1개 중대, 元山에 1개 중대의 일본軍을 주둔시킬 수 있다. 단 1개 중대의 병력은 200명 이내로 한다. *러시아*도 자국 공관의 보호를 위하여 이상 각지에 일본군의 수를 초과하지 않는 위병을 주둔시킬 수 있다. 조선 내지가 아주 평온해 짐에 따라 양국 군은 철수한다는 것 등이었다. 각서의 일본어 全文「朝鮮問題に關する日露兩國代表者間覺書」(1896. 5. 14)는 앞의 『日本外交年表竝主要文書』上, pp. 174~175.

281) *러시아*가 山縣의 提議를 거절한 까닭은 *러시아*는 *니꼴라이*의 대관식에 갔던 閔泳煥과의 교섭을 진행하여 조선에 대한 독점 정책의 수행이 가능하리라고 보았기 때문이다. 위의 洪以燮의 『韓國外交史』, p. 490

282) '*로바노프*-山縣議定書'라는 이름의 이 협정은 조선의 재정난을 구출하기 위하여 양국 정부는 "양국 정부의 합의로써" 원조한다느니(제1조), 조선이 재정상 경제상 가능한 범위 내에서 外援에 의존하지 않고 "조선인으로 조직된 군대와 경찰을 창설하고 유지할 것을 조선국에 일임한다(제2조)"느니 하고 마치 조선의 자주권을 존중하는 듯이 쓰고 있다. 그러나 비밀條款 제1조에는 조선국의 안녕 질서가 문란[민족적 혁명운동의 발발]해지거나 또는 장차 문란해질 것이 우려되어 양국 정부가 현재의 병력을 더 많이 파견하여 조선의 관헌을 원조할 필요가 있다고 "합의"할 때는 양국 정부는 군대 상호간의 충돌을 피하기 위하여 양국군이 다 같이 점령하지 않는 "공간"지대를 설정한다고 약속했다. 그리고 비밀조항 제2조

出典. Martin Gilbert, *Atlas of Russian History*, Oxford univ. Press, 1993, p.66

선에서 정치-군사적으로 *러시아*와 대등한 지위를 확보하고자 했다. 이어 1898년 4월 25일에는 주일 *러시아* 공사 *로젠*(Roman R. Rosen)과 일본 외상 *니시도꾸지로*(西德二郞) 사이에 "조선의 주권 및 완전한 독립을 확인"(1897년 4월 8일 조선국은 국호를 '대한제국'으로 바꿈) 운운의 철두철미 기만적인 문구를 담은 협정(「조선문제에 관한 협정서」, 통칭 「*로젠-니시* 협정(Rosen-西協定)」[283])이 체결되었다. 협상이 진행되는 동안 *니시(西)*는, *러시아*가 조선을 일본에 위임한다면

에서는 조선인의 군대를 조직할 때까지 양국은 조선에다 同數의 군대를 주둔시킬 수 있다는 「*웨베르*-小村覺書」의 유효를 그대로 인정했다. 앞의 『日本外交年表竝主要文書』 上, pp. 175~176. 조선국왕의 신변보호에 관해서는 "현존하는 상태"[*러시아* 공사관내의 체류]를 인정하고 그런 상태는 국왕 호위의 임무를 갖는 조선인 부대가 창설될 때까지 그대로 지속될 것이라고 *러시아 공사관*의 高宗 보호를 시인했다. 「*로바노프*-山縣議定書」의 일본어 원문, 「朝鮮問題に關する日-露間議定書」는 앞의 『日本外交年表竝主要文書』 上, p. 175. 그런데 일본은 고종이 *러시아* 공사관에서 還宮한 후, 朝-露를 이간시키기 위하여 「*로바노프*-山縣議定書」의 원문을 비밀 조항까지도 조선 조정에 통고했다는 것이다. 洪以燮, 앞의 책, p. 491.

283) 이 「協定書」에서는 조선(한국)이 양국 중 어느 1국에 대하여 "勸言, 助力"을 구할 때에는 군사교관 또는 재정고문의 임명에 관하여 반드시 상호협상을 거쳐야 한다고 약정했다. 이렇게 일본은 한국에서의 *러시아*의 우위를 일본과 대등한 관계로 바꿔놓음으로써 일시적 세력 균형을 이루었다. 「*로젠*-西협정」의 일본어 원문은 앞의 『日本外交年表竝主要文書』 上, p. 186에 수록.

일본은 만주를 자국의 "이익범위" 밖에 두겠다는 「조-만교환론」(朝-滿交換論)을 정식으로 처음 제의했다. 그러나 조선에서 *러시아*의 세력이 우세했음으로 *로젠*은 이 제안을 거절했던 것이다.

조선-만주를 둘러싼 *러시아*와의 대립이 증대되고 있을 때 일본에서는 "군비를 확충"하여 "동양의 맹주"(盟主, 지배자)가 되어야겠다는 원로(元老) 정객들의 주장은 단호하였다.[284] 일본은 *러시아*가 '의화단' 봉기 때 그것을 구실로 만주일대를 점령하고 조선의 정국을 지배하고 있던데 대하여 큰 불안을 느꼈다. 당시 일본은 *러시아*와의 개전 시에는 영국의 지원을 얻고자 했으며 영국은 일본의 군사력을 이용하여 *러시아*의 남하를 저지하려 했다. 그리하여 오랜 협상 끝에 1902년 1월 제1회 「영-일 동맹」[285]의 체결을 보게 된 것이다. 「일-영 동맹」은 힘을 배경으로 삼고 있었다. 한편 일본은 조선-만주 문제를 놓고 이해의 조정을 위하여 계속 *러시아*와 협상을 벌였다. 협상의 기본방침은 이미 1903년 6월 23일 각의에서 결정되었던 것이다.[286]

---

284) 일본의 대외 강경파 육군대신 山縣有朋(*야마가다 아리도모*)는 清-日전쟁 때 일본 天皇에게 상주(上奏)한 그의 「軍備擴充意見書」(1895. 4. 15)에서 다음과 같이 썼다-"대저 종래의 군비는 오로지 主權線[本土防衛線]의 유지로써 大本을 삼았던 것이옵니다. 然이나 금번의 [일-청 전쟁에서의] 戰勝으로써 그 効를 헛되게 하지 않고 나아가 동양의 맹주가 되리라 바랄진대 필히 또한 이익선[해외의 이익권수호선]의 開張을 계획하지 않을 수 없음이옵니다. 그러하온데 현재의 兵備로써는 금후 主權線을 유지하기에 족하지 않사옵니다. 어찌 또 그 利益線을 開張하여 이로써 동양의 覇者되기에 족할 것이리오…" 앞의 『日本史史料』 [4], p. 227.

285) 「第1回 英-日同盟條約」(1902. 1. 30)의 前文에서 영-일 양국정부는 "오직 극동에서 현황 및 全局의 평화유지를 희망한다"느니 "清帝國 및 大韓帝國의 독립과 영토 보존의 유지에 특히 관심을 가진다"느니 하는 문구를 삽입했지만 이것은 상투적인 위선에 불과했다. 그러나 제2조에서는 英國으로서는 주로 清國에 대하여, 일본으로서는 "청국에서 가지는 이익 외에도 한국에서는 정치상, 상업상, 공업상 각별한 이익을 가지고 있다"고 정직하게 밝혔다. 이때의 "이익"이란 제국주의적 이권의 완곡한 표현이었다. 영-일은 열강의 "침략적 행동"이나 清-韓 내의 소요[애국적 저항운동]가 일어나 양국의 이익이 위태롭게 될 경우에는 이러한 "이익의 옹호를 위하여" 필요한 조치를 취할 수 있다고 했다. 그러나 이 「條約」의 핵심은 제2조와 제3조였다. 제2조는 영-일 중 어느 한 나라가 각자의 이익을 지키기 위하여 다른 나라와 전쟁을 하게 될 때는 타방은 엄정중립을 고수하며 아울러 그 동맹국의 적국에 대하여 다른 국가가 가담하는 것을 저지한다고 규정했다[中立義務]. 제3조는 이상의 경우, 1國 또는 수개 국이 동맹국에 대한 전쟁에 가담할 때에는 동맹국을 지원하여 공동으로 전쟁을 수행해야 하며 [참전의 의무], '강화도 동맹국'과 상호 합의하에 이뤄야한다고 약정했다. 「第1回 日-英同盟」의 일본어 원문은 같은 책, pp. 256~257. 「영-일 동맹」에 의하여 견제를 당한 *러시아*는 청국과 「滿洲還附條約」(1902. 4)을 체결하고 제1기 철병을 실행했다. 그러나 제2기 철병은 약속 기한에 실행하지 않았고 철병의 조건으로써 7개조로 된 새로운 이권 요구를 청국에 들이댔다. 동시에 조선에서는 압록강 연안의 삼림벌채를 구실로 그 左岸에 군사시설을 만들기 시작했다.

1903년 8월 12일 *뻬쩨르부르그*에서 일본의 *구리노*(栗野)공사는 조선에 대한 독점적 지배권을 확보하기 위하여 *러시아*정부에 일본 측 협약 안(案)을 제시했다. 이 안의 내용도 역시 "한-만 교환론"이었다.[287] 만주의 철도이권을 모조리 *러시아*에 넘겨주고서라도 한국만은 기어이 독점적으로 지배하겠다는 일본의 야망은 철저하고도 집요했다. 그러나 일본 안(案)을 수정하여 그해 10월 3일자로 *러시아* 공사 *로젠*이 제시한 대안은 강경한 것이었다. 이 대안의 골자는 일본의 만주 진출 전면거부, 조선 영토의 군사적 사용 반대, 북위 39도선 이북의 조선영토의 중립지대화(化) 등으로 되어있었다.[288] 그 후 양국 대표는 몇 차례의 수정안을 내놓고 회담을 했지만 기본적 입장에서는 타협을 보지 못하고 시간만을 끌었다.

---

286) 이때 日本의 閣議는 對*러시아* 협상의 명확한 기본원칙과 구체적 협약 내용을 작성하고 이것을 관철시킬 결심을 굳혔던 것이다. 이러한 일본의 협상 안은 「滿韓ニ關スル日露協商ノ件」이라는 題下로 각의에서 결정되었다. 그 全文은 앞의 『日本外交年表竝主要文書』 上, pp. 210~212. 일본정부는 이 협약 초안을 8월 12일 *러*-일 협상 때 그대로 제시했다.

287) 일본 측 協約案의 제1조는 "清-韓 두 제국의 독립 및 영토 보존을 존중하며…" 운운의 역시 기만적인 문구로 수식되었다. 제2조에서 *러시아*는 "한국에서의 일본의 우월한 이익"을 승인하고, 일본은 "滿洲에서의 鐵道경영에 대하여 露國의 특수한 利益"을 승인한다는 노골적인 이권분할 안을 내놓았다. 제4조는 "제2조에서 규정한 이익을 보호하기 위하여 또는 청-한 내의 소요[애국적 저항운동]를 진압하기 위하여 일본은 한국에, *러시아*는 만주에 출병할 수 있다"는 무력간섭 안이었다. 이러한 기초에서 제5조는 "한국에서의 개혁 및 선정을 위한 조언 및 원조(단 필요한 兵力 상의 원조를 포함함)를 제공하는 것은 일본의 전권에 속한다는 것을 *러시아*는 승인할 것"이라고 한국에 대한 일본의 배타적 지배권을 요구했다. 일본 측 협약 안의 일본어 원문, 「栗野公使提示, 我日露交涉基礎案及露公使對策」은 같은 책, pp. 212~213 참조.

288) 10월 3일자 *러시아* 측 代案 제7조는 "만주 및 그 연안은 전적으로 일본의 利益範圍 밖에 있다"는 표현으로 만주에서의 *러시아*의 행동에 대한 일본의 관여를 일축했다. 결국 *러시아*의 대안은 한국문제에만 국한시켰다. 그 제1조는 "조선 제국의 독립 및 영토보존의 존중"을 확인하고 제2조는 한국에서의 "일본의 우월한 이익"을 인정했지만 한국에 대한 일본의 조언 및 원조의 권리를 "民政의 改良"에다만 제한했다. 그리고 일본의 "兵力 상의 援助"는 인정하지 않았다. 그리고 "민정의 개량"을 위한 원조는 "일본의 전권에 속 한다"는 것도 시인하지 않았다. 제5조에서는 "한국영토의 일부라 할지라도 군사적 목적에는 사용하지 않을 것"과 "朝鮮海峽의 통행자유를 저해할 수 있는 군사시설을 한국 연안에서 하지 않을 것"을 요구했다. 그리고 제6조에서는 북위39도 이북의 한국 영토를 중립지대 화하여 양국은 다 같이 이곳에 군대를 주둔시키지 않을 것을 제의했다. 「十月三日ローゼン露國公使提出ノ對策」. 같은 책, p. 213. 이에 대하여 일본은 1903년 10월 30일 한-만 국경지대의 남-북에다 50km의 중립지대를 설치하고 일본은 만주를, *러시아*는 한국 각각 자국의 "利益範圍 外"로 인정하자는 새로운 조항을 마련하여 *러시아*에 제시했다. 앞의 井上 清의 책, p. 214. 그러나 한국 영토의 군사적 사용 금지라는 *러시아*의 요구에 대해서는 일체 말이 없었다. 이것은 일본이 한국에 대한 "필요한 군사상의 원조"[軍事的 介入權]를 끝까지 관철하려 했던 때문이다. 이 *러시아*의 代案의 요약은 같은 책, p. 213.

러-일 두 나라 중 어느 한 나라도 양보하지 않으려는 상황에서 일본정부 내의 적극적 개전파(開戰派)와 신중파(愼重派)가 격론을 벌인 끝에 조정은 드디어 개전을 결심하였다. 일본군(軍)은 1904년 2월 8일 여순, 인천에 주둔한 러시아군(軍)을 선제 공격하고 이틀 뒤인 2월 10일 러시아에 선전포고를 했다.[289] 「러-일 전쟁」(1904~1905)이 터진 것이다. 러-일 간에 전운이 감도는 것을 감지한 한국정부는 전쟁에 말려들지 않기 위하여 국외중립(局外中立)을 선언해 보았으나 일본은 물론 그것을 용인하지 않았다. 개전이 되자 일본군은 재빨리 서울을 점령하고 2월 23일 「한-일의정서」(韓日議定書)[290]의 조인을 한국정부에 강제하여 조선을 일본의 군사적 지배하에 끌어들였던 것이다.

이로부터 3개월 뒤인 1904년 5월 31일 일본정부는 한국에 대하여 "정치 상 및 군사상의 보호의 실권을 확립"하고 "경제상의 이권을 더욱 발전"시키기 위한 계획으로 한국에서의 "일본의 방비에 만전을 기할 것", "외교-재정을 감독할 것", "교통 기관-통신 기관을 장악할 것" 등의 방침을 각의에서 결정하였다.[291] 그리고 그해 8월 23일 일본은 「제1차 조일협약」[292]을 체결하여 고문 통치를 시작했고 다음 해인

289) 日本 天皇은 러시아에 대한 宣戰布告에서 "한국의 존망은 실로 [일본]제국의 안위가 걸린바"이며, "만약 滿洲가 露國의 영유로 돌아간다면 조선의 保全을 지지할 방법이 없고 극동의 평화 역시 가망이 없다"고 일본에 있어서의 조선국의 절대적인 중요성을 강조했다. 그리하여 "로국은 이미[일본]제국의 제의를 받아들이지 않음으로 한국의 안전은 바야흐로 위급에 임하고 제국의 국리는 막 침해되려 하고 있다"고 다급한 위기감을 피력했다. 그리고 "사태가 여기에 이르렀을진대, 제국이 평화의 교섭에 의하여 구하려 했던 장래의 보장은 금일 이것을 旗鼓사이에서 [전장에서] 구할 수밖에 없다"고 개전의 이유를 내세웠다. 「露國に對する宣戰の詔勅」(1904. 2. 10), 위의 『日本史史料』[4], pp. 260~261.

290) 「韓-日議定書」는 한국정부로 하여금 "시정의 개선에 관해" 일본정부의 "충고를 받아들일 것"(제1조)과 일본정부는 "軍略上 필요한 지점을 임시 수용할 수 있을 것(제3조)"을 명문화했다. 이 조약문은 의례히 "대한제국의 독립과 영토 보존을 확실히 보장할 것"(제2조)을 약속했지만 그것은 日本의 정치적 군사적 지배를 정당화하려는 기만에 불과했다. 그리고 3월 11일에는 對러시아 전쟁과는 별개의 의도에서 일본군 駐剳 사령부를 설치했다. 이것은 대 조선 군사 지배체제의 중추기관이었다. 「韓-日議定書」의 한국어 전문은 앞의 洪以燮의 책, pp. 496~497.

291) 일본 閣議의 「對韓方針に關する決定」. 앞의 『日本外交年表竝主要文書』 下, pp. 224~228.

292) 이 「協約」은 일본정부가 추천하는 재정-외교 고문 1명씩을 한국정부가 임용할 것(제1조, 제2조)과 외국과의 조약체결 또는 그 밖의 중요한 외교안건의 처리에 관해서는 사전에 일본정부와 협의할 것을 인정케 함으로써 고문통치를 시작했다. 「第1次 韓-日協約」의 한국어 원문은 앞의 洪以燮의 책, p. 498에

1905년 4월에는 「한-일 통신기관 위탁에 관한 협정서」에 조인함으로써 통신권을 박탈했다. 이렇게 일본제국주의의 조선 침략정책은 일사천리(一瀉千里)로 착착 진행되어 갔다.

러-일 전쟁은 『구약성경』에 나오는 블레셋의 거인장사 *골리앗*(Goliath)과 유대인의 양치기 소년 *다윗*(David)의 싸움에 비유할 만했다. 그런데 세계의 예상을 뒤엎고 일본은 여순(旅順)공격에서도, 봉천회전(奉天會戰)에서도, 동해해전에서도 막대한 희생을 치르면서 승리했다. 전승국 일본은1906년 9월 5일에 조인한 「*러*-일강화조약」, 즉, 「*포츠머드*조약」(Portsmouth Treay)에 앞서 「*태프트*-*가즈라*(桂)협정」(The Taft-Katsura Agreement. 1905. 7. 29)[293]과 「제2회 영-일동맹(同盟)」(1905. 8. 12)[294]의 체결함으로써 한국(새 국명)에 대한 지배적 지위를 미-영으로부터 인정받았다. 그 후 10월에는 드디어 한국을 일본의 보호국으로 만들 것을 각의로써 결정했다.[295] 이어 11월 17일에는 일본군(軍)의 총검 하에 조선정부로 하여금 「을사보호조약」으로 불리 우는 「제2차 한-일협약」[296]에 강제로 조인케 하여 외교권을 박탈했다. 그리고

수록.

293) 이 장문의 協定은 미국의 육군 장관 *태프트*(William H. Taft)와 일본 수상 *가즈라 다로*(桂 太郎)사이에 체결한 秘密協約이었다. 그 내용의 핵심은 일본이 미국의 *필리핀* 지배를 확인하는 교환조건으로 미국은 일본의 한국지배를 승인한다는데 있었다. 「協定」의 英語 原文(거의 전부)은 앞의 『日本外交年表竝主要文書』 下, pp. 239~240에 수록.

294) 1902년의 「第1回 英-日同盟協約」은 "韓-淸 양국의 독립과 영토 보존을 유지할 것"을 약속함으로써 일본의 한국 지배를 영국이 인정하지는 않았던 것이다. 그러나 1905년 8월 12일의 「제2회 영-일동맹협약」에서는 "청국의 독립과 영토보존의 유지"만을 언급하고 한국에 대해서는 "독립"이다 "영토보존"이다 하는 종래의 약속은 빠져버리고 다음과 같은 번잡하고 모호한 문구를 삽입했다.-"한국에서 일본은 정치상, 군사상 및 경제상 탁월한 이익을 가지고 있음으로써 영국은 일본이 諸 利益을 옹호하고 촉진하는데서 적절하고 필요하다고 인정되는 지도, 감리 및 보호의 조치 [such measures of guidance, control and protection]를 한국에서 시행할 권리가 있음을 인정 한다"(제3조)고. 「제2회 일-영동맹협약」. 같은 책, pp. 241~242 참조. 이 모호하고 번잡한 설명은 요컨대 한국에 대한 일본의 "保護權"을 사실상 승인한 것이었다.

295) 이 「閣議決定」은 명기하기를 "한국에 대하여 我國의 保護權을 확립하는 것은 이미 廟議에서 결정한 바이며, 그 실행은 금일로써 最好의 시기라고 본다. 왜냐하면 위의 보호권에 대하여 영-미 양국은 이미 동의를 주었을 뿐만 아니라 그 이외의 諸國도…최근에 발표된 日-英同盟 및 日-露講和條約의 명문에 비추어 조선이 일본의 보호국이 되어야함은 피할 수 없는 결과라 함을 묵인하여…"운운. 「韓國保護權確立實行に關する閣議決定」(1905. 10. 27), 앞의 『日本史史料』 [4], p. 267.

296) 「第2次 韓-日協約」(소위 「乙巳保護條約」. 1905. 11. 17)에서는 조선의 대외 관계 및 사무를 일본 외무성이 "監理 指揮"케 하고(제2조), "한국의 외교에 관한 사항을 전적으로 관리"케 하기 위하여 1명의 일본 統監(Resident General)을 서울에 주재케 하였다(제3조). 이 「條約」의 한국어 全文은 李瑄根, 앞의 책,

1907년 7월에는 다시 「정미(丁未)조약」을 강요하여 내정 전반에 걸쳐 일본인의 고문 정치(顧問政治)를 실시했다.[297)]

일본은 이에 앞서 조인된 「*포츠머드* 강화조약」(Portsmouth Treaty)[298)]에 의하여 한국에 대한 일본의 "우월한 정치-군사-경제상의 이익권"(paramount political, military and economy interests)을 *러시아*로 하여금 인정케 하는 한편, *러시아*의 여순-대련 조차권(25년간) 및 남(南)만주 철도 부설권을 인계받았다. 그밖에도 일본은 *사할린* 남부(북위 50도이남)의 영유권(領有權)을 획득했던 것이다. 이 「조약」에 따라 일본군은 남(南)만주에서 거의 철수했지만 그 대신 막대한 권익을 획득했다. 그리고 *러시아*로부터 얻어 낸 동청(東淸)철도의 남부 지선 및 철도 부속지의 경영을 위하여 수비대를 계속 주둔시켰다. 1906년에는 '남만주 철도주식회사'[만철(滿鐵)][299)]를 창설하고, 요동반도의 "관동주(關東州)"(여순-대련 일대)의 통치기관으로써 관동도독부(關東都督府)를 설치하여 여기에도 수비대를 주둔시켰다. 그리고 1910년에는 한국을 병탐(倂耽)하여 동북*아시아*에다 대식민제국(大植民帝國)을 형성했던 것이다.[300)]

---

pp. 923~924에 수록.

297) 日本은 1907년 7월 *헤이그* 密使事件을 구실로 삼아 高宗을 퇴위시키고 「제3차 한-일협약」(「新 한-일 협약」 또는 「丁未7條約」. 1907. 7. 24)을 강요하여 한국으로부터 외교 관리권뿐만 아니라 내정 전반에 대한 감독권을 획득했다.(제1조) 「조약」의 한글 全文은 『리조실록』400, 사회과학출판사(평양), 1991년판, p. 40에 수록. 그리고 곧 그 뒤 8월 1일에는 한국 군대를 강제로 해산시켰다. 이 「條約」 제4조와 제5조에 따라 통감부가 추천한 일본인 관리들이 한국정부 부처의 차관, 警視, 總監, 警務局長, 總稅務司署理로 들어앉았고, 중앙-지방의 재판소에는 일본인 판-검사가 조선인과 함께 임용되었다. 이러한 차관 정치는 일본이 "뒷날 만주국에서 시행된 그것의 원형"이 되었다. 1909년 현재로 한국 정부에 배치된 일본인 관리는 1천 5백 48명의 경찰관을 제외하고도 고등관, 判任官만도 2천 80명에 이르렀다. 그들의 인건비는 일본정부에 대한 한국 정부의 부채로 계상되었다는 것이다. 이 숫자는 姜在彦 著 『朝鮮近代史』, 平凡社, 1998년, pp. 197~198. 이러한 사실은 한국 정부가 한국인이 아니라 일본인에 의하여 운영되는 사실상의 식민지 정부였다는 것을 의미한다. 1910년의 「韓-日合倂」은 기정사실을 법적으로 명기하고 대외적으로 공포한 것에 불과했다.

298) 「*포츠머드* 條約」의 중요내용은 金容九의 앞의 책, p. 446.

299) '滿鐵'은 석탄개발, 중국 농산물(콩)의 일본 반입, 일본 공업제품의 만주 반출 등에 필수적인 "대륙경영"의 근간이 되었다. '滿鐵'의 역할은 영국이 東印度會社의 그것과 유사했다. 철도선을 보호하기 위하여 일본은 1km당 15명(총 1만 4천 4백 19명)의 駐兵權을 가지고 있었으며, 남만주에 주둔하고 있던 다른 육군의 지원을 얻어 군사적 지배의 거점을 이루고 있었다. "철도 附屬地"에 대한 청국의 개입을 허용치 않았기 때문에 이 지대는 독립 왕국과 같은 양상을 띠고 있었다. 또한 석탄-철광석 개발회사가 설립되고, 제분에서 담배, 성냥에 이르기까지의 공장들이 퍼져나갔다. 이로써 일본은 중국 본토 침략의 기반을 확보했던 것이다.

300) 淸-日戰爭 후의 臺灣 할양(1895), *러*-日戰爭 후의 남 사할린 할양, 조선 병합, 關東州 租借(사실상의

한편 *러시아*가 일본과의 전쟁에서 패배했다고 하여 *러시아*의 세력이 만주 전토에서 밀려난 것은 아니었다. 패전국 *러시아*는 남만주를 일본에게 내주고 북만주로 철수하여 그 지역을 공고히 하는 한편, 외몽고(外蒙古)에로 힘을 뻗쳐 극동의 방어선을 강화함으로써 일본세력과 다시 대치하게 되었다. 그사이에 국제관계는 표변하여 어제까지의 교전국(交戰國)이었던 *러*-일은 전쟁이 끝나자마자 어느새 구원(舊怨)을 잊고 이해 관계상 서로 제휴하기에 이르렀다. 미국이 만주의 철도 이권(利權)에 끼어들려 했기 때문에 *러*-일은 남-북만주에서의 각자의 이권을 수호하기 위하여 도리어 합세하지 않을 수 없게 되었던 것이다.

*러시아*와 일본은 1907년부터 1916년까지 9년 동안 무려 4차의 협상을 벌여 공개부분과 비밀부분으로 구성된 4차의 협약(제3차 협약은 비밀조항뿐)을 체결하였다. 양국은 만주를 남-북으로 양분하여 남만주를 일본의 북만주를 *러시아*의 세력권으로 만들었다. 그리고 몽고도 외몽고(外蒙古)와 내몽고(內蒙古)로 가른 후, 외몽고 내에서 *러시아*가 가지고 있는 "특수이익"을 보장했다(내몽고는 이미 일본의 세력권으로 되어 있었다). 그 후 다시 내몽고를 동과 서로 분할하여 동부는 일본의, 서부는 *러시아*의 "세력범위"로 하는 구획선을 설정하는데 합의하고301) 이 지역들에서의 상

영토화) 등에서 일본이 얻은 영토는 총 면적 1만 9천 2백 23平方 里에 이르렀다. 이 지역은 일본본토 면적(2만 4천 7백 18平方 里)의 약 78%에 해당하는 완전한 식민지였다. 그 위에 일본본토 면적의 3배가 넘는 南滿洲를 일본의 "勢力範圍"하에 두었다. 이 大植民帝國은 인구상으로는 1910년의 일본국 本籍 인구의 5천 98만명에 대하여 식민지 인구(일본인 제외)는 조선인 1천 3백 13만명, 대만인 3백 24만명, 關東州 주민 46만명 등을 합치면 약 1천 6백 83만명에 이르렀다. 또한 만주인 인구(1908년) 총 1천 7백 16만명 中 일본의 세력이 가장 강했던 奉天省의 인구는 1천 80만명에 이르고 있었다. 이 통계는 앞의 井上 淸의 책, p. 281에서 인용.

301) 「第1回 露-日協約」(1907. 7)에서 일본은 外蒙古에 한하여 *러시아*의 "특수이익"(지배)을, *러시아*는 한국에서의 일본의 "기존의 관계"(半식민지)를 서로 시인했다.('비밀협약' 제2조, 제3조) 그리고 만주에 관해서는 '비밀협약' 제1조와 추가조약에서 *하얼빈*과 吉林의 거의 중간에다 남-북의 분계선을 설정하고 남만주에서는 일본의 권익을, 북만주에서는 *러시아*의 권익을 서로 인정하는데 합의했다(제1항). 「日-露 第1回 協約」. 앞의 『日本外交年表竝主要文書』上, pp. 280~281 참조.

그런데 1909년 12월 美國 國務長官 녹스가 이른바 "녹스 만주철도 중립화 안"(Knox Neuralization Plan for Manchuria)를 발표하자 *러*-일은 만주에서의 각자의 권익을 수호하기 위해 제휴를 강화했다. 그리하여 「제2차 협약」(1910. 7)중의 「秘密條約」(제1~4조)에서는 양국의 "특수이익" 지역의 분계선을 보다 더 확정적인 것으로 만들고 각자의 "특수 이익"이 타국에 의하여 침해를 받을 때에는 그 이익의 방어를 위하여 "공동 행동"을 취하며 "상호원조"에 관하여 협의할 것을 규정했다(제5조). 「일-로 제2회 협약」(1910. 7. 4). 같은 책, p. 337.

「제3차 협약」(1912. 7)에서는 「제1차 협약」 중의 「비밀협약」에서 책정한 세력권의 分界線을 內蒙古에

出典. Martin Gilbert, *Atlas of Russian History*, 앞의 책 p.67

대방의 "특수이익"을 서로 인정하였다. 이러한 양국의 "세력범위"–"특수이익"302)은 1931년 9월 일본군(軍)이 만주사변을 일으켜 만주 전토를 제압할 때까지 그대로 유지되었다. 이 두 제국주의 국가의 만–몽 분할음모 속에서 일본정부는 "한국 병합"안(案)을, "병합(併合)" 1년 반 전인 1909년 3월 31일 이미 총리대신에게 제출했고 그해 7월 3일 일본의 각의는 "적당한 시기에 한국의 병합을 단행할 것"을 정식으로 결정한 후 「대한 시정대강」(對韓 施政大綱)까지 작성해 놓았던 것이다.303) 그리고 다음 해

까지 연장하여 내몽고를 다시 동–서로 분할하여 그 동부를 일본의, 서부를 *러시아*의 "특수 이익지역"으로 삼았다. 「제3회 일–로 협약」. 같은 책, p. 369.

「제4차 협약」(1916. 7)의 중요한 부분은 비밀 조항에서 양국은 중국이 "일본 또는 *러시아*에 대하여 적의를 품고 있는 제3국"의 지배하에 들어가는 것을 저지하며(제1조), 제3국과 일본 또는 *러시아* 사이에 전쟁이 일어날 경우에는 상호 "원조"하며 단독강화는 하지 않는다(제2조)는 軍事同盟的 성격의 규정이었다. '日露大正五年協約'. 같은 책, p. 420. 이때의 "제3국"이란 미국을 암시하는 것이었다.

302) 여기서 "特殊利益"(special interests)이라는 것은, 미국이 천명해온 "門戶開放"의 구호에 맞서 일본이 제1차 세계대전 이전부터 제창했던 독특한 개념이다. 일본은 남만주가 일본 본토 및 한국과 인접해 있다는 의미에서 그 지방을 "특수지역"이라고 부르고 그곳의 일본 권익을 "특수 이익"이라고 주장했으며 이 지역의 이권을 어떻게 유지 강화하는가의 문제가 곧 만주 문제였다. 그런데 일본이 내몽고 동부까지를 자국의 "세력범위"에 집어넣은 이후로는 만주 문제는 "滿–蒙問題"로 확대되었다. "만–몽"이란 개념은 일본이 淸–日 전쟁, *러*–日전쟁, 對中 「21個條 要求」 등을 통하여 획득한 남만주와 내몽고 동부지역을 지칭하는 것으로서 만–몽지방 역시 일본 본토에 근접하고 있다는 궤변으로써 그곳의 권익에다 "특수"라는 규정을 부쳐 "滿–蒙 特殊權益"이라고 불렀던 것이다.

인 1910년 8월 22일 '대한제국'은 일본에 "병합"되어 소멸되고 이 지역은 조선으로 개칭했다.

제3절 '신해혁명(辛亥革命)'의 굴절(屈折)

한편 청국에서는 '의화단'의 봉기가 좌절된 후 반(半)식민지화가 더욱 촉진되어 조정의 대외적 굴종의 도가 높아지고 있는 가운데 중국에서는 '신해혁명'이 일어났다.[304] 신해혁명의 성공에 의하여 공화제가 출현함으로써 청조는 2백 77년 만에 멸망하고 진시황(秦始皇)이래 2,133년의 역사를 자랑했던 전제적 왕조시대는 중국역사에서 막을 내렸다. 1912년 1월 1일 남경(南京)에는 손 문(孫 文)을 임시 대총통(大總

303) "韓國 併合"에 관하여 일본정부가 놀랄 만큼 적나라하게 표명한 강탈적 "大 方針"의 요점은 다음과 같았다.
"제1, 적당한 시기에 한국의 併合을 단행할 것-한국을 병합하여 이를 제국 판도의 일부로 만듦. 반도에서의 我의 실력을 확립하기 위한 가장 확실한 방법임…"
"제2, 병합의 시기가 도래할 때까지는 병합의 방침에 따라 충분히 보호의 실권을 거두고 힘써 실력의 扶植을 도모할 것…"
그리고 병합의 시기가 도래할 때까지의 施政大綱은
"제1, 帝國政府는 기정의 방침에 의하여…필요한 군대를 동 국에 주둔시키고 또한 가능한한 다수의 헌병 및 경찰관을 동 국에 증파하여 十分 질서유지의 목적을 달성할 것"
"제2, 한국에 관한 외국 교섭사무는 기정의 방침에 의하여 우리 수중에 장악할 것"
"제3, 한국 철도를 제국 철도원에 이관하여…남만주 철도와의 사이에 밀접한 연락을 이루고 我의 대륙 철도의 통일과 발전을 도모할 것"
"제4, 가급적 다수의 본국인이 한국 내에 이주하여 我의 실력의 근거를 깊이 하는 동시에 일-한 간의 경제 관계를 밀접하게 할 것"
"제5, 한국 중앙정부 및 지방관청에 재주하는 본국인 관리의 권한을 확장하여 일층 민활하고 통일적으로 시정을 행함을 기할 것"
「韓國併合に關する件」. 앞의 『日本外交年表竝主要文書』 上, pp. 315~316 참조.

304) 中國의 國權을 외세에 팔아먹는 청조의 타도("滅滿興漢")를 외치는 여러 혁명단체들이 중국에서 조직되었고, 그 대표들은 1905년 8월 일본 東京에서 孫 文을 회장으로 하여 '중국혁명동맹회'를 결성하고 그의 3민주의(民族, 民權, 民生)를 기조로 하는 혁명 강령을 채택했다. 「*포츠머드*조약」 체결 한 달 전의 일이었다. '중국 혁명동맹회'는 민족 자본가-화교-해외 유학생들의 지지를 얻어 국내의 비밀 결사와 연락을 갖고 군대 안에 침투하여 몇 차례 무장 봉기를 감행했지만 번번이 실패했다. 그러나 1911년 9월 四川 폭동과 10월 10일("雙十節")의 武昌 봉기는 전국적 봉기로 파급되었다. 이것이 「辛亥革命」이다. 이에 호응하여 그해 하순에는 24개 省 중에서 17개 省이 청조로부터의 독립을 선포했고 12월초에는 혁명군이 南京을 점령했다. 독립을 선포한 17개 省 대표들은 12월 孫 文을 임시 대통령으로 선출하고 1912년 1월 1일 중화민국 임시정부를 선포했던 것이다.

統)으로 하는 중화민국(中華民國) 임시정부가 선포되었다. 그러나 청조의 멸망으로 문제가 해결된 것이 아니라, 더 많은 문제들이 새로 발생했다. 혁명정부의 힘이 미약했기 때문에 손 문은 원세개(袁世凱)와 타협해야 했다. 그 결과 정권은 *앙샹 레짐*(ancien régime)의 대관(大官)이었던 원세개 자신에게 넘어가 그가 임시 대총통의 자리를 계승했다.[305)]

그렇지만 원세개는 손 문(孫 文)과의 민주공화제 약속을 지킬 생각은 추호도 없이 독재권력을 추구하고 획득했다.[306)] 바로 이런 때인 1914년 7월 제1차 세계대전이 발발하게 되자 일본은 즉각 독일에 선전포고를 하고 산동성(山東省)에 출병하여 교주만(膠州灣))－청도(靑島)를 점령하였다. 그리고 독일의 "세력범위" 내의 모든 권익을 자기 것으로 만들어 중국본토로 진출할 수 있는 기반을 굳히려 했다. 그런 야심에서 1915년 1월 원세개정권에 득이 된 것이 중국을 일본의 보호국으로 만들고자 한 굴욕적인 「21개조 요구」[307)] 조항이었다. 그는 이 치욕적인 일본의 요구를 받아들

---

305) 袁世凱는 1901년 1월 西太后의 명을 받아 華北에서 "新軍"(北洋軍. 근대화된 군대)을 창설, 이것을 기초로 하여 최대의 실력자로 등장했다. 그는 서태후(그녀는 1908년 光緖帝와 같은 때에 병사)와 결탁하여 '變法維新'을 말살한 죄 때문에 幼帝 溥儀(宣統帝)가 즉위하자마자 면직되었었다. 그런데 조정은 그를 국가질서를 바로잡을 수 있는 유일한 실력자로 인정하고 혁명운동을 진압하기 위하여 그에게 최고 지휘권을 위임했다. 그는 노련한 기회주의자로서 조정과 혁명파 사이에서 和議를 진행시키는 동안 혁명파에 압력을 가하여 자기의 권력을 강화해 갔다. 그는 南京정부와 교섭한 끝에 孫 文이 대총통을 자기에게 양보하는 조건으로 청조의 폐절, 공화제의 채택, '임시약법'(정식 헌법이 제정될 때까지의 기본법)의 준수, 수도의 南京 이전 등을 약속했다. 그러면서 그는 무력의 위협으로 宣統帝를 퇴위시켰다(1912. 2. 12). 이틀 후 손 문은 임시 대총통 직을 사직했고 그 다음날 袁世凱가 그 자리에 올랐다. 손 문은 혁명정부의 재정이 극도로 어려운데다가 영국 등 열강은 원세개가 내란을 조기 수습할 것을 기대하여 그를 지원하고 있던 점 등을 고려하여 中華民國이라는 공화정체를 보장받는 조건에서 원세개와 타협했던 것이다.

306) 袁은 南京으로 천도하지 않고 자기의 권력 기반인 北京에 눌러앉아 대총통의 專制를 제한하는 「臨時約法」을 유린하고 '國民黨'('同盟會'의 후신)이 의회 내에서 제1당이 되자 그 지도자 宋敎仁을 암살했으며 日－英－獨－佛－露의 5개국으로부터 2천 5백만 *파운드*의 차관을 얻어 이 자금으로 봉건적 전제권력을 강화했다. 그는 의회에 강요하여 대총통선거를 실시한 다음 정식으로 그 직에 취임했다가 '국민당'의 저항이 일어나자 *쿠데타*로 먼저 '국민당'을, 다음에는 의회를 해산하고 정치－군사의 최고 책임자가 되어 독재권을 장악했다.

307) 이 「要求」에 처음 北京정부는 완강하게 저항했으나 결국 굴복하여 그 대부분을 수락하고 말았다. 여기서 일본이 처음 요구한 내용은 (1) 山東省에 있는 구 독일의 일체 권익의 계승, (2) 旅順, 大連, 南滿洲鐵道－安奉철도 등의 조차기한 99개년 연장, (3) 남만주－동부 내몽고에서의 상－공－농업의 경영권 인정과 거주－왕래의 자유, 토지의 차용권 인정, (4) 漢冶萍公司[大冶의 철광－萍鄕의 석탄－漢陽의 제철소로 구성되는 회사]를 일－중 철강공사 합작으로 할 것, (5) 중국 연안의 항만과 도서를 타국에 양여 또는 대여하지 말 것, (6) 중앙정부에 일본인의 정치－재정－군사고문을 초빙하고 필요한 지방의 경찰은 중

였다. 무한한 권력욕에 사로잡힌 그는 제정(帝政)을 부활시켜 스스로 황제의 자리에 오르려고 획책하다가 국내 여러 성(省)의 반항과 중화민국을 승인한 일-영-러 등 열강들의 정체(政體)변경 반대에 부딪혀 실의 중 급사(急死)하고 말았다(1916년. 6월).

원세개의 사후 권력의 중심세력이 없어진 중국에서는 각 성(省)에 의거하여 군벌(軍閥)들이 발호했다. 중국의 중앙정부였던 북경정권은 "안휘(安徽)군벌"(단기서段祺瑞가 두목), "직례(直隷)군벌", "하북(河北)군벌"(풍국장馮國章이 두목), (그의 사망 후에는 조 곤 曺 錕, 오패부 吳佩孚 등), "봉천(奉天)군벌"(장작림張作霖이 두목) 등으로 분열되었다.[308] 이들 중 안휘파는 일본의 지원을, 직례파는 영-미의 지지를 받고 있었다. 또한 일본은 만주의 세력범위를 유지하기 위하여 장작림과도 결탁해 왔다. 군벌과 제휴하여 자국의 이익을 추구한 나라는 비단 자본주의 열강만은 아니었다. 심지어 "반제(反帝)"의 기수로 자처하고 있던 소련까지도, 1923년 2월 '중국공산당' 지도하에 북경-한구(漢口) 철도연변에서 일어난 노동운동을 참혹하게 진압했던 북경정부의 실권자 오패부와 외교적 교섭을 추진하여 "국교"를 재개하였던 것이다.[309]

-일 합동으로 할 것, (7) 중국은 일본으로부터 무기의 공급을 받든가 중-일 합작 兵武廠을 만들 것 등등이다. 양국의 교섭과정에서 이상의 내용 중 제(6) (7)을 삭제한 후 일본은 최후통첩으로 이것을 중국에 제시했고 원세개는 이것을 수락했다. 「二十一個條 要求」(1914. 12. 4)의 원안은 앞의 『日本史史料』 [4], pp. 317~318.

308) 중국에서 軍閥이란 통일된 하나의 국군 안에서 정치권력, 특권, 요직을 차지하기 위하여 서로 투쟁하는 군인들 사이의 특정한 파벌과는 다른 것이었다. 중국의 군벌은 淸朝 멸망이후 군사력을 배경으로, 여러 지방에 割據하여 특정지역을 장악한 후 정치-경제-군사적 지배체제를 확립하고 그 지역을 배타적으로 통치하는 사적 집단이었다. 군벌의 두목은 자기의 통치지역에서는 小 帝王이나 다름이 없었다. 군벌의 기원은 청조 말에 일어난 농민반란 때에 조정이 무력하여 이것을 평정하지 못한 때문에 국가의 행정체계가 붕괴하여 세상이 혼란에 빠졌을 때, 지주, 鄕紳들이 촌락의 자체 방위란 명목에서 무장집단을 조직했던 때로 소급된다. 청조 말 최초의 본격적인 최강의 군벌은 원세개의 "북양군벌"이었다. 그런데 그가 급사하자 통제력이 상실되자 그의 부하들은 몇 개의 군벌로 갈라져서 北京을 중심으로 한 華北지방을 장악하기 위하여 상호간에 혼전을 벌였던 것이다. 당시 군벌들 간의 패권투쟁과 주요 인물에 관해서는 *존 K. 페어뱅크*의 『東洋文化史』(下) (John K. Fairbank and others, *East Asia-The Mothern Transition*, Harvard University, 1965), 乙酉文化社, 1969년, pp. 755~761 참조.

309) 1923년 2월 1일 京漢鐵道 (北京-漢口線)의 노동조합원들은 북방 군벌정권이 노동조합 결성을 금지하자 중국공산당 지도하에 과업을 단행하려 했다. 북경정부의 실권자 吳佩孚는 2월 7일 이들을 무력으로 진압하여 52명을 학살했다. 노동자들 중 3백여명이 부상을 당했고 40여명이 투옥되었으며 1천여명이 해고되었다. 이것이 중국공산당에서 선전해온 "2 · 7慘案"(2 · 7 학살사건)이라는 참극이었다. 이 사건에 관한 중국공산당의 근년의 공식 설명은 劉吉主 編, 『中國共産黨七十年』, 上海人民出版社, 1991년, p. 28

당시 중국군벌[310]들이 요지경 속 같이 어지러운 합종연형(合從連衡)에 의하여 서로 혼전을 일삼으면서 춘추전국(春秋戰國) 시대의 축소판을 연출해 오던 중 북경정권은 친일파 단기서(段祺瑞)에게로 넘어갔다. 일본은 자기의 권익을 공고히 할 목적에서 단기서 정권에 막대한 차관을 제공했다. 1917년 10월 *러시아*에서 *소비에트*정권이 수립되자 일본은 공산주의 혁명운동이 중국과 일본에 파급하는 것을 저지하기 위

참조. 비교적 자세하고 객관적인 분석은 王健民의 『中國共産黨史稿』 第1編, 中文圖書供應社(臺灣), 1974년, pp. 162~163 참조.

그런데 半식민지 중국에서의 "反帝－反封建的[反군벌 포함] 민주주의 혁명"을 제창해온 *코민테른*까지도 군벌들의 내란 기에 오패부(吳佩孚)가 한때 승리하자 그를 孫 文과 합작("孫－吳 合作")시켜 "노동운동"(공산주의운동)을 보호하려고 기도했다는 것이다. 王健民의 같은 책, p. 162. 그리고 소련은 오패부가 실권을 장악하고 있던 北京 정부를 상대로 현실주의적 외교 교섭을 벌여 그 결과로 1924년 5월 31일 「중－소 조약」을 체결, 양국의 국교－영사관계를 재개했다. 그러면서도 소련은 다른 한편으로는 廣東의 孫 文 및 만주 군벌 張作霖과 협상을 벌이는 *마캬벨리*的 多角外交를 추진하였다.

10월혁명 직후 소련은 舊 제정*러시아*가 다른 제국주의 열강과 함께 중국에서 획득해온 治外法權과 개항장의 이권을 포기하고, 中－蘇가 새로운 평등관계를 수립할 것을 강조 했다. 1919년 7월 소련 정부는 제1차 「*카라한* 선언」을 통하여 북만주의 동청철도의 권익과 광업권 등을 "무상으로" 중국에 반환하겠다고 약속했다. 그러나 소련은 곧 그런 약속을 한 일이 없다고 부인하고 1924년은 「중－소 조약」의 교섭에 임하여 제정 *러시아*의 제국주의적 이권의 유지를 추구했다.

결국 이 「조약」에서 소련은 동청철도(中東鐵線)의 이권을 중－소 합작 의하여 운영하는 형식으로 회복했다. 그리고 *러시아* 내전 때에 적군이 점령한 외몽고가 중국의 영토라고 시인은 하면서도, 그곳의 "自治"를 요구하였다. 그러나 소련은 외몽고에서 '蒙古 人民黨'(공산당)을 조직하고 '蒙古人民共和國'을 수립한 후 이것들을 도구로 하여 외몽고를 실제로 자국 세력하에 두었다. 이렇게 하여 소련은 중－소 국경지대에서 제정 *러시아* 시대의 지위를 회복했던 것이다. 「中－蘇 條約」의 경위에 관해서는 앞의 Franz H. Michael and George E. Taylor의 책, pp. 341~342 참조.

310) 袁世凱 사후 각 지방에 할거한 대소 10여개 軍閥들의 跋扈와 그 盛衰는 실로 현기증이 날 정도로 어지럽고 착잡한 광경을 보여주었다. 1920년대 중반까지의 군벌의 세력권 중 중요한 것은 다음과 같다.

管轄區域	**통치자 또는 집단**
北京政權하의 地域 ……	주요 파벌 지도자 : 曹錕, 吳佩孚.
滿洲 ……………………	東北3省 총사령 : 張作霖
山西 ……………………	督軍(省의 군정장관) : 閻錫山
浙江 ……………………	督軍 : 盧永祥(張作霖의 부하)
福建 ……………………	督軍 : 周陰人
廣東 東部 ……………	陳炯明 : 廣東省 省長 및 廣東軍 사령관
廣東 ……………………	張逸仙의 국민당(군벌 아닌 혁명정부)
廣西 ……………………	督軍 : 陸榮廷, 李宗仁 등
湖南 ……………………	총사령 : 趙恒惕
雲南－貴州 ……………	총사령 : 唐繼堯
四川 ……………………	군사재건위원 楊 森(吳佩孚의 부하)

앞의 O. Edmund Clubb, *Twentieth Century China*, p. 125에 의거.(본 저자가 약간 수정했음).

해 1919년 4월 단기서정권과 군사협정을 체결했다. 이로써 일본군(軍)은 흑룡강성－길림성－내몽고까지 진주할 수 있는 법적근거를 마련했다.[311] 1919년 4월 일본은 기존의 '관동도독부' 육군부를 폐지하고 독립된 관동군 사령부를 설치하여 관동주(關東州)와 남만주 철도선의 경비에 임하게 하였다. 이로써 일본은 관동군(關東軍)에 의한 남만주의 군사적 지배의 토대를 구축할 수 있었다.

일본이 '만철(滿鐵)'을 주축으로 하는 남만주와 그리고 내몽고 동부를 자국의 "특수이익" 지역으로 삼고 식민지화(化)를 강행하자, 당시 북경정부를 장악하고 있던 봉천군벌 장작림의 반발을 사게 되었다. 그는 자기의 권력유지를 위하여 본래 일본에 협력해 온 자였다. 그런데 1928년 4월 '국민혁명군'(총사령관 장개석 蔣介石)이 제2차 북벌(北伐)을 개시하여, 북경의 군벌군대들을 격파함으로써 북경은 간단하게 함락되었다. 여기서 '중화민국' 창건이래 북방(北方)군벌의 소굴로 되었던 북경정부는 영원히 사라지고 말았다. 따라서 "북벌전쟁"도 끝났다. 장작림이 북벌군(北伐軍)에 쫓겨 봉천(奉天)으로 퇴각하던 도중, 그의 이용 가치가 끝났다고 본 관동군의 일부 장교들은 1928년 6월 4일 그의 열차를 폭파하여 그를 암살했다. 장작림의 권력을 상속한 그의 아들 장학량(張學良)은 일본인의 횡포에 맞서 남경(南京)의 국민정부에 충성을 서약하면서 이에 합류하여 "역치"(易幟, 깃발을 바꿔 띄우는 일)를 선언, 만주 전토에서 종래의 5색기(五色旗)를 내리고 청천백일기(靑天白日旗)를 게양했다.

그렇다고 중국이 국민정부 하에 통일되어 일본 제국주의를 몰아낼 수 있을 만큼 단결된 것은 아니었다. 이 무렵부터 중국은 공산주의라는 새로운 혁명세력의 대두에 의하여 단속적인 내란의 시대로 돌입했다. 1921년 7월 *코민테른*의 직접 지도하에 결성된 '중국공산당'은 1924년 1월 제1차 국공합작(國共合作)을 성립시키고 1926년 7월 장개석(蔣介石)을 총사령관으로 하는 '국민혁명군'의 북벌전쟁에 참가했다. 그런데 장개석은 상해 일대에서 *프롤레타리아*계급혁명을 추구하고 있던 공산당의 활동을 제재해 오다가 1927년 4월 북벌 도상에서, 세칭「4·12 *쿠데타*」를 단행, 그들의 조직을 유혈진입으로 분쇄했다. 국민당은 공산당에 대한 내책 여하의 문세를 놓고 좌－우－중도의 3파로 분열되어 잠시 중국에는 두 개의 국민당 본부와 두 개의 국민당 정권이 출현하였다.

---

311) 大久保 泰,『中國共産黨史』下, 原書房, 1971年, p. 427.

이때 국민당 좌파의 장악하에 있던 무한(武漢)정부(왕정위 汪精衛가 주석)는 공산당을 지지하면서 국-공합작(國共合作)을 유지하고 있었다. 국-공합작은 *스탈린(코민테른)*의 확고한 정책이었다. 그러나 국민당 좌파는 공산당 사주하에 만연하고 있던 농민들의 무장폭동에 충격을 받고 반공노선으로 급선회했다. 무한정부는 1927년 5월 18일부터 호남성(湖南省) 여러 도시에서 농민조합-노동조합-공산당 기관들을 습격하고 수만 명의 당원들을 소탕했다.[312] 그 결과로 제1차 국-공합작이 최종적으로 붕괴되자, 곤경에 빠진 *스탈린*은 중국혁명의 신속, 통쾌한 승리를 과시하기 위하여 군사모험주의적인 전국적, 대규모의 무력혁명을 지령했다.

그런 임무를 수행하기 위하여 중국에 파견된 *코민테른*의 새 대표가 *로미나제*(Besso Rommadze)와 *노이만*(Heinz Neumann)의 두 청년이었다.[313] 이들의 계획에 따라 「남창봉기」(南昌蜂起, 1928. 8. 1)[314]가 일어났으나 곧 실패했다. 「남창봉기」는 그 후 10년 동안 계속된 제1차 국-공(國共)내전의 출발점이었다.

「남창봉기」의 참패를 만회하고자 *스탈린*은 8월 7일 중국공산당으로 하여금 긴급회의(「8 · 7회의」)를 소집케 하고 다가오는 가을을 맞이하여 농민들이 무장폭동을 일으키도록 지시했다.[315] 그리하여 1927년 8월~10월 호남(湖南)-강서(江西)-호북(湖

312) G · *피로치 홀바트*에 의하면 일례로 1927년 7월 28일 "國民黨 左派政府는 공산주의자들과의 합작을 폐기하고 모든 紅(赤)色 조직들의 절멸을 명했다. 약 2만 5천명의 공산주의자들이 처형되자 黨은 지하로 잠복할 수밖에 없었다"는 것이다. Georg Poloczi-Horvath, *Der Herr der blauen Ameisen Mao Tse-Tung*, Verlag Heinrich Scheffler, 1963, p. 88.

313) *로미나제*는 *스탈린*의 고향인 *구르지아* 출신으로 29세, *노이만*은 독일 태생으로 겨우 26세였다. 27년 8월의 南昌蜂起는 로미나제의 지도하에 일어났고, 그해 12월의 '廣州公社'(廣州코뮨)는 *노이만*의 지시에 의하여 조직되었다. Robert C. North, *Moscow and Chinese Communists*, pp. 110~112. *스탈린*이 중국에 관하여 무지에 가까웠던 이 20대 외국 청년들로 하여금 그 엄청난 무장혁명을 지도하게 했다는 사실은 그가 중국혁명을 무책임하게, 제멋대로 가지고 논 것이나 다름이 없었다.

314) 「南昌蜂起」란 1927년 8월 1일 *로미나제* 계획하에, 이 지역에 주둔하고 있던 賀 龍과 葉 挺의 국민당 군부대가 周恩來와 彭德懷 등의 지원을 받으면서 湖南省 수도 南昌에서 결행한 무장폭동이다. 이들은 모두 국공합작 때 공산당 입당을 비밀에 부치고 있던 국민당 군대의 장교들이었다. 이 반란부대들은 3일간 南昌시를 점거하고 혁명위원회까지 선포하였지만 국민당 군대에 의하여 격파되자 곧바로 廣東省 동쪽의 汕頭와 潮州방면으로 퇴각하였다. 이들은 汕頭를 일시 점령하였지만 국민당 군대에 의하여 포위격멸되어 산산이 흩어졌다.

315) 南昌蜂起가 4일 만에 격파되어 봉기군들이 남쪽으로 패주하고 있던 8월 7일 *스탈린*은 소련이 훈련한 黨政治局員 구추백(瞿秋白)으로 하여금 급히 黨 긴급회의(세칭 「8 · 7회의」)를 소집케 했다. *로미나제* 참석하에 열린 이 회의는 혁명이 성공할 가능성이 없는데도 농촌의 추수기를 이용하여 농민들의 무장폭동을 일으키도록 비교적 자세한 지침을 내렸다. 아울러 도시와 농촌에서 노농혁명군을 조직하고 정권,

北)－광동(廣東)에서 일어난 것이 유명한 「4성 추수폭동」(4省秋收暴動)이었다.[316] 그러나 이것들은 모두 진압되었다. 그 해 10월~12월 사이에는 광동성에서 '광주공사'(廣州公社, '광주*코뮨*')를, 해풍(海豊)－육풍(陸豊)지방에서 '*소비에트*'(노농혁명정부 勞農革命政府)를 수립하고 무장봉기를 일으켰지만[317] 모두 괴멸되었다. 호남에서 추수폭동을 지휘하고 있던 모택동(毛澤東)은 폭동이 실패하자 그해 10월 잔존 부대 약 1천명(본래는 약 5천명)을 이끌고 호남－강서의 두 성에 걸쳐있는 정강산(井崗山)으로 퇴각, 그곳에 최초의 공산주의 혁명근거지를 설치한 후 확대해갔다.

그 후 1931년 11월 여러 성에 혁명근거지의 대표들이 서금(瑞金)에 모여 모택동을 주석으로 하는 '중화(中華)*소비에트*공화국 임시중앙정부'의 수립을 선언하고 그곳을 수도로 정했다(당 중앙은 여전히 상해에 있었다). 그리하여 중국에는 두 개의 국가('중화민국'과 '*소비에트공화국*')가 나타나 대륙을 지배하기 위한 혈전을 벌이게 된다. 그 위에 국민당 내에서는 장개석파와 왕정위(汪精衛)파 사이에 다시 내분이 일어났고 장개석과 제휴하여 북벌을 완성시켰던 구(舊)군벌 염석산(閻錫山), 풍옥상(馮玉祥), 이종인(李宗仁) 등이 "반장전(反蔣戰)"을 일으켰다. 이것은 일종의 세력권 확대를 위한 군인들 간의 무력투쟁이었다. 이러한 중국 내의 천하대란(天下大亂)을 일본 제국주의는 대륙(大陸) 침략의 절호의 *찬스*로 이용했던 것이다.

즉 "혁명위원회"를 수립할 것을 결의했던 것이다. 중공 중앙 「中國共産黨の政治的 任務と戰術に 就いての 決議」(1927. 8). 日本國際問題硏究所 中國部會編, 『新中國資料集成』 3, pp. 270~274.

316) '秋收暴動'은 湖南－江西－湖北－廣東의 4개 省에서 뿐만 아니라 陝西省과 海南島 등지에서 일어났지만 4省 폭동이 가장 격렬했다. 그 까닭은 공산당 산하의 농민협회가 그 지역에 광범하게 조직되어 있었던 때문이다. 모택동에 의하면 湖南의 추수폭동은 국공합작을 완전히 끝장내고, 대－중－소지주들의 토지를 모두 몰수하고, 노농혁명군을 조직하고, 지방에서 공산당 정권과 *소비에트* 제도를 수립하려던 것이 자기의 계획이었다고 한다. 그러나 *소비에트*의 조직은 그때까지는 *코민테른*의 반대 때문에 포기했다는 것이다. Edgar Snow, *Red Star over China*, Random House, 1944, p. 167.

317) 南昌蜂起에서 괴멸당한 공산당 系 부대 중 일부는 남쪽으로 도주하여 10월 중순 廣東省의 海豊－陸豊 지방에서 彭 湃 軍의 지원하에 *소비에트* 정권을 수립하고 1928년 3월까지 5개월 동안을 지탱했다. 그러나 국민당 軍의 공격 앞에서 '海－陸豊 *소비에트*'는 결국 무너지고 말았다. 12월 11일에는 葉劍英 부대와 廣州勞動赤衛隊 등 수천 명이 *노이만*의 지도하에 廣東시에서 봉기하여 "廣州公社", 즉 廣州 혁명인민정부를 선포하여 기세를 올렸지만 국민당 군대의 반격에 의하여 곧 격파되었다. 앞의 劉吉主 편, 『中國共産黨七十年』, p. 168. 한편 남창봉기 후 각지를 전전하던 朱 德 부대는 湖南省 남쪽으로 퇴각한 후 28년 5월 井崗山에 들어가 있던 모택동의 *게릴라* 부대와 합세하여 '勞農紅軍' 제4군을 편성하기에 이른다.

제3장

재만(在滿) 조선인 민족주의자들의 항전(抗戰)

제1절 독립운동의 국외(國外) 근거지 건설

이상에서 일별한 바와 같이 약육강식(弱肉强食)을 생존법칙으로 삼고 있던 국제권력정치의 *정글* 속에서 국권을 상실한 조선민족 사이에서는 당연히 민족주의적 저항이 일어나지 않을 수 없었다. 조선의 민족주의운동은 갑신정변－동학혁명－독립협회운동－의병항쟁－이와 때를 같이 한 애국－계몽사상 운동－3·1운동－그 후의 독립군투쟁 등의 몇 단계를 거치면서 전개되었다.

그러나 조선 내에 견고한 침략의 아성(牙城)을 구축한 일본제국주의를 몰아낼 수는 없었다. 여기서 애국지사들은 절박한 심정에서 마지막 수단으로 혁명적 *테러리즘*에 호소하였다.

그 대표적인 것이 일본이 한국정부에 추천한 미국인 고문 「*스티븐스*(Stevens) 암살사건」(1908. 3. 전명운 田明雲, 장인환 張仁煥 등), 「이또 히로부미(伊藤博文)의 저격 살해사건」(1909. 10. 안중근 安重根), 「매국 총리대신 이완용(李完用) 피습사건」(1909. 12. 이재명 李在明)이었다. 이러한 혁명적 *테러리즘*은 1907년 8월 1일 구(舊)조선군이 일본의 강압에 의하여 해산된 후 전국적으로 봉기했던 의병의 무력 항쟁과 시기를 같이 했다. '독립협회'를 기점으로 하는 비(非)폭력적 애국계몽운동－교육사업이 의병항쟁 및 애국적 *테러리즘*과 결부되었던 것이 이 시기의 조선 민족주의운동의 특색이었다. 이러한 전통은 *시베리아*와 만주에서 독립운동에 그대로 계승되어 교육사업의 지속과 함께 조직적인 무장투쟁으로 발전했다.

「을사 5조약」(190. 5. 11, 즉 「제3차 한－일협약」)－「제7차 한일협약」(「정미 丁未 7조약」, 1907. 7)에 의하여 일본의 반(半)식민지로 전락한 구(舊)한국은 일본 통감부(統監府)의 지배하에서 언론－출판－교육－집회－결사에서 엄격한 통제를 받았다.

이어 「한－일합방」(1910. 8)에 의하여 일본의 완전한 식민지로 전락된 조선은 "내선일체(內鮮一體)"니 "일시동인(一視同仁)"이니 하는 *슬로건* 밑에서 자행한 조선 총독부의 잔학한 무단(武斷)정치에 의하여 「애국 계몽운동」마저 말살되었다. 이제 국내에서 국권회복운동을 벌일 수 있는 발판을 상실한 민족주의 지도자들은 국외, 즉 비교적 안전지대였던 만주 또는 *시베리아*로 이동하여 항일투쟁의 근거지를 구축해야 했다. 그리하여 많은 사람들이 그 곳으로 이동하여 항일투쟁을 전개했다. 만주의 조선인 민족주의자들의 항일투쟁은 국내에서 전개해 온 국권회복운동의 연장이었다.

만주지역에서 전개된 조선인들의 항일투쟁에 절대적으로 기여한 것은 서간도(西間島)와 북간도(北間島) 지방[318]에 창설되었던 독립운동의 근거지(기지)였다. 만주에 근거지를 창설하는 문제를 처음 제기한 선각자(先覺者)는 유림(儒林)의 거목이요 의병장이었던 유인석(柳麟錫)이었고, 다음은 '신민회' 간부들이었다는 것이 통설이다. 「을미사변」 후 유인석은 문하의 이인영(李麟榮), 이강년(李康秊) 등과 함께 반일(反日) 의병부대를 조직, 기병(起兵)하여 전라－경상－충청－강원 여러 도(道)에서 용전(勇戰), 한때 충주성을 점령하였다. 그러나 일본군과는 비교가 되지 않으리만큼 무장이 빈약한데다 1896년 1월에 이미 국왕은 의병 해산을 조칙(朝勅)으로 명령하였기 때문에 뜻을 이루지 못하고 그의 부대들은 같은 해에 분산하여 서간도의 통화현(通化縣)－집안현(輯安縣)으로 운동의 무대를 옮겼다.

그런데 의병부대들은 청국의 지방 당국에 의하여 무기를 모조리 몰수당하고 황무지를 개간하며 살라는 지시를 받고 그곳에 정착하였다.[319] 유인석은 그 일대를 독립

---

318) "間島"란 지역은 두만강을 경계로 하여 한반도 북방과 맞닿아 있는 지금의 延吉－和龍－汪淸의 3縣을 가리키며 그 구역을 연장, 琿春縣까지를 포함시켜 "間島地方" 또는 "琿間地方"이라고 불렀다. 이 지역에는 지리상의 인접 조건 때문에 함경북도로부터의 농민 이주자가 절대 다수였다. "北間島"(일명 "東間島")란 곳은 일반적으로 "間島地方"에서 琿春縣을 제외한 지역의 호칭이었다. 한편 "간도지방" 서쪽에 접한 樺甸－敦化－安圖의 3縣을 "西間島"라고 불렀다. 그러나 이러한 호칭은 행정적 명칭이 아니라 관용상의 호칭에 불과했다. "만주국" 시대에는 間島省이라는 것을 새로 설치하여 延吉－和龍－汪淸－琿春－安圖의 5개 縣을 여기에 집어넣었던 것이다. 앞의 『滿洲地名大辭典』, p. 149. 北京政府는 1956년 12월 이에 敦化현을 추가하여 延吉－敦化－和龍－琿春－汪淸－安圖의 6개현으로 '延辺朝鮮族自治州'를 구성한 것은 주지하는 사실이다.

319) 淸國의 변방을 수비하고 있던 지방 관원들은 일본과 타협하려는 정부에 반대하여 한인들의 반일 무력투쟁에 적극적으로 동정했다. 그러나 이때에 이미 「馬關條約」이 체결되어 "외국인들의 무기 휴대를 금지 한다"는 법령에 따라 유인석 부대는 무기를 몰수했다. 유인석은 縣 당국과 교섭 끝에 황무지의 할당과 개간을 허가받았다. 그리고 옛 부하들의 소규모 부대들이 만주로 들어왔을 때, 그들로 하여금 잠시

운동의 근거지로 만드는 사업에 헌신했다.[320] 그러는 사이에 국내에서는 「을사보호조약」(1905.11)을 발단으로 의병투쟁이 재연되었고[민종식 閔宗植, 최익현 崔益鉉 등이 지휘], 1907년 8월 1일의 한국군 해산을 계기로 항전(抗戰)은 전국 각도로 확대되어 서울 진공(進攻)까지 기도했다(이인영 李麟榮, 허 위 許 蔿, 이강년 李康秊, 민긍호 閔肯鎬 등의 창의대장 倡義大將). 의병의 항전은 1908년에 절정에 이르렀다.[321] 의병부대들은 친일 관공소의 습격－일본헌병과 수비대 공격－일본 주구(走狗)(특히 '일진회'一進會 회원)의 처단 등으로 지방행정기관을 마비시켰다. 이에 대해 일본군은 1909년 9월 1일 드디어 "폭도대토벌전(暴徒大討伐戰)"의 명을 내려 잔악한 살육행위와 초토화 작전으로 맞섰다.[322]

무기를 산에 묻고 후일을 기하도록 했다고 한다. 또한 그의 동지인 洪範圖가 1908년 일본군과의 싸움에서 패하고 *시베리아* 沿海洲로 들어갔다가 다시 만주로 돌아와서 일본군과의 전투를 준비하고 있을 때 그에게 "지혜로 겨뤄야지 힘으로 적과 싸워서는 안 된다"는 서한을 보내 만류했다. 홍범도는 그의 권고를 받아들여 1910년 3월부터 3년여 동안 長白縣 王家村에서 이른바 "屯田義兵"으로 지냈다는 것이다. 曺文奇의 논문 「中國東北抗日戰爭에서의 韓民族의 役割」. 翰林大學校 *아시아*文化研究所 발행, ≪*아시아*文化≫ 제13호(1997년), pp. 31~32 참조.

320) 柳麟錫의 의병 부대들은 그의 계획에 따라 압록강을 건너 西間島 東辺道 지방의 寬甸縣－桓仁縣으로 이동한 후 "農務契"와 "鄕約社"(유교적 촌락)라는 자치단체를 설립 지도하였고, 長白縣－撫松縣 등지에서는 趙孟善 · 洪範圖 · 車道善 등이 "砲手團"이라는 군사단체를 만들어 애국지사들의 군사훈련에 힘을 기울였다. 이와 같은 단체의 대표 5백 60여명은 3 · 1운동 한 달 후 柳河縣 三源堡에서 회동하여 종전의 모든 단체들을 해체하고 '大韓獨立團'을 조직했던 것이다. 愛國同志援護會 編, 『韓國獨立運動史』, 1956년, pp. 251~252.

柳麟錫이 독립운동을 지속할 수 있는 근거지로서 西－北間島를 중요시한데는 몇 가지 이유가 있었다. 첫째 이 지역이 역사적으로는 고구려－발해이래로 한족의 활동 무대였다는 것, 둘째 지리적으로는 압록강－두만강과는 一衣帶水의 관계에 있으므로 언제든지 국내 진입이 가능하다는 것, 셋째 국제적 조건으로는 한반도에 인접한 *러시아*에서 일어난 제1차 혁명(1905년부터)의 물결 및 중국 辛亥革命의 민족주의 사조가 한국의 독립을 후원하는 경향이 있다는 것 등이다. 尹炳奭의 논문 「1910年代 西－北間島 韓人團體의 民族運動」. 歷史學會 編 『韓國近代民族主義運動史研究』, 一潮閣, 1987년, pp. 80~81 참조.

321) 당시의 朝鮮總督府 警務局 조사에 의하면 일본 헌병 수비와의 교전을 제외한 경찰과의 교전만을 보면 1908년의 교전 수는 1,976회, 교전 의병 수는 82,767명에 이르고 있다. 1909년(2월~3월간)의 교전 회수는 1,786회, 교전 의병 수는 38,593명으로 다소 줄어들었다. 「1909년 각도의병 교전회수 및 의병수」 [도표 I] [도표 II] 참조. 國史編纂委員會 『韓國獨立運動史』 I, 1968년, pp. 295~296.

322) 日本은 1909년 9월 소위 '南韓暴徒大討伐戰'을 실시, 육군 2개 연대와 해군 水雷艇 4천을 동원하여 일대 진압 전에 나섰다. 「南韓暴徒大討伐 實施報」, pp. 810~812. 全文은 같은 책, pp. 805~831에 수록. 의병을 진압하기 위하여 일본은 1906년에 230개의 경찰－헌병기관(인원 3,841명)을, 1909년에는 1,141개(인원 12,097명)로 증가시켰다.

「1906~9年 경찰 헌병기관 인원증가 표」. [도표 III] 같은 책, p. 301. 이러한 "대토벌"에 뒤이은 "한－일합병"에 의하여 의병 부대들은 치명적 타격을 입었고 잔존 병력은 *시베리아*와 만주로 들어갔다.

당시의 의병장들은 모두가 유인석의 문하생, 후학 또는 동지들이었으며 그들의 거의 모두가 전사 아니면 체포, 처형되었다. 의병투쟁은 "대토벌전"에 의하여 치명적 타격을 입은 데다 뒤이은 「한-일합방」에 의하여 쇠퇴해질 수밖에 없었다. 의병의 잔존세력은 만주로 들어가 항전을 계속했다. 1896년 이후 근 20년 동안이나 계속된 의병항쟁은 일제에 대항한 무장투쟁사(武裝鬪爭史)에서 너무나 길고도, 가장 처절했던 투쟁이었다. 그 불꽃은 결국 꺼져버렸지만 그 불씨는 3·1운동 이후 만주 서-북간도와 *시베리아*로 옮겨져 각 계파 독립군의 무장투쟁의 불길로 번져 무장독립운동의 선구자가 되었던 것이다.

유인석의 목표는 국권회복을 유교적 왕국의 부활이라는 이념에서 독립을 이룩하는데 있었다. 그러나 유림(儒林)의 위정척사론(衛正斥邪論)이 근대적 민권사조에 의하여 밀려나고 있던 시대적 상황에서 왕조의 복벽(復辟)이란 원형 그대로는 이미 무의미하고 불가능했다. 그는 1915년 1월 25일 압록강 대안(對岸) 관전현(寬甸縣)에서 신병으로 사망했다. 그러나 그의 근거지 창설전략은 1920~30년대의 반일(反日) 무장투쟁에서 그대로 적용되었다. 특히 그가 백두산(白頭山)을 중심으로 한 산악지대에 근거지를 만들어 이것을 국내에까지 확대하고, 서-북간도의 조선인사회와 연관시켜 일제에 대항한다는 "북계(北計)"[323]는 뒤에 와서 한인 민족주의 독립군이나 공산주의 유격대가 모두 채택했던 전략이 되었다.

1895~1910년까지 3년 동안의 抗爭 결과는 다음과 같다.(일본 측 발표)

- ○ 의병의 총 병력 수 … 6만명
- ○ 의병 측(일반인 포함)사상자 … 14,500여명
- ○ 민간 가옥 소각 훼손 수 … 6,800여호
- ○ 일본 군경의 피사살자 … 127명
- ○ 일본 군경의 부상자 … 352명
- ○ 한인 경관 보조원의 사망자 … 52명
- ○ 한인 경관 보조원의 부상자 … 25명
- ○ 일본 민간인 피살자 … 120명
- ○ 일본의 주구(韓人)피살자(?) … 1,250명
- ○ 관청파괴 소실 수 … 50여 곳

앞의 愛國同志援護會 編, 『韓國獨立運動史』, pp. 67~68.

323) 1907년 12월 李麟榮을 총대장, 許 蔿를 軍師長으로하는 한국 13도 倡義部隊가 서울 진공을 계획하고 있다는 소식에 접한 유인석은 이들에게 서한을 보내 그 위험성을 지적했다. 이 서한에서 그는 결정적 시기가 올 때까지는 지구전을 펼 것을 주장하고, 백두산을 중심으로 하는 산악지대에다 근거지를 만든다는 "北計"의 전략을 제기했다. 이에 관한 간명한 설명은 姜在彦, 앞의 책, pp. 237~245.

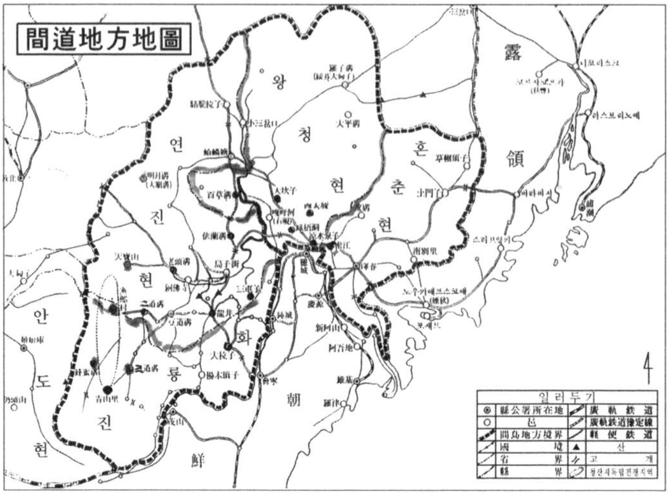

유인석 휘하(麾下) 의병 부대들이 서간도로 이주한 지 10년 후 '신민회(新民會)' 간부들도 만주에 독립운동의 근거지를 건설하는 전략을 세웠다. 무릇 정치투쟁에서는 적아(敵我) 간의 힘의 관계가 바뀌면 전략도 바뀐다. 러-일 전쟁에서 일본의 승리, 전후(戰後) 일본세력의 한반도 지배, 애국 계몽운동의 질식(窒息) 등에 의하여 국내에서 국권회복운동이 불가능해지자 1909년 봄 '신민회' 간부들은 숙의(熟議) 끝에 국외에 독립운동 기지를 건설할 것을 결정하고 만주를 선정했다.[324] 그리하여 1909년 겨울 이회영(李會榮)일가 6세대와 이상용(李相龍), 이동녕(李東寧), 김동삼(金東三), 윤기섭(尹琦燮) 등은 선발대로 서간도 유하현(柳河縣) 삼원보(三源堡)로 들어갔다.

이들은 그곳에서 황무지를 얻어 개척사업을 하는 한편 신흥강습소(新興講習所)(뒤에 신흥학교-신흥무관학교로 발전)를 설립하여 국내에서 들어오는 청년들을 훈련하였다. 동 교의 졸업생은 1920년 일본군이 출병하여 폐교될 때까지 2천 수백 명에 이르렀다.[325] 1911년 4월에는 '경학사(耕學社)'라는 자치단체를 창설하였는데, 그 목적

---

324) 1909년 봄 '新民會' 간부들은 서울 梁起鐸의 집에서 李東寧, 朱鎭洙, 安泰國, 李鼎薰, 金道熙, 金 九 등이 비밀회의를 가지고 독립기지 건설과 군사학교 설립에 관한 안건을 결정했다. 즉 국내에서는 도저히 광복운동을 할 수 없으므로 조선에 인접한 東3省(만주)에다 제2의 독립운동기지를 건설하기로 하고 자금의 조달을 할당하였다. 이 결정에 따라 그해 여름 '신민회' 간부 李會榮, 李東寧을 파견하여 적절한 지점을 매입케 하였다고 한다. 蔡根植 저 『武裝獨立運動秘史』, 大韓民國 公報處 發行, 1985년, p. 47.

325) 같은 책, p. 53.

은 이주민들을 위한 농업의 장려, 교육의 진작(振作)에 있었다. 그러나 '경학사'는 대흉년 때문에 해산되고 1912년 가을에는 '부민단(扶民團)'을 조직하여 그 중앙본부를 통화현(通化縣) 합니하(哈泥河)로 옮기고 3·1운동까지 이주민(移住民)의 자치와 교육사업에서 상당한 성과를 거두었다.

독립운동의 국외 근거지 건설은 서간도뿐만 아니라 북간도에서도 추진되었다. 1906년 10월경 이상설(李相卨)은 한인 이주민 이동녕, 여 준(呂 準), 정순만(鄭淳萬) 등의 동지들과 함께 연길현(延吉縣) 용정촌(龍井村)으로 들어가 '서전서숙(瑞甸書塾)'이라는 민족주의 교육기관을 설립하였는데, 이것은 북간도의 신식 사립학교의 효시(嚆矢)였다. 이 학교는 "서숙(書塾)"이라는 그 이름과는 달리 사실은 독립군 간부양성소의 성격을 띠고 있었다. 그러나 간도지방은 자유로운 땅은 아니었다. 1907년 8월 일본은 용정촌(龍井村)에 자국의 경찰망을 확장하는 조치로써 '조선통감부 간도파출소'를 개설[326]하여 '서전서숙'의 활동을 방해한데다 재정난이 겹쳐서 이 기관은 1년이 못되어 폐교되었다.

그런데 허약했지만 주권국가였던 중국영토 안에서 학교설립을 일본은 강제로 저지할 수가 없었다. 그렇기 때문에 한인들의 사립학교는 급증하여 광성학교(光成學校), 창동학교(昌東學校), 명동학교(明東學校)를 위시하여 1919년까지 그 수는 북간도 일대에 130여 개나 되었다.[327] 한편 한인이주민이 적었던 압록강 대안(對岸)지방(안동 安東-흥경 興京-집안 輯安-통화 通化-유하柳河)의 각 현(縣)에도 1916년 현재로 75개의 한인학교가 있었다.[328] 그리고 북만에서는 *중-러* 국경지대인 밀산

---

326) 日本은 자국의 保護國이 된 한국의 臣民을 "淸國 관민의 폭행 능욕으로부터 보호한다"는 구실 하에 '總監部 間島派出所'를 개설하였지만 그 진의는 한인들의 독립운동을 단속하는 한편 이주민을 회유하자는 데 있었다. 일본은 파출소의 호위를 위하여 헌병 54명을 파견했고, 파출소 소장에는 軍 장교를 임명했다. 이 '파출소'의 자세한 설명은 당시 소원을 지낸 篠田治策, 「總監部間島派出所の事績概要」 참조. 韓國學文獻硏究所 編, 『稻葉博士還歷記念滿鮮史論叢』(滿蒙學術史料叢書)에 수록. 이 「概要」는 일제의 침략정책을 옹호하는 입장에서 기술한 것이지만, 그 안에는 당시 발표되지 않았던 자료들이 들어있다.

327) 그 상황에 관해서는 「豆滿江對岸間島地方의 韓人私立學校一覽表」(1905~1918년 말)참조. 國史編纂委員會 編, 『韓國獨立運動史』 一, 1983년, pp. 535~540. 이 학교들은 거의 전부가 종교계통의 학교였는데, 그중 기독교 개신교 系가 압도적 다수를 차지했고 천주교 系는 10개 미만이었으며 대종교 系도 비슷한 숫자다. 불교 系는 보이지 않는다. 이것으로 미루어 볼 때 기독교 개신교가 한일 민족주의 교육에 가장 적극적이었음을 알 수 있다.

328) 앞의 『現代史資料』 27, みすず書房, 1976년, p. 157.

현(密山縣) 봉밀산(蜂蜜山, 興凱湖 주변)에다 한흥동(韓興洞)을 건설하여 동포들을 이주시키고 개간사업과 교육사업('한민학교'韓民學校 설립)을 벌였다.[329] 이러한 교육사업의 목표는 물론 독립운동의 인재를 양성하는데 있었다.

제2절 급증하는 이주민(移住民) 사태(沙汰)

만주에서 독립운동의 기지 건설을 가능케 한 중요한 조건의 하나는 방대한 이주민의 수효였다. 한반도와 접경하고 있는 만주는 옛 고구려-발해 이래로 조선민족과는 깊은 인연과 장구한 관계를 맺어왔다. 고대(古代) 조선민족의 정치무대였던 고구려(高句麗)-발해(渤海)가 소멸한 후 협소한 한반도에 몰려들어와 살고 있던 한민족이 언제부터 만주지방으로 이민을 시작했는지는 분명치 않지만 대체로 16세기 초 이전부터 있던 것이 확실하다. 그렇다면 한민족의 만주 이주의 역사는 *시베리아* 이주의 역사보다 2세기 반은 앞섰던 것으로 된다.

청-*러*제국(帝國)의 변방 중시정책은 *러시아*의 흑룡강 유역 진출을 놓고 발생했던 무력충돌 사건에서 잘 입증되고 있었다. 이 무력분쟁은 1689년 9월 청-*러* 간에 체결된 최초의 조약인, 「*네르친스끄*(Nerchinsk)조약」의 체결에 의하여 양국 간의 국경선을 확정함으로써 일단 수습되었다. 그러나 그 후 중국이 약화됨에 따라 이 조약은 애혼(愛琿)(1858)-천진(天津)(1858)-북경(北京)(1860)-이리(伊犁)(1881)조약 등을 거치면서 굴욕적으로 변경되었다. 이 과정에서 양국은 심각한 대립을 노정했는데, 바로 이런 시기에 한인의 만주, *시베리아* 이민은 진행되고 있었다.

17세기 20년대에 흉년과 기아에 시달리던 조선농민들은 농토를 얻기 위하여 또는 학정과 민란을 피하기 위하여 조선에서 가장 가까운 동만(東滿)의 간도(間島)지방으로 밀려들어가게 되자 청조는 이것을 금지하고자 갖가지 조치를 취했다(제8편 제3장 제1절 참조). 20세기에 들어서면서 일본은 소위 「을사보호조약」(1905년)과 「한-일

329) 密山縣 韓興洞(한국을 부흥시킨다는 뜻)은 李相卨과 유학자며 애국지사였던 李承熙의 원대한 경륜에 의하여 독립운동의 기지로써 1908년 가을부터 건설된 조선인 이민단의 촌락이었다. 기금은 미국과 *시베리아*의 교포들의 출자로 이루어졌다. 密山縣의 독립운동 기지 건설에 관한 상세한 분석은 尹炳奭, 『李相卨傳』, 一潮閣, 1984년, 제10장 「獨立運動 基地의 設定」(pp. 115~126) 참조.

합방조약」(1910년) 등으로 대한(對韓) 식민지화(植民地化) 정책을 가속화했기 때문에 조선인의 만주 이주는 더욱 늘어갔다. 일본인의 박해를 벗어나서 독립운동의 새 근거지를 구축하기 위하여 의병 잔여부대, 애국지사, 지식인, 종교인, 교육자들이 농업 이주민에 가세하였다. 조선총독부의 공식발표에 의하면 1923년 현재로 재만(在滿) 조선인 수는 528,027명[330] 1926년에 와서는 이민의 수가 542,185명[331]이 되었다고 한다. 그러나 실제는 100만 이상이었을 것이라고도 한다.

이들 조선인의 만주 이주 상황은 기아－학정－빈곤 모면, 또는 독립운동을 계속하기 위한 정치적 망명이었다는 면에서 *시베리아*로의 이주 상황과 성격이 너무나 흡사했다. 그러나 당시 이민의 수에서 만주는 *시베리아*의 2배나 되었다. 1926년 현재로 조선인 이주민이 가장 많이 집결해 있던 지역은 402,631명의 인구를 안고 있던 길림성(吉林省)(뒤에 일부는 간도성으로 개편)이었고 제 2위는 148,852명의 봉천성(奉天省)이었다.[332] 길림성의 여러 현(縣) 중에서 조선인 이주민이 최대로 많았던 곳은 연길현(延吉縣)이었는데, 여기에는 164,679명[333]의 조선인들이 거주하고 있었다고 한다. 도시 중에서는 용정촌(龍井村)에 11,236명[334]이 집중하고 있었다. 이밖에 남－북만주의 전(全) 성(省), 전(全) 현(縣), 전(全) 도시는 물론이고 거의 모든 오지 촌락에 걸쳐 한인 이주민이 살고 있지 않은 곳이 없었다.

이러한 지리 상, 인구분포 상의 조건을 기초로 하여 만주 내 조선인들의 민족주의 운동은 전개되었다. 조선인들이 만주지방에 대거 이주하기 시작한 것은 19세기 중엽 이후, 즉 청조가 "봉금"(封禁, 국경폐쇄)을 해제한 후였다.[335] 당시의 이주민은 개항

---

330) 金正明 편, 『朝鮮獨立運動』Ⅴ, 原 書房 1966年, p. 485.

331) 위와 같음.

332) 朝鮮總督府 內務局社會科, 『滿洲及西比利亞 に於ける 朝鮮人事情』, 1927年, p. 14, 앞의 金俊燁 · 金昌順, 공저, 韓國共産主義 運動史, 제4권 (淸溪硏究所 版), p. 7에서 인용.

333) 위의 『朝鮮人事情』, pp. 19~26. 金俊燁 · 金昌順의 앞의 책, p. 9에서 인용.

334) 위의 『朝鮮人事情』, 같은 면, 金俊燁 · 金昌順의 앞의 책, p. 10에서 인용.

335) 한반도와 접경하고 있는 滿洲지방은 조선조와 청조사이에서 국경의 책정을 놓고 분규가 잦았던 곳이다. 1627년 丁卯胡亂에서 조선이 패했을 때 仁祖는 청의 화의를 받아들여 「江都會盟」(江都란 胡亂 때의 임시수도 江華島를 지칭)을 맺었다. 이 화약에서 양국은 각기 경계를 封하여 엄수할 것("封疆")을 약속하였다. 그러나 당시 양국 간에는 엄격한 국경선도 정밀한 지도도 없었다. 金得榥 著 『白頭山과 北方疆界』, 思社硏, 1987년, pp. 46~47.

1712년 양국은 白頭山에 경계비를 세웠지만 국경의 분수령인 "土門江"이 조선의 두만강이냐 아니냐의 위치 문제를 놓고 근 30년 동안 회담을 벌었다. 淸國조정은 비옥한 땅을 찾아들어오는 조선 농민들의 월

이후의 외국상품의 쇄도, 만성적인 기근, 전제적 왕조의 가렴주구(苛斂誅求) 등 주로 경제적 원인으로 말미암아 영락(榮落)한 백성 층이었다. 그 후 「한-일합방」-「3·1 운동」을 거치면서 일제(日帝)의 박해를 피해온 망명객, 회천(回天)의 대업을 구상하고 있던 애국지사 등 정치적 이유에 의한 이주민이 급증했다. 이렇게 19세기 말에서 20세기 초까지 총 5만 8천여호(戶), 약 337,000명으로 추산되고 있던 만주 이민 수는 1919년에는 431,196명으로, 1921년에는 488,652명으로, 그리고 만주사변 전 해인 1930년에는 597,677명으로 급증했다.[336)]

이들은 주로 간도지방과 동변도(東辺道) 지방[337)]에 집중하여 살고 있었으며, 간도지방의 한인은 총 인구의 근 80%를 차지하게 되어 만주인을 수적으로 압도하고 있었다.[338)] 그리하여 재만(在滿) 조선인들의 반일 민족운동(민족주의와 공산주의)은 이런 이주민들을 정치적-사회적 기반으로 하여 전개되었다. 「만주사변」 후 일본의 적

경을 막기 위하여 압록강 對岸 東辺道지방과 두만강과 접한 間島지방을 오랫동안 "封禁"의 땅(폐쇄지대)으로 만들었다. 조선정부도 청국과 "封禁"에 협력하여 월경자들을 엄중하게 단속했다. 그러나 기근에 쫓겨 살 길을 찾아가는 조선인의 유입을 억제할 도리가 없어서 1872년에는 東辺道지방의 封禁을, 1881년에는 間島지방의 封禁을 철폐했다. 이에 앞서 1867년에 淸朝는 먼저 山東省 漢族들의 이주 자유를 위하여 封禁制를 해제했던 것이다. 그리하여 1890년 당시 通化-桓仁-興京-寬甸 등 東辺道 지방 여러 縣의 조선인 이주민은 8,700 戶, 37,000명이었다고 한다. 이와 함께 間島지방의 조선인 이주민도 급증하여 1904년 현재로 만주의 이민 총수는 5만여戶, 30만명에 이르렀다는 것이 일본인들의 조사 기록이었다. 金正明 편, 『朝鮮獨立運動』Ⅴ, (原 書房, 1966年), 제5편, 제2장, 제2절의 「朝鮮人[滿洲移住史」. pp. 475~477 참조. 이에 의거한다면 조선인의 만주 이민은 19세기말에서 20세기 초까지 총 58,000여戶, 약 337,000명에 이르렀다고 할 수 있다.

336) 같은 책, pp. 485~486에 수록된 「在滿朝鮮人數 年表」.

337) '東邊道지방'이란 압록강 對岸 동북쪽의 광대한 중국 땅을 가리키는 지리상의 개념이며 행정구역은 아니었다. 그 안에다 安東-興京-通化-鳳城-寬甸-桓仁-臨江-輯安-長白-本溪-濛江의 諸 縣을 포함시키는 것이 통례였다. 같은 책, p.490. 이 지방으로 이주해 간 조선인들은 거의가 인접지대인 평안북도의 가난한 농민들이었다. 근년 북경정부는 "東辺道란 청조 말에 설정했던 東辺兵備道의 약칭으로서 遼寧省 동부의 通化, 安圖, 桓仁, 安東 등 20여 縣을 관할하였다"고 한다. '東北抗日聯軍鬪爭史' 1955年, 人民出版社, p. 28.

338) 일본 관헌이 작성한 間島 지방의 「鮮滿人增加指數表」에 의하면 1910년의 조선인 수는 거의 11만명이었던데 비해 만주인은 33,000여명, 1926년에는 조선인 357,000명에 대해 만주인 87,000명, 1931년에는 조선인 396,000명에 대해 滿洲人 121,000명이었다. 앞의 金正明 편, 『朝鮮獨立運動史』Ⅴ, p. 504. 지역별 인구분포상태를 보여주는 다른 '표'를 보면 1930년 현대 間島地方 4縣의 조선인 총수(388,000여명)와 만주인(38,000여명)의 비율은 76% 대 23%밖에 안 되었다. 그중 和龍에서는 인구 중 무려 94%가 조선인이었다. 그러나 間島 인접지방의 사정은 크게 달랐다. 安圖-撫松-樺甸-敦化-額穆-寧安-東寧의 諸 縣에서는 한인(총 2만 7천여명)은 人口의 겨우 5%를 차지한데 대해 滿洲人(총 496,000여명)은 93.3%를 차지하고 있었다. 같은 책, pp. 504~505.

극적인 이민정책에 따라 조선인의 이민 수는 더욱 증가하여 1934년에는 총 719,988 명에 이르렀다고 한다. 통계에서 누락된 수를 합치면 아마 백여만 명은 되었을 것이다. 이들은 모두가 다 애국투사는 아니었으며, 그 중에는 부일협력자(附日協力者), 간상배(奸商輩) 등도 섞여 있었지만 그 방대한 수의 이주민이 살고 있던 만주지방은 조선인들의 항일 독립운동에서 극히 중요한 인적-물적 자원의 원천지가 되었던 것이다.

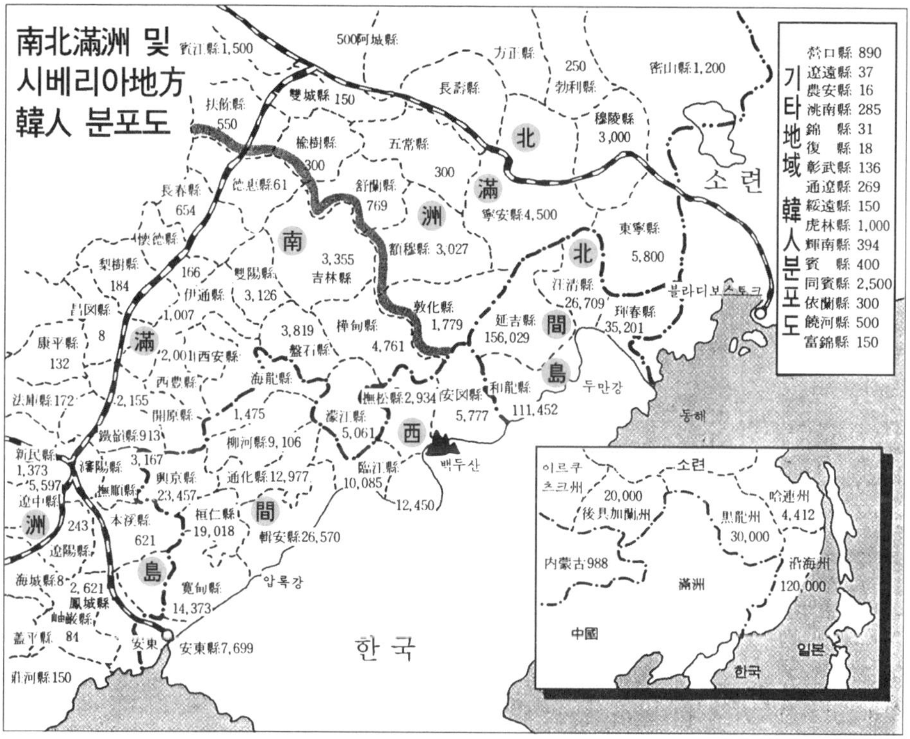

이 분포도는 參議 · 正義 · 新民 등의 三府가 성립된 이후에 1924년 현재의 남북 만주 및 시베리아의 韓人분포통계를 日帝가 그들 總督府 · 外務省 · 陸軍省 등의 모든 조사와 정보를 종합하여 작성한 〈大正 13年 3月 朝鮮人의 間島 · 琿春 · 同接壤地方 移住에 관한 調査〉에 수록된 통계를 근거로 하여 작성해 본 것이다. 그러나 그 통계는 「備考」에 『조사가 빠진 個所, 또한 조사가 충분치 못한 곳이 있으나 그것은 장래의 조사를 기다릴 수밖에 없다』하고 있는 만큼 확실할 수는 없다. 필자의 견해로는 韓人의 實數는 이 통계의 2배 내외로 계산될 수 있을 것이다.

일본 제국주의는 조선인들이 이렇게 만주에서 독립운동의 근거지를 건설하는 것을 결코 방치하지는 않았다. 벌써 1909년 9월 일본은 청국(淸國) 「간도협약」(間島協約)을 체결하여 통감부(統監部) '간도파출소'를 철폐하는 대신 용정촌(龍井村)－국자가(局子街)(이상 연길현에 소재)－두도구(頭道溝, 화룡현에 소재)－백초구(百草溝, 왕청현에 소재)에 일본 영사관 또는 그 분관(分館)을 설치하여[339] 종래보다 더 한층 조선인들의 감시와 단속을 강화했다. "간도파출소"를 설치할 당시에 일본은 간도 일대의 지방을 결코 청국의 영토로는 인정치 않았다. 그 대신 "소속 미정의 땅"이라는 주장으로 행동하다가 1년 뒤에는 방침을 바꾸어 "간도는 조선의 영토"라고 명백히 못을 박았다.[340] 이렇게 주장을 바꾼 것은 간도를 일단 조선의 영토로 만들었다가 「한－일합방」이 실현되어 조선이 일본의 영토가 되면, 그때 조선의 영토인 간도까지도 일본의 영토로 만들자는 심산이었다.

간도를 조선 영토화(領土化) 하려는 일본정부의 계책에 대해 완강히 저항하는 청국과의 군사적 충돌을 피하기 위하여 일본은 간도를 청국에 소속시키고 그 대신 남만주철도의 연장, 무순(撫順) 및 연대(煙臺) 탄광의 채굴권 등의 경제적 이권을 획득했다.[341] 그런데 「간도협약」에 의하여 새로운 박해가 시작된 이후에도 대종교(大倧敎) 계(系)의 민족주의자들은 두만강을 건너온 의병들을 중심으로 하여 1911년 '중광단'(重光團 단장 서 일 徐 一)이라는 군사 단체를 조직하고 그 본영을 길림성 왕청현에 두었다. 이들은 무기가 없었으므로 군사 활동은 하지 못하고 청년들의 계몽과 정신교육에 치중해오다가 3·1운동 직후에는 무력투쟁을 결행하기 위하여 동북만(東北滿)에 산재해 있는 대종교도(大倧敎徒)와 의병들을 규합, 이 들을 '중광단'의 토대 위에 '정의단'(正義團)으로 확대했던 것이다.[342]

국내에서 폭발한 3·1운동은 즉각 만주로 파급하여 이주 동포들에게 열광적인 호응을 일으켰고 독립투사들의 사기를 크게 진작시켰다. 반일 무장투쟁은 활기를 되찾

339) 「間島に關する日清協約」(1909. 9. 4) 제2조. 앞의 『日本外交年表竝主要文書』上, p. 325.

340) 篠田治策, 「統監府 間島派出所の事蹟概要」. 韓國學文獻硏究所 編 『稻葉博士 還曆記念 滿洲史論叢』 pp. 353~384에 수록, 서울 亞細亞文化社 刊.

341) 위의 「협약」 제1조. 같은 책, p. 324. 남만주철도의 연장과 탄광 채굴권에 관해서는 「滿洲五案件に關する日清協約」, 제2조 및 제3조. 같은 책, p. 326.

342) 앞의 愛國同志後援會 編, 『韓國獨立運動史』, p. 310.

았다. 바로 이때에 '정의단'은 김좌진(金佐鎭)을 맞이하여 8월 7일 '정의단'을 근본적으로 개편하고, 임전태세(臨戰態勢)를 가다듬으면서 "군정부(軍政府)"로 편성했다. "군정부"는 때마침 *러시아*의 내란 기에 *시베리아*에 출병하였던 '*체코*군단'으로부터 무기를 매입하고 1919년 12월에는 그 이름을 '북로군정서'(北路軍政署, 총재 徐 一)라고 바꾸고 '대한민국 임시정부'(임정 관할하에 들어갔다.[343] 이 밖에 북간도에서는 3 · 1운동 직후 '대한국민회'를 조직하여 '임정'(臨政)을 지지했다. '대한국민회'의 산하에 홍범도(洪範圖)를 총사령으로 하는 '대한독립군'이 있었다.[344]

한편 남만주에서도 3 · 1운동 직후인 1919년 4월 여러 현(縣)의 지도자들이 종래의 '부민단'(扶民團)을 중심으로 유하현(柳河縣) 삼원보(三源堡)에 집결, "군정부"를 조직하고 남만 동포의 자치기관으로 그해 5월 '한족회'(이상용 李相龍이 주축)를 발족시켰다. '한족회'는 '부민단'의 사업을 확대 보충한 자치기관이었으며 혁명단체는 아니었다. 군사단체로는 별도로 '군정부'를 조직했다. 본래 '신민회'간부들이 유하현(柳河縣)으로 들어와 독립운동의 근거지를 설치할 때의 의도는 그곳에 망명정부를 세우는 것이었다. 그런데 상해에는 3 · 1운동 이후 이미 '대한민국 임시정부('임정')가 들어서(1919. 4)있었으므로 그 계획은 중단되었다. '부민단'(扶民團)은 '임정'과 교섭한 후 '한족회'가 창립했던 '군정부'의 이름을 1919년 11월 '서로군정서'(西路軍政署)(독반 督班은 이상용)로 바꾸고 '임정'의 지배하에 두었던 것이다.[345]

이와 같이 3 · 1운동 직후에 조직된 북간도의 '북로군정서'와 서간도의 '서로군정서'는 그 이전에 건설한 독립운동의 근거지들을 토대로 하고 있었으며 이러한 군사단체들은 만주에서 민족주의 항일투쟁의 모체가 되었다. 남의 나라에서 실의와 절망상태에 빠져있던 조신인 이주민들은 거족적인 3 · 1운동이 몰고 온 감격－열광－희망의

---

343) '北路軍政署'의 총재 徐 一, 총사령관 金佐鎭, 참모장 李章寧, 사단장 金奎植('상해임정'의 김규식과는 동명이인), 研成隊長 李範奭 등이었고 병력은 약 5백명, 무기는 장총 5백정, 기관총 3문, 탄약 1백만 발, 군자금은 10만원. 위와 같음.

344) 3 · 1운동이 발발한 직후 延吉－和龍－旺淸의 한인 대표들은 '間島大韓國民會'를 조직했다(회장 具春先). 이것과는 별도로 그해 '琿春 대한국민회'와 합작하여 '東間島 국민회'(회장 李明淳), 통칭 '대한국민회'로 발전시키고 소속 무장력으로는 '大韓獨立軍'을 두었다. 같은 책, pp. 304~305. 그런데 다른 자료에 의하면 洪範圖가 인솔한 '대한독립군'은 '대한국민회' 소속이 아니었으며, '대한국민회'는 '국민군'이라는 독자적 부대를 편성하고 있던 것으로 되어있다. 尹炳奭, 『獨立軍史』, 知識産業社, 1990년, p. 108.

345) 같은 책, pp. 51~52.

파도 속에서 민족적 긍지와 자신감을 소생시키면서 투지를 불태우고 있었다. 그런 가운데 두만강－압록강을 건너 빈번히 국내로 진격해 들어갔다. 그중의 최선두 주자는 1919년 8월 국내로 진공한 홍범도의 '대한독립군'(大韓獨立軍)부대였다.[346)]

346) 洪範圖 부대는 200명의 대원을 이끌고 1919년 8월 함남 甲山－惠山鎭을 공격하고 그해 늦가을 평북의 만포를 함락시키고 慈城에서 3일간에 걸쳐 일본군과 교전하여 전혀 희생이 없이 일본군 70여명의 사상자를 내게 했다. 이것은 "의병 이래 첫 승리"로 기록되고 있다. 그의 부대는 1920년에는 전후 8회나 穩城 및 茂山 등지를 기습 공격하였다고 한다.(조선총독부 경무국발표) 앞의 愛國同志援護會 編 『韓國獨立運動史』, p. 305.

제4장

3 · 1운동 이후의 항일 무력투쟁(武力鬪爭)

제1절 청산리대첩(靑山里大捷)과 훈춘(琿春) 참극

애국투사들 사이에서는 3 · 1운동 직후, 앞에서 언급한 '서로군정서', '북로군정서', '대한독립단' 이외에도 근 30개의 대소 군사단체들이 이곳 저곳에서 자연발생적으로 속출했다.[347] 사기가 충천했던 여러 계열의 통칭 독립군들은 1920년 1월 20일~22일

347) 그중 중요한 군사단체들의 성격을 일별하면 다음과 같다.

① '大韓獨立團' : 1919년 3월말 의병대장 朴長浩, 趙孟善 등이 柳河縣 三源堡에서 조직한 단체로서, 상해 '臨政'의 공화제를 반대하고 구 왕조에 충성을 다하는 복벽(復辟)주의자들로 구성되어 있었다. 이들은 결사대를 조직하여 1920년 3~4월에 평안북도의 義州, 昌城 등지를 여러 번 공격하여 큰 희생을 치렀다. 그해 12월에는 '臨政'의 명령에 복종하게 되었다. 이들은 1921년 5월 '대한청년연합회'(1919년 11월 조직. 총재 安秉瓚)의 군사부(의용대)와 합류하여 '光復軍 總營'을 조직했다. 蔡根植, 『武裝獨立運動秘史』, 大韓民國公報處 발행, 1985년, pp. 55~56.

② '光韓團'(實名은 '義興團') : '西路軍政署'는 무기가 없는데다가 국내 진격에 소극적 입장을 취하고 있을 때 이에 불만을 품은 李浩源, 玄益哲, 玄正卿 등 한족회 내의 소장파 지식인들이 1921년 5월에 조직한 단체였다. 본거지는 西間島 寬甸縣. 그들은 무기를 구입하고 국내 각 面에 동지를 배치하여 일제의 기관과 친일 주구 박멸에 전념하다 1922년 대소 8개 단체와 합류하여 '大韓統義府'를 조직했다. 같은 책, p. 52 및 p. 128. 崔衡宇의 『海外 朝鮮革命運動小史』, 東方文化社史, 1946년, pp. 6~9참조.

③ '光復軍總營'(營長 吳東振) : 1920년 6월 '大韓靑年聯合會義勇隊'와 '大韓獨立團'이 합류하여 조직. 寬甸縣에 주둔. 이 단체는 暗殺隊, 防火隊를 조직하여 1920년 6월~1921년 8월 사이에 십 수차나 평북 碧潼郡－大昌郡－新義州市 평남 安州郡－大同郡－宣川郡－慈城郡－平壤市에 침공하였다. 이들은 주재소, 면사무소, 경찰서 등을 습격하면서 사살－폭파－파괴 활동을 전개했다. 그 후 '總營'은 군사행동의 통일을 위하여 여러 단체들과 합류하여 統義府를 발족시키면서 발전적으로 해소하였다. 같은 책, pp. 61~62 참조.

④ '大韓正義軍政司': 舊 한국군과 의병들이 3 · 1운동 勃發直後에 조직한 단체로서 처음에는 '大韓正義團臨時軍政府'라는 이름에서 李 圭를 총재로 하여 奉天省(당시) 安圖縣 內島山에 자리 잡고 있었다. 그런데 '臨政'의 권유에 따라 1919년 10월 군 조직을 개편하여 '大韓正義軍政司'라고 이름을 바꿨다. 조직은 치밀했고 산하에 14명가량의 병력을 가지고 있었으며 이들의 일부는 두만강을 건너 빈번히 일본 헌병대－관공서－경찰서를 습격하였다.

⑤ '義軍府' : 東滿 각지에 흩어져 있던 의병들이 1921년 4월에 李範允을 총재로 하여 조직한 군사혁명

3일 사이에 무려 24회나 국내로의 침공을 감행했다.348) 이에 큰 불안을 느낀 일제는 간도지방의 독립군 근거지 소탕작전을 계획하여 1920년 6월 6일에는 '대한 독립군'의 근거지인 왕청현(汪淸縣)의 봉오동(鳳梧洞) 일대를 공격했지만 홍범도, 최명록(崔明祿), 안 무(安 武)의 연합부대에 의하여 격퇴되었다. 독립군은 공전(空前)의 대승을 거둔 것이다(봉오동전투). 이 봉오동전투는 "독립전쟁의 제1차 승리"라고 감격적으로 불리웠다.349) 그런데 독립군은 봉오동전투에서 일본군에게 승리하였지만 새로운 난국에 봉착하게 되었다. 일본군의 봉오동 근거지로 진격한 것은 그 후의 대규모 출병의 예고에 불과했다.

본래 일본은 중국군(장작림의 만주군)에게 압력을 가하여 일본군인 고문(顧問)의 지도하에 이들로 하여금 조선인 독립군들을 "토벌"할 것을 계획하고 강행하려 했던 것이다. 그러나 이 계획은 유력한 일부 중국고관들과 장령(將領)들의 조선독립운동에 대한 동정 때문에 실효를 거두지 못했다. 중국인들의 독립군 "토벌"은 형식에 그

단체로서 근거지는 延吉縣 明日溝에 두었다. 조직된 지 1년 2개월 만에 軍勢는 6개 대대로 증강했다. 그 이름이 널리 알려지자 '義軍府'군대는 명칭을 '朝鮮獨立軍'으로 바꿨다. 이들은 일본군과의 전투에서 만주의 군벌 군대의 방해를 받아 큰 전과를 올릴 수가 없이 피해를 입었다. 그 예가 老爺嶺전투(1920년 8월 하순)였다. 青山里戰鬪 후 西路軍政署가 북만의 密山으로 퇴각했을 때 그 뒤를 따라갔다.

348) 1920년 3월 29일 齋藤 조선총독이 拓植局 장관에 보낸「不逞鮮人侵入情況一覽表」.『現代史資料』27, 朝鮮(三), みすず書房, 1976년, pp. 647~648.

349) 1920년 6월 13~15일 조선총독이 拓植局 장관에게 발송한 보고에 의하면 鳳梧洞 전투는 6월 4일 "不逞鮮人團"이 穩城郡 南陽 상류의 마을 내습하여 일본 수비대 및 경찰 헌병과 교전한 것이 그 발단이었다. 이들을 추격한 일본군은 安川(*야스까와*)부대 약 2백명과 경찰 및 헌병의 지원을 받았다. 6일 밤 "不逞鮮人團"은 북방에서 "완강한 저항을 했지만 [일본군]은 그를 격퇴하고 鳳梧洞으로 진출하여 그 지방의 不逞輩를 소탕했다"는 것이다. 그리고 "돌아오는 도중 7일 정오경 봉오동 부근의 고지를 점령한 2백여명의 "불령선인"은 다시 猛射를 가하므로 이와 응전하여 20여명을 죽이고 4시간에 이들을 격퇴했다"고 한다. 이 鳳梧山 전투에서 일본군 병졸 사상자 각 1명, 일본인 순사 부상 1명인데 대해 "不逞團 사망자 26명, 그 밖의 부상자가 많을 것"이라고 했다. 같은 책, pp. 600~601.

한편 '臨政'의『獨立新聞』의 보도는 靑山里 전투의 발단에 관해서는 조선총독의 보고와 큰 차이가 없다. 그러나 적의 추격대가 6월 7일 새벽 鳳梧洞에 도착했을 때 이들을 뒤따라온 憲兵이 부근 부락의 家宅搜索을 했으나 부락민의 "거의 전부는 난을 피하여 집은 빈집이었다"고 봉오동 지방의 "不逞輩를 소탕했다"는 일본 측의 주장을 부인했다. 같은 책, p. 614.『獨立新聞』(1920. 6. 22) '大韓國民會' 측은 6월 10일의 보고에서 6월 7일 오전 6시경에 거둔 전과로서 "적의 전진부대 150명을 死沒시켰으며, 我軍 사망자는 겨우 3명"을 낸 "大勝"이라고 했다. 같은 책, p. 616. 다시 6월 13일 보고에서는 6월 7일 오후 10시에 시작된 전투에서는 ㉮ 敵의 대대장, 중대장, 준사관 각각 1명, 병졸 49명 즉사, ㉯ 중경상자 부지기수, 적의 사상 병졸 13명, 아군의 손해는 미상이나 유기 사체 24, ㉰ 군의관과 군인 2명 순직, 경상자 2명 등 이라고 기록되어 있다. 위와 같음.

쳤고, 오히려 일본군의 동태를 독립군 측에 알려주곤 했다. 일본군의 만주침입에 위협을 받고 있던 그들의 권유에 따라 독립군부대들은 중국군 또는 일본군과의 교전을 회피하고자 간도지방 4현(연길－훈춘－왕청－화룡)내의 기존 근거지들을 떠나 새 근거지를 찾아서 이동했다. 1920년 8월 하순부터 9월 중순까지의 일이었다.[350] 독립군부대들의 최종의 목적지는 국내 진공에 유리한 안도현(安圖縣)의 장백산(長白山)(백두산) 기슭이었다.

독립군부대들은 모두 10월까지 안도현과의 접경지대인 화룡현(和龍懸) 이도구(二道溝)－그 서쪽의 어랑촌(漁郎村)－청산리 북쪽의 삼도구(三道溝) 부근에 집결했다.[351] 중국군의 극히 소극적인 한인 독립군 "토벌(討伐)"이 이렇다 할 성과도 거두지 못하자 일본군은 직접 독립군을 소탕하기 위하여 1920년 10월 7일 드디어 "간도출병"(間島出兵)을 결정했다. 그러나 간도는 중국의 영토였음으로 일본군의 출병에는 그럴듯한 구실이 필요했던 것이다. 일본은 그런 출병의 구실을 만들기 위하여 극비의 모략을 꾸몄다. 즉 중국인 마적단의 두목 왕서해(王西海)를 매수하여 1920년 9월 12일 훈춘시(琿春市)를 습격케 했다. 이것이 제1차 「훈춘사건」(琿春事件)이다.[352]

다음으로 10월 2일 새벽 6시, 일제는 다시 중국인 마적단(馬賊團)의 악질 두목 장강호(長江好)를 꾀어내 이번에는 훈춘 일본영사관을 습격하여 불태워버렸다.[353] '제2

---

350) 鳳梧洞전투 후 洪範圖의 '大韓獨立軍'은 延吉縣 明月溝에, 安 武의 '國民會軍'은 같은 縣 依蘭溝를, 崔振東의 '軍務都督府軍'은 봉오동을 근거지로 삼고 있었다. 그중 홍범도 부대는 1920년 8월 하순에 맨 처음으로 근거를 떠났고, 다음은 安 武의 부대가, 그리고 맨 마지막으로 金佐鎭부대가 근거지를 떠났다. 때는 그해 9월 중순이었다. 그러나 崔振東의 '軍務都督軍'은 이들과는 달리 汪淸溝 羅子溝로 이동했다. 일본인들의 당시 기록에 의하면 홍범도－최진동 두 사람의 "세력다툼으로 의견이 충돌하여 분리한 形迹이 있다"고 했지만 자세한 것은 알 수 없다. '北路督軍府, 내용은 앞의 『現代史資料』 27, p. 368.

351) 獨立軍部隊의 당시 和龍縣 도착 상황은 間島 일본총령사관의 「一九二0年 十日中得クル情報ニ據ル間島地方不逞鮮人行動概況」에 의거. 앞의 『現代史資料』 28, pp. 391~401 참조.

352) 「琿春事件ニ就テ」라는 당시의 일본 비밀문서(秘第四八五號其四三)에 의하면 9월 12일 오전 5시경 중국 마적단 약 3백명은 琿春 市街를 습격, 약탈과 방화를 하여 가옥 40여 戶를 불사르고 오전 8시 반경 동쪽으로 물러갔다고 기록하고, "琿春을 습격한 馬賊團의 두목 王西海"라고 밝혔다. 앞의 『現代史資料』 28, 朝鮮(4), p. 163. 독립군을 진압하기 위한 중국인 마적의 매수, 이용은 일보인 관헌들 사이에서도 극비로 되어있었던 것이 틀림없다. 1920년 8월 13일자 조선총독부의 *후지하라*(藤原)가 *니시자와*(西澤)서기관에게 보낸 긴급 문건의 다음과 같은 대목은 일제의 어떤 실력자가 마적을 이용하고 있었다는 증거다－"不逞鮮人의 토벌에 관하여 마적을 이용하고자 계획하고 있는 자가 奉天 및 吉林 방면의 [일본인] 유력자 중에 있다는 정보가 있음. 본부는 목하 그런 계획에는 전연 반대의 의사를 가지고 있음으로써…."라고 기록. 같은 책, p. 126.

차 훈춘사건'이 일어난 것이다. 조선총독은 3시간 후 척식국장(拓植局長)에게 이것을 "불령선인(不逞鮮人; 불량 조선인), *러시아* 과격파, 중국인 마적으로 구성된 대부대"가 일으킨 사건[354]이라고 보고하고 서-북간도에 파송되어 있던 '조선군'외에 '관동군'과 *시베리아* 파견군 일부까지를 동원하여 '대토벌전'에 돌입했다. 이것이 이른바 "간도출병"이었다. 그런데 조선군 사령부는 출병준비를 벌써 「제1차 훈춘사건」 이전인 1920년 8월까지 끝내고 상세한 계획표까지를 작성해 놓고서는 시기를 기다리고 있었던 것이다.[355] 「제2 훈춘사건」이 일어나자 일본정부는 간도출병(間島出兵)을 판에 박힌 대로 "부득이한 자위적 조치"라고 강변하고[356], 중국정부의 응낙 여부와는 관계없이 출병을 단행할 것을 각의에서 결정했다. 10월 14일에는 이 결정을 「정부성명」으로 공표하였던 것이다.[357]

「제2차 훈춘사건」이 일어나자마자 조선총독부는 기다렸다는 듯이 나남(羅南) 방면 주둔 조선군 제19사단을 훈춘(琿春), 용정촌으로 북상시켰다.[358] 그리고 이들을

---

353) 이에 관한 자세한 경위, 그 이전부터 長江好가 일본 관헌들에게 어떻게 이용되어 조선의 독립 운동가들을 살해했는가의 설명은 朴殷植 著『韓國獨立運動之血史』下, 瑞文文庫版, 1976년, pp. 191~193 참조.

1920년 10월 25일자 ≪關東憲兵報≫(제762호)는 어떤 일본인의 말이라고 하여 長江好의 행적을 기록했다. 즉 "馬賊首領 長江好(본명 長鮮武 29세)는 일본인 *나까노 기요스께*(中野淸助)의 중개로 조선 총독부의 촉탁에 붙어서" 1920년 8월경 柳河縣 三堡로 들어가 불령선인으로 위장하여 그 수괴 20명을 붙잡아 중요 서류를 압수하고 무기를 불태운 후 조선총독부로 출두하여 협의한 끝에 앞의 수괴 20명을 총살케 하였다는 것이다. 다시 臨江縣 방면의 "不逞鮮人"의 토벌에 종사하여 적지 않게 그들의 행동을 방해하였다고 한다. 그리고 8월경 長江好의 중국관청에로의 귀순 문제가 일어난 일이 있었는데, 귀순 후의 계급(지위)이 마음에 차지 않아 이루어지지 못하고 "목하 일본을 위하여 활약하고 있다"고 했다. 같은 책, pp. 141~142. 이것은 일본 관헌의 주구 長江好가 「제2 琿春事件」을 일으켰으리라는 결정적 증거가 아닐 수 없다.

354) 같은 책, p. 131.

355) 「間島地方不逞鮮人剿討計劃」(1920년 8월調表)의 大綱 細目의 全文은 같은 책, pp. 116~121.

356) 일본정부는 출병의 이유를 다음과 같이 들었다 : -"我는 자위상 영사관 및 거류민 보호를 위하여 종래 임시 파견해 두었던 소수의 경찰대로서는 도저히 그 목적을 달성하는 것이 불가능하므로 정부로서는 차제에 이 불상사를 기회로 하여 間島방면의 경비를 완성하고 겸하여 불령선인의 화근을 일소하기 위하여 필요한 수의 군대를 파견함으로써 이 불안 험악한 정세에 대처하는 것 밖에 없다." 「琿春ニ關スル件」(1920년 10월 7일자 각의의 間島방면 출병 결정). 같은 책, p. 516.

357) 일본정부의 「間島出兵聲明」(1920년 10월 14일 공표)의 내용은 위의 각의 결정의 그것과 거의 일치했지만, 「성명」은 간도출병은 "일시적 조치"이므로 이 지방에서 "불령선인 및 匪徒에 대한 위구가 없어지고 사태가 평정하기에 이르면 즉시 철병하여야 할 것은 물론이다"라는 구절을 첨가했다. 같은 책, pp. 517~518.

358) 1920년 10월 9일 현재 제19사단의 병력은 조선 참모장이 일본군 차관에게 발신한 전문에 의하면 다음

측면 지원하기 위하여 남만주의 '관동군'과 *시베리아* 파견군의 일부[359]를 동원했다. 이들의 공격목표는, 남－북으로부터의 협공작전에 의하여 간도지방 4현에 걸쳐 자리잡고 있던 모든 독립군들의 근거지였다. 일본군의 주력은 조선군 제19사단 제75연대와 제73연대였다. 동원된 병력수로 보아 일본군은 이 작전에 국운을 걸다시피 했다. 일본군 대(大)병력의 진격을 미리 탐지한 약 6백명의 '북로군정서군'(北路軍政署軍)(총사령관 김좌진 金佐鎭, 참모장 나중보 羅中保, 연성대장 이범석 李範奭 등)이 화룡현의 삼도구(청산리) 밀림지대로 이동하여 포진하자 약 5천명의 일본군은 저돌적으로 이곳을 습격했다.

일본군의 습격으로 10월 21일 아침부터 약 3일간 백운평(白雲坪) 계곡 일대에서 혈전이 전개되었다. 이것이 독립군의 대승을 가져온 유명한 청산리(靑山里) 전투이다. 그러나 백운평 전투가 청산리 전투의 전부는 아니었다. 넓은 의미의 청산리 전투는 이것 이외에도, 이도구(二道溝)의 어랑촌(漁郎村)－천수동(泉水洞) 부근에 주둔하고 있던 홍범도의 '대한독립군'을 중심으로 한 연합부대[360]가 김좌진 부대와 서로 제휴하여[361] 완누구(完樓溝)－천수동(泉水洞)－봉밀구(蜂蜜溝)－고하동(古河洞) 등지에

과 같았다.

○ 琿春의 보병 제75연대 본부 및 보병 2개 대대. 기병 1중대, 야포병 1중대, 공병 1중대.

○ 龍井村의 보병 제73연대본부 및 보병 2개 대대. 기병 1중대, 공병1대대.

앞의『現代史資料』28, p. 241.

359) 일본 육군참모총장이 1920년 10월 9일 *블라지보스똑* 파견군 및 조선군 司令官에 보낸「훈령」및 10월 10일자「지시」. 같은 책, pp. 190~191. 당시 間島 지방에 출병했던 일본의 실제 병력은 약 2만 5천명으로 추정되고 있다. 愼鏞廈, 앞의 책, p. 419.

360) 洪範圖의 '大韓獨立軍'의 병력은 약 3백명, 安 武이 (대한)국민회군 약 2백 50명, 의군부군 약 1백명, 韓民會(韓民團)軍 약 2백명, 新民會(團) 약 2백명, 光復團 약 2백명, 이에 金佐鎭 부대 약 6백명을 합치면 청산리 전쟁에 참가한 독립군의 총 병력은 약 2천명 정도였다. 독립군의 숫자에 관해서는『獨立新聞』, 일본관헌의 자료가 서로 달라서 정확한 것은 알 수 없다. 이상의 숫자는 尹炳奭의 추계를 원용한 것이다. 尹炳奭, 앞의『獨立軍史』, p. 179.

361) 1920년 10월 16일 間島 日本總領事館이 간도지방 여러 일본 요로에 발송한「秘間情」(秘密間島情報)는 다음과 같이 기록하고 있다.

－"10월 12일 밤 홍범도가 인솔하는 독립군부대 약 5백명, 김좌진이 인솔하는 軍政署 대원 약 6백명 및 義軍團, 新民團 등에 속하는 약 3백명의 부대는 和龍縣 三道溝 청산리에서 숙박한 것이 확실함"이라고 했다. 그리고는 "홍범도 일파의 [대한] 독립군은 김좌진이 인솔하는 北路軍政署 부대와 공동행동을 취하게 된 듯싶다. 현재 무슨무슨 團이라고 각각 명칭을 부치고 있으나, 그 내실에 있어서는 일본군대의 간도 출병 후 생각밖에도 각 團의 일치를 보기에 이르렀다. 전 間島 각 不逞團 武力派는 실력을 가지고 있는 [北路] 군정서의 지휘명령을 받기에 이르러 홍범도 일파의 독립군은 별동대로 활동하고 있다고 한다." 앞의『現

서 치러낸 일련의 전투를 포함한다.

이 전투에 출동한 일본군 주력은 제19사단 소속 *아즈마* 지대(東支隊)였다. 독립군 부대들은 매복전술－유인작전－적군내의 혼란조성－퇴각－기습공격 등을 배합하여 미증유(未曾有)의 대승리를 거둬 "무적황군(無敵皇軍)"의 신화를 깨뜨렸다.[362] 봉오동전투에서 실패하고 청산리전투에서 괴멸당한 일본군은 그 보복으로 간도지방 일대의 도시와 부락을 샅샅이 뒤지면서 검거, 방화, 강간은 물론 남녀노소를 무차별 총살하는 일대 도륙전(屠戮戰)을 감행했다.[363] 「경신년대참변」(庚申年大慘變)으로 불리는 이 일본군의 아비규환의 비무장 민간인 살육 만행은 그 잔악성에 있어서 *히틀러*의 *아우슈비츠, 폴 포트*(Pol Pot)의 *킬링 필드(Killing Field)*를 방불케 하는 세기적인 인간 대 도살극이었다.

代史資料』 28, pp. 355~356

그리고 1920년 10월 18일자 「秘間情 第十八號」는 洪－金의 공동행동에 관하여 아래와 같이 기술하였다. －"홍범도의 부대는 자기의 전투력을 가지고 있는 자 약 2백 50명에 불과하다. 이번 金左鎭과 격의 없이 의견을 교환하여 확실히 공동행동을 취할 것에 [관해] 협의가 잘되어 현재 양자의 부대는 三道溝 靑山里를 중심으로 하여 부근의 마을에 分屯하고 있다"고…. 위와 같은 책 pp. 359.

한편 靑山里會戰에 관하여 홍범도 자신의 말은 근년에 발표된 『洪範圖日誌』(사실은 회상록)에서 볼 수 있다. 여기서 그는 국내(고려)로 진공할까 하고 北路軍政署가 청산리에 있다고 하므로 金左鎭 부대등과 "연합"하기 위하여 그곳을 찾아가는 길에 일본군과 遭遇하여 二道溝 일대서 交戰한 사실을 밝히고 있다. 「『洪範圖日誌』를 통해 본 홍범도의 생애와 항일무장투쟁」. 독립기념관 韓國獨立運動史硏究所 發行, 『韓國獨立運動史硏究』, 第15輯(1991), pp. 268~276 참조.

362) 靑山里－泉水洞 일대의 전투상황에 관하여 北路軍政署報告(『獨立新聞』(1921. 2. 25)에 의하면 일본군의 사상자는 사망자 연대장 1명, 대대장 2명, 기타 장교 이하 1천 2백 54명(적군 상호간의 사격 피살자 5백여명), 부상자는 장교 이하 2백여명으로 되어있다. 이에 대해 독립군 측은 사상자 1명, 부상자 5명, 포로 2명이다. 그리고 전리품으로서는 기관총 4정, 소총 53정, 기병총 31정, 탄환 5천발 등이다. 같은 책, p. 242. 그런데 일본군 측은 전투 상황을 숨기고 발표하지 않아 그들의 전과나 피해를 알 수가 없다.

363) 日本軍의 각 연대들의 조선인 虐殺은 사실은 「第1次 琿春사건」(1920. 9. 12) 이후부터 시작되었다. 일본측 발표에 의하면 1920년 9월 10일부터 11월 30일까지 사살, 총살된 조선인 수는 522명, 부상자 1명, 불태운 가옥은 534 동으로 되었다. 중국인도 상당한 피해를 입었다. 「間島事件鮮支人死傷者調」(1921. 2. 25). 앞의 『現代史資料』(28), 朝鮮(4), pp. 520~579에 수록. 이 통계는 피해상황을 최대한으로 축소한 것으로써 일본군의 蠻行을 은폐하려는데 그 의도가 있었다.

한편 '臨政'측 발표(『獨立新聞』 1920. 12. 18)에 의하면 1920년 10월 9일부터 11월 30일까지 北間島 지방의 피살자는 3,839명, 체포자 104명, 강간 71건, 불태운 민가 3,709동, 학교 36개, 교회 14개, 소실곡류 54,045석으로 되어있다. 이 통계는 朴殷植의 조사표와 크게 다르지 않다. 朴殷植은 그의 조사표에다 西間島 각지의 참상을 첨부하고 있다. 이에 의하면 서간도 각지에서의 피살자는 3,938명, 체포자 242명이며, 가옥 손실은 2,402동, 湯子瑾이라는 곳에서는 모든 가옥과 양곡이 함께 소실되었다. 朴殷植, 앞의 『韓國獨立運動之血史』 下. pp. 201~205 참조.

제2절 부활하는 불사조(不死鳥)

청산리에서 일본군을 대파한 독립군부대들은 더 이상의 교전을 회피함으로써 동포들에 대한 일본군의 보복 참살을 모면하고자 했다. 그러기 위하여 거의 모든 다른 독립군 단체들과 함께 소-만 국경지대인 밀산(密山)으로 이동하였다. 그러나 모든 부대들이 다 밀산으로 이동한 것은 아니었다. 많은 독립군들은 남만(南滿)으로 이동하여 압록강 대안(對岸)에서 흩어진 병사들을 다시 모아 조직을 재정비하였다.[364)] 이제 무방비 상태가 된 한인부락들에서 일본군의 학살극은 더욱 가열되었다. 그해 11월 밀산에 집결한 약 3천 5백명의 각 계열 독립군부대들은 '대한독립군단'[365)]으로 통합하여 1921년 1월 초 *러시아* 영(領) *이만*(Iman)을 거쳐 계속 북상, 흑룡강 자유시(*알렉세이에프스끄*)을 향하여 이동하였다. 그 목적은 "제국주의로부터의 식민지 해방"을 외치는 *러시아볼셰비끼*의 후원을 얻자는데 있었다.

그러나 김좌진은 *이만*에서 행로를 바꿔 북만(北滿)으로 돌아와 있었다. 그 밖의 홍범도, 이청천(李靑天), 안 무, 최진동(崔振東)의 부대들은 군관학교를 설립코자 *바이칼*호(湖)를 넘어 한인들이 많이 살고 있는 *이르꾸츠끄*시(市)로 이동하였다. 이들은 *러시아* 적군(赤軍)에서 활약하고 있던 그 북쪽의 오하묵(吳河黙)의 협력하에 '고려혁명군사관학교'(高麗革命軍士官學校)를 세우고 *소비에트* 정부의 원조를 얻기 위하여 적군을 도와 백군의 토벌전(討伐戰)에 가담했다.[366)] 그러나 *소비에트* 정부는 일본군

364) 이들은 大韓獨立軍備團, 太極團, 大震團, 白士武士團, 興業團, 光韓團 등으로써 재편된 군사 단체와 西路軍政署 및 光復軍의 일부 부대들이었다. 이들이 남만의 寬甸, 長白, 安圖, 輯安, 通化의 여러 縣에서였다. 새 독립운동 근거지를 건설하고 있었다. 그 상황의 일단을 엿볼 수 있는 문건은 일본경찰의 조사기록 「安圖縣内に於ける不逞鮮人團體に關する件」, 金正明 편, 『朝鮮獨立運動』Ⅱ, 原 書房, 1967년, p. 966. 「長白縣内に於ける抗日運動者の動向報告の件」, pp. 978~979. pp. 986~989 「光韓團員檢擧に 關する件」, p. 1004. 「支那長白山縣内に於ける不逞鮮人團」, pp. 1011~12. 「長白縣に於ける抗日獨立運動團體の統一に關し情報の件'), pp. 1013~1015. ('鴨綠江對岸の抗日武裝團侵入並びに出兵に關する件」, pp. 1022~23. 「敦化縣に於ける朝鮮人抗日運動團組織に關する件」 등에서 볼 수 있다.

365) '大韓獨立軍團'은 '北路軍政署'(徐 一), '在間島 大韓國民會'(具春先), '都督府'(崔振東), '大韓正義軍政司(李圭)', '義軍府'(李範允) 등 西-北間島의 각 계파의 단체들을 통일한 대 軍團이었다. 총재에는 徐 一, 부총재에는 洪範圖-金佐鎭-曺成煥, 총사령에는 金奎植, 참모총장에는 李章寧, 여단장에는 李靑天 등이 망라되어 있었다. 앞의 愛國同志援護會 刊行, 『韓國獨立運動史』, p. 321. '大韓獨立軍團'은 자료에 따라서는 '大韓獨立軍'으로 기술되었다.

366) '大韓獨立軍團'은 군관학교를 설립하기 위하여 조선인 동포가 많이 살고 있는 *이르꾸츠끄*로 이동하여

과의 군사적 충돌을 회피하며, 일본과의 외교적 교섭에 지장을 받지 않도록 하는[367] 동시에 한인 혁명가들을 *볼셰비끼*화 하려는 2중적 목적에서 '대한독립군단'을 오하묵의 '자유대대'에 편입시키고자 했다.

'대한독립군단'이 이것을 단호히 거절하자 적군(赤軍)은 이들을 포위하고 대대적인 섬멸전을 폈다. '대한독립군단'은 괴멸상태에 빠졌다. 이것이 1921년 6월에 일어난 「흑하사변」이다.[368] 구사일생으로 간신히 살아남은 잔존 부대원 약 600명은 이청천, 김남식(金奎植) 등의 인솔하에 다시 밀산으로 집결하여 대열을 정비하고 후일을 기해야했다. 여태까지 민족주의 혁명가들의 상당수는 "반제(反帝)"와 "약소민족의 해방"을 표방하고 있던 국제공산주의에 동조해 왔으나 「흑하사변」을 계기로 이들은 반(反)공산주의로 선회하였기 때문에 독립운동전선에서의 *이데올로기* 분열은 확연하게 되어갔다. 한편 홍범도(洪範圖)는 만주로 귀한하지 않고 *러시아*의 *볼셰비끼* 혁명에 합

'高麗革命軍團'(단장 吳河黙 '高麗軍義勇隊' 또는 '大韓義勇隊'라고도 불렀다)을 조직하고 高麗革命軍士官學校(교장 李青天)을 설립하여 *러시아* 赤軍과 함께 白群과 싸웠던 것이다. 이때 金佐鎭은 *시베리아*를 떠나 滿洲로 들어가고 없었다. 같은 책, p. 392.

367) '大韓獨立軍團'이 *시베리아*로 들어갔을 때는 그곳에는 '極東共和國'이 수립되어 있었다. '극동공화국'은 *시베리아*로부터 일본군의 철수를 촉진시키기 위하여 1920년 4월 *소비에트* 정권이 수립한 緩衝國家로서 *볼셰비끼*와 그 밖의 혁명파로 구성된 연립 정부였지만 주도권은 *볼셰비끼*가 장악하고 있었다. 이름은 독립 국가였지만 그것은 가면에 불과했다. 내란상태가 아직 끝나지 않은 불안한 상황에서 일본과의 군사적 충돌을 회피하고자 '극동공화국'은 일본군의 *시베리아* 철수를 요구하며 일본과의 외교 교섭 개시를 제의했다.

일본정부는 이에 조심스럽게 호응하여 1921년 5월 13일 교섭 방침을 각의로서 결정했는데 그중 중요한 것은 ① 극동공화국이 이미 성명한 *부르죠아* 민주제도를 확실하게 실행할 것, ② 조선 및 일본 각 지에서 過激派[*볼셰비끼*]의 선전을 하지 않을 뿐만 아니라, 극동공화국 영토 내에서[조]선인들이 [일본의] 朝鮮統治를 교란하고자 하는 不逞행동을 防壓할 조치를 취할 것, ③[일본]帝國의 조약상의 권리 그리고 제국臣民의 생명 재산과 함께 기득권을 존중할 것 등이었다. 「極東共和國との交涉要件閣議決定」(1921. 5. 13). 앞의『日本外交年表竝主要文書』上, p. 522.

1922년 7월 7일 '極東共和國'은 일본정부에게 정식으로 외교교섭의 개시를 제의하여, 그 후 여러 차례 비공식 예비교섭이 있었으나 교섭은 진척되지 않고 있던 사이 22년 11월 극동공화국은 소련정부에 합병되었다. 1923년 12월 5일 소련 외상 대리 *까라한*은 北京 주재 일본공사 *요시자와*(芳澤)에게 일본의 關東大震災 罹災民 구호를 정식으로 제의하고, 沿海州의 70개 어장을 75% 할인하여 대여할 것, 그리고 같은 조건으로 黑龍州-沿海州-*깜차까*州의 50만 *데샤친*의 삼림 벌목권을 제공할 것을 제의하여 일본을 유인하였던 것이다. 日本國際政治硏究所 編,『太平洋戰爭への道』1, 朝日新聞社, 1963년, pp. 241~242. 아직은 권력의 기초가 취약했던 신생 *소비에트*정권의 對日 정책은 *시베리아*에 출병하고 있던 일본군을 철수시키는데다 중점을 두고 일본을 불안케 하는 국가적 차원의 대외적 혁명 활동은 표면상 자제하고 있었다.

368) 黑河事變에 관해서는 본서 <u>제1편 제2장 참조.</u>

류하여 별개의 길을 걸었으며 만주전선에는 나타나지 않았다.

만주에서 민족주의 독립운동은 그지없이 용맹하고 애국적이었다. 그럼에도 불고하고 출신지방, 가문, 사회적 정치적 배경을 달리하는 지도자들이 광활한 남－북만주에 각각 분산하여 근거지를 만들고 적과 싸워야 했던 사정 때문에 독립운동 단체들의 지역적 분립현상이 촉진되었다. 그 위에 독립군에 대한 *헤게모니* 장악 경쟁, 지도자들의 개성과 감정상의 대립, 일본관헌과 밀정들의 추적망을 피하려는 데서 오는 조직의 폐쇄성, 복벽주의(復辟主義)냐 공화주의(共和主義)냐의 *이데올로기*의 갈등 등이 겹쳐 복잡다단한 분열과 통합, 이합집산(離合集散)의 현상을 불가피하게 만들었다. 그러다가 「경신년(庚申年) 대 참변」과 「자유시참변」을 겪은 후에는 전멸의 위기에 봉착했던 것이다.

이 무렵 본래의 근거지인 연길현(延吉縣)으로 집결하여 기사회생(起死回生)을 시도한 것이 「자유시참변」 후 최초로 통합 조직된 '고려혁명군'[369]이었다. 그 후 20여개나 되는 군소 독립운동 단체들이 여러 곳에서 출현했지만 1925년까지에 이 단체들의 통합운동이 일어나 '참의부[370]'(參議部, 집안현을 중심으로 여러 현(縣)들을 포함하여 압록강 상류지방이 근거지), '정의부'[371](正義府, *하얼빈* 이남, 흥경 興京 이

---

369) '高麗革命軍'은 1923년 5월경 延吉縣 明月溝에서 조직되었다. 총사령은 金奎植, 參謀長은 高 平, 騎兵 사령은 李範奭이었으며, 군세는 4백명이었다. 앞의 蔡萬植의 책, p. 106.

370) '參議府'(正式명칭은 '大韓民國 臨時政府 駐滿 陸軍參議府')는 '臨政'의 직속하의 군사단체로 1924년 8월 通化縣에서 조직되었다. 초대 참의장은 白狂雲이었으나 그가 반대파에 의하여 피살된 후 崔碩淳, 尹聖佐, 金承學으로 바뀌었다. 군세 약 5백명을 헤아렸던 '參議府'는 1922년 8월에 여러 독립단체들의 통합을 목적으로 하여 성립했던 '統義府'가 분열한 결과로 생긴 단체였다. 즉 1922년 8월 여러 단체들이 통합하여 '統義府'(1922)로 조직되었는데 여기서 義兵계열의 全德元 등 復辟主義 인사들은 統義府 내의 共和主義者들과 다투다가 결국 관계를 끊고 參議府의 대항기관으로서 '義軍府'(1919년 李範允을 총재로 하여 조직된 '義軍府'와는 다름)를 조직하였다. 물론 군대도 갈라졌다. 그런데 '義軍府' 유격대원들이 新義州 警署를 습격하여 日本軍과 半日동안이나 전투를 치룬 후 本營으로 귀환하던 중 '統義府' 군대의 습격을 받고 많은 사상자를 냈다. 이 독립군 상호간의 전투에 격분한 인사들은 統義府와 결별하여 1923년 6월 새로 '參議府'를 조직하기에 이르렀던 것이다. 앞의 愛國同志援護會 편찬 『韓國獨立運動史』, pp. 261~266 참조. '(大韓)統義府'에 관한 자세한 분석은 尹炳奭, 『獨立軍史』, 지식산업사, 1990년, pp. 232~238 참조.

371) 正義府'는 사분오열된 독립운동 단체들의 대동단결을 목표하여 1925년 1월 吉林에서 '統義府'의 토대위에서 여러 단체들을 망라한 조직이었다. 중앙집행위원장은 李 沰(만주사변 후 변절), 군사부장 겸 사령장은 李靑天, 재무위원장은 吳東鎭, 외무위원장은 玄益哲, 참모장에 金東三 등이었으며 병력은 7개 중대. 앞의 애국동지후원회 편, 『한국독립운동사』, pp. 268~269 참조.

북에 걸친 남－북만주 일대), '신민부(新民府)'[372](북만의 영안현을 중심으로 한 해림海林, 동빈東賓, 목능穆稜, 오상五常 등 북만의 동부 중도선中道線, 즉 "동청철도(東淸鐵道)"의 남－북 양측 일대가 근거지)로의 정비를 보게 되었다.

「훈춘사건」을 구실로 삼아 간도지방에 출병했던 일본군은 1921년 1월 15일 2개 대대만을 남겨두고 떠났다가 다음해 4월 29일을 기하여 전면 철수하였다. 그리하여 독립운동 단체들은 종전의 방식대로 독립군 양성－교육 계몽운동－산업진흥 사업을 통하여 초토화 된 조선인사회를 재건할 수 있는 여지가 생겼다. 그러나 조선총독부는 이것을 좌시하지 않고 1925년 6월 11일 장작림의 봉천군벌 정권과 소위 「마쯔야 협정」(三矢協定)[373]을 체결하여 두 나라의 경찰로 조선인들의 독립운동을 더욱 엄중하고 잔혹하게 단속하기 시작했다. 3자(者) 정립(鼎立) 상태에 있던 '참의부(參議府)'－'정의부(正義府)'－'신민부(新民府)'의 대표들은 이러한 심각한 상황에 대처하기 위해 통합운동을 벌였다. 이들은 서로 분열 각축하고 있던 재만(在滿) 독립운동단체들의 역량을 혁명완수를 위하여 하나로 통합해야 한다는 것을 절대적 명제로 삼고 있었다.

여기서 그들은 3부(三府) 통합의 방법을 "이당치국(以黨治國)"의 이념에 입각하여

---

372) '新民府'는 '北路軍政署'의 정신과 인맥을 기초로 혁명원노들과 재야 혁명가들이 모여서 1925년 3월 북만 寧古縣에서 조직한 단체였다. 중앙집행위원장은 金 赫, 군사부 위원장 겸 총 사령관에는 金佐鎭, 참모부 위원장에는 羅中昭, 외교부 위원장에는 靑成煥 등이 선임되었다. 병력은 그 전성기에는 5개대대 5백 30명. '新民府'는 한때 穆陵縣 小秋風에 城東士官學校를 세우고 군 간부를 양성했다. 같은 책, pp. 322~324 참조.

373) 「三矢協定」은 조선총독부 경무국장 *미쯔야 미야마쯔*(三矢宮松)와 奉天省 경무처장 于 珍 사이에 체결된 협정으로서 정식 명칭은 「不逞鮮人 取締에 관한 조선총독부와 奉天省 간의 協定」으로 되어있었다. 이 협정에 따라 奉天省 중국인 관헌은 "만주 체류 조선인이 무기를 휴대하고 조선에 침입하는 것을 엄금하고 이를 범하는 자는 체포하여 조선[총독부] 관헌에 인도"할 것(제2조), "[在滿] 불령선인 단체를 해산하고 그들 소유의 총기를 수색하여 이것을 몰수하고 무장을 해제할 것"(제3조), "조선[총독부] 관헌이 지명하는 不逞團 수령을 체포하여 조선 관헌에게 인도할 것"(제5조) 등의 의무를 지녔다. 한편 총독부 측은 중국의 주권을 무시하고 있다는 비난을 면하기 위하여 일본인들이 "무단히" 월경하지 않을 것을 약속했다(제7조). 「協定」 일본어 全文은 앞의 『日本外交年表竝主要文書』 下, p. 75.

이 「協定」에 따라 중국 관헌이 조선인 독립 운동가를 체포하여 일본 영사관에 넘기면 그 대가로 상당한 액수의 보상금을 지불받았다. 그렇기 때문에 그들은 조선인 독립 운동가를 체포하는데 혈안이 되었다. 그 결과로 많은 조선인 애국인사들이 체포되고 조선으로 이송되어 사형, 무기－유기형을 받았다. 이 협정문은 오랫동안 비밀에 부쳐져 있다가 괴뢰 "滿洲國" 수립 후인 1932년 12월 14일에야 그 폐지와 더불어 공표되었던 것이다.

"민족유일당(民族唯一黨)"을 조직하는 데서 찾았다. "전(全)민족 단일혁명정당"으로도 불리운(주로 좌익계) "민족유일당"이란 민족 통일전선을 의미했다. 여기에는 민족주의단체들의 통합뿐만 아니라 당시 만주에서 출현하고 있던 조선인 공산주의단체들과의 좌-우합작도 포함되어 있었다. 이 무렵 중국본토에서는 제1차 국-공합작이 성립되고(1924. 1), 국내에서는 '신간회(新幹會)'가 결성되어 있어서 만주에 정치적 영향을 미치고 있었다. 그런 분위기에서 "민족유일당"의 조직이란 하나의 시대적 추세처럼 보여 졌던 것이다. 그러나 통합운동은 실패하고 말았다. 여기서 3부 인사들은 우여곡절 끝에 '민족유일당조직 협의회(協議會)'와 '민족유일당조직 촉성회(促成會)'의 양파(兩派)로 분열되었다.[374] 그중 '촉성회파(派)'가 1928년 12월 길림에서 '혁신의회(革新議會)'를 조직하는가 하면 '협의회파(派)'는 나머지 '정의부(正義府)' 중심의 다수 인사들을 규합, 이에 맞서 1929년 3월 '국민부(國民府)'[375]를 형성하여 그 중심을 남만 요령성(遼寧省) 신빈현(新賓縣)('만주국'시대에는 봉천성 흥경현興京縣)에 두었다.

"민족유일당"의 활동이 '혁신의회'와 '국민부'의 양대진영으로 갈라져 있었음으로

374) 3府의 통합을 처음으로 제의한 단체는 '정의부'였다(1927. 8). 그 제의에 따라 1928년 5월 3부 대표 52명이 吉林省 新安屯에 집합하여 장시간 통합문제를 숙의했으나 통합의 원칙을 놓고 의견이 갈라지는가 하면 각 府 안에서는 내분이 일어났다. 이때 3부 통합을 기성 단체 본위로 하자는 인사들은 '민족유일당조직협의회'를 구성했고 개인 본위로 하자는 인사들은 '민족유일당조직促成會'를 형성했다. 이 두 단체는 당시 독립운동단체의 양대 분파를 이루고 있었다.

'協議會派'와 '促成會派'가 형성되는 과정에서 일어난 각 府 내 간부들의 분해 작용, 즉 소속단체이탈-새 단체로의 재규합-재분열의 양상은 어지럽고 복잡했다. 金佐鎭·黃學洙·鄭 信('신민부' 간부)·金篠履('참의부' 간부)·金承學·金東三·李靑天·金尙德('정의부' 간부) 등은 통일된 군 정부의 수립을 목적으로 1년간의 기한부로 1928년 12월 吉林에서 '革新議會'(의장 金東三)라는 단체를 발족시켰다. 이 단체는 관할지역을 3區로 나눠 통할하면서 '鮮民府'와 '韓僑鄕會' 등의 일제 주구 기관을 박멸하는데 큰 성과를 올렸다.

한편 '革新議會'와 대항하고 있던 '협의회' 측의 玄益哲·金履大(김이대·원 '참의부' 非주류파)·宋尙夏·獨孤丘(원 '신민부' 민정파) 등이 1929년 3월에 출범시킨 것이 '국민부'였다. '국민부'의 중앙집행위원장에는 玄益哲, 외교위원장에는 崔東旿, 군사위원장 겸 군 사령관에는 李 雄, 교육위원장에는 高而虛, 법무위원장에는 玄正卿(현정경), 군8개 중대 중 제1중대장에는 梁世奉이 선임되었다. '혁신의회'와 '국민부'의 성립경위에 관한 간략한 설명은 蔡根植, 앞의 책, pp. 146~152. 보다 자세한 분석은 金俊燁·金昌順 공저『韓國共産主義運動史』4, 청계연구소판, 1986년 pp. 177~184 참조.

375) '國民府'는 비록 모든 독립운동단체들을 통합하고 있지는 못했지만 '革新議會'가 설정한 기한 내에 3府통합의 목적을 달성하지 못하고 해산하게 되자 만주에서 유일한 한인 군 정부로써의 지위를 굳혀갔다. '國民府'는 당시 在滿 조선동포들의 민생에서 생사가 달렸던 농지경작권과 소작료 문제를 해결하고 교육과 정치훈련을 강화하는 데에 혼신의 힘을 기울였다. 崔衡宇, 앞의『海外朝鮮革命運動小史』, pp. 18~19 참조. 또한 '국민부'는 '朝鮮人保民會'다 '朝鮮人留民會'다 하는 등의 일제의 허다한 악질 주구 단체에 대하여 과감한 처단을 감행했던 것이다. 앞의 蔡根植의 책, pp. 150~151.

두 파(派)는 따로따로 본래의 목표를 추구하게 되었다. '국민부'는 1929년 12월까지에는 "이당치국(以黨治國)"의 원칙에 따라 독립사업만을 전담하는 "민족유일당"으로써 '조선혁명당'을 편성하고 육성하는 방침을 택했다. '국민부'와 '조선혁명당'은 표리관계에 있는 혁명단체들이었지만 주민의 자치단체 격(格)인 '국민부'는 행정권만을 행사했다. 따라서 무장투쟁면의 실권은 자연히 '조선혁명당'이 장악했다. '조선혁명당'[376]의 창건과 함께 그 소속 당군(黨軍)으로 '조선혁명군'[377]이 편성되었다. 「조선혁명당 선언」에 의하면, 이때부터 '국민부'와 '조선혁명당'을 분리하여 '국민부'는 순수한 주민 행정자치단체로 바뀌었다는 것이다. 이와 같이 "군사조직은 독립적 체제를 취하게 되어…혁명운동의 군사적 역할"은 전적으로 '조선혁명군'의 소임이 되었던 것이다.[378]

이러한 '국민부'와 '조선혁명당'과의 당-정관계는 *코민테른*이 만들어준 '중국국민당'과 '국민정부'와의 관계, 그 원형으로써의 '소련공산당'과 '소련인민위원회의'의 그것과 유사했다. 요컨대 '조선혁명당'의 정치체제는 1당 지배체제였지만 그것은 항일혁명전쟁에서 택한 불가피한 조치였을 것이다. '조선혁명당'은 이런 방식으로 민정과 군정을 분리시키면서 그 세력을 내외로 확대시켜 나갔다.[379]

---

376) '朝鮮革命黨'의 초기 간부 명단은 다음과 같다.

중앙집행위원장 玄正卿	국제부장(외교부장) 崔東旿
비서부위원장(겸임)	민중부장(노농부장) 高而虛
조직부장 高割信	군사위원회위원장(군사부장) 李 雄
교양부장 金輯安	자치위원회위원장(정치부장) 玄益哲
경제부장(재정부장) 長承彦	선전위원회위원장(宣傳部長) 張 徹

蔡根植, 앞의 책, pp. 153. 위의 직책 명칭은 崔衡宇의 앞의 책 (p. 26)과는 약간 다르지만 의미는 마찬가지다. ( )안의 명칭은 崔가 사용한 것임.

377) '朝鮮革命軍'은 창립 당시에는 10개 대로 편성되었으나 29년 12월 현재로 7개 대로 개편하였다. 총사령에는 李辰卓, 부 사령에는 梁碧海(또는 梁世奉, 梁世鳳 또는 梁瑞奉), 참모장에는 李 雄이 선임되었다. 그리고 「만주사변」전후부터 항일전의 격전을 거치는 가운데 총사령은 金寬雄, 梁世奉, 高而虛 등으로 바뀌었고 편성에도 변동이 있었다. 국사편찬위원회 편저, 『韓國獨立運動史』 5編, 1967年, pp. 103~104.

378) 1929年 12月 20일자 「朝鮮革命軍宣言」. 한글 원문은 찾아볼 수 없다. 그 全文 일역은 앞의 『現代史資料』 29, pp. 636~637.

379) '朝鮮革命黨'은 중앙당 본부를 '國民府'와 마찬가지로 新賓縣에다 두고 吉林-黑龍 두 省에는 별도로 '吉-黑 特別委員會'를 조직했고 성 당부 밑의 각 縣에는 縣 黨部를 두었는데 그 수가 100여 개나 되었다고 한다. 또한 동 당은 조직을 국내의 平安-黃海-江原-忠淸-全羅-慶尙 각 道에까지 확대하였다는 것이다. 蔡根植, 앞의 책, pp. 153.

한편 '혁신의회파(派)'에 속했던 김좌진, 정 신(鄭 信), 민 무(閔 武) 등도 마찬가지로 '민족유일당'의 이념을 실현코자 1929년 7월 구 '신민부'의 기반 위에 자유연합적(自由聯合的) 조직원리를 기초로 하여 '한족 총연합회'를 결성[380]하고 그 본부를 북만 영안현(寧安縣) 산시(山市) 역전에 두었다. 주석에 취임한 김좌진은 그 동안 항일무력투쟁에서 피폐해진 민생을 우선 회복시키기 위하여 동 회(會)를 군사단체가 아니라 한교(韓僑)들의 유일한 자치기관으로 발전시키려고 노력하였다.[381] 그러나 그는 1930년 1월 24일 조선인 공산주의자 김봉환(金奉煥)의 하수인 박상실(朴尙實)이라는 자에 의하여 산시(山市) 역전에서 암살을 당했다.[382] 이 비통한 사건은 재만(在滿) 조선인 민족주의자들과 공산주의자들의 반목이 "민족유일당"을 논할 여지가 없어진 적대관계로까지 악화되어가고 있었다는 사실을 입증한 것이었다.

김좌진의 피살은 '한족총연합회(韓族總聯合會)'에다 심대한 타격을 주었으나 그의 동지인 정 신(그 후 곧 일제의 주구에 의하여 피살) 등은 회명(會名)을 '한족자치연

380) '韓族總聯合會'의 조직 원리에 관하여 당시의 사정을 현지에서 경험한 李康勳의 설명을 들어보자.-: 北滿의 '新民府'가 내우외환으로 소멸한 뒤에 민족주의 진영은 그 약점인 이론의 빈곤으로 말미암아 풍미해오는 세계사조에 대처하여 적응할 만한 인물이 부족했다. 좀 똑똑하고 유망하게 보이는 젊은 *엘리트*는 左翼陣營으로 넘어가고 있었다. 바로 이런 때에 金宗鎭[金佐鎭의 實 弟. 無政府主義者]를 통하여 남방에서 온 무정부주의적 혁명이론가 李乙圭(일명 金明源)가 金佐鎭을 찾았다. 이때 두 사람은 절충에 절충을 거듭한 끝에 "自由聯合組織原理"에 의하여 '한족총연합회'가 결성되었다는 것이다. 이 조직체계는 무정부주의의 중앙집권제를 부인하고 자유연합을 조직의 원리로 하는 이론을 토대로 하여 결성된 기관이었고, 李乙圭(金明源)가 이 새로 발족된 기관의 이론 지도적 중심인물이 되었다. "이런 조직, 이론은 만주 우리사회에는 처음 있었던 사실임으로 내외의 주목과 관심이 컸었다."고 한다. 李康勳, 『抗日獨立運動史』, 正文文庫 20, 1979년, pp. 118~119.

381) 앞의 尹炳奭, 『獨立軍史』, p 283

382) '金佐鎭'의 암살에 관해서는 설이 구구했다. 1929년 말, 즉 피살 직전 김좌진을 방문했고, 그의 장례식에 참가했던 청년 혁명가 李康勳의 증언에 의하면 암살을 배후에서 사주한 자는 공산주의자 金奉煥이었다(일명 金一星. 북한의 金日成도 만주에서 한때 金一星으로 불리었다고 하지만 이들은 같은 인물이 아니다). 김봉환은 공산당 당원으로 *하얼빈*주재 일본 영사관원에게 체포되었는데 일제는 金의 애인인 *프롤레타리아* 문학 여류작가 姜敬愛와 접촉하여 어떤 "교환조건"하에 그를 석방해주는 奸計를 꾸몄다. 그 "교환조건"이 무엇인지는 똑똑치 않지만, 아마도 김좌진을 제거하려는 反민족적 악행이었을 것이라고 한다. 이사건의 사상적 배경을 보면 "김좌진 장군이 *맑스*주의자들이 가장 싫어하는 無政府主義者와 제휴하였기 때문에 그의 미움을 샀다. …白冶(金佐鎭)가 무정부주의자와 결탁했다는 사실은 당시 北滿에 있는 소아병적 일부 공산주의자들에게는 큰 고민이 아닐 수 없었다."고 저자는 평하고 있다. 같은 책, pp. 125~126 참조.

이 저자에 의하면 당시 만주에서 "無政府主義"는 조국 광복운동 선상에서 민족주의진영과는 잘 어울렸고, 항일투쟁에서 보혈을 흘리는 빛나는 뚜렷한 업적이 있었다."고 쓰고 있다. 같은 책, pp. 120~121.

합회(韓族自治聯合會)'로 바꾸고 운동을 계속했다. 1930년 7월 홍 진(洪 震)·이청천·황학수(黃學洙)·신 숙(申 肅) 등은 '한족자치연합회'를 토대로 하여 그들이 염원해온 "민족유일당"으로 '한국독립당'[383]을 길림(吉林)에서 창설했고, 1931년까지는 그 소속 당 군(軍)으로써 '한국독립군'[384] 총사령부를 조직하여 본격적인 항일투쟁에 들어섰다. 이상 복잡다기(複雜多岐)했던 민족주의 단체들의 통합운동 과정을 간략하게 도시하면 다음과 같다(괄호 안의 수자는 발족일).

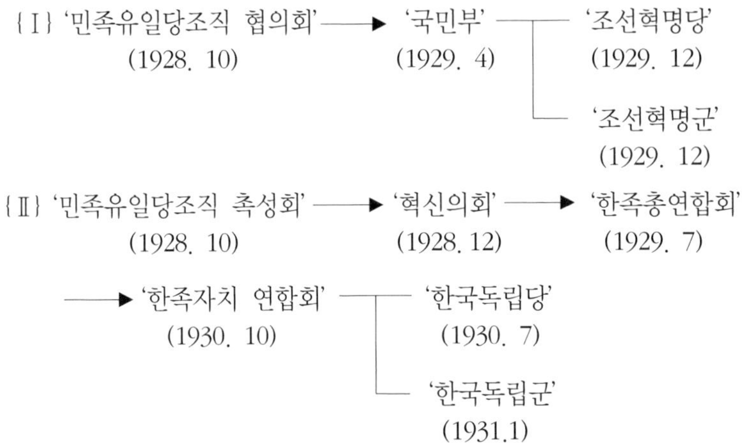

---

383) 창건 당시의 '韓國獨立黨' 중앙부서의 주요 간부는 다음과 같았다.

중앙위원장 洪 震
총무위원장 申 肅
선전위원장 安 勳
군사위원장 池靑天
감찰위원장 李章寧

蔡根植, 앞의 책, p. 157.

384) '韓國獨立軍' 총사령부 중요 간부는 다음과 같았다.

총사령관 池靑天
부사령관 南大觀
참모장 申 肅
의용군중대장 吳光鮮
재무 겸 외교관 安也山

앞의 '韓國獨立運動史' 5, p. 107.

제5장

민족주의와 공산주의의 착종(錯綜)

제1절 '조선공산당'의 만주 진출

만주에 대한 일본의 침략이 강화되어가자 위의 두 갈래의 조선인의 민족주의군대들은 두 개의 전선 즉 남만에서는 '조선혁명군'이, 북만에서는 '한국독립군'이 항전(抗戰)을 계속했다. 이에 앞서 민족주의자들의 3부가 정립(鼎立)하여 "민족유일당"의 형성을 모색하고 있을 때 '화요회(火曜會)'파, '서울파', 'ML파', '북풍회파' 등 국내 각 계보의 공산주의자들도 일제의 탄압을 피하여 만주로 잠입했다. 그들은 상호간에 분파투쟁을 벌이는 동시에 민족주의자들과도 항일운동의 *헤게모니* 쟁탈전을 일삼으면서 조직망을 구축해갔다. 그런데 1917년 10월혁명 이후 전(全)*러시아*가 *볼셰비끼*화(化)되자 만주의 조선인 공산주의자들은 극히 유리한 배후의 지원세력을 얻게 되었다.

만주의 조선인 공산주의자들이 본격적인 활동을 개시한 것은 1926년 5월 '조선공산당 만주총국(滿洲總局)'을 설치하면서부터였다. 여기서 '만주총국'이란 만주지부라는 의미였다.(이에 관해서는 다음 2절에서 재론하기로 한다) 그런데 벌써 그 이전에 *하바롭스끄*에서 이동휘 등이 조직한 '한인사회당'(1918. 6)과 *이르꾸츠끄*에서 조선인 2세들이 조직한 '전로고려공산당(全露高麗共産黨)'(1919. 9)은 간도의 조선인 사회에 사상적으로 상당한 영향을 미치고 있었다. 1922년경 *코민테른*은 간도지방에 공작의 손을 적극적으로 뻗쳤다. 1923년 2월 '한인사회당(韓人社會黨)'의 후신인 '고려공산당('상해파')' 당원들은 *시베리아*로부터 동만(東滿)에 잠입하여 영고탑(寧古塔)에서 무장투쟁을 주요 목표로 삼았던 '적기단(赤旗團)'[385]을 조직하고 신전－선동－연락망 설

---

385) '赤旗團'은 1923년 3월 新韓村에서 대부분이 상해파 '고려공산당'계 청년들이 *코민테른*간부 *이델손*의 사회 하에 회의를 열고 同团의 발족을 선언한 후 조직되었다. '적기단'을 흔히 李東輝 지휘하에 있은 것으로 전해지고 있지만 그는 제1선에서 활동한 것 같지는 않으며 단장에는 崔溪立, 부단장에는 洪 波가 선임되었다. '적기단'은 기관지 ≪벼락≫을 발간하고 龍井村에 설립되어있는 '東洋學院'(金思國 方漢旻), '永

치-동지 규합을 위하여 활동하고 있었다.

한편 용정촌에는 공산주의 선전교육기관으로 '동양학원'(1923)이 개설되었다. '적기단'은 속칭 "고려공산당의 집행부대"(당시 일본관헌의 호칭)로 간도와 그 부근 지방에 세력을 펴고 있었다. '적기단' 이외에도 '한족노동당'(1924. 12) 등의 좌익 단체가 출현하였다. 그중 주목할 만한 것은 사회 혁명을 표방하는 '남만주청년총동맹'(1924. 12), '북만주청년총동맹'(1925. 22), '동만주청년총동맹'(1926. 1) 등 청년단체의 조직이었는데 이 단체들은 남-북-동만의 "3각 연쇄로써 순차로 순(純)민족주의운동을 배척하고 소위 신흥(新興) 청년의 손에 의한 국면의 한 전환을 이룬 것"[386] 이라고 자부했다. 당시 간도-훈춘 지방의 좌익계 조선인 단체 수는 116개나 되었으며 단원은 9,776명에 이르렀다.[387] 그 대부분이 '동만주청년동맹'의 지배하에 있던 이 좌익 단체들은 그 후 "조선공산당 만주 3파"의 대중적 기초가 되었다.

위에서 고찰한 바와 같이 「한-일합방」을 전후하여 1920년대 초에 걸쳐 동-남-북 만주, 특히 간도지방에는 수다한 반일 정치단체, 군사조직, 교육 기관, 청년단체, 노동단체, 농민단체들이 민족주의자들에 의하여 창설되어 있었다. 이제 공산주의자들은 그것들을 "쟁취"하기 위하여 민족주의 운동에 대하여 격렬한 사상적 공세 속에서 "민족해방투쟁"이라는 특유한 개념의 공산주의운동을 시작하였다. 그들은 민족주의자들이 이미 닦아놓은 각 성, 각 현, 각 도시와 농촌의 독립운동 기지로 침투해 들어갔다. 여기서 기성의 정치-사회단체들의 성격과 민중의 의식을 자기들 편으로 바꿔놓으려고 대소의 당(黨) 조직과 세포를 만들기 위한 공작을 적극적으로 펼쳐갔다.

국경을 맞대고 있는 만주와 *시베리아*는 민족주의자건 공산주의자건을 막론하고 항일하는 혁명가들에 있어서는 동일한, 하나의 활동무대나 다름이 없었다. 더구나 조선인 공산주의자의 혁명전략의 관점에서 비유할 때 만주는 곧 중국의 *시베리아*였

信學校'를 공산주의교육의 *아지트*로 삼았다. '적기단'은 '조선공산당 만주총국'이 조직된 후에도 이것과는 관계없이 무장투쟁을 위한 특수부대로써 활약했다. 1931년 「만주사변」이 일어나자 '적기단'은 극심한 희생을 치렀기 때문에 해체되지 않을 수 없었다. '적기단'의 출현에 관해서는 반병율, 『성재 이동휘 일대기』, 범우사, 1998년, pp. 384~386 참조. '적기단'의 만주에서의 활동에 관한 일제 관헌의 당시 기록은 앞의 『現代史資料』, 29, pp. 466~471, 활동의 요약은 李命英, 『在滿韓人共産主義運動硏究』, 成均館大學校出版部, 1975年, pp. 29~33 참조.

386) 앞의 『現代史資料』, 29, p. 535.

387) 위와 같음.

고, 조선인 이주민들이 최대로 집결되고 있던 간도지방은 만주의 연해주(沿海州)였으며, 연길현은 간도지방의 *블라지보스똑*이었다. 그리고 연길시(市)와 인접한 용정촌(龍井村)은 *블라지보스똑*의 신한촌(新韓村)같은 곳이었다. 또한 연길시 주변 동만의 제 도시들, 즉 왕청, 훈춘, 화룡 등은 연해주의 *뽀시에뜨*(연추 = 煙秋), *수찬*(소성 = 蘇城), *나꼴스끄*(쌍성자 = 双城子)와 흡사한 혁명운동의 거점들이었다. 정치적 의미에서 본다면 관내(關內)의 상해시(上海市)는 중국의 *하바롭스끄*로, *하얼빈*시(市)는 북만의 *이르꾸츠끄*로 비유할 만 했다.

국내에서 조선공산당 제2차 검거사건이 일어날 무렵 상해로 망명했던 '화요회'계의 조봉암(曺奉岩)은 최원택(崔元澤), 김동명(金東明) 등과 더불어 1926년 5월 길림성 위사현(韋沙縣) 일면파(一面坡)에서 '조선공산당 만주총국'[388]을 결성하는데 일단 성공하였다. 이에 합세한 사람은 그곳에 미리 체류 중이었던 김철훈(金哲勳)("*이르꾸츠끄*파(派)"), 김하구(金河球)와 윤자영(尹滋瑛)("상해파") 등 '고려공산당' 간부들이었다. '만주총국'의 책임비서가 된 조봉암은 만주에 있는 "*이르꾸츠끄*파"와 "상해파" 동지들을 권유, 집결시키는데 전력을 기울였다. 그 해 가을에는 김동명(金東明), 박윤서(朴允瑞) 등이 '고려공산청년회 만주총국'을 창설하고 진영을 갖추었다.[389] 이렇게 출발한 '조선공산당 만주총국'('화요회'계)은 그 산하 동-남-북 만주에 각각 구역국(區域局)을 조직하고 그것을 거점으로 하여 활동했다. 이 세 구역 중 가장 활발하고 운영이 잘 되는 곳은 한인이 가장 많이 살고 있었고 공산주의 사상이 미리부터 보급되어 있던 동만(東滿) 구역이었다.

---

388) '朝鮮共産黨 滿洲總局 執行委員會'가 정식 명칭이다. 약칭 '黨 滿總局'으로 불리운 이 조직의 주축은 '火曜會派'였지만 '高麗共産黨'의 '上海派'와 '*이르끄추끄*派'의 연합체이기도 했다. 이 조직은 1927년 10월 間島 龍井村에서 일본 영사관 경찰에 의하여 간부들이 검거된 「第1次 間島共産黨事件」 때문에 속칭 '間島공산당'으로 불리었다. 조대 책임비서는 曺奉岩이었으나 그는 1927년 8월 *코민테른* 극동국의 일을 보기 위하여 만주를 떠났고 그 후임으로는 金 權(임시), 吳義善(崔元澤이 대행)이 선임되었다. 「제1차 間島공산당 검거사건」에 의하여 '黨 만주총국'은 큰 타격을 입었지만 검거망을 피할 수 있었던 '화요회파'는 1928년 서울에서 조직 책임자로 파견된 吳義善을 옹립하고 *블라지보스똑*으로부터 金 燦을 맞이하여 그를 중심으로 하여 '화요회파'로 진영을 정비, '黨 總局'재건을 위하여 계속 활동하였다. 그러나 *코민테른*의 「*12월 테제*」(1928. 12)의 방침에 따라 1930년 6월 '화요회파'는 해체를 선언하면서 소멸했다. 앞의 金正明 편, 『朝鮮獨立運動』Ⅴ, p. 616.

389) 京城地方法院 檢事局, 「中國共産黨事件 判例案」, 1933年. 앞의 金俊燁·金昌順, 공저 『韓國共産主義運動史』〈資料 篇 Ⅱ〉, pp. 341~342.

'조선공산당 만주총국'은 당시 서울에서 진행되고 있던 '조선공산당' 재판에 항의하여 1927년 10월 2일~3일 동만지역 외 조선인 농민들을 동원, 용정촌 일대에서 대규모의 시위를 조직했다. 그러나 그곳의 동북정권(장작림 군벌정권)과 일본영사관 경찰의 습격을 받고 최원택(崔元澤), 안기성(安基成), 김동명(金東明) 등 28명이 체포되어[390] 이들은 서울로 압송된 후 6년에서~1년까지의 징역형을 언도받았다. 이것이 세칭 「제1차 간도공산당사건」이었다. 이 사건으로 '만주총국'은 크게 파괴되었지만, '화요회'계의 한상목(한相睦) 등과 '북풍회'계의 당원들에 의하여 곧 재건되었고 운동은 계속되었다(임시 책임비서 韓상목). 그런데 1928년에는 *메이데이* 시위를 조직한 사건이 발각되어 간부 8명이 검거되었다.

이어 1928년 9월 2일 「국제청년일」에 일으킨 시위가 발단이 되어 100여명이 검거되었고 많은 증거 문건들이 압수되었다.[391] 피검자 중 72명은 서울로 압송되어 5년에서 2년까지의 징역형을 언도받았고 일부 피고에는 집행유예가 내려졌다.[392] 이것이 「제2차 간도공산당사건」이었다. 다시 1930년 3월에는 「제3차 간도공산당사건」이 일어났다. 이 사건은 3 · 1봉기 11주년을 맞이하여 '화요회파 만주총국' 선전부장 장시우(張時雨=張周璉)을 위시한 당 간부들의 지도하에 1930년 2월 28일~3월 1일에 일으킨 거대한 반일 군중 시위였다. 이 군중 시위에서 '만주총국'의 간부 및 관련자 160여명이 체포되었고 그중 81명이 서울로 압송된 후 49명은 기소되어 최고 10년(장시우)에서 최저 2년까지의 징역형을 언도받았으며 2명은 무죄 석방되었다.[393] 이로써 '조선공산당'의 만주에서 활동은 막을 내렸던 것이다.

3개월 뒤인 그해 5월 30일 '중국공산당 만주성위원회 연변당부'는 "전(全)연변 중-한 혁명민중은 5 · 3폭동에 궐기하자."는 구호[394]를 외치며 이입삼(李立三)의 극좌모험

---

390) 「高[麗]共青滿洲總局 圖安部 會員 檢擧顚末」, 같은 책, p.190.

391) 같은 책, pp. 190~191.

392) '朝鮮共産黨 滿洲總局'의 결성과 「제1~2차 간도공산당사건」에 대한 간결한 설명은 高峻石, 『コミンテルンと朝鮮共産黨』, 社會評論社 (東京), 1983年, pp. 120~122 참조.

393) 「제3차 간도공산당사건」에 대한 자세한 분석은 앞의 金俊燁 · 金昌順 외 책, 『韓國共産主義運動史』 4, pp. 392~400 참조.

394) 1930년 5월 30일자 '中國共産黨延邊黨部'의 檄文은 "자본가의 쇠 발굽 밑에서 신음하고 있는 일체 노력대중 등"에게 "일체의 지주 놈들을 타도하자, 일본 제국주의를 타도하자, 日本帝國의 착취기관인 [조선인]民會, 은행, 금융기관, 경찰, 光明會, 반동신문, 走狗輩를 박멸하자."고 격렬하게 선동했다. 그리고 19항이나 되는 구호 안에는 "타도 韓族聯合會, 正義府, 新幹會, 同友會 등등" 在滿 한인 민족주의 단체들의

주의 노선에 따라 대규모 반일(反日)폭동을 일으켰다. 통칭 「간도 5 · 30폭동」이 그것이다. 「간도 5 · 30 폭동」에 가세한 군중은 거의가 3파의 조선인 공산주의자들과 그 영향 하에 있던 간도지방의 농민들이었다. 그러나 당시 만주의 '조선공산당' 3파는 사실상 해체되어 당원들은 '중공당 만주성위원회'조직에 가입하고 있었기 때문에 중국공산당은 이 혁명 투쟁의 공적을 자당(自黨)의 역사에 포함시켜 왔다.[395)]

회고컨대 당시 만주의 '조선공산당' 3파는 *코민테른*의 "1국 1당"원칙에 따라 사실상 거의 모두 해체되고 당원들은 '중국공산당 만주성위원회'에 가입하여 있어서 「5 · 30 폭동」은 '중국공산당' 당사(黨史)에 속하는 사건으로 되어버렸다. 그러나 '중국 만주성위원회 연변당부'는 거의 조선인 공산주의자들로 구성되어 있었고 이들에 의하여 지도되고 있었다. 일본 경찰의 발표에 의하면 폭동에 가담했다가 검거된 "선비(鮮匪, 조선인 공산주의자의 비칭 卑稱)" 수는 1930년 5월~31년 2월 사이에 883명(사살 3명)에 이르며 그중 조선총독부로 송치된 피검자는 232명이라고 했다. 한편 중국인 관헌의 조사에 의하면 이 기간 중 중국군경이 검거한 조선인은 1,335명(사살 77명)인데 대해 중국인 피검자는 겨우 19명(사살 없음)에 지나지 않았다. 이러한 숫자는 「5 · 30 폭동」이 재만(在滿) 조선인들의 거사였음을 입증하고 있다.[396)]

말살을 선언하였다. 이 격문과 구호 全文(일역)은 앞의 『現代史資料』 29, pp. 587~588. 이상 中國共産黨의 선동은 재만 조선인들의 "民族唯一黨" 조직 운동이 이미 파탄했음을 증명한 것이었다.

395) 「간도 5 · 30폭동」은 바로 5년 전인 1925년 5월 30일부터 상해에서 폭발했던 「5 · 30운동」기념일을 기하여 조선인 공산주의자들이 1930년 5월 30일 오전 1시경부터 다음 날인 31일 오전 2시경 사이에 용정촌, 두도구(頭道溝)를 중심으로 그 일대에서 일으킨 대규모의 반일 폭동시위였다. 폭동을 지휘한 것은 '중국공산당 만주성위원회 연변(동만)당부'(책임비서 문갑송 文甲松)였다. 이강훈(李康勳)에 의하면 「5 · 30 폭동」을 계획하고 구체적인 투쟁 목표를 세운 것은 박윤서(朴允瑞), 김 근(金 槿), 김 철(金 喆) 등이며, 김 근이 거사의 전 책임을 졌고 직접 행동의 총지휘는 김 철이 하기로 했다고 한다. 시위 군중들은 日帝의 보조를 받는 書堂에다 방화하고, 발전소 파괴–전신 절단–경편철도에 폭탄투척–교량파손–동척(東拓)출장소 습격 등을 감행했다. 李康勳, 앞의 책, p. 186.

396) 이 숫자는 앞의 金正明 편, 「間島地方 共匪事件の 經過」, 『朝鮮獨立運動』 V, p. 643.

제2절 조공(朝共) 3파와 '민족유일당(民族唯一黨)'의 전술

재만(在滿) 조선인 공산주의자들의 운동에는 국내 공산주의운동 내의 고질적 파벌 투쟁의 양상이 그대로 투영되었다. 앞의 '조선공산당 만주총국'이 「제1차 간도공산당 사건」(1927. 10)으로 치명타를 입었다가 '화요회파'를 주축으로 재기하고 있을 때 이에 대항하여 1928년 3월 'ML파'의 박윤서, 이택암(李澤庵), 진공목(陳公木) 등은 길림성 반석현(盤石縣)에서 별도로 자신들의 약칭 'ML파 만주총국', 정확하게는 '조선공산당중앙집행위원회 만주총국'을 조직했다.[397] 이에 질 수 없다는 듯이 "화요회파" 만주총국에 불만을 품고 여기서 탈퇴한 세칭 '서울-상해파' 주 건(朱 健), 윤자영(尹滋英), 신일용(辛日鎔), 김철수(金錣洙) 등도 1929년 2월 길림성 돈화현(敦化縣)에서 '조선공산당 재건설만주부'(滿洲府)를 조직했다. 이것이 약칭 '서울-상해파 만주부'다.[398]

이상 '조선공산당' 3파는 이데올로기 상, 감정상의 첨예한 대립 속에서, 서로 물고 뜯으면서 대중적 지반을 확대하기 위하여 제각기 농민동맹, 청년동맹, 반제(反帝)동맹 등의 단체를 조직하거나 또는 다른 파 단체에 침투하여 파괴 공작을 하는데 심혈을 쏟았다. 이 만주 3파(派)의 조직은 그 뒤 1928년 9월 *코민테른* 제6차대회에서 채택한 "1국 1당"의 원칙에 따라 1930년 6월까지에는 모두 해체되고 당원들은 개인적으로 "중공당"에 가입했다. 그때까지 당(黨) 재건운동에서 주도권을 잡기 위한 파쟁은 치열하게 전개되었다. 그리하여 만주의 조선민족 항일전선에는 두 개의 "주의(민족주의와 공산주의)" 위에 "3부"의 정립(鼎立), "3파"의 분립(分立)이라는 복잡한 대결국면이 벌어졌다. '조선공산당' 3파의 상황을 간략하게 도시(圖示)하면 다음과 같다.[399]

---

397) 이들이 "ML파 만주총국"을 조직한 표면상의 이유는 다음과 같다. 즉 「제1차 間島 공산당사건」에 의하여 파괴된 '조선공산당 만주총국'을 金 燦이 재건하고 있을 때, 제1~2차 조선공산당 시대의 '화요회파' 회원만을 동원하자, 李允世 등이 이에 대하여 반발한 때문이었다. 이들은 '화요파 만주총국'을 탈퇴하여 또 하나의 분파를 조직했다. 이 'ML파 만주총국'은 최대의 한인 정치세력이었던 '在中國韓人 靑年總同盟', '在滿農民同盟'이라는 외곽단체를 가지고 있었고 기관지 ≪계급투쟁≫을 발행했다. 高峻石, 앞의 책, p. 125. 및 위의 『朝鮮獨立運動』 V, p. 618, 620.

398) '서울-上海派'의 '滿洲府'는 中央區 지부의 체계로 조직되어 있었다. 그 지도하에 '在滿 韓人反帝國主義同盟'과 '在滿 農民同盟'(盟員 1천명)이라는 외곽단체를 가지고 있었으며 ≪*볼세비끼*≫ 및 ≪滿洲勞力者新聞≫이라는 기관지를 발행했다. 위와 같음. 앞의 『朝鮮獨立運動』 V, p. 620 및 『現代史資料』 29, p. 599.

399) 다음 도표는 조선총독부 경무국의 1930년 3월 4일자보고 「東滿ニ於ケル朝鮮共産黨各派 ノ 近況ニ 關ス

재만(在滿) 조선공산당 3파의 조직 및 인적 상황

파벌 / 조직	화요회파 '만주총국' (아성현阿城縣)	ML파 '만주총국' (반석현盤石縣)	서울-상해파 '만주부' (돈화현敦化縣)
중앙 간부	김 찬(金 燦), 장시우(張時雨), 김홍선(金弘善), 이동삼(李東三) 등	양 명(梁 明), 박윤서(朴允瑞), 김만선(金万善) 등	주 건(朱 健), 윤자영(尹滋英), 신일용(辛日鎔), 김철수(金綴洙), 유동식(柳東植) 등
지방 간부	동만도-김홍선 등 북만도-장시우 등 남만도-최동순(崔東順) 등	동만도-박세진(朴世珍) 등	동만지방부-주 건 등 북만지방부-최동일(崔東日) 등 남만지방부-김응섭(金應燮) 등
기관지	『분화구(噴火口)』, 『화전(火箭)』	『階級鬪爭』	『滿洲勞力者新聞』 『*볼셰비끼*』
당 직속 공산 청년회	'화요회파 고려공산청년회 만주총국'(아성현) 중앙부 외에 동만도(道, 국자수局子樹), 북만도(道, *하얼빈*), 남만도(道, 유수천, 柳樹川)에 지방부 설치	'ML파 고려공산 청년회 만주총국'(반석현) 중앙부 외에 동만도, 북만도, 남만도에 지방지부 설치 기관지 : 『共産靑年』등	'서울-상해파 고려공산청년회 재건설 만주부' (돈화현)
주요 외곽 단체	'재만조선인반일본제국주의동맹'(아성, 동맹원 2,200명) '동만조선농민총동맹'	『재중한인청년총동맹』, (기관지 『청년동맹』 『靑年前衛』) 등	'재만한인반제국주의동맹', '재만농민동맹'(맹원 1,000명 정도) '남만청년동맹'
창립일	1926. 6	1928. 3	1929. 2
근거지	북만	남만	동만
해체일	1930. 5	1930. 3. 20	1930. 8

그러나 분열된 항일진선의 통일운동이 태동하여 '참의부', '정의부', '신민부'의 민족주의 3부는 민족주의자들은 물론 공산주의자들까지도 "민족유일당"으로 통합하려고

ル件」 및 1930년 10월 8일자보고 「滿洲ニ於ケル共産黨ノ直接行動ニ關スル件」(앞의 『現代史資料』 29, pp. 547~551 및 pp. 598~609 참조) 등과 그 밖의 자료들을 기초로 하여 본 저자가 작성했다.

민활하게 활동하고 있었다. 이때 '조선공산당'의 만주 2파(서울-상해파의 '만주부'는 아직 미조직)는 민족주의 3부(府)의 중앙본부를 위시하여 각 정치단체 · 사회단체 · 학원 등에 집요하게 공작의 손을 뻗쳤다. 처음의 분위기는 동지적이었다. 당시를 현지에서 체험한 최형우(崔衡宇)에 의하면 1920년 대 후반에 "민족유일당" 조직운동이 시작되자 '정의부'('국민부'의 전신) 안에서는 일시 공산주의자들의 참가도 허용되고 무정부주의 사상에서도 필요한 것은 수용하였다. 그리하여 김 찬(金 燦, '회요회'계), 신일용(辛日鎔)('서울-상해'계), 김종범(金鍾範 '북풍회'계)도 "좋은 동지로 맞아들였다"는 것이었다.400)

그런데 시간이 지남에 따라 사정은 악화되어 갔다. 일제 경찰의 첩보기록 에 의하면 1928년 2월 경 국내에서 '조선공산당' 당원이 다수 검거되었을 때 그 "잔당"들은 만주 및 상해에서 다시 활동을 시작하였고 동기룡(董起龍, 즉 김 찬)401)은 '정의부'의, 그리고 신일용(즉 장일성)은 '신민부'의 중앙 간부가 되어 "민족유일당" 조직 이론을 전개하면서 실제로는 청년 운동가들 사이에서 공산주의를 선전하는데 몰두하였다. 그 때문에 각 기성단체들 안에서는 자연히 분열작용이 일어나 중대한 파문을 던졌다는 것이다. 그 결과 1929년 '국민부'의 성립과 더불어 구(舊) 세력은 자파의 세력 유지를 위하여 공산주의적 파벌을 억압함으로써 중앙본부로부터 공산주의 계통의 인물들을 전부 축출했다고 한다.402)

이런 상황은 제1차 국-공합작 당시, '중국공산당' 간부였던 모택동, 주은래(周恩來) 등이 '중국국민당' 당원이 되어 그 안에서 합법적으로 공산주의 노동운동과 농민운동을 하고 있던 상황과 아주 흡사했다. 공산주의자들이 구사한 수법은 내일의 적인 민족주의자들과의 결전에서 승리를 보다 쉽게 이룩하기 위하여 그들 속으로 침입

---

400) 崔衡宇, 앞의 책, 제1輯, pp. 43~44.

401) "董"起龍을 일제의 기록들은 흔히 "黃"起龍으로 쓰고 있는데 이것은 "董"을 "黃"으로 착각한 오기이다.

402) 「ML共産黨ノ由來及現狀ニ關スル件」(1930년 6월 21일자 關東廳 警務局長 通報) 앞의 『現代史資料』 29, p. 590. 이 통보에서는 金 燦 (董起龍) 등을 "ML공산당원"으로 기록하고 있는데, 이것은 당시 서울의 '제3차 조선공산당'("통일조선공산당")을 "ML당"이라고 부른데 기인한 것이다. 그러나 金 燦은 파벌로서는 "火曜會派"였고 辛日鎔은 '서울-上海派'였으며 "ML派"는 아니었다. 민족주의 3府의 鼎立時代가 끝나고 '國民府'가 성립(1924. 4)한 후에도 '화요회파'의 金 燦, 李東山, 李滿春 등은 1929년 僞名으로 '국민부'에 잠입하여 그것을 내부로부터 공산주의화하려고 획책했지만 성공하지는 못했다고 한다. 「北滿における鮮人共産主義運動」. 金正明 편, 앞의 『朝鮮獨立運動』 V, p. 616.

해 들어가, 그들과 일시적 동맹을 맺고 그들을 내부로부터 분열시켜, 자기들의 *헤게모니*를 확립한다는 전형적인 민족통일전선의 전술이었다.[403] 그들에 있어서 민족통일전선이란 결코 전 민족의 순수한 초당파적 대동단결의 조직체가 아니라, 계급투쟁을 절대시하고 공산당의 독자성 유지를 불변의 원칙으로 삼으면서 다른 정파를 일시 이용하기 위한 책략적 기구였다. 그런 통일전선 전술에 따라 공산주의자들은 "민족주의자와 공산주의자"와의 연합체를 흔히 "민족적 유일전선"(때로는 "협동전선")이라고도 부르면서 그 "완성"을 열렬히 호소했다.

1927년(월 일 미상) '조선공산당 만주총국'이 발표한 것으로 보아 틀림없는 한 '선언서'는 일본제국주의의 "야만적 대학살"을 규탄했다. 이에 구미제국주의의 "식민지 분할음모"를 분석하면서 "전 민족단일혁명정당" ["민족유일당"]의 조직이 불가피하다는 관점을 뚜렷하게 제시했던 것이다.[404] 다음 해인 1928년(월일 미상) 화염사(火焰社)(≪화염≫은 '화요회파 만주총국'의 기관지)는 「60운동 2주 기념일에 즈음하여 「조선혁명민중에게 격(檄)함」이라는 격문을 발표했다. 이 격문은 공산주의자가 주도했던 1926년의 「60만세사건」이야말로 "민족적 유일전선을 만드는데서 확호한 첫 기초가 되었다"고 높이 평가하면서 "친애하는 조선동포"를 향하여 "전 민족 유일전선의 완성"을 호소했다. 이 격문은 공산주의자들이 "민족유일당"(통일전선)이라는 것을 어떻게 인식하고 있었는지를 *볼셰비끼*적 논조로 극명하게 설명하였다. 다소 길지만 그

---

403) 당시 在滿 조선인의 통일전선운동에서 발단한 "계급적 분화작용"(정치세력의 분열작용)에 의하여 민족주의 3府가 겪은 변전의 과정을 일제 관헌의 한 기록은 과장은 되었지만 다음과 같이 분석하였다.

(1) 金希山[金承學]을 수령으로 하는 '參議府'는 거의 세력을 실추하여 자멸 상태에 빠졌다. 조직원의 대부분은 '朝鮮共産黨 滿洲總局'의 조직에 가입했다.

(2) 金佐鎭을 수령으로 하는 '新民府'도 마찬가지로 세력부진 때문에 흩어져 그 대부분은 공산당원으로써 北滿戰線에 그 그림자를 남긴데 불과하다.

(3) 吳東鎭이 수령이었던 '正義府'는 1927년의 중간쯤부터 "急進派"(農民同盟)와 "漸進派"가 나타나 마침내 분열했다. "급진파"는 뒤에 "盤石共産黨"의 모태가 되었고, "점진파"는 '참의부', '신민부'의 잔류분자를 규합하여 1929년 玄益哲을 수뇌로 하는 '國民府'를 조직했다"고 했다. 「滿洲における 民族主義団体の 抗日武裝鬪爭」. 앞의 金正明 編, 『朝鮮獨立運動』Ⅱ, p. 1088.

404) 「宣言書」의 주요부분은 다음과 같다.: "…[3·1운동 전후의] 경험의 역사가 [우리에게] 주는 훈시는 全혁명운동으로 하여금 가장 계획적, 지도적, 통솔적이며 강철처럼 규율이 견실한 혁명정당 적 조직을 가지도록 요구한다. 만일 여사한 정당적 조직이 없다면, 비유컨대 참모 없는, 무장 없는 군대의 출전과 동일하다.… 우리는 여기서 全 민족 혁명전선을 지도하고 통솔하여야 할 참모부인 全民族單一革命黨을 조직하지 않을 수 없음을 주장한다…" 「宣言書」의 日譯 全文은 앞의 『現代史資料』 29, pp. 511~513. 한글 원문은 찾아볼 수 없음.

중요한 대목을 인용하기로 한다.

> 우리들 자체 안에는 「60」운동을 부인하는 자, 유일전선 불가능론자, 지방열을 조장하는 *부르죠아* 신사와 가면 쓴 사회주의자, 전략과 전술을 구별하지 못하고 헛되이 「*헤게모니*」를 운운하며 각 단체 간부 자리 탈취에 급급하는 자, 파벌주의 타도의 간판을 들고 그 암영 속에서 소 파벌을 만들어 분열을 일삼는 자, 적색이다 반공 이다로 민족 유일전선을 방해하는 자들이 아직도 잔존하고 있다. 여사한 모든 경향은… 확실히 민족 유일전선을 파괴하는 일로써, 객관적으로 보면 일본제국주의자를 기쁘게 하는 일이다. 그럼으로 우리들은 대중적 조직을 가지고… 일상투쟁을 맹렬히 함으로써 이상의 모든 비위(非違)를 철저히 극복 배격하여야 하는 것이다.[405]

이상의 철저한 자기 정당화와 당략적 주장에서 비판의 대상이 된 자는 비단 "적색이다 반공이다로 민족유일전선을 방해한다"고 하는 민족주의자들뿐만이 아니었다. 그 대상에는 "화요회파" 이외의 다른 모든 공산주의 단체들까지 포함되어 있었다는 것은 쉽사리 간취할 수가 있다.

"회요회파"는 1928년 11월 26일 다시 '화염사'의 이름으로 「간도 공산당사건 공판에 즈음하여 조선 혁명민중에 격(檄)함」[406]이라는 성명을 발표했다. 여기에서는 자기의 분파성(分派性)을 보다 더 명확하게 부각시켰다. 즉 "입만으로 노농계급을 위한다고 외치고, 붓끝만으로 *맑스주의*를 초사(抄寫)하는 모든 신사, 사기꾼, 기회주의자 또는 봉건적 분파를 꾀하는 파벌 주의자, 혁명의 원리와 혁명의 실제를 정확하게 파악하지 못하고 형적(形迹)도 없는 좌경적 말투로 지껄이는 『울트라(Ultra)』들의 전선 분열 책동을 하루빨리 청산하자"고 규탄했다. 이와 함께 그 전 해와 마찬가지로 "민족적 유일협동전선의 완성 및 [이에 대한] 절대지지"를 천명했던 것이다. 이 격문은 "민족유일당"조직에서는 반드시 자기들이 지도권을 장악해야 한다는 *이데올로기*적(的) 정당성의 선언이었다.

그런데 민족주의자–공산주의자들 간의 "민족적 유일전선" 조직이 불가능한 환경이 조성되었다. 1927년 4월 중국에서는 장개석의 공산당에 대한 *쿠데타*가 발생하여 제1차 국–공합작이 국–공 내전으로 역전된 것이다. 이런 사태는 장개석을 과도기

405) 「檄文」 全文(日譯)은 앞의 『現代史資料』 29, pp. 536~538.

406) 이 「檄文」의 全文(日譯)은 앞의 『現代史資料』 29, pp. 634~636.

에 필요한 "반제－반봉건적"인 *부르죠아* 민주주의 혁명세력으로 기대하고 국－공합작을 강력하게 추진해온 *스탈린*의 중국정책의 파산이었다. *스탈린*은 자기의 실패에 대한 책임을 모면하기 위하여 *코민테른*=*스탈린*의 지령을 충실하게 시행해온 중국공산당의 총서기(당수) 진독수를(陳獨秀)를 속죄양으로 만들고자 그의 "우익 기회주의" "우익 투항주의"에 책임을 전가하면서 좌 선회(左旋回)했다.

이제 중국은 *스탈린*의 극좌 모험주의적 무장봉기 노선에 따라 1927년 8월 1일의 "남창(南昌)봉기"를 기점으로 하여 "호남(湖南)·호북(湖北)·강서(江西)·광동(廣東) 4성(省)의 「추수폭동」(1927. 7), 「광동폭동」(1927년 10~12월)으로 번져 갔다. 그리하여 처절하기 그지없는 일대 내전의 시대로 돌입했던 것이다. 내전 중인 1928년 7~9월 *모스크바*에서는 *코민테른* 제6차 대회가 열렸다. 대회는 *스탈린*의 이론에 따라 제1차 세계 대전 후의 자본주의 새로운 특징을 정식화했다. 즉, 10월 혁명이 승리하여 소련이 세계 자본주의 체제로부터 이탈한 결과로 자본주의 "전반적 위기" 즉 세계 자본주의의 붕괴의 단계가 시작되었다고 천명했다.[407] 대회에서 토론 끝에 채택한 「*테제*」는 이 "위기"를 세 시기로 구분했다.[408]

이 위기의 "제3기"는 결국 세계 혁명의 발전과 제국주의 전쟁의 발생을 불가피하

407) 「Political Report of the Central Committee of the Fifteenth Congress of C.P.C.U(B)」, Joseph V. Stalin, *Selected Works*, Cardinal Publisher's, 1971, p. 304.

408) *스탈린*의 부연 說明을 약간 덧붙인다면 위기의 "제1기"는 大戰 後 1920년부터 1923년까지의 "일시적 經濟恐慌"의 시기, 즉 "*프롤레타리아트* 측에서 볼 때는 직접적 혁명행동의 시기"였다. 위기의 "제2기"란 자본주의가 불황을 빠져나와 "일시적－부분적 안정", 즉 "相對的 安定"(혁명의 퇴조)을 찾은 1923년 이후의 시기다. 위기의 "제3기"는 *코민테른* 제6차 대회개최(1928. 7~8)당시 *스탈린*이 세계 자본주의가 바야흐로 돌입하고 있다고 주장했던 그 시기이다. 그에 의하면, 세계 자본주의는 그 전반적 위기의 "제2기"에 이르러 일시적 안정을 찾았다고는 하나, 이것으로 자본주의의 위기가 사라진 것이 아니다. 반대로 세계 경제의 모순들은 더욱 더 증대하여 계급투쟁이 첨예화되고 있는데다가 소련이 이룩한 사회주의 경제의 발전에 의하여 자본주의의 존립 기반 자체가 흔들리고 있는 시기가("제3기") 뒤따르고 있다고 관측했다. 위의 Stain, *Selected Works*, pp. 312~315 및 *코민테른* 제6차 대회의 「*테제*」(拔萃本), 『コシンテルン. ドキコメント』 Ⅱ 1923~1928, 1977년 現代思潮社. pp. 419~420. 그런데 제1차 세계대전 이후에 나타난 "資本主義 의 全般的 危機"를 세 時期로 자세하게 분류한 사람은 *스탈린*이 아니라 *코민테른*의 당시 의장 *부할린*(N. BuKhalin)이었다. *부할린*은 *코민테른* 제6차 대회에서 "제1기"가 지난 후에 오는 "제2기"를 "생산의 恢復期"라고 불렀다. 다음의 "제3기"는 "자본주의의 再建設期"로서 그 양상은 경제가 "양적, 질적으로 戰前의 정도를 능가하고 있는데서 나타났다"고 하는 자기의 경제적 관점을 제시했다. 그러나 "제3기는 자본주의의 적대세력의 성장과 자본주의의 내재적 모순의 매우 빠른 발전을 수반한다"고 논단했다. 이 *부할린*의 말은 Carl Landauer, *European Socialism*, vol Ⅱ, Green Wood Press, 1959, p. 1750에서 재인용.

게 만들고 있다는 것이 *코민테른=스탈린*의 아전인수적(我田引水的) 분석이었다. 이런 관점에 의거하여 *코민테른*의 정책이 좌(左) 선회하게 되자 공산주의자들이 통일전선에서 다른 정당들에 대해 취했던 태도는 훨씬 더 비타협적으로 되었다.

제6장

항일(抗日) 통일전선의 시도와 분열

제1절 사상투쟁에서 유혈참변으로

코민테른 제6차 대회에서 채택된 국제공산주의의 '강령(綱領)'[409]은 통일전선 전술의 필요성을 부인하는 주장은 하지 않았다. 그러나 자본주의나라 노동운동에서 여태까지 혁명적 동맹자로 간주되었던 사회민주당 좌파와, 그리고 식민지－종속국의 민족해방운동에서 공산당의 제휴자(提携者)였던 *부르죠아* 민족주의 좌파의 "기만", "배신"을 규탄했다. 그럼에도 불구하고 통일전선의 구호는 남아있었다. 그러나 통일전선이라는 용어는 공산당이 오직 비(非)공산주의적 노동자·농민대중에 접근하여 그들을 포섭하려는 목적에서만 사용했다. 즉, *코민테른*은 사회민주당 좌파와 *부르죠아* 민족주의 좌파의 상층부(지도층)와의 "위로부터의 통일전선"은 아예 포기하고, 그 하층에 있는 노동자 대중들과의 "밑으로부터의 통일전선"만을 유지하여 이들로 하여금 "개량주의적" 지도자들의 "기회주의"를 폭로케 함으로써 그 지도자들을 조직으로부터 고립시킨다는 전술을 구사했다.

이러한 전술의 도식은 만주의 조선인 공산주의자들의 민족주의 단체와의 관계에도 그대로 적용되었다. *코민테른* 제6차 대회는 또한 「식민지－반(半)식민지 나라들에서의 혁명운동에 대하여」라는 장문의 *테제*를 채택하였는데, 이 *테제*의 제36항은 조선인 공산주의자들에 대하여 "*부르죠아*" 민족주의운동과의 절연(絕緣)을 지시하였다.[410] *코민테른*은 이상 6차 대회가 있었던 바로 그 해 12월 통칭 「*12월 테제*」를 채

409) 「*코민테른* 강령」의 한글 역 全文은 앞의 『原典 共産主義大系』 下, 極東問題硏究所 발행, pp. 2235~2274.

410) 그 지시의 첫째는 "대규모의 宗敎的=民族的 同盟"(天道敎 등)에 속하는 근로대중 속에 들어가 "끈기 있는 혁명적" 계몽적 활동을 행하여 그들을 민족 개량주의적 지도자들의 영향으로부터 분리시켜야 한다"고 했다. 둘째는 "단일의 민족적 혁명정당" [민족유일당]을 조직하는 대신…개별적 참가자격을 기초로 하는 혁명세력의 *블록*을 형성하여 각종 민족혁명 단체들의 행동을 조정 통일하며, 그렇게 함으로써 "小

택하여 서울의 '조선공산당'에 대하여 사실상의 해체-재건 지령을 내렸다. 그리고 국내에서 '신간회(新幹會)' 중앙집행부의 주도권이 민족주의자들에게로 넘어가자 1930년 9월 *프로핀테른*(Profintern. *코민테른* 산하 '국제 적색(赤色)노동조합')은 이른바 「9月 *테제*」를 발표, 당 재건에 있어서는 "혁명적 노동조합"의 조직이 필수조건임을 강조하고, '신간회'를 "민족개량주의 단체"라고 낙인찍었다.[411]

이상의 *테제*들은 결국 조선의 공산주의자들로 하여금 '신간회'를 탈퇴하여 해체토록 하라는 지시였다. 이 같은 *코민테른*의 방침에 호응하여 동 회의 부산(釜山)지회(支會)를 선두로 평양지회, 인천지회, 서울지회 등 여러 지회 내의 공산주의 계열(系列)은 해체(해산)되고 말았다. 이렇게 *코민테른=스탈린*은 "민족유일당"운동의 이용가치가 없어지자 조금도 주저함이 없이 해산시키고 말았던 것이다.

무릇 정치적 상황이 변하면 정치 투쟁의 전술도 바뀐다. 만주의 조선 공산당 각파는 적어도 초기에는 일본 제국주의를 타도하기 위하여 민족주의자들과 "민족 유일전선"를 결성할 것을 열렬히 제창했다. 그러나 이제 그런 제휴는 불필요한 때가 온 것이다. 앞에서 언급한 바와 같이 중국 본토에서 국-공합작이 실패하자 *스탈린*의 세계혁명 전략이 좌 선회했기 때문이다. 이에 따라 "화요파", "ML파"의 '만주총국'은 태도를 표변하여 종래의 "민족 유일전선" 주장을 내동댕이치고, 민족주의자들의 산하 단체 내부에 침투해 들어가 뒤흔들면서 '정의부'와 '한족 총연합회' 등을 타도하는 길로 들어섰다. 이 무렵 공산주의 단체들 중 가장 방대한 청년 조직을 가지고 있던 세력은 'ML파 만주총국'이었고, 세력 판도가 가장 넓었던 민족주의 단체는 '정의부'였다.

양자는 첨예하게 대립하였다. 대립의 원인은 1928년 3월 'ML파 만주총국'이 창립된 후 그 산하의 '재(在)중국 한인청년동맹'(약칭 '재중청동맹(在中靑同盟)')으로 하여금 도처에서 조선인 주민들을 선동, '정의부'를 이탈케 한데서 찾을 수 있다. 양자의 대립이 극렬한 투쟁으로 전환한 것은 이미 고찰한대로 1928년 *코민테른* 제6차 대회

부르죠아的 민족주의자들의 불철저성과 동요를 비판하고 대중의 면전에서 끊임없이 그들을 폭로하지 않으면 안 된다"는 것이었다. 이런 말들을 *"브르죠아"* 민족주의자에 대한 도전장이나 다름이 없었다. 「*테제*」의 日譯 全文은 金正明 편, 앞의 『朝鮮獨立運動』 V, pp. 701~747. 그중 朝鮮共産主義運動 부분의 英文 *텍스트* 「These on the Revolutionary Movement in the Colonies and Semi-Colonies」는 Dae-Sook Suh의 앞의 책, p. 241에 수록.

411) 같은 책, p. 284. *코민테른*의 '新幹會' 정책에 관해서는 제1편, 제7장, 제2절에 보다 자세하게 설명하였다.

(1928. 7~9)에서 채택한 강령, 「식민지 및 반(半)식민지에서의 혁명운동에 관한 *테제*」와 「12월*테제*」 등이 한국 공산주의자들에게 "민족 개량주의자"들과의 단절을 지시한 이후였던, 즉 1929년에 들어서면서부터였다. 양자의 투쟁은 청년단체－농민 단체의 *헤게모니* 쟁탈전, 선동 선전, *테러리즘* 등이 혼합 중첩된 차원에서 일어났다. ML파 당원들의 전략적 목표는 '정의부'(후신은 '국민부')의 청년단체를 안으로부터 점령한다는 것이었다.[412)]

'정의부'는 이에 대한 대항책으로 1929년 2월 동 부(府) 계통의 청년단체를 통합하여 '남만 한인청년총동맹'(약칭 '남한청총(南韓青總)')을 조직함으로써 ML파 당원들의 침투공작을 저지코자 했다. 그러나 '남한청총' 창립 얼마 후 그 내부의 최 봉(崔 峰), 고 원(高 元) 등 일부 간부들은 반대 단체인 'ML파'계의 '재중 한인청년동맹'과 기맥을 통하여 '정의부'의 파괴를 획책하고 있었다. 이에 '정의부'는 5월 중순 '남한청총' 내에서는 그런 "반동간부(反動幹部)"들의 박멸을 기하여 살해를 계획했으나 이들이 야간 감시를 틈타 모조리 도주했기 때문에 뜻을 이루지 못했다.[413)] 이 사건이 소위 「남만연맹참변」이었다.[414)] '정의부'가 1929년 4월 '국민부'로 개조되자 이들 "반동간

---

412) '正義府'가 '國民府'로 개조(1929. 4)되면서 본래의 활동무대인 吉林을 떠나 東滿의 興京으로 본거지를 옮긴 주요한 이유의 하나는 '朝共ML派'가 '正義府'계의 청년단체를 장악, 反 '正義府' 투쟁의 기세를 올리고 있어서 '正義府'는 吉林 지방에서 그 기반을 상실했던 때문이다. 「東省朝鮮人農民總同盟組織ニ關スル件」. 앞의 책 『現代史資料』 29, P. 558.

413) 같은 책, p. 559. 및 일제가 발행한 『滿洲에서의 獨立運動資料』 중의 [24]項, 「在滿 抗日運動團體」. 國史編纂委員會 발행 『韓國獨立運動史』 5, 1983년, p. 737에 수록.

414) 「南滿聯盟慘變」의 내막에 관하여 일본관헌은 구체적으로 다음과 같이 기록하고 있다. "남만한인청년총동맹에서는… 창립 후 얼마 안 되어 주요 간부 중 반대파인 재 중국 한인청년동맹의 간부(ML파)의 밀통하여 '正義府' 倒壞를 음모한 것이 발각되자 같은 해 5월 중순 正義府 간부의 명에 의하여 소속 혁명군 제3대장 梁瑞鳳, 제4대장 安 鴻(또는鵬), 제6대장 金文擧는 配下 군인을 지휘하여 전 기의 "반동간부" 尹 萍 · 朴素心 · 孫永煥 · 李永春 외 8명(이들은 주로 지부 단체 '南滿青年聯盟' 간부였으며, 중앙 간부 崔 峰[崔 鳳] · 高 元[高 園] · 金舜基[金順基] 당시 吉林에 있었기 때문에 난을 면하였음)을 체포 감금하고, 興京지방 山谷에서 암살하게 하였으나 반동간부들은 야간 看守의 틈을 이용, 탈주하여 모구 吉林지방으로 도피하였다"(「機密公 481호」, 昭和 5년 6월 28일, 「南滿韓人青年總同盟解體宣言에 관한 件」의 일부). 許東粲, 앞의 책, p. 222.에서 재인용.

여기서 "반동간부"로 살해대상이 된 자들 중 高 元(園), 金舜基는 틀림없이 '서울－상해파'였으며(앞의 『現代史資料』 29, pp. 590~600), 崔 峰(鳳)은 'ML파'로 보는 견해(앞의 許東粲의 책, pp. 226~227)와 그렇지 않다는 견해(和田春樹의 앞의 책, p. 50)가 엇갈린다. 이 밖에도 朴素心, 孫永煥은 'ML파'였고(앞의 『現代史資料』 29. p. 609.), 이들을 살해하려던 제4대장 安 鴻(=鵬)은 '서울－상해파'였다.(같은 책, p. 599) 이런 기록은 '南韓青總'안에 'ML파'와 '서울－상해파' 공산주의자들이 뒤섞여 있었으며 '國民府' 군대 안에도

부"에 대한 감시를 더욱 강화하면서 그해 10월 14일 최 환 외 5명을 흥경현(興京縣) 북왕청(北旺淸) 괴모산(槐帽山) 골짜기에서 체포하여 10월 16일 소속 군인들을 시켜 총살했다.[415] 세칭 「남만참변」으로 불리운 이 개탄할 사건은 조선인 공산주의와 민족주의의 항쟁이 이미 불구대천의 적대관계에 들어서 있었음을 입증했다.

1929~30년대 만주의 조선인 민족주의자와 공산주의자들 간의 적대관계는 해방 후 한반도의 남-북에서 벌어진 가열한 양상의 전조나 다름이 없었다. 통일전선의 시도(試圖)와 와해, 민족분열에 대한 책임전가, 극렬한 상호비방과 중상, 불타는 증오심의 분출, 무자비한 *테러리즘* 등이 그 시대의 특징이었다. '국민부'는 자기들에 대한 'ML파 만주총국'의 악착스러운 파괴공작을 철천의 원한이 서린 논조로 성토했다. 그들은 'ML파' 간부들을 "극간(極奸)한 반혁명 악질분자", "난동 폭행 선동분자", "혁명전선의 파괴자", "혁명투사의 학살자"라고 그 "반혁명적 죄악"을 전면적으로 고발했다.[416] 이에 대해 'ML파 만주총국'은 '국민부'와 '한족총연합회'를 "통치적 [독재] 단

'서울-상해파'에 가담한 간부들이 상당히 있었다는 것을 말해주고 있다.

415) 이 사건은 앞의 「南滿聯盟慘變」에 대하여 「남만참변」이라고도 한다. 이에 관해서는 위의 許東粲의 책, p. 223 및 앞의 『現代史資料』 29, p. 559.

416) 告發의 중요한 사례로는 1929년 12월 29일 '國民府'가 주최한 재만 ML파 비판대중대회를 들을 수 있다. 여기에서는 'ML派 滿洲總局'의 '正義府'-'國民府'에 대한 파괴공작을 최대의 분노로써 성토했다. 성토문의 중요부분을 본래의 표현(日譯) 그대로를 인용 요약하면 다음과 같다.

(1) "ML파의 괴수들은 沿海州에서 모든 악랄한 행동을 다 한 때문에 제명 축출된 極奸한 反革命 악질분자다. 놈들은 일제와 연결하여 우리의 前衛鬪士를 학살하고 혁명전선을 파괴하고 있다."

(2) "놈들은 '鮮民府' [日帝 走狗단체]의 安義淳으로 하여금 '國民府'를 정면공격하는 동시에 崔 鳳, 李泰熙 등을 興京에 파송하여 그 배후를 습격케 하고 '국민부'의 간부를 학살코자 했다."

(3) "그 후 '國民府'간부를 암살할 계획을 세우고 '朝鮮革命黨'을 몰살시키려는 악의에서 '국민부'의 소재지에 돌입 습격하였다."

(4) "자기들은 빈민에게 구제금을 지급하는데 '國民府'는 과중한 의무 금을 징수한다는 기만적 言說로써 군중들을 속여 난동 폭행을 일으키게 하고 反혁명의 길로 유도하고 있다."

(5) "괴수들은 조선민족 [주의] 혁명세력과의 공동 전선의 결성에 대한, 지원 거부는 물론 이고 도리어 조선민족 혁명 전선을 파는데 발악하고 있다."

(6) 우리들은 이론과 *삐라*로써 "놈들의 反혁명적 죄악을 사실 그대로 지적 폭로하여 대중에게 인식시키는 동시에 낫, 호미, 가래, 몽둥이를 들고 나와, 그것도 없으면 맨주먹으로라도 재만 ML파 괴수들을 타살, 박멸하자!"라고 호소했다. 이 성토문의 日譯, 「日本帝國主義ノ走狗役割ヲ爲シ居ル在滿エムエル派首愧等ヲ驅逐撲滅シ奴等ノ奸巧策ニ欺瞞追隨スル群衆ヲ救出シヨウ」. 위의 『現代史資料』 29, pp. 641~644.에 수록. 한글 원문은 찾아볼 수 없음.

이상의 성토문에 이어 1930년 1월 상순 '朝鮮革命黨軍'도 檄文을 발표했다. 이 격문은 [재만 ML파가] 민족유일당 조직을 위한 회의를 파괴하고 단체들을 대립 분열 시켰다고 단죄했다. 그리고 '國民府'에 대한

체", "악독 천만의 야수", "살인 강도단"이라는 비방 공세를 퍼부었다.[417] 위에서 설명한 "남만참변"같은 유혈참극은 바로 이러한 상호대립 속에서 발생했던 것이다.

「남만참변」의 참극이 있은 후에도 'ML파'의 잔여 세력은 여전히 반(反) '국민부' 태도를 견지하고 있었다. 여기서 민족주의자들은 그해 11월 2일 '남한청총수습대회'를 열고 임원들을 모조리 개선함으로써 'ML파' 당원들을 축출하여 진영을 일신했다.[418] 그러나 이것은 표면상의 현상일 뿐, 내실은 극히 허약했다. 본래 '국민부'는 'ML파' 당원들이 동 '국민부'계 청년층에 침투하여 파괴공작을 일삼는 것을 저지하기 위하여 '남한청총'을 조직했던 것이다. 그러자 'ML파 만주총국'은 공작대상을 바꿔 이번에는 농민운동 단체에 파고들어 그들을 선동하는 방법으로 반(反) '국민부' 투쟁을 계속했다. 이에 대항하여 '남한청총수습대회'는 위의 두 개의 '국민부'계 단체('남만농민동맹' 및 '남만여자교육회')를 '남한청총'에 통합시켜 조직을 확대하기로 합의했다.

중상('국민부'는 "살인강도단이다", "제국주의와 합류하고 있다"는 등등)과 청년 · 농민 단체들의 분열 쟁취 공작의 사례를 열거했다. ; 「所謂滿洲エムエル派トハ何カ?」(要旨 日譯). 같은 책, pp. 645~646.에 수록되어 있음.

417) 한편 1930년 5월 15일자 'ML派'系의 '在滿農民同盟'에 의하면, "한족총연합회" '國民府'는 농민운동을 폭압하며 잔학하기 그지없기 때문에 투쟁하여야 한다. '국민부'등의 통치식[독재식] 단체는 그 지역 내 농민 대중의 폭동적 폭발과 우리들의 힘찬 지원에 의하여 타도하지 않으면 안 된다"고 폭동에 의한 "韓族總聯合會와 國民府 타도"를 호소했던 것이다. 「現今 吾農民運動ハ如斯分裂サレテ居ル」. ML派系 '在滿農民同盟' 기관지 ≪農民運動≫ 2, 3月會 併号. 같은 책, pp. 672~674 게재.

다시 1930년 5월 28일자 'ML파'계 '柳河農民同盟中央委員會'의 격문은 "농민의 피를 달게 빨아먹는 '國民府'놈들은 또한 柳河에 암살대를 파견하여 방화 放銃을 감행했다"고 그 실상을 선동적으로 묘사하면서 "놈들의 미친개처럼 발광하는 행동", "악독 천만한 야수적 만행"을 규탄했다. 그러면서 "柳河의 조선농민을 살해하기 위하여 중국인을 매수하려는 놈들에게 [南滿]의 조선농민들은 그들이 요구하는 돈을 내지 말고 용감하게 일떠나 놈들에 대한 우리들의 공세를 취해야 한다"고 선동했다. 같은 책 pp. 697~698.

6월 11일 밤 9시경 '國民府'부대는 柳河민중 大討伐計劃을 세우고 同縣 三源浦를 습격하여 권총 連射에 의하여 유혈의 대 수라장을 연출하고 1명의 희생자, 많은 중상자와 부상자를 냈다고 한다. '柳河農民同盟'의 6월 15일자 격문은 이때의 유혈현장을 생생하게 기술하고 다음과 같이 격분을 토했다. ―"놈들의 명칭은 무엇인가? 강도 살인단도! 중국의 마적도! 이렇게 민중을 도살한 실례가 있는가?…놈들의 본질은 우리를 착취, 압박, 교살하는 제국주의 및 그 밖의 군벌과 어떤 다른 점이 있는가?"라고. 같은 책, pp. 703~704.

418) 南韓青總收拾大會는 "중앙상무위원 崔 鳳, 高 園, 金順基, 韓一光 등이 本 동맹 창립대회에서 결정된 諸 정책과 결의에 위반하고 '민족유일당' 수립 및 운동단체 '國民府'를 파괴코자 했으며 본 동맹 명의를 간판으로 이용하여 本 동맹을 자기들의 도구로 사용했다."는 죄목을 성토한 후 "상무위원 崔 鳳(이미 피살), 高 園, 金順基, 韓一光 등을 운동 선에서 영원히 구축하자"고 결정했다. 「南滿韓人青總收拾大會經過及決議錄」(譯文). 같은 책, pp. 650~655.

1930년 3월 3일부터 이 단체의 대표들은 "파란 분규"속에서 3단체 합동대회를 열고 '동성(東省) 조선인농민총동맹'이라는 보다 큰 규모의 단체를 발족시켰다. 이 합동대회를 교란하기 위하여 또 다른 공산주의 단체가 배후에서 책동하였는데, 그것이 그 해 2월에 발족한 '조선공산당 재건설 만주부'('서울-상해파'계)였다.[419] 그런데 '동성 조선인농민총동맹'의 집행위원 선거에서 '국민부' 간부 고이허(高而虛) 등이 빠진데 대해 '국민부'간부들의 불만이 제기되자 그해 3월 14일 앞서 피선된 청년 간부들을 해임하고 다시 역원을 보선하였다. 이때 지방의 지국동맹 조직위원 6명이 선임되었는데 그 명단 안에는 "김성주(金成柱)"(무송 撫松, 안도 安圖지방)란 이름이 뚜렷하게 들어있었다.[420] 그때의 김성주가 바로 그 후의 김일성(金日成)이었다. 위의 기록은 김일성이 1930년 당시 반공적인 '국민부'계 '동성조선인농민총동맹'의 맹원으로 일하고 있었다는 얄궂은 사실을 입증하는 것이 아닐 수 없었다.

제2절 "1국1당(一國一黨)" 방침하의 동요

이에 앞서 *코민테른* 제6차 대회(1928년 7~9월)가 개최되었다. 대회에서 채택한 규약이 "1국 1당"의 원칙[421]을 확정하자 중국영토인 만주 내의 '조선공산당' 조직은 존립할 수 없게 되었기 때문에 해체하고 당원들은 '중국공산당'에 가입해야만 했다.

---

419) '서울-上海派'는 대회장에 대표 이외에도 청년 공산주의자들을 투입하여 '國民府'의 통제를 벗어난 새 단체를 만들어 내든가 또는 대회를 교란코자 했지만 실패했다. 같은 책, p. 559.

420) 같은 책, p. 560.

421) 한 나라 안에서는 하나의 공산당만을 인정한다는 '一國一黨'의 원칙은 *코민테른* 제6차 대회가 1928년 8월 29일에 채택한 「규약」에 자세하게 명기되어 있었다. 이 「규약」 제2조에는 "*코민테른*에 가입한 각국 당은 00국 공산당(*코민테른* 지부)이라고 칭한다. 각국에는 *코민테른*을 구성한 하나의 공산당만이 존재할 수 있다."고 규정하였다. 그리고 제37조는 "*코민테른* 지부의 당원 개개인이 1국으로부터 타국에로 이전할 때에는 그 당원이 소속하는 [*코민테른*] 지부 중앙위원회의 허가를 얻음으로서만이 인정 된다"고 규정했다. 처소를 변경한 공산당원은 그가 새로 체류하는 나라의 [*코민테른*] 지부에 "가입할 의무가 있다"고 했다. 또한 공산당원으로 그 지부 중앙위원회의 허가 없이 출국한 자는 "*코민테른*의 다른 지부에 가입할 수 없다"고 각국 당원의 행동을 엄격하게 규제하였다. 이러한 규정에 입각하여 *코민테른*은 당시 만주에 있던 조선인 공산주의자는 중국공산당에, 일본에 있던 사람은 일본공산당에 가입시켜 국제주의를 관철하기 위하여 공작하여야만 했다. *코민테른* 규약 한글 譯 全文은 極東問題硏究所 編, 『共産主義辭典』, 1983年, pp. 987~989에 수록되어 있음.

그 바로 뒤에 「12월*테제*」에서 하달한 '조선공산당'의 해체-재건지령은 재만(在滿) 조선인 공산주의자들의 동요를 일으키지 않을 수 없었다. *코민테른*의 방침은 요컨대 재만 '조선공산당' 조직들을 모두 해체한 후 당원들을 '중국공산당'에 입당시켜 직접 중국혁명운동에 참가케 하자는 것, 중국혁명의 성공에 의하여 조선혁명의 목적을 달성한다는 소위 "방향전환"의 정책이었다.[422] *코민테른*의 방침에 대해 조선인 공산주의자들은 만주 내의 당(黨) 조직을 고수하자는 파(派)와 '중국공산당'에 합류해야 한다는 파로 갈리게 되었지만 결국 대세는 합류파가 압도했다.[423]

그렇다고 하여 *코민테른*의 결정들이 그 광활한 만주 땅에서 즉각 실행될 수는 없었다. *코민테른*의 「1국 1당의 원칙」이 발표된 후에도 '화요회파'와 'ML파'의 두 만주총국(滿洲總局)은 각각 자파의 세력기반을 유지하려는 목적에서 존속하고 있었다. 한편 '서울-상해파'는 만주에서 '조선공산당'의 존속이 이미 불가능하게 된 상황이 닥쳐오고 있는데도 1929년 2월 뒤늦게 '조선공산당 재건설 만주부'(이하에서는 '서울-상해파 만주부')를 조직했다. 그리고 정의부(국민부), '신민부'("재만 한족총연합회")를 "재만(在滿) 민족*부르죠아지* 통치단체라고 비판, 그들에 대한 반대입장을 그 「행동강령」[424]에서 선언하고 나섰다. 그러나 조공(朝共) 3파의 이러한 서로 물고 뜯는 연명책은 오래갈 수가 없었다. 당시 *코민테른*의 3파 통합 명령은 지엄한 권위를 지니고 있었으므로 공산주의자인 한, 누구도 그것을 거부할 수가 없었던 것이다.

결국 'ML파 만주총국'은 1930년 3월 하순에, '화요파 만주총국'(김 찬파는 반대)은

---

422) 在滿 조선공산당 당원들을 '중국공산당'에 가입시키는 공작에 있어서 *코민테른*은 1929년 1월경 韓 斌과 李春山(중국인)에게 지령을 주어, 上海에서 '중국공산당' 최고 간부와의 비밀 교섭을 통하여 결정했다. 이들은 다음해 1월경 *하얼빈*으로 와서 '中共黨 滿洲省 委員會' 간부14명과 '조선공산당' 3파의 간부 10수명을 소집하여 연석회의를 열고, 在滿 조선공산당조직들을 해체하여 당원들을 모두 중국공산당에 가입시킬 것을 협의한 후, 쌍방의 찬동을 얻어 결정하는 절차를 거쳤던 것이다. 「在滿朝鮮人共産黨ノ中國共産黨へ入黨シタル 經過及 延邊地方 鮮-支人(朝鮮-中國人) 共産黨 現狀」 및 「朝鮮人 共産主義運動ノ方向轉換」. 앞의 『現代史資料』 29, pp. 580~581.

423) 在滿 '조선공산당' 各 파 중에서 '중국공산당' 합류를 반대한 사람은 '火曜會派 滿洲總局'내의 金 燦(책임비서)등 2~3명의 간부였다. 처음에 반대파 안에는 같은 '화요회파'의 張時雨 등 수명과 '서울-上海派 滿洲部'의 수뇌인 尹滋英과 朱 建 등이었다. 그 후 곧 張時雨와 'ML派 滿洲總局'의 朴允瑞, 韓承牛 등은 반론하기를, 金 燦 일파의 주장이란 그 1파 또는 개인의 주장일 뿐 '만주총국' 전체의 반대주장은 아니라고 대들었다. 결과는 각 파를 통하여 '조선공산당'원 80%이상이 '중국공산당'에 입당하였음으로 '화요파 만주총국'의 존재는 사실상 "有名無實"하게 되었다. 같은 책, p. 581.

424) 이 「行動綱領」 7개항은 앞의 金正明 편, 『朝鮮獨立運動』V, pp. 618~619에 수록.

6월초에, 그리고 '서울-상해파 만주부'도 6월 하순에 모두 종래의 "조선연장주의(朝鮮延長主義)"('조선공산당'의 조직을 만주에까지 확대하여 민족 별 조직을 견지하는 것)의 "오류"를 청산하고 '중국공산당'으로 합류한다고 선언했다.[425] 이렇게 조공(朝共) 3파가 '중국공산당'에 가입하여 소멸함으로써 고질적인 분파투쟁은 자취를 감추었다. 그리고 조선인 공산주의자들 산하의 농민단체들은 '중국공산당' 산하의 '농민협회' 등에 흡수되어 만주의 조선인 공산주의 운동 일체는 '중국공산당'의 깃발 밑에 통일되어갔다. 그러나 합류가 시작된 후에도 조공(朝共) 3파는 1930년 여름까지는 은밀히 존속하면서 파쟁을 계속했고, '중국공산당'에 가입할 경우에는 개인이 아니라 단체의 이름으로 가입하여 조선인 당원들 안에서나마 자파가 *헤게모니*를 잡으려는 의도를 가지고 있었다.

민족주의자들과의 "민족유일당" 조직운동이 완전한 실패로 돌아가고 한인 공산주의자들의 '중국공산당'으로의 흡수가 기정사실화한 정세에서 '화요회파 만주총국'은 'ML파 만주총국'에 가세하여 민족주의 단체를 공격하고 나섰다. 이때까지는 'ML파'와 '국민부'의 격렬한 투쟁에서 '화요회파'는 자기의 적(敵)['ML파']의 적인 '국민부'에 대하여 공격을 삼가면서 대체로 관망하는 태도를 취하고 있었다.

그러나 1930년 3월 8일 '국제부인절(國際婦人節)' 제9차 기념일을 맞이하여 그들은 '고려공산청년회 만주총국'의 이름으로 '선언'을 발표했다. 「선언」은 호소하기를 재만 조선인 청년 남녀들은 장년 노동자 농민들과 함께 "중국혁명에 직접 참가하여 … [중국] '국민당' 군벌 정부를 타도하고, 또한 조선인의 통치식(統治式)단체 [독재집단인 '국민부', '한족총연합회' … 를 박멸하여 민족, 남녀의 차별 없는" 노동자-농민-병사의 *소비에트*정권을 수립하자고했다.[426]

그렇지만 '화요회파'의 '한족총연합회'에 대한 악감과 증오는 '국민부'에 대한 것보다는 훨씬 더 강렬했다. 이런 사실은 그들의 기관지 ≪분화구(噴火口)≫(1930. 4. 1 제4호)가 김좌진 암살 후 범인 수색에 나섰던 중국 군경의 관련 기사 대목에서 찾아볼 수 있다.

---

425) '조선공산당' 滿洲 3派의 '중국공산당' 가입경위에 관해서는 「朝鮮共産主義運動ノ方向轉換」. 앞의 『現代史資料』 29, p. 595~597 참조

426) 이 「宣言」(日譯) 全文은 앞의 『現代史資料』 29, pp. 664~665에 수록.

강도적 한족총연합회 (신민부) 수괴 김좌진의 사후 *부르죠아*신문 조선일보, 동아일보, 중외(中外)일보, 민성보(民聲報) 등은 일제히 조선혁명의 거두가 죽었다는 듯이 대대적으로 선전하고 있다. 그 반면에서는 중국 군경과의 야합으로써 혁명가를 살육 구금하고 노력(勞力) 농민을 극도의 불안 상태에 떨어뜨린 놈들의 잔당을 도처에서 소탕하기 위하여 영안현(寧安縣) 각 지방에서는 한족총연합회의 죄악 폭로대회를 열고 강도단의 죄악을 일일이 폭로한 후 … 한족총연합회 박멸「*삐라*」를 전 만주 각지에 살포했다고 전해진다…[427]

한편 '조공(朝共)'의 다른 파들보다 뒤늦게 출범했던 '서울-상해파 만주부'도 '국민부'를 타도하기 위한 논전을 벌였다. 그들에 의하면 '국민부'와 '동성한족동향회' 등은 "중국 반동정부에 아첨하여 자치(自治)라는 미명하에 피압박 대중을 통치하고 있는 바, 그 필연적인 결과는 2중통치를 가져온데 지나지 않는다"는 것이었다. 즉 "피압박 대중은 … 중국군벌의 착취, 억압을 받는 것과 함께 동향회와 국민부의 군자금 모집의 강제 하에서 2중의 착취, 2중의 압박을 받고 있다"는 것이다. 요컨대 "국민부는 직접 중국군벌의 수족화(手足化)하여 노력(勞力)대중의 혁명운동을 탄압하는 백색 학살대의 선봉이 되었다"[428]고 최대의 비방을 퍼부었다. '서울-상해파 만주부'는 비단 민족주의 '국민부'에 대해서 뿐만 아니라 'ML파 만주총국'에 대해서도 순전히 분파주의적 악감에서 그들을 "반(反)혁명적 파쟁광(派爭狂)"으로 규정하면서 지극히 모욕적, 야유적인 언사로써 비난했다.

공산주의란 독경(讀經)처럼 서책을 암송하고「*삐라*」를 뿌리며 연설을 하는 것 같은 편안한 사업이 아니다. 그것은 자본가 지주의 손으로부터 정권을 빼앗기 위한 흑백전(黑白戰)이다. 그런데 저 증오할 파쟁광들은 공산주의가 무쇠 같은 무자비한 투쟁이라는 것은 알지 못하고, 청춘의 감격성(感激性)을 만족시키며 그 영웅심을 자극하는 하나의 도락으로 알고 이에 가입한 것이다. 그리하여 소시민적 풋내기 정치 잔꾀가 어느 정도까지 성공하자, 기염 만장하여 천하를 대성질호(大聲叱呼), 파쟁(派爭)에 미쳐 날뛰었던 것이다… 가증한 이 전형적 小*부르죠아지*들이여, [그대들이] 도취해온 파쟁의 잠에서 깨어나라![429]

427) 같은 책, p. 683.

428) '서울-상해파 만주부'기관지 ≪滿洲勞力者新聞≫, 1930년 5월 1일자 社說「滿洲韓人自治問題ハ如何ニ解決スベキカ」. 같은 책, pp. 685~687.

'중공 만주성위'는 재만 '조선공산당', 3파 상호간의 착잡한 분파투쟁에서 어느 한 파를 특별히 옹호하지는 않았다. 한편 한인 공산주의자들과 민족주의자들 간의 '민족 유일당' 조직운동이 실패하고 양자가 사활을 건 적대관계로 돌입한 상황에서 '중공 만주성위'는 공산주의의 원수인 한인 민족주의 단체들을 맹비난했다. 즉 이제는 안색을 살필 필요 없이 이들에 대한 공격의 포문을 열었다. 1930년 4월 9일, '중공 만주성위'가 발표한 한 선전문[430]은 한인 민족주의자들의 '국민부'니, '한족 총연합회'니 하는 단체들이란 일본제국주의나 '중국국민당' 군벌과 마찬가지로 재만 조선인 노동자, 농민들의 피와 땀을 짜내고 혁명투사들을 체포, 총살하는 극악무도한 "반동세력"에 불과하다는 것이었다.

그러므로 일본 제국주의, '중국국민당'의 군벌정부 및 자본가, 지주와 함께 "국민부, 한족 총 연합회, 중간 착취자, 주구" 등 일체의 반동세력을 타도되지 않는 한 "한국 노동자 농민 형제여러분"은 해방을 얻을 수 없다는 것이었다.

또한, 위의 선전문은 해방투쟁이 승리하기 위한 조건을 다음과 같이 역설했다. 즉 "소련은 세계 노동자, 농민의 조국이며 세계 제국주의 세력을 반대하는 대본영(大本營)으로서 일체의 피압박 군중의 벗이므로 우리들은 소련과 연합하여 그 원조를 받아야만 제국주의와 일체 반동세력을 타도할 수가 있다."고 했다. 그리고 만주에서의 "여러분의 진공(進攻)은 오직 중국 노동계급의 영도하에서 위대한 중국혁명투쟁에 참가하는 것 뿐"이라고 주장했다. 1930년 6월 25일, '중국공산당청년단 하역현위(阿域縣委)'도 격문을 통하여 "일본제국주의 및 일체(一切)의 제국주의를 타도하라!", "일본제국주의의 조선농민을 억압하는 주구(走狗)기관 '민회(民會)', '선민회(鮮民會)', '국민부', '한족총연합회' 등을 박멸하라!", "민족차별 없는 노－농－병(兵) *소비에트*정권을 건립하라!"는 구호를 내세워 '국민부' 타도를 계속 선동하였다.[431]

429) 「滿洲勞力者新聞」 1930년 1월 9일자 社說, '『階級鬪爭』「誌ヲ中心トスル派爭狂等ハ全朝鮮ヲ震動セシムル大革命戰線ヨリ畏怯逃避シタ」(日譯文). 앞의 책 pp. 656~657에 사설 전문 수록.

430) '중국공산당 滿洲省 위원회'. 1930年 4月 9日字 宣傳文, 「全滿韓人勞動者農民及一切勞力群衆ニ告グ」. 앞의 『現代史資料』 29, pp. 687~690.

431) '東滿ノ革命的 爆發ヲ擧ケ滿洲ノ被壓迫青年大衆ニ檄ス'. 같은 책, pp. 707~709에 全文 수록.

제3절 ‘중국공산당’의 전술

다시 그해 8월 1일 ‘중국총공회(總工會) 만주 판사처(辦事處)’ 대표 명의로 된 격문에서 “국민부 놈들은 공공연히 중국 지주, 자본가, [중국]국민당 정부와 결탁하고 있기 때문에 국민부는 이미 조선독립의 혁명단체가 아니고, 노동자 농민, 일체 혁명 군중을 기만, 학살하는 반(反)혁명세력”이라고 매도했다. 그리고 “국민부가 만주에서 총 몇 자루로 조선독립을 이룩케 하려는 어리석은 수단”을 조소하면서, 여기에 “그대들이 그 모든 압박으로부터 완전히 해방되는 일은 조선 독립이 아니라 오직 중국공산당의 지도하에서 중국 혁명을 완성함으로써만이 얻을 수 있는 연유가 있다”(밑줄은 저자)[432]고 했다.

이런 사고(思考)는 오만한 중화사상의 발로이다. 위에서 ‘중국공산당’은 이제 재만 조선인 공산주의자의 임무 중에서 우선적인 것은 중국의 공산주의 혁명의 수행에 목숨을 바치는 일이며 조선의 독립은 중국혁명의 부차적 산물에 불과하다는 점을 명백하게 천명했던 것이다.

이에 발맞추어 조선인 공산주의자들은 일부 ‘조선혁명군’ 부대들을 사주하여 소위 *“파시스트화(化)* 한 조선혁명당”으로부터 탈퇴케 하고, 그 명칭도 변경하여 “[적색]군대”에 편입할 것을 「선언」케 했다. 요컨대 “우리들은 하루라도 빨리 ‘조선혁명당’ 및 ‘국민부’를 해체하여 중국혁명에 참가하는 것이 정로(正路)임을 각성하고 단연 조선혁명당으로부터 이탈했음으로 일반 군인동지들도 보조를 동일하게 할 것을 바란다.”[433]는 것이 이 「선언」의 골자였다. 「선언」은 ‘국민부’ 소속 군대 내부에서 이미 공산주의자들의 집요한 분열작용이 진행되고 있었던 사실을 말해 준다. 당시 ‘조선혁명당’의 간부 고활신(高豁信) 및 이 웅(李 雄) 등은 벌써 ‘중국공산당’에 가입하여 동 당 ‘만성위(滿省委)’의 지도하에 극비리에 ‘국민부’ 타도를 계획하고 있었다.[434]

---

432) 「國民府ノ壓迫下ニ在ル革命的農民及兵士同志ニ檄ス」. 같은 책, pp. 725~727에 全文 수록.

433) “朝鮮革命軍 特務第一隊一同”의 명의로 된 공산당 *프락치*(fraktsiya)의 宣言, 「朝鮮革命軍一般同志等ニ」(第一号 譯文). 같은 책, pp. 727~729. 이밖에도 그들이 발표한 위의 선언과 같은 내용의 선전문서, 이를테면 「寬西지방 민중대회 선언」(1930. 8. 3) 및 「朝鮮革命軍 吉江省 指揮部 宣言」(1930. 9. 10) 등(같은 책, pp. 728~730.)이 잇따라 나왔다. 이 단체원들은 국민부에 있다가 탈퇴하여 그것을 박멸하고자 책동하고 있던 공산주의자들이었다.

434) 이들 反 ‘國民府派’는 ‘中共滿洲省委’와 연락하여 1930년 9월 중 新賓에서 ‘반 국민부위원회’를 조직한 후

이들 만주의 '조선공산당' 3파는 '중공당(中共黨)'의 신뢰를 얻기 위하여 반제(反帝) 투쟁의 용맹성을 과시하는 면에서 서로 경쟁했다. 그리하여 이들은 다같이 1930년 「간도 5 · 30폭동」[435]에 뛰어 들어 처절한 유혈투쟁을 벌였던 것이다. 「간도5 · 30폭동」이란 1930년 5월 30일 '중국공산당 만주성위원회 연변당부' 사수 하에 1925년 5월 30일 상해에서 일어났던 폭동 5년전 폭동기념일에 즈음하여 일으켰던 폭동이었다. 이들은 「전(全) 연변 중-한 노력대중에 격(檄)함」이라는 격문을 내걸고 "전 연변의 중-한 혁명민중은 5 · 3폭동에 연합 궐기하자"는 구호를 외치면서 이입삼(李立三)의 극좌 모험주의 노선에 따라 대규모의 무모한 반일(反日) 폭동을 일으켰던 것이다.[436] 「5 · 30폭동」에 가세한 군중은 거의가 만주의 '조선공산당' 3파 소속 조선인 공산주의자들과 그 영향 하에 있던 간도지방의 조선인 농민들이었다. 그러나 당시 만주의 '조선공산당' 3파는 사실상 해체되어 당원들은 '중공당(中共黨)만주성위원회' 조직에 가입하고 있었기 때문에 '중국공산당'은 막심한 희생을 낸 이 사건을 자당(自黨)의 혁명투쟁업적의 역사에 포함시켜 왔다.[437]

朱 蒼, 玄正卿 등 5인의 위원을 선출했고 그 후 다시 高轄信, 李 雄, 車光秀 등 6명을 증가시켰다. 일제 사료, 1929년 11월 26일자 朝鮮總督府 警務局長 발신 外務省 亞細亞局長 앞. 「在滿 抗日運動團體」. 國史編纂委員會 편저, 『韓國獨立運動史』 5, 1983년, p. 743.

435) 1930년 5월 30일자 '中國共産黨 延邊黨部'의 檄文은 "자본가의 쇠 발굽 밑에서 신음하고 있는 일체 노력대중 등"에게 "일체의 지주 놈들을 타도하자, 일본제국주의를 타도하자, 일본제국주의의 착취기관인 [조선인]民會, 은행, 금융기관, 경찰, 光明會, 반동신문, 走狗輩를 박멸하자"고 격렬하게 선동했다. 그리고 19항이나 되는 그 구호 안에는 "타도 韓族聯合會, 正義府[國民府], 新幹會, 同友會 등등" 在滿 및 국내 조선인 민족주의 단체들의 말살을 선언하였다. 이 격문과 구호 全文은 앞의 『現代史資料』 29, pp. 587~588. 이상 '中共黨'의 이러한 선전-선동은 재만 조선인들의 "民族唯一黨"조직 운동이 이미 좌절했음을 증명한 것이었다.

436) 「間島 5 · 30폭동」은 보다 자세하게 말한다면 바로 5년 전인 1925년 5월 30일 上海에서 폭발했던 「5 · 30운동」기념일을 기하여 조선인 공산주의자들이 1930년 5월 30일 오전 1시경부터 다음 날인 31일 오전 2시경 사이에 龍井村, 頭道溝를 중심으로 한 그 일대에서 일으킨 대규모의 반일 폭동시위였다. 폭동을 지휘한 것은 '중국공산당 만주성위원회 延邊(동만) 당부'(책임비서 한인 文甲松)였다. 李康勳은 「5 · 30폭동」을 계획하고 구체적인 투쟁목표를 세운 것은 朴允瑞, 金 權, 金 喆 등이라고 증언했다. 金 權이 거사의 전 책임을 지며 직접행동의 총지휘는 金 喆이 하기로 했다고 한다. 李康勳, 앞의 책, p. 136. 시위군중들은 日帝 補助의 書堂에 방화하고, 발전소 파괴-전신 절단-경편철도에 폭탄투척-교량파손-東拓출장소 습격 등을 감행했던 것이다.

437) 당시 滿洲의 '조선공산당' 3派는 *코민테른*의 "1國 1黨"원칙에 따라 사실상 거의 모두 해체되고 당원들은 '중국공산당 滿洲省 위원회'에 가입하고 있어서 「5 · 30 폭동」은 '중국공산당사'에 속하는 사건으로 되었다. 그러나 '중국 만주성 위원회 延邊 당부'는 거의 조선인 공산주의자들로 구성, 지도되고 있었다. 일본 경찰의 발표에 의하면 폭동에 가담했다가 검거된 "鮮匪"수(1930년 5월~31년 2월 사이)는 883명(사살 3

재만(在滿) 조선인 공산주의자들의 '중국공산당' 가입이 불가피해지자 재빨리 합류 선언을 발표한 단체는 'ML파 만주총국'이었다. 이들은 일찍부터 '중국공산당'과 긴밀히 접촉해 왔었다. 그의 주요 간부 진공목(陳公木)은 'ML파 만주총국'이 단체의 이름으로 '중국공산당'에 가입하고자 노력했지만 실패하여 부득이 당원들은 개인자격으로 가입할 수밖에 없었다. 그러나 'ML파'는 '중공만주성위'안에 설치된 "소수민족위원회"를 독점하고 우월한 지위를 차지했다. 그 때문에 다른 파의 반감을 야기하여 '중국공산당'으로의 합류 운동에 암영을 던졌다.[438] 'ML파 만주총국'이 「해체 선언」을 발표한 것은 1930년 3월 20일이었다. 이 「선언」은 만주에 '조선공산당'의 조직을 연장함으로써 '중국공산당'과 공공연히 대립하는, 민족 별 조직을 견지해온 자기들의 "근본적 오류"를 시인하였다. 그리고 합류를 반대하는 김 찬(金 燦), 신일용(辛日鎔) 등 '화요파 만주총국' 간부들을 "사회－민족*파시스트*"라고 중상했다.[439] 이것은 물론 분파주의적 비방에 불과한 것이었다.

한편 '서울－상해파 만주부'도 '중국공산당'에 단체적 가맹을 바랐지만 역시 인정되지 않았다. 그렇게 되자 그들은 당(黨) 조직으로써의 '만주부'를 해체하고 "비(非)당적 공산주의 *그룹*"이란 이름으로 '만주 조선인 공산주의자 동맹'을 조직했다.[440] 그

명)에 이르며 그중 '조선총독부'로 송치된 피검자는 232명이라고 한다. 한편 중국 관헌의 조사에 의하면 이 기간 중 중국 군경이 검거한 조선인은 1,335명(사살 77명)인데 대해 중국인 피검자는 겨우 19명(사살 없음)에 지나지 않았다. 이러한 숫자는 「5 · 30 폭동」이 재만 조선인들의 거사였음을 입증하고 있다. 이 숫자는 앞의 金正明 편, 「間島地方共匪事件の經過」. 『朝鮮獨立運動』 V, p. 643.

438) 같은 책, p. 618.

439) ML派 「朝鮮共産黨滿洲總局の解體宣言」의 全文(日譯)은 같은 책, pp. 748~750.에 수록.

440) '滿洲 朝鮮人共産主義者 同盟'은 그 조직에 즈음한 1930년 6월 21일 창립 「宣言」을 발표했다. 이 창립 「선언」의 요점은 (1) 과거의 사상 단체적 운동의 유물인 "朝鮮延長主義"를 단호히 반대한다, (2) 분파적 조직의 잔해에 달라붙은 혼잡 불순한 성원들을 고스란히 '중국공산당' 내에 데리고 와 하루아침에 중공에 이식하려는 "機械論的 分派 移植論"에 반대한다, (3) 열성적 공산주의자들을 '중국공산당'에 편입하여 재만 조선인 노동대중을 '중국공산당'의 지도하에 편성한다는 것이었다. 「宣言」(日譯) 全文은 앞의 『現代史資料』 29, pp. 567~568.

'서울－상해파 滿洲部'는 창립 「선언」과 함께 「정치 *테제*」도 발표했다. 이 장문의 「정치 *테제*」는 혁명노선 전반에 걸쳐 잡다한 *이데올로기*的 용어를 마구잡이로 동원하여 설명했다. 「*테제*」는 판에 박힌 듯이 (1) 反 日帝투쟁에 있어서 "편협한 애국주의적 환상"을 극복하고 "國際主義"선전을 힘차게 전개할 것, (2) '國民府', '朝鮮聯合會' 등 "반동의 첨단을 걷는 帝國主義의 走狗機關"을 박멸할 것 (3) *프롤레타리아* 이외의 혁명세력과의 협동은 여전히 필요함으로 "협동을 과소평가하는 공산주의의 左翼 小兒病"과 투쟁하는 동시에 階級運動을 양보 내지 포기하려는 "극악한 機會主義"와도 맹렬히 투쟁하지 않으면 안 된다는 것을 재강조했다. 「政治テーゼ」 全文(日譯)은 같은 책, pp. 568~579에 수록.

표면상의 이유는 당원들이 개인 자격으로 '중국공산당'으로의 가입이 끝날 때까지 긴 과정을 거쳐야 하는데, 이 과도기에 재만 조선인 공산주의자들은 현 단계의 임무를 능동적으로 수행할 중간 조직형태가 필요한 때문이라는 것이었다. '서울-상해파 만주부' 내에서 그런 주장을 하고 있었던 간부들은 내심으로는 자기들의 조직을 해체하여 '중국공산당'에 가입하는 조치를 찬성하지 않았다. 그러나 "1국 1당"의 원칙으로 보나 또는 파벌 종식이라는 명분에서 보나 '만주 조선인 공산주의자 동맹'은 '중공당 만주성위'와 오래 대립할 수는 없었다. '서울-상해파 만주부'로서는 "즉각 해체하지 않는다면 '중국공산당'은 자기의 적으로써 배격하겠다"는 '만주성위'의 통고에 대항할 수가 없었다. 이들은 부득이 '중국공산당'에 가입하는 과도기적 그룹을 만들어 대세와의 충돌을 회피코자 했던 사람들이었다는 것이 당시의 일제(日帝) 관헌의 분석이었다.[441]

441) 「朝鮮人 共産主義運動 方向轉換」. 같은 책, pp. 596~597. 참조.

제4편

만주(滿洲) : 혁명운동의 책원지(策源地)(下)

제1장

'만주사변(滿洲事變)'의 전야(前夜)

제1절 '중공당(中共黨)'의 조공3파(朝共三派) 흡수

코민테른='중국공산당'은 재만 한인 공산주의자들의 고질적인 분파투쟁이 '중국공산당' 안으로 이식(移植)되어 분규를 일으킬 것을 절대로 경계하고 있었다. 그래서 각 파벌의 단체 가맹은 당연히 불허하고 개인적 입당만을 심사를 거친 후에야 허용했다. '중공당'의 이러한 정책은 1930년 7월 1일자 '중국공산당 만주성집행위원회' 및 '중국공산청년회 만주위원회'의 공동명의로 발표한 '전(全) 만주 한인 공산주의자 제동지들!'이라는 제하의 위압적이며 협박적인 「성명」에서 명확하게 천명되어 있다. 이 성명은 "재만 조선인 공산주의자들이 한국독립운동에만 종사하여 주적(主敵)인 제국주의, [중국] 국민당, 군벌, 관료… 재산계급 등을 홀대시해 온 것은 절대적 과오"라고 지적하고 한인 공산주의 각 파의 '중공당' 가입에 있어서는 "파벌관념의 청산"을 엄격한 조건으로 한다고 명령조로 강조했다.[442)]

---

442) 1930년 7월 1일자 이 聲明의 내용을 요약하면 다음과 같다.

(1) *코민테른*의 조직 원칙에 따라 "한국 공산주의자는 소재지 공산당인 중국공산당에 가입해야 하며… 중국 혁명의 실제 운동에 참가해야 한다."

(2) "在滿 韓國 각파 공산주의 조직은 國際黨의 支部가 아닌, 단지 공산주의들의 集團에 불과하며, 黨조직이 아니므로 '중국공산당'은 절대로 어떤 1派를 형제당으로 승인하지 않는다. … 우리는 다만 입당의 방법으로써 "派"를 묻지 않고 개개인을 가입시켜 각지의 黨部를 조직해야 한다."

(3) "우리는 階級的 입장에 서서 각 파 중의 빈농, 고용농은 모두 혁명적이라고 인정하며, 中農은 현하의 동맹자로 인정하는 것이지 어떤 1파의 군중은 혁명적, 어떤 1파의 군중은 非혁명적이라고 인정하는 것과 같은 일은 없다.… 우리는 절대로 파벌을 떠나 … 宗派觀念 없는 … 혁명 군중을 소개[받아] 입당시킨다. 특히 과거의 無派別 군중을… ."

(4) "장구한 派爭 역사를 가지고 있는 각 派 영수(領袖)에 대하여… [그들이] 分派的 偏見을 청산하지 않으면 절대로 입당시킬 수 없다. … 이미 입당한 분자라도 여전히 비밀리에 분파적 관계를 가지거나 분파적 운동을 계속한다면, 그런 사실이 발견 되는대로 黜黨시킨다." 「在 滿洲韓人 共産主義者 諸同志 등」(譯文). 같은 책, 29. pp. 716~717에 수록.

*볼세비즘*이 항일운동의 주류로 바뀌고 있던 만주의 상황에서, 처음에는 민족주의 독립운동가로 출발했던 이종락(李鍾洛), 현정경(玄正卿), 이 웅(李 雄), 이진탁(李辰卓) 등은 좌경화하여 '조선공산당 재건설 만주부'('서울-상해파')의 당원이 된 것이 틀림없었다. '국민부'시대에 이들은 '조선혁명당'과 '조선혁명군'에서 중추적 지위를 차지했던 사람들이었다. 1930년 6월 초순, '서울-상해파 만주부'의 요원들은 길림 강남(江南)에 모여 "적군(赤軍) 군사위원회"를 조직하고 "한족 총연합회, 국민부는 반공 단체임으로 적극적으로 탄압"할 것을 선언했다. 그리고 '국민부'의 무장력인 '조선혁명군'의 힘으로써 거꾸로 '국민부'를 타도할 것을 획책했다. "적군군사부위원회"의 위원으로는 장종필(張宗弼), 이 웅(참모장), 이종락, 안 홍(安 鴻, 또는 安 鵬, 제6대 중대장), 최동익(崔東益)(경제문제 전임위원) 등이 임명되었던 것이다.[443]

이런 인사 배치는 이들 '조선혁명군' 간부들의 명성과 공작수완에 의하여 소속 군인들을 공산주의 편으로 돌리고, 불복종 분자는 무장을 해제하여 '국민부' 탈퇴를 선언케 하려는데 목적이 있었다.[444] 한편, '조선혁명당' 안에서는 '국민부'의 민족주의적 이념을 절대로 수호하려는 현익철(玄益哲)('조선혁명당' 책임비서), 고이허(高而虛)(당 조직부장), 양서봉(梁瑞鳳), 김문거(金文擧) 등이 뻗치고 있었다. 이에 대해 '조선혁명당' 내의 좌경화한 간부들은 정반대였다. 그들의 강경한 주장에 의하면, '국민부-조선혁명당'이란 이미 "민심을 이탈한 반동 기관"이므로 단연 이것을 해체하고, 재만 2백만 조선인 농민을 "계급적으로" 영도하기 위하여 만주의 '조공 3파' 당원들은 '중국공산당'에 가입시키고, '조선혁명군'은 '적위군(赤衛軍)'에 편입케 하며, 농민은 '농민협회(農民協會)'를 조직하여 힘찬 투쟁을 전개하지 않으면 안 된다는 것이었다.[445]

현정경(玄正卿)(당중앙 집행위원장), 이진탁(李辰卓)(당중앙위원), 이 웅, 고활신(高豁信) 등이 그런 주장들을 한 대표적 인물들이었다. 그리하여 "국민부"는 최후적으로 분열했고 양파 사이에는 끔찍한 살육전이 벌어지게 된 것이다.[446]

---

443) 「赤色テロ運動ノ實行」 및 「朝鮮共産黨再建設滿洲部ノ赤軍軍事委員會組織ニ關スル件」. 앞과 같은 책, p. 602, p. 558. 이 '赤軍革命委員會委員'들은 '朝鮮革命軍' 내의 공산주의 반란 분자들이었다.

444) 같은 책, p. 558.

445) 앞의 日帝 史料. 『韓國獨立運動史』 5, p. 742.

446) 兩派 사이에서는 1930년 8월 하순부터 농민을 동원한 左傾分子들의 '國民府'본부 습격, '국민부'의 이들에 대한 역습, 암살과 납치가 반복되어 오다가 10월에 들어서자 무력 충돌은 *클라이막스*에 이르렀다. 즉 10월 23일 이진탁은 '국민부' 군인과 중국 군경의 공격을 받아 피살되었고 玄正卿은 체포되었다. 같

이렇게 항일전선에서 민족주의와 공산주의의 싸움은 가열화 되어갔다. 그런데 이때까지에 재만 '조공 3파'는 '중국공산당'으로 흡수통합이 끝나가고 있어서 실제로는 존재하지 않았다. 따라서 조선인들의 민족주의 단체와 공산주의 단체 간의 투쟁은 더 이상 계속될 근거가 사라졌다. 또한 '조공 3파'의 분파투쟁도 종식되었다. 이로써 한 시대는 종언을 고했다.

그렇다고 불씨가 영원히 꺼진 것은 아니었다. 좌파(左派) 대 우파(右派), 각 파(派) 내부의 격렬했던 파쟁은 해방 후 남-북한에서 전개된 양상의 전조(前兆)나 다름이 없었다. 이들 각 파의 계보에 속했다가 사라졌던 1920~30년대의 공산당원들 중 생존자는 1945년 8·15해방 후 38선에 의하여 더욱 복잡해진 남-북의 정치 상황에서 새로운 형태로 소생했다. 만주의 '조공 3파'가 '중국공산당'에 흡수되어 소멸했다고 하여 그 결과로 '국민부'나 '한족총연합회' 등 민족주의 단체들이 한인사회에서 기반을 확대 강화할 수 있었던 것은 아니었다.

그 첫째 이유는 국제정세의 기류변화에 있었다. 3·1운동은 미국대통령의 민족자결주의에 큰 기대를 걸고 있었지만 전후문제의 처리를 위하여 미국이 주도했던 「*빠리*강화회의」(1919. 1~6)나 「*워싱턴*회의」(1921. 11~22. 4)에서는 조선의 독립문제는 상정조차 되지 못했다. 한국독립에 대한 미국정부의 무관심에 크게 실망한 재만 동포들 사이에서는, 국내에서와 마찬가지로 소련-*코민테른*이 요란하게 퍼뜨리고 있던 "반제-반봉건-반(半)식민지-피(被)억압민족의 해방" 등 일련의 선전에 당연히 귀를 기울이게 되었다. 이런 현상은 1920년 10월의 「경신(庚申)참변」 이후에는 더욱 뚜렷이 나타났던 것이다.

둘째 이유는 젊은 청년, 지식인들 사이에 급속히 파급되고 있던 사회주의사상, 그 중에서도 *볼셰비즘*(*레닌*주의)의 영향력에서 찾을 수 있다. *볼셰비즘*사상은 *러시아* 10월혁명의 승리와 *코민테른*의 지원을 배경으로 하여 영국을 제외한 *유럽*의 거의 전체와 일본, 그리고 식민지-반(半)식민지의 처지에 있던 중국, 조선, 인도 등 아시아의 여러 지역의 지식인들 사이에 급속히 전파되고 있었다. 이러한 시대적 사조는

은 항목. 위의 책, p. 743 및 736. 한편 현정경에 관한 한국 독립단체의 기록에 의하면 그는 "1930년 여름 동안에 '국민부'를 *쿠데타*로 전복하려다가 실패하자 包頭로 도주했다"고 한다. 愛國同志援護會 編, 앞의 책, p. 274.

만주, 특히 간도(間島)지방의 조선인사회를 뒤흔들게 되었다. 민족주의 사상과 이론이 *레닌-스탈린*식 사회주의-공산주의의 사상-이론에 의하여 점차로 밀려나고 있었던 것이다.

이를테면 민족주의자들이 만주 여러 지방에 세운, 이를테면 동흥(東興)중학교, 대성(大成)중학교, 명동(明東)학교 등에서는 공산주의의 영향력이 날로 커지고 있었다. 동양학원(東洋學院)이나 남만학원(南滿學院)은 민족주의자들이 설립한 교육기관이었지만 처음부터 사회주의 색채가 농후해갔다. 청년시절 동만(東滿)의 사정을 현지에서 체험한 이강훈(李康勳)은 다음과 같이 술회하였다.

> … 일제의 야수 같은 대규모 도륙행패("경신참변")가 있은 뒤 … 동만에서는 독립군이니 민족주의니 하는 단어는 이미 시대에 뒤떨어진 말처럼 여기는 경향이 짙어져 가고 있었다. 특히 지식층에서부터 그랬다. 그래서 항일 *레지스탕스* 운동의 두 조류를 형성한 민족주의와 사회주의 중에서 후자가 결국 동만 운동의 기본 이념처럼 되어져서 3·1 운동을 계기로 조직된 '[대한]국민회' 산하의 대중은 거의 사회주의적 경향을 가지게 되었다.[447]

1920년~30년대에 *맑스*주의 사조는 세계의 지식인들의 큰 관심사였다. 재만 조선인의 젊은 *엘리트*층은 철학-역사관-사회과학-계급혁명의 전략 전술을 두루 갖춘 *소비에트* 공산주의의 *이데올로기*야말로 "새로운", "진보적"사상이며, "과학적"이론으로 보고 이에 매료되어갔다. 무엇보다도 제국주의 침략의 기반인 봉건적 토지소유제를 전복하라는 *레닌*의 혁명선동은 민족해방과 농민해방을 애타게 고대하고 있던 재만 조선인 동포들에게는 복음처럼 들렸을 것이다.

일반적으로 민족주의 단체들은 애국심은 강렬하고 투쟁은 헌신적이었으나 참신한 지식을 갈구하던 청년들을 만족시킬만한, 체계적이고 과학적인 새 혁명이론을 결여하고 있었다. 그리하여 만주에서도 항일운동의 조직과 이론의 주도권은 민족주의자에서 공산주의자-사회주의자로 넘어가고 있었다. 이것이 일반적인 경향이었다. 1920년 이후 10여년 동안은 공산주의 사상이 상당수 재만 조선인 지식 분자들 사이에서 맹신(盲信)의 대상처럼 되어갔고 소련에 대한 신뢰는 높아져갔다.

447) 李康勳의 앞의 책, 『抗日獨立運動史』, p. 44.

이런 상황에서 반공적인 '국민부'가 '조공 3파'와 논전을 할 때는 상대방의 선전적, 이론적 무기인 "사회주의"를 들고 나와 싸우며 *코민테른*의 혁명노선을 추종하는 듯한 기괴한 현상이 벌어졌다. 그 예로 1929년 11월에 열린 「남만한인청년 총 수습대회」를 들 수 있다. 이 「수습대회」는 앞에서 언급한 대로 '국민부'계의 '남만 한인청총(동맹)'이 내부에 잠입한 공산주의 파괴분자들을 축출한 후 조직을 재편하기 위하여 소집한 대회였다. 대회에서는 골수 민족주의자 고이허(高而虛)의 「일반정세 보고」(「세계정세 보고」와 「조선정세 보고」)를 채택했다. 그런데 이 「보고」들에는 놀랍게도 "세계 무산계급과 피압박 민족은 굳게 단결하자", "제2*인터내셔널*과 타락한 식민지 *부르죠아*를 타도하자!"라는 등, 공산주의자들과 같은 투쟁목표를 내세웠던 것이다.

또한 이 「보고」는 "조선혁명의 진로는 … 조선의 절대 독립을 완성하여 노동자, 농민의 민주정치를 건설하는 동시에 [이것을] 사회주의 혁명 단계로 끌어가야 한다"고 썼다. 심지어는 "노동자, 농민의 *소비에트*를 건설하자!"고까지 주장하였다.[448] 또 다른 예를 들면 1930년 3월 '국민부'가 '조공 ML파'의 침투에 대항하기 위하여 '동성(東省) 조선인농민총동맹'을 조직했을 때, 그 「강령」은 "노동자-농민의 민중정권을 건설한다"(2항), "대지주의 토지는 몰수하여 농민에게 무상 대여한다."(3항)는 등 극좌적 공약을 들고 나왔고, 「정책」에서는 *코민테른*이 주장해 온 바로 그대로 "개량주의, 기회주의, 자치주의와의 투쟁"(22항)을 표방했던 것이다.[449]

더욱 놀랄만한 것은 1929년 12월 '조선혁명당'의 창립과 함께 발표한 「조선혁명당 선언」[450]이다. 이 「선언」은 *레닌*의 제국주의 이론, 민족 및 계급이론, "*부르죠아* 민주주의론"에 의거하여 세계정세와 식민지 조선의 경제를 분석하면서, 조선혁명의 특수성을 규명하고, 조선혁명의 진로를 세시한, 판에 박힌 *코민테른* 형(型) 문서였다. 「선언」은 "조선의 혁명은 조선의 절대 독립과 노농 민주주의 정권을 제1 목표로 하는 민족혁명인 것과 함께 사회주의 혁명으로 진입하는 노-농 민주주의혁명"이라고 그 특수성을 규정했다. 그리고 이 혁명은 "18세기 서구의 자본민주주의의 혁명이 아니

448) 高而虛의 「일반정세보고」를 접수한 후의 결정은 앞의 『現代史資料』 29, pp. 651~652.

449) '東省 조선인농민총동맹'의 「강령, 정책, 규약」 全文은 같은 책, pp. 562~565에 수록.

450) 「朝鮮革命黨宣言」(日譯) 全文은 같은 책 pp. 669~672에 수록. 그런데 앞의 '滿洲에서의 獨立運動 資料', 『韓國獨立運動史』 5에 수록된 「朝鮮革命黨宣言」(日譯의 重譯)은 全文이 아니라 要旨임으로, 이것으로는 「宣言」의 자세한 내용을 파악할 수가 없다.

며", "*프롤레탈리아*독재의 혁명도 아니다"라고 언명했다. 그러면서 "노-농 정권"이 확립되면 "대기업체를 몰수하여 국유로 하고 대(大) 소유 토지를 몰수하여 농민에게 분여한다"고 공약했다.

해방 후의 남북 공산당의 강령과 꼭 같았다. 이렇게 '국민부'는 공산주의 단체가 아닌가 착각할 정도로 노선이 외견상으로는 좌경화해 있었다. 이와 같은 현상은 당시의 '국민부'가 그 시대를 풍미하고 있던 *소비에트* 공산주의의 *이데올로기*를 내세우지 않고서는 대중에게 *어필*할 수 없으리 만큼 사상적 분위기가 바뀌었음을 뜻하는 것일 수 있다. 또는 민족주의자들은 자체의 이론빈곤(理論貧困) 때문에 적의 이론을 구사하여 적을 제압하려 했던 것으로도 보인다. 여하튼 사회주의-공산주의 선전은 혁명의 강력한 사상적 무기로 되고 있었다. 그런데 제국주의로부터 식민지 민족을 해방하기 위한 *코민테른*의 혁명 전략과 전술은 "*부르죠아* 민족주의 타도"-"*프롤레타리아* 혁명의 수행"-"*프롤레타리아*계급 독재의 수립" 등 일련의 목표를 이론적 구성 요인으로 하고 있었다. 그리고 그 철학적 토대는 유물사관(唯物史觀)과 유물변증법(唯物辨證法)이었다. 이러한 *이데올로기* 체계는 한국의 어떤 계보의 민족주의 독립운동과도 본질적으로 대립하는 것이었다. 그러나 당시의 '조선혁명당'은 그런 대립성을 깊이 고려할 여유가 없이 공산주의 이론을 편이상 원용하려 했던 것 같다.

第2절 '중공만주성위(中共滿洲省委)'의 조직과 활동

'중국공산당'이 상해에서 창립된 것은 만주가 이미 일본의 반(半)식민지로 되었던 1921년 7월이었다. 그런데 중공당(中共黨)이 만주지역에 공작의 손을 뻗친 것은 언제부터인지 명백하지 않다. 한 자료에 의하면 1921년 7월부터 1년 사이에 광동성(廣東省), 호남성(湖南省), 산동성(山東省), 봉천성(奉天省)에서 당부(黨部)가 성립되었다[451]고 하지만 그렇게 빨리 당부를 봉천성에서까지 조직했다는 데는 의혹이 간다.[452] 그러나 대련(大連), 봉천 등 공업이 발달하고 있던 대도시에서는 이윽고 노동

---

451) 이 자료는 陳公博의 1924년도 *콜럼비아대학* 석사논문 The Communist Movement in China에 의거 앞의 王健民, 「中國共産黨史稿」 第一期, 1966年, p. 43.

운동이 일어나고 파업이 조직되어 공산주의운동이 자랄 수 있는 묘판이 만들어지고 있었다. 그중 최초의 노동단체가 1923년 말에 출현한 '대련중화공학회(大連中華工學會)'라는 중국인 노동조합이었다. 그 영향 하에 대련 근처 일본인 소유의 '*후쿠시마*(福島)방적공장'과 '봉천제마(製麻)공장'(1927.1)에서는 파업이 일어났다.

당시의 일본관헌의 조사에 의하면 이 같은 노동조합, 공장 등을 사회적 기반으로 하여 1926년 7월 '중국공산당 대련(大連)지방위원회'가 성립되었지만 곧 운동원들이 검거되었기 때문에 본거지를 봉천으로 옮겨 1928년 '중국공산당 봉천성위원회'를 조직했다고 한다.[453] 이 '봉천성 위원회'는 얼마 후(1928. 9)에는 '중국공산당 만주성위원회'로 이름을 바꿨다. 즉 만주 내 '중국공산당'의 계보는 '대련중화공학회'→'중국공산당 대련 지방위원회'→'중국공산당 만주지부'(만주당부)='중국공산당 봉천성 위원회'→'중국공산당 만주성위원회'로 이어졌다. 이 무렵인 1927년 봄까지는 아직 제1차 국-공합작으로 반(反)군벌 전쟁은 대승(大勝)을 거두고 있었다. 이러한 혁명의 기세를 타고 각지에서는 공산당 주도하에 지주의 땅을 뺏으려는 농민, 노동자들의 무장폭동이 번져나가자, 그 동안 잠재해 있던 "국민혁명" 세력 내 좌-우파의 대립은 표면화했다.

장개석(蔣介石)은 '중국국민당'을 *프롤레타리아*정당으로, 중국의 '국민혁명'을 공산주의 혁명으로 만들 생각이란 없었다. 1927년 4월 북벌(北伐)전쟁 도상의 장개석은 상해에서 폭동을 계획하고 있던 공산당계 노동조합원들을 체포하고 산하 단체들의

---

452) 한편 李庭植은 1923년 전반 陳爲人이란 초기 중공당원이 만주로 들어와 大連과 *하얼빈*에서 黨조직을 시도한 행적을 당시의 여러 중국 측 자료를 통하여 규명하였다. 그에 의하면 陳爲人이 아마도 만주에 들어온 최초의 중공 공작원이었을 것이지만 그는 성공하지 못했다고 평하였다. 이정식(허원 옮김), 『만주혁명운동과 통일전선』(Lee Chong-sik, *Revolutionary Struggle in Manchuria*, University of California Press, 1983), p. 60 이하.

최근년 中共黨 측의 한 記述에 의하면 滿洲에서 黨활동이 시작된 것은 1923년 초부터였다. 즉 黨 중앙은 일찍이 陳爲人, 李震瀛(이진영) 등을 선후로 하여 *하얼빈*시, 奉天시 등으로 파견하여 공작을 벌였고 黨단체-黨 조직들을 만들었다는 것이다. 『東北抗日聯軍鬪爭史』, 人民出版社(北京), 1991年, p. 20. 이 대목은 앞의 李庭植의 조사와 거의 일치한다.

453) 軍政顧問部 發行, 『滿洲共産匪の硏究』, 第一輯, 康德 4年(1937. 6), pp. 2~3. 이와 같은 견해는 James Pinckney Harrison, *The Long March to Power*, Praeger Publishers, 1972, p. 69 참조. 이에 의하면 1926년에 당 "大連 市委員會"가, 그리고 1928년에는 奉天에 黨 "省委員會"가 성립되었다. 그런데 초기의 黨조직 명칭에서는 상당한 혼란이 있어서 '地方 黨部'란 용어가 '委員會'란 말과 번갈아 사용되었으며, "地方委員會"란 말이 "市黨委員會"란 용어 대신 사용되기도 했다. 같은 책, p. 533. 註96) 참조.

무장해제를 강행했다. 이에 항의 하는 군중시위에 대해서는 '국민혁명군'(북벌군)의 발포로 가차 없이 진압했다. 이 4·12 상해 반공 *쿠데타*에 의하여 국(國)－공(共)은 혁명동지에서 원수로 돌변했다. 광동(廣東)에서 무한(武漢)으로 이전하고 있던 국민정부(주석은 왕조명 汪兆銘)와 국민당중앙 내의 좌파는 국－공합작을 지지하면서 우파와 분열했다.

이에 맞서 장개석(蔣介石)은 1927년 4월 18일 남경(南京)에 별도의 국민정부를 수립했다. 즉 우파가 분리해 나간 것이다. 그러자 "무한파(武漢派)"는 장개석을 제명하고 관직을 박탈할 것을 결의했다. 결국 무한－남경 두 파(派)는 완전히 결별, 대립하게 되어 중국에는 한 때 두 개의 국민정부와 두개의 국민당이 출현하는 중대한 사태가 벌어졌던 것이다. 그러나 곧 국민당 좌파가 공산당과의 합작이 깨어지자 두 개의 국민당, 두 개의 국민정부는 하나로 통합되었다.

이러한 혼미 속에서 '중국공산당 봉천성위원회'는 1928년 9월 그 이름을 '중국공산당 만주성집행위원회'로 바꾸고, 11월에는 "반일제(反日帝)－반(反)봉천군벌－반국민당(反國民黨) 투쟁"을 선언[454]하면서 활동을 개시했다. 이때의 '중공당 봉천성위', 즉 '중국공산당 만주성집행위원회'는 흔히 '만주당부'라고도 불리었다. 이것이 앞에서 언급한 '중국공산당 만주성위원회'(약칭 '중공 만주성위')로서, 전(全)만주를 통괄하는 '중국공산당'의 기관이었다.[455] 중공 만주성위'가 형성될 때까지 만주의 당원 수는 극

---

454) 1928년 11월 5일자로 된 '中國共産黨 滿洲省執行委員會'와 '中國共産黨 靑年團 滿洲省執行委員會'의 공동명의로 발표된 「對 時局宣言」은 *러－日*전쟁 이후 日本 帝國主義의 만주에 대한 영토－경제－군사－문화적 침략을 규탄하는 동시에 봉천군벌과 '국민당'은 "賣國賊으로서 모두 민중의 원흉"이라고 공격했다. 그리고 ① 旅順, 大連, 南滿洲 철도 및 일체의 광산 및 산림의 회수, ② 일본과 맺은 일체 불평등 조약의 폐기, ③ 일본 군대의 境外 축출, ④ 賣國賊인 봉천 系 군벌타도, ⑤ 매국적인 '국민당' 타도를 全 만주의 농민, 노동자, 병사, 학생, 중소상인에게 열렬히 호소하면서 이들의 "단결 만세!!"를 외쳤다. 이 「對時局宣言」 全文은 앞의 『滿洲共産匪の硏究』, 第一輯, pp. 3~5에 수록.

455) 최근년의 中共黨 측 자료는 약간 記述을 달리하고 있다. 즉 1927년 가을에 이르러서는 滿洲 각 지에는 이미 중공 '北滿地委(지방위원회)', '大連地委', '奉天支部' 등 40여개의 基層組織이 건립되었으며, 1927년 10월에는 *하얼빈*에 중공 '만주 임시성위'가 성립되어 遼寧－吉林－黑龍江 3省의 黨務를 통일 관리했다고 한다. '만주 임시성위'가 성립된 후 省委기관들은 奉天으로 이전하여 공무를 보았다. 그 후 黨 중앙은 劉少奇, 陳潭秋, 林仲丹(張浩) 등을 선후로 '만주성위'에 파견하여 중요한 지도적 활동을 담당케 했다. 1931년 「滿洲事變」 전에는 '만주성위' 지도하에 '봉천시위', '大連市委', '遼西特委(熱河)', '南滿特委'[奉天 교외 皇姑屯], '東滿特委(延吉)', '北滿特委(*하얼빈*)' 등이 있었고, 당원 수는 모두 2천여명이었다는 것이다. 앞의 『東北抗日聯軍鬪爭史』, p. 20. 이상의 기술은 만주에서의 黨 조직이 어떻게 확장되었는가의 한 측면을 보여주고 있다.

히 미미했다. 1927년 4월 현재로 전 중국을 통하여 '중국공산당' 당원 수는 대략 57,985명이었는데 그중 남만(南滿)에 겨우 308명, 북만(北滿)에는 137명이 있었던데 불과했다. 이 숫자는 남－북만주를 통한 전 주민 수(1953년도 호구조사에 기초)의 0.001% 정도였다[456]. 중국인은 일반적으로 권리를 위한 투쟁에 소극적이었다. 여기서 '중공 만주성위'는 조선인 공산주의자들을 흡수, 당세 확장의 기반을 만들고자 한인들이 밀집하여 거주하고 있던 간도지방에서 공작에 착수하여 1930년 3월에는 '중공만성위(中共滿省委)' 직속 하에 '중공 만성위연변당부(滿省委延邊黨部)'를 조직했다[457].

만주에서 공산주의 혁명운동의 선구자는 거의가 조선인들이었다. 이들은 수적으로나 투지에 있어서나 중국인들을 훨씬 능가하고 있었다. 「5·30폭동」이 끝난 1930년 8월 '중공 만주성위연변당부'는 '중공동만(東滿)특별위원회'(약칭 '동만특위 東滿特委')로 재편성되었는데 '특위(特委)' 내의 요직에는 거의 조선인들이 선출되어 있었다. '동만특위' 밑에는 연길－화룡의 2개 현(縣)을 합쳐 '연화중심현위원회(延和中心縣委員會)'를, 다른 현(縣)들에서는 구(區) 위원회를 조직하여 통솔하였는데, 현(縣)서기를 비롯한 간부들은 당원의 압도적 다수를 차지하고 있던 조선인들로부터 나왔다.[458]

'중국공산당'의 조직체계는 초기 그 용어가 구구하여 혼동을 일으키기 쉽다. 그들은 '委員會'와 '黨部'를 같은 것으로 사용하여 '地方黨部'를 '地方委員會'(약칭 '地委')라고도 불렀다. 초기의 당의 위계조직은 본래 '黨中央'(委員會) → 각 '地方 執行部' 또는 '直轄區域 委員會' → '地方 委員會' → '支部'의 4급으로 되어있었다. 그 뒤 새로이 '地委' 밑에 '部 委員會'를, 그리고 큰 '支部'밑에는 '小組'를 나누어 둘 수 있게 했다고 한다. 王健民의 앞의 책, p. 357.

James Pinckney Harrison에 의하면 처음에는 "細胞" 대신 "支部"라고도 했는데, 뒤에 가서 세포는 "지부"의 하부조직이 되었으며, 그리고 "区"는 왕왕 지방, 지구의 수준을 가리키는 용어로써 사용되었다고 한다. Harrison, 앞의 책, p. 593.

456) Hofheinz Barnett (ed), *Politics*, p. 48 및 『中國共產黨之透視』(台北, 1962年), pp. 78~79에 의거하여 James Pinckney Harrison이 작성한 圖表에 의함. Harrison의 앞의 책, pp. 99.

457) 당시의 日本官憲의 소사에 의하면 1930년 3월 이래로 '中共滿洲省委'의 중국인 간부 李 遠 등이 延吉·和龍 두 縣 내의 중국계 사범학교, 각 縣立 직업학교 교원 일부와 局子街의 중국인 '工友會' 등을 망라하여 '연변당부' 조직에 착수했다. 동시에 '중공당' 내 한인 당원들로 하여금 각종의 폭동을 실행케 했다고 한다. 「在滿鮮人共産黨ノ中國共産黨ヘ入黨シタル經過及延邊地方支人共産黨ノ現狀」 앞의 『現代史資料』 29, p. 581. 延邊지방(延吉 주변)은 吉林省에 속해 있었음으로 '延邊黨部'는 당연히 '吉林省委'에 직속되어 있어야 했다. 그러나 在滿 조선인 공산당 각 派가 中共黨에 입당하고 있던 당시의 과도기에 있어서의 "한 편법으로써" '중공 만주성위' 직속 하에다 '延邊黨部'의 각 縣 간부, 각 구역 위원 등을 조직했다고 한다. 그리고 在滿 朝共 각 派의 당원들의 中共黨에로의 轉籍이 끝난 후 연변당부는 '吉林省委'에 직속되었다. 같은 책, p. 583.

그것은 우연한 현상이 아니었다. 간도지방 4개 현(縣)의 주민 중 약 76%는 조선인이었고 조선인 중 약 87%는 농민이었다. 농민들의 대부분은 조선 내에서 쫓겨 온 하층 빈민들이었으며 중국인 지주들의 착취, 고리대금업자(高利貸金業者)들의 횡포, 만주관헌들의 주구(誅求) 때문에 그 생활상은 처참하기 그지없었다.[459] 그러한 환경에서 민족적 멸시와 가혹한 봉건적 소작제도를 반대하는 계급혁명의식이 전(全)만주의 조선인 사회에서 성장해 갔던 것이다.

그러면 남만(南滿)의 상황은 어떠했는가. 비교적 보수적이었던 남만 각 현의 농촌과 소도시에서도 그곳에 침투해 들어와 거점을 만들었던 '중공 만주성위'의 영향 하에 조선인들은 좌경화되어 있었다. 1930년 5월 이재심(李載深)(중국인)이라는 중공당원(中共黨員)은 '중공 만주성위' 밑에 '남만 특위 반석현(盤石縣)위원회'를 결성했다. 그리고 대중단체(大衆團體)로써는 '농민협회', '반제(反帝)동맹'을 조직했고, '만주사변' 후에는 일본 만주군의 소탕전에 대비하여 1932년 봄 당에 군사부를 설치하고 유격대를 편성했다. 한편 농촌에서는 '농민협회' 안에 '적위대'(무장 자위단체)를 조직하여 군사훈련을 실시했다[460]. 여기서 '농민협회'란, 종래의 '농민회'를 「5·30폭동」 이후 재편성한 것으로 중공당 현(懸)위원회의 "표현단체(表現团体)", 즉 표면상 합법성을 가장한 당의 외곽 단체였다. 이것은 극히 중요한 대중적 혁명조직이었다. 세간에서는 '당 반석현위', '반석농민협회' 및 그 방계 단체를 묶어 통칭 '반석공산당'이라고 불

---

458) 일제의 조사에 의하면 1930년 9월경 현재로 間島지방의 중국공산당 당원 중 조선인은 3천 8백여명이고 중국인은 겨우 150명에 불과했다. 앞의『現代史資料』29, p.583. 한편 1931년 6월 현재로 간도의 '中國共産黨 東滿特別委員會'(구 '中共 滿洲省委 延辺黨部'), 縣·地區 위원회 소속 당원 총 587명 중 중국인은 겨우 11명, 조선인은 576명으로 되어있다. 이 밖의 '靑年團', '反帝同盟' 또는 '農民協會' 등 黨의 외곽 단체의 회원을 합치면 중국인은 27명인데 대해 조선인은 16,219명이었다.「日本 外務省 文書」(1931. 6. 2) 조사. 이정식, 앞의『滿洲 革命運動과 統一戰線』, p.176에서 재인용. 이런 정치상황에서 '中共滿洲省委延邊黨部'를 결성하고 서기가 된 文甲松은 조선인이었다. 그는 그 후 '延和中心縣委員會'가 조직되었을 때도 그 서기에 선임되었다.

459) 앞의『滿洲共産匪の硏究』第一輯, p.70. 한편 ≪滿鐵調査日報≫(1933年 1月号)의「土地所有關係表」에 의하면 1931년 현재로 間島지방 4縣에서 토지를 전혀 갖지 못했거나 부족을 느끼는 농가는 조선인 측이 57%에 이르렀지만 중국인은 24%에 불과했다. 다시 말하면 自作 겸 小作農 및 순수 소작농은 中-朝鮮人 총 3만 6천 327戶에 이르고 있었지만, 그중 조선인 농민이 절대 다수의 93.3%를 차지하고 있었다는 것이다. 즉 "지주의 착취에 시달리고 토지 부족을 통감하고 있는 것은 조선인 농민"이라는 결론이었다. 金正明 編, 앞의『朝鮮獨立運動』V, p.509.

460) 앞의『滿洲共産匪の硏究』, 第一輯, p.339.

렸다[461].

반석(盤石)지방의 초기 공산주의 운동은 이주(移住) 한인들에 의하여 발판이 마련되고 발전했다. 운동은 만주사변 이전에 점차로 중국인들 사이로 파고들었고, 특히 「사변」 후에는 급속히 발전하여 한－중 양국인들을 끌어안는 강력한 대중운동이 되었다. 이것은 당시의 상황을 면밀히 조사해온 일본 관헌의 분석이었다. 반석현의 조선인은 중국인보다 숫자상으로는 적었으나 그들의 대부분은 비참한 계급적 처지[462] 때문에 급속히 좌경화되어 갔고 '반석공산당'의 간부에는 많은 조선인들이 들어있었다[463]. 그런데 1932년 2월 '남만특위'의 간부들이 그 본거지인 봉천에서 검거되어 '남만특위'가 일시 해체상태에 처하게 되자 '중공 만주성위'는 '반석위원회'를 '반석중심위원회'로 개편하여 '만주성위' 직속 하에 두었고 반석현(盤石懸)을 중심으로 한 7개 현(縣)을 통괄하는, 남만 방면에서 중요한 당부가 되어 '남만특위'의 임무를 겸하

461) 李命英, 앞의 책, p. 90.

462) 당시의 日本관헌들은 盤石지방의 조선인 민족주의운동이 공산주의운동으로 전환한 주요 근거를 그 지방 在住 조선인의 역사적－사회적 성격, 특히 농촌 사정에서 찾고 있었다. 그 곳에서는 관리나 지방 유력자들에 의한 광대한 토지의 독점은 거의 없었지만, 토지는 거의 先住民의 손으로 들어갔기 때문에 뒤에 이주해온 농민들은 이들 지주들의 토지를 임차하여 경작할 수밖에 없었다. 1936년의 "滿洲國"관청의 통계에 의하면 이런 결과로 발생한 盤石 全縣 조선인 농민들의 계층적 구성 비율은 다음과 같다.

盤石縣 자작 · 소작 · 농업노동자별 농가호수

	자작 · 소작농호수	소작 겸 고용농	고용농	계
호수	9,526호	1,661호	4,486호	
%	60.8%	10.5%	28.6%	100%

(1937年3月 ?)

위의 도표에 의하면 總 農家 戶數의 약 30%는 純 고용농가(농업노동자)이다. 이에다 소작 겸 고용에 종사하는 농가(10.5%)를 합하면 그의 약 40%에 이르렀다. 한편 자작농 中 농업노동자를 고용하고 적지 않게 넓은 면적을 경작하는 부농층이 상당히 있었으며 이들은 경작면적의 압도적 부분을 차지하고 있었다. 이에 대하여 자기의 땅이 전혀 없어서 다른 농가에 고용되어 생계를 꾸리고 있던 순 농업노동자, 그 밖에 사기의 경시 부속으로 자작농만으로는 살 수가 없어서 자기의 노동력을 팔아 살아가는 가난한 자작농이 상당히 있었다. 지주와 소작인의 계층적 대립, 그 위에 부농에 대한 빈농 및 고용농의 對立은 점점 첨예화해 갔고 盤石지방의 대중운동은 계급 투쟁적 성격을 띠게 되었다. 「滿洲事變」 후 '농민협회'는 지주, 부농에 대항하는 빈농들의 조직으로 발전했고 '농민협회'의 자위단체인 적위대가 '동북 인민혁명군'의 조직과정을 거치는 동안에 中共黨은 사회화되어갔다. 당시의 조선인 이주농민들이 처해있던 상황 분석은 앞의 『滿洲 共産匪の硏究』 第一輯, p. 345, p. 354, p. 356 참조.

463) '盤石공산당'의 초기 조선인 간부로는 朴 鳳(=朴尹支. 黨縣委書記), 全 光(=吳成崙. 縣黨委書記. '농민협회' 책임자), 韓 震(黨縣委 간부), 李紅光(당 盤石縣 中心縣委 위원), 韓 浩(=金翰杰. 적위대 대장, 南滿 遊擊隊 제2대대 대대장) 등이었다.

게 되었다[464]. 이렇게 '반석중심 현위원회'의 활동이 활기를 띠고 조선인 농민층에서 세력을 확대하고 있던 그 무렵 「만주사변」이 일어난 것이다.

464) 앞의 『滿洲共産匪の硏究』, 第一輯, p. 338.

제2장

'만주사변'의 발발과 항일(抗日)유격전

제1절 유조호(柳條湖)의 포성(砲聲)

만주가 중국국민정부의 행정관할 하에 들어간데다 "반제(反帝)투쟁"의 기치를 내건 공산주의 혁명의 파도가 이곳에까지 미치게 되자, *러*-일전쟁으로부터 제1차 세계대전에 걸쳐 획득해 온 일본의 남(南)만주 내 이권은 일대 위협을 받게 되었다. 위기감을 느낀 관동군(關東軍) 참모부는 미리부터 만보산(萬宝山)사건, *나까무라*(中村) 대위의 "행방불명" 사건 등 갖가지 음모를 꾸민 후 1931년 9월 18일 밤 봉천(奉天, 현 심양 瀋陽)역 부근 유조호(柳條湖)에서 기습적 군사공격을 개시하고, 이것은 중국군(장학량의 '동북군')의 선제공격에 대한 일본군의 "자위적 조치"라고 뒤집어 씌웠다. 이 사건을 발단으로 하여 「만주사변」(중국에서는 「9 · 18사변」)이 발발한 것이다.

유조호 사건은 관동군 작전주임 *이시하라 칸지*(石原 莞爾)와 고급참모 *이다가키 세이시로*(板垣 征四郎)가 꾸며낸 음모의 소산이었다. 당시 '만철(滿鐵)'은 대전(大戰) 후의 심각한 세계적 공황의 영향을 입어 적자를 내고 있는가 하면 중국의 반(反)제국주의적 이권회수 투쟁은 거세지고 있었다.

이 무렵 일본의 대외적 팽창주의자 *이시하라*(石原)는 만주와 몽고를 무력으로 점령하여 일본영토로 만듦으로써 당면한 자국의 불황을 타개하고 동양의 패권을 획득하려는 계획을 세우고 있었다. 이것이 소위 「만-몽(滿蒙)문제의 해결책」이었다. 그는 벌써 만주사변 4개월 전에 「만-몽문제 사견(私見)」이라는 적나라한 침략구상을 발표한 바 있다. 그는 여기서 세계를 지배할 중심은 결국 "서양의 대표인 미국과 동양의 선수 [패권자]인 일본과의 쟁파 전(爭派戰)에 의하여 결정될 것"이라고 전망했다. 이어 그는 만-몽의 "정치적 가치"(일본의 국운 발전을 위한 가장 중요한 "전략거점"이라는 것, 조선의 통치는 만-몽을 일본세력 하에 둠으로써 "비로소 안정된다는 것"과 "경제적 가치" 즉 일본 국민의 "식량문제 해결", 철과 석탄 등의 확보에 의한 "일본 공업의 기초 확립", 만-몽의 기업에 의한 일본의 당면한 "지식인 실업자 구제" 및 "불황의 타개") 등을 역설했다.

그는 만-몽을 일본에 병합하는 방법으로는 "기일을 정하여, 일-한합병의 요령[수법]에 따라 만-몽병합을 중외(中外)에 선언하는 것으로 족하다"고 했다. 그러나 국가의 상황[정부 내의 찬반]으로 보아 그렇게 하는 것이 어려울 경우라고 해도 군부는 전쟁계획의 대강을 세움에 있어서 "모략에 의하여 기회를 만들고 군부가 주동이 되어 국가를 강인(强引)하는 것은 반드시 어렵지는 않다"고 군인통치의 음흉한 방법까지 제안했던 것이다[465]. 내각 내부의 민간정치가들은 이들 강경파 군인들에게 끌려가고 있었다. 전쟁은 군인들의 계획대로 일어났다. 관동군(關東軍)은 군사행동에 돌입하자마자 다른 나라가 개입할 여유를 주지 않기 위하여 그날 밤 순식간에 심양시(瀋陽市)를 포격하고 재빨리 북대영(北大營)을 점거한 후 다음 날 아침에는 가두에 일장기(日章旗)를 게양했다.

그 날부터 9월말까지 10일 동안에 일본군은 2만명 미만의 병력으로 장춘(長春), 길림(吉林) 등 전략적 요지를 점령한 후 계속하여 흑룡강성(黑龍江省)의 방어선을 돌파, 11월 19일에는 동 성의 *치치하얼* 시(市)를 함락시켰다. 그 후 파죽지세(破竹之勢)로 장학량(張學良)의 '동북군(東北軍)'을 몰아내면서 1932년 1월 3일에는 장학량정권이 일시 도피해 와있던 금주(錦州)에 입성하고, 1월말에 북상을 시작하여 2월 5일에는 북만(北滿)의 최대도시 *하얼빈*시(市)를 점령했다. 그리하여 1932년 봄에는 동북 3성의 대 중(大 中) 도시, 진(鎭)[邑] 및 전략적 요지는 일본군의 수중으로 들어갔다[466].

이렇게 '동북군'이 허무하게 무너진 데는 장개석의 부저항(不抵抗) 명령과 '동북군'이 일본군에 비하여 질적으로 약체였다는 사실을 들 수 있다. 이 외에도 싸울 수 없는 중대한 군사적 이유가 있었다. 즉 '동북군' 총사령 장학량(張學良)은 1930년 10월 심양(瀋陽)에서 국민정부 육-해-공 3군(軍) 부사령(副司令)으로 임명된 후 1931년 4월에는 북경에 3군 부사령 군영(軍營)을 설치하고 만주를 떠나 관내(關內)로 가서

465) 石原 蒙爾, 「滿蒙問題 私見」(1931. 5), 앞의 『日本史史料』 [5], pp. 9~12 참조.

466) 이상 日本軍의 점령 일자는 앞의 『東北抗日聯軍鬪爭史』, p. 14에 의거.

장기간 주재해 있었던 것이다. 이러한 총사령관 부재의 상태는 일본 침략군의 사기를 더욱 부채질했다.

당시 '동북군'은 총 병력 26~28만에 이르고 있었지만 그중 14만여명의 정예부대는 관내에 주둔하고 있었기 때문에 만주에는 싸울 수 있는 병력은 겨우 12~13만명 정도밖에 없었다. 게다가 주요병력은 길림성(吉林省), 흑룡강성(黑龍江省)에 나뉘어 주둔하고 있음으로 요령성(遼寧省)의 병력은 겨우 3만여명밖에 안되었던 것이다. 만주에 주둔하고 있던 10수만명의 군대는 기본적으로 무(無)방비상태에 있었으며 긴급한 사태에 대처할 군(軍)의 부서도 없었다. 장개석이 홍군(紅軍)과의 내전에 골몰했고 장학량 또한 관내에로 병력을 이동시키고 있던 바로 그 무렵에 일본군은 전쟁의 행보(行步)를 재촉했던 것이다[467]. 일본은 그해 3월에는 부 의(溥 儀)를 "집정"(뒤에는 "황제")으로 하는 괴뢰 "만주국"(1934년 "만주제국"으로 개칭)의 건국을 선포하고, 4월에는 (만리)장성을 넘어 중국 본토인 천진(天津)－북경(北京)으로 육박했다. 다음해인 1933년 2월 일본군(軍)은 다시 열하성(熱河省)까지 진격하여(열하성도 만주라는 주장으로써) 이곳을 "만주국"에 편입시켜 일본의 세력 하에 집어넣었다.

이러한 초(超)위기에 임하여 장개석은 1933년 5월 일본과 「당고정전협정」(塘沽停戰協定)[468]을 체결하고 일본군에게 대폭 양보함으로써 전면 충돌을 잠시 피할 수가 있었다. 일본의 침략으로 민족적 존망이 바람 앞에 촛불처럼 깜박이고 있을 때 그는 장학량의 동북군(東北軍)에게 무저항을 명령하여 만주를 적군에게 순순히 내주게 했던 것이다. 그의 이러한 정책은 일제(日帝)의 침략에 격분하고 있던 중국인 일반으로부터 거센 비난을 받았고, '중국공산당'은 무저항 정책을 택한 장개석에 대하여 "투항주의자", "매국적(賣國賊)"이라고 규탄하면서 열렬하게 항일전을 외쳤다.

그렇지만 '공산당'으로서는 관내(關內)의 홍군 일부를 만주로 이동시켜 일본군과 싸울 생각도, 그렇게 할 힘도 없었다. 그곳에서의 항일전은 '중공 만주성위' 신하 유격대에 맡기고 있었을 뿐이었다. 이때 '중국공산당'에 있어서는 국민당 군(軍)과의 전

467) 같은 책, p. 8.

468) 「塘沽協定」의 핵심은 일본군을 "滿洲國" 안으로 철퇴시키는 대신, 河北省 동부의 광활한 지역을 非武裝地帶化하여 중국 군대의 주둔을 불허함으로써 "만주국"의 중국 본토로부터의 분리를 사실상 중국정부로 하여금 인정케 한데 있었다. 「塘沽停戰協定」(1933. 5. 31)의 日本語 全文은 앞의 『日本史史料』 [5], pp. 22~23.

쟁이 가장 긴박하고 중요한 문제였다.

한편 장개석의 판단으로는 일본군에 대항하기에는 중국은 경제, 과학에서 후진국이며 폐단이 누적되어 무기력하고 '중국국민당' 내 파벌들간의 대립과 군벌들과의 전쟁이 그치지를 않고 있음으로 당장 일본 침략군을 격퇴할 힘이란 없었다.[469]. 그는 무엇보다도 "외적(外敵)을 쫓아내는 데서는 반드시 먼저 집안을 안정시켜야 한다. 나라 안을 통일해야만 비로소 밖으로부터의 수모를 막을 수 있다"[양외필선안내(攘外必先安內), 통일방능어모(統一方能御侮)][470]는 기존의 방침에 따라 우선 강서성(江西省) 남부의 "홍색근거지(紅色根據地)"를 중심으로 한 모택동(毛澤東)-주 덕(朱 德)의 홍군을 소탕함으로써 국가의 통일을 이룩하려는 전략에다 전력을 기울이고 있었다. 그에 있어서 일본침략군의 격퇴는 차후의 문제였다. 그리하여 일본은 사활을 건 국-공 내전에서 어부지리(漁父之利)를 얻을 수 있었던 것이다.

일본은 여태까지 중국으로부터 획득해 만주 내의 모든 권익을 군사력을 통하여 공고히 다지고자 "만주국"으로 하여금 1932년 9월 「일-만의정서」(日滿議定書)에 조인케 하고, "만주국"의 공동방위를 구실로 하여 무제한의 주병권(駐兵權)을 얻어냈다.(제2항)[471] 그 방법은 일찍이 「한-일의정서」(1904. 2)강제에 의하여 한국의 군략상의 요지를 점령했던 그것과 너무나 흡사했다. 「일-만의정서」에 앞서 벌써 그해 3월 "만주국"은 그 예비적 조치로써 부 의(溥 儀)의 이름으로 된 서한을 통하여 "만주국"의 국방-치안을 일본에 위임하는 동시에 국방상 필요한 모든 시설의 관리를 일본에 맡기게 했던 것이다.[472]

이에 따라 중앙, 지방의 각 행정기관에 일본인을 임용케 하고 그 임용권을 관동군

---

469) 蔣介石의 논리는 다음과 같았다.-"중국은 과학이 모자라 산업이 뒤떨어진데다가, 아울러 악조건이 쌓이고 쌓여 기력이 없고 내란은 그치지를 않고 있다" "금일에 이르기까지 멸망의 원인은 그대로 남아있다. 각 나라 제국주의의 소위 '利益均霑', '機會均等', '門戶開放'의 원칙과, 또한 이 원칙에 의하여 결정된 허다한 국제조약, 상호감독, 상호견제의 관계에 전적으로 의존함으로써 구차하게도 요행히 일시 파멸을 피할 수가 있다." 그렇지만 "어느 날 이런 종류의 열강 간의 勢力均等('均勢')이 깨질 때는 중국은 곧 멸망할 것이다"라고 정세를 극히 비관했던 것이다. 「剿匪成取與國家存亡」(1933. 10. 2). 『蔣總統集』 第1冊(p. 704, p. 705), 앞의 『中國共産黨七十年』, p. 239에서 재인용.

470) 「外交爲無形之戰爭」(1931. 11. 30), 『蔣總統集』 第1冊(p. 577), 위의 책, 같은 *페이지*에서 재인용.

471) 「日-滿 議定書」(1932. 9. 15)의 日本語 原文은 앞의 『日本史史料』 15, pp. 16~17.

472) 「滿洲國執政溥儀の關東軍司令官宛書簡」(1932. 3. 10)의 제1항, 제2항 및 제4항. 같은 책, p. 16. 이 溥 儀의 서간은 일본 관동군사령부가 작성하여 '부 의'의 서명을 받은 것에 불과했다.

사령관이 장악했다. "만주국"은 "5족협화(五族協和)"(일日 · 한漢 · 만滿 · 몽蒙 · 선鮮 등)다 "왕도낙토(王道樂土)"의 건설이다. 라고 선전하고 있었으나 "5족협화(五族協和)"란 조선에서의 "내선일여(內鮮一如)"의 만주판(滿洲版)이었으며 "왕도낙토"는 일본 제국주의의 완전한 식민지를 의미한데 지나지 않았다.

일본의 만주침략에 대한 열강의 입장은 미묘했고 철저히 기회주의적이었다. 「만주사변」이 일어나자 소련은 소－만국경의 방위를 강화하는 한편, 전쟁에서의 "중립 불간섭"을 선언하고 일본정부에 대하여서는 "불가침조약"의 체결을 끈덕지게 제의하는 등 관동군(關東軍)을 자극하는 일을 극력 회피했다.473) 그리고 제정 *러시아*시대 때부터 유지해 온 동청철도(東淸鐵道)를 철도 대금 1억 4천만원(円)에다 직원들의 퇴직금 4천만원(円)을 합친 액수로 흥정하여 일본에 매각474)함으로써, "만주국" 내의 이권을 포기하고 소－만 국경선까지 후퇴했다.475) 그 까닭은 *스탈린*이 제1차 5개년 계획을 책정, 소련 내의 사회주의 건설에 전력을 기울이고 있었기 때문이었다. 그는 일본과의 군사적 분쟁을 어떻게 해서든지 회피함으로써 자국의 안전보장을 기하려 했던 것이다.

*스탈린*은 세계 혁명이라는 궁극적 목표를 포기한 것은 아니었으나 주변 강대국들

---

473) 「滿洲事變」이 발발한지 40일 후인 1931년 10월 29일 소련은 "中立不干涉"을 성명했고, 며칠 후인 11월 14일에도 이런 성명을 반복했다. 이어 12월 31일 소련은 일본에 "불가침 조약"체결을 제의했다. 이 제의는 1932년 3월 16일에도, 11월 4일에도('불가침조약'에 대한 口上書), 11월 9일에도, 1933년 1월 4일에도 끈질기게 되풀이되어 오다가, 1월 17일 소련이 돌연 "불가침 조약"에 관한 구상서를 일방적으로 공개하여 일본의 항의를 받기도 했다. 그리고 심지어 *까라한* 외상은 *히로다*(廣田) 駐蘇 일본대사에게 "만주국"영사관의 *모스크바* 주재 승인까지 언급했다. 이것은 소련이 일본의 괴뢰 "만주국"을 사실상 승인한다는 것과 다름이 없었다. 일본정부는 소련의 잇따른 "불가침 조약"체결 제의를 거부했다. 소련정부의 일본정부에 대한 일련의 "중립 불간섭"선언과 "불가침 조약"체결 제의 일자는 앞의 『日本外交史表』 竝 『主要文書』, 〈年表〉란, pp. 62~74에 의거.

474) 소련은 끈질긴 "불가침 조약"체결 제의와 병행하여 1933년 5월 2일에는 자국의 이권인 北滿(동청)철도를 일본 또는 만주에 양도할 것을 제의했다. 이 제의는 장장 1년 10개월간의 교섭을 거쳐 소련이 만주국에 양도 매각하는 형식의 협정을 체결함으로써 성사되었다. 1935년 3월 23일에 정식 조인된 日－滿－蘇 간의 「北滿(東淸)鐵道讓渡 協定」이 그것이다. 이 협정체결에서 소련은 "反제국주의"선전과는 달리 피 침략자인 중국 정부의 권리는 깡그리 무시하고, 침략국 일본과 그 괴뢰 "滿洲國"과 협상하여 '東淸철도'의 이권을 그들에게 팔아넘겼던 것이다. 일본정부와 소련 정부 간의 '북만철도' 매매 교섭의 일지는 같은 책, 〈年表〉난 pp. 76~88에 의거.

475) 이에 관한 간략한 분석은 淺田喬二, 小林英夫 編 『日本帝國主義の滿洲支配』, 時潮社, 1986년에 수록된 小林英夫, 「滿洲國の形成と崩壞」 p. 35 및 高橋太隆, 「鐵道支配と滿鐵」 p. 700 참조.

과의 위험한 전쟁에 휩쓸려 들어가지 않는다는 것이 그의 냉철한 현실주의 외교의 원칙이었다. 이것은 그가 선언해온 제국주의적 침략 반대의 정책에 확실히 어긋나는 것이었다. 그러나 그의 논리에 의하면 소련의 안전을 수호하는 것은 곧 "세계 *프롤레타리아트*의 조국"을 지키는 일이었다. 이와 같이 만주와 접경하고 있는 소련이 일제(日帝)의 침략을 묵인함으로써 만주 전역은 쉽사리 일본의 판도가 되어버렸다. 소련 공산당과 소련정부는 일본의 침략을 입으로는 통렬히 비방했지만 실제로는 일본에 대해 침략 방임의 입장을 택하고 있었다. 그들은 일본과 떳떳치 못한 음흉한 흥정을 하면서도 "중국인민에 대한 소련 근로자들의 지지"를 선전했다. 그러나 실제로 한 일은 일본군에 패한 '중국 항일의용군' 소수 군인들의 소련영내(蘇聯領內) 도피를 허용한 것이 고작이었다. 일-독-이 *파시스트*국가들의 세력이 강대해 지고 있던 추세에 직면하여 *스탈린*은 더욱 소련의 국가 이익을 고려해야 했고 일본과의 대립을 피하려 했던 것이다.

한편 세계적 경제공황에 직면해 있던 영국-*프랑스*는 만주문제에 있어서 대일(對日) 유화정책(宥和政策)을 추구하면서 고식적(姑息的) 태도를 취하고 있었다. 이제 일본의 만주침략에 제동을 걸 강국은 태평양에서 일본의 주 경쟁자인 미국뿐이었다. 미국은 국제연맹(國際聯盟)의 창설에 큰 역할을 했지만 자국의회의 반대로 그 가맹국이 못되었다. 미국 국무장관 *켈로그*(Frank B. Kellogg)는 일본의 침략을 견제하기 위한 국제적 집단행동에 가담하기를 거절했다.[476] 그런데 다음 국무장관 *스팀손*(Stimson)에 와서 정책이 바뀌었다.

*스팀손*은 일본의 만주침략이 '중화민국'의 "주권, 독립, 영토 및 행정부의 보존, … 그리고 문호개방에 관한 미국의 조약상의 권리를 침해하는 것이기 때문에 만주의 사실상의 상태가 어떻든 그 적법성을 인정할 수 없다"는 강경한 「불승인(不承認)각서」[477]를 1932년 1월 7일 중-일 정부에 보냈다. 그러나 그는 영-불의 지지를 받아내지 못했다. 결국 영-불은 일본의 만주 침략을 용인한 셈이다.

이렇게 유리한 국제관계 하에서 일본의 관동군(關東軍)은 전(全)만주를 정복하면

476) O. Edmund Clubb, *20th Century China*, Columbia University Press, 1978. p. 167.

477) 당시의 美國 국무장관 *스팀손*(Henry L. Stimson)의 1932년 1월 7일자 中-日정부에 보낸 「불승인각서」(non-recognion note)의 일부는 Franz H. Michael, George E. Taylor의 앞의 책, p. 724에 수록.

서 식민지화에 착수했다. 그렇다고 일본의 만주지배가 반드시 평탄한 것은 아니었다. 우선 압력이 '국제연맹(國際聯盟)'으로부터 가해졌다.[478] 1년 뒤 *스팀손*의 만주의 현실 "불승인" 원칙이 주효하여 '국제연맹' 총회는 일본의 맹렬한 반박에도 불구하고 1933년 2월 24일 "만주국" 불승인 안(案)을 찬성 43, 반대 1(일본), 기권 1의 표결로 채택했다. *마쯔오카 요스케*(松岡 洋右)를 비롯한 일본 대표단은 회의장에서 퇴장했고 3월 27일에 일본은 '국제연맹'을 탈퇴해버렸다.[479] 이렇게 국제적 압력이 일본을 난국으로 몰고 들어갔지만, 그것이 '만주국'이라는 기정사실을 결코 무효화시킬 수는 없었다.

日本軍의 滿洲 석권(1931~1932)

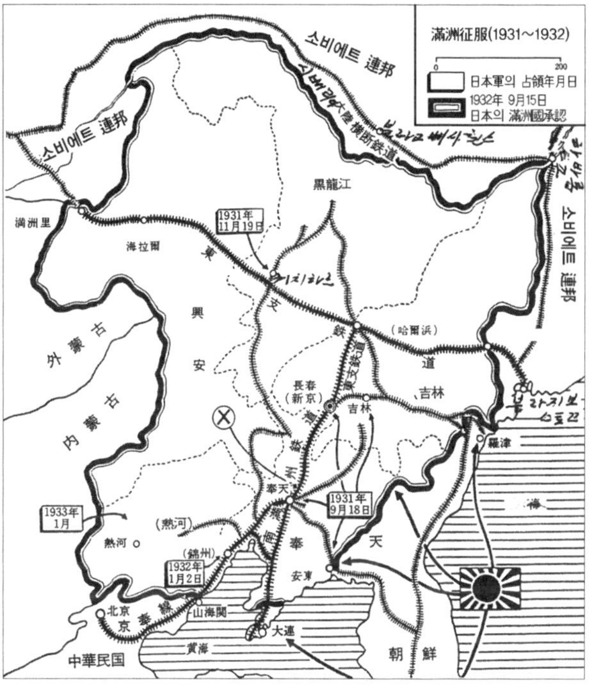

出典. F. L Schuman *International Politics*, McGraw-Hill Book, Company, p.219

478) 1932년 2월 '國際聯盟' 이사회가 만주에 파견한 '*리톤* 조사단'(Lytton Commission)이 작성한 「*리톤*보고서」(Lytton Report)는 '滿洲事變'이 중국군에 의하여 도발된 것이 아니며, "일본군의 군사행동은 정당한 자위 수단으로 인정할 수 없다"고 명기했다. 그리고 만주의 "현재의 정권 [만주국]은 순수하며 또한 자발적인 독립운동에 의하여 출현한 것으로는 생각할 수 없다"고 하고, 그 창설에 기여한 요인은 두 개, 즉 "일본군의 존재와 일본의 文武官憲의 활동이라고 확신한다"고 단언했다. 즉 '만주사변'은 일본의 關東軍과 관헌이 공모하여 일으켰다는 것을 인정하고 "만주국"의 승인을 거부했던 것이다. 「リットン報告書」(1932. 10. 2)의 日本語 飜譯文(일부 생략)은 앞의 『日本史史料』 [5], pp. 17~20.

479) 일본은 '國際聯盟'의 탈퇴를 통고할 때 "[일본] 제국은 東洋의 평화를 확보하려는 것 외에 [하등의] 의도가 없다는 것"을 '국제연맹' 총회가 그릇 판단했다는 점, "9월 18일 사건 ['만주사변']에 있어서 일본군의 행동을 자위권의 발동이 아니라고 憶斷하여…사태의 악화가 支那 [중국]측의 전 책임에 속한다는 것을 간과한 때문에, 동양의 정국에 새로운 분규의 원인을 만들었다"는 점, 한편 "만주국 성립의 진상을 무시하고 또한 동 국을 승인한 제국의 입장은 부인하였다"는 점 등을 들어 침략 변호의 궤변을 토로했던 것이다. 「國際聯盟 脫退通告文」(1933. 3. 27). 같은 책, pp. 21~22.

日本의 중국 본격 침략

出典. 존 K. 페어뱅크 『新中國史』 까치 p.409

이상과 같이 일본의 만주침략을 둘러싼 국제관계는 결코 중화민국의 국제연맹에 대한 의존정책, 또는 미국정부의 대일 외교적 압력조치가 기대했던 만큼 일본의 계획을 좌절시키지는 못했다. 일본과의 전쟁위험을 각오하면서까지 그들의 만주침략을 저지하려고하는 나라는 없었다. 심지어는 자국의 손실이 되는 한은 일본의 침략에 대하여 경제적 또는 외교적 응징마저도 시도하려 하지 않았다. 그런 정세를 타고 일본은 만주에 대한 침략을 중국본토, 몽고, 드디어는 동남(東南)*아시아*까지 연장하였다. 그러나 이러한 일본 제국주의의 팽창은 후일에 와서 돌아볼 때, 빠져나올 수 없는 늪 속으로 자진하여 끌려 들어가는 결과가 되었다. 일본 제국주의의 동(東)아시아 전체에 대한 환상적 지배계획은 일본의 국제적 고립화를 더욱 더 촉진시켜 소위 "대일본제국(大日本帝國)"은 「만주사변」으로부터 「중-일전쟁」-「대동아전쟁」(大東亞戰爭 = 태평양전쟁)의 길로 맹진하였다가 결국 패망하고 만 것이다.

그런데 국제적 압력보다 몇 배나 더 일본의 만주지배에 타격을 준 것은 만주 각지에서 궐기한 여러 계통의 항일유격대들의 혈투였다. 전쟁이 일어나자 '중공만주성위'는 처음에는 당황하여 한동안 군사적 전략전술을 제시하지 못하고 어찌할 바를 몰랐다. 그들로서는 초기에는 장문의 난삽(難澁)한 반일 성명과 틀에 짜인 *이데올로기*적 결의문 발표, *콤민테른*의 지시에 따른 소련 옹호, '국민당' 전복(顚覆)과 새 소*비에트*구역의 확대 등의 극좌적 구호의 절규가 고작이었다. 그러나 시일이 지나감에 따라 그들의 전략-전술은 정돈되어 갔고, 전투량도 점차로 강화되어 일본군에게 상당한 타격을 안겨 주었다.

제2절 '중공당'의 전략 : "항일전쟁을 '국민당' 타도에로"

그런데 사태는 급박하게 진행되고 있었다. 상해(上海)를 위시한 본토의 대도시들, 이를테면 공업, 교육, 통신기관이 발달해 있는 북경(北京), 남경(南京), 광주(廣州), 무한(武漢) 등에서는 일본의 침략과 장개석(蔣介石)의 "무저항주의"에 항의하는 10만~20만명의 시위행진, 수만 명 노동자들의 파업, 대-중-소학교 10만 학생들의 동맹휴학, 국민정부에 대한 항전(抗戰) 촉구 압력, 일본영사관의 습격과 폐쇄, 일본상품 배척, '항일구국회' 또는 '반일회(反日會)'의 조직 등의 항일구국운동이 격노한 파도처럼 일어났다. 그 중에서도 가장 격렬했던 곳은 중국 식민지화의 상징인 세칭 "국제도시" 상해(上海)였다. 1932년 1월 18일 일본군 요로들의 음모에 의하여 발생한 「상해사변」(일본 육전대 陸戰隊와 중국군과의 충돌사건. 중국의 호칭은 「1 · 28사변」) 후 항일운동은 더욱 확대되었다.[480]

항일운동의 이 새로운 고조(高潮)를 '중국공산당'은 결코 좌시하지 않았다. 국민정부의 대일 부(不)저항 정책으로 말미암아 인망(人望)을 상실하고 있던 조선을 '중국공산당'은 항일혁명운동에서 주도권을 장악할 수 있는 절호의 기회를 제공했다. 아직 만주에서까지 반일(反日) 유격전을 단행할 능력이 없었던 그들에게 있어서 투쟁의 방법은 대중 속으로 침투, 그들을 선동하여 자기편으로 돌리는 공작이었으며, 그 목표는 "제국주의-국민당의 지배"를 무력으로 타도하고 공산당 자신의 *"소비에트*정

480) 이러한 抗日救國運動의 요약은 胡 華 『中國新民主義革命史』(北京人民出版社, 1952年) 日譯 國民文庫, pp. 171~173, 앞의 小島 · 丸山 공저, 『中國近現代史』, pp. 139~140 및 『東北抗日聯軍鬪爭史』, pp. 21~23 등 참조.

권"을 수립하려는 데 두고 있었다.[481] 즉 '중국공산당'은 1932년 4월 15일자로 발표한 「중화(中華)*소비에트*공화국 임시중앙정부 대일(對日)전쟁선언」에서 공산당의 항일투쟁을 "중국민족혁명운동"이라고 규정하면서 그 제1 목표로 국민당의 "반동매국군벌정권타도(反動賣國軍閥政權打倒)" 절대 우선주의를 확고하게 천명했다.

> …… 국민당 군벌은 … 동 3성(東 3省=만주)과 상해와 전 중국까지를 제국주의에 갖다 바치려하고 있다.…국민당정부와 그 각파 군벌은…제국주의가 중국 민족혁명운동을 억압하는 데서 직접적인 도구이며 중국 민족혁명전쟁을 수행하는 데서의 장애물이다.… 일본제국주의와 직접 싸우기 위해서는 먼저 첫째로…국민당의 반동적 지배를 타도하지 않으면 안 된다.[482]

위의 「대일(對日)전쟁선언」이 명시한 다음의 두 번째 목표는 '중국공산당' 지도하에 무장봉기를 일으켜 전국에서 '국민당정권'을 전복하고 노농(*소비에트*)정부를 창건한다는 '혁명정권'수립 방침이었다.

> …… 우리는 백색구역(국민정부의 통치지역)의 노동자 · 농민 · 병사 · 학생 및 일체의 근로대중에게 스스로 일어나서 국민당 군벌의 무장을 탈취하여, 직접 일본군과 싸우며, 그런 행동을 지도할 각지의 군사 혁명위원회(軍命委員會)를 결성하도록 호소한다. 백군[비공산군]의 병사는 폭동을 일으키고, 반동 장교를 타도하고, 자진하여 일본과 싸우고, 노농 홍군(紅軍)을 결성하지 않으면 안 된다.[483]

---

481) 1932년 9월 某日(일자불명) 중국 각지 *소비에트*정부의 이름으로 된 檄文은 선동하기를 "제국주의를 타도하기 위해서는 그의 중국 안의 앞잡이−中國國民黨을 타도하지 않으면 안된다.…제국주의 타도를 위하여 싸울 수 있는 것은 勞農兵의 [中華] *소비에트*정부 뿐이다.…전 중국의 노농병 및 근로민중 여러분! 단결하여 제국주의−국민당의 지배를 타도하고, 우리 자신의 *소비에트*정부를 건립하라!" 中國 各地ソヴエト政府 「日本帝國主義の 東三省占領について全國民衆に告げる書」. 앞의 『中國共産黨史資料集』 5, pp. 378~379.

같은 내용의 煽動은 中國勞農紅軍 제1방면총사령 朱 德, 총정치부 주임 毛澤東의 이름으로 전 중국장병에게 보낸 1931년 9월 25일자의 격문에서는 다음처럼 격렬해졌다.−"장병 여러분은 단결하여 일어나라. 그대들의 총구를 勞苦군중을 착취 압박하는 제국주의와 국민당을 향하여 거꾸로 돌려 제국주의와 국민당을 향하여 노농병 자신의 '*소비에트*'정부와 홍군을 위하여 싸워라". 「日本帝國主義ノ滿洲占領ヲ中國勞農軍將卒ニ告クルノ書」. 앞의 『現代史資料』 30, p. 147.

482) 앞의 『中國共産黨史資料集』 6, p. 20.

483) 같은 책, p. 21.

이와 같이 '중국공산당'은 항일투쟁의 군사적 전략-전술은 아직 제시하지 못하고, 이 기회를 이용하여 국내혁명이 승리할 수 있는 방침만을 막연하게 논하였다. 그것은 「만주사변」 발발 2일 후인 1931년 9월 20일 '중공중앙'이 채택한 한 「결의」(決議)에 잘 반영되어 있었다. 이를테면 '중국공산당'은 "*코민테른*과 [당]중앙이 지시한 옳은 노선을 철저하게 실행하여 토지문제를 옳게 해결하고, *소비에트*와 홍군을 강고하게 하며, 나아가서 수백만, 수천만 노동 대중의 모든 투쟁을 지도하는 것만이 우리들은 비로소 중국혁명의 승리를 쟁취할 수가 있다"[484]는 것이었다. 이 「결의」는 부언하기를 당은 반일(反日)투쟁의 지도를 강화하는 속에서 "…… 가능한 한 하층의 소시민 대중-예컨대 일부의 혁명적 학생, 소상인, 나아가서는 도시 빈민과의 반제(反帝) 통일전선을 결성하고 반제의 공개적 조직을 결성하여 그 안에서 지도권을 쟁취하지 않으면 안 된다"고 통일전선전술의 필요성을 새삼 강조했다.[485]

'중공 중앙'은 「사변」(事變) 발발 3일째 되는 1931년 9월 22일에는 「사변」의 원인, 본질, 대응책에 관하여 새로운 「결의」를 채택했다. 「일본 제국주의의 만주 무력점령 사변에 대한 결의」라는 이름의 이 선전문은 「사변」[중대사건]의 당장의 표적이 소련인 듯이 과장 선전하면서 일본의 만주에 대한 무력점령은 "가장 노골적인 반소(反蘇) 전쟁의 서막"이며 "반(反)소 도발의 군사적 모험이 드러난 것"이라고 주장했다. 이와 함께 "전 중국 노동계급과 근로대중의 위대한 역사적 임무란, 무장하여 소련을 옹호하며… 일본의 식민지 살육 정책에 반대하며… 반동적 국민정부를 박멸하며, 반(反)제국주의적 토지혁명을 실행하여 민족의, 노동계급의, 그리고 또한 근로대중의 철저한 해방을 도모하는 것이다"[486]라고 소련의 무장방위와 중국 내의 계급혁명의 중요성을 항일전쟁의 수행 앞에 두었던 것이다.

「만주사변」이 터지기가 바쁘게 '중국공산당'이 표명한 제1차적인 관심은 이렇게 일본 침략군과의 격퇴보다는 소련의 안위(安危)였다. '중국공산당'이 취한 이같은 소련옹호의 태도는 국제공산주의에 충실하다는 것을 보여주어 *코민테른*(*스탈린*)의 신뢰와 지원을 얻기 위해서였다. 장개석이 '국제연맹'에 의존하려 했던 것처럼 '중국공

484) 앞의 『中國共産黨史資料集』 5, p. 362.

485) 같은 책, p. 369.

486) 「日本帝國主義の滿洲武力占領事變についての決議」(1931. 9. 22) 앞의 『中國共産黨資料集』 6, pp. 374~375.

산당'은 *코민테른*에 의존하려 했던 것이다. 그러나 '국제연맹' 가맹국들 및 소련의 국가적 이기주의 때문에 중국의 국민당도 공산당도 일본의 침략에 대하여 단호한 행동을 취하지 못했다.

위의 '중공 중앙'의 「결의」는 「만주사변」이 중국의 지주-자본가 계급의 지배에 가하고 있던 새로운 중대한 타격, 즉 국민정부 소속인 장학량(張學良)의 군사적 재정적 손실 등은 "국민당 지배의 붕괴와 파산 및 혁명투쟁의 유리한 객관적 상황(의 성숙)을 보다 더 촉진할 것이다"라고 판단했다. 이 「결의」는 일본의 중국에 대한 잔악한 침략 만행이 국민당정부의 붕괴를 위하여서는 극히 다행한 일인 듯이 철저한 계급적 관점에서 논하였다. 또한 이 「결의」는 중국인들의 항일투쟁에서 일깨워지는 대중의 "민족적 자각"을 아주 중요시하면서도, 그것은 "국민당의 민족주의와 모든 독선적 선전에 이용되어 대중운동 [공산주의적]의 혁명화를 저지하려 할 것"이라고 몹시 경계했다. 그러면서 이 「결의」는 중국공산당이 지도하는 "중화*소비에트* 정권만이 제국주의 정권에 철저하게 반대할 수 있는 유일한 정권"이라고 선언했다.[487]

또한 이 「결의」는 "대중을 무장화 시키라"라는 구호를 내세웠다. 그리고 이 구호를 부연하여, 무장한 대중단체들을 유격대 또는 '노동자 자위대'로 바꾸는 동시에, 무장폭동의 방법으로 "오로지 지주-자본가 계급의 국민당 정부를 타도함으로써만 진정으로 혁명적인 민족전쟁을 수행할 수 있다"[488]고 했다. 요컨대 '중국공산당'에 있어서는 전 민족의 단결에 의한 항일 민족전쟁의 수행보다도 계급혁명에 의한 국민당 정권의 타도가 최우선이었다. 이것은, 항일전에 승리하기 위하여서는 먼저 공산당을 타도하여야 한다는 국민당의 정치심리를 역전시킨 것에 불과했다. 이상의 '결의'는 북만의 괴뢰 "만주국"군(軍) 안에서의 "병란"(兵亂=군사 반란)이나 유격전쟁을 조직화하여 일본에 직접 중대한 타격을 주어야 한다"[489]고 주장은 했으나 이 주장은 겨우 「결의」 말미에 자리를 잡고 있는데 불과했다.

「만주사변」에 봉착하여 중공당(中共黨)이 책정한 중요한 정책은 재만(在滿) 조선인들을 포섭하여 이들을 의식화시킴으로써 혁명 역량을 비상하게 강화하는 일이었

487) 같은 책, p. 375~376.
488) 같은 책, p. 376.
489) 같은 책, p. 377.

다. 전쟁발발 바로 2일 후인 9월 20일, 그들은 중국인들에 앞서 먼저 전(全)만주의 조선인 노동자 농민 학생 및 일체 노력대중(勞力大衆)을 향하여 항일투쟁을 호소한 「선언문」[490]을 발표했다. 이 선언문은 일제(日帝)의 침략을 공격하고 그 본성을 폭로하기는 했지만, 그 이상으로 일본의 침략을 가능케 한 '중국국민당'의 무저항 정책을 맹렬히 규탄했다. 그리고 일본제국주의의 만주점령은 "*소비에트*연방(소련)에 대한 무력 진공(進攻)의 제1보(步)라는 점에 가장 중요한 의의"가 있다고 주장했다. 또한 '국민당'에 대한 비방과 함께 오랫동안 대일(對日) 항전에서 처절한 희생을 당해 온 식민지 조선의 민족주의 혁명가들을 "반동적"이니, "*파시스트*들"이니 하고 극구 중상(中傷)했다. 그러면서 이 「선언문」은 조선인 형제들은 중국의 노농 형제들에 호응하여 "중국공산주의 혁명에 직접 참가하라!"고 다음과 같이 호소했던 것이다.[491]

> … 일본제국주의는 그 주구(走狗)기관을 이용하여 그대들[조선인]을 착취, 사기하여 제국주의 침략의 선봉으로 이용하려고 힘을 키우고 있다. 그리하여 반동적 조선민족주의자들－주로 국민부(國民府), 한족(韓族)연합회 등의 *파시스트*들은 "조선혁명"의 미명하에서 그대들의 고혈을 무력으로 약탈하는 한편, 그대들의 혁명적 진출을 방해해왔던 것이다. 친애하는 형제들이요! 일어나라! … 중국의 혁명적 형제들과 연합하라! 중국 혁명에 직접 참가하라! 유격전쟁(遊擊戰爭)을 일으켜라! 토지혁명을 실행하라! 중국국민당을 타도하라! 일본제국주의 및 일체 제국주의를 타도하라……[492]

「사변」이 일어나자마자 '중공 만주성위'가 재빨리 자국민인 중국인에 앞서 재만(在滿) 조선인 근로자와 학생들을 향하여 이상과 같은 열렬한 격문을 띄우고, 한인 민족주의 단체들을 혹독하게 중상한데는 그럴만한 이유가 있었다. 그중 중요한 첫째 이유는 재만(在滿) 조선인들 사이에서 공산주의 조직이 중국인들의 그것과는 비교가 안 되리 만큼 성장하였다는 사실 때문이었다. 그리하여 정적인 조선인 민족주의 단체들과 싸우는 그들을 성원함으로써 그들을 포섭하여 그 지지를 획득한다는 전략을 세웠다. 당시 남－북만주에서 공산주의자들 중 수적으로 압도적 다수를 차지하고 있

490) 「日本帝國主義ノ滿洲武力占領ニ關シ全滿朝鮮人勞動者 農民 學生 及一切 勞力大衆ニ檄ス」. 앞의 『現代史資料』 30, pp. 138~140.

491) 같은 책, p. 139.

492) 같은 책, pp. 139~140.

던 조선인들은 '중공당'의 혁명을 발전시킬 수 있는 절대로 중요한 세력이었다.

이를테면 조선인 공산주의 혁명가 양 림(楊 林)은 '만주사변' 직전인 1930년부터 벌써 '중공만주성위 동만(東滿)특위군 상위'의 요직인 서기에 임명되었고, 「사변」이 일어난 1931년 겨울에는 정식으로 상부의 요직인 '만주성위 군사위' 서기라는 중책을 맡았다. 그 후 '만주성위' 서기 나등현(羅登賢)(중국인, 1931년 12월 임명)을 도와 각지에서 항일 유격전의 강령적 문건을 제정하였던 것이다.[493] 사정은 남만(南滿)에서도 비슷했다. 반석현(盤石縣)의 공산주의 단체에서 최고위급 간부는 조선인들이 담당하였다. 즉 '당현(黨縣)위원회' 서기 전 광(全 光), 같은 위원회위원 이홍광(李紅光) 등을 들 수 있다.[494]

둘째 이유는 당시 조선인 공산주의자들의 무장력이 만주에서 사라졌던 것과 관계가 있다. 공산주의자 이종락(李鍾洛)이 민족주의계 '조선혁명당'(국민부)의 이름을 도용하여 조직한 "조선혁명군 길강지휘부(吉江指揮部)"와 그것을 개칭한 "조선혁명군 사령부"라는 군사 단체는 그 지도층이 1931년 봄까지에는 일본경찰에 의하여 거의가 검거됨으로써 붕괴되고 말았다. 이 무렵 만주의 조공(朝共) 3파(派)도 1930년 6월까지에 모두 '중공당'에 흡수되었음으로 한인 공산주의자들의 독자적 무장단체는 존재할 수 없게 되었다.

그 결과로 재만(在滿) 조선인들의 무장 조직으로서는 민족주의 단체인 '조선혁명당' 계의 '조선혁명군'과 '한국독립당' 계의 '한국독립군'만이 남게 되었다. '중공민주성위'는 이러한 조선인들의 민족주의 군사 단체들이 항일 무장 투쟁에서 재만 한인들을 반(反)공산주의적 애국주의의 방향으로 지도할 것을 심각히 우려하여 이들에 대한 모함과 비난을 더욱 거세게 퍼부었던 것으로 추단된다.

물론 재만 조선인 민족주의 단체들에 대한 '중국공산당'의 격렬한 비난과 비방은 「만주사변」 이후에 비로소 시작된 것이 아니었다. 위(제6장 제2절)에서 언급한 바 있지만 '중공 만주성위'는 「사변」 이전인 1930년 4월 9일자 「선언문」에서 한인 민족주의 단체들을 향하여 느닷없이 중상과 비난의 포문을 열었다.[495] 이러한 악선전 공세는

493) 楊 林은 그 후 '中共盤石縣委'의 적위대("打狗隊")를 조직, '盤石工農義勇軍' 창립을 지도했다. 앞의 『滿洲抗日烈士傳』 第1輯, pp. 19~26 참조.

494) 南滿의 韓人共産主義 세력에 관해서는 本著書 제7장 제2절 후반부(주 216, 주217에 해당하는 본문) 참조.

「만주사변」이후에도 계속 되었다. '중공만주성위 동만특위'가 '훈춘현위(琿春縣委)'에 보낸 1931년 9월 18일(「만주사변」당일)자 격문은 한인 민족주의 단체를 다음과 같이 모략중상했다.

[한인]민족주의 단체는 가짜 공산당과 가짜 군중단체를 조직하여 당(黨)과 군중단체의 명의를 빌려 방화, 살인, 약탈, 구타 등의 만행을 자행함으로써 중국공산당의 정치적 영향과 위신을 파괴하고 있을 뿐만이 아니라 그들은 계획적으로 당내에 혼입(混入)하여 각종의 수단 방법으로써 당규(黨規)의 문란과 당의 파괴를 기도하고 있음은 과거의 사실에 비추어볼 때 명백하다.[496]

1931년 10월경으로 추측되는 '중공만주성위 동만(東滿)특위'의 한 문건은 위기가 절박하고 있던 당시의 시국에 '중국공산당'은 "동만폭동대(東滿暴動隊)"를 조직하여 폭동을 감행할 것"을 선언했다. 그러면서 "민족(주의)파 선인(鮮人) 중 암살하여야 할 자는 그 주소를 탐지하여 그것을 실행하여야 한다"[497]고까지 선동하고 있었다. 이 밖에도 1931년 어느 날 (일자 불명) '중공 동만특위'가 "만주의 공-농-학생과 일체의 노동군중들"에게 보낸 서한에는 "일본 제국주의는 중-일-한 3국 노동군중의 적(敵)"이라고 규정하고 거듭 "일본 제국주의의 주구인 조선인 민족주의자 및 중-한 민족의 분열자에 대하여 반대하라"고 호소했다.

이와 함께 병사들에 대해서는 "식량, 총기를 빼앗고 자기의 상관을 총살하여 병란(兵亂)을 일으킬 것, 농민은 무장하여 일제의 금융기관과 중-일-한 지주계급의 토지 재산을 몰수하여 균등하게 병사 농민에게 분배할 것, 조선민족은 독립된 *소비에트*국가를 조직할 것" 등을 선동했다.[498]

'중공동만특위'는 그 후에도 직접, 또는 산하단체의 이름을 빌려 성명이나 격문을 낼 때는 의례히 "타도, 일본제국주의의 주구 한국민족주의자"(1932. 1. 1), "3·1[운동] 반역자인 한국민족주의자를 박멸하자!", "한족연합회를 박멸하자!"는 등의 살벌한 구호를 내걸었다.[499] 3·1운동 13주년이 되는 1932년 3월 1일 '중국공산당 왕청현위

495) 앞의 (주 185의 해당 본문) 참조.

496) 「中國共産黨滿洲省東滿委員會ノ渾春縣委宛派爭肅淸方檄文」(1931. 9. 18.). 앞의 『現代史資料』 30, p. 141.

497) 같은 책, p. 138.

498) 「中國共産黨東滿特別委員會へ聾聲𠹭子事件ヲ民衆二告クルノ書」. 같은 책, pp. 145~146.

(汪淸縣委)'는 중-한 피압박 군중을 향하여 성명을 내고 한국민족의 해방을 열렬히 부르짖는 동시에, 중-한민족의 "일체 애국주의를 타도하라!"고 선동했다.[500] 이러한 선동은 만주에 남아 있는 조선인의 유일한 항일세력인 민족주의운동을 뿌리 뽑자는 것이었다.

같은 날 발표한 '중공당 동만특위'의 격문은 "한국의 지주 자산계급적 민족주의자" 및 '조선[=한국]독립당' 등의 재만 한인 민족주의단체들을 일제(日帝)의 모략공작 조직인 '민생단(民生团)'과 고의로 하나로 묶어 극구 중상했다. 즉 이 단체들은 "일본 제국주의의 지휘하에서 … 중-한민족의 연합노선을 분열시키고 한민족의 혁명운동을 파괴하여 일본 제국주의의 노예제도를 옹호하고 있다"고 하는 극악한 중상이었다.[501] '중공동만특위'는 "한국민족해방"을 열렬히 외쳤지만 재만 한인들이 민족주의 독립운동에 투신하는 데는 절대로 반대했다. 그들의 전략(戰略)은 3·1운동에서 일제(日帝)의 통치기반을 뒤흔들었던 조선 민중의 놀랄만한 민족주의적 혁명의 *에네르기*를 간파하고, 이것을 오직 중국의 *소비에트*혁명(내란)을 위하여 전용(轉用)하려는 데 두고 있었다.

그러나 재만 한인민족주의자들의 투쟁목표는 조선의 독립이며, 결코 중국의 *소비에트* 혁명이 아니었으며, 그 위에 '중국공산당'이 포섭하려는 대상은 조선인 민중을 기반으로 하고 있었다. 그렇기 때문에 '중공당 동만특위'는 3·1운동의 전통을 계승하고 있던 재만 조선인민족주의단체들과 그 지도자들을 '중국국민당' 이상으로 증오하면서 일제(日帝)의 "주구"로 낙인찍어 타도하고자 했다. 그들의 목적은 민족주의 단체 산하 한국민중을 "중-한 민족연합전선"이라는 미명아래 '중국공산당'에 묶어놓고 자기들의 완전한 지배하에 두자는데 있었다. 그들의 주장 중 한 구절은 다음처럼 노골적인 것이었다.

---

499) 같은 책, p. 148, p. 155, p. 156, p. 157.

500) 「第13週 3·1 記念ヲ迎ヘテ工農一切被壓迫群衆ニ檄ス」, 같은 책, p. 151.

501) 「三一韓國民族獨立運動 第十三週記念ノ爲東滿中國勞産群衆こ告クル書」(譯文) 같은 책, p. 152. 이 무렵 '中共黨 東滿特委'가 발표한 것으로 추측되는 또 다른 檄文은 조선민족주의자들이 "일본제국주의를 직접 傍助하여 조선 농민을 체포했다"느니, "일본 제국주의의 직접 지휘하에 있으면서 武斷的으로[무력으로] 延辺 조선인들 독립을 宣傳하여 조선 勞苦民衆의 진정한 민족해방 투쟁에 반대한다"느니 하는 어이없는 허위 선전을 퍼뜨리고자 했다. 「日本帝國主義ノ韓民逮捕ニ反對セヨ」. 같은 책, p. 152.

… 일본 제국주의에 대한 투쟁을 진행시키고 있는 재동만(在東滿) 한국 민중은 한걸음, 한걸음 더 나아가 중국공산당의 영도를 받으며 중국민족과 연합 전선을 결성하며 [만주에다] 노농병(勞農兵)소비에트정권을 건설하기 위하여 투쟁하라!(밑줄은 저자)[502]

502) 같은 책, pp. 152.

제3장

"항일의용군(抗日義勇軍)"의 궐기와 성쇠(盛衰)

제1절 중국 민족주의자들의 항전(抗戰)

중국의 일반 민중은 그 의식 속에 오래 동안 잠재해 있던 민족주의와 애국심을 침략군의 만행 앞에서 다시 일깨우게 되었다. 전쟁이 발발하자 광활한 만주지방 도처에는 중공의 무장단체에 앞서 구국군(救國軍), 백위군(自衛軍), 반일총대(反日總隊) 등의 이름을 붙인 각 종의 항일무장부대가 조직되어 갔다. '중국국민정부'의의 부저항(不抵抗) 명령에도 불구하고 항전의 기치를 먼저 든 지도자는 구(旧)'길림군(吉林軍)' 소속의 애국적 장령(將領)과 그들의 부하 관병(官兵)들이었다.[503]

---

503) 즉 遼寧省에서는 唐聚五(桓仁주둔 遼寧陸軍 제1단 부단장), 王鳳閣(旧 '奉天軍'의 하급 장교), 鄭鐵梅(旧 鳳城縣 보안국장) 등이 있었다. 吉林省에서는 李 杜(依蘭주둔 제24旅 旅長), 邢占淸(형점청, *하얼빈* 주둔 제26旅 旅長), 馮占海(풍점해, 東北邊防軍 사령부 駐 吉林 副司令長 官公署 衛隊団長), 趙 毅(双城 주둔 제22여 여단장), 張作舟(楡樹 주둔 제25旅 旅長), 丁 超(中東路 護路軍 제28旅 旅長), 王德林(延吉 주둔 제27旅 676團 제3營長) 등이었고, 黑龍江省에서는 蘇炳文(*치치하얼* 주둔 黑河경비사령 겸 제2旅 旅長), 馬占山(*하일라얼*[海拉爾] 주둔 제3旅 旅長) 등이었다. 이들의 계급, 직위 및 준둔 지역은 李鴻文, 『滿洲現代史』(양필승 옮김), 대륙연구소, 1992년, p. 33 및 앞의 『東北 抗日聯軍 鬪爭史』 등 중국 본토에서 발간된 자료에 의거.

참고로 당시 중국의 모든 군대(정규군, 유격대)에서 공통적으로 사용되는 군 편제상의 명칭은 '班'→'排'→'連'→'營'→'団'→'旅'→'師'→'軍団'→'軍'→'兵団'으로 되어있었다. 정규군과 유격대의 병력 수에는 큰 차이가 있었고 유격전의 경우 병력 수는 극히 적었으며 그것도 유동적이었다. 이상을 부연하면 다음과 같다. 즉

'兵団' : 군대의 최대조직. 우리의 〈軍〉에 해당. 그 하부에 수개의 '軍' 또는 수개의 연대를 두고 있다.

'軍' : 보통 2개 사단으로 구성. 우리의 〈軍團〉에 해당

↓

'軍団' : '軍'과 '師'의 중간

↓

'師' : 우리의 〈師団〉에 해당. 2~3개 '旅' 또는 4~6개 '団'으로 구성. 유격대에서 1개 師'의 병력은 약 2백명.

'旅' : 우리의 〈旅團〉에 해당. 2~3개 '団' 또는 수개의 '營'으로 구성.

이들이 이끄는 항일 무장대오(武裝隊伍)들은 통칭 "동북 항일의용군(東北抗日義勇軍)" 간단히 "항일의용군"이라고 불리었다. 이 항일의용군에는 만주지방 도처에 퍼져있는 '대도회(大刀會)', '홍창회(紅槍會)' 등 백연교(白蓮敎)계의 무장군중들(주로 농민)이 대거 참가하고 있었다.[504] 항일의용군은 정규전(正規戰) 외에 유격대를 조직하여 적의 전-후방을 교란하는 전투를 전개했다. 항일의용군의 총수는 중공당(中共黨)측의 추산으로는, 그 전성기였던 1932년 여름~가을경에는 약 30만명 이상이나 되었다.[505] 항일의용군의 성분을 보면 당시의 각 사회계층의 성원들이 거의 모두 포함되어 있었으며 지도자 층에는 갖가지 직종의 출신자들이 들어있었다.[506] 항일의용군은 동북(東北) 3성(省) 154현(縣) 중, 93여 현(縣)에서 활동하고 있었을 만큼[507] 그

↓

'团' : 우리의 〈聯隊〉에 해당. 3~4개 '營'으로 구성.

↓

'營' : 우리의 〈大隊〉에 해당. 3개 '連'으로 구성

↓

'連' : 우리의 〈中隊〉에 해당. 3개 '排'로 구성

↓

'排' : 우리의 〈小隊〉에 해당

↓

'班' : 우리의 〈分隊〉에 해당

한편 군대의 作戰地區를 가리키는 용어로는 '路'가 있다. 그 지구의 군대를 '路軍'이라고 한다('제8路軍' 등). '路軍' 밑에 '方面軍'이 있다. 方面軍은 어떤 방면의 작전임무를 명령받은 군대의 최대 편성 조직이다.

504) '大刀會'는 淸朝末 山東省에서 白蓮敎의 지파(支派)로서 창시된 비밀결사였다. 신도들은 부적을 먹고 주문을 외우면 총칼도 피할 수 있다고 믿는 등 미신의 색채가 아주 농후했다. 그러나 항일 정신은 철저했고 전투에서는 용감했다. '大刀會'는 南만주에 전파되어 東辺道를 비롯 도처에 퍼져있었다. 王鳳閣은 '大刀會'의 總法師 출신이었다.

한편 '紅槍會'는 중화민국 초 河南省에서 발생했는데 그 세력을 華北일대를 풍미한 후 '大刀會'와 마찬가지로 華北지방을 거쳐 東辺道에서 확장하고 있었다. 이렇게 '大刀會'-'紅槍會'의 영향력은 南滿에서 東滿과 北滿으로 널리 뻗어나가 항일의용군의 민중적 기반을 형성했다. 이 단체들은 군벌, 관헌, 도적 떼 등의 약탈과 폭정에 항거했다. 이 단체들 중, '紅槍會'의 목적은 "중국 농민들의 몇 세대에 이르는, 안전, 평화, (억압으로부터의) 자유에 대한 열망을 반영하고 있었다"고 O. E. *클럽*은 평하고 있다. O. Edmund Club의 앞의 책, p. 188.

505) 『東北抗日聯軍鬪爭史』, 人民出版社, 1991年, p. 23.

506) '東北抗日義勇軍'의 사회계층에서는, 농촌 각 계층의 군중이 50% 이상, 구 '東北軍' 및 '公安'경찰이 약 25% 전후, 綠林(馬賊)隊가 약 15%, 지식분자가 약 5%를 차지하고 있었다. 그리고 의용군의 지도자로는 旧 東北軍 장교, 경관, 관리, 지식분자 "開明 지주 신사(紳社)"(진보적 사상을 가진 지주와 상류계급 인사), 綠林의 두목과 농민 등이었다는 것이 중국공산당의 분석이다. 같은 책, 같은 *페이지*.

들의 투쟁무대는 아주 넓었다.

이상 항일의용군들은 직접, 간접으로 중국본토의 국민정부와 내통하고 있었다. 만주 내의 중국인들 사이에서 공산주의 세력은 아직 미약했기 때문에[508] 중공중앙과 '중공만주성위(中共滿洲省委)'는 이들 민족주의적 항일의용군에 대하여 애국적 투쟁을 열렬히 호소하여 공감을 불러일으키면서 그들을 포섭하는 공작을 벌렸다. 그것은 곧 당세를 확대, 공고화하는 방법이었다. 중국공산당은 항일의용군을 당연히 자당(自黨)의 *이데올로기*와 전술에 따라 교양 지도하고 그 세력들을 중공당(中共黨)의 세력으로 만든다는 것이 기본 방침이었다.

아마도 최초의 항일의용군으로서는 구(旧) 봉성현(鳳城縣) 보안국장이었던 정철매(鄭鐵梅)의 부대를 들 수 있을 것이다. 그는 1931년 10월 빈농(貧農)을 위주로 남만(南滿)의 봉성에서 '동북민중자위군(東北民衆自衛軍)'(사령은 정철매)을 조직하고 용전했다.[509] 항일의용군 중 명성을 널리 떨친 무장세력은 요령(遼寧) 육군 제1단 부단장이었던 당취오(唐聚五)를 핵심으로 하여 1932년 4월에 조직된 '요령 민중자위군(民衆自衛軍)'이었다(唐은 군사위원 겸 사령).[510]

한편 구(旧) '동북군'의 하급 군관이었던 왕봉각(王鳳閣)은 1932년 봄 임강현(臨江縣)으로 깊숙이 들어가 수천 명의 농민과 벌목공으로 '항일구국자위군(抗日救國自衛軍)'을 조직하고 당취오에 호응했다. 당(唐)과 왕(王)은 연합하여 '동북항일의용군'을

---

507) 위와 같음.

508) '中共滿洲省委'의 통계에 의하면 1931년 말 만주 지방의 중국공산당원과 共青団員 수는 2,132명밖에 안 되었다. 王秉忠外主 編, 『東北淪陷十四年大事年表』, 遼寧人民出版社, 1990, p. 33.

509) '東北民衆自衛軍'은 처음에는 겨우 200명 정도였지만 급속히 발전하여 그 해 12월에는 15,000여명에 이르렀으며 安東, 鳳城, 山由客, 庄河 등지에서 활동했다. 鄭鐵梅가 치른 대소의 전투는 근 100차나 되었다고 한다. 馬有彬 外 編, 『中國抗日陣亡將士伝』, 1987年, 河北人民出版社, pp. 11~12.

일본군은 "遼東三角抗日區"에서 싸우고 있던 鄭鐵梅부대에 대하여 1932년 말 이래로 4차에 걸친 "大伐戰"을 진행했고 그때마다 大軍을 이동시켜 일거에 섬멸코자 했다. 부대원은 크게 줄었다. 鄭은 장기간의 전쟁 중 과로와 중병이 겹쳐 활동을 하지 못하다가 1934년 5월 10일 그가 잠복해있던 산간 농가에서 적의 便衣隊에 탐지되어 체포 된 후 9월 瀋陽육군형무소에서 처형되었다. 그의 나이 42세 때였다. 앞의 『東北抗日聯軍闘爭史』, p. 70.

510) 출발 당시의 대오는 5천여명. 唐사령은 그 밑에 18路 의용군을 관할하고 있었다. 같은 책, p. 41. '遼寧民衆自衛軍'은 32년 5~6월 동안 桓仁을 중심으로 하여 東辺道 여러 縣에서 피 점령 지역의 탈환을 위하여 괴뢰 "만주국"군경과 혈전을 벌이고 있었다. 그 해 7~8월에는 그 兵力이 5~6만명(5~6千명의 착오?)로 늘어났다고 한다. 앞의 『中國抗日陣亡將士伝』, p. 147.

편성하고 당(唐)은 총사령(당취오), 왕(王)은 제19로군 사령의 임무를 맡았다.[511] 이들은 남만 일대에서 무장투쟁을 하고 있던 중 그 해 12월 일본군에 연속 포위되어 괴멸상태에 빠지자 당(唐)은 지원을 구하기 위하여 관내(關內)로 들어갔고[512] 왕(王)은 고향인 통화(通化)로 돌아왔다. 여기서 '동북항일의용군'은 해체될 수밖에 없었다. 그러나 항전은 계속되었다.[513]

「사변」이 발발한 당시 '동북군'의 주력은 길림성(吉林省)(총병력 약 6만 5천명)과 흑룡강성(黑龍江省)(총병력 약 3만명)에 여단(旅團) 단위로 분산 주둔하고 있었다. 일본군의 침략이 시작되자 이 두(李 杜), 조 이(趙 毅), 풍점해(馮占海), 소병문(蘇炳文), 정 초(丁 超), 마점산(馬占山) 등은 1931년 9월 동안에 각각 자군(自軍)의 주둔지에서 똑같이 항일을 선포한 후 휘하의 정규군을 인솔하고 항전에 나설 준비를 하고 있었다.

이들 중 길림성 주둔 여장(旅長)들은 1931년 1월 31일 *하얼빈*에서 회의를 열고 각 부대가 연합하여 '길림자위군(吉林自衛軍)'을 결성하기로 결의했다. 총사령에는 이 두(李 杜), 중동로(中東路) 호로군(護路軍)(구 동청 東淸철도 수비군) 총사령에는 정 초(丁 超), '자위군' 부사령 겸 우로(右路) 총지휘에는 풍점해(馮占海), 중로(中路) 총지휘에는 형점청(邢占淸), 좌로(左路) 총지휘에는 조의(趙 毅) 등이 각각 결정되었다.[514] 1931년말에서 2월 하순까지 '자위군'과 일본군 사이에는 *하얼빈*시(市)의 공방을 놓고 격렬한 전투가 계속되었다. 그러나 '자위군'은 열세에 몰렸다.[515]

---

511) 같은 책, p. 37.

512) 이때 北平으로 들어간 唐聚五는 '東北軍' 산하 의용군 제3軍団의 총지휘로써 熱河, 長城 抗戰에 참가했고 中日戰爭에서 여러 차례 일본 滿軍과 싸웠다. 1939년 5월 19일 唐은 적군에 포위되어 머리, 허리에 총탄을 맞고 40세에 殉國했다. 그의 부하 200여명도 중과부적으로 모두 전사하고 말았다. 같은 책, pp. 147~148.

513) 王鳳閣은 만주 땅을 떠나지 않고 부하들을 소집하여 상의한 후 자기의 '항일구국자위군'을 손수 개편하여 東辺道일대 전선에서 대-소 수백 차례의 전투를 치렀다. 1936년 가을-겨울 王鳳閣의 '항일 구국 자위군'은 일본군의 東辺道일대의 섬멸전에 직면하여 악전고투하다가 王은 부상을 입고 체포되었다. 그는 심문 중 시종일관 불굴의 자세를 견지하고 있다가 1937년 4월 1일 부인 및 네 살짜리 아들과 함께 잔혹하게 살해되었다. 그의 나이 40세였다. 같은 책, pp. 37~38.

514) 앞의 『東北抗日聯軍鬪爭史』, p. 45.

515) 李 杜가 지휘하던 부대들은 일본군의 맹렬한 *砲火*-장갑차-*탱크*-비행기의 공격을 이겨내지 못하고 결국 2월 5일 밤 전선을 포기, 북쪽 巴彦일대로 후퇴하게 되어 *하얼빈*市는 일본군에 함락되었다. '自衛軍'의 병력은 크게 약화되었다. 그러나 전투는 계속되었다. 제26旅 旅長 馮占海가 지휘하는 부대는 1932

길림성 내 항일의용군 중 특이한 사건은 일개 영장(營長)(대대장)에 불과했던 왕덕림(王德林)의 의거였다. 그는 자기의 소속 27여(旅)의 여장(旅長)이 부역했다는 소식에 격분하여 군사력을 확장하면서 항전에 나섰던 것이다. 그는 1932년 2월 8일 연길현(延吉縣) 소성자(小聲子)에서 정식으로 항일선서대회를 개최하고 '길림 중국국민구국군'(약칭 '길림 구국군')을 창건했다.[516)]

'길림구국군'은 조직이 끝난 후 2월 15일 곧바로 일본군의 중요한 전략거점 돈화(敦化)시를 공격하여 함락시켰다. 돈화의 싸움 후 '길림 구국군'은 5천여명으로 불어났다. 이어 승세를 타고 민하(蛟河), 액목(額穆), 영안(寧安) 등의 도시들을 공격하고 경박(鏡泊) 호반(湖畔)으로 진출했다. 1932년 여름까지 '길림구국군'의 병력은 1만 5천명에 이르게 되어, 부대는 5개여(旅)로 확대 개편되었다.[517)] 길림성 각지의 항일의용군들은 1932년 3월에서 10월 사이에 일만군(日滿軍)과 "수백 회의 대소전투"를 치러 허다한 대 전과를 거두리만큼 강건했던 것이다. 이들은 구(旧) '동북군'계의 정규부대였으며, 장비도 잘 갖추고 있는데다 홍창회(紅槍會), 대도회(大刀會) 같은 종교단체를 비롯한 인민대중의 지지를 받고 있었다.[518)]

흑룡강성(黑龍江省)에서는 마점산(馬占山)[519)]이 크게 명성을 떨치고 있었다. 그를 일약 유명하게 만든 것은 눈강(嫩江)철교 항전이었다. 이 철교는 남에서 성도(省都) *치치하얼*로 들어가는 통로였음으로 일본군은 사력을 다하여 이 다리를 장악하려고 했다. 이에 대해 마점산은 1만 3천의 병벽을 미리 눈강교(嫩江橋) 방어선에 파송했다.[520)] 눈강교를 둘러싼 충돌은 1932년 10월 26일 괴뢰 만주군이 이 다리를 침범함

년 5월 하순 대오를 정돈한 후 계속 항전하면서 그 해 9월 8일~9일 吉林市를 포위하고 10일~13일 연속 강공을 감행했다. 그러나 적의 수비가 완강했기 때문에 공격을 중지하고 북상하여 활동 무대를 楡樹, 五常일대로 옮겼다. 같은 책, pp. 49~50.

516) '吉林救國軍' 총지휘에는 王德林이, 부 총지휘에는 그의 옛 부하 孔憲榮이, 전방 총사령에는 吳義成이 각각 천거되었고 王德林의 군대 조직을 도왔던 중공당 당원 李延祿이 참모장에 임명되었다. '中共滿洲省委'는 王德林부대의 항일투쟁을 아주 중시하고 동 군사위원회 서기 周保中을 공작원으로 그의 부대에 침투시키는데 성공했다. 周는 그해 8월 전방총지휘부 참모장이 되었다. 같은 책, p. 54 및 p. 53.

517) 앞의 『만주현대사』, p. 37.

518) 앞의 『東北抗日聯軍鬪爭史』, p. 54.

519) 하사관 출신의 馬占山은 「滿洲事變」이 일어날 당시 東北軍 제3旅 旅長의 직위에 있었으나 「사변」이 발발하자 10월 10일 張學良은 그를 黑龍江省 代理主席 겸 군사 總指揮에 임명했다. 1931년 10월 22일 그는 省都 *치치하얼*에서 "對日抵抗宣言"을 발표하였는데, 이것은 「사변」 후 省政府의 명의로 일본 침략군에 대해 최초로 발표한 선전포고였다. 앞의 『東北淪陷十四年大事編年』, p. 17.

으로써 일어났으나 대규모의 혈전은 11월 4일에 시작되었다. 이 날 일만군(日滿軍)이 8千여 병력과 1백여문의 대포로 공격을 감행해 왔던 것이다. 철교의 공방전은 18일 밤까지 2주 동안이나 격렬하게 계속되어 양군에 엄청난 희생을 가져왔다.[521] 마점산 부대는 병력이 크게 줄어든 데다 무기와 탄약이 제때에 보급되지 않아 18일 밤 눈강교를 철수하여 극산(克山), 해륜(海倫), 배천(拜泉) 등 북부 도시로 향했다. 새 전쟁을 준비하기 위해서였다.

19일 *치치하얼*은 일본군에 함락되었다. 마점산은 눈강교 수비에 실패하고 성도(省都)를 점령당했었지만 그의 용감무쌍한 항전 때문에 "눈강의 영웅"으로 찬양을 받고 항일의용군들의 사기를 드높여 주었다. 그런데 시련의 때가 왔다. 남경(南京)정부의 무저항정책(無抵抗政策)과 동북군 부대들이 일본군에 연패하는 정황 속에서 그는 항일에 회의를 느끼고 있던 데다 일본군의 정치공작이 곁들여 동요하다가 변절하여 일본 측으로 넘어갔다.[522]

그러나 그는 일본군의 통제하에서 힘없는 한낱 괴뢰에 불과한 자신의 처지를 깨닫고 4월 2일 한밤 중, 시찰을 빙자하여 *치치하얼*시를 빠져나갔다. 자기의 본거지 흑하(黑河)(아직 일본군의 미 점령지대)로 돌아온 그는 4월 7일 흑룡강성정부를 재조직하고 다시 항일을 선언했다. 그는 '흑룡강성 항일구국군'을 조직하고 총사령이 되어[523] 일본군과 혈전을 거듭하면서 큰 타격을 주었다. 그럼에도 불구하고 6월 중순~하순에 흑하시 주변의 수화(綏化), 해륜(海倫), 극산(克山), 배천(拜泉) 등의 도시들이 연속 함락되자 그는 작전을 바꿔 농촌 지대로 들어가 유격전에 돌입했다.

520) 앞의『東北抗日聯軍史』, p. 56.

521) 嫩江橋전투에서 일본군의 사상자는 1千 500여명, 凍傷者는 근 1千명이었으며 동북군의 사상자는 2千여명으로 중공 측 史書는 기록하고 있다. 앞의『東北抗日聯軍鬪爭史』, p. 58.

522) 馬占山은 1932년 2월 16일 瀋陽으로 날아가서 "滿洲國"정부 조직을 모의한 소위 "四巨頭會議"에 참가했다. 그는 회의기간 중 괴뢰 '만주국'을 건립하려는 일본의 음모를 간파하였지만 괴뢰 黑龍江省 성장 직(본래 국민정부가 임명했던 관직)을 받아가지고 2월 24일 *치치하얼*로 돌아왔다. 3월 9일에는 長春에서 溥 儀의 만주국 집정 취임 典礼에 참가했으며 괴뢰 "軍政部總長"(국방부장관)에 임명되었다. 그는 여론의 매서운 비판을 받았고 그의 측근 부하들마저 그로부터 도망쳤거나, 부대 이동 명령에 따르지 않았다. 같은 책, pp. 59~60.

523) 이에 앞서 이미 자동적으로 조직된 紅槍會, 大刀會 등 항일 무장세력을 馬占山은 11개 의용군으로 편성하고 본래부터의 항일 9개 旅로 개편하여 이것을 기초로 하여 '黑龍江省抗日救國軍'을 조직했던 것이다. 위와 같음.

흑룡강성에서 항일의 기치를 들고 분전 감투한 또 다른 장군은 소병문(蘇炳文)이었다. '만주사변' 당시 그는 *훌룬베이얼* 지구(*치치하얼* 서북부) 경비사령, 해만로(海滿路)(*하일라얼*-滿洲里간 철도) 호로군(護路軍) 사령 겸 제2여(旅) 여장(旅長)의 직책을 맡고 있었다.[524] 그는 1932년 9월 23년 *하일라얼*에서 주요 군관회의를 소집하고 '동북 민중구국군'을 조직하였다. 그는 동군 총사령에, 그리고 부사령에는 장전구(張殿九)가 선임되었다.[525] 이윽고 10월 1일부터 흑룡강 서북지구에서 항일투쟁의 불길이 치솟아 올랐다. '민중구국군(民衆救國軍)'의 목표는 성도(省都) *치치하얼*을 수복하는데 있었다. 그것을 위하여 소병문(蘇炳文)이 동 시의 바로 서남 쪽 교외의 *훌라얼치*(富拉爾基)강 다리를 점령하려 하자 그의 '민중구국군'과 일본 관동군 사이에는 여러 차례 공방의 혈전이 벌어졌다.

싸움은 1932년 11월 중순까지 40여일이나 계속되었다. 그 사이에 흑룡강성에서는 동북 항일의용군들에 이미 쇠잔(衰殘)의 징조가 깃들고 있었다. 11월 중순 소병문(蘇炳文)과 마점산(馬占山) 부대는 연합하여 *치치하얼*을 무찔러 점령하려 했으나 실패하고 제2선 진지로 퇴각했다.[526] 11월 29일 일본군은 만주 내 '항일의용군'을 소탕하기 위한 최후의 "대 토벌전"을 개시했다. 북방의 소병문 부대, 서북쪽의 마점산 부대, 동북쪽의 이 두(李 杜) 부대는 병사의 훈련 부족에 중과부적(衆寡不敵), 탄약의 보급 두절로 말미암아 모두 분쇄되었다. 이들은 부득이 소련영내로 후퇴했다.[527] 이로써

---

524) 소병문은 1931년 11일 馬占山의 嫩(눈)江橋 항전때 1개 '団'(연대)의 지원군을 파손한 일이었다. 그러나 그 후 1932년 9월까지 항일의 기치를 공개적으로 내걸지 않았고, 또한 만주 괴뢰정권과도 거리를 유지해오다가 심사숙고 끝에 항일을 결심했던 것이다. 앞의 『東北聯軍鬪爭史』, p. 63.

525) 위와 같음.

526) 이때 각 부대는 일본군의 대공세 앞에 *치치하얼*의 포위망을 풀었다가 서로 연락이 끊어져 각개 격파를 당하고 말았던 것이다. 앞의 『滿洲現代史』, p. 32.

527) 일본군이 비행기 엄호하에 *하일라얼*, 滿洲里를 향하여 진격하자 蘇炳文의 부대는 착실하게 저항했지만 큰 손실을 입었다. 12월 5일 蘇炳文, 張殿九는 겨우 남은 부대원 2千여명을 인솔하고 소련 경내로 들어갔다. 그리하여 *하일라얼*, 滿洲里는 잇달아 함락되었다. 앞의 『東北淪陷十四年大事編年』, p. 71.

한편 馬占山은 이미 대세가 기울어진 것을 알고, 蘇炳文의 권유에 따라 재기의 기회를 찾고자 휘하의 병사를 인솔하고 蘇병문의 부대와 함께 蘇-滿 국경을 넘었다. 앞의 『東北抗日聯軍鬪爭史』, p. 66.

1933년 1월 9일에는 '吉林自衛軍'의 총사령 李 杜, 부사령 邢占清이 소련 영내로 들어갔다. 이로써 '吉林自衛軍'의 항전은 종결을 기록했다. 같은 책, p. 67. 며칠 후인 1월 13일에는 '吉林救國軍' 총사령 王德林도 탄약과 군량의 보급단절로 싸울 수가 없어서 副司令 孔憲榮 등 6백여명의 부상병과 권속들을 인솔하고 소련 영내로 들어갔으며, 이 무렵 '吉林自衛軍'의 護路軍 총사령 丁 超는 포로가 되어 굴복한 후 괴뢰 '만주 정부' 고문에 임명되어 "漢奸"으로 전락했다. 앞의 『東北淪陷十四年大事編年』, pp. 80~81.

길림성에 이어 흑룡강성의 두 방벽도 모두 무너진 것이다.

제2절 이들에 대한 중공의 당략적(黨略的) 평가

그러면 일본군이 "비적(匪賊)"이라고 멸시했던[528] 만주의 '항일의용군'이 겨우 2년 남짓한 싸움 끝에 거의 다 일본군에 격파된 까닭은 무엇일까. 첫째 이유는 쌍방 군사력(병력 수, 무기, 물자, 군인의 질 등)의 엄청난 차이를 들 수 있다. 「사변」 발발 후 1932년 말까지 만주 내 일본 침략군의 병력은 증가하여 이미 8만여명에 이르렀지만[529] 수적으로는 통칭 30만을 헤아리던 '항일의용군'이 압도적으로 우세했다.

그러나 일본군은 엄격한 군국주의 훈련을 받은 정예부대(精銳部隊)였다. 게다가 당시로써는 최첨단(最尖端)의 각종 무기를 갖추고, 보병, 기병, 포병, 비행대, 함대, 그 밖의 특수부대와 협동작전을 펼쳤다. 이에 대해 '항일의용군'은 길림-흑룡강성의 일부 구 동북군의 정규부대를 제외한다면, 그들의 총기는 대개가 구식의 아주 뒤떨어진 것이었다. 그들의 상당수는 대도(大刀)와 창을 들고 적과 싸워야 했으며, 언제나 탄약-군량부족으로 전투력을 발휘할 수가 없었다.

둘째 이유는 국-공내전에 심혈을 기울이고 있던 국민당(장개석)의 "부저항 정책"

蘇炳文, 馬占山, 李 杜는 소련으로 들어간 후 무장 해제를 당하고 억류되었다고 한다. 앞의 *20th Century China*, p. 171. 이들의 소련 영토로의 入境 때문에 만주에는 약간의 *게릴라* 활동만이 겨우 항일의 명맥을 유지하고 있었다. 이들은 다음해 12월 초에 귀국하여 熱河, 綏遠 등지를 전전하면서 싸움을 계속하다가 결국은 소멸되고 말았다.

528) 그런데 일본의 관헌들은 만주의 반일 유격대를 비하하기 위하여 張學良의 舊 '東北軍'과 '反日義勇軍' 부대를 "兵匪" 또는 "政治匪"로, 각종의 지방 농민 유격대를 "土匪"로, '赤色遊擊隊'를 "共匪"로, 조선인 민족주의 유격대('朝鮮革命軍'등)를 "鮮匪"라고 불렀다. 이에 대해 중공 유격대들은 일본군을 흔히 "日匪"라고 불렀다. 그러나 각계 반일 유격대의 통일전선이 형성됨에 따라 "共匪"와 "政治匪"가 혼합되어 양자의 구별이 어렵게 되자 일본 관헌은 양자를 합쳐 "抗日匪"로 취급했다. 앞의 『滿洲共産匪の硏究』 第一輯, p. 853.

529) 앞의 『東北抗日聯軍史』, p. 72. 「事變」 이후 만주에 증파된 일본 병력의 수효를 당시의 일본 정부는 공표하지 않았으며, 중공 측의 발표는 정확한 것일 수가 없었다. 그러나 하나의 추산 근거는 될 수 있다. 1947년 9월 周保中의 논문 「제2의 만주를 철저히 분쇄하라」에 나온 통계에 의하면 "1931~33년에 만주에 침입한 일본 정규군은 5만명이었다. 1934~37년에는 50만명이 되고, 1939~41년에는 70만명, 1942~44년에는 33개 산단, 14개 혼성 旅团으로 100만명이 되었다"고 했다. 앞의 胡 華 『中國新民主義革命史』, 日譯(國民文庫), p. 193. 인용. 그런데 이 숫자는 다소 과장된 자료에 기초하고 있는 것 같다.

이었다. 이 때문에 '항일의용군' 부대들은 외부의 지원 없이 고립무원(孤立無援)의 상태에서 싸워야 했다. 국민당의 "부저항 정책"에 관해서는 앞에서 언급한 바 있음으로 여기서는 더 이상 논하지 않기로 한다. 셋째는 항일의용군이 지녔던 자체 내의 약점이었다. '항일의용군'의 수효는 30만명을 헤아린다는 방대한 것이었다.

그러나 그들은 계통을 달리하는 독립적 부대들로 형성되어 있었음으로 성분이 복잡했고 단일의 지도적 중심을 가지지 못했다. 따라서 각 대오는 독자적으로 싸워야 했기 때문에 일본군에게 각개 격파할 수 있는 기회를 주었다. 그 위에 전세가 악화되어 군량(軍糧)이 바닥이 나자 초기의 엄격했던 군기는 문란해져서 민폐가 커지고 많은 탈주병이 생겼다. 2년간의 전투에서 '항일의용군'은 13만명의 사상자를 내리만큼 희생은 심한 것이었다. 한편 일본군의 손실도 상당했다.530)

그런데 그 당시 '중국공산당'이 '항일의용군'의 항일투쟁에 대하여 내린 평가는 결코 호의적인 것도 객관적인 것도 아니었다. 반대로 적의(敵意)와 경계심에 찬 것이었다. '중국공산당'이 내심으로는 국민당 편이었던 '항일의용군'의 반일투쟁을 객관적으로 평가하고 그에 소속한 군인들을 "애국적 관병"이라고 찬양하기 시작한 것은, 앞에서 인용한 중공 계(系) 출판물들이 보여주듯이 중국의 내전에서 공산당이 승리하고 북경정부가 수립된 후인 1970년대부터였다. '중국공산당'은 중화민국 치하의 대만을 통일전선 전술에 따라 흡수통일하기 위하여 '항일의용군'의 반일투쟁을 책략적으로 높이 평가했다. 비난은 단지 일본군의 침략에 대하여 "무저항주의"를 유지하고 있던 국민당 "반동파", 특히 장개석에게 집중시켰다.

'중국공산당'은 1930년대 초에 '만주성위(滿洲省委)' 산하의 유격대를 민족주의 계의 '항일의용군'과 일단 구별하여 일괄적으로 "반일 유격대"라고 부르고, 이들을 사회계급적 성분과 지도층의 정치적 성향에 따라 몇 개의 범주로 나누어 분석했다. 이런 분석은 철두철미 민족통일전선전술에 입각한 것이었다. 그 대표적인 것은 1930년 1

---

530) 1933년 봄에 이르러 日-滿軍(일본군-괴뢰 '만주국군')과 싸우고 있던 '항일의용군'들의 수는 30여 만이나 되었지만 전사자는 대략 5만여명, 부상자 8만여명, "자동 壞滅者" [패주-탈주병-행방불명자]는 7만여명에 이르렀다. 그 위에 전쟁 중 세(勢) 불리하여 소련으로 들어갔던 馬占山, 李 杜, 蘇炳文 부대는 근 3만명, 熱河省으로 후퇴한 馮占海, 李純華, 唐聚五 부대 등은 3만여명이나 되어 '항일의용군'은 결정적 타격을 받았다. 그리하여 만주 각지에 분산하여 여전히 항일전을 치르고 있던 병력은 4만여명 정도였다. 앞의『抗日聯軍鬪爭史』, p. 71.

월부터 왕 명(王 明) 장악 하에 있던 당 중앙(黨中央)이 만주 각급당부(黨部)와 당원들에 보낸 1933년 1월 26일자의 통칭 「1월 서간」이었다. 이 「서간」은 "좌경 모험주의"를 청산하지 못한 *코민테른*의 지시에 기초하여 작성된 것이어서 혁명운동에 많은 손실을 주었지만, 여기서 '제시된 하층 전선전술' 방침에 따라 운동은 추진되었었던 것이다. 이 통일전선전술(統一戰線戰術)을 요약하면 다음과 같다.[531]

(1) 마점산－이 두－정 초－소병문－주서청(朱霄靑) 등의 장령이 지도하는 순수한 구(舊) '길림군'부대 : "그 지도자들은 국민당의 지휘에 따르며 지주－자산계급과 부농에 의거하고 있다"고 하여 철저히 불신, 반대, 증오했다. 이들이 항일전쟁을 하는 것은 "자기의 착취자로써의 이익을 위해서 뿐"이요, 그들은 "제국주의의 가장 교활한 *스파이*다" 그들(소병문, 이 두, 마점산) 군벌의 실패는 [항일전에서의] 전(全) "중국에서 몇 천만의 노동자－농민 및 진실한 반제분자(反帝分子)를 ['중공당'이] 흡수할 수 있는 보다 큰 가능성을 주고 있기 때문에" 그들에 반대하지 않으면 안 된다는 주장이었다.

(2) 구(舊) '길림군'은 같은 부대가 아니다. 농민－소자산계급 또는 노동자를 주력으로 하는 왕덕림(王德林)의 '항일의용군'(반일 의용군) 부대에 대하여, "왕덕림의 부대는 대부분이 구 '길림군'부대가 아니라 농민－소자산계급, 나아가서는 노동자 출신의 반일 의용군이며 국민당의 영향은 비교적 적다. 이들의 상－하급 장교들 사이에는 최근 정치적 내부 분화(分化)의 과정이 보인다. 이 부대의 운명은 우선 그들의 노동자－농민에 대한 정책 여하에 달려있다"고 했다.

(3) 각양한 농민을 주요 구성원으로 하는 유격대(대도회 大刀會－홍창회 紅槍會－지위단 白衛團 등) : 그 안에는 노동자, 소자산계급과 시식분자도 참가하고 있지만 구성원 대부분은 농민이다. 그들은 정치적으로 미숙하고 군사 기술상의 약점을 안고 있었다. 그들의 일부분은 아직 지주－부농 및 구 '길림군' 장교들의 영향과 지휘하에 있으므로 혁명의 궤도에 오르지 못하고 있다. 그 위에 "어떤 때에는 반동적 지도자의 개인적 이익을 위하여 이용되고 있다". 그 밖의 일부는 혁명분자들의 영향과 지도하

531) 中共 中央의 「滿洲の各級黨部おむび全黨員に與える書簡－滿洲の現狀とわが黨の任務について」, 통칭 「一月書簡」(1933. 1. 26) 참조. 이 「書簡」 전문의 日譯은 日本國際研究所中國部編, 『中國共産黨資料集』 6, 勁草書房, 1973年, pp. 175~180에 수록.

에 있지만 "아직 정확하고 철저한 혁명투쟁의 방법과 진로를 찾지 못하고 있다"고 비판했다.

(4) 공산당 지도하의 적색유격대 : 이 부류는 "우리 당(黨) 지도하에 있는 노동자-농민-혁명 병사 및 그 밖의 혁명분자의 부대이며…모든 유격대 중에서 "가장 선진적이요, 가장 혁명적이며, 가장 큰 전투력을 가진 부대"라고 극구 찬양했다. 그러나 "공산당의 조직과 영향은 너무나 뒤떨어져 있기 때문에… 적색유격대는 아직도 만주의 반(항)일 유격운동 전체의 지도자가 못되고 있다"고 아울러 자체 평가를 했던 것이다.

이상의 분류는, '홍색유격대'들을 민족통일전선에 끌어들여 공산당 세력을 강화하며, 통일전선의 *헤게모니*를 공산당이 탈취하고 확보하여 그들을 "지도"(=지배)한다는 당략(黨略)에 따라 극히 단순화되고 도식화되었다는 점에 그 특징이 있다. '중국공산당'은 만주의 각종 항일 유격대운동에서 "헤게모니를 탈취"하는 것을 절대로 중요시했다. 그런 목적을 달성하기 위한 "전반적 전술적 방침"이 곧 "반제 통일전선의 결성"이었다. 위의 '1월 서간'은 "통일전선전술"을 간명하게 사회계급적(社會階級的)으로 세분하여 제시하였다. 그것을 요약하면 다음과 같다.

(1) 공산당은 통일전선전술을 실행에 옮김에 있어서 제1부류, 즉 순수한 구(舊) '길림군'계의 유격대에 대해서는, 그들 중의 부유한 상급장교는 통일전선 조직에 응하지 않을 것임으로 주로 "밑으로부터의 통일전선"과 "병사 간의 통일전선"을 조직할 것,

(2) 제2부류의 유격대, 즉 왕덕림(王德林) 부대는 농민, 소시민계급, 그 위에 노동자 출신의 항일의용군임으로 이들과는 "밑으로부터의 통일전선" 이외에도 어느 정도, 어떤 범위 안에서는 "위로부터의 통일전선 [정책]을 실행할 수 있을 것,

(3) 제3부류의 유격대, 즉 농민이 대부분인 '대도회', '홍창회' 회원들에 대해서는 그들의 구 '길림군'계의 "반동적" 장교들에 대한 투쟁과, 그들 내부에 미치는 공산당의 "혁명적 정치적 영향의 정도"에 따라 통일전선을 실시할 구체적 정도[수준]와 범위를 결정하여야 한다는 것. 경우에 따라서는 그들과 어떤 종류의 "반제연합(反帝聯合)"의 형태를 취할 수 있을 것이라고 했다.

위의 중공중앙 「1월 서간」에서 명시한 중공 '홍색유격대'의 통일전선 전술을, 김일

성은 그때부터 30년이 지난 뒤에 한국군을 와해시키는 교본으로 삼고 있는 듯이 가르쳤다. 그는 1963년 2월 8일 군-당-정권기관 고위간부들 앞에서 행한 연설에서 말하기를 "지금 남반부의 괴뢰군에 대해서도 잘 공작하면 그들이 인민의 편으로, 혁명의 편으로 넘어올 수 있다"고 자신했다. 그러면서 한국군을 사회계급적으로 분류하여 "괴뢰군 장교들은 지주, 자본가의 자식일 수 있다"고 한 반면 "병사들은 다 로동자, 농민의 아들딸들"이라고 단정했다. 그러므로 그런 병사들을 계급적으로 각성시키기만 하면 그들이 총부리를 미국 놈들에게 돌려댈 수 있다"[532]고 자기의 "혁명적 낙관주의"를 피력했다. 그는 1년 뒤에는 당(黨) 중앙위원들 앞에서 "우리는 앞으로 적군(敵軍)에 대한 공작을 더욱 강화해야 하겠다. …군대가 혁명의 편으로 돌아서기만 하면 통치계급은 멸망할 수밖에 없다"[533]는 등 허망한 신념을 토로했다.

위에서 김일성이 말한 "적군에 대한 공작"이란 물론 통일전선 공작을 의미했다. 그는 자기의 설명에서 "광범한 군중을 통일전선에 묶어 세워야만 반(反)혁명세력을 더욱 고립시키고 혁명의 주력군에 대한 적의 공격을 약화시킬 수 있다"[534]는 혁명의 성공비결을 가르쳐주었다. 그는 통일전선의 형태를 앞의 중공중앙 「1월 서간」에서처럼 두 가지로 구별했다. 즉 "상층(위로부터의) 통일전선"과 "하층(밑으로부터의) 통일전선"이 그것이다. 그에 의하면 혁명역량을 강화하는데서 "기본은 어디까지나 군중을 쟁취하는 일"이다. 그러므로 "하층 통일전선"을 강화하는 것을 기본으로 삼아야 한다. "하층 통일전선에 기초하지 않는 상층 통일전선은 튼튼할 수 없으며 큰 힘이 될 수 없다.

그러나 상층 통일전선을 위하여서도 노력하여야 한다."[535] 왜냐하면 지배계급의 정당 안에 있는 일부 신보적 인사들이나 중산 낭(黨)들의 상층부와의 통일선선은 하층 통일전선을 강화하는데 유리한 조건을 지어주기 때문이라는 것이었다.

김일성은 반혁명 세력을 약화시키는데 특별히 중요한 것은 "적군 와해사업"이라고 강조하면서 아래와 같이 자기의 전술을 설명했다.

---

532) 『김일성저작선집』 3, 평양, p. 518~519.

533) 위와 같음.

534) 『김일성저작선집』 4, p. 92.

535) 위와 같음.

…군대는 지배계급이 의거하고 있는 마지막 아성입니다. 혁명의 역사는 군대가 인민의 편으로 넘어올 때 어떠한 지배계급도 멸망하지 않을 수 없다는 것을 보여주고 있습니다… 지금 남조선군대의 상층부는 반동계급출신이지만 대다수의 병사들과 하급 장교들은 기본계급[노동자, 농민]출신입니다. 그러므로 적군병사들과의 사업을 잘 하여 그들을 계급적으로 각성시킨다면 남조선에서 군대를 혁명의 편에 돌려세울 수 있습니다…[536)]

여기서 김일성이 절대로 중요시한 "하층 통일전선", 즉 "밑으로부터의 통일전선"은 앞에서 논급한 대로 중공중앙의 「1월 서간」*(1933. 1. 26)에서 벌써 오래 전에 특별히 강조했던 대목이다. 이 「1월 서간」은 "'밑으로부터의 통일전선'은 우리들(당)의 활동의 기반이 되지 않으면… 안 된다"고 하고, "어떠한 위로부터의 통일전선도 우리들[당]이 밑으로부터의 통일전선을 꽉 장악할 수 있고, 상부가 하부의 혁명적 기운에 밀리고 있을 때만 가능하며 또한 유용한 것"이라고 지시했다. 그리고 "이렇게 밑으로부터의 통일전선을 실행에 옮김으로써 비로소… 통일전선의 전술은 효과를 올릴 수 있는 것이다."[537)]라고 가르쳤는데 김일성은 이 모든 교훈을 그대로 답습했다.

그러나 통일전선을 결성하려면 먼저 공산당 조직이 결성되어 있지 않으면 안 된다. 그리하여 「1월 서간」은 '중공만주성위'에 대하여 주요한 유격지구와 대도시에 당(黨)위원회를 조직하고, 모든 유격대(우선은 가장 큰 유격대), 주요 기업체(만철滿鐵, 무순탄광撫順炭鑛, 항운업체航運業體 등), 모든 대중 조직(반일회, 농민위원회, 대도회, 홍창회 등)에 파고 들어가 그들 속에서 극비리에 당(黨)지부를 결성할 것을 지시했던 것이다.[538)] 그런데 「1월 서간」은 만주에서 1920년대 이래로 가장 열렬한 항일투사였던 조선인 혁명가들(민족주의자와 공산주의자를 포함)의 무력항전에 대하여서는 일언반구(一言半句) 언급하지 않았다. 생각하건대 그 까닭은 "*부르죠아* 민족주의"의 "반동적 *이데올로기*"를 적대시(敵對視)하는 중국공산당으로서는 조선인 민족주의

---

536) 『김일성저작선집』 4, p. 93.

* 1933년 '중공당 만성위원회'는 '당중앙' 1월 26일자 서간으로 된 지령에 따라 각지의 무장한 인민들을 '민족통일전선'의 형태로 광범위하고 장기적인 *게릴라*전을 할 것을 결의했다. 이때 서간에서 '중공당중앙'은 통일전선의 전술을 지시했던 것이다.

537) 위의 『中國共産黨資料集』 6, p. 182.

538) 같은 책, p. 189.

자들의 반일 투쟁에 대해서는 이것을 긍정적으로 평가하고 싶지 않아서 묵살했기 때문일 것이다.539)

539) 조선인 공산주의자들의 항일투쟁에 대하여 언급이 없었던 다른 중요한 이유는 만주에서 조직된 '火曜會派' 및 'ML派'계의 '朝鮮共産黨滿洲總局', '서울－上海派'계의 '朝鮮共産黨再建設滿洲部'의 소멸과 관계가 있다. 즉 이상 만주의 '朝共3파'는 *코민테른*의 결정(1928년 8월의 「규약」 및 그해의 「12월 *테제*」에 따라 1930년 초여름까지에는 모두 해체되고 당원들은 '中共滿洲省委'에 흡수되어 '중국공산당' 당원으로 신분을 바꾸고, 同黨 휘하의 유격대원으로써 항일투쟁에 가담케 했다. 그렇기 때문에 '중국공산당'은 이들 조선인 공산주의자들의 독자적 활동은 일체 인정하지 않았던 것이다.

제4장

중공 유격대의 조직과 공작 활동

제1절 '중공만주성위'의 혼미(混迷)와 전의(戰意) 상실

「만주사변」이 돌발하자 항전의 준비도 되어있지 않았고 그럴 힘도 없었던 중공중앙(中共中央)이나 '중공만주성위'는 당초에는 어떻게 할 바를 몰랐다. 우선 할 수 있는 일은 *코민테른* 식 혁명의 수사(修辭)로 가득 찬, 대중이 쉽게 이해할 수도 없는 난삽(難澁)한 「결의」다, 「지시」다, 「서한」이다로 전국 인민이 항쟁에 궐기할 것을 열렬히 호소하는 선동이 고작이었다. 항일의 가능한 방법으로 토의된 것은 유격전쟁의 진행과 유격대의 창건 등의 소식뿐이었다. 「사변」이 발발하자 가장 먼저 항일투쟁에 궐기한 무장세력의 선구자는 비(非)공산주의 계(系)의 '동북항일의용군' 부대들이었다. 그러나 1932년 11월말 경부터 '항일의용군' 부대들이 총체적으로 쇠퇴의 길에 들어서게 되자 이에 대체하여 출현한 무장세력이 '중국공산당' 지도하의 "항일유격대" 또는 "반일유격대"[540]였다.

---

540) "反日遊擊隊"는 처음 어떤 遊擊區(유격대가 활동하는 지역)에서는 "赤色遊擊隊", "抗日遊擊隊"등으로 불리었다. "반일 유격대"라고 불린 것은 뒤의 일이었다. 1932년 여름 이후 '滿洲省' 관할 하의 "유격구"의 수가 늘어나거나, 부대가 커지거나, 또는 다른 부대와 통합했을 때는 "항일유격대대" 등 여러 이름으로 불리었다. 그리고 활동하고 있던 지역의 지명을 부쳐 '東滿유격대', '南滿유격대', '盤石유격대', '延吉 유격대', '渾春유격대', '饒河유격대', '巴彦유격대' 등의 호칭으로 불리었다. 이 밖에도 1932년 초에는 '汪淸 유격대', 11월에는 이 부대가 安圖의 '항일 유격대'와 합병하여 '汪淸항일유격대대'(대대장은 梁成龍. 조선인)가 성립되었다. 이어서 '大荒溝(대황구)유격대', '和龍항일유격대' 등이 조직되어 1933년 1월부터 5월 사이에 東滿 각 縣의 유격대와 일본군과의 교전회수는 500여 회나 되었다고 한다. 앞의 李鴻文, 『滿洲現代史』, pp. 54~55 참조. 한 유격대의 대원수는 일정치 않았으며 대체로 10~20명에서 70~80명, 많게는 100여명 정도가 되었다.

"抗日遊擊隊"("反日유격대")들은 중국공산당 지도하에 조직되었지만, 반드시 공산주의 일색의 무장 隊伍는 아니었다. '中共滿洲省委'는 단독으로 항일전을 치를 능력이 없었음으로, 非공산당계의 일체 '항일의용군'을 지지 지원하고 이들과 연합하면서 그들 중의 패잔 병력들을 자기들의 유격대에 배합하여 공동으로 투쟁하는 방침을 세웠던 것이다. 그리고 '하층 통일전선'의 전술로써 이들 非공산당계의 빈농 출신 병사들

「사변」이 폭발한 다음날 새벽(1931. 9. 19)에 벌써 심양(瀋陽)은 일본군에 의하여 함락되고 그 해 11월 심양을 본부로 삼고 있던 '중공 만주성위'(中共 滿洲省委)의 간부들은 '성위서기(省委書記)' 장응룡(張應龍)을 위시하여 대부분(상당수는 조선인)이 일본 관동군 헌병대에 검거되어 일대 타격을 받았다. 그달 말 심양에서 *하얼빈*으로 이전한 '만주성위'본부는 곧 부서진 당(黨) 조직의 재건 또는 창설에 착수했다. 여기서 중심인물은 새로 '성위서기'겸 조직부장을 담당했던 나등현(羅登賢), 양 림(楊 林)(군사위원회 서기, 조선인), 주보중(周保中)(저명한 만주 공작원) 등이었다.

당시 이들이 작성한 일련의 문건들에서 강조한 바 "당(黨)의 중심적 임무"는 ① 군중 투쟁의 기초 위에서 우리 당(黨)이 직접 지도하는 "항일유격대"를 건립할 것, ② 동시에 비(非)공산당계의 "항일의용군"을 돕고 그들과 협력할 것, ③ 우리 당(黨)은 이들에 대한 공작을 더욱 강화하여 우리 당(黨)의 항일 주장을 기어이 수락케 하여 항일투쟁을 견지케 할 것, ④ 아울러 이들을 점차로 우리 당(黨)이 직접 지도하는 무장부대로 만들 것 등 으로 요약된다.[541] 이것은 전형적인 통일전선의 공작방법(工作方法)이었다.

이러한 공작임무를 띠고 '중공만주성위'는 당(黨)의 우수한 청년간부들을 깊은 농촌으로 침투시켜 농민들을 반일투쟁으로 동원했다. 이들 공작원들은 노동자, 농민, 지식분자들로써 골간을 조직하고 적의 무기를 탈취하여 자신들을 무장하는 투쟁방식을 택했다. 이렇게 2년 동안의 많은 고투 끝에 남만(南滿)지구 즉 심양, 반석과 그 이남에 있는 관전(寬甸), 무순(撫順), 안도(安圖), 유하(柳河), 통화(通化) 등지의 동만(東滿)지구(길림성 동남부 지구, 즉 오늘의 간도지방과 안도, 돈화현 등을 포함), 길동(吉東)지구(길림성 동북부, 오늘의 흑룡강성 목단강 지구 즉, 영안(寧安), 농녕(東寧), 목능(穆凌) 등에 해당하는 지역, 북만(北滿)지구 즉, *하얼빈*, 송화강 중-하류역의 광활한 지역 등에서는 중국공산당의 지도하에 10수개의 "항일유격대"가 조직되었다는 것이 오늘의 중공계(系) 사서(史書)의 공통된 기록이다.[542]

을 포섭해 나갔다. 같은 책, pp. 54~55.

541) 앞의 『東北抗日聯軍鬪爭史』, pp. 80~81.

542) 1932년 현재로 '中共滿洲省委' 소속 당원은 겨우 2,132명밖에 안되었고 黨조직은 큰 중심 도시와 철도연변 도회지 및 읍에 분포되어 있었으며 거의 모든, 지방에는 黨조직이 없었다. '中共滿洲省委'는 본래 '抗日義勇軍' 안에서 공작하던 周保中, 李延祿 외에도 楊 林('滿洲省委'군사위원회 서기, 조선인), 楊靖宇('中

「만주사변」후 최초로 조직된 중국공산당 산하의 '항일유격대'는 1932년 봄에 남만에서 이홍광(李紅光)('중공당盤石中心縣委'위원, 조선인)이 조직한 '적위대(赤衛隊)', 속칭 '타구대(打拘隊)'로 그 기원(起源)이 소급한다. 그의 '적위대'는 처음 겨우 7명으로 구성되었으나 일제의 주구들과 계속 투쟁하고 지주들을 처벌하는 과정에서 급속히 성장해갔다.[543] 그리하여 1932년 5월 이 '적위대'는 '반석공농(盤石工農)의용군'(약칭 '반석의용군')으로 개칭했다가 1933년 1월에는 '중국공농홍군(中國工農紅軍) 제32군 남만 유격대'로 확대 재편성되었다. 이 부대의 정치위원으로는 양정우(楊靖宇)가, 그리고 이홍광(李紅光)은 이 유격대 산하 한 교도대(教導隊)의 정치위원으로 각각 임명되었다.[544] 이들은 만군(滿軍)(괴뢰 '만주국군')을 습격하는데 주력하면서 "반만항일(反滿抗日)" 투쟁을 계속했다.

물론 '동만성위'는 남만의 반석지구에서 뿐만 아니라 동만, 길동(吉東), 북만의 각 지구에도 유격대를 조직하여 끈질긴 항일투쟁을 벌였다. 이에는 많은 조선인들이 참가해 있었다.[545] 이 절(節)에서는 다만 몇 몇 중요한 유격대 안의 조선인 공산주의

共滿洲省委任代理' 군사위원회 서기)를 南滿 공작에, 童長榮(中共大連市委 서기)를 東滿 공작에, 趙尙志('滿洲省委' 군사위원회 서기), 巴彦 공작에 馮仲雲('滿洲省委' 下江 주재 대표)를 湯原工作에 파견하여 10개 이상의 유격대를 조직했다. 같은 책, pp. 81~82.

543) 李紅光의 '赤衛隊'가 행한 항일 투쟁 중 가장 컸던 싸움은 32년 4~5월 사이에 3차에 걸쳐 合蟆河子에서 연속적으로 일으킨 농민 폭동이었다. 폭동에 참가한 군중은 처음에는 1천명 정도였던 것이 나중에는 4천여명에 이르러, 폭동은 주변 각 縣으로 파급되었다. 군중들은 지주로부터 1천石의 식량을 몰수하고 50여명의 일제 주구를 공개 처형했다는 것이 中共黨의 공식기록이다. 馬齊杉 等 主編, 『中國抗日陣亡將士伝』, 河北人民出版社, 1987年, p. 14.

544) 위와 같음.

545) 그런 조선인 공산주의자 중 대표적인 崔石泉(崔庸健)은 1932년 7~8월 宝清縣에서 군정 강습소를 열고 반일 골간들을 양성하고 있다가 일본군의 습격을 받고 縣境을 넘어 饒河로 갔다. 거기서 中共滿洲省委 산하 '饒河中心縣委'의 결정에 따라 金文享, 金東天, 崔龍錫과 더불어 '특무대'를 조직하고 반일 투쟁을 계속했다. 특무대는 1933년 4월 21일 정식으로 '饒河農工義勇軍'을 성립시켰고 崔石泉은 대장, 金文享은 정치주임에 피임되었다. 崔石泉의 '농공의용군'은 연합항일이라는 명분에서 당지의 非공산당 계 救國軍에 가입하여 구국군 제1旅團 特務大隊가 되었다.(1933년 11월부터) 營長(대대장)은 金文享, 參謀長은 崔石泉, 정치위원을 朴振守였고 全營(권대대)의 병력은 모두 100여명이었다. 이들은 1934년 1월 '구국군'부대(兵力 1,000여명)에 전원이 참가하여 虎林을 공격해보았지만 실패하고 饒河로 이동했다.(앞의 『東日抗日聯軍鬪爭史』, pp. 104~106.)

한편 북만에서는 金 策(金在民, 본명 金啓洪), 張時雨, 許亨柱 등이 활동하고 있었다. 이들은 청년시절에 만주로 망명 겸 이민으로 갔던 사람들로써 그곳에서 조선공산당 당원이 되었고 *코민테른*의 "一國一黨" 원칙에 따라 조선공산당 3派가 모두 중국공산당에 흡수되자 그 당원이 되었다. 이들의 활동무대는 북만의 宝清, 饒河, 湯原, 虎林, 珠河, 寧安 등이었다. 김책은 寧安縣 내의 한 지방 *소비에트* 임시정부의 주석, 그

자들의 활동에 초점을 맞추어 언급하는데 그치고자 한다. 첫째로 동만은 길림성 동남부지구, 즉 오늘의 간도(間島) 4현(縣)과 돈화(敦化)현을 포괄하고 있었으며 3·1운동 이후 조선인들 사이에서 공산주의운동이 맹렬한 기세로 번져갔던 지역이었다. 「만주사변」이 일어나자 '동만특위'[=특별위원회] 산하 "중공연화(中共延和)"(즉 연길延吉-화룡和龍 중심위)는 소도시와 농촌에 항일 유격대를 조직하기 시작했다. 이때의 '동만특위'의 신임 서기로 온 사람이 바로 약관 26세의 동장영(董長榮)이었다.546)

제2절 10대 소년 김일성의 만주 유전(流轉) 생활

이 무렵 '중공 만주성위' 소속 유격대의 일원으로 항일 무력투쟁에 나타난 소년이 바로 10대의 김성주(뒤에 김일성)였다. 여기서 우리는 뒤로 거슬러 올라가 그가 청소년 시절을 어떻게 보냈는지를 극히 간단하게 일별하고자 한다. 3·1운동이 좌절된 이후인 1920년~30년대의 만주는 한국 내지에서 도피해온 항일 애국자들이 밀려들어 당시 80만을 헤아리는 이주민들 사이에서는 혁명의 세력 기반을 확대하려는 경쟁이 치열해 졌다. 1920년대~30년대의 만주는 공산주의가 "새로운 사조(思潮)"로 혁명의 열풍을 몰고 오자, 한국인들의 항일운동은 당면한 목표는 동일했지만 사상적으로 크게 분열되었다. 착취계급의 타도, 계급 없는 평등사회의 실현, 전 세계 약소민족들의 해방이라는 사회주의 혁명의 선전에 매력을 느끼는 층이 점점 늘어갔다.

이러한 시대적 분위기 속에서 특히 역사의식에 민감한 청년들은 공산주의로 경도되어 갔다. 그리하여 항일운동 단체도, 민족교육을 위한 학교도, 독립군도 모두 분열

후에는 貴縣특별당 지부 서기, 珠河中心縣委 軍事위원 등을 거쳤다.

546) 1932년 봄, 여름부터 동만의 여러 농촌지역에는 董長榮의 지도하에 '赤衛隊'조직을 기초로 하여 '依蘭區유격대', '延吉抗日유격대'('延吉유격대'의 확대), '運花里유격대'(대원 30명) 등이 조직되어 1932년 여름부터 가을에 이르기까지 敵과 20여 차례 전투를 했다고 한다.

그 뒤 1932년 11월초에는 '汪淸유격대'(대원 겨우 12명), 11월에는 安圖의 '抗日유격대'와 합병하여 '汪淸 항일유격 대대'를 만들었다. 대대장 梁成龍은 한인이었고 정치위원은 김일성이었다. 이어 '大荒溝유격대', '渾春유격대'(대원 120명) 등이 출현하였다. 1933년 1월 5월 사이에 동만의 여러 縣의 유격대가 일본군과 교전한 회수는 50여회나 되었다는 것이다. 앞의 李鴻文, 『만주현대사』, pp. 53~54. 및 『東北抗日聯軍史』, p. 95.

되었다. 이 회오리바람 속에서 김일성은 스승, 선배, 친구 등과 동요하다가 1930년 3월 현재로는 반공적인 한인들의 총집결체인 '국민부' 산하 '동성(東省) 조선인농민총동맹'의 맹원으로 일하고 있었다.[547] 북한의 당(黨) 역사가들은 김일성의 관제 전기를 만드는데 해방 후 반세기 동안이나 정력을 쏟아왔다. 그들은 "소년혁명가" 김성주의 어릴 때부터의 비범한 영지(英知)와 강인했던 "애국"의 의지를 부각시키는데 초점을 맞춰왔다. 그들은 김성주의 "혁명적" 가계(家系)[548], 소년시절의 학교교육[549], 사

---

547) 이에 관해서는 제2편 제6장 '항일 통일전선의 분열'(본 원고 pp. 82~89 참조)에 보다 상세히 기술했다.

548) 김일성은 1912년 4월 15일 부친 김형직(金亨稷, 1984~1926)과 모친 강반석(康盤石, 1982~ 1932) 사이에서 출생했다. 이름은 김성주(金成柱, 일설에는 金聖柱). 북한에서는 그의 부모 모두 열렬한 반일 혁명가로 추앙하고, 특히 부친 김형직은 "민족주의 운동에서 공산주의 운동에로의 방향전환을 단행한 위대한 선구자"(朝鮮勞動黨 金日成同志 歷史編輯部 著, 白峰文庫, 『金日成主席の 革命活動略歷』(上), 1980년, p. 16.)라고 격찬한다. 이러한 식의 평가는 主體思想이 나올 때까지는 북한의 어떤 출판물에서도 볼 수 없었던 역사의 不正曲이다.

김형직은 美國長老教 宣教會의 지원으로 설립된 崇實學校(평양)를 다녔다. 모친 강반석은 "盤石"이라는 이름이 示唆하듯이 독실한 기독교 가정에서 태어나고 자랐다. 이것은 김일성의 親家-外家 모두 공산주의와는 아무런 인연이 없었던 것을 뜻한다. 그런 김일성이 후일 북한의 독재자로 등장하여 수백만의 신자들을 撲滅, 肅淸, 追放, 强壓하는 등의 방법으로 북한 땅을 세계에서 유일하게 종교 없는 無神論 왕국으로 만든 것은 역사가 예상하지 못했던 비극이었다. 이것은 마치 그의 대부 *스탈린*의 경우와 유사했다. *스탈린*은 독실한 그리스 正教 교도였던 모친 *에까떼리나 쥬가스빌리*(Ekaterina Dzhugashvili) 밑에서 성장했고, 7세 때부터 교회 系 학교에서 배우고, 14때부터 장학금까지 받아 神學院에서 正教 教會 神父가 되기 위한 교육을 받았다. *스탈린*은 공산주의 *러시아*에서 독재 권력의 정상을 차지하자 교회, 神學校, 修道院을 대부분 폐쇄하고 수백-수천만 信徒들을 갖가지 명목으로 처형했다. 이런 박해에서 빠져나온 사람들도 亡命(背教), 강제노동수용소, 유랑의 운명에서 벗어나기가 어려웠다.

549) 3·1운동 이후인 1919년 가을 부모를 따라 延吉縣 八道溝로 이주해갔던 김일성은 1923년(11세) 고향으로 돌아왔다. 그리고 1925년 1월 (13세) 다시 八道溝로 돌아갔다. 이렇게 한 고장에 안주할 수 없었기 때문에 그는 소년시절 8년 동안에 八道溝소학교(滿洲, 延吉縣), 彰德소학교(평양부근), 撫松중학(撫訟縣), 華成義塾(중학, 華甸縣), 끝으로 1927년에는 육문(毓文)중학교(吉林市 중국인 학교) 등의 소학교-중학교 등을 전전해야 했다.

그가 학교를 자주 옮겨야만 했던 것은 중요한 일이 아니다. 북한의 선전에 의하면 벌써 10대 소년시절에 김성주는 *맑스*주의 서적들을 탐독하고, 기성 혁명단체들을 개편하고, 청년단체들을 새로 조직하면서 본격적으로 공산주의 혁명 활동에 투신했다는 것이다. 그러던 중 그는 동지들과 함께 "반동경찰에 체포되어 吉林 감옥에 투옥되었고 이때를 전후하여 세 차례나 검거되었다"고 한다.(앞의 『金日成主席の 革命活動略歷』, 白峰文庫, p. 24) 그의 경력 중 북한이 내세우고 있는 것 몇 개만을 분야별로 추출한다면 다음과 같다. 여기서부터 김일성의 경력은 대담하게 창작 또는 왜곡되기 시작한다.

(1) 1926. 10. 17…. '打倒帝國主義同盟'을 (약칭 'ㅌ·ㄷ') 조직했다고 한다. 북한은 "우리나라에서의 최초의 참된 공산주의적 혁명 조직… 우리나라 혁명의 새로운 출발을 고하는 역사적 선언"으로 선전해왔다. 그러나 그런 조직은 실제로는 존재한 일이 없다.

(2) 1926. 12. 15 … '새날少年同盟'(撫松). "조선에 있어서의 최초의 혁명적 소년 조직"을 만들다. 이것은

상의 성장 과정, 그리고 공산주의 운동의 출발에 관하여 실로 방대한 분량의 저작들을 출판해 왔다.

이 과정에서 서술의 내용, 날짜, 구체적 사건 등은 지금까지의 시대적 변천에 부

과장은 되었지만 사실이다.

(3) 1927. 5. 8 吉林市 內 조선인 유학생들의 친목단체였던 '조선인 여길(旅吉)학우회'를 '조선인 유길(留吉)학우회'로 개조하여 청소년들을 "반일투쟁으로 이끌었다"고 선전. 이런 '소년회'다 '학우회'다는 모두 實在한 것들이었으나 김일성의 지도하에 있었다는 것은 과장이다.

(4) 1927. 12 (16세) … 무송(撫松)에서 '白山 靑年同盟'(실제로 존재했다)을 조직하여 "백두산 주변지대의 광범한 청년들을 결집시켰다."고 한다. 이러한 청년조직들은 단지 청년운동단체에 머무른 것이 아니라 "조선혁명의 승리의 앞길을 여는 선구적 역할을 수행하는 혁명조직"이라는 것이 "主體時代"에 와서의 선전이다.

(5) 1930. 6(19세) … 김일성은 '가륜'에서 "공산주의 청년동맹"과 "反帝靑年同盟"의 지도급 성원들을 소집하였다. 여기서 그가 조선혁명의 기본임무를 논했을 때, 혁명의 성격을 "반제-반봉건적 민주주의 혁명", 즉 *부르죠아* 혁명도 사회주의 혁명도 아닌 "새로운 型의 민주주의 혁명이라고 규정했다"(앞의 白峰文庫, pp. 36~37)는 것이다. 이러한 설명은 물론 해방 후 특히 한국전쟁 후 북한에서 실시한 김일성의 정책노선은 소년 김일성이 만주시절 때에 벌써 확립하고 있었다는 그의 예지를 입증하기 위해 날조한 것이다.

(6) 1930. 7. 6 … 김일성은 孤楡樹에서 '공산주의 청년동맹'과 '반제 청년동맹'의 中核들로써 "조선혁명군"을 결정했는데, 이것은 한일무장투쟁의 "조직 준비"를 위한 "조선공산주의자들의 최초의 혁명적 무장조직이며, 항일무장투쟁을 준비하기 위한 정치적-半군사적 조직"이었다고 설명한다. 그러나 당시 만주에는 "조선혁명군"이라고는 단 하나 민족주의 '조선혁명당'의 黨軍인 '조선혁명군' 밖에 없었다. 이 문제는 곧 뒤에서 재론하겠지만 김일성의 "조선혁명군" 운운은 완전한 虛言이다. *코민테른*의 1國 1黨 원칙(1928년 여름에 채택)이 발표된 후 朝共의 3개 "滿洲總局"들은 모두 1930년 3월부터 6월경까지에 '中國共産黨'에 흡수되었으며 黨 조직들도 그 산하 청년단체-사회단체들도 소멸하고 말았다. 그런데 이들이 어떻게 회의를 소집했다는 것인가?

(7) 1931. 12(음력으로는 11월) … 김일성은 延吉縣 明月溝에서 黨 및 '共靑 간부회의'를 소집하고 자기가 이미 수립한 항일 무장투쟁의 전략적-전술적 방침에 따라 유격전의 형식을 기본으로 하여 싸우는 "反日 인민유격대"들 소식하고, '遊擊 根據地'를 창설할 것을 강조했다고 주장한다. 이때에는 물론 "인민 유격대"의 조직을 논할 만한 조선 공산주의자들의 '黨-共靑 간부회'라는 것은 모두 '중공당 만주성위'에 합류해 있었기 때문에 존재할 수도 없었다. 항일 유격전의 방침은 물론 김일성의 독창이 아니라 '만주사변'이 돌발하자 '중공 만주성위'가 특히 강조하고 시행한 무력투쟁 방법이었다. '사변'이 일어나자 '중공 만주성위'는 몇 차례나 항전의 "결의"를 통하여, 농촌에서 유격대를 창건하여 유격전쟁을 진행시킬 것을 지시했던 것이다.

(8) 1932. 4. 25. 김일성은 安圖에서 드디어 '反日 인민유격대'를 창건하고 遊擊區를 건설하면서 본격적인 유격전을 벌였다고 선전한다. 북한의 黨 선전원들은 격찬하기를 "유격구에서 그렇게도 장기간 펼쳐낸 영웅적 투쟁, 그것은 김일성 주석의 지도하에 조선인민이 그 영광스러운 혁명의 역사에 새겨 놓은, 하나의 불멸의 영웅 敍事詩다"라고 감탄하고 있다(앞의 白峰文庫, p. 86). 이 '安圖 유격대'의 역사를 그들이 어떻게 왜곡했는지는 이하에서 뒤에 곧 설명할 것이다.

(9) 1934. 3 … 유격대가 성장-강화되어 감에 따라, 그 조직체계를 재편성하여 "조선인민혁명군"으로 바꾸었다고 주장한다(앞의 책, p. 139.) 이 허구에 관해서는 뒤에 가서 계속하여 논할 것이다.

합되도록 계속하여 개작, 개찬(改竄), 수정, 삭제, 날조, 창작해 왔기 때문에 어디까지가 사실이며, 어디까지가 허위인지를 분별하기 어렵게 만들었다. 그렇지만 역사적 진실은 어떠한 방법으로도 오래 동안 숨겨둘 수는 없는 것이다.

동만에서의 일본군과 중공유격부대와의 전투는 치열했다. 앞에서 언급한 동장영은 '동만특위'의 다른 책임자들과 함께 일본군과 심산유곡(深山幽谷) 지대에서 사투를 벌였는데 그중 널리 알려진 싸움이 1933년 3월의 '소왕청(小汪淸)('동만특위'의 소재지) 전투'였다. 이 싸움은 '소왕청 유격전'에서 일본군이 "토벌"을 물리친 한 판의 방어전(防禦戰)이었다. 김일성 우상화가 절정에 올랐을 때 평양의 당(黨)선전원들은 이 '소왕청 전투'에서 21세 되던 김일성의 "반일(反日)인민유격대"는 4백여명의 적을 소멸하는 대승을 거두었다고 예찬(禮讚)하고, 이 승리의 원인을 김일성의 "현명한 영도력" 및 '반일인민유격대'가 불패의 "혁명무력으로 강화 발전"된 점에 있다[550]고 사실을 날조하고 있다. 그러면 '반일인민유격대'는 언제 어떻게 창건되었다는 것일까. 『김일성동지략전』(1972년)은 다음과 같이 주장하고 있다.

> …김일성 동지께서는…드디어 1932년 4월 25일 안도[安圖]에서 조선혁명군 성원들과 공청[共靑] 및 반제청년동맹의 핵심들을 골간으로 하여 선진적 로동자, 농민, 애국청년들로 조선인민의 첫 *맑스-레닌*주의적 혁명무장세력인 '반일 인민유격대'(항일 유격대)를 창건하시었다.[551]

그런데 근년 '중국공산당'의 사서(史書)도 '안도(安圖) 유격대'가 조직된 것은 1932년 4월 25일이라고 증언하고 있다. 그러나 그 내용은 북한의 설명과는 다르다. 즉, 안도에서 유격대 창건이 진행된 것은 이에 앞선 1931년말에서 1932년 초이다. 이 무렵 농촌 일대에서는 '소년선봉대(少年先鋒隊)'와 '공인적위대(工人赤衛隊)' 등이 조직되어 많은 청소년들을 반일 골간(骨幹)으로 양성, 훈련하고 있었다. 1932년 3월 '중공공청단(中共共靑團)' '동만특위'는 안도현 월명구(明月溝)에 김일성을 파송하여 군중을 동원, 항일무장대를 조직케하고, 이와 함께 주변 농촌(대-소 사하 大-小沙河)

---

550) 조선로동당 중앙위원회 역사연구소, 『조선로동당사』 1, 1979년판, 돌벼개(서울), p. 111. 小汪淸전투에 대한 北韓의 오락가락하는 날조 확대작업의 자세한 분석은 許東粲, 『金日成評傳』(續), 北韓硏究所, 1988년, pp. 235~241 참조.

551) 『김일성동지약전』, 조선로동사출판사, 1972년, p. 88

에서는 하나의 반일 별동대(別動隊)를 만들었다. 그 주요 성원은 차광수(車光洙), 이영배(李英培), 김철희(金哲熙) 등이었고, 그들이 조직의 핵심이었다.

'중공당'의 사서(史書)에는 '조선혁명군'이니 '반제청년동맹'이니 하는 등의 이름은 찾아볼 수 없다. 그 후 대오가 확대함에 따라 그해 4월 25일 소사하(小沙河)에서 정식으로 '안도 유격대'라는 조직이 창건되었던 것이다. '안도 유격대'에는 3명의 공청단원(共靑團員)이 들어있었는데, 이들은 곧 당원이 되어 당(黨)지부와 공청단 소조(小組)를 조직했다. 이영배는 '안도 유격대'의 대장직과 당(黨)지부서기를 맡았다고 '중공당'측은 구체적으로 기록하고 있다.[552]

이때 김일성은 안도에 자기를 파송하여 항일 무장조직을 만들게 했던 '공청단동만특위(共靑團東滿特委)' 또는 '중공 만주성위' 소속 '공산청년단'의 조직원일 수밖에 없었다. 왜냐하면 1932년 3월 당시 만주에는 이것 외에 다른 어떠한 공산청년단 조직도 존재하지 않았기 때문이다. 이런 사실은 김일성이 1932년 3월 안도현에 오기 전에 이미 '중국공산당' 조직에 소속되어 있었다는 것을 의미한다.

제3절 김일성의 사칭(詐稱) : '조선혁명군' - 역사의 허구화(虛構化) 계보의 시작

북한의 당(黨) 선전원들은 이러한 사실들을 애써 숨기고, 위의 '안도유격대'는 '중공 동만특위'의 산하 조직이었다는 사실은 일체 감추고, 김일성 자신이 "창건"한 "위대한 주체사상을 지도적 기치(旗幟)로 하는 불패의 혁명 무력"이라고 선전해 왔다. 위에서 살펴본 대로 북한의 당(黨)선전원들은 1932년 4월 25일 안도에서 "조선혁명군 성원들과 공청(共靑) 및 반제(反帝) 청년동맹 핵심들을 골간으로 선진적 노동자, 농민, 애국 청년들로 항일유격대를 창건하시였다"고 쓰고 있다. 그들은 여기서 "조선혁명군 성원"들을 거론하고 있지만, 당시 실재한 진짜 '조선혁명군'은 단 하나[553], 민

---

552) 앞의 『東北抗日聯軍鬪爭史』, p. 94.

553) '朝鮮革命黨'의 黨軍으로써 '朝鮮革命軍'이 조직된 것은 1929년 12월이었다. 1930년 8월에 개최된 黨집행위원회는 혁명군을 5개 중대(한 중대의 군인 수는 약 30명)로 편성했는데 이때 미리 침투해있던 ML派, 공산주의 동조자 李鍾洛이 제5중대장이 되어 '국민부'-'조선혁명'을 내부로부터 파괴하여 말살한 후 그

족주의 계 '조선혁명당'(위원장 고이허 高而虛)의 무장부대인 "조선혁명군"뿐이었으며 이것은 양세봉(梁世=瑞鳳)을 총사령(1894년 생. 김일성보다 18년 연상)으로 하고 있었다.

역전의 용사들인 '조선혁명군' 성원들이 아득한 후배인 김일성의 "반일인민유격대"의 골간의 일부가 되었다는 주장은 실로 어이없는 거짓말이다. 그렇다고 하여 그의 자칭 '조선혁명군'의 문제는 일소에 부칠 가벼운 문제가 아니다. 왜냐하면 김일성은 '조선혁명군'이란 "우리나라에서 처음으로 되는 *맑스-레닌*주의적 무장조직이었다[554]"고 하면서 그 허구성을 진실로 절대화하여, 한국공산주의 운동의 뿌리로 삼으려 하고 있기 때문이다.

이 허구를 진실로 만들기 위하여 김일성은 자신의 『회고록』에서 자기들의 '조선혁명군'은 1930년 7월 6월 고유수(孤楡樹)에서 결성되었으며, 그 기본적 성격은 "항일무장투쟁의 개시를 준비하기 위한 조선공산주의자의 정치-반(半)군사조직"이었다고 규정하고, 결성의 과정을 장황하게 설명했다.[555] 그리고는 "어떤 역사가들 가운데는 국민부('조선혁명당')가 만들어낸 조선혁명군과 우리가 고유수에서 조직한 동명(同名)의 조선혁명군을 혼동하는 사람들도 있다"고 주장함으로써 자기의 허언을 변호하려했다. 즉 "국민부가 만들어 낸 조선혁명군 성원들 중에서 적지 않은 사람들이 우리 혁명군에도 망라된 것만큼 그렇게 추리하는 것도 무리는 아니다"[556]라고 슬쩍 넘어가려 했다.

김일성의 말로는 자기들이 "조선혁명군"을 결성할 때 명칭을 놓고 많은 논의가 있었고 많은 안(案)들이 나왔다는 것이다. 그때 '국민부'가 내온 '조선혁명군'이란 이름을 그

휘하 세력을 중국공산주의 혁명운동에 합류시키려는 계략을 꾸미고 있었다. 그와 행동을 같이 하고 있던 '국민부' 내의 '反국민파'는 車光洙, 玄正卿, 高豁信, 李 雄 등이었다. 이들 '反국민부파'와 '국민부' 지지파(민족주의자들)간에는 치열한 유혈 투쟁이 벌어졌다. 패배한 '反국민부파'는 축출되어 남만 각지로 도주했다. 이들은 곧 '조선혁명군'의 이름을 그대로 이용하여 "조선혁명군 특무제1대"니, "조선혁명군 吉江省 지휘부"니, 또는 1931년 11월부터는 '재만 조선혁명군 사령부'니 하는 이름으로 공산주의 선전을 일삼았다. 이때에 그들이 사용한 "조선혁명군"이란 '국민부'계의 '조선혁명군'과는 무관한 詐稱에 불과했다. 李鍾洛 일파의 자칭 "朝鮮革命軍"에 관한 자세한 분석은 許東粲, 『金日成評傳』, 北韓硏究所 발행, 1987년, pp. 337~344 참조.

554) 『김일성저작집』 제1권, 평양, p. 51.

555) 김일성 『세기와 더불어』 2, 조선로동당 출판사, 1992년, p. 75.

556) 같은 책, p. 76.

대로 "이용"(즉, 도용)하여 우리군(軍)의 이름을 조선혁명군으로 해야 한다고 그들을 설복한 것은 자기였다고 말했다. 이 말로 그는 자기의 '조선혁명군'이 국민부의 '조선혁명군'의 위장이었다는 것을 고백했다. 그리고는 그 책략성(策略性)을 털어놓았다.

> …≪ㅌ·ㄷ≫('타도 제국주의 동맹'의 약칭)를 결성할 때에도 민족주의자들의 신경을 건드리지 않기 위하여 공산주의 냄새가 나는 말을 붙이지 않고 타도 제국주의 동맹이라고 달았는데 우리가 조직하는 군대도 조선혁명군이라는 외피를 쓰고 있으면 민족주의자들의 눈에 거슬리지도 않고 활동상 편리할 것이라고 하였다. 조선혁명군이라는 외피를 썼기 때문에 그 후 우리군은 실지로 활동에서 많은 덕을 보았다.[557]

김일성의 그런 '조선혁명군'에 대한 설명은 요컨대 하나의 '혁명사기극' 이었음을 실토한 것이다. 한편 김일성의 '조선혁명군'이란 것이 조선공산주의자들이 항일투쟁에서 그렇게도 중요한 위치를 차지하는 것이었다면 1961년(제3차 전당대회에서 김일성 우상화가 체계적으로 조직되기 시작) 이전에는 북한의 어떤 당(黨)문서, 이를테면 1952년 4월 10일자 『김일성동지략전』(『로동신문』에 게재), 1959년 판 『조선민족해방투쟁사』, 1961년 판 『조선통사(중)』들에서 일언반구 말이 없었다. 심지어는 2,670개 항목을 망라한 1970년 판 『김일성동지의 로작색인』에도 '조선혁명군'이란 것은 들어있지 않다.

청년 김일성이 '조선혁명군'에 가담하여 활동했다고 맨 처음에 말한 조선인은 만주에서 김일성의 지기였던 최형우(崔衡宇)였다. 그는 해방 직후 남한으로 귀국하여 1946년 2월 서울에서 『해외 조선혁명군 소사』라는 저서를 발간했다. 그는 제1집에서 간단히 '주선혁명군'에 관하여 기술한 바 있다. 즉 "본군(本軍)은 이종락(李鍾洛), 장소봉(張小蜂), 김성주(金聖柱)(후일의 김일성), 차광수(車光洙), 김 혁(金 赫), 최효을(崔孝乙) 등 청년 투사들을 망라하여 길림성 이통현(伊通縣)을 중심으로 활동을 개시하였다.… 그런데 동 군(軍)의 간부 이종락, 장소봉이 장춘(長春) 일경(日警)의 손에 체포되어 신의주 형무소로 호송되자 동 군의 운동은 중지되었다. 때는 1928년 동(冬)이었다"고 기록하고 있다.[558]

---

557) 같은 책, p. 77.

558) 崔衡宇, 『海外朝鮮革命運動小史』(제1輯), 東敎化史(서울), 1946년, p. 30.

한편 '국민부'가 조선혁명당'과 그 소속 군대로 '조선혁명군'을 조직한 것은 1929년 12월이었다. 그렇다면 이것은 이종락을 선두로 하고 그 밑에 김일성(16세)이 참가하고 있었으며 벌써 1928년 겨울에 괴멸했다고 하는 '조선혁명군'과는 별개의 것인가. 그런데 1928년이라는 연도는 저자 최형우의 착오였으며 '조선혁명군-길강(吉江)지휘부'를 자칭하던 이종락 부대가 최후로 괴멸한 것은 1931년 1월 28일, 그들이 장춘 역두에서 일본경찰에 체포된 때였다.[559] 그들은 '조선혁명군 길강지휘부'를 '재만 조선혁명군 사령부'라고도 불렀는데, 이것은 민족주의 계 '국민부'의 '조선혁명당'과는 전혀 무관했을 뿐 아니라 상호 적대적이었다. 그런데 최형우는 앞의 저서에서 이종락의 '조선혁명군'의 활동에 대해서는 하등 설명이 없고 양서봉(梁瑞鳳) 총사령의 통솔하의 '조선혁명당' 소속 '조선혁명군'의 영웅적 항전에 관하여서는 몇 면을 할애하여 기술했다.[560] 또한 이종락의 소위 "조선혁명군 길강 지휘부"와 양서봉의 '조선혁명군'과는 어떤 관계에 있었는지에 대해서도 전혀 설명이 없다.

이종락은 처음에는 민족주의자들의 재만(在滿)독립운동에 투신하여 '정의부(正義府)'와 그 뒤 '국민부'의 무장대오(武裝隊伍)에서 중대급 부대의 지휘를 맡았던 사람이다. 그러나 시대의 추세에 밀려 1930년 8월 '국민부'가 민족주의와 공산주의로 갈라지면서 최종 분열을 향하여 달리고 있을 즈음, 그는 '조선혁명당' 집행위원회에 의하여 '조선혁명군' 제5중대장에 선임되었다.(1930. 8. 8) 이종락은 '국민부'를 탈퇴하면서 거꾸로 그 타도(打倒) 운동에 나섰다. '국민부'를 탈퇴한 이종락은 만주 땅을 방황하던 공산주의자, 또는 '국민부' 이탈파(離脫派) 등을 규합하여 1930년 8월 *하얼빈*-장춘의 중간지점인 도뢰소(陶賴昭)에서 '조선혁명군 길강지휘부'란 것을 조직하고 그 총지휘를 맡았던 사람이다.

이것은 유령단체는 아니었지만 하나의 군사*써클*에 불과했다. 이종락은 '국민부'('조선혁명당') 산하의 '조선혁명군'을 국민부로부터 이탈시켜 이들을 "전 중국의 계급적 통일적 적군기관"[561], 즉 쉽게 말하면 '중국공산당' 휘하 군대에 편입시키는데 이들의 임무가 있었던 것이다. 김일성은 '중공 동만특위' 소속의 '안도(安圖)유격대'를

559) 日本 關東廳編, 『關東20年史』, p. 901.
李命英, 「日帝의 滿洲侵略과 反滿抗日運動」, 『成大論文集』18輯(1973), p. 92.

560) 같은 책(第2輯), pp. 52~64 참조.

561) 「朝鮮革命黨吉林指揮部 宣言」. 앞의 『現代史資料』 29, p. 729.

자기들의 '조선혁명군'의 성원들을 골간(骨幹)으로 하여 조직한 기초 위에서 마치 자기가 창건한 것처럼 주장했다. 그리고 그 이름도 뒤에 와서 '반일인민유격대(反日人民遊擊隊)'라고 바꾸어 불렀다. 당시 세간에서는 '중국공산당 만주성위' 휘하의 이 공산유격대를 '항일유격대' 또는 '반일유격대'라고도 했다.

이렇게 김일성은 자기가 소속했던 '중공당' 산하 유격대의 이름을, 만주의 한국민족주의자들로부터 도용하여 '조선혁명군'이라고 사칭(詐稱)했던 것이다. 이 허구의 군사조직은 그의 "항일무장투쟁" 경력에서 첫 번째 신화가 되었다.

제5장

김일성의 "항일무장투쟁"

– 그 실화(實話)와 신화(神話)

제1절 '중공당' 산하 '항일유격대' 가담

김일성이 해방 이후 공식적으로 처음 대중 앞에 데뷔한 것은 1945년 10월 14일 평양 공설운동장(당시의 이름)에서 있은 '김일성장군환영 평양시민중대회'에서의 일이었다. 1958년도 판 『조선통사』(하)는 그의 입국에 관하여 "…15개 성상의 긴 세월을 두고 항일무장투쟁을 전개하여 온 조선인민의 영도자 김일성 원수는 그의 전우들과 함께 소련군대와 협력하여 원수들을 격멸한 후 고국에 개선하였다"[562)]라고 쓰여 있다. 그리고 1962년도 판 『조선근대조선혁명사』에 의하면 그는 "조국의 해방과 함께…조선인민혁명군을 영솔하고 해방된 조선인민의 절대한 환호를 받으면서 고국에 개선하였다"[563)]고 한다. 앞의 기록, '그의 전우'들이 뒤에 와서는 '조선인민혁명군'으로 바뀐 것이다. 그러나 김일성이 했다는 부대는 흔히 '항일유격대'라는 이름으로 불리웠다.

북한의 기록들은 이렇게 그의 귀국을 지극히 감동적으로 묘사하고 있지만 그가 어디서, 언제, 어떤 경로를 통하여 귀국했는지를 그 후 60여년이 지난 지금까지 공표하지 못하고 있었다. 그 까닭은 그의 경력을 자세히 사실대로 밝힌다면, 그의 '민족적 영웅', '절세의 애국자', 뒤에는 '위대한 주체사상의 창시자'로서의 영상에 금이 갈 것을 우려하는 때문이다.

해방 직후 북한에서는 한설야(韓雪野) · 한재덕(韓載德) 등에 의하여 김일성의 항

562) 『조선통사 하』(평양, 1958년) p. 6.

563) 『조선근대혁명사』(평양, 1962년) p. 423.

일유격전을 찬양하는 여러 권의 간략한 책자들이 출판되었다. 이것들은 김일성 자신의 단편적 구술과 관계자들의 진술을 근거로 하여 창작한 것들이었다. 그러나 이 아주 초기의 책자들에서는 "조선인민혁명군(朝鮮人民革命軍)"이라는 이름을 한두 번 잠시 사용했지만 뒤에는 찾아볼 수 없다. 일제관헌의 조사기록, 소련과 '중국공산당'의 출판물들에서도 그런 것은 전혀 나타나지 않고 있었다. 왜냐하면 "조선인민혁명군"이란 역사상 존재한 일이 없었기 때문이다.

6·25전쟁이 가열하게 진행되고 있던 1952년 4월 10일자 ≪로동신문≫은 『김일성장군의 략전』(이하 『장군략전』)을 실었는데, 이것은 북한에서 당 기관지가 발표한 최초의 공식적 김일성 전기였다. 그렇기 때문에 그 내용은 진부 여하를 막론하고 중요시 된다. 그리하여 이하에서는 앞에서 이미 설명한 바와 중복되는 부분이 있지만 그대로 두기로 했다. 「장군략전」에서는 그가 1912년 4월 평남 대동군 만경대에서 김형직의 아들로 출생했다는 것, 14세 때 아버지를 찾아 중국 동북지방(만주)으로 가서 길림(吉林) 육문중학(毓文中學)에 입학했다는 것 등의 소년시절의 이력을 들고 있다. 이에 대해서는 별로 문제될 것이 없다.

그런데 김일성은 재학 당시인 1926년에 '공산주의청년동맹'(이하 '공청')에 가입했다는 것, 이 때문에 1928년에는 길림감옥에 투옥되었다는 것, 출옥 후 그는 이 중학을 졸업하고 '공청' 동만 특별구 비서가 되어 비밀활동을 했다는 것, 그리고 1931년에는 '공산당'에 입당했다는 것 등에 대해 썼다. 그러나 그러한 「장군략전」의 기록에는 많은 의문점이 제기되어 왔다. 1926년, 즉 그가 14세 되는 때에 '공청'에 가입했다고 하지만, '조선공산당'과 '중국공산당'의 당 규약에 의하면 14세의 소년이 그런 동맹에 가입했다는 것은 연령상 불가능하다는 것이 이미 논정되었다.

한편 육문중학을 졸업한 그는 '공청' 동만특별구(東滿 特別區) 비서가 되었다고 하지만, 동만 특별구의 전(前)간부 명단에는 김일성이란 이름은 들어있지 않았다는 사실에 의하여 벌써부터 이러한 주장은 거짓이었다는 사실이 논증되고 있었다.[564] 그리고 그는 1931년에 '공산당'(국명은 못 밝히고 있음)에 입당했다고 하지만, 당시 만주의 조선공산당 조직은 *코민테른*의 1국 1당 원칙에 따라 모두 해체되고 당원들은 '중국공산당'에 흡수되어 존재하지 않았음으로, 그가 '공산당'에 입당했다면 그 당은

564) 金俊燁·金昌順 共著, 『韓國共産主義運動史』 5, 청계연구소출판부, 1986년, pp. 58~60.

'중국공산당'일 수밖에 없다는 것도 오늘날에는 하나의 상식으로 되었다.

이상의 『장군략전』은 기록하기를 1930년 이후 김일성은 유격대 투쟁의 선봉에 서서 항일투쟁을 시작했고, "1932년에 이르러 장군의 유격대는 장백산(長白山) 일대와 송화강(松花江) 일대에 유격근거지—해방지구를 창설 확대하는데 성공하였다"고 마치 웅장한 투쟁이나 한 것처럼 되어있다.[565] 그러나 당시의 만주는 이미 일본관동군(日本關東軍)의 장악하에 있었음으로 그와 같은 대규모의 무장투쟁이 성공하고 있었다면 그것은 그들의 치밀한 조사기록에 자세하게 들어있었을 것이 당연하지만 들어있지 않았다. 따라서 김일성이 했다는 유격대투쟁은 그 자신의 독자적인 것이 아니라 '중국공산당' 지도하에서 한 소규모 유격투쟁이 아닐 수 없다. 김일성의 만주에서 항일무장투쟁은 만주(동만)에서 '중국공산당' 산하 유격대에 시작되었고, 중공의 '동북인민혁명군' 그 후신인 '동북항일연군'에서 끝났다.

한편 「장군략전」에서 중요한 대목은 김일성이 1934년에 이르러 '동만항일유격대'와 '남만항일유격대를 통합하여 '조선인민혁명군'을 창설[566], 이것이 사실이라면 그는 적어도 해방 직후에는 그 내용을 밝혔어야 했다고 하는 설명이다. 그 이듬해인 1935년 5월 5일에 '조국광복회(祖國光復會)'를 조직하고 그 회장에 추대되었다고 「장군략전」은 기술했다. 그러나 이 기록은 왜곡이다. 김일성은 그 회장도 물론 아니었으며 발기인에도 끼지 못했다. 그 진실에 관해서는 본장 제4절에서 보다 자세히 논의하고자 한다.

'조국광복회'에서 가장 큰 역할을 한 사람은 오성륜이었다. 오성륜은 '중국공산당'의 한인 당원으로서 '중공당' 유격대인 '동북항일연군(東北抗日聯軍)'의 군관급 간부였다. 일제 관헌의 기록에 의하면 오(吳)는 1936년 10월 '중공당 만주성위원회 동만특별위원회' 지도하에 있던 '동북항일연군' 제2군 정치주임이란 요직에 있었다고 한다.[567] 그리고 그는 김일성 등에 지령을 내려 '在滿 韓人祖國光復會'의 長白山工作委員會를 조직케 했다고도 한다. 당시 김일성은 이 유격대의 제2군 제3사장(師長)(뒤에는 제1~2군이 개편됨에 따라 제6사장)으로 등장했다는 기록이 있다.[568] 이 유격부대

---

565) ≪로동신문≫ 1952년 4월 15일자.

566) 李羅英, 앞의 『朝鮮民族解放鬪爭史』(日記), p. 411.

567) 滿洲國における最近の共産主義運動に就いて, 「思想硏究材料特輯」, 1940年 p. 24에 의거.

568) 김일성은 1936년 2월~8월 사이에 抗日聯軍 제2師長, 제3師長, 제6師長이 되었다. 앞의 「東北抗日聯軍鬪

는 '동북인민혁명군'의 후신이었다. 중공 측의 『동북항일열사전』에 의하면 '동북인민혁명군'은 1933년 9월 18일 일본군의 만주침략, 즉 일제의 소위 '만주사변' 2주년 기념일 당시 '중국공산당 만주성위원회'(만주당부)의 반일 무력무대로 '동북인민혁명군' 제1군 제1독립사의 성립을 정식으로 선언했을 때로 그 기원이 소급된다.[569)]

제1 독립사(第1 獨立師)의 총병력은 3백여명이었으며 양정우(楊靖宇)가 사장(師長) 겸 정치위원을 담당했다. 그리고 1935년 8월 1일, 항일통일전선의 조직을 요구한 '중공당 중앙'의 세칭 '8·1 선언'에 호응, '동북인민혁명군'은 그 밖의 각 항일 무장부대와 통합하여 '항일연군'으로 개편되었다. 이때에 '동북인민혁명군' 제1군은 '동북항일연군' 제1군으로 개편되었으며, 종전대로 양정우가 '군장(軍長)' 겸 '정치위원(政治委員)'을 맡았던 것이다.

이렇게 하여 '동북항일연군 제1로군'은 성립되었다. '제1로군' 기본부대는 6천여명에 이르렀고, 제1로군의 지휘를 받는 항일 무장부대의 수효는 약 1만명에 이르렀다는 것이 '중공당' 측의 기록이다.[570)] 이 '중공당' 측의 기록은 과거 일제의 조사기록과 거의 일치한다. 당시 '중공당'의 이 기록은, '항일연군 제1로군'에는 많은 조선족 병사와 각급 지도간부들이 있었으며 "정우(靖宇)동지는 조선족 전우를 대단히 중시하고 애호했다"[571)]고 쓰고 있다. 그러나 그 뒤 부하 간부였던 김일성에 대해서는 어디에도 일언반구 말이 없다.

김일성이 정확하게 언제부터 만주에서 항일유격전에 가담하였는지는 명백치않다. 1949년 판 『조선민족해방투쟁사』(조선역사편찬위원회 편, 평양)에서는 1956년 "반당반혁명분자(反黨反革命分子)"로 낙인 찍히고 숙청된 최창익(崔昌益)은 김일성이 1931년 항일무장 유격대를 직접 조직하고 지휘했다[572)]고 쓰면서 "장군의 *빨치산*부대는 1931년 창건이래, 바로 고립무언 속에서 강대한 일본군대를 상대로 8·15해방까지 15년간 *빨치산* 투쟁의 기록적 역사를 가지게 되었다"[573)]고 과장하여 찬양했다. 즉

爭史」, p. 249, p. 259.

569) 黑龍江省社會科學院地方黨史研究所 東北烈士紀念館 編, 『東北抗日烈士傳』 第一輯, 1980, p. 57.

570) 위의 책, p. 57.

571) 위의 책, p. 58.

572) 이 1949년판 『朝鮮民族解放鬪爭史』에 들어있는 최창익의 논문 「日本帝國主義의 大陸侵略鬪爭의 行程에 있어서의 反日鬪爭」(日譯版) p. 311.

573) 위의 책 p. 320.

1931년을 김일성의 항일유격전의 기점(基点)으로 잡고 있었다. 그러나 최창익은 김일성의 부대가 '중공당' 산하의 '동북항일연군' 소속이었음을 공언하지는 못하고 다만 다음과 같이 시사하는데 그쳤다.

> 그러나 만주 각지에서 연속하여 일어난 인민무장유격대의 활동은 필연적으로 항일무장 통일운동을 제기하여 1935년에는 전 만주에 이르는 항일연군의 통일적 조직체를 가지게 되었으며 장백산맥과 송화강 유역에는 장기적인 항일 무장근거지가 설정되었다.[574)](방점은 필자)

요컨대 이러한 유격대 활동은 김일성이 단독으로 한 것이 아님을 암시함으로써 그 후의 북한의 역사기록을 미리부터 부인했다. 그는 김일성의 '조선인민혁명군'에 관해서는 언급조차 하지 않았다. 나아가서 그는 연안파(延安派)계의 '조선의용군'의 투쟁을 내세움으로써 일제하 공산주의자들의 항일무장투쟁이 김일성의 독점물이 아니었다는 사실을 다음과 같이 간접적으로 주장하였다.

> …동시에 김일성장군의 무장유격부대는 화북(華北)에서의 〈'조선독립동맹'계〉의 조선의용군과 더불어 조선인민이 낳은 유일의 항일 무장대오(武裝隊伍)로서 일제에 직접적인 타격을 주었을 뿐만 아니라, 해방 후 조국보위의 성새(城塞)로서 조선인민군대의 근간이 되었다.[575)]

1930년대 당시의 자료들에 의하면 김일선(金日善)이란 인물이 있었다. 그는 1934년 5월에 조직된 '중공당 동만특별위원회' 휘하의 '동북인민혁명군' 제2군 제2독립사 소속 정치위원이었다. 바로 이 사람이 김일성이었음을 시사하는 학자도 있었다.[576)] 그리고 '동북인민혁명군'의 후신인 '동북항일연군'에서 김일성은 제1로군 제2군 제3사

---

574) 위의 책 p. 319.

575) 위의 책 pp. 320~321.

576) *스칼라피노*·이정식 공저『한국공산주의 운동사』 I, 돌베개, 1986, pp. 281~262. 영어원서는 Robert Scarapino and Chong-Sik Lee, *Communism in Korea* I Princeton University Press(1972).
金俊燁·金昌順, 앞의 책 p. 42에는 金日善이 金日成이었다 라는 시사는 없다. 한편 徐大肅에 의하면 당시 金日成은 처음에는 第2軍 第2獨立師 제1團 제3지대 戰士였는데 계속 진급하여 나중에는 第 6 師長의 지위에 올랐다고 한다.(서대숙,『김일성』, 서울 1989, p. 20.(영어원서는 *Kim Il Sung : the North Korean* Dae-Sook Suh, Lader, Columbia University Press, 1988)

장(뒤에 6사장) 또는 제1로군 제6사장이었다는 기록에는 많은 연구가 일치한다. 그가 항일유격전에 참가한 시점에 관해서는 해방 직후부터 오늘까지의 북한 출판물에서도 일치하지 않지만 1932년경부터로 추단된다. 그의 '동북인민혁명군'–'동북항일연군' 경력은 그의 과거를 연구하는 여러 학자들에 의하여 근 30년 동안 정력적으로 추적되어왔다. 그리하여 이제는 숨겨진 중요한 비밀이란 거의 없다.

'동북항일연군'은 피압박민족인 만주의 여러 민족은 단결, 일제와 싸워야한다는 목적에서 조직된 중국인과 한인들의 혼성 연합유격대였다. 만주는 구한말 이래로 한국 민족주의 독립운동의 활동무대였고, 1920년대에는 조선 공산주의운동의 해외 진지의 하나였다. 1926년에는 드디어 '조선공산당 만주총국'이 성립되었고 이것은 1930년 5월까지 존속했다. 1928년 *코민테른*의 '12월 *테제*'에 의하여 국내의 '조선공산당'이 사실상 해체상태에 들어간데다가 *코민테른*의 '1국 1당'원칙에 따라 만주 내의 '조선공산당' 조직은 1930년 봄까지 모두 소멸했기 때문에 이곳 한인 공산주의자들은 '중공당' 밖에는 택할 길이 없었던 것이다. 이것이 조선공산주의자들과 '중국공산당' 간에 맺어진 공적관계의 시초였다.

'중공당 만주성위원회'가 출현한 후 수다한 군소 항일단체가 만주 각지에서 속출했다. 그리고 1930년 '간도 5 · 30폭동'에 유발되어 항일 유격전은 본격적으로 전개되기 시작했다. 이어 1931년 '9 · 18만주사변'을 계기로 하여 동만 · 남만 · 북만에서 반일(反日)유격투쟁은 더욱 강성해갔고 많은 한인 청년들이 여기에 참가했다. 특히 동만과 남만에서 그러했다. 이 두 지역은 한인들의 밀집지대인 데다가 그 중에서도 동만(간도 · 연변, 지방)은 1920년부터 한인 무장독립투쟁의 책원지로 되어왔던 고장이다. 동민 · 남만의 한인들은 일제의 식민지 정책에 의한 압박과 수탈로부터 벗어나기 위하여 조국을 등지고 이 고장을 찾아온 사람들이었다. 따라서 이곳에서 반일운동–무력투쟁은 극히 자연스러운 추세였다

일제는 민족주의자, 공산주의자할 것 없이 반일 한인에 대해서는 잇따른 검거선풍, 물샐틈없는 수사, 잔혹한 대량학살로 탄압했다. 이에 비례하여 한인들의 대일 복수심과 투쟁의식도 강렬해졌다. 이러한 배경에서 '중국동산당'의 항일유격대조직은 확대되어 갔고 이것은 '동북항일연군'으로 이어진다. '항일연군' 제1로군 총지휘자였던 양정우가 이러한 반일 한인과 중국인의 단결을 얼마나 중대시했는가는, 그가 지

었다는 다음과 같은 '중·한민족연합가(中·韓民族聯合歌)'에서 엿볼 수 있다.

중·한민족 근로대중 친밀히 연합하여
우리들 더불어 일제와 싸워 나가자.
공동의 원쑤를 때려눕히고서만
비로서 우리들은 생존과 자유를 되찾는다.
......
굳게 단결하자 중·한민족이여!
뭉치면 살고 흐터지면 망한다.
원쑤들의 이간책(離間책)을 막아내면서
손에 손을 잡고 앞으로 돌격하자(打冲鋒)![577]

만주 한인들의 반일무력투쟁에서는 민족주의 진영과 공산주의 조직 사이에서 사상적 대립과 *헤게모니*상의 알력이 계속되었다. 상층부에서 더욱 그러했다. 그러나 하층부에서는 흔히 *이데올로기*적 분계선이 모호했던 때가 많아 혼란을 일으켰다. 이것은 다른 나라들의 민족운동에서도 마찬가지였다.

1920~30년대에 만주로 밀려들어온 공산주의 사조를 많은 사람들은 "새로운 진보적 사상"으로 믿고, *프롤레타리아트*의 계급투쟁의 진술에 따라 반제-반일운동에 투신했다. 그리하여 결국 '동북항일연군'으로 휩쓸려 들어갔다. 젊은 김일성도 사상과 조직상의 계보에서 볼 때 그런 사람 중의 하나일 수 있다.

제2절 '조선인민혁명군'의 조작

북한에 세운 김일성 우상화의 가장 웅대한 기둥은 그의 '항일무장투쟁'의 불멸의 영웅적 역사다. 그리고 그 중핵(中核)은 "조선인민혁명군"의 허구적 존재다. "조선인민혁명군"은 실로 김일성의 찬란한 혁명투쟁의 *알파*요 *오메가*다. 김일성 자신이 소속하여 싸운 '동북인민혁명군'의 이름을 따다가 꾸며낸 것이 바로 이 허구의 군대였다. 김일성은 해방 얼마 후인 1945년 9월에 은신처였던 *시베리아*로부터 만주를 거쳐

577) 앞의 『滿洲抗日烈士傳』 1, p. 58.

귀국하자 그의 선전요원들은 '조선인민혁명군'의 민족해방 투쟁사를 선전하기 시작했다. 이러한 중요한 정치 공작은 소련군정 당국의 허락을 받았거나, 그보다도 소련군정의 김일성 우상화 선전정책의 일환으로 진행되었을 것이다.

이것은 당시 *스탈린*의 위성국에서의 지도자 육성이 어떠했던가를 알고 있는 사람들에게 있어서는 하나의 상식이다. '조선인민혁명군'을 내세울 때, 북한의 각파 공산주의자들 사이, 또는 소련군정 당국 사이에서는 서로 간에 많은 논의가 있었을 것이[578] 틀림없다. 그리고 그 진원지는 *모스크바*에 본부를 둔 *코민테른*(1919~1943)이었다. 해방직후(6·25전쟁 이전) '조선인민혁명군'에 대한 비교적 상세한 설명을 시도한 사람은 윤세평이었다. 그는 1949년 9월에 발행한 자기의 한 논문에서 "김일성 장군의 항일무장 유격대는 북만일대에서 활약하고 있던 김 책, 최용건 등 동지들과 연계를 짓게 되고 남만의 양서봉부대 등을 통합하여 '조선인민혁명군'으로 무장통일을 완수하였다."[579]고 기술했다.

이러한 '조선인민혁명군' 창건 경위의 공식은 그 후 용어는 대폭 바뀌었지만 그대로 정착되어갔다. 그가 위에서 양서봉부대까지를 통합하여 "무장통일"을 이룩했다고 한 주장은 허위였다. 윤세평은 '조선인민혁명군'의 논문에서는 김일성이 '조선인민혁명군'을 언제 편성했는지 그 시기를 밝히지 못하고 있었다. 1952년 4월 10일자 「노

578) 해방 직후인 1945년 9월 이후 평양의 당 선전부 안에서는 김일성의 항일부대를 어떻게 부를지를 놓고 미묘한 차이를 보이고 있었다는 징조를 和田春樹(와다 하루끼)는 간취하고 있다.
즉 그에 의하면 당 선전부가 '연안계'(김창만)에 의하여 장악되어 있을 때는 중공당 식으로 "반일 인민 유격대", "인민혁명군" 등으로 불렀고, '소련계'(박창옥)의 손에 장악되어 있을 때는 일반적으로 "김일성 장군 *빨치산*부대"라고 표현했다는 것이다. 和田春樹, 『金日成と滿洲抗日戰爭』 1992, 平凡社, pp. 152~160 참조.

579) 尹世平 『一五 解放과 金日成 將軍의 抗日武裝鬪爭』 『歷史의 諸問題』 제11輯(1949. 9) p. 71
그러나 '조선인민혁명군'의 호칭문제는 '연안계'－'소련계'의 두 그룹의 대립을 유발하리만큼 심각한 편은 아니었다. 두 그룹은 아직은 같은 국제공산주의 진영 안의 '혁명동지'였다.
'조선인민혁명군'을 '중공만성위' 휘하의 '동북인민혁명군'과는 별도로 조직하라는 '지시'(또는 '건의')를 처음 내린 것은 *코민테른*이었다. 1935년 여름 위증민(魏拯民)은 *코민테른* 주재 '중공당' 대표로부터 *모스크바*로 오라는 연락을 받고 그곳으로 가서 '동북인민혁명군'과는 별개로 '조선인민혁명군'을 조직하라는 "지시"를 받았다고 한다. 당시 위증민은 '동북인민혁명군' 제2군의 정치위원이라는 요직에 있었다. 이상의 '지시'에 반대한 사람은 김일성이었다고 한다. 그는 강조하기를 지금은 투쟁 환경이 갖춰지지 않았기 때문에 분할을 강행하면 중-조 공동의 항일투쟁을 약화시키지 않을 수 없게 될 것이라고 역설했다는 것이다. 김일성의 이런 그의 발언이 받아들여져 '동북인민혁명군'은 군 편성을 종래대로 유지하게 되었다고 한다. 이상은 '중공당' 측 자료들에 의거한 *와다* 교수의 설명이다. 和田春樹의 앞의 책, pp. 152~153 참조.

동신문」에 발표된 그의 최초의 공식전기에서 비로소 그 시기를 1934년이라고 공개했다. 즉 "1934년에는 김일성 장군은 동만 항일유격대와 남만 항일유격대를 연합하여 '조선인민혁명군'을 만들어냈다."[580]고 북한은 이 부분을 보충하여 "동만 항일유격대를 핵심으로 동북지역(만주)에 활동하던 유격부대들을 통합하여 인민혁명군을 창건했다."[581]고 내용을 수정했다.

한편 '중공측'의 사서(史書)는 명기하기를, 그해 바로 3월 하순 '중공만주성위'의 "지시에 따라 동만 4현(연길, 화룡, 왕청, 훈춘) 유격대의 당시의 기초 위에서 '동북인민혁명군 제2군 제1독립사가' 편성되었다."고 밝혔다. 그리고 그해 10월 '동북인민혁명군'이 확대 개편될 때 김일성은 남창일(南昌一)이란 사람의 뒤를 이어 제3연대(=團)의 정치위원이었다고 기록하고 있다.[582] 이상의 서술에 의한다면 동만에는 '인민혁명군'이라는 동일한 부대 명을 가진 두 개의 공산유격대가 각각 별개로 조직되었다는 것을 뜻하는 바인데 그것은 있을 수 없는 일이었다.

결론부터 말한다면 김일성과 그의 전우들은 자기들이 소속해 있던 '중공만주성위' 산하의 유격대의 이름을 자기들의 부대에 부쳐 '조선인민혁명군'이라고 호칭했던 것이라고 판정할 수 있다. 그렇게 할 수밖에 없던 근거로는 동만-남만에는 한반도로부터의 많은 이주민이 도처에 널리 깔려있었다는 점, 동만 항일유격대의 경우 조선인 대원이 압도적 다수였고 간부 요직에는 조선청년들이 많이 들어있다는 점, 이들 조선인들은 항일혁명의식과 투지가 유달리 강인했다는 점, 일제에 의하여 조국에서 밀려났기 때문에 뼈저린 민족적 소외감(疎外感)에서 굳게 결속할 수 있었다는 점들을

---

580) 앞의 『金日成將軍 略傳』 p. 279.

위의 윤세평의 논문은 그의 개인적 연구만은 아니다. 이것은 유격전의 승리를 위하여 김일성 '조선인민혁명군' 창건 이전부터 1) 동만의 장백산과 송화강 연안 일대에다 혁명의 근거지 및 '해방지구'를 건설하는데 심혈을 기울였다는 것. 2) 유격투쟁을 지도한 당 조직을 "좌익 기회주의"의 사상적 지배로부터 빼앗다. "진정한 *맑스-레닌*주의자, 즉 김일성 일파의 혁명노선을 공고화하는 투쟁을 단행하였다는 것을 강조했다는 의미다.

이러한 주장은 '중공만주성위'의 '인민혁명군'의 정책을 김일성이 뒤따라가면서 갈아놓은 이데올로기 초석들이었다. 그리하여 3) 각 유격근거지-해방지구에서는 극좌적 *소비에트* 정부 노선이 광범한 통일전선에 입각한 인민정부의 노선으로 바뀌었다는 것이다. 이때의 '인민정권'을 해방 후에는 '인민민주주의 정권'으로 사후 수정했다. 이나영, 앞의 『朝鮮民族解放鬪爭史』 p. 406, p. 402 및 앞의 『조선통사』(중) p. 311, p. 327 참조.

581) 『조선통사』(중) 1958년, 평양, p. 320.

582) 앞의 『東北抗日聯軍鬪爭史』, p. 138.

들 수 있다. 그리하여 그들은 자기들끼리 사이에서는 스스로를 '조선인민혁명군'이라고 군호를 부쳐 불렀다는 것이다. 이것은 공산당의 민족의식과 관련되는 중요한 문제다.

김일성은 만년에 발간된 자기의 회고록 『세기와 더부러』(3)에서 만주유격대 시대의 전 혁명노선에 대하여 완곡하게 비판하는 태도를 보였다. 그는 술회하기를 1934년 3월 '반일 인민유격대'를 '조선인민혁명군'으로 개편하는 방침을 정식으로 제기한 것은 "우리"[김일성 일파]라고 하면서 다음과 같이 말을 계속했다.

> …… 초기에 동만의 일부 지역에서 반일 인민유격대를 공농유격대[노동자 · 농민의 유격대]로 명명한 것은 그 성격 규정에서 계급성의 일면을 지나치게 강조한 것으로 사회적 해방에 앞서 민족적 해방과 독립을 선차적인 과제로 내세웠던 우리 혁명의 성격은 물론, 중국공산주의자들이 동북혁명의 성격에도 맞지 않았다.[583)]

그러면 그 '조선인민혁명군'은 '동북인민혁명군'과 완전히 별개의 조직이라고 그는 강변했는가. 이 점은 모호하지만 그는 그렇게 단언할 수 있었다. 그리하여 그는 그럴사한 궤변을 농(弄)해야 했다.

－(다소 길지만 중요부분을 그대로 인용한다.)

> '조선인민혁명군'은 경우에 따라서는 동북인민혁명군이라는 이름을 가지고도 활동했다. 우리의 견해에 의하면 동북(만주)이라는 명칭은 어느 한 나라를 의미하는 국호(國號)로서가 아니라 지역적 개념으로 통용되는 것이었다. 우리가 조직한 인민혁명군이 '만주인민혁명군'이나 '중국인민혁명군'이 아니라 '동북인민혁명군'이라는 명칭으로 활동한 것은 반만항일(反滿抗日)을 투쟁목적으로 내세우고 있었던 중국 동지들에 있어서도 적합한 것이었다.……

결국 '동북인민혁명군'은 '조선인민혁명군'으로서의 사명과 함께 중국공산주의자들의 반만항일(反滿抗日) 위업에 이바지하는 혁명무력으로서의 사명도 동시에 감당하였다.[584)]

---

583) 앞의 김일성 회고록 『세기와 더부러』 3, p. 321.

584) 같은 책, p. 333.

김일성은 '조선인민혁명군'이 '중공만성위'의 '동북인민혁명군'의 명칭이라는 사실을 까놓고 밝힐 듯 밝힐 듯 하면서 종래 실토하지 않았다. 그리고 훗날 '동북인민혁명군'이 '동북항일연군'으로 개편된 후에도 '조-중 항일연합군의 성격에 맞게' 행동했다는 것이 김일성이 뒤에 와서 털어놓은 이야기다. 즉 그의 유격대는 만주에서 활동할 때는 '동북항일연군'이라고 불렀고 조선 사람들이 많이 사는 곳에 가거나 조선에 나왔을 때는 '조선인민혁명군'이라고 정황에 맞게 이름을 바꾸어가며 활동했다고 했다.[585] 이것은 이국땅에서 자기를 보호하고 생존해나가기 위한 전술이었음을 이해할 수 있다.

한편 '동북'이란 지명은 "국호가 아니라 어디까지나 지역적 개념"이었기 때문에 그것을 부대 명으로 사용했다고 해서 민족적 수치나 배신은 아니라는 것이 그의 관점이었다.[586] 그가 앞의 『회고록』에서 중공당 유격대의 인민혁명군이란 칭호를 그대로 사용한 '조선인민혁명군'이라고 부른데 대해서는 항일운동의 "형식적 측면"과 "본질적 내용"이란 개념을 만들어 합리화했다.

> …우리가 항일운동의 그 어떤 형식적인 측면보다도 본질적인 내용을 더욱 중시한 것은 지금의 시점으로 평가해 보아도 참으로 떳떳하고 자랑스러운 것이었다. 바로 이러한 원칙적인 견해와 폭 넓은 태도로 하여 우리는 언제나 국제주의자로서의 자기 본분을 지키면서도 투쟁의 민족적 성격과 독자성을 원만히 고수할 수 있었다. 바로 이것으로 하여 중국의 동지들이나 국제당(*코민테른*)으로부터 높은 존경과 지지를 받을 수가 있었다.[587]

김일성은 이렇게 허명의 '조선인민혁명군'에 대하여 국제공산주의 입장과 민족주의적 입장을 균형있게 유지했다는 것을 자화자찬했다. 그는 자기의 이러한 이원적(二元的) 입장을 *코민테른*의 국제적통일전선의 정책에 의하여 정당화했다.

> …조선인민혁명군은 성격에 있어서 조-중 양국 인민의 국제적 반일 통일전선체로서의 성격(측면)을 지니고 있었으며 (동북) '항일연군 제2군' 안의 조선인들은 조선 독립

585) 같은 책, p. 334.
586) 같은 책, p. 333.
587) 같은 책, p. 334.

을 위해 투쟁하는 독자적 임무를 수행하면서 중화민족의 해방운동을 국제주의적 기치 아래 지원하였다.[588)]

이러한 국제주의와 민족(주의)적 입장의 해명은 *스탈린* 시대에는 감히 발설할 수 없었던 이론상의 금기(禁忌)였다. 그가 사망하고 소련을 비롯한 동구권에서 공산주의 장벽이 모두 무너지고, 모택동 사후의 중국이 정체를 알아볼 수 어렵도록 변모하고 있는 시대에 김일성의 주장도 바뀌지 않을 수 없었다. 그리하여 그는 대남혁명을 변화하고 있는 국제정세에 부합될 수 있도록 사실을 감추거나 바꿔 쓰고, 새로운 해석을 첨가해 나갔다. 그 대표적인 사례가 바로 위에서 언급한 '민족통일전선'의 문제다. 그는 남한의 반공적 민족주의자들을 포섭하기 위한 목적의식에서 종래에는 상상조차 하기 어려웠던 유화적인 발언을 서슴치 않았다. 일제하 독립군의 예를 들면서 진술했다고 하는 그의 견해 중의 압권은 다음과 같은 것이었다.

… 독립군 출신들 중 변절한 사람들도 더러 있었지만 그것은 극소수이고 절대 다수는 만년까지 깨끗하게 살았다. … 해방 후 어떤 사람들은 독립군 출신들을 사상이 다르다고 하면서 배척하였다. 공산주의 사상을 가진 사람이 아니면 무조건 색안경을 끼고 볼 때였다. 간혹 편협한 사람들이 간부사업[인사정책을 실시]을 할 때에 그런 사람들을 따돌리는 일들이 있는데 이것은 우리가 시종일관 고수해 온 통일전선정책에 찬물을 끼얹는 망동이다.[589)]

그는 계속하여 자기가 곤경에 부닥칠 때마다 어떻게 설득했는지를 다음과 같이 말해주곤 했다는 것이다.

사조[사상경향]가 다르다고 독립군 출신을 배척하는 것은 고약한 짓이다. 독립군이 공산주의자로 되지 못한 것은 [사상의] 제한성이지 죄가 아니다. 공산주의자들이 정권을 잡았다고 애국 선배들을 몰라보면 안 된다. 시대마다 다른 사조가 있는 법인데 무엇 때문에 배척하고 경계하고 따돌리려는가 … 독립군을 배척하면 우리가 인민에게서 버림을 받는다는 걸 명심하라.[590)]

588) 같은 책, p. 335.

589) 같은 책, p. 341.

590) 같은 책, pp. 341~342.

이런 김일성의 그지없이 관대하고 유화적인 말이 그의 완강하고 철저히 책략적인 사고 내지 실제 행동과는 천리를 격하고 있었다는 것은 본서가 앞부분에서 분석한 정치노선과 현실정책에서 규명되었다고 생각한다. 그의 '조선인민혁명군'론은 단순한 사실(史實)의 오인(誤認)이나 사관 상의 편파성 때문에 문제가 되는 것은 아니다. 그는 해방직후부터 초당파적 민족의 영웅적 애국자로써, 그리고 모든 당내의 종파 투쟁을 배격한 "건실한 공산주의자"로 선전하면서 전체주의적 독재권을 구축하는 온갖 노력을 경주해왔다. 이 과정에서 정치미신인 개인숭배의 작풍이 조성되었던 것이다. 만일 그가 자기의 항일무장투쟁의 역사를 과장 또는 날조하지 않고 사실에 입각하여 최대한 진지하고 정직하게 기록했더라면, 그것은 이데올로기상의 제약에도 불구하고 그 나름대로의 응당한 평가를 받을 수 있었을 것이다. 그러나 그렇게는 되지 않았다. 그는 개인적 명예욕과 권력 유지의 필요성 때문에 한국의 현대사 전반과 한국공산주의 운동을 희롱하는데 서슴치 않았다.

김일성은 '조선인민혁명군'을 창설(1934. 3)하기 직전부터 항일무장투쟁을 더욱 강화하여 동만의 라자구(羅子溝)와 대전자(大甸子) 진공을 비롯하여 수다한 도시들의 전투에서 승리하며 그 지역들을 해방시켰다고 주장한다. 그리고 그는 그 여세를 몰아 자기의 부대를 이끌고 1934년 가을 1차로 1935년 여름에는 2차로 "분만 원정"을 단행하여 군사-정치활동을 벌임으로써 무장투쟁을 광범위한 지역으로 확대발전시켰다.[591]라고 주장했다.

그리고 대대적으로 선전해왔다. 그 "빛나는 승리"의 기록을 놓고 진위(眞僞) 여부를 이 절에서는 논한다는 것은 무의미한 노력임으로 더 이상 논하지 않기로 한다.

제3절 김일성, *시베리아*로 퇴각.
- 소련극동군 휘하 '88특별여단'의 대대장으로 훈련

이 절에서 새삼 문제점으로 제기하려는 것은 김일성의 '동북항일연군'의 간부로

591) '조선인민혁명군'이 창건된 직후 항일무장투쟁의 연속적 승리에 관한 간략한 선전적 기술은 『金日成 將軍 略傳』 pp. 1, 9~159 참조.

싸우다가 일본군의 토벌작전에 밀려 언제 소련 땅으로 도피해 들어갔는가 하는 사실이다. 과거의 기록에 의하면 1941년 설이 유력했다. 북한에서는 지금까지도 김일성의 입소(入蘇) 사실을 극비에 부치고 있다. 그런데 최근년에 이르러 한인계 소련공민 임 은에 의하면[592] 1940년 초반기에 일본군의 섬멸작전에 쫓겨 '동북항일연군'의 대원으로서 소련 땅 연해주로 탈출했고, '항일연군'의 한·중대원 들은 소련군 극동군국 관하로 넘어가 *비야츠크* 야영에 수용되어 장차 닥쳐올 대일전쟁에 대비, 정치교육과 군사훈련을 받았다고 한다.

이 부대는 '88특별족단', '중공당'에서는 '동북항일 연군 교도대'(教導隊)라는 부대명을 추렸으며 여단장으로는 중국인 주보중(周保中)이 취임했다. 여단은 4개 대대로 구성되었으며 김일성은 제1대대장이 되었다. '88특별족단'의 총인원은 200여명 정도였으며 그중 한인은 부인들까지 합쳐 약 60명, 중국인이 약 100명, 그 밖에 소련 군대의 인원으로 충당되었다고 한다. 임 은의 저서는 여단 내의 주요 한인들의 이름과 군사적 지위를 명시하고 있는데 이들은 해방 후 김일성 정권의 핵심을 이룬 것을 알 수 있다. 그들의 계급과 지위는 다음과 같다.[593]

주보중(周保中, 여단장)
김일성(金日成) (대위. 제1대대 대대장)
김 책(金 策) (대위 대우, 제3대대 정치부대 대장)
안 길(安 吉) (대위, 제2대대 정치 부대 대장)
강 건(姜 建)=강신태(姜信泰) (대위, 제1대대 정치 부대 대장)
허형식(許亨植, 대위. 제3대대 대대장)
최용건(崔庸健)=최석천(崔石泉, 대위. 여단부참모장)

이 밖에 상위(上尉, 중위와 대위의 중간) 계급으로는 김 일(金 日)·최 현(崔 賢)·최용진(崔用珍)·김광협(金光侠)·이영호(李英鎬) 등인데 이들의 지위는 중대장급이었다. 그리고 중위로는 유경수(柳京洙)·서 철(徐 哲)·박영순(朴영순)·최 광(崔光)·허봉학(許鳳學)·김경석(金京石)·최충국(崔忠國) 등인데 이들의 지위는 소대장

592) 林隱, 『金日成正傳』(澤村文化社, 1989年), pp. 138~140 및 『東北抗日聯軍鬪爭史』(人民出版社, 1987년), p. 449 참조.

593) 위의 책, p. 144. 이 *빨치산* 간부명단은 그 후 중국에서 공개된 것과 완전히 일치한다.

급이었다. 박성철은 처음에는 소대장이었다가 후에 전사(戰士)로 강등되었다고 한다. 이들 중 김일성 · 강 위 · 최용건 · 안 길 · 김 책 등은 여단에서 근무와 정찰소조 활동의 공로로 1945년 9월 귀국 직전 '전쟁혁기훈장(戰爭革旗勳章)'을 받았다고 했다.[594]

임 은의 이상 서술은 그가 소련 공민인 데도 불구하고 북한 측이 극비로 숨겨두었던 사실들을, 그것도 소련이 아닌 일본에서 발표하였다고 하여 한 때 구구한 억측이 나왔고, 그 내용 신빙성을 문제시한 일이 있다. 그의 증언은 그가 소련에서 당시의 관련자들과의 면담과 그 밖에 자신이 조사한 자료들에 입각한 것으로 추측된다. 그 뒤 중국 측이 출판한 사료들도 임 은의 기록과 거의 일치한다. 미세한 부분에는 분명치 않은 점이 있으나 전체의 맥락은 정확한 것으로 믿어진다.

한편 '중국공산당(中國共產黨)' 산하 출판사들은 해방 후 '동북항일연군(東北抗日聯軍)'에 관한 많은 저작들을 내놓았다. 그러나 오랫동안 이 유격부대(遊擊部隊)와 김일성의 관계, 김일성의 소련 연해주로의 탈주사실, 그리고 '88특별여단'에 대해서는 비밀에 부치고 있었다. 그런데 1986년 유문신(劉文新) · 이육경(李毓卿) 저, 『주보중전(周保中傳)』은 1940년 11월 이후 '동북항일연군'의 극소수 간부들과 대원들이 일본군과의 전투에서 패하게 되자 각각 분산하여 연해주로 월경해 들어간 사실들을 상세하게 기록하고 있다. 김일성도 그 중의 한 사람이었다. 이 기록[595]을 정리하면 다음과 같다.

가) 1940年 11月 1日 … 항일연군 제2로군 총지휘 주보중(중국인)과 참모장 최석천(최용건)은 부원 26명을 인솔하고 호림(虎林) 독모하(獨木河) 부근에서 오소리강(烏蘇里江)을 건너 입소(入蘇).

나) 40년 11월 초부터 제3로군 총지휘 장수전(중국인)은 지휘부원(部員) 20여명을 이끌고 애혼에서 흑룡강을 건너 입소.

다) 12월 초부터 제3로군 정치위원 풍중운(중국인)과 북만성 서기 김 책은 훈련대원과 제9지대원 일부 등 모두 20여명을 이끌고 손 극(遜克)에서 흑룡강을 건너 입소.

---

594) 위의 林 隱의 책과 같음.

595) 劉文新 · 李毓卿, 『周保中傳』, 黑龍江人民出版社, 1986年, pp. 264~269 참조.
이 기록은 中共黨이 1991年 2月에 人民出版社에서 발행한 『東北抗日聯軍鬪爭史』의 기록과도 일치한다. 『鬪爭史』에 의하면 金日成이 '항일연군' 제2방면군 잔여부대를 인솔하고 월경 입소한 것은 1940년 11월이라고 했다. '항일연군' 부대 지도간부들은 1940년 11월 초부터 속속 월경 입소를 개시하여 12월 상순에는 *하바롭스크*市에 집합하여 회의를 할 수 있었다고 쓰고 있다. 앞의 책, p. 436, p. 440.

12월부터 제5군 정치위원 계 청은 일부 인원 20여명을 이끌고 훈춘에서 국경을 넘어 입소

라) 11월부터 제2로군 제5군군장 자세영(柴世榮, 중국인)과 제1로 안 길(安 吉)부대는 동녕현(東寧縣) 대새총하(大塞葱河)를 헤엄쳐 입소.
40년 11월~12월에 제1로군 경위여단과 제2, 3방면군의 각각 일부 대원 약 200여명은 김일성 영솔하에 훈춘(琿春), 왕청 일대에 나뉘어서 입소.

이 밖에도 제1로군(第1路軍) 제2지대군(第2支隊軍) 1백여명은 지대장 왕효명(王效明, 중국인) 영솔하에 12월부터 요하(饒河)에서 *우스리강*(烏蘇里江)을 건너 입소했고, 제3로군 제3지대원 80여명은 왕명귀 · 왕 조(王明貴 · 王鈞) 인솔하에 41년 1월 6일부터 아이흔(愛琿)에서 흑룡강(黑龍江)을 건너 입소했다. 이 밖에도 뿔뿔이 흩어져 입소한 부대가 있다고 한다. 이러한 기록은 김일성이 '동북항일연군'의 간부로 1940년 늦겨울에 입소했다는 사실을 중국 측이 최초로 공표한 것이 아닌가 한다.

이와 같이 40년 11월 초부터 속속 소련으로 탈주한 '동북항일연군' 각 부대의 소수 지도급 간부들은 그 해 12월 상순에는 *하바로프스크*에 집결하였고 그 뒤에 제2차 *하바로프스크*회의에 참가했다. 참가자는 모두 11명이었다. 그중 김일성 · 서 철 · 안 길 등은 만주 지구를 대표했고, 주보중(周保中) · 계 청(季 淸) · 자세영(柴世榮) · 최석천(崔石泉) 등 5명은 길동(吉東)지구를, 그리고 김 책, 풍중운(馮仲雲) · 이조린(李兆麟)은 북만지구를 대표했다고 한다.[596] 그렇다면 김일성은 늦어도 1940년 12월 상순 이전에 *하바로프스크*로 들어간 것이 틀림없다.

'항일연군' 대원들은 임시로 설치된 남-북 야영에 갈라져 주둔하고 있었다. 북야영(A야영)은 *하바로프스크* 부방 75km 떨어진 흑룡강변 *비야츠크*(중국명 費雅期克)란 마을에 설치했으며 한인으로서는 강신태, 이경호 등이 여기에 배치되어 임시 당부의 서기와 선전위원을 맡고 있었다.[597] 한편 남야영(B야영)은 *울라지오스토크*와 *울라스노프*(지금의 우스리스크, 중국명 雙城子) 사이의 작은 기차역 부근의 속칭 *하마탄*(蛤螞塘)이란 곳에 자리 잡고 있었다. 김일성, 안 길, 박덕산(김 일), 김윤호, 최현 등 한인들도 군 및 당부의 요직을 내정 받았다고 한다.[598]

596) 위의 책, p. 262.
597) 위의 책, p. 266.

이 두 야영 전체의 주요한 지도자는 중국인 주보중(周保中)이었다. 그는 벌써 1939년 11월에 *하바로프스크*에 도착하여 그와 전후하여 그 곳에 들어온 풍중운 · 조상지와 더불어 1940년 1월 24일부터 열린 제1차 *하바로프스크*회의에 참가했다. 이 회의의 중심 의제는 만주 유격대 활동의 경험과 교훈을 총괄하고, 국내외 정세를 분석하고 '항일연군'의 금후의 투쟁방략을 확정하고, '소련극동군'과의 고정적 연결을 갖고 서로 합작하는 문제를 토론하는 것이었다.[599] 제2차 *하바로프스크*회의는 그해 3월 19일에 열렸는데 여기에는 '소련공산당 극동변강위원회(蘇聯共產黨 極東邊疆委員會)' 서기 *이와노프*, '소련극동군' 총사령관 *나니마스*, 그리고 '극동군' 내무부장 *와실리에프*(중국명 王新林) 등이 참석하였다. 제1차 *하바로프스크*회의 이후 항일연군 지도급 간부들은 *와실리에프*와 연계를 유지하고 있었다.[600]

1942년 7월 소련대표 *와실리에프*는 '항일연군' 측의 요청을 받아들여, 연군의 남북(南-北) 야영과 만주에서 활동하고 있는 '연군'부대원들을 완전히 통일하여 하나의 여단으로 편성한다는데 동의했다. 그리하여 '소련 극동방면 적군사령관' *아파나센코*대장은 7월 22일 주보중 · 이조린(=장수전) 등을 *하바로프스크*에서 접견했고 주보중은 '중국특별여단' 단장이 되었다. 이때 김일성은 왕효명 · 허향직(許享植) · 자세영 등과 더불어 교도대의 한 대대장('敎導大隊長')이 되었다. 그 해 8월 1일, 이것을 '교도여단(敎導旅團)'으로 조직하는 일이 끝났다.

여단장은 계속 주보중이 맡았고 한인으로는 최석천이 부참모장, 김일성이 교도대 제1대대장, 안 길이 정치부대대장, 강신태가 제2대대 정치부대대장(뒤에는 제4대대장), 허향직이 제3대대장(얼마 후 전사), 김 책이 제3대대 정치부대장이 되었다.[601] 이 '교도여단'은 명의상 소련극동군 총사령부 관할 하에 있었음으로 '소련 극동적군 독립 제88여단'이라는 공식번호(대외적으로는 '8461보병 특별여단'인데 이것은 중국

---

598) 위와 같음.

599) 위의 책, p. 258~259.

600) 제1차 회의는 쌍방이 협상을 거쳐 '중국공산당'의 내부 일에 간섭하지 않는다는 원칙을 세웠다. 그리고, '소련 변강당' 조직과 소련극동군 휘하의 '동북항일연군'에 대한 임시공작 지도부와 지원관계를 수립한다는 것을 확정했다. 그러나 그 구체적 방법을 둘러싸고 쌍방간에는 상당한 대립이 노정되었다. 그런데 이 회의에서 *와실리에프*는 대 항일연군공작에서 소련측 대표로 지명되었다. 이 회의에서 '중국공산당'은 소련에 굴종하지 않으려고 완강히 버틴 듯하다. 위의 책, p. 259.

601) 앞의 『東北抗日聯軍鬪爭史』, p. 449.

-조선-소련의 세 나라 인원으로 구성되었기 때문에 "국제여단"이라고 불렸다)를 받았다고 한 것이다.[602] 그런데 이 부대는 내부적으로는 '항일연군'의 독립성을 유지하고 있었다는 것이다. 여기서 세간의 약칭 '독립88여단', '88특별여단' 또는 '88여단'이란 이름이 나온 것이다. 이상의 기록은 의심할만한 근거가 없다.

의문점은 '독립88여단' 규모이다. 지금까지 의거한 이 『주보중전』에 의하면 당시 여단의 총병력은 약1천여명이었으며, 그중 소련 정규군이 3백여명 정도였다. 한편 '항일연군' 부대원은 7백여명이었고, 이들은 소련군인들과 동등한 대우를 받았다고 한다.[603] 소련 공민인 유성철(俞成哲)의 증언에 의하면[604] '88특별여단'은 1942년 7월에 창설된 비밀정찰부대였으며 그 규모는 6백명 정도요, 부대는 4개 대대와 1개 통신대가 있었다고 한다. 유성철은 소련군 하급 장교로 1943년 9월 '88특별여단'에 배치되어 김일성을 그의 사무실에서 처음 만났다.

그에 의하면 '88특별여단'은 *하바로프스크*에서 북서쪽에서 80km 가량 떨어진 *비야츠크*라는 산림지대 안에 자리 잡고 있었으며, 부대의 목적은 대원들에게 항일 특수정찰훈련과 정치교육을 실시하는데 있었다는 것이다. 여기서 김일성은 여단 제1대대장을 맡고 있었으며 소련군 대위의 계급장을 달고 있었다. 그리고 휘하에 2백명 가량의 부하를 거느리고 있었다는 것이다. 유성철의 이 증언은 부대원의 수요를 제외한다면 앞의 임 은의 증언 및 『주보중전』의 기록과 상당히 일치한다.

그런데 여단의 총규모에 관해서는 3자 간에 큰 차이가 있다. 가장 면밀한 『주보중전』의 기록은 여단의 총병력은 1천명, 당시 현지에서 복무한 유성철은 6백명, 소련에서 해방 후 국외자로서 조사한 임 은은 200명으로 되어있다. 그런데 '88독립여단' 내 정찰공작대 대원은 2백명이라는 『주보중전』의 기록과 김일성은 2백명의 대원을 거느리고 있었다는 유성철의 증언, 그리고 여단 총인원은 약 2백명이었다는 임 은의 조사에서 '2백명'이라는 숫자만은 모두 일치한다.

당시 '88독립여단' 내에서 김일성을 대대장으로 하는 제1대대를 『주보중전』에서는 '정찰공작대'라고 부르고, 임 은의 경우 김일성의 제1대대를 편의상 '88여단'으로 불

602) 위와 같음.

603) 위와 같음.

604) 俞成哲, 『나의 證言』 1~4(≪韓國日報≫, 1990년 11월 3일~4일자) 참조.

렀다면 숫자는 일치한다. 그러나 과연 쉽게 납득할 수 있는 숫자인가. 이 점은 김일성의 과거를 규명하여 해방 후의 북한에서 환상(幻像)처럼 펼쳐지고 있던 거짓 '조선인민혁명군(朝鮮人民革命軍)'의 장엄한 "항일무장투쟁"의 신화를 바로잡는데 있어서 중요한 의미를 갖는다.

이상에서 명백한 것은 김일성은 '중국공산당' 휘하 '동북항일연군'이란 빨치산부대의 사장(師長)급 중견 간부로 만주에서 항일전에 참가했다는 것, 이윽고 일본토벌군에 밀려 1940년 12월 상순까지에 소령 연해주로 탈주했다는 것, 그 후, 중-한-소 3국인의 혼성부대인 소련의 '88독립여단' 내에서 제1대대장으로 복무했다는 것, 8·15해방 40여일이 지나간 뒤인 1945년 9월 19일에야 소련 함정 *부가초프*호(號)를 타고 동료들과 비밀리에 원산항으로 귀국했다는 것 등등이 사실의 엉성한 줄거리이다. 여단에서의 그의 계급은 대위에 불과했다. 그럼에도 불구하고 25년 뒤 북한의 당 선전원들은 제2차 세계대전 말 만주와 북한에서 일본군을 격파하고 북한의 주요 도시를 해방한 것은 소련군이 아니라 바로 김일성이 소위 '조선혁명군' 부대들이었다고 지금은 폐간이 된 ≪조국통일≫지는 다음과 같이 장엄하게 쓰고 있다.

> 수령님의 명령을 받은 조선혁명군부대들은 성난 사자와도 같이 일제히 祖國에로의 진격을 개시했다. … 전격전에서 진격한 조선혁명군부대들은 회녕·청진·나진·회문·함흥·평양들의 전 육군의 중요 거점들과 공군기지들을 점령하고 그 일대를 완전히 해방시켰던 것이다.
>
> 원쑤놈들을 짓밟으면서 폭풍처럼 내달리는 조선혁명군의 강력한 타격 앞에 日帝놈들의 '철벽의 방어선'은 흙담처럼 무너졌으며 100만의 관동군(關東軍)도 거품처럼 사라졌다.[605]

위에서 고찰한 바와 같이 '조선혁명군'이라 처음부터 허구적 존재였다. 이 선전원은 계속하여 "인류역사는 (김일성의) 항일무장처럼 위대하고 심각하며 또한 그처럼 강고하고 장기적인 혁명투쟁을 일찍이 알지 못했다"고 감격적인 찬사를 보내면서 북한의 해방은 "오직 수령님께서 창조하신 주체사상과 자력갱생(自力更生)의 혁명정신"의 덕분에 돌리고 있다.[606]

---

605) ≪祖國統一≫ 1969년 12월 10일자.

606) 위와 같음.

이 황당무계한 정치적 창작문에 접하고 먼저 놀랐을 자는 누구보다도 소련군부가 아닐 수 없다. 북한 측의 역사기술이 보여주는 그들의 모든 文言을 이러한 상황에서 어떻게 평가하여야 할 것인지, 그 결론은 명백하다. 그 같은 기술은 '주체사상'과 결부된 김일성 개인숭배가 완전히 이성을 상실한 미신의 단계에 도달했다는 것을 간취하게 한다. 이러한 사태는 오늘도 계속되어 객관적 사실들을 철저히 은폐하고 있다.

회고컨대 안 길·김 책·최용건·최용진·최 현·서 철·임춘추·오진우·김광협·김창봉·김 일·박길남·유경수·한익수·김문섭·오백용·박성철·백학림·이을설 등은 모두 중공당 휘하 '동북항일연군'과 소련극동군 산하 '88독립여단'에서 김일성과 더불어 항일유격대원으로 복무했던 사람들이었다. 이들은 해방 후 북한에서 김일성 정권의 골간이 되었고 김일성 1인 독재체제를 구축하는데 큰 공을 세운 대원들이었다. 그중 상당수는 병사했고 일부는 차례차례 숙청되었다. 북한의 선전원들이 그간 김일성의 항일무장투쟁의 전통을 신격화하기 위하여 조작 또는 왜곡하여 세워놓은 세 개의 기둥이 있다. 그 첫째는 '조선혁명군'의 명의 조작, 둘째는 '조선인민혁명군'의 위증, 셋째는 '조국광복회'의 왜곡을 들 수 있다.

제4절 재만한인조국광복회(在滿韓人祖國光復會)의 진실은

한국 민족독립 운동사에서 조국광복회-정확하게는 '재만한인조국광복회'(在滿韓人祖國光復會)가 어떠한 활동을 했고, 그 조직이 어느 정도였으며, 김일성이 그 안에서 어떠한 위치에 있었는가는 당시 한인(韓人) 자신들에 의해 기록 된 사료(史料)의 인멸(湮滅) 또는 미발굴(未發掘)로 인해 지금까지 정확하게 구명되지 못하고 있다. 확실한 것은 '재만한인조국광복회'는 *코민테른*의 정책에 의하여 발족되었으나 결성대회는 정식으로 개최되지 못했고 따라서 중앙기구의 부서도 정하지 못하고 있었다는 점이다. 동 회의 조직 활동무대는 김일성의 *빨치산*부대가 있던 만주 장백현(長白縣)을 중심으로 한 지역과 바로 그 건너편인 국내의 일부 농촌에 불과했다.[607]

북한의 초기 당사가(黨史家)들의 선전에 의하면, 김일성의 직접 지도하의 "견실한

607) 高峻石, 『コミンテルンと朝鮮共産黨』, 社會評論社(東京), 1983年, p. 158.

공산주의자들"이 1935년 7~8월 "반(反)*파쇼* 인민전선"의 결성을 호소한 *코민테른* 제7차 대회 결정을 받아들여 만주 영안현 남호두(寧安縣 南湖頭) 회의의 결정에 따라 1936년 5월 '재만한인조국광복회'를 조직하였으며, 이때 김일성을 그 회장으로 추대했다는 것이다.[608] 이상 앞부분의 주장은 맞다. 그러나 김일성이 '조국광복회'를 조직하고 그를 회장으로 추대했다는 뒷부분의 주장은 전혀 사실이 아니다. 1958년까지 북한의 출판물들은 '조국광복회'가 조직된 것을 "1935년 5월 5일"[609]또는 단지 "1935년"[610]으로 기록하고 있다.

그렇다면 '조국광복회'는 *코민테른* 제7차대회의 결정이 나오기 이전에 벌써 조직된 것으로 되는데, 이것은 역사적 사실에 완전히 어긋나는 설명이다. 한편『조선통사(중)』(1958)는, '녕안현 남호두회의'가 소집된 것은 '조국광복회'가 조직된 이후였던 1936년 2월로 기술[611]하고 있는데, 이것도 이나영(李羅英)의 앞의 기술과는 앞뒤가 뒤바뀌어 있다. 이러한 사실에 미루어 볼 때 북한은 '조국광복회'의 출발에 관하여 명확하게는 모르고 있었던 것이 확실하다. '조국광복회'의 조직일자를 1936년 5월 5일로 정착시킨 것은 이나영의 앞의 책에서부터였다. *코민테른* 제7차 대회의 결정이 나오자 '중국공산당'을 이에 호응하여 그 해 8월「8 · 1선언」을 발표, 중국 내의 모든 반일(反日)세력은 '항일민족통일전선'을 결정할 것과 일본제국주의와 싸우는 모든 군대는 '항일련합군'을 편성할 것을 호소했다. '중국공산당'의 이러한 호소를 받들어 '중국공산당 만주성위원회 동만특별위원회'(이하에서는 '중공동만특위'로)의 고위 간부였던 한인 공산주의자 오성륜(吳成崙) 등이 "조국광복"이라는 구호아래 그곳의 각파 한인들을 규합하여 1936년 초여름 반일(反日) 민족통일전선으로써 '재만한인조국광복회'를 발기했다. 발기와 함께 동회의「선언」,「규약」,「목전(目前)10대강령」을 작성하여 발표했는데「10대강령」은 *코민테른*의「8 · 1선언」의 취지를 기초로 한 것이었다.

'재만(在滿) 한인조국광복회'에 관한 문헌 중 가장 상세한 것은 일제 관헌의 조사기록에 실린 '사상휘보(思想彙報)'다. 이 기록은 1930년대 후반에 만주의 장백현과 국내에서 체포된 동회의 조직원이었던 김태국(金泰國), 이제순(李悌淳), 박금철(朴金

608) 리나영『조선민족 해방투쟁사』(1960년, 앞의 日諮), p. 371.

609)『김일성장군략전』, 1952년 4월 10일자 ≪로동신문≫

610)『조선통사(중)』, 1958년, p. 347

611) 같은 책, p. 352.『朝鮮中央年鑑』.

喆), 권영벽(權永壁) 등과 그 밖의 관련자 2백여명의 진술에 따라 작성한 문건이다. 이에 의하면 동회의 선언문과 강령(「목전10대강령」)은 동 회를 발기한 오성륜(吳成崙), 엄수명(嚴洙明), 이상준(李相俊) 등 3명의 명의로 발표했던 것이다.[612] 당시의 기록으로 지금 남아있는 어떤 곳에도 김일성이 이 회의 회장으로 추대되었다거나, 강령을 작성했다거나, 심지어는 발기인의 1인이었다던가 하는 사실은 찾아볼 수 없다. 그가 광복회의 창립과는 관련이 없었던 것은 명백하다.

'재만한인 조국광복회'의 조직자인 오성륜(吳成崙)(일명 全 光)은 당시 '중공동만특위' 휘하의 동북항일연군 제1로군(路軍) 제2군(軍)의 정치주임으로 그는 제2군을 정치면에서 지도하고 있었다. 제2군 밑에는 제6사(師)가 있었으며, 제6사의 정치위원은 위민생(魏民生=중국인, 일명 위증민)이었고 사장(師長)은 김일성이었다.[613]따라서 위민생과 김일성은 오성륜의 부하의 지위에 있었던 것이 틀림없다. 제6사의 정치위원이었던 위민생은 1936년 10월경부터 1937년 6월경까지 제6사의 활동구역이며 다수 한인들의 밀집 지역이었던 장백현(長白縣), 임강현(臨江縣), 무송현(撫松縣), 안도현(安圖縣)에 공작원을 파견하여 당(黨)조직을 만드는데 노력하였다.[614]

'중국공산당 만주성위원회'는 특히 한인 이주민들이 많이 살고 있던 함남 갑산군(甲山郡)의 대안(對岸) 지대인 만주 장백현(長白縣)에서 한국독립의 기치아래 한인들을 포섭 규합하는 공작에 착수, '재만한인조국광복회'를 조직케 했었다. 이와 함께 한국 내에서도 동지를 규합하여 군중을 조직하는데 힘썼다. 이로써 한－만이 서로 단결하여 항일통일전선을 결정함으로써 일본제국주의를 전복, 일제로부터 한국의 독립과 공산화를 이룩한다는 것이 그 목표였다. 이때에 제6사장 김일성은 "당(黨)상부의 방침에 따라" 몇 명의 공작인을 장백현 내의 부락에 파견하여 '중공 동만특위' 장백현 정치공작위원회를 조직케 했다. 조직의 '총책임자'로는 권창욱(權昌郁) 권영벽(權永壁)이 임명되었다.[615] 이 '공작위원회'는 '중공 동만특위'의 하부기관인 장백현 당

612) ≪思想彙報≫ 14호(1938.3). 앞의 『現代史資料』, p. 316. 다른 기록에서는 이 3人 외에 安光勳의 이름도 들어있다. 같은 책, p. 265. 在滿韓人祖國光復會의 「宣言」과 1936년 6월 10일자의 「現代10大綱領」(초안) 및 「規約」 (초안)의 日譯은 같은 책, pp. 313~319에 수록되어 있다.

613) 앞의 ≪思想彙報≫ 14號. 같은 책, p. 265. '중국공산당' 산하 '항일연군' 조직에서는 정치지휘자의 직책을 명명할 때 "軍"에서는 "政治主任", "師"에서는 "政治委員", "連"에서는 "정치지도자"라고 불렀다.

614) 같은 책, p. 268.

615) 같은 책, p. 267.

(黨)지부의 결정을 지도하기 위한 조직이었다.

이렇게 장백현 당(黨)조직의 지도기관을 결성하는 동시에 '조국광복회'의 장백현 지방조직을 만들기 위하여 그 준비공작으로 '재만한인조국광복회 장백현 공작위원회'도 함께 결성했다. 조직의 "총책임"은 이제순(李悌淳)이었다.[616] 이상 두 개의 '장백현공작위원회'의 조직 활동을 통해 장백현의 여러 마을에서는 '조국광복회'의 지회(支會)들이 김일성 지도하에 조직되었다. 여기서 주목할 만한 활약을 했던 이제순은 이효순(李孝淳)('조선노동당' 중앙위원회 부위원장을 역임하고 1967년 4월에 숙청됨)의 형이었다.

이와 같이 만주에서 '중공 동만특위' 지도하에 '재만조국광복회 장백현회' 의 조직이 끝난 후, 김일성은 1936년 12월경 이제순, 권창욱을 국내에 파견하여 함남 갑산군에서 박 달(朴 達)과 박금철(朴金喆)을 "획득"(포섭)한 후 그 달 하순경 박 달을 이제순의 안내하에 장백현 오지로 불러들여 면담했다.[617] 그들은 김일성으로부터 항일인민전선 결성을 위하여 군중조직을 만들라는 지시를 받고 국내로 돌아와서 협의한 후 '갑산공작위원회'[이것이 해방 후 북한에서 '갑산파(甲山派)'라고 불리운 집단]를 조직했다.[618] 박금철은 '갑산공작위원회'라는 이름이 항일인민전선의 지도기관으로는 부적당하다고 하여 그 이름을 '한인민족해방동맹(韓人民族解放同盟)'으로 개칭하고 위원수를 2명 더 늘려 개편했다.[619] 그리고 기관지로 『화전민』(火田民)[620]과 『3·1

---

616) 같은 책, p. 268.

617) 李悌淳이 '조국광복회'에 가담하기 이전에 무엇을 했는지는 명백하지 않다. 일본 관헌의 조사기록에 의하면 그는 1936년 9월 하순경 長白縣에서 '동북항일연군' 제6사장 김일성 일파에 "납치되어 약 20일간 공산주의 교양을 받고 그에게 크게 공명하여" 포섭되었다고 한다. 이제순은 항일연군 6師 정치원 魏民生의 명령을 받고 장백현 二十道溝에서 '祖國光復會' 및 黨조직 공작에 분망하다가 도주를 위장, 귀가하여 그 후 동지 획득에 힘썼다. 이제순은 1936년 12월경 權昌郁을 안내하여 甲山郡 雲興面 五山里에 있는 朴金喆의 집으로 가서 권창욱을 박금철과 만나게 하고 박금철의 소개로 박달과 면담한 자리에서 抗日聯軍의 목적과 취지를 설명하여 두 사람을 포섭했다고 한다. 박 달(朴 達)과 박금철은 함께 향리 오산리에서 1934년경부터 청소년을 상대로 *프롤레타리아*文化運動을 하고 있던 사이였다. 박 달은 권창욱의 명령에 따라 1936년 12월경 이제순의 안내로 항일투쟁을 논의하기 위하여 장백현 오지로 가서 金日成과 회견했다는 것이다. 한편 박금철은 '韓人民族解放同盟'의 조직 확장에 분망하고 있던 1937년 5월 하순경과 그해 7월 하순경, 역시 장백현 오지로 가서 김일성과 만났다고 한다. 앞의 『現代史資料』(30), 朝鮮(六), pp. 269~270, p. 285 참조.

618) 박 달과 권창욱은 장백현 오지로부터 귀가한 후 함께 甲山工作委員會를 조직했다는 것이다. 甲山工作委員會에서 박달은 政治部 爭議部 責任, 박금철은 出版部 經濟部 責任이란 직책을 맡았다. 같은 책, p. 285.

월간』(三 · 一 月刊)을 지하에서 발행했다.

해방 후 북한의 선전에 의하면 '조국광복회'는 수많은 공작원들을 평안남북도, 함경남북도, 강원도의 농촌지대와 주요 도시의 공장지대까지 파견하여 조직망을 확대한 결과, 창립한 지 불과 수개월 만에 "수십여만"의 회원을 망라하여 투쟁하였다고 선전했다. 조국광복회의 조직망이 마치 온 한반도를 뒤덮고 있었던 것처럼 묘사한 이 어이없는 선전은 김일성 우상화의 극히 중요한 부분이었다. 그러나 국내에서 '재만한인 조국광복회'의 조직은 불과 몇 명씩으로 구성된 3개의 지회(支會)와 3개의 분회(分會)에 불과했던 것이다.

한편 일제의 다른 기록에 의하면 '중공 동만특위'는 그 관할 지역 내에서 살고 있던 한인들을 가급적 많이 포섭하기 위하여 재만 조선독립운동가 오성륜(吳成崙), 이광준(李光俊) 등을 이용했다. 즉 조선민족의 계급, 성별, 지위, 당파, 종파[종교] 등의 차별을 불문하고 이들을 규합, 위의 '항일연군'과 제휴케 하여 조선을 일본제국의 기반으로부터 이탈시키고자 했다. 조선내의 공산주의 사회 실현을 목적으로 하는 '재만한인조국광복회'를 조직케 했고,[621] 아울러 「목전10대강령」도 작정케 했다는 것이다.

또 다른 기록에 의하면 '중공 동만특위'는 1936년 10월 그 지휘하에 있던 '동북항일연군' 제2군의 정치위원 전 광(全 光) (吳成崙)과 김일성 등에게 지령을 내려 '재만한인조국광복회'의 '장백현 공작위원공작위원회'를 조직케 했다고도 한다.[622] 모두가 '중공 만성위'의 목표에 있어서 기본적으로 일치한다.

그러나 김일성은 이러한 사실들을 지워버리기 위하여 '재만한인조국광복회'의 역사를 대담하게 변조하여 새것으로 창작해왔다. 그가 만년에 발표한 『회고』[623]에 의

---

619) 같은 책, p. 286. '韓人민족해방동맹'에서도 朴 達과 朴金喆은 종전의 부서를 그대로 담당했다.

620) 기관지 『火田民』은 출판부 책임자 박금철에 의하여 1937년 1월부터 그해 4월까지 3회에 걸쳐 각각 4부씩 발행되었다. 그리고 등사판을 사용하여 1937년 7월경과 그해 9월경의 두차례에 걸쳐 각각 50부씩 등사해서 배포했다. 그밖에 복사지를 사용하여 '自力更生이란 무엇인가'(1937년 2월) 4부, ≪國際뉴스≫(1937년 3월 상순) 4부, 「鬪爭方針小論」(1937년 하순 4부, 「中國共産黨巨頭朱德, 毛澤東」 4부, 「入獄同志家族에 檄함」(1937년 5월 1일) 8부를 만들어 조국광복과 공산주의 의식의 주입에 노력했다. 같은 책, p. 287.

621) 『思想硏究資料』 特輯 第61號, p. 61. pp. 70~71. 高麗大學校 亞細亞問題硏究所 發行, 方仁厚, 「北漢'朝鮮勞動黨'의 形成과 發展」 p. 76에서 인용.

622) 『思想硏究資料』 特輯 第75號, p. 24. 위와 같음.

623) 김일성, 『세기와 더불어』 4, 1993년, pp. 464~468참조.

하면 동 회의 강령과 규약, 창립 선언문을 기초한 것을 자기 자신이었다고 했다. 그는 1936년 4월말까지 이 회의 모든 준비를 끝내고 창립대회 장소를 동강 수림으로 옮겨 대회를 열었으나 꼭 참석하겠다고 답장까지 보내왔던 남만(南滿)의 이동광(李東光 또는 李相俊)과 전 광(全 光 또는 吳成崙)은 대회가 끝날 때까지 오지 못했으며 대회가 15일간이나 진행된 끝에 창립 선언이 채택되었다는 것이 김일성의 말이다.

대회는 누구를 발기인으로 하여 창립선언을 발표할 것인가 하는 문제를 놓고 토의를 계속 하였는데 "모든 사람들이 그것을 나의 이름으로 발표하자는 의견을 제기했다." 그러나 그는 자기 부대의 정체가 노출 될 것을 염려하는 한편 "나이도 지긋하고 명망도 높을 애국지사들로 [발기인을] 삼아야 한다."고 겸손하게도 굳이 사양하였다. 그리고는 이동백(연로한 자기의 부하대원)과 여운형(呂運亨)을 공동발기인으로 하여 창립선언문을 발표하자고 제안했다는 것이다. 결국 타협 끝에 김일성이 "양보하여" 김동명(金東明)이라는 가명을 자기가 쓰는 조건에서 김동명, 이동백, 여운형 세 사람의 이름이 공동발기인으로 게재되었다고 한다. "김동명"이란 가명을 이동백이 지어주었다고 그는 말한다.

> ≪김동명≫이라고 [가명을] 달게 되면 민족을 대표하는 의미에서 여러모로 뜻 깊은 이름으로 될 것 같다는 것이었다. 모든 사람들이 열렬한 박수로 찬성의 뜻을 표했다. ≪김일성≫이란 이름과 마찬가지로 ≪김동명≫이란 가명도 이렇게 다른 사람들에 의하여 [나에게] 지어진 것이다.[624]

이렇게 하여 김일성은 "참가자들의 총의에 따라" 조국광복회 회장에 취임했다고 사실을 철면피하게 조작했다. 그에 의하면 '조국광복회' 선언은 그 후 국내 여러 곳에서 발표되었는데 어떤 곳에서는 그것을 자기대로 부제(副題)를 붙여 발표하면서 각기 자기 지방의 영향력 있는 인물들과 지명인사들의 이름을 발기인으로 바꾸어 써서 발표하였다고 한다. "우리는 실정에 따라 융통성 있게 하는 것을 허용하였다"고 하지만 본래의 발기인을 다른 사람으로 바꿔치기 했다는 그런 몰염치 한 일은 어떤 정치 조직에서도 결코 허용할 수 없는 일이었다. 그의 말은 계속된다.

---

624) 같은 책, p. 458.

…조국광복회 명칭자체도 동만 [東滿] 에서는 동만조선인 조국광복회라고 달았다면 남만에서는 재만 한인 조국광복회라고 달았다. 당력사연구소에서 발굴한 조국광복회 선언문들에 더러 오성륜, 엄수명, 리상준(리광동), 안광훈[安光勳] 같은 사람들의 이름이 나오는 것은 그런 사정에 기인한 것이다.[625](밑줄은 저자)

해방 후 수십 년이 지난 후에 비로소 진술한 김일성의 이런 말은 자기의 혁명투쟁 업적을 최대한으로 과장하려는 창작에 불과했다. 그는 '재만한인조국광복회'의 실상을 깡그리 변조할 수는 없었다. 그리하여 이런 천연스러운 말로 자기 혼자서 조국광복회의 창립 방침을 생각해 왔으며, 그 '창립선언'도 '10대 강령'도 규약[626]도 모두 자기가 작성하여 발기인이 되었다는 허언(虛言)을 내세웠다. 북한에서는 초기부터 '조국광복회'가 김일성 자신이 조직하고 지도한 획기적인 일대 혁명조직으로 선전되어 왔으며, 후일 다음과 같은 *맑스-레닌*주의의 *이데올로기*를 부여함으로써 '조선노동당'의 역사적 전통을 김일성 중심으로 거슬러 올라가 확립하려고 시도해왔다.

조국광복회의 결성을 바로 국제적으로는 인민전선 운동의 일부분이며 국내적으로는 우리나라 민족 해방운동 사상에서 처음으로 되는 광범한 반일 민족 통일전선체였다. 이것은 우리나라의 견실한 공산주의자들이 그의 실현을 위하여 투쟁하여 온 반일 민족통일전선운동의 빛나는 첫 결실이었다. 조국광복회의 창건은 조선인민의 민족 해방투쟁의 급속한 발전을 추동하였으며 우리나라 혁명운동을 국제 *프롤레타리아*운동과 결부시키면서 식민지 및 반식민지 민족 해방운동과의 연대성을 강화하였다.[627]

이상과 같이 김일성의 참가 없이 민족주의적 공산주의자들이 선포했던 '재만한인조국광복회'의 「목전(目前)10대강령(十大綱領)」을 북한에서는 김일성 자신이 *맑스-레닌*주의의 이론을 "창조적으로 적용하여" 작성했고 ['목전'이라는 말은 삭제], 동 회의 활동을 지침으로 삼았다고 허위선전을 펼쳐왔다. 북한에서 처음으로 수정 발표된 「10대강령」의 전문은 아래와 같다.

---

625) 위와 같음.

626) 조국광복회의 선언, 강령 및 규약의 당시 한국어 원문을 찾아볼 수 없다. 이 원문들의 日譯은 「在滿韓人祖國光復會 宣言 綱領 및 規約」은 앞의 『現代史資料』, pp. 313~316에 수록.

627) 『조선통사(중)』 1958년, pp. 347~349.

(1) 조선민족의 총동원으로 광범한 반일(反日)통일전선을 실현함으로써 강도 일본의 통치를 전복하고 진정한 조선 인민정부를 수립할 것이다.

(2) 조-중 민족의 친밀한 결합으로써 일본及 주구 "만주국"을 전복하고 중국 인민들이 자기가 선거한 혁명정부를 창발하여 중국 영토 내에 거주하는 조선인의 진정한 자치를 실행할 것이다.

(3) 일본군대 헌병 경찰 급(及) 주구의 무장을 해제하고 우리 애국 동지의 행동을 원조하는 인민의 무장으로서 조선인의 진정한 독립을 위하여 싸울 수 있는 군대를 조직할 것이다.

(4) 일본의 모든 기업 은행 철도 선박 농장 수리기관 및 매국적 친일분자의 전 재산과 토지를 몰수하여 독립운동의 경제에 충당하며 일부분은 빈곤한 인민을 구제할 것이다.

(5) 언론, 출판, 사상, 집회, 결사의 자유를 전취하고 왜노(倭奴)의 공포정책 실현과 봉건사상의 장려를 반대하며 일체 정치범을 석방할 것이다.

(7) 양반, 상민 기타 불평등을 배제하고 남녀 민족 종교 등의 차별 없는 일률적 평등과 *婦女*의 사회상 대우를 제고하고 *女子*의 인격을 존중히 할 것이다.

(8) 노예 동화교육의 철폐, 강제 군사복무 및 청소년에 대한 군사교육을 반대하며 우리말과 글로서 교육하며 의무적인 면비교육(免費敎育)을 실시할 것이다.

(9) 8시간 노동제 실시, 노동조건의 개선, 임금의 인상, 노동법안의 확정, 국가 기관으로부터 각종 노동자의 보험법을 실시하며 실업하고 있는 모든 노동대중을 구제할 것이다.

(10) 조선 민족에 대하여 평등적으로 대우하는 민족 급(及) 국가와 긴밀히 연합하여 우리 민족 해방운동에 대하여 선의의 중립을 표시하는 국가 급(及) 민족과 동지적 친선을 추진할 것이다.[628]

이상의 '10대강령'은 그 후 몇 차례나 수정되어 용어와 내용, 표현도 변천하는 정세의 요구에 부합되게 조작되었다.[629] 무엇보다도 '10대강령'은 '중국공산당 동만특위'와는 전혀 관계가 없이 자기가 독자적으로 작성한 것으로 주장해왔다. 북한에서

628) 『朝鮮中央年鑑』(1949년 판), p. 66에 수록된 것에서 전재.

629) 김일성의 「20개조 政綱」의 모체라고 자부하는 이 '10대 강령'은 시간의 경과에 따라 북한의 출판물들에서는 어떤 문구는 수정되고 어떤 문구는 첨가 또는 삭제되어 왔다. 여기서는 그 초기의 북한판 원본을 인용 전재했다. 그런데 이것은 1952년 4월 10일자 ≪로동신문≫에 실린 것과 다르고, 후자는 다시 『조선통사』(중)(1958년 판 pp. 349~350)에 나타난 것과 틀린다. 그리고 『조선근대혁명운동사』(1962년)에 실린 것은 앞의 『조선통사』(중)것과 다르고, 이것은 『김일성동지략전』(1972년)에 실린 것과도 문구상 차이가 있다. 변화한 정치정세에 부합하도록 한 이러한 개작은 *맑스-레닌*주의적 역사에서는 *常套的*인 기술방법이다.

그때 그가 발표했다는 「10대강령」은 대의에 있어서는 이렇다 할 개작이 없다고 해도 이 강령에 대한 해석에는 북한의 *소비에트화*(化)의 진전에 따라 *맑스-레닌주의*의 농도를 점점 짙게 가해갔다. 통일전선의 전술상 비(非)공산주의자들을 유인하고 포섭할 필요성이 절실했던 1949년경까지에는 이 「강령」의 해설에서 "공산주의"니 "*맑스-레닌주의*"니 "사회주의"니 하는 용어는 찾아볼 수가 없다. 그 예로 『조선중앙연감(1949 판)』은 이것을 다음과 같이 설명하고 있다.

> 김일성장군이 발표한 20개정강은 일찍이 김장군이 선포한 10대강령에 연원하여 그 발전 형태로서 나타났으며 따라서 10대강령이 조선인민들의 반일투쟁에 있어서의 기본방향이며 근본적 요구조건이었다면 해방 뒤에 있어서의 20개 정강은 자주독립 국가건설에 있어 조선인민들의 기본방향이며 근본적 요구조건이다.[630]

3년 뒤, 즉 북한에서 1당(黨)독재가 확립되고 따라서 비(非)공산주의 세력에 대한 정치적 회유가 거의 불필요하게 된 1952년에 이르러 ≪로동신문≫(4월 10일)은 「10대강령」에다 명확한 *이데올로기*적 주석을 붙였다.

> ……이 「조국광복회 강령」은 *맑스-레닌주의*와 그의 전략전술을 30년대의 조선의 실정과 결부시켜 작성한 정확하고도 진보적인 혁명적 강령이며 혁명의 전도와 목적을 명백하게 한 것이었다.[631]

'조선노동당' 제3차대회(1956년)를 계기로 「10대강령」의 해석은 더욱 더 *맑스-레닌주의*적으로 수정되어갔다. 조선공산주의 운동에서 김일성은 정확한 혁명노선과 그의 "불멸의 공직"을 찬양하기 위한 목석의식에서 이 「강령」을 그때그때의 정세에 부합되도록 확대 해석하는 동안, 이미 북한에서 소(小)*스탈린*의 지위를 획득했던 김일성은 조선의 *레닌*의 지위(*볼셰비끼* 혁명운동의 창시자)를 요구하기에 이르렀다. 1958년에 나온 『조선통사』(중)는 *맑스-레닌주의*에서 사용하는 공식적 논법에 따라 이 「강령」에 "과학적" 해석을 첨가하면서[632] 다음과 같이 그 본질을 요약하고 있다.

---

630) 앞의 『朝鮮中央年鑑』(1949년판) p. 67.

631) 『金日成選集』 第一卷, 1952년, 日文版에 수록된 「金日成將軍略傳」에서 인용.

632) 그 "과학적" 해석의 첨가는 다음과 같다.

> …… 조국강복회 강령은 1930년대 조선현실에 가장 부합되며 *맑스－레닌주*의 이론을 창조적으로 적용하여 작성한 선진적 혁명적 강령이었으며 사회주의를 지향하는 혁명적 *맑스－레닌주*의의 당이 민주 혁명기에 작성하여야 할 최저 강령의 요구를 명백히 표현한 것이었다.[633](밑줄은 저자)

『조선통사』(중)의 출현과 거의 같은 시기에, 민족해방투쟁 연구에 대한 제3차당(黨)대회의 결정을 받들어 집필한 이나영(李羅英)의 『조선민족해방투쟁사』는 「10대강령」에 대한 이상의 해석에 다시 이 강령이 "조선혁명운동 역사상 최초의 과학적인 *맑스－레닌주*의적 강령"이며, 특히 그 제1조는 "우리나라 혁명의 인민민주주의적 발전의 전망과 지향을 이미 정확히 예견한 정치노선이었다"는 해석을 첨부하고 있다.[634]

1961년 제4차당 대회를 기념하여 출판한 『조선근대혁명운동사』(1962년)은 「10대강령」에 관한 이상의 해석들을 더 한층 확대하고 체계화하였다. 여기에서는 이 「강령」의 "인민민주주의적 성격"을 강조하는 동시에 당시로부터 벌써 26년 전에 선포되었다는 이 강령에는 김일성의 구체적인 "혁명과업"이 제시되었다고 쓰고 있다.

> 강령에 구현된 혁명의 전략적 계획은 ……반제 반봉건적 민주혁명 단계에 대한 우리나라 혁명의 성격이 보통의 *부르죠아* 민주주의혁명과는 다른 인민민주주의적 성격을 반영하는 것이었다. 조국광복회의 강령은 우리나라 혁명의 인민민주주의적 성격을 정확히 각계각층 애국적 인민들의 적극적인 지지를 받을 수 있는 구제적인 혁명과업들을 제시하였다.[635](밑줄은 저자)

그러면 이 강령에서 김일성이 제창한 '혁명의 성격'이 어찌하여 '인민민주주의적 성격'을 지니게 되는가? 그 근거는 여기서 제시된 그의 다음과 같은 '인민정부' 노선 때문이라는 것이다.

---

(1) 1930년대의 조선사회의 정치경제적 諸 조건과 계급 상호관계에 대한 정확한 분석위에 기초하였다는 것. (2) 반(反)제국주의적 과업과 반봉건적 민주주의적 과업을 유기적으로 정확히 결합시킨 노선이라는 것. (3) 반일민족해방운동에서 노동계급의 영도적 역할과 노동계급의 영도하에서의 노농동맹의 원칙에 입각했다는 것. (4) 프롤레타리아 국제주의에 더해 충실했다는 것. (5) 민족통일 전선을 초대로 한 "인민정부"의 수립을 천명했다는 것이었다. 앞의 『조선통사』(중), pp. 350~351.

633) 같은 책, p. 351.

634) 이나영, 『조선민족해방투쟁사』, 1958년, 평양, p. 373.

635) 앞의 『조선근대혁명운동사』, p. 352.

노동 동맹을 계급적 기반으로 한 정권 형태(예컨대 *소비에트*)가 아니라 노농 동맹을 핵심으로 하여 각계각층 인민을 망라한 민족 통일전선에 기초한 인민 정권 형태를 제시한 것을 우리나라에서의 주권 문제를 전체 조선인민의 이익에 전적으로 부합되게 그리고 조선혁명 발전의 객관적 요구에 완전히 일치되게 해결한 것을 의미하였다.[636]

1972년 김일성 탄생 예순 돌에 즈음하여 북한에서 발행된 『김일성동지략전』은 이 「강령」을 이번에는 주체사상과 결부시켜 다음과 같이 격찬했다.

조국광복회 10대 강령은 혁명의 위대한 수령이며 탁월한 *맑스-레닌주*의자이신 김일성동지의 위대한 주체사상을 빛나게 구현한 것으로서 *맑스-레닌주*의의 리론을 독창적으로 발전시켜 로농계급이 영도하는 민주주의혁명의 길을 가장 정확히 밝힌 불후의 고전적 문헌이었다.[637]

이상과 같이 「조국광복회 강령」이 단순한 "반일 투쟁에 있어서의 기본방향"에서 '*맑스-레닌주*의의 전략전술'로, 이것을 다시 '인민민주주의적 성격의 반영'으로, 다음에는 '주체사상의 빛나는 구현'으로 계속 *이데올로기*적 채색을 짙게 하면서 확대 재해석 되어갔다. 이에 따라 전 '민족의 영웅'으로서의 김일성 *이미지*는 '견실한 공산주의자'의 그것으로 바뀌어갔다. 북한에서 확대 재해석한 이 강령의 성격을 "주체사상" 운운의 부분을 제외한다면 아시아의 식민지-반식민지 민족운동을 위하여 *코민테른*과 *코민포름*이 제시한 공식적 전략 전술이요, *모스크바*가(특히 *스탈린*시대에) 부단히 선전해온 기본 노선이었다. 북한의 역사가들은 그런 기본노선에 부합되도록 강령에 사후에 관용적 설명을 첨가해 갔던 것이다.

그런데 북한에서는 이 「10대강령」을 김일성의 위대한 *맑스-레닌주*의적 창작으로 또는 *맑스-레닌주*의의 일반적 원칙을 조선의 구체적 현실에 "창조적"으로 "정확하게" 적용한 것으로 강조하고 그 내용이 지극히 심오한 것처럼 격찬하여 왔다. 이것은 바로 김일성 개인숭배의 가히 중요한 한 측면으로서, 독재자 본래부터의 탁월한 견식과 지도력을 객관적으로 입증해 보려는데 그 의도가 있었음은 더 논할 필요가 없다.

636) 같은 책, pp. 325~323.

637) 앞의 『김일성동지략전』, p. 179.

제5편

해방된 북한(北韓) 소비에트화(化)로 폭주(暴走)

제1장

붉은 군대의 북조선(北朝鮮) 진주(進駐)

제1절 *카이로*(Cairo)에서 *얄타*(Yalta)까지

1945년 8월 15일, 일본 제국주의가 미－소를 주축으로 하는 연합국에 무조건 투항한 직후, 순전히 일본군의 투항 접수임무를 수행할 목적에서 발표했다고 하는 연합군사령부 「일반명령 제1호」[638]에 따라 북위(北緯) 38도선을 경계로 하여 *죤 하지*

---

638) 「*The Record on Korean Unification*(1943~1960)」, *Department of State Publication*, 7084, Far Eastern Series 101, p. 44~45. *맥아더* 사령부 지시 1호. 「一般命令 第1號」(1945. 9. 2), 『韓國時事資料 年表 上卷』, 서울 言論人*클럽*, 1992년, p. 744.

여기에 수록된 당시의 미국국무차관 *제임스 웹브*의 38선 결정의 경위에 관한 미 하원 외교분과 위원회에서 한 증언에 의하면

"일본이 처음으로 투항을 제의해 온 것은 1945년 8월 10일의 일이다. 다음날, 즉 8월 11일 육군장관(Secretary of war)은 *맥아더* 장군이 연합군최고 사령관으로써 일본정부로 하여금 全 일본군에게 발송케 하려고 했던 「一般命令 第1號」의 초안을 국무장관에게 제출했다. 이 명령은 동 명령안에 표시되어 있는 지정된 연합국 사령관들에게 투항할 것을 일본군 사령관들에게 지시했던 것이었다. 한국에 관해서는, 제1항의 지정은 북위 38도선 이북의 일본군은 소련군 사령관에게 투항하고 38선이남의 일본군은 미군 사령관에게 항복하도록 되어있었다.

....

합동참모회의의 「일반명령 제1호」에 대한 검토는 8월 14일에 끝났고, 이어 국무－육군－해군성 조사위원회의 승인을 얻어, 대통령의 결의를 얻고자 제출되었다.

대통령의 결재를 얻은 다음 「일반명령 제1호」는 합동참모부에 의해 8월 15일 *마닐라* 주재 *맥아더* 장군에게 전송되었다. 이와 동시에 「일반명령 제1호」는 *모스크바* 주재 미국 군사사절단 사령관 *딘* 장군에게도 이 사실을 알렸다.

「일반명령 제1호」의 원본은 영국정부는 물론 *스탈린* 대원수에게도 전달되었다. 8월 16일부 회답에서 *스탈린* 대원수는, 그 후에 미국정부가 수락한 모종의 수정을 제안했었으나, 38선과 관련되는 조항에 대해서는 아무런 언급도 하지 않았다. 38선에 관한 「일반명령 제1호」가 아직 토의 중에 있던 1945년 8월 12일에 소련군이 북한에 진주했다는 것은 주목할 만한 사실이다.

38선에 관한 조항을 포함하는 「일반명령 제1호」는 1945년 9월 2일 *맥아더* 장군에 의하여 발표되었다."

이리하여 한반도의 분할을 가져온 38선은 전시 중 급박한 사태에서 극히 단축한 시간에 깊은 고려 없이 설정되었던 것이다. 그러나 이 증언은 내막의 일단을 표시하는데 불과하며, 상세한 국제상의 협정에 관해서는 아직 알 수가 없다.

(John R. Hodge) 중장 휘하의 미군은 남한으로, *이반 치쓰챠꼬프*(Ivan Chistiakov) 장군 휘하의 '붉은 군대'는 북한으로 진주했다. 이때에 깊은 사려 없이 졸속하게 그어진 38선이 해방된 조선을 근 70년이나 분단 상태에 둔 채 민족의 대 분열을 몰고 온 세계에서 가장 무자비한 국경선이 되리라고 예견한 사람은 아마 아무도 없었을 것이다. 회고컨대, 38선에 의한 한반도의 분단이 제2차 세계대전 말기 미-소의 대국주의적(大國主義的) 공동음모의 결과였다고는 볼 수 없으며, 그렇다는 증거는 지금까지 찾아볼 수 없다. 이 점을 규명하기 위해서는 멀리 「*카이로*선언」까지 소급하여 분석할 필요가 있다.

日本의 敗北

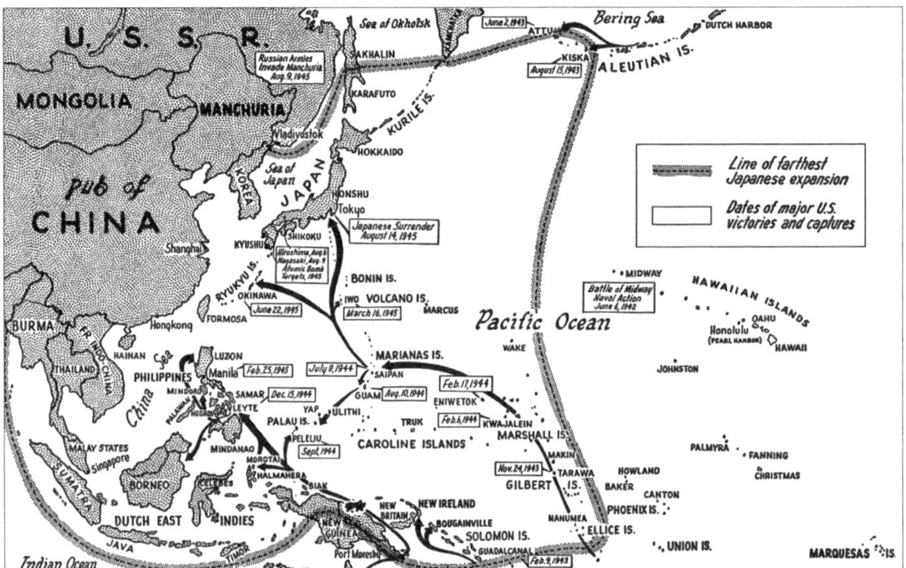

出典. F. L Schuman *International Politics*, McGraw-Hill Book. Company 1969. p.458

일본제국주의의 패망으로 한반도는 일본의 식민지적 지위에서 해방되었다. 그러나 이것은 남-북 분열의 씨앗을 잉태한 해방이었다. 그 후 3년간의 우여곡절 끝에 1948년 8월~9월 38선을 가운데 두고 남-북에서는 두개의 이질적인 정부와 정치체제가 출현했다. 남-북의 이 두 체제는 민족적 열망인 통일을 서로 부르짖는 속에서 급속히 고정화되어 오늘에까지 이르고 있다. 이 비극적 현상을 초래한 국제적 요인으로서는 세계를 양대분(兩大分)했던 미-소의 냉전이 당연히 지적되고 있다. 국내적 요인으로서는 이것과 연관하여, 남-북의 정치세력들 사이에서 조성된 대립과 대결상황을 들 수 있다.

대국적으로 관찰할 때 한반도의 분단은 이 땅을 분할 점령했던 미-소에게 책임이 있다. 한반도가 남-북으로 분열된 것은 제2차 세계대전 이후 전승시(戰勝時) 연합국인 미-소가 냉전에 의하여 분열되었기 때문이지 한반도가 분열되었기 때문에 미-소가 분열되었던 것은 아니다. 일부의 논자들은 38선을 철폐하여 통일을 달성하지 못한 원인을 정치 지도자들의 무능력과 태만, 그들의 이기주의적 정권욕, 민족정신의 취약성(脆弱性), 또는 민족 성원의 무기력 등으로 돌리는 폐단이 없지 않았다. 그렇지만 미-영-불 등의 서방진영 군대와 소련군이 동시에 진주한 나라들치고 분열되지 않은 곳은 단 하나도 없었다.

민족정신에 있어서 한국인 못지않게 강한 동-서 독일이 통일된 것은 1985년 3월 *고르바쵸프*가 등장한 다음 동-서 두 진영 간의 냉전이 급속히 사라진 후의 일이었다. 대전 후 냉전이 격화됨에 따라 서방 국가의 많은 국민들은 "민주주의"와 "자유", 그리고 "붉은 제국주의"와 "노예상태" 사이에서 최후의 결전은 불가피한 것으로 예견하고 있었다. 한편 많은 소련인과 특히 *스탈린*주의자들, 그리고 그 국제적 동조자들도 "독점자본주의"와 "제국주의" 도당(徒黨)들의 "평화 애호적"이며 "진보적"인 사회주의 진영에 대한 전쟁도발은 확실한 것으로 믿고 있는 상황이었다.

미-소의 군대가 진주하지 않았던 수많은 제3세계 나라들에서도 적지 않은 사람들이 공산주의자, 친(親)공산주의, 반(反)공산주의자 중간파 등으로 분열되어 있었다. 그러한 일반적 국제적 상황에서, 미-소 양군(兩軍)이 진주하고 있던 남-북한에서만은 지도자들과 대중들이 냉전심리에 사로잡히지 않고 일치단합하여 통일 독립을 달성할 수 있는 가능성이란 찾기 어려웠다. 이런 의미에서 남-북한이 두 지역으로 분단되어 두 개의 이질적 체제가 형성되고 고착화(固着化)된 것은-한반도에서 미-소 양군이 오직 일본군의 무장을 해제시키기 위한 목적에서라고 해도-남-북을 분할 점령했던 조건에서는 숙명적(宿命的)이었다고 볼 수 있다.

제2차 세계대전에서 전시(戰時) 동맹국이 되었던 미-영-중이 전후처리문제의 하나로 조선의 독립을 결정한 것은 1943년 11월 27일에 조인, 발표한 「*카이로* 선언」이었다. *카이로*회담에는 *루즈벨트* 대통령, 장개석(蔣介石) 총통, *처칠* 수상이 참가했다. 그러나 *스탈린* 수상은 참석하지 않았다. 소련은 「소-일 중립조약」(1941. 4. 13)의 당사국이었기 때문에 대일전(對日戰)의 수행을 결정하는 이 자리에 소련 수뇌는 나오지 않았다. 「*카이로* 선언」에서 이상 3대국 정상들은 "조선인민들의 노예상태에 유의하여 적당한 시기에(in due course) 조선을 자유롭고 독립된 나라로 만들 것을 결정했다".[639] 이 「선언」은 연합국이 한반도의 독립을 약속한 국제공약(國際公約)의 시점(始点)이었다. 그러나 그 "적당한 시기"가 언제쯤인지, 어떤 단계를 거쳐 한반도가 독립된다는 것인지에 관해서는 일체 언급이 없었다.[640]

또한 일정한 기간 한반도를 미-영-중-소의 4대 연합국의 신탁통치하에 둔다는 구절도 없었다. "적당한 시기에" 한반도에 독립국을 수립하기로 약속한 이 모호한 문구(文句)는 그 후 조선의 독립문제에 큰 혼란을 일으켰다. 조속한 독립은 당시 조선인들의 절실한 소망이었다.[641] 그런데 이러한 조선인들의 민족적 정감(情感)에도 불구하고 1945년 12월 *모스크바* 3상회의에서 조선반도에 대하여 미-영-중-소 4개국에 의한 5년간의 신탁통치 안이 결정, 발표되었을 때 그것은 남-북조선에 정치적 폭풍을 몰고 왔다.

「*카이로*선언」은 3대 연합국의 목적이 조선의 독립 이외에도, 1914년 제1차 세계대전 이후 일본이 탈취, 또는 점령했던 태평양의 섬들을 모두 탈회(奪回)할 것과 일본이 중국인으로부터 탈취했던 모든 영토, 즉 만주, 대만, 대만해협 남부에 있는 팽호열도(澎湖列島)(Pescadores)를 중화민국에 반환한다는데 있다는 것을 명백히 했다.

---

639) 「*카이로* 선언」의 최종 원본의 영문판은 U. S. Department of State, *Foreign Relations of United States Diplomatic Papers*(이하 *FRUS*), *KOREA*, 1943~1945, United States Government Printing Office, 1961, pp. 101~102에 수록되어 있는 것을 참조.

640) 일설에 의하면 重慶에 있던 대한민국 임시정부는 "적당한 시기에"라는 구절을 "당장에" 또는 "2~3일 이내에"라는 말로 번역하여, 1944년 초에는 이 번역문 수 천부를 국내에 밀송했다고 한다. Gregory Henderson, *The Politics of the Vortex*, Harvard University Press, 1968, p. 125.

641) 미국 군정 당국의 정치고문이었던 *베닝호프*(H. M. Benninghoff)는 1945년 9월 15일 국무장관에게 보낸 서신에서 다음과 같이 쓰고 있다.

…최근 발견한 바로는 처음부터 조선인들은 「*카이로* 선언」의 "적당한 시기에"라는 문구를 "수일 내에" 또는 "당장에"라는 말과 同義語로 번역했던 것입니다. 그리고 교양이 있는 조선인들은 번역과 원문의 차이를 제시하면 놀라움을 표시했습니다. 그렇기 때문에 조선인들은 왜 미군이 도착하자마자 그들에게 완전한 독립을 주지 않았는지를 이해하지 못합니다. 즉각적인 독립과 일본인들의 철거가 실현되지 못한데 대해 크게 실망하고 있습니다. *FRUS*, 1945, Vol.Ⅵ, p. 458.

요컨대 일본 지배하의 극동지역을 원상 복귀시킨다는 것이었다. 그런데 이 지역의 중요한 이해 당사국인 소련이 이 「선언」에 참가하지 않았던 점을 미국은 몹시 염려하였다. 그리하여 미국은 "이 「선언」에 소련이 충실할 것을 언약하기만 하면 미국의 극동 [평화]정책은 강화되고 소련 및 이 「선언」을 발표한 3대 동맹국 간에는 협조가 보다 긴밀해질 것[642] 이라고 단순하게 희망하고 있었다.

또한 미국은 "조선을 적당한 시기에 자유로운 독립국가로 만든다"는 「*카이로* 선언」의 약속을 소련이 반대하지 않을 것이라고 예견하면서도, 소련은 자국에 소위 "우호적(友好的)"인 정부를 수립코자 기도할지 모른다고 우려를 감추지 못했다.[643] *스탈린*이 뜻하는 소련에 "우호적"인 정부란, 소련에 맹종하는 괴뢰정부를 가리키는 *크레믈린*식 은어(隱語)였다. 여기서 미국은 두 나라가 세밀한 양해문서로 「*카이로* 선언」을 보완하여 만주와 전(全) 중국, 조선에 그런 "우호적"정부를 수립할는지도 모를 소련의 기도를 경계할 필요가 있을 것이라고 생각했다.[644] 이와 같은 *루즈벨트*의 막연한 생각은 그 후의 역사가 증명했듯이 *스탈린*의 숨은 의도와 책략을 간파하기에는 너무나 미흡한 것이었다.

조선문제는 1945년 2월 8일 *얄타*의 비밀회담에서 다시 논의되었다. *루즈벨트*와 *스탈린* 사이에서 문서화(文書化)도 되지 않고, 다만 구두로 합의한데 불과했던 조선에 관한 결정은 그 후 한반도 정국에 일대 파란을 일으켰다.

이 날 극동문제를 논의하던 중 *루즈벨트*는 *스탈린*에게 조선문제에 관해 자기의 의도를 설명했다. 그는 말하기를 "소련, 미국, 중국의 대표로 구성되는[국제기구에 의한] 조선의 신탁통치(信託統治)를 생각하고 있다."고 했다. 이어서 그는 "미국이 겪은 신탁통치의 유일한 경험은 *필리핀*에서 인데 여기서 인민들이 자치(self-government)를 준비하기까지에는 약 50년이 걸렸다"고 했다. 자기가 느끼기로는 조선의 경우 그 기간은 "20년에서 30년이 되지 않을까 한다"는 것이었다. 이에 대해 *스탈린*은 "기간이 짧으면 짧을수록 좋다"고 하면서 조선에 외국군대가 주둔할 것인가를 물었다. *루즈벨트*가 그렇지 않다고 하자 *스탈린*은 *루즈벨트*의 제안을 수락한다는 의사를 표명

642) Briefing Book Paper, 「Soviet Support the Cairo Declaration」, 같은 책, p. 318.

643) 같은 책, p. 319.

644) 위와 같음.

했던 것이다.[645)]

여기서 *루즈벨트*는 계속하여 자기의 의견을 말했다. 즉, 조선에 관해서는 하나의 미묘한 문제가 있는데 자기 개인으로서는 영국을 신탁통치에 참여시킬(invite) 필요가 없다고 느끼지만 영국은 반발할 것 같다고 말했다. 이에 대해 *스탈린*은 영국인들이 대노할 것이 틀림없으며 사실상 *처칠* 수상(首相)은 우리들을 "죽이려들지 모른다"(might kill us)고 하면서, 자기의 의견으로는 영국인들을 신탁통치에 참여시켜야 할 것이라고 응답했다.[646)] 이 두 사람 사이의 몇 마디 대화(對話)가 그 후 조선 민족의 운명을 결정하고 말았다. *얄타*에서의 조선문제의 토의는 현재까지 알려진 것은 이것이 전부였으며 이 회담에서 조선문제는 다시 논의되지 않았다.

1945년 4월 *루즈벨트*는 급작스레 사망했다. 얼마 후에 대통령 특별보좌관 홉킨스(Harry Hopkins)는 *모스크바*로 가서 *스탈린*의 견해가 바뀌지 않은 것을 감지(感知)하고, 그해 5월 29일 *트루만* 대통령에게 *스탈린*은 조선에 대한 미-영-중-소 4개국의 신탁통치에 동의하고 있다고 보고했다. 이 보고를 토대로 *트루만*은 6월 15일 중국(장개석 정부)에게 미-소-영은 4개국 신탁통치에 합의했다고 통고했다.[647)] 이로써 한반도의 신탁통치 계획은 조선인들의 의사도 묻기 전에 4개국 사이에서 최종적으로 결정되어버렸다. 그 후 4개국 신탁통치 안은 미국의 조선문제 처리의 기준이 되었고 *스탈린*은 이에 완전히 동의했던 것이다. *얄타*회담의 내용은 오랫동안 공개되지 않았기 때문에 한 때는 미-소가 *얄타*회담에서 조선반도를 양분하기로 결정했다는 밀약설(密約說)이 나돌고 있었지만, 이것은 전혀 사실과 다른 낭설이었다는 것이 오늘에 와서 명백해졌다.

*루즈벨트*는 탁월한 민주주의 정치가였음에는 틀림이 없다. 그러나 대전(大戰) 중 그의 지대한 관심은 전쟁을 빨리 승리로 이끄는데 쏠렸고 전후 처리문제에 대해서는 막연한 구상이 있었을 뿐, 확고한 정책을 세우지 못하고 있었다. 그는 전시 동맹국인 소련과의 "호감(好感)의 시대"(era of good feeling)를 지속시켜, 미-소의 우호와 상호존중 속에서 영구적인 평화를 보장할 수 있을 것으로 기대하고 있었다. 이러한 *유*

645) 「Roosevelt-Stalin Meeting」, February 8, 1945, 3:30 PM., The Conferences at Malta and Yalta, *FRUS*, 1945, p. 287.

646) 위와 같음.

647) 「Memorandum by the Assistant to the President's Naval Aide (Elsey)」, 같은 책, pp. 308~309.

*토피아*적 사고(思考) 때문에 *스탈린*에 대한 경계조치(警戒措置)를 취하지 않았던 것이다. *루즈벨트*는 *유엔*(UN)을 창설하여 소련에 거부권을 행사할 수 있는 안전보장이사회의 상임이사국의 지위를 부여함으로써 미－소의 우호 속에서 전후 세계의 안정과 평화를 보장할 수 있을 것으로 생각하고 있었다. *유엔*에서 *스탈린*은 *소비에트* 연방의 구성 공화국의 숫자대로 16표의 표결권을 주장했다가 소련, *우크라이나*, *백러시아*의 3표를 얻는 것으로 타협했다.

미국정부는 1905년 일본과의 「*태프트－가즈라*(Taft－桂)간의 밀약」("agreed memorandum")에 의하여 조선반도에 대한 일본의 지배를 묵인한 이후로는 1941년 12월 미－일전쟁이 개막될 때까지 이 나라에 대한 관심이 없었다. 그러나 미－일전쟁에서 일본이 패망할 날을 예견하면서 전후처리 문제의 하나로 한반도의 장래 지위를 고려하지 않을 수 없었다. *루즈벨트*는 일본이 패망하면 해방된 조선인들이 즉각 독립할 수 있는 자치능력을 발휘할 것으로는 보지 않았던 것이 확실하다.[648] 그리하여 조선이 독립할 수 있을 때까지 과도적 조치로써 미국정부가 구상한 것이 신탁통치였다. 그러나 *얄타*회담에서 *루즈벨트*와 *스탈린* 사이에는 조선반도의 신탁통치에 대하여 구두양해(oral understanding) 상의 합의가 있었을 뿐 그 기간과 통치방식 등의 내용에 관해서는 명확하게 결정한 바가 없었을 정도로 연합국은 조선의 장래에 대하여 관심이 없었다.

회고컨대 소련은 1930년대 후반부터 두 개의 적(敵), 즉 동(東)*아시아*에서는 소－만(蘇滿)국경선에서 대치하고 있던 일본군국주의와, *유럽*에서는 새로 대두한 독일*나치즘*에 의하여 심각한 위협을 받고 있었다. 그리하여 *스탈린*은 독일의 위협을 벗어나기 위하여 놀연히 *히틀러*와 야합했다. 즉 그는 1939년 8월 23일에는 독－소 불가침협정을, 곧이어 9월 28일에는 「독－소 우호조약」(1939. 9. 28)을 체결하고 *히틀러*와 결탁하여 *폴란드*를 무력으로 양분(兩分)했다. 이어 1941년 4월 13일에는 *파쇼* 일본과 「소－일 중립조약(中立條約)」에 조인함으로써 자국의 안전을 기하고자 했다.

---

648) *카이로* 회담이 있기 8개월 전인 1943년 3월 27일에 벌써 *루즈벨트*는 백악관에서 미 국무장관 *헐*(C. Hull), 대통령 특별보좌관 *홉킨스*, 영국 외상 *이든*(A.Eden)에게 조선의 신탁통치를 제의한 바가 있다. *폴 · 맥그래드*, 「한반도 분단결정과정 報告書」(Paul McGrath, *U.S. Army in Korean Conflict*), ≪月刊朝鮮≫, 1991년 7월호, pp. 164~165. 이 「보고서」의 원문은 申福龍(편), 『韓國分斷史 資料集』 1, 원주문화사, 1991. pp. 7~67에 수록.

그러나 독일과의 야합은 잠시 뿐 1941년 6월 *히틀러*는 소련으로 침공해 들어갔다. 한편 그해 12월 8일 일본은 미국 *하와이*의 진주만을 기습 공격하여 미국과의 '태평양전쟁'에 돌입하게 되었다.

이로써 여태까지 *유럽*과 *아시아*에서 전쟁에 휘말려들지 않았던 미-소는 갑자기 군사 동맹국이 되었다. 독일군(軍)의 진격 앞에서 전멸의 위기에 처하게 된 소련은 영국 및 중국과 마찬가지로 연합국의 조병창(造兵廠)인 미국의 원조를 절실히 필요로 했다. 이에 대하여 미국은 대전에서 승리하기 위해서는 소련이 수행할 수 있는 군사적 역할을 아주 중요시하고 있었다. 그리하여 *이데올로기*와 체제와 세계정책에서 서로 적대시(敵對視) 해 온 미-소 두 나라 사이에는 전시(戰時) 밀월(密月)의 시대가 열리게 되었던 것이다.

*스탈린*은 미-영에 대해 우호를 표시하기 위하여 1943년 5월에는 *코민테른*(comintern)을 해체하는 한편 국내에서는 공산주의 *이데올로기*를 약화시키면서 *슬라브* 민족주의를 강조했다. 종교에 대한 통제도 대폭 완화했다. 동시에 소련의 전쟁 목적을 미국의 그것과 마찬가지로 "평화", "자유", "민주주의"란 말로 표방하고 "독점자본주의", "제국주의"라고 공격해온 미-영을 "민주주의 국가"로 인정, 칭찬하기 시작했다. 당시 "자유"를 찬양하고 있던 *스탈린*의 말을 들으면 그는 가공할 독재자가 아니라 마치 구미(歐美)식 자유민주주의자(自由民主主義者)가 다 된 것 같은 인상(印象)을 받았다. 그리하여 *루즈벨트*는 미국-소련과의 친선관계가 발전 확립되어가고 있는 것으로 착각하고 있었다.

*루즈벨트*를 계승한 *트루만*은 선임자가 구상했던 정책의 테두리 안에서 전후(戰後) 세계정책을 펴 나갔다. 한편 1944년 5월 소련 영토에서 독일군을 구축(驅逐)한 붉은 군대는 *루마니아, 핀랜드, 불가리아, 오스트리아*로 진격해 들어갔고 *부다페스트, 빈*(Wien)을 점령한 후 1945년 4월 23일에는 *베를린*을 함락시켰다. 그러나 해방된 나라들에서의 "민주주의"를 *루즈벨트*와 함께 소리높이 공약했던 *스탈린*은 곧 민주주의의 원칙을 유린하면서 소련식의 공산당 1당(黨) 독재정권을 수립하고 위성국화(衛星國化)를 돌진했다. 북한에서도 *소비에트*화(化)의 정책은 동일했다. 미국은 물론 동(東)*유럽* 제국의 소련위성국화(化)를 수락하려하지는 않았으나, 순진하게도 소련과 협력하여 전후처리를 계속 우호의 정신에서 해결해 보려고 시도했다.

조선반도에 관해서도 *트루만*행정부는 주변 열강의 이해관계가 첨예하게 관련되어 있는 조선반도의 지정학적(地政學的) 위치를 고려하여, 국제적 마찰이 없도록 38선 문제를 원만하게 해결하려고 애썼다. 미국으로서는 그런 방법 밖에는 별다른 선택의 길이 없었다. 이를테면 일본 패망 40일전인 1945년 7월 4일자 백악관 내의 한 「상황설명서」(Briefing Book Paper)에 의하면 조선반도가 어떤 한 나라의 신탁통치하에 놓일 때에는 국제적 분규를 일으킬지 모른다고 우려했다. 결국 "조선반도의 장래에 관해 중대한 관심을 가지는 나라들이 조선반도 문제에 대한 임시적(臨時的) 관리(supervision)에 다 같이 참여하도록 하고" 그럴 때는 "단 한 나라만의 관리에 맡기는데서 야기될지 모르는 국제적 마찰을 줄일 수 있는 것"이라고 어렴풋이 생각했던 것이다.

이 상황설명에는, 소련의 극동에서의 위치가 중요함으로 "소련이 일본과의 전쟁에 돌입하지 않더라도" 임시 관리기구에 대표권을 가지도록 건의하고 싶다고 기록되어 있다.649)

미국은 한반도에 대해 어떤 영토적 야심이나 분할의 의도는 전혀 없었다. 막연하나마 조선을 "적당한 시기에" 자유롭고 독립한 나라로 만든다는 목표만을 세우고 있었을 뿐이다. 이 무렵에 나온 *트루만* 대통령을 위한 한 비망록(memorandum)에 논하기를 중-소-영-미는, 극동의 평화와 안전에 실질적인 영향을 주는 공동의 국경 때문에, 또는 이 나라들이 차지하는 전략적 위치 때문에 조선반도에 이해관계를 가지고 있다고 했다. 그러면서 대일(對日) 전승국(戰勝國)들의 세력균형을 형성하는 방식에 의하여 조선반도의 문제를 평화적으로 해결한다는 구상을 피력했다.

> 이 나라들 중 어떤 나라도, 어느 한 나라가 조선에서 우세한 지위를 차지하는 것을 바라지 않을 것이다. … 조선인 자신들은 한 때 정복되고 노예화되었기 때문에 타국의 의도를 극히 의심하며, 아마도 오직 한 나라의 군대가 조선반도 안에서 작전하는 것에 대해 적대시할 것이다. 그렇기 때문에 어떤 이해 당사국의 한 나라만이 일본인들을 몰아내기 위하여 조선을 침공한다는 것을 정치적으로 건의할 수 없다고 생각한다.650)

---

649) Briefing Book paper, 「Interim Administration for Korean and Possible Soviet attitudes」, *FRUS*, 1945, Vol. I, p. 312.

650) 「Memorandum for the President」, 같은 책, p. 318.

제2절 북위(北緯) 38도선 : 군사적 편의주의(便宜主義)의 결과

1945년 7월 26일, 즉 *나치* 독일이 패망한지 거의 3개월 뒤에 *베를린* 교외 *포츠담*(Potsdam)에서 *트루만, 처칠, 애틀리*(Clement. R. Attlee), *스탈린*은 전쟁 종결을 위한 계획을 발표했다. 이 계획은 장개석(蔣介石)의 동의를 얻은 것이었다. 「*포츠담* 선언」으로 알려진 이 계획은 일본의 무조건 항복을 요구하고, 이 요구를 거절할 때는 "일본국의 불가피하고 철저한 괴멸(壞滅)"이 있을 뿐이라고 위협했다. 소련은 *얄타* 회담에서 독일의 패망 3개월 후에는 일본에 선전포고를 하기로 언약이 되어있었으나, 아직은 일본과 체결한 「중립 불가침조약」(1941. 4. 13)을 이유로 「*포츠담*선언」에 서명하지 않았다.

이 「선언」은 「*카이로* 선언」을 재확인하면서 일본의 주권은 *혼슈*(本州) – *호카이도*(北海道) – *큐수*(九州) – *시고쿠*(四國)와, 그밖에도 3국이 결정하는 소도(小島)들에 국한될 것이라고 명기했다.[651] 따라서 조선반도의 일본으로부터의 분리는 명백해졌다. *포츠담*에서 연합국들 사이에서는 일본의 항복선(降伏線)을 어디에 긋는가에 관해서 많은 논의가 있었지만 조선반도가 그들의 작전구역에 포함되는지에 관해서는 결정된 바가 없었다. 그러나 조선반도의 일본으로부터의 해방만은 확실한 것이었다. 이러한 사실을 몰랐던 일본은 「*포츠담*선언」을 거부하고 소련의 중재(仲裁)를 통하여 유리한 평화조건을 얻어내려고 어리석은 외교노력을 기울이고 있었다.

그러던 중 1945년 8월 6일 미국의 원자폭탄은 *히로시마*(廣島)시를 괴멸시켰고 9일에는 두 번째 원자폭탄이 *나가사키*(長崎)시를 폭격했다. 일본의 패망이 임박해진 8월 8일에야 소련정부는 부랴부랴 일본에 선전포고를 했다. 소련은 미국이 일본의 군사력을 괴멸시킬 때까지 기다렸다가 전쟁 종결 단계에 참전하여 최소한의 희생으로 최대한의 이득을 얻자는 것을 생각하고 있었음에 틀림없다. 소련정부의 대일(對日) 선전포고(宣戰布告)와 더불어 '붉은 군대'는 연해주, *하바롭스끄, 자바이칼*의 세 전선에서 공격을 개시, 만주의 일본 관동군(關東軍)을 격파했다. 그중 극동 제1방면군 제25군 소속 여러 부대들은 조선반도의 동북부로 진격해 들어왔고, 태평양 함대

651) 「*포츠담* 선언」은 일본이 「*카이로* 선언」의 요구를 준수, 무조건 항복할 것을 강요했다. 따라서 「*포츠담* 선언」을 일본이 수락할 때는 조선의 일본으로부터의 해방은 극히 당연한 *코스*였다.

는 육전대의 상륙전을 감행했다. 그리하여 8월 9일~11일 사이에 나진시(羅津市), 청진(淸津)항을 점령, 8월 17일에는 웅기(雄基), 나진, 청진을 완전히 해방했다.[652]

일본정부는 벌써 8월 10일 「*포츠담*선언」의 수락을 연합국에 제의했기 때문에 소련군의 본격적인 대일 전쟁기간은 1주일 밖에 되지 않았다. 8월 15일 일본이 연합국에 무조건 투항한지 수일 후인 21일 붉은 군대의 선발대는 함흥(咸興), 원산(元山)으로, 24일에는 평양으로 진주해 들어왔다. 당시 한반도에서 가장 가까운 곳에 있던 미국 군대는 1천km 떨어진 *오키나와*(沖繩)의 미 제24군단이 있었음으로 '붉은 군대'가 한반도 최남단까지 밀려온다고 해도 이것을 제지할 병력이 없었다. 미국은 예상 밖에도 일본이 조기에 항복을 제의해 온데 놀라고 당황했다.

일본이 투항을 제의해 온 다음날(미국시간 8월 9일) 미국 행정부 내의 공군성－육군성－해군성의 '삼성(三省) 조정위원회'는 조선반도에 주둔하고 있던 일본군의 항복을 조건으로 북위38도선 이북에서는 소련군이, 38도선 이남에서는 미군이 접수한다는 내용이 담긴 안(案)을 작성하여 *트루만* 대통령의 인가를 받았다. '연합군 태평양 최고사령부'(사령관 *맥아더*)의 「일반명령 제1호」로 되어있는 이 안은 8월 15일 *스탈린*에 전송되었고, 다음날 소련은 아무 이의 없이 이것을 수락했다[653]는 것이 38도선의 기원에 관한 미국 측의 기록이다. 이 기록은 틀림이 없다. 그러나 「일반명령 제1호」가 나오기까지의 경위는 복잡하고 실망스럽기 그지없는 것이었다.

대전(大戰) 중의 미국의 작전계획 문서는 비밀에 부쳐져있었음으로 전쟁이 끝난지 수년 동안은 누구도 자세하게 책임 있는 말을 할 수가 없었다. 1950년 7월 12일자 한 각서(覺書)에 수록된 *딘 러스크*(Dean Rusk, 당시 극동문제 담당 국무차관보)의 증언[654]은 38선 확정의 한 입안자(立案者)로써 최초로 한 발언이었다. 그에 의하면 일본의 돌연한 투항으로 미국정부는 시급히 대책을 마련하지 않을 수 없었고, 국

652) 북한 각 도시를 소련군이 점령한 날자에 관해서는 부분 점령, 완전 점령이 뒤섞여 있었기 때문에 자료마다 조금씩 다르다. 소련에서 공표된 「소련 극동군 제25군의 보고」(1945. 8. 17) 「태평양함대 사령부 보고」(1945. 9) 참조. (1981년 蘇聯科學 *아카데미* 東洋學硏究所 발행 『소련과 北韓과의 關係(1945~1980)』 國土統一院 번역, 1987년, p. 33, p. 40)

653) 「The Record in Korean Unification(1943~60)」, *Department of stati Publication* 7084, Far Eastern Series 101, pp. 44~45.

654) 문서가 아니라 기억을 토대로 한 *딘 러스크*의 증언은 「Draft Memorandum to the Joint Chiefs of Staff」 [SWNCC 176 Series], *FRUS*, 1945, Vol.Ⅵ, pp. 1039에 수록되어 있음.

방부문 3성(省) 장관들은 10~11일 밤 *펜타곤*에서 거의 밤을 세워가며 대책을 숙의했다고 한다.

국무성은 미군이 실행 가능한 한의 한반도 최북단에서 일본군의 항복을 받도록 하자고 제안했다. 그러나 군 참모들은 소련군이 한반도에 진격해 들어오기 이전에 미군이 *오끼나와*에서 이곳에 도달한다는 것은, 당장 활용할 군대의 수효(數爻)와 시간 및 거리를 고려할 때 어려운 일이라고 판단했다. 군인들의 견해로는 미국의 군사적 능력의 한계를 아득히 넘는 한반도 북쪽에 항복선(降伏線)을 그을 것을 제의한다면 소련이 수락할 것 같지 않다는 것이었다. 여기서 *맥클로이*(McCloy) 육군장관은 *본스틸*(Charles. H. Bonsteel) 대령과 *러스크* 대령(당시 전쟁성 총참모부 소속)에게 옆방으로 가서 미군이 가능한 한 먼 북쪽에서 항복을 받으려는 정치적 의도(political desire)와 미군의 능력이 그 곳에 이르는데 대한 제약 조건들을 절충할 수 있는 안을 만들어 가지고 오라고 부탁했다고 *러스크*는 증언한다.

> ······ 우리들은 38도선을 제의했다. 비록 이 선을 소련이 동의하지 않을 경우가 있다해도, 그리고 이 선이 미군이 현실적으로 도달할 수 있는 곳 보다 훨씬 북쪽에 있음에도 불구하고······, 우리가 38도선을 제의한 것은 미군 책임지역 안에다 조선의 수도(서울)를 집어넣는 것이 중요하다고 느꼈기 때문이다. 38도선은 육군이 국무성에 천거한 사항의 일부가 되었고 그 후 국제적 동의를 얻었다. 내 기억으로는 그때 나는 소련이 38도선을 수락한데 약간 놀랐다. 왜냐하면 이 지역에 대한 미국의 군사적 거리를 고려하여 소련은 훨씬 남(南)쪽의 선을 고집할는지도 모른다고 생각했던 때문이다.[655]

*러스크*의 이상의 증언은 그의 기억에 의거한 것이지만, 한민족(韓民族)의 운명을 결정한 38도선이 불과 몇 10분 동안에 두 미국 대령(大領)에 의하여 책정되었다는 것은 실로 어이없는 일이었다.

또 하나의 증언은 뒤에 주한 미군사령관을 역임한 *본스틸*의 것이다.[656] 이 증언은 *러스크*의 증언에 비하면 당시의 미국정부 내부의 상황 설명에 관해서는 약간 차이가 있으나 훨씬 상세하다. 그에 의하면 미국의 행정부와 군막료(軍幕僚)들은 일본 본토가 점령되기 전에 일본이 항복하리라고는 생각하지 않았다는 것이다. 따라서 항

---

655) 위와 같음.

656) 이 증언의 중요 부분은 앞의 *폴 맥그래드*의 논문, 「한반도 분할결정 과정 보고서」에도 수록되어 있음.

복문서도 미처 만들지 못하고 있었다. 이 문서를 준비하기 위하여 그는 8월 10일 이후 4일간을 밤늦게까지 고심하고 있다가 10~11일 사이의 한밤중에 *펜타곤*(국방총성)에서 *본스틸* 대령, *러스크* 대령, *맥코맥*(McComack) 대령, 3인은 *맥아더* 장군이 9월 일본에 대해 발표할 「일반명령 제1호」의 초안을 작성하라는 지시를 받고 그 임무를 수행하고 있었다.

*본스틸*은 「일반명령 제1호」의 문장을 작성하라는 명령을 받고 시간에 쫓겨 "허둥대면서", "순간적인 작업"을 하여 30분 동안에 일을 끝냈다고 한다. 「일반 명령 제1호」는 약간의 수정을 거친 후 채택되었는데, 이것으로 연합국의 일본 항복 수락 계획은 최종적으로 확정되었다. 한반도에 관해 그가 우선 고려한 것은 「일반명령 제1호」를 소련이 수락할 수 있도록 작성하되 서울로부터 가능한 한 북쪽에 항복선을 설정하는 것이었다. 소련이 동의하면 동시에 공산주의가 전(全) 한반도를 점령하는 것을 저지할 수 있도록, 일본군의 항복선을 긋고 이것을 소련으로 하여금 몇 시간 내에 수락케 하자는데 그의 관심이 집중되었다고 한다.

그러면 항복선은 어디다 그어야 할 것인가. 1945년 8월 10일 한 밤중에 *러스크*는 북위 38도선을 주목하게 되었다. 이때 한반도의 행정구역을 볼 수 있는 지도가 없었으므로 그는 자기 사무실 벽에 걸려있는 극동(極東)의 지도를 보고 한반도의 중간을 가르는 북위 38도선에 착안하게 되었다는 것이다. 이런 과정을 거쳐 38선은 「일반명령 제1호」에 삽입되었다. 38선은 미－소가 일본의 항복을 수락할 조선반도 내 두 지역의 "잠정적" 군사경계선이라는 것이 *본스틸*의 증언이며, 미국의 관리들은 38선으로 한반도를 남과 북의 두 적대적(敵對的)지역으로 분할 할 의도는 없었다는 것이다.

「일반명령 제1호」는 미국행정부 내 군 수뇌들의 심노를 거친 후 8월 15일 *트루만* 대통령의 서명을 받았다. 이것은 즉각 *맥아더* 장군과 영국, 소련으로 발송되었다. 「일반명령 제1호」에 담긴 항복선 조항은 간단했다. 즉 제2항에서 한반도 북위 38도선 이북의 일본군은 *소비에트* 극동최고사령관(極東最高司令官)에게 항복하고, 북위 38도선 이남의 일본군은 미국 태평양육군총사령관 *맥아더*에게 항복하라고 명령하였다.[657]

---

657) 「*맥아더* 司令部 指示 1號 一般命令 第1號 (1945. 9. 2)」, 『韓國時事資料, 年表』, 上卷, 서울 言論人*클럽*, 1992년, p. 4.

당시 *스탈린*의 한반도 정책이 무엇이었는지는 그 자신 말이 없어서 알 수가 없으나, 그는 "거의 신기하다고 할 만큼 신속하게" 8월 16일 몇 개의 요청 사항을 첨부하여 *트루만*의 대일(對日)항복 접수계획에 동의했다. *스탈린*의 요청 사항이란 *호카이도*(北海道) 북반부에서 일본군의 항복은 소련군이 받고, 대련(大連)과 여순(旅順)이 있는 요동반도(遼東半島)는 만주의 한 부분이므로 소련의 군사지역에 포함되어야한다는 것이었다. *트루만*은 *호카이도* 북반부에서 소련군이 일본의 항복을 받도록 하자는 *스탈린*의 요청을 묵살하는 동시에 대련으로 미군을 상륙시키려던 계획도 취소했다.[658]

38도선에 대해서 *스탈린*은 아무 이의를 달지 않았음으로 한반도에서 일본군 항복 접수 문제는 해결된 셈이었다. *스탈린*의 큰 관심이 소련의 이권(利權)과 안보가 달려 있던 만주의 요동반도와 *호카이도*의 북반부 점령에 있었던 것은 명백하다. 남만주(南滿洲)만 장악하면 한반도에 세력을 뻗치는 것은 용의한 일이라고 생각했을 런지도 모른다. 미국이 「일반명령 제1호」의 초안마저 작성하지 못하고 있던 8월 9~10일 소련군은 만주와 북한의 동북부로 진격해 들어왔다. 만일 소련군대가 「일반명령 제1호」에 트집을 잡으면서 그대로 진격을 계속했다면 수일 안에 한반도의 최남단까지 석권하는 것은 문제가 아니었을 것이다. 그러나 *스탈린*은 그렇게 하지 않고 일본군의 항복선으로써의 38선에 동의했던 것이다.

미-소 양군에 의한 일본군의 투항 접수의 임무를 수행하기 위한 목적에서 미국이 허둥지둥 졸속하게 그었고, 소련이 아무 말 없이 동의한 38선은 그 후 오늘날까지 한반도의 무자비한 분단선이 되었다. 이 선이 한민족의 대분열을 몰고 와 남-북 두 정치체제의 경계선이 될 것을 예견했던 사람은 이 선을 확정한 사람과 그 확정에 동의한 사람들을 포함하여 아무도 없을 것이다. 38선에 의한 분단의 비극은 적어도 원초적(原初的)으로는 계획적으로 꾸며진 것이 아니었다. 지금까지 공개된 모든 자료에 의하면 38선은 일본의 무조건 투항 직전에 미-소의 두 연합국이 군사적 편의주의(便宜主義)에서 임기응변적(臨機應變的)으로 취한 조치의 결과라고 보는 것이 공정할 것이다.

미-소는 *이데올로기*, 정치체제, 경제제도, 사회조직, 국가이익에서 본질적으로 대

658) 같은 책, p. 182.

립할 수밖에 없었다. 그런 미-소의 군대가 순전히 일본군의 항복 접수라는 이유만으로 한반도를 양분, 점령했다는 사실은 앞으로 중대한 문제를 내포하지 않을 수 없었다. 더욱이 연합국의 두 전우(戰友)가 전쟁 후 냉전의 적수(敵手)로 급변해가는 상황에서 사태는 심각해졌다. 한반도의 독립은 「*카이로* 선언」에서 단 한 줄로 기록한 독립 약속과, 「*얄타* 회담」에서 밝혀진바, 4개국 신탁통치 경과 후(經過後) 민주주의 독립 국가를 수립한다는 간단한 구두(口頭)언약만으로는 세계적 냉전의 소용돌이 속에서 한반도의 계속적 분단 상태를 막을 수는 없었다. 한반도의 남-북에서 이질적인 두개의 정부, 두 개의 체제가 출현하고 굳혀져가는 추세를 저지한다는 것은, 불행하게도 자력으로 해방을 이룩하지 못한 한민족의 능력을 초월한 일이었다.

처음부터 미-소의 남-북한 점령정책은 결코 동일할 수가 없었다. *유럽*에서도 동북(東北)*아시아*에서도 미국의 정책은 자유개방주의를 원칙으로 설정하였지만, 소련의 정책은 폐쇄주의를 원칙으로 강행했다. 이것은 기본적으로 양국의 정치제도의 차이에서 유래하는 것이었다. 그리하여 한반도에서도 38선이라는 "잠정적" 경계선은 *스탈린*의 북한 폐쇄정책에 의하여 "철의 장막"으로 급속히 변해갔다. 그러면 38선 이북을 점령한 소련군 당국의 정책은 어떻게 전개되었는가. 그 정책목표는 북한의 *소비에트*화(化), 즉 *스탈린*주의화(化)였다. 북한의 *소비에트*화는 그들이 항상 내세우는 이른바 "조선인민"의 의사와는 하등의 관계없이 38선을 방벽으로 하여 외부로부터 강요된 것이었다.

소련을 공산주의의 기지로 하여 전 세계에서 *프롤레타리아*혁명을 지원해온 *코민테른*의 전략과 이것을 달성하기 위한 소련정부의 일괄된 정책과 성명, 그리고 1939~1940년대에 *스탈린*이 해방의 이름에서 감행한 소련의 영토확장 등에 대한 기억을 미국은 상실하지는 않았을 것이다. 그러나 반(反)*파시스트* 공동전선이 빚어낸 "우호"의 분위기속에서 미국의 그런 기억은 몽롱해졌다. 미국은 「대서양헌장」(1941), 「*카이로* 선언」(1943년 3월), 「*얄타*회담에서의 약속」, 「*모스크바* 3상회의결정」(1945년 12월) 등 일련의 외교문건에 의거하여 전우로서의 *스탈린*의 성실한 협력을 얻어 전후문제(戰後問題)의 일환으로써의 한반도 문제를 해결할 수 있을 것이라고 희망적인 관측을 하고 있었다. 그렇지만 대전후(大戰後) 곧 격화된 양국의 대립에 의하여 그런 희망이 사라지면서 한반도의 비통한 운명은 결정되어 버리고 말았던 것이다.

제2장

소련 '붉은 군대(軍隊)'의 역할

제1절 조선의 "해방선언"

소련의 "붉은 군대"는 평양에 진주한 다음날인 8월 25일 그곳에 '북조선주둔(北朝鮮駐屯) 소련군(蘇聯軍) 제25군사령부(軍司令部)'를 설치하고 군정에 착수했다. 그리고 곧 다음과 같은 사령관 *치쓰챠꼬프* 대장의 포고문(날짜 불명)을 발표했다.

조선인민들에게!

조선인민들이여! 쏘련군대와 동맹국 군대들은 조선에서 일본약탈자들을 구축했다. 조선은 자유국이 되었다. 그러나 이것은 오직 신조선 역사의 첫 *페이지*가 될 뿐이다.

화려한 과수원은 사람의 노력과 고려(顧慮)[보살핌]의 결과이다. 이와 같이 조선의 행복도 조선인민이 영웅적으로 투쟁하며 꾸준히 노력하여야만 달성된다. 일본 통치하에서 살던 고뇌의 시일을 추억하라! 담 위에 놓인 동맹에까지도 괴로운 노력과 피땀에 대하여 말하지 않는가? 누구를 위하여 당신들이 일하였는가?

왜놈들이 고대광실에서 호의호식하며 조선 사람들을 무시하며 조선의 풍속과 문화를 모욕한 것은 당신들이 잘 안다.……

조선사람들이여! 기억하라! 행복은 당신들의 수중에 있다. 당신들은 자유와 행복을 찾았다. 이제는 모든 것이 죄다 당신들에게 달렸다.

쏘련방군대는 조선인민이 자유롭게 창작적[창조적?] 노력에 착수할 모든 조건을 지어주었다.

조선인민 자체가 반드시 자기 행복을 창조하는 자로 되어야 할 것이다. 공장제조소 및 공작소주인들과 상업가 또는 기업가들이여! 왜놈들이 파괴한 공장과 제조소들을 회복시키라! 새 생산 기업체들을 개시하라! 소련군 사령부는 모든 기업소들의 재산보호를 담보하며 그 기업소들의 정상적 작업을 보장함에 백방으로 원조할 것이다.

조선 노동자들이어! 노력에서의 영웅심과 창작적 [창조적] 노력을 발휘하라! 조선사람의 훌륭한 민족성 중 하나인 노력에 대한 애착심을 발휘하라!

진정한 사업으로써 조선의 경제적 및 문화적 발전에 대하여 고려하는 자라야만 모국

조선의 애국자가 되며 충실한 조선 사람이 된다
해방된 조선인민 만세! [659](밑줄은 인용자)

*치쓰쟈꼬프*는 정치가도 조선문제의 전문가도 아닌 단순한 직업군인이었다. 정치 문제에서 사실상 그의 위에 있던 사람은 연해주(沿海州) 군관구(軍管區) 군사회의 위원이었던 *스띠꼬프*(T. F. Shtikov) 중장이었다. 그는 본래 군인이 아니라 이미 1938년 *레닌그라드주*(州) 당부(党部)의 제1서기 *쥬다노프*(Andrei A. Zhdanov) 다음 지위인 제2서기의 중책을 맡은바 있던 당 관료였다. 그는 평양에 상주한 것이 아니다. 그는 소련군 제1극동전선 군사위원회 위원으로 있다가 그것이 없어지고 연해주 군관구가 창설되자(1946. 9. 3) 이의 군사위원회 위원으로 평양과 연해주와 *모스크바*를 내왕했다.[660] 그는 정치군인으로서 북한의 통치에 대해 일체의 정책 결정권을 장악하고 있었다.[661] 그 뒤 그가 미-소 공동위원회 소련 측 수석대표와 북한주재 초대 소련대사(1945~1951년)를 역임한 사실은 아직도 우리의 기억에 새롭다.

그런데 논리적이라기보다는 문학적으로 된 위의 *치쓰쟈꼬프* 포고문의 미숙한 번역문장(이것은 당시의 소련에 있어서의 한국 문화에 대한 이해의 수준을 보여준 것이다)은 논외로 하더라도, 그 내용은 추상적이며 소략했다. "해방된 조선인민"에 대한 격려, 붉은 군대의 역할, 기업가들과 노동자들에 대한 생산의 호소, 재산보호의 보장, 기업소의 작업원조(作業援助)가 내용의 전부였다. 여기에서는 *맑스-레닌*주의의 *이데올로기*도 소련의 북한정책도 찾아볼 수 없다. 소련이 즐겨 쓰는 "민주주의"란

659) 『朝鮮中央年鑑』 1949년도 판, p. 57의 전문. 원문에는 많은 한자를 사용했지만 저자는 모두 한글로 바꾸었다. 이 포고문은 1945년 8월 15일자 「해방된 조선인민에게 보내는 소련 극동군 제1전선 제25군 사령관 호소문」으로 되어있었다. 앞의 『소련과 북한과의 관계(1945~1980)』 pp. 31~32에 그 전문이 수록되어 있는데 거기의 번역이 훨씬 세련되어 있다.

660) I. M. *치스짜꼬프*, 「제25군의 전투행로」, 소련 과학*아카데미* 동양학 연구소 발행, 1976년, 『朝鮮의 解放』(國土統一院 번역, 1988년), p. 75 및 B. V. *시체찌닌*, 「解放 後 朝鮮에서」, 같은 책, p. 313, 張俊翼 저 『北韓人民軍隊史』, 韓國發展硏究院 발행, 1991年, pp. 94~95.

661) 북한에서 3년 이상 *스띠꼬프*의 직접 지도하에 일을 했던 *레베데프*의 증언에 의하면, *스띠꼬프*는 "새로운 인민의 조선을 건설하는데 있어서 조선의 친구들에게 직접적인 지도를 제공하고 조선의 동지들에게 풍부한 개인적 黨 경험을 나누어 주며 충고하고 전력을 다하여 조선인민의 이익을 수호한 사람"이었다는 것, 즉 북한의 정치를 좌지우지했다는 것이다. 그리고 "그가 조선에 있건 管區 참모부에 있건 또는 *모스크바*에 있던 간에 그의 참여 없이 북조선에서 이루어진 조치란 하나도 없다"고 기록하였다. N. G. *레베데프*, 「수행하여야 할 의무를 자각하며」. 위의 『조선의 해방』, pp. 104~105.

용어조차 보이지 않는다. 이에 뒤이어 소련군 사령부는 소련주둔군에 대한 한국인들의 위구심을 무마하기 위하여 '붉은군대는 무슨 목적으로 조선에 왔는가?'라는 아래와 같은 「게시문」을 내 붙였다.

> 붉은 군대의 위력은 크고도 큽니다. 그러나 그는 이 위력을 어느 때든지 다른 나라 사람들을 정복함에 이용하지 않았으며, 또는 이용하지 않을 것입니다.…… 우리에게는 구라파 사람들과 영토에 대하여서나, 혹은 아시아 사람들과 영토에 대해서나 말할 것없이 남의 영토를 점령하거나 또는 다른 나라 사람들을 정복하려는 그런 전쟁목적이 없으며 또 있을 수 없습니다. 이것은 *스탈린* 대원수(大元帥)의 지령이기 때문에 우리는 그대로 합니다.
>
> – 붉은 군대는 조선에 *쏘베트*질서를 설정하거나 또는 조선지역을 얻으려는 그런 목적을 가지지 않았습니다.[662](밑줄은 인용자)

장구한 역사를 통하여 번번이 강대국의 군사적 침략을 받아 온 한반도에서 표면상 아무 사심도 없는 이 성명문들은 주민들의 대(對)소 신뢰감과 호의를 불러일으킬 만했다. 국제*파시스트* 세력을 격파한 연합국의 일원으로 소련이, 해방된 북조선의 내정에 간섭한다든가, 더욱이 *소비에트*제도를 강요하리라고는 예상할 수 없는 일이었다. 진주군(進駐軍)이 자행하는 희대의 약탈행위(掠奪行爲)와 시설반출(施設搬出), 살인, 폭행, 강간, 파괴 등 온갖 행패를 그곳 주민들은 전시의 흔히 있는 현상으로 너그러이 이해하면서 해방의 기쁨과 감격에 도취하여 국제적 권력정치의 냉혹성(冷酷性)에 눈뜨지 못했던 것이 적어도 해방 직후의 사정이었다.

위의 「게시문」보다 몇 년을 앞서 소련정부는 대전 중에 국제적 신의를 획득하기 위한 선전으로써 *파시스트* 지배하의 민족들의 자결권(自決權)을 확약하는 수다한 성명(聲明)을 발표한 일이 있다. 일례로 1941년 9월 24일 *런던*에서 개최된 연합국 회의에 참가했던 *소비에트* 대표가 발표한 성명은 아래와 같다.

> 소련은 어떠한 민족도 국가의 독립권 및 영토 보전권(保全權)을 소유한다는 것, 또한 경제적 문화적 복리를 확보하기 위하여 적절하며 필요하다고 스스로 인정하는 사회체제와 정부형태를 선택할 권리를 가진다는 것을 존중하는 바다.[663]

---

662) 金昌順, 『北韓15年史』, 知文閣 1961년, p. 47에서 인용.

1941년 11월 6일 *스탈린*은 이상의 성명을 재확인하는 듯이 소련의 대독(對獨)전쟁 목적을 세계를 향해 다음과 같이 언명했다.

> 우리들은, 우리들의 지원을 기대하고 있는 *슬라브* 및 그 밖의 *유럽*의 예속 민족들에다 우리의 의사와 체제를 강제하는 것 같은 그 어떤 전쟁 목적을 가지고 있지 않으며 가질 수도 없다. 우리들의 목적은 이 민족들을 *히틀러*의 폭격으로부터 해방되려는 투쟁을 지원해주고 이들 민족이 자기들의 영토에다 자기들이 소망하는 자신들의 정부를 조직하는 완전한 자유를 주는데 있다. 우리들은 다른 민족의 내부문제에 간섭하지 않는다.664)

이 감동적으로 들리는 문언(文言)들은 *파시스트*의 억압에서 신음하고 있던 절망적인 모든 국민들의 환호와 생(生)에 대한 새로운 희망을 자아내리만큼 매혹적이었다. 이러한 선전 방법의 일환으로 북조선에서는 해방 2개월 후인 1945년 10월 12일 「북조선 주둔 소련 제25군사령관의 성명서」665)가 발표되었다. 이때까지 소련군 사령부는 북조선 전역에 인민(정치)위원회를 조직하는데 바빴고, 해방된 조선에서 어떠한 나라를 세워야 한다는 것은 말하지 않고 있었다. 그런데 이상 「성명서」에서 비로소 소련군 사령부는 북조선에 "반일(反日)민주주의 단체"의 결성과 활동을 "허가"한다는 것을 최초로 공표함으로써 조선은 "민주주의" 국가가 될 것을 공언했던 것이다. 「성명서」에는 소련군정(蘇聯軍政)의 앞으로의 목표가 간결하게 제시되어 있다.

> 1. 소련군대는 만주에서와 북조선에서 일본군대를 격파하였다. 패배당한 일본군대는 부득이 항복하게 되었다. 30여 년 간 침략적 일본의 식민지로 있던 북조선은 일본 침략자들로부터 해방되었나. 소련군대는 약탈자들을 타도하기 위하여 북조선으로 들어왔다.

---

663) Wladyslaw W. Kulski, *Peaceful Co-existence-An Analysis of Soviet Foreign Policy*, Henry Regnery Company, 1959, p. 455에서 인용.

664) 위와 같음.

665) 앞의 『朝鮮中央年鑑』, 1949년도 판, 평양, p. 58에서 인용. 이 「성명서」의 권위를 지지하기 위해서인지 *스탈린*은 "소련 大元帥"의 자격으로 1945년 10월 20일 「북조선에 있어서의 소련군 부대와 지방행정기관 및 주민과의 상호관계에 대해 소련 극동군사령관, 연해주 군관구 군사회의와 제25군에 내린 소련군 최고사령관의 지령」을 발송했다. 이 「지령」의 내용은 간략하지만 이상의 「성명서」의 그것과 완전히 일치한다. 다만 "북조선에 진주한 소련군 장병들에게 군기를 엄격히 지키고 주민을 괴롭히지 말며 행동을 잘 하도록 훈시할 것"이라는 항목이 들어있는 점이 달랐다. *스탈린*의 '지령'은 앞의 『蘇聯과 北韓과의 關係(1945~1980)』, p. 39에 수록.

소련군대는 조선에 *쏘베트* 질서를 설정하거나 또는 조선 지역을 얻으려는 그런 목적들을 가지지 않았다. 북조선인민의 공사유(公私有) 재산은 쏘련군 사령부 당국의 보호하에 처하여 있다.

2. 아래와 같이 공포함.

(가) 북조선지역에 일본침략주의의 잔존[잔재?]들을 영구히 근절시키며 민주주의초보와 공민자유의 공고를 자기의 과업으로 내세우는 모든 반일(反日) 민주주의단체들의 결성과 및 그들의 활동을 허가함.

(나) 북조선 노동대중들에게 자유적 취업동맹(就業同盟), 보험회사, 문화 계몽협회들의 결성을 그대로 둘 것.

(다) 성당(聖堂)들과 기타 교회들에서 예배하는 것을 금지[하지] 말 것.

(라) 제1조 제2조에서 지적한 반일당(反日黨)과 민주주의 단체들은 자기의 강령과 규약을 가지고 와서 반드시 지방자치기관과 군경무(軍警務)사령관에 등록되어야 하며 동시에 자의 지도기관의 인원명부를 제출할 것.

(마) 북조선 지역 내에 있는 모든 무장대를 해산시킬 것. 모든 무기, 탄약 및 군용물질들을 군경무사령관에 바칠 것. 평민 중에서 사회질서를 유지하기 위하여 임시 도위원회[도인민위원회?]들은 소련 사령부와의 협의하에 기정(旣定)[規定]된 인원수의 보안대를 조직함을 허가함.(이상에서 밑줄은 인용자)

3. 북조선인민들이 자기의 평화적 노력을 계속하며 산업, 상업, 공영 및 기타 기업소들의 정상적 작업을 보장하여 쏘련군 당국의 요구와 지령을 실행하며 사회질서를 유지함에 있어 소련군 당국에 원조[협조?]하기를 호소한다.(밑줄은 인용자)

북조선주둔 소련군제25군사령관 근위군(近衛軍) 대장 *치쓰쨔꼬프*

제25군 참모부장 근위군 중장 *뻰꼽스끼*

이 성명서는 앞의 *치쓰쨔꼬프*의 「포고문」에 비하면 내용이 구체적이며 소련군정의 기본정책을 명시하고 있었다. 「성명서」는 붉은군대가 "조선에 *쏘베트* 질서를 설정할 목적이었음"을 재확인했을 뿐만 아니라 인민들의 사유재산까지 보호해 줄 것임을 확약하였다. 「성명서」의 제2조의 몇 개항 (가)항과, (라)항에는 행정적 명령사항이 보이지만 그것도 피상적으로 볼 때는 군정당국으로서는 도리어 당연한 명령이었다고 볼 수 있다. 무엇보다도 이 「성명서」는 소련이 북한을 "민주주의"의 방향으로 발전하는 것을 보장한다고 한 최초의 공식문서(公式文書)였다. 그렇지만 이 「성명서」가 나왔을 때는 이미 북한 각도에서는 바로 뒤에 논급하겠지만 '인민정치위원회', 또는 '인민위원회'의 조직이 모두 끝난 시기였으며 민주주의와 자유의 가능성은 사실상 급속히 줄어들고 있던 때였다.

연합국(聯合國)에 의해 해방된 지역에서 민족자결과 민주주의의 원칙에 기초한 정부수립을 소련이 국제적으로 확약한 것은 물론 북조선에서 뿐만은 아니었다. *크레믈린*은 제국주의적 억압에 대한 반감이 강한 국민들, 특히 *모스크바*에 대한 지식인들의 신뢰감(信賴感)을 높이기 위하여 "주권"과 "자유"라는 용어를 십분 이용했던 것이다. 1945년 2월 11일 *얄타*회담에서 *스탈린*은 「해방 유럽에 관한 선언」에 서명함으로써 서(西)*유럽*과 미국의 여론에 호소할 수 있으며, 특히 책임적 지위에 있는 그곳 정치가와 군사지도자들의 마음속에 호감을 심어주는 새로운 *소비에트 러시아*상(像)을 만들어 내는데 상당히 성공했다. 그의 「선언」의 일절은 다음과 같았다.

> *유럽*에다 질서를 확립하고 국민경제를 재건하는 과정에서, 해방된 제(諸) 민족은 *나치즘*과 *파시즘*의 최후의 잔재까지 제거할 자유와, 자기의 선택에 의하여 민주정부를 창건할 자유가 허락되지 않으면 안 된다. 모든 민족은 자기의 정부의 형태를 선택할 권리를 가진다고 선언한 것은 대서양헌장(大西洋憲章)의 원칙이다. 침략민족에 의하여 주권과 자치를 빼앗긴 민족들에게 이것을 회복시키지 않으면 안 된다.……*유럽*의 해방된 나라 또는 전(前) 추축국(樞軸國)의 위성국 인민들이 이러한 권리를 행사할 수 있도록 여러 조건을 지어주기 위하여, 필요하다고 판단할 때는 세 나라 정부는 공동으로 …… 광범한 인민의 민주적 제 단체를 대표하는 임시정부를 형성하도록 조력하고, 그 임시 정부로 하여금 자유선거를 통하여 인민의 의사를 대표하는 정부를 조속히 확립케 한다. ……[666] (밑줄은 인용자)

이 「선언」은 *파시즘*의 압제하에 신음하고 있던 사람들의 희망을 그대로 반영했었으며, 당시 세계의 여론에 잠시나마 소련에 대한 신뢰감을 불러일으켰나. 그러나 *스탈린*이 해석했던 이 「선언」의 "민주정부"와 "자유선거"는 서(西)*유럽*적인 또는 전통적인 개념의 민주정부와 자유선거는 아니었다. "광범한 인민의 민주적 제(諸) 단체"에 대한 해석에 있어서도 마찬가지였다. 당시 아무리 현명한 영－미의 정치가도 벌써 1924년에 *스탈린*이 *소비에트*식(式) 1당 독재 국가체제를 "가장 대중적이요 민주주의적인 국가조직"[667]이라고 단언했고, *소비에트*식 단일입후보 선거가 "역사상 가

666) Frederick L. Schuman, 앞의 *Soviet Politics at Home and Abroad*, p. 220에서 인용.

667) 「The Foundations of Leninism」, 앞의 *The Essential Stalin*, p. 131.

제2차 세계대전-태평양전쟁(1941~1945)

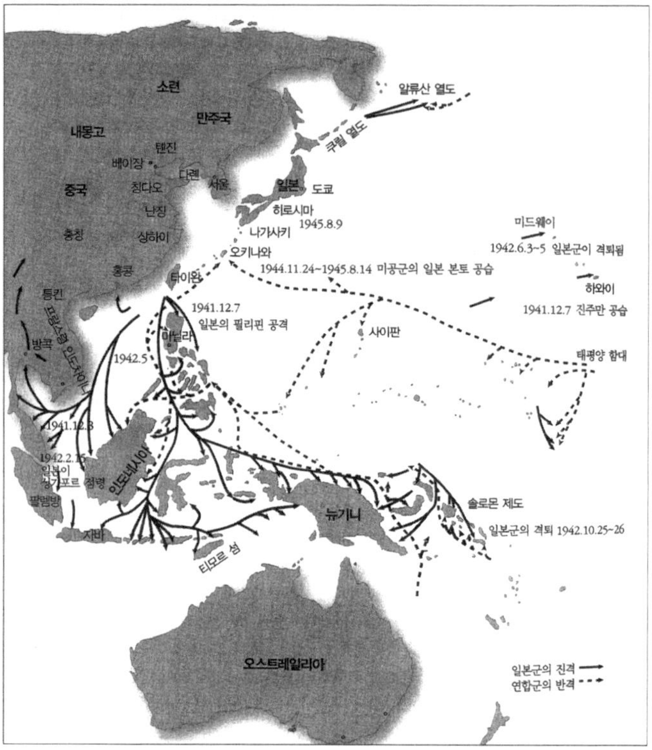

出典. 『세계외교사』 김용구 서울대학교출판부 p.804

장 자유롭고 민주적인 선거"라고 찬양해온 사실을 미처 상기하지는 못했을 것이다. 또한 그가 제2차 세계대전이 끝나자 민주주의의 해석을 대담하게 역전시켜 서방측을 통틀어 "반(反)민주적 제국주의 진영"으로, 소련과 그 위성국가들을 "반제국주의적(反帝國主義的) 민주진영"으로 정의하리라고는 아마 예상하지 못했을 것이다.

북조선의 소련군정 당국이 동(東)*유럽*에서와 마찬가지로 앞의 「북조선주둔 소련 제25군 사령관의 성명서」에서 표명한 "민주주의", "자유", "평민"(인민), "반일(反日)" 등의 용어들을 *스탈린*의 *이데올로기*에 따라 "진보적"으로 해석하는 것은 당연했다. 즉, 소련군정 당국의 허가 없이는 공적인 집회, 결사, 출판은 엄금되었고, 좌익이건 중도파건 우익이건을 막론하고 이 「성명서」의 규정에 따라 일체의 정치단체에 등록제를 실시하고, 등록 조건을 엄격히 하여 등록 단체 간부들의 '인원명부' 제출에는 그들의 신원진술서를 첨부케 했다. 이로써 그들은 "조상 때부터의 가계와 8세 때부터의 거의 일기적인 자서전은 내사(內査)를 받아야했다."[668]

668) 金昌順, 앞의 책, p. 50.

해방 직후 북조선의 일반 주민들은 일제(日帝)의 군부통치하에서 초보적 지방자치조차도 경험할 기회를 빼앗겨 민주주의의 이론을 배우고 실천할 경험을 쌓을 수는 없었다. 그렇지만 이미 시대의 사조로 된 "민주주의"란 말의 권위를 보편적으로 인정했다. 반면에 주민일반의 민주주의에 대한 인식은 아직 소박했었으며, 소련의 권력정치에 관한 지식도 초보적인 상식에 미칠까 말까 했다. 이런 비극은 당연히 한국근대사의 기구한 역정(歷程)에서 유래한 것이었다. 오랫동안 조선왕조(朝鮮王朝)의 절대주의 지배 하에서 500년을 살아오다가 근 40년에 이르는 군국주의(軍國主義) 일본의 식민지 통치로 끌려 들어간 조선인들은 반(半)세기의 민족독립투쟁을 통하여 민족주의적 의식(意識)과 감수성이 지극히 예민했었다. 그러나 민주정치적 경험으로부터는 소외될 수밖에 없었다.

그러므로 8·15 직후에는 해방을 곧 독립으로 혼동하는 사람마저 없지 않았으며 도도히 밀려드는 새로운 *이데올로기* 앞에서 확고한 지성적(知性的) 판단을 확립하지 못하고 방황했다. 더욱이 일제 말기의 국수주의적 사상통제와 극단적 우민(愚民)정책은 조선인들을 지적(知的) 혼돈 속에 몰아넣었다. 그리하여 공산주의자로 자임하는 지식인들까지를 포함하여 주민들 상당수가 *소비에트*의 *이데올로기*적 본질과 제도, 당 내부의 생사를 건 권력투쟁, *스탈린*의 팽창정책(膨脹政策)에 관한 이해는 거의 백지상태였다.

제2절 위성국화(衛星國化)의 서곡(序曲)

1920년대와 30년대 초 민주주의의 조류를 타고 일본에 들어온 구미의 *맑스*주의, *레닌*주의, 무정부주의, 노동운동, 자유주의, 사회민주주의 등 조선청년들에게 상당한 영향을 미쳤다. 그러나 제한된 선전문이나 서책들로부터 청소한 지식인들이 습득한 약간의 사회주의적 교양과 소련의 선전만으로는 *맑스-레닌*주의의 선변(轉變) 부상한 정치전술을 정확하게 간파하기가 어려웠다. 그들 중 어떤 사람들은 소련식 사회주의를 구미식 사회주의로부터 식별조차 명확히 하지 못하고 있었으며, 건국 도상(途上)에서는 국민적 대동단결을 위해 공산당과도 협력할 수 있을 것으로 착각하기도 했다. 조만식(曺晩植)을 위원장으로 하는 '평안남도 건국준비위원회'는 1945년 8월 26일 공산당과 합작하라는 소련군 사령부의 지시를 수락했을 때 처음에는 합작이 가능하리라는 정치적 입장을 취하고 있었던 것 같다.[669)]

소련군정 당국의 전반적 간섭과 치밀한 감시, 독단적인 계획의 강행 속에서 북한 전역은 급속한 *소비에트*화(化)-*스탈린*주의화(化)의 소용돌이 속으로 끌려 들어갔다. 38선이 물샐틈없는 경비에 의하여 철벽의 장벽으로 굳어져가는 상황에서 북한 내 시설과 자원의 대(對)소 반출, 소련 군표의 남발(濫發), 진주군(進駐軍)의 더욱 심해지는 횡포, 군정을 배경으로 하는 공산당의 행패 등으로 민심은 전전긍긍 공포에 떨게 되었다. 이에 대한 어떠한 단편적인 비판도 곧 "친일파", "민족 반역자"라는 이름에서 탄압을 받았고, 야간 체포, 납치, 행방불명의 무법상태가 북한의 천지를 뒤덮어가고 있었다.

이제 위대한 "해방군(解放軍)"은 난폭한 "점령군(占領軍)"으로 표변한 것이다. 그리하여 북한의 민중들이 체험한 "자유"는 소련군의 비호를 받는 소수파 공산당의 독재에 복종하는 자유요, 그들에게 주어진 "독립"이란, 극도로 비열한 *스탈린*의 위성정권을 세우는 일이었다. "조선에 *소비에트* 질서를 설정하지 않는다"던 붉은 군대가 북한에 설정한 체제는 바로 *소비에트* 체제의 모사판(模寫版)을 약간 수정한 것이었다. 20세기의 *스탈린*의 붉은 군대는, 점령지역의 기존 제도와 관습, 그리고 어느 정도의 자치와 종교를 인정하면서 지배했던 고대의 *로마*제국 군대는 아니었다. 점령군의 정치적 역할에 관해서 *스탈린*은 제2차 대전 중에 *모스크바*를 방문했던 *유고슬라비아*의 사절단원 *밀라본 질라스*에게 부주의하게도 자기의 의중을 다음과 같이 실토한 일이 있다.

669) 당시의 사정을 조만식 측근이었던 吳泳鎭은 이렇게 술회하고 있다.-"建準 측은 공산당과 합작하기로 약속했다. 합작하지 않을 수 없는 이유의 하나는 소련 권력 하에 있으면서 공산당을 "*보이꽅*"하고서는 아무런 사업도 수행하지 못할 것을 알았기 때문이다. 또 하나 그보다도 중요한 이유는 고려(朝鮮)의 장래를 위해서는 어느 정도 사회주의적인 정책이 필요하다고 건준 측 위원 자신들이 느꼈기 때문이다. 그들은 대개 일정 시는 민족사회주의, 또는 기독교 사회주의의 색채가 농후한 사람들이었고, 또한 그때까지는 "*볼셰비즘*"과 사회주의의 차이를 철저히 인식하지 못하였기 때문에 협력하라는 공산당에 대하여 그다지 심각히 염려하지도 않고 경계하지도 않았던 것이다." 吳泳鎭, 『하나의 證言-作家의 手記-』 國民思想指導院 발행 1952년, p. 114.

> 이 전쟁은 과거의 전쟁과는 같지 않아요. 누구나 한 영토를 점령하는 자는 또한 자기 자신의 사회제도를 그곳에다 강요합니다. 누구나 자기의 군대가 그렇게 할 힘을 가지는 한, 자기 자신의 사회제도를 [피 점령 지역에] 강요하는 것입니다. 그것은 그렇게 될 수밖에 없는 일이오.[670]

그리하여 "이제는 모든 것이 죄다 조선인민에게 달린 것"이 아니라, 붉은 군대에게 명령을 내리는 *스탈린* 대원수(大元帥)에게 달려있게 되었다. 대전이 끝나고 동(東)*유럽* 일대에 위성국을 확립한 후 *스탈린*은 비로소 자기의 본심을 우회적(迂廻的)으로 밝혔다. *처칠*이 1946년 봄 미국 *풀톤*에서 처음으로 "철(鐵)의 장막"을 비난하는 유명한 연설을 한데 대해, 그해 3월 13일 *스탈린*은 다음과 같이 답변했다.

> ……소련은 자기의 장래의 안전보장을 위해 이들 여러 나라 [*핀란드, 폴란드, 루마니아, 불가리아, 헝가리* 등]에서, 쏘련에 대해 충실한 태도를 견지하는 정부를 가지도록 노력하고 있는 사실이 무슨 놀랄만한 일이었는지 묻고 싶다. 상식을 가진 사람이라면 소련의 평화적 의도를 어떻게 우리 국가의 팽창주의적 경향으로 간주할 수 있을 것인가.[671](밑줄은 인용자)

*스탈린*은 소련의 안전보장을 위해서 동(東)*유럽*에 소련에 "충실한 태도를 견지하는 정부"를 수립하여야 했다면 미-영 등 전승 연합국들도 서(西)*유럽*과 *아시아*에서 자국에게 성실한 태도를 견지하는 정부를 가지도록 노력하는 것을 인정해야했다. 그러나 *스탈린*에 의하면 미-영이 그렇게 하려는 것은 "제국주의적 침략행위"였다. *스탈린*의 안보관이 그러했던 한, 소련(*러시아*)과 접경해 있을 뿐만 아니라 구한말 이래로 조선반도에서 부동항(不凍港)의 획득을 주구해 왔고 드디어는 *러*-일 전쟁[672]

---

670) Milovon Djilas, *Conversations with Stalin,* Hart-Davis (London), 1962, p. 105.

671) 『スターリン戰後著作集』, 大月書店, 1954年, p. 41.

672) *러*-일 전쟁에 대한 해석에 있어서 *레닌*과 *스탈린*은 달랐다. 旅順港이 일본군에 의하여 함락되었을 때, *레닌*은 「旅順의 함락」이라는 논문에서 旅順의 함락을 환영하면서 다음과 같이 갈파했다. "굴욕적 패배를 당한 자는 *러시아*의 전제주의 정권이지 *러시아* 인민은 아니다. 전제주의의 패배로 *러시아* 인민은 이득을 보았다. 旅順의 함락은 *짜리즘*의 함락의 서곡이 되는 것이다." V. I. Lenin, *Collected Works,* Vol. 5, p. 53.

판크라토바(A. M. Pankratova)의 1940년도 판 소련 歷史敎科書에서도 노-일전쟁은 중국의 분할을 둘러싸고 일어난 하나의 제국주의 전쟁으로 규정했고, *러시아*는 만주와 조선을 지배하고 "중국 인민을 철면피하게 착취하려 했다"고 사실대로 기술했었다. W. W Kulski, *The Soviet Regime,* Syracuse

까지 치렀던 *러시아* 제국의 계승자라는 측면을 지니고 있다. 그리하여 *스탈린*은 소련이 북한에서도 마찬가지로 국방정책상 자국에게 "성실한 태도를 견지하는 정부"를 확보해야 한다는 결론을 내리고 있었을 것이다.

여기서 "소련에 대해 충실한 태도를 견지하는 정부"란 본질상 구-미에 우호적인 정부는 결코 아니었고 필경은 소련에 복종하는 정부, 궁극(窮極)에는 당연히 동(東)*유럽*에서처럼 공산주의자들의 위성국 정부가 되지 않을 수 없었다. 오직 북(北)*유럽*의 *핀란드*만이 간신히 공산주의 정부의 출현을 모면할 수 있었다. 이러한 *스탈린*의 대국주의적(大國主義的) *에고이즘*으로 말미암아, "사회주의" 소련은 남조선에 진주한 자본주의 미국과 38선에서 정면 대치하게 되었다. 그런 조건에서는 남-북의 대립은 공산주의 *이데올로기*에 의하여 더욱 정당화(正當化)되었다.

*스탈린*은 동(東)*유럽*의 여러 정부들을 국제관계와 그 나라의 국민적 저항을 고려하여 처음에는 "사회주의"정권이라는 호칭을 사용하지 않고 "민주주의"정권이라고 불렀다. 북한에서도 소련군이 "지원"한 것은 바로 *스탈린*적 의미의 "민주주의"정권의 건설이었다. 김일성은 북조선에서 그러한 "민주주의적 발전에 유리한 조건"을 만들어 준 소련군의 역할, 즉 *소비에트*화(化) 정책을 1946년 4월 10일 다음과 같이 자랑스럽게 강조했다.

…8 · 15해방 이후 붉은 군대가 북조선에 진주하게 된 것은 조선인민의 민주주의의 발전에 유리한 조건들을 지어주었던 것입니다. 북조선에서는 붉은 군대가 진주한 유리한 조건하에서 각 지방에 진정한 인민의 정권인 인민위원회들이 수립되어 조선인민이 진정으로 자기 나라의 주인이 되었습니다. 그들은 정권 기관에 직접 참여하여 국가의

University Press, 1959, p. 45에서 인용.

그러나 *스탈린*은 제2차 세계대전에서 일본이 항복한 대일 戰勝記念日에 즈음하여 이런 해석을 뒤집으면서 놀랄만한 말을 했던 것이다.-"[노일 전쟁에서의] *러시아*의 패배는 우리 인민들의 마음속에다 괴로운 기억을 남겨 놓았다. 이것은 우리나라의 치욕이었다.……40년간이나 우리 늙은 세대들은 오늘이 올 것을 기대하고 있었다. 이제 오늘은 오고야 말았다." David. J. Dallin, *The New Soviet Empire*, Yale University Press, 1951, p. 105에서 인용. 그런데 이상의 구절은 전후에 편집된 *스탈린* 저작에서는 삭제되었다.

資本主義의 모순의 법칙에 의하여 帝國主義 상호간에 일어난 전쟁이라고 규정했던 *러*-일전쟁은 *스탈린*에 이르러 일본의 침략에 의하여 빼앗겼던 *짜리 러시아*의 失地回復戰爭이 되었다. 이상의 말에서 *스탈린*은 소련이 대외적으로는 *짜리 러시아*의 계승자라는 것을 확인했던 것이다. *러시아*와 각축하고 있던 일본이 한반도에서 밀려난 후, 이곳에 소련이 무엇을 하리라는 것은 명백해졌다.

모든 정사를 집행하며 조선의 민주 건설에 방해되는 친일 분자, 민족 반역자, 반동분자들을 적발 숙청하는 사업에 전력을 다하였습니다. 그리하여 모든 반(反)인민적 반동분자들은 숙청되었으며 민주주의적 세력은 강대하게 장성하였습니다.673)

김일성의 남조선 미군정에 대한 단죄는 *스탈린*의 북조선 정책에 대한 예찬과 정비례한다. 그에 의하면 소련군대는 북조선을 해방했을 뿐만 아니라 "우리 인민들에게 자기들의 정권을 수립할 수 있는 완전한 권리"를 주었다고 하고 소련군 사령부가 북조선의 개인재산, 공동재산을 보호해주고 경제건설을 지원해준데 대해 여러 예를 들어 감격하면서 1946년 8월 10일 다음과 같이 피력했다.

위대한 쓰딸린의 영도를 받는 쏘련 정부의 조선에 대한 모든 정책은 조선인민과 전세계 앞에 쏘련은 절대로 타국을 침략할 목적을 가지고 있지 않았으며 또한 조선인민의 가장 진정하고 진실한 친우라는 것을 실제로 보여주었습니다. 조선인민들은 영원히 이 형제적 방조를 잊을 수 없습니다.… 쏘련 군대가 조선을 해방시킨 것은 우리 조선인민에게 있어서 커다란 행복입니다.674)

김일성은 1951년 11월 2일 거듭 북조선의 "민주적 건설"에 대하여 "사심(私心)없는 원조"를 제공해주고 있다는 소련을 격찬하는 동시에 남조선에 대한 미국의 정책을 아래와 같이 중상했다.

조선문제에 대한 소련의 정책과는 정반대인 것이 미국의 정책이다. 미국 사람들은 남조선에 새로운 주인으로 들어왔다. …… 조선은 정복된 나라가 아님에도 불구하고, 미국인들은 남조선에다 점령 정권을 수립했다. 미국의 사령부는 인민위원회를 금지하고 해산시켰다. 인민위원회는 미군이 들어오기 이전에 인민들에 의하여 세워진 것이다. 민주적인 정당과 사회단체는 박해를 받고 드디어는 지하로 몰려 들어갔다. 경제면에서도 남조선의 미군 당국의 정책은 산업의 파괴, 농업에 있어서이 극심한 쇠퇴, 노동 대중의 빈곤화와 파괴로 이끌었다. 미국 당국은 민주적인 개혁의 실현을 저지하고, 남조선을 미증유의 경찰 폭력의 나라로 만들고 기아와 고뇌의 나라로 만들은 것이다. 미국 식민주의자들의 *테러*는, 그 규모와 잔인성에 있어서, 그 전임자인 일본을 훨씬 능가하고 있

673) 앞의 『김일성선집』 1, 1954년 판, p. 57~58. 그런데 1979년 판 『김일성저작집』 2, p. 148에서는 *소비에트* 군대의 진주와 그 역할에 대한 부분은 모두 삭제되었고, 그 내용도 완전히 변조되었다.

674) 앞의 『김일성선집』 1, 1954년 판, pp. 140~141.

다. 남조선에 있어서 미국의 정책의 목적은 조선을 노예화하는 것이오 이것을 미국의 식민지 군사기지로 변전시키는 것이다.……[675]

남조선의 미군정이 저지른 허다한 실책들을 모조리 고려해 넣더라도, 이상의 설명은 진실과는 너무나 유리된 모략선전이었다. 김일성은 이 극단적인 남(南)의 미군정에 대한 비방과는 정반대로 북의 소련군정은 인민의 해방과 정의와 자유의 상징으로 만들었다.[676] 그들에 의하면 미군은 남조선을 해방한 것이 아니라 "강점"했다. 미군에 의한 남조선의 해방을 부인하려는 그의 시도는 제2차 대전에 미군의 역할을 최소한도로 평가하고, 반대로 소련군의 "결정적 역할"은 최대한으로 평가하는 방향으로 역사를 개작하는 데서부터 시작되었다.

적어도 초기에는 김일성도 "소련을 비롯한 연합국의 인민들은 우리 조선민족을 해방했을 뿐만 아니라, 우리들을 도와 새로운 민주주의 국가의 건설을 완성시키려고 하고 있다"[677]는 치사를 했고 "일본의 압박으로부터 조선인민을 해방시켜 준 위대한 연합 제국 만세!"[678]까지를 제창하기도 했다. 미국을 "민주주의 연합국"으로 대접한 것이다. 그러나 미-소의 냉전이 격화됨에 따라 영-미군의 역할에 대한 평가는 점차로 바뀌어갔다. 즉, 소련은 제2차 대전에서 미-영 등 연합국과 "함께 결정적 역할을 했다"고 하면서도 승리의 원인을 "주로" *스탈린*의 지도력과 소련군의 위력으로 돌렸다. 1946년 5월 1일 5·1절 기념식에서 그는 다음과 같이 역설했다.

……제2차 세계대전에서 쏘련의 군대와 인민의 힘은 <u>미국, 영국 등 연합국과 함께</u>, 결정적 역할을 했다. 즉, 서방에서는 *파쇼* 독일을 섬멸하고, 동방에서는 일본 제국주의

675) 「大十月社會主義革命と朝鮮人民の民族解放闘争」, 『金日成選集』 第二卷(日譯), 三一書房(京都), 1952年, p. 213. 김일성의 이 글은 어떤 이유에서인지 1950년대, 1960년대 『김일성선집』에서는 모두 탈락.

676) 이러한 조작은 소련군 점령 하의 東*유럽* 제국은 물론, 서방의 공산당들에 있어서도 꼭 마찬가지였고, 그것은 신격화된 *스탈린*에 대한 찬양 속에서 진행되었다.

677) 앞의 『김일성선집』 第一卷(日譯), 1952년도, p. 9.
1963년에 출판된 『김일성선집』 1(p. 53)에서는 "쏘련을 비롯한 연합국의 인민들"이 "쏘련 군대"로 개작되었다. 그리고 연설 말미에 붙었던 "세계 인민의 위대한 지도자요, 은인인 *스탈린* 만세!"라는 헌사도 삭제되고 있다. 이것은 *흐루시초프*의 *스탈린* 격하 운동의 영향을 반영하는 것이라고 볼 수 있다.

678) 앞의 『金日成選集』 第一卷(日譯) p. 15, 「20개조 정강」에 관한 1946년 3월 23일의 방송연설. 이 구절은 1954년 판 『김일성선집』 I (p. 45)에서는 "위대한 연합국 만세!"가 "위대한 쏘련 만세!"로 바뀌었고, 1963년 판 『김일성선집』 I (p. 57)에서는 아예 완전히 삭제되었다.

를 격멸하여 *파씨즘*의 암흑과 쇠사슬로부터 인류의 민주주의적 자유를 해방하고 이것을 재건했다. 이것은 주로 위대한 *스탈린* 대원수 지도하에서, *쏘베트* 군대는 영웅적으로 싸우고 희생을 치른 결과이다.[679] (밑줄은 인용자)

2개월 반 후인 1946년, 8·15해방 1주년기념 경축대회 석상에서 김일성은 제2차 세계대전에서 소련군은 미－영군과 "함께"가 아니라 단독으로 "결정적 역할"을 한 것 같이 말을 바꾸면서 승리의 공로를 *스탈린*에게 돌렸다. 즉,

……금번 제2차 세계대전에 있어서의 민주주의 연합국의 세계사적 승리와 피압박 민족의 해방은 쏘련 군대의 결정적 역할로 이루어진 것입니다. 이러한 쏘련의 찬란한 승리는 *쏘베트* 사회주의제도의 승리를 말함이며 … 또한 세계인민은 금번 제2차 세계대전을 통하여 *쏘베트* 인민과 *쏘베트* 군대의 위대한 지도자 *쓰딸린* 대원수의 령도가 얼마나 정확하고 천재적이었다는 것을 깊이 깨달았습니다.[680]

다시 1년 후인 8·15해방 2주년 기념대회에서 김일성은 서방 측에 대한 격렬한 공격을 퍼부면서도 "북조선인민을 대표하여 쏘련, 미국, 영국의 연합국의 인민들에게 해방의 감사를 드린다"[681]고 했다. 당시는 *모스크바* 3상회의(1945. 12)의 결정을 기초로 하여 한반도에서 통일된 민주주의 정부를 수립하는 문제가 아직도 미－소 공동위원회에서 토의되고 있던 때였다. 따라서 그는 영－미 측에 대한 외교적 고려에서 "연합국 인민들"에게 "감사"를 드렸던 것이 틀림없다. 그러나 1948년 4월 21일에 열린 '남－북조선 정당, 사회단체들의 대표자 연석회의'에서는 민주주의 연합국에 대한 "감사" 대신 "미군은 탄알 한 알도 사용하지 않고 전쟁이 다 끝난 이후에야 남조선에 상륙하게 되었습니다"라고 일본 제국주의를 격파하는데 있어서의 미군의 역할을 무(無)로 돌렸다.[682]

---

679) 위의 『金日成選集』 第一卷(日譯), p. 28.

680) 『김일성선집』 1, 1954년 판, pp. 159~160. 여기의 "민주주의 연합국의 세계사적 승리"가 1963년도 판(제1권 p. 148)에서는 "자유애호 인민들의 세계사적 승리"로 개작되었다.

681) 앞의 『金日成選集』 第一卷(日譯 版), p. 233. 그러나 앞의 『김일성선집』 1 (p. 410), 1954년판에서는 "연합국 인민들에 대한 해방의 감사"를 "북조선인민을 대표하여 … 우리 조선을 해방시켜준 위대한 쏘련 군대와 쏘련 인민들과 그의 위대한 령도자 *스딸린* 대원수에게 해방된 민족의 열렬한 감사를 드립니다"로 바꾸었다.

682) 『김일성선집』 2 1953년도 판, p. 115.

그 후부터는 한반도 해방에서 수행한(영국은 물론)미국의 역할에 대하여서는 최소한의 긍정조차도 표시되지 않았다. *스탈린*, 소련, 소련군대에 보내는 뜨거운 헌사 –"조선인민과 세계 피압박 민족의 해방자 붉은군대 만세!", "세계 민주주의의 위대한 지도자 *스탈린* 대원수 만세!", "쏘련인민과 조선인민의 영원한 친선 만세!" 등 등… *스탈린*에 대한 최대의 찬사를 외치는 열광 속에서는 의례히 미군정에 대한 극렬한 비방이 쏟아져 나왔다. 이것은 사실은 소련 군정이 처음부터 구사한 반미적 대중심리의 유도 방법이었다.

이상에서 논급한 것처럼, 북한의 *소비에트* 화(化)는 *스탈린*의 정책에 의하여 빠른 속도로 강행되었다. 소련의 군사력을 배경으로 하여 실천되고 있던 이른바 *"레닌*적 민족자결의 원칙"과 *스탈린*식 "민주주의"가 어떤 것인가를 북한 인민들이 깨닫게 되었을 때는 벌써 그들은 북한 전역을 뒤덮은 전체주의적 독재체제의 그물에서 벗어날 수 없는 운명에 빠져 있었다. 당성(黨性)에 충실한 공산주의의 *이데올로그*들이 "민족독립"이요 "민주주의"요 라고 변호했던 북한의 *스탈린*적 "민주주의" 체제는, 결코 소련의 군사적 강압에 의해서가 아니라 어디까지나 그곳 인민들의 "자유의사"에 의하여 수립되었다고 주장한 점에서 근대 제국주의자들이나 *파시스트*의 통치 방법과는 다른 특색을 발견할 수 있다.

제3장

스탈린의 북조선 정치설계도(政治設計圖)(1)

제1절 기본 목표 : 북한에 단독정부(單獨政府)수립

대전(大戰) 말기 붉은군대가 진주했거나 그 군사력의 영향을 미치고 있던 소련 세력권에서는 중앙정부가 수립되기 이전에 벌써 지방행정기관으로 '인민위원회'가 속속 조직되었다. 북조선에서도 붉은군대가 진주하면서 남-북조선의 미-소군정은 상호간에 어떤 정책상의 상의나 조정도 없이 각각 자기 식으로 정책을 펴나갔다. 소련군 사령부의 정책 방향은 처음부터 뚜렷했고 그 방식으로서는 소련군 점령하의 동(東)*유럽* 제국을 *소비에트*화, 위성국화(衛星國化)하는 도식(圖式)을 북한 그대로 사용했다. 먼저 착수한 계획은 각 도(道)에다 인민위원회를 조직하는 것이었다. 소련군 사령부의 "원조"를 받으면서 조선인민의 "자유의사"에 의하여 수립되었다는 최초의 "자치정권(自治政權)"이란 것이 바로 인민위원회였던 것이다.

일제(日帝)의 통치질서가 무너지자, 해방의 드높은 감격과 희망 속에서 1945년 8월 15일 평양에서는 서북주민들 사이에 절대적 신망을 지니고 있던 조만식(曺晩植)을 위원장으로 하는 '평안남도 치안유지회'(治安維持會)를 결성했다가 며칠 후 이것을 민족주의자 중심의 '평안남도 건국준비위원회(建國準備委員會)'(이하 '건준 建準')[683]로 개칭했다. '건준'은 자연발생적으로, 자치적으로 재빨리 조직된 기관으로서 공백 상태에 빠진 치안을 유지하고 중앙정부가 수립될 때까지 과도기적의 행정 사무를 떠맡기 시작했다. '건준'은 20명의 위원으로 구성되어 있었으나 그중 공산주의의 색채를 띤 사람은 겨우 3명밖에는 들어 있지 않았다.[684] 그것은 의식적으로 공산주의자를 배제

683) 오늘의 북한의 공문서에서는 평남 '建準'에 관한 북한 측 기록을 찾아볼 수 없다. 이에 관한 생생한 실상은, 당시 이에 관련되었던 吳泳鎭의 『하나의 증언』(1953년), 제2장 「평양의 주인」에서 읽을 수 있다.

684) 20명의 委員 中 후에 共産黨으로 넘어간 사람은 李周淵, 韓載德, 金洸鎭 3인이었으나, 당시의 공산주의자로서의 그들의 신조는 확고하지 못했던 것으로 보여진다. 그들 중 한재덕은 1960년대 월남하여 반공

한 때문이 아니라 평양 일대에는 과도기의 자치를 담당할 만한 공산주의자가 존재하지 않았기 때문이다.

평안남도 이외의 각 도(道)에서도 '건국준비위원회', '치안유지회', '조선민족 집행위원회' 등의 이름을 가진 지방자치 기관들이 거의 민족주의자 중심으로 발족했다. 물론, 지하운동에서 약간의 이름이 난 공산주의자들이 북한 여러 곳에 산재해 있기는 했으나 당시 소련과 접경하고 있던 함경남북도의 일부 지역을 제외하고는 민중에 대한 공산주의의 영향이란 극히 미미했다. 해방 직후의 순박한 민족 감정은 사람을 공산주의자라고 해서 배척하지 않았으며, 정치적 *이데올로기*는 아직 미분(未分) 상태에 있었던 것이 특징이었다.

소련군 사령부는 분산적으로 여러 지방에서 출현한 공산주의자의 집단들을 설득하여 통합시키는 한편, 자연 발생적으로 이미 조직된 자치단체들에다 공산주의자들의 참가비율을 민족주의자의 그것과 동수로 높여, 이것을 "인민정치위원회" 또는 "인민위원회"란 이름으로 개편시키기 시작했다. 그 최초의 사례는 함경남도였다. 함경남도에서는 공산주의자들이 '함경남도 공산주의자협의회'를 조직하는가 하면 민족주의자들은 '건국 준비위원회 함경남도지부'(위원장은 공산주의자)를 발족시켰다.

이 두 단체는 자발적으로 해체하여 '조선민족 함경남도 집행위원회'로 발전하였다. '집행위원회'는 행정권을 일본인으로부터 이양 받고자 *치쓰챠꼬프* 사령관과 교섭을 벌였다. 그는 일본인 도지사에 명령을 내려 치안과 행정을 동 '민족집행위원회'로 하여금 관장케 했다. 동시에 그는 '민족집행위원회'의 구성을 '공산주의자협의회' 측과 '건국준비위원회' 측이 각각 11명 씩 동수(同數)의 위원으로 하도록 일을 꾸몄다. 8월 24일 밤의 일이었다.[685] 그런데 5일 뒤인 30일에는 "반동분자들"의 일대 검거선풍 속에서 '조선민족 집행위원회'는 '인민위원회'로 바뀌버렸다.[686]

운동에 투신했다.

685) 森田芳夫『朝鮮終戰の記錄』, 巖南堂, 昭和三十九年(1964年), p. 168~172.해방 후 오늘까지 북한 내의 어떤 자료에서도 인민위원회가 출현한 과정에 관한 당시의 자세한 기록은 찾아볼 수 없다. 森田의 이 책은 인민위원회가 북한 도처에서 조직되고 있던 경위를 객관적으로 설명하고 있다.

686) 함흥에서 인민위원회를 구성하려고 하고 있을 때 이에 반항하는 파가 들고 일어나자 소련군을 배경으로 하는 공산당은 이들을 3만명의 공권력으로 진압했다. 1945년 11월 20일 서울에서 열린 '전국 인민위원회 대표자회의' 석상에서 「북조선 정세보고」에 나섰던 韓基는 다음과 같이 발언했다. 즉, 함흥에서는 "반동분자"들이 인민위원회의 해산을 모의하고 간부자리 배분까지 논의하고 있을 때 공산당을 지지하는

수법은 평양에서도 동일했다. 여기서 소련군 사령부가 제1차로 착수한 일은 '건준'을 해체하고 F. C. *바그혼* 교수가 "*소비에트* 군대의 정치보따리의 하나로서, 다른 나라로 운반된 조직 형태"[687]라고 풍자했던 인민위원회를 만드는 공작이었다. 26일 *치쓰차꼬프*는 조만식 등의 민족주의자들과, 해방되자마자 '조선공산당 평남지구위원회'를 조직(1945. 8. 17)했던 현준혁(玄俊赫) 등의 공산주의자를 소집하고, 양파는 각각 16명의 동수로써 합작할 것을 지시했다. 그리하여 8월 26일에 조만식을 위원장으로 하는 '평안남도 인민정치위원회'[688]가 출현했다. 이것 역시 그곳의 "자치적 행정 기관"이라고 불리었지만 사실은 소련군 사령부에 의하여 조직되었던 것이다. 이 지시 회의에 참석할 기회를 가졌던 한재덕(韓載德)은 그 경위를 다음과 같이 기록했다.

> ...... 우리(소련군)는 당신네들을 해방시켜 주었으나 이 나라에 당장 사회주의 제도 실시를 강요할 의사는 없다. 모든 것은 당신네가 알아서 할 일이되 지금은 소자산(小資産)계급 민주주의 혁명단계이니, 좌익, 우익, 중간할 것 없이 모두 힘을 합해서 민주주의 완전 독립 국가를 건설하도록 하라. 그러기 위해서는 지금 '건준'은 너무 우익 민족 인사만 집결된 편파적 조직이니 그것을 해체하고 공산당도 같은 비중으로 합친 자치(행정)기구를 만들어 가지고 잘해 나가라. '우리는 모든 면에서 당신들을 도울 것이다'라고 그럴듯한 말로 권했다. 그러나 그것은 권고가 아니라 결국 지시였다. 조만식 위원장 이하 '건준'(민족진영) 측에서는 이미 조선사람끼리 대동단결해서 '건준'을 만들어 자주적으로 잘해 나가는데 왜 구태여 그것을 해체하고 새것을 만들려느냐 라고 상당히 강경하게 항의해 보았으나 소용없었다. 쏘련 군정장관의 엄명을 어길 수는 없었던 것이다.[689]

여기서 주목할 것은 이 새로운 "자치 정권"의 명칭이다. 한재덕은 계속해 이렇게 쓰고 있다.

약 3만명의 노동자가 동원되어 "반동단체"의 동원 분자를 근로대중의 손으로 검속하여 투옥하였다. 여기서 적군도 우리들의 힘을 재인식하였다. 반동파는 2명 내지 10여명의 비조직적이요 무질서한 분자들인데 대개는 민족반역자들이다." 앞의 『「남로당」 연구자료집』 제2집, p. 75.

687) *씨그문드 노이만 편* 『現代政黨論』, 下卷(梁好民 기타 譯), 首都文化社, 1960년, p. 512.

688) "平南 人民政治委員會"의 위원장으로 민족주의자 曺晩植을 결정한 것은 그의 애국적 지조와 대중에 대한 신망 때문이었다. 그의 과도기적 인물로써의 이용가치를 보고 소련軍 사령부는 그의 이름을 탐냈던 것이다. 吳泳鎭, 앞의 책, pp. 111~121.

689) 韓載德 저 『共産主義理論과 現實 批判全書』 第5卷, 內外文化社, 1966年, p. 172.

다만 새 기구의 명칭을 공산 측이 인민위원회로 해야 한다고 고집한 것을 '건준'(민족진영)측은 정치위원회로 하자고 주장, 결국 절충하여 '평남인민정치위원회'라는 정식 명칭을 사용키로 한 것이 고작의 성과였다. 이것은 평남(平南)의 경우에 한한 것으로 다른 도에서는[평안북도를 제외하고는]모두 다 인민위원회라고 불렀던 것이다.…… 이리하여 '평남인민정치위원회'는 8월 26일에 생겨 27일 정식 발족하였는데 쏘련 군정 하에서 맨 먼저 생긴 '함경남도 인민위원회'는 이보다 앞서 동 24일에 정식 발족하였던 것이다.[690]

이러한 방식은 다른 도(道)에도 그대로 적용되었다. 평안북도의 경우, 일본의 항복이 알려지자 즉각 민족주의자 이유필(李裕弼)을 중심으로 '신의주(新義州)치안유지회'가 결성되었다. 8월 30일 *치스챠꼬프*가 신의주로 날아오자 다음날인 31일 '신의주치안유지회'란 이름은 '평안북도 임시인민정치위원회'로 바뀌었고 *치스챠꼬프*의 지원하에 '임시인민정치위원회'는 일본인 소유의 공장, 발전소, 산업시설들을 접수하기 시작했다.[691] 소련에 아주 가까운 함경북도는 전통적으로 공산주의 운동이 가장 강한 지역이었다. 여기서는 '건국준비위원회'나 '민족집행위원회'의 과정을 거쳤다는 기록이 없다. 즉 9월 하순 곧바로 '인민위원회'를 결성했던 것으로 보인다.[692]

황해도에서는[693] 8월 '조선공산당 황해지구위원회'(위원장 김덕영)와 '건국준비위원회 황해도지부'[위원장 민족주의자 김응순(金應洵)]가 잇따라 결성되었다. 9월 2일 '건국준비위원회'는 좌우합작(左右合作)의 기초위에서 '황해도 인민정치위원회'로 개편되면서 일본인들로부터 행정권을 이양받기로 되어있었다. 그러나 '인민정치위원회' 안에서 좌우의 충돌이 일어나자 소련군은 일본인의 행정을 존속시켰다. 8일 해주(海州)로 날아온 *치스챠꼬프*가 일본인 도지사와 회견한 결과 도(道)의 행정권을 이양받을 수 있는 '황해도 인민위원회'가 좌파중심으로 결성되었다. 끝으로 38선에 의하여 남-북으로 분할된 강원도 북부에서도 9월 15일 '강원도 인민위원회'가 출현했다.[694] 그러나 그 경위는 분명치 않았다.

---

690) 앞의 책, pp. 172~173.

691) 이에 관해서는 森田芳夫의 앞의 책, pp. 189~191에 의거.

692) 같은 책, p. 162.

693) 황해도에 관한 설명은 같은 책, pp. 177~180에 의거.

694) 崔永禧 저, 『격동의 해방 30년』 한림대학교 출판부, 1996년, p. 33 .

각 도 인민위원회에 뒤따라 각급 지방(시, 군, 면) 인민위원회도 1945년 11월말까지에는 그 조직이 완료되었다.[695] 도(道)와 그 밑의 각급 지방 인민위원회는 소련군정의 행정 대행기관으로써 소련군 사령부의 지시와 엄격한 감독하에 있었다.[696] 물론 소련군 사령부는 군정의 실시를 위하여 자연발생적인 '건준'을 해체하고 곧바로 그 자신이 직접 인민위원회를 수립할 수도 있었다. 이것은 소련군정 당국의 권한에 속하는 일이었음으로 간단하게 단행할 수 있는 문제였다.

그렇지만 소련군정은 그런 방식을 택하지 않고 조선인들이 독자적으로, 자유의사에 따라 인민위원회를 조직했다고 하면서 소련은 북조선에서 군정을 실시한 일이 없다고 시종일관 주장했다. 이런 주장에 호응하여 당시 공산주의 선전원들은 인민위원회를 "자치기관", "인민의 권력기관"이라고 부르면서 소련군은 북조선에 진주하자마자, 남조선에서 군정을 실시한 미군과는 반대로 곧 주권을 인민들에게 이양했다고 사실을 역전시켜 왔던 것이다.

> 해방군(解放軍)으로써 38도선 이북의 책임 지대에 진주한 *쏘베트*군대는 해방과 동시에 조선인민의 창의에 의하여 만들어진 인민위원회를 합법적인 조선인민의 권력기관으로 인정하고, 이에 정권을 이양했을 뿐만 아니라, 나아가서는 제국주의자들이 조선인민의 고혈로 만든 모든 공업, 탄광, 광산, 철도, 통신, 은행과 일본인의 학교, 병원, 주택, 재산, 토지를 조선인민의 재산으로써 인민위원회에 넘겨주었다.[697]

무릇 한 정치조직의 명칭은, 거의가 그것이 지닌 *이데올로기*의 성격을 반영한다. 인민위원회가 "조선인민의 창의"의 산물이 아니라 *소비에트* 정치제도의 복사판이라는 것은 그 이름만으로도 판별할 수 있다. 10월 혁명에 의하여 *러시아*에 *소비에트*

695) 김일성은 사실을 왜곡하며 다음과 같이 말했다. "조선인민들은 방방곡곡에서 자기 자신의 손으로 자치기관으로서의 인민위원회를 조직하였습니다. 이렇게 인민들의 손으로 조직된 각급 인민위원회는 북조선 6도에서 작년[1945년] 11월말까지 인민의 총의에 의하여 조직을 완료하고 민주 건설을 전개하기 시작하였습니다." 『김일성선집』 1, 1954년 판, p. 162.

696) 오영진의 증언에 의하면 "군사령관의 고문관과 기술관은 평남인민정치위원회를 비롯하여, 은행, 공장, 철도국, 정차장, 법원은 물론 관영과 민영의 구별 없이 중요한 기관, 시설에서 창고에 이르기까지 파견되었다. 그들의 임무는 軍사령관의 명령에 의하여 모든 사무를 감독하고, 지시하고, 그 지시가 만족히 수행되는 가를 감시하는 것이다" 吳泳鎭, 앞의 책, pp. 117~118.

697) 金鍾鳴 편, 『朝鮮民主主義革命史』, 五月書房(東京), 1953年, p. 165.

정권이 탄생하자 정부 전체의 이름을 "인민위원회의", 각 부(성)의 장을 "인민위원"으로 불렀다. 이런 명칭은 1936년의 "*스탈린*헌법"에 그대로 계승되었다가 1941년에 와서는 "인민위원"을 "대신(大臣)", "인민위원회의"를 "대신회의(각료회의)" 등으로 각각 개칭하였던 것이다. 그 후 인민위원회는 어디서나 공산당 정권을 표시하는 용어가 되었으며 북조선의 각급 인민위원회들의 본질은 소련군정 당국이 강요한 공산당 지배의 통치기구 "인민정권기관"이라는 점에 있었다. 김일성은 1947년 8월 15일 이런 사실을 은폐하면서 진실을 다음과 같이 왜곡하였던 것이다.

> ……우리 북조선에서는 해방 이후 자연 발생적으로 조직된 정권 기관인 인민위원회를 더욱 강화 발전시키게 되었습니다. 앞에서 말하였지만 인민위원회는 어떠한 외국의 정치적 간섭에 의하여 어떠한 외국으로부터 수입된 정권 형태인 것이 아니라, 조선인민의 창의에 의하여 해방 직후 우리 민족 자체가 창설한 해방된 조선의 산아[産兒]입니다. (오래 계속되는 박수) 인민위원회는 쏘련군이나 미군이 조선에 진주하기 전에 벌써 조선인민의 창의로써 조직되었습니다. …… 오늘 우리 북조선에서 … 진정한 인민위원회가 성장되고 공고화되었다고 해서 「북조선에는 공산주의가 실시된다」고 하는 것은 어떤 외국의 반동적 정객들의 영향하에 있는 조선의 민족 반역자, 친일 분자들의 발악과 악몽에서 나온 잠꼬대로밖에는 간주할 수 없습니다.(우뢰와 같은 박수)[698](밑줄은 인용자)

이 대담한 허언에 의한다면, 조선인민은 소련군이 진주하기 이전에 소련군 진주와는 아무 관계없이 그들 자신의 "창의"에 의하여 자발적으로 인민위원회를 창설했으며, 따라서 해방된 조선이 그런 정권 형태(*소비에트* 제도)를 갖는 것은 가장 "자연스럽고" 필연적이며, 동시에 이런 일은 결코 공산주의와는 관계가 없었다는 것이었다. 김일성은 이렇게 사실(史實)을 위증하고 있을 때, 바로 1년 6개월 전(1946. 2. 8)에 북한의 각 정당 간부들과 행정요원들 앞에서 자기 자신이 확실하게 언명했던 다음과 같은 상반된 말을 이들이 과연 잊었으리라고 기대했던 것일까?

> 쏘련 군대가 조선으로 들어옴과 함께 북조선의 인민들은 자주적이며 민주주의적인 지방행정기관을 조직하기 시작하였습니다. 첫 단계에는 지방행정기관으로는 인민위원회를 조직하였습니다.[699](밑줄은 인용자)

---

698) 『김일성선집』 1, 1954년 판, p. 423.

'평남 인민정치위원회'뿐만 아니라 각 도, 시, 군, 면 인민위원회도 모두 형식상으로는 민족주의자와 공산주의자들의 합작으로 조직되었다. 그러나 사실에 있어서 인민위원회는 소련군 사령부의 지방행정 대행기관에 불과했다. 그런데 곧이어 인민(정치)위원회 안에서는 갈등이 일어나기 시작했다. 인민(정치)위원회 내의 공산주의자들은 그 내부에서 은밀히 또 하나의 위원회를 조직하고 부단히 그 지역의 공산당으로부터 지시를 받고 있었으며, 소련군 사령부는 이 공산당 조직들을 통하여 인민(정치)위원회를 움직이고 있었다. 따라서 민족주의자가 차지한 위원장의 지위는 허위(虛位)에 불과했다. 실권을 장악하고 그것을 행사한 자는 소련군의 세력을 배경으로 하는 그 지역의 공산당이었다. 이렇게 북한에서는 잠시 동안 흡사 "이중정권(二重政權)"의 시대를 방불케 하는 사태가 나타났던 것이다.

제2절 인민위원회(人民委員會)의 조직과 실태

소련군사령부는 일제(日帝)로부터 접수한 각 지방의 행정권을 위시하여, 북조선 내의 일본인 소유였던 모든 재산을 인민위원회에 이양하고 "내정에는 일체 간섭하지 않았다"[700]고 주장해왔다. 그러나 이러한 주장이 완전한 허위선전이었다는 사실을 당시 소련군 사령부내 최고위급 간부였던 인사들이 후일에 와서 증언했다. 북조선에서 인민(정치)위원회는 바로 소련군 사령부의 계획에 따라 조직되었으며 이것은 소련군정의 행정업무를 수행하고 있는데 불과했다. 즉 소련군 사령부는 각 도, 군에 "고문"을 파견하고 이들로 하여금 그 지방의 공산당조직을 통하여 인민(정치)위원회를 조종(操縱)하게 했고 표면에는 나타나지 않았을 따름이다.

이런 방식을 구사하여 소련은 북조선에서 군정을 실시했다는 사실을 숨기려했다. 그러면서 남조선의 미군 사령부가 군정(軍政)을 실시한데 대해 자기들은 북조선에서 군정이 아니라 "민정(民政)"을 실시했다는 점에 양자 간에는 "근본적 차이가 있다"고 강조해왔다.[701] 그들은 북조선을 통치하는 방법으로 자기들의 군정 기관에다 남한의

699) 같은 책, p. 29.

700) 앞의 蘇聯 科學*아카데미* 東洋學硏究所 발행『朝鮮의 解放』1976년, p. 121.

미(美) 군정청과는 달리 '소련 민정관리국'(民政管理局)이라는 이름을 붙였던 것이다. *레베데프*의 회고에 의하면 '소련 민정관리국'은 경제의 모든 분야(공업, 농업, 수송, 재정, 통신 등)와 교육, 문화, 보건, 사법 등의 제 문제를 담당했으며 그 직원은 소련군 장교와 소련 민간인 전문가로 구성되어 있었다. 이런 사업을 위하여 '민정관리국' 안에는 지방 주민부(住民部)출판 지도부, 교육-문화 지도부, 보건 지도부가 있었으며 이 부서들은 모두 '민정관리국' 정치부 부국장 *이그나쩨프* 대령의 지도를 받았다고 한다.[702]

보다 구체적으로는 군정의 실시방법으로 소련군사령부는 각 도에 사단 정치부장 및 군(軍)정치기관 일꾼들로 구성된 '고문'을 파견했다.[703] 이들은 '민정관리국'에 직속되어 있었고 파견된 현지에서는 소련군사령부를 대표했다. 한편 도와 군에는 '위수(衛戍)사령부'가 설치되어 있었으며, '위수사령부'의 사령관은 도 '고문'에 종속되어 있었다.[704] 즉 소련군 사령부의 군정기구는 '소련민정관리국'→각 도 '고문'→각 도-군 '위수사령부'의 위계제(位階制)로 조직되어 있었다. 지방 인민위원회에 "전면적인 원조"를 제공한 것은 각 도의 '고문'과 도-군의 '위수사령부'였다.[705] '민정관리국'의 명령은 이 기구의 총책임자 *스띠꼬프* 중장→*로마넨꼬* 소장(실무 책임자)→*이그나쩨프* 대령(민정관리국 정치부 부부장)→각 도 '고문'→각 도-군 '위수사령관'의 계통을 따라 하달되었던 것을 알 수 있다.

*레베데프*의 기록에 의하면 '소련 민정관리국'의 직원들은 "조선의 친구들을 도우면서 이런 저런 여러 가지 결정사항의 정당성을 확인케 했다"[706]는 말로써 '소련 민정관리국'이 북조선에서 최고 정책결정 기관이었다는 사실을 우회적으로 밝혔다. 북조선의 통치에서 실권을 행사한 자는 지방 일선에서 일하고 있던 도·군의 '위수사령

---

701) 위와 같음.

702) 같은 책, p. 124 및 p. 127.

703) 각 道에 파견된 고문의 예를 들면, 淸津에서는 사단 政治部長이었던 *구레비치* 대령, 咸興에서는 역시 사단 정치부장이었던 L. F. *데민* 대령이, 元山에서는 V. I. *꾸츠모프* 대령이, 平壤에서는 軍參謀部 정치위원이었던 V. F. *꼬로레프* 대령이, 海州에서는 사단 정치부원 I. F. *꼬뉴호프* 대령이 각각 道 '고문'으로 일하고 있었다. 같은 책, p. 126. 이렇게 이들 '고문'은 모두가 대령 급의 정치장교들이였다. 위와 같음.

704) 위와 같음.

705) 같은 책, p. 124.

706) 같은 책, p. 120.

부'였다. 이런 사실은 *레베데프*의 다음과 같은 기술에서 입증되고 있다.

> … 위수사령부의 임무에는 일본군의 재산과 무기를 파악하고 보전하는 것이 들어 있었다. 후에 위수사령부의 역할은 현저하게 확대되었으며 중요 과업은 인민위원회에다 가능한 모든 원조를 하는 일이었다. … 인민위원회는 절대다수가 이전에 전혀 행정기관에서 일해본 적이 없으며 아무런 지식도 경험도 없는 사람들로 구성되어 있었다 … 이러한 조건에서 인민위원회의 일꾼들은 우리 위수사령부에 조언과 원조를 호소해왔다. 소련군 위수 사령부의 존재는 민주적인 사회조직 사업과 민주적인 사회개혁을 방해하는 … 반(反)인민적인 세력을 용납하지 않았다. 위수사령부의 사업장[현지]에는 경험이 있고 정치적으로 훈련된 지휘관들과 정치일꾼들이 모여 들었다. 초기에 위수사령관과 정치부 부사령관이 매일 인민위원회의 일꾼들과 만났으며 … 후에 경험이 있는 조선의 친구들이 확보됨에 따라 이러한 회합은 점차 줄어들었다.[707] (밑줄은 인용자)

소련의 북조선 정책은 *치스챠코프* 사령관, '민정'의 총책임자 *스띠꼬프* 중장, 실무책임자 *로마넨꼬* 소장, 그의 보좌역의 *이그나체프*(A. M. Ignachev) 대령, *스띠꼬프*의 보좌역 *레베데프*(N. G. Lebedev)소장, *치스챠코프*의 정치고문 *발라사노프*(G. M. Balasanov), *시체찌닌*(B. V. Shchetinin) 법무부장 등에 의하여 입안(立案) 집행되었다. 이들은 반드시 조선문제의 전문가는 아니었지만 소련군대 안에서 정치훈련을 쌓은 사람들로써 북조선을 *소비에트*화(化)하는데 뚜렷한 목표와 치밀한 방식을 가지고 있었다. 여기서 말하는 *소비에트*화란, 소련군의 점령하에 있던 나라들의 정치, 경제, 사회, 문화를 국내 공산당으로 하여금 소련의 *스탈린*체제의 모형대로 재편성케 하여 소련의 위성국으로 만드는 것을 뜻한다.

그런 소련군정 요원으로 가장 정력적인 활동을 통하여 북조선을 *소비에트*화(化)하는데 큰 공로를 세운 사람은 *이그나쩨프*였다.[708] 이 면에서는 남조선의 미군 사령

---

707) 같은 책, p. 125.

708) A. M. *이그나쩨프*는 1945년 9월 소련의 전문가들과 함께 북한에 왔다가 1950년 그곳에서 사망했다. 그는 평양의 소련군 사령부에 배치되어 잠시 *로마넨꼬* 소장 밑에서 일하고 있다가 *로마넨꼬*가 곧 경질된 뒤에는 그의 자리를 계승하여 북한의 정치문제를 관장하고 黨, 사회단체, 인민위원회들의 상호관계를 "설정하고 지원했다". 그는 그런 공로에 의하여 '조선민주주의 인민공화국'이 수립된 후 제2급 국기훈장을, 소련 정부로부터는 최고 국가훈장인 *레닌*훈장을 수여받았다. 공화국 정부 수립 후 '소련민정관리국'이 해산된 후에도 그는 평양주재 소련 대사(*스띄꼬프*)의 고문으로 남아 있었다. 같은 책, pp. 127~128 및 pp. 323~324 참조.

부가 정치의 문외한들을 군정 요직에 앉혀놓고 허둥지둥 어떻게 할 바를 모르고 방황하고 있던 상황과는 근본적으로 차이가 있었다. 소련군 사령부는 조선말을 잘 구사하며, 공산당－정부기관－군－언론기관－문화 분야에서 훈련을 받고 경험을 쌓은 요원들이 필요했다. 그리하여 소련으로부터 대량으로 불러들인 것이 세칭 "고려인"(高麗人)들, 즉 조선인 계(系) 소련 공민(公民)들이었다. 이들 중 제1진으로 북한에 들어온 사람은 1945년 8월 29일에 벌써 28명이었고, 그해 11일 중순에는 제2진 53명이, 12월에는 제3진 30여명이 북한에 도착했다고 한다.[709] 제3진에 속한 사람들은 비중 높은 간부들로서 허가의(許哥誼), 박의완(朴義浣), 남 일(南 日), 김재욱(金宰旭), 김승화(金承化), 기석복(奇石福), 김 열(金 烈), 방세학(方學世) 등이 이에 포함되었다.[710]

당시 남조선의 *하지*사령관 주변에는 조선문제의 전문가는 물론이요, 조선말을 할 줄 아는 미국인은 단 한사람도 없는 상태였다. 그런데 북조선의 "고려인"들은 행정기관을 체계화하고, 언론기관을 통솔하고, 당(黨) 건설을 추진하는 실무사업에 참여하면서 김일성 정권을 탄생시키는 데 중요한 역할을 했다. 소련군 사령부는 북조선에 대한 지배를 은폐하기 위하여 처음에는 이들을 당이나 인민위원회의 고위직에 배치하지 않았다. 따라서 이들은 당내 권력투쟁의 분규에 말려들지도 않았다. 이들이 정식으로 요직에 오르기 시작한 것은 1946년 8월 '북조선노동당'이 결성되면서부터였다. 요컨대 인민위원회는 "자치"를 위장한, 어디까지나 소련군정의 하위 대행기관이었다. 따라서 군정의 방침에 맹종하지 않는 자주적인 인사들은 몇 달이 못가서 모두 밀려났거나 스스로 물러나야했다. 조만식(曺晩植) 위원장도 그런 비극적 인사 중의 대표적인 인물이었다.

그러나 김일성을 비롯한 남－북한의 공산주의자들은 미군정(美軍政)을 비방하는 첫째 이유로 남조선에서 "자연 발생적으로", 인민의 "자유의사"와 "창의"에 의하여 탄생한 인민위원회를 미군이 강제로 해산시키고 군정을 실시했다는 예를 들어 비방했다. 1946년 8월 15일 김일성은 계속해서 "작년 9월 8일 미군은 남조선에 상륙하자 군정을 실시하고 … 인민의 주권기관인 인민위원회를 부인하고 그를 탄압 해산시켰

709) 林 隱, 앞의 책, pp. 176~177.

710) 같은 책, pp. 178~179

다"라고 하면서, 이것은 "조선인민을 다시 노예화하려는… 제국주의적 야욕의 표현"[711]이라고 규탄했다.

소련군의 강요가 있을 수 없었던 남조선에서 인민위원회는 그것을 조직한 공산주의자 및 그 동조자들의 자유의사에 의하여 탄생했던 것은 사실이었다. 그렇지만 모든 인민들이 공개적인 선거에 의해 선출하지도 않았고 자기의 주권의 행사를 인민위원회에 위임한 일도 없는데, 어떻게 그것이 "인민의 주권기관"이 될 수 있는지는 도저히 정당화될 수가 없는 주장이었다. 그러한 김일성의 주장에는 전 인민을 대표하는 자는 당연히 공산당이라는 특권의식(特權意識)과 권력독점 의지가 묵시적(黙示的) 전제로 되어있었다.

남조선에서 인민위원회는 김일성이 위증(僞證)한 것처럼 "쏘련군이나 미군이 조선에 진주하기 전에", "조선인민의 창의로써" 조직한 것이 아니었다. 북조선에 소련군이 진주한 뒤에 소련군사령부의 계획에 따라 1945년 9월 2일까지 그 곳 각 도에서 인민위원회의 조직이 거의 완료되었었다는 것은 앞에서 분석한 바와 같다. 그리고 북조선의 절대적인 영향 하에서, 또는 북조선으로부터 지령을 받고 남조선에서 미군이 진주하기 이전에 인민위원회가 공산당의 주동에 의하여 조직되었던 것이다. 즉 서울에서 '전국 인민대표자회의'를 개최하여 "조선인민공화국"과 그 운영기관으로써 "중앙인민위원회"를 급조한 것은 9월 6일이었다.[712] 이때 북조선에는 이미 소련군이 진주해 있었지만 남조선에는 미군이 진주하기 직전이었다.

한편 남조선에서 시-도-군-면 등 지방 인민위원회의 조직에 착수한 것은 미군이 진주한 뒤인 10월 16일 이후의 일이었다[713]. 다시 말하면 서울에서 "중앙인민위원회"가 조직된 것은 남조선에 미군이 진주하기 이전의 일이었지만, 북조선에 소련군이 진주한지 훨씬 뒤의 일이었다. 남조선의 각급 인민위원회란 어디까지나 공산주의자들과 일부 동조자들의 정치집회에 그칠 뿐, 그것은 "인민의 창의"에 의한 것도 아니며, "인민의 주권기관"도 될 수가 없었다.

박헌영(朴憲永) 일파의 공작에 의하여 하룻밤 사이에 부랴부랴 본인들의 승낙도

---

711) 『김일성선집』 1, 1954년 판, p. 173.

712) 『朝鮮中央年鑑』 1949년 판, 평양, p. 26.

713) 『左翼事件實錄』 제1권, 大檢察廳 搜査局 발행, 1965년, p. 34.

없이 대통령과 각료명단을 만들어 발표한 "조선인민공화국"을 미(美)군정은 "정부"로 승인하기를 거부했다. 이에 대해 1945년 11월 20일 남쪽 서울의 공산주의자들이 "[조선] 인민공과국은 조선인민의 총의에 의하여 성립되었고 [인민들의] 절대 지지를 받고 있을 뿐만 아니라 조선인민의 유일의 소망이므로 그것은 조선인민과 함께 영원히 존재할 정당성이 있으며 여하한 변경도 할 수 없다"고 항의했다. 그러자 북조선측은 이에 호응하여 미군정의 "탄압"을 맹렬히 규탄했던 것이다.[714]

그런데 박헌영 일파가 김일성에 의하여 숙청된 이후에는, 평양의 선전원들은 거꾸로 "박헌영 1당은 …… 뒷골방에서의 소위 [조선] 인민공화국을 조직함으로써 해방된 우리 조국에 *부르죠아* 민주주의 제도를 수립하려고 시도하였으며, 그 대통령으로 악명 높은 미제의 주구 리승만을 추대함으로써 해방된 우리 조국을 미 제국주의자들에게 넘겨주려고 책동하였다"[715]고 "조선인민공화국"의 죄상을 원천으로 거슬러 올라가서 규탄하는 면으로 그들은 역사 기술을 변경했다. 그러면서도 그러한 "조선인민공화국"의 집행기관으로 조직되었던 남조선 각지의 인민위원회만은 지금까지도 자연발생적인 "인민의 정권"이었다고 철저히 옹호하는 자기모순을 범해왔다.

제2차 세계대전 말기에 소련군이 진주한 북조선과 동(東)*유럽**을 *소비에트*화(化)하는 과정과 단계는 다양했다. 즉 대전의 와중에서 그 지역 각국의 정부들이 미－영－소의 연합국이나 *파시스트* 추축국(樞軸國)들과 어떤 관계에 있었는가의 국제적 조건, 농업국인가 공업국인가의 내부적 조건, 각 나라의 문화적 전통, 그 지정학적 위치, 반(反)*퐛쇼 레지스탄스*운동에서 수행한 공산주의자들의 역할의 대소(大小) 등에 따라 각각 차이가 있었다. 그러나 *소비에트*화(化)의 방법은 기본적으로는 어디서나 동일했다. 다만 반(反)*퐛쇼*전선(戰線)에서 공산주의자들이 처음부터 항쟁의 주도권을 장악했던 *유고슬라비아*와 *알바니아*를 제외한다면 그 밖의 나라들에서는 *소비에트*화를 위하여 절대적 역할을 한 것은 소련점령군 또는 국경지대에 주둔하고 있던 소련군사력의 비호를 받는 정치경찰이었다.

동(東)*유럽*에서와 마찬가지로 북조선에서도 소련군(붉은 군대)이 진주하자 북조선

714) 앞의 『朝鮮中央年鑑』, 1949년도 판, p. 164.

715) 『조선통사』(하), 1958년, 평양, p. 14.

* 여기서 東*유럽*이란 지리적 개념이 아니라 정치적 개념이다. 즉 여기서는 제2차 세계대전 후 *유럽* 안에서 공산당이 지배한 지역으로 규정코자 한다.

의 수도 격인 평양에서는 급속히 공산당이 조직되기 시작했고, 지방에서는 새 권력 기관으로 공산당이 주도하는 인민위원회가 나타났다. 인민위원회 초기에 *폴란드*의 소련군(軍) 점령지역에서는 '국민해방위원회', *체코슬로바키아*에서는 '민족위원회', *유고슬라비아*에서는 '인민해방위원회', *알바니아*에서는 '인민해방평의회'라는 이름을 붙였다. 이 무렵 소련군 점령지대에서는 사령부의 묵인 또는 공인하에 무장한 불량배 집단들의 횡포에 의하여 사회는 무법천지로 화했고 공포 분위기에 휩싸였다. 이것은 비(非)공산주의자들을 위협하기 위한 그들의 이른바 "적색(赤色) 공포"(red terror)의 수법이었다. 북한에서는 "적위대(赤衛隊)"라는 무뢰한 집단이 초기에 바로 그런 목적을 위하여 조직되었던 것이다. 이에 대해 인민위원회란 것은 붉은군대의 무력을 배경으로 하는 물리적, 심리적 억압의 방법으로서 해방된 지역을 *소비에트*화(化) 할 목적에서 조직된 지방 권력기관이었다.

제3절 영도자(領導者)의 선발과 육성 - 김일성(金日成)의 등장

다음으로 붉은군대 점령지역의 *스탈린*주의화—*소비에트*화를 강행하는데서 보여준 중요한 정치극은 정치권력을 담당할 영도자의 선발이었다. 그런 영도자로 *스탈린*은 국내의 비(非)공산주의자는 물론이오, "*부르죠아* 민족주의"에 감염되었을 가능성이 있는 토착 공산주의자들마저도 가능한 한 배제했다[716]. *스탈린*은 소련에 망명하여 정치훈련을 받은, 그리고 *크레믈린*에 절대적으로 복종하는 철저한 자기의 추종자, 즉 "*스탈린*주의자"된 자들을 택했다. 그리하여 내전이 끝나자 소련에 망명했던 공산주의자들이 붉은군대의 뒤를 따라 대거 해방된 본국으로 돌아왔다. 이들이 세칭 "*모스크바*파"였다.

---

716) 국내에서 압도적인 명성을 지니고 있는 공산주의자들이 존재하는 경우에는 그들을 내세웠다. *티토, 고물카, 호쟈* 등이 이에 속한다. 그리고 소련에는 가본 일이 없었지만 *反파시스트* 유격전이나 지하운동에 가담했던 국내 공산주의자들의 경우는 처음부터 당에서 배제했던 것은 아니다. 그러나 *크레믈린*은 그들을 처음부터 내심 불신하고 있었다. 후일 각국에서 소련파와 국내파간에 분쟁이 일어나자, 국내파는 점차로 거세되었다. 1949년에 숙청된 *헝가리*의 *라즐로 라이크*(Laszlo Raijk)는 이런 공산주의자 중의 한 사람이었다.

*헝가리*의 *라코시*(Matyas Rakosi), *체코슬로바키아*의 *고트발트*(Klement Gott-wald), *루마니아*의 *아나 파우케르*(Ana Pauker), 동독의 *피이크*(Wilhelm Piek)와 *울부리트*(Water Ulbricht), *폴란드*의 *비에루트*(Boleslaw Bierut), 그리고 *코민테른*의 서기장을 지낸 *불가리아*의 *디미드로프*(Georgi Dimitrov) 등은 모두가 "*모스크바*파"에 속하는 사람들이었다. 이들은 소련의 시민권을 가지고 소련비밀경찰의 공작원으로 일하고 있다가 *나치스* 독일이 패망과 더불어 소련 진주군의 군화자국을 따라 귀국했고 그 후에는 국내파와의 치열하고 착잡한 권력투쟁을 벌이면서 국가권력의 요직 내지는 최고 지위를 장악했던 사람들이다.

"조국의 해방과 함께…… 조선인민혁명군을 영솔하고 해방된 조선인민의 절대한 환호를 받으면서 고국에 개선하였다"[717]고 뒤에 와서 거짓으로 기술한 김일성도 그러한 집단 안의 한 사람이었다. 만주지방에서는 '중국공산당'의 유격대인 '동북인민혁명군', 그 후신인 "동북항일연군(東北抗日聯軍)"만이 있었을 뿐 "조선인민혁명군"이란 독자적 군대는 역사상 존재한 일이 없다. 이에 관해서는 제1편에서 논한 바 있다. 그는 "조선인민혁명군"을 이끌고 "인민들의 환호 속에 고국에 개선"한 것이 아니라, *하바롭스끄*에서 소련함정 '*뿌까쵸프호*'(号)를 타고 해방 후 40일이 지난 1945년 9월 19일 비밀리에 원산(元山)으로 입국했던 것이다.[718]

*모스크바*는 동(東)*유럽*의 *티토*나 *엔베르 호자*(Enver Hoxha) 또는 중국의 모택동처럼 국제공산주의 운동에서 널리 공인될 정도로 유격전의 경력을 가진 지도자를 조선반도에서는 발견하지 못했다. 그리하여 33세의 청년 김일성, 즉 김성주(金成柱)를 *시베리아*로부터 불러들인 소련군정 당국은 그에게 "장군"의 칭호[719]를 부쳐주고 '귀

---

717) 『조선근대혁명운동사』 1962년, 평양, p. 423.

718) *시베리아*의 오지 *비야츠끄*의 '88특별독립저격여단'에서 김일성과 같이 야영생활을 했던 소련 한인 3세 兪成哲(6.25당시 인민군 작전국장)은 다음과 같이 증언했다. "김일성은 일본이 항복하고도 한 달이 지난 9월 중순 소련군의 명령에 의하여 나와 함께 북한에 들어왔다.…[*브야츠크*에서] *블라디보스토크*에 도착한 우리 일행은 소련 군함 *뿌까쵸프號* 편으로 9월 19일 상오 그리던 조국땅 元山항에 첫발을 들여놓았다." 兪成哲, 「나의 증언」, 한국일보사 편, 『증언 김일성을 말한다』, 1991년, p. 51 및 p. 53.

719) 김일성이 '장군'으로 불린 것은 그가 공산당원이 된 이후인 1930년대의 유격전 시절부터라고 북한의 『조선근대혁명사』(p. 290)는 쓰고 있다. 즉, "조선혁명운동은 김일성동지 지도에 새로운 높은 단계에로 발전하게 되었으며 이때부터 전체 조선인민들은 커다란 민족적 자부심과 흠모의 정을 가지고 그의 이름을 김일성장군이라고 불렀다." 그러나 이것이 날조라는 것은 한재덕의 다음 회고록에 의하여 알 수 있다. "……나는 처음으로 김일성을 '장군'으로 부르고 '민족적 영웅'으로 추켜세웠다. '개선'이라는 말도 이

국환영 민중대회'를 대대적으로 개최하였다. 이에 뒤따라 『김일성장군 개선기(凱旋記)』, 『김일성의 유격대 전사(戰史)』를 발간하는 등[720], 그를 민족적 영웅으로 등장시키는 세기적 연극을 꾸몄다. 본래 만주 지방에는 "김일성"이란 이름을 사용한 항일투사가 여러 명 있었다. 절망 속에서 조국 광복을 기다리던 조선인들에게는 "김일성"이란 오래 전부터 전설적인 인물처럼 되어있었다. 그러나 누가 본래의 진짜 김일성인지, 그런 사람이 과연 실재했었는지 아닌지는 아직 밝혀지지 않고 있다. 여하튼 해방 후에 귀국한 김성주도 만주 시절부터 김일성이란 이름을 호칭한 사람 중의 하나였다.

김일성이 비로소 민중 앞에 공식적으로 처음 *데뷔*한 것은 1945년 10월 14일 '김일성장군 귀국[환영] 평양시 민중대회'[721]에서의 일이었다. 그는 "김일성"이라는 이름 때문에 군중들의 열렬한 환영을 받았다. 그러나 그가 해방 전 수년 동안, 특히 1941~1945년 어디서 무엇을 했는지 그리고 언제 어떤 경로를 통하여 입국했는지에 관해서는 당시의 언론을 위시하여 지금까지도 북조선의 어떤 공식기록에서도 명확한 것은 찾아볼 수 없다.[722] 소련군사령부는 그의 경력을 *스탈린*식(式) 역사 기술방법 이상으로 과장, 은폐, 날조, 창작케 함으로써 그를 신비에 싸인 인물로 만들어버렸다.

소련당국은 조선인의 민족운동에서 권위를 지니고 있을 뿐만 아니라 *스탈린*의 신

때 내가 처음 쓴 말이다. 김일성이 처음 공석에 나타난 때 그를 무엇으로 부를 것인가? 하는 것이 잠시 논의되었다……그것을 李周淵 등과 김일성의 본심을 받들어 궁리한 끝에, 우리의 전통적 노장에 대해서와 같이 '장군'으로 부르기로 한 것이다. 소련 장성들도 이 땅 공산주의자들의 아첨 기술에 새삼 감탄하고 만족하였다…그러니 "장군" 칭호를 처음으로 활자화하고 지상으로 처음 "임명"한 것은 내가 된 셈이다. 이래로 북한에서는 김일성 밑에는 반드시 '장군'이란 '*렛델*'이 달리게 된 것이다. "사람들이 김일성을 '장군'으로 '임명'하고 영웅화한 것이 韓載德이라고 말하는 것은 여기서부터 유래한 것이다." 韓載德 『김일성을 고발 한다』, 내외문화사, 1965년, p. 76.

720) 韓載德은 "김일성을 영웅으로 만들기 위해 해방 직후에 자기가 쓴 『김일성장군 개선기』, 『김일성유격대 전사 抄』, 『김일성유격대의 생활과 투쟁』, 『김일성장군과 병사』들의 내용은 "엉터리"였는데, 이것이 후일에는 교과서에까지 실리게 되고, *베스트셀러*가 되었다"고 술회한 바 있다. 같은 책, pp. 89~90

721) 이 환영대회도 소련군에 의하여 꾸며진 것이며, "역사의 강산 한복판 가운데서 세기의 정치적 협잡극이 막을 올렸다"고 당시를 잘 아는 韓載德은 그날의 진상을 말했다. 같은 책, pp. 60~67.

722) 金日成의 入國 경로를 밝히지 않은 것은 그의 경력과 행적을 더욱 빛나게 하고자 하는데 있었다. 韓載德은 증언하기를 "그는 나에게는 자기들이 중국 만주에서 유격투쟁을 하다가 1941년에 쏘련으로 들어갔었다고 말해서 내가 쓴 『김일성유격대 전사 초』에는 그렇게 기록되어 있는데 오늘에 와서는 그들은 여러 가지 정치적 의도로써 이것을 숨기고 김일성과 그 일당은 쏘련에는 들어가지 않고, 해방될 때까지 만주 일대에서 싸우다 귀국한 듯이 꾸미고 있는 것이다."라고 술회했다. 같은 책, p. 90.

임을 받을 수 있는 공산주의자를 찾아 낼 수 없었다. 그리하여 앞으로 조선에서 사회주의 혁명을 영도할 수 있는 *카리스마*적(的) *리더십*을 육성하기 위해 김일성을 내세우고[723] *매스 메디아*를 총동원하여 *슬로건*, 헌사(獻詞), 시(詩), 노래, 무용, 연극, 회화 등으로 이 "민족의 영웅"이며 "영명한 지도자"의 영광에 찬 과거와 찬란한 미래를 구가케 했다. 김일성의 대형 초상화는 순식간에 *스탈린*의 초상화와 나란히 모든 공공건물 정문에 내걸렸고 실내로는 교회당 안까지 그들의 사진이 같이 나붙었다. 그 후의 열광적인 김일성 개인숭배는 벌써 그가 귀국한 직후부터 명확한 목적의식에서 시작되었으며, 이때에 벌써 북한에는 장차 난만(爛漫)하게 개화(開花)할 1인 독재의 씨앗이 배태되고 있었다. 이에 관해서는 뒤에 가서 재론할 것이다.

김일성이 아직 대중 앞에 나타나기 6일전인 10월 8일 소련군사령부는 평양에서 돌연 '북조선 5도회의'(5道會議)를 소집하고, 10월 28일에는 이북 5도의 과도적 중앙행정기관으로 '북조선 5도행정국'을 발족시켰다. 그러나 소련군사령부는 김일성을 그곳에도 참가시키지 않았다. 이러한 과도적 행정기구는 어디까지나 권력의 일시적 외곽장치(外廓裝置)이지 결코 그 핵심이 아니었기 때문이다. 김일성은 귀국 이후 줄곧 초당파적 입장을 위장하고 민족의 "대동단결"을 내세우면서 대중적 인망을 획득하는데 노력했다. 한편 그는 여러 지방을 방문하여 권력의 핵심인 공산당을 조직하는데 전심전력하고 있었다. 10월 14일 자기의 귀국을 환영하는 '평양시 민중대회'에서 소련군 훈장을 달고 처음으로 민중 앞에 나타난 그는 제1성으로 민족의 굳은 단결을

---

723) 소련이 김일성을 내세운 의도를 吳泳鎭은 당시 정보가 없던 상황에서 자기의 경험에 의지하여 작가의 예민한 감각으로 다음과 같이 추측하고 있다. "쏘련이……젊은 청년을 민족의 영웅이라고 금박을 씌워서 우리들에게 선물한 의도는 어디 있는가……나는 쏘련의 계획을 다음과 같이 분석해 보았다.

1. 쏘련은 그들의 對조선정책을 대행할 인물의 준비가 없었고 오늘에 와서는 속히 그러한 인물을 선택할 필요를 느낀 것.(일본이 친소파의 거두로 지목하고 있던 인물이란 김일성이란 이름이 아니었다)
2. 이 인물은 공산주의자이며 따라서 *크레믈린*의 지령에 기꺼이 그리고 절대로 복종하여야만 할 위인이라야 할 것.
3. 조선내지에 정치적 기반도 없고, 적대인도 추종자도 없는 자라야만 할 것. 그렇지 않을 경우에는 그 인물의 독재적 또는 개인적 행동은 그의 배경과 기성 세력권이 제 아무리 미약한 것이라 쳐도 그것 때문에 부자유해질 것이고 동시에 *크레믈린*의 지령을 신속 과감히 실천 수행하는데 있어서 쓸데없는 갑론을박으로 드디어 지장이 되고 방해가 될 것이다.
4. 그 인간은 고려(韓國)인들 간에 명망이 있어야 하고,
5. 소련의 정책을 만난(萬難)을 배제하고 과감하게 수행하려면 청년의 기백이 필요하고 동시에 소련과의 불가분의 관계를 가급적 장구히 지속하려면 나이 젊을수록 좋다." 吳泳鎭, 앞의 책, pp. 145~146.

부르짖었다.

……조선민족은 이제로부터 새 민주조선건설에 힘을 합하여 나가야겠다. 어떠한 당파나 개인만으로 이 위대한 사명을 완수할 수는 없는 것이다. 돈 있는 자는 돈으로 지식 있는 자는 지식으로 노력을 가진 자는 노력으로, 참으로 나라를 사랑하고 민주를 사랑하는 전 민족이 완전히 대동단결(大同團結)하여 민주주의 자주독립 국가를 건설하자!

조선독립만세(朝鮮獨立萬歲)!

쏘련군대와 *스딸린*대원수 만세!

조선민족의 굳은 단결 만세![724] (밑줄은 인용자)

이 연설에서 김일성이 역설한 "대동단결"이란 곧 민족통일전선을 의미했다. 그는 공산주의니 사회주의니 하는 말도, 또는 혁명이니 하는 말도 일체 숨기고 있었다. 4일 뒤인 10월 18일에는 '평남인민정치위원회'가 베푼 환영식에서의 답사에서 그는 *맑스-레닌*주의의 당성(黨性)이 가미되지 않은, 그리고 공산주의자들이 비방(誹謗)해 마지않는 소위 "*부르죠아* 민족주의자"식의 초당파적, 애국적 연설을 했다. 그는 건국 초기에 있어서 거족적 대동단결을 바라는 모든 동포들의 염원에 부합하도록 애국심을 피력한 다음, 기업가들의 "자유로운 활동을 보장"하며 "창의(創意)를 장려"하는 것이 필요하다고 강조하면서 다음과 같이 호소했다.

우리에게 무엇보다도 중요한 것은 단결입니다. 모든 애국적 민주주의적 력량이 굳게 단결하여야 합니다.…[새 민주주의 국가를 건설해야 할] 모든 과업을 성과적으로 수행하기 위해서는 모든 사람들을 애국사상으로 튼튼히 무장시켜야 합니다.…… 모두다 힘을 합하여 새 민주주의 국가를 건설하기 위하여 힘차게 투쟁합시다.[725]

---

724) 앞의『朝鮮中央年鑑』1949년 판, p. 63.

이 연설 중 "돈 있는 자는 돈으로 지식 있는 자는 지식으로 노력을 가진 자는 노력으로…" 운운의 구절은 *코민테른* 제7차 대회(1935. 7~8월) 마지막 날인 1935년 8월 1일 '中華 *소비에트*정부'와 '中國共産黨'이 연명으로 통일적 항일전쟁을 호소한 「8·1선언」 중의 "돈 있는 자는 돈을 내고 총 있는 자는 총을 내고, 식량 있는 자는 식량을 내고, 힘을 가진 자는 힘을 내고 전문기능을 가진 자는 전문기능을 바쳐…"의 일부를 따온 말이었다. 「8·1선언」 전문, 즉 중국*소비에트*정부-중공중앙의 「抗日救國을 위하여 전국 동포에 고하는 書」는 日本國際問題研究所 中國部會編,『中國共産黨史資料集』7, 勁草書房刊, 1973年, p. 526에 수록.

725)『김일성선집』1, 1963년 판, p. 14. 그런데 이 연설은『김일성선집』1954년 판에는 들어있지도 않은 것을 보면 뒤에 와서 창작한 것이 분명하다. 이 회합에 기자로 참가했던 韓載德은 김일성의 이 연설에 관

이렇게 그가 초당파적, 애국적 정치노선을 내세웠던 이유는 간단했다. 즉 국내적으로는 열렬한 민족적 애국자로써의 김일성 상(像)을 만들어 소박한 대중들의 지지를 획득하고, 대외적으로는 *스탈린*이 소련군 점령지역에 공산주의 정권을 수립하려 한다는 여론을 잠재우자는 것이었다. 이 같은 정치 연막의 배후에서 김일성(*모스크바*)은 자기의 목적을 재빠르게 추구하고 있었다.

하여 "김일성이 답사라 하여 원고 없이 상당히 장황한 연설을 널어놓았는데, 그것이 하도 서툴고 갈팡질팡이어서…기억을 더듬어가면서 거의 내가 작성하다시피 한 것"이라고 증언한 바 있다. 韓載德, 앞의 책, p. 96.

제4장

*스탈린*의 북조선 정치설계도(政治設計圖)(2)

제1절 *레닌*주의 당(黨)의 조직을 준비

해방 직후 북한에서는 공산주의자로 자처하는 "혁명투사"들이 각 지방에서 출현하기 시작했다. 이들이 이른바 '국내파' 공산주의자들이었다. 그들의 수는 전 국민 중의 소수였으며, 독립국가의 정권을 창건하고 운영할 만한 능력이 없었다. 그러나 소련군의 진주에 의하여 천하는 자기들의 것이라고 당연한 확신을 가질 수가 있었다. 이들은 골수 *볼셰비키*(*레닌*주의자)에서부터 순박한 이상주의자, 대세 추종자, 한때의 사상전향자, 출세주의자, 사이비 공산주의자 등 그 성분은 다양했다. 이들은 학연, 지연 또는 과거 옥중생활을 같이 한 인연 등에 의하여 각지에서 계보를 달리하는 군소 *그룹*을 형성하고 있었다.

이들 중 그런대로 투쟁 경력을 가졌던 인물은 함경도에서는 오기섭(吳琪燮), 이주하(李舟河), 정달헌(鄭達憲), 이봉수(李鳳洙), 주녕하(朱寧河), 김채룡(金榮龍), 평남에서는 현준혁(玄俊赫), 김용범(金鎔範)과 그의 처 박정애(朴正愛), 장시우(張時雨), 이주연(李周淵), 장종식(張宗植), 양영순(楊永順), 황해도에서는 김덕영(金德永), 송봉욱(宋鳳郁) 등이 할거(割據)하고 있었다.[726] 이들의 대부분은 흔히 '국내파'로 불리웠다. 이들 중에서는 오기섭, 현준혁 등이 비중 높은 공산주의자였다.

국내에서 당 조직이 진행되고 있을 때 소련군의 뒤를 따라 김일성, 김 책(金 策), 최용건(崔庸健), 최 현(崔 賢), 강 건(姜 建), 임춘추(林春秋), 김 일(金 日), 김광협(金光俠), 최 광(崔 光), 서 철(徐 哲), 오진우(吳振宇), 김창봉(金昌奉), 박성철(朴成哲) 등이 1945년 9월 19일부터 속속 북조선으로 들어왔다. 이들은 1930년대에 중국공산당의 만주지방 *게릴라*부대였던 '동북항일연군'에 소속하여 항일유격전을 벌이다가 일

726) 金昌順, 『북한15년사』, 지문각, 1961년, p. 91.

본군의 토벌작전에 밀려 1940년 11월부터[727] '항일연군'의 극소수 간부들과 더불어 각지에 분산 월경하여 *시베리아*로 들어갔던 사람들이었다. 바로 이들이 그 후 노동당의 골간을 형성했고 실권을 휘두르게 되었다. 이에 관해서는 후술하기로 하고 여기서는 이들 김일성 직계 파를 편의상 "만주*빨치산*파(派)"라고 부르기로 한다.

한편 1945년 12월경부터는 중국 연안(延安)으로부터 또 다른 공산주의자들의 일파가 대거 입북했다. 이들이 "연안파"다. 1930년대에 화북(華北)에서 항일 운동에 가담했던 조선인의 혁명단체들은 일본군에 쫓겨 1938년 무한(武漢)으로 피해서 그해 10월 10일 그 일부가 '조선의용군'을 조직했다고 한다.[728] 이들은 무한이 함락되자 그해 가을 모택동의 혁명 근거지인 연안으로 가서 집결했다. 그 후 이들은 이곳을 기지로 하여 일본군 점령지구 안에 있는 조선인들을 대상으로 항일 정치공작을 전개했고 1941년 1월 10일 '화북 조선청년연합회(華北 朝鮮青年聯合會)'를 결성했으며,[729] 이것은 1942년 7월 10일 '화북 조선독립동맹(華北 朝鮮獨立同盟)'으로 개칭되었다. 이들은 중공 '8로군(八路軍)', '신4군(新四軍)'의 후원 하에 대민 선전공작(對民宣傳工作)을 계속하면서 항일유격전의 경험을 쌓았다. 이른바 "무장선전공작"이었다.[730]

---

727) 金日成의 入蘇일자는 자료마다 약간씩 다르며, 그 자신은 생전에 이것을 발표하지 않았다. 劉文新 · 李毓卿, 『周保中傳』, 中國黑龍江人民出版社, 1986년, p. 269에 의하면 김일성은 1940년 11월~12월 東北抗日聯軍 第一路軍 警衛旅團과 제2,3方面軍員의 각각 일부대원 약 200여명을 인솔하고 琿春, 汪淸일대에서 나뉘어 소련으로 들어간 것으로 기록하고 있다. 이 날짜는 신빙성이 있으나 대원의 수는 과장인 듯하다. '동북항일연군'의 *시베리아*에로의 이동과 *부야츠끄* 야병에서의 조선인 부대원들의 상황에 관한 자세한 분석은 和田春樹, 『金日成と滿洲抗日戰争』, 平凡社(東京), 1992년, pp. 282~335.

728) 최창익의 手記, 「연안시대의 독립동맹 I」. ≪독립신보≫, 1946년 5월 21일.

729) 최창익의 手記 2, 3. ≪獨立新報≫ 1946년 5월 22~23일. 한편 최창익의 논문(「조선독립동맹과 조선의용군」, 朝鮮歷史編纂委員會 발행, 『朝鮮民族解放南闘争史』, 日文版, 三一書房, 1952년, pp. 326~327)에서는 '朝鮮義勇軍'이 결성된 것은 1938년 10월이며 조직적으로 발족된 것은 1941년 7월이라고 했다. 그리고 1941년 10월에는 '조선혁명연합회'를 결성했고, 1942년 7월에는 이것을 발전적으로 해소, '朝鮮獨立同盟'을 결성했다고 앞의 최창익의 手記, 「연안시대의 독립동맹 I」 ≪독립신보≫와는 약간 다르게 기록하고 있다.

730) 朝鮮義勇軍(隊)→華北朝鮮青年聯合會→華北 朝鮮獨立同盟으로 이어지는 '延安派'의 계보와 抗日闘争史에 관한 중국공산당의 설명으로는 王應岳 등 「在華朝鮮人 抗日援軍闘爭 述略」, ≪中華民族學院報≫, 1990年 제4기, pp. 52~56 참조. 한편 일본학자의 보다 자세한 분석은 「忘れられた共産主義たち－華北朝鮮獨立同盟をめぐつて－」, ≪法學研究≫57巻 4號(1984. 4), pp. 27~64.

'화북 조선독립동맹'은 해방 후에는 '조선독립동맹'으로 불리웠고 해방 직후인 1946년 3월에는 '조선신민당'이란 이름으로 개편되어 정당활동(政黨活動)을 시작했다. '조선독립동맹'의 주석은 김두봉(金枓奉), 부주석은 최창익(崔昌益)과 한 빈(韓斌)이었다. '조선독립동맹'의 무력부대인 '조선의용군'의 총사령은 무 정(武 亭)이었으며 박효삼(朴孝三)과 박일우(朴一禹)는 부사령이었다. 김창만(金昌滿)은 대변인으로 있었다. 이밖에도 이필규(李弼圭), 서 휘(徐 輝), 이상조(李相朝), 허정숙(許貞淑), 하앙천(河仰天) 등이 간부로 있었다. 이 중 허정숙을 제외하고는 1956년 8월 이후 모두 숙청되는 비운 속에서 사라졌다.

이들은 항일을 위하여 조선과 중국이 단결할 것과 민족통일전선을 결성할 것을 강조했다. 그 정책노선은 모택동의 "신민주주의이론"에 기초하고 있었다.[731] 김대준(金台俊)은 "5~6만명이 넘는 [조선] 의용군이야말로 우리민족의 진실한 해방을 위하여 꾸준히 투쟁한 유일의 군대"[732] 운운하는 엄청난 수적 과장으로 김일성의 *게릴라*전을 무시하는데 서슴치 않았다. 그런 무장투쟁의 경력을 가진 '조선독립동맹'에 대하여 김일성 일파는 위협을 느꼈을 것이다.

이와 같이 해방 직후의 북조선에는 크게 보아 "국내파", "만주 *빨치산*파", "연안파"의 3대 종파(宗派)가 외면상의 통일에도 불구하고 막후에서는 조심스레 당권 투쟁을 벌이고 있었다. 조선인 계(系) 소련 공민들("고려인")들은 소련군정의 요원들일 뿐, 정치적 파벌은 형성하지 않고 있었다. 이상 3파(派) 중에서 조직상 유리한 입장에 있었던 파는 여기저기서 그런대로 지역적 기반을 가지고 있던 "국내파"였으며 그들의 대부분은 남-북을 통한 '당 중앙', 즉 박헌영 계 '조선공산당'의 지도부를 배후 세력으로 삼고 있었다. 이에 대해 "연안파"는 국내기반은 없었지만 모택동의 혁명전략과 전술을 배웠고 항일 유격전의 경험과 정치교양을 쌓았던 사람들이다.

그 위에 '연안파'는 중공군의 2만 5천리 장정(長征)에 참가했고 8로군에서 포병부

731) 이에 관해서는 金俊燁 · 金昌順, 공저 『韓國共産主義運動』 5, 청계연구소, 1986년, pp. 126~130 참조.

732) 김대준의 귀국 담, 「조선 해방을 위해 싸운 것은 연안의 의용군뿐」. ≪인민보≫, 1945년 12월 7일~8일. 심지연, 『朝鮮新民黨 硏究』, 1989년, p. 244에서 인용. 그런데 여기서 '조선의용군'의 병력 숫자는 세력의 과시를 위해 과장인 듯하다. 앞의 논문, '在華朝鮮人 抗日援軍 鬪爭 述略'에 의하면 1945년 8월 현재로 "불완전한 통계에 근거하여 볼 때 朝鮮獨立同盟이 가지고 있던 盟員은 241명이었으며 그중 대부분은 의용군에 참가했고, 중국의 敵후방 전장에서 일본 *왜놈*에게 타격을 가한 주요한 세력이었다."는 것이다. 동 ≪학보≫, p. 53.

대의 총지휘를 당당했던 무 정(武 亭) 같은 이름 있는 군(軍)사령과 그 지휘하에 있던 무력부대를 가지고 있었다. '연안파'의 상당수는 1920년대부터 공산주의 운동에 가담하고 있었음으로 투쟁경력에서는 시기적으로 김일성을 앞서고 있었다. 김일성의 '만주 *빨치산*파(派)'는 남－북한을 통하여 대중적 기반이 없었고 이론가도 없는, 조선사회로부터 소외된 존재였지만 이들은 소련군 사령부의 단호한 지지를 받고 있었다. 따라서 이상 3파의 권력투쟁에서 '만주 *빨치산*파'가 결국에는 승리하리라는 것은 기정사실이나 다름이 없었다. 이 3파는 소련 군정당국(軍政當局)의 계획과 지시에 따라 모두 북조선에서 공산당 건설에 열성적으로 가담했다.

소련군정 당국은 한편에서는 지방 정권기관인 인민위원회를 조직하면서 막후에서는 이 세파를 규합하여 권력의 중추인 공산당을 조직－강화－확대하는데 정력을 기울였다. 소련군정 당국은 아직도 세력이 미약한 공산주의자들이 분산되어 분파투쟁을 하는 것을 엄금하고 이들의 통일을 강력히 추진하였다. 그것은 소련군정 당국으로서는 당연한 일이었다. 그런데 김일성을 선두로 하는 "만주*빨치산*파"와 "국내파"는 당(黨) 조직에서의 *헤게모니*를 다투면서 초기부터 난맥상을 노정하고 있었다.

'연안파'는 9월 하순경부터 신의주를 거쳐 분산하여 입북한 몇 명의 선발대(先發隊)를 제외하고는 12월 중순경까지 다 입국하지는 못하고 있었던 것으로 보인다. 김일성을 전 민족의 "영웅"으로 군중 앞에 처음 내세우기 직전인 1945년 10월 10일 소련군정 당국은 은밀히 '조선공산당 서북5도 책임자 및 열성자대회'(이하 '서북5도대회')를 소집하고 여기에 그를 참석시켜 당(黨) 노선에 관한 강령적인 보고 연설을 하게 한 듯하다. 그가 이 중요한 집회에서 그런 연설을 할 수 있었던 것은 소련이 이미 그를 북조선의 공산주의 지도자로 내정하고 있었다는 사실을 입증하는 것이다. '서북5도대회'의 내막은 아직까지 많은 부분이 수수께끼 속에 감싸여 있다. 이 집회는 비밀리에 소집되었으며 참석자 이외의 사람에게는 알리지도 않았다. 회의는 *로마넨꼬* 소장, *이그나쩨프* 대령 등 소련군 사령부 고위 당국자들의 임석, 지도하에 진행되었다.[733]

소련군정 당국은 오기섭(吳基燮)을 위시하여 서울의 당 중앙을 지지하는 "국내파"의 저항을 사전에 무마 억제한 후 '조선공산당 북조선분국'의 설치를 결정했던 것이

733) 韓載德, 앞의 책, p. 136.

다. 대회에서 '북조선분국'을 설치한 중요한 목적은 각 지방에서 출현한 공산당 단체들을 통일하여 서울의 '조선공산당'과는 별개의 당을 북조선에다 조직하려는데 있었다. 그런데 새 당의 조직에서는 정치노선이 먼저 설정되어야 한다. 그런데 '북조선 분국'이 설치될 때까지 당의 정치노선은 벌써 그 골격이 형성되고 있었다. 해방 후의 당(黨) 정치노선에서 가장 기본적인 것은 첫째로는 "통일전선전술"이었다. '북조선 분국'이 설치되기 직전인 1945년 10월 어느 날(날짜 불분명) '조선공산당 평남지구 확대위원회'의 한 「결정」은 통일전선의 전술적 목표를 명확하게 제시하고 있었다. 그것을 원문(原文)에 따라 요약 정리하면 다음과 같다

(1) 일제 잔재의 숙청 … 반일적 각 정당, 각 단체, 각 계층을 망라하고 "대동단결"하여 단일의 민족 통일전선을 결성, 일본 제국주의의 잔재요소를 철저히 숙청하여야 한다. 그렇게 함으로써 대중이 널리 공산당의 깃발 아래로 집결할 수 있는 길을 만들어 주어야한다.
(2) 반대파에 대한 선전전(宣傳戰)… 그렇게 함으로써 공산당은 나라의 분열을 일삼고 민족 내부의 통일을 방해하고 있다는 반대 진영의 "역선전(逆宣傳)"의 구실을 완전히 봉쇄한다.
(3) 대중의 의식화 … 이와 동시에 반대 진영으로 쏠리는 대중을 붙잡아 시간을 두고 공산주의의 "정의성(正義性)"과 "역사적 필연성"을 파악케 한다.
(4) 반대파의 죄상 폭로 … 이 과정에서 반대진영의 "기만성(欺瞞性)과 반동성"을 폭로할 수 있다.
(5) 군중쟁취(群衆爭取) … 이러한 투쟁을 통해서만 "자본가들의 친일적 면목(面目)을 군중 속에서 폭로할 수 있으며 그들의 영향 밑에 있는 군중을 그들로부터 빼앗을 수 있다."
(6) 계급투쟁(階級鬪爭)에서의 승리 … 일제의 잔재를 숙청하기만 하면 대 지주, 대 자본가 계급은 "필연적으로 몰락 소탕되지 않을 수 없다"[734]

위의 「결정」은 공산주의자들이 추구하는 통일전선의 목표가 무엇인지를 솔직하게 제시한 것이었다. 첫째로는 투쟁의 대상이 명시되어 있다. 여기에서 "친일적(親日的)", "반동성", "대 자본가", "대 지주"라는 등의 낙인을 찍은 대상은 실제로 그런 사람들뿐만 아니었다. 그런 비방은 공산당의 정치노선을 추종하지 않는 모든 사람들에

734) 「政治路線에 關하여」. ≪解放日報≫, 1945년 10월 31일.

대해 가하는 상투적 공격방법이었으며, 또한 타도해야 할 계급의 적들이 누구인지를 숨김없이 공개한 것이었다.

둘째로는 당의 대(對)서방 노선이었다. 해방 직후 공산주의자들 사이에서는 미국과 영국 등, 소련의 전시 연합국이었던 자본주의 국가들에 대한 정책에 대해서 혼선이 일어났다. 이 나라들은 본질상 공산주의가 타도하여야 할 자본주의-제국주의 국가다. 동시에 대전 중에는 소련의 군사동맹국으로 국제적 *파시즘*을 격멸하기 위해 싸운 이른바 "민주주의 연합국"이라고 찬양해왔다. 이 *딜레마* 속에서 북조선의 공산주의자들은 처음에는 성급하게 "좌경적" 편향(偏向)에 기울어져 영-미를 비방했던 것이 틀림없다.

이에 관하여 위의 '조선공산당 평남지구 확대위원회'는 당(黨)이 국제문제에 대해 "정확한" 이해를 가지지 못했기 때문에 정치노선 상 "국부적 편향(局部的 偏向)"을 범했다고 비판하면서, 이것을 시정하는 결정735)을 내렸던 것이다. 즉 당은 국제문제에 대한 "명확한 전체적" 이해를 못 가졌기 때문에 미-영 연합국에 대하여 "현재에 있어서의 그의 역사적 진보성을 모호하게 취급하는" 편향(偏向)을 저질렀다고 비판했다. 다시 말하면 당 강령(黨綱領)은 소련 및 "평화적 민주주의 국가"들과는 친선을 도모하여 "제국주의 침략을 방지한다"고 규정했는데 이것은 "모호한 취급"이라는 것이었다.

위의 「결정」은 당 강령이 "민주주의 국가"를 "미국, 영국 등의 민주주의 국가"라고 명확하게 지칭하지 못하고 단지 "민주주의 국가"라고만 표현한 채 "제국주의 재침략을 방지 한다"고 명기했던 점을 지적했다. 그렇게 하는 것은 곧 미-영 등을 대상으로 하여 이 나라들의 침략성을 경계하자는 뜻이 된다고 했다. 또한 「결정」은, 제2차 대전을 통하여 "미국, 영국이 [수행]한 역사적 역할을 볼 때 그들은 진보적 사명을 다 하였다"고 하면서 미-영을 다음과 같이 높이 평가했다. 마치 사회주의 정당의 우파들이 할 만한 말이었다.

> …그들 [미-영]은 소련방과 공동전선을 누리며 국제적 *팟쇼*전선(戰線)을 격파하여 피(被)압박민족을 해방한 것만은 움직일 수 없는 사실이라고 할 것이다. 우리 조선은 소

735) 위와 같음.

련의 주동적 역량과 미-영의 공헌으로 말미암아 무혈의 독립 해방을 실현하였고 장차 앞으로 완성되려는 계단(階段)[단계]에 도달하였다고 할 수 있다. …소련방은 조선민족을 해방시킨 구선(救船)이요 미국이나 영국은 반(反)*팟쇼* 전쟁의 승리자이다. 그러므로 소련 및 미 · 영 · 중국 등 연합국과 친밀한 우의적 관계를 꼭 맺어야한다.736)

뒷날에는 한낱 꿈 같은 이야기로 들리는 「결정」의 이러한 대목은 전시 연합국이었던 미-영-소 사이의 전우애의 여운이 아직 가시지 않고 있었고 *스탈린*이 미국과의 마찰을 피하고자 했던 때의 분위기를 반영한 것이었다. 그리하여 「결정」4항은 "소련 및 미국, 영국, 중국 등 연합국 및 민주주의 국가와 친선을 도(圖)[도모]한다"고 명기했다. 그러나 그런 주장은 몇 달 뒤에는 곧 사라지고 말았다. 미-소와 남-북한 사이에도 냉전이 찾아온 것이다.

또한 이 '확대 위원회'의 「결정」은 "조선의 혁명 계단[=단계]는 자본 혁명계단"(*부르죠아*민주주의 혁명단계)이라고 규정하고, "조선에서는 일본 제국주의를 철저히 숙청하고 일체의 지주의 토지를 몰수하여 농민에게 나누어주는 토지혁명을 실시할 것"이라고 주장했다. 이것은 국제공산주의에 있어서의 "자산성(資産性)혁명", 정확하게는 "*부르죠아*주주의 혁명"의 성격이 어떤 것인가를 밝힌 것이었다. 역사적 발전단계로 보아 자본주의가 제대로 발달하지 못한 반(半)봉건적인 후진국, 특히 제국주의 지배하의 식민지 또는 반(半)식민지에서 혁명의 제1단계는 토지혁명(봉건적 소작제의 타파)을 내용으로 하는 "*부르죠아*민주주의 혁명"이 되어야 한다는 것은 *코민테른* 초기부터의 도식(圖式)이었던 것이다.

제2절 "조선공산당(朝鮮共産黨) 북조선분국(北朝鮮分局)"의 설치

'서북 5도대회'가 채택한 이상의 「결정」은 소련군정 당국이 각파 공산주의자들의 소위 "우경적(右傾的)" 또는 "좌경적 오류"를 비판한 후 내려진 것으로 보아야한다. 왜냐하면 당시 소련군 주둔 하에 있던 세계 거의 모든 나라 공산당에서도 소련의 지시를 떠나서 독자적으로 당 노선을 결정한다는 것은 있을 수 없는 일이었기 때문이

736) 위와 같음.

다. '서북 5도대회'는 그 이름은 '대회'였지만 사실은 소련군정 당국이 선정한 대표들로 구성된 소규모의 비밀집회였던 것이 틀림없다. '서북 5도대회'에 소집된 대표들이 어떤 인물들로 구성되었었는지, 여기서 김일성이 어떤 역할을 했는지는 지금까지도 자세히는 공표되지 않고 있다.[737]

'서북 5도대회'에서는 국제정세, 공산주의자의 정치적 과업, 당(黨) 조직 문제 등에 관한 강연 또는 보고가 있었다. 여기서 획기적인 일은 당 조직문제에 관한 보고에 나선 金 00동무(김일성으로 추측됨)가 "조공 북조선 분국위원회(朝共北朝鮮分局委員會)"의 설치를 제의하여 전원 찬성 통과시켰다고 하는 기록이다.[738] 이 보고에서 그는 '북조선 분국'을 설치해야할 이유로 몇 가지를 들었다. 그것을 요약하면 첫째로는 조선은 미－소 양군이 진주함에 따라 남－북조선 두 고장은 "지역적 특수성"을 띠고 있다는 것, 둘째로는 이러한 특수성에 따라 조선의 지리적, 정치적 중심지인 서울에 당(黨) 중앙을 두어 남조선에서 사업에 치중하는 것은 "정치적 의의에 있어 정당하다고 인정한다"는 것, 셋째로는 북조선의 "특수성"에 따라 5도의 "행정상의 통제가

---

737) 1945년 13일자 '西北5道大會'의 간략한 회의록(「5道黨員及反熱誠者聯合大會會議錄」으로 되어있음)은 북조선 5道와 京城, 平壤에서 온 출석자의 수는 "0명", 이름은 "姓名略"으로 되어있다, 그리고 대회에서 강연한 사람, 토론자, 보고자의 이름은 완전 익명 또는 단지 "吳 00동무"(오기섭?), "金 00동무"(김일성 또는 김용범?) 등으로 되어있어서 그들이 누구인지를 판별하기가 어렵다. 또한 '朝共北朝鮮委員'('북조선분국'위원) 97명을 각 도 책임자에게 일임하여 임명케 하였는데 도별의 숫자와 성명은 밝히지 않았다. 朝鮮産業勞動研究所 編『옳은 노선』, 1945년, 民衆新聞社 轉版 (東京, 1946년), p. 30 및 p. 48. 1948년 3월 28일 김일성은 '조선공산당북조선분국'을 '조선공산당북조선중앙국'이라고 불렀다. 『김일성선집』 2, 1953년 판 p. 68

738) 같은 책, pp. 44~45.

그런데 『김일성선집』 2, 1964년 판 pp. 151~152에서는 이것을 '조선공산당 북조선중앙국'이 아니라 '조선공산당 북조선조직위원회'로 불렀다. 그러나 평양에서 발행된 『조선중앙년감』 1949년도 판 「北朝鮮日誌」에 의하면(p. 715) '朝共北朝鮮分局 設置決定'을 명시한 것은 1945년 10월 13일이요, 이것은 10월 23일에 가서는 "조공 중앙을 가리키는 이름이 되었다. 이상의 기록에서는 김일성의 역할이 두드러지게 나타나 있지 않고 있다. 1960년대에 새로 쓰여 진 북한의 관정(官定) 역사서에 의하면 '서북 5도대회'에서 김일성은 "조선혁명의 성격과 그 과업을 해명하고 이 혁명을 지도할 책임을 지닌 공산주의자들의 형편을 분석"하였으며, 혁명과업의 성과적 수행을 보장하기 위하여 "*맑스－레닌*주의 당 조직 원칙에 입각한 혁명적 당을 창건해야 한다는 것"을 부각시켰다(『조선통사』(하), 1957년, 평양, p. 16). 대회가 끝난 10월 13일에는 북조선 당 중앙 지도기관으로써 '朝鮮共産黨 北朝鮮分局'이 창건되었다. 요컨대 이것은 북한에서 김일성이 주도하는 공산주의 정당 출현이 어떻게 시작되었는지를 자기 식으로 밝힌 부분이다. 이것으로써 북한이 *소비에트*화를 추진할 "*맑스－레닌*주의의 혁명적 당"이 정식으로 발족하게 된 것이다. 한국전쟁이 끝난 얼마 후부터는 북조선의 모든 출판물에서는 "북조선분국"이란 명칭은 사라지고 그 대신 "朝鮮共産黨 北朝鮮組織委員會"라고 개칭하고 있으며, 조직 일자도 10월 10일로 되어있다.

필요로 함으로 북조선에 당의 분국을 설치하는 것이 요구된다"는 것 등이었다.

대회의 준비단계에서 '북조선분국'의 설치 안이 나왔을 때 각 파 공산주의자들 사이에서는 심각한 논쟁이 일어났다. 이미 서울에는 당 중앙, 즉 박헌영 계의 조선공산당 중앙위원회가 조직되어 있었다. 그런데 평양에 이것과는 별개의, 또 하나의 공산당을 조직한다는 것은 중대한 문제였다. 38선은 일시적인 남-북의 군사분계선(軍事分界線)이며 서울은 남-북을 통한 수도라는 것이 당시에는 일반적인 인식이었다. '서울중앙'을 지지하는 오기섭 등의 '국내파'는 *코민테른* 아래의 "1국(國) 1당(黨)"의 원칙을 들고 나와 '북조선분국'의 설치를 반대하고 나섰다. 1국 1당의 원칙에 따라야 했고, 당장은 '서울의 당 중앙'을 부인할 수 없었던 소련군사령부는 '북조선 분국'에 대한 '서울 중앙'의 권능과 지도를 인정하는 막후의 타협안으로 '국내파'를 무마하여 '북조선 분국' 설치를 실현시켰다.

소련의 의도는 명백했다. 앞으로 서울의 '당 중앙'에 구속되지 않는 공산당을 북조선에 창설하여 김일성으로 하여금 당권을 장악하게하려는 것이었다. 요컨대 당 안에도 38선을 긋자는 방침이었다. 그래야만 북한의 *소비에트화*(化)가 빨리 진척될 수 있었기 때문이었다. 이때에 '조선공산당'의 단일성-통일성을 내세우고 있던 오기섭, 정달헌 등은 '북조선분국'의 설치가 당의 분열을 초래한다는 이유에서 끈질긴 저항을 시도해 보았으나 허사였다. 결국 소련군사령부의 의도대로 '북조선분국'은 설치되게 되었다.

'북조선분국'이 발족하였을 때 김일성은 '북조선분국' 밖에 머물러있으면서 아직은 책임비서의 자리를 차지하지 않았다. 제1비서(책임비서) 자리에 오른 자는 김용범이있으며 제2비서에는 오기섭과 부 정(武 亭)이 각각 안배되었다. 그리고 당(黨) 기관지 ≪정로(正路)≫의 책임주필에는 태성수(太成洙)("소련파"), 부주필에는 유문화(柳文華)("연안파"), 편집부장에는 시인 박팔양(朴八陽)("국내파")이 각각 임명이 되었다.[739] 김일성이 제1비서직을 차지하지 않은 중요한 이유로는, 국내에 조직기반이 없는데다 군웅(群雄)이 활거 하여 당권경쟁을 하고 있던 복잡한 상황에서 그는 당분간 정세를 신중히 관찰하면서 앞날의 당권 장악을 준비하는 것이 현명하다고 생각했

739) 金昌順, 『北韓15年史』, 知文閣, 1961년, pp. 95~96. 여기에서 黨제1비서에 金日成이 취임한 것으로 되어 있으나, 이것은 金鎔範의 착오일 것이다.

던 때문일 것이다.

둘째 이유로는, 건국을 앞두고 공산당의 책임자보다도 "민족의 영웅"으로 계속하여 초당파적 대동단결을 부르짖으면서 명성을 쌓아올려야 했던 정치적 필요성 때문일 것이다. 그런데 오늘의 '조선노동당'이 그 창당일자를 1945년 10월 10일자로 기념하고 있다는 것은 그가 이 대회의 첫 날부터 벌써 사실상의 주도권을 행사하면서 어떤 중요한 역할을 했던 사실을 과시(誇示)하기 위해서였던 것으로 추측된다. 이때 소련군정 당국이 오기섭에게 제2비서직을 배당한 것은 당의 4분5열을 막으려는 일종의 무마책이었던 것으로 보인다.

*모스크바*는 무엇 때문에 '북조선분국'을 서둘러 설치하였던 것일까. 그것은 미군 점령지대인 서울의 "당 중앙"을 평양에서 비밀리에 조종한다는 것은 지극히 곤란하다고 판단했던 때문이다. 남조선의 미군정과의 대결이 임박해지고 있는 상황에서 소련군정 당국은 남조선 각지에 산재해 있던 공산주의 단체들을 급속히 통일하여, 〈서울의〉 '조선공산당'으로부터 유리(遊離)시키고 북조선에 독자적인 공산당을 김일성 주도하에 결성하려는 계획을 세우고 있었다.[740] 소련의 계획은 처음부터 체계적으로 추진되었다. 따라서 김일성의 등장은 시간 문제였다.

김일성의 명성이 북조선 방방곡곡에 인위적으로 널리 퍼져가고, 그의 권위가 튼튼하게 되고 있을 무렵 그는 드디어 권좌(權座)에 올랐다. 즉 그가 대중 앞에 처음으로 *데뷔*한지 두 달 후인 1945년 12월 17~18일 '북조선분국' 제3차 확대집행위원회가 열렸을 때 그는 소련군정 당국의 막후공작에 의하여 책임비서라는 권력의 정상을 차지한 것이다. 김용범은 제2비서직으로 내려앉았다. 이제 김일성은 당의 조직과 규율, *이데올로기*, 정책노선의 모든 면에서 강권을 휘두르게 되었다. 이 회의에서 그는 「북부(北部)공산당 공작(工作)의 착오(錯誤)와 결점에 대하여」라는 제하의 강경한 「보고연설」을 했다. 「보고 연설」에서 사용한 극히 생경하고, 여태까지 조선인들이 들어본 일이 없는 용어와 표현들을 보면 연설문은 *러시아*어 원문의 번역이었던가 아니면 소

---

740) 金日成은 1948년 3월 28일 소련의 이러한 계획에 관해 소련을 거명하지 않고 다음과 같이 합리화하였다. "…우리 당은 북조선 각지에 산만하고 조직체계가 서지 않은 각도 지방 당들을 결속하여 북조선의 모든 유리한 조건과 가능한 환경들을 리용하여 적당한 정치적 임무를 수행할 수 있는 가장 유력한 중앙조직기관이 북조선에 필요함을 인정하고, 1945년 10월 중순에 조선공산당 북조선 중앙국을 결성하게 되었습니다".(밑줄은 필자) 『김일성선집』 2, 1953년판, p. 68.

련에서 온 "고려인"들이 썼을 것이라는 것을 쉽게 간취할 수 있다.

김일성은 이 「보고 연설」에서 *레닌*과 *스탈린*을 연달아 인용하면서 많은 말을 했다. 즉 (1) 당원은 4,560명으로 증가했지만 그 안에는 친일분자들이 잠입해있다는 것, (2) 당원의 성분에서 볼 때, 당은 노동계급의 당이 되지못하고 있다는 것, (3) 당 내의 통일과 규율이 없어서 민주주의적 중앙집권제의 원칙을 위반하고 있다는 것, (4) 당 기관과 군중의 연계가 잘 되어있지 않다는 것, (5) 당은 직업동맹을 잘 지도하지 못하고 있다는 것, (6) 당은 인재 배치에서 정실주의의 오류를 범하고 있다는 것, (7) 통일전선이 만족스럽게 사업하지 못하고 있다는 것 등이었다.[741)]

또한 이 「보고연설」에서는 황해도 평안남도의 당위원회가 김일성의 비판을 받았고, 특히 국내파의 거점인 함경남도 00시(함흥)에 대한 비판이 주목을 끌었다. 각 도 당위원회의 활동의 과오와 결함에 대한 추상같은 그의 지적은 서울의 '당 중앙'을 바라보고 있던 국내파에 대한 그의 위압(威壓)이었다고 볼 수 있다. 당시는 '동북*빨치산*파'들은 물론 '소련파'("고려인"파), '연안파'의 간부들이 거의 모두 입북(入北)한 때였다. 이들은 김일성의 '동북*빨치산*파'와 마찬가지로 국내기반이 취약하다는 공통된 입장에서 서로 제휴하여 '국내파'를 견제한 것으로 생각된다. 그렇지만 아직 당 내에서 권력투쟁이 일어나지는 않고 있었다.

김일성은 「보고 연설」에서 공산당은 반일 민주주의 정당 및 정치단체와의 통일전선을 강화하여 "*뿔조아*[=*부르죠아*] 민주주의적 국가 건설" 또는 "*뿔조아*[=*부르죠아*] 민주주의 정권을 수립"할 것을 강조했다.[742)] 요컨대 현 단계의 조선혁명의 성격은 *레닌*식(式)의 *부르죠아* 민주주의 혁명이라는 것이다. 회의는 그의 「보고연설」내용 그대로의 「결정서」를 체택했다. 여기서 김일성은 서울의 당(黨)중앙원회 확대위원회 1945년 10월 11일자 「결의」, 즉 "진보적 민주주의의 원칙" 위에 "친일파", "민족 반역자" 및 "*내쇼날 파시스트*"(본래는 박헌영파가 사용)를 제외한 "일반 진보적 계급층과 연합하여 민족통일전선을 결성하도록 투쟁할 것"이라는 박헌영의 주장을 그대로 따

---

741) 김일성의 이 「보고」 연설 전문은 國史編纂委員會, 『北韓關係史料集』 I, 1982년 발행, 〈朝鮮勞動黨史料〉(1945년~1950년) pp. 3~9에는 본래의 원본이 그대로 수록되어 있다. 그런데 1954년 말에 발행된 『김일성선집』에서는 원문이 상당부분 수정되었고, 1963년 판 『김일성선집』에서는 다시 수정되어 있다. 이것은 김일성의 당권장악을 합리화하기 위해서였다.

742) 같은 책, p. 8.

라했다.[743] 이것은 서울의 당 중앙의 이론적 권위가 그만큼 컸던 것을 의미했다.

이상에서 "*내쇼날 파시스트*"란 말은 "반동적 국수주의(國粹主義)"의 신봉자를 의미했다. 이 말은 당시 공산당의 노선을 추종하지 않는 "반동(反動)"세력이지만, 그렇다고 "친일파", "민족 반역자"라고 규탄할 수도 없는 민족주의자들(그 대표가 김 구 金 九와 이승만 李承晩)의 사상을 비방하기 위하여 사용한 독특한 용어였다. 채택된 '결정서'는 그런 "반동적 국수주의 개념"은 "최후의 흔적까지 말살해야 한다"는 단호한 결의를 밝혔다. 또한 「결정서」는 통일전선에 참가하는 민주주의 정당을 "인민적인 민주주의적 정당"이라고도 불렀다. 북조선에서는 이때에 처음으로 "인민민주주의"라는 말이 등장했던 것이다.[744]

'제3차 확대위원회'에서 당권을 장악한 김일성은 각급 당 조직에서 반대파들을 거세하고 소위 "우수한 간부들", 즉 자파의 인물들을 등용하기 시작했다. 이와 더불어 각종 "종파주의자"들을 축출, 강등시키면서 당을 자기중심으로 개편해나갔다. 이에 대해서는 뒤에서 재론할 것이지만 '제3차 확대위원회'는 김일성 1인 독재의 기점(起點)이며, 이로써 북조선 정치체제의 핵심인 김일성의 당(黨), 오늘의 '조선노동당'의 건설작업이 본격적으로 시작되었던 것이다.

'조선공산당 북조선분국'이 창설되고 김일성이 그 책임비서의 지위에 오르기까지의 과정에서 그는 독재권력의 기반을 닦아갔다. 그는 '북조선분국'이란 이름이 *뉘앙*스로 보아 서울의 '당 중앙'과의 주종관계를 암시하는 것이었기 때문에 '북조선분국'이란 말을 가급적 피하고 흔히 "조선공산당 북조선중앙국"으로 부르다가 그 이름을 슬그머니 '북조선공산당'으로 바꾸고 창당 일자도 1945년 10월 10일로 고쳐버렸다.[745] 휴전 후에 열린 '조선노동당' 제3차대회(1956. 4. 23)에서 김일성은 '북조선분국'을 '북조선 조직위원회'로 사후 개명하고, 이것을 설치한 때부터 "우리 당은 통일적이며 건전한 *맑스－레닌*주의적 당으로 발전하기 시작하였다"고 자랑했다.[746] 그리

743) 「북부조선당 공작의 착오와 결점에 대한 결정서」 위 원문. 같은 책, p. 12.

744) 위와 같음.

745) 같은 책, p. 96. 그런데 '北朝鮮共産黨'이란 명칭이 언제부터 사용되었는지는 명확치 않다. 앞의 『朝鮮中央年鑑』(1949년도)에 '북조선공산당'이란 黨名이 처음으로 나온 것은 1946년 5월 19일자에서이다. 이로 미루어 볼 때 그해 4월경부터 '북조선공산당'이란 말이 사용되었을 것이다.

746) 『김일성선집』 1960년, p. 525.

고 자기 파(派)를 제외하고는 선구적 '조선공산당(朝鮮共産黨)'의 창립(1925. 4)을 전후하여 활동했던 선구적 공산주의자들을 비롯하여 아직도 당내에 남아있는 동시대(同時代)의 모든 공산주의 활동가들의 권위를 묵살해버렸다.

이 과정에서 김일성은 이들을 전적으로 무시했거나 그렇지 않으면 불건전한 "종파분자", "기회주의자", "자유주의분자", "이색분자(異色分子)"로 낙인을 찍어 굴종 시키던가 또는 역사의 쓰레기 통으로 던져버리면서 그 잔존세력과 계획적인 당권투쟁을 벌였다. 그 후 김일성 일파는 이 나라 공산주의 운동의 혁명전통을 그의 "영광스러운 항일무장투쟁(抗日武裝鬪爭)의 전통"에서부터 수립하고자 황당무계하게 과장된 무수한 "항일유격대"의 전설을 창작해 왔다. 그러나 1945년 12월까지 그는 아직도 조선의 *스탈린*이 될 정도로 당 내외에서 확고부동한 지반을 구축하지도 못했으며, 자기의 지위를 신격화시키지도 못하고 있었다. 이 일을 해낼 때까지는 앞으로 몇 차례의 격렬한 당(黨) 내의 권력투쟁과 대숙청의 폭풍이 기다리고 있었다.

제5장

*스탈린*의 북조선 정치설계도(政治設計圖)(3)

제1절 연립정부의 구성(構成)과 그 단계적 변천

북조선의 *소비에트*화(化) 과정을 보다 잘 이해하기 위하여서는 제2차 세계대전 말기 또는 그 직후 북조선에 선행(先行)하여 소련의 세력권으로 바뀐 동(東)*유럽*에서 *스탈린*이 강행한 정책이 어떠했는가를 일별할 필요가 있다. 1939년 8월 *나치스* 독일은 소련과 불가침조약을 체결하고 이것을 배경으로 하여 9월 1일 *폴랜드*를 공격했고, 영-불이 이에 개입하게 되자 제2차 세계대전이 발발했다. *폴랜드*로 진격한 독일군은 9월말 독-소 비밀협정(「불가침조약」 비밀부속 「의정서」에 포함)에 따라 이 나라를 분할했다. 이어 1941년 6월 *히틀러*는 소련에 대한 기습공격으로 대(對)소 전쟁을 일으켰다. 독일군은 파죽지세(破竹之勢)로 소련, 서(西)*유럽*, 동(東)*유럽*제국으로 진격하여 전(全)*유럽*을 제패(制覇)하고 있는 듯이 보였다.

중립을 지켜온 미국이 일본의 진주만 기습을 계기로 반(反)*파시즘*의 입장에서 참전하게 되자 소련은 미-영과 함께 "민주주의 연합국"이 되었다. 그런데 독일군은 1943년 1월 *스탈린*그라드 공방전에서의 대패를 전기(轉機)로 하여 곧 동(東)*유럽*에서 소련군에게 밀리기 시작했다.

*스탈린*은 소련군에 의해 "해방된" 나라 또는 "해방지구"에서 재빨리 *소비에트*화(化)의 공작을 시작했다. 그는 그 곳 공산당을 중심으로 하여 공산주의자들과 비(非)공산주의자들과의 '반(反)*파시스트*통일전선'을 형성하고 그 기초 위에서 연립정부를 수립해갔다. 통일전선의 제1차적 투쟁목표는 비(非)공산주의 정당들 내에서 지도권을 장악하고 있는 지도자들을 소위 "*파시스트* 분자", "반(反)인민적 분자"들이라고 하여 하나하나 추방하고 이 정당들을 자주성이 없는, 공산당의 단순한 정책 지지집단으로 만드는데 있었다. 이렇게 각국 공산당들은 광범한, 전 인민적 단결의 상징으로

-사실은 공산당 통치의 외곽단체로-비(非)공산주의 정당들과의 통일전선을 자당(自黨)을 중심으로 결성하고 그 핵심부는 물론 자당간부들과 그 지명자들이 차지했다.

통일전선의 기원은 뒤에서 다시 언급하겠지만 *코민테른*이 1935년 "반(反)*팟쇼* 인민전선"을 국제적으로 조직하기 시작했을 때까지로 소급된다. 그런 통일전선을 대전 말기 또는 대전 직후, 동(東)*유럽*에서는 '민주주의 *불럭*'(*폴란드*) ; '민족 독립전선'(*헝가리*) ; '민족 민주전선'(*루마니아*) ; '조국전선'(*불가리아*) ; '민족해방 통일전선', 뒤에 와서는 '인민전선'(*유고슬라비아*) ; '민족해방전선', 뒤에 와서는 '민주전선'(*알바니아*) ; '민족전선'(*체코슬로바키아*) 등으로 불리었다. 이와 같은 통일전선을 기초로 하는 연립정부의 수립 정책은 대체로 3단계로 추진되었다.

그 첫 단계는 "순수(純粹)한 연립정부"(genuine coalition), 즉 진짜 연립정부, 다음은 "사이비(似而非) 즉 "가짜" 연립정부(bogus coalition), 마지막은 공산주의자들이 즐겨 부른 "일체적 연합(一體的 聯合)"(monolithic bloc), 즉 공산당의 완벽한 1당(黨) 지배체제였다.[747] 동(東)*유럽*의 나라들이 모두 똑 같이 이 3단계를 거친 것은 아니며 매 단계에 들어선 시기도 나라의 사정에 따라 반드시 일치하지는 않았다. 동(東)*유럽*이나 북한에서 *스탈린*이 해방과 더불어 공산주의자들만으로 곧바로 독재정권을 수립하기에는 고려해야할 많은 문제가 있었다. 그는 무엇보다도 해방된 나라들의 "자주독립"과 "민주적 발전"에 대한 소련의 일련의 전시(戰時) 공약들 및 연합국과 맺은 국제협정들을 형식상으로까지 위반하면서 공산주의 체제를 강행하도록 외교적 감각이 노둔(老鈍)하지는 않았다.

소련군(軍)의 점령지역에서 먼저 출현한 것은 각급 인민위원회였다. 인민위원회는 공산주의자와 민족주의사들(이들은 거의가 민주주의자)과의 연립정권이라는 형태를 취했다. 연립정권의 구성은 공산주의자들의 극히 중요한 전술로서, 아직은 자체의 역량이 취약한 공산당이 비(非)공산주의 정당 또는 명망 있는 무소속 인사들과 일시 연합함으로써 자신의 세력을 부식(扶植)하는데 연립정권의 목적이 있었다. 연립정권의 형성에서는 동(東)*유럽*, 북조선, 중국을 막론하고 공산주의자들은 비(非)공산주의

747) 이러한 3단계는 Hugh Seaton-Watson, *The East European Revolution*, Methlien & Co. Ltd. London, 1950, pp. 169~171 참조. *휴 · 씨튼-와트슨*, 『*레닌*에서 *흐루시초프*까지』(Hugh Seton-Watson, *From Lenin to Khrushchov : The History of World Communism*, Frederick A. Praeger Inc, 1960.), (梁好民, 朴浚圭 역), 中央文化社, 1960년, pp. 233 참조.

자들을 회유하고 포섭하기 위하여 국회 의장, 대통령, 수상 또는 부수상의 자리는 그들에게 양보했다. 연립정권의 처음 단계에서 비(非)공산주의자들은 독자적인 발언권을 가지고 있었지만, 공산당의 세력이 강화됨에 따라 이에 점차적으로 예속되어갔다. 만일 연립정권 내의 비(非)공산주의자들이 공산당의 지배를 감수하지 않고 저항할 때는 이들을 "친일파", "민족반역자", "*팟쇼* 분자", "반동"으로 낙인을 찍으면서 단계적으로 숙청했다.

*스탈린*은 세계의 여론을 예민하게 고려하고 있었다. 직선적인 *소비에트*화(化) 정책에 의하여 국제적 비난을 받고, 현지 국민들의 민족감정을 자극하는 처사는 현명치 못하다는 것이 그의 판단이었다. 그리하여 그는 공산당으로 하여금 비(非)공산주의 정당과의 명실상부한 "순수형"(진짜) 연립정부 또는 그에 가까운 반(半)"순수형" 연립정부를 일시적으로 조직케 하든가, 그렇지 않으면 공산당의 1당 독재를 위장할 수 있도록 처음부터 "사이비"(가짜) 연립정부를 형성케 했다. 자체의 세력이 미약하거나 또는 정세가 불리하다고 판단될 때는 "*부르죠아*" 민주주의(또는 민족주의) 정당과 일시적 동맹을 맺는다는 것은 1905년의 *러시아* 혁명 때에 *레닌*이 구상했던 "노농동맹", 그리고 1935년의 *코민테른*이 제창한 반(反)*파시스트* "인민전선(人民戰線)"의 사례가 대표적이다. 이것은 1936년 7월 '중국공산당'의 발의(發議)로 실현된 '국-공 합작(國共合作)'등의 계보를 가진 혁명전술의 정석(定石)이었다. 연립정부의 형성은 공산주의자들이 완전히 권력을 장악할 때까지의 도정(道程)에서, 그리고 1당 독재를 확립한 이후까지도 구사해온 기본적인 전술에 속한다.

19세기 독일의 군사학자 *클라우제비쯔*(Carl von Clausewitz)의 전쟁이론을 연구해온 *레닌*은 계급투쟁을 하나의 장기적인 혁명전쟁으로 보고, 이 투쟁에서 승리하기 위하여서는 아직 힘이 미약한 *프롤레타리아트*(그 전위대는 공산당)에게는 다양한 형태의 전략과 전술이 필요하다는 것을 절감했다. 1920년 5월 *레닌*은 공산주의자들이 자기들의 목적을 위하여 적들 내부의 모든 불화를 이용하고, 아무리 시원치 않은 대중 단체와의 동맹이라도 그것을 장악할 가능성이 있는 한은 철저히 "이용"해야 한다는 전술을 강조했다. 이 전술의 고전(古典)이 된 *레닌*의 말은 다음과 같다.

> "…… 힘이 우세한 적을 격파하는 일은 최대의 노력을 기울이는 경우에만 비로소 할 수 있는 것이다. 반드시 가장 면밀하게, 주의 깊게, 신중하게, 교묘하게, 그리고 비록 아

무리 적은 것이라 해도 적들 사이의 모든 틈새를 반드시 이용하고, 각국의 *부르죠아지* 들 사이의, 그리고 개개의 국내 *부르죠아지* 들 안의 여러 집단, 또는 여러 종류의 모든 이해관계의 대립을 이용하고, 또한 대중의 동맹자를, 일시적이오, 동요하며, 불확실하고, 믿음직하지 못한, 조건부 동맹자라 할지라도-그들이 비록 그들을 장악할 가능성이 있을 때는, 그것이 아무리 적은 것이라 할지라도-모조리 이용하는 경우에만 비로소 그 일을 해낼 수 있는 것이다. 이점을 이해하지 못하는 자는 *맑스*주의 초보와 근대 과학적 사회주의 일반을 조금도 이해하지 못하는 자다."[748]

공산당과 비(非)공산주의 정당과의 "순수형" 연립정부는 동(東)*유럽*의 경우 *루마니아*(1944년 8월에서 1945년 3월경까지)와 *불가리아*(1944년 9월에서 1945년 1월까지), *헝가리*(1945년 10월부터 1947년 봄까지), *체코슬로바키아*(1946년 5월부터 1948년 2월까지)에 형성되어 있었다. *폴랜드*는 "순수한"(진정한) 연립정부는 성립하려다가 좌절했고 *유고슬라비아, 알바니아*, 동독은 이 단계를 뛰어넘었다.

이 나라들에서는 전통적으로 공산당보다 우세했던(*체코슬라바키아*는 예외) 대중정당인 사회민주당이 이에 참가했다. 한편 *헝가리, 루마니아, 불가리아*에서는 사회민주당과 함께 농민당이, 그리고 농민당이 없었던 *체코슬로바키아*에서는[749] 그 대신 오랜 전통을 가지는 '민족사회당', '중앙당'(*카톨릭*)이 연립정부에 가담했었다. 공산당은 통일전선 안의 그런 정당들을 어떻게 이용하고 분열시키고 타도하는가에 골몰했다. "순수한"(진짜)연립정부의 형성과 붕괴의 과정이 이상 여러 나라에서 어떠했는지를 간단히 실예를 들면 다음과 같다. 제2차 세계대전 전후의 동*유럽*의 공산주의화 과정을 외면한 한반도의 민족통일의 추구는 한낱 백일몽에 흡사한 것이었다.

· *루마니아* : *루마니아*왕국은 1944년 3월 소련군이 *루마니아* 국경을 넘어오자 국왕은 8월에 *쿠데타*를 일으켜 새 내각을 구성하고 소련과 휴전협정을 체결했다. 새 내각은 공산당(1명)을 포함한 여러 정당대표로 구성된 시험적인 친 서방적 내각이었다 당시 국내정세는 몹시 소란했다. '공산당'은 연립내각에 들어와 있으면서도 그의 동반자격

748) V. I. Lenin, *Selected Works*, Vol. 3, 1697, International Publisher, pp. 379~380.

749) 戰前에 존재했던 *체코슬로바키아*의 農民黨은 순수한 농민의 정당이 아니라 풍족한 小*부르죠아*적 정당이었다. 이것은 교육을 잘 받고, 재능이 있으며, 생활수준이 높은, 특히 *체코* 농민층을 기반으로 하고 있었다. 1938년 9월의 *뮌헨*協約 이후 당 간부들이 *나치스* 독일에 협력했다고 하여 당은 해체되고 말았다. 앞의 *휴 · 씨튼-와트슨*의 책, p. 223.

인 '경민전선(耕民戰線)'(Ploughmen's Front')이라는 정당과 함께 민중 선동, 관공서 습격, 가두시위 등으로 극도의 혼란을 조성했다.

소련군 점령 당국은 공공질서를 유지하려는 *루마니아* 정부의 통제를 "인민의 의사를 탄압한다"느니 "*파시스트*를 보호한다"느니 하고 항의했다. 소련군은 드디어 *루마니아* 육군본부를 점령하고 *루마니아*군(軍)의 무장을 해제했다. 이어 소련 외상대리 *비신스키*(Andrei Vyshinski)는 *부카레스트*로 날아와서 국왕에게 '민족민주전선' 정부를 구성하라고 명령했다. '민족민주전선'은 '공산당'이 주도하고 '사회민주당' 좌파(左派), '자유당', '경민전선'이 참가한 통일전선이었다. 국왕은 굴복하여 '경민전선'의 지도자인 페루 *그로자*(Petru Groza)를 수상으로 하는 좌익 연립정부를 조직했다. 내무상, 사법상의 자리는 다른 동(東)*유럽* 국가에서와 마찬가지로 '공산당'이 차지했다(Hugh Seoton-Watson의 앞의 책, pp. 205~206). 1945년 3월에 출범한 *그로자* 정권은 소련과 *루마니아* 공산당의 비위를 맞추어야 했지만 아직은 완전한 괴뢰는 아니었다. 우리는 이때의 *그로자*정권을 소련의 압력 밑에 있기는 했지만 "반(半)순수형(型) 연립정부"라고 규정할 수 있을 것이다.

· *불가리아* : *불가리아* 왕국에서는 반독(反獨) *레지스탕스* 운동이 한창이었던 1943년, 지하 비밀조직으로써 '조국전선'이 결성되었다. '조국전선'에는 '공산당'(*모스크바*에 망명해있던 *코민테른* 서기장 디미트로프가 원격 지휘), *페트코프*(Nikola Petkov) 지도하의 '농민동맹(農民同盟)'좌파, '사회민주당'우파(右派), *즈베노*(ZVENO)라는, 좌경 지식인들과 군(軍)장교들의 단체 등이 가담했다. 1944년 9월 5일 소련군이 *불가리아*로 진입하자, 이에 호응하여 9일 '조국전선'의 민중봉기가 일어났다. 이에 의하여 구정권을 붕괴했다.(9일)

새 정권은 '노동자당'(=공산당 4명), '농민동맹'(4명), '사회민주당'(2명), *즈베노*(4명), 무소속(2명)으로 구성된 연립내각이었다[각 당(黨)의 각료 숫자는 木戸蓊 著『激動の東歐史』, 中公新書, 1990年, p. 26]. 그러나 이 제1단계의 연립정부는 단명했다. '노동자당'은 법무상과 사법상의 직위를 차지함으로써 비밀경찰을 관장했다. 앞을 기다리는 이들의 임무는 숙청의 선풍이었다. 그 징조는 망명에서 돌아온 '농민동맹'의 지도자 *게오르쥬 디미트로프* 박사(Dr. George Dimitrov. 원로 공산주의자 *게오르기 디미트로프*와는 별개의 인물)에서 나타났다. 그는 '조국전선'을 지지했음에도 불구하고 입각을 사양했다는 죄로 소련의 *비리우조프*(S. S. Biriuzov)장군의 명령에 의하여 *니콜라 페트코프*와 교체되었다(그 경위는 Seoton-Watson, 앞의 책, p. 213 및 Joseph Held, *Dictionnary of East European History Since 1945*, Greenwod Press, 1944. p. 88). 이 사건을 시점으로 하여 연립정부의 제1단계는 사실상 막이 내린 것이다.

· *헝가리* : 1939년 이래로 *헝가리* 왕국에서는 독-소전(戰)의 전세에 따라 정부의 노선이 친 독-친 소-친 독으로 번갈아 바뀌었다. 1944년 10월 소련군(軍)은 수도 *부다페스트*

에 육박하고 있었는데, 그 해 12월 해방된 *헝가리* 제2의 도시 *데브레첸*(Debrecen)에서 공산당은 소련의 지시에 따라 '*헝가리*민족독립전선'을 결성하고 그것을 기초로 하여 '소(小)지주당', '사회민주당', '민족농민당', 공산당' 등 5개 정당으로 임시 연립정부를 수립했다가 1945년 4월 연립정부를 수도 *부다베스트*로 옮겼다.

1945년 여름에 총선거를 실시하기로 되어있었는데 '공산당'과 사회민주당'의 요구에 따라 10월에 먼저 시의원 선거가 실시되었다. 이들은 두 당이 통일후보자 명부방식에 의하여 동반 등록하여 출마하면 도시 노동자들의 표를 거의 다 얻어 다수파가 되고, 다음에는 그 여세를 몰아 두 당은 국회위원 선거에서도 다수의 의석을 차지할 수 있다는 계산이었다. 그러나 두 당은 시(市)의원 선거에서는 34% 밖에 얻지 못한 반면, 소지주당은 51%를 획득했다. 11월의 국회의원 선거도 자유분위기 속에서 실시되었다. 이번에 공산-사민의 두 당은 각각 독자적으로 후보를 내세웠다. 결과는 '공산당'이 겨우 17%, '사회민주당' 17%, '민족농민당'이 6.8%를 얻었고 소지주당은 절대 다수인 57%를 기록하면서 제1당이 되어 내각을 구성했다. 동당(同黨)의 *틸디*(Zoltan Tildy)를 대통령으로 하고 *나지*(Ferenc Nagy)를 수상으로 하는 명실상부한 민주주의 연립정부가 탄생했다. 이것이야말로 "순수한", 즉 "진정한" 민주주의 연립정부였다. 그러나 공산당은 소련군의 힘을 배경으로 하여 내무상, 사법상 등의 요직을 차지하고 후일을 기했다. 1946년 1월 공산당 내무상 *라이크*(Laszlo Rajk)는 소지주당 지도부가 "국가의 적(敵)"을 비호하고 있다고 규탄함으로써 탈권 투쟁의 신호를 올렸다.

· *체코슬로파키아* : *히틀러*는 1938년 9월 영 · 독 · 불의 *뮌헨*회담에서 *체코슬로바키아*의 *주데텐*(Sudeten) 지방을 활양 받고, 다시 1939년 3월에는 *체코슬로바키아*를 침공하여 *보헤미아*와 *모라비아* 지방을 병합했다. 이렇게 하여 *체코슬로바키아*국가는 해체되어 존재하지 않게 되었다. *베네슈* 대통령은 망국(亡國)의 비운 속에서 *프랑스*로 망명했다가 영국으로 가서 1940년 7월 '*체코슬로바키아* 임시정부'를 선포하고 대통령에 취임했다. 그의 임시정부는 먼저 영-불의, 다음은 소련의 승인을 획득했고 특히 소련과는 '우호협력 상호원조조약'을 체결하여 친(親)소 노선을 명백히 했다. 그는 「*뮌헨* 협정」을 은감으로 삼아, 자국의 안전을 결코 서방측의 일방적 보호에 의존시키려하지 않았다. 또한 그는 소련과의 친선관계의 발전을 아주 중요시하고 그것을 추구하면서 자기가 신봉하는 "민주주의와 서구적 가치"를 보존할 수 있기를 바랐다. 그는 *체코슬로바키아*의 국제적 역할을 "동서의 가교(架橋)"가 되는데서 찾고자했던 것이다.(J. A. S. Grenwille, *A History of the World in the Twentieth Century*, Harvard University Press, 1994, p. 343.)

베네슈 대통령은 1945년 3월 귀국했다. 해방된 조국으로 돌아온 망명정부는 이제 새 정부로 교체할 때가 된 것이다. 새 정부는 1945년 3월 22일 *코쉬체*(Kosice)시(市)에서 수립되었다. 새 정부는 먼저 반(反)파쇼 '민족전선'을 조직했고 그 기초 위에서

공산당－비(非)공산주의 정당들로 구성된 연립정부였다. 1946년 5월 총선거는 자유 분위기 속에서 실시되었다. 대승을 거둔 것은 총 투표수의 38%를 얻어 제1당이 된 공산당이었다. 공산당은 대전 중에 치른 반독(反獨)투쟁 때문에 주민들의 지지를 받고 있었고 당(黨)간부들은 *모스크바*에 망명하여 '소련공산당'의 훈련을 받은 투사들이었다. 이들은 국민 대중들로부터 "온건한 공산주의자들", 또는 "애국적"이라는 평판을 얻는데 성공했다. 총선을 치르고 난 7월에 공산당 당수 *고트발트*가 수상에 취임하자 *체코슬로바키아*는 *스탈린*화로 돌입한다. 그런 과정에서도 연립정부의 제1단계는 48년 2월의 *쿠데타*에 의하여 붕괴될 때까지 간신히 계속되었다.

· *폴랜드* : 1939년 9월 1일 *히틀러*의 *폴랜드* 침공으로 제2차 세계대전이 발발하자 *폴랜드* 정규군 1백 75만은 *히틀러*의 전격전(Blitkrieg) 앞에서 불과 18일 동안에 괴멸, 이에 발걸음을 맞춘 소련군의 동(東)으로부터의 진격(39. 9. 17)은 *폴랜드* 국가의 멸망을 초래했다. 결국 국토는 독·소의 두 분할 점령지역으로 바뀌었다. 이 급박한 상황에서 *폴랜드* 정부 요원들은 *빠리*와 *런던*으로 망명하여 임시정부를 구성했다. 망명정부는 *런던*에서 서방측 연합국의 승인을 받았으며 소련도 내키지는 않았지만 이에 뒤따랐다. 그런데 소련군(軍) *스탈린그라드*에서 승리하여 전 *폴랜드*의 제패가 눈앞에 다가오자 *스탈린*은 *런던*의 *폴랜드* 망명정부와 단교(斷交)하고 엉뚱한 계획을 세웠다. 즉 *스탈린*은 소련에 망명한 몇 명의 *폴랜드* 공산당 당원들로서 '*폴랜드* 애국자동맹'

出典. Martin Gilbert, *Atlas of Russian History*, Oxford univ. Press, 1993, p.524

이란 단체를 만들어 앞날에 대비했다. 소련군이 1944년 1월 *폴랜드* 국경을 넘어오자 *스탈린*은 '*폴랜드*애국자동맹'과 구 공산당간부 및 그들 동조자들로 '*폴랜드* 민족해방위원회'를 소련군의 해방지역인 *루블린*(Lublin)에서 결성했다. 1945년 1월 이 "민족해방위원회"는 스스로를 "*폴랜드* 임시정부"라고 불렀다.

그리하여 *폴랜드*는 영－불이 승인한 런던의 망명정부와 공산주의자들이 국내에서 국민을 지배하는 "민족해방위원회"라는 두 개의 임시정부가 존재하게 되었다. 그러면 어느 편이 정통정부인가. 전시에 정통성을 결정하는 것은 군사력이다. *폴랜드* 안에서 단 한 명의 군대도 가지 못하고 있던 영－미는 양보할 수밖에 없었다. 결국 *바르샤바*의 공산당이 운영하는 국내의 정부에다 몇 명의 비(非)공산주의 정치 지도자들을 첨가시키자는 *스탈린*의 제안을 영－미가 받아들여 이것을 "거국단결 임시정부"(Government of National Unity)로 승인하고 곧 자유선거를 실시한다는 양해가 성립되었다.(앞의 Wladysraw W. Kulski, *Peaceful Co-Existence : An Analysis of Soviet Foreign Policy*, p. 458).

1945년 7월 영－미－소 등 연합국의 승인을 받은 이 개편된 임시정부는 형식상으로는 연립정부였다. *런던*망명정부의 수상 *미코와이치크*는 노동자당(공산당) 당수 *고무우카*와 함께 부수상직을 맡았으나 공산당계가 내무상을 비롯하여 국방상 등의 요직을 모두 차지했다. 공산주의자들은 *소비에트* 점령군과 KGB의 도움을 받아온 사회에 위협과 공포 분위기를 조성해갔다. *미코와이치크*는 공산당 주도하의 소위 '민주주의 *블럭*'이 꾸민 "통일후보자명부"식의 총선거 방식에 이의를 제기했다. 그의 '농민당'은 이런 선거방식을 배격하고 단독으로 후보를 세웠다. 소위 '선거위원회'는 공산당 당원이 독점했고 투표 개표 때의 입회(立會)는 금지되었다. 암살, 습격 등 공공연한 탄압하에서 '농민당'은 간신히 10.3%의 표를 얻었다. '민주주의 *블럭*은 당연히 80.1%의 득표율을 올렸다. 1947년 *미코와이치크*는 더욱 거세지는 박해를 피하여 다시 망명의 길에 올라야했다. 이로써 막 태어나려던 *폴랜드* 민주주의는 압살당하고 연립정부의 제1막은 열리려다 닫히고 말았던 것이다.

제2절 평양(平壤)의 운명

이상에서 예증했듯이 동(東)*유럽*에서 여러 비(非)공산주의 정당들은 공산당과는 사회적 기반, *이데올로기*, 최대강령(最大綱領, 최종 목표)을 달리하고 각각 자체의 당 조직을 가지고 있었다. 그럼에도 불구하고 처음에는 공산당이 제의하는 연립의 진실성을 믿었다. 그 때문에 *파씨스트*의 숙청, 급진적인 사회개혁, 정치적 자유, 소련과 서방 제국에 대한 친선적(親善的) 외교정책 등 공산당의 최소강령(最小綱領)(당면한 정책)과 표면상 공통되는 정책을 내세우면서 협력을 시도했다. 이들 비(非)공산주의 정당들은 소련군 점령 하에서 소련에 대해 비판적이 아닌 한에서는, 한때는 잠시 언론과 집회의 자유도 누릴 수가 있었고 검열은 거의 받지 않았다.750)

그러나 동(東)*유럽* 공산당들(소련)의 연립정부에 대한 기본정책은, 각 정당의 이해관계를 상호양보의 원칙에 따라 조정하면서 국가적 공동목표를 달성하고자 성실한 노력을 기울이는데 있지 않았다. 1당 독재를 불변의 목표로 삼고 있던 공산주의자들은 민주주의의 철학인 정당 상호간의 관용성과 평화로운 공존의 길을 바로 계급의 적들에 대한 원칙상의 타협, 굴복이라고 해서 배격하는 가장 원리주의적(原理主義的)인 정파(政派)였다.

그리하여 그들은 점진적 개혁이 대중의 혁명의식을 마비시키고 *프롤레타리아*혁명을 저해한다는 이유에서, 그것을 추구하는 사회주의자들을 필두(筆頭)로 한 민주주의적 개혁주의자들을 내심에서는 "개량주의자", "기회주의"로 낙인찍고 혁명의 적으로 규정하고 있었다. 다만 공산당만으로는 광범한 대중적 지지를 획득할 수가 없었던 초기에는 비(非)공산주의자들의 염원에 합치하도록 자기들의 당면 목표와 정책을 매혹적으로 제시하여 비(非)공산주의 정당들과 일시 타협하는 것이 유리하다고 판단했을 뿐이다.

연립정부의 형성은 어디를 막론하고 공산당에서는 자기들의 확고한 혁명목표－전체 권력의 장악－를 추구하는 과정에서 설정하는 계급투쟁의 한 전술적 단계였다. 연립정부 내에서 공산당은 초기에는 "사회주의 건설"이니, "공산주의 사회의 실현"이니 하는 말을 가급적 피하고 "민족적 독립", "민주주의", "토지개혁", "자유", "평화", "노동계급의 지위향상", "남녀평등", "의무교육"등 극히 절실하고, 국민 다수가 기꺼이 공명할 수 있는 과제만을 제기했다.751) 이와 동시에 공산당은 대통령(*체코슬로바키*

750) Hugh Seaton-Watson, *The East European Revolution*, Methuen & Co. Ltd.(London), 1950, pp. 169~170.

751) 대전 후의 상황을 분석한 *유진 스텔리*는 적절하게도 아래와 같이 지적했다. "이러한 공산주의자의 요구와 약속은 전술적인 것이지 강령적인 것[최종목표]은 아니었다. 다시 말하면 그것은 일정한 상황에서 黨의 권력 획득에 유리한 것이 무엇인가에 관한 당의 견해를 표시하는 것이었다. 그렇지만, 당이 권력을

*아*의 *베네슈*), 수상(*헝가리*의 *페렌츠 나지* Ferenc Nagy) 또는 부수상(*폴란드*의 *미콜라이지크*) 등 정부의 최고위직은 관대하게도 비(非)공산주의자들에게 양보하는 것이 관례였다. *불가리아*에서는 1946년까지, *루마니아*에서는 1948년 12월까지 심지어 국왕을—비록 허수아비였지만—그대로 앉히고 있었다.

이러한 전술적 계책은 명망 있는 비(非)공산주의 정당의 지도자들을 연립정부에 참가시킴으로써 그들의 경계심을 해이케 하여 공산당이 그 안에서 힘을 기르고, 공산주의의 *이데올로기*에 대한 이해가 부족했던 선의의 대중들과 외국인들 사이에 공산당에 대한 호의적인 여론을 조성하는데 효력을 보았다. 그리하여 1945년 11월의 *헝가리*, 1946년 5월의 *체코슬로바키아*에서는 동반 입후보제가 아니라 다수 정당의 경선(競選)을 위한 자유선거가 대전(大戰) 후 처음으로, 또한 마지막으로 실시되었던 것이다. *레닌*은 *러시아* 10월혁명 후의 대독(對獨)전쟁에서의 경험을 예시하면서 공산주의자들은 강력한 적들과의 전쟁에서는 "무조건, 절대로 필요한", "우회(迂回), 협조, 타협"의 혁명전술을 구사하는 것이 "무조건, 절대로 필요하다"고 다음과 같이 가르친 바 있다.

> ……지금 당장 자기보다도 장비가 우수한 적을 향하여 우리들은 그와 싸울 것인가, 어떻게 할 것인가, [싸운다면] 언제 싸울 것인가를 공공연히 이야기 하는 것은 어리석은 일이며 혁명적 행위가 아니다. 전투가 적에게 유리하고 자기편에 불리하다는 것을 알고 있을 때, 그 전투에 응하는 것은 하나의 죄악이다. 불리하다는 것을 알아차린 전투를 회피하기 위하여 "우회 협조 타협"할 줄 모르는 혁명적 계급의 정치가는 아무런 쓸모도 없다.[752)]

*레닌*의 이러한 전술은 외국군대와의 전쟁에서 뿐만 아니라 국내의 정적(政敵)들과의 권력투쟁에서도 그대로 적용되었다. 그는 그 같은 "우회"전술에 따라 동(東)*유럽*의 공산당들은 장차 숙청의 도마 위에 오를 연립정부 안의 "인민의 적"들을 "타협"의

획득한 후 무엇을 할 것인가를 보여주는 것은 아니다" Eugene Staley, *The Future of Underdeveloped Countries*, Harper & Brothers, 1954, p. 127

752) V. I. Lenin, 앞의 책, p. 385.

* '聯合國 管理委員會'란 1945년 미-영-소 등 전승 연합국들이 전후의 패전국 독일 및 전시의 *나치스* 독일의 동맹국들(대전의 패전국들)에 관련된 문제들을 취급하기 위하여 만든 기관이었다.

환상에 잠기게 하면서 자체의 조직을 확대 공고히 했다. 이때에 연립정부 내의 각국 공산당들은 권력의 관건인 내무상(공안경찰권 행사)직, 군부, 정보기관의 요직, 선전상(언론조작) 직을 소련점령군 지원하에 자기들이 장악하든가 또는 자기들의 동조자들에게 장악시켜 내일의 탈권(奪權) 투쟁에 대비했다.

동(東)*유럽* 전체를 통하여 내무상 직은 모두 공산당이 장악했었는데, 오직 *헝가리*에서만은 1945년 11월 선거에서 공산당이 패배한 것을 계기로 내무상 직을 '소 지주당'에게 넘기기로 되어있었다. 그러나 당시의 '연합국 관리위원회'* 의장이었던 소련의 *보로실로프* 원수(元帥)는 이 소식을 듣고 당황하여 거부권을 행사했다. 결국 동(東)*유럽*의 여러 나라에서는 공산당 계(系) 내무상 감독하의 정치경찰이 사실상 정부 내에서 공산당의 지부역할을 하고 있었던 것이다.[753]

미-소 양군이 각각 남-북으로 진주했을 때, 일체의 정치적 권리를 조선민족으로부터 박탈했었던 일본군국주의는 조선반도를 정치적 황무지로 남기고 물러갔다. 이때에 조선반도에는 조선인 자신의 자치정부와 정당은 물론이오, 단 하나의 민간 신문도 존재하지 않았다. 해방 후 미(美) 군정하의 남조선에서는 일본이 패망하자 곧 공산당을 포함한 정당들의 활동과 언론 자유를 향유하였으나, 소련군정하의 북조선에서는 처음부터 언론, 집회, 결사는 남조선과는 정반대로 엄격한 통제를 받았고 민간신문이나 잡지의 발간은 단 하나도 허락된 일이 없다. 정당으로는 해방 직후 평양에서 '민족사회당', 신의주에서 기독교계 '사회민주당'이란 정치*써클*이 잠시 출현한 일이 있었지만 소련군사령부는 곧 그것들을 해산시킨 후 공산당계의 조직 활동만을 허용했다.

같은 소련군의 압력 하에 있었지만 대전(大戰) 전에는 그래도 자기들의 정당과 어떤 성격의 것이든 자기의 정부를 가질 수 있었던 동(東)*유럽*의 여러 나라와 일제(日帝)의 완전 식민지였던 북조선의 정치적 상황에는 엄청난 차이가 있었다. 중앙정부가 없었던 북조선에서 지방 연립정부의 역할을 한 것은 각 급 '인민(정치)위원회'였다. 심정적으로는 북조선 중앙정부의 권위를 지녔던 평양의 '평안남도 인민정치위원회'는 조만식(曺晩植) 이하의 자주적인 비(非)공산주의자들과 몇몇 공산당 간부들 간

---

753) Waldemar Gurian(ed), *The Soviet Union-Background, Ideology, Reality*, University of Notre Dame Press, 1950, p. 97.

의 취약한 지방 연립정부였던 것에 불과했다. 그러나 여기서도 공산당은 공안경찰을 장악하기 위하여 집요한 투쟁을 벌였다.[754]

비(非)공산주의자들은 형식상 연립정부에 참가하고는 있었지만 그들의 정당도 아직 공식적으로는 출현하지 못하고 있었다. 소련군사령부는 북조선도 복수 정당제를 갖춘 민주주의 사회라는 것을 국제적으로, 특히 남조선에 선전하며, 동시에 도시의 중소 상공업자, 중－소농민, "*부르죠아*" 지식인, 종교 신자 등의 통일전선을 조직하여 한데 묶어놓을 필요가 있었다. 이것은 동(東)*유럽* 점령지역 방식 그대로다.

이런 계획에 따라 소련군정당국은 소위 "반일(反日) 민주주의" 정당의 결성을 의도적으로 권장하여 결국 1945년 11월 3일 조만식을 당수로 하는 '조선민주당'이 창건되었다. 그러나 용의주도한 소련군정 당국은 김일성의 직계 공산주의자 최용건을 부당수에, 김 책을 김재민(金在民)이란 이름으로 서기장 겸 정치부장 등, 당(黨) 핵심부에 앉히는 공공연한 침투공작을 잊지 않았다. 조만식은 소련군사령부의 책략을 감지하지 못한 바는 아니었지만 극히 불투명했지만 민족적 자주성과 민주주의의 어떤 가능성을 소련군정하에서나마 모색하지 않을 수 없었다. 그는 심사숙고 끝에 결당(結黨)을 결심하게 되었다고 한다.[755]

---

754) 이에 관해서 '평안남도 인민정치위원회'에 참가했던 인사들은 그 사실을 다음과 같이 증언하고 있었다.
"……부서 배치에서도 공산계가 유력 부서를 자기수중에 장악하려고 노력한 증적을 찾아 볼 수 있다. 즉 道 내무－道 상공－道 교육－고등경찰－평양경찰서장 등은 모두 공산계의 차지가 되었던 것이다. 나중에 재판소와 형무소(뒤에 교화소)를 관할하는 사법부를 신설함에 따라서 공산 계는 自系 張時雨를 갖어다 놓았으며 船橋 경찰서장이던 민주진영 측 유기선을 반공음모를 하였다고 생트집을 잡아 파면 투옥한 후 역시 자계 인물로 대체시키고 평양 경찰서장 宋昌濂이 道 농촌위원으로 승진함에 미쳐서는 도[인민위원회] 위원장(曺)이 大同경찰서장 尹武璿(민주계)을 전임 발령하였음에도 불구하고 자계 인물 某를 집어다 놓았다. 그리고 道 치안부장이던 金翼鎭이 공산계의 발호에 분개하여 사표를 제출하니 즉각 延安서 입국한 자계 인물 朴某를 그 자리에 배치하였다. 이때의 그들의 작풍은 道 위원장의 권위도 아무것도 인정하지 않고 또 道 위원회의 결의도 거치지 아니하고 당(물론 공산당)의 방침이라고 억지 인사를 자행하는 것이었나." 앞의 『平壤誌』, p. 49.

755) '朝鮮民主黨'의 창건 전말에 관한 가장 신빙할만한 생생한 기록은, 이 조직 사업에 참가했던 당 간부들에 의하여 편찬된 앞의 『平壤誌』에서 찾아볼 수 있다. 이에 의하면 "古堂 曺晩植은 1945년 11월 3일 평양에서 조선민주당을 창설하였다. 그는 이 일을 적극적으로 계획해서 한 것이 아니라 소련군정 당국이 김일성을 내세워서 [조만식을] 지지하는 대중을 조직하는 것이 좋겠다고 여러 번 종용하였을 뿐만 아니라 그때의 주의사정을 고려한 결과 부득이한 일이라 생각하고 그렇게 하였던 것이다.…김일성은 내어놓고 高堂을 몇 번 찾아오더니 하루는 高堂에게 정당조직을 정식으로 제의하였다. 그때에 그는 소련군정 측을 대신하여 그런 의견을 제시하는 것이라 전제하고 당시의 공산당－적위대의 행패에 대하여 대단히 개탄하는 어조로 말하고 高堂이 그를 지지하는 대중을 집결하여 정당을 만들고 그것이 튼튼한 안전세

이렇게 소련군정 당국의 정치목적을 위한 수단으로써 '조선민주당'은 출현할 수 있었다. 소련군사령부는 이것을 당장 공산당의 위성정당으로 만들 수는 없었으며 그럴 필요도 없었다. 어떤 계기가 오기를 기다려야했다. '조선민주당'의 출현으로 '평안남도 인민정치위원회'와 그 밖의 각 도의 '인민위원회'가 '조선민주당', '공산당', 무소속 인사들의 통일전선을 기초로 형성된 연립정권이라는데 소련군사령부는 우선 안심하고 만족하고 있었다. 각도 '인민(정치)위원회' 안의 공산주의자들은 그곳의 당 조직으로부터 지시를 받고 있었고, 그런 당 조직의 배후에는 소령군사령부가 있었다. 따라서 인민(정치)위원회 안의 비(非)공산주의자들은 아주 무력했다.

그렇기 때문에 인민(정치)위원회 위원장들은 소련군의 비호를 받고 있던 공산당, '공산주의 청년동맹' [약칭 민청(民靑)], '적위대'[756] 등의 행패를 단속할 수가 없었다.

력이 되는 외에 이 시국을 타개할 길은 없다고 극구 역설하였다. 그는 또한 고당이 만일 그런 것을 만들고 그 당수가 되면 자기는 부당수가 되어 對소련군정관계 절충은 자기가 전담하겠다고 까지 하였다."

"본래 古堂은 38선이 가로막혀 있는 이상 북한 분할을 굳히는 것과 같은 결과를 가져올 우려가 있는 어떠한 기구 수립도 원치 아니하였고, 따라서 전국적인 규모에서가 아니면 정당도 결성할 생각도 하지 않고 있었다. 그러던 터에 시국은 아주 혼란 저미하여 가고 젊은 김일성이가 그렇게도 열심히 졸라대니 일시적 權道를 취하는 셈치고 마침내 뜻을 결정하게 되었던 것이다."

"그리하여 古堂은……11월 3일……결성대회를 열게 되었던 것이다. 이 대회에서 채택되었던 정강-정책은 低調的인 것을 면치 못했으나 그것은 소련군정에 누차 약속한바 소위 소자산계급성 민주주의 독립국가를 건설한다는 意趣와 부합되게 하고 또한 '平安南道 人民政治委員會'의 정강-정책을 제정한 때에 민주진영 측이 공산당과 격론을 벌리면서 수호하여 오던 것[路線]을 그대로 나타낸 것이었다.… 조선민주당이 한 번 그 기치를 내세우니 전 북한민중은 흡연히 이에 호응하여 결당한지 3개월이 지나지 못하여 북한 전역의 道-市-郡-面에 이르기까지 지방당부가 결성되고 당원 총수 50만을 算하게 되었다. 공산당은 또한 이것을 시기하여 민주당의 지방당부 회의를 습격하고 폭행을 가하며, 허무맹랑한 죄명을 날조하여 민주당 간부를 경찰에 구금 투옥하는 등 가지각색의 방해공작을 다했다."

"한편 김일성은 자기가 부 당수가 되겠노라고 까지 하면서 古堂에게 勸說하더니 결당 공작이 훨씬 진척되었을 때 어느 날 古堂을 다시 찾아뵙고 자기가 조선민주당에 직접 관계하기 보다는 차라리 소련군정을 배경으로 하고 居中 調停者의 위치에서 민주당과 공산당을 좌우 양수와 같이 원만 조정하는 것이 더 유익하겠다는 구실을 내세우면서 양해를 구하였다 …… 金은 자기는 비록 그와 같은 이유에서 전면에 직접 나서지는 않지마는 자기를 대신하여 자기가 '조선민주당'내에서 수행하려든 임무를 틀림없이 수행할 동지들을 소개한다고 내세운 것이 최용건, 김재민(일명 김 책) 등이었다. 古堂측에서는 이것을 받아들여 최용건을 부 당수 중 한사람으로 삼고 김재민을 서기장 겸 정치부장으로 뽑았다……"

"김일성은 감언이설로 古堂을 권하여 조선민주당을 결성케 하고 거기에다 최용건, 김 책의 무리를 심복으로 부식하여 놓고 자기는 슬쩍 발뺌을 하고만 것은 처음부터 계획적인 행동이었다. 김일성은 조선민주당이 창건된 다음에 古堂이나 조선민주당에는 아무 통고도 양해도 없이 소위 '조선공산당북조선분국'(나중에는 북조선공산당이 되었다가 다시 조선노동당으로 변신한 것) 책임비서(당수)가 되고 말았다." 『平壤誌』, pp. 53~54.

그렇지만 '조선민주당'은 북조선에서 최대의 비(非)공산주의 정당이었다. '조선민주당'은 각급 인민(정치)위원회 안에서 소련군의 위압 때문에 위축은 되어 있으면서도 한편 자기의 독립성을 어느 정도는 견지하고 독자적 정책을 내세우고 있었다. 그러므로 우리는 당시의 '평남 인민정치위원회'를 비롯한 지방 인민(정치)위원회들을 동(東)*유럽*의 "순수형" 연립정부와의 차이를 참작하여 이것을 "반(半)순수형" 연립정부였다고 규정할 수 있을 것이다.

'인민(정치)위원회'안에서는 공산주의자와 민족주의자들 사이에서, 또는 공산주의자들 상호간에는 의례히 갈등이 일어났다. 그런 상황 속에서 현준혁(玄俊赫)은 9월 하순 괴한에 의하여 백주에 피살되었다. 그는 공산주의자였다. 그렇지만 그는 조선의 혁명단계를 글자 그대로의 '자산성(資産性) 민주주의 혁명단계' 즉 '*부르죠아* 민주주의 혁명단계'로 규정하고 민족주의자들과 "사이비(似而非)"가 아니라 진정한 연립정권을 수립해야한다는 입장에서 조만식과 일정한 한계 내에서 협력하고자 했던 것으로 보인다.[757] 그러나 현준혁이 공산당 내의 온건파였는지 급진파였는지는 판별하기 어렵다. 북조선에 극좌 무뢰한들의 단체인 '적위대'가 출현하였을 때 그들의 행동을 적극적으로 옹호하였기 때문이다.

---

756) 이에 관해 『平壤誌』(平南民報社, 1964년) p. 79에서는 다음과 같이 증언하고 있다.
즉 '평안남도 인민정치위원회'가 일본 측으로부터 행정권을 접수했을 무렵 공산당 측은 "일본인들의 소지 무기와 군용품들을 몰수하여 공산당의 사설 의사군대-'赤衛隊'를 편성하였다. 여기서는 시정의 무뢰배가 대거 가담하여 물자횡령, 인신구속, 고문과 폭행 등 각종 민폐를 일으켰다. 또 공산계의 물자 접수만 하너라도 그들의 소위 '平南 道黨經濟部'는 일본인의 주택 접수와 새고 물사 및 기업체 접수를 선분으로 하여 그들의 당사로 쓰고 있던 구 崇專 및 崇實학교 교정에는 접수물자가 산더미같이 노적되고 있었다. 그들의 이와 같은 난동은 진주 소련군 측의 민간인 약탈 행위와 병행하여 평양(범위를 넓히면) 북한 전역에 일대 공포시대, 혼란시대를 출연케 했다"고. '적위대'에 관하여 1945년 10월 13일 조선공산당 '西北5道大會'에서 「보고」에 나선 金 00동무는 '적위대'가 해방 초기의 혼란을 막아주고 일본인들이 비밀거래하려는 군수품과 무기를 접수하는 등 "큰 역할을 해 주었다"고 일단 그 역할을 긍정적으로 평가했다. 동시에 그들 중에는 "불순분자"로 있었기 때문에 이들을 "일소하고 있는 중이고", '적위대'를 해산하고 자위대를 만들어 치안을 담당케 했다고 그 행패를 시인했던 것이다. 앞의 『옳은 노선』, p. 46.

757) 韓載德, 앞의 『共産主義 理論과 現實 批判』 全書 第5卷, p. 194.

제3절 "일체적 연합(一體的聯合)" : 공산당의 일원적(一元的) 지배체제로

다시 앞으로 돌아가 동(東)*유럽*의 정세를 살펴보면, 그곳의 "순수형" 연립정부들은 오래 존속하지 못하고 곧 제2단계인 "사이비" 연립정부로 옮겨 갔던가 또는 제2단계를 거치지 않고 제3단계(공공연한 공산당 1당 독재체제)로 뛰어넘어갔다. 이를테면 1946년 11월 *루마니아*에서는 *스탈린*의 충복 *게오르그 게오르규-데지*(Gheorghe Georghiu-Dej) 공산당서기장과 *그로자* 수상 하에서 총선거가 실시되었는데 그것은 파렴치한 폭력 부정선거였다.758) 같은 시기에 앞에서 언급한대로 *불가리아*에서는 소련군사령관이 '농민동맹'에 압력을 가하여 이 '동맹'의 최고 지도자 게오르쥬 *디미트로프*(George M. Dimitrov)박사를 서기장 직에서 축출했다. 이 사건은 다가오는 대숙청의 예고였다.759)

---

758) "變裝한 공산주의자"로 알려졌던 *그로자* 수상은 유능했지만 점점 소련의 허수아비로 변해갔다. 총선거가 1946년 11월 19일에 실시되었는데, 이것을 앞두고 경찰권을 쥐고 있던 공산당은 야당에 대한 가혹한 탄압을 일삼았다. 야당인 '民族農民黨'과 '自由黨'은 당 기관지를 수도 이외에서 배포한다는 것은 거의 불가능했고 당의 집회는 무장한 공산당계 불량배들이 *트럭*으로 습격했고 당 고위급 간부들이 지방유세 중 피살, 부상당했지만 경찰은 방관하는가 하면, 언론은 엄격한 검열을 받았다. 선거의 결과는 뻔했다. 공산당 주도하의 '민주정당 블럭'이 348석(약 80%)을 획득한데 대해 '민족농민당'은 32석, '자유당'은 3석을 얻은데 불과했다. 야당은 1947년 동안에도 말살되지는 않고 "半합법", "半억압" 상대로 남아있었다. 이 당시에는 즉 "사이비연립정부"가 존속한 것이다. 이에 관한 간결한 상황 설명은 Hugh Seton-Watson, 앞의 책, p. 28.

759) *디미트로프* 박사가 소련의 압력에 의하여 1945년 1월 *불가리아* 농민당에서 추방된 후 1월~6월 사이에 소위 "계급의 적"에 대한 소탕전이 강행되었다. 그들은 "인민법정"이라는 전율할 폭압기구를 만들어 민주주의자들을 "親獨派"로 몰아 대량 숙청했다. 뒷날의 당국의 통계에 의하면 "人民法庭"은 1945년 3월까지에 총 2,138명의 사형을 집행했고, 1,940명에는 20년의, 1,689명에는 10년~15년의 징역형을 언도했다고 한다.(Hugh Seton-Watson, 앞의 책, p. 212). 이것은 東*유럽*에서 가장 끔직한 권력의 유혈 탈취사건이었다.

共産黨은 전국선거를 1945년 11월로 결정하고 '祖國戰線' 가맹 정당들에 대하여 통일후보 명부식 선거를 실시하며 자기들에게는 최소한 50%를 배당할 것을 요구했다. 農民黨 서기장이었던 *페트코프*는 이를 거절하고 연립정부의 부수상직을 사임했다. 공산당은 농민당 안에 많은 앞잡이들을 침투시켜 *페트코프* 지지자들을 자기들에게 고분고분한 자와 교체해버렸다(1945. 5). 11월 선거는 '조국전선' 후보명부에다 총투표수의 86%나 되는 표가 던져진 부정선거였다. 영-미 등이 선거결과에 이의(異議)를 제의하자 1946년 10월 새 선거가 야당에 대한 *테러*와 위협 속에서 실시되었다. 이때에 '조국전선'은 절대다수인 78%(277석)의 득표율을 올리고 *디미트로프*가 수상에 임명되었다. 그 후 잠시 동안 *페트코프*는 *디미트로프*의 폭력독재에 대하여 無比의 용맹으로써 항거하였다. 그러나 그는 1947년 6월 6일 체포되어 그 해 9월 23일 교수형을 받았다. 1945년 1월 *게오르쥬 디미트로프* 박사의 축출로부터 1947년 9월 *페트코프*의 처형까지의 간결한 분석은 Wladyslaw W, Kulski, 앞의 책, *Peaceful Co-Existence*, pp. 468~470 참조.

*헝가리*의 경우는 "순수형" 연립정부 단계에 좀 더 오래 머물러 있었지만, 1947년 2월 소련 비밀경찰은 '소지주농당(小地主農黨)'의 탁월한 지도자 *벨라 코바치*(Béla Kovács)를 "반(反)국가 활동 죄"로 국회의사당에서 체포하여 소련의 수용소로 추방하고, 다시 4개월 후에는 공산당에 순종하면서 간신히 지위를 유지해 왔던 '소(小)지주당' 당수 *페렌체 나지* 수상이 체포를 피하여 국외로 망명했다. 이렇게 하여 "순수형" 연립정부의 단계는 끝이 났다. *체코슬로바키아*에서도 1948년 2월의 국경수비대의 *쿠데타*를 통하여 들어선 초강경파 *스탈린*주의자인 *고트발트*의 정권은 시간을 끌 필요 없이 제1단계의 막을 내리고 연립정부 제2단계와 제3단계는 동시에 강행되었다.

소련군 점령하의 여러 나라에서 *소비에트*화를 강행할 때, 점령군의 군사력과 비밀경찰에 의거한다는 것은 *스탈린*적 지배방식의 요체였다. 소련군은 직접 나서서 공공연히 진압작전을 감행하지는 않았더라도 위성국의 정치경찰로 하여금 비(非)타협적인 정치가들을 은밀히 체포, 투옥, 처형케 하는 등의 수단에 의하여 이들을 제거하고 대중의 굴종을 강요할 수가 있었다. 대개의 경우 공개재판도 없었으며 피고를 옹호하는 변호인도 없었다. 이런 적나라(赤裸裸)한 폭압정책에서 중요한 역할을 한 것이 소련의 비밀경찰과 그 지휘하에 있던 동*유럽* 나라들만의 정치경찰이었다. 소련의 위력에 대한 두려움 때문에 조직적 반항이 좀처럼 일어나지 못하고 있는 동안 소련의 군사적 압력은 어느새 공산당이라는 "소수세력을 다수세력으로 바꾸어 놓았던 것이다"760)

이 나라들에서는 소련군사령부의 신임과 지원을 받는 자, 특히 *모스크바*에서 파견한 당 간부들이래야 "다수파"가 되어 당의 *헤게모니*를 장악할 수가 있었다. 물론 공산당 내부에서도 당권투쟁은 복잡하게 진행되었다. 소련군 점령지역의 위성국화(化)에서 비밀경찰과 군대의 역할에 못지않게 중요한 것은 탄압에 앞서 또는 이와 병행하여 노동자 농민들을 세뇌(洗腦)하기 위하여 다그쳐온 당의 적극적인 *이데올로기* 교육이며 정치 훈련의 역할이었다. 이 점에서 *맑스-레닌*주의는 처음부터 폭력을 앞세워 노골적 정복을 자행했던 *파시즘*과는 지배 방법에 있어서 상당한 차이가 있었다.

북한에서는 조만식이 *모스크바* 3상회의(1945. 12)에서 결정된 '신탁통치안'을 지지

---

760) Waldemar Gurian, *Bolshevism-An Introduction to Soviet Communism*, University of Notre Dam Press, 1952, p. 93.

하지 않는다는 단 하나의 이유에서 "반동"으로 몰려[761] 연금되자, '평남 인민정치위원회' 위원장직은 일시 홍기주(洪箕疇)같은 기회주의적 출세주의자들에게 장악되고 당은 공산당의 의사대로 개편되었다. 많은 당원들이 체포를 면하기 위하여 남으로 도피했다. 이로써 "반(半)순수형" 연립정부의 단계마저 종말을 고하고 말았다. 1946년 2월 공산주의자 최용건이 '조선민주당'의 당수로 "선출"되면서 당명을 "북조선민주당"으로 바꾸었다. 동 당은 같은 2월에 김일성을 수반으로 하는 '북조선 임시인민위원회'(1946. 2. 8)에 강제로 참여해야 했다. 이로써 "반(半)순수형" 연립정부의 다음 단계인 "사이비" 연립정부의 단계를 거칠 사이도 없이 제3단계에 들어서게 된 것이다.

동(東)*유럽*의 경우도 북한에서와 마찬가지로 "사이비" 연립정부의 단계에서는 비(非)공산주의 정당들은 아직 명목상으로는 정권을 분담하고 있었고 독자적 조직도 유지하고 있었다. 그러나 지도부의 선출과 당 노선의 책정은 그 당이 아니라 공산당에 의하여 결정되었다. 그리고 시초에는 "민주주의 정당"으로 용인되었던 농민당, 자유주의 정당, 사회민주당 등의 초기 지도부는 곧 '반동'으로 몰려 청산된 것이 이 단계의 특징이었다. 비(非)공산주의 정당들은 물론 공개적으로 공산당의 정책을 비판할 수가 없었다. 그러한 비판은 곧 "친(親)*파쇼*적" 발언이라고 해서 규탄을 받고 체포 또는 투옥되었다. 동독, *폴란드*는 "순수형" 연립의 단계를 거치지 않고 곧장 이러한 "사이비" 연립의 단계에서부터 출발했던 것이다.

"사이비" 연립정부 단계에서 동(東)*유럽*의 공산당들은 비(非)공산주의 정당들 내의 자주성과 명망을 지녔던 잔존 지도자들을 하나하나 차례로 제거하고 그 대신 공산당에 충성을 맹세하는 허수아비 인물들을 당 지도부에 앉혔다. 비(非)공산주의 정당들은 명목상 자신의 조직도 정당도 가지고 있었지만 사실은 유순하게 공산당의 지령을 수행하는 위성정당으로 전락해버렸다. 이 단계에 이르러 공산당은 모든 정당들을 자기들이 지배하는 통일전선에 예외 없이 묶어서 하나의 *블럭*을 형성하여 이것들을 마

---

761) 曺晩植이 감금된 직후인 1946년 1월 23일 金日成은 다음과 같은 연설을 하였다. "인민정치위원회는 민주주의를 위한 투쟁행정에서 조만식 일파의 태업 행위를 분쇄하고, 민주주의 력량의 승리를 가져오게 했습니다. 조만식 일파는 *모스크바* 3국외상의 결정의 발표를 계기로 반동으로 전락하게 되었습니다. 이주연씨 등이 3상회의 결정에 대하여 옳은 태도를 취하라고 그들에게 권고하였으나, 그들은 끝끝내 그것을 반대하고 결국 반동으로 넘어가버렸습니다." 『김일성선집』 1, 1963년도 판, pp. 37~38.

음대로 조종했다. 이것이 공산당을 중심으로 하여 한 덩어리로 통합된, 철통같은 일당(一黨) 지배체(支配體)를 의미하는 "일체적 연합"이며 제3단계는 여기서부터 시작되었다.

공산주의자들이 거의 자력으로 해방을 달성했던 *유고슬라비아*와 *알바니아*에서는 제1, 제2단계를 거칠 필요 없이 1945년 이전에 벌써 제3 단계에 들어섰다. 그 밖의 나라들에서는 *코민포름*의 창설 직전인 1947년 가을부터 이 단계가 냉혹하게 추진되었다. 앞에서 언급한 대로 '*폴란드*농민당' 당수 겸 수상 *미코와이치크*(Slanislaw Mikolajczyk)가 간신히 해외로 망명하고(1947년 10월), '*불가리아*농민동맹' *페트코프*(Nicola Petkov)가 사형을 집행당하고(1947년 9월) '*루마니아*민족농민당' 당수 *마니우*(Iuliu Maniu)가 종신형을 받은 것(1947년 10월)은 바로 이때였다.

이 소란 속에서 1948년 2~3월 '*헝가리*사회민주당'내에서는 대숙청이 일어났다. 그로부터 4년 후인 1952년 3월 '*헝가리*공산당' 서기장 *라코시*는 반대당을 괴멸시킨 소위 "*살라미*전술"(*살라미 소세이지* 처럼 야금야금 먹어 들어가는 술책)에 관한 유명한 연설을 했다. 여기서 그는 '사회민주당'과 '소지주당'을 말살한 경위를 적나라하게, 그리고 자랑스럽게 공개하였다.762) *체코슬로바키아*에서도 1948년 2월의 정변을 통해

---

762) *라코시*의 설명은 *스탈린*이 東*유럽*을 *소비에트*化한 고전적 수법을 생생하게 전해주고 있다. 그 내용의 일부는 아래와 같다.

"……다시 거듭 말하거니와 우리는 人民 解放을 위한 소련의 영웅적 투쟁과 선의의 원조가 없었다면 *헝가리*의 인민민주주의와 그 밖의 나라들에서의 인민민주주의는 결코 탄생을 보지 못했을 것이다. 공업 노동자를 쟁취하는데서 우리의 상대는 사회민주당 이었다……. 해방 후 농민의 대다수는 급속히 小地主黨의 대열에 가담했다. 1945년 11월에 최초로 실시한 국회의원 선거에서 小지주당은 투표총수의 56%를 획득하여 절대다수를 점했다. 공산당과 사회민주당은 막상막하의 경쟁에서 각각 17%를 득표했으나, 의원 수는 社會民主黨이 한 명 더 많아서 同 黨은 제2당이 되었다……. 우리 공산당은 이 선거의 결과를 유효하게 이용하여 그 지위를 공고히 하는데 노력하였다. 즉, 공산당은 많은 논쟁 끝에 부수상의 지위와 내무성의 통솔권을 장악했다…… 1946년 3월 좌익*블럭*은 *부다페스트* 노동자의 시위를 지휘하면서 자기의 요구 소선을 소지수당에게 들이댔다. 40만명 이상이 참가한 시위가 효과를 발휘하여……소지주당은 하는 수 없이 가장 죄상이 뚜렷한 21명을 추방했다. …小地主黨 안에 숨어있는 반동을 야금야금 매일 잘라내는 것을 그때는 "*살라미* 전술"이라고 불렀다.

…[1947년] 사회민주당은 小지주당을 지지하던 대중을 자기편으로 끌어들이고, 자기들이 지도권을 잡은 다음 민주주의와 공산당을 타도하려 했다. 그 계획은 실패하기는 했지만, 그들은 암암리에 공산당을 가리키면서, 자당은 국가의 독립을 유지하기 위하여 소련연방의 〈一州〉가 되는 것을 반대한다고 성명했다. 또한 어떠한 종류의 〈독재〉에도 반대한다고 말하고, 빈번히 공산주의의 〈恐怖政治〉를 운운하고 "공포 없는 생활"을 약속한다고 떠들어댔으며 자기들 역시 "*콜포즈*와 줄서기 급식"에는 반대한다고 농민들에게 선전했다.

수상이 된 *코트발트*(Klement Gottwalt)가 "*부르죠아*"정당의 소탕에 착수했다. 그의 일시적 동반자에 대한 말살 정책의 비극을 가장 잘 상징한 사건은 저명한 정치가 *베네슈* 대통령과 *마사리크* 외상의 의문사였다.[763)]

북한에서는 1946년 1월 이후 연금되었던 조만식이 행방불명이 되자 당 간부들은 숙청을 면하기 위하여 대거 월남(도피)해버렸다. 그 결과로 개편된 '조선민주당'의 상층부가 공산당의 외곽단체로 전락함으로써 공산당의 일원적(一元的) 지배체제는 순식간에 출현했다. 평양에 충성하는 공산주의자들은 이러한 정치 변동이 소련군의 압력이 아니라 당 내부에서, 그것도 밑으로부터의 반항에 의하여 일어난 것으로 거짓 설명하지 않으면 안 되었다.

> 북조선에서의 반동분자의 두목은 조만식이요, 그들 일파는 당초 '북조선민주당'[사실은 '조선민주당']의 지도기관을 점거하고 있었다. 그렇지만 '민주당'의 하급 조직은 1946년 2월의 제1차 당 대회에서 그들의 반(反)인민적 정책을 폭로하고, 이들 반역자를 추방하고, *빨치산*의 투사 최용건(崔庸健)을 중심으로 새로운 중앙위원회를 구성하였다.[764)]

한편 1946년 2월 1일 북조선에서는 천도교도(天道敎徒)를 주요기반으로 하는 '북

"…… 사회민주당과의 투쟁(1947년 선거 후의)은 단시일에 쉽게는 끝나지 않았다……. 9월말 정세의 변화(선거에서 17%에서 22%로 득표가 올라갔다)에 의하여 공산당은 新정부 안에서 지배적 지위를 차지하기에 이르렀다……. 우리들의 진출을 보고 사회민주당의 좌파지도자들은 대담한 행동을 취했다. 즉, 1948년 2월 18일 당의 한 공식 회의에서 그들은 妥協主義的 [右派] 간부들을 축출하고 특별 당대회를 소집하여 공산당과 합동하겠다는 의사를 표명했다……. 1948년 6월 合黨이 성립했다……. 노동자 정당의 통일과 사회민주당 내의 반역자 숙청의 실현에 뒤따라 다른 정당들에도 유사한 조치를 취했다. 小지주당과 농민당도 [인민]민주주의적 입장, [공산당에 대한]정치적 충성, 정직성이 의심스러운 분자들을 추방했다. 우리 당과의 협조가 강화된 것이다……. 군대, 육군, 경찰 및 국방부를 장악하려는 격렬한 투쟁이 전개되었다. 1948년 가을 우리 黨은 국방성을 장악했다." W. W. Kulski, 앞의 책, pp. 466~467에서 인용.

그러나 이때에 공산주의자에 동조했던 사회민주당 좌파도 1950년에는 결국은 숙청되고 말았다.

763) 소련군은 *체코슬로바키아*에서 1945년 12월에 일단 철수하여 국경지대에 포진하고 있었다. 1948년의 2月 정변은 *무쏠리니*의 *쿠데타*와 *히틀러*의 폭력집권과 유사한 것이었는데, 이때 각 지방의 무장 노동자 부대가 *프라하*로 진주해 들어왔다. 이 정변에서 소련 측은 배후에서 큰 역할을 한 것으로 추측되고 있다. 이때 *베네슈 대통령*은 *고트발트* 정권의 괴뢰 대통령이 되지 않기 위하여 그 직을 사임했다. 그의 사망을 병사라고도, 피살되었다고도 하지만 진상은 규명되지 않고 있었다. 한편 *마시리크* 외상은 정부 옥상에서 뛰어내려 사망했는데, 이 사건에 관해서도 자살 또는 타살이라는 설이 나돌았다. *'체코슬로바키아* 공산당'의 민주주의 파괴에 대한 자세한 분석은 Josef Korbel, *The Communist Subversion of Chechoslovakia 1938~1948*, Princeton University Press, 1959에 상세히 기술.

764) 金鍾鳴 편『朝鮮新民主主義革命史』, 五月書房(東京), 1953년, p. 183.

조선 천도교 청우당(靑友黨)'이 조직되고, 연안에서 입국한 김두봉(金枓奉) 일파의 '조선독립동맹'이 1946년 3월 30일 '조선신민당(朝鮮新民黨)'으로 발족함으로써 겉으로는 그 곳의 정치체제는 4당이 참여한 형식을 갖추었다. 이렇게 하여 '북조선민주당', '청우당'의 간부들은 '공산당', '신민당'과 더불어 모두 북조선의 연립적 중앙정권인 '북조선임시인민위원회'에 가담하게 되었지만, 이들은 공산당의 충실한 도구에 불과했다. 그리하여 연립정부와 공산당 1당 독재 체제와의 차이는 명목상의 것이 되고 말았다.

연립정부의 제3단계에서 나타난 중대한 현상은, 동(東)*유럽*의 경우에는 공산당의 최강의 경쟁자인 사회민주당들을 통일적인 노동자 정당을 창건해야 한다는 구실에서 모두 공산당에 강제로 통합시키고,[765] 당명도 '노동(자)당 또는 '사회주의 통일당'(동독 1949년 4월)으로 바꾸었다는 사실이다. 공산당과 사회민주당의 통합은 물론 *모스크바의* 계획에 의한 것이었다. 전전(戰前) 동(東)*유럽*의 사회민주주의 정당들이 제시했던 전통적 이념인 민족적 독립, 정치적 민주주의, 자유로운 노동조합, 노동자의 복지, 자유로운 협동조합 등을 *스탈린*은 일종의 "소(小)*부르죠아*적 기회주의 사상"이라고 하여 내심으로는 결코 용납하지 않고 있었다. *스탈린*의 한 이론가는 실토하기를 "소련공산당의 역사적 교훈에 의한다면, *프롤레타리아 혁명*의 승리는, 노동자계급 안에서 공세적 행동을 일으키려는 소(小)*부르죠아* 정당[사회민주당]의 완전한 소탕 없이는 불가능하다"[766]고 했다.

동(東)*유럽* 공산당들이 사회민주당들을 통합하여 당명을 바꾼 것은, "공산당"이라는 이름이 이미 독재의 상징으로 되어 대중들에게 공포감을 일으키고 공산당은 소련의 괴뢰로서 국가적 이익을 배반하고 있다는 민족주의적 비판의식이 많은 사람들 사이에 퍼져 있었기 때문이다. 당시 *스탈린*의 지령에 거역하여 공산당과의 강제 통합을 반대한 자주적인 사회민주주의자들은 투옥, 숙청 또는 망명의 비운에 봉착했다. 사회민주당이 존재하지 않았던 북조선에서는 통합에 문제에서 마찰은 일어나지 않

765) 1948년까지 東*유럽*의 사회주의 정당은 공산당에 흡수되었다. 즉, *루마니아*에서는 1948년 2월 28일, *헝가리*에서는 1948년 6월 14일, *체코슬로바키아*에서는 1948년 6월 27일, *불가리아*에서는 1948년 8월 11일, *폴란드*에서는 1948년 12월 15일에 통합되었다. Zbigniew K. Brzezinski, *The Soviet Bloc*, Harvard University Press, 1968, p. 85.

766) W. W. Kulski, 앞의 책, p. 462에서 인용.

았다. *스탈린*의 통합정책을 받들어 1946년 8월 28일 '북조선공산당'과 '조선신민당'은 일사천리로 합동하여 '북조선노동당'을 창립했다. '신민당'은 "공산당"에 불만을 가진 도시의 소시민층과 농민 및 지식층을 묶어두기 위해 '연안파' 공산주의자들이 소련군정 당국의 지시아래 만들었던 '북조선공산당'의 자매당(姉妹黨)이었다. 이 점에서 북한과 동(東)*유럽*의 상황과는 차이가 있었다.

노동대중을 공산주의 *이데올로기*의 유인으로부터 보호하는데 있어서 최강의 방파제는 사회민주주의 정당(공산주의자들은 여기에 "우익"이라는 형용사를 붙이는 것이 통례였다)이었다. 북조선에는 그런 정당이 존재하지 않았다는 사실은 그곳의 *소비에트*화(化)가 노동계급들로부터 아무 저항도 받지 않고 전광석화(電光石火)처럼 빠른 시간 안에 실현할 수 있었던 요인의 하나였다. 바로 이런 사실이 북조선 노동자들을 "철두철미 붉은사상으로 무장된 공산주의 전사로 교양"하는데 아주 유리했다고 김일성은 자랑스럽게 언명한 바가 있다.

> 우리나라에서는 근로자들 속에서 사상 사업을 하는데 한 가지 유리한 조건이 있습니다. 우리나라에는 구라파에서와 같이 로동계급의 대열을 분열시키며 그의 계급의식을 *부르죠아* 사상으로 마비시키는 우익 사회주의의 사상적 지반이 없습니다. 이것은 우리나라에서 사상사업이 비교적 덜 복잡할 수 있는 유리한 조건입니다.[767)]

767) 『김일성선집』 6, 1964년도, p. 138.

제6장

승리의 비결 :
통일전선 전술(統一戰線 戰術)의 활용

제1절 해방 직후의 도식(圖式)

동(東)*유럽*과 북조선의 소련군의 점령("해방")지역에서 공산당들이 갖가지 명칭의 통일전선을 조직한 전술적 목적은 무엇이었을까. 그것은 첫째로 내일의 계급적 적들과의 전투에서 승리를 보다 쉽게 거두자는 것이었다. 그들은 통일전선 안의 정당들을 회유하고, 일정한 이권(각료자리와 관직 등)을 내줌으로써 비(非)공산주의자들의 경계심을 느끼게 만들었다. 몇몇 나라에서 공산당은 1945년에 결심만 했으면 전권을 장악할 수도 있을 것이다. 그러나 그렇게 하지 않았다. 그들은 통일전선 안에서 비(非)공산주의 정당들과 잘 협력하고 있는 듯이 보임으로써 민주주의 정당정치를 존중하고 1당 독재의 노선을 포기했다는 인상을 퍼뜨려 대중을 자기편에 끌어들이는 공작을 쉽게 만들었다. 둘째는 일반 범인(凡人)들은 자기가 신뢰해온 지도자들이 공산주의자들과 기꺼이 협력하는 사실을 보고 공산주의자들의 궁극적 목표의 중요성을 하찮은 것으로 취급하는 것이 일쑤였다. 이런 심리적 해이(解弛)를 틈타서 통일전선의 기구와 정당의 말단 당원사이로 침투해 들어갔다.

셋째로 공산주의자들은 다른 정당들 사이에 이간을 붙이고 분쟁, 분열을 일으키는 공작을 은밀히 시도했다. 그러나 공산당 내부의 단결, 통일전선(統一戰線)에 대한 공산당의 지도권 확립, 지기 당(黨)의 조직상, *이데올로기*상의 동일성(同一性) 견지(堅持)를 행동의 철칙으로 삼았다. 이것은 모택동(毛澤東)의 이른바 "(*부르죠아*)민주주의혁명단계"에서 구사한 통일전선 전술에서는 더욱 극명하게 강조되고 있었다. 지금까지의 경험에서 보면 통일전선 전술은 공산주의의 침투를 위하여 아주 편리한 방법이었다. 그러나 한편 동(東)*유럽* 대부분의 나라의 경우 통일전선 조직은 처음부터 半강제적이었다. 북조선에서는 인민대중은 물론 정치지도자들 조차 통일전선의 본질을 파악하기도 전에 벌써 그물 속에 걸려들고 있었던 것이다.

북조선에서는 김일성의 제의에 의하여 공산당 및 그 지배하에 있던 3개 위성 정당과 15개 사회단체를 망라한 "통일전선의 상설기관"이 '북조선 민주주의 민족통일전선위원회'('민전위원회 民戰委員會')라는 이름에서 정식으로 결성된 것은 1946년 7월 22일이었다.[768] 이것은 1949년 6월 22일 그 여름을 '조국통일 민주주의전선'(약칭 '조국전선' 祖國戰線)으로 개칭하고 조직을 확대하여 지금에 이르고 있다. 위에서 언급한 대로 *프롤레타리아* 정당이 내일의 적(敵)과의 투쟁에서 승리를 보다 쉽게 하기 위하여 오늘 그들과 일시 합작해야 한다는 것은 *레닌*의 혁명전술의 중요한 구성부분이다. 위에서 열거한 동(東)*유럽*과 북조선에서 조직된 통일전선 조직들은 *레닌* 전술의 한 응용형태에 불과했다. 북조선의 '민전위원회'는 이미 자주적 인사들이 거세된 정당과 사회단체들을 공산당이 내부적으로 통제하는 기관으로, 그리고 공산당 체제의 광범한 대중적 "기초(基礎)"로 작동하는 2중적 역할을 해왔다.

김일성이 입국 직후부터 줄곧 역설해온 "민족의 대동단결(大同團結)"과 "파벌투쟁(派閥鬪爭)의 근절"이란 것은, 초(超)계급적, 초(超)당파적 정치*모랄*(공산주의자들은 이것을 *부르죠아*민족주의의 기만이라고 배격)이 아니라, 바로 *맑스-레닌*주의의 전술로 통일전선의 참된 목표와 본질을 은폐하려는 구호였다. 김일성은 '조선공산당 서북 5도대회' 마지막 날인 1945년 10월 13일 「새 조선 건설과 민족통일전선에 대하여」[769]라는 제하의 연설을 한 것으로 되어있다. 그러나 이 중요한 연설은 1963년까지의 북조선의 어떤 출판물에서도 찾아볼 수 없다. 지금 접할 수 있는 것은 1946년 3월 이전에 그가 행한 「민족대단결에 대하여」라는 제목의 연설뿐이다. 이것은 그 내

768) 북조선에서는 소련군이 진주하여 각 도와 시에서 '인민(정치)위원회'가 조직되었던 때, 통일전선은 벌써 북조선 사회에 퍼지고 있다. 통일전선 기구였고, 그러나 이것은 각 정당, 사회단체들이 필요에 따라 모여서 상의하는 정도였으며 조직화되지 못하고 있었다. 여하튼 '북조선 민주주의 민족통일전선위원회'는 그러한 통일전선의 공식적인 최초의 상설기관이었다고 한다. 북한에서 통일전선이 미약하지만 본격적으로 가동한 것은 이때부터였다.

769) 『김일성선집』 1, 1963년도 판, pp. 4~10. 그런데 이 중요한 연설은 1954년 판 『김일성선집』에도 들어있지 않았고 1963년에야 비로소 발표되었다. 이러한 사실로 보아 김일성이 이때 그런 내용의 연설은 하지 않았던 것이 틀림없다.

용으로 보아 그가 '서북5도대회'에서 한 어떤 발언을 수정, 확대하여 등사본으로 발표한 했던 것이 아닌가 한다.

이 연설에서 그는 공산주의자들이 사회주의 혁명의 전(前)단계로 보는 '반제－반봉건적 민주주의 혁명'(이때 그는 아직 이 용어는 사용하지 않았다)의 방침(노선)의 골격을 비록 용어와 표현은 조략하고 부정확했지만 비교적 자세히 설명하고 있었다. 여기서 그는 우선 조선에 수립될 민주주의에 대하여 다음과 같이 설명했다.

> 요즘 민권이니 민주니 하는 말이 흔히 나돈다. 그러나 그것은 말이 한가지이다. 인민에게 권리를 주는 정치, 인민에게 주권이 있는 정치라는 의미에서는 뜻이 한 가지이다. 그러나 우리 조선에다가 순(純) 미국식이나 영국식의 *'데모크라시'*를 들어 맞추어서는 안 될 것이다. 조선에는 조선적인 진보적 민주주의인 신(新)민주주의 공화국정부를 만들어야 할 것은 두말할 것도 없다.[770](밑줄은 인용자)

김일성이 이 상의 연설에서 가장 중요시하고 역설한 것은 통일전선전술이었다. 그는 서론으로 1935년 제7차 *코민테른*대회에서 결의한 *유럽*에서의 '반(反)*파쇼* 인민전선' 및 *프랑스*와 *스페인*에서의 '인민유일전선(人民唯一戰線)', 중국에서의 국민당과 공산당의 합작('항일민족통일전선'), 제2차 대전 당시의 민주주의 연합국(미－영－소)의 '민주주의 전선' 등에 대해 언급했다. 그리고 조선에 관하여서는 "대중은 아직 적지 않은 수가 민족파[민족주의자들]를 지지하고 있다"는 사실과, "우리 당의 역량은 빈약하다"는 주체적 조건, "소－미－영 등 민주주의 국가의 연합전선"이 존재한다는 국제관계, 자본주의 국가인 미국의 군대와 무산계급 독재의 나라인 소련의 군대가 남－북에 진주해있다는 현실에서 본다면 "우리의 과업은 *쏘베트* 국가건설이 아니라 [연립정부에 기초한] 인민공화국 건립이 기초임무"라고 규정했다.

이어서 "인민공하국을 건립하는 데는 무산자(無産者) 계급뿐만 아니라 자본가, 지주할 것 없이 전(全) 민족이 다 같이 일치단결하여 통일전선을 늘려야 할 것이다"라

770) 김일성장군 口述, 「民族大團結에 對하야」(朝鮮共産黨 淸津市委員會 발행, 謄寫本, 1946년 3월). 이 연설은 앞의 1963년 판 『김일성선집』 1에 실린 1945년 10월 13일자로 되어있는 김일성의 연설 「새조선 건설과 민족통일전선에 대하여」와 표현은 약간 다르지만 내용은 거의 일치한다. 후자는 이 원본을 수정 확대하고 보다 세련된 문장으로 바꾼 것을 알 수 있다. 이하에서는 뒤에 수정되지 않은 원본에서 인용하기로 한다.

고 강조했다. 그리고는 인민공화국 건립에 충실함으로써 "군중을 우리 편에 가담케 할 수 있다"고 비(非)공산주의자들로부터의 "군중전취(群衆戰取)"(쟁취)를 강조했다. 이어서 북조선에서는 "지식층", "종교파[인]", "자본가" 등도 비(非)조직적으로나마 "지금 움직이고 있는 것을 알아야 한다"고 하면서 공산주의자들의 조직이 강화되고 치밀해 갈수록 비(非)공산주의자의 조직들은 분산적 운동으로부터 큰 조직으로 통일될 것이라고 경고했다. 여기서 공산주의자들은 '민족파'[=민족주의자들]의 세력을 무시해서는 안 되지만 그렇다고 현 단계에서 그들과 투쟁함으로써 민족통일전선을 포기해서는 "절대로 안 될 것"이라고 통일전선의 당위성을 강하게 역설했다.

김일성이 앞의 「민족대단결에 대하여」에서 제시한 민족통일전선 전술을 그의 말을 따라 요약 인용하면 다음과 같다. 그런데 그의 통일전선 전술은 그 후 70년이 다 된 지금의 대남정책에 거의 그대로 적용되고 있다는 점을 유념할 필요가 있다.

(1) [적극적인 대중포섭(大衆包攝)]: "민족통일전선이라고 해서 일제(日帝)의 주구들과도 연합하는 것은 아니지만 순수한(정절을 지킨) 민족자본가와는 연합하여 인민공화국'을 건립할 수 있으며 … 대중을 우리 붉은 깃(旗)발 아래로 모아 넣을 수 있는 것이다." 이 과정에서 공산당은 소극적, 피동적이어서는 안 될 것이다. 인민공화국을 세우는데 있어서는 공산주의자들은 "가장 적극적으로 능동적인 역할을 하여 민중을 선두에서 이끌고 나가야 한다." 그렇게 할 때만 "민족은 흠연히 우리들의 산하에 군집해 올 것이다."

(2) [배신자의 죄상폭로]: 그렇지만 자본가와 지주들은 인민공화국을 수립하는 과정에서 항상 "동요"하고 자기의 이익을 위하여 민중을 "기만" 또는 "배신"하는 일이 빈번할 것이다. 그러므로 공산주의자들은 민족통일전선을 결성하고 인민공화국을 건립하는 과정에서 그들의 모든 "죄악상과 죄과를 폭로하고 비판하여야 할 것이다." 그렇게 해야만 대중은 "자본가 계급의 배신을 인식"하는 동시에 "공산당의 정의성을 깨닫게 할 수 있다." 한편 일제의 주구가 되어 조선 민중을 착취하고 자산을 강탈한 태반의 자본가 지주들은 [한국 민주당을 지칭] 철저히 숙청하는 것을 "당면한 과업"으로 삼아야한다.

(3) [인민재판식(人民裁判式) 방법에 의한 숙청]: 명확히 규정해야 할 것은 일제의 주구에 대한 정의(定義)다. "매국행위"를 하고 민족의 희생에서 자기의 이익을 삼았다든가 "적극적으로 협력한 분자"는 일제(日帝)의 주구라고 규정하여야 한다. 한편 살기 위하여 일제 기관에 들어가 "소극적 역할을 한 사무원 등"은 주구하고 규정하기 어렵다. 일제 주구로 규정된 무리들은 "유효적절한 방법으로 숙청하여야 한다." 그러나 직접 우리[공산당]의 손으로 소탕하면 대중이 공포를 느끼고 우리를 신뢰하지 않게 될 것이다. 그러므로 "대중을 동원하야 대중의 총의(總意)에 의하여, 대중이 '환호'를 일으키도록 하여

주구를 타도해야할 것이다." 그렇게 해야만 "대중을 전취(戰取)하는 한편 주구들도 용이하게 숙청할 수 있는 것이다."

(4) [기회주의자와의 투쟁]: 가장 증오하여야 할 무리들은 "양면파(兩面派)"[기회주의자들]이므로 그들과 투쟁하여야 한다. 그들은 "마치 박쥐와도 같이 유리한 편으로 항상 갈팡질팡하고 있다. 그들은 가장 미워하고 경계해야 할 적이다." 무엇보다도 경계해야 할 것은 일제(日帝)의 주구들이다. 이들은 "공산당의 모자를 쓰고 행세하며 과거의 죄업을 '*캠프라지*'하기 위하여 가장 열렬한 공산당처럼 행동하고 있다." 이들은 때에 따라서는 누구보다도 "극좌적 언행"을 함부로 하여, "지금 당장에라도 자본가 계급을 타도하고 '*쏘베트*' 정권을 세우자는 등 대중의 선두에서 떠들고 있다." 그러면서 그들이 꾀하는 바는 "공산당의 파괴요 노농대중을 기만함에 있다."

(5) [공산당의 독립성유지]: 비록 자본가 지주계급과 타협하여 통일전선을 결성한다고 해도 공산당은 언제나 "독자성"과 "독립성"을 상실해서는 안 되며 "공산당이 타당에 흡수된다든가 혹은 타파(他派)를 우리 진영에 합류시킨다는 것은 절대로 있을 수 없다. 보조는 같이한다 할지라도 공산당의 독자성과 독립성을 망각해서는 안 될 것이다."

(6) [자본가 지주계급의 이용]: 비록 자본가 지주계급과 연합전선을 결성할지라도 무산계급의 독자성을 잃지 않고 저들의 동요성을 "교묘히 이용"하자는 것이다. 따라서 민주주의 공화국을 세우는 것을 당면한 임무로 삼는 동시에, "공산주의 사회를 건설하자는 것을 최후의 목적"(기본강령)으로 삼지 않아서는 안 된다. "자본가 계급이 인민공화국 건설에서 열의가 식거나 이리저리 비뚝거리며 동요할지라도 공산주의자들은 그들을 끌고 나가야 하는 동시에" 저들의 "암흑면"과 모든 "불순한 점"을 폭로하여야 한다.

(7) [좌경적(左傾的)－우경적(右傾的) 편향(偏向) 극복]: 공산당은 단계에 따라 가장 적당한 강령을 내세워야 하며 "과조(過早)"도 "과만(過晩)"도 "좌경"도 "우경"도 용인해서는 안 된다. 현 단계에서 "*소베트* 정권 운운"하는 것은 "과조"요 "좌경"이며, 인민정치위원회에만 전적으로 의뢰하여 일제의 주구를 숙청하는데 주저한다면 이것은 "과만"이오 "우경"이 아닐 수 없다. 전쟁에 있어서도 적에게 접근하는 단계와 그 다음에는 공격하는 단계가 있듯이 우리의 행동강령(당면강령)도 그때그때 바꾸어 시기에 부합하는 적절한 것이 되어야 한다. 그러나 "기본강령(사회주의 · 공산주의 건설)은 바뀔 수가 없다." 그러므로 "현 정세에 적절한 강령을 내걸고 힘차게 싸우며 대중을 전취(戰取)해야 한다는 것을 잊어서는 안 된다."

김일성이 이상에서 진술한 민족통일전선 전술은 북한의 당면한 정치노선을 형성했으며 김정일 시대에 이르러서도 국제관계의 설명을 빼고는 기본적으로는 바뀐 것이란 없다. 그의 이상 연설내용은 그가 만주에서 '동북항일연군(東北抗日聯軍)'의 일원으로 활동할 때 배운 것들이며 모택동의 통일전선전술을 거의 그대로 답습한 것이었다. 해방되던 당시 중-소의 두 공산당은 *이데올로기*에 있어서 아직 밀월관계에 있었음으로 김일성의 모택동 식 민족통일전선 전술의 공식은 곧 소련군사령부의 방침과 일치하는 것이었다.

이렇게 과도기의 혁명전술로 모든 사회계층의 힘을 교묘히 이용하고자 소련군사령부가 김일성의 입을 통하여 제창한 것이 바로 공산주의자들의 통일전선전술이었다. 특히 20세기의 후진적 *아시아*에서는 공산주의자들만이 역사의 발전법칙을 옳게 인식하고 있으며, 새로운 유일한 혁명세력으로 등장하고 있다는 것이 그들의 선전이었다. 따라서 당면한 "반제-반봉건적 민주혁명"에서는 "농민과 동맹한 *프롤레타리아트*"가 핵심이 되고 "양심적인" *부르죠아지* 층을 그 주변에 묶어 놓고 이용하는 통일전선의 방식을 통하여 혁명과업을 수행한다는 것이 그들의 도식이었다.

제2절 회유와 협박의 양면성(兩面性)

공산주의자들은 통일전선 내에서 자기와 합작하고 있는 *부르죠아지*는 혁명의 지도적 지위로부터 배제하고, 자기들 자신이 혁명의 주도권을 확립하기 위하여 투쟁해야 한다는 철칙을 고수해 왔다. 통일전선 내에서 주도권을 장악하기 위한 그런 투쟁 역시 공산당 이론가들은 *프롤레타리아트*와 *부르죠아지*와의 계급투쟁으로 규정하고 일반 당원들에게 그렇게 교육해왔다. 그러나 공산당은 비(非)공산주의자들에 대해서는 통일전선의 혁명전술을 가능한 한 허위적으로 설명한다. 위에서 논한 '민전위원회(民戰委員會)'의 결성대회에서 김일성은 여전히 비(非)공산주의자들이 아주 흡족해 할 만한 언변으로 이 기구의 "근본목적"이란 것을 설명했다.

> 우리들은 민주주의 새 조선을 건설하기 위한 한 집안사람이 되어야하며 그러기 위하여 우리 민주주의 민족 통일전선 주위에 전체 북(北)조선인민, 전(全) 조선인민들을 단결시켜야 하겠습니다.… 여러 동지들!… 오늘 새 조선의 민주과업은 결코 어떤 일개 정당의 단독의 힘으로써 완수되는 것이 아니고 제 민주주의 정당, 사회단체들의 공동한 노력과 통일적인 분투로써만 가능한 것입니다.[771]

김일성은 공산당의 단일 의사에 의하여 지배되는 '민전위원회'를 각 정당, 사회단체의 "협의기관"이라고 성격 지웠으며, '민전위원회'에 참가한 (그에 의하면 물론 "자유의사"에 따라) 각 정당은 그 지위가 모두 "동등"하여야 한다는 회유적 언사(懷柔的言辭)로써 북한의 인민대중을 태연하게 우롱(愚弄)했던 것이다.

…민주주의 민족통일전선 중앙위원회는 어떤 한 개 정당 독점하는 것이 아니고… 각 정당이 서로 동등한 립장에서 동등한 권리로써 협의하는 기관이기 때문에 그의 의장은 각 정당 책임자들이 륜번제로 하여 그의 직무를 실행할… 것을 제의합니다.[772](밑줄은 인용자)

통일전선 전술에 관하여 김일성은 이상과 같은 회유조(懷柔調) 논법과 함께 통일전선을 거부하는 자들에 대한 공갈의 수법을 아울러 구사했다. 1946년 여름 남조선에서도 *모스크바*의 지시에 따라 '조선공산당', '조선인민당' 내의 합당지지파의 앞서 성립한 '남조선 노동당'으로의 합당운동이 자행되었다. 그러나 각 당내의 찬반분규로 말미암아 합당이 정돈상태(停頓狀態)에 빠져있던 1946년 12월 26일 김일성은 그 원인을 엉뚱하게도 "남조선 반동파"가 잠입시킨 "간첩", "파괴 암해분자", "가짜 민주주의자들"의 분열 파괴공작으로 돌렸다.[773] 이러한 "반동파"들의 파괴공작은 북조선의 각 정당, 사회단체까지 미쳐 "민주진영"을 분열시키려는 "대단히 위험한 사태"가 나타났다고 하면서 그는 다음과 같이 위협했다.

---

771) 『김일성선집』1, 1955년 판, pp. 134~135.

772) 같은 책, p. 137. 김일성의 그런 말에 담긴 술책이 어떠한 것인지를 이해하기 위해서는 통일전선 정권에 관하여 1940년 7월 毛澤東이 굳게 약속했던 유명한 "三三制" 통일전선 내 요직의 할당 원칙의 약속을 상기할 필요가 있다. 그것은 다음과 같다.

"… 우리들은 정권문제에서는 통일전선 정권을 주장하며 다른 정당의 1당 독재에는 찬성하지 않지만, 또한 공산당의 1당 독재도 주장하지 않는다. 그리고 각 당, 각 파 각 軍의 연합독재를 주장한다. 이것이 즉 통일전선 정권이다……. 우리 당 중앙이 결정한 3·3제를 채택하여 정부안에서도 인민대표기관 안에서도 공산당은 3分의 1만을 차지하고, 다른 3分의 2는 항일과 민주주의를 주장하는 기타의 당파 및 무당파[=무소속]인사들에게 차지케 해야 한다. 어떤 사람이라도 투항하지 않고, 반공만 아니면, 모두 정부의 사업에 참가시킨다. 어떤 당파라 할지라도 투항치 않고 반공만 아니면 항일정권 밑에서는 합법적으로 존재하고 활동할 권리를 주어야 한다" 「저희 단결하라」. 앞의 『毛澤東選集』(單卷本 中文版), 人民出版社(北京), 1964년, p. 178.

773) 앞의 『김일성선집』 1, p. 296.

우리는 우선 우리 내부에 잠입하여 우리를 분열시키려는 간첩, 파괴 암해분자, 가짜 민주주의자들을 반대하여 준엄한 당적 투쟁과 군중적 투쟁을 전개하여야 하겠습니다… 누구를 막론하고 민주주의 민족통일전선을 파괴하려는 자들은 민족의 적이며 인민의 적입니다. 우리는 이러한 자들을 잠시도 용서할 수 없습니다…이러한 자들을 우리는 철저히 추방하지 않으면 안 될 것입니다.[774](밑줄은 인용자)

이상 김일성의 발언은 북조선의 어떤 정당 사회단체 할 것 없이 민족통일전선에 들어오지 않으려 할 때에는 곧 "간첩", "민족의 적" 또는 "인민의 적"으로 몰아 숙청하겠다는 공포정책의 선포였다. 여기서 특히 문제가 되는 것은 북조선의 관용(官用) 사학(史學)이 김일성의 민족통일전선 전술을 그의 항일유격대 시절의 전통과 결부시키고 있는 역사의 위조다. 그들의 『조선 근대혁명운동사』에 의하면, 1936년 5월 5일에 항일유격전을 지휘하던 "김일성 동지는……조국광복회 창립 선언과 10대 강령을 선포하고 조선인민의 첫 반일 민족 통일전선체인 조국광복회를 결성하였다"[775]고 거짓으로 진술했다. 이어 이 책의 저자는 '조국광복회'의 10대 "강령에서 제시된 "인민정부" 노선은 해방 후 우리나라에서 실현된 바로 그러한 인민정권의 수립을 예견한 것이었다"[776]고까지 쓰는데 서슴치 않았다. 1936년이라면 김일성의 연령은 겨우 24세. 그러므로 결국 그는 이론과 실천을 벌써 20대초의 청년 때부터 정확하게 통일시킨 천재적 이론가요, 위대한 혁명가가 아닐 수 없는 것이다.

'민전위원회(民戰委員會)'가 결성된 이후부터 '북조선공산당'의 독재체제는 더욱 공고화해 갔다. '민전위원회'내의 어떤 정당도 최소한의 언론자유마저 빼앗겼고, 토지개혁이나 산업국유화를 공산주의와 관련시켜서하는 말은 엄금되었다. 김일성은 이러한 말을 "민족반역자, 친일분자들의 발악과 선동에서 나온 잠꼬대"라고 규탄했다.[777] 이러한 규탄은 동(東)*유럽*에서도 거의 마찬가지의 현상이었다.

통일전선의 조직이 완성될 무렵 소련군(軍)의 점령 또는 국경지대로부터의 압력하에 있던 동(東)*유럽*의 여러 나라에서도 결국은 *스탈린*주의가 확립되었다. 각국의 정권들은 *소비에트* 정권의 모사판(模寫版)이오, *모스크바*의 물샐틈없는 지배를 받고

774) 같은 책, pp. 297~299.

775) 『조선근대혁명운동사』, 1962년, 평양, p. 350.

776) 같은 책, p. 353.

777) 『김일성선집』 1, 1954년 판, p. 487 및 p. 430.

있었다. 경제성(省), 경찰, 군부에는 소련 국적의 "장(長)" 또는 "고문(顧問)"이 배치되어 행정을 지휘 감독했다. 이들 일부는 *러시아*인이요, 일부는 소련시민이 된 그 나라 사람이었다. 그중에서 가장 노골적인 예가 *폴란드*의 국방장관 *로코숍스키*(Konstanty Rokossowski)원수였다.[778]

스탈린 시대에 *고트발트, 라코시, 비에루트, 디미트로프*와 그의 후임자 *체르벤꼬프*(Vulko Chervenkov), *게오르규-데지,* 그리고 김일성 등은 모두 자국의 소(小)*스탈린*이 되었고, 이들의 우상화는 상승일로에 있었다. 한편 당(黨) 내에서 *스탈린*에 대한 충성을 거부하고 국가적 자주성 내지는 민족주의적 사상을 지닌 또는 지녔다고 인정되는 자주적 성향의 공산주의자들은 가차 없이 축출되었다. 과거에는 비(非)공산주의자를 대상으로 했던 숙청이 이제는 당내에까지 파급된 것이다. 1948년 6월 *티토*가 *코민포름*에서 추방된 것을 계기로 동(東)*유럽*의 위성국들 안에서는 소위 "민족주의적 편향(偏向)"을 일소하는 마녀사냥이 시작되었다.[779] 그 결과로 *유고슬라비아*를 제외한 동(東)*유럽*의 모든 위성국들은 *모스크바*에 맹종하는 *스탈린*주의자들이 장악했다.

북조선에서는 *티토*주의의 징조는 전연 보이지 않았기 때문에 그러한 당내 숙청 없이 평탄하게 *스탈린*주의화가 진행되었다. 동(東)*유럽*의 경우 "*티*토주의자" 숙청(肅淸)은 1950년까지 종결되어(체포된 당 지도자들의 처형이 약간 늦은 나라는 있지만), "인민민주주의 국가"라는 이름으로 소련의 철저한 괴뢰국(傀儡國)이 되었다. 이에 대

---

778) *로코숍스키*는 *폴란드*人 부모에서 태생한 소련 시민으로서 제2차 대전시에는 소련군의 사단장이며 元帥였지만, 1949년에는 *폴란드*의 국방상 및 부수상으로 임명되었고, '*폴란드*노동자당'(공산당)의 政治局員으로 "선출"되어 소련의 지배체제의 상징적 존재가 되었다. 그리고 1956년 10월의 *폴란드* 정변에서 *스탈린*주의자들이 몰락하자 그는 편리하게도 소련 시민으로써 소련으로 송환되었다.

779) 소련의 지배에 대한 어느 정도의 반대 내지는 불만을 품었던 *코찌 조제*(Koci Xoxe, *알바니아*의 전 내무상), *라이크*(Laszlo Raık, *헝가리*의 전 내무상), *코스토프*(Traicho Kostov, *불가리아*의 전 부수상), *클레멘티스*(Vladimir Clementis, *체코슬로바키아*의 전 외상), *파트라슈카누*(Lucretiu Patrashcanu, *루마니아*공산당 전 중앙위원), *고무우까*(Wladislaw Gomulka, 당시 *폴란드*의 부수상), *슬란스키*(Rudof Slansky, 전후의 *체코슬로바키아*공산당 서기장) 등이 당내 반대파의 모략에 의하여 "*티토*주의자"라는 罪狀으로 1949~1952년에 處刑 또는 追放되었다. 그중 *고무우까* 만은 다행히 투옥되고 당으로부터 축출되는 것으로 그쳤으나, 여타의 인물들은 거의 교수형을 받았다. 당시 *고무우까*는 당 중앙위원회로부터 "제국주의의 도구, 반역자, *스파이*"로 비방을 받았다가 1956년 10월 反*스탈린*주의 정변에서 석방되어 재기했고, *라이크*는 1956년 3월 A.*잘라이*, T.*조에니*, G.*팔피* 등과 더불어 사후 "名譽回復"이 실현되어, 당국은 그의 시체를 발굴, 국장을 치렀다. *슬란스키*의 명예가 회복된 것은 뒤늦게 1963년이었다.

하여 북조선의 경우는 그 기간이 훨씬 더 단축되어 1946년 2월(북조선 임시인민위원회 창립 때)초까지, 즉 해방 후 반년도 안 되는 동안에 위성국화(化)가 완결되었다. 이것은 북조선의 역사적 조건과 동(東)*유럽*의 그것 사이에는 큰 차이가 있었음을 의미한다.

소련군이 진주한 지역에서 처음부터 소련의 완전한 위성국이 된 나라는 북조선 하나뿐이었다. 다른 나라들은 연합국과 추축국(樞軸國)의 어느 편에 서 있었던 가의 국제관계와[780] 정권의 성격에서는 상대적인 강약의 차이가 있었다. 그러나 *나치스* 독일의 침략 이전에는 모두가 독립 국가였다. 그렇기 때문에 통치의 경험과 정당조직을 가지고 있었다. 그러나 북조선은 그렇지 못했다. *스탈린*의 정책에 대한 일반적인 불평과 민족적 격분은 주민들 사이에 만연되고 있었어도 소련의 위성국화(化) 정책에 대항할만한 조직적인 큰 반항 세력은 거의 없었다. 공산당의 지배를 거부하고 자유의 가능성을 희구하는 사람들이 택할 수 있는 안전지대는 38선을 넘는데서 찾을 수밖에 없었다. 일제(日帝)가 패망한 후 권력의 진공상태에 있던 북조선에 소련군은 *스탈린*주의를 급속히 이식(移植)하고 이것을 군사력으로 보호했다. 이에 의하여 싹이 트려하고 있던 민주주의와 민족주의의 조직세력은 무자비하게 제거되어 버리고 말았다.

북조선과 동(東)*유럽* 지역의 *소비에트*화(化) 과정을 살펴보면 공산주의자들은 그 반대파 보다는 권력의 본질을 예리하게 파악하고 있었고, 투쟁의 전략과 전술에서 우세했던 것이 틀림없다. 그렇지만 공산주의자들이 승리하기에는 일반 국민대중의 지지는 아주 미약했다. 이들은 다수 국민대중의 지지를 받을 자신이 없었기 때문에 1946년 이후 *헝가리*와 *체코슬로바키아*에서 자유선거를 아예 폐지해버렸다. 북조선에서는 처음부터 지금까지 복수(複數) 입후보제를 허용하는 자유선거를 단 한 번도 실시한 일이 없다. 동(東)*유럽* 제국에서 공산당의 권력탈취를 그렇게 쉽게 만든 데는 많은 비(非)공산주의 정치가들에게 원인의 일단이 있었다. 이들은 *스탈린*의 "민주주의"와 "민족자결주의"선전에 행여나 기대를 걸고 방심하여 통일전선전술에 농락당하

---

780) 이를테면, 제2차 대전에서 독일과의 전쟁에서 *폴란드, 체코슬로바키아*는 전승연합국의 동맹국이 되었기 때문에 *스탈린*은 한동안 이 나라들의 자주성을 묵인했다. 그러나 *루마니아, 헝가리, 불가리아*는 추축국의 동맹국이었기 때문에 위성국화가 급속히 강행되었던 것이다.

고 있었다. *헝가리*의 언론인 *프랑스와 페이퇴*(Francois Feitö)는 다음과 같이 논평하고 있다.

> …두 말할 나위 없이 공산당의 사업의 많은 부분은 그 정적들의 범용(凡庸), 정치의 도락시, 사상과 전망의 빈곤 등에 의하여 성공이 용의하게끔 되었다. 완강한 "외곬수" 기질의 사람들—이를테면 *마니우, 페트코프, 케틀리*[Anna Kethly, '헝가리사회민주당'의 오랜 지도자], *슬리요크* 등—과 함께 용기와 지적(知的) 성실과 지성을 갖춘, 지조가 일관한 정치가들도 여기저기 보이기는 했다. 그렇다고 해도 이런 사람들은 그 *그룹* 안에서는 언제나 고립되어 있었다. 전체적으로 본다면, 투옥된 *헝가리*의 어떤 사회주의자가 1947년 "대중 측이 우리들의 정치지도자들보다 백배나 훌륭했다"고 술회했던 말이 가장 잘 상황을 표현하고 있었던 것이다.781)

이상의 논평은, *스탈린*주의에 대해 의연한 입장을 견지했던 비(非)공산주의 지도자들은 자기들의 *그룹* 안에서도 고립된 외로운 소수자(少數者)였다는 것, 그 밖의 사람들은 흐리멍덩한 채로 공산당에 우롱 당했다는 것을 뜻한 말이었다. 그렇다고 해도 공산주의자들의 성공을 가능케 했던 결정적인 요인은 바로 소련 점령군이었다. 소련군 사령부의 정치공작, 총검의 지원이 없었더라면 이곳의 역사는 크게 달라졌을 것에 틀림이 없다. 이러한 가상적(假想的) 예견을 사실로 입증한 것은 1989년 이후의 동태였다. 민주혁명의 격동 속에서 *고르바쵸프*가 소련의 군사적 불개입 정책을 취하자 *헝가리*를 비롯한 모든 동(東)*유럽* 나라의 공산당 정권이 차례로 맥없이 무너져버린 *도미노*현상에 의하여 동유럽의 역사는 다시 세워지고 있다.

781) F. フエイト著, 『スタリン時代の東歐』(原書名 *Histoire des démocraties, l'Ère de Staline 1945~1952)*, 岩波書店, 1975年, pp. 109~110.

제6편
민주주의냐 독재(獨裁)냐의 노선투쟁

제1장

민주주의 이념(民主主義理念)의 변천
-*레닌*의 출현까지

제1절 사회주의의 선구자들

*레닌*주의는 *프롤레타리아*혁명과 *프롤레타리아트*독재를 핵심으로 하여 전개되었고 그러한 목적의식(目的意識)에서 독특한 민주주의의 개념을 설정하였다. 민주주의는 극히 다양한 의미를 가진 개념이다. 회고컨대 고대(古代) *그리스*에서 *아리스토텔레스*가 민주주의를 처음으로 논한 이래로, 이 말은 그 어원적(語源的) 의미를 놓고 무수한 논쟁을 벌여왔다. 어원적으로 민주주의는 민중 또는 인민(demos)의 지배(cratia)를 뜻한다는 것은 이미 상식화 된 개념이다. 그러면 인민이란 무엇이며, 인민의 지배 즉 인민이 권력을 행사한다는 것은 무슨 뜻인가.

이에 대한 해석은 사람에 따라, 시대에 따라, 당파(黨派)에 따라, *이데올로기*에 따라, 각양각색이다. 18세기의 *프랑스*혁명 이래로 정치용어 중에서 "민주주의"란 것 이상으로 해석 상의 혼란을 거쳐 온 말은 없을 것이다. 그 까닭은 무엇보다도 민주주의란 말이 시대마다의 격심한 정치적-사회적 변동을 반영하고 있었던 때문이었다. 그리하여 민주주의의 개념은 단지 객관적인 이론의 대상이 아니었으며, 흔히는 목적의식적인 *이데올로기*의 도구로 되어버렸던 것이다.

민주주의란 용어는 특히 제2차 세계대전 이후 급속도로 보편화되고 유행화(流行化) 되어 세계의 거의 모든 나라들은 스스로의 정치제도를 민주주의란 말로 정당화하고 있다. 각양한 정치세력들은 상이한 의미로, 때로는 상반된 의미로 민주주의란 말을 사용하고 있어서 그 개념은 실로 모호한 것이 되어버렸다. 해방 직후 38선 남-북에서는 "민주주의"라는 말이 급작스레 전파되었다. "*부르죠아* 민주주의"라는 말과 함께 이에 대립되는 "진보적 민주주의", "새로운 민주주의", 얼마 후에는 "인민적

(人民的) 민주주의" 또는 단순하게 "민주주의"라는 용어들이 등장하여 일반 주민들의 사고(思考)에 혼란을 가져왔다. 1945년 11월 20일 '조선공산당' 주도하에 서울에서 열린 '전국인민위원회 대표자대회'에서 어떤 대표는 "사회주의 *소비에트*공화국 외에는 완전한 민주주의 국가가 없다. 다른 나라에 있어서는 대재국(大財國)이 지배하는 민주주의다"[783]라는 발언을 했다. 이 말은 해방 직후 남-북을 통하여 모든 공산주의자들이 가지고 있던 민주주의의 통념을 표명한 것에 불과했다.

그런데 민주주의의 의미는 "인민(人民)"의 범위와 그 "대표"의 선출방법을 어떻게 규정하는가에 따라 결정된다. 이것들을 극히 협소한 범위에 국한시킨다면 고대 *그리스*(노예가 압도적 다수를 차지), 근대의 입헌군주제(제한선거), 그리고 "사회주의"를 자칭하는 북한 등의 공산당국가(1당 독재)에서도 민주주의는 존재하는 것으로 된다. 그러나 오랜 역사적 과정을 거쳐 언론-출판-결사-집회-신앙의 자유와 사법부의 엄정한 독립을 제도화하고, 국민 모두의 기본적 권리를 법적으로도 실제로도 보장하고 있고, 자유선거 복수(複數) 정당제가 가동되고 있는 자유민주주의만이 불완전하나마 민주주의 이름에 합당한 민주주의로 인식되고 있다.

고대 *그리스*나 근대의 군주제(君主制)(그것이 비록 입헌군주제라고 해도)에서는 집권자 1인 또는 극소수의 지배계급만이, 그리고 현대의 공산당 1당(黨)체제에서는 당의 상층부에 있는 불과 몇 사람만이, 그것도 극히 제한된 범위에서 열거한 자유를 독점적으로 누려왔다. 그런 곳에서 권력을 장악하고 행사하는 국가의 '대표'는 인민들이 자유의사에 따라 선출한 진정한 대표가 아니다.

민주주의 앞에 수식어(修飾語)가 붙은 것치고 오늘날 민주주의로 보편적인 인정을 받고 있는 것으로는 자유민주주의(또는 의회민주주의)와 이 범주에 속하는 사회민주주의 밖에 없다. 자유민주주의는 위의 자유를 보장하는 외에도 다수(多數) 정당이 경쟁하는 보통선거를 통하여 정권의 평화적 교체를 실현하는 것을 요건으로 하는 정치제도다. 한편 사회민주주의는 이와 같은 정치적 민주주의를 절대로 "필요한 조건"으로 인식하고 그것을 옹호한다. 그러나 그것은 충분한 조건이 아니며, 그런 것만 보장되면 민주주의의 평등이념(平等理念)이 실현될 수 있다고 생각하지 않는 것이 전통

783) 「全國人民委員會 代表者大會 議事錄」. 金南植 編, 『南勞黨研究資料集』〈第5輯〉, 高麗大學校 亞細亞問題研究所 發行, 1974년, p. 33.

적인 사상이다.

사회민주주의는 그런 요건들이 법적으로 보장된다고 해도 금력(金力)에 의하여 한 사회집단이 다른 사회집단을 지배, 수탈(收奪)하는 사회적 불평등이 존재하는 한 민주주의의 이념인 자유도 평등도 공평성도 실현될 수 없다는 인식에서 사회적 불평등의 타파를 강력히 주장한다. 요컨대 정치적 민주주의를 사회생활의 차원에까지 확대해야 한다는 것이다. 정치적 민주주의를 고수(固守)한 점에서 사회민주주의는 공산주의가 주장하는 사회주의와는 엄격히 구별된다.

*유럽*의 경우 자유민주주의는 *프랑스*혁명(1789) 이래로 *부르죠아*계급(당시는 중산계급)이 구체제(舊體制)(ancien régime) 내 귀족들의 봉건적 특권에 대항하면서 쟁취하고 제도화한 것이다. 당시는 신흥 상공업 계급에 대한 귀족들의 압제가 심했고 사회는 신분적(身分的)으로 갈라져 있었다. *부르죠아*계급은 이러한 정치적-사회적 불평등의 철폐를 주장하고 나섰다. *프랑스*의 *부르죠아*계급은 "소유권은 신성불가침(神聖不可侵)한 권리며… 따라서 합법적으로 확인된 공공(公共)의 필요성이 명백히 그것을 요구하는 경우라 할지라도…사전의 정당한 보상(補償)의 조건이 없는 한 그것은 빼앗기지 않는다."[784] (1789년 8월 26일「인간 및 시민의 권리선언」제17조)고 선언하고, 사유재산제(私有財産制)를 기초로 한 자본주의의 길을 명시했던 것이다.

이러한 *부르죠아*계급은 서(西)*유럽*에서 주축이 되어 산업혁명을 일으켰고 자본주의를 발전시켜 전대미문(前代未聞)의 찬란한 물질문명을 창조했다. 그런데 자본주의의 발전과 함께 19세기에 와서 새로운 사회계급이 출현했다. 즉 *프롤레타리아트*라고 불리운 산업노동자계급이 그것이다. 산업노동자계급이 시기적으로 보아 세계에서 먼저 가장 많이 형성되었던 대표적인 나라는 최선진 자본주의 국가 영국이었다. 초기 자본주의 시대의 영국 노동계급은 자본가들의 가혹한 착취와 억압으로 말미암아 처참한 상태에서 신음하고 있었다.

자본가들은 낮은 임금과 극열한 노동조건, 혹독한 처벌로 노동계급을 혹사했다. 더욱이 당시는 자유방임 시대였으므로 각 기업은 서로 간에 격렬한 경쟁을 벌이는 과정에서 약자는 망하고 강자는 살아남는 약육강식(弱肉强食)의 비극을 되풀이하고

784)「Déclaration des Droits de l'Homme et du Citoyen du 26 août 1789 (ART.17)」, Maurice Duverger, *Constitutions et documents Politiques*, Presses Universitaires de France, 1956, p.4.

있었다. 자본가들은 서로간의 경쟁에서 패망하지 않기 위하여 노동자를 가능한 한까지 수탈하는데 지혜를 쏟았다. 당시의 참상을 기록한 것은 비단 *맑스*와 *엥겔스*의 저작들뿐만이 아니다. 공장 감독자들의 보고서, 정부 관리들의 조사서, *찰스 디킨즈*(Charles Dickens)의 소설, *카라일*(Thomas Carlyle) 같은 문필가들의 사회평론은 그 때의 사정을 생생하게 묘사하고 있었다. 초기 자본주의 사회에서는 부녀자의 학대와 10세 미만의 유년노동자(幼年勞動者)가 도처에 나타나 하루 12~13시간 노동이 보통이었다. 그리하여 *아돌프 헬트*(Adolf Held)라는 독일인은 이미 150여년 전에 "영국은 다른 나라에 앞서 대 공업을 창설함과 동시에 그 암흑면을 거의 폭로하는 슬픈 명예를 짊어졌다"고 쓴 바 있다.

당시에는 비단 *맑스*와 *엥겔스*를 비롯하여 목사, 비판적 지식인, 인도주의자들이 소리를 높여 자본주의의 철폐 내지는 근본적 개혁을 외치면서 여러 가지 개선책을 내놓았다. 19세기 중반의 *프랑스*와 독일, 19세기 말에서 20세기 20년대의 일본 등에서는 산업혁명 초기의 영국보다는 사정이 좀 나졌다고 해도 노동계급의 처지는 비참했다. 오늘에 와서 회고한다면 어떻게 그런 시대가 있을 수 있었는가 하고 믿어지지 않을 정도였다. 이때 급진적 개혁 또는 혁명을 위하여 분투하는 정치세력은 민주주의의 정치적 형태와 방식(정부형태, 통치방식 등)보다는 정치체제의 사회적 내용(계급적 지배, 민중 수탈 등)을 중시했다.

민주주의의 사회적 내용을 기준으로 한다면 민주주의란 사회적 평등, 경제적 평등주의와 동일한 것으로 된다. 바로 이러한 사상에서 무정부주의(無政府主義), 폭력적(暴力的) *쌍디칼리즘*, 인도적 사회주의(人道的 社會主義), 사회민주주의(社會民主主義), 기독교사회주의(基督教社會主義), 혁명적 *맑스*주의 등 각 파의 사회주의가 나왔던 것이다. 사회주의는 바로 그런 시대적 조건의 산물이었다. 사회민주주의자들은 19세기 말 이래로 대개가 "사회주의"를 표방하면서 오늘에 이르고 있다.

*유럽*에서의 사회주의의 발전과정을 간단히 살펴본다면, 근대-현대적 의미의 사회주의 사상의 발상지는 *프랑스*였다. 18세기 '후반 *프랑스* 대혁명'(1789~1799)이 일어날 때까지 영국과 *프랑스*에서는 공상적 사회주의 계보에 속하는 사상가-실천가들이 속출했다. 그러나 이것은 근대적 사회주의 태동(胎動)을 의미했을 뿐이었다. *유럽*의 사회주의운동이 본격적으로 일어나기 시작한 것은 전(全)*유럽*이 '*프랑스* 대혁

명'과 '산업혁명'의 여파 속에서 정치적-사회적-사상적으로 세차게 흔들리고 있던 19세기 전반기부터였다. 이 혁명이 *에릭 홉스바움*의 이른바 *유럽*의 "2중혁명"이다.[785] *프랑스* 대혁명은 민주주의 3대원칙, 즉 자유, 평등, 우애를 표방하면서 일어났지만 평등은 자유-자본주의하에서는 실현되지 못했고, 경제적 불평등이 인간의 참된 평등을 가로막고 있었다. 여기서 사회주의 사상이 파고든 것이다. 대 혁명기에 *프랑스*는 구체제의 타도-급진파와 온건파의 유혈(流血)투쟁, 1794년의 "*테르미도르*의 반동", 나폴레옹 1세의 *쿠데타*(1899. 9)-그의 종신 집정(執政)과 황제취임(1802~1814), 1830년의 7월혁명, 1848년의 2월혁명 등 일련의 대 격동기를 거치는 동안 *바뵈프*(Francois Noël Babeuf), *까베*(Etienne Cabet), *블랑끼*(Louis-August Blanqui), *블랑*(Jean-Joseph-Charles-Louis Blanc), *쁘루동*(Pierre Joseph Proudhon) 등 폭력주의자에서 평화적 합법주의자(合法主義者)와 무정부주의자(無政府主義者)에 이르기까지 다양한 사회주의 사상가가 속출했고 운동이 나타났다. *맑스*를 비롯하여 독일인들이 사회주의를 배운 것은 *프랑스*에서였다. 그러나 전국적 규모의 대중적 사회주의 정당이 처음 나온 곳은 독일이었다. *라쌀르*(Ferdinand Lassalle)가 1863년에 *베를린*에서 창건한 '전(全) 독일노동자협회'는 세계에서 최초로 출현한 사회주의 정당이었다. 그는 *맑스*주의자가 아니라 *헤겔*주의자였다. 그런데 1868년(*라쌀르*는 1864년에 이미 사망)에는 *맑스*의 추종자들이 *라쌀르*파를 반대하여 또 하나의 사회주의정당, 즉 '독일사회주의노동당'을 1891년 *아이제나하*(Eisenach)에서 창립하고, 「*아이제나하* 강령(綱領)」을 채택했다. 이 두 당은 치열한 논쟁과 기반 확대를 위한 경쟁을 벌인 끝에 1875년 5월 *고타*(Gotha)에서 '독일사회주의노동당(獨逸社會主義勞動黨)'이란 이름으로 통합했지만 *비스마르크*의 「사회주의 진압법(鎭壓法)」(1878~1890)에 의하여 당 간부들은 합법활동을 하지 못하고 외국으로 망명했다. 그러다가 1890년 사회주의 운동이 합법화되자 귀국하여 그 이름을 오늘의 당명인 '독일 사회민주당'으루 바꾸었다.[786]

---

785) 이에 관한 명쾌한 분석은 Eric J. Hobsboum, *The Age of Revolution 1789~1848*, The New American Library, 1962 참조.

786) 1863년 全獨逸勞動者協會의 창립에서부터 「*에르푸르트* 綱領」이 나올 때까지의 독일사회민주주의의 역사는 Franz Mehring의 고전적 大著 *Geschichte der Deutschen Socialdemokratie*, Zweiter Teil, (Dietz Verlag Berlin 1976)에 상세하게 서술되어 있다. 한편 이에 대한 간략하고도 요령있는 설명은 Walter

동 당에는 *맑스*주의자들이 많았으며 *맑스*주의적인 「*에르푸르트* 강령(綱領)」(1891)을 채택하여 *맑스*주의 정당으로 재출발했다. 그러나 당내에서 *라쌀르*의 사상적 영향은 만만치 않았다. 「*에르푸르트* 강령」은 자본주의 제도를 신랄(辛辣)하게 비판했지만, "*프롤레타리아* 혁명"나 "*프롤레타리아* 계급의 독재"를 주장하지는 않았다.[787] 이와 동시에 투쟁전략을 바꾸어 극좌파(極左派)를 제명하면서 광범한 민주주의적 개혁안을 내세웠다. 이윽고 독일사회민주당을 모델로 하여 19세기 말 *유럽*의 거의 모든 나라에서는 '사회민주당'이라는 이름의 정당들이 조직되었다.

허나 자본주의의 선진국인 영국에서는 *맑스*의 영향을 거의 받지 않고 독자적인 사회주의철학에 기초하여 노동조합, '독립노동당'(James K. Hardie을 중심으로 1893년에 창립), *페이비안*협회(協會)'(Fabian Society, 1884년에 설립)를 토대로 1906년 '영국노동당'을 결성했다. *유럽* 대륙에서 사회민주당들은 거의 예외 없이 전제정부(專制政府)의 탄압을 받았다. 그런 가운데 1898년에는 '독일 사회민주당'이 주동이 되어 '제2*인터내셔널*', 즉 '사회주의 *인터내셔널*'을 조직했고 여기에 *유럽*의 사회주의자들을 대거 집결시키게 되었다.

Theimer, *Von Bebel zu Ollenhauer*, Lehben Verlag München (Dalf-Taschen Bucher), 1957, pp. 5~48 참조.

787) *칼 카우츠키*가 기초한 「*에르푸르트* 綱領」(das Erfurter Program)은 당시의 자본주의 제도 하에서 일어나고 있던 중산계급의 몰락, 실업자의 팽창, 점점 험악해가는 착취자와 피착취자의 대립, *부르죠아지*와 *프롤레타리아트*간의 격렬한 계급투쟁을 간명하게 분석하고 "자본주의적 사적 소유를 사회주의적 소유에로 轉化"할 것을 제창하고 사회적 변혁은 "오직 노동자계급에 의해서만 이룩될 수 있는 사업"이라고 강조했다. 「강령」은 "노동자계급의 자본가적 착취에 대한 투쟁은 필연적인 정치적 투쟁"이라고 선언하면서 이 투쟁에서의 사회민주당이 수행해야 할 임무를 제시했다.

「綱領」은 독일사회민주당이 "계급의식에 눈뜬 다른 모든 나라의 노동자와 일체라는 것을 자각하고 선언한다"고 명시했다. 그러나 "독일사회민주당은 새로운 계급적 특권이나 우선권을 위하여 싸우는 것이 아니라 무릇 계급지배와 계급자체의 철폐를 위하여, 그리고 남녀 문벌의 차이 없이 만인의 평등한 권리와 의무를 위하여 싸우는 것"이라고 투쟁의 궁극적 목표를 제시했던 것이다. 그렇지만 '강령'은 *프롤레타리아* 혁명과 *프롤레타리아트*의 독재는 일체 언급하지 않았다. '독일 사회민주당'의 창립 취지문에 해당하는 *랏살레*의 유명한 「公開營狀」(1863), 「*아이제나하* 강령」(1869), 「*고타* 강령」(1875), 「*에르프르트* 강령」 등 전문은 Dieter Dowe · Kurt Kloz Bach(Hg), *Programatische Documente der Deutshen Sozialdemokratie*, pp. 168~176에 수록.

제2절 *레닌*주의의 등장

1898년 전제주의 제정(帝政) *러시아*에서도 비(非)합법적으로 *맑스*주의 정당인 '*러시아* 사회민주노동당'이 조직되었다. 이것이 그 후의 '소련 공산당'의 전신이다. 그런데 '*러시아* 사회민주노동당'은 1903년 *런던*에서 개최된 제2차 당 대회에서 당의 조직원칙(소수 *엘리트*당이냐 대중정당이냐), 혁명의 전략(급진주의냐 점진주의냐), *프롤레타리아* 계급의 독재의 문제(찬성이냐 반대냐)를 둘러싸고 *레닌*의 *볼셰비키*파(派)와 *마르또프*(Yuly O. Martov)의 *멘셰비키*파로 분열된 것은 널리 알려진 사실이다. 양자 간의 쟁점은 허다했지만 *볼셰비키*는 *러시아*에서 혁명은 임박했다고 인식하고, 먼저 *프롤레타리아* 계급이 지도하는 *부르죠아* 민주주의혁명에 의하여 짜리전제주의를 타도하고, 곧이어 사회주의혁명을 결행하여, *프롤레타리아* 계급의 독재에 의하여 구(舊) 지배계급을 소탕하는 한편 사회주의를 건설한다는 전략을 내세웠다.

이에 대해 *멘셰비끼*는 *러시아* 사회주의 혁명의 주체가 *프롤레타리아* 계급이라는 것을 시인하면서도 *짜리즘*의 지배를 타도하는 *부르죠아*혁명의 임무는 *부르죠아* 계급이 담당하여야 하며, *부르죠아*혁명 단계에서는 *프롤레타리아* 계급은 자체의 이익을 수호하는 혁명적 반정부당(反政府黨)으로 남아있어야 하는 입장을 견지(堅持)하고 있었다. 그리고 *부르죠아*혁명이 승리하여 정치적 민주주의가 보장되고, 자본주의의 발전에 따라 노동자들이 수적으로 증가하고, 이들이 정치적으로 성숙해진 후에 사회주의 혁명으로 돌입해야 한다는 주장이었다. 그들은 무엇보다도 *레닌*의 철칙인 *프롤레타리아* 계급의 독재를 배척했다. 요컨대 *멘셰비끼*는 후진국인 제정*러시아*에서는 조급한 *프롤레타리아* 사회주의혁명은 역사발전 법칙에 어긋난다는 인식에서 점진적 과정을 통하여 사회주의로 접근한다는 입장을 견지하고 있었다. 양 파간(兩派間)의 이런 차이가 당의 결정적 분열을 초래하고 말았다.

양파는 다 같이 *맑스*주의자로 자처하면서 같은 당명을 사용하여 오다가 1912년 *볼셰비키*는 별도로 '*러시아* 사회민주노동당(*볼셰비키*)'를 결성하고 당(黨)에서 *멘셰비키*를 축출했다. 그리고 10월혁명 후인 1919년에는 당명을 '*러시아*공산당(*볼셰비키*)'으로, 1922년에는 '전연방(全聯邦)공산당(*볼셰비키*)'으로, 다시 1952년에는 최후의 당명인 '소련공산당'으로 개칭했다. 계보 상으로 볼 때 오늘의 공산주의는 *볼셰비*

즘, 즉 *레닌*주의이며 그것은 먼저 *러시아* 사회민주주의운동의 한 분파로 출현했던 것이다.

이러한 분열현상(分裂現狀)은 '*러시아*사회민주노동당' 내에 국한된 것은 아니었다. 대전(大戰) 중 '제2*인터내셔널*'내에서는 전쟁수행과 혁명전략의 문제를 놓고 사회주의자들은 크게 분열되었다. *레닌*파는 폭력혁명이 아니라 점진적, 평화적 방법으로 사회주의를 실현하려는 *유럽* 각국 사회주의자들을 "기회주의자", "개량주의자(改良主義者)"라고 비난하면서 이들과 치열하게 대립하고 있었다. 제1차 대전이 끝난 1919년 3월 *레닌*은 "개량주의적인" '제2*인터내셔널*'의 해체를 선언하면서 새로 "공산주의 *인터내셔널*", 즉 '제3*인터내셔널*'을 조직하고 '제2*인터내셔널*'내의 비(非)*레닌*계(系) 사회주의자들과 결별했다. *레닌*에 동조하는 사회주의자들은 자국의 당과 '제2*인터내셔널*'에서 이탈하여 공산당을 조직하면서 '제3*인터내셔널*'에 가담하게 되었다. 이로써 국제사회주의운동은 *레닌*주의파(派), 즉 공산주의자들과 사회(민주)주의자들로 세기적 대분열을 일으켰던 것이다.

이상 현대 공산주의가 어떻게 출현했는가의 역사적 경로(經路)를 간단히 회고하는 것은 북한의 공산주의 본질을 이해하는데 있어서 극히 중요하다. 운동의 계보를 더듬어 볼 때 현대 공산주의는 사회주의의 여러 계파(系派) 안에서도 *맑스*주의며, *맑스*주의 안에서도 *레닌*주의를 의미한다. *레닌*주의는 *레닌*이 사망한 후인 1920년대 말 소련에서는 "*맑스-레닌*주의"란 이름으로 불리게 되었고[788] 그 후 *맑스-레닌*주의는

788) "*맑스-레닌*주의"라는 용어가 처음 나타난 것은 1920년대 말 (「*볼셰비즘*」誌, 1930년)이었으며 1934년이래로 *아도라츠끼*(Adoratsky)는 "唯物辨證法"을 "*맑스-레닌*주의의 이론적 기조"란 말을 제시했다고 한다. George Labrica-Gerad Bensussan, *Dictionaire Critique du Marxisme*, Presses Universitaires de France, 1982, p. 716. *스탈린*의 시대인 1938년에 발행된 『全聯邦共産黨(*볼셰비끼*)小史』에는 금과옥조가 된 *스탈린*의 철학논문 「辨證法的 唯物論과 사적 유물론」이 들어 있는데 이 책의 서문에서 "*맑스-레닌*주의당의 세계관"이니, "*맑스-레닌*주의의 모든 敵"이니 하는 용어들이 사용되고 있었다. 앞의 *History of the Communist Party of the Soviet Union (Bolsheviks)-Short Course*, Red Star Press(London), 1972, p. 2, p. 105. 이상과 같이 *맑스-레닌*주의란 말은 *스탈린* 시대의 造語였으며 그 특징은 *스탈린*에 의하여 자기의 혁명전술과 통치방식을 절대화하려는 목적에서 해석된 *레닌*주의였다는 점에 있었다.

그런데 *스탈린*주의가 매장되고 있던 흐루시초프 시대에도 *맑스-레닌*주의라는 용어는 마찬가지로 사용되고 있을 뿐만 아니라 그 *이데올로기*적 권위는 계속 확립되어 갔다. 1960년에 발행된 신판 『*소비에트*연방 공산당사』는 10월혁명 이전 *러시아*의 노동계급과 근로농민은 "*맑스-레닌*주의 사상으로 무장하여…인민의 승리를 보장했다"느니, 제2차 세계대전 후 모든 사회주의 나라들은 "동일한 *이데올로기*, 즉 *맑스-레닌*주의를 지침으로 하고 있다"느니 하는 것 등이 그 예다. 앞의 *History of the Communist Party of the*

국제공산주의운동에서 단일적인 공인(公認) *이데올로기*가 되었다. *맑스-레닌*주의는 *맑스*와 *엥겔스*의 허다한 명제들을 내세우고 스스로를 "진정한" *맑스*주의라고 주장하면서 *맑스*주의의 혁명적 정통(正統)을 계승한 것으로 주장해 왔다. 그러나 *맑스-레닌*주의는 본질적으로는 *레닌*주의이며, *레닌*주의는 *러시아화*(化)한 *맑스*주의요, 고전적 *맑스*주의와는 여러 면에서 다르다.

그러면 *레닌*주의란 무엇인가? *스탈린*은 1924년에 설명하기를 *레닌*주의는 "제2*인터내셔널*의 기회주의자들이 거세(去勢)해버렸던 *맑스*주의의 혁명적 내용을 부활시켰다"는 점에 "부분적 진리"가 있지만 "다시 일보 전진하여 제국주의와 *프롤레타리아트*의 계급투쟁이란 새로운 조건하에서 *맑스*주의를 더욱 발전시켰다"는 점에 "전체적 진리"가 있다고 했다.789) 더 나아가 "*레닌*주의는 제국주의와 *프롤레타리아* 혁명의 시대의 *맑스*주의"며, "보다 정확하게는 *레닌*주의란 일반적으로 *프롤레타리아*혁명의 이론과 전술"이요, 특수하게는 *프롤레타리아트*의 독재의 이론과 전술790)이라는 정의를 내린 바 있다. 이러한 정의는 그 후 공산주의자들이 *레닌*주의를 어떻게 인식하고 이에 의거하여 어떻게 행동하는가를 이해하는데 있어서 극히 중요한 관점이다.

이상 *스탈린*의 설명에서 강조한 "*프롤레타리아트*의 계급투쟁", "제국주의", "*프롤레타리아트*의 독재"등은 모두 *레닌*주의의 핵심적 사상이다. 따라서 그 후 공산주의에서 말하는 "민주주의"는 이상의 핵심적 사상을 떠나서는 절대로 이해할 수 없으며 그것들과 불가분적으로 융합되어 있다는 것을 먼저 지적해 둔다. 특히 *스탈린*은 *레닌*주의가 *프롤레타리아* 혁명과 *프롤레타리아* 계급의 독재의 "이론과 전술"이라는 점을 부단히 강조했다. 그의 말은 정확했다. *레닌*주의는 *프롤레타리아* 혁명과 *프롤레타리아트* 독재의 "이론과 전술"이다. 물론 *레닌*의 이론은 객관적 타당성을 지닌 이론이 아니라 어디까지나 혁명과 독재를 위한 주관적 희망에서 구성한 전략이론이었다.

Soviet Union, Foreign Languages Publishing House(Moscow), 1960, p. 14 및 p. 637. *브레즈네프* 시대(1964년 10월 이후)의 黨史에서는 *소비에트* 사회주의의 내용이 더욱 더 *맑스-레닌*주의의 논범에 의하여 설명되었으며, *고르바쵸프*의 등장 이후까지에도 이 말은 계속 사용되었다. 이러한 과정을 통하여 *맑스-레닌*주의는 소련의 黨 및 국가의 *이데올로기*로, 국제공산주의운동의 유일한 *이데올로기*로 정립되어 갔던 것이다.

789) Bruce Franklin(ed), *The Essential STALIN-Major Theoretial Writings 1905-52*, Groom Helm (London), 1973, p. 91.

790) 위와 같음.

*레닌*주의의 본질은 바로 그런 전술, 전략이론이란 점에 있다.

따라서 *레닌*이래로 공산주의자들이 부단히 강조하고 있는 "민주주의"도 "*프롤레타리아* 계급의 계급투쟁", "*프롤레타리아*혁명", "*프롤레타리아* 계급의 독재"를 위한 전술, 전략이론으로 제기되어 왔던 것이다. 이 점에서 공산주의에서의 "민주주의"는 의회민주주의자, 무정부주의자, 사회민주주의자, 각파의 비(非)공산주의적 사회주의자들이 주장하는 민주주의와는 글자만 같을 뿐 내용은 근본적으로 다르며 서로 상치하고 있다. 공산주의자들의 관점에 의하면 자본주의 나라들에서의 민주주의는 자본가 계급의 민주주의, 즉 "*부르죠아* 민주주의"며, 최상의 경우라도 형식적 민주주의에 불과하며 이것은 국가독점자본주의, *파시즘*적 지배로 타락하는 경향을 가지고 있다고 주장한다. 그러나 자유민주주의자와 사회(민주)주의자들은 공산주의자들의 그러한 "*부르죠아* 민주주의"론을 단호하게 거부해 왔다.

민주주의를 *프롤레타리아*혁명과 *프롤레타리아* 계급의 독재를 위한 하나의 전략이론, 전술로써 인식하고 있는 공산주의자들은 민주주의란 용어를 대중 조작(操作)의 *이데올로기*로 사용해 왔다. 그러한 민주주의 *이데올로기*는 두 개의 당략적(黨略的) 측면으로 구성되고 있다. 그중의 한 측면은 자본주의, 자유민주주의 제도에 대한 절대부정(絕對否定)－적대적(敵對的) 공격의 측면이었다. 다른 하나는 비(非)공산주의 나라들에서의 공산당의 투쟁, "사회주의" 소련, 모택동(毛澤東)의 중국, 동(東)*유럽* 등의 국가체제에 대한 절대긍정(絕對肯定)－동지적(同志的) 옹호의 측면이었다. 이 절대부정－적대적 공격의 측면과 절대긍정－동지적 옹호의 측면은 하나의 *이데올로기*의 양면으로써 중－소 분쟁을 계기로 국제공산주의가 분열되고 "사회주의 진영"이 소멸될 때까지 세계 수억 대중의 의식(意識)을 조종해왔다.

북한에서는 1945년 8월 이래로 오늘에 이르기까지 "*부르죠아* 민주주의혁명", "반제(反帝)－반(反)봉건적 민주개혁", "민주주의적 독립국가 건설", "진보적 민주주의", "민주기지", "새로운 민주주의", "진정한 민주주의", "민주주의 민족통일전선", "인민민주주의", "민주주의 인민공화국", "사회주의적 민주주의", "민족 민주전선" 등 민주주의 어지러운 과잉 표현에 의하여 민주주의 *이데올로기*를 선전해 왔다. 북한에서는 *이데올로기*란 용어를 간단히 "사상" 또는 "사상의식(思想意識)"이란 말로 대치하고 있는데 이것만으로는 그들의 *이데올로기*를 이해할 수 없다. 그러면 *이데올로기*란 무엇인가. 한마디로 *이데올로기*란 어떤 정치－사회단체의 강령(綱領)을 구성하는 사고(思考), 이론, 목표선언 등의 통합체다.

*이데올로기*는 부분적으로는 사회정의, 과학성, 합리성, 때로는 경험적 실증주의의 측면을 지니고 있기도 하지만 총체적으로는 그런 것들의 객관적 검증을 초월한 신념체계(信念體系)로서, 신화적 측면, 환상, 편협한 당파성, 당략성(黨略性), 계급적 전투성, 대중선동, 선전효과, 자신의 절대적 정당화 등의 요소를 내포하고 있다. 요컨대 *이데올로기*란 크나 적으나 그런 특성을 지닌 어떤 개인 또는 집단의 사고방식이요 사고의 내용이다. 공산주의자들이 주장하는 자본주의 사회의 "절대적 빈곤", "*부르죠아* 민주주의의 기만성", "유물변증법(唯物辨證法)", "계급투쟁", "*프롤레타리아* 계급의 독재", 공산주의 사회의 "역사적 필연성", "사회주의적 평등", "*프롤레타리아*혁명", "인민의 적(敵)", "사회주의적 민족", "민족해방" 등은 모두 그들의 *이데올로기*의 구성부분들이다.

*이데올로기*는 어떤 사회에도 존재하지만 그것이 지나치게 경직화하고, 극단적이며, 광신적인 것으로 전화(轉化)할 때는 전체주의적 *이데올로기*가 된다. *히틀러*의 *나치즘*, 일본과 *이탈리아*의 *파시즘*, *스탈린*주의, 모택동 사상, 김일성의 주체사상 등이 바로 그런 것들이다. 이러한 *이데올로기*는 그 창시자들에 의하여 영원한 진리로 선포 선전되어 왔다. 그 대표적인 것이 "영생불멸의 주체사상"이다. 무릇 전체주의 *이데올로기*는 통일성(統一性)－체계성(體系性)－완결성(完決性)을 갖추고 있고, 사람들에게 삶의 보람을 느끼는 행동의 방향을 정열적으로 제시하기 때문에 일시, 일부의 지식인과 대중들을 현혹케 한다.

*맑스*는 자본주의 사회의 지배적 *이데올로기*를 "허위의 의식(意識)"이라고 단정하고 배격했지만, 언론의 자유가 있는 민주주의적 자본주의 사회의 경우 지배적 *이데올로기*는 항상 그 대항(對抗) *이데올로기*에 의하여 가차 없는 도전을 받음으로써 황당무계(荒唐無稽)한 주장을 내세우는 선동 선전의 효과는 곧 소멸될 수밖에 없다. 따라서 이런 사회에서는 정치집단들은 추상적 *이데올로기* 선전보다는 구체적 정책을 놓고 이성적으로 논쟁하는 것이 일반적 경향이다. 그러나 대항 *이데올로기*가 용인되지 않는 폐쇄된 독재사회에서는 집권자, 집권당의 *이데올로기*가 절대적 진리로써 통용되고 있으며 이것을 신봉하지 않는 자는 폭력적 탄압의 비운을 면할 수 없다. 이

런 과정에서 허위의 진리화, 진리의 허위화가 거침없이 진행되어 왔던 것이다.

북한에서의 민주주의 *이데올로기*는 바로 *레닌*, *스탈린*, *코민테른*('공산주의 *인터내셔널*'), *코민포름*(cominform='공산주의 국제정보국')의 주장과 함께 모택동의 신민주주의론의 복사판에 불과하다. 따라서 북한식 민주주의에 대한 정확한 인식을 위해서는 국제 공산주의에서 정식화(定式化)된 민주주의의 주요한 유형(類型)을 간단히 고찰하고 넘어갈 필요가 있다. 그것을 분류하면 대체로 다음과 같다.

제2장

*맑스-레닌*주의에서의 민주주의 개념

제1절 "민주주의"의 유형(類型)들

1) "*부르죠아* 민주주의"

*맑스-레닌*주의에서 유형화(類型化)해 온 민주주의는 "*부르죠아*민주주의"에서 "민족민주주의"에 이르기까지 실로 다양하다. 먼저 "*부르죠아*민주주의"란 자본주의 나라의 자유민주주의(형태는 의회민주주의)를 말한다. 이것은 19세기 중엽 *맑스* 시대부터 공격의 목표가 되어왔다. 당시는 영-독-불 어디를 막론하고 선거권이 유산계급(有産階級)에 협소하게 국한되어 있었음으로 당연히 비판의 대상이 되고도 남았다. 그러나 선거권이 확대되어 노동계급의 대표가 의회에 진출하고 사회주의 정당들이 그 세력을 확대하고 있는 상황에서도 *레닌*은 이것을 맹렬히 공격했고, *프롤레타리아* 혁명에 의한 의회민주주의 제도의 전복(顚覆)과 *프롤레타리아* 계급의 독재정권의 수립을 철저히 강조했다.

제2차 대전 후 의회민주주의는 정치-경제-사회적으로 더욱 발달하여 사회주의자와 공산주의자들이 의회(議會)에 대거 진출했고, 서구제국에서 노동당-사회당 정권이 여러 차례 출현했지만 공산주의자들은 계속 "*부르죠아*민주주의"의 허구성을 공격했다. 아무리 언론-출판-집회-결사의 자유와 자유선거가 보장되고 노동계급의 권리와 지위가 향상되어도 경제적으로 자본주의가 존재하는 한 그것은 민주주의가 아니며 "*부르죠아*독재"라는 것이 주장의 핵심(核心)이다. 오직 공산당 독재정권이 수립되어 자본주의를 철폐하고 사회주의를 실행할 때만 진정한 민주주의가 될 수 있다는 입장을 고수해 왔다. 그런데 이러한 입장으로부터 이탈한 것이 바로 1970년 초에 대두한 *유로코뮤니즘*(eurocommunism)이었다.

2) "*프롤레타리아* 민주주의" 또는 "*소비에트* 민주주의"

프롤레타리아 민주주의란 "*부르죠아*민주주의"에 정면 대립하는 노동계급의 민주주의를 뜻한다. *맑스* 자신은 "*프롤레타리아*민주주의"란 용어를 사용한 일이 거의 없었고 그 생애에 단 한번 *엥겔스*가 이 말을 사용했을 뿐이다.[791] 그러나 *레닌-스탈린*에 이르러 이 용어는 대대적으로 강조되었다. 그들에 있어서 "*프롤레타리아*민주주의"란 자본가계급에 대한 *프롤레타리아* 계급의 독재를 의미했다. 이에 관해서는 바로 뒤에 "*부르죠아*민주주의"를 분석할 때 다시 언급할 것이다. 한편 사회민주주의에 관해서는 그것이 자유선거-의회를 통하여 사회주의로 접근한다는 입장을 택할 때는 "개량주의(改良主義)", "수정주의(修正主義)"라는 비방을 가해왔고, 반대로 폭력혁명노선을 추구하는 경우라도 공산당을 추종하지 않을 때는 "소(小)*부르죠아*적 급진주의"라고 비난하는 것이 상례였다.

*레닌*은 10월혁명 후 수립된 *러시아*의 *볼셰비키*정권의 내용을 "*소비에트*민주주의"라고 불렀다. *볼셰비키*정권이 형식상 노동자-농민-병사 *소비에트*(평의회)를 토대로 했기 때문이었다. 그에 의하면 *러시아*에 나타난 "*프롤레타리아*민주주의"는 곧 "*소비에트*민주주의"였다. *스탈린* 시대에 이르러 "*소비에트*민주주의"는 체계적으로 강조되었으며 소련은 이것을 "가장 진보적인 민주주의"라고 격찬해왔고 제2차 세계대전 직후에는 "*소비에트* 사회주의적민주주의"라고도 불렀다. 이에 관해서도 후술할 것이다.

3) "반제(反帝) - 반(反)봉건적 민주주의"(혁명)

식민지(植民地)-반(半)식민지 나라에서 제국주의 통치를 전복하고 민족적 독립을 쟁취하는 한편, 대내적으로는 봉건지주의 지배를 타도하고 민주주의를 쟁취하려는 혁명을 공산주의자들은 "반제-반봉건적 민주주의혁명"이라고 설명해왔다. 이때의 '민주주의 혁명'이란 대내적으로는 봉건적 지주-소작인간의 사회-경제적 지배관계

---

791) *엥겔스*는 *맑스*의 1주기에 즈음하여 ≪Der Sozialdemorat≫ 誌(1884. 3. 13付) 第 11호에 실린 논문「*맑스*와 新*라인* 新聞』에서 "*프롤레타리아* 民主主義"(Proletarische Demokratie)란 말을 사용한 일이 있다. Marx / Engels *Werke*, Band 21, p. 21.

를 일소하는 계급혁명, 주로 토지혁명을 의미한다. 이 토지혁명은 토지를 사회화(집단화)하자는 것이 아니라 토지 없는 농민에게 사적(私的) 소유로 분배하는 과업을 수행한다고 해서 "*부르죠아* 혁명"이라고 규정해 왔다. *맑스-레닌*주의의 두 단계 혁명도식(革命圖式)에 의하면, 노동계급을 주축(主軸)으로 하여 봉건제도(封建制度)를 전복하는 제1단계의 혁명은 "*부르죠아* 민주주의혁명"이며, 그다음 노동계급이 자본주의 체제를 타도하는 제2단계의 혁명은 *프롤레타리아* 사회주의혁명이다.

식민지-반(半)식민지에서의 반제(反帝)-반(反)봉건적 민주혁명의 과업의 이론적 근원은 *코민테른* 초기에 출현한 식민지-반(半)식민지를 전복하기 위한 혁명전략에까지 소급된다. 그러나 이것을 명확하게 정식화한 것은 모택동의 『중국혁명과 중국공산당』(1939)에서 였다. 그는 중국혁명에서 혁명의 첫 번째 임무는 봉건주의와 제국주의의 타도라고 하면서, "현 단계의 중국혁명의 성격은 *프롤레타리아* 사회주의적인 것이 아니라 *부르죠아* 민주주의적인 것"[792]이라고 규정했다. 그 까닭은 지주계급의 토지를 농민의 사적 소유로 만들며, 동시에 민족반역자의 대기업이 아닌 일반 자본주의기업은 그대로 남겨두기 때문이었다.

모택동에 의하면 이러한 중국의 *부르죠아* 민주주의혁명은 "낡은 *부르죠아*혁명… 이 아니라, 새로운 특수한 *부르죠아* 민주주의혁명"[793]이며, 구미(歐美) 제국(諸國)의 역사에 나타난 민주주의 혁명과는 크게 다르다고 했다. 즉 이 혁명에서는 *부르죠아* 독재를 수립하는 것이 아니라 *프롤레타리아* 계급의 지도하에 혁명적 제(諸) 계급에 의한 "통일전선의 독재"를 수립하는 것이 그 임무라고 설명했다.

식민지 조선의 경우 반제-반봉건적 민주주의혁명 노선을 비교적 정확하게 설정한 것은 지금까지 누차 논급한대로 1928년 12월 10일 *코민테른*이 채택한 "12월 *테제*"에서였다. "12월*테제*"는 당시 파벌투쟁에 여념이 없었던 '조선공산당'에 대한 해체명령인 동시에 당(黨) 재건을 위한 노선상의 지침이었다. 이 *테제*에 의하면 조선혁명의 목표는 제국주의의 타도와 봉건적 토지관계의 혁명적 변혁에 있다고 했다. 이런 의미에서 조선혁명은 "*부르죠아* 민주주의혁명"이라고 명백하게 규정했다는 것은 누차 설명한 바와 같다. 그리고 공산주의자들은 반(反)제국주의, 반(反)봉건적 민족

792) 「中國革命과 中國共産黨」, 『毛澤東選集』(中文單卷本), 北京, 1966, p.610.

793) 위와 같음.

혁명운동에 계급적 성격을 부여하여 이것을 "타협으로 기울어지는 민족개량의, 즉 *부르죠아* 민주주의 운동으로부터 단절(斷絕)시키고 그 동요를 꾸준히 무자비하게 폭로하여야 한다"[794]는 투쟁방침(鬪爭方針)을 지시했었다.

4) "신(新)민주주의"

모택동은 "반제(反帝)－반(反)봉건적 혁명"을 "신(新)민주주의 혁명"이라고 불렀다. 내용은 마찬가지다. 그는 『중국혁명과 중국공산당』(1939)과 『신민주주의론』(1940) 등에서 중국공산주의 혁명의 이론적 기초로써 "신민주주의"를 제창했으며 이것은 제2차 세계대전 후 식민지 혁명의 모델로써 갑자기 각광을 받게 되었다. 그는 거듭 강조하기를 신민주주의 혁명은 "제국주의자와 민족반역자 반동분자"에 대하여는 "몇 개의 혁명계급들의 연합독재(聯合獨裁)"를 실시하며[795] 당장 *프롤레타리아* 계급의 독재를 수립하자는 것이 아니라고 했다.

그에 의하면 신민주주의 혁명에 참가한 "혁명계급들"은 반드시 *프롤레타리아* 계급의 "지도하의" 통일전선에 결속되어 있어야 한다. 따라서 "혁명적 계급들의 연합독재"는 이 계급들의 "통일전선"의 독재가 된다.[796] 이러한 "혁명적 계급들" 안에는 노동계급, 농민, 민족*부르죠아지*, 소(小)*부르죠아지*가 포함된다.[797] 제1단계에서는 자본주의의 경제요소를 당장 폐지하는 것이 아니라, 사적 자본주의 경제의 발전은－그것이 국민경제 발전에 유익할 경우는－보장된다고 했다. 그러나 *부르죠아* 독재하의 자본주의 사회에서와는 달리 대(大)기업의 국가소유, 사회주의적 국영경제가 신민주주의 사회의 토대를 이룬다는 것으로 되어있다.[798]

다음 제2단계는 신민주주의 혁명이 끝나고 사회주의를 건설하는 사회주의 혁명단계이다. 그리하여 그는 "신(新)민주주의 혁명은 사회주의 혁명의 필요한 준비이며, 사회주의 혁명은 신민주주의 혁명의 필연적인 발전방향"[799]이라고 설명했다. 이에

---

794) 「Resolution of the E.C.C.I. on the Korean Question」은 앞의 Dae-Sook Suh, *Documents of Korean Communism 1918~1948*(1970), p. 248.

795) 앞의 『毛澤東選集』(中文單卷本), p. 610.

796) 위와 같음.

797) 같은 책, pp. 602~608에 잘 분석되었음.

798) 『新民主主義論』. 같은 책, pp. 638~639.

관해서는 제5장에서 재론할 것이다. 모택동에 있어는 신민주주의 혁명이란 다름 아닌 중국공산당형 반제(反帝)－반(反)봉건적 민주주의 혁명이었다. 그의 이러한 2단계 혁명전략(革命戰略)은 대전 후 공산주의자들에 의하여 국내, 국제적으로 후진국 일반의 혁명전략으로 확산되어 갔다.

5) "인민(人民)민주주의"

제2차 세계대전 후 소련에서 동(東)*유럽*과 *아시아*의 후진적 공산당 국가들의 성격을 규정하기 위하여 *모스크바*가 도식화(圖式化)한 이론이다. 사적(私的) 자본주의의 발전이 아직은 필요했던 이 나라들의 정치－경제－사회체제를 이론 상 "사회주의"라고 규정할 수는 없었다. 또한 그렇게 규정한다면 사회발전 상 이 나라들의 지위가 선진적인 소련의 지위와 동격이 될 수밖에 없었다. 이 나라들을 *이데올로기* 상 "*소비에트*민주주의"의 하위(下位)에 두기 위하여 인민민주주의라는 개념이 만들어졌던 것이다.

인민민주주의의 초기 이론의 특징은 이 나라들이 ① 공산당 지도하의 통일전선을 가지고 있다는 것, ② 정권의 성격은 *프롤레타리아* 계급의 독재도, *부르죠아*독재도 아닌 "인류 역사상 완전히 새로운 것"이라는 것, ③ 경제체제에서는 소규모의 사유재산이 존속하고 있는 한편 대기업은 국유화되고 있음으로 일반적 의미의 자본주의도 아니며, 그렇다고 사회주의도 아니라는 것, ④ 여러 사회계급을 기초로 하는 복수정당이 존재하고 있으며 보통, 평등, 직접, 미밀 투표의 자유선거가 실시되고 있다는 것, ⑤ 노동계급은 "의회민주주의의 외형(外形)"을 그대로 유지하면서도 정치적 지배를 확대할 수 있다는 것 등으로 요약된다. 이에 관한 보다 자세한 분석은 제5편 제1장에서 시도할 것이다.

한편 서구 민주주의자들은 인민민주주의가 민주주의의 기본적 요건을 갖추고 있지 않았다는 관점에서 그것은 민주주의가 아니라고 부인했다. 왜냐하면 ① 권력이 공산당에 집중되어 있기 때문에 복수정당(複數政黨)의 존재는 명목뿐이며, 사실은 인민민주주의는 일당체제(一黨體制)다. ② *프롤레타리아* 계급의 독재가 아니라고 하

799) 같은 책, p. 614.

나, 그것은 사실은 공산당의 독재라는 의미에서 *프롤레타리아* 계급의 독재이며, 따라서 비(非)민주주의적이다. ③ 공산당의 승인을 받지 않고서는 선거에 입후보 할 수 없음으로 선거는 자유선거가 아니다. ④ 법률은 정치－사회제도의 기초가 아니며, 그 자체로서는 윤리적 가치가 없고 오직 공산당의 이익에 봉사하는 수단에 불과하다. ⑤ 인민민주주의에서는 인권은 형식상 보장되고 있다고 해도, 그것은 난폭하게 유린(蹂躪)되고 있기 때문이다.[800)]

그런데 민주주의의 *이데올로기*는 상황의 변화에 따라 변모해갔다. 즉 인민민주주의 이론은 동(東)*유럽*과 *아시아*에서 공산당의 지배체제가 강화되고 산업의 국유화(國有化)와 농업의 집단화(集團化)가 확대되어감에 따라 이상의 초기이론은 인민민주주의가 "*프롤레타리아* 계급독재의 기능을 수행하고 있다"는 면(面)과 사회주의의 필요한 조건을 창설하는 과업에서 공산당 임무의 중요성을 강조하는 면으로 바뀌어 갔다. 모택동은 소련에서 인민민주주의 이론이 나오자, 이것을 자기의 신민주주의와 일치시키고, "혁명적 제(諸)계급의 연합독재"의 이론을 "인민민주주의독재"의 그것으로 바꾸어 정식화했던 것이다.

6) "사회주의적 민주주의"

사회주의적민주주의란 이미 사회주의 제도가 확립된 나라의 민주주의다. 본래 이 개념은 1918년 *로자 룩셈부르크*(Rosa Luxemburg)가 *부르죠아* 민주주의에 대체할 민주주의를 내세우는 한편, *레닌*식 *프롤레타리아* 계급의 독재를 비판하는 맥락에서 처음 사용했던 개념이다.[801)] 그리고 1970년대 소련의 반(反)*스탈린*적(的) 공산주의자인 *로이 메드베데프*는 소련에서의 복수 정당제를 포함한 민주주의적 자유의 필요성을 강조하기 위하여 이것을 주장했다.[802)] 그의 주장은 소련공산당 내에서 대두(擡頭)한 *스탈린*주의의 상대적 부정과 *소비에트* 전체주의에 대한 비판의 이론적 근거로서 조심스레 제시되었다.

---

800) Jozep Wilczynski, *An Encyclopedic Dictionary of Marxism, Socialism and Communism*, MacMillan, 1981, p. 427 참조.

801) Rosa Luxemburg, *The Russian Revolution and Leninism or Marxism*, Ann Arbor, 1961, p. 176.

802) Roy Medvedev, *On Socialist Democracy*, Norton Libraty, 1975, p. 32.

이들과는 달리 *브레즈네프*는 소련에서 민주주의와 자유가 침범을 당하고 있다는 서방(西方) 민주국가들의 비판에 대해 소련의 "민주주의"를 변호하는 절대긍정(絕對肯定)의 *이데올로기*로써 "사회주의적 민주주의"란 말을 사용했다. 1977년 10월에 그의 치하에서 개정된 소련의 신(新)헌법에서도 "사회주의적민주주의의 더욱 발전"을 구가(謳歌)하는 구절이 들어있었다 [전문(前文) 및 제9조]. 그 후 중국, 북한을 포함한 모든 공산당국가들은 "사회주의적 민주주의"를 "*부르죠아*민주주의"에 대하여 자기들의 체제의 우월성(優越性)을 자랑하기 위한 대항의 *이데올로기*로써 제창해 왔다. 사회주의 제도를 확립한 이 나라들은 모두 자국의 공산당 정권을 인민의, 인민을 위한, 인민에 의한 정권이며 선거는 가장 민주적이요, 근 100%의 유권자가 투표에 참가한다고 자랑했다. 이와 더불어 이들 나라에서는 인간에 의한 인간의 착취(搾取), 즉 일체의 계급적 착취가 없어졌으며 인민들은 실업, 빈곤, 의료, 노후생활 등의 사회적 불안으로부터 해방되어 있고 자국(自國) 내에서와 사회주의 진영 내에서 모든 민족들은 평등하다고 주장해 왔다. 이와 같이 "사회주의적 민주주의"란 "*프롤레타리아*민주주의", "*소비에트*민주주의", "인민민주주의"의 증보판(增補版)에 불과했다. 그런데 실제에 있어서는 국가는 공산당 일당(一黨)의 지배체제라는 의미의 "*프롤레타리아트*의 독재"(공산당의 독재)의 원칙이 고수되고 있었다(단 소련만은 *흐루시초프* 때에 이르러 *프롤레타리아* 계급의 독재단계를 지나 "전(全)인민의 국가"가 되었다고 선언했다).

또한 "사회주의적민주주의"사회는 미숙련노동자와 농민 등의 대중과 당(黨)관료-기술자-전문가-경영자 등의 *엘리트* 층(層)으로 갈라져 있으며, 이들 간의 소득의 격차는 놀랄 만큼 현격하고 *엘리트* 층은 허다한 특권을 누리고 있었다. 사회주의 진영 내부에서도 민족 간의 주권평등이란 존재하지 않았다. 소련과 중국 내 소수민족의 자결권(自決權) 요구에 대한 탄압, *헝가리*(1956)와 *체코슬로바키아*(1968)의 민주화 운동에 대한 소련의 무력진압, *베트남*군의 *캄보디아* 점령(1978), 중공군의 *베트남* 침공(1979) 등은 그것을 정당화하는 모든 이유에도 불구하고 평등을 자랑하는 "사회주의" 국가의 내부와 상호 간에 평등이 없음을 입증하였다. 이런 상황에서 소련군 강점(强占)하에 있던 동(東)*유럽* 제국(諸國)의 지식인들은 1960년대에 들어서서부터 소련식 체제에 대한 소극적 저항, 상대적 부정과 비판의 *이데올로기*로 "사회주의적 민주주의"란 말을 사용했던 것이다.

이상과 같이 "사회주의적 민주주의"란 개념은 사람에 따라 그 의미를 달리하기에 이르렀는데, 이것은 *맑스-레닌*주의에서 민주주의의 통일된 *이데올로기*가 붕괴하고 있던 현상을 보여주는 한 사례였다.

7) "민족민주주의"(*흐루시초프*)

중-소간에 *이데올로기* 분쟁이 첨예화되고 있던 1960년 12월 「*모스크바* 성명(聲明)」(81개 공산당 노동당 대표자대회의 성명)에서 나온 개념이다. "민족민주주의"는 제2차 대전 후 제국주의의 예속(隷屬)으로부터 해방되어 민족적 독립을 획득한 *아시아, 아프리카, 라틴 아메리카*의 신생국들을 소련 세력권으로 끌어들이기 위한 전략이론으로 *흐루시초프*가 제안한 것이었다. 이 「성명」에 의하면 이 나라들은 후진성을 일소하고 생활수준을 향상시키기 위한 최선의 길로 "비(非)자본주의적 발전의 길"을 택해야 하며, "비(非)자본주의적 발전"을 가장 잘 이룩할 수 있는 나라로써 "민족-민주주의국가"를 수립하여야 한다고 했다.[803]

민족-민주주의 국가의 성격은 ① 정치-경제적 독립을 수호하고 제국주의국가와의 군사*블록*에 반대하여 투쟁한다는 것, ② 신(新)식민주의와 제국주의 자본의 침투를 반대하여 투쟁한다는 것, ③ 독재적 전제적(專制的) 통치방식을 배격하고 인민들에게 광범한 민주적 권리를 보장한다는 것, ④ 농지개혁과 그 밖의 민주적 사회적 변혁을 실시하고 인민들이 정부정책에 참여할 수 있는 기회를 보장한다는 것 등[804]으로 요약할 수 있다. "민족민주주의" 국가란 요컨대 대외적으로는 반서방(反西方)-친소(親蘇)적 노선을 걷는 비동맹국이며, 대내적으로는 제국주의와 봉건적 잔재를 일소하기 위하여 민주혁명(토지개혁)을 수행하는 나라이다. 이 나라들에서는 공업이 거의 없기 때문에 노동계급이 성장하지 못하고 있음으로 "민족민주주의"의 정치적 기초는 "전(全)민족적 민주세력, 즉 노동자, 농민, 민족자본가의 진보(進步) 층, 민족

---

803) 「The Moscow Statement」. *The Sino-Soviet Dispute*, Documented and Analysed by C.F. Hudson, Richard Lowenthal and Roderick MacFarquer, ≪The China Quarterly≫誌, 1961, pp. 194~195 참조.

804) 위와 같음.

인텔리겐챠"의 폭넓은 계층의 *블록*이라고 했다.[805]

이 점에서 "민족민주주의"는 노농동맹(勞農同盟)을 기초로 하고 노동계급(공산당을 뜻함)이 지도(독재)하며 *프롤레타리아* 계급의 독재의 기능을 수행하고 있다는 인민민주주의와는 이론상 약간 다르다. 즉 인민민주주의 바로 직전의 단계라고 볼 수 있다. 소련의 견해로는 *버마, 알제리아, 시리아, 수단, 리비아, 탄자니아, 소말리아, 기니아* 등의 반미(反美)－친소(親蘇)국가들이 "비(非)자본주의적 발전의 길"을 걷는 나라들이었다. 이 나라들은 대 산업의 국유화, 경제의 계획화와 국가통제, 서방으로부터 자본도입의 규제를 단행해 왔기 때문에 장차 용이하게 인민민주주의로 변화할 가능성을 지니고 있다는 것이다.

이렇게 소련은 민족민주주의 국가이론을 서방제국주의의 식민지였던 제3세계에 대하여 자국세력을 확장하는 외교전략 상의 이론으로 사용하고 있었다. 그런데 그 후 중－소의 *이데올로기* 분쟁 때문에 민족민주주의의 *이데올로기*는 흐지부지되었고, 1985년 3월 *고르바쵸프* 시대에 들어서면서 국제관계의 급격한 변화에 직면하여 "민족민주주의"란 말이 소멸되고 말았다.

제2절 *레닌*의 "*부르죠아* 민주주의" 혁명전술(革命戰術)

자본주의가 발달하지 못한 후진국이 사회주의로 이행(移行)을 앞둔 시기에는 "반제－반봉건적", 또는 "특수한", "새로운", "진보적", "인민" 또는 "민족"등의 한정사(限定詞)가 붙은 민주주의 단계를 거쳐야 한다는 것이 공산주의자들의 "사회발전의 합칙성(合則性)"이라는 것은 이상에서 분석한 바와 같다. *맑스－레닌*주의의 정치이론에서는 그런 민주주의는 *부르쥬아*계급의 독재도 *프롤레타리아* 계급의 독재도 아니라고 주장해왔다. 모택동은 『신민주주의론』(1940)에서, 세계의 다양한 국가 체제를 권력의 단계적 성격을 기준으로 하여 다음의 세 개로 구별하였다. ①"*부르죠아* 독재의 공화국", 즉 "낡은 민주주의국가", ②"*프롤레타리아* 계급 독재의 공화국"(소련), ③"몇 개의 혁명계급들의 연합독재의 공화국"(식민지－반半식민지 나라들의 혁명이 수

---

805) *Fundamentals of Marxism-Leninism*, Moscow, 1963, p. 421.

립하는 과도적 국가)이 그것이다.[806] 모택동의 "신민주주의정권"은 바로 이 ③의 유형(類型)에 속한다고 했다.

이러한 분류법의 싹은 이미 1905년 *레닌*의 논문 『민주주의혁명에 있어서의 사회민주주의의 두 개의 전술(戰術)』에서 엿볼 수 있다. 당시 *러시아*는 반(反)*짜리즘*혁명의 소용돌이 속에서 흔들리고 있었다. *레닌*은 *러시아* 자본주의의 미(未)발달("객관적 조건")과 *프롤레타리아* 계급의 자각과 조직의 미성숙("주관적 조건")으로 보아 이 나라에서는 아직 *프롤레타리아*사회주의혁명은 성공할 수 없으며, 오직 "*부르죠아* 민주주의혁명만이 가능"하다고 주장했다.[807] 앞으로의 *프롤레타리아*혁명을 위한 예비단계로 우선 전제(專制)－반농노제(半農奴制)－군주제(君主制)의 특성을 기본으로 하는 *짜리즘*(제정*러시아*의 정치체제)을 타도하고 "민주주의공화국"을 수립할 것을 주장했다. 여기서 민주주의라는 것은 정치적 민주주의가 보장되는 *부르죠아* 민주주의였다. 여기서 그는 *부르죠아* 민주주의혁명의 전술을 도식화했다. 그의 번잡한 이론의 골격을 극히 간결하게 요약하면 다음과 같다.

(1) [*부르죠아*공화국의 절대적 필요성]: 후진국 *러시아*의 당면한 혁명은 *부르죠아* 민주주의혁명이 되어야 한다. 왜냐하면 지금(1905년 당시) 진행되고 있는 민주주의적 혁명이 *부르죠아* 성격을 띠고 있음을 무시해서는 안 된다. 노동자 대중의 자각과 조직이 없이는, 그들을 훈련하고 교육하지 않고서는 "사회주의혁명은 문제가 될 수 없다." 우리는 민주적 공화제라는 길을 거쳐서 사회주의적 변혁의 첫걸음을 내딛자는 것이다. 즉, 정치적 민주주의의 길을 거치지 않고 다른 길을 거쳐 사회주의에 도달하려는 자는…"반동적 결론에 귀착하게 될 것이다."[808]

(2) [자본주의의 발전은 *프롤레타리아*에게 유리]: *러시아*의 *부르죠아*적 혁명은 자본주의의 광범하고도 급속한 발전의 기반을 열어줄 것이다. 그것은 *프롤레타리아* 계급에게 큰 이익이 될 수 있다. "*러시아* 같은 나라에서는 노동계급의 고통은 자본주의 때문에 발생하는 것보다 도리어 자본주의 발전의 미숙 때문에 발생한다." 그러므로 노동계급에 있어서 "자본주의의 가장 광범한, 자유로운, 가장 급속한 발전은 절대로 이익이 된다" "그런 발전은 전제군주제(專制君主制)같은 구시대의 모든 찌꺼기, 농노제의 찌꺼기를" 가장 결정적으로 쓸어버릴 수 있다.[809]

---

806) 앞의 『毛澤東選集』(中文單卷本) p. 636.

807) V. I. Lenin, *Selected Works Ⅰ*, Moscow ; 1967, p. 467.

808) 같은 책, p. 468.

(3) [*부르죠아*혁명은 *프롤레타리아* 계급에게 유리]: 그러므로 *부르죠아*혁명은 *프롤레타리아*에 있어서 가장 유리한 것이다. *부르죠아*혁명이 보다 완전하고, 보다 단호한 것이 되면 될수록 사회주의를 위한 *프롤레타리아* 계급의 *부르죠아지*에 대한 투쟁은 그만큼 확실성 있는 것으로 될 것이다. 여기서부터 "*부르죠아*혁명은 어떤 의미에서는 *부르죠아지*보다는 *프롤레타리아* 계급에게 더 유리하다"는 명제(命題)가 나온다.[810]

(4) [*부르죠아* 민주주의 안에서의 *프롤레타리아* 계급의 훈련]: *프롤레타리아* 계급은 *부르죠아* 혁명에 정력적으로 가담하여 시종일관한 *부르죠아*민주주의를 위하여 혁명을 최후까지 완수해야 한다. 우리는 "*부르죠아* 민주주의적(的) 한계를 뛰어넘을 수는 없으나, 이 한계를 활짝 넓힐 수는 있다." 이 한계 안에서 "*프롤레타리아* 계급의 세력을 훈련하는 조건"을 만들기 위하여 싸우지 않으면 안 된다.[811]

(5) [*프롤레타리아* 계급과 농민의 동맹(同盟)의 당위성(當爲性)]: *러시아*의 *부르죠아* 민주주의 혁명에서는 *프롤레타리아* 계급만이 철저한 투사가 될 수 있다. 왜냐하면 *부르죠아*계급은 혁명에 불철저하며 동요하기 때문이다. 그러나 아직도 대중적 기반이 취약한 *프롤레타리아* 계급은 농민을 그 동맹군으로 삼아야 한다. 농민은 사회주의적은 아니지만, 혁명을 통해 지주의 땅을 얻을 수 있고, 혁명의 승리는 반(半)농노제와 굴종, 예속으로부터 농민을 해방하며 "그들이 진정으로 바라고 있는 모든 것을 그들에게 줄 수 있기 때문에" 그들은 적극적 혁명가로 진출할 수 있다.[812]

(6) [*프롤레타리아* 계급과 농민의 혁명적 민주독재]: *프롤레타리아* 계급이 민주주의를 위한 투사로서 승리를 거둘 수 있는 것은 농민대중이 혁명 투쟁에 합류하는 경우만이다. 만일 *프롤레타리아* 계급에게 그런 힘이 부족할 때는 *부르죠아지*가 민주주의 혁명의 선두에 나서 이 혁명을 "불철저한 이기적인 것"(*짜르*의 권력의 타도를 목표로 하지 않고, 그것을 제한, 뒷거래에 의한 타협)으로 만들 것이다. 이것을 막기 위해서는 "*프롤레타리아* 계급과 농민의 혁명적 민주주의독재" 이외에 다른 방법이 없다.[813] 또한 현재로서는 완전한 정치적 자유, 민주, 공화제, 그리고 *프롤레타리아* 계급과 농민의 민주주의독재 이외에는 사회주의로 더 가까이 접근할 수 있는 수단이 없다.[814]

이상 *레닌*의 설명은 제2차 세계대전 후의 소련군 점령지대의 '민주주의'의 본질을 이해하는데 절대로 필요한 도식이다. 즉 ① 후진적 *러시아*에서 *부르죠아*민주주의 혁

809) 같은 책, p. 486.
810) 위와 같음.
811) 같은 책, p. 488.
812) 같은 책, p. 495, p. 530.
813) 같은 책, p. 495.
814) 같은 책, p. 541.

명은 *프롤레타리아*혁명을 위해 필연적이요 유리한 제1단계 혁명이다. ② 그러나 이 혁명에서는 이기적이요, 기회주의적인 *부르죠아지*에게 혁명의 주도권을 넘겨주어서는 안 된다. ③ 혁명이 승리하기 위해서는 혁명투쟁에서 *프롤레타리아* 계급의 지도 하에 노농동맹을 결성하고 *부르죠아지*를 배제하여 이들을 대중으로부터 고립시켜야 한다. ④ 혁명정권으로서는 농민이 지배계급의 하나로 참가하는 '*프롤레타리아* 계급과 농민의 혁명적 민주주의독재'를 수립해야 한다는 것으로 압축된다.

*레닌*의 이상 '*부르죠아*민주주의 혁명'은 *부르죠아지*의 참가 없는, *부르죠아지*를 근절하기 위한 기괴한 *부르죠아지*민주주의 혁명이다. 우선 문제가 되는 것은 그가 "*프롤레타리아* 계급과 농민의 혁명적 민주주의적 독재"를 내세웠을 때의 '민주주의적 독재'라는 전후(前後) 당착적(撞着的)인 개념이다. 이밖에도 그는 *부르죠아*혁명을 *프롤레타리아* 계급의 "지도"에 맡길 것을 절대적 전제로 하고 있었기 때문에 "*프롤레타리아* 계급과 농민의 혁명적 민주주의독재"라는 명칭의 기교(技巧)에도 불구하고 이것은 본질적으로는 *프롤레타리아* 계급(그 전위적인 공산당)의 독재의 위장(僞裝)에 불과한 것이었다.

레닌 이후 식민지－후진지역에서 출현한 공산당 지배하의 "반제(反帝)－반(反)봉건적 민주주의정권", "신민주주의정권", "인민민주주의정권" 등은 모두 *레닌*의 *부르죠아*민주주의 혁명론의 핵심인 "*프롤레타리아* 계급과 농민의 혁명적 민주주의독재"의 응용에 불과했다. *코민테른*은 바로 *레닌*의 이 도식에 따라, 일찍이 「12월 *테제*」(1928)에서 조선혁명의 성격을 "*부르죠아*민주주의혁명"이라고 솔직하게 규정하면서 다음과 같이 논했다.

> …(이 혁명은)…<u>*프롤레타리아* 계급과 농민의 민주주의적 독재</u>(*소비에트* 형태에서의)를 수립하는 것이 전제가 된다. 그리고 *프롤레타리아* 계급의 *헤게모니* 하에서의 *부르죠아*혁명은 이 민주주의적 독재를 경유하여 사회주의 혁명에로 전화할 것이다.[815](밑줄은 저자)

제2차 대전 후 동*유럽*과 *아시아*에서 출현한 초기의 '인민민주주의국가'의 성격을 소련의 이론가들은 *맑스*주의 이론에 따라 어떻게 정의하면 좋을지 갈팡질팡했다. 왜

815) Dae-Sook Suh, *Documents of Korean Communism 1918~1948*, p. 248.

냐하면 소련군 점령지대에 있던 이 나라들에서는 소련과는 달리 공산당 지도하에서나마 형식상 복수정당제와 민족주의자들이 참가한 통일전선을, 그리고 특히 동(東)*유럽*의 경우는 서(西)*유럽*식 의회민주주의 형태를 유지하고 있었기 때문이다. 그런데 *흐루시초프* 시대에 이르러 "인민민주주의정권은 그 계급적 본질로 보아 *레닌*이 1905년에 … 논한 *프롤레타리아* 계급과 농민의 혁명적 민주주의독재 이외에 다른 것이 아니었다."[816]는 주석(註釋)을 붙이게 되었다.

이상에서 고찰한 바와 같이 공산주의자들은 민주주의를 부인하는 것이 아니라, 그 앞에 갖가지 한정사(限定詞)를 붙여 이 말을 최대한 남용해 왔다. 그들은 한 나라의 경제발전 단계의 성격, 인민의 의식수준, 공산당의 집권능력, 국제정치상의 위치 여하에 걸 맞는 그때그때의 혁명전략으로써 민주주의 이론을 제시하면서 투쟁해 왔다. 그들은 자본주의국가의 민주주의, 즉 "*부르죠아*민주주의"는 허위와 기만이라고 하여 일축(一蹴)하는 한편, 공산당 지배하의 정치체제는 그것이 아무리 가공할 전체주의적 독재요, 1인 지배(*스탈린*, 모택동, 김일성 등)라고 해도 일괄하여 "가장 진보적"이요, "진정한" 민주주의라고 강변해 왔다.

한편 *리비아*, *알제리*, *버마* 등과 같은 비동맹국들이 비록 대내적으로는 공산당을 포함하여 모든 야당을 불법화한 전형적 군사독재국가라고 할지라도, 대외적으로 반(反)서방－친(親)소련정책을 택하고 있는 한은 여기에 "민주주의"라는 영예를 주어 "민족민주주의국가"라고 불렀다(*흐루시초프*). 요컨대 어떤 나라에 민주주의가 존재하느냐 않느냐, 또는 민주주의가 발전하고 있느냐 않느냐의 판별기준은 그곳에서 공산당이 권력을 장악하고 있느냐 못하고 있느냐, 앞으로 장악할 가능성이 있느냐 없느냐, 그 나라의 정책이 친(親)소－반(反)서방이냐 아니냐에 두고 있었다. 따라서 노동자와 농민의 정권이라는 공산당 정권이 수립된 나라는 곧 "진보적 민주주의" 국가요, 한 나라에서 공산당이 권력에 더욱 접근하면 할수록 그 나라는 민주주의로 그만큼 더 다가가고 있는 나라라고 간주했던 것이다.

그런데 공산주의자들은 흔히 "사회주의적" 민주주의, "인민" 민주주의, "반제 반봉건적" 민주주의와 같이 수식어(修飾語)나 한정사가 붙은 민주주의 대신 단순히 "민주주의"라고도 불러왔기 때문에 민주주의 개념에는 많은 혼동이 일어났다. 김일성의

---

816) *Fundamentals of Marxism-Leninism* (Moscow; 1963) p. 533.

경우도 사회주의-공산주의로 이행하는 과도적(過渡的) 단계로 규정한 "반제-반봉건적" 민주주의 또는 "인민" 민주주의를 때로는 간단히 "민주주의"라고도 불렀다. 그리하여 비(非)공산주의자들 중 일부는 공산주의자들도 자기들과 마찬가지로 구미식(歐美式) 민주주의를 실시하려는 것같이 보는 인식상의 도착(倒錯)을 일으켜왔다. 특히 제2차 세계대전 중 소련이 미국과 더불어 "민주주의연합국"이 되면서 그러했다. 당시 소련은 자국의 "민주주의"를 대대적으로 선전했고 서방제국들도 반(反)*팟쇼*전쟁의 동맹국인 소련의 "민주주의" 제도에 대해 호감을 가지고 그것을 홍보(弘報)하고 있었다.

제2차 세계대전 후 소련군 점령하의 모든 나라에서 *스탈린*은 민주주의를 선전하기 위하여 복수정당제를 일부러 용인했다. 아직은 세력이 취약했던 공산당은 이 비(非)공산주의 정당들과 예외 없이 통일전선(統一戰線)을 형성했다. 통일전선 내에는 모든 "애국적"이요, "민족적"이며 "민주주의적"인 세력을 총망라하였다. 그러나 통일전선은 *프롤레타리아* 계급(그 이름을 빌린 공산당)이 "지도"[지배]한다는 것을 철칙(鐵則)으로 하고 있었다. 통일전선에 들어오기를 거부하는 정당이나 사회단체는 "반(反)민주주의적"이라는 낙인이 찍혀 비(非)합법화되고 당(黨) 간부들은 투옥, 추방, 처형되었다. 통일전선의 조직은 아직 공산당이 단독으로 통치할 수 없을 정도로 힘이 미약할 때 그 정치기반의 확대 강화를 위하여 내일의 계급적 원수들과 제휴하는 전술이다. 공산당의 "지도"(지배)하에 있는 통일전선 산하(傘下) 정당들은 곧 힘을 잃고 공산당의 위성정당(衛星政黨)으로 전락했다.

한편 이 정당들이 통일전선에 가담할 때는 비록 괴뢰(傀儡)의 지위에 있다고 해도 "민주주의 정당", "민주주의자"의 호칭을 획득하게 된다. 그러한 괴뢰가 되기를 거부하고 자주성을 견지하려는 민주주의자들은 "*파시스트*", "인민의 적", "친일파", "민족반역자", "우익(右翼)사회민주주의자", "반동분자", "변절자", "*부르죠아*민족주의자", "반동지주", "매판자본가", "제국주의의 주구(走狗)" 등 나라에 따라 갖가지 낙인이 찍혔던 것이 통례이다. 이렇게 통일전선은 결코 초당파적인 대동단결체도 아니며 자유로운 연합체도 아니었다.

공산당의 "민주주의"를 참된 것으로 오인하고 통일전선 결성에 가담했던 비(非)공산주의자들의 예는 허다하다. 이들은 곧 통일전선이 공산당의 독재체제의 장치라는 것을 뒤늦게 간파하고 항의하거나, 또는 공산당의 명령과 지시의 합법성에 대해 회의를 품게 되었다. 그때는 이들의 항의나 회의가 아무리 정당한 것이라고 해도 결코 용납되지 않았다. 이들은 "동요분자", "기회주의자", "*부르죠아*민주주의자" 등의 비방을 받으면서 곧 축출되거나, 최상의 경우라 해도 철저한 자기비판을 통해 겨우 명맥을 유지할 수 있었던 것이다.

공산당 지배하의 통일전선에서는 모든 일은 민주주의적으로 결정한다고 했지만, 정책결정에서 자유로운 토론과 자주적인 투표는 일체 금지되어 있었다. 공산당이 사전에 마련해 놓은 결의안에 찬성투표를 할 수 있었을 따름이다. 한마디로 비공산주의자들은 공산당의 의사에 맹종했고 공산당이 정책을 "민주주의"적 다수결의 형식을 위장한 만장일치의 결의로 자당(自黨)의 정책을 통과시키는데 동원된 거수기(擧手機)에 불과했다. 그 전형적인 예의 하나가 바로 북한이다.

비(非)공산주의 나라에서도 공산당은 혁명의 전술로써 자기들의 지배하의 통일전선을 조직하는 데에 심혈을 기울였다. 상층부에서는 정당지도자들 사이에, 하층부에서는 노동조합 등의 사회단체들 사이에 "민주주의 민족전선"(해방 직후의 남한), "인민전선"(1930년대의 *프랑스*와 *스페인*), "국-공합작(國共合作)"(1925년 이래의 중화민국), "민주연합"(대전 후의 일본), "좌익연합"(대전 후의 *프랑스*) 등의 이름하에 통일전선의 조직을 시도했다. 제2차 대전 중 중국에서의 "항일 민족통일전선", 1970년대의 한국과 *필리핀* 내에서 비합법적으로 조직된 "민족민주전선" 등이 그것이다. 이 밖에도 공산화되기 이전인 남(南)*베트남*의 "민족해방전선", 민주*캄보디아*의 반(反)*베트남*적 "민족민주애국통일전선" 등도 그 예에 속한다.

의회민주주의가 제대로 존재하고 있는 *유럽*이나 일본에서는 통일전선에서 공산당이 주도권을 장악한다는 것은 거의 불가능했으며, 통일전선은 오히려 자유주의자와 비(非)공산주의적 사회주의자들에게 유리한 때가 많았다. 이때에는 공산당은 통일전선을 파괴하거나 이탈하는 것이 상례였다. 그러나 정치적 민주주의가 존재하지 않고 비(非)공산주의자들의 *이데올로기* 훈련이 안 되어 있던 신생국들, 특히 우익(右翼)독재국가에서는 지하혁명조직으로 투쟁하고 있던 통일전선은 거의 예외 없이 공산당의 *헤게모니* 밑에 들어가는 것이 일반적 현상이었다. 이런 나라들에서는 공산당이 처음부터 산하 조직체로써 통일전선을 조직하는 것이 통례였다. 그 어떤 경우를 막론하고 통일전선은 모두 "민주주의"라는 명분과 결부되어 있었다. 요컨대 통일전선은 공산주의자들이 민주주의를 위장하여 비(非)공산주의자들을 이용함으로써 대중적 기반(基盤)을 공고화하고 확대하는 전술이었다. 그리하여 공산주의자들은 통일선전에 "전술"이라는 용어를 붙여 반드시 "통일전선 전술"이라 불러왔던 사실을 망각해서는 안된다.

제3장

"*부르죠아* 민주주의"냐 "*프롤레타리아트*의 독재"냐

제1절 민주주의의 계급적 본질

공산주의자들이 논해온 이상 여러 민주주의 유형(類型)을 이해하기 위해서는 근원적으로 소급하여 *레닌*의 민주주의론(民主主義論)을 분석할 필요가 있다. 앞에서 열거한 수식어 또는 한정사(限定詞)가 붙은 모든 "민주주의"는 바로 *레닌*의 민주주의 이론에서 파생하고 성장한 것들이다. 혁명가 *레닌*의 민주주의론은 자본주의 제도하의 민주주의, 즉 "*부르죠아*민주주의"에 대한 전면적이요 근본적인 부정과 함께 "*프롤레타리아*민주주의"에 대한 절대적인 정당화(正當化)로 관철되어 있는 것이 특징이다. 그리고 그의 민주주의론은 그의 계급적 국가론, *프롤레타리아트*의 독재론과 혼연일체(渾然一體)를 이루고 있다.

*레닌*은 민주주의를 사회계급의 관점에서 분석하면서 계급성이 없는 "민주주의 일반"이니, "초계급적 민주주의"니, "순수한" 민주주의니 하는 것을 결코 인정하지 않았다. 그에 의하면 어느 시대에도 민주주의는 계급적 지배 이외에 다른 것이 아니었다. 이러한 관점은 *레닌*의 민주주의 이론에서 완강하게 제시되어 왔지만, 그의 이런 논점은 *소비에트*정권의 *프롤레타리아트*독재를 비판한 *칼 카우츠키*를 논박한 논문 「*프롤레타리아*혁명과 배교자(背教者) *카우츠키*」(1918. 1)에서 가장 첨예하게 표명되었다. *레닌*은 민주주의 계급성을 아래와 같이 설명했다.

> 만일 상식과 역사를 비웃지 않는다면 각종의 계급이 존재하는 한 *카우츠키*처럼 [초계급적] "순수한 민주주의"를 운운할 수는 없으며 말할 수 있는 것은 오직 계급적 민주주의뿐이라는 것은 명백하다 … "순수한 민주주의"란 노동자들을 우롱하는 속임수의 문구다. 역사상 알려진 민주주의로는 봉건제도에 대신하는 *부르죠아* 민주주의와 *부르죠아*

민주주의에 대신하는 *프롤레타리아* 민주주의가 있다.… *부르죠아* 민주주의는 중세적(中世的) 제도와 비교한다면 하나의 커다란 역사적 진보이기는 하지만, 이것은 언제나 제한된, 거짓의, 위선적인 것이며 부자에게는 천국(天國)이지만 피 착취자, 가난뱅이에 대해서는 함정이요 기만이다. 자본주의하에서는 그렇게 될 수밖에 없다…[817]

*레닌*은 현대국가의 헌법, 국가의 통치방법, 집회와 "법률 앞에서의 시민의 평등" 등을 예로 들어 이런 것에서는 "*부르죠아* 민주주의가 위선(僞善)이라는 증거를 어디서나 볼 수 있을 것"이라고 비판했다. 그는 계속하여 논박하기를, 비록 아무리 민주적인 국가라고 해도 "공공질서에 위배되는 경우, 즉 실제에 있어서는 피착취계급이 자기의 노예적 지위에 위배하거나 노예가 아닌 양 행동하려 하는" 경우에는 노동자들에다 군대를 투입하고 계엄령을 선포하는 등의 가능성을 *부르죠아지*에게 보장하는 도피로(逃避路) 또는 유보(留保)조건이 헌법에 마련되어 있지 않는 나라는 "단 하나도 없다"고 했다. 그럼에도 불구하고 "*카우츠키*는 부끄러운 줄도 모르고 *부르죠아* 민주주의를 미화하여, 이를테면 가장 민주주의적이요 공화주의적(共和主義的)인 *부르죠아지*가 미국이나 *스위스*에서 노동자들의 파업에 대하여 어떤 조치를 취하고 있는 가에는 말이 없다"[818]고 *카우츠키*를 공격했다.

요컨대 *부르죠아* 민주주의국가는 노동자들을 착취하는 자본가들의 계급국가임으로 노동자들의 모든 종류의 파업이나 폭동은 정당하며 따라서 억압해서는 안 된다는 것이 그의 논법이었다.

*레닌*에 의하면 한 나라가 자본주의 경제제도를 유지하고 있는 한, 그 나라의 민주주의가 아무리 발전했다고 해도 그것은 "자본주의적 착취(搾取)라는 좁은 한계 속에 갇혀있기 때문에 실제로는 언제나 소수자를 위한, 유산계급(有産階級)만을 위한, 부자만을 위한 민주주의에 머물러 있다"는 것이다. 그는 "자본주의 하의 자유란 언제나 고대 *그리스*의 여러 공화국에서의 자유, 즉 노예 소유자를 위한 자유와 큰 차이가 없다"[819]고 극단론(極端論)을 펴왔다. 20세기의 자유민주주의를 2천 년 전의 노예사회의 정치제도와 본질상 거의 동일시하고 있는 그의 비(非)역사적 독단(獨斷)에 대해

817) V. I. Lenin, *Selected Works*, Vol. 3, Moscow, 1967, pp. 54~55.

818) 같은 책, p. 56.

819) V. I. Lenin, *Selected Works*, Vol. 2, 1967, p. 332.

서는 논평을 가할 만한 가치가 없다. 그는 1919년 3월 *코민테른* 제1차 대회에서 다음과 같이 말했다.

> … 자본가들이 말하는 "자유"란, 부자가 더 부자가 되는 자유, 노동자가 굶어죽는 자유다. 자본가들이 일상 말하고 있는 언론의 자유란 부자가 언론을 매수하는, 소위 여론이라는 것을 형성, 조작하기 위하여 부(富)를 사용하는 자유를 의미한다.[820](밑줄은 저자)

*레닌*의 자유민주주의에 대한 이러한 혹평은 어떤 시기에 어떤 나라에 나타났던 일부의 현상을 염두에 둔 것이라면 과장은 되었으나 타당성을 지녔다고 할 것이다. 그러나 "*부르죠아* 민주주의"가 발달하고 있는 나라에서는 공산주의자들이 신문과 잡지와 서책(書册)을 발행하고 정당과 사회단체를 조직하여 그 세력을 확장할 수 있는 자유가 보장되어 왔다. 지금에 와서는 공산당 국가의 관용(官用) 선전물 이외에는 *레닌*의 그런 "*부르죠아* 민주주의"에 대한 혹평은 인정되지 않는다. "*부르죠아*"라는 한정사(限定詞)가 붙은 민주주의가 허구(虛構)가 아니라는 것을 이성적인 공산주의자들이 인정하기까지에는 *히틀러*의 *나치즘*과 *스탈린*의 무자비한 폭정을 체험해야만 했다. 한 예로 소련의 반(反)*스탈린*주의적 공산주의자 *로이 메드베데프*는 다음과 같이 논평한 바 있다.

> …우리는 *부르죠아* 민주주의를 논할 때, 그것을 불완전한 환상적인, 기만적인, 책략적인 효과를 노린 것 등으로 멸시하는 것이 습성으로 되어있다. 그러나 그렇게 취급하는 것은 편파적이요, 잘못된 일이다. *부르죠아* 민주주의는 아주 제한된 민주주의며, 따라서 비판의 여지가 있다. *부르죠아* 민주주의에서는 노동자와 자본가, 빈자와 부자에 대하여 기회가 평등치 않다는 것을 입증하기는 쉬운 일이다. 그럼에도 불구하고 *부르죠아* 민주주의체제 모두를 형성하고 있는 각종 정치적－사회적 제도의 총체(總體)는 과거와 현재를 통하여 수많은 좌익집단(左翼集團)들이 주장해 온 것처럼 하나의 단순한 허구(虛構)가 아니다.[821]

820) 위의 Vol. 3, p. 131.

821) Roy Medvedev, *On Socialist Democracy*, p. 32. 이 책은 당시 소련 내에서는 출판되지 못했다.

이상은 확실히 *레닌*의 견해를 반박하는 공산주의자의 말임으로 들어볼 만하다. 그의 말은 계속된다.

> … 그와는 반대로 이 모든 민주주의제도의 기구는 인민들이 권리를 위하여 몇 10년 때로는 몇 100년 동안이나 완강히 투쟁한데서 얻은 결과다. 서(西)*유럽*의 많은 나라들의 민주주의제도는 자본주의 나라 노동자들이 자본주의에서 자기들의 권리확대(權利擴大), 또는 생활수준의 향상을 위하여 투쟁할 수 있게 할 뿐만 아니라 자본주의를 폐지하고 이것을 사회주의로 대치하기 위한 노력을 용이하게 한다.[822)]

*메드베데프*는 *부르죠아* 민주주의의 자유가 단순한 허위가 아니라 중요한 역사적 사실이라는 예증으로써 *맑스*와 *엥겔스*가 그들의 성년기의 대부분을 "비교적 민주주의적인 영국"에서 보내기로 결정했으며, 제1*인터내셔널*의 본부 역시 영국에서 창설했다는 것, 그리고 *볼셰비키*를 포함한 *러시아*의 혁명정당들이 그 중앙 지도부를 *러시아*국경을 넘어 *스위스, 프랑스, 벨기에*, 영국에 두었었다는 것을 "가볍게 넘길 사실이 아니다"[823)]라고 하면서 서(西)*유럽* 자본주의국가의 민주주의를 대담하게 인정하였다.

일반적 통념(通念)에 의하면, 독재와 민주주의는 상호 모순되는 별개의 개념이다. 그러나 *레닌*에 있어서는 그러한 견해는 양자의 계급적 본질을 무시한 추상적 구분이라고 한다. 실제로 자본주의사회의 민주주의는 극소수 *부르죠아* 계급만의 민주주의이며, 이것을 뒤집어 보면 *부르죠아* 계급의 독재에 불과하다고 한다. 반대로 공산당이 *프롤레타리아* 혁명에 의하여 수립하고자 하는 *프롤레타리아트*의 독재는 소수의 착취계급을 진압하지만 실제로는 다수자인 *프롤레타리아* 계급을 위한 민주주의라는 것이다.

그리하여 *레닌*은 *부르죠아* 민주주의=*부르죠아*계급의 독재, *프롤레타리아* 계급의 독재=*프롤레타리아* 민주주의라는 기묘한 정치 등식(等式)을 만들었다. 그는 *맑스*처럼 자본주의하에서는 전제국가보다는 민주주의 공화국이 진보적이며 *프롤레타리아* 계급에게 유리하다는 것을 인정한다. 그렇지만 그에 있어서 그런 민주주의 공화국은

822) 위의 책, pp. 32~33.

823) 위의 책, p. 33.

어디까지나 타도의 대상이지 결코 개혁하고 발전시킬만한 것이 못된다. *러시아* 10월 혁명 직전에 집필한 『국가와 혁명』에서 그는 민주주의를 *부르죠아* 민주주의와 *프롤레타리아* 민주주의로 엄격히 구별하면서 전자를 다음과 같이 비난했다.

> 우리들은 자본주의 하에서는 *프롤레타리아* 계급을 위한 최량(最良)의 국가형태로써 민주공화제에 찬성한다. 그러나 가장 민주적인 *부르죠아* 공화제에 있어서도 임금노예제(賃金奴隷制)가 인민의 운명이라는 것을 잃어버릴 권리란 우리에게는 없다.[824)]

*레닌*은 1919년 4월 이전에도 *부르죠아* 민주공화국을 다음과 같은 설명으로 *부르죠아* 독재와 동일시했다.

> …가장 민주주의적인 *부르죠아*공화국도 자본이 근로자를 탄압하기 위한 기관, 자본이 정치권력의 도구, *부르죠아* 독재 이외에 다른 것이 아니었으며 또 될 수는 없었다. 민주주의적 *부르죠아* 공화국은 다수자에게 권력을 약속하고 그것을 선언했지만 토지와 그 밖의 생산수단에 대한 사적 소유가 존재하는 한 결코 그것은 실현될 수 없다. *부르죠아*적 민주공화국에서는 '자유'란 실제로는 부자를 위한 자유였다.[825)]

이러한 사고(思考)의 틀에서 *레닌*은 "*부르죠아* 국가의 형태는 극히 다양하지만 그 본질은 하나이다. 이들 국가는 모두 형태가 어떻든 간에 결국에는 반드시 *부르죠아지*의 독재"[826)]라고 단정했다. *레닌*주의의 특징은 자기의 초극단론을 무오류(無誤謬)의 절대 진리로 선언하는데 있었다. 그는 근대적 자유(의회)민주주의가 가지고 있는 상대적 장점마저도 모두가 위선, 기만, 허구, 암흑으로 묘사했다. 그리고 자기의 민주주의론을 민주주의의 역사적 변천에 부합되도록 수정한 일이 없었다. 그리하여 그는 구미의 노동계급이 자본주의하에서 민주주의가 보장하는 노동운동을 통하여 자기들의 사회적-정치적 지위와 생활수준을 향상시켜 온 역사적 사실들을 깡그리 무시하면서 *프롤레타리아* 계급의 독재를 한결같이 주장했던 것이다.

민주주의 최고의 이상과 당면한 현실은 어느 시대 어느 나라에서나 반드시 일치

---

824) 앞의 V. I. Lenin, *Selected Works*, Vol. 2, p. 280.
825) 앞의 V. I. Lenin, *Selected Works*, Vol. 3, p. 134.
826) 앞의 V. I. Lenin, *Selected Works*, Vol. 2, p. 292.

하는 것이 아님으로, 누구도 "*부르죠아* 민주주의"를 공격하기는 쉽다. 그렇지만 *레닌*은 현대 자유민주주의가 근 200년의 악전고투 끝에 쟁취한 자유, 평등, 인권의 성과에 대해 너무나 간단하게 사형을 선고했다. 여기서 *레닌*의 "*부르죠아* 민주주의"론은 자유(의회)민주주의에 대한 절대부정(絕對否定), 적대적(敵對的) 공격의 *이데올로기*로 제창되었던 것을 알 수 있다.

*레닌*은 노동자에게는 "굶어죽는 자유"밖에 없다는 *부르죠아* 민주주의의 *안티-테제*(anti-thesis)로써 *프롤레타리아* 민주주의를 제창했다. 그에 있어서 *프롤레타리아* 민주주의는 *프롤레타리아* 계급의 독재와 동일한 것이었다. 그는 "*프롤레타리아* 계급의 독재는 민주주의를 대폭으로 확대하며 따라서 민주주의를 비로소 부자를 위한 민주주의가 아니라, 가난한 자를 위한 민주주의, 즉 인민을 위한 민주주의가 된다."[827]고 단정했고, 이것이야 말로 "인민의 다수자를 위한 민주주의"라고도 선언했다. 그에 의하면 *프롤레타리아* 계급의 독재는 곧 자본가 계급에 대한 독재다. 그러므로 착취자, 억압자, 자본가를 민주주의에서 제외할 뿐만 아니라, "그들의 반항을 폭력으로 분쇄하지 않으면 안 된다"[828]고 공언(公言)했다.

*레닌*은 *맑스*와 마찬가지로 자본주의로부터 계급도 국가도 없는 완전한 공산주의로 넘어가는 과도기, 즉 공산주의의 제1단계의 권력을 *프롤레타리아* 계급의 독재라고 규정했다. 한편 그는 공산주의의 제1단계를 사람들은 보통 "사회주의"로 부른다.[829]고 했지만 그것은 자기식의 해석이다. 그가 말하는 "사회주의"는 비(非)공산주의자들이 제창하는 "사회주의"와는 전혀 의미가 달랐다. 그에 있어서 사회주의는 공산주의 제1단계였다. 그리하여 그는 "빠리꼼뮨의 경험"이 예증한 것 같은 자본주의적 민주주의의 "더욱 더 큰 발전, ……즉 공산주의로의 발전은 *프롤레타리아* 계급의 독재를 통해서 진행되는 것이며, 그 이외의 다른 길은 있을 수 없다"[830]고 확신했다.

*맑스*와 *엥겔스*는 그들의 생애를 통하여 극히 간단하게 "*프롤레타리아* 계급의 독재"에 관하여 5~6차 언급한 일이 있지만 그 분량은 40권 『전집(全集)』 중에서 불과 3~4*페이지* 미만이었고 논점도 일치하지 않았다. 그러나 *레닌*은 *프롤레타리아* 계급의

827) 같은 책, p. 334.
828) 위와 같음.
829) 같은 책, p. 339, p. 342.
830) 같은 책, p. 334.

독재이론을 *맑스*주의의 정수(精粹)로 인식하고, 이것을 자기의 *이데올로기* 체계의 중심으로 삼으면서 최대로 강조했다. 이 때문에 후일 *맑스*주의자들은 *프롤레타리아트* 독재에 대한 해석을 둘러싸고 *레닌*주의자와 비(非)*레닌*주의자로 크게 분열하여 장기간 논쟁을 전개해왔던 것이다.

제2절 *레닌*의 *프롤레타리아트* 독재관(獨裁觀)

그러면 독재란 무엇인가? *레닌*은 일찍이 1906년에 "독재의 과학적 개념(槪念)"이란 것을 제시하고 "독재란 법률에 기초하는 것이 아니라 폭력에 기초하는 무제한의 권력"[831]이며 "어떤 것에도 제한되지 않고, 어떤 법률에 의해서도, 어떤 규율에 의해서도 절대로 제약받지 않는 직접폭력에 기초하는 권력 이외의 그 어떤 것도 의미하지 않는다.[832]"고 정의했다. 요컨대 그에 있어서 독재란 제한 없는 절대폭력(絶對暴力)의 지배를 의미했다. 인간의 권력심리와 권력욕이 어떤 것인가를 이해하는 사람이라면 *레닌*의 독재개념이 얼마나 무섭고 위험한 것인가에 전율을 느끼지 않을 수 없었을 것이다.

그리하여 10월혁명 전에 벌써 각국의 무정부주의자, 의회민주주의자, 비(非)*맑스*주의 계(系) 사회주의자는 물론이요, '*러시아* 사회민주노동당'내의 *멘셰비키*와 사회주의 혁명당원들(SRs)은 *레닌*을 준엄하게 논박했다. *소비에트*정권이 창설된 10월혁명 직후인 1918년 1월 *레닌*은 앞의 논문에서 내렸던 옛날의 정의, 즉 "독재는 직접적으로 폭력에 기초한 어떤 법률에도 제약되지 않는 권력"이라는 것을 내세운 뒤 "*프롤레타리아트*의 혁명적 독재는 *부르죠아지*에 대하여 *프롤레타리아트*가 폭력에 의하여 쟁취하고 유지하는 권력이며 어떠한 법률에도 구속되지 않는 권력"[833]이라는 말을 첨가했다. 1922년 5월 17일에 와서 그는 자기의 독재개념에 따라 실로 가공할만한 말로 법치주의(法治主義)를 부인했다. 즉, "재판소는 *테러*를 금해서는 안 된다.…이것

---

831) V. I. Lenin, *Collected Works*, Vol. 10, p. 216.

832) 위의 책, p. 244.

833) 앞의 V. I. Lenin, *Selected Works*, Vol. 2, p. 49.

을 원칙으로써 명확하게, 거짓 없이 법률화하고, 그 동기를 정식화(定式化)하지 않으면 안 된다"[834]고 했다. 한마디로 세상을 *테러리즘*의 무법천지(無法天地)로 만들자는 말이다. 이것이 그에 있어서는 "혁명적 법의식"이요, "혁명적 양심"[835]이란 것이었다.

*레닌*의 이러한 "혁명적 법의식"과 "혁명적 양심"이란 말이 *볼셰비끼*정권이 내외의 반대세력에 의하여 존망의 위기에 몰렸을 때에 토로한 선동적 극단론이었다는 점에서는 이해가 간다. 그러나 그의 이런 언사(言辭)가 후일 얼마나 빈번히 악용되었고, 얼마나 끔찍한 유혈의 참극을 가져왔다는 사실은 *스탈린*의 1930년대의 대숙청, 모택동의 문화대혁명(1966~70), 김일성의 당내 반대파에 대한 무자비한 소탕전(1953~60) 등에서 가장 잘 실증되었다.

스탈린 사후 소련에서는 *흐루시초프*가, 그리고 모택동 사후 중국에서는 등소평(鄧小平)이 *프롤레타리아트*의 독재라는 이름에서 만들어진 과거의 무법천지를 바로 잡기 위해 각각 "사회주의적 적법성(適法性)"을 내세웠으나 *레닌*주의의 어두운 그림자는 계속 이 나라들에 드리우고 있었다. 북한은 더 말할 필요도 없다. 김일성이 사망하고 김정일이 그 자리를 계승하고 나서도 온 사회는 독재의 공포 속에서 움츠러들고 있다. 이러한 현상은 이 나라들에서 그들이 비방해온 소위 "*부르죠아* 민주주의"가 없다는데 바로 그 원인이 있었다. 그러나 시간이 흘러감에 따라 서(西)*유럽* 공산당 안에서는 "*부르죠아* 민주주의"에 대한 평가가 달라지기 시작했다. 1978년 *유로콤뮤니즘*의 기수 *카릴리요*는 공산주의자의 입장에서 *부르죠아* 민주주의의 가치에 대하여 다음과 같이 썼다.

> … *파시즘*에 대한 투쟁에서 우리 공산주의자들과 그 밖의 사람들은 민주주의적 자유가, *부르죠아* 사회에서 실시되고 있는 모든 제한과 구속에도 불구하고 과소평가되어서는 안 될 참된 가치를 가지고 있다는 것을 확인했다. …민주주의란 *부르죠아*계급의 창조물(創造物)이 아니다.…현실적으로 여러 형태를 가지고 있는 민주주의는 *부르죠아*계급 그 자체가 存在하기 이전부터 있었던 것이다. 그리고 민주주의는 계급사회보다도, 국가보다도, 사회주의보다도, 더 오래 존속할 것이다.[836]

---

834) V. I. Lenin, *Collected Works*, Vol. 33, p. 358.

835) 위와 같음.

이 말은 *레닌*의 민주주의 *이데올로기*에 대한 공산주의자로서 아주 직설적(直說的) 비판이었다고 볼 수 있다. *레닌*은 1917년 10월혁명에서 승리하여 *프롤레타리아* 계급의 독재를 표방(標榜)한 *소비에트*정권을 수립하면서 *소비에트* 민주주의를 *프롤레타리아* 민주주의와 같은 의미로 사용했다. 즉 그는 "*소비에트*정권이란 *프롤레타리아* 민주주의의 한 형태"[837]이며, 그리고 "*소비에트* 민주주의는 구체적으로 현실에 적용되고 있는 *프롤레타리아* 민주주의"[838]라는 정의(定義)를 내렸다. 그리하여 *프롤레타리아* 민주주의=*프롤레타리아* 계급의 독재=*소비에트*민주주의라는 논리상의 등식(等式)을 만들었다. 그에 의하면 *소비에트* 민주주의(=*프롤레타리아* 계급의 독재)는 "노동자와 농민을 위한 민주주의의 최고봉(最高峰)"인 동시에 "*부르죠아*민주주의와의 단절(斷切)"과 "민주주의의 세계사적인 새로운 형(型)의 발견"을 의미한다고 했다.[839] 1919년 4월 15일 그는 *소비에트* 민주주의를 다음과 같이 극구 예찬했다.

> …*소비에트* 민주주의 또는 *프롤레타리아* 민주주의는 세계에서 처음으로 대중을 위한, 근로자를 위한, 노동자와 소농(小農)을 위한 민주주의를 만들어 냈다. *소비에트*정권과 같은 주민 대다수의 국가권력, 그 다수자의 실질적 권력은 세계에 아직 있은 적이 없다.[840]

이러한 *소비에트*민주주의를 *레닌*은 구미형(歐美型) 자유민주주의와 비교하면서 자기 자신도 믿을 수 없는 놀랄만한 언명을 하는데 서슴치 않았다.

> …*프롤레타리아* 민주주의는 모든 *부르죠아* 민주주의보다 백만(百萬) 배나 민주주의적이다. *소비에트*정권은 가장 민주주의적인 *부르죠아*공화국보다는 백만 배나 민주주의적이다.[841]

---

836) Santiago Carrillo, *Eurocommunism and the State*, Lawrence Hill & Company, Publishers, Inc., 1978, p. 146.

837) V. I. Lenin, *Collected Works*, Vol.28, p. 246.

838) 위의 책, Vol. 27, p. 272.

839) 위의 책, Vol. 33, p. 54.

840) 위의 책, Vol. 29, p. 312.

841) 위의 책, Vol. 28, p. 248.

*레닌*의 *프롤레타리아* 민주주의=*소비에트* 민주주의라는 주장은 *볼셰비끼*정권에 대한 절대긍정-절대옹호의 *이데올로기*로써 전 세계의 노동 대중을 선동했고, 각국 공산당도 그런 식으로 *소비에트*정권을 옹호했다. *레닌*은 10월혁명 직전, 자기는 "몽상가(夢想家)"가 아니라고 하면서도, 노동자 농민 등 인민대중의 정권이라고 자찬한 *프롤레타리아* 민주주의에 대하여 꿈같은 *유토피아*를 그리고 있었다. 즉, *프롤레타리아* 계급의 독재국가에서는 ① 구(舊)관료제도는 파괴되고 모든 공직자와 기술자의 봉급을 보통노동자의 수준으로 평등화한다. ② 인민탄압의 수단인 상비군(常備軍)과 경찰을 폐지하고 무장한 노동자들이 대신 치안을 담당한다. ③ 행정과 경제상의 기능을 모든 사람에게 순번으로 수행케 한다. ④ 모든 국가 공직자는 인민들에 의해 선출되고 해임된다는 것 등이었다.[842)]

이러한 *레닌*의 *유토피아*적 구상은 혁명 후 곧 환상으로 돌아갔고, 바로 반대의 현상이 나타났다. 우선 직업적 장교를 골간으로 하는 상비군(常備軍)이 조직되었고, "*체카*"(Cheka 비상혁명위원회 非常革命委員會)라는 이름의 비밀경찰이 나타났다. 1918년 6월 이래로 *멘셰비키* 및 사회혁명당 당원 등의 사회주의자들은 *소비에트*정권에서 점차로 축출되었으며 1918년 말까지 이들의 활동을 불법화하였다. *프롤레타리아* 계급과 농민의 몇몇 정당대표들의 연립정권이었던 초기의 *소비에트*정권은 그런대로 어느 정도는 *프롤레타리아트*의 독재정권의 형식을 갖추고 있었다. 그러나 *볼셰비끼* 이외의 모든 사회주의자들이 *레닌*의 정책에 반대하여 이탈하게 되자 *소비에트*정권은 *볼셰비키*의 일당(一黨)정권으로 변모했다.

당시 *볼셰비키*는 *소비에트*정권 안에서 전(全)*러시아* 내 노동계급 중의 극소수를 대표하는 정파에 불과했다. 그러나 다수파의 의사(意思)는 *레닌*에 있어서 중요한 문제가 아니었다. 1917년 8월 그는 질적으로 우수한 소수 정예분자(精銳分子)의 의사의 중요성을 다음과 같이 강조함으로써 다수자의 의사를 존중하는 민주주의의 원칙을 노골적으로 무시했다.

> 다수자(多數者)란 하나의 허구(虛構)다.…혁명기에는 다수자의 의사를 확인하는 것만으로는 부족하다. …조직과 정치적 자각과 무장에서 보다 앞선 소수자(少數者)가 자기

---

842) 위의 책, Vol. 25, p. 402~421, 425~427 참조.

의 의사를 다수자에게 강제하여 다수자를 격파해온 실예(實例)를 우리는 무수하게 보았다.[843]

*맑스*주의에 있어서는 *프롤레타리아* 계급이란 바로 산업 노동자계급과 빈농(貧農)을 의미한다. 그런데 *레닌*은 정권을 장악하자마자 이 계급에 속하는 개개의 노동자도, 노동조합의 능력도 불신했다. 그는 말하기를 10월혁명이 승리하여 노동자계급이 지도계급이 되었다고 하여 일시에 기업의 관리능력을 가지는 것이 아니라고 하면서 "관리(管理)를 위해서, 국가의 건설을 위해서는 관리의 기술을 지니고 국가와 경제에 대하여 경험을 쌓은 사람들을 가지지 않으면 안 된다"[844]고 과거와는 딴판으로 노동계급의 관리능력을 부정했다. 그리고 공업경영에 있어서는 종업원들의 합의가 아니라, 위에서 임명한 1인의 경영자에게 책임을 맡겨야 한다고 강조했다. 그에 의하면 다수의 합의제(合意制)란 "그 알량한 민주주의의 잔재"에 불과하며, 합의제 운운의 논의는 "완전한 무지와 전문가 반대의 심리"에 물들어 있는 사고라고 야유했다.[845]

나아가서 *레닌*은 "임명제를 반대하는 모든 아우성, 각종 결의와 토론에 나타나 있는 이 모든 낡은 쓰레기들을 일소해 버리지 않으면 안 된다[846]고까지 폭언하면서, 다수자의 합의제에 반대하고 극소수 *엘리트*주의를 옹호했다. 이러한 *엘리트*주의는 혁명 후의 *러시아*에서는 불가피한 현실이었지만, 이것이 1당(黨) 독재체제에서는 관료적 특권층을 형성하게 되어 *노멘클라뚜라*(nomenkratura), 속칭 "붉은귀족계층"의 현상이 일어나게 되었다.

노동자들에 대한 위와 같은 경멸감(輕蔑感)에서 *레닌*은 노동자의 조직체인 노동조합이 국가의 공직(公職) 후보자를 추천하는 권리마저도 공공연히 부인했다. 1921년 1월 그는 '전 *러시아* 광산노동자 제2차 대회'에서 다음과 같이 선언했다.

> … 과연 한 사람 한 사람의 노동자는 국가를 어떻게 통치하는가를 알고 있을까. 실제 분야에서 일하고 있는 사람은 그것이 사실이 아니라는 것을 알고 있다.…우리는 아직까지 문맹마저 일소하지 못하고 있다.…(*러시아*를) 노동자 중에 몇 사람이 통치해왔을까.

843) 위의 책, p. 201.

844) 위의 책, Vol. 30, p. 457.

845) 위의 책, p. 458.

846) 위의 책, p. 459.

> *러시아* 전국에서 수천 명이요, 그 이상은 아니다. 후보를 내세우는 것, 정치를 하는 것은 당(黨)이 아니라 노동조합이라고 우리가 말한다면 그것은 아주 민주주의적으로 들리며 표(票)를 끌어 모으는데도 도움이 될 런지 모른다. 그러나 오래가지는 못한다. 그것은 *프롤레타리아* 계급의 독재[당의 독재]를 파멸시킬 것이다.[847)]

이상 *레닌*의 말은 노동대중의 민주주의 즉, *프롤레타리아* 민주주의를 스스로 부정하는 말이었다. 노동자들이 기업 관리에도 참가하지 못하고 공직 후보마저도 추천하지 못하는 *프롤레타리아* 민주주의란 허위에 불과한 것이 아닐 수 없다. 그러나 *레닌*은 개개의 노동자, 노동조합을 불신하고 경멸하면서도 계급으로서의 전체 *프롤레타리아트*의 혁명의지와 능력에 대해서는 불변의, 절대적 신뢰감을 표명하고 있었다. 이것은 중대한 모순이며 *프롤레타리아* 계급의 추상화(抽象化)요 우상화였다.

*레닌*은 명확한 목적의식을 가지고 있었다. 이론무장이 되어있는 소수 *엘리트*층인 공산당을 *프롤레타리아* 계급의 혁명정신의 구현자요, 그 전위(前衛)라는 지위에 놓음으로써 이 모순에서 벗어나려 했다. 그가 빈번히 "*프롤레타리아* 계급"을 말할 때는 언제나 그 전위(前衛)로 자임(自任)하는 공산당을 의미했으며, '*프롤레타리아* 계급의 독재'를 논할 때는 사실은 공산당의 독재를 의미했던 것이다. 따라서 *레닌*은 자기의 통치방식이 1당 독재라고 추궁 당할 때는 그것을 주저하지 않고 시인했다.[848)]

*볼셰비키*당(黨)과 같이 강철의 규율을 가지고 조직이 철저히 중앙 집중화 된, 폐쇄적 *엘리트*당(黨)에서는 1당 독재가 당의 극소수 지도층 또는 최고 지도자 1인의 독재로 변모한다는 것은 필연적인 추세였다. *레닌*의 이론에 의하면 대중은 계급으로 나뉘어져 있고, 계급을 지도하는 것은 정당이며, 정당을 지배하고 있는 것은 그 지도자다. 그러므로 "당의 독재냐 또는 계급의 독재냐, 지도자의 독재냐 또는 대중의 독재냐"를 묻는 것은 "사고(思考)의 혼란을 증명하는 것"밖에 안 된다.[849)] 그런 논의는 "사람의 왼 다리와 오른 손의 어느 것이 사람에게 더 필요한가를 논하는 것 같은 어

---

847) 위의 책, Vol. 32, pp. 61~62.

848) 1919년 7월 31일 *레닌*은 교육 문화일꾼들 앞에서 1당 독재에 대하여 다음과 같이 당당하게 시인했다. "그렇다. 1당 독재다! 우리는 1당 독재를 지지하며 그 지위에서 이탈하지 않을 것이다. 왜냐하면 수십 년 동안에 전 공산당 및 산업 *프롤레타리아트*의 전위를 쟁취한 것은 [우리]당이기 때문이다." 위의 책, Vol. 29, p. 535.

849) 위의 책, Vol. 31, 9. 41.

리석고 유치한 잠꼬대로 밖에 생각할 수 없다"[850]고 얼토당토 않는 비유를 들었던 것이다.

이러한 *레닌*의 사고(思考)는 독재권력이 지니는 지극히 위험한 문제들을 외면한 것이었다. 그의 견해는 *프롤레타리아* 계급의 이익은 그것을 대표하는 통치집단(統治集團)(당)의 이익과 일치하며, 통치집단의 이익은 그 수뇌(首腦)의 이익과 일치하고, 수뇌는 오직 계급의 이익에만 관심이 있다는 식의 극단적으로 획일화된, 잘못된 전제에서 유래하고 있었다. *레닌*의 이 독단적인 착각은 곧 *프롤레타리아* 계급의 독재를 사실은 *프롤레타리아* 계급에 대한 공산당의 무자비한 1당 독재로, 그리고 나중에는 당내(黨內)의 최고 권력자 1인의 독재로 전락시키고 말았다는 것이 10월혁명 후의 소련은 물론, 제2차 대전 후 북한을 포함한 모든 공산당 국가의 역사적 경험이다.

*레닌*의 독재관의 위험성을 예견하고 일찍이 *카우츠키, 마르토프, 로자 룩셈부르크, 오토 바우어*(Otto Bauer)같은 서구 *맑스*주의자들은 *레닌*과 논쟁했고, 심지어는 *볼셰비키*당(黨) 내에서도 (초기의) *뜨로츠키, 뤼꼬프* 등은 *프롤레타리아* 계급의 독재에 관하여 *레닌*과 해석을 달리하면서 그를 비판했다. 그러나 *레닌*은 이들 모두의 경고를 무시했다.

그 결과로 그 후 "*프롤레타리아* 민주주의" 국가 또는 "사회주의적 민주주의" 국가라는 것은 1인 독재, 대량 유혈숙청(流血肅淸), 비밀경찰, 강제노동수용소, 정신병동, 개인우상화, *노멘클라뚜라*, "빈곤의 평등" 등으로 상징되는 엄청난 전체주의(全體主義) 사회로 변모해버렸던 것이다. 그리하여 공산주의자들이 집요하게 선전해 온 자기 체제에 대한 절대긍정(絕對肯定), 절대옹호(絕對擁護)를 위한 *이데올로기*는 위력을 잃어가고 있다가 드디어는 파산(破産)되고 말았다. 벌써 부터의 일이지만 비판정신을 완전히 상실한 사람이 아닌 한 누구도 종래의 공산당 국가들을 "민주주의"로 보지는 않았다.

*레닌*에 있어서 *프롤레타리아* 계급의 독재란 간단하게는 *부르죠아* 계급에 대한 폭력적 지배를 의미했다. 이 독재는 민주주의를 주민의 내다수를 위한, 노동계급을 위한 것으로 발전 확대시키자는 것을 그 임무로 삼고 있었다. 그런데 독재를 통하여 그런 민주주의를 실현한다고 하는 공산주의자들의 착오에 대하여 *라인홀드 니버*

850) 위의 책, p. 49.

(Reinhold Niebuhr)가 한 다음의 논평은 경청할 만한 가치가 있다.

> 우리는 독재의 테두리 속에서 민주주의를 실현해 보겠다는 몽상에는 *유토피아*의 기풍이 풍겨있음을 알아야 한다. 이 사실이 *맑스*주의자들의 *유토피아*가 지옥같이 되어버린 이유를 알려주는 관건이 된다.[851]

그럼에도 불구하고 공산주의자들은 여전히 갖가지 이름의 민주주의를 들고 나와 자신들의 독재 권력을 추구하거나 또는 이미 획득한 독재 권력을 수호하고 공고화하기 위하여 끈질긴 투쟁을 벌여왔다. 여기서 일부의 사람들, 특히 주어진 현실에 절망감을 느끼는 지식인과 청년들, 또는 실의에 빠지거나 초 이상주의를 좇는 극단적인 사람들은 공산주의가 선언하는 민주주의 선전에 매혹되어왔다. 그런 경향은 해방직후 사상적 혼동(混同) 상태에서 저미(低迷)하고 있던 시기는 물론이요, 한국전쟁의 처절한 경험을 망각해버린 1980~1990년대의 남한에까지 파급되어 비록 극소수이기는하지만 어떤 집단들로부터는 "민족민주주의"니, "민중민주주의"니, "인민민주주의"니 하는 갖가지 구호가 마구잡이로 쏟아져 나오고 있었다.

851) R. *니버*, 『現代精神批判의 哲學』(朴景華 譯), 中央文化社, p. 237.

제4장

당(黨)의 재건(再建)을 둘러싼 노선 투쟁

제1절 수도(首都) 서울의 양상

세계의 모든 공산당은 이론상으로는 *레닌*의 "민주적 중앙집중제(中央集中制)"의 조직원칙을 철저히 고수하면서 당내에서 분파의 존재를 일체 금지해 왔다. 그러나 실제에 있어서는 당내의 분파투쟁은 그치지를 않았으며, 이 투쟁은 필연적으로 사활을 건 당권투쟁으로 확대되었던 것이 보편적 현상이었다. 이 투쟁에서 패배한 분파는 "우경적(右傾的) 편향(偏向)" 또는 "좌경적 기회주의"의 과오를 범했다는 낙인이 찍혀 참담하게 매장되고, 승리한 분파만이 *맑스-레닌*주의의 원칙을 주어진 현실에 "창조적으로 적용"하여 올바른 당(黨) 노선을 확립한 "진정한" *맑스-레닌*주의자로써 절대적 공인을 받는다. 즉 힘이 곧 진리다. 이렇게 판에 박힌 정치적 관행이 국제 공산주의운동에서는 권력투쟁의 법칙처럼 되어왔던 것이다.

해방 이후 남북한에서 공산당의 재건을 둘러싸고 일어난 당내 *헤게모니* 쟁탈전에서도 이러한 특성은 그대로 나타났다. 1928년 *코민테른*의 「12월 *테제*」에서 조선의 당면한 혁명노선은 "반제(反帝)-반봉건적(反封建的) *부르죠아*민주주의혁명" 노선으로 엄격히 규정했었고,[852] 해방 후의 북한에서는 소련군 사령부의 직접적 지도하에 공산당이 조직되었으므로 당(黨) 창건을 둘러싼 노선상의 혼란이 파국으로 달리지는 않았다. 그러나 당의 *헤게모니* 장악을 위한 은밀한 파벌적 권력투쟁은 이윽고 형식상 *이데올로기*투쟁의 모습으로 표면화 되었던 것이다. 공산주의자들의 권력투쟁은 서울에서 먼저 일어났다. 이에 대한 고찰은 서울의 '건국준비위원회'(建國準備委員

852) "反帝"에 관해서는 일제가 패망한 해방 직후의 남-북한에서 공산주의자들은 반대할 제국주의가 없었으므로 처음에는 "日本帝國主義의 殘在肅淸" 즉 "親日派의 打倒"라는 구호를 내세웠다가 그 후에는 이것을 "美 제국주의의 타도"라는 구호로 바꿨다.

會)(이하 '建準건준')의 동향에서부터 시작하고자 한다. 왜냐하면 남-북 분단의 고정화(固定化)를 상상조차 할 수 없었던 해방 직후 수도 서울의 정치 정세는 북한에도 상당한 영향을 미치고 있었기 때문이다.

당시 제일 먼저 적극적으로 정치 활동에 등장한 단체는 8월 16일에 발족한 '건준'(建準)이었다. 널리 알려지고 있는대로 일본의 무조건 항복을 앞두고 일본 총독은 전후 4차에 걸쳐 행정권 이양을 한국 민족주의 운동의 유력한 국내 지도자였던 송진우(宋鎭禹)에게 교섭했으나 거절당했다. 송(宋)의 견해로는 조선에 대한 통치권은 일제(日帝)가 미국에 항복한 조건을 고려할 때, 행정권을 미국이 그 것을 접수한 후 여러 절차를 거쳐 조선인에게 이양하는 것이 당연하다고 보았다. 또한 그는 중국 중경(重慶)에 있던 '대한민국 임시정부'(이하 '임정臨政')의 정치적 정통성(正統性)을 인정하는 입장을 견지하고 있었기 때문에 건국사업은 '임정'을 지지하는 기초위에서 추진하여야 한다는 구상을 가지고 있었다. 송진우에게 거절당한 총독부 측은 여운형(呂運亨), 안재홍(安在鴻)과 접촉한 후 조건부[853]로 이들의 승낙을 얻어냈다.

여운형은 '건준'(建準)을 조직하는데서 민족주의의 좌-우파와 공산주의자를 이에 포함시킬 것을 생각하고 있었다. 17일 그는 송진우의 자택을 방문하여 두 사람의 비밀회담[854]을 가졌으나 합작은 실패하고 말았다. 여운형은 온건한 좌익으로 알려지고 있었다. 그는 사회주의의 경향의 자유주의자였지만 *볼세비키*(*레닌*주의자)는 아니었다. 송진우도 그가 공산주의자라고는 생각하지 않았다. 그러나 여운형은 자칫하면 공산주의자들에 휘감겨 "공산주의자도 못되면서 공산주의자 노릇을 하게 될 위험성이 없지 않소. 내 말을 들으시오"[855]라는 것이 이 비밀회담에서 송진우가 여운형에게 했다는 충고였다고 한다. 송진우-여운형의 제휴 실패는 사소한 사건 같으나 해

---

853) 그 '條件'이란, 朝鮮 總督府는 모든 정치범의 즉시 석방, 조선인의 3개월간(8, 9, 10월)소요되는 식량 확보, 언론의 자유, 조선의 정치활동과 노동자 및 청년의 조직에 간섭하지 말 것 등이었다. 한편 呂運亨은 "현재"[당시]의 총독부 통치기구는 해체하지 않을 것과 "현"[그때] 사태에서 일어날 수 있는 일본인의 생명, 재산에 대한 폭력적 보복은 최대한 억제한다는 것을 약속했다. Gregory Henderson 앞의 책, p. 115. 이런 조건은 1945년 8월 16일 오후 건준 부위원장 안재홍의 '해내, 해외의 3천만 동포에게 고함'이라는 방송연설에서 잘 반영되어 있다. 이 '연설' 전문은 宋南憲, 『解放三十年史』, 成文閣, 1975년, pp. 65~67에 수록.

854) 古下先生傳記編纂委員會 編, 『獨立을 향한 執念-古下 宋鎭禹 傳記』, 동아일보사, 1990년, p. 447.

855) 위와 같음.

방 정국에서 첫 번째로 시도한 좌-우 거두간의 합작이 실패했다는 점에 정치적 중요성이 있다.

'건준'은 8월 16일, 5천여 군중 앞에서 토한 여운형의 열변과 안재홍의 「해내외(海內外) 3천만동포에게 고함」이라는 방송을 신호로 하여 우렁차게 출범했다. 이날 장권(張 權)을 대장으로 건국치안대(建國治安隊)가 조직되었다. 17일에는 여운형을 위원장, 안재홍을 부위원장, 최근우(崔謹愚)를 총무부장, 정 백(鄭 栢)을 조직부장으로 하고, 일제하의 지하운동 단체였던 여운형의 '건국동맹'(建國同盟)을 중심으로 한 제1차 부서가 결정되었다. 서울에서 '건준'(建準)이 출범했다는 소식은 즉각 북한에 전파되어 여러 도시에서 같은 이름의 단체들이 결성되었다.

서울 '건준'의 부서에는 정 백 이외에도 조동우(趙東祐)와 최용달(崔容達), 권태석(權泰錫) 등 공산당원('장안파')들이 조직부와 무경부(武警部)의 책임을 맡고 있었으나, 아직은 여운형의 권위가 절대적이었다. 8월말까지 전국 145개소에서 '건준' 지부가 설치되어 행정부의 역할을 했다. 이때 흥분한 몰지각한 청년들은 파출소 습격, 일본인들의 상점, 공장, 그 밖의 관공서들을 강제로 접수하여 사회적 혼란을 일으켜 총독부 당국과 마찰을 일으키기도 했다.[856)]

이러한 소란 속에서 8월 22일 '건준'의 부서는 확대 개편되었고 28일에는 「선언」과 「강령」이 발표되었다. 여운형, 안재홍은 새 부서에 그대로 남아있었지만, 이강국(李康國), 박문규(朴文圭) 등 박헌영의 측근 심복들과 그 밖의 계파에 속하는 많은 공산주의자들이 대거 침투해 들어왔다. '건준'은 결성 당초보다 훨씬 좌경화(左傾化)했다. 이때의 「선언」을 보면, 일제(日帝)하의 민족해방 투쟁은 "제국주의자와 결탁한 반동적 반(反)민주주의 세력에 의하여 완강히 거부되어있다"느니, "진보적 민주주의 세력은 통일전선의 결성을 갈망"하여 '건준'을 결성했다느니 하는 구절이 들어있다.[857)]

주목할 것은, '건준'은 "진보적 민주주의적 제 세력을 집결하기 위한…통일 기관이며, 결코 혼잡한 협동기관은 아니다"라느니, 또는 과거 일제와 결탁했던 "반동세력, 즉 반(反)민주주의 세력과 싸워…진정한 민주주의의 실현을 위하여 강력한 민주주의

856) 李起夏, 『韓國政黨發達史』, 議會政治社, 檀紀 4294年, p. 41.
857) 「宣言」과 「綱領」은 『韓國時事資料 年表』, pp. 743~744.

정권을 수립하여야할 것"이라고 하는 등, 「선언」은 벌써 *볼세비키*적 전술로 점철(點綴)되어 있었다는 점이다. 더욱이 그런 민주주의정권은 "전국적 인민대표 회의에서 선출된 인민의원으로써 구성될 것"[858]이라고 주장함으로써 며칠 후 박헌영(朴憲永)이 연출한 '조선 인민공화국'의 출현을 예고하고 있었던 점이다. 이제 '건준'은 그 방향을 재빨리 공산주의로 돌리기 시작했던 것이다.

'건준' 안에서는 드디어 좌-우파 간에 내분이 일어났다. 이때의 '건준'은 안재홍 중심의 온건한 민족주의자, 여운형(呂運亨) 중심의 비(非)공산주의적 사회주의자, 박헌영 지도하의 일제하 조선공산당 계(系)의 공산주의자, 이와 대립하는 정 백, 최익한(崔益翰) 중심의 '장안파' 공산주의자로 혼합되어 있었다. 여기서 민족주의자들은 '건준'이 좌경적 방향으로 질주하는 것을 저지하기 위하여 그 개혁을 시도하다가 *모스크바*에 충성을 다하는 공산주의자들의 완고한 반대에 부딪혀 결국 '건준'은 분열되고 말았다. 결단력이 없었던 여운형은 좌-우의 협공(挾攻)에 직면하여 지도력을 상실해 가고 있었다.

민족주의자인 안재홍파(安在鴻派)가 퇴진한 뒤인 9월 2일 '건준'의 부서는 다시 개편되었다. 허 헌(許 憲)(민족주의에서 공산주의에 동조), 이순근(李舜根), 김세용(金世鎔) 등 박헌영 파(派)가 더 많이 들어왔다. 안재홍 대신 허 헌이 부위원장의 지위를 차지하게 되자(9월 3일) '건준'의 *헤게모니*는 박헌영 계(系)의 공산주의자들에게로 넘어갔다. 박헌영, 여운형, 허 헌 등은 미군이 상륙하기 직전인 9월 6일 돌연히 '전국 인민대표대회'를 개최하고 여기서 "조선 인민공화국"(이하 '인공' 人共)을 하루 저녁에 조직하면서 '건준'을 "발전적으로 해소(解消)" (해체)시켰다. 이 모든 일은 막후의 실권자 박헌영의 공작에 의한 것이었다. 이제 여운형은 사실상 그의 조역에 불과했다. 이들은 미군 상륙 이전에 기선(機先)을 잡고 '임정'이 환국하기 전에 '인공'(人共)의 수립을 기정사실로 만들려고 했던 것이다.

이들이 선발한 중앙인민의원(조선인민 공화국 중앙인민위원회의원) 54명 안에는 이승만, 김 구, 김규식에서 김성수(金性洙), 신익희(申翼熙), 조만식 등 그들의 이른바 "반동적" 우익과 정 백, 최용달, 이 영(고문) 등의 '장안파' 공산당 간부, 그리고 아직 귀국도 하지 않은 김일성, 무 정, 한 빈 등 해외의 공산주의자들까지 모두 망라되

858) 같은 책, p. 4.

었다. 그밖에도 대부분의 경우 본인들은 '인공' 참여를 승낙한 일이 없었다. '중앙인민위원' 54명 중 근 80%인 38명을 공산당 출신으로 채웠다. 한편 후보위원 20명 중 공산당 출신은 15명(75%)에 달하였다.[859]

한편 '인공'의 부서 구성을 보면, 주석(主席)에 이승만, 부주석에 허 헌, 내무부장에 김 구, 외교부장에 김규식, 재무부장에 조만식, 군사부장에 김원봉(金元鳳), 사법부장에 김병로, 문교부장에 김성수, 서기장에 이강국 등 좌-우익 인사들이 다 같이 들어 있었지만 공산주의자가 압도적 다수였다. 우익계 인사를 계략적(計略的)으로 안배했으며 그들의 "대리"에는 전부 공산주의자들을 배치해 놓았던 것이다. 박헌영 자신은 일부러 어디에도 들어가지 않았다. 국내외의 명망 있는 민족주의자들의 이름을 도용하여 꾸며진 '인공'의 각 부서에 올라있던 52명 중 38명(72%)이 공산주의자들이었다.[860] 이 소아병적(小兒病的)인 정치 협잡극(挾雜劇)을 박헌영 일파는 신문, 방송 등을 통해 전국적으로 선전하면서 지방 인민위원회의 조직을 확대해 나갔다. 그들은 '인공'이 마치 민족 통일전선에 입각한 통일정부인 것 같은 그럴듯한 인상을 퍼뜨리고 있었다.

역사적 경험에서 볼 때, 흥분한 격동기(激動期)의 대중은 이성(理性)을 상실하고 우선 행동을 앞세운다. 박헌영 일파는 '인공'의 선전에 현혹되어 들뜬 사람들을 광범위하게 급속히 조직해나갔다. 그리하여 '남조선노동조합 전국평의회(全國評議會)'(이하 '전평 全評'), '전국 농민조합 총연맹', '전국 청년단체 총동맹', '조선부녀 총동맹', '국군 준비대', '문학가 동맹' 등 수다한 외각 사회단체들이 공산당 지도하에 일사천리(一瀉千里)로 결성되었다.

박헌영 계(系)의 공산주의자들은 재빨리 9월 8일에는 ≪조선인민보(朝鮮人民報)≫('인공'기관지)를, 9월 19일에는 ≪해방일보(解放日報)≫(공산당 기관지)를 발간했다. 그 이전에 벌써 '건준' 내의 공산주의자들은 해방이 되자마자 일제의 ≪경성일보(京城日報)≫사를 점령하고 그곳에서 인쇄했던 ≪매일신보(每日新報)≫를 접수, 좌익성향의 신문을 발행한 일이 있다. 언론의 공백기에 선전의 무기인 신문을 먼저 장악했다는 것은 공산주의 세력을 확대하는데서 절대적인 요인이 되었다. 이러한 사건들과

859) 金南植, 『實錄 南勞黨』, 新現實社, 1975년, p. 44.
860) 같은 책, p. 46.

병행하여 '조선공산당'은 박헌영의 지도하에 재건 강화되고 있었다.

공산주의자들의 정치활동에서의 특성은 어디서나 조직에 민활하고, 조직체의 규율이 엄격하고, 선동 선전에 적극적이오, 당면한 정세에 부합되도록 당(黨) 노선과 전술을 지체 없이 책정하고, 이 전술을 지침(指針)으로 하여 신속하게 정치공작을 전개하고, 그러면서 당 내에서는 정치생명을 건 *헤게모니*투쟁에 몰두하는데 있다. 공산주의자들 중의 일부는 벌써 8월 15일 밤 이 영, 정 백, 최용달, 조두원(趙斗元, 일명 趙一明), 이승엽, 조동우 등이 주동이 되어 서울 장안(長安) *빌딩*에서 재빨리 '조선공산당', 세칭 '장안파' 공산당을 결성했으며 며칠 후에는 최익한, 고경흠(高景欽), 정재달(鄭在達) 등 일제 하(日帝 下) 각 계파의 공산주의 지도자들이 여기에 가담했다고 한다.[861]

한편 8월 20일에는 이들과의 대항의식에서 박헌영을 중심으로 한 '조선공산당 재건준비위원회(再建準備委員會)'가 결성되었다.[862] 여기서 '재건'(再建)이란, 일제 치하에서 박헌영이 지도하던 '조선공산당'(1925~28)의 정통성을 계승한 '공산당'을 다시 건설한다는 뜻이었다. 이 회합에는 박헌영이 주동이 되었던 1920년대의 비밀 *써클* '화요회'와 30년대의 '*콤그룹*'(Communist Group의 약칭)파의 인물들이 참가했다고 하나 그 명단을 발표되지 않았다. 이 회합에서 박헌영은 미리 준비한 「현 정세와 우리의 임무」라는 통칭 「8월 *테제*」[863]를 제출하여 이것을 당의 잠정적(暫定的) 정치노선으로 통과시켰다.

---

861) 같은 책, p. 5. 그러나 鄭 栢의 기록은 약간 다르다. 일제가 투항하자 그날(8. 15) 趙東祜, 崔元澤, 鄭在達(이상 '火曜派'계), 李 英, 鄭 栢(이상 '*스탈린*團'派), 徐重錫, 崔容達 등의 9인이 이른바 '在京 革命者大會'를 열고 '조선공산당'을 결성했으며, 11명의 간부와 부서를 결정했고, 18일에는 鄭 栢이 기초한 정책을 발표한 후 평남에는 玄俊赫, 황해도에는 金德泳을 도 책임자로 임명했다고 한다. 鄭 栢, 「8월 5일 朝鮮共産黨 組織經過報告서」(1945. 11. 16), 한림대학교 아시아문화연구소 편, 『朝鮮共産黨文件資料集 1945~46』, 1993년, pp. 7~8.

862) 民主主義 民族戰線 編, 『朝鮮解放年報』, 1945년, p. 3. 그런데 鄭 栢에 의하면 "일부 동지들[박헌영 파]이 在京혁명자대회를 '詐欺'와 '派閥主義'라고 모욕하며 운동사상에 죄악을 또 범했다고 대중 앞에 선동, 선전하고 있다"는 것이다. 앞의 『朝鮮共産黨文件資料集(1945~6)』, p. 8.

863) 박헌영이 작성한 「8월 *테제*」는 1945년 8월 20일 '조선공산당' 재건파의 잠정적 정치노선으로 결정되었다. 그 후 이것을 약간 보충하여 1945년 9월 20일 '재건파 공산당 중앙위원회'의 「정치노선에 대한 결정」이란 이름의 「暫定的 *테제*」로 사용했다는 것이다. 보충된 「8월 *테제*」 전문인, 「현 정세와 우리의 임무—1945년 9월 20일」은 金南植 編 『南勞黨 硏究資料集』 第1輯, 고려대학교 아세아문제연구소, 1974년, pp. 8~21에 수록. 그러나 보충 이전의 「8월 *테제*」 원문은 찾아볼 수가 없음.

그는 이 「8월 *테제*」에서 조선 혁명의 현 단계의 성격을 "*부르죠아* 민주주의 혁명"으로 규정하고 "진보적(進步的) 민주주의"를 반복하여 제창했다. 또한 그는 "반동적(反動的) 민족*부르죠아지*"가 지도하는 "자본가와 지주(地主)의 독재정권인 반동적 민족주의국가", "형식적 민주주의국가", "미국식의 *데모크라시*적 사회제도의 건설"을 반대하고 "혁명적 민주주의정권"의 수립을 제창했다.[864] 「8월 *테제*」에서는 토지문제의 "혁명적 해결"을 강조하고 일제와 민족반역자 및 대지주의 토지, 자기가 경작하는 것 이외의 중-소지주의 토지는 모조리 무상 "몰수"하여 토지 없는 농민에게 분배한다고 선언했다. 그리고 토지 소유권에 관해서는 전국의 토지를 "국유화"하고, 국유화의 실현 전에 몰수한 전 토지는 농민위원회, 인민위원회가 관리한다"[865]는 극좌적인 정책을 부주의(不注意)하게 내세웠다.

「8월 *테제*」의 상당 부분은 '장안파'에 대한 공격에 충당되어 있었다. 여기서 박헌영은 '우경적 기회주의자', 즉 '민족 개량주의자'와 '사회 개량주의자'가 당 대열 내의 "가장 큰 위험"이라고 지적했지만 공격의 예봉은 "현 단계에서 사회주의 혁명의 과업"을 운운하는 '장안파'의 "극좌적, 기회주의자적 경향"에다 돌리고 있었다. 그는 현 단계의 "*부르죠아* 민주주의 혁명"이 제2단계인 "사회주의혁명"으로 전환하는 것은 "역사적 필연성(必然性)"이라고 하면서 다음과 같이 기술하였다.

> … 조선공산당은 *프롤레타리아* 혁명에로 속히 넘어가게 만들기 위하여 그 전제 조건인 제 문제, 즉 반제(反帝)-반(反)봉건적 투쟁으로 그 자유 발전의 길을 열어주고 또한 노동자 농민의 민주주의적 독재정권 [1905년 *레닌*이 제창한 '*부르죠아* 민주주의정권']의 수립과 그 [안에서의] *프롤레타리아 헤게모니*확립이란 주요 문제의 해결을 위하여 민족적 통일전선의 실현을 강조하여 둔다.[866]

「8월 *테제*」는 '민족통일전선 전술'에 관하여 많은 설명을 했다. 요약하면 '공산 청년동맹'은 "진보적 투쟁적 청년단체"와 "민족개량주의 청년단체"와의 행동통일을 위하여 통일전선을 결성하여야 한다고 주장했다. 그렇다고 행동통일이라는 것이 민족

864) 같은 책, p. 11.
865) 같은 책, p. 10.
866) 같은 책, pp. 20~21.

주의 청년단체들의 "개량주의적 타협주의(妥協主義)와의 합류를 의미하거나, 그들의 개량주의적 반동성(反動性)에 대한 비판을 포기하거나 또는 그것을 폭로하는 전술을 견지(堅持)하는 것을 의미하는 것이 아니다"[867)]라고 강조했다.

통일전선 전술의 목적은 민족 개량주의자(改良主義者)와 사회 개량주의자의 영향하에 있는 노동자, 농민은 물론 "일반 인민 대중을 자기편으로 전취(戰取)"하기 위하여 개량주의적 본질을 비판하고 폭로하는데 있다는 것이다.[868)] 이성 있고 자주적인 비(非)공산주의들로서는 자기들의 파괴를 목적으로 하는 이러한 통일전선 전술에 동조할 수는 없었다. 뒤에 가서 공산당과 민족주의자들의 통일전선 형성이 여러 번 시도되었으나 결렬된 것은 당연한 귀결이었다. 그런데 「8월 *테제*」에서 공격의 표적은 사실은 '장안파' 공산당이었다.

「8월 *테제*」는 '조선공산당'의 재건을 위한 지침으로써 1928년 12월 *코민테른*이 채택했던 「12월 *테제*」의 방침을 그대로 따른 것이었다. 다만 8 · 15 직후의 남조선 정세를 가미시켰을 뿐이다. 「8월 *테제*」는 "*부르죠아* 민주주의혁명"노선, 통일전선 전술, 당(黨) 조직원측의 천명(闡明) 및 '장안파' 공산당의 "좌경적 경향"에 대한 비판에 있어서, 그 후 평양에서 열린 '조선공산당 서북5도대회'에 의하여 채택된 10월 13일자 「정치노선과 조직확대 강화에 관한 결정서」 및 「좌경적 경향과 그 분파 행동에 대한 비판」 등과 거의 완전하게 일치했다. 다만 「8월 *테제*」는 북한의 문서에 비하여 문장이 비교적 세련되고 설명이 명료했다. 이것은 당시 남-북 조선의 공산주의자들의 지적수준(知的水準)의 격차를 보여주는 것이었다.

제2절 투쟁의 서막 : "재건파(再建派)"와 "장안파(長安派)"의 대결

해방 직후 북조선에서 공산당조직을 지도하고 있던 것은 소련 군정당국이었음으로 그들의 지침 없이 앞의 「결정서」나 「비판」 등은 결코 작성할 수가 없었을 것임은 물론이다. 「8월 *테제*」와 이것들의 내용이 일치한 것을 보면 박헌영은 서울 주재 소

867) 같은 책, p. 16.
868) 위와 같음.

련영사관으로부터 어떤 지시를 은밀하게 미리 받았거나 또는 *스탈린*의 한반도 정책을 독자적으로 판단하여 「8월 *테제*」를 작성했을 것이다. 그 비밀은 알 수 없지만 해방 당시 서울에 주재하고 있던 소련영사관원은 무려 36명에 이르고 있었으며[869] 이들이 *코민테른*노선에 충실했던 조선공산주의운동의 투사 박헌영과 접촉했으리라는 것은 충분히 추측할 수 있는 일이다.

'재건파'는 '장안파'의 노선과 존재를 전면 부정하고 타도의 대상으로 삼았던 때문에 양자 간에는 심각한 파벌 투쟁이 일어나지 않을 수 없었다. 며칠 동안 양파(兩派)는 치열한 노선투쟁과 조직경쟁을 벌였지만 반대진영의 내부분열과 와해공작(瓦解工作), 대중조직과 지식인 포섭에 유능했던 박헌영에 밀려 '장안파'는 8월 24일 일단 당의 해체를 표면상 선언하지 않을 수 없었다. '장안파'는 공산주의 운동의 통일방안을 논의하기 위하여 '재건파'와 수차 교섭한 후 9월 8일 '재건파' 대표 박헌영을 참가시켜 이른바 "열성자대회"를 열었다. '대회'에서는 당(黨) 노선과 조직원 측에 대한 토론이 벌어졌으나 박헌영의 권위가 압도적으로 우세했기 때문에 거의 모든 결의는 그가 의도했던 대로 통과되었다. '장안파'는 그 후 박헌영파의 *헤게모니* 장악에 도전해 보았지만 북조선(소련군 사령부)의 지지를 받지 못하고 패배하고 말았다.[870]

9월 11일 박헌영도 자파의 '재건 준비위원회'를 해체하고 형식상 '장안파'와 합쳐 통일된 '조선공산당'을 조직했다. 그러나 모든 요직은 자파로써 차지케 했다. 박헌영은 총비서의 지위를 장악했고 정치국, 조직국, 서기국의 부서도 모두 자파로 채웠다. '장안파'의 이 영, 정 백, 최익한은 중앙 간부명단에서 모두 탈락했다. 박헌영은 9월 12일에는 대규모의 시위행진을 조직하여 자기의 *헤게모니* 하에 통일된 조선공산당

---

869) Gregory Henderson, *The Politics of the Vortex*, Harvard University Press, 1968, p. 115. 서울 주재 소련영사관은 태평양 전쟁 기간 중에도 서울에 열려 있었다. 이것이 최종적으로 폐쇄된 것은 1946년 6월인데 이 기간 동안 관원들의 활동은 한 번도 폭로된 일이 없었다고 한다. 같은 책, p. 413, Notes 6. 그런데 8.15 이후 이들이 격동하고 있던 사태를 서울에서 바라다보고만 있지 않고 민활하게 움직였을 것이라는 추측은 결코 비현실적인 것이 아니다.

870) '再建派'의 입장에서 기록한 이 「열성자대회의 경과보고」는 朝鮮産業勞動研究所, 『옳은 路線』, 民衆新聞社(東京)出版部 轉版, 1946년, pp. 61~70참조. 한편 '長安派'가 '再建派'에 패배한 이유의 하나는, 이들이 평양으로 대거 진출하여 '재건파'를 중상했으나 [소련군 사령부]의 지지를 받지 못했을 뿐만 아니라, 그 조직을 해체하고 '재건파'에 편입하여 당 규율에 복종하라는 지령을 받았던 때문이라는 것이었다. 「반대파에 대한 성명서」, 같은 책, pp. 7~8. 그러나 鄭 栢은 자기와 李 英이 평양에는 갔었지만 그런 "지령"을 받은 일이 없다고 단호히 부인했다. 앞의 『朝鮮共産黨文件資料集(1945~46)』, p. 10.

의 위력을 과시했지만 이 영, 정 백, 최익한 등은 이에 굴복치 않고 완강하게 반(反)박헌영 투쟁을 계속했다. 그러면서 '장안파' 공산당은 김일성과 박헌영 등이 "친일파", "민족 반역자"로 규정한 민족주의자들과의 제휴를 모색했던 것이다. 평양의 소련 군정당국이 그런 '장안파'를 지지할 까닭이 없었음으로 그들의 몰락은 필연적이었다.

드디어 10월 25일 '장안파' 공산당은 '한국 민주당' 및 '국민당'과 「3당 공동성명」을 발표했다. 「성명」은 '대한민국 임시정부'의 정치적 외교 활동을 "전면적으로 적극적으로 지지한다."는 것과 '임정'의 환국(還國)을 촉진하여 "국내외의 반(反)민족적 분자를 제외한 민주주의적인 각 계 각층과 제휴…국민 총의에 의한 정식 정부의 급속한 수립을 기 한다"고 천명했고, 다시 10월 28일 이들은 "인민공화국 중앙위원회"의 성립 과정에서 나타난 박헌영의 "비(非)민주주의적 방법, 그 미봉책(彌縫策), 그 관료적 경화(硬化), 그 분파적 봉쇄성(封鎖性) 등에 의하여…인민정권의 발전을 저해하고 있다"고 "인공"을 철저히 부정했다.[871] 이에 대하여 '재건파'는 그들이 "드디어 반(反)계급적 반(反)인민적 반동적 진영에 투항하고 말았다"[872]고 응수했다.

이렇게 양파 공산주의자들의 노선상(路線上)의 공방전은 격렬하게 지속되었다. 그러다가 '장안파'는 11월 23일 "당(黨)의 통일"이라는 명분에 사로잡혀 자진 해체를 결의했다.[873] 이에 따라 남한의 공산주의 운동은 파벌투쟁에서 승리한 박헌영의 '재건파'에 의하여 명맥상으로는 통일되고 영도(領導)되고 있었으나 그것은 오래가지 못했다. 이러한 싸움이 바야흐로 진행되고 있던 때인 10월 중순 평양에서는 '서북5도대회'가 열렸던 것이다. '서북5도대회'는 "장안파"에 대한 규탄장(糾彈場)이나 다름이 없었다. 소련 군정당국은 이미 '장안파'를 *볼셰비끼*가 아니라 "소(小)*부르죠아*적집단"으로 규정했던 것이 틀림없다.

---

871) 「反對派에 의한 聲明」에서 인용, ≪解放日報≫ 1945년 11월 5일. 한편 '장안파'가 '임정'과의 제휴 및 '韓民黨'과의 통일전선을 모색한데 대하여, 정 백은 "대한 임시정부는 그 강령으로 보나 그의 실천으로 보아서, 朴[憲永]동무의 지적과 같이 반소, 반공 *파시스트*로 규정하는 것은 부당한 것이다. 또 韓國民主黨을 친일파로 규정하는 것은, 구체적 반증이 있지 않는 동안, 이도 또한 불가한 것이다. 이와 같은 오해의 규정은 대한임시정부를 지지하는 대중을 반소, 반공 *파시스트*로써 규정하는 것이며, 민족 통일전선을 분열 대립시키는 위험에 빠지는 것이다"라고 격렬히 반박했다. 앞의 『朝鮮共産黨文件資料集』(1945~46), p. 15.

872) 위와 같음.

873) 金鐘鳴 編, 『朝鮮新民主主義革命史』, 五月書房(東京), 1953년, p. 95.

해방 직후 북한 내 공산주의자들의 동태를 보면 평양에서는 김용범(金鎔範), 장시우(張時雨), 현준혁(玄俊爀), 오기섭(吳琪燮), 정달헌(鄭達憲) 등 우선 '국내파'사이에서 세력다툼이 막후에서 상당히 격렬하게 진행되고 있었다. 이 과정에서 9월 하순 현준혁이 백주(白晝)에 암살되는 *테러*사건이 일어났다.[874] 현준혁의 암살은 남-북을 통한 정치*테러* 제1호였다. 그런데 당시는 아직 38선이 있었음에도 불구하고 남-북을 통일된 나라로 생각하고 있었음으로 당 중앙(黨中央)(당 지도부)이 전통적인 수도 서울에 설치되어야 한다는 점에는 표면상 누구도 이론을 내세우기가 어려웠다.

---

874) 韓載德의 증언에 의하면 玄俊爀의 암살은 張時雨 일파의 소행이라는 것을 소련군 사령부의 통역관이었던 소련 2세 俞在日의 취중 방담에서 그 내막이 폭로되었다고 한다. 즉, 김일성, 김 책, 김용범, 장시우 등은 소련군 사령부 정치부의 *로마넨꼬* 장군의 승인을 얻어 이 암살을 음모했다는 것이다. 그가 살해되었을 때 소련군 사령부는 바로 *스탈린* 식으로 범행의 소재를 우선 "백색 *테러*"에다 돌리고 대대적인 사회장을 거행함으로써 피살자에게 영광을 돌려주었다. 물론 범인은 체포되지 않았고, 이 사실을 발설한 俞在日은 그 후 곧 소련으로 소환되었다는 것이다. 명백한 것은 현준혁의 암살이 권력투쟁과 *이데올로기*투쟁의 상투적인 교착의 결과였다는 사실이다.

韓의 계속되는 증언에 의하면 국내파 *인테리* 공산주의자로서 현준혁이 '朝鮮共産黨 平南地區黨部'를 조직하자 많은 당원들이 이리로 몰려 들어가고서 그의 이름이 점차로 대중화 되어갔으며 이것을 시기한 장시우는 소수의 과격파를 규합하여 '朝鮮共産黨 平壤市黨部'라는 별개의 분파를 조직하여 이에 맞섰다는 것이다. 그는 민족주의자들과의 연립정권의 수립을 반대하고 당장에 노농 정권을 수립하여 공산당 독재를 실시해야 한다고 생각하고 있었다. 현준혁은 장시우와는 반대로 조선의 정치노선을 *부르죠아* 민주주의혁명으로 규정하고 사이비가 아니라 순수한 연립정권을 수립하여야 한다는 입장에서 '平南 人民政治委員會'의 부위원장으로서 曺晩植과 일정한 한계 내에서 협력을 아끼지 않았다. 이에 대해 장시우는 玄俊爀을 "민족주의자의 주구", 공산주의의 "반역자"라고 비방하였다고 한다. 이상의 증언에서 장시우-현준혁의 알력은 사실 그대로라고 인정된다. 이 증언자에 따르면, 張時雨의 현준혁에 대한 적대의식을 이용한 것이 김일성이었으며 그는 장시우와 자주 접촉하여 회유와 설득공작을 폈다는 것이다. 그리고 이런 음모에는 金鎔範, 朴正愛 부부도 가세했다고 했다. 이들은 日帝때 소련으로부터 평양 지방 공작원으로 파견되었다가 투옥된 후 석방된, 계열 상으로는 소련파에 속하는 사람들인데, 처음에는 '평남 지구당부'에 가담하여 현준혁과 협력하였으나 그에 대한 반감은 장시우와 마찬가지였다. 여기에 김일성이 나타나 포섭의 촉수를 뻗쳤다는 것이다. 이들은 현준혁을 "민족주의적 타락분자"로 규정하는 한편, 그를 그대로 두었다가는 조선에서 공산당 내의 주도권을 빼앗길 것을 우려하여 그의 암살을 계획했었다. 소련군사령부는 공산주의자들 간에 점점 명망이 높아가는 이 "우경적 기회주의자"의 처리를 결단하고 이들의 음모를 용인했다는 것이다. 그러나 자세한 내막은 아직 미궁 속에 있다. 韓載德, 『金日成을 告發한다』, pp. 121~132. 金昌順, 같은 책, pp. 65~69 참조.

그런데 의문점은 김일성의 암살음모 가담 설에 있다. 韓의 견해는 김일성이 귀국한 45년 9월 19일 이후에 현준혁이 살해되었다는 것을 전제로 하고 있었다. 그런데 玄이 살해된 日字는 9월 3~4일 또는 9월 28일 등 說이 구구하여 김일성의 음모 가담 설은 의문을 남기고 있다. 현준혁이 9월 3일에 암살되었다면 김일성의 암살음모 가담 설은 성립되지 않는다. 현준혁이 9월 28일에 피살되었다고 해도 김일성이 귀국 후 수일동안에 그런 음모에 가담했다는 것은 불가능한 일이다. 현준혁 암살사건에 관해서는 중앙일보사 특별취재반 著, 『秘話 朝鮮民主主義人民共和國』 中央日報社, 1992년, pp. 128~135 참조.

박헌영파(派)가 9월 11일 서울에서 '조선공산당'을 재건하였을 때 북한에 있던 국내파 공산주의자들은 이에 대한 대항의식 보다는 도리어 고무를 받았고, 자기의 출신지방에서의 조직을 서두름으로써 그 조직을 자기의 기반으로 하여 재건기(再建期)에 있던 서울의 당 중앙에서 유력한 지위를 차지하려고 했던 것이다.

당시 이들은 모두가 다 서울에 있는 박헌영의 직계(直系)는 아니었지만 그 대부분은 직접 간접으로 그의 영향을 받고 있었다. 이렇게 여러 지방에서 당(黨) 조직 활동이 서둘러 진행되고 있던 때에 *시베리아*로부터는 김일성을 선두로 하는 "동북(東北) *빨치산*파(派)"가, 중국 연안(延安)으로부터는 '조선독립동맹(朝鮮獨立同盟)', 즉 "연안파"가 귀국하여 복잡한 파벌적 양상을 띠게 되었다. 앞에서 설명한 바와 같이 북한에는 거시적(巨視的)으로 보아 "국내파", "동북*빨치산*파", "연안파" 등 각각 상이한 배경을 가지고 있던 이 3파(派)가 정립(鼎立)하게 되어 그들 사이에서는 조직에서 제각기 우세를 차지하려고 암암리에 경쟁하고 있었다. 물론 파벌은 아직 표면화되지는 않았다.

그들 중 "국내파"는 1920~30년대에 조직했던 지하운동의 경험이 있었고 공산주의자들 사이에서 잇따른 검거선풍이 신문지상에 대서특필로 보도되어 왔음으로 그들의 이름은 민중들 사이에 널리 알려져 있었다. 8·15해방 때까지 그들의 조직은 거의 와해되었지만 소수의 지도자들은 여러 지방에 분산적으로 남아 있었다. 그러므로 해방과 더불어 먼저 조직에 착수할 수 있었던 공산주의자는 이들이었다. 조직 면에서의 우세뿐만 아니라 이론 면에서도 국내파는 유력한 좌익 지식인들을 포섭하고 있었다. 서울은 전통적으로 한국 지성(知性)의 아성(牙城)이었으며, 일제의 패망과 더불어 적지 않은 수효의 언론인, 학자, 작가, 예술인들이 박헌영 계(系)에 포섭되었고 이들은 자연히 그 영향력을 소련 군정하의 북한에까지도 미칠 수가 있었던 것이다.

국내파에 비하면 소련군을 뒤따라 *시베리아*에서 입국한 '동북*빨치산*파'는 동북항일연군(東北抗日聯軍)'의 대원으로서 만주에서 활동했기 때문에 국내에 조직기반(組織基盤)이 없었으며 김일성을 제외한다면 그 이름이 민중들 사이에 알려진 인물도 없었다. 그러므로 당내 *헤게모니* 투쟁이 자유로이 전개될 수 있었더라면 이들은 국내파의 경쟁상대가 되기 어려웠을 것이다. 이들의 강한 힘의 원천은 소련군사령부의 단호한 지지였다. 따라서 공산당의 지도권을 김일성으로 하여금 장악케 하려는 소련

군정당국의 확고한 정책에는 누구도 정면에서 도전할 수가 없었다. "해방군"인 소련 주둔군의 절대적 권위를 배경으로 하여 김일성은 아직 군중 앞에 나타나기 전부터 이면에서 회유(懷柔)와 포섭(包攝) 또는 이간책(離間策)으로 국내파의 기반을 잠식하면서 자기 세력을 부식하는 정치공작을 정력적으로 진행시키고 있었다.

김일성의 앞날을 위협하는 만만치 않은 또 다른 분파는 '연안파'였다. 그런데 '연안파'가 불운하게도 미처 다 귀국하지 못하고 있던 때에 '조선공산당 서북5도대회'[875]가 열렸다. 따라서 이 대회에 '연안파'의 고위 간부들은 참가하지 못했을 것이다. 이에 참가할 수 있었던 박헌영 계의 '국내파'와 김일성의 '동북 *빨치산*파' 사이에서는 벌써 당의 주도권을 장악하기 위한 파벌투쟁(派閥鬪爭)이 표면화되었다. 그러나 당면한 타도대상은 서울의 '장안파'였다. 이들은 이미 서울에서 박헌영의 '재건파'에 패배하여 무력한 존재가 되었었지만, '서북5도대회'에서는 이 "소(小) *부르죠아*분자들"을 후환이 없도록 철저히 매장해 버리려고 계획했던 것이었다.

'서북5도대회'의 의사록을 보면 대회에 참석한 대표들은 당 노선에서 '좌익적', 또는 '우익적' 경향을 띤 분파들에 대한 총공격을 폈다. 여기서 "좌익적 경향"이라고 하여 비판을 받은 자는 서울의 '장안파' 공산당 간부인 이 영(李 英), 정 백(鄭 栢), 최익한(崔益翰) 등 소위 "*뜨로츠키*주의적" 분파주의자들이었다. 이들을 공격하는데서 박헌영을 지지하고 있던 '국내파'와 김일성의 '동북*빨치산*파(派)'가 완전히 합세했던 것이다. 그것은 소련 군정당국이 짜놓은 각본에 의한 것임은 의심할 여지가 없다.

'서북 5도대회'는 「정치노선확립과 조직 확대강화에 관한 결정서」(이하 「결정서」)와 「좌경적 경향과 그 분파(分派) 행동에 대한 비판」(이하 「비판」)을 채택했다. 여기에서 표명된 정치노선은 앞에서 논급한 '조선공산당 평남지구 확대위원회'가 '서북5

875) 『朝鮮中央年鑑』, 1949년, p. 715. 이 '大會'의 이름을 당시의 會議錄에서는 '朝鮮共産黨 北部朝鮮 5道聯合會'로, 『조선통사』(하), p. 16에서는 '북조선 5도 당대표 및 열성자대회'로 기록하고 있어서 명칭이 구구하다. 공산당 천하인 북한에서 이 공산주의자들의 대회가 극비리에 열렸다는 사실 그 자체는 이 회합의 중대한 陰謀性을 시사하고 있다. 이 '대회'가 비밀 회합이 된 이유로는 (1) 수일 후에는 金日成을 전 민족적 英雄으로, 위대한 愛國者로 군중 앞에 내세울 것을 계획하고 있던 소련군 사령부는 그가 공산당의 수령이라는 사실을 아직은 감추지 않을 수 없었다는 것, (2) 이 대회에서 反김일성파 또는 그의 동조자들이 과반수를 차지 못하도록 인원을 제한할 필요가 있었다는 것, (3) 동 대회에서 예견되는 권력투쟁을 많은 다른 공산주의자들에게 알리면 당 조직에 지장이 있을 것이라고 판단했다는 것, (4) 동 대회에서 내세운 당의 정치 노선이 당시로서는 아직 일반 국민에게 알릴 수 없었다는 것 등으로 추측할 수 있다.

도대회' 직전에 채택했던 정치노선에 관한 「결정」과 내용에 있어서 완전히 일치한다.[876] 이상 두개의 문건(文件)에서는 여태까지의 당내의 "좌경적", "우경적" 오류를 동시에 비판했지만 역점은 "좌경적 오류"에 대한 비판에다 두고 있었다.

먼저 '서북5도대회' 「결정서」는 국제문제에 관하여서는 사회주의 소련과 자본주의 영 · 미는 "세계 평화와 인류 해방을 위하여 전쟁한 것"이며 "연합국의 조선 진주(進駐)는 조선영토를 점령하거나 조선인민을 정복하려는 그런 목적이 없으며 또 있을 수도 없다고 본다"고 썼다. 그리고 솔직하게 조선민족의 해방은 … 자체의 힘에 의한 해방이 아니고 외래의 힘에 의한 해방"[877]이라고 단언하는데 주저하지 않았다. 그리고 「비판」은 "조선의 해방은 이 전쟁 [제2차 세계대전]이 민주주의 국가군(國家群)이 승리로 귀결된 결과로 산출된 것이니 조선혁명의 전략적, 전술적 임무는 여상(如上)한 국제적 조건에 치중하여 규정되지 않으면 안 된다"고 하면서 공산주의자들의 좌경적 오류를 온전하게나마 다음과 같이 비판하였다.

> … 조선의 *부르죠아지*가 자(自) 계급의 조직과 군대를 가지지 못했다는 것, [이들] 거의 전부가 지주적 자본가로써 혁명의 동력(動力)이 되지 못했다는 것에 대해 민족 혁명의 주동력이 *프롤레타리아*라는 것과 사회주의 국가의 절대(絕大)한 경제적 지원이 있다는 것 등 제(諸) 특징을 공산주의자가 이에 왕왕 과대평가하여 부분적으로 혹은 계획적으로 좌경적 오류를 범한 것도 숨길 수 없는 사실이었다.[878]

이상은 객관적인 비판이었다. 그렇다고 하여 북조선의 공산주의자들이 계급혁명을 결코 망각한 것은 아니었다. 다만 현실주의적 전술을 택했을 뿐이다. 앞의 「결정서」는 명확하게 해방된 조선은 "자본 민주주의혁명" 단계에 있으며 그 "기본과업은 토지문제"요, 이 과업은 "통일된 유일한 인민의 의사를 대표할 인민공화국을 수립함으로서만이 … 완전히 해결될 수 있다"[879]고 썼다. 그 해결책을 「결정서」는 일제의 토지는 물론이요 "친일 조선인 민족반역자의 토지를 몰수하여 농민에게 무상분배로 경작케 한다."[880]는 데서 찾고 있었다. 나아가서 「결정서」는 그런 인민 공화국은 친

---

876) 이하의 註 170 참조.

877) 이 「決定書」 全文은 ≪解放日報≫, 1945년 11월 5일.

878) 위와 같음.

879) 위와 같음.

일분자 및 반동분자를 철저히 숙청하는 동시에 어떤 당파, 어떤 단체, 어떤 계급을 막론하고 전 민족을 망라하여 "전 인민의 의사를 대표하는 주권[국]"881)이 되어야한다는 것이다. 그리하여 모든 당파와 계급은 "국내 인민전선"으로 통일할 것을 제창했다.

여기서 "국내 인민전선"이란 민족 통일전선을 의미했다. 그러한 국내 인민전선으로의 통일을 방해하는 행동은 "친일(親日) 반동분자의 의사에 영합하는 것으로 본다"882)고 위협했다. 또한 「결정서」는 통일전선 안에 들어있는 "자유주의적 민주주의 분자" [*부르죠아* 민주주의자]의 문제를 제기하면서 "자유주의적 민주주의 분자라도 시간적으로나 공간적으로나 우리 이익을 위하여 끌고 나갈 수 있는 사실[사태]를 전개하여야 한다"883)고 이들에 대한 대책을 명시했다. 요컨대 자유민주주의자들을 통일전선 안에 끌어들여 가능한 한 당분간 이용한다는 전술이었다.

위의 「결정서」와 「비판」이 지적한 "좌경적", "우경적" 오류를 보면, 당시의 소련이 책정했던 북조선의 정치노선을 똑똑히 이해할 수 있다. 여기서 "좌경적 오류"라는 비판을 정리하면 (1) 현재의 혁명단계를 "사회주의혁명단계"라고 잘못 규정했다는 것 (2) 자기의 역량을 과대평가하여 조선의 해방이 "사회주의국가와 자본주의국가의 두 힘"에 의한 해방임을 간과했다는 것 (3) 과거 일제(日帝)의 탄압에 굴복했던 공산주의자들이 그 오류를 호도하기 위하여 "공연히 혁명적 언사(言辭)와 망동(妄動)"을 일삼고 있다는 것 등이었다.884) 이러한 "좌경적 오류의 계급적 본질"은 "급진적 소(小) *부르죠아지*"적(的) 본질이라는 비판을 가하고, "현재 우리 당에 가장 위험한 경향"은 이러한 좌경적 오류라고 단정하면서885) 그런 사람들로서는 '장안파'의 간부 이 영, 최익한, 정 백 등 서울의 박헌영 반대파가 지목되었다.

한편 "우경적 오류"는 통일전선 문제를 "정당하게 소화하지 못하고 막연한 관념하에 마땅히 투쟁할 바를 주저하는 오류"886)라고 규정했다. "우경적 오류"를 범한 근거는 *부르죠아* 민주주의혁명 단계에 있는 조선에서 통일전선문제에 대한 '범인민(汎人

880) 위와 같음.
881) 위와 같음.
882) 위와 같음.
883) 위와 같음.
884) 위와 같음.
885) 위와 같음.
886) 「左傾的 傾向과 그 分派行動에 대한 批判」, 위와 같음.

民)'이란 개념[인민안의 계급적 성분을 무시한 개념]에서 나온 것이라고 했다. 그러므로 그들은 통일전선 안에 "대지주", "친일파", "민족반역자"를 포함시킬 것을 주장했다는 것이다. 이러한 우경적 오류의 계급적 본질을 이번에는 "자유주의적 소(小)*부르죠아지*"[887]적(的) 본질이라고 비판했다. 그런 분파도 역시 "장안파"였다. 이런 비판을 받으면서 '장안파'는 맥없이 몰락했다. 이것은 '5도대회'에서 보여준 권력투쟁의 서막이었다. '장안파'에 대한 이러한 비판들은 *코민테른* 이래의 판에 박힌 교조주의(敎條主義的) *이데올로기*의 비판 방식을 글자 그대로 답습(踏襲)한 것에 불과했다.

'장안파'의 정치 노선상의 오류를 박헌영이 숙청된 후 『조선통사』(하)는 그에 빗대어 다음과 같이 기술하고 있다.

> … *'엠엘파'*의 변종인 '장안파'에 속한 분파 분자들도 박헌영 도당을 반대하는 구실 밑에 소위 「당내 *헤끼모니야*」를 탈취하기 위한 종파 투쟁을 계속하면서 「사회주의 혁명」 또는 「사회주의 혁명과 *부르죠아*혁명의 동시 수행」이란 구호를 들고 나왔다. 해방 전 조선혁명 앞에 제기 되었던 혁명의 기본임무로 보나 해방 후 우리 조국에서 조성된 정세로 보나 우리 혁명의 발전 단계는 기본적으로는 어디 까지나 반제 반봉건적 민주 혁명에 처하여 있었음에도 불구하고 이 종파분자들은 *부르죠아* 민주주의 혁명 단계를 뛰어 넘고 곧 사회주의 혁명 단계로 들어가야 한다는 것이었으며, 또한 기본적으로 사회주의 혁명을 수행하는 과정에서 부차적으로 *부르죠아* 민주주의 혁명과업도 수행한다는 것이었다. 이리하여 그들은 우리 혁명의 순차적인 발전 단계를 선후 전도하거나 또는 혼동하는 엄중한 노선상의 과오를 범하였다.[888](밑줄은 저자)

김일성과 마찬가지로, 당시는 "반제-반봉건적 *부르죠아* 민주주의혁명"을 제창하고 민족 통일전선으로부터 "친일파-민족반역자"를 배제할 것을 철저히 주장했던 박헌영 일파는 "좌-우경적 오류"로 비판의 대상이 될 수는 없었다. 박헌영 일파의 정치노선이 혹독한 규탄을 받은 것은 이들이 당내 권력투쟁에서 패배하여 숙청된 이후의 일이었다. 그런데 "서북5도대회"에서 서울의 "장안파" 간부들에 대한 비판은 구체적이었지만 북한 내부의 경우 "좌-우경적 오류"를 범한 분파가 누구였는지 지적하지 못하고 있었다.

---

887) 앞의 「決定書」, 위와 같음.

888) 앞의 『조선통사』(하), p. 15.

제5장

평양의 양상(樣相): '북조선 분국'의 설치를 둘러싼 투쟁

제1절 박헌영파(朴憲永派)의 잠정적 승리

공산주의자들이 평양에서 '조선공산당'의 창건을 추진하고 있을 때 그들 각 파(派)들 사이에서는 심각한 논쟁이 일어났다. 이미 서울에는 '당 중앙'(黨中央)즉 박헌영계(系)의 '조선공산당 중앙위원회'가 조직되어 있었다. 그런데 평양에 뒤늦게 이것과는 별개의 또 하나의 공산당을 조직한다는 것은 중대한 문제였다. 38선은 일시적인 남-북의 군사분계선이며, 서울은 남-북을 통한 수도라는 것이 당시에는 일반적인 인식이었다. *코민테른* 이래의 1국(國) 1당(黨)의 원칙을 따라야 했고 당장은 서울의 '당 중앙'을 부인할 수 없었던 소련군 사령부는 '북조선분국(北朝鮮分局)'이라는 격하된 이름으로 북조선 공산당을 창설할 것을 결정했던 것이다.

물론 '서북 5도대회'에 참가했던 대표들의 절대다수는 소련군사령부의 안색만을 살피면서 추종하는 사람들이었다. *스탈린*은 앞으로 서울의 '당 중앙'에 구속되지 않는 공산당을 북조선에 조직하여 김일성으로 하여금 당권을 장악케 하려는 계획이었다. 요컨대 당(黨) 안에다 38선을 긋자는 방침이었다. 그것은 이렇게 하여 남-북의 교류가 막히게 되고 북한의 *소비에트*화(化)가 구미 자본주의의 영향을 받지 않고 빨리 진척될 수 있었기 때문이었다. 여기서 서울의 '당 중앙'을 지지하고 조선공산당의 단일성과 통일성을 염원하고 있던 오기섭, 정달현 등은 자기들의 정치기반인 '당 중앙'을 상실할 것을 직감했다. 그들은 '북조선분국'의 설치가 당의 분열을 초래한다는 이유를 들어 끈질긴 저항을 시도해 보았으나 소련군사령부의 계획은 확고부동했었다. 이들의 '북조선분국' 반대라는 명분은 간접적으로는 김일성의 당(黨) *헤게모니* 장악에 대한 사전의 도전이었다.

서울의 '당 중앙'에 대하여 김일성은 박헌영 일파가 숙청된 이후(1956년에 개최된 "조선노동당 제3차대회"에서) 마치 자기들은 처음부터 서울의 "당 중앙"의 권위를 전적으로 무시했던 것같이 말하고 있으나[889] 이것은 완전히 사실과 위배되는 진술이다. '서북5도대회'에서 '북조선분국'의 설치를 제의한 김 00라는 사람은—그가 김일성이었던 김용범이었던 간에—서울의 '당 중앙'과 '북조선분국'의 철저한 주종(主從) 관계를 확실하게 서약했던 것이다.

> …우리는 북조선의… 모든 행정 기타 당(黨)의 정책을 실현함에 있어 더욱 당 중앙(黨中央)과의 밀접한 지도와 연락이 요구되는 동시에 5도의 행정상 통제를 필요로 함에 따라…당 중앙에 직속된 분국(分局)을 설치할 것이다. 분국은 [서울의] 당 중앙에 직속되어 직영될 것이며 어떠한 때든지 중앙에서 필요를 인정하지 않는 때 또는 개혁 등 개선을 필요로 인정할 때는 어느 때든지 중앙에서 처리할 권리가 있고 분국에서는 복종할 의무가 있다.[890] (밑줄은 저자)

한편 북한의 『조선중앙연감』(1949년판)의 「북조선일지」(1945년 10월 23일 항목)에서도 엄연히 "조선공산당 중앙위원회에서 북조선분국 설치를 승인"[891]했던 사실을

889) 金日成은 "제3차 黨大會"에서 朴憲永 一派가 조직한 "서울 中央"의 罪狀을 다음과 같이 규탄하였다. "당시 朴憲永은 *콩그룹*과 宗派的으로 결탁한 火曜派 분자들을 중심으로 하고, 과거 *엠엘*派에 속하였던 자들은 *엠엘*파의 변종인 長安派와 大會派를 중심으로 하여 서로 대립하여 자기들의 협소한 종파 투쟁에만 몰두하였습니다. 이 자들의 안중에는 오직 개인의 이익과 종파 집단의 이익밖에는 없었으며 그들은 당과 혁명의 이익은 젖혀놓고 소위 ≪黨內 *헤게모니*≫를 노리면서 통일되고 단결된 혁명적 당 건설에 대해서는 관심을 돌리지 않았습니다. 그렇기 때문에 당시 박헌영 도당은 수십 명의 성원에 불과한 *콩그룹*을 마치 조선 노동운동에서 ≪암야의 등불이요, 탁류의 청수≫인 듯 이 사태를 묘사하려고까지 파렴치하게 책동하였습니다……그리고 이들은 당을 조직함에 있어서 민주주의적 원칙을 위반하고 종전에 있던 종파적 *그루빠*를 중심으로 ≪黨 中央≫을 조직하였습니다.… 박헌영은 당시 黨에서 위임한 당 창립대회 소집을 위한 준비사업을 고의적으로 파탄시키고 뒷골방에서 만들어 낸 자기의 '당 지도부'를 유지하려고 계속 종파 행동에만 몰두하였습니다." 『김일성선집』 4, 1960년도 판, pp. 531~532.

890) 앞의 『옳은 路線』, p. 45.

891) 『朝鮮中央年鑑』(1949년도 판), p. 715, 한편 1945년 10월 23일자 박헌영이 각 道黨部에 보낸 공문서는 "朝鮮共産黨 中央委員會는 1945년 10월 23일, 평양에서 열린 西北5도 당책임자 및 열성자 대회에서 '朝鮮共産黨 北朝鮮分局' 설치에 대한 결정을 옳다고 보고 이를 승인함"이라고 했다. 金南植 저, 『實錄 南勞黨』, 新現實社, 1975년, p. 59. 또한 조선공산당 '北朝鮮分局' 책임자 金鎔範이 각 道당부 앞으로 보낸 1945년 10월 24일자 통고문에서도 '북조선 분국' 설치 건을 "1945년 10월 23일부로 [서울의] 중앙위원회에서 결재, 승인되었음"으로 玆에 통고함이라고 되어있다. 같은 책, p. 60. 또한 김일성은 「黨 창립에 관한 질문과 토의에 대한 결론」(1946, 7, 29)에서 "7월 29일 우리 북조선에서 당 합동에 관한 성명이 발표

기록하고 있다. 당시 박헌영의 권위는 압도적이었다. 그 대표적인 증거로 '서북 5도대회' 마지막 날(1945. 10. 13) '조선공산당 북부조선 5도연합회'('북조선분국')는 金00 동무가 기초한 열렬한 축전, 즉 「박헌영 동지에게 보내는 전문(電文)」까지 발송했던 것은 놀랄만한 사실이다. 즉

> …더욱이 북부조선에 있어서 박헌영 동지의 정당한 노선을 밟아서 5도연합회의가 열리게 된데 대하여 전 세계 무산계급의 조국인 소련방 스타린 대원수(大元帥)에 감사를 드리는 동시에 조선 무산계급의 지도자인 박헌영 동지에게 심심한 감사를 드린다.
>
> 우리들은 동지의 정당한 *볼세비키*-적 지도하에서 우리들 *볼세비키*-진영(陣營)을 더욱 확대 강화하고 목전에 박두한 모든 정책을 위하여 동무의 건강을 축원한다.
>
> 조선공산당 만세
> 조선인민 공화국 만세
> 전 세계*프롤레타리아*의 영수 *스타린* 동지 만세
> 조선무산계급 영수 박헌영 동지 만세[892] (밑줄은 저자)

박헌영에 대한 이러한 절찬에도 불구하고 '북조선분국'의 설치를 둘러싸고 전개된 박헌영파(派)와 김일성파(派)의 대립이 상당히 치열했던 사실은 김일성이 당권을 장악하고 난 4개월 뒤인 1946년 4월 10일, 김일성이 진술한 연설에서 엿볼 수 있다. 그는 조선공산당 '북조선분국'이라는 공식명칭을 '북조선중앙국'이라는 말로 바꾸면서 박헌영파(派)를 격렬한 어조로 비방했다.

> … 1945년 10월 중순에 조선공산당 북조선 중앙국을 결성하게 되었습니다. 당시 북조선 중앙국 창설의 필요성은 누구에게든지 명백한 사실이었음에도 불구하고 당내 일부 동지들은 과거의 종파주의와, [그리고] 아무런 당 생활을 해보지 못하고, 상급과 조직에 복종하는 생활을 해보지 못한 과거 협소한 지방 *그루빠*에서 자기 이상은 아무것도 없다는 「천상천하 유아독존」의 생활을 해내려온 마치 우물안의 개구리들이 소그마한 우물 범위의 하늘만 보던 *그루빠* 영수노릇을 한 개인 영웅주의 사상에 물젖어 조선 정치의 형세를 내다보지 못하고 소위 「중앙을 지지한다」는 간판 하에서 북조선 중앙국 창

되자, 남조선에서도 8월 1일부터 곧 3당 합동을 위한 준비가 진행되었다. 우선 人民黨의 黨首 呂運亨씨의 발기로 삼당합동이 제안되고, 新民黨과 共産黨 中央이 이에 찬성하여 준비회가 조직되었다"고 명확하게 서울의 "黨 中央"을 시인했었다. 『金日成選集』 第一卷, (日譯), 三一書房, 1953년, p. 94.

892) 앞의 『옳은 路線』, pp. 30~31.

설을 반대하고 당을 과거 *그루빠* 식으로 한 지방씩 할거하여 가지고 오랫동안 케케묵은 종파적 *그루빠* 생활을 연장시키려고 시도하였습니다.[893)]

김일성에 의하면 국내파가 '북조선 분국'의 설치를 반대한 것은 철두철미 종파주의적(宗派主義的) 지방할거주의적(地方割據主義的) 입장에서이며, "견실한 공산주의자"인 자파가 이것을 추진한 것은 파벌투쟁을 근절하고, 당의 통일을 위하여서 였다고 했다. '북조선분국' 설치문제에 집약된 당(黨) 주도권 투쟁과 관련하여 그는 정적(政敵)들을 다음과 같이 공격함으로써 반사적으로 자기 자신의 그 당시의 숨겨졌던 의도를 고백하고 있었다.

그때에 이 종파주의자와 개인 영웅주의자들은 자기의 이와 같은 시도를 은폐하기 위하여 「만일 북조선에 분국을 설치한다면 당을 분열시키는 것」이라고 부르짖으면서 마치 자기가 당의 통일을 보존하는 듯이 떠들어댔으나 실은 자기 본신[자신]부터 중앙에 복종하지 않고 어떠한 지방에서 영웅주의적 행동을 지속하며 당을 사분오열하여 한 지방에서 독판을 차려놓고 종파를 계속하려고 하였습니다.[894)](밑줄은 저자)

위에서 김일성이 말하는 "중앙"이란 것이 '북조선분국'(그의 소위 "북조선 중앙국")을 가리키는 말이었다. 그러나 그의 주장은 전혀 사리에 맞지 않았다. '북조선분국'은 서울 당 중앙에 "복종할 의무"를 조건으로 설치되었었음으로 박헌영의 지도에 복종해야 할 자는 바로 김일성 자신이었다. 김일성은 국내파가 '북조선분국'의 창설에 반대하고 있던데 대한 공박으로써 다음과 같은 엉뚱한 이유를 사후에 만들어내지 않으면 안 되었다.

[이때에 종파주의자들은] 미 제국주의의 탄압 속에 있는 남조선 서울 중앙이 그들을 잘 지도 감독할 수 없으리라는 것을 알고 그 기회를 리용하여 종파를 계속하려고, 가까이 있는 또한 때때로 감시할 조건을 가지고 령도를 편히 할 수 있는 북조선 중앙국의 건설을 반대하지 않을 수 없었습니다. 만약 그때 서울에 있는 중앙이 북조선 평양에 있었다고 하면 그들은 반드시 중앙을 지지한다는 구호를 들지 않고 딴 구호를 들고 나와 중앙을 반대하였을…것입니다.[895)](밑줄은 저자)

---

893) 『김일성선집』 2, 1953년도 판, pp. 68~69.

894) 같은 책, p. 69.

소련군정 당국이 '국내파'의 반발을 제지하면서 단행된 '북조선분국'의 설치는 이윽고 김일성을 영도자로 하는 또 하나의 공산당이 새로이 북한에서 조직되었음을 의미했다. 김일성 영도하의 이 '북조선분국'이야말로 1920년대에 "소(小)*부르죠아*적 종파주의자들"에 의하여 조직되었고, 추악한 파벌투쟁에 의하여 파괴된 '조선공산당'과는 아무 관계도 없는 진정한 "*맑스-레닌*주의 당(黨)"이라는 것이 김일성의 일관된 선전이었다. 소련 군정당국의 계획에 따라 소집된 '서북5도대회'는 이러한 당의 창건의 합법성을 보장하고 정당화하려는 회합이었다. 『조선통사』는 그로부터 10년이 지난 후 이점을 선전문구로 치장하면서 다음과 같이 공언했다.

> 또한 대회에서는 김일성 원수의 제의에 의하여 조선공산당 북조선 조직위원회['북조선분국']를 창건하였다. 이리하여 우리나라에서는 처음으로 견실한 공산주의자들의 지도하에 *맑스-레닌*주의의 새 형의 당이 창건되었으며 이때부터 자기의 정치 로선과 조직 로선을 확립하고 당 조직을 확대 강화하면서 우리 혁명 앞에 제기된 임무를 강력히 수행하기 시작하였다.[896](밑줄은 저자)

김일성이 자기중심의 당 창건을 정당화하기 위하여서는 자기에 선행한 국내파 공산주의자들의 투쟁 경력을 헐뜯고 공격해야 했다. 그에 의하면 일제하의 국내 공산주의자들이 한 일이라고는 종파주의적(宗派主義的) 파벌 투쟁인 해독 행위밖에는 없었다. "공산주의자들은 본래 누구보다도 도덕이 있고 혁명 선배를 존중히 여길 줄 아는 사람들인데"도 불구하고 "자기의 선배도 모르는 버릇없는 사람이 되고만"[897]당일군들에게 그는 제법 품위 있는 훈시를 한 일이 있다. 그러나 그는 일제의 가혹한 탄압하에서 불가피하게 분산적으로 지하투쟁을 할 수밖에 없었던 자기의 선배 공산주의자들에 대해 보낸 평가는 일말의 동정의 표시조차 없는 야유와 비판에 가득 찬 것이었다. 그는 말한다.

> 과거에 있어서는 적지 않은 조선공산주의자들은 활동이 홍 원[洪 原], 서울식으로 지방에 고립적으로 생기고 일본 놈들의 탄압이 심하였기 때문에 당이 대중적 기초위에 서

895) 위와 같음
896) 『조선통사』(하), 1958년도, 평양, p. 17.
897) 『김일성선집』 4, 1960년 판, p. 331.

지 못하고 삼삼오오 지방적으로 떼를 지어가지고 지하 활동을 계속하여 유아독존 식으로 제 이론이 제일 좋고 제가 수령인 양하고 사업하였습니다. 몇몇 사람 *엠엘*파, 화요파, 서울파, *콩그루빠* 식으로 분산되어 있었습니다. 이것은 당이 대중적 기초를 가지지 못하였기 때문입니다.[898](밑줄은 저자)

이상과 같은 김일성의 심술궂은 평가는 과거의 역사를 항상 현재의 정치 전술의 관점에서 자기중심으로 해석하는 공산주의들의 책략성(策略性)을 그대로 반영한 것이었다. 그의 제일의 공격목표는 1920~30년대의 공산주의 운동의 전통을 이어서 '조선공산당'을 재건, '서울 중앙'을 지도하고 있던 박헌영파였다. 김일성은 해방 이전의 국내 공산주의운동의 전통을 종파주의의 죄악으로 묘사함으로써 이 운동에서 중심적 역할을 했던 박헌영 일파의 권위를 말살하고, 어디까지나 자기 지휘하에 "통일된" 당을 "창건"하려는 것이었다. 김일성파와 박헌영파의 권력투쟁이 김일성의 승리로 돌아간 후 쓰여진 『조선통사』는 서울을 거점으로 했던 박헌영의 조직력과 영향력을 인정하지 않을 수 없었다. 아울러 이에 대해 다음과 같이 독설을 퍼부었다.

서울에서는 해방직후 '*엠엘파*'에 속한 종파분자들이 주동이 되어 하룻밤 사이에 소위 『장안당』을 조직하였으며, 『*콩그릅*』과 종파적으로 결탁한 『화요파』 분자들은 『장안당』을 부시고 사기와 모략의 방법으로 『당 중앙』을 조직하였다. 이리하여 미제의 고용 간첩 박헌영은 자기의 정체를 교묘하게 엄폐하고 『총비서』를 자처하면서 자기의 추종분자들을 각 지방 당조직에 파견하여 자기 세력을 부식하는데 급급하였고 그의 해독적 영향은 북조선 지방 당조직체들에까지 미치고 있었다. 이러한 사정으로 말미암아 해방 초에 각 지방들에서 당 조직체들이 조직되었으나 그것은 아직 조직 체계가 서지 못한 종파 분자, 지방 할거주의 분자, 자유주의 분자 등의 해독적 영향하에 여전히 혼란 상태를 벗어나지 못하였다.[899] (밑줄은 저자)

이와 같은 양파간의 투쟁 목적이 결국 당의 *헤게모니* 쟁탈에 있었음을 이 책은 우회적으로 다음과 같이 쓰고 있다.

해방 후 박헌영 도당은 수십 명의 성원에 불과한 『*콩그릅*』을 조선 로동당에서 『암야

898) 『김일성선집』 2, 1953년도 판, pp. 104~105.

899) 앞의 『조선통사』(하), pp. 13~14.

의 등불이요, 탁류의 청수』라고 묘사하면서 김일성 원수를 선두로 한 견실한 공산주의자들의 빛나는 투쟁 업적을 말살하고 자기들이 마치 조선 혁명의 전통을 이은 『주류』인 듯이 력사를 위조하려고 시도하였다.[900](밑줄은 저자)

'조선공산당 북조선분국'의 설치로 장차 김일성에 의하여 지도될 새로운 당 조직이 북한에서 창건은 되었지만 그 안에서 파벌적 당권 투쟁은 김일성이 승리할 때까지 치열하게 지속되었다.[901] 김일성파를 포함하여 각 파는 자파 인물을 당 조직 내에 침투시키고 혈연과 학연, 지연, 그 밖의 모든 인연을 기반으로 동지 포섭 공작에 급급하였으며,[902] 각급 당기관의 요직에 자파 세력을 부식하는데 심혈을 기울이고 있었다.

제2절 김일성(金日成)파(派)의 개가(凱歌) - 1인 지배의 길로

'서북5도대회'에서 노정된 권력 투쟁에서 김일성에게 소극적으로나마 저항을 시도한 공산주의자는 오기섭(吳琪燮), 정달헌(鄭達憲), 최용달(崔容達) 등 박헌영(朴憲永)의 "서울중앙"을 지지하고 있던 국내파였다. 김일성은 북조선 노동당 제2차대회(1948. 3. 28)에서 이들 "종파분자들"의 활동방식을 세 가지로 구분했다. (1) "양봉음위(陽奉陰違)", 즉 면종복배(面從腹背)의 방식 (2) 혈연-학연-지연을 비롯한 갖가지 인연으

900) 같은 책, p. 14.

901) 金日成은 자기의 명령에 不服하는 反對派들을 일괄하여 "自由主義的", "個人 英雄主義的", "宗派主義的" 분자라고 낙인을 찍으면서, 해방 직후의 당권 투쟁의 양상을 제2차 당 대회에서 다음과 같이 보고하였다. "북조선 중앙국[분국]이 건설된 초기에는 당내 각급 지도 기관과 각급 당부에 많은 자유주의적 경향과 개인 영웅주의적 경향과 종파주의 사상에 물젖은 분자들이 기어 들어와서 당의 통일을 보장하는 투쟁을 전개하지 않을 뿐만 아니라 당 기관에서 자리나둠과 시방할거를 소상하여 분파적 *그루빠* 행동을 그냥 계속하였으며 당내에는 많은 친일 분자들이 혼합하여 당과 군중을 분리시키는 해독사업을 하고 있는 것을 방임하여 두었습니다." 『김일성선집』 2, 1953년도 판, p. 70.

902) 김일성은 당시에 치열했던 '국내파'들의 동지 포섭공작의 양상과 이에 대한 자파 세력 형성의 대책을 다음과 같이 말하고 있다. "종파분자들은 친척관계, 동창, 동향관계에 따라 그리고 과거에 같은 파벌에 속하였다느니, 같은 감옥에 있었다느니 하면서 사람들을 자기편에 끌어당기며, 집에 불러다 술잔이나 대접하면서 쏠라닥거리고 있습니다. 이것이 모두 다 위험한 종파적 수법들입니다. 우리는 이미 당 학교를 조직하여 해마다 몇천 명씩 당의 중견 간부들을 양성하여 내는데 이런 수공업적 방법으로 어느 시절에 가서 파벌을 조직하겠는가? 이것은 어리석은 작란입니다" 같은 책, p. 182.

로 “모여 다니며 쑤근거리는” 방식 (3) 집에 초청하여 “술잔을 대접하는” 소연(小宴)의 방식이 그것이었다.[903] 국내파 중에서도 그의 최대의 공격 대상은 오기섭이었다. 그가 열거한 오기섭의 죄과는 한마디로 “면종복배”, “파벌 조직”, “개인 영웅주의”란 말로 집약된다.

김일성에 의하면[904] 오기섭은 이를테면 처음에 ‘북조선분국’의 조직문제가 나왔을 때에는 자기가 책임자가 될 줄 알고 반대하지 않다가 김용범 동무가 책임자가 되고 나니 반대하기 시작했다는 것이다. 또한 오기섭은 큰 파벌을 형성하지 못했지만 “술대접” 같은 “소소한 작란을 하고 있다”고 하면서, 오기섭이 선전국에서 노동국으로 옮겨올 때 중국의 군벌 등의 모양으로 자기의 심복들을 “잔뜩” 끌고 왔다고 비방했다. 또한 오기섭은 “개인 영웅주의”에서 당(黨) 정치위원회와 문의도 하지 않고 직업동맹에 관한 논문을 써서 발표하였는데, 이것은 *레닌*의 *러시아*의 신경제정책 시기에 썼던 논문을 “도적질해서” 발표한 것이라고 인신공격(人身攻擊)을 했다. 그리고는 “그때 *로씨야*에서 쓰이던 것이 지금 조선에 와서 맞을 리치가 어디에 있습니까? (웃음소리) 오(吳)동무는 근본적으로 모르면서 아는 체 한다”고 야유하였다.

정달헌에 있어서도 과오”는 마찬가지였다. 김일성에 의하면 공청’ [공산주의청년동맹]을 “대중적” ‘민청(民靑)’[민주청년동맹]으로 개편하려는 계획이 결정된 후, 정달헌은 자기 고향인 “함남에 내려가서 함남에서만은 ‘공청(共靑)’을 그대로 두게 하였다고 말하였다”고 지적하면서 그의 “지방할거주의”를 비방하였다. 그에 대한 김일성의 비방에서 눈길을 끌만한 것은 “정달헌은 해외에서 온 사람들을 반대하고 서울에 있는 중앙을 지지한 것”이라고 말하였지만 사실은 자기가 함남 당 중앙(黨中央)을 만들지 못하여 북조선분국[의 창설]을 반대하였다”[905]는 왜곡된 주장이었다.

나아가서 김일성은 박헌영의 지지자 최용달에 대하여 비판하기를, “최용달 동무의 결함은 이 동무에게 전혀 계급적 각성이 없고 당을 존중히 여기지 않는데 있다”는 것이었다. 게다가 최용달은 친일파들과 가까이 하는 행동을 자주 하였으며 “친일파들을 내쫓는 것을 싫어했고” 심지어는 친일단체인 “만주협화회(滿洲協和會)에 다닌

903) 같은 책, pp. 105~106

904) 같은 책, pp. 106~107.

905) 같은 책, p. 107.

놈을 최고재판소 판사로 선출해 달라고 인민회의에 내놓는 뻔뻔스러운 동무"라고 비난했다.[906] 그러나 이상 김일성의 말들은 승리한 자가 뒤에 와서 일방적으로 내린 단죄(斷罪)이므로 어디까지가 진실인지는 판별할 수가 없다. 한편 패자들은 자신을 변호할 입을 잃은 채 모두 역사에서 사라지고 말았다.

'북조선 분국의 창설'을 반대한 이들 '국내파'는 자기비판을 통하여 김일성에 좀처럼 굴복하려 하지 않았다.[907] '북조선분국' 설치 이후에도 '국내파'는 각급 당 조직에 그대로 남아 은근히 세력을 부식(扶植)하고 있었다. 이런 사실은 김일성이 자파조직 열세(劣勢)를 변명하려는 입장에서 다음의 말에서 엿볼 수 있다.

> 그때 당 지도기관들에는 종파주의적 지방 관념이 농후한 분자들이 령도적 지위를 차지하여 당내에 우수한 로동 계급적 성분의 간부와 진보성 있는 간부들을 등용하지 않고 친척 관계가 있는 사람 또한 한 지방에서 자라난 사람들을 표준하여 [간부들을] 등용하기 때문에 어떤 부분적 기관에는 전부 홍원 사람 혹은 전부 서울 사람으로 등용되었습니다. 일할 줄 모르는 그들은 자리를 차지하고 일할 줄 아는 그 지방의 사람들을 등용하지 않았습니다. 민주 건국에[서]가장 주역군인 로동 계급과 빈농민 속에서 우수한 진보 분자들을 당에 흡수하는 것이 아니라, 도시 건달, 소시민층에 아무런 의지[할 것도] 없는 곳에 [당]세포를 조직하였던 것입니다.[908]

김일성은 자인하기를, "북조선 분국을 조직해 놓고 보니 10월부터 12월까지 아무 하는 일은 없고 당내에는 이색분자, 투기분자들이 들어와서 파괴 공작을 시작하고 책임간부들은 서울만 쳐다보고 있었기 때문에 [1945년]12월 제3차 확대회의가 소집되었던 것입니다"[909]고 했다. 그의 이 같은 말은 당시 공산주의 영도자로서의 자기의 권위가 '북조선분국'내에서 위협을 받고 있었다는 것을 입증한 것이었다. 이 같은 사태에 직면하여 김일성은 내심 적지 않게 당황했을 것에 틀림없다. 그러나 그는 누

---

906) 같은 책, p. 108.

907) 다음의 金日成의 말이 이것을 증명하고 있다. "吳琪燮 동무, 鄭達憲 동무, 崔容達 동무들의 자기비판이 옳지 못하고, 토론 내용이 없습니다. 오기섭 동무는 무정 동무 같은 이도 있는데 왜 나에게만 비판하느냐 하고 남을 물어뜯고 있습니다. 이 태도가 또 옳지 않습니다. 누구나 한 번 잘못은 다 있는 것입니다." 같은 책, p. 107.

908) 같은 책, p. 72.

909) 위와 같음.

구도 감히 반항할 수 없는 소련 군정의 권위 하에서 자파의 세력을 조직 규합하면서 당내 반대파를 격파할 태세를 갖추어 가고 있었다.

그는 '조선공산당 북조선분국 제3차 확대집행위원회'에서 책임비서가 되면서 1인 독재의 당(黨) 체제를 비로소 확립하기 시작했다. 이로부터 1년 4개월 뒤에 열린 '북조선노동당 제2차대회'에서 그는 당권 투쟁에서 자기가 거둔 승리를 다음과 같이 자부하였다.

> 이와 같은 엄중한 현실에 처한 우리 당을 급속히 건져내기 위하여 1945년 12월말에 북조선 공산당 제3차 확대위원회를 소집하여 당내의 옳지 못한 조직적 정치적 사상적 경향들과 날카로운 투쟁을 전개하여 강력한 당이 처음으로 발족하기 시작하였습니다. 제3차 확대위원회가 있은 후 우리 당은 역사적으로 처음 되는 당내 일대 혁신을 진행하였습니다.[910](밑줄은 필자)

여기서 그가 말하는 "날카로운 투쟁"이니, "당내 일대 혁신"이니 하는 것이 자기중심의 당을 만들기 위한 숙당(肅黨)사업이었음은 물론이다. 그는 '북조선분국' 책임비서에 선출되자 자기의 복안(腹案)대로 당(黨) 지도부를 개편하였다. 즉 그는 "중앙으로부터 세포에 이르기까지" 각급 당 기관에서 반대파들을 대거 축출하고 자파의 인물들을 새로 요직에 등용함으로써 자기 세력을 공고하게 만들어 갔다. 이 숙당(肅黨)사업에 관하여 그는 다음과 같이 숨김없이 공언(公言)했다.

> 제일 먼저 [북조선] '당 중앙'과 각급 당부에 우수한 간부들을 등용하여 협애한 지방관념과 친척 관념들을 가진 분자들과 또한 오랫동안 케케묵은 종파 사상을 가진 분자들과의 단호한 투쟁을 전개하였으며, 지방 할거주의적 경향과 *그루빠*적 경향을 가진 분자들과의 엄격한 투쟁을 전개하여 당은 중앙으로부터 세포에 이르기까지 엄연한 조직체계를 수립하기 시작하였으며, 개인 영웅주의적 사상과 자유주의적 경향들과의 투쟁을 전개함으로써 당내 조직상 통일과 사상상 일치성을 보장하는 사업을 전개하였습니다.[911]

이러한 숙당 과정에서 국내파의 거물인 오기섭은 1946년 1월말 '북조선분국' 제2

---

910) 같은 책, p. 72.
911) 같은 책, pp. 72~73.

비서직에서 물러났다가 그해 2월 8일 김일성을 위원장으로 하는 '북조선 임시인민위원회'가 조직되자 그 선전부장(후에는 노동부장)으로 강등되었다. 그는 이로써 김일성의 직속부하가 되었던 것이다. 오기섭과 마찬가지로 제2 비서로 있으면서 김일성의 권위를 무시해온 '연안파'의 무 정은 그해 7월 '보안간부 총 훈련소(保安幹部 總訓練所)'의 사령관으로 밀려났다.[912] 그러나 김일성이 이들을 완전히 숙청해버리기에는 아직 힘이 달렸다.[913] 이들을 영원히 말살하기 위해서는 앞으로 몇 해의 세월을 더 기다려야만 했다.

당(黨)의 *헤게모니* 쟁탈을 위한 초기의 파벌투쟁(派閥鬪爭)에서 소련 군정당국(軍政當局)의 지원을 받은 김일성 일파가 승리한 것은 너무나 당연했다. 무릇 공산당 내의 파쟁(派爭)에서의 모든 승자가 그러했듯이, 김일성도 자기의 승리를 절대로 파벌투쟁에서의 승리라고는 말하지 않았다. 파벌투쟁을 일삼는 자는 언제나 "종파주의자(宗派主義者)", "지방할거주의자(地方割據主義者)", "개인 영웅주의자들"이며, "견실한 공산주의자"인 자기는 파벌을 초월한 당의 통일을 위하여 "종파분자들"에 대하여 "원칙적이요 비타협적인" 투쟁을 전개했다는 것이다. 세계 각국 공산당 내에서 권력투쟁에 패배한 자는 언제나 "반(反)혁명적 종파주의자"가 되고 승자만이 "진정한 *맑스-레닌*주의자"로 남는다는 것은 *스탈린* 이래의 오랜 전통이었다. 요컨대 힘이 곧 정의(正義)다. 김일성은 자기의 파벌적 권력투쟁을 정당화하기 위해서는 이 투쟁을 의례히 계급적 명분(名分)으로 분장하여 설명해야 했다.

> 조선공산당 제3차 확대 위원회가 있은 이후… 공중 루각에 떠있던 우리 당 조직은 그때부터 아주 믿음성 있고 튼튼하고 의지할만한 로동계급과 빈농 속에 뿌리를 박으며 그들 속에 우리 당 세포를 조직 확대하는 사업들을 전개하기 시작하였습니다.[914] (밑줄은 저자)

---

912) 金昌順 같은 책, pp. 96~97.

913) 김일성에 의하면 吳琪燮은 "마치 중국의 吳佩孚, 張作霖, 韓復榘 등의 軍閥들이 하던 것과 꼭 같이" 宣傳局에서 勞動局으로 옮아올 때에 "자기가 믿는 사람들을 잔뜩 끌고 왔다"는 것이다. 『김일성선집』 2, 1953년도 판, p. 106. 이 정도로 오기섭의 세력은 아직 무시할 수 없었으며, 그는 김일성에게 執拗하게 대항했던 것으로 보인다.

914) 같은 책, p. 73.

이상 김일성 일파의 예견된 승리가 객관적 타당성을 지니기 위해서는 그의 권위가 신화(神話)와 같이 웅대한 과거의 투쟁업적에 의하여 절대화되지 않으면 안 되었다. 그리하여 북한에서는 김일성의 "항일무장투쟁"의 전통을 중심으로 하는 개인숭배운동이 체계적으로 전개되어 갔다. 이윽고 북한의 역사는 1930년대부터의 반일(反日) 민족 해방투쟁은 모두가 "김일성 장군"의 지도하에 전개되었으며, 오직 그만이 *맑스-레닌*주의의 진리를 터득하고 있었고, 그는 *맑스-레닌*주의의 원칙을 조선의 구체적 현실에 "창조적으로" 적용한 위대한 공산주의 혁명가, 탁월한 이론가, 조직자, 사상가로 묘사해 왔다. 그리고 '북조선로동당'은 바로 그의 빛나는 혁명전통 위에 창건되었다고 했다.

1948년 1월 29일 김일성은 일부의 지방 당(黨) 대표들 앞에서 항일 무장혁명투쟁의 모든 영광을 자기에게로 돌리면서 다음과 같이 말하였다.

> 우리 [북조선 로동]당의 합동 이래의 력사는 오래지 않지만 조국과 인민을 위하여 투쟁한 그 빛나는 전통적 력사는 가장 오랩니다. 우리 당의 전신당[前身黨]인 공산당은 일제의 탄압이 가혹하고 우리 민족의 비운이 궁극에 달하던 시기에 조국과 민족의 영예를 위하여 피와 생명을 바치고 투쟁한 가장 애국적인 정당이였으며 그의 당원들은 손에 무기를 잡고 조국과 인민을 위하여 빛나는 항일운동을 조직하였습니다. 그렇기 때문에 우리 당은 우리 조국을 위하여 헌신한 가장 애국적이며 가장 오랜 투쟁적 전통을 가진 정당입니다.[915]

위에서 '북조선노동당'의 "전신(前身) 공산당"이란 김일성이 가담해 있던 만주의 중공 산하 '항일연군'내의 조선인 그룹을 두고 한 말이었다. 그것은 그가 아직 10대 소년이었던 1920년대의 '조선공산당'을 의미하는 것일 수는 없다. 그러면 1928년 '조선공산당'이 해체된 이후의 김일성은 무엇을 했는가. 그 후 김일성의 주장에 의하면 자기를 대표로 하는 "견실한 공산주의자들"이 "우리 인민의 민족해방 투쟁의 선두에서서 간고(艱苦)한 싸움을 계속하였고, 1930년대에 들어서면서 그 투쟁은 새로운 규모와 력량(力量)으로 공개적인 무장투쟁의 형태를 취하게 되었다"[916]는 것이다. 그는 나아가서 이러한 무장투쟁의 의의를 엉뚱하게도 해방 후의 당 창건을 위한 조직,

915) 같은 책, pp. 511~512.

916) 『김일성선집』 4, 1960년도 판, p. 291.

사상적 준비과정이었다는 점으로 돌렸다.

> 이와 같이 견실한 공산주의자들이 지도한 조선 인민의 항일 민족 해방 투쟁은 장차 조선에서 *맑스-레닌*주의적 당 창건을 위한 조직적, 사상적 준비를 이루었으며 우리 혁명 운동의 빛나는 전통으로 되었습니다.917)

김일성의 이러한 기만적 자기선전을 보완하기 위해서 그 휘하(麾下)의 어용사학자들이 그의 투쟁업적을 최대한으로 장엄하게 기술하고 있던 무렵부터 김일성 우상화(偶像化) 사업은 본격적으로 전개되었다.

> … 1928년에 조선 공산당이 해산된 이후 당 창건을 위한 역사적 과업은 김일성 동지를 선두로한 공산주의자들의 지도하에 무장 투쟁을 통해서 수행되었다. 해방 후 조선 공산주의자들이 통일적 *맑스-레닌*주의적 당을 지체 없이 창조하고 조선 혁명을 발전시킬 수 있었던 역사적 뿌리가 형성되었다.……김일성 동지를 비롯한 공산주의자들이 항일 무장 투쟁 시기에 이룩한 혁명 전통은 조선 인민의 가장 영광스러운 혁명적 재산이며 우리 인민의 후세 만대의 번영과 행복을 창조하기 위한 투쟁에서의 가장 고귀한 밑천이다.918) (밑줄은 저자)

이상 '조선공산당 북조선분국'의 창건을 둘러싼 당권투쟁에서 김일성이 승리함으로써 *스탈린*은 북한을 통치할 자기의 심복(心腹) 정치세력을 확보하는데 성공했다. 당권을 장악한 김일성은 곧 북조선에 "민주기지"를 창설하는 임무에 착수했다. 그 가장 좋은 기회가 바로 *'모스크바3상회의'* 조선문제에 관한 결정이었다.

917) 같은 책, p. 525.

918) 『조선근대혁명운동사』, 1962년, pp. 426~428.

제6장

"북조선 민주기지"(民主基地)의 창설(創設)

제1절 "민주기지"란 무엇인가?

1945년 12월의 *모스크바* 3상회의 결정에 따라 '미-소 공동위원회'가 1946년 3월부터 1947년 10월까지 2회에 걸쳐 열렸다. 그러나 4개국의 5년간 신탁통치 조항을 둘러싸고 민족주의 진영과 공산주의 진영이 극심하게 대립하게 되자 미-소 공동위원회는 결렬되고 *모스크바* 3상회의 결정에 따른 한반도의 통일은 비관적으로 되었다. 여기서 한반도의 통일문제는 소련의 반대를 무릅쓰고 미국에 의하여 *유엔*총회로 이관되었고 총회는 *유엔* 감시하의 남-북 총선거 결의안을 압도적 다수결로 채택했다. 이 결의안을 소련이 완강히 부인하게 되자 한반도의 분단은 결정적인 것이 되고 말았다.

그런데 소련군정 당국은 미-소 공동위원회가 열리기 직전인 1946년 2월 8일 평양에서 돌연히 김일성을 수반으로 하는 '북조선 임시인민위원회'를 수립했고 그 해 3월 5일의 토지개혁을 필두로 하는 일련의 "민주개혁"이 급속도로 강행되었던 것이다. 우유부단(優柔不斷)했던 남한의 미군정(美軍政)에 대해 *모스크바*는 선수를 쓴 것이다. "민주개혁"은 의례히 '조선인민'의 이름으로 실시했다.

이와 같은 "북조선 민주기지" 노선에 의하여 북한을 남한으로부터 격리시켜 공산주의화(化)하는 정책은 신속하게 진행되어갔다. 즉 1946년 3월 20일 미-소 공동위원회 제1차 회의가 서울에서 열리자 앞에서 언급한대로 김일성은 *모스크바* 3상회의가 수립하기로 공약한 조선임시정부의 토대로써 「20개조 정강(政綱)」이라는 것을 재빨리 자기의 이름으로 발표했다. 그의 「20개조 정강」의 발표는 물론 소련의 각본에 의한 것이었다. 소련도 김일성도 이 「20개조 정강」에 따라 통일정부가 수립되리라고는 쉽사리 기대하지 않았을 것이 틀림없으며 그들은 남한의 민족주의자들이 당연히 거부할 것을 뻔히 예견하면서 그것을 제시했을 것이다. 만일 김일성의 "정당한" 주장을 미군정과 남한의 비(非)공산주의자들이 거부할 때는 민족분열의 책임을 이들에게 전가하면서 "민주기지"를 북한에 창설하는 것을 정당화하는 전략을 세웠던 것이다.

남－북의 한민족(韓民族)은 4개국 신탁통치 같은 극히 중대하고도 불분명한 통일정부수립에 관한 문제에 대하여 찬성하거나, 시간을 두고 숙고하거나, 또는 반대할 권리가 있었다. 그러나 소련과 김일성은 남한의 민족주의자들이 신탁통치(信託統治)를 반대하고 있는 점을 들어 이들은 '미－소 공동위원회'의 합의를 거부하고 있는 이상 이들을 '공동위원회'의 협의 대상에서 제외시키고 앞으로 수립될 임시정부에 참가시키지 말아야 한다고 일관되게 주장하고 나섰다. 남한의 민족주의자들이 신탁통치를 반대하고 있던 상황은 북한에서는 오히려 다행한 일이었다. 1946년 5월 1일 김일성은 남한의 민족주의 지도자들을 "친일파", "민족반역자", "반(反)민주적 *파씨스트*"로 규정, 매도하면서 임시정부 수립에서 배제할 것을 선동했다.[919] 김일성이 남한의 반탁(反託) 인사들에 가한 이상과 같은 비방과 함께 반탁의 의사를 표명한 북한의 정치지도자들과 학생들을 철저히 탄압했다.

1946년 8월 29일에는 북조선로동당 창립대회가 열렸다. 김일성은 대회의 한 토론에서 "로동당의 중심 임무는 조선의 민주주의적 완전 독립을 하루바삐 촉진하는데 있다"고 하면서 그 방법을 제시했다. 즉 "첫째로 북조선의 민주주의 근거지[=민주기지]를 더욱 강화하며, 둘째로 우리의 민주주의적 모든 과업을… [조선뿐만 아니라] 전조선에 실행하도록 하여야 한다"는 것이었다. 이 둘째 방법으로서 "그는 남조선도 북조선에서와 같이 모든 권력을 인민위원회가 넘겨 받도록 하고, 토지개혁을 실시하고, 노동 법령, 남녀평등권 법령을 실시하고, 일본제국주의 및 민족반역자의 산업기관을 국유화하고, 민주주의 교육제도를 실시하여야 한다"[920]고 요구했다. 이런 주장은 한반도를 북(北)의 "민주기지"에 의거하여 "민주주의적 완전 독립국가"로 통일한다는 목표의 선언이었다. 다시 말하면 그의 말은 북한을 공산주의의 기지로 하여 남한(南韓)을 공산주의화(化) 하겠다는 의도를 "민주주의"의 이름으로 선언한 것에 불과했다.

김일성의 진의는 시간의 경과와 더불어 더욱 노골적으로 표명되어 갔다. 북한에서

919) 『金日成選集』, 第一卷(日譯), 三一書房(京都), pp. 41~42.

920) 金日成, 「당 창립에 관한 질문과 토론에 대한 결론」, ≪근로자≫, 1946년 10월호, p. 30.

*소비에트*화(化) 정책의 기초가 이미 완성된 1948년 3월 28일 '북조선 로동당' 제2차 대회가 열렸다. 여기서 그는 "민주기지"를 초기의 온건한 표현인 "남조선의 민주화"를 위한 기지로부터 조선민족을 "완전히 해방"하기 위한 기지라는 강력한 표현으로 그 성격을 규정함으로써 "민주기지" 노선에다 *이데올로기*적(的) 목표와 전투성(戰鬪性)을 더욱 뚜렷하게 부여하였던 것이다.

그러면 "혁명적 민주기지"에 의거하여 수행하여야 할 임무는 무엇인가. 그것은 "미제(美帝)의 침략세력"과 그 "동맹자(同盟者)"인 모든 착취계급과 민족반역자들을 타도하는 일이었다. "혁명의 발원지(發源地)"라는 "북조선 민주기지"를 근거로 하여 "남조선 해방"을 실현하기 위하여서는 무엇보다도 먼저 북한사회를 "낙원(樂園)"으로 만들어야 한다고 가르치고, 또는 어떤 부문에서는 이미 "낙원"이 되었다고 선전해야 했다. 김일성은 휴전 후 전후 복구계획을 강행하고 있던 1954년 11월 3일 "우리가 경제건설을 잘하고 인민 생활을 향상시켜 북반부를 일대 낙원으로 만들 때에는 북반부를 동경하고 남조선 반동 통치제도를 반대하여 일어서는 남조선 인민들의 혁명기세(革命氣勢)는 어떠한 힘으로도 억압할 수 없을 것"[921]이라고 몽상에 가까운 낙관적 자신감을 토로했다. 그런 자신감에서 그는 "조국의 평화적 통일"이라는 이름의 공산주의 통일에다 기대를 걸고 "민주기지"의 강화라는 "혁명과업"을 계속 강조했다.

김일성은 계속하여 "평화통일"을 위하여서는 군사력을 강화하며 "민주기지"를 공고화한다는 역설적(逆說的) 주장을 내세웠다.

> 이와 같이 당과 정권을 강화하고 우리 경제 토대를 튼튼히 하며 인민군대를 강화한다면 민주 기지가 더욱 공고화될 것이며 우리 힘이 더욱 강대해질 것입니다. …[그러나] 평화적 통일은 구호만 외쳐서 되는 것이 아니라 우리 힘이 강해야 되는 것입니다.[922] (밑줄은 저자)

위에서 그가 강조한 "강한 힘"의 논리가 무엇을 의미하는가는 명백했다. 그렇지만 "북조선 민주기지"의 공고화만으로는 "평화통일"의 준비는 불충분했다. "평화통일"을 위해서는 북한이 남한의 인민을 조종하여 궐기시키며 남한으로부터 "미제(美帝)"를

921) 『김일성선집』 4, 1960년 판, p. 194.

922) 같은 책, pp. 194~195.

몰아내는 것이 급선무였다.

> 미 제국주의가 아무리 강대하다고 해도…남조선 인민들이 미제를 반대하여 궐기하게 되면 그들은 결국 남조선에서 물러서지 않을 수 없습니다. 여기서 남조선 인민들이 미제를 반대하여 궐기 하는가 못하는가 하는 것은 우리가 남반부 인민들이 일어나도록 조직 하는가 못하는가에 달려 있습니다. 남조선 인민들이 우리 주위에 튼튼히 단결하여 일어선다면 우리는 능히 조선에서 미 제국주의자들을 몰아낼 수 있습니다.[923]

김일성의 이런 주장은 한마디로 북의 "민주기지"로부터 남조선에다 혁명을 수출해야 한다는 뜻이었다. "조국의 평화통일"을 위해서는 한편으로는 북한의 "혁명적 민주기지"를 건설 강화하면서 다른 한편으로는 남한을 약화 파괴하는 분업의 전략이 필요하다. 이것을 그는 다음과 같이 도식화하였다.

> … 조국통일을 위하여 우리는 두 가지 방면에서 일을 하여야 하겠습니다. 한 방면으로는 남조선 인민들에게 꾸준히 우리 당의 영향을 주어 그들로 하여금 <u>미제와 리승만 역도[오늘은 이명박]를 반대하여 궐기하도록 해야 하며 다른 방면으로는 북반부 민주기지를 더욱 철옹성같이 강화해야 합니다.</u>[924](밑줄은 저자)

김일성은 북조선의 "민주기지"가 강화되면 공산주의 통일을 실현할 수 있다는 또 하나의 확신을 국제정세의 변화에서 찾아왔다. 그는 *스탈린*의 잘못된 정치-경제이론, 즉 제2차 세계대전 후 시장획득 경쟁에서 발생한 자본주의 전승국들(영-불과 미국) 간의 모순은 첨예화되고 있으며, 패전국(敗戰國)의 지위에서 다시 일어나고 있던 일-독과 미국 간의 대립이 증대되어 그 결과로 자본주의 제국(諸國) 간의 모순은 사회주의 진영과 자본주의 진영 간의 모순보다도 훨씬 강하다는 주장[925]을 맹신하면서 공산주의에 의한 남-북 통일을 기대했다.

---

923) 같은 책, pp. 191~192.

924) 위와 같음. p. 192.

925) 「Economic Problems of Socialism in the U.S.S.R.」. 앞의 *The Essential STALIN-Major Theoretical Writings 1905~52*, pp. 469~472 참조, 이 *스탈린*의 논문을 그의 생존 시에는 세계의 대다수 공산주의자들은 가장 과학적이요 정확한 이론이라고 하여 金科玉條처럼 떠받들고 있었다. 그러나 그의 사후에는 그 부정확한 면들이 비판을 받으면서 점차로 휴지가 되어버렸다.

김일성에 의하면 "제국주의자들의 약점의 하나는 바로 이러한 그들 간의 불가피한 모순에 있다"[926]는 것이었다. 이러한 약점 때문에 미국은 결국 남한에서 밀려나갈 것으로 전망하고, "이 모순은 앞으로 우리나라의 통일 독립에 아주 유리한 조건을 조성하게 될 것"[927]이라는 그의 자기 위안적인 "혁명적 낙관주의"를 표명했다. 이런 김일성의 관점(觀點)은 6·25 이전의 자기의 통일론을 6·25 이후에는 외견상보다 정교하게 정리 보충한 것이었다.

김일성의 "민주기지 통일노선"이란 그의 도식(圖式)대로 간단하게는 성공할 수 없는, 허황한 주관적 욕구였다. 그렇지만 그는 이 노선을 해방 직후부터 한국전쟁 때까지, 그리고 휴전 후에도 끈질기게 강조하고 또 강행했다. 이 노선은 필경은 "남조선 해방"을 위한 혁명전쟁으로 귀결될 수밖에 없는 무력통일 노선이었다. 그런데도 6·25 이전에 남한에서는 어떤 정치가도, 정당도, 지식인도 김일성의 "민주기지 노선"의 위험성에 예민한 주의를 돌리지 못했고, 심지어는 그 의미조차 제대로 파악하지 못한 정치 지도자들까지 있었다.

"민주기지" 전략이 성공하기 위해서는 북한은 국제적 지원을 받아야만 했다. 제국주의 나라들, 즉 전쟁세력은 상호간의 모순에 의하여 분열 약화되고 있는 반면, 세계의 "평화옹호운동"(반미-친소 운동) "평화역량"(소련 및 그 추종세력의 힘), "민주진영"(소련진영)의 힘은 계속 성장하고 있으며 단결은 강화되고 있다는 것이 대전 후 *스탈린*의 이론이요 선전이었다. 김일성은 *스탈린*을 추종하면서 "세계 평화옹호 운동에도 적극 참가하여야 하겠다"고 강조했다. "왜냐하면 국제적으로 평화 력량이 장성하고 평화운동이 강화되면 될수록 그것은 우리의 조국 통일사업에서 더욱 유리할 것이기 때문"[928]이었다. 여기서 그가 내리는 낙관적 결론은 다음과 같았다.

> 우리의 민주 진영이 더욱 강화되고 북반부 민주 기지가 더욱 튼튼해지고 남반부에서 혁명 기세가 고조될 때 우리는 능히 조국 통일 문제를 해결할 수 있습니다.[929]

926) 앞의『김일성선집』4, p. 191.

927) 위와 같음.

928) 같은 책, p. 195.

929) 위와 같음.

'북조선민주기지'의 전략적 목표는 이상에서 분석한대로 명백했다. 그런데 김일성은 그것을 '공산주의기지(共産主義基地)' 또는 '사회주의기지(社會主義基地)'라고 솔직하게 부르지 않고, 왜 "민주기지"라고 규정하여 사람들의 판단에다 혼란을 일으켜 왔을까. 그에 있어서 "민주주의"란 어떤 성격의 민주주의였던가. 그 첫 번째 이유는 당시로서는 북조선이 사회발전 수준으로 보아 사회주의 혁명단계가 아니라 *부르죠아* 민주주의혁명 단계에 있다는 인식을 갖고 있었기 때문이었다. 둘째로는 사회주의나 공산주의를 내세워 주민들에게 공포감을 주지 않도록 당(黨)의 최저강령(最低綱領)(당면목표)만을 내세우는 것이 현명하다고 판단했기 때문이었다.

김일성은 "민주기지 노선"에서 내세운 민주주의를 구미식(歐美式) "*부르죠아* 민주주의"와의 차별 점을 뚜렷이 하기 위하여 해방 후 처음에는 이것을 "새로운 진보적 민주주의"로, 1946년 이후에는 *스탈린*과 모택동에 의하여 정식화(定式化)된 "인민민주주의(人民民主主義)"라는 이름으로 불렀다. 이때에 김일성은 구미식 민주주의의 길이란 식민지 예속화의 길이며, 따라서 남조선이 목표로 하는 의회민주주의(議會民主主義)의 길은 바로 민족 파멸의 길이라고 부연했다. 그도 아주 초기에는 아직 자본주의를 비방하지 않고 있었다. 그러나 곧 구미식 민주주의는 자본주의 경제제도에 기초하고 있는 "낡은 민주주의", "*부르죠아* 민주주의"이므로 절대로 그런 것을 용인할 수 없다는 점을 명백하게 했던 것이다.

김일성은 자기의 "새로운 진보적 민주주의", "인민의 정권"을 수립하기 위하여 북조선에다 "민주기지"를 구축하는 투쟁을 계속 강화해 왔다. 그는 "평화 통일"을 말끝마다 강조했지만, "민주기지" 창설 노선은 참된 민주주의적 평화 통일의 가능성을 원천적으로 봉쇄하자는 폭력혁명(暴力革命)의 노선이었다. 결국 그는 "새로운 진보적 민주주의"라는 선전 용어를 앞에서 (본 저자가) 논평한 바대로 자기의 정치노선에 대한 철저한 옹호와 정당화, 남한에 대한 절대 부정과 공격의 수단으로 구시(驅使)함으로써 남북한 인민들의 의식을 조작(操作)하려 했던 것이다. 1946년 7월 28일 그는 자기의 "진보적 민주주의"를 거듭 강조했다.

> 우리들의 투쟁은 그전 자본가의 국가의 낡은 국회 민주주의가 아니라 새로운 조선의 진정한 민주주의를 위한 즉 광범한 인민 대중의 민주주의, 진보적 민주주의를 위한 투쟁입니다.[930] (밑줄은 저자)

1946년 9월 9일 김일성은 「북조선 로동당 창립대회 총결에 관한 보고」에서 "오늘 조선의 민주주의 계단[단계]은 결코 *맑스-레닌*주의를 떠나서 발전하는 것이 아니라 오직 *맑스-레닌*주의적 사회 발전법칙의 궤도 위에서, 그 깃발 밑에서 발전하는 것"[931]이라고 밝혔다. 자본주의가 발전하지 못한 북한에서 당장 사회주의를 건설한다고 하면 그것은 *맑스-레닌*주의의 사회발전법칙(社會發展法則)에 위배되는 정책이었다. 그는 계속하여 다음과 같이 훈시했다.

> … 공산주의자들은 오늘 조선에 공산주의를 당장 건설하자는 것이 아닙니다. 공산주의자들은 오늘 국제 국내 정세와 조선 사회 발전의 특성에 의거하여 조선 사회를 발전시키는 투쟁에 가장 적극적으로 참가하여 또한 모든 민주 건설에서 가장 선봉적인 역할을 다 하여야 합니다.[932](밑줄은 저자)

위에서 김일성은 "민주건설"이란 것의 의미를 분명하게 설명하지 않았지만 사회주의를 목표로 한 통치내용 전부를 가리키는 용어였다. 한편 1960년대에 와서야 그는 "조선의 민주주의의 계단"이란 용어를 "조선의 민주주의 혁명"으로, 그리고 이에다 그 성격을 표시하는 규정을 붙여 "반제 반봉건적 민주주의 혁명"이라고 보다 뚜렷하게 수정했다.[933] 그런데 "반제-반봉건적 민주혁명"을 "신(新)민주주의혁명"이라고도 규정하고 그 전략을 명석하게 정식화한 혁명가는 제2장에서 논급한 바와 같이 연안시대의 모택동이었다. 설명의 편의상 그의 이론을 재론한다면 중국의 당면한 혁명은 "*부르죠아* 민주주의혁명"이었다.

그러나 모택동은 이러한 중국의 *부르죠아* 민주주의 혁명을 "새로운 특수한 *부르죠아* 민주주의혁명"[934]으로서 구미 제국의 역사에 나타난 *부르죠아* 민주주의 혁명과는 엄격히 구별하고 그것을 "신민주주의혁명"이라고도 "반제-반봉건적 민주주의혁명"이라고도 불렀다. 제1단계의 신민주주의 혁명이 끝나면 다음 단계, 즉 *프롤레타리아트*의 독재 하에 사회주의를 건설하는 사회주의 혁명단계가 나선다. 모택동의 이

930) 『김일성선집』 1, 1945년 판 , p. 195.

931) 같은 책, p. 207.

932) 같은 책, pp. 207~208.

933) 『김일성선집』 1, 1963년 판, pp. 188~189.

934) 앞의 『毛澤東選集』(中文單卷本), p. 610.

두 단계 혁명론(革命論)에 관해서는 본서 제8편 제3장 제1절에서 보다 자세히 분석하고자 한다. 김일성이 해방 직후 북한에다 "민주기지"를 구축하면서 강행한 "새로운 진보적 민주주의"는 바로 모택동 식(毛澤東式) "신(新)민주주의"였다. 그의 일련의 주장들은 바로 모택동의 주장의 축소 복사판(複寫版)이었다.

그런데 북한에서는 적어도 해방 초기에는 반제－반봉건적 민주주의 혁명이 사회주의로 가는 과도적(過渡的) 단계라는 것을 감추고 일체 말하지 않았다. 이 점에서 모택동과는 큰 차이가 있다. 김일성이 그렇게 한 것은 인민 대중에게 사회주의를 운운함으로써 이들이 인기 없는 공산당으로부터 이탈하는 것을 방지하자는 전술에서였다. 여기서 주목해야 할 것은 모택동이 "반제(反帝)"라고 할 때 그것은 중국을 침략하고 있던 "일본제국주의"였다. 그러나 해방 직후 김일성이 "반제(反帝)"를 말할 때는 일본 제국주의는 이미 패망하여 존재하지 않았다. 따라서 그는 "반제"를 "일본 제국주의의 잔재청산(殘滓淸算)"으로 해석하다가 미－소간의 냉전이 격화되자 "반제"는 곧 "미 제국주의"에 대한 반대로 그 초점을 바꾸었던 것이다.

위에서 고찰한 바와 같이 해방직후 북한에서 전개한 정치노선은 모택동의 뒤를 따라가면서 "새로운 진보적 민주주의", "*부르죠아* 민주주의혁명", "반제－반봉건적 민주주의혁명" 또는 "인민민주주의" 등의 다양한 이름으로 불리었다. 그 이름과는 상관없이 *스탈린*과 김일성이 추구한 것은 북한에서 공산당의 권력을 강화하고 공산주의 통일을 위하여 북한을 "혁명적 민주기지"로 구축하는 것이었다. 이러한 목표는 북한에서 "반제－반봉건적 민주주의 혁명"이 끝나고, 휴전 후 "사회주의 혁명", "사회주의 건설"의 단계로 들어선 시기에도 일관되어 있었다. 1958년 9월 8일 김일성은 인민공화국 창건10주년 기념식 석상에서 민주기지에 관하여 확고부동(確固不動)한 의지를 거듭 표명했다.

> 공화국 북반부에서의 사회주의 건설은 우리 조국의 평화적 통일을 촉진시키는 결정적 담보입니다. <u>그것은 우리의 민주기지를 철옹성같이 강화할 것이며</u> 미제와 리승만 역도를 반대하는 남조선 인민들의 투쟁을 더욱 고무 추동하게 될 것입니다. 그것은 또한 장차 우리 조국이 <u>통일된 후 파괴된 남반부의 경제를 급속히 복구하여 여지없이 령락된 남조선 인민들의 생활을 개선하기 위한 튼튼한 물질적 토대</u>로 될 것입니다.[935](밑줄은

935) 『김일성선집』 6, 1960년, p. 83.

저자)

사회주의 건설 단계에 들어섰던 1960년 중반부터 김일성은 "민주기지"의 목적이 무엇인지를 더욱 명료하게 강조했다. 예컨대 "사회주의를 성과적으로 건설하며 조국통일…더욱 빨리 실현하기 위하여"서는 "북반부의 혁명기지(革命基地)를 튼튼히 꾸리는데 모든 힘을 다하여야 하겠다"[936]고 했다. 또는 남조선 혁명을 완수하고 조국을 통일하기 위하여서는 "북반부에서 사회주의 건설을 잘하여 정치, 경제, 문화, 군사의 모든 면에서 [북반부의] 혁명근거지를 강화하여야 하겠다."[937]고 거듭 촉구했다. 이와 같이 김일성은 "북조선 혁명적 민주기지"가 무엇인지를 솔직하고 당당하게 천명했던 것이다.

---

936) 『김일성저작선집』 4, 1968년, p. 87.

937) 같은 책, p. 142.

제7장

북한에서의 "민주주의"의 실천 과정

제1절 제1단계 : *부르죠아*[반제 - 반봉건적]민주주의 혁명의 완수

1) 김일성의 "진보적 민주주의" 노선 천명

1945년 8월 24일부터 소련군이 북한 전역에 진주(進駐)한 직후 '소련군 사령부'는 각 도에다 민족주의자와 공산주의자를 동수로 하여 "인민정치위원회" 또는 "인민위원회"를 조직하는데 바빴고, 해방된 조선이 어떠한 나라를 세워야 한다는 것을 말하지 않았다. 그러다가 1945년 10월 12일 「북조선 주둔 소련제25군사령부 성명서」[938]에서 비로소 북조선에서의 '반일(反日) 민주주의 단체'와 각종 문화단체의 결성허가, 종교의식과 예배의 자유를 정식으로 공포한 사실은 제1편 제2장 제2절에서 분석한 바와 같다. 그때까지 북한에서는 모든 정치사회 단체는 친공적(親共的)인 한 허용했지만 공산당 이외의 정당조직은 사실상 금지되고 있었다. 이때까지 소련군 당국은 각지에 분산되어 있던 군소(群小) 공산주의 단체들을 하나로 규합, 통일하는 데다 정력을 기울이고 있었다.

소련군정 당국의 막후 공작 끝에 1945년 10월 10~13일 평양에서 '조선공산당 서북5도 책임자 및 열성자대회(熱誠者大會)'가 비밀리에 열렸고 여기서는 '조선공산당 북조선분국'(뒤의 '북조선공산당')의 설치를 결정했던 것이다. 그런데 중요한 사실은 김일성이 이 대회의 마지막 날인 10월 13일 대회 석상에서 자기의 민주주의 론을 피력하는 일장의 연설을 했다는 사실이다. 그런데 그가 이 중대한 대회에서 민주주의의 기조연설(基調演說)을 할 수 있었다는 사실은 소련이 이미 그를 북한의 지도자로 내정하고 있었음을 입증하는 것이 아닐 수 없다.

---

938) 성명서의 전문은 『조선중앙연감』, 1949년 판, p. 58.

「민족 대회단결에 대하여」라는 제목으로 된 그의 비공개 연설은 공산주의자들이 사회주의혁명의 전(前) 단계로 보는 '반제(反帝)－반(反)봉건적 민주주의혁명'(이 연설에서 그는 아직 이 용어는 사용하지 않았다)의 방침(즉 노선)의 골격을 용어와 표현은 조잡하지만 비교적 자세히 설명하고 있었다. 여기서 그는 조선에 수립될 민주주의에 대하여 다음과 같이 설명했다.

> 요즘 민권이니 민주니 하는 말이 흔히 나돈다. 그러나 그것은 말이 한가지이다. 인민에게 권리를 주는 정치, 인민에게 주권이 있는 정치라는 의미에서는 뜻이 한가지이다. 그러나 우리 조선에다가 순 미국식이나 영국식의 *'데모크라시'*를 들어 맞추어서는 안 될 것이다. 조선에는 조선적인 진보적 민주주의인 신민주주의 공화국 정부를 만들어야 할 것은 두말할 것도 없다.939)

김일성이 이 연설에서 가장 중요시하여 긴 설명으로 강조한 것은 통일전선 전술이었다. 그는 서론으로서 1935년 제7차 *코민테른* 대회에서 결의한 *유럽*에서의 반(反)*파쇼* 인민전선과 *프랑스*와 *스페인*에서의 "인민 유일전선"(唯一戰線), 중국에서의 국민당과 공산당의 합작(항일 민족통일전선), 제2차 대전 당시의 '민주주의 연합국'(미－영－소)의 "민주주의 전선" 등에 관하여 말했다. 조선에 관하여서는 "대중은 아직 적지 않은 수가 민족파(民族派)[민족주의자들]를 지지하고 있다"는 사실과, "우리 당의 역량은 빈약하다"는 주관적 조건, "소－미－영 등 민주주의 국가의 연합전선"이 존재한다는 국제관계와 자본주의 국가 미국의 군대와 무산계급 독재의 나라 소련군이 남－북에 진주해있다는 현실에서 "우리의 과업은 *쏘베트* 국가건설이 아니라 인민공화국 건립이 기초임무"라고 규정했다.

이어서 "인민공화국을 건립함에는 무산자 계급뿐만 아니라 자본가, 지주할 것 없이 전 민족이 다 같이 일치단결하야 통일전선을 늘려야 할 것이다"라고 강조했다. 그리고는 인민공화국 건립에 충실함으로써만 "군중을 우리 편에 가담케 할 수 있다"고 비(非)공산주의자들로부터의 이른바 '군중 전취(群衆戰取)'(쟁취)를 강조했다. 이어서

---

939) 김일성장군 구술, 「민족대단결에 대하야」(조선공산당 청진시위원회 발행, 등사본, 1946년 3월). 이 연설은 1963년 판 『김일성선집』 1에 실린 1945년 10월 13일자 김일성의 연설 「새조선 건설과 민족통일전선에 대하여」의 원본임은 그 내용으로 보아 명백하다. 후자는 이 원문을 대폭 수정 보충한 것으로 보인다. 이하에서는 뒤에 와서 고치지 않은 해방 직후의 이 원본에서 인용하기로 한다.

북한에서는 "지식층", "종교파(인)", "자본가" 등도 비(非)조직적으로나마 "지금 움직이고 있는 것을 알아야 한다"고 하면서 공산주의자들의 조직이 강화되고 치밀해 갈수록 그들은 분산 상태로부터 조직체로 통일될 것이라고 경고했다. 여기서 공산주의자들은 "민족파"[=민족주의자들]의 세력을 무시해서는 안 되지만 그렇다고 현 단계에서 그들과 투쟁하여 민족 통일전선을 포기해서는 "절대로 안 될것"이라고 통일전선의 당위성을 강력하게 역설했다.

여기서 김일성이 제시한 민족통일전선 전술을 그의 목소리 그대로 요약 인용하면 다음과 같다.[940)]

(1) "민족 통일전선이라고 해서 일제의 주구들과도 연합하는 것은 아니지만 순수한(정절을 지킨) 민족자본가와는 연합하여 '인민공화국'을 건립할 수 있으며 …대중을 우리 붉은 기(旗)발 아래로 모아 넣을 수 있는 것이다." 이 과정에서 공산당은 소극적, 피동적이어서는 안 될 것이다. 인민공화국을 세우는데 있어서는 공산주의자들은 "가장 적극적으로 능동적인 역할을 하여 민중을 선두에서 이끌고 나가야 한다." 그렇게 할 때만 "민족은 흠연히 우리들의 산하에 군집해 올 것이다."

(2) 그렇지만 자본가와 지주들은 "인민공화국"을 수립하는 과정에서 항상 "동요"하고 자기의 이익을 위하여 민중을 "기만" 또는 "배신"하는 일이 빈번할 것이다. 그러므로 공산주의자들은 민족통일전선을 결성하고 인민공화국을 건립하는 과정에서 그들의 모든 "죄악상과 죄과를 폭로하고 비판하여야할 것이다." 그렇게 해야만 대중은 "자본가 계급의 배신을 인식"하는 동시에 "공산당의 정의성(正義性)을 깨닫게 할 수 있다." 한편 일제의 주구가 되어 조선 민중을 착취하고 자산을 강탈한 태반의 자본가 지주들은(한국민주당 韓國民主黨을 암시) 철저히 숙청하는 것을 "당면한 과업"으로 삼아야한다.

(3) 명확히 규정해야 할 것은 "일제(日帝)의 주구에 대한 정의(定義)다. "매국 행위"를 하고 민족의 희생에서 자기의 이익을 삼았다든가 "적극적으로 협력한 분자"는 일제의 주구라고 규정하여야 한다. 한편 살기 위하여 일제 기관에 들어가 "소극적 역할을 한 사무원 등"은 주구라고 규정하기 어렵다. 일제 주구로 규정된 무리들은 "유효적절한 방법으로 숙청하여야 한다." 그러나 직접 우리(공산당)의 손으로 소탕하면 대중이 공포를 느끼고 우리를 신뢰하지 않게 될 것이다. 그러므로 "대중을 동원하여 대중의 총의에 의하여, 대중이 '환호'를 일으키도록 하여 주구를 타도해야할 것이다[인민재판방식]." 그렇게 해야만 "대중을 전취(戰取)하는 한편 주구들도 용이하게 숙청할 수 있는 것이다."

---

940) 앞의 김일성장군 구술, 「민족대단결에 대하여」에서 요약 인용.

(4) 가장 증오하여야 할 무리들은 "양면파(兩面派)"[기회주의자들]이므로 그들과 투쟁하여야 한다. 그들은 "마치 박쥐와도 같이 유리한 편으로 항상 갈팡질팡하고 있다. 그들은 가장 미워하고 경계해야 할 적이다." 무엇보다도 경계해야 할 것은 일제의 주구들이다. 이들은 "공산당의 모자를 쓰고 행세하며 과거의 죄업(罪業)을 '*캠프라지*'하기 위하여 가장 열렬한 공산당처럼 행동하고 있다." 이들은 때에 따라서는 누구보다도 "극좌적 언행"을 함부로 하여, "지금 당장에라도 자본가 계급을 타도하고 *쏘베트* 정권을 세우자는 등 대중의 선두에서 떠들고 있다." 그러면서 그들이 꾀하는 바는 "공산당의 파괴요 노농대중을 기만함에 있다."

(5) 비록 자본가 지주계급과 타협하여 통일전선을 결성한다고 해도 공산당은 언제나 "독자성"과 "독립성"을 상실해서는 안 되며 "공산당이 타당에 흡수된다든가 혹은 타파(他派)를 우리 진영에 합류시킨다는 것은 절대로 있을 수 없다. 보조는 같이한다 할지라도 공산당의 독자성과 독립성을 망각해서는 안 될 것이다."

(6) 비록 자본가 지주계급과 연합전선을 결성할지라도 무산계급의 독자성을 잃지 않고 저들의 동요성을 "교묘히 이용"하자는 것이다. 따라서 민주주의 공화국을 세우는 것을 당면한 임무로 삼는 동시에, "공산주의 사회를 건설하자는 것을 최후의 목적"(기본강령)으로 삼지 않아서는 안된다. 자본가 계급이 인민공화국 건설에서 열의가 식거나 이리저리 비뚤거리며 동요할지라도 공산주의자들은 그들을 끌고 나가야 하는 동시에 저들의 "암흑면"과 모든 "불순한 점"을 폭로하여야 한다.

(7) 공산당은 단계에 따라 가장 적당한 강령을 내세워야 하며 "과조(過早)"도 "과만(過晩)"도 "좌경"도 "우경"도 용인해서는 안 된다. 현 단계에서 *"소베-트 정권 운운"*하는 것은 "과조"요 "좌경"이며 '인민정치위원회'에만 전적으로 의뢰하여 일제의 주구를 숙청하는데 주저한다면 이것은 "과만"이오 "우경"이 아닐 수 없다. 전쟁에 있어서도 적에게 접근하는 단계와 다음에는 공격하는 단계가 있듯이 우리의 행동강령[당면강령]도 그때그때 바꾸어 시기에 부합하는 적당한 것이 되어야 한다. 그러나 "기본 강령(사회주의-공산주의 건설)은 바뀔 수가 없다." 그러므로 "현 정세에 적절한 강령을 내걸고 힘차게 싸우며 대중을 전취(戰取)해야 한다는 것을 잊어서는 안 된다."

김일성이 이상에서 진술한 민족통일전선 전술은 북한의 당면한 정치노선의 대강(大綱)을 형성했고, 국제 관계의 설명을 빼고는 그 후에도 기본적으로는 바뀐 것이란 별로 없다. 그의 연설 내용은 거의 모택동의 『신민주주의론』을 그대로 답습한 것이었지만 중-소의 두 공산당은 *이데올로기*에 있어서 아직은 밀월 관계에 있었음으로 그의 민주주의론은 곧 소련군 사령부의 방침을 대변한 것이었다.

2) 소련군 사령부의 *마스터 플랜* 공표

그런데 이에 앞선 1945년 10월 어느 날(일자 불분명) '조선공산당 평남지구 확대위원회'는 「결정」문을 발표, "조선의 혁명계단(=단계)은 자본성(資本性) 혁명계단(즉 *부르죠아*민주주의 혁명단계)이라고 규정하고 조선에서는 일제를 완전히 숙청하고 지주의 토지를 몰수하여 농민에게 나눠주는 토지혁명을 실시할 것"이라고 설명했다. 이어 이 「결정」[941]은 ① 민족통일 전선의 결성과 일제 잔재의 숙청, ② 군중의 전취(戰取), ③ 반대파의 역선전(逆宣傳) 봉쇄, ④ 대중의 의식화(意識化), ⑤ 반대파의 죄상 폭로, ⑥ 대지주, 대자본가 계급에 대한 투쟁에서의 승리 등 통일전선의 전술적 목표를 명확하게 제시하였다.

또한 위에서 언급한바 '서북 5도대회'(1945. 10~13)가 채택한 「정치노선과 조직 확대 강화에 관한 결정서」[942]에서도 해방된 조선은 "자본 민주주의 혁명단계"에 있으며 그 기본과업은 "토지문제"요, 이 과업은 "인민의 의사를 대표하는 인민공화국을 수립함으로써만 완전히 해결할 수 있다"고 명기했다. 나아가서 이 「결정서」는 그런 인민공화국은 친일분자 및 반동분자를 철저히 숙청한 후 전 민족을 망라한, "전 인민의 의사를 대표하는" 주권국가가 되어 "국내외 인민전선(人民戰線)에로 통일" 할 것을 제창했다. 그리고 이러한 통일전선을 방해하는 행동은 곧 "친일 반동분자의 의사에 영합하는 것이라고 본다"고 위협했다. 한편 "자유주의적 민주주의분자"에 관해서는 "우리 이익을 위하여 끌고 나갈 수 있는 한 끌고 나가" 그들을 가능한 이용한다는 전술을 제시했던 것이다. 이 두 문건은 물론 소련점령군 당국의 북조선 통치를 위한 매스터플랜(기본계획)의 중심 부분이었다.

1945년 12월 17~18일에 열린 '조선공산당 북조선분국 제3차 확대집행위원회'에서 김일성은 당(黨) 책임비서가 되면서 당권을 장악했다. 이때 그는 자기의 '보고 연설'을 통하여 재삼 통일전선을 역설하면서 이것은 *"뿔죠아[부르죠아]*민주주의국가 창설을 위하여 요구되는 것"이라고 하면서 다음과 같이 말했다.

> … 현 단계에서 북조선 공산당의 전반 정치 및 실지활동은 모든 민주주의 정당들과

941) ≪해방일보≫ 1945년 10월 31일자에 全文.
942) ≪해방일보≫ 1945년 11월 5일자에 全文.

의 정치단체들과의 넓은 연합의 기초위에 *뿔죠아*—민주주의 정권을 수립함에 방조를 할 것…반일 민주주의당과 단체들과의 통일전선을 만방으로 강화시켜야 할 것이다.[943]

김일성의 이 '보고'를 기초로 하여 채택한 위의 '확대 집행위원회'의 「결정서」는 "인민적 민주주의적 제 정당 및 단체로 결성한 통일전선을 극력 공고시킬 것"[944]을 결의했다. 북한에서 "인민민주주의"란 말이 나온 것은 이때가 처음이다. 그러나 인민민주주의가 무엇인지를 설명하지는 못하고 있었다. 북한(즉 그것을 지배하던 소련군 사령부)의 *이데올로그*(ideologue)들은 *레닌*식(式) "*부르죠아* 민주주의", 모택동의 "반제—반봉건적 민주주의", *스탈린*의 "인민민주주의"(초기)를 동일한 개념으로 사용하고 있었을 다름이다. 주목할 것은 북한의 당(黨) 이론가들에 앞서 현 단계의 조선 혁명의 성격을 명확하게 규정한 공산주의자는 서울의 박헌영이었다.

박헌영은 소련군이 아직 평양에 진주해 오기 이전인 1945년 8월 20일 조선공산당(재건파)의 잠정적 정치노선으로써 「현 정세와 우리의 임무」라는 세칭 「8월 *테제*」를 발표하고 이것을 당의 공식 노선으로 통과시켰다. 「8월 *테제*」는 조선혁명의 성격을 "*부르죠아* 민주주의혁명"이라고 규정하고 "친일파", "민족 반역자"를 제외한("반제"노선) 광범위한 통일전선을 토대로 하여 "진보적 민주주의"의 완전독립국가, 즉 "인민공화국"을 수립할 것을 주장했다.[945]

그는 무엇보다도 토지문제의 "혁명적 해결"[반(反)봉건노선]을 강조하고 일본인—민족 반역자—대지주의 토지와 자경(自耕)하는 농민 소유 이외의 중—소 지주의 토지는 모두 무상 몰수하여 토지 없는 농민에게 분배한다고 했다.[946] 박헌영의 "*부르죠아* 민주주의" 혁명노선은 1928년의 *코민테른*의 「12월 *테제*」에 완전히 일치시킨 것이었다. 그 역시 자기와 *헤게모니* 싸움을 하고 있던 다른 분파(分派)의 공산주의자들의 노선을 "좌경" 또는 우경"이라고 규탄했다. 그의 노선은 북한의 김일성파(*스탈린*)의 그것과 다를 바가 없었다. 1950년대 초 박헌영의 남노당파와 김일성파 사이의

943) 이 「보고연설」의 원형대로의 全文은 국사편찬위원회, 『조선공산당사료』, 1945~1950(『북한관계사료집』 1, 1982) pp. 3~10.

944) 위의 책, p. 12.

945) 「8월 *테제*」 전문은 고려대 아세아문제연구소 발행, 金南植 편, 『남노당연구자료집』 1, pp. 8~21에 수록. 이 부분은 p. 11.

946) 같은 책, p. 10.

생사를 건 투쟁은 당(黨) 노선과는 무관한 단순한 권력투쟁(權力鬪爭)에 불과했다.

1945년 12월 말에 개최된 *모스크바* 3상회의는 조선을 "민주주의적 원칙 밑에서 발전시킬 것"을 공약하고 남-북한의 민주주의 정당 사회단체의 참여하에 조선 임시정부를 수립한 후 이들과 협의하여 5개년 기한으로 미-소-영-중 4개국의 신탁 통치를 실시할 것을 결정했다. 신탁통치(信託統治)의 목적은 조선인민의 "사회적 진보"와 "민주주의적 사회발전"과 함께, "독립 국가의 수립을 원조하고 이에 협력 한다"고 명시했다.[947] 그러나 '신탁통치'란 말은 빼고 단지 '*모스크바* 3상회의 결정'이란 용어만을 사용했다. 그러면 그 "민주주의"는 어떠한 민주주의였던가. 민주주의의 내용에 관해서는 아무 해명이 없었다.

미국은 당연히 구미식(歐美式) 자유민주주의를, 소련은 *맑스-레닌주*의식 "진보적" 민주주의, 즉 공산당의 일당(一黨) 지배체제(支配體制)를 염두에 두고 있었던 것은 분명했다. 남-북한을 통하여 "신탁통치"에 대한 찬반을 놓고 국론은 크게 분열되었다. 북한의 소련군 사령부는 곧 "신탁통치 반대"를 엄금했고 공산당과 그 동조자들은 이것(*모스크바* 3상회의 결정)을 "절대 지지"하는 정치투쟁에 동원되었다. 그러나 언론과 결사 집회의 자유가 있던 남한 내의 민족주의자-민주주의자들의 절대 다수는 시종 이것을 반대하고 나섰다. 이 무렵부터 남-북한의 공산당은 반탁(反託)세력을 "친일파", "민족 반역자"라고 대대적인 비방 공세를 벌였다.

소란하고 흥분에 찬 상황에서 북한의 소련 군정당국은 제1차 미-소 공동위원회가 개막(1946. 3. 20)되기 아직도 40일전인 1946년 2월 8일, 선수를 써서 아무런 사전 보도도 없이, 극비리에 김일성을 수반으로 하는 '북조선 임시인민위원회'를 전격적으로 조직하고 이것을 극적으로 발표했다. 김일성은 '북조선 임시 인민위원회'를 "전체 인민의 의사와 리익을 진정으로 대표하는(북조선) 중앙 주권기관"이라고 선언하고, 동 위원회는 "*모스크바* 3상회의의 조선에 관한 결정에 의하여 … 진보적 민주주의 국가의 건설을 준비하며 동시에 조선의 통일적 민주정권수립을 촉진시키기 위하여 … 탄생한 것"[948]이라고 독단적인 설명을 붙였다. 요컨대 앞으로 나올 통일적

---

947) 「조선에 관한 *모스크바* 결정서」(1945. 12. 27) 제1항 및 제3항. 서울언론인*클럽* 발행, 『한국시사자료 연표』 상권(1992) pp. 756~757.

948) 『김일성선집』 1, 1955년 판, p. 165.

민주주의정부는 반드시 '북조선 임시인민위원회'를 "모범"으로 한 정부가 되어야한다는 것이었다.

북조선 임시 인민위원회는 1946년 3월 5일 무상몰수(無償沒收), 무상분배(無償分配)를 원칙으로 하는 '토지개혁 법령'을 필두로 하여, '선거법령'(1946. 6. 24), '노동법령'(1946. 6. 24), '농업현물세법'(農業現物稅法)(1946. 6. 28), '남녀평등에 대한 법령'(1946. 7. 30), '중요산업 국유화법령'(1946. 8. 10), '개인기업의 창발력(創發力) 발휘에 대한 결정서'(1946. 10. 4) 등의 일련의 법령을 아무 예고도 없이 "민주주의"의 이름에서 돌연 무더기로 발표하고 일사천리로 집행했다. 그들이 "민주개혁"이라고 자랑해온 이러한 조치들은 물론 사회주의에로의 이행을 준비하는 공산당정권의 최저강령(最低綱領)(당면 강령)을 실천한 것이었다.

당시 김일성(즉 소련 군정당국)은 비(非)공산주의자들에게 공포감을 주지 않기 위하여 혁명이란 말 대신 모호하게 "개혁"이란 말을 사용했다. 그러나 공산당의 당권이 확고하게 된 후에는 "민주개혁"을 "반제－반봉건적 민주주의혁명"이라는 *이데올로기*적(的) 성격을 명확하게 하는 용어로 바꾸어갔다. 제1차 미－소 공동위원회가 서울에서 열린 직후인 1946년 3월 23일 평양에서는 통일 민주주의 임시정부, "진실한 민주주의" 정부의 정강이라고 하여 김일성의 이름으로 된 「20개조 정강(政綱)」이란 정책노선이 발표되었다.

여기서 김일성은 국내의 "반동분자와 반(反)민주주의적 분자 ['신탁통치'를 반대하는 우파들과의 무자비한 투쟁을 전개할 것"과 "*팟쇼* 및 반(反)민주주의적 정당단체 및 개인들의 활동을 절대 금지할 것"(제2항)[949]을 주장했다. 그의 주장은 앞으로 수립될 통일 정부는 공산주의자와 그 추종분자만으로 구성되어야 한다는 것과 동일한 말이었다. 그 위에 전 조선인민은 일반－직접－평등－비밀 투표에 의하여 지방의 행정 기관인 '인민위원회'를 결성할 "권리"는 물론, 그 "의무"까지 가져야 한다(제4항)[950]고 했다. 여기서 '인민위원회'란, 북한 각 지방에 조직되었던 공산당의 권력 집행기관을 가리키는 용어였다.

김일성은 1946년 5월 1일 '*메이 데이* 기념 연설'에서 "*모스크바*외상회의 결정에

---

949) 위의 책, p. 43.

950) 위와 같음.

반대하는…반(反)민주적인 악질분자들을 민주주의 임시정부에 참가시킬 수는 없다.…앞으로 성립할 임시정부는 …인민의 총의를 집결한 인민의 강령인 「20개조 정강」을 그 기본강령으로 하지 않으면 안 된다"[951]고 했다. 몇 달 뒤(1946. 7. 22)에 그는 다시 주장하기를, 「20개조 정강」에서 제시한 여러 노선들은 북조선에서 이미 실시되고 있다고 하면서 "새 조선을 건설하며 조선을 진정으로 민주주의 방향으로 나아가게 하려면 오로지 「20개조 정강」에 제시된 노선을 걸어야 할 것"이며 "우리는 반드시 「20개조 정강」을 기초로 하는 민주주의 조선 림시정부를 수립하기 위하여 분투할 것"[952]이라고 주장했다. 김일성의 「20개조 강령」의 공표는 물론 소련 군정당국(軍政當局)의 각본(脚本)에 따른 것이었다.

제2절 김일성의 '20개조 정강' : '민주기지' 이념에서 정책으로

소련은 이 「20개조 정강」을 기초로 하지 않는 한, 어떠한 통일정부도 수립하지 않겠다는 단호한 입장을 견지하고 있었다. 그리하여 김일성의 「20개조 정강」을 실시하고 있던 '북조선 임시인민위원회'만이 유일한 민주주의 정부라고 내세우게 되자 이것은 남-북통일의 길을 가로막게 되었고 결국 북한의 단독정부(조선민주주의인민공화국)의 모태가 되었다. 물론 김일성은 당시 자기 자신의 확고한 통일전략을 가지고 있었다. 즉 북조선을 혁명의 근거지로 하여 남조선을 해방하고 "민주화"함으로써 통일된 민주주의 독립국으로 만든다는 전략이었다. 이것이 그의 이른바 "민주기지노선(民主基地路線)"이다.

아직도 미-소 공위(美蘇共委)가 존속하고 있던 1946년 8월 29일 김일성은 '북조선 노동당' 창립대회에서 공공연히 민주기지노선을 제창했다. 그는 "북조선노동당의 중심임무는 조선의 민주주의적 완전 독립을 하루바삐 촉진하는데 있다"고 전제하고 이 일을 위해서는 "첫째로 북조선의 민주주의 근거지[=민주기지]를 더욱 강화하며,

951) 『김일성선집』 제1권(일문 판, 1952) pp. 41~43. *스탈린* 찬양으로 가득 차 있던 이 연설은 휴전 후 평양에서 발행된 『김일성선집』과 『김일성저작선집』에서는 빠져있다.

952) 『김일성선집』 1, 1954년 판, p. 136.

둘째는 우리의 민주주의의 모든 과업을 남조선의 민주주의적 정당 사회단체를 도와서 전(全) 조선에 실시하여야 한다"[953]고 강조했다. 결론에서는 보다 직설적으로 "반동파(反動派)"들에 의하여 억눌려 살고 있는 남조선인민들을 "완전히 해방시켜야만 전 조선에 완전 독립이 있는 것"[954]이라고 북조선 혁명기지에 의거한 "남조선해방"을 공언했다. 그는 1946년 4월 10일 민주개혁 중에서도 토지개혁이 민주기지 건설에서 차지하는 중요한 의의를 남-북통일과의 관련에서 아래와 같이 말했다.

> … 우리 당(黨)은 토지개혁을 실시함으로써 북조선 통일 조선의 튼튼한 민주기지로 전변시키는 력사적 위업에 착수하기 시작하였습니다. 통일된 민주 조선을 건설하기 위하여서는 북조선을 강력한 정치, 경제, 문화적 기지로 전변시켜야 할 것입니다. 이 과업의 실현은 우리나라 인구의 절대다수를 차지하는 농민들을 지주의 예속에서 해방시키고 낙후된 우리 농촌 경리를 급속히 발전시키지 않고는 불가능한 것입니다. … 우리가 실시한 토지개혁은 부강한 민주 독립국가 건설을 위한 투쟁에서 농민들의 정치적 열정을 제고시킬 것이며 북조선의 민주화와 … 농민 생활을 향상시킬 것 … 입니다. 이것은 통일된 민주 조선을 건설하기 위하여 투쟁하고 있는 남조선 민주 력량을 일층 강화할 것이며 그에게 새 힘을 주게 될 것입니다.[955]

김일성이 이상과 같은 주장을 내세우고 있을 때 공산주의 냄새가 나는 용어는 적어도 당(黨) 밖에서는 입 밖에 내지 않고 있었다. 그것은 비(非)공산주의자들을 보다 쉽게 통일전선에다 끌어들여 묶어두기 위한 전술에서였다. 그 대신 모든 사람들이 공감할 수 있는 "완전 독립"이니, "민주주의 국가건설"이니, "민주화"니 하는 말들을 강조했다. 그러면서도 김일성은 자기의 민주주의가 *맑스-레닌*주의의 궤도(軌道) 위에서 실천되고 있다는 것을 숨김없이 천명했다.

> … 오늘 조선의 민주주의 계단[단계]은 결코 *맑스-레닌*주의를 떠나서 발전하는 것이 아니라 오직 *맑스-레닌*주의적 사회발전 법칙의 궤도 우에서 그 깃발 밑에서 발전하는 것입니다.… *맑스-레닌*주의는 오늘 민주주의 과업을 실행하는데 반드시 적용되며 또 지침이 되는 가장 철저한 이론이며 예리한 무기인 것입니다.[956]

---

953) 『근로자』 1946년 10월호, p. 30. 위와 같음.

954) 위와 같음.

955) 『김일성선집』 1, 1955년 판, pp. 48~49.

'북조선 임시인민위원회'는 1946년 2월에는 눈부신 민주주의 발전을 실증하기 위하여 공산당이 추천한 단일 후보자에 대한 찬-반만을 묻는 세칭 "흑-백 함(函)선거"를 통하여 '북조선인민위원회'(1947)로 바뀌었다. 1948년 9월 이것은 다시 '조선민주주의 인민공화국'으로 변용해갔다. 김일성은 이것들을 단지 "인민정권", "진정한 인민의 정권", 또는 "새 형태의 인민정권"이라는 등의 정의를 내렸을 뿐, 이 정권들의 성격과 노선을 당시 국제공산주의운동에서 정식화(定式化)되었던 인민민주주의의 이론으로 설명한 일이 없다. 그의 당(黨) 내 이론가들은 그러기에는 *이데올로기*적으로 미숙했고 그럴 자유도 없었다.

앞에서 언급한 바와 같이 1945년 12월 '조선공산당 북조선분국' 제3차확대회의의 「결정서」에는 "인민적 민주주의"란 말이 몇 번 나왔지만 그것이 무엇인지를 해명하지 못하고 있었다. 그런데 모택동의 경우는 인민민주주의의 개념을 자기의 '신(新)민주주의'의 그것과 동일시하면서, 중화인민공화국 수립 직전인 1949년 6월 "인민민주독재"라는 독자적 이론을 발표했다. 여기서 그는 중국의 "인민"과 "반동분자(反動分子)"를 사회계급적으로 구분하면서 현 단계에서의 인민은 "공산당의 지도하에서 단결한" 노동계급, 농민계급, 소(小)*부르죠아*계급 및 민족 자본가라고, 한편 반동분자는 "제국주의의 주구들", 즉 지주, 관료자본가, 국민당반동파들이라고 규정했다. 이들 "인민"의 내부에서는 민주주의를 실시하며 "반동분자들"에 대해서는 독재를 행하는 두개의 측면을 결부시킨 것이 곧 "인민민주독재"라고 설명했다.[957]

모택동의 이러한 도식을 기초로 하여 중국 공산당은 새 정권의 잠정 헌법으로써 「중국인민 정치협상회의 공동강령(共同綱領)」(1949. 9. 29)을 공포, 중화인민공화국(中華人民共和國)의 성격을 다음과 같이 규정했다.

> 중화인민공화국은 신(新)민주주의, 즉 인민민주주의의 국가며 노동계급이 지도하고, 노농동맹을 기초로 한, 민주적 제 계급과 국내의 제 민족을 집결하여 인민민주독재를 실행하며, 제국주의, 봉건주의 및 관료자본주의에 반대하고, 중국의 독립, 평화, 통일, 부강을 위하여 투쟁한다(제1조).[958]

---

956) 위의 책, pp. 207~208.

957) 앞의 『毛澤東選集』(中文單卷本) p. 1,365.

958) 日本國際問題硏究所中國部會 編, 『新中國資料集成』 五 (1964) p. 589.

1) 사회주의에로의 이행기의 민주주의독재

김일성은 1946년 2월 '북조선 임시인민위원회'가 출현했을 때부터 1956년 4월 제3차 당 대회가 열릴 때까지 자기가 주장하는 "민주주의정권"을 인민민주주의의 이론으로 설명하지 못했다. 1956년 4월에 이르러서야 그는 비로소 소련과 모택동의 인민민주주의론(人民民主主義論)을 그대로 뒤 따라 가면서 인민민주주의의 설명을 시도했던 것이다. 그의 설명은 아래와 같다.

> …북조선 임시인민위원회는 노동계급이 영도하는 노동동맹에 기초하여 국내의 광범한 반제 반봉건적 민주주의 력량을 망라하고 있는 민주주의 민족통일전선에 입각한 인민정권으로서 인민민주주의의 독재의 기능을 수행하였습니다.[959]

김일성의 이런 설명은 앞에서 인용한 「중국인민 정치협상회의 공동강령」(제1조)의 복사판에 불과했다. 그런데 70년대에 들어서자 북한의 당(黨) 선전원들은 김일성 개인숭배에 도취한 나머지 "인민민주주의 정치노선은 김일성 동지가 역사상 처음으로 밝히신 … 독창적 혁명노선"이라느니 "혁명운동사에서 인민민주주의 혁명의 선구자(先驅者)로 되었다"[960]느니 하는 황당무계(荒唐無稽)한 주장을 했다. 김일성정권에 대한 사후 이론화도 계속되었다. 그 작업은 휴전 후, 그가 사회주의 건설을 본격적으로 강행하고 있던 새로운 조건에 부합되도록 시도되었던 것이다.

휴전이 성립되자 북한은 전후 복구 3개년계획(1954~1960), 5개년계획(1957~1960), 제1차 4개년계획(1961~1970), 6개년계획(1971~1976), 제2차 7개년계획(1978~1984), 제3차 7개년계획(1987~1993) 등 일련의 연차 경제 계획을 통하여 사회주의 경제 건설에 박차를 가해 왔다. 이 과정에서 "사회주의적 개조"(농업의 집단화와 소규모 개인상공업의 협동조합화)는 김일성이 자찬(自讚)했듯이 1958년 8월경까지 불과 4~5년의 짧은 기간 내에 빠른 속도로 끝났다.[961] 1955년 4월 1일 김일성은 "반제-반봉건적 민주주의 혁명과업은 북반부(北半部)에서 완전히 수행되고 … 사회주의로 이행하는 과도기에 점차로 들어서게 되었다"[962]고 언명했다. 이제 그는

959) 『김일성선집』 4, 1961년 판, p. 446.
960) 『로동신문』 1970년 9월 29일자 사설.
961) 『김일성저작선집』 3 (1968) p. 72.

밖으로 숨기고 있던 사회주의노선을 공개적으로 자랑스레 내세우기에 이른 것이다.

이때부터 인민정권의 민주주의적 성격도 재해석되고 보충되어갔다. 즉 '북조선 임시인민위원회'(1946. 2)는 인민민주주의의 제1단계로서 반제－반봉건 민주주의 혁명의 과업을 수행한 "인민민주주의 독재정권"인데 대해, '북조선 인민위원회'(1947. 2)는 "더욱 발전 강화된 인민민주주의 정권 기관으로서…사회주의로 넘어가는 과도기의 과업을 수행하기 시작했다"[963]고 김일성은 말한다. 이것을 북한의 당(黨) 선전원은 보다 정밀하게 "북조선인민들은 *프롤레타리아*독재의 기능을 수행하는 북조선인민위원회의 지도하에…사회주의로 이행하는 길에 들어섰다"[964]고 쓰고 있다. 이러한 설명은 1948년 12월 *디미트로프*(G. Dimitrov)의 입을 통하여 발표된 *코민포름*(Cominform)의 제2기의 인민민주주의 이론, 즉 인민민주주의＝*프롤레타리아* 계급의 독재라는 공식을 뒤따른 것이었다.

김일성은 '북조선인민위원회'를 "우리나라에 탄생한 첫 *프롤레타리아*독재정권이며 또한 이것은 점차 사회주의로 넘어가는 과도기의 임무를 수행하기 위하여 투쟁했다"[965]고 설명했다. 그렇다면 북한에서는 '북조선인민위원회'가 출범한 1947년 2월부터 벌써 사회주의로의 이행이 시작된 것으로 된다. 이상 설명에 따르면 북한에서는 '북조선 임시인민위원회', 즉 인민민주주의독재정권이 해방 후 6개월 만에 출현했고, 이것은 그 후 1년 만에 *프롤레타리아* 계급의 독재정권으로 발전한 것이 된다. '조선민주주의인민공화국'은 '북조선인민위원회'를 강화한 독재정권에 불과했다. 김일성에 의하면 1948년 9월 인민공화국의 선포로 "우리는 더욱더 완성되고 공고 발전된 인민민주주의 정권을 갖게 되었다"[966]는 것이며 "공화국 정권은 창건된 첫날부터 *프롤레타리아*독재의 기능을 끊임없이 강화하면서 당이 내세운…모든 과업을 빛나게 수행해 왔다"[967]는 것이다. 이러한 정권 설명은 국외자에게는 전혀 무가치한 이론이지만 김일성일파로는 소중한 *이데올로기*적 장식이다.

---

962) 『김일성선집』 4(1960) p. 215.

963) 위의 책, p. 447.

964) 『조선통사』 하 (1958) p. 71.

965) 『김일성저작선집』 5, 1972년, p. 142.

966) 『김일성선집』 4, 1960, p. 449.

967) 앞의 『김일성저작선집』 5, 1972, p. 144.

*맑스-레닌*주의의 도식(圖式)에 의하면 사회주의혁명과 사회주의건설은 *프롤레타리아* 계급의 독재하에서 이루어진다. 이 도식에 따라 김일성은 사회주의에로 이행하는 과도기의 과업을 수행한 '북조선인민위원회'를 *프롤레타리아* 계급의 독재정권으로 규정했던 것이다. 그도 *레닌*처럼 *프롤레타리아* 계급의 독재는 *프롤레타리아* 민주주의와 표리관계(表裏關係)를 형성하고 있다고 보았다. 그리고 *프롤레타리아* 민주주의를 "사회주의적 민주주의"와 동일시했다.

그에 의하면 *프롤레타리아* 민주주의는 착취제도(搾取制度)의 영원한 청산과 근로인민들의 자유와 권리의 전면적 보장, 행복한 물질생활의 보장 등을 내용으로 하기 때문에 "*프롤레타리아* 민주주의보다 더 나은 그 어떠한 민주주의도 있을 수 없다"[968]는 것이었다. 그런데 사회주의사회에서도 적대적(敵對的) 요소가 있고 낡은 사상의 잔재가 남아 있음으로 모든 사람에게 다 민주주의를 실시하고 자유를 준다는 것은 '우경적 오류'를 범하는 것이라고 했다.[969] 그는 위에서 고찰(考察)한 *레닌*의 민주주의론을 복창(復唱)하 듯, 자기의 민주주의의 계급성을 다음과 같이 역설했다.

> … 정치적 개념으로서의 민주주의는 반드시 계급적 성격을 띤 것입니다. 온갖 착취자들의 독재는 피착취 근로대중에 대한 독재이고 그들의 민주주의는 오직 소수 착취자를 위한 민주주의며 반대로 *프롤레타리아* 독재는 착취계급에 대한 독재이고 광범한 인민대중에 대해서는 민주주의입니다. 인류역사에서 계급을 떠난 국가가 없었던 것과 마찬가지로 계급성을 떠난 민주주의도 없으며 있을 수도 없습니다. …전복된 착취계급 잔여분자들이 준동하고 계급투쟁이 계속되고 있는 조건에서 모든 사람을 위한 ≪순수한 민주주의≫, ≪완전한 자유≫란 있을 수 없습니다. …우리는 민주주의에 대한 추상적이며 초계급적 리해를 반대합니다.[970]

그러면 *프롤레타리아* 계급의 독재에 의하여 건설되는 사회주의 제도는 어떤 것인가. 김일성의 설명에 의하면[971] "인민이 아무런 정치적 권리와 자유를 가지고 있지 못한 자본주의 사회와는 달리 사회주의제도에서는 인민대중은 정치, 경제, 문화의

968) 같은 책, p. 170.
969) 같은 책, p. 169.
970) 같은 책, pp. 169~170.
971) 같은 책, p. 162.

모든 부문에서 참다운 민주주의적 권리와 자유를 실질적으로 보장받고 있다"고 한다. 따라서 이것은 "가장 선진적인 제도"라고 현실과는 정반대되는 정의를 내렸다. 그는 "미제(美帝)의 식민지"인 지옥(地獄) 같은 남조선과 자유와 행복이 무르녹고 있다는 북조선의 상반되는 두 현실을 제멋대로 해석하면서 다음과 같은 허상(虛像)을 그렸다.

> 자본주의의 길은 착취와 억압, 예속과 몰락의 길이며 사회주의의 길은 계급적 착취와 민족적 억압을 없애고 전체 인민의 자유와 행복을 보장하며 나라의 완전 독립과 번영을 보장하는 길입니다. 남북조선의 상반되는 두 현실은 그 뚜렷한 실례의 하나로 됩니다. 공화국 분반부에는 착취와 억압이 없는 가장 진보적인 사회주의 제도가 서고… 인민들은 진정한 자유와 행복을 누리고 있는 반면에 남조선은… 경제는 여지없이 파탄되었으며 인민들은 *테러*와 폭압 밑에서 신음하고 있으며 수천년 대의 민생고에서 허덕이고 있습니다.[972]

제3절 제2단계 : "사회주의적 민주주의"의 실시

1) "사회주의 지상낙원"의 실현

김일성은 *흐루시초프*와 동(東)*유럽*의 공산주의자들이 각각 상이한 조건에서 상이한 의미로 사용한 '사회주의적 민주주의'란 말을 1957년 9월경부터 거론하기 시작했다. 70년대에 들어서자 김일성은 사회주의 북조선에서야말로 민주주의적 자유와 권리가 완전하게 실현되어 있다고 '사회주의적 민주주의'를 부단히 선전하고 있었다. 그는 민주주의에 관하여 "국가가 근로자, 농민을 비롯한 광범한 근로인민들의 의견에 따라 정책을 세우고 인민 대중의 이익에 맞게 그것을 관철하며 근로 인민 대중들에게 참다운 자유와 권리, 행복한 생활을 실질적으로 보장하여 주는 것이 바로 민주주의"[973]라고 가르치면서 북한에서의 정치적 자유와 권리에 대해 다음과 같이 자화자찬(自畵自讚)하였다.

---

972) 같은 책, p. 163.

973) 『김일성저작선집』 7(1978) p. 433.

…우리 근로자들은 나라의 주인으로서 국가 관리에 적극 참가하고 있으며 성별과 직업, 재산과 지식정도, 정견과 사상에 관계없이 누구나 다 같이 선거권과 피선거권을 가지고 있습니다. 그들은 또한 언론, 출판, 결사, 집회를 비롯한 온갖 사회 정치활동의 자유와 권리를 충분히 행사하고 있습니다.974)

김일성이 북한의 모든 근로자들이 충분히 행사하고 있다고 주장하는 인간의 "자유"와 "권리"란 인류 역사에서 오랜 사상적, 정치적 투쟁과정을 통해 점차로 실현되어 온 것들이다. 이 두 개의 이념과 운동은 상호보완, 또는 표리관계를 이루면서 일체화되어 있다. 자유와 권리의 발전과정은 곧 민주주의의 발전과정이다. 따라서 인간의 자유와 권리는 결코 민주주의와 유리시켜 생각할 수 없다. 현대 민주주의 국가가 추구해온 자유와 권리의 이상적 기준은 1948년 12월에 채택된 「세계 인권선언(人權宣言)」이라고 할 것이다. 그 내용을 요약 열거하면 다음과 같다.975)

첫째로는 자유권(생명－재산－신체의 안전에 대한 권리, 노예의 금지, 고문(拷問)－비(非)인도적인 대우와 부당한 형벌로부터의 자유, 사상－양심－종교의 자유, 언론 집회 결사의 자유, 사생활의 간섭을 받지 않을 권리, 재산소유의 권리, 이전의 자유, 거주선택의 권리 등)을 들 수 있다. 둘째는 평등권(법의 평등한 보호를 받을 권리, 불편부당(不偏不當)한 법정에서 공정하고 공개적 재판을 받을 권리, 남녀와 인종 간의 평등한 권리 등)이다. 셋째는 정치적 권리(자유로이 선출된 대표를 통해 국정에 참여할 수 있는 권리, 자유－평등－비밀 선거, 평등하게 자국의 공직에 취임할 수 있는 권리 등)이다. 넷째는 경제적－사회적－문화적 권리(의－식－주－의료시설 등 인간다운 생활수준을 향유할 수 있는 생활보장권, 사회보장권, 노동권, 휴가의 권리, 교육을 받을 권리, 사회적 문화생활에 참여하는 자유 등)이다.

김일성이 앞에서 한 말들이 사실이라면 북한은 UN의 「세계 인권선언」이 설정한 기준인 정치적 권리가 완전히 실현되고 있는 민주주의 국가의 모범이 아닐 수 없다. 그 뿐만 아니다. 그는 나아가서 북한의 근로자들은 '노동과 휴식의 권리', '희망과 능력에 맞는 직업을 선택할 권리', '전반적 무료 의무교육제', '무상치료제', 전체 인민들

974) 위의 책, p. 434.

975) 이하 요약은 高木八尺 外編, 岩波文庫版 『인권선언집』, pp. 401~408에 수록되어 있는 세계 인권선언(1948)을 토대로 한 것이다. 각 항목의 순서와 용어는 반드시 이 대본과 일치하는 것은 아니다.

에 대한 "먹고 입고 쓰고 살 수 있는 온갖 물질적 조건이 사실상 보장되어있다"[976]고, 경제적－사회적 권리를 자랑했다. 김일성이 사라진 4개월 후 노동당의 노선을 천명한 논문 『사회주의는 과학이다』에서도 "우리 인민은 먹고 입고 쓰고 살[집] 걱정을 모르며 무료 의무교육제와 무상치료제의 혜택으로 일생동안 끊임없이 배우며 무병장수를 누리고 있다"[977]고 실로 어이없는 거짓선전을 퍼뜨리고 있었다. 사실이 그렇다면 북한은 「세계 인권선언」이 표방한 모든 물질적－사회적－문화적 권리를 최대로 누리고 있는 낙원이 아닐 수 없다.

김일성의 자기선전은 소수 자본가들의 독재에 불과하다는 '*부르죠아* 민주주의'에 대한 맹렬한 공격 속에서 전개되어 왔다. 그에 의하면(1968. 9. 7) "*부르죠아* 민주주의는 억만장자(億萬長者)들에게 노동자들을 마음대로 착취하고 략탈하여 치부하며 그들을 억압할 자유는 주지만 근로 대중에게는 헐벗고 굶어죽는 자유밖에 주지 않는다."[978]는 것이다. 그는 북조선의 인민대중이 사회주의 제도 하에서 얼마나 행복하게 경제적 권리를 누리고 있는가를 증명하기 위하여 벌써 30년 전인 1974년에 세금전폐 조치를 발표하고 북한은 "세계 사상 처음으로 세금이 없는 나라가 되었다"고 선언했다. 다음 해 1975년 3월에는 북한의 1인당 국민소득은 이미 1천 *달러*를 초과하여 이 면에서 세계 선진국 대열에 들어섰다고 공언했다.[979] 그러면서 그는 자기 자신도, 이 세상의 누구도 믿지 않는 북한의 지상낙원상을 태연스럽게 토로했다.[980]

이것이 엄청나게 부족한 식량의 배급량 때문에 기아선상(飢餓線上)에서 헤매고 있던 인민 대중에 대한 김일성의 축복이었다. 이상과 같이 북한이 경제적, 사회적 복지가 넘쳐흐르는 풍요로운 나라라면 그들의 주장대로 가히 "사회주의 지상낙원"이 아닐 수 없다. 그러나 현지의 자유와 인권의 상황을 엿보고 들을 수 있었던 외국인과

---

976) 앞의 『김일성저작선집』 7, p. 435.

977) 『로동신문』 1994년 11월 4일자.

978) 『김일성저작선집』 5(1972) p. 170.

979) 『김일성저작선집』 7(1978) p. 175.

980) 황당무계한 김일성의 거짓말은 다음과 같다.

… 오늘 우리나라에서는 모든 노동자들이 먹을 걱정, 입을 걱정, 일자리에 대한 걱정을 하지 않고 행복하게 생활하고 있습니다. 우리나라에서는 먹는 문제는 사실상 공산주의나 다름없습니다. 국가에서 노동자, 사무원들에게 쌀을 1㎏에 8전씩 받고 공급함으로 그들이 하루만 나가 벌어도 한 달 먹을 수 있는 쌀을 살 수 있습니다.

해외동포들, 그곳에서 생사를 걸고 탈출한 주민들의 증언들은 김일성의 말과는 너무나 판이했다. 북한의 자유와 인권의 문제를 고찰할 때는 그것이 완벽하게 실현되었느냐 아니냐의 기준에서 본다는 것은 너무나 불공평한 관찰이다. 그러나 극히 상대적으로 볼 때도 북한의 자유, 인권, 법의 통치, 생활수준 등은 한마디로 절망 상태였다. 김정일 시대에 와서는 더욱 그러하다.

2) 더욱 경직화(硬直化)된 전체주의 *이데올로기*

자유와 인권에 관해서는 그 최소한의 기본적 조건인 정치적 다원화(多元化)가 용인되고 있느냐 않느냐의 시각에서 봐야한다. 정치적 다원화는 복수정당제에 기초하고 있으므로 이것 없는 독재사회에서는 자유와 인권이란 논의의 여지가 없다. 복수정당제는 집권당 이외에도 자주적인 야당의 존재를 필수조건으로 한다. 야당의 존재를 부인하는 것은 정치적 민주주의를 부인하고, 1당(黨) 독재의 궤도를 합리화 하면서 이에 의하여 1당(黨), 1인(人)의 영구 집권을 수호하자는 것과 꼭 같은 말이다.

복수정당제, 즉 다당제(多黨制)가 금기(禁忌)로 되어있는 사회에서는 정치활동의 자유뿐만 아니라, 사상과 언론의 자유, 집회와 결사의 자유, 종교의 권력으로부터의 자유, 문화활동의 자유가 일체 용납되지 않는다. 동(東)*유럽*과 소련에서 공산주의가 이미 종말을 고한 1992년 1월 3일, 국제적 자유화선풍(自由化旋風)에 공포를 느낀 김정일은 당(黨) 중앙위원회 책임일꾼들 앞에서 한 '담화(談話)'에서 "사상의 자유"와 "다당제", "소유의 다양화"를 맹렬히 공격했다. 그에 의하면 이런 것들은 개인주의와 자유주의에 기초한, 생존경쟁(生存競爭)이 지배하는 "자본주의 사회의 정치방식"이다. 따라서 사회주의를 포기하고 자본주의를 끌어들이지 않는 한 그런 것들은 절대로 허용할 수는 없다는 것이다.[981]

---

981) 그 이유를 김일성은 다음과 같이 열거했다.

> …사회주의의 사회에서 사상의 자유화와 정치에서의 다당제를 허용하는 것은 결국 사회주의 사회의 기초를 허물고 인민의 정권을 전복하기 위한 반(反)혁명적 책동에 길을 열어주는 것이 됩니다. …역사적 경험은…다당제의 민주주의를 허용하여 반(反)민주주의 정당들의 활동이 보장되면 계급의 원쑤들과 반동들이 머리를 쳐들고 反사회주의 책동을 감행하며 노동계급의 당을 내쫓는 대로 나간다는 것을 똑똑히 보여주고 있습니다. 김정일, 「전설의 역사적 교훈과 우리 당의 총로선」. ≪로동신문≫ 1992년 2월 4일자에 全文게재.

김정일의 자화자찬은 뒤집어보면 곧 북한에서도 반(反)사회주의 잠재세력이 크고 강인하다는 것, 다당제 하의 자유선거에 의해서는 자기들이 정권을 유지할 수 없다는 것을 고백한 것이다. 그는 동(東)*유럽*과 소련을 예로 들어 "현대 수정주의자들이 자본주의에 대한 환상에 사로잡혀 사회주의 원칙을 포기했기 때문에 결국 사회주의는 좌절되고 자본주의가 부활하게 되었다"[982]는 잘못된 진단을 내렸다. 그러나 동(東)*유럽*과 소련에서 소위 사회주의제도의 붕괴는 그 내부적 모순에 절대적 원인이 있었다. 즉 이 나라들에서 사회주의 붕괴는 1당 독재 체제, 거의 모든 생산수단의 국유화－국영화, 그리고 명령식 계획경제 제도의 비능률과 대중 생활의 빈곤에 대하여 더 이상 참을 수 없었던 시민들의 혁명적 궐기의 결과였다. 여기에다 수백 년 이래의 *러시아* 내의 제(諸) 미억압 민족들의 항의와 분규가 파국을 걷잡을 수 없이 만들었던 것이다.

김일성 사후 극도로 불안해진 노동당 간부들은 더욱더 "개인주의", "자본주의", "수정주의", "사회주의 배신자", "다당제"와 "의회민주주의"를 공격하고 "사람 중심의 사회주의"를 선전해 왔다.[983] 요컨대 북한은 *이데올로기*에 있어서 추호의 변화도 보이지 않고 있는 것이다. 그들의 논거(論據)와는 달리 구미(歐美)의 발달한 자본주의 나라들에서 사상의 자유와 다당제가 허용되고 있는 것은 그 나라들이 자본주의제도를 수립했기 때문이 아니라, 자본주의 이전의 시대부터 민주주의의 철학과 운동이 발전하고 있었기 때문이다. 사회주의나라들뿐만 아니라 민주주의가 없는 일련의 자본주의나라들에서도 사상의 자유와 다당제는 용인되지 않고 있어서 국민의 인권상태는 위기를 겪고 있다.

*레닌－스탈린*식(式) 사회주의가 자유와 평등과 풍요를 보장하는, 그렇게도 위대한 것이라면 구(舊)소련권(蘇聯圈)에 "현대 수정주의자"들이 어떻게 나타났으며, 사회주의의 원칙을 포기하고 자본주의를 부활시키고 있었을까. 이것들은 모두가 혁명의 "배신자(背信者)"며 "변절자(變節者)들 때문"이라는 민주주의자들에 대한 비방만으로는 설명이 되지 않는다. 위에서 김정일이 한 발언들은 그 부자의 세습독재(世襲獨裁) 체제를 끝까지 유지하고, 이미 파산을 선고받은 지 오랜 "인민 대중 중심의 우리식

982) 위와 같음.

983) 위와 같음.

사회주의"를 악착같이 고수해 보겠다는 몸부림으로 요약된다. 여기서 "인민대중"이란 곧 김일성 부자(父子) 일파를 가리키는 대용어(代用語)에 불과했다.

북한에서는 "노동계급", "사회주의", "민족", "자주" 등을 쉴 새 없이 강조한다. 가장 자주적이었던 *히틀러*의 *나치스*당도 그 명칭은 '독일 민족 사회주의 노동당'이었다는 것을 다시 상기할 필요가 있다. "민족"이니, "사회주의"니, "노동당"이니 하는 말들을 주문(呪文)처럼 외우고 있다고 해서 북한이 노동계급의 사회주의 국가도, 행복한 인민대중의 나라도, 노동자들이 해방된 것도, 인민에게 자유와 권리가 보장되고 있는 것도 아니다. 실제의 현실은 그 정반대(正反對)다. 다당제 민주주의를 근본적으로 부인하는 *레닌*의 논법대로 북한에서는 당－수령－인민대중이 유기적(有機的) 일체가 되어 소위 "사회 정치적 생명체(生命體)"를 형성하고 있다고 전체주의적 삼위일체론(三位一體論)을 선전해왔다.

그들에 의하면 인민대중은 "혁명의 주인"이며, 당은 "인민대중의 핵심부대"요, 수령은 "인민대중의 의사를 구현한 최고수뇌(最高首腦)"임으로 수령의 "유일적 영도"를 충성으로 받들고 따라 나가는 혁명은 필승불패(必勝不敗)라는 것이다.[984] 그뿐만 아니다. 모든 인민들이 "목숨으로 옹호 보위"하는 북한의 수령은 다른 나라에서처럼 정당의 당수나 국가수반 만에 머물러 있지 않는 신적(神的) 존재다. 수령은 그의 언행과 정책에서 절대로 오류가 있을 수 없는 전지전능의 영도자다. 히틀러를 무색케 하는 이러한 신판(新版) '지도자 원리'가 살아있는 한 북한에서는 민주주의적 인권과 자유는 절대로 실현될 수가 없다.

제4절 "한국민족민주주의 전선" : 남조선사회의 "자유화"와 "민주화"를 위한 투쟁

북한의 대남 공작당국은 1985년 7월 27일, 평양에 본부를 둔 종래의 통일혁명당(統一革命黨)의 명칭을 '한국 민족민주전선'(이하 '민민전民民戰')으로 바꾸고 그해 8월 8일 10개항으로 된 '한국 민족자주선언'을 발표했다.[985] 선언(宣言)은 최대의 악

984) 위와 같음.

의와 선동적 논조로 한국을 비방했다. "민민전"의 투쟁 노선은 철두철미 반한(反韓)-반미주의로 일관되고 있다. '선언'은 대한민국을 "미국의 완전한 식민지이며 과거 만주국의 현대적 재판"이라고 제멋대로 정의하고 그 전제로부터 "오늘 한국민중이 나갈 길은 민족해방"이라고 투쟁 목표를 내세우면서 한국민중은 "민족해방 운동"에서 "반미 자주화"의 기치를 높이 들라고 호소한다. 이 투쟁 속에서 타도의 대상은 "제국주의의 침략세력"과 그리고 국내의 "매판자본가(買辦資本家)", "반동관료배(反動官僚輩)", "친미분자(親美分子)" 등의 "사대매국세력(事大賣國勢力)"이라고 규정되고 있다.

한편 반미-자주화투쟁의 추진세력으로는 "노동자", "농민", "청년 학생", "중소 상공인", "지성인", "애국적 군인", "종교인"을 비롯한 "광범위한 민중"을 들고 있다. 여기서 "민중"이란, 바로 그들이 말하는 "인민"의 대치어(代置語)며, 반미적이요 반국가적인 모든 사회 성원들을 지칭하는 개념이다. 또한 「선언」은 반미 자주화 투쟁에서의 "결정적 역량"은 노동계급이다. 농민은 그 '미더운 동맹자'며, 청년 학생들은 투쟁의 "주력 부대"라고 각각 그 역할을 분담시켰다. 그리고 지도 이념으로는 "영생불멸의 주체사상"을 내세웠다.

북한이 굳이 "민족민주전선"라는 명칭을 채택한 것은 한국에서 과거 1세기 동안 강조되어온 민족주의의 전통과 그간 남한에서 제기되어온 민주화운동에 편승하여 이것을 반미-반국가 투쟁의 방향으로 역(逆)이용하려는 전술적 의도에서였음은 물론이다. 이것은 *흐루시초프*가 한때 주장한 일이 있는 '민족 민주주의'와 용어만 같을 뿐 양자 간의 직접적 연결성은 없다. 주목할 것은 북한의 "민족 민주주의"의 전략에서는 남한에서 먼저 *맑스-레닌*주의 당(黨)을 "혁명의 참모부"로 하고 그 지도하에 인민민주주의 혁명을 수행한다는 김일성의 "남조선혁명"전략이 외견상(外見上) 은폐되고 있다는 점이다.

"민민전(民民戰)"이 내세운 10개 항의 「당면 강령」에서는 *맑스-레닌*주의란 용어는 의도적으로 한마디도 사용하지 않고 있는데다가, 인민민주주의니, 김일성이니, 사회주의니, 인민이니, 심지어는 혁명이니 하는 말까지 피하고 있다. 그것은 남한의 압도적 다수의 국민들이 그런 것들에 공감하지 않고 있다는 사실을 계산한 때문이었

985) ≪로동신문≫ 1985년 8월 8일자. 이하의 인용 부분은 이에 의거.

다. 그리하여 「강령」은 시종일관 "반미(反美) 자주화", "반(反)파쇼민주화" 투쟁의 선동에다 초점을 맞추고 있다. 「강령」 제3항은 남조선에서 "민주정치를 실현한다"는 당위(當爲)적 목표를 천명하면서 민주정치란 "국민의 기본권과 사회적 진보를 위한 체제"라고 가르치면서 "군사독재의 매장(埋葬)", "파쇼적인 억압 기구와 악법의 철폐" 등을 강조했다. 그리고는 북한에서 엄금하고 있는바 "언론, 출판, 집회, 결사, 시위 및 신앙의 자유를 보장하고 노동자, 농민들을 위시한 근로대중에게 실제적인 참정권을 부여하여 민주적 정당, 단체들의 자유로운 활동을 보장한다"고 했다.

나아가서 「강령」은 "부당하게 투옥된 모든 정치범, 양심범들을 전원 무조건 석방한다."는 것과 인간 존엄, 인간 평등의 실현, 인권 침해와 정치적 보복 엄금, 여권(女權)의 신장을 제기하고 투쟁할 것을 다짐했다. 이런 선전을 외국에서 보면 1당－1인 전체주의독재를 실시하고 있는 그들이 마치 독재를 반대하고 자유 민주주의의 투사로 변한 듯한 착각을 일으킬만했다. 이상의 「강령」은 남한에서 군사 정권에 대한 항의가 거세게 일어나고 있던 당시, 대남(對南) 혁명전술의 일환으로 내세운 것이었다. 그러나 그 내용은 과거 수 10년 동안 대남 정치공세에서 펼쳐온 선전의 단순재생산(單純再生産)에 불과했다. 1992년 남한에 민주정부가 들어선 이후에 그들은 이 정부를 "문민(文民)파쇼 독재 깡패정권"이라고 매도하면서 반정부－반국가 투쟁을 선동하고 있었다.

이상과 같은 북한 내의 상황은 김일성이 사망하고 오랜 시일이 흘러간 지금에도 추호(秋毫)도 변하지 않고 있다. 그럼으로 남북의 진정한 의미의 민주주의적이요, 평화적인 통일이란 김일성이 남겨 놓은 전체주의 정치문화와 제도가 존속하는 한은 도저히 기대할 수 없다는 어두운 전망을 그릴 수밖에 없는 것이다.

제8장

결론 : 현실적 상황

자본주의는 절대악(絕對惡)이며 사회주의, 특히 "우리식 사회주의"는 절대선(絕對善)이라는 극단적 도식이 북한에서는 민주주의 *이데올로기*의 기초이다. 즉 자본주의는 지배와 예속, 사회적 불평등을 본질로 하는 연옥(煉獄)이다. 반대로 "우리식 사회주의"는 인민들에게 참다운 자유와 평등, 행복하고 보람 있는 생활을 보장해주는 "지상낙원"이라고 한다. 그러나 민주주의의 이념은 아무리 아름답게 표현한 것이라도 실천에 의하여 그 진위(眞僞)가 검증되어야 한다. 60여 년 동안이나 실시하고 있는 가혹한 차등 배급제에 의하여 인민 대중은 굶주림에서 벗어나지 못하고 있고, 열악한 주거 생활과 빈약하기 그지없는 의료－보건시설에 의하여 지칠대로 지쳐있다.

그런 절망적 빈궁상태(貧窮狀態)를 누가 가히 행복하다고 할 수 있을까. 북한당국은 이러한 실례를 남한의 방문객이나 외국인들에게 알려지지 않게 하기 위하여 북한 내의 자유여행과 인민들과의 접촉을 철저히 단속해 왔다. "자립적 민족경제"를 토대로 한 사회주의 조국을 주야로 자화자찬해 온 김일성－김정일 부자는 1990년대에 들어서면서 극도의 식량 부족－*에너지* 부족－생필품 부족－외화 부족에 봉착했다. 이 심각한 난국을 타개하기 위하여 김일성은 1993년 12월 "농업 제1주의"－"경공업 제1주의"－"무역 제1주의" 정책을 계획했지만 그것은 실패로 돌아가고 말았다. 북한의 경제가 총 파탄(破綻)을 향하여 달리고 있던 때 김일성은 사망했다. 1995~96년에 찾아온 대홍수(大洪水)는 북한의 식량난을 걷 잡을 수 없이 악화시켜 수만 수십만이 아사(餓死)했고 수백만이 아직도 기아상태에서 벗어나지 못하고 있었다. 이 참상은 세계에 알려지고 북한은 한국－일본－미국을 비롯한 자본주의 나라들과 중국, UN기구, 국제적십자사 등의 원조에 의하여 간신히 지탱되었다. 북한은 이제 세계에서 빌어먹는 최빈국(最貧國)의 하나로 전락했다.

북한 이외의 어떤 나라에도 천재(天災)는 있다. 그러나 북한이 아직도 여기에서

헤어나지 못하고 있는 데는 천재뿐만 아니라 인재(人災)에도 큰 원인이 있는 것이다. 모든 공산당국가에서 실패가 입증되어 포기한 지 이미 오랜 집단농장－국영산업－계획경제－배급제도 등 낡은 *스탈린*적 경제제도를 북한은 좀처럼 개혁－개방의 방향으로 시정하지 않으려 하고 있다. 소위 사회주의 경제제도의 구조적 모순과 당(黨) 관료에 의한 경제의 운영 방식, 경제 건설에서 혁명적 *이데올로기* 최우선주의를 고수하는 한 북한의 경제는 소생할 길이 없는 것이다.

인민대중의 생활이 도탄에 빠져있었음에도 불구하고 북한에서는 지금도 "우리는 행복합니다"라는 구호가 도처에 나붙고 있다. 반면에 수령과 그 가족－족벌－군 장성－당의 극소수 최고위급 간부들은 아방궁(阿房宮) 같은 주석궁(主席宮)이 아니면, 호화로운 전용*호텔*, 각급 초대소에서 주지육림(酒池肉林)의 쾌락을 즐겨왔다. 북한은 물질생활용 물자의 배분(配分)에서도 엄격한 계급사회가 되어버렸다. 이것을 감히 '평등한 생활'이라고 말할 양심적인 사람은 없다. 주민들의 불평, 반항을 억압하기 위해 감시와 통제의 그물이 온 사회를 거미줄처럼 뒤덮고 있다.

거주이전(居住移轉)의 자유가 없음은 물론 한 도(道)에서 다른 도로, 이 군(郡)에서 저 군으로 가는데도 원칙적으로 당(黨) 기관이 발행하는 여행증명서가 필요한 나라가 "민주주의" 북한이다. 김일성 사망 때에 보여주었듯이 군중은 통곡하라면 통곡하고 멈추라면 멈춘다. 남한과 외국의 신문이나 방송을 보고 듣는 것을 철저하게 차단하고 있다. 이것이 자유라면 감옥 안의 자유와 다를 바가 없다.

북한의 각급 선거에서는 유권자의 100%가 투표에 동원되어, '통일전선'에서 내세우는 단일 후보자에 대해 100% 찬성표를 던지는 것이 1963년 이래로 "민주주의의 위대한 성과"로 찬양되어 왔다. 선택의 자유 없는 선거는 선거연극이지 민주적 선거가 아니다. 그것은 민주주의의 만화에 불과한 것이다. 김일성 부자(父子)는 그러면 그럴수록 북한에서의 민주주의적 자유와 권리를 더욱 자랑해 왔다. 기권(棄權)의 자유, 침묵의 자유마저 "반당", "반(反)사회주의분자"의 파괴 책동으로 몰린다. 비판의 자유, 기권의 자유, 집권당에 반대할 수 있는 자유가 결코 민주주의적 자유의 전부는 아니지만 그 출발점인 것에서는 틀림없다.

북한에는 단 한 사람의 영도자의 목소리와 그것을 열광적으로 지지하기 위하여 동원된 군중의 함성이 있을 뿐이었다. 모든 집회에서의 토론은 당(黨) 정책을 지지 찬동하는 토론이요, 모든 결정은 언제나 만장일치(滿場一致)로 채택된다. 이것은 바로 전체주의적 정치문화의 특징이다. 따라서 당 지도부가 만들어 놓은 각본 이외에 다른 말은 할 수가 없다. 인간적 자유와 권리를 주장하는 한 북한에서도 언론－출판－결사의 자유와 다당제가 제도화되어야 하지만 그런 것은 철저히 금지되고 있다. 북한에서 국정 운영에서 어떤 장점이 있다면 그것은 민주주의의 장점 때문이 아니라 "민주적 중앙집중제(中央集中制)"라고 이름을 붙인 전체주의적 독재체제의 장점 때문이다.

북한은 통일을 논할 때는 언제나 "남조선사회의 민주화"를 전제 조건으로 내세워 왔다. 이것은 남－북한의 민주주의적 통일을 위해서가 아니다. 그들이 내세워 온 "남조선사회의 민주화" 요구는 국가보안법(國家保安法)과 치안관계법(治安關係法)들을 폐기시켜 북으로부터 남파(南派)하는 공작원, 첩자(諜者) 등과 남한 내의 파괴 모략 선동분자(煽動分子)들의 자유활동을 법적으로 보장받으려는 의도에서였다는 것은 이미 비밀이 아니다. 한국의 민주주의자들이 공정하게 볼 때, 김일성 부자는 오직 남한의 민주주의를 파괴하려는 목적에서만 남한에서의 민주주의의 자유를 부르짖고, 그것을 이용하려고 책동(策動)해 왔다. 북한의 파괴 공작에 대해서 한국의 민주주의는 당연히 스스로를 방어할 권리와 의무를 가지고 있다. 그러나 그들은 이에 대해 언필칭 "반(反)민주적"이라는 상투적 비방으로 맞서왔다.

북한에서의 정치의 다원화(多元化)는 곧 1당(黨)독재－1인(人) 독재의 종말(終末)이라는 공포감이 노동당 내 지배집단 안에 퍼져가고 있다. 그러므로 자신의 파멸을 막기 위하여 그들은 최대한의 통제와 획일화와 가혹한 처벌로써 북한사회를 인권과 자유의 불모지대(不毛地帶)로 만들었다. 북한의 대다수 인민대중은 언론매체의 엄격한 통제 때문에 소련권의 사회주의가 왜 무너져야 했으며, 세계정세가 어떻게 달라지고 있고, 개발도상에 있는 여러 자본주의국가들이 얼마나 변모하고 있는지를 아직은 잘 알지 못하고 있다. 김일성 부자(父子)는 북한의 인민들이 외부의 사정을 듣고서 동요(動搖)할 것을 몹시 우려해 왔다. 그리하여 그들은 최근 더욱더 "사회주의의 우월성(優越性)"과 "자기식 사회주의의 필승불패"를 역설해야 했다.

북한의 울창하던 삼림은 황폐화하여 산사태(山沙汰)가 계절적 천재(天災)처럼 되었다. 전답(田畓)은 말라빠져 양곡의 생산량은 벌써 1995~1996년의 홍수 이전에도 급속히 감소되고 있었다. 그 결과로 주민들의 식량사정은 수 10년간 만성적 기근상태에 빠지게 되었다. 전력(電力) 부족과 자재 난, 수송 난으로 많은 공장들이 거의 가동(稼動)을 하지 못하고 있다. 일용품은 절대로 부족하여 인민들의 일상 소비생활은 극심한 빈궁(貧窮)에 시달리지 않을 수 없게 되었다. 각종 공해는 무방비 상태에 방치되어 있지만 그 심각한 피해에 대하여 발언할 자유마저 없다. 김일성의 사망 이전에 벌써 북한경제는 마비상태(痲痺狀態)에 빠져있었다. 그리하여 주민들은 노동자, 당(黨) 일꾼, 지식인, 예술가, 군인, 외교관 할 것 없이 기회만 있으면 연변(延邊)－*시베리아*－서(西)*유럽*－동남아세아－*아프리카* 등지를 거쳐 남한으로 탈출해 왔다.

외국에다 팔 상품이 없음으로 대외무역도 보잘 것 없다. 그 액수도 김일성이 사망한 1994년을 기준으로 했을 때 남한의 수출액의 60분의 1정도밖에 안 되는 숫자였다. 외화의 암거래 가격은 공정 환율의 몇 10배나 된다. 귀중한 외화만 가지면 희귀한 외제상품(外製商品)을 살 수가 있기 때문이다. 그리하여 표면에서는 "주체사상(主體思想)"이 사람들의 정신을 지배하는 신(神)의 계시(啓示)처럼 되어 있지만, 내면생활은 다르다. "미(美) 제국주의"의 달러와 "일본 군국주의"의 엔화(円貨) 등 자본주의 적성국(敵性國)들의 돈과 중국의 위안(元)화가 실생활에서는 벌써부터 반신(半神)의 행세를 해왔다. 등소평 등장 이후에는 중국의 '위안'(元)貨가 점점 위력을 발휘하고 있는 실정이다. 그런데 어떻게 "사회주의의 우월성"과 그것의 "필승불패"를 부끄러움 없이 말할 수가 있을까.

여태까지 김일성의 '주체사상'은 그 밖의 모든 사상을 "반동", "*부르죠아* 사상", "반(反)혁명"으로 몰면서 "사회주의"라는 명분을 내세워 많은 당원과 지식인들을 숙청하고 최소한 15만명 이상을 특별 정치범 수용소로 쫓아냈다. 바로 그렇게 함으로써 "주체사상"외의 다른 모든 사상을 말살하고, 당(黨) 내부의 "통일과 단절"을 유지해 왔다. 또한 주체사상은 공산주의에서 전례가 없는 세습제 독재정권을 지탱하고 강화하는데 이바지하고 있다.

그리하여 북한의 주민들은 오늘까지 60여년이상을 민주주의의 존립조건인 언론, 출판, 결사의 자유가 무엇인지, 야당이 무엇인지, 자유선거가 무엇인지, 법치주의가 무엇인지를 단 한 번도 경험하지 못한 채 살아왔고 또 죽어갔다. 수령부자와 당(黨) 조직에 무조건 복종하는 것이 곧 "민주주의"요 "자유"며, 철저하게 통제된 생활이 바로 "인권"이라는 정치교양(政治敎養)을 받아왔을 따름이다. 김일성이 사망한 지 20년이 되어가는 지금도 변화의 징조(徵兆)를 보이지 않고 있다. 이것이 현시점에서 보여주는 북한에서의 "민주주의"의 실상(實狀)이다.

제7편

대남 인민민주주의 혁명투쟁
—"자주적 평화통일"의 길로

제1장

“북조선 민주기지”의 창설 전략

제1절 “민주기지”란 무엇인가?

북한에서는 앞에서 분석한바 현란(眩亂)한 민주주의 *이데올로기*의 기초위에서 인민위원회 조직-통일전선의 결성-*레닌*주의당의 창건-“반제-반봉건적 민주개혁”-사회주의 건설 등 일련의 “민주화” 정책이 추진되어 왔다. 그러면 그 기본적 과업은 무엇이었던가. 그것은 북한에다 민주주의라는 명분에서 “혁명의 근거지”를, 즉 “민주기지”를 구축하는 일이었다. “민주기지창설 노선”을 김일성이 처음으로 제시한 것은 그가 당권(黨權)을 장악한 ‘조선공산당 북조선분국’ 제3차 확대집행위원회(1945년 12월 17일~18일)에서였던 것으로 휴전 후의 북한의 문건들은 기록하고 있다. 즉 12월 18일 이 회의에서 김일성은 당의 당면한 첫째 과업을 다음과 같이 제시하였다고 한다.

> …현 단계에 있어서 북조선에서의 우리 당의 정치 총로선은… 모든 민주주의 제정당, 사회단체들과의 광범한 연합의 기초 우에서 우리나라에 통일적 민주주의 정권을 수립하며 북조선을 통일적 민주 독립국가 건설을 위한 강력한 정치, 경제, 문화적 민주기지로 만드는데 있습니다.[986](밑줄은 필자)

그런데 “민주기지”라는 말은 6·25 전쟁이전에 발행된 그의 연설 원본에는 나오지 않는다.[987] 그런 말은 후일 김일성의 위대한 혁명적 통찰력을 입증하기 위하여 첨가

---

986) 「북조선 공산당 단체들의 사업에 있어서의 착오와 결함에 대하여」, 『김일성선집』 1, 1954년 판, p. 16.

987) 1945년 12월 당시에 공표되었던 김일성 연설의 원본에는 “民主基地” 창설을 제의했다는 기록은 없다. 김일성, 「북부공산당 공작의 착오와 결함에 대하여-조공북조선분국 중앙제3차 확대집행위원회에서 보고-」. 國史編纂委員會, 『北韓關係 史料集』 1, 『조선로동당사료』(1945년~1950년), 1982년, 서울, pp. 2~15 참조. 이 문서는 한국전쟁 당시 UN軍이 북한에서 노획한 것으로서 개작 또는 수정되지 않은 당 문건들의 원본 그대로다.

한 것이 분명하다. 그러나 1945년 12월 김일성이 그런 말을 명확하게 하지는 않았다 하더라도 당장에 공산주의 통일이 안 되면 북조선에다 "민주기지"를 구축하여 남조선을 해방시키겠다는 구상을 막연하게나마 갖고 있었으리라는 것은 의심의 여지가 없다. 왜냐하면 "북조선 민주기지"의 창설은 국제 공산주의운동에 있어서 *스탈린*의 전략의 일환이었던 때문이다. 위에서 그가 말한 "통일적 민주주의 정권"이란 *스탈린*형의 공산당 정권임은 물론이다.

그러한 "통일적 민주독립국가"를 건설할 것을 예견하면서 우선 북한을 "강력한 민주기지"로 전변(轉變)시킨다는 정책이 *스탈린*–김일성의 확고한 전략으로 되어갔다. 김일성의 "민주기지"란 다시 말하면 공산당 정권 하의 북조선 지역을 강화한 후, 이에 의거하여 앞으로 남조선 지역을 해방함으로써 전국을 통일된 소위 "민주주의 독립국가"로 만들기 위한 목적에서 창설된 강력한 혁명의 근거지다. "혁명의 근거지"를 구축하기 위해서는 먼저 남–북 주민의 왕래, 통신, 교역 등을 엄금하여 북한을 우선 미국과 남한의 영향으로부터 격리시켜야 한다. 그런데 '북조선 민주기지' 노선을 '북조선 분국' 제3차 확대집행위원회에서 적나라하게 공개적으로 토의하고 채택했으리라는 것은 시기상으로 보아 아직은 어리석은 일이었을 것이다.

그 까닭은 남–북의 민족은 물론이요, 전 세계가 38선을 아직도 잠정적인 남–북 분계선으로 생각하고 있던 시기에 그런 "민주기지 노선"의 진의를 공개적으로 표명한다는 것은 민족분열의 책임을 스스로 뒤집어쓰는 일이기 때문이다. 그리하여 평양은 북조선노동당 창립대회(1946. 8)에서도 동당 제2차 전당대회(1948. 3)에서도, "민주기지"란 말 대신 "민주주의 근거지"[988], "민주조선 건설의 근거지"[989], "조선의 민주주의 개혁의 책원지"[990], "북조선의 민주주의 근거지"[991], 또는 "민주조국 창건의 책원지(策源地)"[992] 등 극히 추상적이요, "혁명"이란 용어를 부치지 않은 대중 조작용 은어(隱語)를 간간히 사용하면서 "민주기지" 노선을 시사(示唆)하였던 것이다. 이

988) 金日成, 「토지개혁사업과 금후 과업」 (1946. 4. 10). 앞의 『조선로동당사료』 1, p. 46.

989) 북조선노동당 창립대회에서 「*쓰딸린* 대원수에게 드리는 편지」 (1946. 8. 29). 같은 책, p. 109.

990) 북조선노동당 창립대회에서 한 김일성의 「보고」 (1946. 8. 29). 같은 책, p. 112.

991) 북조선노동당 창립대회에서 제기된 질문에 대한 김일성의 답변 (1946. 8. 29). 같은 책, p. 1440 및 북조선노동당 제2차 전당대회에서 한 김일성의 보고 (1948. 3. 28). 같은 책, p. 332.

992) 북조선노동당 제2차 전당대회에서 한 오기섭의 토론 (1948. 3. 29). 같은 책, p. 387.

러한 용어들은 중국공산당이 유격전 본거지를 뜻하는 "혁명근거지" 또는 "혁명의 책원지"란 개념을 그대로 답습한 것이었다.

위의 당 대회들에 참석했던 대부분의 대표들은 "민주주의 근거지"란 말이 무엇을 뜻하는지를 명확히 인식치 못했을 것이다. 당시 38선을 철의 장막으로 구축함으로써 북한을 남한의 영향으로부터 격리시켜 급속히 *소비에트*화 한다는 것이 *스탈린*의 기본정책이었다. 그는 동독에서도 동(東)*유럽* 여러 나라에서도 이 지역의 공산주의화의 첫 단계로써, 무자비한 방법으로 외부 세계와의 단절을 강행하여 세계사적 비극을 연출하는데 서슴치 않았다. 이른바 "철의 장막"을 쳤던 것이다. 남-북한의 격리-북한의 혁명기지화 전략을 뜻하는 "민주주의 근거지" 노선이 무엇인지는 *스탈린*의 심복으로써 그의 정책을 충실하게 집행하고 있던 김일성 일파로서는 당연히 알고도 남았을 것이다.

북조선에서 "민주주의 근거지" 즉 "민주기지"의 전략적 개념이 언제부터 나왔는지에 관해서는 여러 설이 있다. 한 예로 '북조선로동당'의 고위 간부이던 서용규(徐容奎)의 증언에 의하면 김일성은 1945년 11월 20일~21일에 열린 '조선공산당 북조선분국' 제2차 확대집행위원회 예비토론에서 "혁명의 근거지를 이북에 창설해야 한다"[993]고 제의했다고 한다. 그러나 이것은 그(徐)의 착각일 것이다.[994] 북한의 변조되지 않은 당시의 당(黨) 문건들을 추적해보면 "민주주의의 근거지" 노선이 나타난 것은 '미-소 공동위원회'가 개막된 이후였다.

1945년 12월의 *모스크바* 3상회의 결정에 따라 미-소 공동위원회가 1946년 3월부터 1947년 10월까지 2회에 걸쳐 열렸다. 그러나 4개국의 최고 5년간 신탁통치(信託統治) 조항을 둘러싸고 조선인들 사이에서 민족주의 진영과 공산주의 진영이 격렬하게 대립하게 되자 미-소 공동위원회는 결국 결렬되고 *모스크바* 3상회의 결정에 따른 한반도의 통일은 아주 비관적으로 되었다. *스탈린*으로서는 공산주의자들이 지배하는 조선의 통일정부를 미-소 공동위원회가 창출할 수 있다면 더할 나위 없겠지만 그렇게 안 될 경우에는 우선 북조선만이라도 장악한다는 것이 확고한 계획이었다.

993) ≪中央日報≫ 특별취재반 著『秘錄 朝鮮民主主義人民共和國』, 중앙일보사, 1992년, p. 172.

994) 1979년 판『김일성저작집』1에 의하면 제2차 확대집행위원회가 열린 날짜는 1945년 11월 15일로 되어 있으며 김일성이 이때에 한 연설(같은 책, pp. 402~410)에는 "혁명의 근거지 창설" 운운의 말은 들어있지 않았다.

소련군정 당국은 미－소 공동위원회가 열리기 직전인 1946년 2월 8일 평양에서 황급히 김일성을 수반으로 하는 '북조선 임시인민위원회'를 수립했고 그 해 3월 5일 돌연 토지개혁 법령을 발표하고 "무상몰수－무상분배"의 계급투쟁 식 토지혁명을 단행했다. 이에 뒤따라 일련의 "민주개혁"이 실시되었다. 그런 저돌적인 정책을 감행할 수 없었던 서울의 미군정에 대해 평양은 선수를 쓴 것이다. 토지개혁을 필두로 하는 "민주개혁"은 의례히 "조선 인민의 총의"에 따라 실시했다고 주장했다. 이렇게 출현한 '북조선 임시인민위원회'는 북조선 단독정부의 모태가 되었다. 후일에 와서 북한의 관용사서(官用史書)는 '북조선 임시인민위원회'를 "민주기지"와의 관련에서 다음과 같이 설명하고 있다.

> …우리 혁명을 앞으로 추진시키며 조국의 민주주의적 자주독립을 달성하기 위하여서는 …우선…하루빨리 <u>조선혁명의 강력한 근거지</u>를 창설할 것이 요구되었다. 이리하여 조선 인민 앞에서 <u>북조선 민주기지</u>를 위한 첫 대책으로써 북조선의 중앙 주권기관[북조선 임시인민위원회]을 조직할 과업이 제기되었다.…북조선임시인민위원회의 수립은 <u>조선혁명의 근거지 즉 북조선민주기지의 창설</u>에서 조선 인민의 첫 승리를 의미하며 그의 종국적 승리를 약속하는 것이었다.[995](밑줄은 저자)

이러한 설명은 '북조선 임시인민위원회'의 수립 당시에는 없었으며 휴전 후에 와서 첨부한 해석이었다. 그러나 이 해석은 허위가 아니었다. 신탁통치에 대한 찬반을 놓고 '미－소공위(美蘇共委)'의 전도가 결코 순탄치 않다는 것을 감지한 김일성(*스탈린*)은 통일이 안 되는 모든 책임을 "미제 침략자들의 식민지 예속화정책"과 "남조선의 반동세력"에다 전가시키면서 "민주기지" 노선을 밀고 나갔다. 1946년 4월 10일 김일성은 「토지개혁 사업의 총결과 금후 과업」이라는 제하에 '북조선분국' 제6차 확대집행위원회에서 진술한 보고 연설에서 토지개혁과 "민주주의 근거지"와의 관계를 다소 서투른 표현으로 다음과 같이 설명하였다.

> …금번 『토지개혁』은 봉건제도와 [그] 잔재의 근거지인 북조선 농촌을 민주주의 근거지로 전변(轉變)시켰다. 『토지개혁』에 의한 북조선의 민주주의적 건설은… 전 조선 건설의 토대를 만들고 있는 것이다.…북조선의…민주주의의 거인적 진보와 농촌의 민주

---

995) 『조선통사(하)』, 1958년, 평양, pp. 25~26.

적 발전과 농촌생활의 향상 및 산업의 번영 등은 남조선 민주역량의 촉진제가 되고 있는 것이다.[996]

이상에서 "북조선 농촌을 민주주의 근거지로 전변시킨다"는 그의 말은 무엇을 뜻한 것인지 모호했다. 그러나 그 말은 단순히 봉건적 소작제의 잔재를 철폐했다는 의미에 그치는 것이 아니었을 것이다. 휴전 후 김일성은 자기의 이 연설 원본을 다음과 같이 수정하여 이 말의 숨어있던 뜻을 명백히 했다.

우리 당은 토지개혁을 실시함으로써 북조선을 통일 조선의 튼튼한 민주기지로 전변시키는 역사적 위업에 착수하기 시작하였습니다. 통일된 민주 조선을 건설하기 위하여서는 북조선을 강력한 정치, 경제, 문화적 기지로 전변시켜야 할 것입니다.…이 과업의 실현은 우리나라 인구의 절대다수를 차지하는 농민들을 지주의 예속에서 해방시키고 낙후한 우리 농촌경리를 급속히 발전시키지 않고서는 불가능한 일입니다.[997](밑줄은 저자)

여기서 김일성은 "사회주의"니, "공산주의"니, "혁명"이니 하는 말은 아직은 일체 숨기고 있었다. 그것은 공산당을 경계하는 비(非)공산주의자들을 자기의 통일전선에 유인하기 위한 전술에서였다. 그렇지만 토지개혁을 비롯한 일련의 "민주개혁", 즉 소*비에트*화의 제1단계 정책은 일사천리로 진행되고 있었다. 위의 1946년 4월 10일에 진술한 '보고'에서 그는 그런 "민주개혁"을 단행한 '북조선 임시인민위원회'는 남북을 통한 "통일적 임시 정부의 핵심"이 되어야 한다고 조선인민의 "총의"를 빌려 공언했다.

전체 조선 인민은 토지개혁과 같은 민주개혁을『토지개혁』의 민주개혁을 철저히 실행한 북조선 임시인민위원회와 같은 임시정부를 요구하며 또는 이『개혁』을 과단성있게 실행한, 인민총의(人民總意)를 대표한 북조선 인민정권이 통일적 조선 임시정부의 핵심이 되고 그 형태가 되어야 할 것을 요구하는 것입니다.[998](밑줄은 저자)

김일성의 위의 발언은 해방 후 6개월 만에 소련군정 당국이 인민들에게는 사전에

---

996) 앞의『조선로동당자료』1, p. 46.

997)『김일성선집』1, 1954년도 판, p. 48.

998) 金日成,「토지 개혁 사업의 총결과 금후 과업」(1946. 4. 10).『김일성선집』1, 1954년 판, p. 50.

일체 알리지도 않고 극비밀리에 만들어 놓은 '북조선 임시인민위원회'가 "통일적 민주주의 정부"의 모체가 되어야 한다는 것을 선언한 것이었다. '북조선 임시인민위원회'형이 아닌 통일정부의 수립은 결코 수락할 수 없다는 의지가 여기에는 강하게 반영되어 있다. 북한에서 공산당의 조직이 확대 강화되어 감에 따라 김일성은 "민주기지" 노선을 점차로 보다 구체적으로, 당당하게 내세우면서 "남조선의 민주화"를 위한 "근거지"로서의 성격을 밝혔다. 1946년 4월 20일 그는 「우리 당이 걸어온 길과 당면한 몇 가지 과업에 대하여」라는 연설에서 북한의 "민주주의의 기지"를 수차 강조하면서 이것은 공산주의에 의한 남북통일의 기지라는 점을 구체적으로 설명했다.

> …우리 당 앞에는 붉은 군대가 진주하고 있는 유리한 조건을 리용하여 공산당의 역량을 확대 강화하고 <u>북조선에 민주주의의 기지를 튼튼히 축성하여야 할 혁명 과업이 제기됩니다.</u>…우리가 만일 북조선의 유리한 조건을 충분히 리용하지 못한다면 남조선의 민주화 [*소비에트*화]를 실현하는 것이 매우 어려울 것입니다. 그러나 국토와 인구의 절반을 차지하고 있는 북조선에서 당의 력량을 강화하고 <u>민주주의의 기지를 튼튼히 닦는다면</u> 전 조선의 민주화를 실현할 수 있습니다.[999](밑줄은 저자)

1946년 3월 20일 미-소 공동위원회 제1차 회의가 서울에서 열리자 앞에서 언급한 대로 김일성은 *모스크바* 3상회의가 수립하기로 언약한 조선임시정부의 기초로써 「20개조 정강(政綱)」이라는 것을 재빨리 자기의 이름으로 발표(1946. 3. 23)했다. 그의 「20개조 정강」의 발표는 물론 소련의 각본에 의한 것이었다. 소련도 김일성도 이 「20개조 정강」에 따라 통일정부가 수립되리라고는 쉽사리 기대하지 않았을 것이며 남한의 민족주의자들이 당연히 거부할 것을 뻔히 예견하면서 그것을 제시했을 것이다. 김일성이 "진정한 민주주의적 정부"의 정강이라고 예찬한 그의 「20개조 정강」을 만일 미군정(美軍政)과 남한의 비(非)공산주의자들이 거부할 때는 민족분열의 책임을 이들에다 전가하면서 "민주기지"를 북한에다 창설하는 정책을 정당화하려는 전략을 세웠던 것이다.

---

999) 『김일성선집』 1, 1963년 판, pp. 80~81. 이 연설에서 김일성이 "民主主義의 基地" 운운의 말을 했다는 연설 원본은 지금 찾아볼 수가 없다. 그러나 그가 '민주주의 근거지'를 강조하였으리라는 것은 바로 10일전에 그가 한 「土地改革 사업의 총결과 금후 과업」이라는 앞의 보고의 문맥 (註11 참조)에 미루어 볼 때 틀림이 없을 것이다.

남-북의 조선민족은 4개국 신탁통치(信託統治) 같은 극히 중대하고도 불분명한 통일정부 수립에 관한 문제에 대하여 찬성하거나 시간을 두고 검토하거나 또는 반대할 권리가 있었다. 그러나 소련과 김일성은 남한의 민족주의자들이 신탁통치를 반대하고 있는 점을 들어 그런 행위는 *모스크바* 3상회의 결정을 거부하는 것이기 때문에 이들을 미-소 공동위원회의 협의 대상에서 제외시키고 앞으로 수립될 임시정부에 참가시키지 말아야 한다고 일관되게 주장하고 나섰다. 뒤집어보면 남한의 민족주의자들이 신탁통치를 반대하고 있던 상황은 북한으로는 그들의 배제를 위하여 오히려 다행한 일이었다. 1946년 5월 1일 김일성은 남한의 민족주의 지도자들을 "친일파", "민족반역자", "반(反)민주적 *파씨스트*"로 규정, 매도하면서 다음과 같이 주장했다.

> …조선 임시정부를 조직하기 위해서는 *모스크바* 외상회의 결정에 반대하는 일체의 반(反)민주적, 반인민적, 반동분자들을 배제하지 않으면 안 된다.…이들 반 민주적인 악질분자들을 민주주의 임시정부에 참가시킬 수는 없다.…앞으로 성립할 임시 정부는…인민의 총의를 집결한 인민의 강령인 20개조 정강을 그 기본 강령으로 하지 않으면 안 된다.[1000]

제2절 근거 있던 김일성의 확신과 좌절

김일성이 남한의 반탁(反託) 인사들을 "반민주적 악질부자들"이라고 단정한 위와 같은 비방과 때를 같이하여 반탁의 의사를 표명한 북한의 정치 지도자들과 학생들을 철저히 탄압하고 투옥했으며 일부는 소련의 오지로 추방했다. 미-소 공동위원회가 난항에 빠지자 미국과 남한의 민족주의 지도자들에 대한 김일성의 비방과 중상은 더욱 격렬해 갔다. *모스크바*의 지령대로 신탁통치 안을 무조건 지지하는 사람들은 "민주주의적 애국자"인데 반해, 이것을 반대하는 이승만(李承晩)과 김 구(金 九)같은 인사들은 어느새 "민족 반역자", "봉건적 *파쇼*분자", 또는 "반동적 매국노(賣國奴)"가 되었다.

김일성은 *모스크바* 3상회의(3相會議) 결정 [신탁통치 안 포함]이 발표되자, "자유"

1000) 『金日成選集』, 第1卷(日譯), 三一書房(京都), pp. 41~42.

와 "민주주의"를 갈망하는 "[남-북] 조선인민은 쌍수를 들어 그를 환영"[1001]한데 대해 나라를 "미제(美帝)"에 팔아먹으려는 극소수의 "매국적 반동적 세력"만이 그것을 반대한다고 하는 비방의 공식을 만들었다.

1946년 7월 29일 평양에서는 '북조선 공산당'과 '조선 신민당'의 확대연석회의가 열리고 있었다. 이때까지에 두 당은 *스탈린*의 정책에 따라 '북조선로동당'으로 합동하기로 벌써 합의를 보았다. 회의에서 김일성은 다음과 같은 결의(決意)를 토로했다.

> 우리는 하루 빨리 통일적 민주주의 자주독립 국가를 창건하여야 합니다. 그러기 위하여서는 모든 친일적이며 *파쑈*적인 반동세력을 빨리 쓸어버리고 전국적으로 민주주의 개혁을 실현하여야 합니다. …전국적 범위에서 민주주의 과업을 실현하는데서 <u>북조선은 그 근거지로 되며</u> 주동력으로 되고 있습니다.[1002](밑줄은 저자)

김일성이 "민주주의의 근거지"("민주기지")의 목표를 보다 뚜렷하게 처음으로 공언한 것은 이때였다. 그의 '보고'의 전체 내용은 그 원본을 뒤에 와서 수정했다는 심증이 가지만, 위의 "민주주의 근거지"의 주장이 사실이었으리라는 것은 바로 한 달 뒤에 개막된 '북조선로동당 창립대회'가 그것을 짐작케 한다. '북조선로동당 창립대회'는 1946년 8월 28일부터 3일간 열렸다. 김일성은 대회에서 진술한 토론에서 "로동당의 중심 임무는 조선의 민주주의적 완전 독립을 하루바삐 촉진하는데 있다"고 선언하고 그 방안을 제시했다.

그 방안이란 "첫째로는 북조선의 민주주의 근거지 [=민주기지]를 더욱 강화하며, 둘째로 우리의 민주주의적 모든 과업을… 전 조선에 실행하도록 하여야한다"는 것이다. 이 둘째 방안으로써 그는 "남조선도 북조선에서와 같이 모든 권력을 인민위원회가 넘겨 가지도록 하고, 토지개혁을 실시하고 노동법령, 남녀평등권법령을 실시하고 일본 제국주의 및 민족 반역자의 산업기관을 국유화하고 민주주의 교육제도를 실시하여야 한다"[1003]고 요구했다.

그의 이때의 발언에서 극히 중요한 대목은 "우리가 남조선마저 완전히 해방시켜

1001) 『김일성선집』 1, 1954년 판, p. 164.

1002) 『김일성저작집』 2, 1979년, p. 317.

1003) 김일성, 「당 창립에 관한 질문과 토론에 대한 결론」, ≪근로자≫誌, 1946년 10월호, p. 30. 國土統一院 발행 『조선노동당대회 자료집』 I, 1980년, p. 54.

야만 전 조선에 완전한 독립이 있는 것"[1004]이라는 주장이었다. 이런 주장은 남조선을 북의 "민주주의 근거지"에 의거하여 "해방"하여 전국을 "민주주의적 완전 독립국가"로 통일한다는 목표의 선언이었다. "북조선 민주기지"강화→남조선 해방 남북통일이라는 전략적 공식이 비로소 명시되었다. 대회에서 김일성은 "민주주의 근거지"에 대해 보다 강경한 표현으로 그 *이데올로기*적 성격을 규정함으로써 "민주기지"에 의한 "남조선 해방"을 더욱 뚜렷하게 부각시켰다.

> … 북조선의 위대한 제 민주개혁의 승리들은… 우리 북조선을 우리 조국을 구원하는 강력한 민주 세력의 기지로 전변시켰습니다.…8 · 15 해방 직후 우리 당은 소련 군대가 진주한 유리한 조건을 리용하여 오직 북조선에서 민주주의적 근거지를 튼튼히 하여, 전 조선민족을 완전히 해방하며 조국을 부강한 민주주의 국가로 만들 기지를 닦아 놓아야 되리라는 것을 명백히 인식하였습니다. 북조선에 민주주의적 근거지를 튼튼히 닦으려면 오직 우리 당이 광대한 인민 대중을 우리 당주위에 굳게 단결시켜야만 될 것이었습니다.[1005](밑줄은 저자)

이상 김일성의 발언들을 집약하면 조선민족을 "완전히 해방"하기 위하여서는 북조선에 "민주기지"가 건설되어야 하고, 이것을 공고화하여야 하며, 그러기 위해서는 공산당을 강화하고 광범한 인민 대중을 그 주위에 묶어놓아야 한다는 것이다. 그런데 "북조선 민주기지 노선"에 의하여 "완전히 해방"되어야 할 대상은 당연히 "미제(美帝) 침략군대의 식민지정책" 하에서 탄압을 받고 있는 남조선 인민들이었음으로 "북조선 민주기지"는 이른바 반제(反帝) 민족해방전쟁의 기지로써의 성격을 띠게 되었다. 해방 후 거의 10년이 지난 1955년 4월 그는 "민주기지(民主基地)"를 창설한 경위를 다음과 같이 회고했다.

> 위대한 *쏘베드* 군대에 의하여 조선인민은 일제의 상구한 식민지 통치기반에서 해방되었다.…그러나 우리 조국 남반부에 상륙한 미군은 첫날부터 일제 통치 지구를 재생시키고… 애국적 민주역량을 탄압하여 조선인민의 통일 독립국가 건설을 반대하면서 식민지 정책을 실시하였다.…우리 당은 우리 조국에 조성된 이러한 정세로부터 출발하여

1004) 위와 같음.

1005) 같은 책, pp. 137~138, p. 142.

공화국 북반부에서 위대한 쏘련 군대가 지어준 유리한 조건을 이용하여 조국통일의 기초가 되는 강력한 혁명적 민주기지를 창설하는 길에 들어섰다.[1006](밑줄은 저자)

김일성이 남한을 공산주의화(化) 하기 위하여 책정한 "북조선 민주기지" 전략은 새로운 것도 독창적인 것도 아니었다. 10월혁명 이래로 *레닌*과 *스탈린*이 신생 *소비에트 러시아*를 세계 혁명의 기지로 삼았던 것처럼, 김일성(*스탈린*)은 38선에 의하여 양단된 한반도의 북쪽 半을 소련의 지원하에 남조선을 해방할 수 있는 "조선혁명의 기지"로 설정하였던 것이다. 이미 1924년 *스탈린*은 *러시아*혁명의 그런 세계적 임무에 대하여 명확하게 공언한 바 있었다.

> …다른 여러 나라에서의 혁명을 발전시키고 지지한다는 것은 승리한 혁명의 본질적 임무다. 그러므로 승리한 나라의 혁명은 혁명을 자기 충족적인 것으로 볼 것이 아니라 다른 나라들에서의 *프롤레타리아트*의 승리를 촉진시키기 위한 원조로써, 수단으로써 보지 않으면 안 된다. *레닌*은 승리한 혁명의 임무에 대하여 말하기를, 그것은 "다른 모든 나라에서의 혁명을 발전시키고 지원하고 각성(覺醒)시키기 위하여 1국(國)에서 할 수 있는 최대한의 것"을 수행하는 일이라고 하면서 간결하게 이 사상을 표명하였다.[1007]

*레닌*과 *스탈린*의 이러한 공식에 따라 제2차 세계대전 이후의 소련은 동(東)*유럽*과 북한을 "착취계급(搾取階級)"으로부터 해방하는 세계혁명의 기지가 되었다고 선전해 왔다. 세계혁명기지 전략을 1국 안의 공산주의혁명에다 적용시켜 어떤 지역에다 혁명 기지를 만들어 전국을 "해방"하는데 성공한 대표적 혁명가는 중국의 모택동과 *베트남*의 *호치민*이었다. 1945년 2월 2일 북(北)*베트남*에서는 *호치민*은 '*베트남* 민주공화국'의 독립을 선포하고 이것을 인정하지 않으려는 프랑스 식민주의자들의 무력간섭에 대항하여 싸웠다. 그러나 그는 당시 미국의 지원을 기대하고 있었으므로 아직 반미적(反美的)은 아니었다. 그런데 김일성을 크게 고무한 것은 모택동이었다. 모택동의 혁명 근거지 전략은 20년 이상의 시기를 두고 실천되어 왔던 역사를 가지고 있었다.

1006) 『김일성선집』 4, 1960년도 판, pp. 196~197.

1007) *The Essential STALIN-Major Theoretical Writings 1905~59*, edited and with an Introduction by Bruce Franklin, Groom Helm (London), 1973, p. 148.

1927년 7월 국공합작(國共合作)이 분열되자 중국공산당은 여러 도시에서 무장폭동을 일으켰으나 참패했다. '중국공산당'은 자체의 군대를 편성하여 농촌에다 혁명근거지를 구축하면서 이것을 거점으로 유격전을 통하여 전국을 해방한다는 전략을 세웠다. 이 전략에 따라 호남성(湖南省)-강서성(江西省) 서부지대에 가서 폭동을 지도하고 있던 모택동은 국민당 군대의 반격에 쫓겨 그해 9월 정강산(井岡山)으로 퇴각한 후 여기에다 최초로 "혁명근거지"를 창설하고 홍색정권(紅色政權)을 세운 후 정권의 민중적 기반을 확대 강화해 갔다. 그러나 국민당 군(軍)의 공격을 이겨내지 못하고 1929년 1월 주력군을 정강산에서 강서성 서금(瑞金)으로 이동시킨 후 거기에다 다시 혁명의 새 근거지를 닦았다. 그런데 중국공산당의 혁명근거지는 서금 외에도 복건성(福建省)과 광동성(廣東省)에도 설치되었다.

1931년 11월에 '중국공산당'은 이 혁명근거지들을 통합하여 소련의 국가 기구를 모델로 한 '중화 *소비에트*공화국 임시정부'를 세우고 수도를 서금으로 정했다. 모택동(毛澤東)은 "*소비에트* 정부"의 주석이 되었다. 서금의 홍색정권의 기본적 투쟁목표는 제국주의를 타도하고 군벌과 국민당 정부의 기반이 되어있다고 하는 반(半)봉건적 토지소유제를 토지혁명을 통해 폐기하는데다 두었다. 토지혁명의 특징은 지주와 "반동적" 부농의 토지, 국민당 정부의 공유지는 모두 몰수하되, 즉시 국유화(國有化) 또는 집단화(集團化)를 하지 않고 몇 세기를 두고 땅에 굶주린 농민들에게 무상으로 분배하는 방식을 택한 점에 있었다. 이러한 정책은 농민이 인구의 거의 전부였던 혁명근거지에서 그들의 환심을 사서 정권의 민중적 기반을 확고히 하려는데 목적이 있었음은 물론이다. 이런 목적은 1946년 3월에 단행된 북한의 토지개혁에서도 꼭 마찬가지였다.

서금(瑞今)의 홍색정권은 장개석(蔣介石)의 5차에 걸친 포위 섬멸전에서 멸절(絕滅)을 면하기 위해 1934년 10월 서금의 혁명근거지를 포기할 수밖에 없었다. 그리하여 모택동은 유명한 2만 5천리의 "장정(長征)"(퇴각)의 고난 끝에 섬서성(陝西省)의 북부 연안(延安)으로 이동하여 1936년 10월 이후 여기다 또다시 새로운 혁명근거지(革命根據地), 즉 항일 전략요지(戰略要地)를 구축했다. 그는 일본 제국주의의 대중(對中) 침략에 대한 항일운동이 고조되고 있던 상황에다 자기의 혁명노선을 부합시켰다. 다 같은 혁명 근거지였지만 서금이 중국의 *소비에트*화(化)를 위한 시험대였다고 한다면, 연안은 반제(反帝) 민족통일전선전술(民族統一戰線戰術)에 입각한 "신민주주의"(중국식 "인민민주주의") 혁명의 기지였다.

김일성이 북조선 민주기지 전략을 내세웠을 무렵은 바로 북한과 인접한 중국 대륙에 대한 모택동군대의 석권이 임박하고 있던 때였다. 당시 김일성은 북조선 민주기지 전략의 성공을 확신했을 것이며 그의 확신은 객관적으로 충분한 근거가 있었다. 중국 내전에서 승리를 거두고 있던 모택동의 혁명근거지 전략은 제2차 세계대전 후에는 한때 *아시아, 아프리카, 라틴 아메리카* 등 "식민지－종속국"이라고 불리운 일부 후진국에서 '반제 민족해방투쟁'이란 이름으로 혁명전쟁의 표본처럼 되고 있었다. 김일성은 이러한 사태에 자신을 가지고, 그 위에 소련의 지원까지 받으면서 "제국주의와 그 주구들"의 침략에 반대하면서 "민주기지"를 계속 강화해 나갔다. 그러면 "혁명적 민주기지"에 의거하여 수행하여야 할 임무는 무엇인가. 그것은 "미제의 침략세력"과 그 "동맹자"인 모든 비(非)공산주의자들을 타도하는 일이라고 판에 박힌 주장을 되풀이 했다.

> …현 단계에 있어서 우리 혁명의 기본 임무는 미 제국주의 침략 세력과 그 세력을 부식하며 그 동맹자로 되고 있는 남반부의 지주, 예속 자본가, 친일 친미파, 민족 반역자들을 타도하고 남반부 인민들을 제국주의 및 봉건적 압박과 착취로부터 해방함으로써 조국의 민주주의적 통일과 완전한 민족적 독립을 달성하는데 있다.[1008]

김일성은 휴전 후 겨우 1년 7개월밖에 안 되는 1955년 4월 "민주기지"에 의거한 남조선의 완전한 해방에 대한 신념을 이상과 같이 토로하면서 "북조선의 혁명기지"의 전략을 지리하게도 아래와 같이 재천명하였다.

> 우리 당과 인민 정권과 사회단체들을 더욱 강화하며 남북반부[남반부－북반부] 인민들을 우리 당 주위에 더욱 튼튼히 단결시켜 그들을 우리 <u>혁명의 원천지인 북반부의 민주기지를 정치, 경제, 군사적으로 더욱 강화하여</u> 제국주의와 그 주구들의 침략을 반대하며 공화국 북반부를 보위할 강력한 력량으로 되게 할 뿐만 아니라 우리나라의 통일 독립을 쟁취할 결정적 력량으로 전변시켜야 할 것이다.[1009](밑줄은 저자)

1008) 앞의『김일성선집』4, 1960년 판, p. 199.
1009) 같은 책, p. 200.

제2장

6 · 25 이후의 "남조선 혁명" 노선

제1절 민주기지 전략의 부활과 "혁명적 낙관주의"

김일성의 "남조선혁명"투쟁은 세칭 '해방정국' 3년 동안의 남한 사회를 살벌한 전투장으로 만들었다. 그러나 "혁명"은 성공하지 못했다. 김일성은 "조국의 평화적 통일"이라는 대남(對南) 평화선전공세의 배후에서 예의 군사력을 강화한 후, 1950년 6월 25일 드디어 기습 남침을 도발했다. 그러나 "북조선 민주기지"에 의거하여 남조선을 "해방"하려 했던 전쟁의 목적은 참담하게 좌절되었다. 오늘에 이르기까지 남-북 간의 혈맥(血脈)을 졸라매고, 쌍방 간의 긴장을 조성하여 진정한 평화통일을 위한 이성적 대화를 불가능하게 만든 근본적 원인은 6 · 25 남침전쟁에 있다. 그리고 이에 대한 책임은 당연히 이 전쟁을 도발한 김일성 일파와 그들을 신격화시키고 있는 추종자들에게 있다. 그럼에도 불구하고 김일성은 1953년 7월의 휴전 1주일 후부터 또다시 "평화통일"의 구호를 내세워 왔다.

이승엽(李承燁) 등 '남로당(南勞黨)' 계(系)가 "미제(美帝)의 고용간첩(雇用間諜)"으로 몰려 기소된 지 이틀 뒤에 열린 1953년 8월 5일 김일성은 조선로동당 중앙위원회 제6차 전원회의(全員會議) 개최 때에 진술한 보고에서 평화통일의 전제조건으로써 미군과 여타 *유엔군*(軍)을 "남조선에서 완전히 철거시킬 것"과 조선 문제는 조선자신의 손으로 해결케 하여야 한다고 요구하면서 "민주기지" 노선을 부활시켰다.

> …우리나라의 통일독립을 달성하는데 있어서 가장 중요한 것은…인민 대중의 애국적 력량을 동원하여 민주기지를 정치, 경제, 군사적으로 더욱 공고히 하는 그것입니다. 이렇게 하여야만 우리 조국의 통일을 보장할 수 있으며 우리나라에서 인민민주주의 혁명을 완수할 수 있습니다. 그러므로 우리 당과 전체 인민은 정권의 평화적 기간을 최대한으로 리용하여 민주기지 강화를 위한 전후 복구건설에 모든 힘을 동원하여야 하겠습니

다.[1010)]

중국(만주) 및 소련과 접경하고 있는 유리한 지정학적 입장에서 남한을 국제적 지원으로부터 고립시켜 군사적 취약지대를 조성코자 제창했던 주한 미군철수 요구는 휴전 직후부터 오늘에 이르기까지 북한의 평화통일론의 대전제(大前提)로 되어왔다. 이와 함께 북한을 남북통일을 위한 "민주기지"(전후에는 "혁명적 민주기지")로 강화한 후 여기서 남한에다 친(親) 공산주의혁명을 유발하여 혁명정권을 수립하면 이 세력을 북한의 "사회주의 역량"과 통합하여 "평화적으로" 남북통일을 쟁취한다는 것이 전략적 공식이었다. 그가 휴전직후부터 다그쳐온 전후 복구건설과 사회주의 건설은 북조선의 "혁명적 민주기지"를 더욱 공고하기 위해서였다.

김일성의 "남조선혁명"의 전략 전술은 휴전 직후부터 그가 사망할 때까지 40년 동안 체계적(體系的)으로 또한 구체적(具體的)으로 제시되어 왔다. 그리고 "남조선혁명"의 성격을 "반제(反帝)－반봉건적(反封建的) 민주주의혁명"[1011)]이라고도, 간단히 "민주주의 혁명"이라고도 규정되어 왔지만 1968년 9월 「조선민주주의인민공화국 창건 스무 돌 경축대회」에서 김일성은 이것을 명확하게 "인민민주주의 혁명"이라고 명명했고[1012)] 1970년 11월의 제5차 당(黨) 대회에서도 그는 남조선에서 세워야 할 혁명정권은 "인민민주주의 정권"이라고 주장했다.[1013)] 그가 사용해 온 용어가 어떠했던 간에 그가 주장한 "남조선 혁명"은 토지개혁과 중요산업의 국유화 등 일련의 "민주개혁"을 단행한 북조선의 "반제 반봉건적 민주혁명", 뒤에 와서 "인민민주주의 혁명"이라고 규정한 사회주의의 예비적 단계의 혁명이었다. 이렇게 인민민주주의는 북한 정권 초기의 정치적 *이데올로기*와 제도를 의미했을 뿐만 아니라, 얼마 뒤에는 "남조선 혁명"을 위한 *이데올로기*로써, 남－북 통일을 위한 전략 전술로써 전개되었던 것이다.

김일성의 "남조선 혁명론"은 휴전 이후의 그의 문언(文言)들에서 엉성한 양태로나마 열렬히 제시되어 왔으며, 시간이 경과함에 따라 모호한 용어를 *맑스－레닌*주의의 이론에 맞추어 교정하면서 전체적 표현을 바꾸어 나갔다. 그리고 그때그때의 국내외

1010) 앞의 『김일성선집』 4, 1960년, 평양, p. 6.

1011) 같은 책, p. 215.

1012) ≪근로자≫, 1968년 9월호, p. 40.

1013) ≪로동신문≫, 1970년 11월 3일.

정세의 변화에 적합하도록 내용에도 첨삭(添削)을 가했다. 무릇 어떤 나라의 공산주의운동에 있어서도 최고 지도자는 다수 대중들에게 힘차게 호소할 수 있으며 공산주의자로서는 그 정당성을 부인하기 어려운 혁명적 또는 정책적 과제를 내세워왔다. 그리고 이것을 이론화하면서 자기의 독재 권력을 확립하려고 시도해 왔다는 긴 역사가 있다.

멀리는 *레닌*의 *프롤레타리아트*의 "전위당(前衛黨)" 이론, *스탈린*의 "1국(國) 사회주의"론, *트로츠키*의 "영구혁명"론을 위시하여 보다 가까이는 *흐루시초프*의 "평화공존론(平和共存論)"과 모택동의 "*프롤레타리아* 문화대혁명론"(文化大革命論)이었다. 그리고 가열한 당내의 권력투쟁을 통해 그 어떤 한 사람의 주장이 승리할 때, 그런 이론들은 보편타당성(普遍妥當性)을 지닌 진리로 인정되어, 정확하고 "과학적"인 당 노선으로써 실천에 옮겨진다. 이와 반대로 권력투쟁에서 패배할 때는 패배자의 주장은 "좌경적(左傾的)" 또는 "우경적(右傾的)", "교조주의적(教條主義的)" 또는 "수정주의적(修正主義的)" 오류(誤謬)를 범했다는 판에 박힌 규탄을 받으면서 *이데올로기*의 쓰레기통으로 던져지고, 그 자신은 정치적으로 매장된다.

김일성의 "남조선 혁명" 노선, 이의 위장(僞裝)된 전술로써의 "평화통일" 방안, 그리고 "평화통일"의 담보로써의 "민주기지" 강화정책은 노동당 내의 권력투쟁에서 그가 승리를 거둠으로써, 당의 혁명과업의 승리를 보장하는 절대 무오류(無誤謬)의 진리로써 찬양되어 왔다. 이러한 과정을 거쳐 확정된 그의 "남조선 혁명" 과업은 그의 권력과 더불어 김정일에게로 세습되었다. 김일성은 1954년 11월 3일 당(黨) 중앙위원회에서 전쟁에 지칠대로 지쳤다가 휴전에 의하여 겨우 안도의 숨을 내쉬고 있던 당 간부들을 향하여 그들은 "평화통일"에 대한 신념과 인식과 전망이 부족하다고 힐책했다. 여기서부터 그의 남조선혁명론은 열기를 띠기 시작했다. 그는 우선 통일 불가능논자(不可能論者)들을 다음과 같이 힐책했다.

> 어떤 사람들은 평화적 통일이 불가능하다고 생각하며 …우리 당원들 가운데도 그렇게 생각하는 사람들이 있습니다. 또 어떤 사람들은 미국놈들이 남조선에 있기 때문에 조국의 통일은 실현될 수 없다고 합니다. 이러한 사람들은 조국통일에 대한 사상조차 마비되어 그 구호마저 내들려고 하지 않습니다.[1014)]

그 다음의 비판 대상은 남-북 공존론(共存論)이었다.

> …어떤 동무들은 자본주의체계와 사회주의체계가 서로 공존한다고 하니까 남조선과 북조선이 공존할 수 있다고 생각하고 있습니다. 어떤 선생은 학교에서 이와 같이 강의까지 하였다고 합니다. …그러나 우리 한 나라 안에서 남조선과 북조선이 분리되어 공존할 수 있다는 사상은 대단히 위험한 것이며 우리의 통일 사업을 방해하는 해로운 견해입니다. 그러한 견해를 가지고 있는 사람들은 마치 남조선에서 혁명을 해야 할 책임은 남조선 사람들에게만 있고 우리 북조선사람들에게는 남조선을 해방할 책임이 없는 듯이 생각하고 있습니다. 이것은 조국의 분렬을 정당화하며 그것을 영구화 하려는 것밖에 되지 않습니다.[1015]

이와 같이 김일성은 "남-북 공존론"을 비판하면서 "조국통일"이 "현 단계에 있어서 우리 당의 기본적 혁명과업"[1016]이라는 것을 재확인했다. 그렇지만 그 당시 북한의 공산주의자들마저도 김일성 방식에 의한 통일의 가능성을 무시하고 그의 통일론은 "형식"에 지나지 않는다고 생각하고 있었다는 사실은 김일성 자신의 다음 말에 의하여 충분히 입증되었다.

> 조국통일의 위업을 완성하지 않고서는 우리 당이 자기 임무를 완수했다고 말할 수 없습니다. "조국통일은 불가능하다. 그에 대한 제의는 형식이다. 남북이 공존할 수 있다."는 등의 사상은 전체 조선인민의 조국통일에 대한 의욕을 마비시키는 것이며 남조선을 내버리겠다는 것과 다름이 없는 것입니다. 우리가 민주기지를 강화하며 당과 인민정권을 강화하는 것도 다 조국통일을 앞당기기 위한 것입니다.[1017]

그는 이승만 대통령이 남북통일을 열렬히 강조하고 있는데 내심 불안을 느끼고 만일 이에 대항하여 북한에서 "평화통일"을 선전하지 않았다가는 인민들이 당(黨)을 이반할 것이라는 우려를 감추지 못했다. 따라서 그의 평화통일 구호는 일면에서는 사상적 자기 방어책이었던 것이다.

1014) 앞의 『김일성선집』 4, 1960년 판, pp. 188~189.
1015) 같은 책, p. 189.
1016) 위와 같음.
1017) 같은 책, p. 190.

적들은 통일에 대한 우리 인민의 념원을 이용하여 그 상투적인 소위 ≪북진 통일≫에 대한 나팔을 계속 불어대는데 우리 당이 통일에 대한 구호마저 내던지고 뒤로 물러선다면 어떻게 되겠는가? 결국 우리당은 인민의 신심[信心]을 잃어버리게 되고 조선인민이 한결같이 원하고 있는 조국통일의 위업은 실현되지 못할 것입니다.[1018]

당원들마저도 이렇게 김일성의 통일방안을 믿지 않고 있던 상황에서, 그래도 공산주의 통일이 가능하다는 객관적 근거를 그는 두 개의 "유리한 조건"에서 찾았다. 그 첫째는 "원쑤들의 군사적, 정치적, 경제적 위기는 더욱 심해가고 있다"는 남한의 내부적 조건이었다. 그가 바라보는(사실은 그가 바라고 있던) "남조선의 형편"이라는 것은 더욱 심화되고 있는 적 진영 내부의 반목과 알력, 인민생활의 "더욱더 비참한 처지", "미제(美帝) 참략자들의 총검"에 의하여 유지되고 있는 "이승만 반동통치에 대한 인민대중의 증오와 반항" 등으로 말미암아 "수습할 수 없는 혼란 상태에 빠지고 있는" 붕괴직전의 위국(危局)이었다.[1019]

그러나 김일성이 묘사한 남한의 이 암담한 "형편"은 사실은 북한의 현실에 더 많이 해당되는 상황이었다. 남한사회를 최대한 어둡게 묘사하고, 극구 비방하면서 대중의 심리조작을 하지 않고서는 전화(戰火) 속에서 지치고, 굶주리고, 절망에 빠지고, 불만과 불평이 가득 찬 북한 주민들과 일반 당원들에 대하여 독재체제를 유지하기 어려웠다. 그가 휴전이 되자마자 저돌적으로 강행하기 시작한 중공업 우선정책과 농업 집단화정책(集團化政策) 대하여 당 내에서는 은밀히 반대 세력이 형성되고 있었던 것이다.

둘째의 유리한 조건은 제국주의의 "필연적 멸망법칙"에 대한 신념이었다. 6·25의 기습을 당한 이후 남한의 최남단에서 신속히 전열(戰列)을 재정비하고 있던 한국군과 그리고 미군을 필두로 한 *유엔*군 부대에 의하여 침략이 격퇴되었다. 그 후 김일성은 "미(美) 제국주의"에 대한 증오심을 더욱 불대우고 격렬한 반미 모략 선선을 국내외에 대대적으로 전개했다. 그는 남한의 안전보장이 미국에 의하여 지원을 받고 있는 사실을 격렬하게 비방했다. 그러나 그는 "미(美) 제국주의"가 지금은 아무리 그 힘이 강하다고 해도 "역사발전의 법칙에 의하여 결국은 멸망을 면치 못할 것"이라고

1018) 위와 같음.

1019) 같은 책, p. 7.

낙관했다. 그 근거를 그는 "미 제국주의"와 다른 자본주의국가들 사이에서 증대해가는 "모순(矛盾)"에서 찾고 있었다. 이 모순은 제국주의의 힘을 약화시켜 결국 남북통일을 위해 유리한 조건을 만들어 낼 것이라고 기대했다. 그는 *스탈린*의 잘못된 제국주의 내부의 모순 이론에 의거하여 자기의 "혁명적 낙관주의(樂觀主義)"의 일단을 다음과 같이 표명했던 것이다.

> … 지금까지의 역사가 증명하는 바와 같이 제국주의의 멸망은 불가피합니다. 지금 자본주의 국가들 간의 모순은 더욱 첨예화되고 있습니다. 미제와 그 예속 하에 있는 자본주의국가, 요컨대 일본과 같은 나라와의 사이의 모순이 증대되고 있는 사실을 간과할 수 없습니다. 제국주의자들의 약점의 하나는 바로 이러한 그들 간의 불가피적인 모순에 있습니다. 이 모순은 앞으로 우리나라의 통일독립에 아주 유리한 조건을 조성하게 될 것입니다.[1020]

김일성은 *스탈린*이 1952년에 발표했던 너무나 유명했던, 그러나 완전히 왜곡되었던 정치–경제이론을 맹신하고 있었다. *스탈린*은 제2차 세계대전 후 시장획득 경쟁에서 발생한 자본주의 전승국(戰勝國)들(영–불과 미국) 간의 모순은 첨예화되고 있는 사실을 지나치게 과장했다. 그에 의하면 패전국의 지위에서 다시 일어나고 있는 일–독과 미국 간의 대립이 증대되어 그 결과로 자본주의 제국(諸國) 간의 모순은 사회주의 진영과 자본주의 진영 간의 모순보다도 훨씬 강하게 되었다고 했다. 따라서 결국 자본주의 나라들 간에는 "전쟁의 불가피성(不可避性)"이 상존하고 있다고 주장했던 것이다.[1021]

1020) 같은 책, p. 191.

1021) *스탈린*은 1952년 ≪*볼셰비끄*≫誌 제18호에다 「蘇聯에 있어서의 사회주의의 經濟的 제 문제」라는 정략적 논문을 발표하고 사회발전의 법칙, 세계 자본주의체제의 붕괴의 법칙, 社會革命의 법칙과 방법을 국제공산주의운동의 관점에서 간략하게 분석하면서 몇 개의 명제와 결론을 제시했다. 여기서 그는 제2차 세계대전이후의 자본주의 세계의 특징을 "자본주의의 전반적 위기의 심화(深化)"라는 *코민테른* 시대 이래의 공식에 의하여 규정했다.

이러한 전제에서 그는 "제2차 세계대전 후의 새로운 국제적 발전으로 말미암아 자본주의 제국간의 전쟁이 불가피하게 되지는 않았다"고 한 소련 학자들의 "잘못"을 지적했다. 소련 학자들이 그런 견해를 제시했던 것은 "미국이 다른 자본주의 나라들을 충분히 자기 지배하에 두고 있었음으로 이 나라들이 서로 전쟁을 하여 약화되는 것을 막을 수 있기 때문"이라는 생각에서였다. *스탈린*은 이들과는 반대로 제2차 대전 후에 강국으로 재 대두하고 있는 일본, 서독의 자본주의국가들은 美제국주의에 대한 예속을 단절하고 "독립적인 길"을 택하여 미국의 지배권에 도전하게 되리라고 예견했다.

제2절 좌절된 구상

북조선의 "민주기지"에 의거하여 남조선을 해방한다는 김일성의 전략을 근본적으로 가로막고 있는 것은 한국전쟁에서 보았듯이 미군의 개입이었다. 그러므로 그는 휴전 직후부터 또다시 "미제(美帝) 침략군"을 남조선에서 몰아내자는 선동선전(煽動宣傳)을 쉬지 않고 벌여왔다. 그가 사망한 후에는 이 미완성의 "혁명과업(革命課業)"은 장남 김정일(金正日)에게로 계승되었다.

"혁명의 책원지(策源地)"라고 하는 "북조선 민주기지"를 근거로 하여 "남조선 해방"을 실현하기 위하여서는 무엇보다도 북한사회를 "낙원(樂園)"으로 만들어야 한다고 가르쳐야 했다. 김일성은 전후복구 계획을 강행하고 있던 1954년 11월 3일 "우리가 경제 건설을 잘하고 인민 생활을 향상시켜 북반부를 일대 낙원으로 만들 때에는 북반부를 동경하고 남조선 반동 통치제도를 반대하여 일어서는 남조선 인민들의 혁명기세(氣勢)는 어떠한 힘으로도 억압할 수 없을 것"[1022]이라고 표면상 낙관적 확신을 토로했다. 그리고 이렇게 하여 조국이 통일된 후에는 북한의 "낙원"에 의거하여 북한인구의 3배나 되는 "남조선 인민들의 생활문제도 쉽게 해결될 수 있을 것"이라고 환상 같은 말을 거침없이 했다. 그런 신념에서 그는 "조국의 평화적 통일"이라는 이름의 공산주의 통일에다 기대를 걸고 "민주기지"의 강화라는 "혁명과업"을 거듭 강조했다.

> 민주 기지의 강화는 조국 통일의 결정적 담보입니다. <u>민주기지 강화에 대한 구호는 우리 조국이 통일될 때까지 계속 남아있어야 합니다. 민주 기지를 강화하는 것이 필요</u>

한편, 영국, *프랑스*도 자기들의 판매시장을 약탈하고 있는 미국의 자본이 자기들의 高利潤을 파국으로 몰아넣고 있음으로 미국과 충돌하게 될 것이라고 전망했다. 즉 그는 제1차 세계대전 후의 미, 영, 독, 불, 일 등 자본주의 제국의 관계에서는 "시장획득 투쟁 및 경쟁상대를 멸망시키겠다는 욕망은 자본주의진영과 사회주의진영 사이의 제 모순보다도 실제로는 훨씬 강했다"고 분석했다.

그리고 이와 동일한 현상이 제2차 대전 후의 세계에서도 되풀이되고 있다고 단정하면서 "자본주의 제국간의 전쟁의 불가피성은 여전히 아직도 강하다"고 낙관적 판단을 내렸던 것이다. 그의 이러한 결론은 소련공산당 제20차대회에서 부정되었지만, 그 영향력은 그 후에도 오랫동안 각국 공산주의자들의 사고에 미치고 있었다. 「Economic Problems of Socialism in the U.S.S.R.」, 앞의 *The Essential Stalin-Major Theoretical Writings 1905-52*, pp. 469 참조, 이 *스탈린*의 논문을 그의 생존 시에는 세계의 공산주의자들은 가장 과학적이요 정확한 이론으로 떠받들고 있었다. 그러나 그의 사후에는 그 부정확성이 비판을 받으면서 점차로 휴지가 되어버렸다.

1022) 『김일성선집』 4, 1960년 판, p. 194.

합니다. 강력한 당과 정권, 튼튼한 경제력이 우리에게 요구됩니다. 이와 같이 민주 기지의 강화와 조국통일은 호상 밀접히 연결되어있는 혁명 과업입니다.[1023] (밑줄은 저자)

김일성은 이어 "평화통일"을 위하여서는 군사력을 강화하여 "인민군대"를 강화해야 한다는 역설적(逆說的) 주장을 내세웠다.

이와 같이 당과 정권을 강화하고 우리 경제 토대를 튼튼히 하며 인민군대를 강화한다면 민주 기지가 더욱 공고화될 것이며 우리 힘이 더욱 강대해질 것입니다.… 평화적 통일은 구호만 외쳐서 되는 것이 아니라 우리 힘이 강해야 되는 것입니다.[1024](밑줄은 저자)

위에서 그가 강조한 "강한 힘"의 논리가 무엇을 의미하는가는 명백했다. 그렇지만 "북조선 민주기지"의 공고화(鞏固化)만으로는 "평화통일"은 실현되지 않는다. "평화통일"을 위해서는 북한이 남한의 인민을 조직하고 조종하여 궐기시켜 남한으로부터 "미제(美帝)"를 몰아내는 것이 급선무였다.

미 제국주의가 아무리 강대하다고 해도…남조선 인민들이 미제를 반대하여 궐기하게 되면 그들은 결국 남조선에서 물러서지 않을 수 없습니다. 여기서 남조선 인민들이 미제를 반대하여 궐기 하는가 못하는가 하는 것은 우리가 남반부 인민들이 일어나도록 조직 하는가 못하는가에 달려 있습니다. 남조선 인민들이 우리 주위에 튼튼히 단결하여 일어선다면 우리는 능히 조선에서 미 제국주의자들을 몰아낼 수 있습니다.[1025]

김일성의 이런 주장은 한마디로 북의 "민주기지"로부터 남조선에다 혁명을 수출해야 한다는 것이었다. "조국의 평화통일"을 위해서는 한편으로는 북한의 "혁명적 민주기지"의 건설 강화하면서 다른 한편으로는 남한에다 혁명적 봉기(蜂起)를 일으키는 분업(分業)의 투쟁전략이 필요하다. 이것을 그는 다음과 같이 도식화(圖式化)하였다.

… 조국통일을 위하여 우리는 두 가지 방면에서 일을 하여야 하겠습니다. 한 방면으

1023) 같은 책, p. 193.
1024) 같은 책, pp. 194~195.
1025) 같은 책, pp. 191~192.

로는 남조선 인민들에게 꾸준히 우리 당의 영향을 주어 그들로 하여금 미제와 리승만 역도를 반대하여 궐기하도록 해야 하며 다른 방면으로는 북반부 민주기지를 더욱 철옹성같이 강화해야 합니다.[1026](밑줄은 저자)

김일성의 "민주기지" 통일노선은 그 후의 역사가 입증했듯이 그의 도식대로 간단하게는 성공할 수 없는, 비(非)현실적인 주관적 욕구였다. 그렇지만 그는 이 노선을 해방 직후부터 한국전쟁 때까지, 그리고 휴전 후에도 끈질기게 강조하고 또 추구했다. 이 노선은 필경은 "남조선 해방"을 위한 혁명전쟁으로 귀결(歸結)될 수밖에 없는 무력통일 노선이었다. 그런데도 적어도 6 · 25 이전에 남한에서는 많은 정치가, 정당, 지식인들이 김일성의 "민주기지 노선"의 위험성에 예민한 주의를 돌리지 못했고, 심지어는 그 의미조차 제대로 파악하지 못한 정치 지도자들까지 있었다.

"민주기지" 전략이 성공하기 위해서는 북한은 국제적 지원을 받아야 한다. 제국주의 세력은 그 상호간의 모순에 의하여 분열 약화되고 있는 반면, 세계의 "평화 옹호 운동"(반미－친소 운동), "평화역량"(소련 및 그 추종세력의 힘), "민주진영"(공산주의 진영)의 힘은 계속 성장하고 있으며, 단결 또한 강화되고 있다는 것이 대전 후 1950년대 *스탈린*의 전략 이론이요 선전이었다. 김일성은 *스탈린*의 평화선전(平和宣傳)에 기대어 "세계평화 옹호운동에도 적극 참가하여야 하겠다"고 강조했다. "왜냐하면 국제적으로 평화 력량이 장성하고 평화 운동이 강화되면 될수록 그것은 우리의 조국 통일 사업에서 더욱 유리할 것이기 때문"[1027]이었다. "국제적 평화역량"을 이용하여 남한을 군사적 취약지대로 만들자는 것이었다. 여기서 그가 내리는 낙관적 결론은 다음과 같았다.

우리의 민주 진영이 더욱 강화되고 북반부 민주기지가 더욱 튼튼해지고 남반부에서 혁명 기세가 고조될 때 우리는 능히 조국 통일문제를 해결할 수 있습니다.[1028] (밑줄은 저자)

'북조선 민주기지'의 전략적(戰略的) 목표는 이상에서 분석한대로 명백했다. 그런

1026) 위와 같음. p. 192.

1027) 같은 책, p. 195.

1028) 위와 같음.

데 김일성은 그것을 '공산주의 기지' 또는 '사회주의 기지'라고 솔직하게 부르지 않고 왜 "민주기지"라고 규정하여 사람들의 판단에다 혼란을 일으켜 왔을까. 그에 있어서 "민주주의"란 어떤 성격의 민주주의였던가. 그 이유는 첫째로 북조선의 사회발전 수준으로 보아 사회주의 혁명 단계가 아니라 "*부르죠아* 민주주의혁명" 단계에 있다는 *맑스-레닌*주의적 혁명 도식을 따르고 있었던 때문이며, 둘째로는 사회주의니 공산주의니를 내세워 그런 것을 싫어하는 주민들에게 공포감을 주지 않도록 당의 최저강령(最低綱領) (당면목표)만을 내세우는 것이 현명하다고 판단했던 때문이다.

1957년부터 시작되는 제1차 5개년계획을 앞에 두고 노동당 내에는 논쟁이 벌어졌고, 논쟁은 1956년 8월 김일성파(派) 대 연안파(延安派)-소련파(蘇聯派)의 권력투쟁으로 발전하여 투쟁에서 패배한 김일성 반대파는 1956년 말까지 모조리 괴멸하였다. 이러한 초(超) 긴장상태 속에서 그는 더욱 조국통일을 외치면서 민주기지를 강조했다. 1957년 9월 20일 그는 자기의 "민주기지" 노선을 제1차 5개년계획과 연결시켜 거듭 천명했다. 1958년 9월 8일 그는 인민공화국 창건 10주년기념 석상에서 "민주기지"에 관하여 확고부동한 의지를 거듭 표명했다.

> 오늘 우리의 민주기지는 조국의 평화적 통일을 촉진시키는 결정적 력량으로 되고 있으며 … 우리의 과업은 전체 인민을 동원하여 민주기지를 정치 경제적으로 강화하는데 있습니다. [우리]인민들은 제1차 5개년 계획을 수행함으로써 민주기지의 경제적 토대를 더욱 강화하여야 할 것입니다.… 1029)

김일성은 1957년 9월 20일 '최고인민회의'에서 행한 연설에서도 조국통일을 위한 투쟁에서 승리를 쟁취하기 위하여서는 "북반부의 민주기지를 더욱 강화하여 조국통일의 강력한 물질적 력량으로 전변시켜야 한다"1030)고 했다. 한 달 뒤에 ≪*쁘라우다*≫지에 발표한(1957. 10. 22) 논설에서 그는 북조선에서 "민주기지"를 강화하는 것은 "인민민주주의 혁명의 가일층의 발전과 조국의 통일을 위한 담보로 된다"1031)고 국제적으로 언명했다. 이 무렵부터 북한에서는 '인민민주주의'보다 사회주의란 말이 더

1029) 『김일성선집』 5, 1960년 판, pp. 171~172 및 p. 181.

1030) 같은 책, p. 171.

1031) 같은 책, p. 208.

많이 사용, 강조되었다. 1958년 9월 8일 그는 인민공화국 창건 10주년 기념석상에서 "민주기지"에 관하여 불퇴전의, 그러나 허황한 의지를 거듭 표명했다.

> 공화국 북반부에서의 사회주의 건설은 우리의 민주기지를 철옹성같이 강화할 것이며 미제와 리승만 역도를 반대하는 남조선 인민들의 투쟁을 더욱 고무 추동하게 될 것입니다. 그것은 또한 장차 우리 조국이 통일된 후 파괴된 남반부의 경제를 급속히 복구하여 여지없이 령락된 남조선 인민들의 생활을 개선하기 위한 튼튼한 물질적 토대로 될 것입니다.[1032](밑줄은 저자)

1961년 9월에 열린 노동당 제4차대회는 야심에 찬 7개년계획의 기본과업을 중심으로 하는 "위대한 전망"이란 그림을 제시했다. 김일성은 자기의 '보고'에서 "북반부 민주기지를 정치 경제적으로 튼튼히 해야 하는 것"이 조선혁명의 절박한 요구로 나섰다"[1033]고 하면서 민주기지의 강화에 의한 사회주의 건설을 계속 촉구했다.

> 공화국 북반부에서의 사회주의 건설은 조선혁명의 전국적 승리를 위한 결정적 요인입니다. 인민경제발전 7개년 계획을 수행하면 북반부에 창설된 혁명기지는 불패의 힘으로 더욱 강화될 것이며 조국의 평화통일은 결정적으로 앞당겨지게 될 것입니다.[1034]

이 무렵부터 김일성은 "민주기지" 또는 "혁명적 민주기지"라는 용어를 적나라하게 "혁명기지"라는 말로 번갈아 쓰기 시작했다. 그렇게 할 수 있을 만큼 그의 기반은 굳어진 것이다. 제1차 7개년계획이 진행 중이던 1964년 2월 27일 노동당 제4기 제8차 전원회의에서 그는 마치 전쟁이 임박한 듯이 4대 군사노선(軍事路線)을 강조하면서 다음과 같이 종전의 신념을 거듭 토로했다.

> … 우리는 사회주의를 성과적으로 건설하며 조국통일의 력사적 위업을 더욱 빨리 실현하기 위하여 우리의 모든 승리의 담보인 북반부의 혁명기지를 튼튼히 꾸리는데 모든 힘을 다하여야 하겠습니다 … 우리의 사회주의 조국을 보위하는 것은 … 조선민족의 완전한 해방과 전 조선에서의 사회주의 승리의 담보로 되는 우리의 혁명기지를 보위하는

1032) 『김일성선집』 6, 1960년, p. 83.
1033) 『김일성저작선집』 3, p. 74.
1034) 같은 책, p. 109.

것입니다.[1035]

또 그해 11월 7일에도 그는 남조선혁명을 완수하고 조국을 통일하기 위하여서는 "북반부에서 사회주의 건설을 잘하여 정치, 경제, 문화, 군사의 모든 면에서 [북반부의] 혁명근거지를 강화하여야 하겠다"[1036]고도 거듭 촉구했다. 김일성이 이런 말을 하고 있던 1960년대 중반은 중-소의 결정적 분열, 소련의 대업(對業)? 원조의 중단, 7개년 계획의 파산, 당 간부들의 사상적 동요 등 북한으로서는 복잡하고도 시련에 찬 시기였다. 한편 남한에서는 군사정권에 대한 청년 학생들의 저항, 한-일회담의 강행, *베트남* 파병(派兵), 정계의 분열 등을 둘러싸고 소란과 혼란이 그치지를 않았다. 그 위에 남북의 군사적 긴장은 격화되고 있었다.

김일성은 이 희비(喜悲)가 얽힌 상황에서 북조선 "혁명기지(革命基地)" 노선을 계속 강조하면서 남조선 혁명을 선동했다. 그는 1965년 10월 10일 조선노동당 창건 스무돐에 즈음하여 북조선을 전국적으로 "민족해방의 위업을 완수하기 위한 혁명기지"로 보고 있다는 관점을 다시 밝히면서[1037] 남조선의 인민민주주의 혁명을 격렬하게 선동했다. 그가 자기의 남조선 혁명론을 세계혁명과의 관련에서 집대성하여 더욱 명확하게 총체적으로 설명한 것은 1966년 10월 5일 노동당 대표자회의에서 진술한 「현 정세와 우리 당의 과업」이라는 제하의 「보고」에서였다.

그는 한-일회담, 한국정부의 *베트남*파병을 맹렬히 규탄(糾彈)하면서 남조선 혁명의 전략과 전술을 자세하게 분석하고 지시했다. 이와 동시에 자기의 자력갱생의 원칙에 의한 자립적 민족경제의 건설을 거듭 천명(闡明)하고 4대 군사노선에 의한 방위력의 강화를 역설했다. 그리고 소련의 "현대 수정주의"를 맹렬히 공격하면서 근로자들의 "사회주의적 애국주의"를 역설했다. 그의 이 「보고」는 사회주의 진영이 절망적으로 분열되고 자기가 주장하는 "국제적 반제공동투쟁"이 한낱 공론으로 된데다, 남한의 경제건설이 본궤도(本軌道)에 오른 것과는 반대로 북한의 7개년계획이 정돈상태(停頓狀態)에 빠지고 있던 때의 심각한 위기의식(危機意識)을 여실히 반영하고

1035) 「조국통일 위업을 실현하기 위하여 혁명력량을 백방으로 강화하자」. 『김일성저작선집』 4, 1968년, p. 87 및 p. 113.

1036) 같은 책, p. 143.

1037) 같은 책, p. 300.

있었다. 그가 부딪치고 있던 시련이 크면 클수록 그는 북조선의 "혁명기지"를 더욱 소리 높이 내세워야 했다.

> 공화국 북반부에서의 사회주의 경제건설은 우리 혁명기지의 물질적 력량을 강화하는 기본 담보로 됩니다. 그것은 북반부 인민들의 행복한 생활을 위해서 뿐만 아니라 우리 조국의 통일과 장래 번영을 위하여 거대한 의의를 가집니다. 우리는 북반부의 경제력을 부단히 강화함으로써 남조선 인민들에게 사회주의 제도의 우월성을 뚜렷이 보여줄 수 있으며 그들의 혁명투쟁을 더욱 힘 있게 지원할 수 있습니다.[1038]

이상에서 고찰한 바와 같이 "북조선 민주기지" 전략은 정세의 변화에 부합되도록 그 표현을 바꾸고 내용을 보충하면서 북한의 요지부동(搖之不動)한 통일정책 노선으로 정식화(定式化)되어 갔다. 그러나 김일성의 기대와는 반대로 "민주기지 노선"은 허망(虛妄)하게 실패했음에도 불구하고 그는 죽을 때까지 일관하게 이것을 고수해 왔던 것이다.

1038) 같은 책, p. 358.

제3장

남조선 혁명전략의 틀

제1절 통일은 "자주적"으로

김일성이 주장하는 "남조선 혁명"은 인민민주주의 혁명이었다. 따라서 이 혁명의 계급적 분석은 당연히 제시되어야 했다. 그리하여 김일성은 남한에서의 혁명적 계급과 반(反)혁명적 계급을 모택동(毛澤東) 식(式) 인민민주주의 이론에 따라 구분했다. 앞에서도 언급한 바 있는 1954년 4월의 「우리 혁명의 성격과 과업에 관한 *테제*」에서 그는 처음으로 그러한 남한사회의 계급 분석을 시도했다. 그에 의하면 우선 남한에서 타도(打倒)하여야 할 반(反)혁명세력은 다음과 같았다.

> …현 단계에 있어서 우리 혁명의 기본 임무는 미 제국주의 침략세력과 그 세력을 부식하며 그 동맹자로 되고 있는 남반부의 지주, 예속자본가, 친일 친미파, 민족반역자들을 타도하고 남반부 인민들을 제국주의적 및 봉건적 압박과 착취로부터 해방함으로써 조국의 민주주의적 통일과 완전한 민족적 독립을 달성하는데 있다.[1039](밑줄은 저자)

토지개혁에 의하여 남한에서 소멸된 지 오랜 지주계급을 그가 제1급의 반혁명세력으로 지목한 것은 인민민주주의의 기본적 내용인 "반봉건적" 민주혁명 (토지혁명)을 수행하려면 타도하여야 할 지주계급이 존재해야 한다는 논리적 요청 때문이었다. 그가 말하는 "친일 친미파"니 "민족반역자"니 하는 사람들은 엄격한 의미에서 사회계급이 아니다. 이렇게 그의 분석은 기계적(機械的)이었다. 다음으로 그는 혁명세력을 아래와 같이 분류하였다.

> 남반부에 있어서 혁명의 동력은 노동계급을 비롯하여 그의 가장 믿음직한 동맹자인

1039) 같은 책, p. 199.

농민과 미 제국주의 및 봉건세력을 반대하는 광범한 소자산계급이며, 일부 적지 않은 민족 자본가들까지도 반제 반봉건적 투쟁을 같이 진행할 수 있다.[1040](밑줄은 저자)

김일성은 북한의 사회주의 혁명단계에 있어서까지 소(小)*부르죠아지*, 민족*부르죠아지*를 통일전선에 끌어넣어야 한다고 주장해온 이상, 반제－반봉건적 민주혁명의 단계에 있는 남한에서 소자산계급과 민족 자본가들을 혁명투쟁에 동원할 수 있다고 주장한 것은 그로서는 당연했다. 그런데 주목할 것은 남한의 "민족 자본가들"이 인민민주주의 혁명에 가담하리라는데 대해 김일성은 처음부터 상당한 기대를 걸어왔다는 사실이다.

그가 말하는 "민족 자본가들"("민족 *부르죠아지*")의 개념은 사실은 공산주의혁명에 동조하는 자본가들을 의미한 것이었다. 그러한 친(親)공산주의적 자본가는 북한에 있어서도 그러했지만, 남한에서는 개인으로라면 몰라도 적어도 하나의 계층으로서는 존재하지 않았다. 그가 말하는 소(小)*부르죠아지*("소자산계급")의 경우에 있어서도 마찬가지였다. 농민은 물론이요 한국전쟁의 참변 이후에는 "노동계급"에 있어서도 또한 그러했다.

그럼에도 불구하고 그가 이 네 개의 계급을 공식적으로 혁명세력으로 규정하고 이들에다 기대를 걸은 것은 그가 남한의 현실에 무지했던지, 그렇지 않으면 모택동의 중공 식 계급혁명 도식을 맹신(盲信)하고 있었던지 또는 이 양자가 혼합되어 있었던지 그중 어느 하나일 것이다. 이상에서 분석한 김일성의 "남조선혁명론"은 1953년 7월의 휴전직후에 한 그 발언들에 의거하여 요약한 것이지만 당시 그가 사용한 개념과 표현은 때로는 불명확 하고 산만했다. 그러나 그의 기본관점(基本觀點)은 시간의 경과와 더불어 세련된 *맑스－레닌주*의의 용어로 치장하여 개념을 정밀화(精密化)하면서 정식화(定式化) 되었다.

인민민주주의 혁명으로써의 그의 "남조선혁명" 노선은 1961년 9월의 노동당 제4차대회에서 진술한 그의 「보고」와 1965년 4월 14일 그가 *인도네시아*의 '*알리 아르함*' 사회과학원에서 한 강연(講演) 내용 등을 통해 더욱 정돈되었고, 1966년 10월 5일 노동당 대표자회에서 한 그의 '보고'에서 더욱 구체화되었다. 다시 이것은 1967년

1040) 위와 같음.

12월 16일의 「조선민주주의인민공화국 정부정강(政府政綱)」, 1965년 10월 1일의 조선로동당 창건 20주년식전에서 한 그의 「보고」, 1970년 11월의 제5차 당(黨) 대회에서 한 그의 「중앙위원회사업 총화보고」 등을 통해 살을 붙이면서 계속 부연되어 왔다.

김일성의 "남조선 혁명" 노선은 곧 남한에서의 인민민주주의 혁명 노선이며 이것은 그의 "평화통일론"의 전략전술(戰略戰術)로 구성되어 있다. 그리고 그의 "평화통일론"은 1966년 8월 "자주성"이 공식으로 제창되면서는 "자주적 평화통일론"으로 바뀌었다. "자주적 평화통일론"은 원리주의적인 강경한 "반미 자주화(自主化)"에 기초한 남조선 혁명론이다. 이제 우리는 김일성의 "자주적 평화통일"론은 분석함으로써 그의 "인민민주주의 혁명노선"의 본질을 규명하기로 한다.

첫째로 규명(糾明)해야 할 것은 "자주"의 전략성(戰略性)이다. 김일성이 국제공산주의운동에서의 "자주성"을 공적으로 선언한 것은 1966년 8월 12일자 ≪로동신문≫의 「자주성을 옹호하자」는 사설에서였다. 1956년 4월의 소련공산당 제20차대회를 계기로 발생한 중－소 분쟁이 악화 확대되는 과정에서 국제공산주의의 단일적(單一的) 체제가 해체되고 다원화(多元化) 현상이 나타났다. 충격적인 일대 역사적 변동 속에서 중국과 소련에 동시에 의존하면서 양 대국(大國) 사이를 왔다 갔다 하고 있던 김일성은 드디어 스스로의 활로(活路)를 "주체"적 입장에서 개척해야 할 정세에 부딪히게 되었다. 그리하여 그는 *모스크바*의 "수정주의(修正主義)"와 북경의 "교조주의(敎條主義)", 또한 양자의 "대국주의(大國主義)"를 동시에 비판하면서[1041] 정치생명을 걸고 노동당의 "자주성"을 선언하는 결단을 내렸다.

그는 노동당 내의 자기에 대한 모든 반대세력에 대해 "종파분자(宗派分子)"라는 낙인을 찍고 이들은 예외 없이 "수정주의자"요 "교조주의자"들, "사대주의자(事大主義者)"요 "민족허무주의자(民族虛無主義者)"들이라고 공격했다.[1042] 그러나 그의 공격의 진짜 표적(標的)은 *모스크바*였다. *모스크바*로부터의 경제원조가 중단된 당시의 심각한 사태에서 그는 "자주성"의 정신적 기초로써 "혁명적 자력갱생정신(自力更生精神)"을 열렬히 강조했다. 이에 따라 당(黨) 이론가들은 자주노선의 네 개의 원칙, 즉 사상에서의 "주체(主體)", 정치에서의 "자주"(自主), 경제에서의 "자립(自立)", 국방에서

1041) ≪로동신문≫, 1966년 8월 12일 社說.

1042) 위와 같음.

의 "자위(自衛)"를 공식화했다.[1043] 김일성의 "조국의 평화적 통일" 방안도 이러한 "자주성"의 *이데올로기*에 맞추어 재천명되고 합리화되어 갔다.

(당시) 한반도는 해방과 더불어 전시 연합국이었던 미-소 양 대국에 의하여 남북으로 분단되고, 그 분단이 미-소를 주축으로 한 양대 진영 간의 냉전에 의하여 더욱 굳어져 가고 있었다. 드디어는 *스탈린*과 모택동의 지원에 의하여 감행된 6 · 25의 남침은 한반도를 전화(戰火) 속에 몰아넣었고, *유엔*군의 참전과 중국의 "인민지원군(人民支援軍)"의 개입으로 한국전쟁은 국제화되었다. 휴전 후 한국은 미국과 「상호방위조약」(1954년)을 체결했고, 북한은 북한대로 중-소 양국과 「우호협력 및 호상 원조협정」이란 이름의 군사조약을 맺었다 (1961년). 이러한 이상 일련의 사건들은 한반도의 평화와 안전, 앞으로의 민족적, 국제적 과제로써의 남북통일 문제가 미국의 동맹국인 일본, 그리고 소련 및 중국을 주축으로 하는 국제정세와 불가분(不可分)의 착잡한 관계에 있다는 것을 입증하는 것이었다.

그러나 김일성은 이 착잡한 국제정치상의 요인들을 일체 사상(捨象)하여 "조선의 통일문제는 어떠한 외세의 개입도 허용할 수 없는 조선인민의 내정문제(內政問題)"[1044]라고 독단적(獨斷的) 규정을 내렸다. 이로써 그는 한반도를 일제로부터 해방은 했었으나 동시에 분단해버린 미-소(러) 양 대국(大國)이 이 나라를 재통일시켜야 할 국제적 책임을 자진하여 면제해 주는 역사적 과오(過誤)를 범하였다. 도리어 그는 강대국들의 이러한 국제적 의무를 정당하게 요구하는 사람들을 "매국배족행위(賣國背族行爲)"라고 비방하고 있었다.

> … 우리는 외세에 의존하여 나라의 통일을 실현하려는 그 어떠한 시도도 그것을 전 조선을 외래침략자들의 손에 내맡기려는 매국 배족행위라고 인정합니다. … 우리는 일관하여 남조선에서 미제의 침략군대가 물러간 조건에서 어떠한 외부세력의 간섭도 없

1043) 이 원칙들은 金日成이 "自主性"을 공식으로 발표하기 이전에 즉 1965년 4월 14일 *인도네시아 〈알리아르함〉* 社會科學院에서의 그의 강의에서 제시되었던 것이다. 『김일성저작선집』 4, 1968년, p. 220. 김일성이 그때 이런 말을 할 수 있었던 것은 *흐루시초프* 수상이 실각한 후 1965년 2월 그의 후계자인 *꼬시긴* 수상이 평양을 방문하고, 김일성이 소련을 비방하지 않는다는 조건에서는 북한의 공산주의 진영 내에서의 자주적 혁명노선을 인정할 수 있다는데 대해 일종의 묵계가 양자 간에 성립된 때문인 것으로 판단된다. *꼬시긴*의 평양 방문 후부터 평양의 *모스크바*에 대한 직접적 공격은 현재까지 中斷되어 온 것이다.

1044) 『김일성저작선집』 4, 1968년, p. 536.

이 우리 인민 자신의 힘으로 우리 조국의 통일문제를 해결하여야 한다고 주장합니다.[1045]

이러한 정략적(政略的) 발언에 의하여 김일성이 추구해 온 목적은 첫째는 "자주통일"의 명분으로 반(反)서방세력의 공조를 얻어 이 나라의 통일문제를 국제관계로부터 유리시킴으로써 미국의 역할을 제거하자는 것이었다. 둘째로는 소박한 민족감정에다 호소하여 자기는 누구보다도 "자주적"이라는 인상을 부각시킴으로써 남한 국민들 사이에다 동조세력을 부식하자는 것이었다. 그의 이러한 정략적 발언은 1947년 9월 21일 미-소공동위원회 석상에서 소련대표가 "미-소 양군을 1948년 초에 조선으로부터 철거시키는 것"과 동시에 "조선 문제의 해결은 조선사람 자신들에게 맡기자"는 제안을 뒤따라 나왔다는 오랜 역사를 가지고 있다. 그러나 대한민국 정부가 수립된 직후 미군이 남한에서 철수한 당장의 결과는 6·25의 남침전쟁이었다.

김일성은 휴전이 성립된 지 겨우 1주일 후인 1953년 8월 5일 또다시 과거와 꼭 같은 전략적 관점에서 한-미 양국정부에 대하여 격렬한 비난을 퍼부었다.

> 조선민족은 하나이며 조선은 조선 사람의 것입니다. 조선 문제는 응당 조선 사람의 손으로 해결하여야 합니다. 조선인민은 분렬 된 상태에 남아있기를 절대로 원치 않으며 어떠한 침략세력도 조국을 통일하려는 조선인민의 염원과 의지를 꺾을 수 없습니다. 악명 높은 전쟁상인-미국 국무장관 *덜레스*는 매국노 리승만과 더불어…소위 ≪한미호상방위조약≫이라는 것을 체결하였습니다. 소위 ≪한미호상방위조약≫이라는 것은 미 제국주의가 우리나라의 평화적 통일을 방해하며 우리나라의 내정에 간섭하는 것이며 리승만 도당이 우리나라 남반부를 미국놈들에게 팔아먹는 로골적인 매국 조약입니다.[1046]

김일성은 남북의 통일문제는 어떠한 외세의 간섭도 용인하는 일 없이 "조선사람"들이 자신의 손으로 해결해야 한다고 강조하면서도 때에 따라서는 "조선 문제의 평화적 해결을 위한 국제회의의 소집"(1956년 4월 29일)이니 또는 "중립국감시 하의 전국총선거"(1958년 2월 5일)니 하는 방안을 제시하는 자기모순을 범해왔고, *유엔* 총회에 보내는 해마다의 비망록(備忘錄)에서는 남-북 통일을 위한 「유관국(有關國)

1045) 위와 같음.

1046) 『김일성선집』 4, 1960년, p. 5.

회의」를 제안해왔다. 그러나 그는 UN 감시하의 남-북 총선거는 "외세의 간섭(干涉)"이라고 하여 절대로 배격했다. 특히 그는 대한민국이 서방 제국(諸國)의 지원을 받는 것은 "매국행위(賣國行爲)"이지만, 북한이 여타 공산주의국가들로부터 지원을 받는 것은 "*프롤레타리아* 국제주의"의 정신에 비추어 극히 정당하다는 입장을 내세워왔다.

김일성이 말하는 "조국의 통일"이란 곧 "조선혁명의 전국적 승리 (남조선해방)"를 뜻하는 것이오, 이것을 위해서는 3대 역량을 준비해야 한다는 것이 그의 혁명 전략이었다. 즉, 첫째로는 북한에서 "사회주의 건설을 잘하여…혁명 기지를 정치, 경제, 군사적으로 더욱더 강화하는 것"이다. 둘째로는 "남조선 인민들을 정치적으로 각성시키고 튼튼히 묶어세움으로써 남조선의 혁명역량을 강화하는 것"이다. 셋째로는 "조선 인민과 국제혁명 역량과의 단결을 강화하는 것"이다.[1047] 그런데 이 셋째 전략을 위하여 그는 "사회주의 나라 인민들"과 단결하고, 반미적인 "신생 독립국가들", "*아시아, 아프리카, 라틴 아메리카*의 모든 나라 인민들"과 단결하고, "전 세계 진보적 인민들"과 연대성(連帶性)을 강화할 것을 역설하면서 그 의의를 그는 다음과 같이 밝혔던 것이다.

> 조선인민이 국제혁명역량과의 단결을 강화하며 미 제국주의 침략자들을 국제적으로 고립화시키는 것은 우리 승리를 위하여 중요한 의의를 가진다.[1048]

김일성의 이상과 같은 "자주적" 통일론에 제시된 전략을 단순하게 수락할 "남조선 인민"은 거의 존재하지 않았다는 점에서 그의 대남 "인민민주주의 혁명" 노선은 근본적인 맹점(盲點)을 내포하고 있었다. 즉 그는 남한 국민들의 절대다수는 사회적 계층 여하를 막론하고 김일성 형 전체주의적(全體主義的) 일인 독재체제를 단호히 배격하고 있다는 엄연한 현실에 부딪히게 된 것이다. 그러자 그는 남한의 민주주의자, 민속

1047) 金日成이 1965년 4월 14일 「*인도네시아*의 ≪*알리 아르함*≫社會科學院에서 한 講義」. 『김일성저작선집』 4, 1968년, p. 239. 이에 앞서 1964년 2월 27일에 열린 당 중앙위원회 제4기 제8차 전원회의에서도 그는 남조선의 人民民主主義 革命을 위해 세 가지 혁명역량, 즉 첫째로 "북조선의 혁명역량", 둘째로 "남조선의 혁명역량", 셋째로 "국제적 혁명역량"을 잘 준비하여야 한다고 꼭 같은 설명을 했다. 같은 책, pp. 80~96.

1048) 같은 책, pp. 239~40.

주의자를 회유할 목적에서 "자주적" 통일론의 *이데올로기*적 본질을 은폐하고 그때그때의 상황에 따라 남-북 협상론(南北協商論), 남-북 총선거론, 남-북 연방론(聯邦論), 남-북 교류론(交流論), 남북한 병력 10만명 선 감축론(減縮論) 등을 선전하면서 남한의 일반 민심에 호소해왔다. 이런 제안들은 그의 대남 평화 공세의 전(全) 체계에서 각개의 고리를 형성하고 있었다. 또한 이것은 평화를 염원하는 선의의 국제여론(國際輿論)을 북한에게 유리하게 유도하려는 전술이기도 했다.

그러나 이때에도 김일성이 일관하여 덧붙여 온 절대적 전제조건은 예외 없이 주한 "미군의 철수"였다. 그는 한반도를 둘러싼 복합적인 정세를 고의로 단순화시키면서 "남조선을 강점(强占)하고 있는 미 제국주의의 침략군대"만 물러나면 평화통일은 "자주적으로" 성취할 수 있다고 계속 선전해 왔다. 남한을 철수했던 미군을 6 · 25전쟁을 도발함으로써 다시 불러들인 그 장본인은 이 전쟁을 "미 제국주의들"이 도발했으며 남한은 "미제(美帝)의 식민지"라는 모략적 선전전(宣傳戰) 속에서 미군철수(美軍撤收)를 남북통일의 불변의 선행조건(先行條件)으로 내세워 왔다. 이러한 주장을 배경으로 하여 1970년 8월 ≪로동신문≫의 한 사설은 아래와 같이 김일성의 주장을 반복했다.

> … 조선의 통일문제는 조선인민 내부의 문제이며, 우리 인민의 민족자결에 속하는 문제이다. … 조선의 평화적 통일을 실현하자면 무엇보다도 먼저 통일의 근본 장애인, 조선에서 긴장상태를 격화시키고 있는 장본인인 미제 침략군을 남조선에서 철거시켜야 한다. 오직 미제침략군대가 남조선에서 철거함으로써만 조선인민의 자유로운 의사에 의해서만 통일문제가 해결될 수 있다. 미국이나 그 어떤 외부세력도 여기에 간섭할 권리가 없다.[1049]

두 말할 필요도 없이 남-북의 통일문제는 우리 민족 자신이 통일에 대한 강렬한 의욕과 의지를 가지고 문제해결에 접근하지 않는 한 이룩될 수 없다는 것은 명백하다. 그러한 의미에서 통일문제는 우리들 자신의 문제라는 중요한 측면을 가지고 있다. 어떠한 외국 세력도 우리 민족이 통일을 싫다고 한다면 통일을 강요할 수 없으며 반드시 강요하여야 할 이유도 없을 것이다. 한편, 한반도 문제에 이미 관련되어

1049) ≪로동신문≫, 1970년 8월 22일 社說.

있는 강대국(强大國)들이 각자의 이해관계, 남북한과의 동맹관계, 자국의 안전보장 또는 동북*아시아*의 전반적 군사전략 등 그 어떤 이유 때문에 한반도의 재통일을 외교적 또는 군사적으로 방해하려면 방해할 수 있을 것이다.

대한민국이 소련 및 중국을 향하여 북한과의 군사동맹(軍事同盟) 관계를 무조건 폐기하고, 한반도의 통일문제에는 일체 간섭하지 말라고 요구하면서는 통일문제에 접근할 수 없게 되어있었다. 이것은 이승만(李承晩)이 한때 시도했다가 실패한 접근 방법이었다. 마찬가지로 김일성도 주한 미군을 국제적 압력에 의하여 자진 철수시키든가 아니면 혁명적 남한에서 봉기(蜂起)를 일으켜 한반도로부터 몰아낸다는 방법으로는 결코 통일문제를 해결할 수 없게 되어 있었다. 이런 현실을 깡그리 부인해온 김일성의 통일방안은 주관적으로는 "자주적" 통일방안이라고 자부했겠지만 객관적으로는 진정한 의미의 평화통일을 가로막는 책략적 방안이 아닐 수 없었다.

한반도의 분단은 원천적(源泉的)으로는 미국과 소련의 책임이며 분단의 공고화는 미－소 양대 진영의 냉전 및 국제적 권력정치와 깊이 관련되어 있었다. 구소련 또는 중국은 통일된 한반도가 자국이 아닌 그 어느 타방의 세력권 내에 들어간다고 예견했을 때는 비록 그 통일이 공산주의 통일이라고 해도 두 나라가 대립하고 있는 한, 어느 한편이 이것을 방해했을 것이다. 따라서 한반도의 통일문제는 미국, 소련, 중국의 3각(角)을 기축(基軸)으로 한 국제정치와 분리시켜 생각할 수는 없는 것이었다.

김일성이 "자주적" 통일을 논할 때 한반도의 군사적 전략관계를 제1차적으로 고려하고 있었다는 것은 의문의 여지가 없었다. 중－소의 양 대국과 군사동맹을 체결하고 있는데다가, 서로 국경을 접하고 있어서 불과 수 10분 내에 소련군 또는 중국군이 국경을 넘어 들어올 수 있는 지정학적(地政學的) 조건을 가진 북한에는 소련 또는 중공의 군대가 상주(常駐)하고 있을 필요가 없었다. 심지어 아무런 군사동맹조약도 없었던 조건에서도 *스탈린*은 6·25 남침을 지원했고 모택동은 "인민지원군(人民支援軍)"이란 편의적(便宜的)인 이름에서 북한에 파병했다.

그러나 이런 경우와 다른 것이 대한민국과 미국과의 관계다. 미군이 일단 남한에서 철수하고 나면 한반도에서 어떤 군사적 분쟁이 일어났을 때 미국은 전쟁준비 태세의 강약, 찬반의 국민여론, 한반도와의 거리, 무엇보다도 중국 및 소련에 대한 정치적 또는 군사적 고려 때문에 재 파병은 간단히 결정되기 어려운 일이었다. 뿐만 아니라, 설사 재 파병(再派兵)하는 경우에도 시간을 필요로 하는 일이었다.

김일성은 한－미의 그런 난점을 계산하고 있었기 때문에 "자주"라는 이름에서 미군철수를 끊임없이 소리높이 주장해왔다. 요컨대 '조선 로동당'의 "자주적 평화통일" 노선은 미군의 한반도 철수로써 남한에다 군사적 취약상태를 조성하여 남－북간의 군사력의 균형을 깨뜨리자는 전략적 의미를 지니고 있었다. 남한의 일반국민이나 정치지도자들은 이것을 간파하지 못할만한 정치적 백치가 아니었다. 김일성은 민족통일을 남－북간의 긴장완화(緊張緩和), 군사적 위기의 해소(解消), 적대의식의(敵對意識) 불식(拂拭)에서가 아니라 오로지 "남조선혁명"이라는 좁은 시각에서만 추구하고 있었다. 그리고 그의 혁명 전략은 북한을 요새화하고 남한에 대하여 압도적으로 우월한 무력을 배경으로 삼아야 한다는 점에서 근본적으로 군사적 충돌의 위험성을 내포하고 남았었던 것이다.[1050]

제2절 혁명계급과 혁명의 *이데올로기*

1970년 8월 22일자 ≪로동신문≫ 사설은 빈번히 인용되는 김일성의 말, 즉 "남조선에다 미제와 그 앞잡이들을 그대로 두고서는 나라의 평화적 통일이란 생각할 수 없다. 조국통일은 미제침략자(美帝侵略者)들을 우리 강토에서 몰아내고 남조선 괴뢰정권을 때려부신 다음에야 비로소 이룩될 수 있다"는 원칙을 남－북통일의 대전제로 다시 내세웠다. 이어 통일의 방법으로는 "남조선인민"들이 미군을 몰아내고 "현 통치배들을 뒤집어엎고 인민의 정권이 수립되면, 또는 민주주의적 세력의 정권이 들어앉

1050) 金日成은 對南 攻擊을 위하여 전쟁준비를 하고 있다는 말은 절대로 하지 않았고 북한의 군사력 강화를 남조선혁명과 분리시켜 논한 적도 없었다. 1964년 2월 27일 그는 다음처럼 말했다. "물론 남조선인민들이 혁명적으로 일어선다 하더라도 북조선인민들이 적극적으로 그들을 도와주지 않는다면 미제와 그 앞잡이들을 때려 부술 수 없습니다. 남북조선에서 혁명역량이 다 같이 준비되어야 하며 남북조선 전체 인민이 힘을 합하여 미제국주의자들에게 타격을 주어야만 민족해방 혁명을 승리적으로 완수할 수 있습니다."『김일성저작선집』 4, 1968년, p. 81. 여기서 북조선 인민들이 남조선인민들을 "적극적으로 도와주어야 한다"는 것은 말로만의 성원을 뜻하는 것은 물론 아니다. 이에는 무장간첩과 정치공작원의 남파는 물론, 군사력의 동원까지를 포함시킨 것은 물론이다. 따라서 그의 "남조선혁명론"에는 항상 전쟁의 위험성을 내포하고 있었다. 그 후에도 김일성은 같은 의미의 말을 무수히 되풀이해왔다.

으면 우리는 그들과 조국통일문제를 가지고 평화적으로 협상할 것"라고 제언했다.[1051] 여기서 북한이 기대를 걸고 있던 "인민의 정권" 또는 "민주주의 세력의 정권"이란 김일성의 정치노선에 맹종(盲從)하는 공산당정권 또는 친(親)공산주의 정권임은 물을 필요가 없다.

김일성은 남한에서의 친 공산주의 세력을 "애국적 민주주의 역량(力量)", "민주주의 역량" 또는 "진보적 세력" 등 자의적인 이름을 붙여 불러왔다. 그러나 그의 정치노선을 위하여 그의 교시대로 미군을 몰아내고, 기존 정권을 때려 부수고, "남조선혁명"을 수행할 능력이 있는 이렇다 할 "애국적 민주주의역량"이나 "진보적 세력"이란 존재하지도 않았고 형성도 되고 있지 않았다. 이 점에서 그의 "남조선혁명"을 매개로 한 평화통일은 현실적으로 절벽에 부딪치고 있었다. 구(舊)자유당정권에서 민주당정권, 공화당정권, 민정당정권을 거쳐 최근에 이르기까지 새로운 정부가 출현할 때마다 그는 이 "반동적 정권"들을 전복하라고 호소, 선동해왔지만 그것을 이룩해 낼 만한 대중적(大衆的) 호응을 받지는 못했다.

남한에서는 1960년의 4 · 19이래로 학생의거, 군사혁명, 선거를 통하여 몇 차례의 정권교체가 있었고 그동안에 시위, 파업, 항의, 가두소동, 분신자살 등의 사건이 단속적(斷續的)으로 일어났다. 그러나 이것들의 거의 전부는 그 동기에 있어서 김일성의 주관적 희망을 실현하기 위한 것은 결코 아니었다는 점에 그의 숨겨진 고민이 있었다. 그리하여 그는 "남조선에는 반공사상(反共思想)이 뿌리깊이 박혀있다"고 자인하면서 "이것은 남조선혁명의 발전에 하나의 큰 장애로 되고 있다"는 사실을 감추지 못했던 것이다. 그는 남한이 그렇게 된 원인을 주민의 절대다수가 소(小)*부르죠아* 계층이며 대중의 문화수준이 "매우 낮다"는 것, 과거의 일제(日帝)와 해방 후의 "미제(美帝)"의 반공사상 선전에 다 돌리고 있었다.[1052]

그러나 "혁명의 천재적 수령(首領)"[1053]으로 예찬되고 있던 김일성의 대남 혁명정책이 실패했다고 해서는 안 된다. 노동당의 선전원들은 남한 대중에 대하여 "혁명적 궐기(蹶起)"를 끈질기게 호소하는, 한편 혁명공작의 실패를 문서상으로나마 성공으로

1051) ≪로동신문≫ 1970년 8월 22일.

1052) 『김일성저작선집』 4, 1968년 판, pp. 234~235. 이러한 자인은 김일성의 여러 다른 문언에서도 발견된다.

1053) ≪로동신문≫ 1970년 9월 16일. 이러한 찬사는 북한에서는 이미 常套語가 되었다.

역전시키려고 기도했다. 그러기 위해서는 북한에서 특수한 군사훈련을 받고 남파되었던 무장부대들-이를테면 1968년 1월의 김신조(金新朝) 일당과 그 후의 잇따른 무장*게릴라*들-을 남한 내에서 자생한 "남조선 혁명가"라고 불러야만 했다. 또한 그들은 대한민국의 의회민주주의(議會民主主義)를 확립하기 위한, 그리고 그 높은 이념적(理念的) 가치가 대한민국헌법 전문(前文)에까지 기록되어 있는 4·19 학생의거(學生義擧)를 "4·19 인민봉기(人民蜂起)"라고 표현하면서 이것이 마치 김일성파의 공산주의자들의 호소에 호응하고 그들을 위해 일어났던 것처럼 진실의 왜곡(歪曲)을 시도해왔다.

한-일회담에 있어서도 마찬가지였다. 1960년 중반의 한-일 국교교섭(國交交涉) 방법에 대한 거센 비판적 언론과 항의와 일련의 시위는 대한민국의 국가이익을 최대한도로 옹호하기 위한 것이었으며, 김일성 일파가 정략적(政略的)으로 묘사하듯이 대한민국을 파국(破局)으로 몰아넣기 위한 것이 아니었다. 그럼에도 불구하고 김일성은 남한 내의 이런 정치적 혼란이 일어날 때마다 이에 큰 기대를 걸고 계속 '남조선혁명'을 부르짖었다. 1968년 9월 그는 "평화통일"의 방법을 다음과 같이 제시하였다.

> 미제가 쫓겨나고 남조선에서 인민민주주의혁명이 승리하여 인민들이 자기 손에 정권을 쥐게 되면 북반부의 사회주의역량과 남조선의 민주주의역량의 단합된 힘에 의하여 우리 조국의 통일 위업은 성취될 것입니다.[1054)]

이 탁상공론을 요약하면 남한에 수립될 인민민주주의 혁명정권이 북한의 사회주의 정권과 평화적으로 통합하여 평화통일을 이룩한다는 것이다. 이 환상적 방식은 정치의식이 어린 사람들을 착각으로 유도하기 위해 제시한 "평화통일" 방안이지만 그 핵심은 "남조선 혁명"으로 되어있다. 그는 공식화(公式化)한 자기의 남조선혁명의 방법을 벌써 1966년 10월 5일의 노동당대표자회에서는 "*맑스-레닌*주의의 전략전술원칙"이라고 하여 보다 구체화된 형식으로 설명했다. 여기서 그는 무엇보다도 남한에다 "혁명의 참모부인 *맑스-레닌*주의 당(黨)을 꾸미며, 그 주위에 사회의 기본군중인 노동자 농민을 결속하여 강력한 혁명의 주력군(主力軍)을 편성"할 것을 주장했다.

1054) ≪근로자≫ 1968년 9월호, p. 49.

이와 함께 그는 "미국의 식민지 통치하에서 다 같이 고통을 겪고 있는" 인민들, 즉 노동자, 농민 외에도 청년학생, 지식인, 도시 소자산계급, "양심적인" 민족 *부르죠아지* 등과 광범한 통일전선을 형성하라고 지시했다. 요컨대 이들을 남한에서의 인민민주주의 혁명세력으로 간주하고 싶어 했던 것이다. 그러면 타도해야 할 혁명의 적은 누구인가. 그들은 "반미 구국투쟁의 조직역량인 통일전선의 투쟁대상"으로서 "미제와 그와 결탁하고 있는 지주, 매판자본가(買辦資本家), 반동관료(反動官僚)" 등의 "반인민적(反人民的)" 세력이다.[1055)]

김일성은 북한에 있어서와 마찬가지로 남한에 있어서도 혁명적 세력과 반(反)혁명적 세력을 분류할 때, 기본적으로는 사회계급(社會階級)의 기준(基準)에 의거하고 있었다. 또한 그런 계급들을 그들의 처해있는 정치적 입장에 따라 분류하는 것이 평양의 타성이었다. 즉 아무리 노동자라고 해도 공산당의 1당 독재체제를 지지하지 않는 한 그는 "매판자본가(買辦資本家)"의 범주에 속하게 되며, "매판자본가"라고 해도 김일성의 정치노선을 추종한다면 그는 일시적이나마 "양심적인 민족자본가"로 인정을 받게 되는 것이다.

김일성은 사망할 때까지 "남조선 혁명"의 전략과 전술을 연마하면서 이것을 실천에 옮겨보았지만 남한에서는 그가 기대한 "혁명역량"이 성장하지 않았다. 그 첫째 이유는 북한의 가혹한 독재체제의 실상(實狀) 때문이었고, 둘째는 그가 일으킨 처참한 반민족적 전쟁의 비극 때문이다. 6 · 25남침 당시 남한의 거의 전 국민들이 그의 "해방군(解放軍)"에 호응하지 않았고, 그 후에도 공산주의혁명을 남한에서 환영하는 사람이 거의 없었다는 사실을 그는 극히 조심스럽게 완곡(緩曲)한 표현으로 인정한 일이 있다.

> … 조국해방 전쟁 시기에 남조선 사람들이 적(敵) 후방에서 폭동을 일으키고 인민군대의 진격에 호응하여 싸웠더라면 우리는 적을 철저히 때려부시고 조국통일문제를 벌써 풀었을 것입니다. 그 다음에도 남조선혁명역량이 강화되었더라면 남조선혁명의 승리를 앞당길 수 있는 기회가 적지 않았습니다.[1056)]

1055) 『김일성저작선집』 4, 1968년 pp. 392~395. 여기서 김일성은 여태까지 사용해온 "예속자본가"라는 概念 대신 "買辦資本家", "親日 親美派"라는 개념대신 "反動官僚"란 개념으로 바꾸어 사용하기 시작했다. 이것은 그의 용어가 *이데올로기*적으로 과거보다 정밀화되었다는 한 표시다.

그러나 김일성은 위에서 자기 자신이 동족상잔(同族相殘)의 전쟁을 도발하여 온 민족에다 처절한 비극을 안겨다주었고 국토를 황폐화시켰다는 사실이 남한의 국민대중을 반공적으로 만든데 대해서는 해명하지 못했다. 남한의 "해방구(解放區)"에서 보여준 공산주의자들의 잔인한 학살(虐殺), 인민재판(人民裁判), 가혹한 주민통제 정책, 중세기적(中世紀的) 납치행위 등은 공산주의운동을 그런대로 이해의 눈으로 보려던 남한의 일부 지식인들마저도 환멸과 비애(悲哀)를 느끼고 등을 돌리게 한 것은 바로 그들 자신이었다. 그렇지만 1965년 4월 그는 남한에 공산주의 세력이 퍼지지 못한데 대한 책임을 남한사회의 계층적 구성요소와 "일제"(日帝)와 "미제"(美帝)의 "반공선전(反共宣傳)"에 돌릴 수밖에 없었다.

> …남조선에는 ≪반공≫사상이 뿌리깊이 박혀있다. 주민 구성에서 소*부르죠아* 계층이 절대다수를 차지하며 대중의 문화수준이 매우 낮은데다가 지난날 36년 동안 일제가 악랄하게 ≪반공≫사상을 불어넣었으며 해방 후 미제와 그 앞잡이들이 ≪반공≫선진을 더욱더 강화하였다.[1057]

그러나 김일성은 "남조선혁명"이 좌절하였다고 하여 패배주의(敗北主義)에 머물러 있을 수는 없었다. 그는 실패를 만회하려고 하면 할수록 남조선인민 자신들이 혁명적 투쟁의 불길을 더욱 높이라고 강렬하게 호소하고, 북조선 인민들은 그들을 "적극적"으로 도와줘야 한다고 강조해 왔다.[1058] 그는 일어나지 않는 "남조선 혁명"을 일으키기 위해서는 계속 무장간첩과 공작원들을 남파(南派)해야 하는 상황에 몰려들게 되었다. 그의 대남공작(對南工作)의 연속적인 실패는 당연히 당(黨) 내에서 준엄한 비판의 대상으로 제기되어야 했지만, 강고(强固)한 1인 독재 권력을 확립한 그에 대해 누구도 감히 책임을 추궁할 수는 없었다.

따라서 실패의 책임은 의례히 여타의 대남공작 책임자들이 져야했으며, 책임을 지고 이들은 당(黨)의 위계질서(位階秩序)에서 탈락하거나 쫓겨날 수밖에 없었다. 그리하여 "남조선 혁명"의 전략 전술문제를 둘러싸고 당 내에서는 숙청과 출당(黜黨)과

1056) 같은 책, pp. 80~81. 이런 말에는 동시에 그가 이러한 실패의 책임을 '남조선노동당'을 조직 지도했던 朴憲永일파에게 돌리려는 의도도 아울러 포함되어있다.

1057) 같은 책, pp. 234~235.

1058) 같은 책, p. 81. 김일성의 이러한 문언은 북한에서는 이미 정치적 구호로 강조되고 있다.

강등(降等)의 소동이 계속되었다.[1059] 이런 사실은 김일성의 "남조선 혁명"의 전략과 전술에 관해 막후에서는 내심 비판과 회의(懷疑)가 그치지 않고 있다는 증좌이다.

김일성은 성공의 가능성이 전무(全無)한 자기의 "남조선 혁명"에 대한 당 내의 여하한 비판도 용납하지 않았고, 소극적인 회의적 태도마저 "수정주의"라고 규탄했다. 그가 "남조선 혁명"을 강조하면 할수록 이와 함께 당내의 "수정주의"에 대한 투쟁도 더욱 강조해 온 것은 그만큼 당 내의 반발요인이 잠재하고 있었다는데 위협을 느끼고 있었기 때문일 것이다. "수정주의"사상에 일단 물들면 "남조선 혁명"을 포기하고 남-북의 평화공존을 추구하게 될 가능성은 명백했다. 그는 1970년 11월의 제5차당대회에서도 "수정주의(修正主義)"를 엄중히 경고하면서 "오늘 당 사상 사업에서 특히 중요하게 나서는 과업은 당원들과 근로자들 속에서 수정주의를 반대하는 사상교양(思想敎養)을 강화하는 것"이라고 역설했다. 그리고 '문화 대혁명기'의 '중국공산당'의 기관지 ≪인민일보≫나 ≪홍기≫의 논조를 그대로 외우듯이 수정주의의 해독을 다음과 같이 강조했다.

수정주의는 *맑스-레닌*주의의 혁명적 진수를 거세하려는 반혁명적 기회주의 사상조

1059) 1967년 4월말 경 黨內 序列 제4위에 있던 朴金喆과 제5위에 있던 李孝淳은 돌연 黨 中央委員會 政治委員會 常務委員會에서 거세되었다. 朴은 黨組織을 담당했었고 李는 대남공작 총책임자였다. 그 여파 속에서 애매하게 숙청된 黨 고위간부들은 다음과 같다.

高 赫(부수상)
許錫瑄(중앙당 문화예술부장)
金道滿(중앙당 선전선동부장)
朴容國(중앙당 국제부장)
裵基俊(조선중앙통신사사장)
李松雲(검사총장)
朴雄傑(전 문화상)
金日龍(직업동맹중앙위위원장)
洪淳權(사회주의 노동청년동맹중앙위 위원장)
黃元輔(농업근로자동맹 위원장)

이들의 숙청은 黨內의 對南 혁명정책을 둘러싼 의견의 분열과 이에 수반되는 파쟁과 관련되어 있었다. 그리고 1967년 11월 이후에는 보다 덜 전투적인 군 간부들로 지목되던 金昌奉(민족보위상), 崔 光(총참모장 뒤에 복권), 許鳳學(당 중앙위 정치위 후보위원) 등이 모두 제거되고 吳振宇, 崔 賢, 金光俠, 朴成哲 등 金日成의 핵심 심복들이 당 최고위층에 등용되었다. 그러나 얼마 후 김광협도 돌연히 숙청되었다. 1967년 봄 이후 "수정주의"에 대한 공격이 맹렬히 전개되었는데, 이것은 중-소 분쟁과 관련이 있는 동시에 대남 "수정주의" 노선과도 관계가 있던 것으로 보인다.

류입니다. 수정주의의 가장 큰 해독성은 *맑스－레닌*주의당의 영도와 *프롤레타리아* 독재를 부인하고 계급투쟁을 반대하며 적아[敵我]의 계선[界線]을 모호하게 하며 미제의 원자공갈정책에 겁을 집어먹고 그 앞에 굴복하여 말로는 반제적 입장에 서 있다고 하면서도 제국주의자들에게 추파를 던지며 제국주의와의 투쟁을 포기하고 그와 타협하며 전쟁에 대한 공포심과 *부르죠아* 평화주의사상, 제국주의와 반동들에 대한 환상을 퍼뜨리면서 인민들을 사상적으로 무장해제 시키며 피압박 인민들이 혁명하는 것을 꺼려하고 방해하는데 있습니다.[1060]

김일성의 위의 말은 반드시 "남조선 혁명"을 두고 한 말은 아니라 수정주의 비판의 일반론이었지만 그의 "남조선 혁명" 정책은 그러한 *이데올로기*적 기초위에서 추진되고 있었다. "남조선 혁명"의 승리를 위한 "담보"로써의 북한의 군사력을 강화하기 위하여 소위 "국방에서의 자위(自衛)" 원칙은 1) "전국의 요새화(要塞化)", 2) "전인민의 무장화(武裝化)", 3) "전군의 현대화(現代化)", 4) "전군의 간부화(幹部化)"라는 당(黨)의 4대(大) 군사노선(軍事路線)으로 구체화되었다.[1061] 이러한 군사노선을 추진시키기 위해서는 당은 최대한의 물적 인적 자원을 동원해야 한다. 군사력을 최대한으로 강화하기 위해서는 *스탈린*의 제1차 5개년계획 때에서와 마찬가지로 대중생활에다 극도의 내핍(耐乏)을 강요하면서 중공업을 우선적으로 건설했다. 그러기 위하여 주민과 사회를 편제화(編制化)하여 건설 사업에로 나가도록 채찍질해야했다.

여기에서 일어나는 인민대중의 불만과 불평을 억압하는 동시에 그들을 혁명정신으로 단련시키기 위한 방법은 당의 사상 주입교육의 지속적 강화였다. 따라서 "사상교양사업(思想教養事業)"은 더욱 강화될 수밖에 없었으며, 이 사업의 중심은 미국의 지옥 같은 식민지인 남조선을 해방해야한다고 계속 선동하면서 "사회주의적 애국주의"와 "자주성"을 열광적으로 고취하는데다 두어왔다. 북한 주민의 모든 희생은 "조국통일"이라는 궁극적 목표에 의해 정당화되었다. 이러한 분위기에서는 궁핍한 민생에 대한 사소한 불평이라도 털어놓는 자는 당의 영광스러운 혁명과업을 방해하는 "반(反)혁명분자"로 몰리게 된다.

그리하여 정치－경제－군사－문화의 사회생활의 모든 부문은 절대로 오류가 있을

1060) 『김일성저작선집』 5, p. 520.

1061) 『김일성저작선집』 4, pp. 363~365 참조.

수 없는 "전능한 수령"을 중심으로 한 "하나의 사상"과 "하나의 의지"에 의하여 물샐 틈없이 통제되어 왔다. 김일성의 "유일사상체계(唯一思想體系)"에 의하여 통치되는 북한의 전체주의적 정치제도를 전 당-전 인민은 큰 영광으로 예찬하면서 이것을 가장 행복한 "민주주의"라고 구가해야 했다. 이러한 정신적 기풍(氣風) 속에서 김일성 개인숭배가 발전해 나간 것은 필연적인 현상이었다.

제4장

혁명의 승리를 위하여

제1절 계급혁명의 준비

김일성이 강조하는 남한의 소위 "혁명적 정세"는 도저히 조성될 가망이 없었음에도 불구하고 남한 사회가 마치 공산주의혁명의 전야에 있는 듯이 설명해왔다. 물론 대한민국 자체 내에서는 세계 어느 곳에서와 마찬가지로 정치적 소란과 사회적 항의와 학생시위가 있었다. 그러나 그 거의 전부는 대한민국 자체를 민주주의 방향으로 개혁하여 사회정의와 자유를 신장(伸張)해야 한다고 생각하는 국민들의 의사를 대변한 운동이었으며 대한민국을 김일성에게 넘겨야 한다는 것은 결코 아니었다. 모든 길이 *로마*로 통하듯이 남한의 사태가 김일성의 "남조선혁명" 노선을 실현시키도록 전개되는 것은 아니었다. 그럼에도 불구하고 북한의 선전은 남한의 사소한 사건들마저도 마치 자기들의 사상적 영향 밑에서 일어난 큰 사건인 것처럼 국외자들에게 착각을 일으키려 해왔다.

그러한 선전은 남한 자체 내의 모순이 공산주의혁명에 유리하도록 점점 첨예화(尖銳化)되고 있다는 그들의 낙관적인 인식에 의하여 더욱더 활기를 띠었다. 제5차 당(黨) 대회(1970. 11)에서 김일성은 "남조선에서 민족적 및 계급적 모순은 더욱 첨예화되고 노동자, 농민을 비롯한 광범한 인민대중의 혁명적 진출이 적극화되었으며 따라서 미제의 식민지통치에는 보다 심각한 위기가 조성되었다"[1062]고 낙관론을 주장했다. 이런 낙관론은 남한사회에 대한 과학적 분석이 아니라 "남조선 혁명"의 필연적 승리에 자신감을 인민대중에게 불어넣기 위한 전술적 발언이라는 것은 남한의 현실을 파악하고 있던 사람이라면 곧 간파할 수가 있었다.

당시는 남한의 경제가 고도성장을 구가(謳歌)하고 노동자, 농민의 생활수준이 급

1062) 《로동신문》, 1970년 11월 3일.

속도로 상승하고 있던 때였다. 그러나 비판을 용인하지 않는 전제주의나 독재정치는 역사적 경험에서 볼 때 자기 자신이 만들어낸 선전에 의하여 자기 자신도 속는다는 법칙을 만들어냈다. 숨 막히는 1인 독재체제의 북한을 자유와 민주주의와 사회적 진보가 난만(爛漫)하게 꽃핀 "사회주의의 지상낙원"으로, 남한을 인간의 "생지옥"으로 선전해온 김일성은 어느새 이것을 진실로 믿고 싶어 했기 때문에 그런 비과학적인 "남조선 혁명" 노선을 고수(固守)하고 있었던 것이다. 1964년 2월 27일 그가 제시한 전망은 다음과 같이 비(非)현실적이다.

> 우리는 경제를 더욱 발전시켜 도시와 농촌에서 근로자들이 더 부유하고 문명한 생활을 누릴 수 있도록 만들어야 하겠습니다. 이렇게 하여 북조선의 경제력이 강화되고 남북조선 인민들의 생활에서의 차이가 낙원과 지옥같이 더욱 뚜렷하여질 때 남조선 인민들은 더욱더 공화국북반부를 동경하게 될 것이며 미제의 식민지통치를 반대하여 용감하게 일어 설 것입니다.[1063](밑줄은 저자)

김일성은 "남조선 혁명"을 준비하고 전진시키는 데서는 "대중운동과 투쟁을 *맑스-레닌*주의의 전략 전술적 원칙"에서 옳게 지도해야 한다고 가르쳤다. 그는 우선 "적아[敵我]간의 역량관계를 정확히 타산하지 않고 국내외 정세를 신중히 평가함이 없이 모험주의적인 투쟁을 벌이는" 좌경적 편향(偏向)과, 이와는 반대로 "혁명이 간고하다고 하여 유리한 정세가 도래하기만 기다리면서 적극적인 투쟁을 전개하지 않는" 우경적 편향을 모두 경계해야 한다고 했다. 이러한 전제에서 그는 한편으로는 "혁명역량을 보존하고 축적하는" 동시에 다른 한편으로는 남한에 "조성된 주객관적 정세에 맞게 정치투쟁과 경제투쟁, 폭력투쟁과 비(非)폭력투쟁, 합법투쟁과 비(非)합법투쟁 등 여러 가지 투쟁 형태와 방법을 옳게 배합하여 혁명운동을 발전시켜 나아가야 할" 전술을 공식화(公式化) 해왔다.[1064]

제5차 당 대회에서 김일성은 이러한 투쟁에다 "반(半)합법투쟁"이라는 새로운 또 하나의 투쟁방법을 첨가시켰다. 그는 오랫동안 역설해온 "혁명의 참모부인 *맑스-레닌*주의당(黨)"으로써 1970년부터는 남한 내의 지하당(地下黨)인 '통일혁명당(統一革

1063) 『김일성저작선집』 4, 1968년, p. 85.

1064) 같은 책, pp. 392~393.

命黨)'을 공개적으로 지목했다.1065) 그리고 그는 "로동계급의 당, *맑스-레닌*주의당"인 '통일혁명당'의 출현으로 말미암아 남조선의 광범한 "인민대중은 자기의 계급적 및 민족적 리익의 참다운 옹호자를 가지게 되었다"고 했다. 또는 "자유와 해방을 위한 남조선인민들의 혁명투쟁은 자기의 믿음직한 정치적 참모부를 가지게 되었다"느니 하는 등 자신감을 피력했다.1066) 그러나 '통일혁명당'은 몇 명의 지하조직체로 남아 있을 수 있게 될지는 몰라도 이것이 남한의 대중을 지도하고, 동원하고, 미군을 내몰고, 정권을 탈취할 수 있는 "남조선혁명"을 수행하여 남한에다 "인민민주주의" 정권을 수립할 세력이 될 수 있다고 생각할 자는 최소한 남한사회에는 없었다.

김일성의 전략은 명백했다. 그는 '통일혁명당'을 핵심으로 "반미(反美) 구국통일전선"을 불과 몇 사람만으로 라도 먼저 결성한 후 이것을 남한에다 *베트남* 형(型) "민족해방전선(民族解放戰線)"(*베트공*)으로 확대하여 "민족해방투쟁"을 전개하자는 것이었다. 그는 당시 *인도지나*반도의 사태에서 크게 격려를 받고 있었다. 그를 모택동이나 *호치민*(호지명 胡志明)을 능가하는 "혁명의 영재(英才)"로 만들기 위한 영웅화 운동은 북한에서 더욱 대규모로 전개되었던 것이다.

민족적 애국자에 대한 한국민(韓國民)의 일반적 존경을 김일성에게 독점시키고자 당 선전원들은 그의 "항일 무장투쟁"의 전통을 최대한 왜곡 과장하여 장엄한 신화로 만들어버렸다. 특히 "자주성"의 선언 이후 김일성 개인숭배(個人崇拜)운동은 절정을 달리면서 종교풍(宗敎風)으로 의식화되고 있었다. 그는 남북을 통한 "4천만(당시) 조선인민의 경애하는 수령", "자애로운 어버이", "민족의 태양" 등등으로 예찬(禮讚)되었다.1067) 이러한 개인숭배의 선전활동을 통하여 그의 선전원들은 그를 남북을 통한 유일한 역사적 애국자로써의 김일성 *이미지*를 국내외적으로 부각(浮刻)시키며, 오직 그만이 민족통일을 완수하여 통일조선의 민족적 지도자가 될 수 있다는 여론을 환기

1065) 《로동신문》, 1970년 6월 20일. 여기에는 1969년 8월 統一革命黨 中央委員會가 서울에서 발표했다는 당의 「宣言」과 「綱領」 등이 실려 있다. 그리고 김일성은 노동당 제5차대회에서 무려 두 *페이지* 분량의 연설내용으로써 이에다 큰 기대를 걸고 있었다. 『김일성선집』 5, pp. 485~486.

1066) 같은 책, p. 485.

1067) 金日成 個人崇拜는 그를 부를 때 사용하는 신격화된 장엄한 찬사에서 뚜렷이 나타나고 있다. 당시 북한에서는 많은 집회에서 그를 "절세의 愛國者이시며, 민족적 英雄이시며, 백전백승의 강철의 英將이시며, 국제공산주의운동과 노동운동의 탁월한 領導者의 한분이신 4천만 조선인민의 위대한 首領 金日成 同志"라고 호칭하는 것이 하나의 慣用으로 되어버렸던 것이다.

시켜 왔다.

모택동이 애용했던 "정치권력은 총부리로부터 나온다"는 격언을 김일성은 굳게 신봉했다. 혁명은 폭력에 의한 정치권력의 탈취요, 현대의 조직적 폭력은 무력, 즉 군사력이다. 그리하여 그는 조선인민군을 "조선노동당의 군대", 혁명을 위한 "노동계급의 군대"라고 규정했고,1068) 당의 "혁명무장력"으로써의 그 역량을 높이 찬양해 왔다. 그리고 북한에서 그러한 무장력을 강화하는 것은 "평화적 조국통일의 결정적 담보"라고 빈번히 강조했다.1069) 그런데 "남조선 혁명"을 수행하기 위해서는 남한에서 대한민국 국군을 자기편으로 돌려야 할 필요성을 또한 그는 부단히 내세워왔다.

이 경우에도 김일성은 국군의 성분을 사회 계급적 기준에 따라 분석하고 "남조선 ≪국군≫병사들과 중하층 장교들의 절대다수는 노동자, 농민들을 비롯한 근로인민의 출신"이라는 기계적 결론을 내리고 국군의 병사들과 장교들은 "총 뿌리를 미 제국주의자들과 그 주구들에게 돌려야한다"1070)고 선동도 해보았으나 결과는 허망했다. 의무병역제(義務兵役制) 하의 대한민국에서는 그러한 계급적 분류 방법은 오류(誤謬)라는 점을 논외로 하고라도, 그러한 선동은 모든 근로 층의 출신 자제들은 의례히 공산당을 지지한다는 놀랄 만큼 단순화되고 획일화된 사고에 바탕을 둔 것이었다.

한국의 국군 병사들과 장교들은 *볼셰비끼*혁명 당시의 제정(帝政)*러시아*의 오합지졸(烏合之卒) 같았던 군대나 제2차 세계대전 직전후의 혼란기의 무질서했던 중국국민군과는 기율(紀律), 정치의식, 훈련, 교육, 사기 면에서 근본적인 차이가 있었다. 김일성은 자신의 계급적 *이데올로기*에 의하여 정치적 색맹(色盲)이 되어있기 때문에 그런 사실을 간파할 수가 없었던 것이다. 또한 김일성은 "남조선인민들"이 자기의 혁명노선을 따라 궐기하지 못하게 해온 의식상의 장애를 남한에 뿌리깊이 박힌 "사대주의 사상"과 "반공 사상"에서 찾고 있으며, 이 뿌리는 "미제(美帝)"와 "반미 반동세력"에 의하여 부식(扶植)되었다고 했다.

> 남조선 인민들을 각성시키는데서 가장 중요한 것은 모든 대중 속에서 미제에 대한 환상과 사대주의사상을 극복하여 ≪반공≫사상을 뿌리 뽑는 것입니다. 남조선에서 숭미

1068) 『김일성선집』 5, 1960년, p. 319.

1069) 같은 책, p. 349.

1070) 『김일성저작선집』 4, 1968년, p. 396.

[崇美] 사대주의사상과 ≪반공≫사상은 오랜 역사적 근원을 가지고 있으며 특히 일제패망 후 미제국주의자들과 그와 결탁한 지주, 매판자본가, 반동관료배 등 친미반동세력에 의하여 더욱 깊이 부식되었습니다.[1071]

이러한 남한의 "사대주의"를 극복하고 반공 사상을 "뿌리 뽑는" 방법으로써 그는 남한의 대중에다가 계급의식(階級意識)과 민족의식(民族意識)을 고취(高趣)할 것을 제시하고 있다.

… 혁명은 대중을 각성시키는 것으로부터 시작됩니다. 인민대중을 의식화하지 않고서는 그들을 조직적으로 묶어세울 수도 없으며 대중운동을 발전시킬 수도 없습니다. … 남조선혁명조직들은 노동자, 농민들의 계급의식과 인민대중의 민족의식을 높이고 그들을 정치적으로 계몽하여 각성시키기 위하여 적극적으로 노력하여야 할 것입니다.[1072]

남한의 "반공사상"은 그 누가 이것을 부식(扶植)했다고 해서 깊이 뿌리를 내릴 수 있는 것도 성장할 수 있었던 것도 아니다. 남한의 사회적 실상이 북한에서 인식하고 있는 것처럼 인간의 "생지옥"이오 모든 조건이 공산주의혁명에 적합하도록 성숙해가고 있었다면, 그리고 북한이 진실로 "사회주의의 지상낙원"이 되고 있다면 반공사상은 남한의 대중으로부터 벌써 오래전에 뿌리 뽑혔을 것이다. 1인 전재체제의 폭정과 억압을 몸소 체험도 했고 그 본질이 무엇인지를 명백히 알고 있는 곳에서는 이에 대하여 반드시 비판과 저항과 투쟁이 일어나기 마련이다. 남한의 반공사상을 뿌리 뽑으려면, 북한에서 인민들에 대한 공산당의 1당 독재와 1인 전제의 폭압(暴壓)을 없애고 정치와 경제와 사회전반을 민주화하여 인민대중에게 물질생활의 안정과 기본적 인권을 보장하면 될 것이다.

김일성은 자기비판 없이 감미로운 공산주의 선전만으로는 남한의 인민대중을 정치 사상적으로 "각성"시킬 수는 없었다. 그가 남한의 노동자 농민들의 "계급의식"을 논할 때, 그는 어떤 사회에도 있는 남한사회 내의 계층적 갈등, 착잡한 이해관계의 분규를 공산주의혁명으로 유도하여 "반혁명세력을 고립시키는" 전술의 일환으로써 문제를 제기하고 있었다. 그러나 남한의 국민대중은 자체 내의 허다한 문제들을 공

1071) 같은 책, p. 397.
1072) 위와 같음.

산주의적 방법을 배격하고 민주적으로 해결하려 해왔으며, 장차도 그렇게 하리라는 데서 남한사회는 북한의 공산주의적 호소가 뿌리를 박을 수 없는 불모지(不毛地)가 되었다.

민족의식을 높이는 문제에 관하여서는, 김일성의 교시(敎示)를 기다리기 전에 일제(日帝)시대로부터 현 시기에 이르기까지 각계에서 진지하게 추구해 왔다. 지금도 대한민국의 주권을 옹호하는 많은 지식인들과 사회의 지도층이 민족의식의 앙양, 민족적 자주성의 확립을 위하여 지속적 노력을 기울이고 있다는 사실은 남한의 학교교육 내용과 언론과 학문적 노작(勞作)에 접하는 사람이라면 누구나 즉각 이해할 수 있다. 다만 그 내용과 방향과 목적이 김일성이 주장하는 것과는 다를 뿐이다. 그런데 그는 남한에서 격렬한 반미운동이 일어나지 않고 있는 것을 "민족적 해방"에 큰 장애(障碍)라고 간주해 왔다.

> 오늘 남조선의 적지 않은 사람들이 미제의 침략적 본성을 보지 못하고 마치 미국의 ≪원조≫가 없이는 살아나갈 수 없을 것같이 생각하고 있습니다. 미국을 숭배하며 미국에 의존하여 살려는 영향은 민족적 해방과 독립을 위한 투쟁의 커다란 장애로 되고 있습니다.[1073]

이러한 전제에서 김일성은 미국에 대한 "사대주의 사상"을 반대하고, "민족주체의식"을 높이며, "외세의존사상(外勢依存思想)"을 배격해야 한다고 했다.[1074] 그의 이와 같은 발언에는 대한민국의 국제적 협력관계를 단절시켜 남한을 고립무원(孤立無援)의 상태로 몰아넣으려는 전략성이 숨어있었다. 1945년에서 1948년까지 북한에 진주했던 소련군과 1950년에서 1958년까지 8년간 주둔했던 중국인민 지원군에 대해 최대의 예찬과 존경을 표시해온 그가, 또한 소련 및 중국을 위시한 공산주의나라들의 북한에 대한 군사적, 경제적 원조에 대해 "뜨거운 감사를 충심으로부터" 드려온 그가 남한이 미국의 원조를 받아왔다는 점을 "외세의존"으로 비방하는 것은 남한의 발전을 경계하고 질시한 때문이었다. 이에다 더 주석(註釋)을 붙일 필요는 없다.

1073) 같은 책, pp. 397~398.
1074) 같은 책, p. 398.

제2절 미완성의 꿈

북한 자신은 일본을 비롯한 자본주의 국가들로부터의 자본도입을 분주하게 교섭하고 있으면서도 남한에 대해서는 그 대외 경제협력 관계의 확대를 "매국" 또는 "식민지화(化)"로 규정하는 것은 일찍부터 하나의 공식이 되어있었다. "수정주의"라고 낙인이 찍힌 *유고슬라비아*는 논외로 하고라도 자주적 입장을 표방하고, 이것을 공고화하여온 *루마니아*의 *차우세스쿠* 독재정권과 자주적인 제3세계의 많은 나라들이 "제국주의" 미국의 경제 원조를 받아왔다는 사실들에 비추어볼 때, 김일성의 대남 비방(誹謗)은 객관적 타당성을 상실하고 있었던 것이다.

모택동의 말대로 "혁명은 잔치가 아니다." 김일성이 부르짖는 "남조선혁명"도 그것이 어떤 형태를 취하던 비극적인 동족상잔(同族相殘)의 유혈극(流血劇)이 되리라는 것은 확실했다. 혁명투쟁, 즉 유혈에 의하여 "평화통일"을 달성한다는 개념 자체가 자기모순을 안고 있는 발상이지만 그러한 방식으로는 평화통일은 고사하고 남-북간의 긴장만을 격화시키게 되었던 것이다. "남조선혁명"의 방식으로 "남조선 해방"을 이룩하여 "인민민주주의 정권"을 수립하고 나면, 이것이 북한의 "사회주의 역량"과 통합하여 자주적으로 남-북을 통일하겠다는 김일성의 "자주적 평화통일" 공식은 요컨대 남한을 군사력에 의하여 북조선화 하겠다는 공공연한 선언이었다. "평화"를 그지없이 애호한다는 평양의 공산주의자들은 결코 침략전쟁을 도발하겠다는 말은 물론 하지 않았고 지금도 하지 않는다.

*스탈린*주의자들에 의하면 자기들은 제국주의의 공격으로부터 인민을 지키는 방위전쟁, 자본주의적 예속으로부터 인민을 해방하기 위한 해방전쟁, 즉 제국주의의 압박으로부터 식민지와 종족에 자유를 주기 위한 전쟁은 "정의의 전쟁"이므로 그런 전쟁은 지지한다고 선언했다. 한편 타국 또는 타 민족을 정복하고 예속화(隷屬化)하려는 침략전쟁은 "부정의(不正義)의 전쟁"이므로 이에 대해서는 단호하게 투쟁하지 않으면 안 된다는 것이다. *레닌*-*스탈린*에 의하여 이렇게 도식화 된 전쟁론[1075]을 김

1075) *스탈린*주의의 戰爭觀을 가장 잘 표명하고 있는 것은 *History of the Communist Party of the Soviet Union: Bolsheviks, Short Course*(『소련공산당 小史(*볼셰비끼*)』), Moscow, 1939, p. 168 참조. 여기서는 전쟁을 "정의의 전쟁, 침략적이 아닌 해방의 전쟁"과 "부정의의 전쟁, 침략전쟁"으로 구분하고 공산주의자들은 후자는 반대하지만, 전자는 지지한다고 언명했다.

일성은 자기 정당화(正當化)의 "이론"적 유산으로 물려받았다. 이러한 *이데올로기*의 조작방법에 의하여 그들은 6·25의 전격적 기습(奇襲) 남침전쟁을 "미제의 침략"에 대항하는 조선인민의 "조국해방 전쟁"이라고 규정하면서 자기 자신의 만행을 변호해 왔다.

*스탈린*주의자들에 있어서 어느 편이 먼저 전쟁을 일으켰는가는 결코 중요한 문제가 아니다. 자기들이 일으키는 전쟁은 침략이 아니라 해방을 위한 전쟁이므로써 "정의의 전쟁"이라는 것이다. 그들의 이러한 전쟁론에 비추어볼 때, 1967년 12월 16일 김일성이 천명한 「공화국정부강령」이란 문건에는 실로 위태롭기 그지없는 의미가 내포되어 있었다.

> 공화국정부는 조선인민들을 해방하며 조국통일을 실현하기 위하여 북반부인민들을 항상 남조선인민들의 성스러운 반미 구국투쟁을 지원하며 혁명적 대 사변을 주동적으로 맞이할 수 있도록 정신적으로 물질적으로 튼튼히 준비시킬 것입니다. 공화국북반부인민들은… <u>남조선에서 인민들의 투쟁이 고조되고 혁명정세가 성숙되어 우리의 지원을 요구할 때</u>는 언제나 <u>남조선인민들과 힘을 합하여</u> 조국통일 위업을 성취할 <u>결정적 투쟁에 동원될 수 있도록</u> 사상적으로 튼튼히 준비되어 있어야 하겠습니다.[1076](밑줄은 필자)

여기서 "혁명적 대사변(大事變)을 주동적으로 맞이한다"느니 "결정적 투쟁에 동원된다"느니 하는 장황하게 내세운 전략적 명제(命題)에 함축되어 있는 뜻은 무엇인가. 이 말들은 조만간 조건이 성숙되는 때는 남한의 인민민주주의혁명을 위해 직접 군사행동을 감행한다는 것으로 해석한다면, 그것은 *맑스-레닌*주의 자체에 의해서도 좌경적 "군사모험주의(軍事冒險主義)"라는 혹평을 받아 마땅했다. 왜냐하면 남북이 각각 3대 핵보유국(核保有國)들과 군사조약을 체결하고 있던 현실에서 김일성이 새로운 군사행동을 취한다면, 그것은 자기파멸은 물론이요 민족자멸(民族自滅)의 위기를 조래할 가능성이 없지 않다.

한편 이상 김일성의 말을 식민지형 "민족해방투쟁" 방식에 따라 유격대의 대남공격으로 대한민국을 전복하려는 전략으로 해석한다면, 그의 발상은 동남아-*아프리카*의 신생국들과는 판이한 남한의 기본적 방위력, 생산력, 미군의 지원, 국민의 정치의

1076) 『김일성저작선집』 4, 1968년, pp. 540~545.

식과 결의, 지형적 조건, 민활한 치안상의 기동력(機動力)을 무시한 채 협소한 *게릴라*전 심리에 사로잡혀 있었다고 할 것이다. 그러나 이 어느 경우에 있어서도 김일성의 "남조선 혁명" 전략은 군사행동이란 위험성을 내포하고 있었다. 한편 1960년대의 많은 제3세계 나라들에서는 친공적(親共的) *게릴라*에 의하여 내전상태에 빠져 있었으므로 김일성은 "남조선 해방"에 대한 확신을 가질 만도 했다. 1964년 2월 그는 다음과 같은 전망을 가지고 있었다.

> … 조선혁명은 세계혁명의 한 고리입니다. 미 제국주의는 국제 반동의 원흉이며 전세계 진보적 인민들의 공동의 원쑤입니다. 조선에서 미 제국주의자들의 패망은 전 세계적 범위에서 그들의 패망과 밀접히 연결되어 있습니다. 세계혁명 력량이 더욱 강화되고 미 제국주의자들이 세계의 이르는 곳곳마다에서 더욱더 막다른 골목에 빠져들어 갈수록 남조선에서의 미제 침략자들의 지반은 더욱 약화될 것이며 조선혁명의 승리는 더 빨리 실현될 것입니다.[1077]

김일성은 "남조선 혁명"의 일환으로 반미투쟁(反美鬪爭)을 세계적 규모로 전개하여 미국을 국제적으로 고립화(孤立化)시킬 수 있다는데 상당한 기대를 걸었고 또 역설했다.

> 우리는 … 국제혁명력량과의 련대성을 더욱 강화하여야 하며 미 제국주의를 고립시키며 그 침략정책을 파탄시키기 위하여 억센 투쟁을 벌려야합니다. 우리는 모든 사회주의 나라 인민들과 굳게 단결하여야 하며 … 우리의 대외활동 기관들은 신생독립 국가들, 중립국가들과의 관계를 더욱 개선하며 … 그들의 지지를 얻도록 하여야 하겠습니다. 또한 미 제국주의자들과 *프랑스*, 일본 그 밖의 다른 제국주의자들 사이의 갈등과 모순도 잘 리용하여야 합니다. 이리하여 국제무대에서 미 제국주의자들을 최대한으로 고립시키며 그들이 세계에 이르는 곳곳마다에서 막다른 골목에 빠지도록 하여야 합니다.[1078]

김일성의 위에서의 말은 한마디로 미국에 대한 냉전(冷戰)의 선전포고(宣戰布告)였다. 그러나 그는 미국과 *프랑스*-일본 등 제국 간의 모순을 "이용"하여 미국을 고립시킬만한 힘이란 아예 없었다. 그의 희망과는 달리 공산주의 소련, *루마니아*, *폴란*

1077) 『김일성저작선집』 4, p. 81.

1078) 같은 책, p. 94.

드 등은 미국 및 서*유럽* 국가들과의 사이에서 인사 왕래, 교역 확대, 문물 교류, 유학생 파견, 학자 언론인 교환 등 다양한 관계를 맺으면서 냉전을 해소시키는데 노력하고 있었다. 신생 독립국과 중립국들도 자국의 이익을 위하여 대미관계를 발전시켜 나갔다. 공산주의 나라들의 대미 접근정책을 일괄하여 "현대 수정주의자들"의 "미 제국주의자들과의 야합(野合)"이라고 하여 강렬하게 규탄해 오던 모택동(毛澤東)마저도 1971년 7월부터는 미국과의 현실주의적 화해정책(和解政策)으로 급선회(急旋回)하여 관계정상화를 위한 획기적 조처를 취하기 시작했다. 이렇게 국제정세는 미국의 고립화와는 정반대의 *코스*를 가고 있었던 것이었다.

김일성은 이러한 세계적 추세에 역행하여 "반미 자주화"를 위한 혁명투쟁으로 남조선을 해방할 수 있다는 꿈속에서 혁명 전략과 전술을 연마해 왔다. 그의 전략 전술은 피상적(皮相的)으로는 논리정연하고, *이데올로기*적으로 체계화된 것처럼 보였다. 그렇지만 남한의 혁명세력과 반(反)혁명세력에 대한 그의 계급적 분석은 실정에 맞지 않는 공론(空論)이었으며, 그가 강조한바 "단결된 국제 혁명역량"이란 것도 이미 존재하지 않았다. 무릇 모든 교조주의적(教條主義的) 이론은 언제나 체계적이며, 도식(圖式)에 깊이 빠지면 빠질수록 더욱더 공고한 논리화로 현실과 멀리 유리되어 가는 경향을 가진다. 그의 남조선 혁명 전략의 근거는 허다한 가상(假想)과 주관적 희망을 토대로 하고 있었던 것이다.

무한히 지연되고 있는 "남조선 혁명"을 김일성은 "혁명적 낙관주의" 신념을 견지하면서 참고, 더욱 준비하고, 기다려야 한다고 가르쳤다. 그러나 많은 당(黨) 간부들은 그의 비(非)과학적이요 비(非)현실적인 "남조선혁명"노선에 내심 비판의 눈을 돌리고 있었다는 것은 1956년 이후 단속적(斷續的)으로 일어난 당(黨) 내의 분규와 숙청(肅淸)에 의해서도 입증된다. 그는 당 간부들의 자기에 대한 불신과 새 세대들의 사상적 동요(動搖)를 막기 위해 당원들과 전(全) 인민들을 자기의 "유일사상(唯一思想) 체계"의 교육으로 더욱 "혁명화", "노동계급화"하는 운동을 맹렬히 전개하고 있지만[1079] 여기에도 절대적 한계가 있었다.

"남조선 혁명"이 지연되면 될수록 북한에서는 김일성의 혁명사상을 절대화해야 할 필요에서 정치 *이데올로기*교육은 열광적 기세로 강행되어 갔다. 그리하여 노동당의

1079) 같은 책, pp. 546~551.

"평화통일" 방안이 "남조선 해방"을 위한 전략 전술로써도 힘을 잃어갔다. 또한 그것은 민족분단 문제를 합리적으로 해결할 수 있는 가식 없는 '평화정책'으로 전환할 가능성도 전무하다. 왜냐하면 선대의 통일정책을 고스란히 계승 김정일 시대에 이르러서는 북한을 둘러싼 국제관계의 엄청난 변화와 국내 경제의 가혹한 사정은 김정일의 진정한 평화정책으로 이 전환을 어렵게 만들고 있기 때문에 기대할 수 없게 되었다.

지금까지의 *초(超)스탈린주*의적 1인 독재체제가 *맑스-레닌주*의와 "주체사상"의 이름에서나마 서서히 변화하고 광기에 찬 대남공세가 이성적 대화의 자세로 바뀔 때 비로소 통일문제는 평화적 해결의 실마리를 찾을 수 있게 될 것이다. 그러나 그런 시기는 김정일이 독재 권력의 정상을 차지하고 있는 한은 도래하지 않을 것이다.

북한은 언제나 "남조선 혁명"만을 부르짖지는 않았다. 이와 병행하여 6·25 직전과 꼭 같은 *패턴*의 평화공세를 휴전 후에도 구 자유당정권에 대하여 시도했다. 1950년대 김일성의 대남 평화통일 공세(攻勢)를 집대성하여 도식화(圖式化)한 것은 1956년 4월 노동당 제3차대회에서 한 그의「당중앙위원회 사업총결 보고」연설에서였다. 여기서 그는 중 "조국의 평화적 통일을 위하여"라는 당의 방침을 제시했다. 그 중요부문을 요약하면 다음과 같다.[1080)]

① 통일전선 형성 : 남북의 "애국적" 정당, 사회단체 및 "민족적 양심"을 가진 모든 개별적 인사들을 망라한 연석회의를 소집하여 통일전선을 형성한다. 이러한 연합에 참가한 사람은 "과거에 어떠한 죄과를 범했더라도 용서해 줄" 것이며 통일 후 수립될 연립정부에도 참가시킬 것이요, 그의 재산과 지위를 보장할 것이다.

② 대남원조 제공 : 북한은 남녘 인민들에게 절실히 요구되는 전력, 석탄, 목재 등을 제공할 수 있으며 건설적이며 실무적인 목적에서 북조선에 오기를 희망하는 모든 대표단과 개별적 인사들에게 문을 열어놓고 그들의 "활동의 모든 자유와 편이"를 도모해 줄 것이다.

③ 남-북상설위원회 설치 : 남-북간의 접촉을 비롯하여 통일문제를 토의하고 그 대책을 논의할 수 있는 "상설위원회"의 설치를 제안한다. 여기에는 "남북의 정부, 최고입법기관, 정당, 사회단체 대표들과 무소속 인사들이 "동등한 비례"로 참가한다.

④ 평화협정체결과 감군 : 이상 제안들을 실천하기 위해서는 "정전을 공고한 평화"로 전환시켜야 하며, 평화를 공고히 하기 위해서는 쌍방군대를 "최소한도로 축소"한 것을

1080)『김일성선집』4, 1960년 판, pp. 516~521.

요구하며, 남북은 외국과의 군사동맹을 맺지 말아야 하고, 따라서 한·미군사조약은 반드시 폐기되어야 한다.

⑤ 모든 외군 철수 : 조선 문제를 조선 사람들끼리 해결하기 위해서는 남조선의 미군과 그 밖의 외군군대[UN군], 북조선의 중국인민지원군을 모두 철수시키고, 우리나라[남반부] 내정에 대한 외국의 간섭을 일체 없애야 한다.

⑥ 국제회의의 소집 : 조선 문제의 평화적 해결에 관심을 가지는 나라들은 남북정부의 대표들이 참가하는 "국제회의"를 소집하여 조선 문제를 평화적으로 해결할 수 있는 실지 조건을 조성하도록 해야 한다.

⑦ 이승만 정권의 타도 : "미제의 충복 이승만 도배가 *파쑈*적 독재로써 남반부 인민들에게 초보적인 민주주의적 자유와 권리로 허용하지 않고 있는 현실"에 대해 인민들은 "민주주의적 권리를 쟁취"하기 위하여 궐기하여야 한다.

⑧ 반제·반봉건적 민주혁명 : 조선 인민에게는 "미 제국주의 침략 세력"과 그 동맹자인 남반부의 지주. 예속자본가, 친미파를 반대하며, 남반부 인민들을 제국주의 및 봉건적 억압과 착취에서 해방됨으로써 조국의 민주주의적 통일과 완전한 민족적 독립을 달성해야 할 전 민족적 과업이 남아있다.

⑨ 혁명세력의 성격 규정 : ㈀ 노동계급이 영도하는 노동동맹에 기초하여 "단결되어 있는" 북반부 인민들, ㈁ 남반부의 노동계급, ㈂ 그의 가장 믿음직한 동맹자인 농민, ㈃ "미 제국주의" 및 "봉건세력"에 반대하는 남조선의 "광범한 소자산 계급", ㈄ 조국의 민주주의적 통일을 염원하는 "민족자본가"들이 남조선 혁명세력이다.

⑩ 남조선 혁명의 국제적 연대성 : 조선 인민의 반미 투쟁은 평화와 민주주의와 사회주의를 위한 "전 세계 인민들의 투쟁"과 직접 연결되어 있으며 반미적인 아시아 인민들의 민족적 자유, 독립, 평화를 수호하기 위한 투쟁의 주요한 일환으로 되고 있다.

이상에서 김일성은 한편으로는 대한민국정부와 국회의 대표를 자기가 제의하는 '남-북상설위원회'에 참가시킨다고 하고, 다른 한편으로는 그들을 타도하여야 한다는 이율배반적(二律背反的) 논리를 구사하고 있었다. 그는 이승만 정권이 절대로 수락할 수 없는 도전적인 제안들을 내놓고, 그것을 거부할 때는 평화통일을 반대하는 "매국세력(賣國勢力)"으로 단죄(斷罪)함으로써 한국정부를 국민들과 국제여론으로부터 고립시킨다는 전술을 구사하고 있었다. 이상 김일성의 "평화적 통일" 도식은 그가 사망할 때까지 남한의 정세변화에 맞도록 약간씩 수정하여 남-북 연방제 방안으로 확대되었다. 그 후 장자(長子)의 시대가 펼쳐지고 있는 지금에도 그 도식은 기본적으로 변한 바가 없다.

제5장

"평화통일 선전"의 만개(滿開)

– 4 · 19에서 5 · 16까지

제1절 4·19 이후의 남한사회의 혼란상

1960년 4 · 19 학생혁명이 일어나 자유당정권은 붕괴하고 김일성의 불구대천(不俱戴天)의 원수였던 이승만은 대한민국 대통령직에서 물러났다. 1960년 7 · 29 총선을 통하여 민주당의 새 내각이 들어설 때까지 남한은 허 정(許 政) 과도정부 하에 있었다. 당시는 4 · 19 직후의 흥분된 상태에서 각종의 시위, 맹휴, 고발, 파업, 교원노조의 조직 활동, 학원의 분규가 일어나기 시작한 때였다. 이 사건들은 거의가 자유당정권의 비정(秕政)의 유산을 빨리 청산하라는 요구와 관련되어 있었다. 이러한 소란 속에서 국회가 6월 15일 내각책임제(內閣責任制) 개헌안을 통과시킨 후, 7월 29일에는 총선거가 실시되었고 민주당은 219개 선거구(민의원)에서 172석을 확보하여 오랜 "반독재투쟁"의 시대를 끝내면서 새 집권당(執權黨)으로 등장하게 되었다.

그러나 혼란상은 더욱 증폭(增幅)되어 갔다. 김일성이 오래 기다려왔던 남한의 이 혼란상을 그대로 좌시하고 있었다면 그는 공산주의자의 "혁명적" 임무를 저버린 자가 된다. 그는 "조국의 평화적통일"이라는 구호 하에 6 · 25전쟁 전야 때와 같이 평화공세의 고삐를 늦추지 않았다. 그의 선전은 민주당 정부 출범 9일 전인 1960년 8월 14일, 즉 8 · 15해방 15주년 경축대회에서 행한 그의 「보고」연설에서 극명하고 적나라(赤裸裸)하게 표명되었다. 이 연설에서 그는 남한의 어수선한 사태를 북한의 공산주의 방향으로 유도하기 위하여 연방제(聯邦制) 방안을 기초로 하는 "자주적 평화통일"을 다시 제창했다.

우선 김일성은 4 · 19를 "남조선의 인민봉기"라고 규정하고, 이것은 "남조선 인민들이 미제와 그 주구(走狗)들을 반대하는 투쟁에서 달성한 거대한 승리"[1081]라는 실상과 상반되는 정략적 해석을 내렸다. 그런데 이 투쟁에는"광범위한 노동과, 농민들이 참가하지 못하였기 때문"에 "불완전한 승리"가 되었다고 했다. 따라서 "남조선인민들이 완전한 민주주의적 승리를 쟁취하기 위하여서는 노동자, 농민을 비롯한 광범한 인민대중이 투쟁에 참가하며. 이 투쟁은 반드시 철저한 반[反]제국주의적, 반봉건적 투쟁으로 되어야 한다"[1082]고 주장함으로써 그는 해방 직후부터 강조해 온 "반제－반봉건적 민주혁명"노선을 남한에서도 실현코자 했다.

김일성의 최대의 공격은 언제나 그러했듯이 주한 미군에로 향하고 있었다. 그에 의하면 "조국의 분열과 남조선 인민들의 모든 불행과 고통의 화근은 미국군대의 남조선 강점"(强占)과 그 "침략정책"에 있다는 것, "미국 침략군대는 남조선 반동세력의 원흉(元兇)이며 남조선 인민들을 약탈하고 온갖 만행을 다 감행하는 강도(强盜)"[1083]라고 최대한의 대미 적개심(敵愾心)을 고취하면서 미국을 "남조선 인민들의 첫째가는 투쟁대상"으로 규정했다.

'평화통일'은 4·19 이후 남한의 정부, 여－야당, 모든 사회단체들의 공통된 구호였고, 목표였음에도 불구하고 김일성은 사실을 왜곡하여 "오늘 남조선의 일부 반동계층들은 이것[평화통일]을 또다시 탄압하려고 책동하고 있다"고 하면서 "이승만 통치와 꼭 같은 *파쑈 테러* 통치를 회복하며 인민들의 고귀한 피의 대가로써 얻은 극히 초보적인 전취물마저 말살하여 버리려는 이러한 반동적 기도는 철저히 분쇄되어야 한다"[1084]고 선동했다. 여기서 그는 남한에서 공산주의 정당이 합법적으로 조직되어야 하고 그들의 "완전한 자유 활동이 보장되어야 한다"는 자기의 요구를 정당화(正當化)하기 위하여 "북조선에서는 해방 직후부터 오늘에 이르기까지 자산 계급의 정당인 [북조선] 민주당이 계속 합법적(合法的)으로 존재해 왔으며 자유롭게 활동하고 있다"[1085]는 대담한 허언(虛言)을 서슴치 않았다.

김일성은 "미국 침략군 강점 하"의 남조선이야말루 파국에 처한 "생지옥"이요 민족 산업은 "파산"되어 있고 농촌은 극도로 "황폐화(荒廢化)"되어 인민들의 생활은 말

1081) 『김일성선집』(단권 본), 동방사, 1965년, p. 390.
1082) 위와 같음.
1083) 같은 책, p. 391.
1084) 같은 책, p. 391.
1085) 같은 책, p. 392.

할 수 없이 "비참한 상태"에 있다[1086]고 남조선이 마치 멸망직전에 처해있는 듯이 묘사했다. 인민들이 남조선의 그런 상황을 빠져나갈 수 있는 활로는 단 하나밖에 없었다. 즉 자기가 주장하는 "조국의 평화적 통일"에 대한 제의를 남조선이 수락하는 일이었다. 그의 제안의 요점은 다음과 같았다.

① 주한미군의 철거 : "남조선의 현 사태를 수습하며 조국 분단을 궁극적으로 해결하기 위한 유일한 출로는 미국 군대를 철거시키고 나라를 평화적으로 통일하는 데 있다"[1087]

② 자유 총선거에 의한 남북통일 : "조국의 평화적 통일은 반드시 자주적으로, 어떠한 외국의 간섭도 없이 민주주의적 기초 위에서 자유로운 남북 선거"를 실시하는 방법으로 해결해야 한다.[1088]

③ 남–북 정당, 사회단체의 협상 : "우리들 공산주의자는 평화적 통일과 민족적 독립을 위하여 싸우는 모든 정당, 사회단체들 및 개별적 인사들과 굳게 단결하며 협력하여 나갈 것을 주장한다. 남조선의 모든 정당, 사회단체들과 애국적 인사들은 남–북간의 조속한 협상을 요구하고 나서야 할 것이다"[1089]

④ "남–북연방제"에 의한 통일 : "만일 남조선 당국이 남조선이 다 공산주의화 될 것이 두려워서" 아직 남북 자유총선거를 받아들일 수 없다고 한다면 통일이 될 때까지 "과도적 대책"으로서 "연방제"를 실시할 것을 제의한다.[1090]

⑤ 미군철수와 10만 명 선 감군 : "우리는 미군을 남조선에서 철거시키고 남북 조선의 군대를 10만 또는 그 이하로 축소할 것을 주장한다. 이것은 조선에서 긴장상태를 완화하고 평화적 통일을 촉진시키는 중요한 조치로 될 것이며 특히는 남조선 인민들의 막중한 부담들 덜어주게 될 것이다".[1091]

⑥ 반미적 평화통일 : 북조선의 "사회주의 역량이 강화되고 남조선의 모든 애국적 역량이 굳게 단결하여 미제와 그 주구들을 반대하는 결정적 투쟁"으로 "미국 침략자들을 남조선에서 철거시키면 평화적 조국통일의 위업을 달성하게 될 것이다"[1092]

1086) 같은 책, p. 393.
1087) 같은 책, p. 394.
1088) 위와 같음.
1089) 같은 책, p. 395, 398.
1090) 같은 책, p. 395~396.
1091) 같은 책, p. 397.
1092) 같은 책, p. 398.

김일성이 "남-북연방제"란 말을 사용한 것은 이때(1960. 8. 14)가 처음이었지만, 그의 연방제 발상은 앞에서 언급한 1956년 4월의 노동당 제3차 대회에서 남-북의 정부, 국회, 정당, 사회단체의 대표와 무소속 인사들로 "상설위원회"를 구성하자고 제의한데서 그 싹을 볼 수 있다. 그의 연방제의 내용을 요약하면 아래와 같다.

① 남-북 조선의 현재 정치제도를 "당분간" 그대로 두고 조선민주주의 인민공화국 정부와 소위 ≪대한민국 정부≫의 독자적인 활동을 보전하면서 동시에 두 정부의 대표로 구성되는 "최고민족위원회"를 조직한다,
② 이 최고민족위원회가 남북 조선의 경제, 문화의 발전을 통일적으로 "조절"하는 방법으로 "연방제"를 실시한다,
③ 이러한 연방제 실시는 남-북간의 접촉과 협상을 보장함으로써 "호상 이해"와 협조를 가능케 할 것이며 호상간의 불신임도 제거하게 될 것이다.
④ 그렇게 될 때에 "자유로운 남북총선거"를 실시한다면 조국의 완전한 평화적 통일을 실현할 수 있다.
⑤ 남조선 당국이 "연방제"를 수락할 수 없다면 남-북 조선의 실업대표로써 "순전한 경제위원회를 구성하고, 이 조직을 통하여 남-북간에 물자를 교역하며 경제건설에서 서로 협조하고 원조하도록 한다"는 것이었다.[1093]

김일성의 이상 연방제 주장은 순박한 국외자(局外者)에게는 합리적이요, 공정하게 들릴 수 있었다. 그러나 그의 주장은 철저히 책략적(策略的)이었다. 그는 연방제를 제의한 주요한 이유를 남-북이 서로 누릴 수 있는 공통의 이익 때문이 아니라, 파국에 빠진 남조선 경제를 구출하기 위한 것이라고 했다. 그는 "미 제국주의자들의 가혹한 식민지적 약탈과 군사화 정책으로 인하여 남조선 경제는 여지없이 파괴되었다"고 하면서 "산업의 파산", "만성적 기근", "수백만 호의 절량농가", "수백만의 실업자" 등 사태를 암흑으로 묘사하면서 남조선의 위정자들은 그 어떤 방법으로도 "파산된" 민족 산업과 농촌경제를 복구하며 광범한 인민대중을 "빈궁과 기아에서 구원할 수 없다"[1094]고 남조선이 임종직전(臨終直前)에 있다는 진단을 내렸다.

그러면서 김일성은 "최고민족위원회에서 남-북 조선의 경제, 문화교류와 호상 협

1093) 같은 책, p. 396.
1094) 같은 책, p. 393.

조를 보장함으로써 남조선의 경제적 파국을 수습할 수 있게 할 것"[1095]이라고 장담했다. 그는 북한의 중공업 기지, 민족 기술 간부, 경제건설의 풍부한 경험이란 것을 자랑하면서 "우리는 경제와 과학, 기술의 발전에서 우리가 달성한 모든 성과와 경험들을 남조선 동포들과 함께 나눌 것을 절실히 원하고 있다"[1096]고 뜨거운 동포애를 간직한 듯이 피력했다. 그는 북한의 강력한 경제 토대에 의거하여야만 "남조선에서 원료와 자재와 자금의 곤란을 해결할 수 있으며 파산된 공장들을 움직일 수 있고 농촌에서는 농업생산을 빨리 높일 수 있다"[1097]고 북한의 원조가 마치 남한의 생명선인 것 같이 설명했다.

이어 김일성은 "북반부와의 경제교류와 협조를 떠나서 남조선의 경제적 파국을 수습하려는 것은 빈 말공부에 지나지 않는다"[1098]고, 남한은 북한에 의지하지 않고서는 경제적으로 괴멸(壞滅)하고 말 것이라는 듯이 사태를 분석했다. 그런 남조선을 "구출"하기 위한 연방제를 남조선의 당국자들이 접수할 수 없다. 라고 한다면 남북조선의 실업계 대표들로 구성되는 순전한 경제위원회라도 조직하여 "우선 남조선 동포들을 기아(飢餓)와 빈궁에서 구원하여야 할 것"[1099]이라고 *메시아*적 태도를 취했다. 당시 자본이 없었던 남한에서는 경제발전을 위하여 외자도입을 해야 한다는 주장들이 대두하고 있었는데, 이에 대해 그는 내심으로는 남한경제의 부흥을 기어이 막아보려는 명백한 의도에서 이것을 맹렬히 반대했다.

> …무엇 때문에 자기 나라[북조선]에 충분한 경제적 밑천이 있는데도 그것을 이용하지 않고 한사코 외국 자본을 끌어들여야 하겠습니까? 이러한 주장은 그렇지 않아도 미국 독점자본에 예속되어 여지없이 파괴된 남조선 경제를 더욱 더 빠져나올 수 없는 구렁텅이에 밀어 넣자는 것밖에 되지 않습니다.[1100]

김일성이 이상 남조선의 "구원"을 역설하고 있던 당시, 북한은 중-소의 원조에

1095) 같은 책, p. 396.
1096) 위와 같음.
1097) 위와 같음.
1098) 위와 같음.
1099) 같은 책, p. 397.
1100) 위와 같음.

의거하여 중공업 위주의 제1차 5개년계획(1957~61)을 1년 앞당겨(공업부문은 2년 반에) 1960년에 끝내면서 7개년계획(1961~67, 3년 연장하여 70년에 끝냄)을 책정하고 있었다. 여기서 북한에서는 "천리마운동(千里馬運動)"이라는 전국적 증산운동(增産運動)의 강행으로 공업화의 기초가 빠른 속도로 건설되고 공업생산과 알곡 수확량이 늘어나고 있던 것은 사실이다.[1101]

그러나 경공업의 경시와 성급한 농촌집단화 정책에 의하여 인민들의 의식주 생활은 극도로 궁핍한 상태에 있었고 그 위에 노동력의 혹사에 시달리고 있었다. 자기들도 외국 원조에 기대어 시설의 빈약과 자재부족, 기술의 낙후(落後) 등의 난국을 노동력의 총동원과 혹사(酷使)로 타개하고 있던 조건에서 "남조선 경제 구원" 운운은 절대로 불가능했다. 그가 연민(憐憫)의 정을 참지 못한 듯이 묘사한 남한 경제의 "절망적 상태"는 사실은 남한에서 혁명적 분위기를 조성하기 위하여 시도한 대중선동의 한 방법이었다.

더 나아가서 김일성은 과학－문화－예술－체육 등 모든 분야에서도 서로 남북은 교류하여 문화사절단이 내왕하여야 한다고 주장했다. 그는 분단 15년 동안에 남－북간에는 언어와 문자마저 달라져가고 있으며 문화와 생활풍습이 달라지고 있다는 것을 못내 안타까워하듯이 말했다. 이때 그가 강조한 점은 "남조선에서는 부패한 *양키* 문화와 미국적 생활양식이 지배하고 있으며 민족문화와 우리 인민의 생활 풍습은 말살되고 있다"[1102]고 개탄했다. 당시 남한 안에서도 천박하고 저속한 외국의 대중문화(大衆文化)의 유입을 비판하는 소리는 높았고 지금도 그러하다. 그러나 김일성의 본심은 그런 말로 반미 선전을 하는데 있었다. 또한 그는 남－북간의 경제교류를 위

1101) 北韓의 제1차 5개년계획은 戰後復舊 3개년계획(1954～56)과 더불어 북한의 일련의 연차 경제계획 중 비교적 성공한 예이다. 제4차 노동당대회(1961.9)에서 김일성은 "1957년부터 1960년까지의 4년 동안에 공입 총생산액은 3.5배로 늘어났고 공업생산의 연평균 증가속도는 36.5%에 이르렀다고 했다. 또한 이 기간 중 전력공업은 1.8배, 연료공업은 2.8배, 광석 채굴업은 2.6배, 야금 공업은 3배, 화학공업은 4.5배, 기계제작 공업은 4.7배로 각각 늘어났다는 숫자를 제시했다. 국민 소득도 1960년대에는 1956년보다 2.1%가 증가되었고 도시와 농촌에서 근로자들의 주택이 대량으로 건설되었다고 한다. 그 결과로 "오늘 우리 근로자들은 비록 넉넉하게 잘 살지는 못하지만 자기들의 먹고 입고 쓰고 사는데 대하여서는 근심걱정을 하지 않게 되었다"고 5개년계획의 성과를 자랑했다. 『김일성저작선집』 3, 1968년, pp. 75~77, p.83, p.90. 그러나 이런 통계 숫자는 다른 공산당 국가 모두에서 그랬던 것처럼 정치선전의 목적에서 과장된 것으로 봐야하며 객관적 信憑性은 의문이다.

1102) 같은 책, p. 397.

해서는 인민들의 "자유로운 래왕이 있어야 한다"고 강조하면서 "부자간, 형제자매 간, 친척, 친우들 간의 편지 거래부터 할 수 있게 되어야 한다고 강조했다. 나아가서 인민들의 자유로운 래왕(來往)도 할 수 있게 되어야 한다"[1103]고 지극히 당연한 인도주의적 정신을 자기의 내심과 달리 피력(披瀝)했던 것이다.

제2절 "제2공화국"에 대한 북의 파상공세

그러나 김일성은 이러한 언사(言辭)와는 정반대로 남-북간의 자유왕래, 경제교류, 사회개방을 두려워하여 폐쇄주의(閉鎖主義)의 정책을 철저히 고수하고 있었다. 그것은 독재정권을 유지하는 가장 효율적 방법이었기 때문이다. 그의 이런 정책은 1971년 8월 이후의 남-북적십자회담에서 이산가족 찾기 운동을 갖가지 구실로 거부해 왔고, 1972년 「7·4 남-북 공동성명」에서 합의한 '남-북조절위원회'를 일방으로 파괴한 사실들이 입증했다. 김일성은 자기가 그처럼 강조했던 경제교류도 1984년 11월 이후의 일련의 남-북 경제회담을 여러 가지 구실로써 유산시켰다. 그가 1960년 8월에 제의한 위의 연방제-최고민족위원회-상설위원회-경제위원회 등은 그 후에 약간 명칭을 바꾸고 수식어를 붙여 빈번히 들고 나왔지만 본래 이것은 전형적인 냉전형(冷戰型) 대남 평화통일 공세의 수단이었으며, 지금도 그 본질에는 변함이 없다.

1960년 8월 남한에서 출범한 민주당정부는 다음해 5월 16일까지 겨우 8개월 동안 존속한 단명한 정권이었다. 김일성은 7·29 자유총선거를 통하여 출현한 제2공화국의 민주적 정통성(正統性)을 전적으로 부인하고 나섰다. 그는 7·29총선은 과거와 마찬가지로 "금력과 협잡과 *테러*로써 조작된 것"[1104]이라고 악평하고, 남조선 인민들은 도처에서 "선거장소와 선거함을 짓부수며, 경찰과 그 밖의 괴뢰 통치기관들을 습격하여 선거 무효를 선언"하는 등 대중적 투쟁을 벌였다[1105]고, 마치 몇몇 투표소에서 불평분자들이 일으킨 소란을 선거를 반대하는 남조선 전체 인민들의 혁명 투쟁

1103) 위와 같음.
1104) 같은 책, p. 393.
1105) 위와 같음.

인양 엄청나게 과장했다. 그 위에 그는 7 · 29 선거를 통하여 선출된 소위 국회(國會)도 "이승만 통치시대의 국회와 마찬가지로 노동자, 농민의 대표는 한 사람도 없다"면서 그런 국회가 "인민의 대표기관으로 될 수 없다는 것은 두 말할 필요도 없다"고 비방했다.

이때 김일성은 노동자, 농민이 압도적 다수를 차지하고 있던 남한의 유권자 82.6%가 민의원 선거에, 92.2%가 참의원 선거에 참가하였고, 민주당은 그중 75.1%라는 놀랄만한 다수표를 획득하여 정부를 구성했던 엄연한 사실에는 일부러 침묵할 수밖에 없었다. 반면 남조선혁명을 위한 유리한 조건도 나타났다. 자유당 치하에서 부당하게 처리된 수많은 사건들에 대한 울분과 오랫동안 억압되어온 국민 대중의 불평, 불만, 욕구는 "민주주의"의 이름에서 도처에서 분출되었다. '혁명 유가족'들의 법원 앞 시위(9.5), 상위 군인들의 국회 앞 시위(9.16), 반(反)혁명세력 규탄 시위-농성(8.27), 학원의 연속적인 분규와 민주화 시위, '피(被) 학살자 유가족'들의 항의, "악법" 반대 군중시위, 우익단체의 용공 규탄 시위, 3 · 15 부정선거 원흉 규탄 시위 등, 남한에서는 어느 외국기자가 평했듯이 "시위로 날이 밝고 시위로 날이 지는" 어지러운 사태가 진행되었다.

이와 더불어 각종의 항의 농성, 난동, 파업, 경찰서 난입(亂入), 고발, 성명서 범람(氾濫) 등의 소란 상태, 심지어는 4 · 19 부상학생들의 민의원 난입, 의장단 점거사건(10.8)까지 발생했다. 그 위에 4 · 19 이전부터 오랫동안 지속되어 온 민주당 내의 만성적 신-구파의 대립은 양파가 국회 본관의 단상에 뛰어올라 난투극을 연출(8.26)하는 추태까지 보였다. 드디어 1960년 9월 22일 구파의 분당선언(分黨宣言)이 있은 후 민주당은 최종적으로 분열되고 말았다. 이런 상황에서 장 면(張 勉) 총리는 8개월 재임기간 중 3차례나 개각을 하지 않을 수 없었다.

정치적 자유가 완전에 가깝도록(공산주의자들의 합법적 활동은 제외) 보장되었던 상황에서 통일논의는 정당, 사회단체, 학생들 사이에서 활발하게, 때로는 무분별하고 무책임하게 백가쟁명(百家爭鳴) 식으로 쏟아져 나와 정치적 혼미상태를 가중시키고 있었다. 그런 가운데 통일문제는 곧 정쟁의 수단으로 되어갔다. 도전은 4 · 19 직후에 부활한 '혁신계' 정치세력, 그 중에서도 '민족자주통일 촉진회(促進會)'(뒤에는 '민족자주통일협의회'), 약칭 '민자통'(民自統)으로 대표되는 용공적(容共的) 급진파들로부터 시작되었다. 이때 모든 재야 정당들은 독재정당이 아닌 민주당 정권에 대해 "반독재투쟁"을 벌일 수는 없었다. 따라서 대(對)정부 투쟁에서 가장 쉽고 편리한 방법은 민족적 숙원과 명분에 부합되는 통일문제를 들고 나와 공세를 취하는 행동이었다.

이상 일련의 정치적 *아노미*(anomie)상태에서 장 면 내각은 UN감시하의 남-북 총선거라는 주장 이외에는 체계적인 통일정책을 구상하고, 입안하고, 정립할 시간적 여유가 없었다. 설사 그렇게 했더라도 그것은 정국을 안정시키지는 못했을 것이다. 당시의 재야 정당, 학생, 사회단체의 대부분은 당장의 해결이 불가능한 통일문제를 이성적인 접근의 대상이 아니라, 선동적 정치투쟁의 무기로 삼고 서로 경쟁하고 있었던 때문이다. 북한은 이 절호의 기회를 놓치지 않기 위하여 1960년 11월부터 파상적인 대남(對南) 평화통일 선전공세를 더욱 강력하게 폈다. 그 목적은 첫째로는 남한 내의 국민 여론을 김일성의 통일정책에로 유도하자는데 있었다. 둘째로는 그해 9월에 열린 제15차 UN총회에 한반도 문제가 다시 상정되자 미국과 한국정부를 성토(聲討)하는 선전장(宣傳場)으로 활용하자는데 있었다.

60년 11월 10일 UN에 보낸 「조선민주주의인민공화국정부 '비망록'(備忘錄)」은 미국의 "조선침략 정책"을 거듭 규탄[1106]하는 한편 한국의 새 정부가 획득한 민주적 정통성을 전면적으로 거부하였다.[1107] 이와 동시에 민주당 정부가 견지하고 있던 UN감시하의 남-북 총선거 통일방안을 과거와 마찬가지로 단호하게 배격했다.[1108]

1106) 정부의 「備忘錄」은 다음과 같이 비방했다. "미국은 자기 군대를 남조선에 상륙시킨 첫날부터 일관하게 조선을 식민지化하며 그를 아세아대륙 침략을 위한 군사기지로 전변시키는 정책을 실시하였다.…1948년 5월 10일 유엔감시하의 남조선 단독 '선거'는 미국 강점군과 이승만 *테러*단이 총동원된 삼엄한 분위기 속에서 진행되었으며…바로 이러한 강압과 폭력과 감시 행위에 의하여 미국의 식민지 통치기관으로써 이승만 괴뢰정부가 조직되었다"고. 「조선의 평화적 통일에 대하여」(비망록) 『조선중앙년감』 평양, 조선중앙통신사, 1961년 판, pp.19~27.

1107) 민주당정부의 정통성을 거부하는 증상의 한 예는 다음과 같았다. '*유엔* 감시하에' 진행된 지난 7월 29일 '선거'는 이승만 정권 때의 수법 그대로 폭압과 협잡으로 감행되었다.…민주당은 금번 '선거'에서 許政 '과도정부'와 결탁하여 금력에 의한 사기협잡과 위조 투표, 대리 투표, 환표, 유령 선거인명부 날조, 무더기 표 투입, 개표 시의 부정계산 등 각종 부정 방법을 가리지 않았다.…장 면 내각은 이승만 정권의 재판(再版)에 불과하다. 장 면은 이승만과 같이 미국의 침략정책에 추종하여 인민들의 민주주의적 요구를 거부하며 조국의 평화적 통일에 대한 조선인민의 한결같은 염원을 거역하여 나섰다". 위와 같음.

1108) 그 이유는 다음과 같다. "미국이 자기의 침략적 목적을 달성하기 위하여 음흉한 술책으로 꾸며낸 … '유엔 감시하의 선거'란 미국의 식민지 통치기구를 조작하고 유지하며 조선에 대한 간섭의 수단에 불과하다". 위와 같음.

북한의 이 「비망록」은 물론 위에서 분석한 김일성의 8월 14일 연설 내용에 기초한 것이었다. 북한의 '최고인민위원회 상임위원회' 위원장 최용건(崔庸健)은 11월 19일 최고인민회의 제2기 제8차 회의에서의 '보고'를 통하여 위의 김일성의 연설 내용을 장황(張皇)하게 부연 설명[1109]하면서, "극심한 빈궁과 죽음의 땅"으로부터 남조선 인민들을 "구원"하기 위한 것이라고 하여, 세계의 어떤 부강한 나라도 감당할 수 없는 허황하기 그지없는 대남 원조 안이란 것을 제의[1110]하면서 남한의 경제부흥계획의 대강(大綱)까지를 자기들이 작성하여 발표하는 선전전을 벌였다.

최고인민회의는 사흘 뒤인 22일 남한의 정당 사회단체와 인민들에게 편지를 보내어 앞의 최용건 「보고」와 같은 내용의 주장을 되풀이했다. 또한 같은 날 최고인민회의는 남한에서 민족경제의 자립적 발전을 도모할 데 대한 「의견서」라는 선전문서를 발표했다. 여기서 북한은 남한의 경제적 실태 전반을 자기 식으로 분석하면서 허황하기 그지없는 몇 가지 "원조 안"[1111]을 추가로 첨부했다. 남한의 정치가나 국민들로서는 정치적 백치가 아닌 한 북한의 그런 "남조선 구원"책을 믿을 사람이란 없었다. 북한이 주한 미군철수－남한의 "민주화"(공산주의 정당의 합법화)－남북협상－연방제 실시－"민주주의의 기초 위에서의 자주적 평화통일" 등을 고리로 한 "평화통일"

1109) 최용건 「보고」에서도 되풀이 UN감시하의 선거반대－UN韓國復興委員團 해체－조선인 자신에 의한 "자주적 평화통일" 실현－남한으로부터의 모든 외국군 철수－남북군대의 각 10명 線 減軍－연방제 실시－대남 경제원조 등을 주장하고 이러한 문제들을 논의하기 위하여 "남북조선대표들의 협상회의"의 소집을 제의하였다. 「조국의 평화적 통일을 더욱 촉진시킬 때에 대하여」(최용건 「보고」). ≪로동신문≫ 1960년 11월 20일.

1110) "파국에 처한 남조선의 경제형편과 도탄에 빠진 인민생활"을 구출하기 위해서라고 하면서 최용건은 다음과 같은 황당무계한 제안을 했다. ① 남조선의 소작지를 매상하여 농민들에게 무상분배하고 빈농들의 부채를 청산하는데 필요한 재정을 "전적으로" 부담한다. ② 남조선 어부들의 어선 부족을 해결하기 위하여 년차로 3,500톤급 가공모선과 450톤급 중형철조선을 포함한 700척의 기관선을 공급해 준다. ③ 그 밖에도 조선소를 운영하는데 필요한 자재들을 공급할 수 있다. ④ 1961~62년 사이에 전력을 10만－15만KW로부터 1967년에는 40만KW, 석탄은 같은 기간에 100만－150만 톤으로부터 500만톤, 선철(銑鐵)은 5만~10만톤으로 부터 20만톤을, 그 밖에 남조선 공업의 수요를 충족시킬 수 있도록 鋼材, 시멘트, 목재, 판유리, 공작기계, 비닐, 인조섬유, 합성수지, 가성소다 등의 "정상적 공급"을 보장할 수 있다. ⑤ 남조선 청년들을 북반부에서 받아들여 "희망에 따라 공부시키고", 150만명의 유랑 고아(流浪孤兒)를 받아들여 양육한다. ⑥ 남조선의 주택난을 해결해 주기 위하여 금후 수년 내에 100만세대분의 다층 주택을 건설하여 도시 극빈자들에게 "무상"으로 제공할 용의가 있다는 것이다. 위와 같음.

1111) 이 「의견선」에 첨가한 것은 남조선의 "빈농들의 축력부족을 타개하도록" 役畜을 매년 4만~5만두 씩 "무상으로 공급할 수 있다고 했다. 「남북조선 경제 문화교류와 협조를 실현하며 남조선에서 민족경제의 자립적 발전을 도모할 때 대한 의견서」 위와 같음.

공세는 "남조선 괴뢰정권"을 국민으로부터 최대한 고립시키자는 데 그 목적이 있었다.

평화적이요 민주적인 통일을 UN감시하의 남-북 총선거를 통하여 실현하여야 한다는 건국 전후의 통일정책을 고수하고 있던 민주당정부는 출범 다음날인 8월 24일 정일형(鄭一亨) 외무부장관의 담화를 통하여 그것을 재확인하고 김일성의 8월 14일자 통일방안을 반박했다. 그러나 장 면(張 勉) 내각이 출범한 이후 통일 논의는 남한에서 더욱 고조되어 갔고 서울대학의 '민족통일학생연맹'(1960.11.18 발족)을 비롯하여 각 대학에서는 통일단체가 속출했다. 당시의 격양된 분위기 속에서 통일운동의 주도권은 4·19에서 치른 유혈의 희생을 절대적 권위로 내세우는 급진적 학생들에게로 넘어가고 있었다. 정치인들은 오히려 이들에게 끌려 다니는 한심한 양상을 보였다.

이러한 상황에서 61년 1월에는 신민당(민주당 구파) 소장과 의원들까지 남-북의 경제교류를 주장하면서 정부에다 압력을 가했다. 5월 3일에 급진적 대학생들이 "오라 남으로! 가자 북으로!"라는 구호를 외치면서 20일 판문점에서 남-북 대학생회담을 열 것을 제의하자, 이것은 큰 정치적 *이슈*로 등장했다. 정부는 남-북 학생회담(學生會談)을 불허한다는 방침을 세웠다. 지각 있는 많은 국민들의 만류에도 불구하고 일부 학생들은 기어이 남-북 학생회담을 강행하려했다. 5월 11일 북한은 성명을 발표, 장 면정 부를 맹렬히 규탄하면서 학생 회담을 대대적으로 선동했다.[1112] 5월 13일 남-북 학생회담에 호응하는 군중대회가 '민자통(民自統)'의 선도 하에 서울운동장에서 열렸다. 여기서 나온 결의문은 평양의 선전에 그대로 장단을 맞춘 것이었다.[1113]

1112) 「남북조선학생회담의 실현을 위하여 투쟁하고 있는 남조선학생들에 대한 장 면 일당의 탄압조치를 규탄하며」라는 제목을 부친 북한의 「남북조선 학생회담 준비위원회 성명」은 격렬한 어조로 "매국 배족(背族)에만 눈이 어두운 장 면 일당"을 규탄했다. 「성명」을 요약하면 다음과 같다.

①"장 면 일당은 남북학생회담이 '용공'의 위협이 있다느니 뭐니 하면서…남조선 학생들을 발악적으로 탄압하여 회담을 파탄시키기 위한…각종 책동을 다 하고 있다", ②"미제의 조정 하에서 장 면 일당이 감행하고 있는 이와 같은 발악적 책동은 그의 매국노적 본성을 스스로 폭로하여주는 것"이다, ③"4·19에 청년 학생들이 흘린 피의 대가로 정권을 橫取하여 정권에 끼어든 장 면 일당이 오늘에 이르기까지 통일 방안 하나 제대로 내놓지 못하는 주제에 무슨 낯으로 남조선 학생들의 정당한 애국적 發起에 대하여 감히 탄압과 중상 및 위협 공갈을 시도하는가?", ④ "우리는…남조선 학생들이 회담을 방해하려는 그 어떠한 음흉한 술책과 탄압에도 굴하지 않고 회담의 조속한 실현을 위하여 굳게 단결하여 끝까지 투쟁하리라는 것을 확신하며 우리의 벗들에게 열렬한 성원을 보낸다." ≪로동신문≫ 1961년 5월 12일.

혼돈의 시대를 지배하는 것은 이성적 신중론(愼重論)이 아니라 흥분과 혈기에 찬 선동이다. 한국의 정국은 감상적 통일론자, 김일성 동조자, 북한이 선전하는 "민주주의적 자주적 평화통일"의 허상(虛像)을 실상(實像)으로 착각한 사람들의 열기에 의하여 소용돌이치고 있었다. 그러나 그런 사태는 오래가지 못했다. 5월 16일 서울에서는 군사 *쿠데타*가 돌발하여 그렇게도 소란했던 통일 논쟁은 일단 막을 내리게 되었다.

1113) 「남북학생회담 환영 및 통일촉진 궐기대회 결의문」은 "남북학생회담을 전폭적으로 지지한다"는 것, "학생회담 뿐만 아니라 남북의 정당 사회단체도 조속한 시일 내에 민족 자주적인 남북 평화통일을 달성하기 위하여 남북정치 협상의 만반 태세를 갖춘다는 것을 주장하였다. 그리고 "張 정권 및 남북학생회담을 반대하는 인사들은 지금이라도 늦지 않았으니 뉘우치고 적극 협조하라", "UN군은 평화와 자유를 위하여 존재이유를 갖는다면 학생 회담으로 가는 길을 스스로 열어주라"고 요구했다. 앞의 『韓國時事資料 · 年表』 上卷, p. 943.

제6장

5 · 16군사혁명 이후의 남-북 정치공방전

제1절 남 - 북간의 사상 공방전

박정희 장군을 중심으로 하는 군부세력은 비상계엄령을 선포하면서 6개항의 「혁명공약」(革命公約)을 발표했다. 그 1항은 "반공을 국시의 제일의로 삼고 지금까지 형식적이고 구호에만 그친 반공체제(反共體制)를 재정비 강화한다."고 했다. 제 5항에서는 "민족적 숙원인 국토통일을 위하여 공산주의와 대결할 수 있는 실력배양에 전력을 집중한다."[1114]고 선언했다. 이상 "반공체제의 강화"와 "실력배양"이란 두 개의 목표는 그 후 군사혁명정부의 통일정책의 기조를 이루게 되었다. 그 목적은, "조선혁명의 종국적 승리"를 위하여 "혁명적 민주기지를 강화"하며 "사회주의의 커다란 비약"을 이룩하여야 한다는 북한의 정책노선에 적극적으로 대항하는데 있었다. 이렇게 하여 북한의 전체주의 1인 독재정권과 남한의 군사독재정권과의 장기간의 투쟁은 시작되었다.

김일성의 대남 통일정책은 곧 박정희 정권을 타도하고 대한민국을 전복하여 조국을 통일한다는 전략 전술을 중심으로 하여 전개되었다. 이것은 이승만의 자유당정부 때나 장 면(張 勉)의 민주당정부 때나 꼭 마찬가지의 정책이었다. 장 면 정부 시대에는 "남조선 당국자"까지를 회유할 의도에서 남조선혁명을 표면적으로 크게 강조하지는 않았지만 박정희(朴正熙) 시대가 출현하자 회유책(懷柔策)을 단념하고 '남조선혁명'을 격렬하게 선동하면서 그 도식을 만들어 나갔다. 김일성이 연속적으로 제시한 바, '남조선혁명'을 통한 "조국의 평화통일" 방안은 한마디로 대남 정치적 선전포고나 다름이 없었다.

1114) 「5 · 16 혁명공약」(1961. 5. 16)의 원본(그 후 일부 수정)은 같은 책, 같은 페이지.

김일성은 1961년 9월 11일 노동당 제4차 대회에서 행한 연설을 필두로 하여 연거푸 공격의 포문을 열었다. 그는 당 대회에서 남-북연방제 방안을 일단 접어놓고 미군철수-남한의 정치적 자유-통일전선의 결성-자주적이며 민주적인 전(全) 조선의 "자유선거"에 의한 평화통일론을 선전했다. 자유선거를 보장하기 위한 "선결조건(先決條件)"은 남조선에서 "미제 침략군"을 몰아내고 "모든 외세의 간섭을 물리치는 것"[1115]이라는 것이 그의 논리였다. 그는 "미제"의 타도를 목적으로 "반미 통일전선"을 이룩하는 것이 "혁명 발전의 가장 중요한 요구"라고 강조하고, 여기에서는 "노동계급 영도 밑에 노동자, 농민의 동맹을 강화하는 것이 무엇보다 중요하다"는 *레닌*이래의 통일전선 공식을 거듭 설명했다.[1116]

김일성은 통일전선의 목적이 "미 제국주의자들과 그 앞잡이들을 철저히 고립시켜…남조선의 애국적 민주주의 역량과 북조선의 애국적 사회주의 력량과의 단결을 이룩하는데" 있다고 설명했다.[1117] 또한 그는 남조선 인민들이 반제-반봉건적 투쟁에서 승리하기 위하여서는 군중투쟁을 조직적으로 전개할 수 있도록 "*맑스-레닌*주의를 지침으로 하는 혁명정당(공산당)을 가져야한다"[1118]고 정직하게 가르쳤다. 동시에 그는 남한의 정부가 군사정부라는 점을 염두에 두고 국군의 구성을 사회계급으로 구분하면서 군대 안에서 반란을 일으키도록 선동하였다.[1119]

북한의 이러한 공세에 대하여 남한의 군사정부가 본격적으로 응수하기 시작한 것은 1962년 초부터였다. 박정희 '국가재건최고회의(國家再建最高會議)' 의장은 5·16 *쿠데타*를 정당화하기 위할 입장에서 자유당, 민주당을 막론하고 역대 정부의 실정을 통박하는 한편, 북한의 통일공세에다 반격을 가하였다. 그는 1962년 2월에 출판(집필은 그 이전)된 『우리 민족의 나갈 길』에서 북한이 간접침략을 위하여 "밤낮없이 간첩을 남파하고 있으며 터무니없는 중상적 선동을 자행하고 있으며 남한을 파괴하기 위해 눈이 벌게서 날뛰고 있다"고 비난하고 다음과 같이 김일성의 주장을 논박(論駁)하였다.

1115) 같은 책, p. 149.
1116) 같은 책, p. 150.
1117) 같은 책, pp. 150~151.
1118) 같은 책, p. 142.
1119) 같은 책, p. 146~147.

공산주의자들은 자기들이 마치 나라를 사랑하고 겨레를 사랑하는 거룩한 희생자나 되는 것처럼 떠벌리지만 사실을 그들이야말로 양(羊)의 껍데기를 쓴 이리 떼에 지나지 않는 것이다. 그들이 즐겨 지껄이는 나라의 통일이니 어느 쪽에도 치우치지 않는 중립 통일이니 하는 것도 기실은 말의 교묘한 입을 빌려 그들의 속셈이 음흉한 계획, 다시 말하면 어떻게 하면 공산세계로 만들 수 있겠는가 하는 어처구니없는 생각에 지나지 않는 것이다…공산주의자들은 언제나 겉과 속이 판이하게 다르다. 그들의 간사스러운 속임수에 넘어가서는 안 된다. 속으로는 또 다시 피비린내 나는 전쟁을 준비하기 위하여…미친 듯이 날뛰면서도 겉으로는 그럴싸한 평화를 내세우는 것이 바로 공산주의자들의 정체인 것이다. 오늘 우리 겨레의 가장 큰 위협의 고비는 이러한 공산주의자들의 도전이요, 거리의 약장수같이 떠벌리는 선동 선전이다. 이러한 선동 선전은 물리치고 남북통일의 성스러운 과업을 완수하지 않으면 안 된다[1120].

박정희 의장이 목표로 하는 남북통일은 김일성의 남－북통일이 공산주의 통일인데 비하여 승공통일(勝共統一)이었다. 그러자면 남한의 부강과 번영을 이룩하여야 한다. 그는 강조하기를 "사회 경제적인 면에서 우리의 체계가 북한 공산주의의 포악스러운 체제보다 으뜸가는 자리에 있고 또한 모든 국민이 인간다운 생활을 할 수 있는 진정한 자유와 민주주의적인 부강과 번영이 이룩되어야 할 것은 두 말할 나위도 없다"[1121]고 했다. 그는 한반도의 통일문제를 한국의 안전보장과 연결시켜 인식하고 한반도의 지정학적 여건을 주시하면서 북한과 그 "양 옆구리"에 있는 공산주의 소련 및 중국 대륙으로부터의 군사적 위협을 몹시 우려하고 있었다.

그런 공산주의의 위협이 계속되는 한 미국을 비롯한 자유진영과 "군사적 정치적 유대를 긴밀히 하는 것만이 우리가 사는 길이요, 또한 우리의 자유와 독립을 유지하는 길"[1122]이라고 거침없이 말했다. 박정희의 안보전략(安保戰略)은 이승만－장 면 시대의 그것을 계승한 것이었다. 이러한 남한의 안보전략에 대하여 김일성은 "반미", "반*파쑈*" 선전 공세를 더욱 강화해 갔다.

김일성은 남조선에서 외국군대를 몰아내고 외세의 간섭 없이 자주적, 평화적으로 통일을 실현하여야 한다는 판에 박힌 공세를 되풀이하면서 통일방안으로써 남－북

1120) 『박정희대통령 선집』 1, 서울, 지문각, 1969년, pp. 16~17.

1121) 같은 책, p. 211.

1122) 같은 책, p. 207.

연방제를 다시 들고 나왔다. 그는 자기가 타도의 대상으로 매도해 온 대한민국정부의 대표들과 함께 "최고민족회의(最高民族會議)"를 구성, 남-북 사이의 "접촉"을 촉진하며, "정치 경제적 연계"를 강화하고 "민족 화목의 분위기"를 조성하게 되면 평화통일에 "유리한 국면"이 열리게 될 것이라고 박(朴) 정권을 우롱(愚弄)했다.1123)

박정희는 오랜 동안 김일성과 통일방안 자체를 놓고 논전하지 않았다. 그는 "승공통일"을 위하여서는 경제 건설에 총력을 기울여야 한다는 신념에서 제1차 5개년계획을 구상하게 되었다. 그는 앞서 언급한 『국가와 혁명과 나』에서 혁명공약("당면한 행동강령")을 약간 부연하여 "자립 경제"의 건설과 승공통일을 위한 "실력 배양"을 강조했다.1124)

이렇게 통일문제에 있어서의 근본적 대립이 있었음에도 불구하고 남-북한은 기이하게도 많은 공통점을 가지고 있어서 사람들을 당혹케 할만 했다. 즉 양자는 다 같이 4·19 혁명을 격찬한 점, 민주당정부는 4·19 혁명을 "가로챘다(북)", "새치기했다(남)"고 비난한 점, 민주당정부가 혁명을 "유산"시켜 미완성으로 끝나게 했다는 점, 부패한 민주당은 본질적으로 자유당과 다를 바 없다고 공격한 점에서는 일치했다. 또한 남한의 민족경제는 파멸 직전에 있는 듯이 묘사한 점, "자립경제(自立經濟)"와 "자주국방(自主國防)"(북은 "국방에서의 자위")을 역설하고 있었다는 점, 천박한 외국문화가 남한 땅을 휩쓸고 있어 "주체의식(主體意識)"이 상실되고 있다고 주장한 점, 그리고 쌍방 모두가 "민주주의"와 "평화통일"을 강조하면서 "혁명과업 완수"를 다그치고 있었다는 점에서도 유사했다.1125) 그 위에 UN에서 수적으로 증대하여 발언권을 강화하고 있던 '제3 세계'를 통일전략의 큰 변수(變數)로 중요시하고 있던 점에서도 양자는 거의 일치했다.1126)

1123) 같은 책, p. 407.

1124) 그는 '혁명공약' 제4항에 대하여서는 "국가자립경제 재건에 온 힘을 기울여 굶주림에서 허덕이는 민생고를 한시 바삐 해결함으로써 국민의 희망을 드높인다", 제4항에 대하여서는 "북한 공산세력을 뒤엎을 수 있는 국가의 실력을 배양함으로써 민족적으로 소망이 되고 있는 국토통일을 이룩한다"는 주석을 달았다. 朴正熙 저, 『국가 혁명과 나』, 서울, 고려신서 제1집, 1965, p. 69.

1125) 朴正熙 군사정권의 민주당정권에 대한 비판과 비난은 김일성의 그것을 능가할 정도로 가혹한 것이었다. 이에 대해서는 앞의 『박정희대통령선집』 1, 제4장 제2공화국의 「카오스」 및 『국가와 혁명과 나』, pp. 57~68 참조.

1126) 金日成은 공산주의 통일전략의 일환으로 반미적인 신흥독립국가, 제3세계 나라들과 단결하여 미국을 고립시킨다는 구상을 해왔지만 이것을 유달리 강조하기 시작한 것은 1964년 2월경부터였다. 『김일성

남한의 군사정권은 아슬아슬한 위기를 연속적으로 겪으면서 권력의 기반을 굳혀 나갔다. 그리고 1962년 1월에는 제1차 경제개발 5개년계획을 발표하고 2월부터 본격적인 시행에 들어섰던 것이다. 제1차 5개년계획이 진행되는 동안 박정희는 자립경제의 확립이야말로 승공통일로 가는 길이라는 것을 거듭 거듭 강조했다. 그는 같은 분단국(分斷國)인 서독(西獨)에 주목했다. 그가 서독을 방문한 것은 1964년 12월이었다. 그는 서독의 경제부흥, 즉 "*라인*강의 기적(奇蹟)"과 독일국민의 자립정신(自立精神), 통일에의 의지(意志), "승공(勝共)의 산 표본(標本)"에 큰 감명을 받은 듯싶다. 그는 교포들과의 조찬회(朝餐會)에서 무력에 의한 남북통일은 있을 수 없다고 단언한 후, "유일한 통일의 길, 그것은 서독의 경우와 같이 오직 경제적인 자립과 부흥으로써 이북의 생활수준을 우월하는 실력의 배양(培養)에 있다"[1127]고 서독 식 통일접근 방법을 강조했다.

박정희 정권에 대한 남한 내의 많은 비판, 비난, 항의는 그것대로 충분한 이유가 있었지만 그의 자주 자립에 대한 집념은 강인했다. 남한에서의 자립경제의 건설은 북한과는 달리 철광, 석탄 등 천연자원(天然資源)이 절대로 부족했고 중화학(重化學)공업과 전력원(電力源)이 보잘 것 없었던 조건에서 시작되었던 데다가 철도, 도로, 항만시설 등 사회적 간접자본도 빈약했기 때문에 재원의 상당부문을 외국자본 도입에 의존하지 않으면 안 되었다. 남한의 경제적 파멸을 기다리고 있던 김일성이 당시(1962. 10) 박 정권의 외자도입정책을 "망국의 길"[1128]이라고 격렬하게 비방한 것은 그로서는 당연했다.

요컨대 김일성에 의하면 북한이 사회주의 경제건설을 위하여 중-소 등 "사회주의 형제국들"로부터 받는 원조는 정당하며 남한이 서방측 우방들로부터 원조를 받는 원조는 "제국주의에의 예속의 길"이라는 것이다. 그렇다면 김일성의 대안은 무엇이었

저작선집』 4, p. 24. 한편 박정희는 ① 제3세력의 대두로 UN의 세력 판도가 바뀌어 UN감시 하의 남북총선거는 재고할 수밖에 없다는 점, ② 우주과학의 발달로 전쟁은 불가능해져 미-소는 평화공존으로 나아가고 있다는 점, ③ 이 때문에 중·소의 "이론투쟁"이 벌어지고 있다고 정세분석을 했다. 이 새로운 정세에서 그는 中立진영인 제3세계에 끊임없는 관심을 쏟아야 할 것을 강조했다. "군사혁명정부가 과거의 고리타분한 외교에서 벗어나 중립 진영, 특히 亞阿*블럭*에 관심을 가진 까닭"은 국제정세의 변화 때문이라고 했다. 앞의 『국가와 혁명과 나』, pp. 178~179 참조.

1127) 앞의 판, 『박정희 대통령선집』 4, p. 151.

1128) 앞의 『김일성저작선집』 3, p. 405.

던가. 결국 남-북이 힘을 합치고, "북조선의 강력한 경제토대에 의거하여 우리[북조선]의 풍부한 자원을 공동으로 개발한다"[1129]는 것이었다. 이런 식의 북한의 대남 평화공세는 1964년 이후 더욱 치열해갔다.[1130] 공세의 내용은 마찬가지였지만 *이데올로기*적으로 보다 더 정돈되어 있었다.

김일성은 남한의 근로자들의 민생고(民生苦)를 최대로 과장하는 한편, 이와 대조적으로 "북반부에서는 사람들이 다 먹고 입고 쓰고 사는데 근심걱정이 없이 지내고 있으며 누구나 다 배울 수 있고 병이 나도 돈 한 푼 들이지 않고 치료를 받을 수 있다"고 마치 북한이 최선진적인 복지사회(福祉社會)가 다 된 듯이 허위선전(虛僞宣傳)을 일삼았다. 계속하여 그는 남한 사람들이 북한에 와 보면 "북조선의 정치가 옳다는 것을 인정하게 될 것이며 남조선의 식민지통치를 반대하여 싸울 결심을 가지게 될 것"[1131]이라고 환상 같은 기대를 피력하고 박정희에 대해 다음과 같이 비방했다.

> "요즘 박정희란 놈은 ≪선 건설 후 통일≫이라는 구호를 들고 있는데 이것은 남조선을 북조선보다도 더 잘 건설한 다음에 통일해야 공산주의자들을 이길 수 있다는 뜻입니다. 그러나 미제의 식민지통치 밑에서는 놈들의 이와 같은 꿈은 절대로 실현될 수 없습니다".[1132]

1960년대에 남-북한 간의 냉전은 현실적으로는 도저히 불가능했던 "평화통일"을 명분으로 하여 전개되고 있었다. 김일성은 제국주의를 타도하고 조국통일을 쟁취하는 제1차적 수단으로써 언제나 생각한 것은 북한의 우렁찬 경제건설을 토대로 한 강력한 군사력이었다. 왜냐하면 "혁명적 무장력은 반(反)혁명세력을 때려 부수고 혁명

1129) 같은 책, p. 406.

1130) 1964년 이후 김일성이 시도한 통일공세 중 중요한 것은 1964년 2월 27일 당 중앙위원회 제4기 제8차 전원회의에서 한 결론 「조국통일을 실현하기 위하여 혁명역량을 백방으로 강화하자」, 1965년 1월 8일 「*워싱톤*에 있는 조선문제연구소 소장에게 보낸 회답 서한」, 1965년 4월 14일 인도네시아(*알리 아르함*) 사회과학원에서 한 강의, 1966년 10월 5일 노동당 대표자회의에서 한 보고 「현 정세와 우리 당의 과업」, 1965년 10월 10일 노동당 20주년 경축대회에서 한 '보고' 「조선로동당 창건 스무 돐에 즈음하여」, 1967년 12월 6일 최고인민회의 제4기 제1차 회의에서 발표한 조선민주주의 인민공화국 정부정강 「국가의 모든 분야에서 자주, 자립, 자위의 혁명정신을 더욱 철저히 구현하자」 등이다. 그의 주장은 날이 감에 따라 표현을 다듬고 약간 새로운 것을 첨부했지만 내용은 모두 마찬가지였다.

1131) 『김일성저작선집』 4, 1968년판, p. 84.

1132) 같은 책, pp. 84~85.

의 승리를 보장하는 강력한 수단"[1133]이기 때문이었다. 그리하여 그는 "군사력을 강화하는 것은 [남조선]혁명이 평화적 방법으로 수행되건, 비(非)평화적 방법으로 수행되건 관계없이 언제나 필요한 것"[1134]이라고 무력강화 절대론(絶對論)을 주장했다. 그는 평화적 방법에 의하여 혁명의 승리를 획득할 수 있다는 가능성을 결코 인정하지 않았다. 폭력투쟁을 하지 않고 평화적 방법으로 남조선 인민들이 "주권"(정권)을 장악할 수 있다고 생각한다면 그것은 "어리석은 환상"이라고 정직하게 언명했다[1135].

이와 같은 확신에도 불구하고 김일성은 말끝마다 "조국의 평화적 통일"을 강조해왔다. 그러면 그의 "평화적 통일"은 어떠한 성격의 통일인가. 그에 의하면[1136] 평화통일을 주장하는 것은 결코 "미(美) 제국주의자들"과의 투쟁을 "배제"하는 것이 아니며 "민족의 원쑤"들과의 그 어떤 "타협"이나 사회제도의 이른바 "평화적 이행"(평화적, 점진적 변화)에 관한 이론과는 전혀 무관하다는 것이었다. 그렇기 때문에 조국통일은 "미제국주의자들을 우리 강토에서 몰아내고 남조선 괴뢰정권(傀儡政權)을 때려부순 다음에야 비로소 이룩될 수 있다"는 것이다. 그의 이 같은 주장은 요컨대 자기의 "평화적 통일"이 다름 아닌 무력통일이라는 점을 정직하게 표명한 것이었다. '노동당'이 그의 이러한 관점을 구현하여 1962년 12월에 책정한 것이 바로 '4대 군사노선'이었다.

'4대 군사노선'은 김일성의 입장에서 볼 때는 남한에서 형성되고 있던 한－미－일의 안보상의 제휴에 대한 강고한 대응책이었다. 당시의 미국 *존슨* 행정부의 동북*아시아* 전략은 미국의 세계전략의 일환으로써 한－미－일을 결속시켜 소련 및 중국 공산주의의 팽창에 대처하고자 하는데 있었다. 그러기 위하여 미국은 현안의 한－일회담을 조속히 타결시키고 *베트남*에다 한국군을 파병케 하는 방침을 적극적으로 밀고 나갔다. 일본의 경제협력('청구권'과 차관 등)을 밑천으로 제2차 5개년계획(1967~71)을 구상하고 있던 박정희는 정권의 사활을 걸고 대일 국교 정상화교섭에 임하게 되었다.

1133) 같은 책, p. 85.

1134) 위와 같음.

1135) 『김일성저작선집』 5, 평양, 조선노동당출판사, 1972년판, p. 194.

1136) 같은 책, p. 198.

그러나 박정희는 학생, 야당, 시민들의 강한 저항에 부딪쳤다. 40년에 이르는 일본의 식민지 통치에 대한 한국 국민들의 반감, 1950년대의 「*구보다*(久保田)망언」을 비롯한 일본 관료들과 역대 위정자들의 폭언, 어로선 획정에서의 대폭적 대일 양보 등으로 얼킨 반일감정(反日感情)은 "대일 굴욕 매국외교 반대투쟁"을 폭발시켰다. 대일(對日) 굴욕외교(屈辱外交) 반대투쟁은 대학생－야당－종교계－언론계－학계－법조계 등 광범한 국민 층에 계속 확산되어 심각한 정치적 위기를 조성했다.

한－일회담을 둘러싸고 일어난 남한 내의 정치적 분열과 혼란[1137]은 한－미－일의 결속을 기어이 파괴하려는 북한으로서는 더할 나위 없는 좋은 기회였다. 남한에서 전개된 한－일 회담반대 투쟁은 공산주의에 대한 동조와는 전혀 무관하게 일어난 새로운 민족주의적 운동이오, 자유민주주의의 회복을 위한 투쟁이었다. 북한은 이것을 연일 대대적으로 선동하면서 남한 내의 반정부 세력을 김일성의 통일전선 조직에로 유인할 수 있는 시기가 드디어 무르익고 있다는 자신을 굳힐 수가 있었다. 한－일 국교에 대한 김일성의 완강한 반대의 논거를 요약하면 일본에 "군국주의가 부활하고 있다"는 것, 이것은 미국의 부추김 하에 남조선에 대한 경제적 침략을 꾀하고 있다는 것, 그리고 일본의 "군국주의자들"은 남조선과 "침략적인 군사동맹"을 획책하고 있다는 데에 있었다.[1138]

1137) 1965년 가을 *베트남*파병의 여파 속에서 韓－日條約의 체결을 놓고 정국은 크게 흔들렸다. 여당인 民主共和黨은 단합을 유지하고 있었으나 야당인 民衆黨(1965. 5. 3. 민정, 민주 양당 통합으로 발족)은 구 민주당 때의 신 · 구파 대립으로 난맥상을 노정하고 있었다. 소위 "*사꾸라*"와 "선명야당"의 논쟁이 원내의 야당 세력을 절망적으로 분열시키고 말았다. 한－일조약이 여당만으로 비준된 후 이에 항의하여 의원직 사퇴서를 냈던 51명의 위원 중, 국회로 복귀하자는 파와 강경 자세를 취하자는 派 사이에 비타협석 싸움이 벌어져 민중당은 드디어 갈라서기에 이르렀다(1965. 11. 3). 그리하여 다음 해인 1966년 3월 민중당 내의 "舊 民主黨"중심의 강경파가 별도로 新韓黨(총재 尹潽善)을 창당하였다. 민중당의 대표최고위원은 朴順天여사였다. 민중－신한의 두 당은 1967년 2월 일부 재야인사를 포섭하면서 新民黨(당수 兪鎭午)으로 통합되었으나 내부에서 주도권싸움은 그치지를 않았다. 이 내분은 그 후 제6대 대통령 선거(1967. 5)에서 야당 단일 후보의 선정을 놓고 더욱 치열해졌던 것이다.

1138) 韓－日會談이 재개되기 전인 1961년 9월 11일 벌써 金日成은 다음과 같이 앞질러 美－日을 공격하였다. "조선 인민은 일본국국주의가 또다시 머리를 쳐들고 공공연히 아세아 침략의 더러운 욕심을 들어내 놓고 있는데 대하여 가만히 지낼 수는 없습니다. 특히 일본군국주의자들은 미제의 추동 밑에 남조선에 대한 경제침략을 꾀하는 한편 남조선을 끌어넣어 침략적 일인 군사동맹을 꾸며 내려고 꾀하고

한-일기본조약의 가조인(假調印) 날인(1965년 2월 20일)을 얼마 앞둔 1965년 1월 8일, 김일성은 남한의 "반역자들"이 "일본 군국주의자들"까지 끌어들여 남조선을 미-일 제국주의자들의 "2중의 식민지"로 전락시키고 있으며 과거 일제(日帝)의 "주구(走狗)"였던 저들은 이 오늘은 "미 제국주의자와 옛 상전인 일본 군국주의의 앞잡이"로, 즉 2중의 주구가 되고 있다고 격렬하게 중상했다.[1139] 그는 남한에서의 한-일 회담 반대운동을 반미운동으로 확대시키기 위하여 정력적으로 선동했지만 이것은 반미운동과는 연결되지 않았다. 절대 다수의 한국 국민들에 있어서 미국은 여전히 남한에서 일본 제국주의를 몰아낸 해방국이며 6·25 기습남침(奇襲南侵) 전쟁에서 대한민국을 수호해 준 우방이었다.

그러나 김일성은 한-일회담의 강행을 반대하는 남한 내의 일련의 투쟁을 자기의 혁명전략에 따라 그 성격을 주관적으로 규정했다. 즉 이 투쟁은 "미-일 제국주의자들의 침략정책을 반대하며 매국도당(賣國徒黨)을 때려 부수기 위한 반제, 반[反]*파쑈* 애국투쟁"[1140]이었다고 규정했다. 이 규정은 그 후 "반미 자주화, 반[反]*파쑈* 민주화 투쟁"으로 공식화 되어 '남조선 혁명'의 지표가 되었던 것이다. 김일성의 한-일회담 반대 선전전은 한국정부의 *베트남* 파병에 대한 공격으로 이어졌다.

*베트남*전쟁의 배경은 착잡하면서도 단순했다.[1141] 1959년 *베트콩*의 공격으로 제2

있습니다. 우리 인민은 남조선에 대한 日本軍國主義의 재침략기도와 그것을 적극 부추기고 있는 美帝國主義者들의 범죄적 행동을 결정적으로 규탄합니다. 일본군국주의의 재무장은 단호히 저지되어야 하며…일-미 군사조약은 당장 폐기되어야 합니다." 앞의 『김일성저작선집』 3, p. 192.

1139) 앞의 『김일성저작선집』 4, p. 193.

1140) 같은 책, p. 303.

1141) 제2차 세계대전 직후인 1945년 9월 越南 공산주의자들은 북부 월남에서 *베트남* 민주공화국'을 선포하고 식민지 통치방식을 유지하려는 *프랑스*軍에 대해 *게릴라*戰을 감행했다. 8년간의 전투 끝에 *베트남* 공산군(北의 군대는 세칭 월맹군 Vietminh, 南의 공산 *게릴라*는 속칭 *베트콩* Viet Cong으로 불렀음)은 1954년 5월 *디엔 비엔 푸*(Dien Bien Phu)를 함락시킨 후 그해 7월에 체결된 9개국 *제네바* 휴전협정에 의하여 제1차 인도지나전쟁은 끝났다. 이 협정에 의하여 *베트남*반도는 북위 17도선에서 남-북으로 갈라졌다. 이때 월맹의 정치-군사 *엘리트*로 추측되는 대략 5~6천명의 지방 *게릴라*들은 지하로 잠복하여 농민과 유사한 생활을 하기 시작했고, 약 9만명은 북으로 넘어가 그 대다수는 뒤에 남부 *베트남*으로 침투했다는 것이다 (John Spanier and Stever W. Hook, *American Foreign Policy Since World War II*, Washington, D.C. CQ Press, 1995, p. 131). 한편 *호치민*(Hochi Mihn)은 모택동 식의 토지개혁(1953~56)에 의하여 지주계급과 "반동분자들"을 무자비하게 제거했다. *제네바* 협정 후 수10만명이 대량 남하했다. *제네바* 休戰協定은 2년 내에 통일선거를 실시한다고 공약했으나 이것은 평화의 수사에 불과했다. 1955년 남부 *베트남*에서는 강경한 민족주의자요 반공주의자였던 *고딘디엠*(Ngo

차 *베트남*전쟁이 일어나자 미국은 *베트남*반도를 국제 공산주의세력과 싸우는 주전장의 하나로 인식하고 '*베트남*공화국'(南)을 지원하기로 단안을 내렸다. *케네디* 행정부는 61년 7월 군사고문과 특수부대를 파견하여 "특수전쟁"(대 *게릴라*전)을 시작하면서 *베트남*전쟁에 개입하게 되었다. 1964년 8월의 *톤킹*만(Gulf of Tonking)사건(미구축함에 대한 북부 *베트남* 어뢰정의 공격사건)을 계기로, *케네디*(1963년 11월 피살) 행정부를 계승한 *존슨* 행정부는 북폭(北爆)을 감행하는 동시에 한국전쟁 이후 최초로 지상군을 해외에 투입하게 되었다. 그러자 이 "특수전쟁"은 "국지전쟁(局地戰爭)"으로 바뀌게 되어 미군병력은 *존슨*의 예상과는 달리 전쟁이 확대되어 감에 따라 그 수가 급증하여 1969년 6월에는 54만명으로까지 증가했다.

이와 같이 미국이 *베트남*전쟁에 깊이 끌려 들어간 것은 그 나라 정치 지도자들이 동-서 냉전시대에 지니고 있던 신념과 전략에 기인한 것이다. 이들은 *베트남*공화국(南)이 공산주의자들에게 넘어가는 것을 방관한다면 다음에는 동남아의 여러 나라들이 하나하나 같은 운명에 처하게 될 것이라는 이른바 "*도미노* 이론(domino theory)"에 의거하고 있었던 것이다. 한국정부도 이점에서 미(美)행정부와 인식을 같이하고 있었다.

한국정부의 남(南)*베트남*에 대한 군사지원은 형식상 *사이공*정부(사실은 미국)의 요청에 따라 1964년 9월 24일 124명의 '의무단(醫務團)'(제1 이동 외과병원)과 10명의 태권도 교관을 보낸 데서 비롯된다. 그해 12월 *존슨*의 요청에 따라 1965년 1월 8일에는 새로 2천명의 비(非)전투원(공병대, 수송대 및 이들을 보호하기 위한 자체 방위병력)을 파월(派越)하기로 결정했다. 북한은 이것을 맹렬히 규탄했다.[1142] 이때는

Dihn Diem)을 대통령으로 하는 '*베트남* 共和國'이 수립되어 있었다. 북부에서는 胡志明이 *베트남*반도를 공산주의 하에 통일하기 위하여 투쟁을 재개할 시간을 계산하고 있었다. 이러한 사태에서 통일선거란 불가능했다. 그 후 *고딘디엠*의 전제와 족벌통치에 대한 국민들의 반항이 높아지고 있던 무렵인 1959년 *베트콩*은 北으로부터의 지원을 받으면서 다시 무장투쟁을 개시했다. 제2차 인도지나전쟁, 즉 *베트남*전쟁의 막이 오른 것이다 공산주의자들은 이 전쟁이 *고딘디엠*정권에 대한 남부*베트남* 인민들 자신이 벌이는 내전이라는 인상을 퍼뜨리기 위하여 1960년 12월 통일전선전술에 따라 '南*베트남* 民族解放戰線'을 결성했으며 이것은 물론 北으로부터의 지원을 받고 있었다.

1142) 북한은 곧 「政府聲明」을 통하여 한국정부의 戰鬪部隊 派遣 결정에 대해 이것은 미국이 "남부월남에서의 침략전쟁을 아세아지역에 확대하여 아세아침략에서 아세아인끼리 싸우게 하려는 흉계"요, "아세아의 평화와 안전을 위협하는 범죄행위"라고 규탄했다. 그리고 "조선인민은 앞으로 공동의 원쑤인 미제국주의자들을 반대하는 투쟁에서 월남 인민과 영원히 함께 나아갈 것이며…전 인민의 투쟁에 필요한

바로 한-일수교의 문제를 둘러싸고 전국에서 파란이 고조되고 있던 시기였다. *베트남* 파병 동의안의 찬반을 놓고 한국국회에서도 여당과 야당, 여당위원들 사이에서 마저 논란이 벌어졌다. 결국 1965년 1월 26일 윤보선(尹潽善)을 필두로 한 야당 의원들이 거의 모두 퇴장한 가운데 결의안은 찬성 106표, 반대 11표, 기권 8표로 통과시켰다.1143)

한국정부가 '비둘기 부대'라고 이름붙인 이 비(非)전투원 부대가 *베트남* 전선으로 떠난 것은 1965년 2월이었다. 그런데 얼마 후에 미국은 비전투원 파견에 그치지 않고 이번에는 한국의 안전보장에 대한 미국의 공약과 경제원조의 증가를 조건으로 내세우면서 전투부대의 파병을 요청했다. 7월 2일 정부는 1개 전투사단(戰鬪師團)의 병력을 파송키로 결정하였는데 이 파병 안은 8월 13일 여당('민주공화당')의원만으로 국회를 통과했다. 그리하여 10월에 가서 청룡부대(青龍部隊)(해병대) 5천명과 맹호부대(猛虎部隊)(육군) 1만 5천명이 *베트남*으로 떠나게 되었다. 이렇게 한국은 급속히 단계적으로 *베트남*전쟁에 개입하게 된 것이다.

1966년 2월 2일 미국 대통령 *죤슨*은 박정희대통령에게 보낸 친서에서 이미 2만 명의 전투병력(戰鬪兵力)을 파견하고 있던 한국에 대해 다시 1개 사단 규모의 전투병력을 추가로 파병해 줄 것을 요청해 왔다. 이것은 한국으로서는 실로 중대한 안보상의 문제였다. 한국군 전투부대의 추가 파월(派越)이 조성한 불안은 한국으로서는 심각한 것이었다. 한국정부는 추가파병의 선행조건을 내세웠고 이 문제를 교섭하기 위하여 *험프리* 미 부통령은 1966년 1월 1일과 2월 22일 급거 두 차례나 서울을 방문해야 했다. 1966년 2월에 방한한 *험프리*는 한국人들을 무마하기 위하여 "단 한 명의 미국 병사라도 한반도 군사분계선(軍事分界線)에 배치되어 있는 한, 미합중국(美

모든 지원을 아끼지 않을 것"을 다짐했다.≪로동신문≫, 1965. 1. 10자.

1143) ≪東亞日報≫, 1965년 1월 26일자.

박정희는 이날 발표한 談話에서 파병결정의 이유를 다음과 같이 들었다.

첫째, 越南에 대한 우리의 지원은 全*아시아*의 平和와 自由를 수호하기 위한 집단 安全保障의 도의적 책임의 일환이라는 판단에 입각한 것.

둘째, 자유 越南에 대한 공산침략은 곧 한국에 대한 중대한 위협으로써 월남지원은 곧 우리의 간접적 국가방위라는 확신에 의한 것.

셋째, 과거 16개 자유우방의 지원으로 공산침략군을 격퇴시킬 수 있었던 우리는 눈앞의 한 우방이 공산침략에 희생이 되는 것을 좌시할 수 없다는 한국국민의 정의감에 따른 것이라고 하였다. 『박정희 대통령선집』 4, 지문각, 1969년, p. 241.

合衆國)의 전(全) 국력이 한국의 안보와 방위를 뒷받침하고 있는 것"이라고 미국의 대한 방위공약이 확고부동(確固不動)하다고 다짐했다.[1144]

그리하여 그해 3월에는 미국의 대한 방위공약(防衛公約)과 군사-경제원조의 내용을 담은 미국대사 *브라운*의 「각서」(覺書)가 3차에 걸쳐 전달되었다.[1145] 3월 20일 한국정부의 「월남지원을 위한 국군증파 동의안」은 국회 본회의에서 20시간이나 토론한 끝에 원안대로 재석 의원 123명 중 찬성 95표, 반대 27표, 기권 3표(1표는 여당)로 3월 22일 국회를 통과했다.[1146] 그 내용은 이미 파견한 '맹호부대'를 보충하기 위해 1개 연대의 전투단과 그밖에 육군 1개 전투사단("백마부대") 및 이것을 지원하는데 필요한 지원부대를 파견한다는 것이었다. 여기서 한국 국회가 내세운 증파의 이유는 ① *베트남* 전선은 한국의 제2전선이라는 것, ② 한국의 방위는 곧 *베트남* 전선의 승리에 달려있다는 것 등이었다.[1147]

남-북 간의 긴장은 1966년 10월 말~11월 초에 있은 *죤슨*의 방한을 전후하여 더욱 고조되어 갔다. 이에 앞서 김일성은 10월 5일 '노동당 대표자회의'에서 4대 군사노선을 다시 강조하고 "경제건설과 국방건설의 병진"정책의 실천을 재천명했다.[1148] 이에 대항하듯이 박정희-*죤슨*의 공동성명 (1966.11.2)은 미국이 한국의 안전을 보

1144) 앞의 동아일보사, 安保統一問題調査研究所 編, 『安保統一問題基本資料集』, pp. 153~154.

1145) 李東元 외무부장관 앞으로 보낸 제1차(1966. 3. 4) 「*브라운* 각서」는 미국의 대한 군사원조와 경제원조의 두 부분으로 되어있다. 군사원조의 내용을 요약하면 ① 한국군의 현대화를 위해 상당량의 장비를 제공한다. ② 추가 증과병력에 필요한 장비와 증파에 따른 모든 경비를 원화(円貨)로 부담한다. ③ 추가 병력에 대신할 한국군의 보충 병력의 장비, 훈련비용을 미국이 부담한다. ④ 한국에서 탄약을 생산할 병기창을 신설하며 한국군의 해외 군무수당을 부담한다는 내용 등이었다.

경제원조에서 중요한 부분은 ① 주 월 한국군에 소요되는 보급물자, 용역 및 장비를 "실시할 수 있는 한도까지" 한국에서 구매하며, 주 월 미군과 월남군을 위한 물자의 일부를 한국에다 발주한다. ② 1965년 5월에 약속했던 1억5천만 *달러*의 차관에 덧붙여 한국의 경제개발을 돕기 위하여 추가로 AID차관을 제공한다는 것 등이었다.

제2차 「각서」(1966. 3. 7)에서는 미국은 상력한 미군을 계속 유지할 것이며 한국의 안전을 보장하기에 충분한 규모의 한국군의 유지를 돕는다는 *죤슨* 대통령의 공약을 재확인했다.

제3차 「각서」(1966. 3. 8)는 *죤슨*의 한국 안보공약을 거듭 강조하고 1966년 2월 *험프리* 부통령의 강력한 약속(주 139 참조)을 인용하면서 한국이 침략을 당할 때의 미국의 결의에 관해 한국국민 사이에 있을지도 모를 "모든 염려를 불식할 것으로 믿는바"라고 한국인들을 안심시키고자 했다. 「*브라운* 각서」全文은 앞의 동아일보사 안보통일문제조사연구소 編, 『安保統一問題基本資料集』, pp. 150~154.

1146) ≪東亞日報≫, 1966년 3월 21일자.

1147) 「국군월남증파-국회결의문」(1966. 3. 1). 앞의 『韓國時事資料 · 年表』 上卷, p. 972.

1148) 앞의 『김일성저작선집』 4, p. 365.

장할 수 있도록 계속 지원하며 한국의 경제성장, 특히 제2차 5개년계획의 실행을 지원할 것을 다시금 다짐했다.[1149] 이에 대처하여 김일성은 *베트남* 전선에서 싸우는 한－미군의 전쟁수행에다 타격을 가하기 위하여 한반도의 휴전선(休戰線) 일대에서 연속적인 도발을 감행했다. 그리고 그는 해상과 육상으로부터 남한 내부에로 직접 *게릴라*를 침투시키는 한편, 일본 등 제3국을 통하여 공작원을 파송했다.

그중의 큰 사건은 북한 공작원(工作員)이 경기도 포천군에서 자행한 「철도 폭파사건」(1967. 9. 5), 경기도 파주군에서 있은 「미군 군수물자 적재 화물차 폭파사건」(1967. 9. 13), 인민군 특공대에 의한 「청와대 습격기도 사건」(1968. 1. 2), 미 해군 정보수집함 「*프에블로*(Pueblo)호의 납북 사건」(1968. 1. 23), 울진－삼척 지구에 대한 120여명의 「무장*게릴라* 침투 사건」(1968. 10. 30), 미군 비무장 정찰기 「EC－121 격추 사건」(1969. 4. 15) 등이었다.[1150] 이밖에도 끊임없는 무장 공격, 남한 어선과 어부의 빈번한 납북, 민간 항공기 납치, *테러*에 의한 남한 주민의 살상사건(殺傷事件)들이 휴전선 이남지역(以南地域)에서 벌어졌다.

이제 한반도는 도화선(導火線)의 점화를 기다리고 있는 폭발직전의 화약고(火藥庫)와 같은 양상을 보이고 있었다. 남한에 침투해 들어온 북한의 무장*게릴라*들은 정치투쟁－무력투쟁－심리전을 배합한 *베트콩*형(型)의 "민족해방 투쟁" 즉 "남조선 혁명"을 시도했다. 그러나 반공의식이 유달리 강했던 주민들의 지지를 전혀 받지 못한데다가 군경의 신속한 소탕작전(掃蕩作戰)에 의하여 그러한 기도는 모두 실패하고 말았다. 요컨대 남한의 사정은 남*베트남*의 그것과는 판이했던 것이다.

한국정부가 안보상의 위험을 무릅쓰고 *베트남* 파병의 모험을 단행한 진정한 동기는 어디에 있었을까. 첫째로는 미국의 파병요청에 응하여 한－미 군사동맹을 강화함으로써 미국의 대한방위공약을 확고부동하게 만들며, 둘째로는 미국의 지지를 얻어 박(朴) 정권의 권력의 유지 및 강화를 기하자는데 목적이 있었다. 셋째로는, 한국전

1149) 「*존슨* 미국대통령의 방한에 즈음하여 박대통령과 *존슨* 대통령 간에 발표된 공동성명서」, 앞의 동아일보사 안보통일문제조사연구소 편, 『安保統一問題基本資料集』, pp. 161~162.

1150) 1976년도 UN의 공식기록에 의하면 북한이 휴전선 상에서 자행한 도발은 1965년의 88건, 1966년의 80건에서 1967년에는 784건, 1968년에는 985건으로 급증했다. United Nations, General Assembly, *Official Records*(25th Sess. Supplement No.26, A/8026, 1970), p. 20. 위의 Joon-Young Park의 논문 중에서 인용. *Korea and World Affairs,* Vol.5, No.3 (Fall, 1981), p. 479 참조.

쟁 당시 미국이 UN군으로 파병하여 막대한 희생을 치르면서 대한민국을 기사회생(起死回生)시킨 지원에 대한 의리를 지킨다는데 있었다. 넷째로는 파병의 근본적인 동기는 아니었지만, 뒤에 와서 파병을 근거로 하여 이에 수반한 미국의 군수물자 및 재정원조였다. 또한 *베트남*에로의 경제적 진출의 기회를 전망하면서 한국경제의 발전, 특히 제2차 5개년계획(1967~71)을 추진하자는 것이었다.

*베트남*파병에 대해 한국국회에서는 안보상의 우려 때문에 상당한 논란이 일어났다. 여기서 북한은 한-일회담의 경우와 마찬가지로 한국정부의 *베트남*파병에 대한 비판을 "남조선 인민들"의 반미투쟁으로 확대시키기 위하여 대대적인 반대 선전권을 전개했다. 그러나 "굴욕적(屈辱的)인" 한-일 회담반대가 광범위한 학생운동-시민운동을 일으켰던 것과는 달리 *베트남* 파병문제는 대중적 반대운동으로 확대되지는 않았다. 그 까닭은 6·25의 악몽을 기억하고 있던 압도적 다수의 국민들이 "미제(美帝)"를 몰아내고 "남조선 해방"을 달성하여야 한다는 북한의 끈덕진 호소에 귀를 기울이지 않았기 때문이다. 도리어 이들은 6·25 전쟁 때 미국에 대하여 진 "빚"을 갚지 않을 수 없다는 소박한 도의적 보상감(報償感)을 지니고 있었다.

베트남 파병으로 한반도에는 심각한 군사적 위기가 조성되었지만 김일성의 "남조선해방" 전쟁의 도발은 중-소가 대미 핵전쟁을 각오하고 북한을 지원하지 않는 한은 사실상 불가능했다. 그렇기 때문에 평화는 간신히 유지될 수가 있었다. 그러나 한편 *베트남* 전선에서는 전쟁이 계속 가열화 되어 미국이 조기의 승리를 거둘 수 있는 가능성이란 시일이 지날수록 더욱 멀어져갔다. *죤슨*은 거세져가는 국내 반전운동(反戰運動)에 직면하여 차기 대통령선거의 불(不)출마 결정을 선언하면서 1968년 3월 *하노이*에 대하여 평화협상(平和協商)을 제의했다. 협상이 1973년 1월에 타결될 때까지 근 5년 동안이나 난항(難航)을 거듭하고 있을 때에도 전쟁은 계속되었다. 결국 *죤슨*의 협상정책은 1969년 1월에 출범한 *닉슨*행정부에로 계승되었다.

제7장

남-북 대화 속의 "남조선해방" 전략

제1절 동상이몽(同床異夢)의 적십자회담

남-북한 간의 만성적(慢性的)인 정치적 긴장상태가 일촉즉발(一觸卽發)의 군사적 대치상태(對峙狀態)로 악화되고 있던 때, 위기를 해소할 수 있을 듯한 역사적 전기(轉機)가 나타났다. 1969년 초에 출범한 미국의 *닉슨*행정부는 긴급한 두 개의 정책 목표를 구상하고 있었다. 첫째 목표는 *베트남* 전쟁에서 굴욕적인 패배를 면하면서 "명예로운" 전쟁종결을 실현하는 일이었다. 둘째 목표는 *베트남*전쟁의 원인이었던 경직화 일로의 국제적 냉전에서 벗어나 미국의 대중(對中) 및 대소(對蘇) 관계를 개선하는 일이었다. *닉슨*은 「*닉슨 독트린*」이라는 새 정책적 기조(基調)에 따라 대중-대소 화해정책(和解政策)을 동시에 적극적으로 추진했다. 즉 그는 1971년 7월초 *키신저*를 극비리에 북경에 파견하여 막후교섭을 성사시킨 후, 다음 해 2월 미국 대통령으로서는 최초로 중국을 방문했다.

*닉슨*의 북경 방문을 결산한 「미-중 상해공동성명」은 양국 간의 *이데올로기*의 대립을 노정하면서도 평화공존(平和共存) 원칙에 입각하여 두 나라 간에 협력관계를 발전시킬 것에 합의했다. 이것은 *닉슨*의 대(對)중국정책이 기존의 반공(反共) *이데올로기*의 틀을 넘어 현실주의 정책으로 전환하고 있었음을 의미했다.[1151] 그는 미국의

1151) *닉슨*의 外交政策의 立案者였던 *헨리 키신저*의 당시 철학을 미국의 한 국제정치학자는 다음과 같이 간명하게 요약했다. 냉전시대 초기의 미국의 대외정책은 "힘"을 기초로 한 "현실정책"(Real politik)과 *이데올로기*를 기초로 한 "이상주의 정책"(Ideal politik)의 동의어나 다름이 없었다. 그러나 1969년에서 1977년까지의 *키신저* 시대에 미국외교정책의 기조가 된 철학은, 국제정치란 善漢과 惡漢간의 투쟁이 아니라는 전제에서 출발했다. 모든 국가는 공산주의나라든 非공산주의나라든을 막론하고 생존할 권리와 합법적 이익을 가지고 있다. 그러므로 한 나라는 대립하는 나라와의 이해관계의 차이를 善과 惡의 분쟁이라는 전제에서 보고 상대방에 대해 성전(聖戰)을 벌이지 말아야 한다. 슬기로운 정책은, 자국의 이익이 침해를 받을 때는 방위하되 차이점을 해소하여 이익을 공유하도록 노력하는 일이다. 국제정치

대중(對中) 화해정책을 *유럽*에서의 *데땅트*(detente)추세[1152]와 연결시키고자 1972년 5월 *모스크바*를 방문하여 소련과 핵무기 제한협정을 체결하는데 성공했다. 그러나 *베트남* 전쟁을 "명예롭게" 종결시킨다는 전략은 실패했다.

한국에서 실행된 *닉슨*의 *데땅트* 정책을 보면 그는 북경(北京) 방문에 앞서 벌써 막후에서 주한미군(駐韓美軍)의 감축(減縮)을 교섭하고 있었다. 그 결과가 1971년 2월 6일에 발표된 「한-미공동성명」이었다. 미국은 주한미군 2만명을 감축하는 대신 한국군의 현대화계획(現代化計劃)을 위하여 장기적인 군사원조계획을 약속했고 그 제1차년도 분으로 미국 의회는 1억 5천만 *달러*를 승인했다. 아울러 주한미군의 감축은 한-미 상호방위조약(相互防衛條約)에 의거, 한국에 대한 무력공격에 대처한다는 미국정부의 결의에는 "추호도 영향을 미치지 않는다"는 것을 다짐했던 것이다.[1153]

*닉슨*의 등장을 계기로 하여 급변하는 국제 정세에 적응하기 위하여 박정희 대통령은 1970년 8월 15일 제25회 광복절(光復節) 기념사에서 종래의 강경일변도(强硬一邊倒)의 대북정책을 돌연히 완화하여 「평화통일 기반조성을 위한 접근방법에 관한 구상」을 발표했다. 이 구상의 핵심은 (1) 남-북간의 긴장상태의 완화 없이는 평화적 방법에 의한 통일에의 접근은 불가능하다는 것, (2) 북한이 *유엔*의 권위와 권능을 수락한다면 *유엔*에서의 한국문제 토의에 북한이 참석하는 것도 굳이 반대하지 않겠다는 것, (3) 민주주의와 공산독재의 어느 체제가 국민들을 보다 행복하게 할 수 있는지 "선의의 경쟁"을 하자는 것으로 요약 된다[1154]. 박정희의 이런 발언은 남-북간의 대립을 완화하자는 조심스러운 신호였다.

는 분쟁일 뿐만 아니라 협력이기도 하다는 것이다. 앞의 John Spanier and Steven W. Hook, *American Foreign Policy Since World War II*, pp. 151~152 참조.

1152) *유럽*의 緊張은 *닉슨* 행정부가 들어선 후 급속히 緩和되어 갔다. 즉 ① 西獨-蘇聯 간에 상호불가침조약 체결(1970.8) ② 서독-*폴란드*의 國交正常化(1970. 12) ③ *베를린* 협정체결(1971.8. 이 협정에는 東-西獨간의 차량 불 검색, 西*베를린* 시민의 東*베를린* 여행자유, 西*베를린*에서의 서독의 존재와 역할감소, 西*베를린* 시민은 대외적으로 서독을 대표, 소련 영사관의 西*베를린*에서의 설치가능성 등이 규정되었다.) ④ 全*유럽* 안보회의(1972. 11. 이 회의에는 NATO 15개국 대표와 Warsaw조약 기구 7개국 대표, 그 밖의 12개국 대표가 참가) 등이었다.

1153) 「70년대의 미국대외정책-평화의 구상(抄)-*닉슨* 대통령의 대 의회외보고」 및 「한국현대화 및 주한미군 감축에 관한 대한민국정부와 미합중국정부 간의 공동성명서」 참조. 앞의 동아일보사 안보통일문제조사연구회 편, 『安保統一問題基本資料集』, p. 172.

1154) 「8·15선언」의 全文은 『박정희대통령연설문선집 평화통일의 대도』, 1976년 대통령비서실발행, pp. 21~22 참조.

박정희의 「평화통일구상」에 대해 김일성은 1970년 11월 2일 '노동당 제5차 대회'에서 행한 자기의 「보고」에서 박(朴)의 「구상」은 "철두철미 허위와 기만에 찬 정치모략 선전에 지나지 않는다"고 맹렬한 반격을 가했다.[1155] 여기서 김일성은 한국정부의 반공정책, 주한 미군철수 견제정책(牽制政策), 한-일의 제휴, *베트남* 파병, 인력수출 등을 싸잡아 비방하면서 "이 매국역적들과 어떻게 나라의 통일문제를 운운할 수 있단 말입니까?"[1156] 하고 남-북 대화의 가능성을 일축했다. 그의 시종일관한 대안은 "남조선혁명"이었다. 그가 당시 자기의 평화통일 방안을 "남조선 혁명"의 은폐된 전략과 결부(結付)시켜 종합적으로 제시한 것으로는 1971년 4일 12일 허 담(許 錟)이 '최고인민회의' 제4기 제5차 회의에서 진술한 「보고」를 들 수 있다. 그의 이 「보고」에서 김일성의 종래의 대남 평화공세를 종합한 후 끝에 와서 자기의 소위 「구국방안」(救國方案)이라고 자찬한 다음과 같은 8개항의 평화통일 방안을 내놓았다.[1157]

(1) 남조선에서 미 제국주의 침략군을 철거시킬 것.
(2) 그 후에는 남-북 조선의 군대를 각각 10만 또는 그 이하로 축소시킬 것.
(3) '한-미 상호방위조약'과 '한일조약'을 폐기할 것.
(4) 자주적으로 자유로운 남북 자유총선거를 실시하여 통일적인 중앙정부를 수립할 것.
(5) 그런 총선거를 실시하기 위하여 남북의 각 정당, 사회단체 및 개인적 인사들의 완전한 자유를 보장하며, 남조선에서의 모든 정치범들을 석방할 것.
(6) 남-북의 각이한 현존하는 사회제도를 그대로 두고 과도적 조치로써 남-북 조선 연방제를 실시할 것. 남조선 당국이 당장 그것을 받아들일 수 없다면 쌍방의 협력과 교류를 도모하는 최고민족위원회를 조직할 것.
(7) 남-북간의 여러 분야에 걸친 상호교류와 편지거래와 인사왕래를 실현할 것.
(8) 이상의 모든 문제를 협의하기 위하여 각 정당, 사회단체들과 모든 "인민적 성격을 가진 사람들"로서 남-북 조선 정치협상회의를 진행하는 것 등이다.

김일성을 글자 그대로 대변한 허 담의 이상 "자주적 평화통일" 제안은 김일성의

1155) 『김일성저작선집』 5, 1972년, pp. 490~491.

1156) 같은 책, p. 491.

1157) 최고인민회의 제4기 제5차 회의에서 한 許 錟 외상의 보고, 「현 국제정세와 조국의 자주적 통일을 촉진시킬 데 대하여」 ≪로동신문≫, 1971년 4월 14일자.

"평화"의 얼굴을 보여주고 있었다. 그러나 그는 *야뉴스* 신처럼 두 개의 얼굴을 가지고 있었다. 다른 하나는 "혁명"의 얼굴이었다. 김일성은 한반도를 둘러싼 국제적 긴장완화 추세를 역이용하여 주한 미군의 철수를 촉진시키고자 새로운 대남 평화공세를 펼 필요를 느꼈던 것이다.

김일성은 1971년 8월 6일 *시하누크*(Norodom Sihanouk)의 방북을 환영하는 자리에서 "미제(美帝)"를 맹공격하는 한편 "남조선의 현 괴뢰도당"의 모략적인 "평화통일구상"을 규탄하고, 허 담의 이름으로 발표한 자기의 8개항의 "자주적 평화통일 방안"을 계속 선전했다. 그러면서 이번에는 "인민의 성격을 가진 사람들"이외에도 남조선의 "민주공화당을 포함한 모든 정당, 사회단체 및 개별적 인사들과 아무 때나 접촉할 용의가 있다"[1158]고 남북협상을 제의했다. 그러나 그는 곧이어 "우리 인민은 … 남조선 인민들을 지원하여 남조선 혁명을 완수하고 … 조국의 통일문제를 자주적으로 민주주의의 기초위에서 평화적으로 해결하기 위하여 계속 완강(頑强)히 투쟁할 것"[1159]이라고 "혁명"의 얼굴을 내보였다.

이와 같이 남북의 격렬한 정치공방전이 진행되는 상황에서도 한국 측은 남북대화를 탐색하고 있었다. '대한적십자사'('한적' 韓赤) 최두선(崔斗善) 총재가 특별성명(特別聲明)을 통해 남-북 '이산가족 찾기 운동'을 극적으로 제안했던 것은 김일성의 이상 8월 6일자 대남-대미규탄 발언이 나온 지 6일 뒤인 8월 12일의 일이었다. 북한은 이산가족(離散家族) 찾기와는 별개의 위장된 목적에서 '한적'의 제안을 받아들였다. 그리하여 남-북적은 1971년 9월 20일부터 1972년 6월 16일, 즉 「7 · 4 남북공동성명」이 발표되기 18일전까지 장장 8개월에 걸쳐 25차례의 예비회담(豫備會談)을 통하여 적십자 본회담(本會談)에서 논의될 5개항의 의제(議題)에 간신히 합의를 보았다. 이렇게 「남-북적십자회담」은 다음 해의 '남-북 조절위원회의'와 더불어 남-북 대화의 원형이 되었다.

그러나 북한은 "남조선해방"에 도움이 되지 않는 한 적십자회담을 남한과의 화해(和解) 속에서 추진할 의사는 전무(全無)했다. 적십자 예비회담이 막 열리고 있는 동안에도 북한 당국자들은 각종 사회단체의 이름을 빌려 격렬한 적대적 어조로 "미(美)

1158) 『김일성저작선집』 26, p. 232

1159) 같은 책, p. 233.

제국주의자를", "일본 제국주의자를", "만고역적(萬古逆賊) 박정희 괴뢰도당(傀儡徒黨)"을 타도하고 "남조선 혁명"을 완수하라고 남한의 대중을 선동하고 있었다.[1160] 남-북 '적십자 본회담'은 1972년 8월 29일부터 1973년 7월 13일까지 평양과 서울에서 번갈아 열렸다. 북한의 의도를 간파하였던 '한적' 측은 회담을 탈(脫)정치화하고 이산가족 찾기라는 인도주의적 문제만을 다루려는데 반하여, '북적' 측은 주한미군 철수, 국가보안법(國家保安法) 철폐 등의 요구로 회담을 고도로 정치화 하려는 의도를 곧 드러냈다.

양측의 의견이 확연하게 대립된 것은 남-북적십자 제3차 본회담(평양, 1972. 10. 23~26)에서였다. 북적 측 단장 김태희(金泰禧)는 "남-북으로 흩어진 가족들과 친척들의 생사를 알아내고 알리는 문제"(합의된 본회의 의제 제1항)의 해결을 위하여서는 선차적으로 남조선의 "법률적 사회적 조건을 제거"하고 "사회적 환경 분위기를 조성"해야 한다는 주장을 들고 나와 정치공세를 폈다. 여기서 "법률적 사회적 조건의 제거"란 남한에서 반공체제를 해체할 것을, 그리고 "사회적 환경 분위기의 조성"이란 남조선에서 "완전한 민주주의와 자유로운 환경과 조건(공산주의자들의 완전한 행동의 자유와 합법적 활동)을 마련할 것"을 의미했다.

그런 조치의 첫째로써 김태희는 성격은 안 밝힌 채 적당한 수의 "적십자 요해(了解) 해설인원"을 서로 파견하자고 제안했다.[1161] '한적' 수석대표 이범석(李範錫)은 이에 대한 구체적 반론(反論)은 피하고 의제 제1항의 심인(尋人)사업에서 관철되어야 할 6개항의 원칙, 즉 이 사업은 남북의 "적십자가 주관하여야 하며, 적십자의 본질을 훼손할 우려가 있는 모든 요소는 일체 배제"하여야 한다는 것 등을 제안하면서[1162] 정치선전이 아니라, 합의사항의 실천방법과 절차의 토의에다만 회담을 국한(局限)시키고자 했다.

제4차 본회담(서울, 1972. 11. 22~24)에서도 '북적(北赤)'측이 여전히 남조선에서의

1160) 1971년 10월 10일 '조선민주여성동맹' 제4차 대회의 「남조선 부인들에게 보내는 호소」, 1971년 12월 14일 '조선직업총동맹' 제5차 대회의 「남조선 노동자들에 보내는 호소」, 1971년 12월 27일 '전국교원대회'의 「남조선 교원들에 보내는 호소」, 1972년 6월 24일 반미투쟁일 평양시 군중대회의 「남조선 인민들에 보내는 호소」 등에서 보인 선동들이 그것이다.

1161) 「남북적 제3차 본회의 양측 수석대표 연설문」(1972. 10. 24), 金泰禧 북적단장의 연설, 앞의 『韓國時事資料·年表』, p. 1042.

1162) 그 6개항의 원칙은 같은 책, p. 1047.

"법률적 조건과 사회환경" 문제의 해결을 먼저 토의하자는 주장을 고수함으로써 회담은 진전되지 못했다. 제5차 본회담(평양, 1973. 3. 21~23)에서도 '북적' 측은 이산가족과 친척들의 소재확인 방법은 반드시 본인이 직접 상대방 지역을 찾아가서 확인하는 것이라는 주장을 내세우고 그러기 위해서는 남한에서 반공법(反共法), 국가보안법 등이 철폐되어야만 당사자가 자유로이 남-북을 오고가며 확인할 수 있다는 논리를 폈다. 제6차 본회담 (서울, 1973. 5. 8~11)에서 남-북적의 의견 대립은 첨예화되었다. 김태희는 "남조선에서의 법률적 사회적 장애제거"와 "환경조건 개선"이라는 종래의 주장을 보다 명백하게 구체적으로 제의했다. 즉

(1) 남조선의 반공법과 국가보안법 폐지.
(2) 모든 반공단체 해산, 일체의 반공활동의 금지.
(3) 이산가족-친척의 주소와 생사를 확인코자 하는 당사자들에 대해서는 적십자가 굳이 개입할 필요 없이 당사자 자신들이 상대방 지역을 자유로이 다니면서 직접 확인케 할 것.
(4) 당사자들은 물론이요 그들의 협조자 및 관계자들이 상대방 지역으로 갈 때는 "언론·출판-집회-통행의 자유와 모든 편의" 및 그들의 "인신과 휴대품의 불가침"을 보장할 것.
(5) 남북적 쌍방은 서로 상대방 지역의 동(洞) 단위로 1명씩 요해(了解) 해설인원을 파견할 것 등이었다.[1163)]

이같은 '북적' 측의 제안은 남북이 다 같이 완벽한 자유민주주의사회가 되고, 완전히 화해하지 않고서는 절대로 불가능한, 지극히 비(非)현실적인 제안이었다. 김태희는 위의 제안에서 필경은 "언론-출판-집회-통행의 자유와 편의 및 인신과 휴대품의 불가침을 보장"(4항) 등 일종의 치외법권을 인정받는 북한의 "요해 해설인원"이 남한에서 활동할 수 있도록 요구했던 것이다. 그러면 과연 자기들도 그런 남한의 "요해 해설인원"들이 북한에서 치외법권을 누리는 것을 기꺼이 용인할 의사가 있었을까. 절대로 있을 수 없는 일이었다. 당시 한국 내무부의 조사에 의하면 남한의 동(洞)·

1163) 이 '북적' 측 제의는 한국홍보협회 발행, 『남북대화』 제1호, 1973, pp. 43~45 참조. 이 책 pp. 47~50에 수록되어 있는 「李範錫 한적수석대표기자회견」(1973. 5. 11), 남북조절위원회 발행, 『남북대화백서』, 1975년, pp. 62~64, 국토통일원 (남북대화사무국)발행, 『남북대화백서』, 1988년, pp. 98~99의 기록이 요약 정리되어 있음.

리(里)는 35,997개였으며,[1164] 따라서 북한은 그 많은 '요해요원'을 공작원으로 남파하겠다는 주장과 다름이 없었다.

이범석은 김태희의 주장에 대해 남북적십자는 "정치적 사상적 성격을 띤 논쟁에 개입해서는 안 된다는 적십자의 중립성을 엄격히 존중"할 것을 촉구했다.[1165] 한편 이산가족-친척들의 주소와 생사의 확인은 국제적십자사의 심인(尋人) 사업방법과 절차에 따라 실시할 것을 다시금 제의했다. 북적 측이 이에 귀를 기울이지 않고 계속 그런 선행조건만을 주장하자 이범석은 다음과 같은 요지의 논박을 가했다.

(1) 남-북적십자사가 추진하는 인도적 사업은 여하한 기존의 법률적-사회적 조건에도 저해를 받지 않을 뿐만 아니라 더욱이 인도적 견지에서 이러한 사업을 더욱 적극 지원하는 것이 대한민국정부의 명백한 방침이다.
(2) 남-북 적십자회담에서 그동안 한편에서 59명씩이나 대표단 인원이 아무런 법률적-사회적 박해도 받음 없이 남북을 오가고 있을 뿐만 아니라 그들은 그들의 숭고한 인도적 노력 때문에 오히려 찬양과 존경의 대상이 되고 있다는 것은 엄연한 사실이다.
(3) 북적 측의 "법률적-사회적 조건과 환경개선" 요구는 대한민국에 대한 명백한 내정간섭이며 정치적 주장이다.[1166]

이상과 같은 한적 측의 이의(異議) 제기에 대하여 김태희는 "우리나라에서 인도주의를 구현하는 길은 조국통일을 실현하는데 있다"느니, "인도주의 사업이라고 해서 조국통일 문제와 분리해서 다룰 수는 없으며 오로지 통일문제의 일부로 추진하여야 한다"느니 하면서 적십자회담을 끝까지 정치 회담화 하려는 입장을 고수했다. 적십자 본회담은 이렇게 원점에서부터 평행선(平行線)을 달리면서 접합 점을 찾지 못한 채 파국으로 빠져들어 갔다. 제6차 본회담의 이러한 난항은 10개월에 걸친 일련의 회담의 종말이 다가오고 있음을 예고하는 것이었다.

제7차 회담 (평양, 73.7.10~13)에서 한적 측은 정돈상태(停頓狀態)를 타개해 보려는 목적에서 이산가족-친척들로 "추석성묘(秋夕省墓) 방문단"을 구성하여 서로 상대

1164) 앞의「李範錫 한적수석대표기자회견」, 위의 책, p. 51.

1165)「남북적 제6차 본회의에서 한 [李範錫의] 만찬연설」(1973. 5. 9. 서울), 앞의『韓國時事資料·年表』(上), p. 1077.

1166) 앞의『남북대화』제1호, 1973년, p. 45. 앞의『남북대화백서』, 1975년, p. 88 및 앞의『남북대화백서』, 1988년 판, p. 99의 기록을 정리한 것임.

방 지역을 방문케 하자고 새로운 제의[1167]를 했다. 폐쇄주의를 일관해 온 북한이 그런 것을 수락할 까닭이 없었다. 드디어 *피날레*의 날이 가까이 왔다. 1973년 8월 28일 김대중(金大中) 납치사건을 규탄한 김영주(金英柱) 성명을 신호로 하여 북한은 '남북조절위원회(南北調節委員會)'의 운영을 중단해버렸다. 북한으로서는 '남북조절위원회'와 남-북적십자회담이 추구하는 정치적 목적이 동일했음으로 적십자 본회담도 당연히 중단되어버렸다. 적십자 본회의가 유산(流産)된 후 우여곡절 끝에 판문점에서는 남북적십자가 접촉할 수 있는 남북적십자 '대표회의'에 이어 '실무회의'가 명분상 성립되어 적십자회담의 명맥을 잇고 있었다. 모두가 부질없는 시간의 낭비였다. '실무회의'는 1974년 7월 10일부터 1977년 12월 9일까지 장장 3년 5개월 동안에 무려 25차나 열렸지만 결과는 파탄이었다.[1168]

'실무회의'는 본회담과 마찬가지로 북한으로서는 상대방의 제안을 걷어차기 위한 회담이나 다름이 없었다. 어떤 범위, 어떤 방식의 이산가족-친척 찾기도 반대하려는 북적측의 태도는 완강했다. 그런데 제2차 '실무회의'(1974. 7. 24)가 있은 후인 1974년 8월 15일 제29년 광복절 기념식에서 재일 조총련의 하수인 문세광(文世光)의 박정희 대통령 저격(狙擊) 미수사건이 돌발하여 육영수(陸英修) 여사가 피살되었다. 이 끔찍한 비인도적(非人道的) 만행에 의하여 남-북의 긴장상태는 더욱 격화되어 갔다. 그 후 험악한 분위기 속에서 '실무회의'는 속개되었지만 그것은 똑같은 문제를 놓고 쌍방이 벌이는 정치적 공방전의 무대에 불과했다. 이렇게 '실무회의'마저 파국에 임하고 있던 상태에서 한국정부는 1975년에 들어와 돌연히 획기적인 조치를 단행했다.

한국정부는 1975년 추석을 기점으로 하여 조총련(朝總聯) 계 재일동포들에게 그들의 사상전환과는 관계없이 성묘(省墓)를 위한 모국방문을 허용하여 고향을 찾고 가족-친척들과 상봉케 하겠다는 제안이었다. 이것은 당시로는 놀랄만한 정책의 변화였다. 1975년 9월 15일에는 조총련의 온갖 회유-협박-허위선전에도 불구하고

1167) 이 제의의 자세한 내용은 「남북적 제7차 본회의 만찬연설」(李範錫 한적수석대표의 연설) 참조, 같은 책, pp. 1084~1985.

1168) 제1차 실무회의 때부터 '한적'측 대표는 적십자 본회의의 속개, 60세 이상의 노부모-자녀들의 우선 상봉문제를 제의하자 '북적'측은 이에 선행하여 남조선의 "법률적 조건"과 "사회 환경"을 공동성명으로 채택하자고 주장하면서 한적 측 제의를 거부했다. 앞의 『남-북 대화백서』, 1988년, pp. 112~113.

그 산하의 재일교포 7백명이 1차로 추석 성묘 차 5십년 동안 격리되었던 고국(남한)을 방문했고 1976년 구정을 전후하여 2월말까지 총 3천여 명이 다녀갔다. 다시 그해 5월 단오절(端午節)에는 4백여명이 서울로 들어왔다.[1169] 그 후에도 이들의 모국방문은 잇따랐고 그 기간 동안에 이들은 도시 관광, 사적지 방문, 연극과 영화관람, 산업시찰 등을 즐기면서 남한의 실정을 직접 살필 수가 있었다. 이로써 조총련 동포의 남한방문을 기어이 저지하려던 김일성의 정책은 완전히 실패했다.

제15차 '실무회의'(1976. 2. 12)에서 '한적(韓赤)' 측 교체 수석대표 김연주(金鍊珠)는 지금까지의 '한적' 측의 입장을 총괄하여 '북적' 측에 공세를 펴면서 포괄적인 노부모 찾기 사업과 성묘단 교환을 끈질기게 촉구했다. 이에 대해 '북적' 측은 여전히 남한의 "정치적 조건과 사회적 환경" 문제를 계속 내세워 김연주의 제안을 일축했다. 그들은 조총련계 재일 교포들의 모국방문은 "민족 분열"을 획책하는 남조선의 "매국적 협잡극(挾雜劇)"이라느니 그들 모국 방문단 가운데는 '조총련계' 동포는 "한 사람도 없다"[1170]느니 하는 유치한 강변(强辯)으로 맞섰다.

1976년 8월 18일에는 판문점 공동경비 구역 내에서는 북한 군인이 미군장교 2명을 도끼로 참살한 세칭 「도끼 만행사건(蠻行事件)」이 일어났고 12일 뒤인 8월 30일에는 동해에서 한국어선 제3 신진호(23명 승선)가 북한 경비정에 의하여 납치되었다. 이 날 '한적' 측이 피납(被拉)어선의 송환을 위하여 전화통지문(電話通知文)을 발송하였지만 '북적' 측은 접수조차 거부했다. 이러한 북한측의 횡포는 남북 간의 긴장을 최대로 격화시켜 적십자회담을 파탄시키자는데 목적이 있었다. 이렇게 하여 동상이몽(同床異夢)의 남북적십자회담은 결국 6년 3개월 만에 허무하게 막을 내리고 말았다. 그 후 1985년 5월까지 12년 동안은 어떤 형식의 적십자회담도 열리지 않았다.[1171]

1169) 이상 숫자는 앞의 한국국제문화협회 발행, 『남북대화』 제10호, 1976년, p. 58 및 앞의 『韓國時事資料 · 年表』 上卷, p. 447, p. 450에 의거.

1170) 같은 책, p. 42.

1171) 그 후 南韓에 새로 들어선 全斗煥 정권이 1984년 9월 8일 북한이 시험 삼아 제의한 남한지역 水災民들에 대한 救護物資를 제공하겠다는 제의를 수락한 것을 계기로 하여 제8차 본회담이 드디어 1985년 5월 28일~29일 서울에서 열리게 되었던 것이다. 제7차 본회담 이후 장장 12년만의 일이었다.

제2절 남-북조절위원회 : 화해 아닌 냉전의 격돌장(激突場)

남-북 적십자회담이 열린 지 11개월만인 1972년 7월 4일 돌연 「남-북 공동성명」(이하 「7·4 공동성명」)이 서울과 평양에서 극적으로 동시에 발표되어 내외의 큰 반응을 불러 일으켰다. 「7·4 공동성명」은 무엇보다도 국토분단 27년 만에, 그리고 한반도 휴전 19년 만에 이후락(李厚洛) 중앙정보부장과 박성철(朴成哲) 제2부수상 일행이 극비리에 평양과 서울을 방문하여 남북의 두 정부가 수립된 후 처음으로 합의를 본 정치문서였다. 이런 의미에서 「성명」은 역사적 의의를 지닐 만 했다. 그러나 「7·4 공동성명」을 발표한 그날부터 「성명」에서 합의한 통일 3원칙에 대한 쌍방의 해석은 정면으로 대립했다.

「7·4 공동성명」의 7개항 중 제1항에서는 (1) "통일은 외세에 의존하거나 외세의 간섭을 받음이 없이 자주적으로 해결한다." (2) "통일은 서로 상대방을 반대하는 무력행사에 의거하지 않고 평화적 방법으로 실현하여야 한다." (3) "사상과 이념 제도의 차이를 초월하여 우선 하나의 민족으로서 민족적 단결을 도모(圖謀)하여야 한다."고 세 가지 당위적(當爲的) 원칙을 내세웠다. 7월 4일 이후락과 박성철은 각각 서울과 평양에서 남-북 공동성명을 발표한 후 곧 있은 기자회견에 들어갔으나 이상 통일 3원칙에 대한 남-북의 해석은 처음부터 판이했다.

이후락은 기자들의 질문에 대해 "외세라는 용어는 여러 가지 의미로 쓰이지만 UN은 외세로 생각하지는 않는다. 어디까지나 UN은 세계의 직권적, 권능적 기구(職權的, 權能的 機構)인 만큼 UN을 외세로 단정 지어서 부당한 세력으로 생각할 수는 없다"[1172]는 한국으로서는 당연한 논리를 전개했다. 그는 이러한 논거에서 UN감시하의 남북한 토착인구(土着人口) 비례에 따른 총선거를 실시하여 남-북을 통일한다는 한국정부의 당시의 "통일방침에는 변동이 없을 것"[1173]이라고 했다. 요컨대 이후락의 이런 설명은 UN안전보장이사회(安全保障理事會)의 결의에 따라 UN군의 일부로써 남한에 주둔하고 있는 미군을 "제국주의 침략군"으로 규정해 온 북한의 주장을

1172) 민족통일신문사 발행, 『朝鮮統一問題資料集』(日文), 東京, 1973년, p. 128. 여기서 한국정부 측의 속기록과 표현상 약간 차이가 나는 부분은 한국정부 측의 속기록을 택했음.

1173) 위와 같음.

한국정부가 근본적으로 부인하는 말이었다.

박성철의 해석은 정반대였다. 그는 기자회견에서 "외세의 분열정책", "외세의 책략과 간섭"을 공격하면서 "미(美) 제국주의자들은 더 이상 우리나라의 내정에 간섭해서는 안 되며, 그들의 모든 침략 병력을 걷어가지고 지체 없이 떠나가지 않으면 안 된다"[1174]고 종래의 주장을 되풀이했다. 이러한 근본적 대립(對立)에도 불구하고 「7 · 4 공동성명」 (제6항)에 명기한 대로 남－북은 이후락과 김영주를 공동위원장으로 하는 '남－북조절위원회'의 구성에 착수했다. 쌍방의 합의에 따라 「남－북조절위원회 공동위원장회의」(조절위원회 본회의의 예비회담 격)가 제1차로 판문점 (1972. 10. 12)에서, 2차 3차는 각각 서울과 평양에서 열렸다. 그런데 심각한 의견 대립은 이미 「제1차 공동위원장 회의」에서도 노정[1175]되었으나 그대로 무사히 넘길 수가 있었다.

「제2차 공동위원장 회의」 (평양. 1972.11.2~3)에서 쌍방은 서로 상대방을 비방 중상하지 않기로 한 「7 · 4 공동성명」의 둘째 조항에 따라 대남 대북[비방]방송, 군사분계선 상의 확성기에 의한 대남 대북방송, 상대방 지역에 대한 *비라* 살포 등을 1972년 11월 11일 영시(零時)를 기하여 중지할 것에도 합의했다. 그리고 「남－북조절위원회(調節委員會) 구성 및 운영에 관한 합의서(合意書)」에 서명했다.[1176] 남－북 대화는 표면상 진척되는 것처럼 보였다. 그러나 사실은 달랐다. 이후락은 회의 중에 있은 만찬회 석상에서 "우리의 통일문제를 해결하려는 노력은…서로의 마음속에서 서로에 대한 적개심과 증오심을 몰아내고 민족적 양심의 통일부터 먼저 이룩해야 될 것"이라고 호소조로 피력했다.[1177]

1174) 같은 책, pp. 148~149.

1175) 「제1차 공동위원장 회의」에서 서울측은 「7 · 4 공동성명」의 합의사항들을 실행하는데서 먼저 양측은 남－북간의 오해와 불신을 제거하고, 이해와 신뢰를 증진하며, 사회적 이질화를 극복하면서 민족적 동질화를 점진적으로 이룩하는 것이 필요하다는 것을 역설했다. 서울측은 그렇게 하는 것만이 남－북의 긴장상태를 완화하면서 평화적 통일에 접근할 수 있는 길이라고 주장했다. 그러나 朴成哲은 서울측이 「남북공동성명」의 통일 3원칙 (자주－평화－민족적 대단결)에 합의한 이상은 ① 대내적으로 반공정책을 포기할 것 ② UN은 외세이기 때문에 어떤 형태로든지 조선의 통일문제에 간섭하지 말아야 할 것 ③ 미군은 즉시 남조선에서 철거할 것 ④ 국군의 전력증강은 물론 군사훈련도 중지할 것 등을 주장하고 나섰다. 이런 주장은 대한민국의 국제적 지원과 국군현대화 계획을 저지함으로써 남조선혁명수행에 유리한 조건을 조성하자는 책략이라는 것이 명백했다. 한국 측은 그런 北측의 주장을 일축했다. 앞의 『남북대화백서』 1988년, pp. 66~67.

1176) 「남북조절위 공동위원장 제2차 회의 공동발표문」, 위와 같음.

1177) 「남북조절위 李 위원장 만찬회연설문」(1972. 11. 2. 평양). 앞의 『韓國時事資料年表』(上), p. 1053.

이에 맞서 박성철은 회의 후의 기자회견에서 「7·4 공동성명」 1항의 "통일 3대 원칙"을 일방적으로 해석하면서 한국 측이 도저히 수락할 수 없는 "미제(美帝) 침략군의 남조선으로부터의 철수", "일본 군국주의 세력의 남조선 재침략 저지", 남조선의 "반공정책 포기", "[용공적] 정치범 석방", "인민대중의 정치활동의 자유 보장"(공산주의 정당의 합법화)를 강경하게 요구했다.[1178] 이로써 대화의 전도는 더욱 어두워졌다.

「제3차 공동위원장 회의」(서울. 72. 11. 30)에서는 '남-북조절위원회' 운영기구를 정식으로 구성(위원장, 부위원장, 위원, 간사위원 등 선정)한 후 「공동위원장 회의」를 종결시키고 당일로 남-북조절위원회 제1차 본회의로 들어갔다. 그렇지만 쌍방의 입장은 여전히 근본적으로 대치하고 있었다.

「제1차 본회의」에서 이후락은 대화 중 일어날 충돌을 피할 수 있도록 남-북 쌍방을 규제할 수 있는 일종의 행동원칙을 제의했다. 즉 (1) 쌍방은 상호 상대방 체제의 부정을 지양할 것 (2) 상호 상대방 체제를 이해할 것 (3) 상호 상대방 체제의 내부문제에 간섭하지 말 것 (4) 상호 자기 체제를 상대방에 강요하지 말 것 (5) 체제의 차이를 초월하여 민족적 동질성을 회복하는 방향으로 협력관계를 추진해 나갈 것 등이었다.[1179] 그리고 그는 이념과 제도의 차이로 인한 마찰 요인이 비교적 적은 비정치-비군사 분야에서부터 협력과 교류를 시작하여 실적을 축적시켜 나감으로써 신뢰와 이해를 증진시키고, 그것을 기초로 정치-군사 분야의 협력 교류로 옮겨가자고 했다.[1180] 이른바 기능주의적(機能主義的) 접근방식이었다.

이러한 서울 측 제의를 평양 측은 즉각 일축했다. 박성철은 우선적으로 쌍방 군사대표회담(軍事代表會談)을 열어 남-북간의 군사적 대치 상태를 해소시키도록 합의하고, 동시에 정치-군사-외교-경제-문화 등 5개 분과회를 동시에 발족시켜 이 모든 분야에서의 "합작"을 더욱 폭넓고 보다 활발하게 추진하는 것만이 "평화적 조국통일의 노정을 결정적으로 단축할 수 있는" 방법이라고 하면서 이러한 방법으로 현안문제를 일괄 타결할 것을 주장했다. 그는 특히 군사 분야에서의 합작을 강조하였

1178) 「남북조절위원장회의 제2차 회의 후의 기자회견」(朴成哲 제2 부수상 1972. 11. 6), 앞의 『朝鮮統一問題資料集』, p. 164,

1179) 앞의 『남북대화백서』, 1988년, p. 71.

1180) 위와 같음.

는데 그 목적은 "외세[미국] 침략"에 효과적으로 대처하자는데 있다고 했다.[1181)]

「제1차 본회의」(1972. 12. 2. 서울)는 이러한 의견의 대립이 있었지만 조속히 간사회의를 구성하여 남-북조절위원회 운영세칙을 작성하기로 합의하고 폐막했다.[1182)] 「제2차 본회의」는 제1차 본회의가 있은 지 3개월 반이 다 된 1973년 3월 14일 평양에서 열렸다. 이 자리에서 박성철은 군사문제를 종전보다 훨씬 강도 높게 구체적으로 제기하고 나섰다. 즉 그는 남-북간의 긴장상태를 완화하고 군사적 대치상태(對峙狀態)를 해소하는 것이 남-북 쌍방이 당면한 제1차적인 절실한 문제라고 주장하면서 그 대책을 다음과 같이 5개항으로 묶어 제안했다.[1183)]

1. 무력증강과 군비경쟁을 중지할 것.
2. 남-북의 군대를 10만 또는 그 이하로 감축하고 군비를 대폭 축소할 것.
3. 외국으로부터 일체의 무기와 작전장비 및 군수문자의 반입을 중지할 것.
4. 우리나라에서 미국을 포함하는 모든 외국 군대를 철수시킬 것.
5. 이상의 문제를 해결하며 남-북간에 서로 무력행사를 하지 않을 것을 보장하는 평화협정을 체결할 것, 이와 함께 남-북간의 군사적 대치상태를 해소하기 위하여 쌍방의 군총참모장을 비롯한 군사인원을 조절위원회에 망라하여 군사 분과위원회를 조직할 것.

평양 측이 이상과 같이 군사문제의 우선적 해결을 주장하고 나온데 대해 이후락은 3월 16일의 기자회견을 통해 이것을 거부했다. 그는 군사력의 감축을 원칙적으로 반대하지는 않는다고 전제했다. 그렇지만 "당장 군대를 줄일 만큼 남-북 관계는 개선되어 있지 않다"는 견해를 개진했다.[1184)]

1181) 「남북조절위 양공동위원장 만찬회연설(요지)」(1972. 11. 30. 서울)중, 박성철 위원장대리의 연설, 앞의 『韓國時事資料 · 年表』 上卷, p. 1066 및 앞의 『朝鮮統一問題資料集』, p. 166.

1182) 「제1차 본회의」 후 (72. 12. 4) 박성철은 남-북의 "다방면적 합작"으로 자주적 평화통일을 촉진하자는 대대적인 평화통일 공세로 서울 측에 대해 정치적 우위를 확보하려 했다. 앞의 『朝鮮統一問題資料集』, pp. 167~169 참조.

1183) 앞의 『朝鮮統一問題資料集』, p. 170.

1184) 李厚洛의 주장은 다음과 같다.-"[남북조절위원회 안에] 경제 분과위, 사회 분과위부터라도 설치하고 경제적, 인적, 사회적 교류와 여러 개인과 단체의 교류를 통하여 신뢰의 분위기를 성숙시키고, 남-북간에 서로 7 · 4 공동성명의 정신에 입각, 성실한 행동을 하고 있다는 기반이 만들어 진 때, 군사와 그 밖의 문제가 토의되는 것이며, 이러한 문제를 [지금] 취급하는 것은 시기상조이다." 같은 책, p. 141.

'남－북조절위원회' 「제3차 본회의」(1973. 6. 12~13. 서울)는 이틀에 걸쳐 열렸는데 이것은 조절위원회 본회의로써는 마지막이 되어버린 회의였다. 이 회의에서도 남－북 쌍방의 입장과 주장에는 아무런 변화가 없었을 뿐더러 논쟁은 극단에까지 첨예화되었다. 첫날 (6. 12) 회의에서 박성철은 제2차 본회의에서 제기했던 (1) 5개항의 군사 문제를 우선적으로 토의할 것 (2) '남－북조절위원회'와는 별도로 남북 정당 사회단체와 각계각층의 인사들로 구성되는 광범한 「정치협상 회의」를 개최할 것 (3) '남－북조절위원회'안에 정치－군사－외교－경제－문화 등 5개 분야의 분과위원회를 일괄하여 설치할 것 등을 다시 요구하였다.[1185]

「제3차 본회의」가 끝난 후 (1973. 6. 14)에 있은 기자회견에서 이후락은 군사문제도 정치문제도 시급하지만, 국민 대중의 생활에 가장 큰 관계가 있는 분야의 교류부터 먼저 실시하자고 종전대로 제의했다. 그는 쌍방의 "사회를 상대방에게 완전히 개방하는 것만이 남－북간의 불신을 몰아내고 신뢰를 되찾고 서로 이해하는 첫걸음"[1186]이라고 강조하고 군사－정치문제의 우선 토의를 거부했다. 다음으로 남－북의 정당, 사회단체와 각계각층의 인사를 망라한 '정치협상회의'를 개최하자는 박성철의 제안도 이후락은 그 부당성을 들어 일축했다. 즉 남북이 완전히 사회를 개방하고 경제 분과위원회와 사회－문화 분과위원회가 구성되어 대부분의 문제가 해결된 후에 장차 정치 분과위원회가 설치되면 정치협상은 "자동적으로 해결될 문제"라고 주장했다.[1187]

이렇게 남－북 문제의 해결에 있어서 서울측이 견지한 점진주의적(漸進主義的) 접근방법은 북한의 군사 우선－정치 우선주의와 충돌하게 되었던 것이다. 제3차 회의에서 서울측은 남－북 사회의 상호 "완전개방(完全開放)"이라는 실로 충격적인 비장(秘藏)의 *카드*를 내놓았다.[1188] 북한으로서는 자기들의 동요를 초래할 위험성이 있

1185) 앞의 국토통일원 발행, 『남북대화백서』, 1988년, p. 74.

1186) 「李厚洛 서울 측 공동위원장 기자회견」(1973. 6. 14) 全文, 한국홍보협회 발행, 『남북대화』 제1호, p. 36.

1187) 같은 책, p. 32

1188) 그 내용은 다음과 같다. '남북조절위원회'의 경제 분과위원회를 조속히 발족시켜 남－북간의 (1) 경제인의 교류 (2) 물자의 교류 (3) 과학기술의 교류 (4) 자원의 공동개발 (5) 상품전시회의 교환 개최 (6) 상사의 교환 상주 등을 제안했다. 또한 사회, 문화 분과위원회를 조속히 발족시켜 남－북간에 (1) 학술－문화 분야의 교류, (2) 체육 분야의 교류와 국제경기 단일팀 구성, (3) 영화－무대예술의 교류 (4) 고고

는 그런 "문호개방(門戶開放)"이란 일고의 가치도 없는 것이었다. 결국 '조절위원회' 「제 3차 회의」는 「공동발표문」(共同發表文)도 없이 종막을 내리고 말았다.

이와 같이 남북대화가 교착상태에 빠져 있던 1973년 6월 23일 박정희는 「평화―통일 외교정책에 대한 특별성명」[1189], 약칭 「6 · 23 선언」을 발표했다. 「6 · 23 선언」의 핵심은 남―북한의 UN동시가입의 의사를 명시하고 중―소를 비롯한 모든 공산주의 나라들에 대해 상호간의 문호개방을 제의한 점에 있었다. 「6 · 23 선언」은 급변하는 내외의 "객관적 현실에 대하여 능동적으로 대처해 나가기 위하여" 천명한 현실주의적 외교정책 노선이었다. 「6 · 23 선언」은 남―북한의 군사동맹국인 미―소가 「핵전쟁방지 공동선언문」[1190]을 발표(1973. 6. 22)한 바로 다음날 나왔다는데 주목을 돌릴 필요가 있다.

박정희가 6 · 23 선언을 발표한 8시간 뒤에 김일성은 남한에 대항하는 평화역공세로써 "조국통일 5대 방침"이란 것을 발표했다. 그것을 요약하면 (1) 남―북간의 군사적 대치상태의 해소와 긴장상태의 완화, (2) 남―북간의 다방면적인 합작과 교류의 실현, (3) 남―북의 각계각층 인민들과 정치, 사회단체대표들로 구성되는 대 민족회의의 소집, (4) 고려연방공화국의 단일 국호(國號)에 의한 남―북 연방제의 실시, (5) 고려연방공화국이란 단일 국호에 의한 UN가입 등이었다.[1191] '남―북조절위원회' 본회의가 열리지 못하고 있던 1973년 10월 11일, 김일성은 인민군 중대장, 중대 정치지도원(政治指導員) 대회에서 자기의 의도가 '남조선혁명'에 있었음을 다음과 같이 공표했다.

학과 민족사의 공동연구와 개발 (5) 고유 언어의 보존을 위한 연구 (6) 각종 사회 인사와 단체의 교류 (7) 기자의 교류와 상주 (8) 서신―전화―전보 등 통신의 교류 (9) 관광분야의 교류 등을 실천에 옮기자는 것 등이었다. 앞의 『남북대화백서』 1988년, p. 74.

1189) 「6 · 23 평화통일 외교정책선언」. 全文은 앞의 『박정희대통령연설문선집 평화통일의 대도』, pp. 124~129.

1190) 이 「선언문」은 "핵전쟁이 인류에게 파멸적 결과를 초래한다는 인식"에서 미―소 당사국 사이에서는 물론 그 동맹국들 사이에서 "세계평화와 안전보장을 위하여 [핵전쟁을 유발할 우려가 있는] 무력의 위협과 행사를 저지 한다"는데 목적을 둔 것이었다. 「미―소전쟁방지공동선언문」(1973. 6. 22. *워싱톤*), 앞의 『韓國時事資料 · 年表』 上卷, p. 1082.

1191) 『김일성저작선집』 28, pp. 387~391. 김일성의 소위 "5대 방침"은 결코 새로운 것이 아니라 그가 빈번히 주장해 온 것들의 재론에 불과했다. 새로운 것이 있다면 단일 국호에 의한 UN가입이었다. 그밖에는 종래의 남북연방제를 "고려연방제공화국"으로, 남북정치협상회의를 "대 민족회의"로 그 이름을 바꾼데 불과했다.

조국의 통일문제는 결국 남조선에서 혁명이 일어나고 우리가 도와주어 남조선 인민들이 정권을 쥐어야 평화적으로 해결될 수 있습니다. 평화통일을 하자고 그저 구호나 불러서는 문제가 해결되지 않습니다. … 남조선 인민들과 청년학도들에 의하여 남조선에서는 반드시 결정적인 혁명투쟁이 일어날 것입니다. … 인민군대가 전투력을 백방으로 강화하고 언제나 만반의 전투준비를 갖추고 있으면 조국의 통일은 빨리 실현될 것입니다.[1192](밑줄은 저자)

김일성이 위에서 언급한 바와 같이 박정희정권은 어리석고 무모한 김대중 납치사건 (1973. 8. 8)으로 인하여 국제적으로는 비난의 화살을 맞고 있었다. 그리고 대내적으로는 남한의 정국이 심각하게 동요하고 있었다. 김일성은 이 사건을 절호의 기회로 삼아 1973년 8월 28일 극렬한 「김영주 성명」[1193]으로 돌연 '남북조절위원회'를 공식적으로 중단시켜버렸다. 「성명」의 목적은 첫째로는 김대중이 소중해서가 아니라 김대중의 피납에 분개하는 한국 내의 반정부 세력을 자기편으로 유도하여 혁명세력을 강화하자는 데 있었다. 둘째로는 「6 · 23 선언」으로 남－북한의 UN 동시가입을 표면하고 공산주의 국가들과의 관계개선책(關係改善策)을 모색하고 있던 한국의 외교정책에 타격을 가하자는데 있었다. 「김영주 성명」이후 '남북조절위원회' 본회의가 다시는 열리지 않고 있던 1973년 10월 28일, 김일성은 남－북 대화의 사실상의 종언을 선언하기에 이르렀다.[1194]

1192) 같은 책, pp. 549~550.

1193) 이 「성명」은 "이후락을 두목으로 하는 남조선 중앙정보부 특무들"이 "남조선의 민주인사 김대중을 서울로 납치한 야만적 행위"에 대하여 격분하는 척 했으나 「성명」의 내용 거의 전부는 북한 측의 박정희정권에 대한 종래의 규탄의 종합판이었다. 즉 「성명」은 박정희정권의 반공법과 국가보안법에 의한 *"파쑈"*통치를 공격하고 「6 · 23 선언」을 "두 개 조선 조작책동의 공개적 선포"라고 비난하면서 "이 신성한 민족공동의 기구 [남북조절위원회]에서는 *李厚洛*과 같은 깡패들과 마주 앉아 국가대사를 논의할 수 없다"고 남북조절위원회 중단의 의도를 공표했다.

이이 「성명」은 다음과 같은 요구를 내와 새개의 조건으로 내세웠다. 1) "남조선 당국자들이 만일 진실로 평화통일을 원한다면 남북공동성명의 원칙을 존중할 것, 2) "2개의 조선" 노선을 취소할 것, 3) 인민대중들과 정당, 사회단체들의 자유를 보장할 것", 4) "김대중을 비롯하여 체포, 투옥된 애국자들을 석방할 것", 5) 남북조절위원회에는 당국자들뿐만 아니라 남북 조선의 각 정당, 사회단체, 각계각층 인민들의 대표들이 참가할 때에만 남북 대화가 민족적 대단결의 기초위에서 순조롭게 진행될 수 있다"는 것이었다. ≪로동신문≫, 1973년 8월 29일자.

1194) 이날 金日成은 *불가리아* 당 및 정부 대표단을 환영하는 평양시 군중대회에서 당시 남한에서 추진하고 있던 남－북한의 UN동시 가입 안을 "남북 공동성명에 근본적으로 배치되는 것이며 조선을 완전히 두 개 조선으로 갈라놓으려는 것"이요, "남조선을 영원히 미제의 식민지 군사기지로, 일본군국주의의 상

'남북조절위원회'가 정돈상태로 빠져들어 간 지 3개월 반 뒤인 1973년 11월 15일 서울측이 평양 측에게 조절위원회 제4차 '본회의'의 조속한 개최를 촉구했다. 그들이 뜻밖에도 이에 응하자1195) 남-북 대화의 명맥은 형식상 이어지게 되었다. 그러나 조절위원회 본회의는 부위원장회의로 격하되었고 회기(會期)는 단 하루, 그것도 단 몇 시간, 장소는 서울과 평양이 아니라 판문점으로 한정되었다. 그 후 부위원장회의는 1973년 12월 5일(제1차 회의)부터 1975년 3월 14일(제10차 회의)까지 1년 3개월 동안에 형식상 10차나 열렸지만 북한측은 종전과 똑같은 요구를 반복했을 뿐, 성과란 물론 있을 수가 없었다.1196)

당시 3선 개헌문제를 놓고 남한의 정국이 극도로 소란해지고 있는 것을 김일성은 마치 남조선의 혁명정세가 고조되고 있는 듯이 기대하고 있었다. 그리하여 "분열주의자들"에 대한 "남조선 인민들"의 혁명투쟁을 북한이 지원해야 한다는 주장을 주저 없이 공언하기에 이르렀다. 즉 제4차 부위원장 회의가 끝난 지 며칠 뒤인 1974년 3월 4일 그는 *알제리아* 대통령 *부메디엔는*(Houari Boumedienne)을 환영하는 석상에서 북한이 "남조선 인민들의 혁명투쟁"을 지원하는 것은 결코 "내정간섭(內政干涉)"이 아니라 자기들의 "응당한 의무"라고 공공연히 선언했던 것이다.1197)

남북의 대립으로 조절위원회가 허공에 떠있는 동안 북한은 대남 도발을 극렬화(極烈化)시켰다. 1974년 8월 15일에 일어난 문세광의 한국 대통령 저격 *테러*사건, 그 해 11월 15일 북한의 대규모 남침용 땅굴 발견, 1975년 3월 24일 철원 북방 비무장지대(非武裝地帶)에서 발견된 제2의 남침용 땅굴사건 등이 그것이다. 북한의 도발행위는 위에서 언급한 판문점 「도끼살인 만행사건」(1976. 8. 18), 동해상에서 어로 중인 한국어선 「제3 동진호 납북사건」 (1976. 8. 30)등으로 계속되었다. 다시 1978년 10

품 판매시장으로 만들려는 음모책동"이라고 상투적인 비방을 되풀이 했다. 그리고 "우리는 오직 투쟁을 통해서만 평화통일을 이룩할 수 있으며 분열주의자들과는 어떠한 타협도 할 수 없다"고 선언했다. 앞의 『김일성저작집』 28, 1984년 판, pp. 580~582.

1195) 이에 관해서는 북한연구소 발행, 『북한총람』(1983~1993), 1994년 판, p. 1024.

1196) 그동안 부위원장 회의에서 북한 측이 '남북조절위원회' 본회의의 선행조건으로 제안한 것은 (1) "대 민족회의", (2) "남북정치협상회의", (3) 「6·23선언」철회 (4) 반공법-국가보안법의 폐기와 공산주의 활동의 합법화 (5) 주한미군 철수 (6) 김일성의 "평화통일 5대 강령"의 수락 등등의 요구였다. 앞의 『남북대화』, 1988년, p. 107.

1197) 『김일성저작집』 29. 1985년 판, p. 123.

월 17일에는 판문점 공동경비구역 남방에서 제3의 남침용 땅굴이 발견되어 세상을 놀라게 했다(발표는 10월 27일).

그러는 동안 남-북은 서로 자기방식의 통일에 대비하여 국력의 우위를 확보하고자 경제건설과 군비 강화에 박차를 가했다. 그리하여 1980년경에는 한국의 경제력이 북한을 제압하기에 이르렀다. 북한은 경제적 열세에도 불구하고 인민들의 극심한 생활고를 강요하면서 예의 군사력을 증강시켜 1978년만 보더라도 GNP의 24% (한국은 5.5%)를 군사비(軍事費)에 충당했다.[1198] 이렇게 남-북간의 군사적 긴장이 절정에 오르고 있던 1979년 1월 31일 서울측이 평양에 대하여 '조절위원회'의 개최를 끈덕지게 요구[1199]하자 평양 측은 2월 5일 「조국전선 중앙위원회 서기국 성명」을 발표, '남-북조절위원회'는 이미 존재하지 않는다고 그 사망신고(死亡申告)를 사후 5년만에 비로소 통고해 왔다.[1200] 이로써 「7·4 남-북 공동성명」은 발표된 지 6년 7개월 만에 허망(虛妄)한 휴지가 되고 말았다.

1198) 「南-北韓 軍事比較」, 같은 책, p. 49. 북한이 미-소로부터 어느 정도의 군사원조를 받았는지는 비밀이있지만 한국은 1978년을 끝으로 미국의 무상군원을 완전히 종결지었다. 1978년도에 마지막으로 미 제2사단의 철수에 따른 8억 달러 상당의 미군 장비를 무상으로 공여 받았으며, 이해부터 국군의 현대화를 위하여 매년 2억7천500만 *달러*의 차관을 얻었다. Sentors Hubert H. Humphray and John Glenn, *A Report of the Committee on Foreign Relations, on U.S. Troop Withdrawl from the Republic of Korea* (Washington, D.C. Govlit Printing Office, 1978), p. 44. 같은 책, p. 52에서 재인용. 그리하여 한국 국방의 자립도는 1979년도부터는 완전히 달성되었던 것이다.

1199) 앞의 『남북대화백서』, 1985년, p. 155 참조.

1200) '남북조절위원회' 대신 민족통일 준비위원회를 내놓을 것을 제의한 「조국통일 민주주의전선 중앙위원회 서기국성명」, ≪로동신문≫, 1979년 2월 5일자.

제8편
반제(反帝) 반(反)봉건적 민주개혁

제1장

"민주개혁"의 기본방향

제1절 '북조선 임시인민위원회'의 수립

앞에서 분석한 바와 같이 소련 군정당국은 각급 지방 인민(정치)위원회 조직→민족통일전선(民族統一戰線) 결성→'조선공산당 북조선분국(北朝鮮分局)' 창립→북조선 5도행정국(5道行政局) 발족→김일성(金日成)의 당권장악(當權掌握) 등 일련의 공작(工作)을 일사천리(一瀉千里)로 진행시킨 후, 1946년 2월 8일 돌연히 김일성을 수반으로 하여 "북조선의 중앙주권기관(中央主權機關)"이라고 하는 '북조선 임시인민위원회'를 수립했다. 이러한 조치는 사전에 일언반구 보도하지도 않은 채 감쪽같이 취해졌기 때문에 주민들은 어리둥절할 수밖에 없었다. 이것이 소련 군정(軍政)당국의 "민주주의" 방식이었다. 동 위원회의를 발족시키는 회의석상에서 김일성은 소련군대에 의하여 해방된 지 "5개월 동안이라는 짧은 기간은 적은 기간이지만 이 기간에 북조선 각 도(道)에서 생긴 모든 큰 변천들을 사람마다 볼 수 있다"고 하고, "소련군대의 위력으로 해방된 북조선은 결정적으로 진정한 민주주의적 발전의 길에 들어섰다"[1201]고 소련 군정의 치적을 찬양했다.

소련 군정당국이 '북조선 5도행정국'을 발족시킨 것은 1945년 10월 하순이었다. 김일성의 설명에 의하면[1202] 이미 조직된 '북조선 5도행정국'[1203]의 수위(水位)에 서

1201) 『김일성선집』 1, 1953년도 판, p. 24.

1202) 金日成의 설명은 다음과 같다. "…지금까지 북조선에는 각 국[局]들의 사업 방향을 인도하며 지도할 유일한 북조선 중앙주권기관이 없습니다…그리하여 우리에게는 북조선에 중앙 행정기관을 조직할 필요성이 제기되는 것입니다." 우리 견지로는 조선 통일정부가 조직될 때까지 북조선 림시인민위원회가 이런 기관으로 되어야 한다고 인정합니다. 이것이 대중의 리익을 반영하며 조선에 민주주의적 질서를 수립하는 모든 과업에 적응한 조치로 되는 것입니다." 같은 책, pp. 30~31.

1203) '북조선 5道行政局'이란 1945년 10월 28일 소련군 사령부가 발족시킨 북한의 통일적 행정기구로써 산업, 교육, 보안, 사법, 교통, 농림, 재무, 체신, 보건, 상업의 10局으로 구성되어 있었다. 국장은 거의 다

서 국(局)들을 총괄, 지도할 기관이 북조선에 절실히 필요했기 때문에 자기는 북조선 각 도(道) 인민위원회와 민주주의 정당, 사회단체 지도자회의를 소집하여 '북조선 임시인민위원회'의 수립을 제의했다는 것이다. 즉 그의 말로는 '북조선 임시인민위원회'의 조직에 대한 의견을 먼저 제출한 사람은 제(諸)정당, 사회단체 지도자들이며 자기 대표들로써 발기위원회를 조직했고, 이 발기위원회의 의견을 소련군 사령관에게 "진정(陳情)"한 결과 "반대가 없었을 뿐만 아니라 이를 환영하였다"는 것이다. 요컨대 밑으로부터의 민의에 따라 '북조선 임시인민위원회'는 민주적으로 조직되었던 것이라고 그는 사실을 거꾸로 설명했다.

각 도(道)에 분산되어 있는 인민위원회를 통일적으로 관할할 중앙행정기구의 수립은 물론 필요했다. 그러나 '북조선 임시인민위원회'는 단순히 '5도행정국'을 총괄 지도하기 위한 중앙 행정기관은 아니었다. 이것은 소련 군대가 북조선에 진주한 후 "민주주의적 질서"라고 한 *스탈린주*의적 질서를 수립하는 획기적 단계로서, 북조선에 공산당 지도하에 단독 정권을 수립하려는 첫 조치였다는 것이 점차로 밝혀졌다. '북조선 임시인민위원회'의 수립은 처음부터 소련군 사령부의 기본정책이었다. '북조선 임시인민위원회'의 조직 기반이 된 것은 소련 군대가 진주하면서 각 지방에 만들어 놓은 인민(정치)위원회들이였으며, 지방의 각급 인민위원회들은 "북조선 중앙주권기관"이라고 하는 '북조선 임시인민위원회'를 창설하기 위한 예비적 단계였던 것이다.[1204]

북조선의 공식 해석대로 '북조선 임시인민위원회'가 지방 인민위원회들을 "일층 강

공산당 간부들이 차지했고 '朝鮮民主黨'과 무소속은 구색을 맞추기 위하여 몇 사람만 끼워 넣었다. 그리고 副局長은 모두 소련에서 입북한 조선인 2세인 蘇聯公民들을 배치하여 소련 군정당국의 북조선 통치를 보조케 했다. 한편 '5도행정국'의 위원장에는 曺晩植을 내세워 이용하려고 강권했었으나 거절당하였다고 한다. 『北韓總鑑』 1945~68년 판, 共産圈問題硏究所 발행, 1968. p. 62 참조.

1204) 당시의 북조선의 기록은 '北朝鮮 臨時人民委員會'의 출현을 다음과 같이 설명했다.

"인민위원회 발전의 첫째 단계에서는 쏘련군대가 조선으로 들어옴과 함께 북조선의 인민들은 자기의 민족적이며 민주주의적인 지방 행정기관을 조직하였다는 그것이다. 이 첫 단계에서는 지방 행정기관으로 되는 인민위원회들을 조직하였다.… 그 둘째 단계에서는 1945년 10월에 '5도인민위원회' 대표대회가 개최되고, 이 회의의 결정에 의거하여 동년 11월 평양에 인민경제의 각 부문을 지도하며 북조선의 각 道와의 경제적 연락을 실행하기 위하여 산업 교통 체신 농촌 상업 재정 교육 선전 보건 사법 및 보안국을 조직하였다.… 그러나 대내 대외의 객관적 조건은 정권형태를 일층 강화 전진시키었다. 이것은 그의 셋째 단계로서의 '북조선임시인민위원회'로 나타났다.… 북조선임시인민위원회의 탄생은 조선 역사에 처음으로서 인민의 정권을 창건하였다.…"(밑줄은 저자) 『朝鮮中央年鑑』, 1949년도 판, pp. 68~69.

화, 전진시킨" 정권형태였다면 그 성격은 당연히 지방 인민위원회의 형태와 동일하지 않을 수 없었다. 김일성은 '인민위원회의' 초기 성립과정과 그 성격을 1948년 3월에 다음과 같이 요약했다.

> 우리 당은 외국의 간섭이 없이 조선 인민의 창의에 의하여 수립된 인민위원회를 이러한 새 형태의 정권기관으로 규정하였습니다. 그것은 인민위원회는… 가장 광범한 인민의 리익을 대표하는 정권형태이며… 그들의 지지를 받으며 그들과 혈연적으로 련결된 새 형태의 정권기관이며… 낡은 *부르죠아* 사회의 소위 「의회적 민주주의」정권형태인 것이 아니라… 전혀 새로운 정권형태이며 앞으로 우리 조국을 자유롭고, 행복스럽고, 부강한, 일층 고상한 민주주의 사회로 이끌어 갈 수 있는 새 정권형태이기 때문입니다.[1205](밑줄은 저자)

적나라한 *스탈린*주의 형(型) 정권의 수립에 있어서 김일성이 애용해온 "인민의 창의(創意)"니, "가장 광범한 인민의 리익을 대표하는 정권형태"이니, "새로운 정권형태"니 하는 등 용어의 특수한 의미에 관해서는 이미 앞에서 누차 언급한 바 있음으로 재론하지 않는다. 소련군이 진주한 지 반년도 못되어 소련 군정당국이 돌연 '북조선 임시인민위원회'를 평양에 수립한 것은 *'모스크바'* 3상회의(3相會議)가 한반도에 통일적 "민주주의 임시정부"를 수립하기로 결정한데 따른 대책으로 선수(先手)를 쓰려는 정치적 포석이었다. 이때는 *'모스크바* 3상회'가 결정한 신탁통치(信託統治) 안을 소련 군정이 강요한 대로 지지하기를 거부한 조만식이 감금된 지 한 달 후였다. "북조선 중앙주권기관"이라는 이름의 이 정권이 공식으로 출현할 때까지 그것은 한 번도 예고된 일이 없이 극비에 붙여져 있었다. 그 후의 역사가 증명하듯이 이것은 북조선 단독정권의 모태(母胎)가 되었던 것이다.

소련군 사령부는 '미−소 공동위원회'의 제1차 본회의의 개막을 앞두고 막후에서 '북조선 임시인민위원회'를 소식한 후 그 이름에서 "민주개혁"이라는 일련의 *소비에트*화(化) 직전단계의 정책을 강행한 다음 이것을 기정사실화(旣定事實化)했다. 그리고 이러한 정치−사회−경제제도를 기반으로 하지 않는 한 어떠한 통일정부의 수립도 배격한다는 완강한 입장을 견지해 나갔다. 1946년 8월 15일 이에 관해 김일성은

1205) 『김일성선집』 2, 1953년도 판, pp. 50~51. 이 인용문은 1964년 판 『김일성선집』 1, p. 137에서는 표현과 내용에서 상당한 수정이 가해졌다.

다음과 같이 설명하였다.

> *모스크바* 3상회의의 결정에 의하여 조선의 민주건설의 기본 방향이 확립되자 북조선 인민은 자기들의 주권을 통일하여 전체 인민의 의사와 리익을 진정으로 대표하는 중앙 주권기관으로 북조선임시인민위원회를 2월 8일에 조직하였습니다. 북조선임시인민위원회는 *모스크바* 3국 외상회의의 조선에 관한 결정에 의하여 진보적 민주주의 국가를 건설하기 위한 민주주의적 기초를 축성하는 사업을 준비하며 조선의 통일적 민주주의 정권수립을 촉진시키기 위하여 북조선의 당면한 행정사업을 통일적으로 지도하며 긴급한 모든 문제를 시급히 해결하기 위하여 탄생된 것입니다.[1206](밑줄은 저자)

여기서 김일성은 주민들의 한마디 여론도 듣지 않고 형식적 선거조차 거치지 않은 채, 소련군 사령부의 일방적 계획에 의하여 극비리에 급조된 '북조선 임시인민위원회'가 어떻게 하여 "전체 인민의 의사와 리익을 진정으로 대표하는" 것인지, 그리고 동 위원회가 어떻게 하여 민주주의적 새 조선의 "기초"가 되며, 통일적 민주주의 정부의 "수립을 촉진"할 수 있는지에 관해서는 설명하지 못하였다. 소련과 김일성은 *모스크바* 3상회의의 결정에 따라 장차 수립될 조선의 통일적 민주주의 임시정부는 당연히 '북조선 임시인민위원회' 형(型) "민주주의" 정부가 되어야 한다는 것을 의심해서는 안 되는 점을 절대적 원칙으로 내세우고 있었다. 다만 당시의 전술상의 필요 때문에 소련 점령군 사령부는 '북조선 임시인민위원회'에 민족통일전선에 입각한 연립정권이라는 외형(外形)을 갖추게 함으로써[1207] 이것이 공산당 1당(黨) 지배의 정

1206) 『김일성선집』 1, 1954년도 판, p. 165. 이 인용문은 1960년대 『김일성선집』에서는 표현 내용에 상당한 수정을 가했다.

1207) 1946년 2월 9일에 발표된 '북조선 임시인민위원회'의 정당별 간부는 다음과 같이 구성되어 있었다. 『北韓總鑑』 1945~68年 版, 1968年 共産圈問題硏究所, p. 65에 의거

◎ 共 産 黨 系
위 원 장 金日成
부위원장 金枓奉
산업국장 李文煥
교통국장 韓熙鎭
농림국장 李舜根
체신국장 趙永烈
재정국장 李鳳洙
교육국장 張鍾植
사법국장 崔容達

◎ 北朝鮮 民主黨系
서 기 장 康良煜(김일성의 인척)
보안국장 崔庸健('민주당'당원을 위장한 공산당 최고 간부)

◎ 無所屬
상업국장 韓東燦
보건국장 尹基寧

권이라는 내용을 엄폐하려고 시도했던 것이다.

북조선과는 반대로 미국 측과 남조선의 비(非)공산주의자들이 이해하는 민주주의는 언론, 집회, 출판, 종교의 자유를 기초로 하고 복수정당제와 자유선거를 매개로 하는, 즉 공산주의자들이 "낡은 *부르죠아*민주주의", "*부르죠아*독재"라고 비방하는 구미형의 의회민주주의, 즉 '자유민주주의'였다. 소련 측과 남-북의 공산당은 미국과 남-북의 민족주의자들이 "조선의 통일적 민주주의정권"은 '북조선 임시인민위원회'를 기초로 한다는 북한의 주장을 반대하리라는 것을 잘 알고 있었다. 소련은 민주주의라는 이름에서 인민위원회 형(型) 공산당 독재정권을 가능하면 전(全) 한반도에, 그렇지 못할 경우에는 우선 *소비에트*군대가 주둔하고 있는 북조선에서 만이라도 수립하겠다는 단호한 정책목표를 세우고 있었다.

모스크바 3상회의가 민주주의 이념에 대한 아무러한 규정도 설명도 없이 미봉적(彌縫的)으로 결정해버렸던 소위 전(全) 조선의 "민주주의" 임시정부 수립 방안은, 민주주의에 대한 미-소의 해석상의 차이 때문에 실행될 가능성을 근본적으로 결여하고 있었던 것이다. '북조선 임시인민위원회'가 수립되던 당시에 인민민주주의라는 용어는 아직 출현하지 않았고 그 대신에 "진보적 민주주의", "새로운 민주주의", "진정한 민주주의" 또는 단지 "인민의 정권"이라는 말이 널리 통용되고 있었다. 더욱이 "*프롤레타리아트*의 독재"란 말의 사용은 일체 *터부*(금기)로 되어있었다. *소비에트*화(化)의 초기 임무를 담당한 '북조선 임시인민위원회'의 성격이 어떠한 말로 설명되든간에 그것이 공산당의 1당 독재정권이었다는 본질에는 변함이 없었지만 북조선에서는 그것을 철저히 부인해 왔다.

'북조선 임시인민위원회'가 출범한 바로 그날, 김일성은 이 위원회가 수행해야 할

총무부장　李周淵

기획부장　鄭準澤

선전부국장　吳琪燮 (후에는 李淸源)

노동부국장　吳琪燮 (吳는 뒤에 선전국장에서 이 자리로 전임)

이상 17명으로 구성된 '北朝鮮 臨時人民委員會는 민족통일전선에 입각한 연립정권의 형식을 갖추고 있었으나 사실은 공산당 1당 정권임을 보여주고 있다. 2명의 '北朝鮮民主黨'계가 들어있지만 최용건은 공산당 간부였다(그 후 조선노동당 중앙위원회 부위원장). 강양욱은 김일성의 외척으로써 당적은 '북조선민주당'이었으나 그 후 사망할 때까지 김일성에게 충성을 다해온 인물이다. 기타 2명의 무소속은 완전히 무력한 존재였으며 후에 남한으로 도피했다. 이들 중 1960년대 중반 현재도 권력의 자리에 남아있던 자는 김일성, 최용건, 이주연, 강양욱 뿐이었으며, 여타의 인물은 모두 실각, 행방불명되었다.

「11개조 당면과업」이라는 것을 발표했다. 「11개조 당면 과업」은 10개조 당면 과업이라고도 한다. 즉 ① 지방 인민위원회의 강화와 "친일파", "반(反)민주주의적 분자"들의 철저한 숙청, ② 토지개혁의 실시, ③ 생산기업소의 복구발전, ④ 철도 및 수상 운수의 복구, ⑤ 재정 금융체계와 상업의 정비, ⑥ 기업가와 상인들의 자유로운 활동보장 −특히 개인기업의 장려, ⑦ 노동운동에 대한 원조와 공장 내의[당]위원회의 광범한 조직, ⑧ 교육제도의 민주주의적 개혁, ⑨ 민주주의적 문화 계몽사업의 광범한 전개, ⑩ *모스크바* 3상회의 결정의 "진의(眞意)"에 대한 광범한 해설 등이 그 중요한 내용이었다.[1208]

제2절 '20개조 정강'의 발표 : 북조선 임시인민위원회'의 기본노선

1946년 3월 23일 김일성은 서울에서 제1차 미−소 공동위원회가 개최되게 되자 장차 수립될 민주주의적 임시정부의 정강으로 이 「11개조 당면과업(當面課業)」을 확대하여 작성한 「김일성 장군 20개 정강(政綱)」을 발표했다. 뒤에 와서 북조선의 당 선전원들은 어떠한 절차와 권리에 의해서인지는 말하지 않은 채 "전체 조선인민들의 의사를 대표하여" 이 「정강」을 발표했다고 기록하였다.[1209] 이 「20개 정강」은 북조선 임시인민위원회의 "자기 활동의 지침"으로 규정되어 있었으며[1210], 이윽고 북조선의 공산주의자들은 이것을 "반제−반봉건적 민주혁명", 즉 *레닌*식(式)의 "*부르죠아* 민주주의혁명"의 노선을 조선의 현실에 올바르게 적용한 표본으로 내세워 왔다. 이 정강의 내용을 열거하면 다음과 같다.

1208) 『김일성선집』 1, 1954년 판, 평양, pp. 32~36. 위의 『김일성선집』에서는 10개조만이 열거되고, "식량문제의 적당한 대책의 긴급수립"은 생략되고 있는데 생략의 이유는 분명치 않다. 『김일성선집』 1, 1963년 판에 실린 「10개조 당면과업」의 문장은 대폭 수정되었다.

1209) 『조선통사(하)』 1958년, 평양, p. 27. 이보다 10년 전에 출판된 『朝鮮中央年鑑』(1949년 판 p. 65)에는 "조선 인민의 절실한 요구와 그의 나아갈 길을 英明하게 반영하여" 또는 "전 조선인민의 요구를 대변"하여 20개 정강을 발표 한 것으로 서술되고 있었을 뿐, "전체 조선인민들의 의사를 대표하여" 운운의 대담한 왜곡은 하지 못하고 있었다. 이러한 표현의 차이는 우연이라기보다는 조선노동당의 역사 기술 방식이 점점 주관주의적 성향(당성의 강화)으로 기울어지고 있음을 표시하는 것이었다.

1210) 앞의 『조선통사』(하), p. 29.

(1) 조선의 정치, 경제생활에서 과거 일본통치의 일체 잔여를 철저히 숙청할 것.

(2) 국내에 있는 반동분자와 반(反)민주주의적 분자들과의 무자비한 투쟁을 전개하며 *파쇼* 및 반(反)민주주의적 정당 단체 개인들의 활동을 절대 금지할 것.

(3) 전체 인민에게 언론, 출판, 집회 및 신앙의 자유를 보장시킬 것. 민주주의적 정당 노동조합 농민조합 및 기타 민주주의적 사회단체가 자유롭게 활동할 조건을 보장할 것.

(4) 전 조선인민은 一일반적으로 직접 또는 평등적으로 무기명 투표에 의한 선거로써 지방의 일체 행정기관인 인민위원회를 결성할 의무와 권리를 가질 것.

(5) 전체 공민들에게 성별, 신앙 및 자산의 다소를 불구하고 정치 경제 생활 제 조건에서의 동등한 권리를 보장할 것.

(6) 인격, 주택의 신성불가침을 주장하며 공민들의 재산과 개인의 소유물을 법적으로 보장할 것.

(7) 일본 통치 시에 사용하여 그의 영향을 가진 일체 법률과 재판 기관을 폐지하며 인민재판 기관을 민주주의 원칙에서 건설할 것이며 일반 공민에게 법률상 동등권을 보장할 것.

(8) 인민의 복리를 향상시키기 위하여 공업 농업 운수업 및 상업을 발전시킬 것.

(9) 대기업소 송수기관 은행 광산 삼림을 국유로 할 것.

(10) 개인의 수공업과 상인의 자유를 허락하며 장려할 것.

(11) 일본인 일본국가 매국노 및 계속적으로 소작을 주는 지주들의 토지를 몰수할 것이며 소작제를 철폐하고 몰수한 일체 토지를 농민들에게 무상으로 분배하며 그들의 소유로 만들 것. 관개업에 속한 일체 건물을 무상으로 몰수하여 국가에서 관리할 것.

(12) 생활필수품에 대한 시장가격을 제정하여 투기업자 및 고리대금업자들과 투쟁할 것.

(13) 단일하고도 공평한 조세제를 규정하여 진보적[누진적] 소유세제를 실시할 것.

(14) 노동자와 사무원들에게 8시간 노동제를 실시하여 최저임금을 규정할 것. 13세 이하의 소년의 노동을 금지하며 13세로부터 16세까지의 소년들에게 6시간노동제를 실시할 것.

(15) 노동자와 사무원들의 생명보험을 실시하며 노동자와 기업소의 보험제를 실시할 것.

(16) 전반적 인민 의무교육제를 실시하며 광범하게 국가경영인 소 · 중 · 전문대학교를 확장할 것. 국가의 민주주의적 제도에 의한 인민교육제도를 개혁할 것.

17) 민족문화 과학 및 기술을 전적으로 발전시키며 극장 도서관 *라디오* 방송국 및 영화관 수를 확대시킬 것.

(18) 국가기관과 인민경제의 제 부문에서 요구되는 인재를 양성하는 특별학교를 광범히 설치할 것.

(19) 과학과 예술에 종사하는 인사들의 사업을 장려하며 그들에게 보조를 줄 것.

(20) 국가 병원수를 확대하며 전염병을 근절하며 빈민들을 무료로 치료할 것.(밑줄은 저자)[1211]

앞으로 수립될 "진정한 민주주의적 정부"의 정강이라고 하여 제시했던 이상의 「20개조정강」에는 정치적 기본방향 [(1) (2) (3) (4) (5) (6) (7)조], 경제제도[(8) (9) (10) (11) (12) (13)조], 사회정책 [(14) (15) (20)조], 문화정책[(16) (17) (18) (19)조]등의 원칙이 소략하게나마 광범하게 망라되어 있으며, 문면(文面) 상으로 볼 때 이것은 일반 민주주의의 원칙과 하등 모순되지 않을 뿐만 아니라 진보적인 외형을 갖추고 있었다. 해방 직후의 정치적 분위기에서 친일파와 민족반역자 숙청(肅淸)은 절실한 민족적 과제였으며, 식민지적 질곡(桎梏)에서 벗어난 신생 민주주의 국가로서 중요산업을 국유화 하고 토지개혁을 실시한다는 것도 일반적으로 어디서나 의례히 표방(標

1211) 여기의 「20개조 정강」은 앞의 『朝鮮中央年鑑』 1949년도 판(pp. 66~67)으로부터 전재한 것이다. 1953년의 휴전 후 북조선 출판물에 발표된 이 정강은 많은 자구 수정을 가하여 비교적 세련된 문장으로 표현하고 있지만 본 저서에서는 이 정강의 초본을 인용했다. 초본과 『김일성선집』 1(1963년 pp. 54~56)에 실린 수정본과의 사이에는 의미상의 차이는 없으나 문구상에는 도처에서 다음과 같은 개작이 눈에 띈다.

(1946년도 初 本) (1963년도 修正本)

제1조 "과거 일본통치의 일체 잔여(殘餘)…"가→"일제통치의 일체 잔여…로"

제4조 "일반적으로 직접 또는 평등적으로 무기명투표에 의한 선거…"가→"일반적 직접적, 평등적, 비밀투표에 의한 선거로"

제5조 "자산의 다소를 불구하고"가→"재산의 유무를 불문하고로"

제7조 "日本統治時代에 사용하여 그의 영향을 가진 일체 법률…"이→"일제 통치 시 사용하였으며 또한 그 영향을 받고 있는 일체의 법률…"로

제11조 "灌漑業에 속한 일체건물을…"이→"……一切 施設"로

제13조 "…公平한 租稅制를 규정하여 진보적 소유제를…이→"公平한 세납제를 제정하여 누진적 소득세를…"로

제16조 "人民義務教育制를 실시하며 광범하게 "의무교육제를 실시하며 국가경영인 소, 중, 전문 국가경영인 小, 中, 專門大學校들을 확장할 것"이→대학교들은 광범히 확장할것"으로 수정되었다.

제17조 "科學 및 技術을 전적으로 발전시키며"가→"과학 및 예술을 적극적으로 발전시키며"로

제19조 "……그들에게 보조를 줄 것"이→"그들에게 방조를 줄 것"으로 수정되고 있다.

수정 본에 비하면 초본에서 사용된 문구들 중에는 *러시아*어의 誤譯으로 보이는 것들이 들어있다. 또한 조잡한 표현과 문맥의 불통, 문법상의 초보적 오류도 발견된다. 요컨대 20개정강의 초본의 표현에서 나타난 지적수준은 그 당시의 북조선의 일반적 문화수준보다 하위에 있는 것으로 볼 수 있는데, 이것은 '20개 정강'이 *러시아*語 원본의 번역이었든가, 아니면 소련군 사령부내의 "고려인"들이 작성한 것으로 추측된다.

榜)한 공통된 정책이었다. 또한 노동자의 권익옹호와 과학 및 문화의 장려를 강조하고 있는 점도 20세기적 민주주의에서는 당연한 요구였던 것들이었다.

「20개조 정강」에서는 언론, 출판, 집회, 신앙, 결사의 자유 등 민주주의의 기본권리가 나열되었고 심지어는 "인격, 주택의 신성불가침"까지를 보장하였으며 그밖에도 대전 직후의 경제적 후진국들에서는 도저히 실현할 수 없는 일련의 사회복지 정책을 확약하고 있었다. 그러나 통치의 실제 내용은 반드시 대외적으로 공표된 정강대로 실시되는 것이 아니다. 이것은 독재정권의 경우 특히 그러하다. 당시의 북조선은 이미 엄격한 소련 군정 하에 *소비에트*화(化)가 착착 진행되고 있었다. "*부르죠아* 민주주의"적(的) 권리장전(權利章典)과 사회민주주의의 진보적 요건들을 모두 골라서 열거한 이 정강(政綱)은 북조선의 민주화라는 면에서는 하나의 공문(空文)에 불과했다.

이 「정강」이 발표될 무렵 토지개혁은 이미 종결 단계에 있었으며 중요산업기관들은 모두 국유화되었고, 문화시설들은 수효는 빈약했지만 새로 설립되고 있었다. 그러나 이러한 정책이 결코 민주화의 척도는 될 수 없었다. 이 「정강」이 구가하고 있던 민주주의적 "자유"니 "평등의 권리"니 하는 공약들은 북조선 인민들에게 이행하기 위하여 내세운 것은 결코 아니었다.

「20개조 정강」이 그토록 강조한 "민주주의"의 진의를 파악하기 위해서는 공산주의자들이 사용하는 "민주주의"라는 은어(隱語)를 *스탈린*주의의 개념 또는 이것을 추종하는 정치이념에 따라 해석하면 충분했다. "반동분자"니 "반(反)민주주의적 분자"니 "매국노(賣國奴)"니 하는 규정이 어떠한 사람들에게 적용되는지를 그곳의 대중들은 처음에는 똑똑히 이해하지 못하고 있었다. 「20개조 정강」의 해설사업이 공산당에 의하여 진행되고 있는 동안 이런 말들이 비단 진짜 친일파나 대지주 대자본가들뿐만 아니라 공산당노선을 도저히 맹종할 수 없었던 애국지사, 독립투사, 농민·노동자, 소시민, 지식인들 모두를 가리키는 극히 자의적(恣意的)이요 독단적(獨斷的)인 개념이라는 것을 뒤늦게야 깨달았던 것이다.

「20개조 정강」에서도 "혁명"이니 "독재"니 하는 용어의 사용은 정치 전술상 대외적으로는 회피하고 있지만, "무자비한 투쟁"이니 "절대 금지"니 "무상몰수"니 하는 「정강」의 표현들은 지주는 물론 자유의 의식을 가지고 있는 한 모든 비(非)공산주의자들을 타도하겠다는 전투적 의지를 표명한 것이었다. 그리하여 10년 후 『조선통사』가 당시에는 숨기고 있었던 당(黨)의 전술을 공표하면서 "이 20개조 정강은… 우리 혁명의 전투적 강령이었다"[1212]고 그 성격을 밝힌 것은 우연이 아니었다.

장차 수립될 통일정부의 시책의 기본방향을 제시한 '20개조 정강'은 형식상 중대한 결함을 지니고 있었다. 즉 정강 안에는 신생 독립국이 취하여야 할 국방 정책과 외교정책이 전혀 언급되지 않고 있었다는 점을 지적할 수 있다. 회고컨대 북쪽은 중－*러*의 2대 국(國)과 국경을 접하고 있었고, 남쪽은 일본과 대치하고 있었던 한반도의 지정학적 조건 때문에 오랫동안 극동의 요충이 되어왔다. 더욱이 그런 지역이 미－소 연합국에 의하여 일본 제국주의로부터 해방되고, 38선을 경계로 미－소 양국에 의하여 분할 점령되었다는 사실은 벌써 국제 정치상 예견되는 극히 착잡한 분규의 잠재성을 내포하고 있었다. 이런 점을 *스탈린*이 간과(看過) 못했을 리가 만무했다.

한반도의 지정학적 위치로 보아 앞으로 수립될 "통일적 조선 임시정부"의 외교정책의 방향과 군사적 입장의 성격 여하는 중대한 문제였다. 더욱이 그것은 *이데올로기*적(的)으로 분열된 연합국의 국가적 이해관계 및 동북(東北)*아시아*의 전체적 운명과 불가분의 관계를 가지는 누구도 풀수 없는 긴요한 문제였다. 그러나 김일성은 통일정부 수립의 국제적 절차로 미－영－소가 발표한 *모스크바* 3상회의의 결정을 지지한다는 것만을 강조하였을 뿐, 통일된 조선의 외교, 군사정책에 관하여서는「20개조 정강」에서 일언반구(一言半句)언급하지 않았다.

그러면 이것을「20개조 정강」에 노정한 우연적인 결함으로 봐야 할 것인가. 결코 그렇지는 않았다. 김일성은「20개조 정강」을 발표 했던 그날(1946년 3월 23일) 앞에서 언급한 바와 같이 당시의 국제 관계를 고려하여, "일본의 압박으로부터 조선인민을 해방한 위대한 연합제국 만세!"[1213]를 제창함으로써 소련의 전시(戰時) 연합국(미

1212) 『조선통사』(하), 1958년, p. 29.

김일성 자신은 소위 "반동 정치가들"과 "친일분자들"에 대한 투쟁선언과 더불어 그의「20개조 정강」을 발표했다. 즉 "극히 최근까지 비겁하게도 일본제국주의자들에 추종하고 있던 반동 정치가들과 친일분자들의 일파만이 공정한 [*모스크바* 외상회의] 결정에 반대하고 있는데 불과하다. 그러나 우리 조선인민은 이들 반동분자를 물리치고, 조선에 관한 *모스크바* 외상회의의 공정한 결정을 지지해 왔다". 『金日成選集』 第一卷, 1952년도, 日文 版, p. 15. 그런데 『김일성선집』 1, 1963년 판에서는 이 구절은 어떤 정치적 고려에서 전부 삭제되고 있다.

1213) 『金日成選集』 第一1, 三一書房(京都), 1952年, 日文 版, p. 15. 그러나 이 구절은 『김일성선집』 1. 1954년 판(p. 45)에서는 "위대한 연합국 만세!"가 "위대한 쏘련 만세!"로 바뀌었고, 『김일성선집』 1, 1963년 판(p. 53)에서는 김일성의 "주체사상"을 훼손할까봐 완전히 삭제되어버렸다.

-영-중)들에 대해서도 친선의 뜻을 표시하는 *제스쳐*를 취했다. 「20개조 정강」은 북조선의 *소비에트화*(化)를 강행하는데 필요한 예비적 단계를 설정하자는 것이었지 남조선을 "강점(强占)"했다는 "제국주의" 미국이나 영국, 중국과의 친선을 진심으로 희망한 것은 아니었다. 또한 「정강」은 연합국들에 대한 외교관계나 통일조선의 군사적 성격에 관한 언급을 회피함으로써 이 복잡한 문제들의 해결을 뒤에다 미룬 것도 아니었다.

「20개조 정강」(4)항의 "조선 인민은 …지방의 일체 행정 기관인 인민위원회를 결성할 의무와 권리를 가진다"는 주장은 이 「정강」전체의 핵심으로, "통일적 조선임시정부"의 정치형태의 성격을 천명한 것이었다. 조선인민들은 "인민위원회"를 결성할 "권리"뿐만 아니라 심지어 "의무"까지를 가지고 있는 한 그러한 통일정부란 곧 공산당 정부며 그러한 통일조선은 외교-군사적으로 *스탈린*의 위성국이 되지 않을 수 없다는 것은, 인민위원회의 정치체제가 어떤 것인가를 알고 있는 사람들에게는 자명(自明)했다. 요컨대 「20개조 정강」은 통일조선의 *소비에트화*(化)를 목표로 하는 과도적 체제를 수립하겠다는 선언이었다. 이 「정강」안에 통일정부의 외교-군사정책이 구체적으로 명시되지 않고 있었던 것은 당시의 대 내외적 여론을 고려하여 정략적으로 그렇게 만들었던 것으로 생각된다.

그 후 북조선의 당사가(黨史家)들은 일방적으로 "이 정강은 남북조선의 전체 민주주의적 정당들과 사회단체들의 일치한 지지 찬동을 받았으며 그들의 공동투쟁 강령으로 되었다"[1214]고 거짓으로 기술하고 있으나, 정치적 색맹이 아닌 한 이 「강령」의 은폐된 목적을 간파하지 못할 자는 없었다. 그리하여 언론과 정치활동의 자유가 보장되었던 남한에서 공산당 및 그 외곽단체들은 이 「정강」을 지지 선전하고 있었으나, 그 밖의 어떤 정당에서도 이것을 "지지 찬동"하기는 고사하고 진지한 관심의 대상조차 된 일이 없었다. 이 「정강」의 목표에 대해서 북조선의 당(黨) 사가들은 휴전 후 모든 *베일*을 벗기고 다음과 같이 본의를 고백하였다.

> 북조선임시인민위원회는 이 20개조 정강을 자기 활동의 지침으로 하여 북조선에서 반제(反帝) 반(反)봉건적 민주혁명을 완수하고 인민민주주의 제도를 확립함으로서 <u>마침</u>

1214) 앞의 『조선통사』(하), p. 29.

내 북조선을 강력한 혁명적 민주기지로 전변시켰다.[1215]

위에서 분석한 김일성의 「20개조 정강」이 조선에서 정치적 권위를 지니려면, 그것은 어떤 찬란한 역사적 업적과 결부되고, *맑스-레닌주*의 이론에 의하여 체계화되지 않으면 안 되었다. 그리하여 북조선에서는 초기부터 「20개조 정강」은 1935년[1216] 만주(滿洲)에서 김일성을 회장으로 하여 결성되었다는 "조국 광복회의 10대 강령에 연원하였으며 그러므로 20개조 정강은 10대 강령의 역사적인 발전 형태"[1217]라는 계보를 사후에 조작해야만 했다. 나아가서 이 설명은 '조국 광복회'가 "조선에 있어서의 민족통일전선의 모든 경험 교훈의 최고의 표현으로서, 이때까지의 민족 해방운동의 집대성"이라고 극도로 과장 부연했다.

김일성의 「20개조 정강」은 '북조선임시인민위원회'의 이름으로 공표한 1946년 3월 5일의 「토지개혁 법령」을 비롯하여 『선거 법령』(1946. 6. 4), 『노동법령』(1946. 6. 24), 『농업현물세 법령』(1946. 6. 30), 『남녀평등권에 대한 법령』(1946. 7. 30), 『중요산업국유화 법령』(1946. 8. 10), 『개인기업의 창발력(創發力) 발위에 대한 결정서』(1946. 10. 4) 등 일련의 법령(法令)을 통하여 실시되었다. 북조선 "민주개혁"은 과도기에 있어서 공산당의 최저강령(最低綱領) 내용이 어떤 것인가를 보여주고 있었다. 그러면 이하에서는 *볼셰비끼*적(的) "민주개혁"들이 어떻게 실시되었는가를 고찰하고자 한다.

위에서 분석한 「20개조 정강」을 기본 방향으로 하여 김일성은 소련 군정당국의 지시 하에 '북조선 임시인민위원회'의 이름으로 위에서 열거한 이른바 "반제-반봉건적 제반 민주개혁"이라는 일련의 *스탈린주*의화(化)의 예비정책을 단행하는 길에 들어섰다. 이 시기의 북조선에서는 앞에서 언급한 바와 같이 제2차 대전 직후의 동(東)

1215) 앞의 『조선통사』(하), 평양, p. 29.

1216) '在滿한인 조국광복회'의 결성 일자는 『朝鮮中央年鑑』(1949년 판 p. 66)과 『조선통사』(중)(1958년 판 p. 347)에는 다같이 1935년으로 되어있고, 『조선근대혁명운동사』(1962년 판 p. 350)와 『김일성동지략전』(1972년 판)에는 1936년 5월 5일로 적혀있다. 이것을 보면 북조선에서도 정확한 것을 모르고 있었던가, 아니면 날조된 역사적 사실들과 짜 맞추기 위하여 결성 일자를 바꿨던 것이 아닌가 싶다. 현재는 1936년 5월 5일로 정착되어 있다. 朝鮮總督府 함경남도 경찰부에 의한 편집 자료에 의하면 '在滿韓人祖國光復會'는 *코민테른* 제7차 대회의 결의를 기초로 항일통일인민전선의 결성을 위하여 재만 '중국공산당'에서 소화 11년(1936년) 5월경, 吳成崙, 李尙俊, 嚴秀明, 安光勳 등의 명의로써 [조직된 것]이라고 한다. 이 편집 자료는 『現代史資料』, 朝鮮(一), みすず書房, 1978년에 수록. 이 부분은 p. 265.

1217) 앞의 『朝鮮中央年鑑』(1949년 판). pp. 66~67.

*유럽*에서와 마찬가지로 "사회주의"니 "사회주의적"이니 하는 용어의 사용을 의식적으로 삼가고, 그 대신 의회민주주의자와 공산주의자가 다 같이 수락할 수 있는 "민주주의"라는 모호한 이름을 빌려 돌연히 "반제-반봉건적 민주개혁"을 단행하기 시작했던 것이다.

제2장

계급투쟁으로써의 토지개혁(土地改革)

제1절 토지개혁의 실태

전근대적 사회의 오랜 유산(遺産)을 청산하고 새로운 민주주의 사회를 건설하는데 봉건적-반(半)봉건적 소작제(小作制)의 철폐를 핵심으로 하는 근대적-현대적 토지개혁의 실시는 제2차 세계대전 이후 동(東)*유럽*과 *아시아*의 많은 후진국들이 당면한 공통의 과제였다. 그리고 이러한 토지개혁이 실시된 곳에서는 대부분의 농민들은 농지의 예속(隷屬)과 지주의 수탈(收奪)로부터 벗어나 자유로운 자작농의 지위를 획득했다. 소작제를 철폐하고 자작농제를 확립하기 위한 토지개혁은 현대국가의 기본적 임무라고 할 수 있다. 그러므로 일제로부터 해방된 북조선에서 토지개혁을 실시했다는 것 자체는 당연했으며 만일 공산당정권이 이것을 못했더라면 다른 정권이 그 임무를 수행했을 것이다. 그런데 문제는 토지개혁을 실시했다는데 있는 것이 아니라 실시의 방법, 내용 및 방향에 있었던 것이다.

낡은 봉건적 소작제를 철폐하고 농지를 농민들에게 재분배한다는 정책은 역사적으로 공산주의자들의 중요한 혁명적 과제로 되어왔으며, 따라서 동(東)*유럽*의 소련 위성국가(衛星國家)들에서와 마찬가지로 북조선에 진주한 소련군대는 이 문제에 대해 처음부터 지대한 정치적 관심을 돌리고 있었다.[1218] 북조선 임시인민위원회가 조

1218) 1946년 4월 13일 '북조선 임시인민위원회' 제1차 확대집행위원회에서 행한, 金日成의 연설, 「토지개혁 총화 보고에 대한 결론 요지」에서 그는 "소련 군대를 위주로 한 연합국의 反파시스트적 전쟁의 승리로 인하여 동방에서 일본 제국주의가 도괴된 후 동방 제 식민지국가 중에서 조선이 제일 먼저 봉건제도를 도괴하고 민주주의적 건설을 시작케 된 것이다. 금반의 토지개혁은 조선인민에게만 민주주의적 영향을 주었을 뿐만 아니라, 전 동방의 제 식민지 민족에게 가장 큰 민주주의적 영향을 주는 거동이라고 인정 한다"고 토지개혁에서 베푼 소련군의 은덕과 그 정치적 의의를 과시한 바 있다. 『朝鮮中央年鑑』 1949년 판, 평양, pp. 69~70. 이것은 당시 김일성이 소련의 선전적 의도를 대변한 것이었다. 한편 당시의 당 간부였던 모 인사에 의하면 북조선에서 발표된 토지개혁 법령은 노어로 된 원본을 조선인들이

사한 바 1943년 현재의 실태를 보면, 북조선의 총 경지면적은 1,982,431정보(町步)였고 그 중에서 지주(地主)는 58.2%를 점유하고 있으며, 이들 지주의 호수(戶數)는 총 농가의 4%에 해당하는 46,134호(戶)였다고 한다. 이에 대해 총 소작농 호수는 435,868호요, 농촌 고용가구는 26,268호로서 총 농가수 1,004,586 호의 45.4%에 해당하는 높은 비율을 보이고 있었다.[1219]

이 불균등한 토지 소유관계를 개혁하는데 공산당은 "무상몰수-무상분배"의 원칙에 따라, 토지를 분여(分與) 받게 될 소지주나 농민들의 실정과 의견은 전혀 무시한 채, 철저한 *볼셰비끼*형(型) 계급투쟁의 원칙에 따라 위로부터의 독선적인 개혁을 강행했던 것이다.[1220] 토지개혁의 목적은 소작제도를 철폐하고 지주에게 예속되지 않은 "농민의 개인소유"제를 확립하는데 있다고 했다(제1조).[1221] 그러나 이 말이 거짓

우리말로 비밀히 번역한 것이었다고 한다.

1219) 같은 책, p. 71. 북조선의 다른 자료에 의하면 토지개혁 이전에 북조선의 농가 총수는 1백만 4천 6백호였으며, 그중 6~8%에 해당하는 6만 9천 400호의 지주가 全 북조선 경지면적의 58.8%에 해당하는 1백 14만 7천 8백 町步의 방대한 토지를 소유하고, 약 80%의 농가는 토지를 가지지 못하고 있었다. 朝鮮勞動黨 發行, 『北朝鮮の解放運動史-政治學校用參考資料-』(日本公安調査廳 譯, 昭和三十二年 七月), p. 110.

1220) 김일성은 시종일관 이 토지개혁을 인민 대중들이 밑으로부터의 요구와 투쟁에 의하여 쟁취한 것같이 말해 왔다. 즉 소작료를 전 수확의 30%로 삭감한 1945년 9월의 소위 "3.7"제를 실시하기 위한 투쟁과정에서 ① "농민들의 정치적 각성과 열성은 제고되었고", ② 8.15해방 이후 "민주건설에 방해되는 친일분자, 민족반역자, 반동분자들"을 숙청하고 농민들은 지주를 반대하며 투쟁할 수 있는 자기들의 조직된 력량을 가지게 되었으며 ③ 토지개혁은 "민주주의 통일전선이 튼튼히 결성된 기초위에서 실시되었으며", ④ 토지개혁은 "노동자와 농민의 튼튼한 동맹에 기초하여……농민들이 노동자들의 직접적인 후원과 방조를 받아" 승리를 이룩하였으며, ⑤ 또한 토지개혁의 승리는 빈농과 고용농들로 조직된 "농민위원회들의 적극적 활동의 결과로 쟁취된 것"이라고 했다. 앞의 『김일성선집』 1, 1954년, pp. 55~60.

다른 나라에서와 마찬가지로 북조선의 농민들이 토지의 소유를 갈구한 것은 물론이었지만, 그렇다고 토지개혁이 이상과 같은 공식적 투쟁과정을 통하여 실시된 것은 아니었다. 『조선통사』(하)(pp. 31~32)에 의하면, "지주 토지의 무상몰수와 무상분배를 요구하는 농민들의 기세는 요원의 불길처럼 일어났던" 때문에, 이것을 보고 "1946년 3월 3일에는 평양에서 북조선 농민연맹 제2차 대표회의가 열렸고", 이 회의에서는 "농민들의 절실한 염원을 대표하여 토지개혁을 요청하는 건의문을 북조선임시인민위원회에 제출했다"는 것이다. 同 위원회는 이 건의문에 따라 3월 5일 토지개혁 법령을 공포하기에 이르렀었다고 기술하고 있다. 이 진술에 의한다면 북조선 농민연맹이 건의문을 접수한 후 불과 2일 동안에 북조선 임시인민위원회는 그 거창한 토지개혁 법령을 작성하고 모든 준비를 끝냈어야 했다. 이것은 아무리 비범한 두뇌에 의해서도 절대로 불가능한 일이었다. 토지개혁은 소련군의 진주 얼마 후부터 계획되었으며, 그 내용과 방법은 극비리에 검토되어 왔던 것이었다. 다만 이에다 밑으로부터의 민주적 개혁이라는 의미를 부여하기 위하여 사전 계획에 따라 민중을 권력에 의하여 동원했을 따름이다.

1221) 이하에서 인용한 「土地改革法令」의 조문은 앞의 『朝鮮中央年鑑』 1949년 판, pp. 70~71에 게재된 전문

이라는 사실은 곧 드러났다.

위의 조항은 문면 상으로는 정당한 것이다. 그리고 일본 국가, 일본인 및 일본인 단체의 소유지는 "일제(日帝)의 잔재를 청산"("反帝"를 의미)한다는 명분에서 모두 몰수할 것을 규정하고 있었는데(제2조) 이것은 미군정 하의 남한에서도 그러했듯이 물론 당연한 규정이었다. 민족반역자와 "일본 정권 기관에 적극 협조한 자"의 토지를 몰수한다는 항목(제2조)도 해방 직후의 분위기에서는 충분히 납득할 수 있는 일이었다. 그러나 5정보(町步) 이상을 소유한 조선인 지주, 자경하지 않고 전부 소작을 주는 자, 5정보 이상을 소유한 성당(聖堂) 승원(僧院) 기타 종교단체들의 소유지를 무상으로 몰수하여 토지가 없는 자나 적은 자에게 무상으로 분배한다는 규정(제3조)은 계급적 보복과 함께 종교체들의 경제 기반의 박탈을 노린 조치였으며, *부르죠아* 민주주의정책도 사회(민주)주의정책도 아니었다.

소(小)지주의 토지까지도 모두 무상으로 몰수한다는 정책은 그들의 앞으로의 생계를 완전히 무시한 것으로 극좌적 공산당 국가 이외는 전례가 없는 일이었다. 이 밖에도 이 법령이 지주에 대한 농민들의 일체 부채를 무조건 무효로 하고 지주의 소유였던 축력(畜力), 농기구, 주택 등을 몰수하여 빈농에게 분여하는 한편, 지주로부터 몰수한 주택과 일체의 건물은 학교-병원-기타 사회단체가 이용하도록 넘겨줄 수 있다는 규정(제11조)에 이르러서는, 표면상 "*부르죠아* 민주주의 혁명과업"을 표방했던 이 토지개혁이 본질적으로는 극좌적(極左的) 성격을 띤 '농촌 *프롤레타리아*혁명'이었음을 보여주고 있었다.

지주가 토지를 빼앗기는 경우, 그가 소유했던 과수원, 과목과 관개시설의 전부도 무상으로 몰수하여 '북조선 임시인민위원회'에 이관하고(제12조, 제14조), 심지어는 농민들이 소유한 소(小)산림을 제외한 모든 산림수단을 이 위원회가 무상으로 몰수하도록 규정(제13조)했었다. 이것은 대소를 불문하고 모든 지주들의 생존을 일거(一擧)에 말살하기 위한 소아병적인 계급투쟁방법이었다. 한편 일정한 범주(範疇)의 토지, 즉 학교 병원 과학 연구소의 소유지와 반일 독립유공자, 민족문화에 대한 특별한 공로자 및 그 가족에 속하는 토지, 그리고 자기 노력으로 경작하는 농민의 소유지는 일단 몰수 대상에서 제외되었다(제4조, 제6조). 일견 관대한 것처럼 보였던 이 완화

에 의거했다.

조치는 몇 년간의 과도기를 거친 후 농업의 집단화로 무효화(無效化)되고 말았다.

여기서 특기할 만한 것은 '토지개혁 법령'이 몰수한 토지 전부를 농민에게 무상으로 "영원한 소유"로 분여한다는 규정이었다(제5조). 2년 반 뒤인 1948년 '조선민주주의 인민공화국 헌법'은 더 나아가 분배된 토지는 물론이요, "축력 농구 기타 생산 수단에 대한…개인소유"와 이러한 개인소유에 대한 상속권까지를 "법적으로 보장한다"고 공약을 했다(동 헌법 제8조). 이러한 조치는 토지의 사유권을 영원히 폐지할 것을 선언했던 1917년 11월 7일의 *소비에트 러시아*의 「토지에 관한 포고」[1222]와는 이론상 상당한 차이를 보여주고 있었다. 그 까닭은 *소비에트*정권은 당시 *"부르죠아* 민주주의혁명"이 아니라 "사회주의혁명"을 강행하고 있었기 때문이다.

그러나 농민을 속박하는 방법은 *소비에트 러시아*와 아주 유사했다. 북조선의 토지개혁 법령은 "농민에게 분여된 토지는 매매하지 못하며 소작을 주지 못하며 저당(抵當)하지 못함"을 규정함으로써(제10조) 사실상 농민들을 토지에 새로이 결박시켜 전직이나 이주조차 불가능하게 만들었다. 따라서 "영원한 소유"로 분여한다는 조문은 "개인소유권"의 행사에 관한한 무의미한 말로 되고 말았다.

"반제－반봉건적 민주개혁"의 일환으로 되었던 토지개혁이 공산당의 당세(黨勢)를 강화하는 방향으로, 격렬한 계급투쟁의 분위기속에서 단행되었던 것은 물론이다. 이런 사실은 각 농촌에서 토지개혁을 실시하는 임무를 그곳의 피(被)고용자, 토지 없는 소작인, 토지를 적게 가진 소작인들의 총회에서 형식상 선출된 소위 '농촌위원회'로 하여금 담당케 했다는 사실에 의하여 명백하게 표시되고 있다. 공산당은 전(全)북조

1222) 이 「포고」에는 "토지 소유권은 즉각 무상으로 철폐 한다"(제1조)는 것과, "토지재산과 그 부속 재산, 수도원 및 교회의 토지는 일체의 가축, 농구, 건물 그 밖의 관련 재산과 더불어 농민 자치단체들의 공적(公的) 관리 하에 둘 것이며"(제2조), 한편 "일반 농민과 일반 꼬삭끄의 토지는 몰수하지 않는다"(제5조)고 언명했다. 그리고 이날 공포된 「토지에 관한 對농민 지시」도 "토지의 사적 소유권을 영원히 철폐하며, 토지는 매매, 대여, 저당 또는 어떤 방법으로도 이전시키지 못한다"는 것과 국유, 단체 소유, 사유를 막론하고 모든 토지는 "무상으로 인계한 후 전 인민의 재산으로 만들어 경작하는 자에게 이것을 사용케 한다"(제1조)고 규정하고 있었다. *소비에트* 정권은 1918년 2월 19일 다시 「*러시아* 토지법」을 제정하여 토지의 국유화를 법적으로 확인함으로서 토지소유권 문제를 최종적으로 결말지었던 것이다. James H. Meisel and Edward S. Kozern(ed), *Materials for the Study of the Soviet System*, The George Wahr Publishing Co. 1950, pp. 19~20, p. 64. 이와 같이 1917년 10월혁명 직후 *러시아*에서 모든 토지를 국유화한 것은 그해의 2월 혁명을 *"부르죠아* 혁명"으로, 10월혁명을 그 다음 단계인 "사회주의 혁명"으로 공식화했던 데서 유래했다.

선 농촌에 총 인원수 90,697명에 달하는 위원으로 약 11,500개의 '농촌위원회'를 조직하고[1223] 이것으로 하여금 인민위원회와 공산당 지방당부(地方黨部)의 직접 지도하에 토지의 실태조사, 몰수와 분배의 방안 구상, 지주층(地主層)의 반항 분쇄, "악질지주"의 타 지역으로 추방 등의 투쟁업무를 집행케 했던 것이다.

'농촌위원회'는 5인에서 9인으로 구성되었으며, 이들의 사회적 성분(成分)은 빈농과 고용농이었다. '농촌위원회'가 농촌에서 계급투쟁을 수행하고 "노농동맹(勞農同盟)"을 강화한다는 정치적 경제적 목적에 있어서는 1918년 6월~11월 *소비에트 러시아*에서 조직되었던 농촌의 '빈농위원회'(貧農委員會)[1224]와 꼭 마찬가지였다. 다만 *러시아*의 '빈농위원회'가 "사회주의혁명"을 표방한데 대해 북조선의 '농촌위원회'는 "반봉건적 민주혁명"을 내세웠던데 차이가 있었을 뿐이다. 김일성은 '농촌위원회'가 일으킨 계급적 각성과 계급투쟁에 대하여 다음과 같이 설명했다.

> …당은…빈농과 고용농들로써 농촌위원회를 조직하고 그들로 하여금 토지개혁 실시의 핵심적 활동을 하게하며 그의 직접 집행자로 되게 하였습니다.… 이와 같이 농민들 자신을 동원하여 토지개혁을 집행케 함으로써…농민들의 정치적 열성을 제고시켰으며 지주들과의 투쟁 속에서 농민들의 자신감을 제고시켰습니다. 더욱이 빈농과 고용농으로써 농촌위원회를 조직한 것은…토지개혁을 철저히 실행케 한 중요 요인으로 되었습니다.[1225](밑줄은 저자)

'농촌위원회'는 계급투쟁의 토지개혁에서 공산당이 사용한 중요한 농민 동원의 방법이었다. 김일성은 토지개혁을 "혁명적으로 수행"하기 위하여 대중 집회, 선전 선동, 토지개혁 지지 시위, 숙청, 추방, "감사문" 채택 등의 광풍(狂風)을 온 마을에서 불러

1223) 『김일성선집』 1. 1954년 판, p. 51.

1224) '貧農委員會'는 *러시아*혁명 때, "전시 공산주의" 하에서 절망적으로 부족해진 도시 근로자와 군대용의 식량을 확보하기 위해 1918년 6월 이후 농촌의 빈농과 농업노동자들로 조직되었다. 그 직접적 사명은 도시로부터 파견된 식량 징발대(徵發隊)를 안내하여 은닉 식량을 富農으로부터 징발하는데 있었다. '빈농위원회'는 그 활동에 있어서 공산당원과 도시에서 파견한 노동자들의 직접적 지도를 받았다. 빈농위원회는 또한 부농의 토지를 몰수하여 中農에게 재분배했고 役畜과 농기구도 빼앗아 빈농에게 주었다. 이렇게 농민을 계층적으로 분열시켜 그 한편을 *볼셰비끼*黨의 지지자로 만들어 농촌에서 당세를 확대함으로써 "빈농으로 하여금 부농을 억압케 한다"는 정치적 목적을 가지고 있었다. 이에 관한 소련의 공식 설명은 *History of the Communist Party of the Soviet Union*, Moscow, 1960, pp. 291~292.

1225) 앞의 『김일성선집』 1, 1954년 판, p. 51.

일으켰으며, 이런 분위기에 선뜻 동조하기를 꺼리는 농민들은 그 사회적 성분 여하를 막론하고 "지주를 동정한다"느니 "반동분자"라느니 "예속적 굴종"(屈從)이라느니 하여 신랄(辛辣)하게 규탄했다. 김일성(소련 군정당국)이 이 같은 인위적인(人爲的) 혁명분위기 조성에서 추구한 것은 농촌에서 당(黨)조직과 당의 동조자를 많이 만들어 내어 당세를 급속히 확장하는 일이었다.

> 금번 토지개혁 실시 과정에서 평북도(平北道) 당 단체들은 3,272명의 신입 당원을 받았으며 함남, 함북, 평남, 황해, 강원도 등 당 단체들은 도합 9,058명의 신입 당원들을 받았습니다. 이 모든 사실들은 토지개혁의 위대한 사업을 통하여 근로 농민 중에서, 우선 빈농과 고농 중에서 우수한 선진 분자들이 우리 당에 많이 흡수되었으며 광범한 농민대중 속에서 우리 당의 신망과 위신이 제고되었으며 농촌에서 우리 당이 공고한 지반을 축성하였으며 농촌 당 단체들을 강화하였다는 것을 말하여 줍니다.[1226]

김일성은 토지개혁의 격동 속에서 이 법령을 혁명의식 없이, 단지 행정적으로 실무적으로 실시한 당원들에게는 "정치수준이 대단히 어리다"느니 "토지 분여 사업에만 급급하였다"느니 하는 준엄한 비판을 내렸다.[1227] 또한 토지개혁의 성공을 *이데올로기*적으로 합리화하기 위하여서는 그 성공이 빈농과 고용농, 즉 농촌의 기본계급으로 조직된 '농촌위원회'가 적극적으로 활동한 결과였다는 설명이 필요했다. 그런데 이러한 설명은 필요한 것이기는 했으되 충분한 것은 될 수 없었다.

*맑스-레닌*주의의 이론에서는 노동계급이 영도(領導)하는 노농동맹(勞農同盟)의 강화가 혁명을 승리로 이끄는 절대적 요건이라는 것이 *레닌* 이래의 공식이다. 김일성은 이 공식에 따라 "선진 계급"이라고 하는-사실은 농촌에 관해 아무것도 모르고 농업에 경험이 없는-1만여 명의 도시 노동자 대표들을 농촌에 파견하여 토지개혁 사업을 직접 지도 방조(傍助)케 하고, 토지개혁을 실시하는 과정에서 노동계급과 농민과의 동맹은 일층 강화되었다[1228]는 기계적 주장을 내세웠다.

1226) 같은 책, p. 53.

1227) 金日成의 비판의 주요 부분은 다음과 같다. "금번 토지개혁 과정에서 보통 당원들은 물론 우리의 당 일군들의 정치적 수준이 대단히 어리다는 것이 나타났습니다. 많은 우리 당 일꾼들은 조선 혁명의 현 단계의 임무를 잘 알지 못하고… 당의 정책과 로선을 군중 속에 해석 침투시키지 못하고…있었습니다. 특히 목전의 당면한 정치적 임무 즉 림시 정부의 수립, 민족반역자, 반동분자들의 타도 등에 대한 정치 사업들은 전혀 진행하지 않고 토지 분여의 사업에만 급급하였습니다." 같은 책, pp. 72~73.

김일성이 "위대한 민주주의적 개혁"으로 자부한 토지개혁은 소련군의 무력을 배경으로 하는 공산당의 강권에 의하여 위로부터 단행된 농촌혁명이었다. 그 방법이 어떠했던 간에 수 세기를 두고 자기 땅의 소유를 갈망해온 빈농(貧農)과 소작농(小作農)들이 농토를 자기들의 "영원한 소유"로 무상분배 받았을 때의 느낀 기쁨과 감격은 너무나 당연했다. 그러나 이로부터 3개월 후(1946년 6월 3일)에 뜻하지 않게 과중한 농업현물세(農業現物稅)를 강제로 부과하였을 때, 더욱이 휴전 직후부터 돌연히 강행되기 시작한 농업집단화정책에 직면했을 때, 북조선 농민들이 자기 땅을 소유한데 대한 기쁨은 큰 실망으로 바뀔 수밖에 없었다. 이에 관해서는 후술하기로 하거니와 '북조선 임시인민위원회'가 발표한 토지개혁의 실태는 다음과 같았다.[1229)]

대상별 토지 몰수정형

대 상 별	몰수 토지 면적
일본 국가, 일본인 및 일본인 단체 소유 토지	100,797 정보
민족반역자의 소유 토지	21,718 〃
5정보 이상 소유한 지주의 토지	285,672 〃
전부 소작 주는 지주의 토지	338,067 〃
계속적으로 소작 주는 토지	239,650 〃
성당 승원 기타 종교 단체 소유 토지	14,401 〃
총 계	1,000,325 〃

대상별 토지 분여 정형

분 여 대 상	농 호 수	분여 토지 면적
고용농	17,137호	22,387 정보
토지 없는 소작농	442,973호	603,407 〃
토지 적은 농민	260,501호	345,974 〃
타군에서 자경하려는 지주	3,911호	9,622 〃
총 계	724,522호	981,390 〃

여기서 국유지로 보류해 둔 것은 2만 정보(町步)미만 (북조선 총 경지 면적의 불과 약1%)정도였다.

1228) 『김일성선집』 1, 1954년 판, pp. 59~60.

1229) 『조선통사』(하) 1958, pp. 34~35에서 인용. 『조선통사』(하)는 이 통계에 대하여 앞의 『朝鮮中央年鑑』 1949년 판 pp. 71~72를 참고했다고 명시하고 있으나 이 『年鑑』의 숫자는 『통사』의 그것과는 약간 차이가 있다. 여기서는 남한에 체재하고 있던 *언커크*(UNCURK)의 보고서와 일치하는 『조선통사』(하)의 통계를 취하기로 했다.

<u>일본인 및 조선인 지주로부터 몰수한 여타 재산</u>

(1) 과수원 ······ 71,770정보(町步)
(2) 산림 ······ 3,432,986 〃
(3) 관개시설
  개 수(個數) ······ 1,165개소
  몽리(蒙利) 면적 ······ 50,502정보
(4) 건축물 ······ 14,477동
(5) 소(牛) ······ 658두
(6) 말(馬) ······ 116두

이상의 통계에 의하면 고용농, 토지 없는 소작농, 토지가 적은 소작농들이 분배받은 면적은 매호당 평균 1.35정보밖에는 안되었다. 이와는 대조적으로, 위의 통계에 의하면 타 군(郡)으로 추방된 지주들은 놀랍게도 매호당 평균 2.4정보를 분여 받은 셈이 된다. "반동적 지주들의 계속적인 반항을 물리치며 그들이 일부 낙후한 농민들에게 주는 해독적(害毒的) 영향을 제거하기 위하여 악질 지주들을 타지방으로 이주시키는 사업을 강력히 추진시켰다"[1230]는 것이 이 "계급의 적(敵)"들에 대한 공산당의 조치였다. 그런데 이들이 빈농, 고용농들보다도 더 많은 근 2배 가까운 토지를 분여 받았다는 것은 이상의 통계 숫자가 허위거나, 그 땅이 황무지가 아닌 한 있을 수 없는 일이었다.

위의 통계는 토지를 몰수당한 대-중-소지주, 지주 겸 자작농의 수효가 어느 정도인지를 밝히지 않고 있다.[1231] 그러나 남한에 비교하여 중농(中農)과 지주 겸 자작농의 수가 훨씬 많았으며 지주 중에서도 중소지주가 우세했고 대지주가 아주 적었던 북조선에서[1232]의 과격한 무상몰수 형(型) 토지개혁은 중산계급의 경제적 기반을 일거에 붕괴시켰다. 요컨대 토지개혁의 정치적 목적은 공산당이 ① 대소를 막론하고

1230) 같은 책, p. 33.

1231) 당시 *필립 루돌프*의 개관에 의하면 몰수된 토지의 약 60%는 중소 규모의 자기 토지를 가지고서 소작을 주고 있던 농민들의 땅이었고, 2~3천명의 큰 지주 외에 10만 명 이상의 소지주들이 자기 소유지의 적어도 일부를 상실한 것으로 보고 있다. 저자가 입수한 Philip Rudolph의 논문, *North Korea's Political and Economic Structure*(發表誌 未詳), 1959. p. 49.

1232) 북조선에서의 토지 소유의 集中化가 남한에 비하여 덜했다는 것은 토지개혁 이전의 북조선의 농민 구성에 관한 다음 통계에서 엿볼 수 있다.

(1946년 3월 5일 이전) 단위 : 호(戶)

구(舊) 토지소유 계층을 "반동(反農)"으로 몰아 사회적, 정치적으로 숙청하고, ② 토지를 가지지 못했거나 적게 가졌던 농민들의 지지를 획득하며, ③ 종국에는 전(全)농민을 집단 농장에 묶으려는데 있었다.

동(東)*유럽*의 경우에도 공산당정권이 제1차적으로 단행한 입법조치의 하나는 급진적인 토지개혁이었다. 그러나 동(東)*유럽*에서는 몰수의 조건이 대체로 북조선보다는 훨씬 덜 가혹했고, 적어도 초기에는 농민당들이 농민과 소지주들의 편에 서서 공산당과 당당히 대결하고 있었다.[1233] 이와는 반대로 북조선에서는 처음부터 농민정당은 창건된 일이 없었고, 토지개혁이 실시될 무렵에는 이미 자주적인 비(非)공산주의 정당은 존재하지 않았기 때문에 농민들의 운명은 전적으로 공산당의 정책에 의하여 좌우되었던 것이다.

제2절 토지개혁의 난맥상과 정치적 목표

공산당 1당의 의사에 의하여 돌연히 위로부터 강행된 북조선의 토지개혁이 그 실시 과정에서 많은 혼란을 조성한 것은 당연한 일이었다. 무엇보다도 지주들의 토지를 "민족반역자", "친일파"의 소유라고 해서 몰수했을 때, 이 같은 비방 용어들은 극히 감정적, 자의적(恣意的)으로 남용되었다. 김일성 자신도 그런 폐단을 "좌경적 오류"라고 부르면서 그런 사실들을 다음과 같이 시인하지 않을 수 없었다.

구 분	북 한		남 한	
	호 수	비 율(%)	호 수	비 율(%)
자 작 농	215,216	35	536,098	17.6
자작(主)겸 소작(從)농	164,724	16.37	485,414	15.98
소작(主)겸 자작(從)농	144,419	14.37	499,001	16.38
소 작 농	436,789	43.38	1,481,357	48.63
농 촌 고용자	8,316	0.98	44,231	1.83

자료: 朝鮮銀行調査部編, 『朝鮮經濟年鑑』 1948년 판, p. 375.

1233) 일예를 들면 *헝가리*의 토지개혁에서는 지주는 최대한 142*에이커*(약 57町步)까지는 보유할 수 있었고 1,420*에이커*(약 570町步)이상의 토지를 소유했던 大地主들만이 자기들의 전 토지를 몰수당했다. 그런데 小지주 중심의 농민당이 거세된 1948년 이후에는 각종 형태의 농업 집단화를 강행하는 일련의 입법조치가 시행되어 농민들은 국가권력에 예속되게 되었다. Waldemar Gurian(ed), *The Soviet Union: Background, Ideology, Reality*, Notre Dam University Press, 1951, p. 106.

함남도와 평남도 일부 지방들에서는 지주가 아닌 5정보(町步) 이하의 토지를 소유한 부농과 중농을 지주로 규정하고 그들의 토지를 몰수한 일이 있으며 황해도에서는 5정보의 토지를 가진 부농들에게서 가옥을 몰수하고 토지를 분여하지 않으려하였던 사실이 있습니다. 강원도, 평북도, 함남도 등 일부 지방들에서는 자작농들의 토지까지 몰수하였던 사실이 있었습니다. 민족 반역자를 규정함에 있어서 황해도 일부 지방들에서는 면(面) 및 리(里)들에서 되는대로 규정한 사실이 있었으며 평북도에서는 일제시대에 구장 노릇을 할 때에 배급품을 떼어 먹었다 하여 반역자로 규정한 사실이 있으며 평남도에서는 구장 및 리장 노릇을 했다고 하여 민족 반역자로 규정한 사실이 있었습니다. 많은 당 단체들은 농민들의 소자산(小資產) 계급적 복수심을 제거하지 못하고 있었습니다. 평남도 대동군에서는 농민들이 지주의 닭, 개 등 가축까지 몰수하여 잡아먹고 의복, 가구 같은 것을 빼앗아 간 일이 있으며 평북도에서는 심지어 지주들의 한식(寒食)의 지짐[빈대떡]까지 빼앗아 간 사실이 있었습니다.[1234]

김일성이 최대한으로 축소하여 공개한 이상의 사실만으로도 토지개혁이 농촌에서 일종의 난동이요, "지주"라는 마구잡이의 낙인, 치사스러운 세간살이 약탈행위의 양상을 띠고 있었음을 알 수 있다. 그는 이러한 양상이 발생한 원인을 "좌경적 오류"니 농민들의 "소자산 계급성의 영향"이니 하는데다 돌렸다. 더욱이 "민족반역자"다 "지주"다 하는 규정도 극히 당략적(黨略的)이라는 것이 토지개혁의 시행과정에서 드러났다. 어떠한 소작농도, 그가 농촌에서 공산당 세포의 미움을 사고 있는 한, "지주" 또는 "민족반역자"로 몰릴 수 있었다. "반일투쟁 유공자나 민족문화에 특별한 공로가 있는 자의 토지는 몰수하지 않는다."는 조문(제4조)도 실제로는 그런 사람들 중에서 공산당원 내지 공산당의 동조자가 소유했던 토지에 대해서만 적용되었던 것이다.

따라서 아무리 명망 있는 반일(反日) 애국자라도 그가 공산당에 동조하지 않는 경우에는 "민족반역자"로 몰려 토지를 빼앗기고 추방되었다. 요컨대 "지주"니 "소작농"이니 "친일파"니 "민족반역자"니 하는 규정은 객관적 원칙에 따른 규정이 아니라, 인위적인 공포분위기 속에서 공산당의 편의에 따라 이렇게도 저렇게도 적용할 수 있는 편이적인 규정이었다. 그리고 토지를 분배함에 있어서 법률상으로는 한 세대(世帶)의 경작능력을 기준으로 분배가 책정되기는 했지만 분배의 평수, 농민들의 경작능력을 판정하거나 옥토(沃土) 배당하는 우선순위를 결정하는데서는 정실(情實)관계가

1234) 앞의 『김일성선집』 1, 1954년 판, pp. 61~62.

작용하여 상당한 농간(弄奸)이 있었다.

*맑스-레닌*주의의 도식에 따라 김일성은 토지개혁에서 소위 "좌우경적(左右傾的) 경향"과 계속 투쟁해야 한다고 호소했지만,[1235] 그가 특히 위험시 한 것은 "우경적 오류"였다. 그에 의하면 "우경적 오류"는 일부 의식이 "낙후된" 농민들 사이에서 지주를 동정하는 현상이 나타났는데, "그 까닭은 농민들에 대한 지주의 영향 때문"이라는 것이었다.[1236] 그의 이상과 같은 극히 제한된 비판만으로도 토지개혁에 있어서 농지를 분배받은 농민들은 물론이요 이것을 집행한 당 간부들까지 토지개혁에서 공산주의적 정치의식 수준이 얼마나 낮았던 가를 간취(看取)할 수 있다.

김일성에 의하면[1237], 평안남도 일부지방에서는 도당(道黨) 간부들이 토지개혁 실시를 알리는 "*삐라*나 *포스터*들도 붙이지 않았고", 법령 발표 후 1주일이 지난 후에도 대동군(大同郡) 내에는 "*포스터*나 *삐라*가 한 장도 붙어있지 않았다"는 것이다. 황해도에서는 토지개혁 법령을 게재한 신문들이 "농민들의 손에 들어가지 못했을 뿐만 아니라 그들은 당보(黨報)의 이름조차 또는 당보가 있는 줄도 알지 못하고 있었으며 신문들은 도당(道黨)과 군당(郡黨) 건물 안에 쌓여 있었다"는 것이다. 한편 평안북도에서는 농민들은 말할 것도 없고 당 간부들까지도 "법령을 제멋대로 해석하고, 왜곡"하여 집행했으며, 의주군(義州郡) 당부(黨部)에서는 당(黨)중앙의 지시나 법령도 연구하지 않고 "농촌위원회들은 집어치우고 군당 내에다 소위 토지개혁 실시위원회라는 것을 조직하고 간판까지 붙였다"고 했다.

또한 김일성의 말에 의하면 "농민들은 토지개혁의 정치적 의의를 철저히 리해하지 못하고 오직 토지분배에만 열중하였으며", 그 위에 "일부 농민들은 토지를 분여받고도 토지를 누가 주었는지 조차 알지 못하고 있었다"는 것이다. 그는 이러한 사태를 "당(黨) 선전사업을 미약하게 전개한 결과"[1238]로 돌리고 있었다. 그렇지만 사실은 권력의 상층부가 소련군 사령부의 지시에 따라 지방당원이나 농민들 자신의 의견

1235) 같은 책, p. 84.

1236) 같은 책, p. 63. 농민들이 지주를 동정한 사례로써 김일성은 소작인이 지주의 토지를 자기의 것이라고 옹호한 사실(黃海道), 민족반역자를 은폐한 사실(平南道), 토지를 소유한 일부 당원들이 토지개혁을 미리 알고 자기 토지를 미리 팔아먹은 사실들을 열거했다.

1237) 같은 책, pp. 65~66.

1238) 같은 책, p. 66.

은 들어보지도 않은 채 극비리에 토지개혁을 입안하고, 이것을 전격적으로 위로부터 농민대중에게 내려 먹였던 때문에 지방당부(地方黨部)들은 그런 혼란에 빠질 수밖에 없었던 것이다. 그러므로 이러한 토지개혁이 농민들과 일반 당원들의 자발적 열성을 불러일으킬 수는 없었다.

제1차 미-소 공동위원회를 앞두고 김일성(소련군정)이 농민의 환심을 사기 위하여 정략적으로, 그리고 전격적으로 단행한 토지개혁에 대해 반대 내지는 비협조적 태도를 보인 층은 비단 지주들만은 아니었다. 김일성 자신이 최소한도로 지적한 것에 의해서만도 "인민 정권기관"(각 지방 인민위원회)과 농민조합, 농민동맹, 학생, 민주 청년동맹 등 군중조직 안에서는 상당한 반발과 소극적이나마 저항이 있었던 것을 간파할 수 있다.

김일성은 실례로 함남(咸南) 갑산군(甲山郡) 인민위원회와 평북 후창군 인민위원회가 토지개혁 법령의 실시를 파탄시키기 위해 전개한 방해공작을 규탄했다. 그러면서 "우리는 인민위원회 내에서 이색분자들을 축출하고 농촌위원회 위원들 속에서 토지개혁 실시 행정(行程)에서 적극성과 헌신성을 발휘한 우수한 열성분자들로 인민위원회를 재정리하는 사업에 즉시 착수하여야 할 것"[1239]이라고 간부 개편의 결의를 표명했던 것이다. 또한 그는 토지개혁을 실시하는 과정에서 열성을 발휘한 농민들을 사회단체가 조직화 하지 못했다는 점도 비판했다. 즉 "농조(農組)는 조직의 확대를 토지개혁 후로 미루었고 민청(民靑)은 다수의 경우에 있어서 농조의 뒤를 따라 다닐 뿐이었으며 농촌 청년들을 자기 대열에 인입(引入)시킴에 있어서 적극적, 주동적 역할을 하지 못하였다"[1240]는 태만(怠慢)을 힐책(詰責)했던 것이다.

*소비에트*화(化) 정책의 일환으로 강행된 토지개혁에 대해 학생들 사이에서도 반항이 거세게 일어났다. 김일성은 여러 실례를 들어 "함흥에서는 친일파들과 지주들의 선동 하에서 토지개혁을 반대하는 전문학교 학생들의 반(反)혁명시위가 있었다"[1241]고 사실을 왜곡하여 시인하고 있었다. 그러나 이러한 반항은 "친일파들과 지주들의 선동"에 기인한 것은 아니었다. 진실로 민주적인 토지개혁이라면 사회정의에

1239) 같은 책, pp. 74~75.

1240) 같은 책, pp. 69~70.

1241) 같은 책, p. 68.

민감한, 그리고 모두가 다 지주들의 자제도 아닌 학생들이 생명의 위험을 걸고 이것을 반대할 이유는 없었다. 토지개혁에 대한 학생들의 반항은 공산당의 독재체제와, 특히 신탁통치 문제를 계기로 신의주(新義州), 함흥(咸興), 평양(平壤) 등 북조선 각 도시에 파급되고 있던 반공적 학생운동의 일환이었다. 그리고 이것은 거시적으로는 민족적 자유를 쟁취하기 위한 반일 학생운동의 오랜 전통이 해방 직후의 새로운 조건에서 반공(反共)－반소(反蘇) 운동으로 재연(再燃)된 현상이었다.

김일성은 학생들의 집단적 저항을 부분적으로는 이들이 "지주의 자식"이라는 계급적 성분에다 그 원인을 돌리고, 총체적으로는 "반동분자들"에 "리용"된 탓이라고 했다. 그러면서도 그가 "학생들을 전적으로 반동요소로 보는 것은 큰 착오"[1242]라고 경고하고, 표면상 관대한 태도를 보인 것은 그의 과도기적 *인텔리* 회유정책의 일면이었다고 볼 수 있다. 그러나 이것은 학생들에 대한 유화정책(宥和政策)을 의미하는 것은 아니었다. 그는 당(黨) 기관들이 청년 학생들의 사상 교육사업에서 부주의했던 결과로 그들이 "반동분자들의 이용의 대상이 되었다"고 책임을 하급 당(黨)단체들에 돌리면서 공산당의 학생들에 대한 통제방침을 강경하게 제시했다. 그의 소위 "민주교육"에 대한 그의 지시는 아래와 같았다.

> …우리는 앞으로… 교원들을 심사 재 교양하며 우수한 민청[민주청년동맹] 일군들을 각 학교에 훈육 주임으로 배치하여 학교 내에서의 민청 사업을 강화하며 민주 교육을 강화하여야 하겠습니다. 그 외에도 대학, 전문학교들에 국가 장학금제도를 설치하고 학생 성분을 개조하여야 하겠습니다.[1243]

이렇게 각급 교육기관 내에서는 감시와 공산주의 사상의 주입교육이 강화되었고 학생들에 대한 공산당의 통제가 조직화되어 갔다. 동시에 공산당은 공장 기업소의 노동자들 속에서는 물론 농촌의 빈농, 고용농 속에 당(黨) 세포조직을 확대함으로써 당세를 강화해 나갔다.

위에서 지적한 허다한 결함과 무질서에도 불구하고 농토를 "영원한 소유"로 분배받는 것으로 착각했던 소작농, 빈농층이 토지개혁에 크게 만족했다는 사실에 대해서는

1242) 같은 책, p. 82.

1243) 같은 책, p. 83.

이론(異論)을 내세울 필요가 없다. 그렇지만 이들은 1946년 6월 27일에 발포된 「농업현물세(農業現物稅)에 관한 결정서」에 의하여 새로운 사태에 직면하게 되었다. 이 「결정서」는 "북조선의 농민은 토지에 관한 세금을 면제"하고 "일체 공출제도를 폐지"하는 대신 "각종 곡물의 수확량의 25%를 농업현물세로 납입"(제1조)할 것을 규정하고 있었다.[1244] 여기에는 "농민은 곡물 검사 규칙이 규정하는 곡물을 납입한 후 남은 곡물을 자유로이 판매할 수 있다"(제3조)고 자유 시장 거래까지를 허용하는 단서(但書)가 붙어 농민들의 충격을 완화시킬 수가 있었다. 이 같은 조처가 엄격하고 정확하게 실시된다면 현물세제는 소작제와 비교할 때 결코 농민에게 가혹한 것이라고는 볼 수 없었다.

그럼에도 불구하고 농업현물세가 곧 농민의 불만을 자아내게 된 주요한 요인은, 현물세로 지출하는 곡물양이 총 수확량의 25%를 훨씬 능가했다는 사실이다. 현물세의 징수자(지방 인민위원회)는 이 세제의 "진보적 의의"와 적기(適期) 완납에 대해 선전전을 벌이는 한편, 실제로는 매 농가의 총 수확고를 과다하게 사정함으로써 현물세를 실 수확고의 50%, 때로는 60~70%까지 높였던 것이다. 그 위에 현물세를 지출하고 남은 양곡을 비공식적인 각종 잡부금과 사회단체의 회비로 지불케 하는 동시에 소위 "애국미(愛國米)"로 헌납케 하여 농촌에 심각한 식량부족사태를 초래했다. 그 결과로 "각 인민위원회는 곡물 수확의 25%의 현물세 외에는 의무적으로 곡물을 제공하지 못 한다"(제4조)는 조문은 공공연한 기만적 약속이 되고 말았다.[1245]

1244) 앞의 『朝鮮中央年鑑』 1949년 판, p. 72에 수록된 「農業現物稅에 관한 決定書」에서 인용. 이하 같음

1245) 각 지방 인민위원회는 25%의 현물세 이외의 양곡을 "의무적으로"는 공출 받지 않는 대신 자발적 헌납을 강요하였다. 그 대표적인 것이 소위 "愛國米 獻納運動"이었다. 1946년 12월 공산당은 황해도 載寧에서 당원 金濟元을 시켜 "애국미"를 바치게 하고 이것을 대대적으로 선전하면서 여타의 농민도 그의 뒤를 따를 것을 촉구하였다. 『조선통사』(하) 1958년 평양 p. 73.

8·15해방 2수년 경축대회 석상에서 김일성은 "애국미 헌납운동"을 "북조선 농민들의 애국열의 상징"이라고 찬사를 보내고 이 "애국미를 조국 건설에 리용하고도 오늘까지 남아있는 저축이 1,500톤 이상"이라고 자랑하면서 "이 애국미를 우리 후생에게 영구히 기념하기 위하여… 평양에다 굉장한 현대식의 종합대학을 세우겠다"고 했다. 앞의 『김일성선집』 1, 1954년 판, p. 426. 김일성의 찬양을 받은 이래로 김제원은 북조선에서 줄곧 "애국적 농민"의 사표가 되어왔다. 그 후 40년 뒤인 1996년 12월 김정일은 절망적 식량난에 직면하여 金濟元을 모범으로 내세우면서 협동 농장원들의 사상의식 수준이 해방 직후의 김제원 농민보다 못하다고 비판하였다. 그러면서 "농장원들에게 김제원 농민의 애국적 소행에 대하여 이야기해 줄 필요가 있다"고 가르쳤다. 「김일성종합대학 창립 50돌 기념 김정일의 연설문」, ≪新東亞≫』, 1997년 4월호, p. 307.

이렇게 농업현물세를 사실상 초과 징수한 결과는 농민들의 반발을 일으켜, 1947년 5월 12일 이 「결정서」의 내용을 개정해야만 했다. 그리고 한국전쟁이후 농업의 집단화가 시작되자 1955년 12월 20일 「농업현물세에 관한 법령」을 새로 제정했다. 개정된 「결정서」, 즉 「농업현물세 개정에 관한 결정서」에서는 일괄적인 25%제는 폐지되고 "농호(農戶)에 대한 과세의 경감을 기하기 위하여" 수확의 10%(화전민)에서 23%(면화, 마류(麻流, 연초 및 채소 등) 27% (벼)까지의 부과율 등급이 책정되었던 것이다.[1246] 한편 신규 경작을 장려하기 위하여 개간지에 대해서는 3년간 현물세를 면제했고, 경작지에 관해 허위보고를 작성하는 자에게는 형벌을 과할 것을 규정하였다. 그러나 10~27% 현물세제는 문서상의 공약일 뿐이요 농민들의 실제 담세율(擔稅率)은 최소 실 수확고(實收穫高)의 50% 이상이라는 것이 당시 북조선 농민의 여론이었다.

이러한 경향은 모든 독재국가에서 볼 수 있듯이 자기 업적에 대한 공명심에 사로잡힌 관료들의 과장된 추산보고에 의하여 더욱 촉진되게 마련이었다. 그 위에 현물세로는 최량(最良)의 곡물을 납입해야 했고 농민들의 손에 남는 것은 저질의 곡물이었다. 소작농의 "사회적 해방"과 "민주개혁"이념에 응당 부합하여야 할 토지개혁에서 이러한 모순이 노정된 것은 당 일군들의 실책 때문이라는 상부의 획일적 해석은 사실의 일면만을 지적한데 불과했다. 근본적인 모순은 다름 아닌 공산당정권의 경제건설 방법 자체에 내재해 있었다. 평양의 이론가들은 물론 그런 모순을 인정할 수는 없었다. 그러면 그들의 현물세제의 의의에 관한 공식해명을 듣기로 하자.

> 현물세 제도는…국가의 이익과 농민들의 개인적 이익을 옳게 연결시키는 원칙하에 <u>노동자 사무원의 식량을 보장하여 줌으로써</u> 인민경제의 급속한 복구 발전을 촉진시키는 중요한 물질적 담보의 하나로 되었다.[1247] (밑줄은 저자)

북조선의 신생 공산당정권의 가장 긴급한 과제의 하나는 "인민 경제의 급속한 발전"이요, 그 토대로 공업을 우선적으로 건설하는 일이었다. 그러기 위하여서는 이 부문에서 일하는 노동자, 사무원들에 대해 먼저 식량을 확보해야만 했다. 그리하여 중

1246) '農業現物稅 改正에 관한 決定書', 『北韓法令集』, 제3권, 大陸研究所, 1990년, p. 103.
1247) 『조선통사』(하), 1958년, p. 37.

앙 정권기관은 "국가의 이익"이라는 견지에서 소략(疏略)하나마 전반적 계획경제제도를 구상하고 이에 따라 각 지방 인민위원회에다 내밀적(內密的)으로 일정한 양의 현물세를 미리 할당할 수밖에 없었다. 그러므로 각 지방 인민위원회는 농민들의 실제 수확고가 아니라, 도시 근로자들에 대한 할당량에 필요한 정도를 기준으로 산출된 예상수확고에 따라 현물세를 부과했다.[1248)]

이렇게 실제보다는 과다(過多)하게 책정된 예상수확고 때문에 현물세는 표면상으로는 법정 비율을 초과하지 않았으나 실제에 있어서 농민들의 희생은 심각한 것이었다. 요컨대 "국가의 이익과 농민들의 개인적 이익을 옳게 연결시킨다"는 원칙은 이론상의 수사(修辭)에 머물렀고 현물세는 사실상 농민들의 희생 위에 강행되었던 것이다.[1249)] 그러나 김일성은 단 한 번도 그런 사실을 인정하지 않았고 수확량을 속이는 자, 현물세 완납을 태만히 하는 자, 타인의 납부를 방해하는 자 등에 대해서는 가혹한 처벌로 대처했다.[1250)]

위에서 개관한 토지개혁은 이미 언급한 바와 같이 "*부르죠아* 민주주의"의 이름에서, "반제-반봉건적 민주개혁"의 일환으로써, 가열한 계급투쟁의 분위기속에서 강행되었다. 그러나 당시 북조선의 공산당정권은 그들이 말하는 "민주주의", 또는 "*부르죠아* 민주주의"의 본질에 대해 아직 명확한 *맑스-레닌*주의적 해석을 내리지 않고 있었다. '중국공산당'의 예를 든다면, *레닌*이 일찍이 *러시아* 혁명의 발전 단계를 "민주주의혁명"과 "사회주의혁명"의 두 단계로 구별했던 것처럼, 모택동도 중국의 혁명을 "두 단계"로 구분하고 있었다. 김일성도 물론 이것을 염두에 두고 있었지만 당시

1248) Philip Rudolph ; 앞의 논문, p. 51. 김창순, 앞의 책, p. 200.

1249) 농민의 이익을 희생시키는 면으로 공업을 건설하고 도시의 노동 인구를 부양하는 과도기적 정책은 비단 공산당 국가에만 국한된 특수 현상이 아니라, 非공산주의적 개발도상국들에서도 흔히 있는 일반적 현상이었다. 그러나 북조선의 경우는 토지개혁에 의하여 지주계급이 말살된 형식적 측면만을 강조하고 이것으로 농민문제는 해결된 것처럼 선전하고 있었을 뿐, 공업 노동자와 사무원을 위한 농민의 희생, 농산물 가격과 공업 생산품 가격의 차이, 농촌과 도시의 경제적 문화적 불균형에 대한 분석은 반성조차 표시하지 않고 있었다. 이것은 토지개혁에 대한 북조선 공산당정권의 *이데올로기*적 구속 때문이었다.

1250) '북조선임시인민위원회'는 1947년 7월 22일과 11월 18일 '농업현물세에 관한 결정'을 위반하는 자에 대하여 가혹하고 치밀한 처벌규정을 발표하여 농민들의 반항에 대처했다. 「농업현물세에 관한 위반자 처벌규칙」(1946. 7. 22) 및 「農業現物税 納入에 관한 決定違反에 대한 對策決定書」(1946. 11. 18)는 앞의 『北韓法令集』, 제3권, pp. 100~102 참조.

에는 적어도 이것을 절대로 공개적으로는 발설하지 않았다.

북조선의 토지개혁이 "사회주의혁명"을 준비하기 위한 정지작업(整地作業)이었다는 것을 김일성이 대대적으로 선전한 것은 토지개혁이 끝난 지 10년 후인 '조선로동당' 제3차대회(1956년 4월)에서부터였다. 그러나 토지개혁을 강행하던 그 당시에는 토지개혁이 "사회주의혁명"과 관련이 있다든가, 농민들의 농지를 장차는 집단 농장제로 편성할 것이라든가 하는 말은 엄금되어 있었다.[1251] 이것은 김일성이 아직 모택동의 이른바 "필요한 조건", 즉 대중에 대한 충분한 정치교육과 당의 "역량"(통제력)을 마련하지 못했던 때문이었다.

이러한 상황에서 김일성은 대외적으로는 각 당파(黨派)를 총 망라했다는 "민주주의 민족통일전선"을 내세워 토지개혁은 통일전선 내의 정당들의 일치한 지지를 받고 있는 하나의 진보적 사회개혁 이상의 것이 아니며, 그런 토지개혁은 공산주의와는 아무런 관련이 없다는 듯이 기만(欺瞞)선전을 했다. 그러면서 "당은 앞으로 닥쳐올 가혹한 투쟁에서 승리하기 위하여 자기의 진지를 확대 공고화 하여야할 것"[1252]이라는 추상적 표현으로 장차의 농업 집단화 투쟁을 예시했을 따름이었다. 8·15해방 2주년을 기념하는 대회석상에서 김일성은 토지개혁이 공산주의와는 전혀 무관하다는 듯이 "반동지주"와 "민족반역자"를 다음과 같이 공격했던 것이다.

> … 해방 이후에 북조선에서 … 농민에게 토지를 무상으로 주었고, 농촌 경리를 근본적으로 개조한 토지개혁을 실시하였다고 하여서 「북조선에는 공산주의가 실시된다」고 하는 것은 반동적 지주들과 결탁한 민족반역자, 친일분자들의 발악적 악선동에서 나온 잠꼬대로 밖에는 간주할 수 없습니다.[1253]

1251) 東*유럽*에서도 土地改革을 강행한 얼마 후에 농민의 個人農地들이 결국 "社會主義的" 집단농장으로 개편될 것이라는 말을 비친 자에 대해서는 걸핏하면 "*파쇼*적 선동분자"라는 낙인을 찍으면서 농민의 농지 소유권을 옹호했다. 일례로 *헝가리* 공산당 기관지 『*자바드 네프*』(Szabad Nep)지는 당의 농업정책의 최종목적을 다음과 같이 썼다.(1946년 9월 8일자) — "우리는 농민에게 장기적인 새로운 經濟計劃을 제시해야 할 때가 왔다. 이 계획은 농민의 이익에 진실로 봉사할 것이며, 계획의 목적은 근로하는 농민대중을 자주적이요 번영하는 농민으로 전환시킬 것이다. 자립적 자작농제는 *헝가리*의 특수 조건과 *헝가리* 농민의 생각에 가장 적합한 제도다. 소유권의 옹호는 공산당에게는 물론 *헝가리* 민주주의의 이익에 일치하는 것이다." Waldemar Gurian, 앞의 책, p. 106에서 전재.

1252) 『김일성선집』 1, 1954년 판, p. 76.

1253) 같은 책, p. 427.

이러한 선전전은 중국공산주의자들이 1949년 중국대륙을 장악할 때까지는 —적어도 대외적으로는—자기들은 단순한 농촌개량주의자라는 인상을 퍼뜨려 소박한 국민과 외국인들을 현혹시키면서 당세를 확장했던 전술과 비슷했다.

북조선의 토지개혁에서 농민들의 "영원한 소유"로 분여되었던 경작지는 8년 후인 1954년부터는 "농업협동조합"이란 이름의 집단농장으로 통합되기 시작했다.[1254] 농지의 개인소유를 "협동적(집단적)소유"로 바꾼 농업집단화정책은 1958년까지에는 완성하도록 서둘렀던 것인데, 이 과정에서 집단화("협동화")는 *스탈린*의 표현에 따라 농촌경제의 "사회주의적 개조"라고 불리었다.[1255] 여기서 토지개혁의 과도기적 성격은 당의 *이데올로기*에 의하여 새로이 엄밀하게 이론화할 필요성이 제기되었다. 『조선통사』는 이것을 다음과 같이 서술하고 있다.

> 해방 후 북조선에서 실시된 토지개혁은 기본적으로 *부르죠아* 민주주의혁명 과업을 수행한 것이었다. 그러나 노동계급의 영도 하에 인민 정권에 의하여 수행된 이 토지개혁은 농업 생산 분야에서 낡은 봉건적 착취 제도를 숙청하고 농촌 경리의 자유로운 *부르죠아*적 발전의 길을 닦아놓은 것이 아니라, 보다 높은 혁명과업 실천에로의 이행을 위한 실질적 전제 조건들을 조성함으로써 점차 사회주의적 협동 경리로 발전할 수 있는 광활한 전망을 열어놓았다.[1256] (밑줄은 저자)

이상의 압축된 설명의 진의를 부연한다면 (1) 북조선의 토지개혁은 혁명의 제1단계인 *부르죠아* 민주주의 혁명의 과업이었다는 것, (2) 이 *부르죠아* 민주주의 혁명은 *부르죠아지*에 의해서가 아니라 "로동계급 영도 하의"(공산당의 독재 하의) "인민정권"(공산당이 통솔하는 통일전선 정권)에 의하여 수행되었다는 것, (3) 그러나 그 결

1254) 金日成은 한국전쟁이 끝난 직후, 즉 1953년 8월 5일에 열린 조선노동당 중앙위원회 제6차 全員회의에서 비로서 1954년부터 농업의 집단화를 단행하겠다는 의사를 발표했다. 물론 이에 앞서 1948년에 제정된 북조선의 憲法은 제9조에서 "국가는 인민의 협동단체의 발전을 장려 한다"고 농업의 集團化를 시사 한바는 있었으나, 이것이 실천에 옮겨진 것은 1954년부터였다. 東*유럽*에서는 1948년부터 광범위한 농업 집단화가 시작되고 있었지만 북조선의 경우 1954년까지는 소규모의 國營農場 이외에는 集團農場은 실시된 바가 없었다. 그러나 김일성은 우선은 "토지와 생산 도구에 대한 사적 소유를 보존하는 기초위에서 일부 지역에 경험적으로 농업협동조합[집단농장]을 조직하여야 하겠다"(『김일성선집』 4, 1960년, 평양, p. 21)고 집단화계획에 착수했던 것이다.

1255) 앞의 『김일성선집』 4, p. 176.

1256) 앞의 『조선통사』(하), p. 36.

과로 농촌에서 자본주의적 발전의 길이 열린 것이 아니라, 혁명의 제2 단계인 사회주의혁명의 조건들이 성장했다는 것, (4) 따라서 집단 농장으로의 길, 즉 농업의 "사회주의적 협동경리"가 준비되었다는 것으로 요약된다. 한마디로 토지개혁은 농촌의 집단화("사화주의적 개조")를 위한 전(前)단계적 조치로 단행되었으며 바로 이 점에 토지개혁의 의의가 있었던 것이다.[1257] 그런데 이것보다 중요한 것은 토지개혁이 바로 남조선 혁명 전략의 일환이었다는 점에 있었다. 그는 일부러 불명확한 표현을 사용하면서 다음과 같이 언명했던 것이다.

> …금번 『토지개혁』은 북조선 민주주의의 기초로 될 뿐 아니라 전조선 민주건설의 기초가 된다. …금번 『토지개혁』은 북조선 농촌을 … 민주주의의 근거지로 전변시켰다. 이것은 남조선 민주역량의 촉진제가 되고 있는 것이다.[1258]

1257) 朝鮮勞動黨의 한 이론가는 토지개혁의 *이데올로기*를 다음과 같이 보다 솔직하게 쓰고 있다.
"…토지개혁은 *부르죠아* 민주주의혁명의 과제이다. 토지개혁을 철저하게 수행하면 할수록 그 후의 농촌에 있어서의 사회주의 혁명의 임무는 보다 훌륭하게 실현된다는 *맑스-레닌*주의의 일반적 원칙과 이에 관한 소련의 역사적 경험에 옳게 입각하여 수행되었다"고. 金漢周 「共和國に於ける農民問題の解決」(상) ≪きようの朝鮮≫, 1960년 7월호, pp. 61~62

1258) 『朝鮮勞動黨資料』 1. 國史編纂委員會 발행, 『北韓關係史料集』 1, 1982년, p. 46에 수록.

제3장

'노동법령(勞動法令)'의 시행

제1절 '법령'의 본질과 '건국사상 총동원운동'

토지개혁을 실시한 후, 소련 군정당국 – 김일성정권은 북조선임시인민위원회의 이름으로 1946년 6월 24일 노동계급의 "민주주의적 해방"을 실현한다는 목적에서 노동자 및 사무원을 위한 「노동법령」을 발포했다. *맑스 – 레닌*주의의 역사관(歷史觀)에 의하여 "가장 선진적"인 혁명계급으로 공인되어 온 노동계급이 해방된 북조선에서는 이미 피착취(被搾取) 계급은 아니었다. 그런데 더 나아가서 이들의 정치적 – 사회적 권리를 법적으로 보장한다는 것이 바로 「노동법령」이었다. 김일성은 그해 6월 20일 북조선 임시인민위원회 확대회의에서 행한 「노동법령 초안에 대하여」라는 연설에서 이 법령의 목적을 다음과 같이 천명하였다.

> ……로동 법령은 로동자와 사무원들의 로동 조건을 근본적으로 개선하고 물질적 생활수준을 제고시키며 제국주의 식민지적 잔재를 근절하고 민주주의적 로동 질서와 규율을 보장하는 것이 로동 법령 실시의 근본적 임무인 것입니다.[1259]

노동계급의 정치적, 법적 권리와 사회적 복지를 향상시키는 것이 19세기 이래의 시대사조(時代思潮)요, 20세기의 현대 민주주의 국가가 당면한 최대과업의 하나였다. 그러므로 일본제국주의의 수탈과 억압 하에서 하등의 법적 권리도 보장 받지 못하고 신음해 온 노동자(사무원)들이 조국의 해방과 더불어 자신도 해방되어야 한다는 것은 너무나 정당한 요구였다. 따라서 김일성이 이상과 같은 목적에서 「노동 법령」을 반포했다는 것은 피상적으로만 볼 때는 응당한 조처였다.

1259) 앞의 『김일성선집』 1, 1954년 판, p. 120.

전문(前文)과 본문 총 26조로 되어 있는 이 법령은 제1조에서 "모든 국가 사회단체 소비조합 및 개인의 모든 기업소와 사업기관의 로동자와 사무원들에게 8시간 로동일을 제정한다"[1260]고 국제적 기준인 8시간 로동제를 보장했고, 제2조에서는 "해로운 조건을 가진 생산부문과 지하에서 로동하는 로동자들에게는 로동일을 7시간으로 정한다"고 쓰고 있다. 그리고 14세에서 16세까지의 소년들에게는 6시간 로동제를 정하는(제3조) 한편, 14세 이하의 소년에게는 로동을 금지하고(제4조), "동일한 로동과 동일한 기술을 가진 노동자에게는 연령과 성별을 불문하고 동일한 임금을 지불"(제7조)하며, 녀성 노동자 그중에서도 임산부 노동자에 대해서는 보호 조건을 상세하게 규정하였다(제14조~제17조).

특히 주목할 만한 것은 "제정된 로동 시간 외의 로동은 원칙적으로 이를 허락지 않는다"는 것과, 만일 "특별한 경우 시간 외 로동이 필요할 때에는 반드시 직업동맹(노동조합) 단체의 승인을 얻어야 한다."(제5조)는 규정이었다. 이밖에도 모든 임금로동자들에게는 최소한 연 1차 2주일간(소년 로동자는 1개월)의 유급 휴가제를 실시하고 유해 또는 위험 로동에 종사하는 자에게는 이밖에도 보충휴가를 주도록 되어 있었다.(제12조) 국가 기업소는 물론이요 개인 기업체에 종사하는 모든 근로자에 대해서는 사회보장제를 의무적으로 실시한다는 조항(제18조)들을 나열하고 있었다.

이상의 규정들은-법조문 그 자체만을 본다면-민주주의적 노동법령의 요건들을 거의 모두 갖추고 있는 이상적인 것에는 틀림이 없었다. 문제는 그것의 실시 여부에 있었다. 만일 이러한 규정들이 엄격하게 실시되지 않거나 또는 "특별한 경우"라는 단서를 근거로 그런 규정들을 빈번히 위반한다면 「노동법령」은 공문화(空文化)되지 않을 수 없고, 따라서 노동계급의 해방도 문서상의 해방만으로 그치게 된다.

그런데 이 노동법령은 발포와 때를 같이하여 제1조부터 유린당하게 되었다. 당시 북조선의 어떠한 노동자 또는 사무원에게도 8시간 내지 7시간 노동일의 "원칙"을 엄격하게 적용되는 일은 없었다. 이들은 "건국"이다 "애국"이다 하는 명분으로 정당화된 허다한 시간 외 노동을 제공해야만 했다. 공산당이 실제로 존중한 것은 하루의 법적 노동시간이 아니라 노동 책임량이었다. 김일성 자신 1946년 12월 26일 이 점을

1260) 앞의 『朝鮮中央年鑑』, 1949년 판, pp. 75~77에 수록된 「勞動者 및 事務員에 대한 勞動法令」에서 인용. 이하 여타의 조문도 이 연감에 의거했다.

다음과 같이 완곡하게 표현했던 것이다.

……로동자, 사무원들은 「그날 할 일은 그날 마치자!」라는 구호의 실천으로부터 출발하여야 할 것입니다. 8시간 로동제라 하여 그럭저럭 시간만 보내다가 집으로 돌아갈 것이 아니라 <u>그날 하루 일과 하루 계획은 그날 중으로 완수하며 초과 완수하는 관습과 사상을 가져야 할 것입니다.</u> 모든 사람들이 다 자기가 맡은 임무와 책임을 완수한다면 건국 운동은 승리적으로 촉진될 것입니다.[1261] (밑줄은 저자)

요컨대 그날의 목표가 12시간의 노동을 요하는 일이라면 법정(法定) 노동시간을 무시하고 그날 중에 끝내어 책임을 완수하는 것이 건국 위업에 이바지하는 길이 된다. 이와 같은 시간외 노동은 "북조선인민의 애국적인 창조력과 희생적인 노력"이라는 찬사를 받으면서 북조선의 각 기업소에서 강행되었다. 일례로 "청진에서는 파괴된 방직공장을 급속히 복구하기 위하여 로동자들이 약 9천 시간을 자발적으로 시간외에 노동했다"는 것이며, 이러한 방법으로 일본인이 내버려두었던 "단천항(端川港)의 축항공사도 예정보다 7개월이나 빨리 완성했다"[1262]고 한다. 노동법령의 발포와 함께 북조선에는 노동력의 집중적 동원과 이용을 위하여 "증산 경쟁 운동", "돌격대 작업", "로동규율의 강화" 등 *스탈린*주의의 방법[1263]이 소련으로부터 그대로 도입되

1261) 『김일성선집』 1, 1954년, p. 301.

1262) 같은 책, p. 428.

1263) *스탈린* 치하의 蘇聯에서는 노동을 자극하고 강화하여 증산을 촉진하는 방법으로써 新경제정책 시대(1921~1928) 말기에 "사회주의적 경쟁"운동을 일으켰으며, 이것은 28년에 시작된 5개년계획 시대부터 대대적인 "突擊隊運動"으로 전개되어 왔다. 사회주의적 경쟁은 노동자들의 물질적 이기심 대신에 명예심을 이용하고 사회주의 의식을 고취하여 노동자로 하여금 자발적으로 많은 노동을 하게하기 위한 방법이었다. 이 운동은 처음에는 몇 개의 기업체 안에서 작업의 모범을 보이고, 이만큼은 수행하자는 소위 "呼應計劃"(counter-planning)을 제창하여 계획의 기한 전 완수, *노르마*(작업기준량) 이상의 노동완수, 노동규율의 임수, 비용 절약의 노력 등 생산성의 향상을 목표로 한 것이었다. 그 후 이 같은 운동들은 점차로 정부의 계획을 초과하는 작업량을 책정하여 완수하는 증산 競爭運動의 형태로 발전하였다. 이 운동은 사회주의적 경쟁의 전형인 "돌격대운동"이 되었다. 이에 관한 소련의 공식 찬양은 *History of the Communist Party of the Soviet Union*, Moscow, 1960, pp. 460~461.

이 운동은 기업체 내의 열성적 당원이 선두에 서서 노동의 강화로 생산량의 증대 또는 작업 시간의 단축 기록을 돌파함으로써 다른 노동자들을 이끌어 나가는 운동이었다. 즉 한 기업체 내에다, 몇 개의 돌격대를 조직하여 상호 경쟁을 붙임으로써 生産高 또는 作業量을 증가시키는 방법으로 사용되어 왔다. *스탈린*은 이러한 경쟁이 노동대중 속에서 자발적으로 일어난 것으로 선전하고 있었지만, 사실은 당의 독재 권력에 의하여 조작된 열성이라는 점에 특징이 있었다. 1931년 이후에는 생산기록을 돌파하는 돌격

기 시작했다. 1946년 8월 15일 김일성은 이것을 다음과 같이 말했다.

> ……로동자들과 사무원들은 이 로동3법령에 답하기 위하여 생산경쟁 운동을 전개하며 로동규률을 엄수하고 생산능률을 향상시키기 위하여 산업 부흥에 적극적으로 동원되고 있습니다.[1264)]

'노동법령'의 발포를 전후해서부터 북조선 주민들은 일제(日帝)시대 말기의"근로보국대"(報國隊)를 연상케 하는 노력동원 정책에 의하여 우선 각종 토목공사에 집단적으로 징발되었다. 그리하여 8·15 해방 1주년에는"일본 제국주의자들이 10년 걸려서도 하지 못했다"는 평양 보통강(普通江)의 개수공사(改修工事)가 무려 57만여명의 시민들이 "자발적으로" 동원하여 55일간에 걸쳐 "돌격적 작업"을 한 결과로 그렇게도 빠른 시일 내에 완공되었다고 선전했다. 이밖에도 압록강의 방축(防築) 공사, 용흥(龍興)의 개수공사, 해주(海州)의 축항 공사, 평양－경흥(慶興)간의 선로(線路) 개량공사 등의 복구작업이 모두 "민주개혁"의 감격에 들끓는 인민들의 "자발적 동원"에 의하여 큰 성과를 거두었다고 김일성은 자찬했다.[1265)] 그러나 이 방대한 노력 동원이 김일성의 말대로 인민 대중의 "자발적" 열성에 의한 것으로 될 만큼 북조선 공산당과 인민위원회가 대중의 열광적 지지를 받고 있었던 것은 결코 아니었다.

노동자들의 증산경쟁 운동이 1946년 11월 25일 '북조선 임시인민위원회' 제3차 확대위원회에서 김일성이 호소한 "건국사상 총동원운동"을 신호로 하여 재빨리 광범하게 조직되었다. 그는 민족주의적 사회운동의 모습으로 분장한 이 운동을 지난날 일제 통치 하에 부식(扶植)된 모든 "타락적, 말세기적[세기말적], 퇴폐적 유습과 생활태도를 청산하고", "새로운 민주조선의 일꾼답고 인민다운 정신과 풍습과 도덕과 전투력을 배양하기 위한 일종의 사상혁명"[1266)]이라고 정의했다. 이때의 "건국사상 총동

대원들에게는 *레닌*훈장과 붉은기 훈장을 수여하고, *소비에트* 사회의 "사회주의 노동영웅"의 명예를 주고, 주택, 식량 및 소비품 공급에 있어서 특권을 향유케 함으로써 일반 노동자들의 의욕을 자극했다. 그러나 아직 "*부르죠아* 民主主義革命" 단계에 있다는 북조선 사회에서는 "사회주의적 경쟁"이란 말을 피하고 "대중적 증산경쟁" 또는 "전국적 增産競爭"이라는 말을 사용했으나 그 내용과 방법은 *스탈린*의 그것과 동일한 것이었다.

1264) 『김일성선집』 I, 1954년 판, p. 168.

1265) 같은 책, p. 170.

1266) 같은 책, p. 285.

원운동"은 북조선에서 해방 후 공산당이 일으킨 최초의 계급적 사상개조운동(思想改造運動)이었다.

김일성은 이 회합에서 당시 북조선이 처하고 있던 가혹한 경제적 조건을 상기시키면서, 인민위원회 일꾼들은 열렬한 애국심을 가지고 모든 난관을 극복해야 한다고 역설했다. 그는 "모든 직장에서, 네거리에서, 뒷골목에서 건달꾼을 일소하여야 하겠으며 … 놀고먹는 사람들이 없어야 하겠다"[1267]고 강조하는 한편, "라태", "사치", "개인 향락", "안일", "해이", "부화(浮華)" 등의 기풍이 엄연히 존재한다는 사실을 지적했다. 그리고는 "랑비", "사기", "횡령" 등 낡은 악습과의 "무자비한 투쟁"을 전개할 것을 선언했다. 그러면서 그는 "국가 경비에서 개인의 소비 생활에 이르기까지 모든 분야에서 대중적 절약 운동을 전개"할 것을 호소했다.[1268]

이러한 김일성의 애국적, 사회 윤리적 호소는 전전(戰前)의 피폐한 경제적 조건을 극복하고 건국의 대업을 수행하여야 할 역사적 상황에서는 어떠한 정치지도자도 당연히 할 수 있었고 해야 했을 호소였다. 그러나 그의 호소에서는 해방 직후의 정치적 경제적 혼란 속에서 직장을 잃고 거리에서 방황하는 수많은 실업자들, 토지개혁에서 숙청되어 생계를 잃은 중-소지주와 그 자녀들, 안주할 곳이 없는 전재민(戰災民)들, 일제의 강제 병역으로부터 풀려나 생(生)의 새로운 활로를 찾아 헤매는 청년들, 기존질서의 붕괴와 새 질서의 확립까지의 과도기에 나타나는 각 직장 내의 마비와 동요 상태 등에 대한 부드러운 이해는 그에게서 찾아볼 수가 없었다. 극도의 물질적 궁핍에 신음하고 있던 대전(大戰) 직후의 북조선에서 인민대중이 "개인 향락(享樂)", "사치(奢侈)", "부화(浮華)", "낭비(浪費)"를 추구한다는 것은 사실상 비(非)현실적이었다.

그들이 추구한 바가 있었다면 일제의 전쟁정책이 강요한 가혹했던 장기간의 통제경제와 인간 이하의 내핍생활로부터 벗어나 약간 숨을 돌리고 싶어 하는 최소한의 생활향상에 대한 본능상의 욕구였다고 할 수 있다. 그럼에도 불구하고 김일성의 이상의 호소는 요컨대 "나쁜 관념", "악습(惡習)"에 대한 규탄과 "새로운 선국사상"으로 무장할 것을 요구하는 추상같은 명령을 특징으로 하고 있었다. 그에 의하면 "나쁜 관

1267) 같은 책, p. 284.

1268) 같은 책, pp. 282~284 참조.

념"과 "악습"은 일본 제국주의의 장구한 통치가 남겨놓은 결과였다.[1269] 이것을 철저하게 청산하기 위한 "새로운 건국사상"이란 모름지기 *맑스-레닌주*의적 애국주의 사상이 아닐 수 없었다. 그러나 당시에는 비(非)공산주의자들을 포섭 회유할 정치적 필요성을 계산하여 그는 아직도 호소에서 건국사상의 계급적 본성을 떳떳이 공언하지는 않은 채, 그저 "새로운 민족적 기풍의 창조"를 내세우고 있었다. 이로부터 10년 후 북조선의 당 역사서는 이 운동이 비타협적 계급의식을 튼튼히 하기위한 것이었음을 아래와 같이 밝혔다.

> ……이 건국사상 총동원 운동을 통하여 전체 근로자들은 조국에 대한 열렬한 사랑과 충성으로 계급적 원쑤들에 대한 비타협적 정신으로 또 민주건설 사업에 있어서의 창조적 열성과 완강성으로 자기의 사상의식을 튼튼히 단련했다.[1270](밑줄은 저자)

"인민대중의 사상 의식을 개조하기 위한 투쟁"[1271]을 목적으로 했던 '건국사상(建國思想) 총동원운동'은 *스탈린*의 *이데올로기* 교양사업, 또는 모택동의 "사회주의 교육운동"이 그러했듯이 *맑스-레닌주*의 사상의 단순한 주입이나 정치적 구호의 외침에 그치는 *"깜빠니야"*(*캠페인*)는 아니었다. 이 운동은 열광적 애국주의의 호소와 *볼셰비끼*적 계급의식의 고취를 전술적으로 결합시키는 방법으로, 주어진 혁명적 분위기 속에서 구체적 건설사업과 실제적 일상생활을 통하여 인간개조를 추구하자는데 그 목적이 있었다. 여기서 대중들은 무엇보다도 "새로운 부강한 나라"를 세우기 위하여 애국적 희생정신에서 국가경제와 산업발전에 헌신할 것을 강요당했다.[1272]

앞에서 논급한 "애국미 헌납운동"도 '건국사상 총동원운동'의 일부로 발동시켰던 것이다. 이 운동이 여타의 산업 부분에서는 "증산돌격운동"으로 전개되었다. 그리하

1269) 같은 책, p. 282.

1270) 『조선통사』(하), 1957년, p. 72.

1271) 앞의 『김일성선집』 1, 1954년 판, p. 282.

1272) 그 한 예로 金日成은 다음과 같이 호소하였다.

"우선 오늘 우리 조국이 경제적으로 얼마나 곤란하며 위급한 가운데 전진하고 있는가 하는 점에 대하여 전체 간부들과 전체 인민들은 똑똑히 인식하여야 할 것입니다. 그리하여 우리는 누구를 물론하고 부지런히 일하며 그리고 책임적으로 일하며 남이 두 시간 일하면 우리는 네 시간, 남이 8시간 일하면 우리는 열 시간, 열두 시간씩 일하는 기풍을 수립하여야 하겠습니다." 마치 민족주의자들이 호소해온 말 그대로였다. 같은 책, pp. 283~284.

여 "3 · 1절 증산경쟁", "5 · 1절 증산경쟁", "연말 생산돌격운동", "상시(常時) 증산 돌격대", "노동법령 실시기념 증산경쟁운동", "8 · 15기념 증산 운동", "12 · 4 기념 증산 돌격운동", "연간 계획기간단축 증산경쟁운동"[1273]등 각양한 증산경쟁운동이 "애국적 로동운동"이란 이름에서 생산 계획의 초과달성(超過達成)을 위하여 위로부터 강요되었던 것이다. 이러한 증산경쟁 운동에서는 법정 노동 시간은 완전히 무시되었고 근로자들은 하루 2~3시간의 초과 노동을 하지 않을 수 없었으며, 이것은 "애국운동"으로 열렬한 격찬을 받았다.

인민들이 건국을 위하여 "자발적으로" 제공하는 "애국 로동"에 대해서는 물론 보수는 지불되지 않았다. 그 대신 "모범 노동자"니 "노동 영웅"이니 하는 영예의 칭호를 수여하고 찬양함으로써 열성분자들의 사회적 명예심을 충족시켜 주었다. 그리하여 "원칙적으로 허락지 않는다"는 법정 노동시간(8시간) 외의 노동이 도리어 원칙이 됨으로써 노동법령은 사실상 하나의 휴지가 되고 말았다. 그 위에 소년과 임산부의 노동에 있어서도 인민학교 아동과 부녀자들까지 각종 공사에 동원되어 보조 노동을 제공함으로써 약자에 대한 '노동법령상'의 여러 보호 규정도 허식이 될 수밖에 없었다.

공업, 광업 노동자들의 "애국적 증산운동"은 농민들의 "애국미 헌납운동"과 마찬가지로 대중의 노동력이 창출한 잉여가치(剩餘價値: 보수가 지불되지 않는 노동을 의미)를 수탈하여 경제를 건설하는 방식이었다. 후진적 공산당 국가에서 당의 독재 권력에 의하여 자국 근로대중을 노동에 동원하고 그들을 수탈함으로써 위로부터 자본 축적을 이룩하는 방법은 바로 *스탈린*주의 방법이었다. 이 방법은 제2차 세계대전 이후 동(東)*유럽*, 북조선, 중공 "해방군"에서 한결같이 적용되어 산업건설에서 보편적 기준으로 이용되어 왔다. 그러나 김일성은 노동법령의 표면상의 규정들에 의거하여 이 법령의 성격이 더할 나위 없이 "진보적"이라는 것, 그리고 이 법령은 "역사적 조건에 근거하여 발표하는…조선 사회의 경제적 발전에 부합되는 법령"[1274]이라는 선전을 대대적으로 벌이면서 북조선의 각계각층의 지지를 호소했다.

김일성에 의하면 "소위 민주주의 국가의 하나라고 하는 미국에는 아직까지 민주주의적 노동법령이 없으며 노동계급에 대한 민주주의적 정책조차 서지 않고 있다."[1275]

1273) 앞의 『朝鮮中央年鑑』, 1949년 판, p. 97.

1274) 『김일성선집』 1, 1954년도 판, pp. 120~121.

는 것이다. 그에 의하면 새로 제정되는 「노동법령」은 "소위 자본주의적 민주주의 국가들에서는 실행하지 못하고 있는 철저한 민주주의적 법령"[1276]이라고 정의했다. 이것은 "식민지와 반(半)식민지 피압박 민족국가들 중에서도 처음인 민주주의적 로동법령으로 동방의 식민지 피압박 민족들, 중국의 근로 대중들, 남조선의 노동자들은 아직 이러한 법령을 가지지 못하고 있다"[1277]고 자기의 민주개혁을 자랑했다. 그렇다면 소련의 "사회주의 노동법령"을 제외하고는 북조선의 민주주의 「노동법령」이 세계에서 가장 훌륭한 것이 아닐 수 없었다.

김일성은 이러한 「노동법령」을 북조선의 당면한 혁명단계("민주주의 혁명단계")의 성격에 맞추어 설명했다. 즉 그에 의하면 (1) 북조선의 경제는 "민주주의 혁명단계"에 처하여 일제의 착취제도와 봉건적 착취제도의 잔재를 숙청하는 과정에 있다는 것, (2) 따라서 "개인 자본의 발전을 허락하고 장려하고 있다"는 것 (3) 현재 북조선의 경제 건설은 "사회주의 경제제도의 건설도 아니며, 또한 소위 미국식 민주주의의 방향도 아니다"는 것, (4) 북조선 사회는 "민주주의 통일전선을 결성하여 새로운 민주주의 국가를 건설하는 단계에 있다"는 것, (5) 그러므로 북조선의 "로동 법령은 사회주의 사회의 로동 법령과 같은 법령도 아니며 미국식 자본주의 사회와 같은 제국주의적 착취 제도를 합리화하는 법령도 아니다"는 것, (6) 그렇기 때문에 "이 로동 법령은 조선의 현실에 부합되는 민주주의적 법령"이라는 것 등이었다.[1278]

김일성은 이 「노동법령」이 노동자, 사무원들의 이익만을 옹호하는데 목적이 있다고 인식하는 것은 잘못이며 비(非)현실적이라는 점을 민족통일전선의 전술에 따라 다음과 같이 해명했다.

[우리의] 로동 법령 초안은 노동계급의 리익만을 옹호하는 것이므로 민주주의 민족통

1275) 같은 책, p. 124.

1276) 위와 같음.

1277) 같은 책, p. 123. 그런데 『김일성선집』 1, 1963년 판, pp. 116~117에서는 이에다 다음 말을 첨가하여 내용을 개작했다. "해방된 동구라파(東歐羅巴)와 동남 구라파 민주주의 국가들에서도 토지개혁을 비롯한 여러 가지 개혁들이 실시되었지만 아직도 민주주의 노동법령이 제정된 나라는 없습니다" 이 말에 의하면 북한은 1946년 6월에 벌써 노동법령에 관한 한 세계에서 소련 다음가는 최선진국가가 된 것이다.

1278) 같은 책, p. 122.

일전선을 파괴하는 것같이 생각하는 사람들이 있을 수 있는 것입니다. 그러나 이것은 정확치 못한 인식입니다. 조선의 민주건설의 현실에 적합치 않게 로동자와 사무원의 리익만을 요구하며 조선 민주건설의 전체적 리익을 고려하지 않는다면 그것은 민주주의 로동법령 제정의 기본 정신에 위반되는 것입니다. 로동 법령은 견실한 민주주의 민족통일전선 사상의 기초위에서 제정된 것입니다. [이것은] 민주주의적 민족통일전선을 확대 강화하는 조건을 지어주는 것입니다.[1279)]

「노동법령」에 대한 이상과 같은 김일성의 설명은, 요컨대 이 법령이 노동계급의 이익과 함께 비(非)공산주의자들-이들이 공산당을 지도적 핵심으로 하는 민족통일전선에 참가하고 있는 한-의 이익까지도 옹호한다는 회유책으로 제정되었다는 것을 입증한 것이었다. 위에서 논급한 바와 같이 김일성은 "반제(反帝)-반(反)봉건적 민주주의 혁명단계"에 있는 북조선의 경제건설은 사회주의도 자본주의도 아닌 방향으로 나간다고 하면서 노동계급과 개인자본가의 욕구를 동시에 충족시켜주는 듯이 말했다. 그러나 개인기업의 장려는 민족 자본가들로 하여금 생산력을 발전시키는데 기여케 하고 뒤에는 그들의 재산을 몰수하자는데 목적이 있었다는 것은 그 후의 사태가 증명했다. 이것이 *맑스-레닌*주의적 의미의 *"부르죠아* 민주주의혁명"의 실태였다.

소련의 점령정책의 일환으로써 '북조선 임시인민위원회'의 이름으로 발표되고 실시된 '노동법령'은 토지개혁 법령과 마찬가지로 붉은 군대가 북조선에서 지어 주었다는 소위 "민주주의적 발전의 유리한 조건"을 떠나서는 생각할 수는 없었다. 노동법령 초안을 발표 하던 날 (1946년 6월 20일) 김일성은 정직하게도 북조선에 진주해 와 있는 붉은 군대와 *스탈린*의 은혜에 대하여 다음과 같은 "최대의 감사"의 말을 드렸다.

…우리 조선 인민은 민주주의적 로동 법령을 지지 환영하면서 반드시 쏘련 군대에게 심심한 감사와 경의를 드려야 할 것이며 세계 피압박 민족의 위대한 영도자 *스딸린* 대원수에게 최대의 감사와 경의를 드려야 할 것입니다.[1280)]

1279) 같은 책, p. 123.

1280) 같은 책, p. 127.

제2절 '남녀평등권'(男女平等權)에 대한 법령

"민주개혁"의 일환으로 1946년 7월 22일 '북조선 임시인민위원회'는 「남녀평등에 대한 법령초안에 대한 결정서」를 발표했다. 이 「결정서」는 일종의 선언으로서 그 일절은 다음과 같다.

> 오랜 세기동안 조선 녀성들은 중세기적 봉건적 억압과 모욕과 착취아래서 인간 이하의 생활을 하여왔다. 특별히 과거 36년 동안 일본 제국주의의 식민지 조선 녀성들은 놈들의 2중3중의 압박과 착취를 당해왔으며, 모든 사회 · 정치 · 경제 · 문화생활에서 제외되어 왔다… 이 남녀평등권에 관한 법령은 일본 식민지적 착취의 잔재를 숙청하고, 낡은 봉건적 남녀간의 관계를 개혁하고, 녀성으로 하여금 문화와 사회 · 정치생활에 전면적으로 참여시킬 목적으로서 금후 조선 민주주의 발전에 있어서 위대한 작용을 가져올 것을 인정하며 이를 발표한다.[1281]

이어 그해 7월 30일 이 「결정서」의 취지에 따라 전문(前文)과 본문 9조로 된 「남녀평등권에 대한 법령」을 공포했다. 「법령」 전문(前文)은 "국내에서 진행되는 민주주의적 혁신은 녀성들의 정치, 경제, 문화 및 가정생활의 불평등으로부터 해방되는 조건을 지어주었다"[1282]고 쓰고 있다. 여성을 해방하고 평등의 권리를 보장하기 위하여 「법령」 제1조는 "국가, 경제, 문화, 사회, 정치 생활의 모든 영역에 있어서 녀성들은 남자와 같은 평등권을 가진다"[1283]고 총괄적으로 규정했다. 이 총괄적 규정을 구체화하기 위해 제2조는 "…녀성들은 남자들과 동등으로 선거권과 피선거권을 가진다."는 것과 제3조는 "녀성들은 남자와 동등의 노동 권리와 동일한 임금과 사회보장 및 교육의 권리를 가진다."는 것을 보장하였다. 선거, 노동 및 교육의 여러 분야에서의 이러한 남녀동등권은 민주주의의 원칙에 전적으로 부합되는 것이며 그 자체의 정당성에 대해서는 하등 문제될 바가 없었다.

그럼에도 불구하고 이 법령의 발표는 해방 당시의 우리 사회의 시대적 요청에 부응하기 보다는 평양주재 「소련군 사령부」의 정치선전을 대변하기 위한 것이었다. 이

1281) 앞의 『北韓法令集』, 제4권, p. 548.

1282) 『북조선의 남녀평등권에 대한 법령』. 앞의 『朝鮮中央年鑑』 1949년 판, p. 77

1283) 같은 책, p. 78에 실린 이 『法令』 조문에서 인용. 이하 여타의 조문도 여기서 인용.

것은 법령의 문면의 일부가 소련의 *'스탈린* 헌법'(1936)의 몇 몇 구절의 번역판이라는 점에서도 찾아볼 수 있었다. *'스탈린* 헌법' 제122조는 이렇게 쓰고 있다.

> 소련에서의 여성은 경제, 국가, 문화 및 사회 정치생활의 모든 영역에 있어서 남자와 평등한 권리를 가진다. 이러한 여성의 권리를 실현하는 가능성은, 여성에 대해 남자와 동등한 노동의 권리, 동일한 임금, 휴식, 사회보험 및 교육의 권리를 주어짐으로써, 어머니와 幼兒와의 이익이 국가적으로 보호를 받음으로써 다(多)자녀의 어머니 및 독신의 어머니에 대한 국가적 부조, 임신 때에 여성에게 유급 휴가가 주어짐으로써, 광범한 산원, 탁아소 및 유치원을 공여함으로써 보장된다.[1284]

다만 이 *'스탈린* 헌법' 제122조의 후반부가 모성과 육아에 대한 국가적 보호를 규정한데 대해, 북조선의 「남녀평등권에 대한 법령」의 후반부는 강제 결혼의 금지(제4조), 이혼의 자유(제5조), 일부다처제(一夫多妻制), 매매 결혼, 공(公)－사창(私娼), 기생 제도의 금지(제7조), 재산상의 동등권과 이혼시의 재산 및 토지 분배권(제8조) 등을 규정하고 있었다. 이것은 해방 당시의 조선의 사회적 실정을 고려한데서 유래한 것이었다. 여하튼 동 「남녀평등권에 대한 법령」 제4조 이하의 조문들을 장구한 봉건적 속박으로부터 북조선 여성을 법적으로 사회적으로 해방하기 위한 것으로 해석할 때, 이것들은 형식상으로는 민주주의적 권리 의식에 충분히 부합되는 규정이었다. 북조선 당국의 발표에 의하면, 이 법령의 결과로 여성의 지위와 권리는 크게 향상 신장되었다는 것이다. 북조선 당국의 공식 통계는 1948년 3월 7일 현재로 북조선 여성들의 사회진출 상황은 다음과 같이 밝히고 있다.[1285]

각급 인민위원회 여성 위원 수	9,522명	
'조선인민회'의 여성 대의원 수	34명	(전체의 14%)
농민여성 위원	6,101명	
여성 판사	13명	
여성 검사	4명	

1284) 소련 헌법의 외국문 번역은 허다하지만 여기서는 James H. Meisel and Edward S. Kezera, *Materials for the Study of the Soviet System*, The George Wahr Publishing Co. 1950, pp. 242~266에 실린 소련 헌법에 의거.

1285) 앞의 『朝鮮中央年鑑』, 1949년 판, p. 77.

여성 참심원(參審員)	532명
여의사 또는 간호부	1,300명
여자 노동자	25,685명
기능자	2,128명
교장	10명

이상의 숫자 중 여성들의 직장진출은 대체로 해방 후의 자연추세적인 현상으로도 볼 수 있겠으나, 한편 여성들의 급속한 정치적 진출현상은 당세(黨勢)의 확장과 대내외적 정치선전을 노린 공산당의 계획적 인사배치 정책의 결과였다. 소련과 마찬가지로 북조선도 공산당은 대중조작(操作)의 일환으로 여성대책에 세심한 주의를 돌리고 있었다. 김일성은 "민주개혁"중 남녀평등권에 관하여서는 가장 적게 발언한 편이었다. 그가 말한 것이라고는 1946년 8·15해방 1주년에 즈음하여 앞의 「결정서」와 「법령」을 요약한 다음의 설명이 거의 전부였다.

> 북조선의 발전하는 민주개혁은 녀성에게도 드디어 해방을 가져왔는바 그것은 남녀평등권에 대한 법령입니다. 수천 년이래 봉건적 인습과 일본 제국주의의 식민지 정책으로 말미암아 비인도적이며 치욕적인 대우와 2중 3중의 착취에 신음하던 우리 조선 녀성은 남자와 동등한 권리를 가지고 정치, 경제, 문화생활에 참가할 수 있게 되었으며 민주 조선건설에 열성적인 일원으로서 참가할 수 있게 되었습니다.[1286)]

「남녀평등권에 대한 법령」이 발포된 지 1개월 반 뒤인 1946년 9월 14일 「남녀평등권에 대한 법령 시행세칙」[1287)]이 공포되었다. 전문(全文) 29조로 되어있는 이 「세칙」은 남성과 동등한 권리를 여성에게 보장하기 위한 방안들이 자세하게 거의 총 망라되어 있었다. 즉 여성들이 남성과 같이 각급 인민위원회 위원에 피선(被選)될 권리(제1조)와 국가 기관, 정당 사회단체 및 공공 단체의 위원 또는 직원이 될 수 있는 권리를 비롯하여 토지의 상속권, 토지분배 청구권(제4조, 제5조)을 열거했다. 결혼과 이혼의 경우에도 여성의 인격이나 재산상의 권리 또는 이익이 침해되지 않도록 소송절차의 상세한 규정까지를 마련하고 있었다(제7조, 제8조, 제11조, 제22조 등).

1286) 앞의 『김일성선집』 1, 1954년 판, p. 168.

1287) 「남녀평등에 대한 법령세칙」은 앞의 『法令集』, 제4권, pp. 551~553에 수록되어 있다. 이하의 설명은 이에 의거했다.

이 밖에도 부녀를 출가시켜 금전, 재물, 노력을 제공받은 부모나 친척은 "2년 이하의 징역에 처한다"는 처벌 규정을 두고 있었고(제26조), 부녀에게 "창기 영업(공·사창, 기생)"을 시킨 부모나 친척 또는 자진하여 그런 영업을 한 부녀는 "5년 이하의 징역에 처한다"고(제25조) 규정하였다. 이러한 조문들 중 일부는 당시의 후진사회(後進社會)에서는 시행이 불가능한 면도 있었으나 여권(女權)의 옹호와 신장(伸張)의 목표를 제시했던 점은 응당한 인정을 받을만했다. "봉건적 유습인 남존 여비에서 나온 녀성에 대한 학대, 폭행, 일체의 차별 대우를 금지한다"(제3조)는 조항은 그 효력의 정도는 덮어두고라도 민주주의 원칙에 부합되고 남는 것이었다. 이러한 남녀평등권의 돌연한 실시는 봉건적 인습을 타파하는데 긍정적 역할을 한 반면 건전한 가정생활을 파괴하는 부정적 후과(後果)를 동시에 가져왔다. 당시를 직접 경험한 한 인사는 그 한 면을 다음과 같이 기록하였다.

> …'남녀평등'의 도를 지나쳐…젖먹이 유아를 떼어서 남편에게 엎혀주고 가정을 돌보지 않는 여류 정객이 되어, 꽁무니에 권총을 차고… [한편] 도색(桃色) 유희에 정신을 잃은 '해방녀성'이 배출되었다. 가정에서 비극과 풍파를 일으키고 '불효부(不孝婦)', '불량모(不良母)'가 됨으로써 '평등'을 구가하는 실정은 참으로 개탄하지 않을 수 없는 현상이다.[1288]

'남녀평등권'을 법적으로 보장한다는 것과, 평등이 실질적으로 실현되었다는 것과는 별개의 문제다. 이 법령이 발포된 수년 후까지, 적어도 한국전쟁 시기까지는 북조선의 중요 도시에는 기생과 접객부들이 자택에서 은밀히 영업을 했고, 그 주요 고객은 정치권력과 사회요직을 장악한 공산당 간부들이었다. 특히 전쟁 중에는 당(黨) 고급 간부들이 가족과 격리되어 있던 기회를 이용하여 지위와 직권을 악용, 여성 직장원, 여성 당(黨) 일꾼들에 동거(同居)생활을 강요하면서 인권을 유린한 무수한 사례들이 폭로되었다.[1289] 그 중에서도 당의 최고 간부들의 경우, 일단 권력의 높은 위계(位階)에 올라앉을 때는 그 태반이 조강지처(糟糠之妻)와 강제로 이혼(또는 별거)

1288) 大韓民國公報處 발행 『蘇聯軍政의 始末』, 1950년(?), pp. 26~27.

1289) 당 고급간부들의 지위와 직권을 배경으로 하는 갖가지 도색 행각, 여권 유린, 방탕 행위에 관해서는 李喆周 著 『北의 藝術人들』, 啓蒙社, 1966년, 蘇貞子 著 『내가 叛逆者냐』, 1966년 등에 구체적으로 기록되어 있다.

하고 젊은 여성들과 재혼한다는 것은 하나의 공인된 관례였다. 이것은 *스탈린*과 그 부하들의 난잡했던 엽색(獵色) 생활을 회고해 보아도 결코 우연한 일은 아니었다.

인민들의 모든 생활영역을 전체주의적으로 지배하는 과정을 통하여 철저히 관료화하고 절대화된 권력만능의 위계질서 하에서는 당권과 직권이란 부단히 남용되기 마련이다. 그런 상황에서 여성의 권리가 법률상 보장되었다고 하여 그것이 침해되지 않는다는 것은 있을 수 없는 일이다. "일부일처제(一夫一妻制)를 준수하지 않는 자는 2년 이상의 징역에 처한다."(제26조)는 처벌규정은 최소한 당(黨)과 인민위원회, 그 밖의 권력기관의 고위층에 관한한 공문(空文)이나 다름이 없었다.

법치국가에서는 만족할 정도는 아니지만, 그래도 그 지위 여하를 막론하고 여권을 유린한 자의 비행이 언론 매체를 통해 수시로 폭로될 뿐만 아니라 피해자가 법정에 제소하여 당당히 보상을 받고 있는 것이 상례이다. 북조선을 포함한 공산당 사회에서는 당 간부의 지위가 높으면 높을수록 그 비행은 특권의 위세에 의하여 온통 은폐되고 있었으며, 피해자가 가해자에 대하여 감히 법적으로 대항하여 싸운다는 것은 현실적으로 절대 불가능한 일이다. 이것은 폐쇄사회와 개방사회, 민주사회와 독재사회의 차이에 기인하는 것이다.

소련을 비롯한 여러 공산당국가에서와 마찬가지로 북조선에서 남녀평등권을 법제화하고 그 역사적 의의를 대대적으로 선전한 중요한 목적의 하나는 여성들을 가정으로부터 직장으로 끌어내어 남자와 동등한 노동에 동원하자는데 있었다. 「남녀평등권에 대한 법령」이 여성들에게 남자와 "동등한 노동 권리"와 "동일한 임금"을 보장한 것은, 이면(裏面)에서는 여성들도 남자와 동일한 어려운 노동 임무를 수행할 것을 요구했다는 것을 의미한다. 그러므로 여성의 평등권은 경우에 따라서는 여성에 대한 새로운 형태의 강압으로 역전(逆轉)할 가능성을 내포하고 있었다.

여성들의 "동등한 노동권리"를 규정한 이 법령의 조문은, 여성들이 북조선의 공업 및 농업에서 노동력의 주요한 부분이라는 사실을 인식하고 여성의 기술, 기능, 생산능력을 공산당의 목적을 위해 동원하겠다는 의도를 법령으로 표명한 것이었다. 그 의도 여하를 막론하고 여성의 능력을 개발한다는 것은 사회적으로 필요하고 중요한 과제였다. 그런데 현실적으로는 가난한 노동자, 농민가정 출신의 여성들만이 집단농장, 광산, 공장, 벌목장의 중노동, 먼 바다의 어로작업(漁撈作業), 중량급 화물차운전 등에 남자들과 마찬가지로 동원되어 법정시간 외의 노동, 중노동, 야간 노동 또는 지하 노동에 종사하게 되었다. 중앙과 지방을 막론하고 당(黨), 군(軍), 정권기관 간부들의 처와 딸들은 결코 그런 노동에 동원되지 않았다. 이러한 측면을 외면한 남녀평등권의 논의란 지극히 피상적이며 기만적이 아닐 수 없었다.

'북조선 임시인민위원회'가 여성들의 권리를 여성들의 노동력 동원이라는 관점에서 중요시한 것은 *소비에트*정권의 경우와 마찬가지였다. *스탈린*이 소련공산당 제17차대회(1934. 1. 26)에서 "여성들은 우리나라 주민의 과반수가 되며 그들은 방대한 노동자군(勞動者軍)을 형성하고 있다"고 하면서 "노동자군"으로써의 여성의 존재 가치에 주목했다. 여성들이 노동자군으로 가치를 지니려면 교육을 받아야한다. 그리하여 그는 "이 거대한 노동자군이 암흑과 몽매(蒙昧) 속에 남아있게 할 수는 없다"[1290]고 하면서 이들의 문화수준의 향상을 강조했다. 북조선의 남녀평등권을 논할 때는 *스탈린*식의 독특한 여성인력 개발관(開發觀)을 상기할 필요가 있다. 여성들을 무엇보다도 "방대한 노동군", 즉 거대한 생산력으로 간주한 것은 *스탈린*주의적 여성관의 한 특징이었다. 북조선에서의 여성해방도 그러한 관점에서 촉진되었던 측면을 무시해서는 안 될 것이다.

또한 남녀평등권의 주장에 의하여 체력이 연약한 여성들을 과중한 노동에다 동원하고 그 결과로 가혹한 희생과 불행을 이들에게 강요해 왔다. 동시에 이들 중 일부는 남자들과 더불어 각종 직업에 종사하여 전문지식, 과학기술, 행정기능, 사무능력을 습득 또는 개발함으로써 높은 사회적 지위를 획득한 것도 사실이다. 당(黨)의 새로운 여성 해방정책은, 여성들이 장구한 시일에 걸쳐 남성에게 예속화(隷屬化)내지 종속화(從屬化) 되어 살아왔고, 공적 사회생활로부터 소외되어 왔던 이나라 역사의 실정에 비추어 볼 때 북조선 사회에 획기적 변화를 일으켰던 것이다. 이것은 물론 긍정적인 측면이다. 그 중에서도 여성들을 당(黨)조직－행정－사법－입법기관 등에 인위적(人爲的)으로 배치하여 일정한 정치권력을 행사케 함으로써, 당(黨)은 남녀평등에 대한 의식을 점차적으로 확대해 나갔다.

그런데 여성의 해방－개방과 급속한 정치적, 사회적 진출은 "민주개혁"의 결과로

1290) Bruce Franklin (ed), *The Essential STALIN-Major Theoretical Writings* 1905~52, Croom Helm (London), 1973, p. 208.

북조선에만 나타난 특유한 현상은 아니었다. 제2차 세계대전 이후 여성들이 정치적 사회적으로 대거 진출하고 있다는 사실은 신생 *아시아*제국(諸國)에서 볼 수 있는 괄목할만한 시대적 추세였다. 남녀평등권의 중요성에 대해서는 이론(異論)의 여지가 없지만, 여성이 진정으로 사회적 불평등의 속박으로부터 해방되려면 사회 전체가 민주화되고 인권이 보장되어야 한다. 남녀의 모든 성원들이 전체주의 체제 하에서 독재 권력에 예속되어 있는 인권 부재(不在) 상황에서 남녀평등권은 진정한 것이 될 수는 없다. 남녀 모두가 인권을 누릴 수 있어야만 진실한 의미의 남녀평등권이 실현될 수 있고 여성의 권리도 신장될 수 있는 것이다. 이것을 북조선이 완전히 무시한 점에 남녀평등권의 중대한 문제점이 내재되어 있었다.

제4장

중요산업의 국유화(國有化)
–"사회주의"로 가는 길

제1절 목적: "부강한 자주독립 국가의 기초" 건설

북조선의 *소비에트* 화(化)를 추진하는데 소련 군정 당국이 수행해야 할 중요한 과업의 하나는 '북조선 임시인민위원회'의 이름으로 북조선 각지에 산재하고 있던 일제(日帝)시대의 기간산업과 기업시설들을 국유화하는 일이었다. 그들에 의하면 노동자의 "착취(搾取)"를 존속기반으로 하는 생산 수단의 사유제(私有制)는 자본주의 경제제도의 기본적 특징이며, 따라서 "사회주의"의 *이데올로기*에 본질적으로 위배되는 것이었다. "사회주의"를 지향(志向)한다는 공산당정권이 국민경제의 중요한 거점을 자본가 계급으로 하여금 소유케 하고 경영케 한다는 것은 있을 수 없는 일이다. 소련을 *모델*로 한 공업화의 촉진을 위해서는 산업의 국유화가 첫째 조건이었다. 공산국가에서 국유화는 곧 사회주의며, 계획경제는 사회주의의 건설방식이라는 것이 *레닌*이래의 고정관념이었다.

1946년 8월 10일 북조선 임시인민위원회 위원장 김일성과 서기장 강량욱(康良煜)의 이름으로 「중요산업 국유화 법령」–정확하게는 「산업–교통–운수–체신–은행 등의 국유화에 관한 법령」–이 발포되었다. 중요산업의 국유화는 토지개혁과 함께 북조선의 *소비에트*화(化)–사회주의화를 준비하는데 가장 긴요한 시책이었다.[1291]

1291) 이에 관해 북조선의 黨 이론가는 후일에 와서 *맑스–레닌*주의의 개념에 따라 다음과 같이 설명하였다. "……우리나라에서의 혁명은 보통 *부르죠아* 민주주의혁명이 아니라 인민 민주주의혁명이었다. 그리하여 민주혁명 과업이 철저하게 해결된 이후에 점차 사회주의 혁명에로 장성 발전하였다. 그러므로 민주혁명 과업으로 철저하게 수행된 중요산업 국유화는 사회주의적 국유화의 내용을 동시에 가질 수 있었고 우리나라에서 사회주의 생산관계의 발생과 발전을 가능하게 하였다." 앞의 『경제정치학』(하), pp. 28~29.

당시 소련 군정당국(軍政當局)의 국유화정책은 일본 제국주의의 장구한 통치기간 중에 형성된 북조선경제의 특수성 때문에 극히 용이하게 추진될 수 있었다. 즉 제2차 세계대전 말까지 북조선에서 건설, 운영되고 있던 광업–공업–전력–철도–통신–운수–금융 등 각 부문의 시설 또는 기관은 거의 전부가 일제의 수중에 장악되어 있었음으로 일본인들의 경제적 지배 영역은 실로 방대한 것이었다. 1944년 현재로 조선인 자신이 소유했던 공업자본은 전체에서 겨우 5%에 불과했으며 여타의 95%는 일본인에게 소속되어 있었다.[1292)]

따라서 이러한 일본인 소유를 일제의 패망과 더불어 소련 군정이 접수, 관리하다가 '북조선임시인민위원회'의 이름으로 국유화했다는 것은 절차상으로는 지극히 간단한 일이었다. 그러나 소련 군정당국(軍政當局)은 모든 일본인의 산업시설을 '북조선임시인민위원회'에 넘겨주지는 않았다. 소련 주둔군이나 소련 자체가 당장 필요로 하는 주요 제품을 생산하는 일부 공장은 국유화하지 않고 소련군이 그대로 점유하고 관리하고 있다. 이를테면 평양 시내의 구(舊) "일본곡산(穀産)회사"와 "평안(平安)양조회사" 등이 그것이었다.[1293)] 「중요산업 국유화 법령」은 그 이름과는 달리 법령이라기보다는 오히려 일종의 선언문이었다. 국유화의 취지를 천명한 전문(前文)에 비하면, 본문은 그 4분의 1밖에 안 되는 간략한 내용으로 되어 있었다. 즉,

> 일본 국가와 일본인 사인(私人) 및 법인(法人) 등의 소유 또는 조선 인민의 반역자 소유로 되어 있는 일체의 기업소, 광산, 발전소, 철도, 운수, 체신, 은행, 상업 及 문화기관 등은 전부 무상으로 몰수하여 이를 조선 인민의 소유 즉 국유화한다.[1294)]

일제(日帝)의 식민지였던 조선반도에서 가혹한 착취과정을 통해 축적했던 일본인 소유의 재산을 모두 무상몰수(無償沒收)하는 것은 당연했으며 이것을 우선 국유화했

1292) 같은 책, p. 37.

1293) 舊 '일본곡산회사'는 옥수수를 원료로 하여 製粉, 黃飴(물엿), 포도당 등 30여종의 제품을 생산하고 있었는데 소련군은 이것들을 고스란히 소련으로 반출해 갔다. 또한 平安양조회사는 대규모의 기계시설을 가지고 酒精을 생산하는 공장이었다. 이밖에도 平北, 咸南北 등에 10여개 공장이 있었는데 그 설비의 규모가 큰 것들이었다. 이러한 산업시설은 그대로 소련군의 장악하에 있었다는 것이다. 앞의 『蘇聯軍政의 始末』, p. 28.

1294) 앞의 『朝鮮中央年鑑』, 1949년, 평양, p. 74.

다는 것은 해방 직후의 상황에서는 자연스러운 조치였다. 남한의 경우도 일제의 재산은 "적산(敵産)"이라는 이름에서 몰수하여 미군정(美軍政)의 관리 하에 두었다가 대한민국 정부의 수립과 함께 이에 이양되면서 일단 국가 재산으로 귀속되었던 것이다. 중요산업의 국유화 문제에는 원칙상 하등의 복잡성도 내포되고 있지 않았다. 따라서 「중요산업 국유화 법령」이 극히 간단하게 실시되었다는 것은 쉽게 이해할 수 있는 일이었다. 이 법령은 국유화의 절차, 조선인과 일본인 간의 재산상의 일정한 청산 문제[1295], 국유화된 기업체의 운영방식 등에 관해서는 아무런 규정도 마련하지 않았다.

무엇보다도 이 법령에서 문제가 되는 것은 "조선 인민의 반역자"의 소유를 전부 무상몰수한다고 선언하면서도 반역자의 기준이 전혀 마련되어 있지 않았다는 점이다. 일제의 장구한 통치기간 중, 정치－경제－사회－문화의 전(全)부문에 걸쳐 조선 민족이 대일(對日)협력을 강요당했던 전 민족적 사정을 고려할 때, 성문화(成文化)된 객관적 기준이 없다면 "반역자"니 "반동"이니 "매국도당"이니 하는 죄목은 의례히 권력을 장악한 자의(恣意)와 주관적 판단에 따라 적용되기 마련이다. 그리하여 사실상의 일제주구(日帝走狗)는 물론이요, 일제에 저항한 애국적 인사들까지도 공산당에 잘못 보이면 "반역자"로 몰릴 수가 있었다. 그 대표적인 예가 서북지방의 전형적인 애국자로 추앙을 받았던 조만식(曺晩植)과 같은 경우이다.[1296]

1295) 이 문제에 관해서는 후일 「個人企業 創發力에 대한 決定書」에서 비로소 해결의 원칙이 제시되었다. 즉 한국인과 일본인이 공동투자 한 주식회사(무기, 군용 피복, 군 장비, 체신 자료, 군용 운수기관 및 그 밖의 군수품을 직접 생산하지 않는 회사에 한함)의 한국인 주주가 민족반역자가 아님에도 불구하고 여러 가지 이유에서 배당을 받지 못하거나 주식의 권리를 상실한 경우에는 1946년 10월 24일까지 재산권에 대한 청구서를 제출토록 하고, 그 이후의 청구서는 접수하지 않기로 결정했다. 「개인소유권을 보호하며 산업 및 상업 활동에 있어서의 개인의 創發性을 발휘시키기 위한 대책에 관한 결정서」, 앞의 『北韓法令集』, 제3권, pp. 159~160에 수록. 이 「결정서」에 따라 바로 그 당시 북조선에 거주하지 않은 주주는 "반역자"가 아니라도 재산권을 상실하게 되었다.

1296) '평안남도 인민정치위원회' 위원장이며 '조선민주당'의 당수였던 曺晩植은 *모스크바* 3상 회의에서 결정된 조선의 5개년 신탁통치 안을 지지하라는 소련 군정당국의 강요에 대항하여 1946년 1월 5일 위원장직을 사임했다. 소련 군정당국은 그를 직각 연금하고 번의를 촉구했으나 그가 이를 거절하자 崔庸健으로 하여금 당수직을 장악케 하고 대규모의 反曺晩植 *캠페인*을 벌렸다. 민족주의적 애국자 조만식을 "親日派", "民族反逆者"라고 하여 규탄하는 벽보가 전국에 나붙었다. 그리고 그의 "친일 행위"를 입증하기 위하여 조선총독부 기관지 ≪每日新報≫에 그의 명의로 일제가 발표했던 학도병지원 권고문을 새로운 발견인양 당 기관지에 전재하여 조직적인 비방 선전전을 벌였다. 그러나 이 권고문은 당시 ≪每日申報≫ 평남 지사장이었던 高永翰(해방직후 자살)이 본사의 명령으로 본인의 강력한 거부에도 불구

그러한 모호한 규정에 의하여 "인민의 반역자"로 몰려 억울하게 기업체를 몰수당했던 사람이 얼마나 되었는지를 명시한 통계는 없다. 그런데 「중요산업 국유화법령」 발포 2개월 후에 공표된 「개인 기업의 창발력 발휘에 대한 결정서」를 주목할 필요가 있다. 이 「결정서」에서 조선인민의 개인소유 동산 및 부동산의 몰수는 "특별한 경우에 '인민 재판소'의 결정 또는 '북조선임시인민위원회'의 특별한 결정" 없이는 시행할 수 없다[1297](제2항)든가 또는 각 도 인민위원회는 "불법적으로 몰수한" 재산을 조사하여 전(前) 소유자에게 반환해야하는 책임을 진다고 규정한 것[1298] 등은 당시 많은 사람들의 재산이 각 지방 권력기관에 의하여 "반역자"의 재산으로 간주되어 부당하게 몰수당했던 예가 허다했으며 그 폐단이 컸던 사실을 입증해주고 있다.

「중요산업 국유화 법령」의 시행으로 일제와 조선인 "반역자(叛逆者)"들의 소유였던 1,034개의 산업기관들이 무상으로 몰수되어 국유화되었으며, 이 숫자는 북조선의 전 산업체의 90%를 차지하기에 이르렀다.[1299] 나머지 10%는 아직 개인 기업가들의 수중에 남아 있었다. 북조선 당국의 통계에 의하면 이 「법령」의 결과로 1946년 공업 총 생산액 중에서 국영부문이 차지한 비중은 72.4%, 사(私)자본주의적 기업이 차지한 비중은 27.6%였다.[1300] 한편 취약한 민간기업체들은 중복세(重複稅)정책과 종업원에 대한 식량배급 중단 등의 차별정책으로 말미암아 쓰러지거나 자진 폐업하는 사태가 일어났다. 이와 함께 국영부문의 확대 증설에 따라 사(私)기업의 생산비중은 점점 줄어들게 되었다. 휴전 후부터 1958년 8월까지 잔명(殘命)을 보존하고 있던 모든 개인 상공업-개인수공업은 "사회주의적 개조"라는 이름으로 몰수되어 "협동적 소유"라는 형식으로 사실상 국유화되었던 것이다.[1301]

하고 일방적으로 써서 발표한 것이었다. 이상의 경위에 관해서는 韓載德, 『金日成을 告發한다』, 내외문화사, 1965년, pp. 242~260 및 『共産主義 批判全書』 제5권, 內外文化社, 1965년, p. 232 참조.

1297) 앞의 『北韓法令集』, 제3권, p. 159.

1298) 위와 같음.

1299) 앞의 『朝鮮中央年鑑』, 1949년, p. 73.

1300) 『조선통사』(하), 1967년, 평양, p. 40.

1301) 北韓의 한 黨 이론가에 의하면 "우리나라의 개인 상공업자는 사회주의에서 자기 발전의 길을 찾았다. 그리하여 1956년 말에서 1957년 초에 걸쳐 전적으로 실시된 자본주의적 상공업의 사회주의적 개조는 개인 수공업의 협동화와 더불어 생산 협동조합에 망라하는 방법 등에 의하여 1958년 8월까지 완성되었다"고 한다. 申在鎬 「우리나라에서의 生産力과 生産關係의 相互關係」, ≪きょうの朝鮮≫, 1960년 4월호.

이 「법령」이 나오기 이전에 벌써 북조선 내 일제의 재산은 공산당에 의해 접수되어 있었는데, 이 「법령」을 공포함으로써 일제의 재산의 귀속 관계는 법적으로 확정되어 북조선의 발전 방향 즉 사회주의적 방향을 명시하였다. 공산당은 일제의 모든 산업기관을 국유화함으로써 북조선경제의 이른바 "최고관지(最高管地)"를 확보하게 되었고, 이에 의하여 소련의 *네프*(NEP, "신경제정책")를 *모델*로 하여 사회주의를 지향하는 과도기적 정책을 강행했다. 소련 과학원 경제학연구소 간행 『경제학 교정(敎程)』은 인민민주의의 국가에서의 국유화의 의의를 후일 다음과 같이 설명하였다.

> 인민민주주의 권력은, 사회주의 혁명의 임무를 실현함에 있어서 공장 탄광 발전소를 전 인민적인 사회주의적 소유로 바꿨다. 운수와 통신수단, 지하 매장물과 일부의 토지·은행·외국무역·국내의 도매 상업도 국유화되었다. 이렇게 하여……*부르죠아지*의 경제적 지배를 일소하고 국민경제의 중요 거점을 장악했다. 바로 이렇게 함으로써 사회를 사회주의적 개조로 *移行*하기 위한 필요한 조건을 만들어 냈다. 국유화의 결과로……기본적 생산수단은 전 인민의 재산이 된 것이다.……인민민주주의 제국에서의 사회주의 건설의 기초에는 소련에서 신경제정책[네프]으로 규정했던 것과 같은 근본 원칙이 깔려 있다.1302)(밑줄은 필자)

그러나 「중요산업 국유화 법령」이 공포, 시행되고 있었을 당시에는 이것이 사회주의와 관련이 있다는 주장은 북조선에서 일체 나오지 않았다. 그 대신 중요산업의 국유화 정책은 일본의 식민지 통치의 잔재를 청산하기 위한 반제(反帝) 혁명과업이며 당(黨)의 최저강령(最低綱領)이라고 강조했다. 이 「법령」을 공포하는 군중대회석상에서 김일성은 '북조선 임시인민위원회'에서 채택한 새 법령은 조선의 민주화와…조선의 민주독립국가 건설의 도정에 있어서 중대한 걸음으로 되는 것"1303)이라고 말하는데 그쳤으며 사회주의니 공산주의니 하는 말은 언급조차 하지 않았다. 8·15해방 1주년 경축대회에서도 미찬가지로 그는 이 「법령」의 민족적－국가적 의의만을 열렬하게 역설하였다.

1302) Academie der Wissenschaften der Udssr, Institut fűr Őkonomie, *Politische Őkonomie, (Lehrbuch)*, Deezver Berlin, 1955, p. 650, p. 655.

1303) 『김일성선집』 1, 1954년 판, p. 140.

… 일본 제국주의가…건설하여 놓았던 산업, 교통, 운수, 체신, 은행 및 문화시설과 조선인 민족반역자의 소유이던 산업 기관들은 이 법령에 의하여 조선 인민의 소유 즉 국유화 되었습니다. 산업의 국유화는 실로 중대한 개혁으로서 자주독립 국가건설의 기초를 수립하는 것입니다. 산업, 경제의 국유화가 없이는 자주 독립도 민주 건국도 있을 수 없습니다. 이 법령이 금년 8월 10일에 실시됨에 따라 북조선 민주개혁은 결정적 승리의 계단[=단계]에 도달했으며 독립국가 건설의 토대는 확립되었으며 조선의 완전 독립은 북조선에서부터 시작된 것입니다.[1304)]

김일성의 이상과 같은 애국주의적 설명은 패망한 일제의 재산을 국유화하는 것이 당연한 여론으로 되었던 당시에 있어서는 공산주의자는 물론 민족주의자의 불만을 살 하등의 이유가 없었다. 민족통일전선 전술에 의하여 소수파 공산당의 역량을 더욱 확대 강화할 필요성에 직면했던 그는 국유화정책의 설명에서 아직은 *맑스-레닌*주의의 *이데올로기*를 가능한 한 덮어두고, 모든 비(非)공산주의자들이 납득할 수 있는 초(超)당파적 애국적 설득방법을 택했던 것이다. 그는 이 「법령」의 원문이나 해설에서 국유화 정책을 사회주의 또는 공산주의와 절대로 연관시키지 않았음은 물론, 중요산업의 국유화로 북조선에서 공산주의가 실시되고 있다는 사람들에 대해서는 도리어 극렬한 비난을 퍼부었던 것이다. 8 · 15해방 2주년 기념대회 석상에서 진술한 그의 말을 들어보자.

산업 국유화의 결과는 우리 인민들로 하여금 자기의 창발력을 더욱 발휘하게 하였으며 우리 조국의 영광스러운 장래에 대하여 확고한 신념을 가지게 하였습니다. 그렇기 때문에 산업 국유화의 결과로 민족 경제의 토대가 구축되고 우리 조국이 부강한 자주독립국으로 되는 경제적 토대가 보장되었다고 하여서 「북조선에서는 공산주의가 실시된다」고 하는 것은 우리 민족을 배반하여 우리 조국으로 하여금 또다시 어떤 외국의 정치적, 경제적 예속에 넣으려는 민족반역자, 친일분자들의 발악과 악선동에서 나온 잠꼬대로 밖에는 간주할 수 없습니다.(박수 오래 계속)[1305)]

1304) 같은 책, pp. 168~169.

1305) 앞의 『김일성선집』 1, 1954년 판, p. 430. 공산당 지배하의 북조선에서 "공산주의"가 실시되고 있다는 말에 대해 그가 극렬한 비방을 퍼부은 것은 물론 공산당의 목표를 은폐하려 했던 때문이다. *맑스-레닌*주의의 *이데올로기*에 의하면 "共産主義"는 "社會主義"의 다음(제2)단계다. 북조선이 아직 그런 단계에 이르지 못했던 것은 사실이다. 한편 非공산주의자들은 그러한 단계와는 관계없이 공산당 독재의 통치 방법과 내용을 일괄하여 "공산주의"라고 불러왔다. 이러한 용어상 또는 인식상의 차이가 있을 때

토지개혁과 함께 "반제-반봉건적 민주개혁"의 일환으로 실시한 중요산업의 국유화는 오랫동안 "전(全) 조선인민의 소유"니 "전 인민적 소유"니 하는 용어로 설명해 왔고, 그러한 기업은 "인민경제에서의 국영부문"이라고 불렀다. 이것은 공산당정권을 단순히 "인민정권"이라고 불러온 것과 의도에 있어서는 마찬가지였다. 김일성은 국영부문을 내심으로는 처음부터 "사회주의" 경제라고 확신해 왔으며, 휴전 이후의 인민경제 복구건설 시기에 와서는 "중요산업이 국유화됨으로 우리나라 북반부에서는 사회주의적 생산관계가 창설되게 되었다"[1306]고 공언하기에 이르렀다. 후일 『조선통사』는 「중요 산업 국유화 법령」을 사회주의의 전면적 건설과 관련시키면서 아래와 같이 쓰고 있다.

……『토지개혁』의 실시가 농업생산 분야에서 다만 사회주의로 이행할 몇 개의 전제 조건을 존비 하였고 사회주의로 나아갈 전망을 열어 놓은데 그쳤다면『중요산업 국유화』는 산업 분야에서 직접적으로 사회주의적 경제 형태를 창조하였으며 우리나라 인민경제에서 국영 부문의 지도적 지위를 확립함으로써 인민경제를 계획적으로 발전시킬 수 있는 기본 조건을 지어 놓았다.[1307]

제2절 "필요"했던 은폐전술(隱蔽戰術)

휴전 후 북조선에서 "사회주의"를 건설하는 문제가 공공연히 제기됨에 따라 당(黨) 간부들 사이에 숨겨져 왔던 이 "사회주의"라는 용어는 이제 대중 사이에서 신속하게 보급되어 갔고 동시에 "계급 교양사업"이란 이름의 사회주의 *이데올로기*의 주입교육(注入敎育)이 더욱 강화되었다. 1955년 4월 김일성은 "만약 우리 일부 동무들이……과거에 사회주의란 말을 쓰지 않은 것을 오류로 생각하며 오늘 우리가 처음으

그는 국유화가 "사회주의" 경제 형태의 창설이요, 이것으로 공산주의가 당장 실시되는 것이 아니라고 *맑스-레닌*주의적 해명을 했었다면 그것으로 충분했을 것이다. 그런데 그가 그렇게 하지 않고 이상과 같이 고의적으로 非공산주의자들에 대하여 비난을 가한 것은 아직 정권의 목표를 대중들로부터 감추려는 의도에서였음은 물론이다.

1306) 같은 책, p. 303.

1307) 『조선통사』(하), 1958년, 평양, p. 40.

로 당내의 [사회주의]계급 교양사업을 제기하는 것처럼 생각한다면 그것은 잘못"[1308] 이라고 하면서 당이 과거에 "사회주의"를 내세우지 않았던 이유를 다음과 같이 설명하였다.

> 우리 당은 우리나라의 모든 객관적 조건과 주관적 역량을 타산한 기초위에서 해당 시기에 적당한 정치적 경제적 임무들을 제기하는 것입니다. 만일 당이 우리 인민의 각오 정도와 객관적 조건들을 충분히 고려하지 않고 주관적으로 자기가 하고 싶은 대로 한다면 결국 당은 좌우경적 오류를 범하게 될 것입니다.[1309]

이상에서 "주관적 역량"이란 것은 당원들 자신의 사회주의에 관한 의식수준과 인민들의 사회주의에 대한 반발을 억압할 수 있는 정권 능력 등을 의미했을 것이다. 그리고 "객관적 조건"이란 북조선 사회의 경제적 발전정도, 남한의 존재 및 한반도를 둘러싼 국제적 여건 등을 의미했던 것으로 생각된다. 그러나 무엇보다도 소련 군정당국과 김일성이 아직은 "사회주의"란 말을 숨기고 밖에 내세우지 못했던 이유는 추측키 어렵지 않다. 즉 당시 공산당은 북조선 안에서 소수파였으며, 아직은 비(非)공산주의자들이 공산당 정권에 큰 불만을 품고 있던 상황에서 인민대중을 속이면서 민족통일전선을 확대하여야 할 필요성 때문이었다. 그의 말은 계속 되었다.

> 우리가 해방 직후에 조선에서 사회주의를 건설한다고 떠들었다면 누가 그것을 인정하였겠는가? 인민들은 우리의 곁에도 오지 않았을 것입니다. 왜냐하면 일본 제국주의자들이 사회주의란 것은 한 이부자리를 쓰고 살며 한가마 밥을 먹고 사는 것이라고 까지 악선전하였기 때문입니다. 이 모든 것을 고려하지 않고, 그때에 우리가 사회주의의 구호를 들었다면 인민들은 우리를 무서워했을 것이며 곁에도 오지 않았을 것입니다.[1310]

일제(日帝)가 구미(歐美)의 자유주의, 민주주의에 대해서 한 것보다 몇 배나 더 *소비에트* 공산주의에 대해서도 악선전을 일삼아온 것은 틀림없는 사실이다. 그렇지만 공산주의는 국제적으로 중요한 사상적 조류를 형성하고 있었다. 게다가 당시의 애국

1308) 『김일성선집』 4, 1960년판, pp. 257~258.

1309) 같은 책, p. 258.

1310) 위와 같음.

적인 조선인들은 일제의 지배에 대한 반항심에서 도리어 그들의 반공적 "악선전"을 거꾸로 해석하고 싶어 했고, 특히 일부 지식인들은 공산주의의 이론과 선전 책자들을 비밀리에 탐독하면서 여기서 민족 해방의 진로를 모색하고 있는 상태였다. 그러므로 "사회주의의 구호"에 대하여 "인민들"이 보일 수 있었던 공포와 이탈현상의 근거는 간단히 "일제의 악선전"에서만 찾을 수 있는 것이 아니었다.

해방 직후 소련 진주군의 행패와 소련군정의 통치방식을 통하여 '북조선 주민들'이 목격한 "사회주의"와 그리고 *소비에트*의 군사력을 배경으로 하는 공산당의 횡포와 독재에 대한 이들의 실망은 일제의 "악선전"이 반드시 거짓만은 아니었다는 것을 확인케 하는 산 증거가 되었다. 그리하여 사회주의의 이념에 호의를 지니고 이에 동조했던 많은 사람들까지 공산당을 배척하기에 이르렀던 것이다. 이러한 상황에서 공산당은 해방 후 10년 동안이나 당(黨)의 '최저강령'만을 내세워 민심의 조작(操作)을 시도해야 했다. 당(黨)강령 작성에 관하여 김일성이 1955년 4월 4일 당(黨) 중앙위원회 전원회의에서 비로소 공표했던 전술(戰術)을 들어보기로 하자.

> ……우리 당 강령에는 우리의 최종목적이 서술되지 않았습니다. 1946년 우리가 당 강령을 채택한 당시에는 <u>우리나라의 모든 사정으로 보아</u> 그렇게 서술하는 것이 필요하였으며 또 적절하였습니다. 그런데 오늘에 와서는 우리 당이 자기의 강령에 조국의 통일독립을 달성할데 대한 과업만 지적할 것이 아니라 <u>앞으로 우리나라를 사회주의와 공산주의에로 인도해야한다는 당의 최종 목적</u>까지 지적하는 것이 필요하게 되었습니다. 그렇기 때문에 1946년에 작성한 우리 당 강령은 잘못된 것이 아니라 <u>그때 형편에서는</u> 그렇게 서술하는 것이 옳았습니다.[1311](밑줄은 저자)

중요산업의 국유화정책은 *스탈린*이 대전 후 자기의 점령지역을 *소비에트*화(化)하는데 획일적으로 사용한 수단이었다. 동(東)*유럽*의 경우, 전승국과 패전국간의 배상문제, 비(非)공산주의 정당의 강약, 연합국들의 이 지역에 대한 전전(戰前)의 투자관계 등 착잡한 사정이 있었기 때문에 나라에 따라 국유화정책은 약간의 타협과 조정은 피할 수 없었다. 그러나 국유화란 목표는 일관된 것이었다.[1312] 소련 측의 조사

1311) 같은 책, p. 259.

1312) *체코슬로바키아*에서는 1945년 10월 24일에 國有化法令이 임시 의회에서 통과되어 일체의 은행, 보험, 군수공장과 대부분의 강철 제철공장, 화학공장이 국유화되었고, 국영부문에서 일하는 노동자는 전 공

통계가 보여주는 바에 의하면 1953~54년 당시 "사회주의 경제형태"가 전(全) 공업생산에서 차지한 비중은 다음과 같았다. 즉, *폴란드*－99.5%(1953년), *체코슬로바키아*－99.6%(1953년), *헝가리*－97%(1954년), *루마니아*－99%(1954년), 동독－85.5%(1953년) 등등.[1313]

업노동자의 57.7%를 차지하게 되었다. 이때 400명 이상을 고용하고 있던 개인 기업체는 국유화되었고 敵과 "協力"하지 않은 자에게는 보상이 지불되었다. 그러나 그 액수는 극히 적었다. 그 후에도 2년간 사기업은 존속하였고 약간의 조정이 있었지만 1948년 2월의 *쿠데타*에 의하여 공산당이 독재권을 장악한 후에는, 50명 이상을 고용하는 기업체를 국유화하는 새로운 법령이 제정되어 1949년 1월까지에는 거의 전 산업체를 국유화하여 소기의 목적을 달성했다.

*폴란드*에서 국유화법령이 채택된 것은 1946년 1월이었다. 북조선에서와 마찬가지로 외국인 (독일인)이 소유했던 일체의 기업을 무상 몰수했고 그 밖의 광산, 동력, 통신, 군수공장, 설탕, 방직, 인쇄, 제분, 양조업은 소유권자와 기업체의 규모 여하를 막론하고 유상 몰수했으며 그 밖의 기업에서도 50명 이상을 고용하는 업체는 유상으로 몰수했다. 물론 보상액은 보잘 것이 없었다. 그 후 사기업의 허용에는 약간의 조정이 있었지만 1948년까지에는 *폴란드* 공업의 겨우 6%만이 개인 기업가의 수중에 남게 되었다. *폴란드*에서 국유화가 급속도로 추진된 것은 전쟁에 의한 파괴가 혹심했고 영토의 변경이라는 조건이 있었기 때문이다.

*헝가리*에서는 모든 중요 산업체를 일거에 국유화한 것이 아니라, 하나씩 국유화해 갔다. 1946년 초에는 광산을 몰수하는 국유화법을 통과시켰고, 1946년 말에는 3대 중공업체가 국가기업체에 통합되었다. 그리고 1948년 1월에는 모든 은행이 국유화되었다. 전면적인 국유화법령이 채택된 것은 1948년 3월이었는데, 이에 의하여 공업 노동력의 거의 반이 국유화 부문에 고용되게 되었다. 특히 주목할 만한 것은 소련에 대한 전쟁 배상이 사기업을 파탄케 하는 수단으로 이용되었다는 점이다. 즉 정부는 소련 당국에 제공할 배상 물자를 공장들에게 담당케 하고 그 대신 대금을 지불하기로 되어있었다. 그러나 대금은 사실상 지불되지 않았으므로 공장들은 자금이 고갈되어 국립은행으로부터 자금을 빌리려 하자 정부는 기업주들의 경영상의 무능을 비난하고 사기업이 *헝가리* 경제를 망치고 있다는 구실로, "능율"을 위해서 국유화가 요청된다고 주장하고 나섰던 것이다. 국가 배상을 부담하다가 사기업이 파멸에 직면하면 그때는 보상의 의무 없이 이것을 국가가 접수해버렸던 것이었다.

이러한 정책은 *루마니아*에서도 마찬가지로 단행되었다. *루마니아*는 국유화면에서 뒤진 나라였다. 초기에는 중요 산업부문의 통합정책을 실시하고 정부가 원료, 기계의 배당, 생산품목과 판로를 통제했다. 그러나 1948년에 발표된 광범한 국유화법령은 정식으로 사공업의 대부분을 말살하였다. 그 결과로 1949년에는 國營部門은 全 공업생산의 85%, 1952년에는 95%를 차지하였다고 자부하기에 이르렀다.

*불가리아*에서는 1947년 12월에 國有化法令이 통과되었는데, 이에 의하여 모든 공업과 은행이 국가소유로 넘어갔다. 그리하여 생산액에 있어서 국유화 부문은 6%에서 93%로 상승했다.

패전한 東獨의 경우는 사정이 특수했다. 동독의 재산은 休戰協定에 의하여 일단 소련에 의해 접수되었고, 소련 당국이 허가하는 조건에서 동독 정부는 이것을 처리할 수가 있었다. 그런데 연합국의 재산이 된 것을 패전국의 정부가 국유화할 수는 없었다. 그러므로 공장 기업소들이 형식상으로는 당분간 사적 소유로 남아 있었다. Hugh Seton-Watson, *The East European Revolution*, Methuen & Co. Ltd.(London), 1950, pp. 237~241 및 Zbigniew K. Brzezinski, *The Soviet Block-Unity and Conflict*, Harvard University Press, 1967, pp. 99~100 참조.

1313) *Manuel d'écononomie politique*, Éditions Sociales(Paris), 1956, pp. 632~633. 여기에 공표된 각국의

북조선에서 김일성이 중요산업의 국유화 정책은 "사회주의 경제형태"를 창설하기 위한 것이라고 일찍부터 말하지 않았던 것은 공산당이 *프롤레타리아*계급혁명을 자제하리만큼 금욕적(禁慾的)이었음을 의미하는 것은 아니었다. 중요산업의 국유화는 표면상 계급혁명은 내세우지 않고 일본 제국주의의 약탈정책에 대한 강렬한 증오와 결부된 애국주의적 선전 *캠페인* 속에서 실시되었다. 그러나 이 애국주의는 "*부르죠아* 민족주의"적인 것은 결코 아니었다. 김일성의 북조선 인민들에 대한 당시의 "애국적" 호소는 뒤에 "사회주의적 애국주의" 호소로 바뀌었다. 김일성의 "사회주의적 애국주의"는 1930년대에 소련에서 *스탈린*이 제창한 "*소비에트* 애국주의"의 모조판(模造版)이었다. 「중요산업……의 국유화법령 발포에 제하여 전 조선인민에게 고함」(1946년 8월 10일)이라는 자기의 연설에서 김일성은 소위 "반동분자"와 "친일분자"에 대해 애국적 경각심(警覺心)을 촉구하는 발언으로 인민들을 선동했다. 선동의 목적은 그들 사이에 소위 "반동분자"와 "친일분자"들에 대한 적개심(敵愾心)을 고의적으로 불러일으키려는데 있었다. 그는 다음과 같이 말한다.

> 반동분자들과 친일분자들은 이 역사적 법령의 실시를 반드시 방해하려고 할 것입니다. 이 비열한 민족반역자들은 우리 공장과 기업소들을 파괴하며 방화할 수 있고, 우리 조선 인민의 가장 열성적인 활동가들을 살해하는 수단까지도 감행할 수 있는 것입니다. 그러나 강력한 인민의 행진은 무슨 힘으로든지 제어하지 못할 것입니다.[1314)]

그러나 이상과 같은 그의 중상이 당시 정당한 근거를 가지고 있었다고 할 사회적 요인은 전혀 존재하지 않았다. 해방의 감격 속에서 민족적 양심이 그 어느 때보다도 순결했던 북조선의 주민들이 공산당에 비판적이었다고 해서 일제로부터 접수한 국가재산을 "파괴"하고 이에 "방화"하리라는 것은 있을 수 없는 일이었다. 그리고 일제와 야합(野合)하여 동족을 해친 진짜 친일파와 민족반역자들은 거족적(擧族的)인 규탄 속에서 의지할 정치세력과 재생할 활기를 잃어버린 채 사회적으로 완전히 소외되고 있었다. 따라서 그들은 "파괴"니 "방화"니 "살인"이니 하는 것을 감행할 만한 용기

사회주의 경제 부문의 비율은 年度가 바뀜에 따라 약간의 변동을 보였다.

1314) 앞의 『朝鮮中央年鑑』 1949년 판, pp. 73~74. 『김일성선집』 1, 1954년 판과 1963년 판에서는 이 연설문은 전반적으로 수정 개작되어 1946년 8월 10일 당시의 원형을 찾아보기 어렵게 만들었다.

조차 가질 수가 없었을 뿐만 아니라, 그러한 일을 책동함으로써 재기의 활로를 찾을 수 있는 것도 아니었다.

폭력혁명을 신조로 하는 공산당의 생명력은 당(黨) 내외의 모든 현재적(顯在的) 또는 잠재적 경쟁자와 반대세력에 대한 강렬한 적대의식(敵對意識)과 무자비한 투쟁 속에서만 뻗어 나갈 수 있다. 그들은 그러한 적대의식을 계급의식으로, 그러한 권력투쟁을 계급투쟁으로 합리화한다. 김일성은 이상의 선동에서 아직 계급투쟁이란 용어는 사용하지 않았지만, "반동분자"니 "친일분자"니 "민족반역자"니 하는 정략적 단죄(斷罪)가 공산당의 독재에 비판적이거나 불복하는 비(非)공산주의자들을 대상으로 했다는 것은 명백했다. 자기들에게 위험한 존재라고 간주되는 사람들을 파괴분자 또는 범죄자로 몰아 대중 사이에 그들에 대한 격렬한 증오심을 불러일으켜 그들을 고립시키자는 것이 그의 투쟁전술이었다. 그의 말은 다음과 같이 계속되었다.

> 나는 각급 인민위원회, 각 민주주의 정당, 사회단체 및 전체 노동자, 농민, 기술자, *인테리겐챠*들에게 다음과 같이 호소합니다. 우리는 전력을 다하여 새 법령 실시를 협조하며 새로 얻은 인민의 재산-공장과 제조소들을 손상과 파괴로부터 방위하며 *테러* 분자들과 파괴 분자들의 침범을 단호히 분쇄하여야 합니다.……[1315]

위에서 "단호히 분쇄하여야 한다"는 호소가 뜻하는 것은, 요컨대 국유화법령의 실시를 기회로 하여 공산당이 모든 어용단체와 사회 각층의 동조를 얻어, 자주정신을 견지하고 있는 비(非)공산주의자들에 대한 소탕전을 전개하자는 것이었다. 그는 이러한 투쟁이야말로 "인민의 생활을 개선하는 위업에, 더 나아가서는 조선의 민주국가를 창건하는 위업에 이바지 하는 길"[1316]이라고 설명했다. 그런데 후일 「국유화법령」이 *맑스-레닌*주의의 *이데올로기*에 의하여 재해석되는 새 단계에서는, 이 투쟁을 친일 예속 자본가들에 대한 노동계급의 계급투쟁으로 설명을 바꿨다.

> 북조선에서 실시된 중요산업의 국유화는 가장 철저하면서도 비교적 용이하게 수행되었다.……그렇다고 하여 이것이 <u>적대계급</u>의 아무런 반항도 받지 않고 순탄하게 진행된 것은 아니었다. 북조선에 남아있던 친일파, 민족반역자들은 남조선 반동분자들과의 연

1315) 『김일성선집』 1, 1954년 판, p. 145.

1316) 위와 같음.

계 밑에 공장, 제조소, 광산, 기타 산업 기관들을 파괴하며 또는 방화하는 등 갖은 발악을 다 하였으며, 다른 방면으로는 법령의 성격과 규정을 왜곡하여 허위 선전함으로써 민족자본가들과 심지어 광범한 소자본 계급 내에서 까지 불안과 동요를 일으키려고 책동했다.[1317] (밑줄은 저자)

이 귀절에 명시되고 있는 것은 국가재산에 대해 "파괴", "방화"를 책동하는 자는 의례히 북조선에 남아있는 "친일파"와 "민족반역자", 남조선의 "반동분자"들이며, 이들은 필연적으로 *프롤레타리아*트의 적대계층이라는 교조주의적(教條主義的) 인식이었다. 따라서 이러한 논리에 의하면 국유화된 재산을 적대계층의 "파괴"와 "방화"로부터 수호할 세력은 *프롤레타리아*계급과 그 전위(前衛)인 공산당일 수밖에 없다.

…조선로동당과 인민 정권은 생산 수단의 새 주인으로 된 노동계급의 앙양된 열성에 의거하여 국유화된 산업 기관의 관리 운영에 만전을 기하였으며 타방으로는 인민들 속에 중요산업 국유화의 의의를 널리 해설 침투시킴으로써 이 력사적인 과업을 승리적으로 완수하였다.[1318](밑줄은 저자)

이상과 같이 「중요산업 국유화 법령」의 선전전은 폭넓은 "애국주의"의 의상(衣裳)으로 은폐된, *볼셰비끼*형(型) 계급투쟁의 분위기 속에서 진행되었다. 한편 여타의 모든 "민주개혁"에 있어서와 마찬가지로 이러한 선전전을 북조선 사회에만 국한시킨 것이 아니라, 남한에 대한 치열한 공격과 연결시켜 전개했다. 공산당의 전체주의적(全體主義) 지배 밑에 들어간 소련 군정하의 북조선을 "민주기지(民主基地)"로 규정한 김일성은 북조선을 정당화시키기 위하여서는 미군정 하에 있는 남한은 "친일파", "민족반역자"들만이 날뛰는 *테러*와 박해(迫害)와 매국음모의 암흑천지로 묘사해야만 했다. 김일성과 소련당국이 가장 경계하고 증오한 인물은 해방 이후 민족주의 진영에서 막강한 영향력이 있던 지도자, 이승만(李承晚)과 김 구(金 九)였다.

민족 독립운동에서 역사적 인물로 공인을 받아온 이 두 정치지도자가 반공적 입장을 견지하고 있는 조건에서는 공산당의 세력 확장은 장벽에 부딪칠 수밖에 없었다. 그리하여 김일성(소련 당국)은 이들을 남북 조선을 통한 "친일파", "민족반역자"

1317) 『조선통사』(하), 1958년, 평양, p. 39.

1318) 같은 책, p. 40.

의 괴수로 몰아 그 권위를 추락시키고자 극렬한 비방 선전전을 전개했다. 즉 북조선에서는 중요산업의 국유화정책으로 "민주주의 독립국가"의 경제적 토대가 공고화되고 있는 때에 남조선에서는 김 구, 이승만이 국가재산을 자본가들에게 팔아먹는 "매국 행위"를 자행하고 있다고 중상했다.

제5장

전승국(戰勝國)의 횡포

제1절 *스탈린*의 물자 및 시설의 반출(搬出)

「중요산업 국유화령」이 선포될 무렵 북조선의 주요산업은 이미 황폐한 상태에 처해 있었다. 무엇보다도 일제로부터 물려받았던 중요한 공장 기계시설이 다량의 식량을 비롯한 각종 물자와 함께 소련으로 반출되었기 때문이다. *스탈린*은 *소비에트*군대가 진주한 곳에서는 동(東)*유럽*, 만주, 북조선을 막론하고 자재, 공장시설, 기계 등을 공공연히 약탈하여 전쟁으로 피폐해진 자국의 산업을 우선적으로 부흥시키고자 했다. 이로 말미암아 *소비에트*군대의 진주(進駐) 하에 있던 이 지역들의 경제는 더욱 궁핍화되지 않을 수 없었다. 특히 만주의 공업은 소련군의 대규모 시설 반출에 의하여 황폐화되었고 경제는 껍질만 남게 되던 것이다.

소련군의 무력을 배경으로 하여 권력을 장악했던 북조선이나 동(東)*유럽*의 공산당 지도자들은 *스탈린*의 철저한 괴뢰로써 소련당국의 약탈행위에 대해 단 한 마디의 항의나 불만을 공개적으로 내세우지 못하고 오직 *스탈린*의 정책에 찬동 맹종할 뿐이었다. 이 반(反)민족적 굴종은 세계 혁명의 기지인 소련을 무조건 지원하는 것이 모든 공산주의자들의 신성한 국제적 의무라는 "*프롤레타리아* 국제주의"의 정신에 의하여 정당화되고 있었다. 소련 위성국의 공산당 지도자들은 벌써 *코민테른* 시대에 *스탈린*이 하달했던 다음과 같은 1927년 8월 1일자의 준엄한 명령을 명심하고 실행에 옮기고 있었다.

> 혁명가란 아무런 유보도 없이 무조건, 숨김없이, 그리고 정직하게, 하등의 군사비밀도 없이, 소련을 옹호하며 그를 위하여 싸울 각오가 되어 있는 자다. 왜냐하면, 소련이야말로 사회주의를 건설한 최초의 *프롤레타리아* 혁명국가인 때문이다. 국제주의자란 무제한, 조금도 주저하지 않고, 어떠한 조건도 붙이는 일없이 소련을 옹호할 각오가 되어

있는 자다.……소련과 유리하여 소련에 대립하여 혁명운동을 수호하려고 생각하는 자는 혁명을 반대하여 행동하는 자다. 그는 불가피적으로 혁명의 적(敵)의 진영으로 전락할 것이다.[1319]

동(東)*유럽*과 *아시아*(만주, 북조선)에서 자행된 *스탈린*의 약탈 정책은 사회주의의 정신을 배신한 중대한 문제였었다. 소련 정부나 위성국들이 당시 소련의 약탈에 관한 자료를 정직하게 발표함으로써 소위 "사회주의 진영"의 권위를 추락시키는 일은 막아왔다. 따라서 모든 사실들을 극비에 붙이려고 했다. 그러나 아무리 폐쇄된 사회에서도 비밀의 절대 보장이란 있을 수 없다. 1948년 *유고슬라비아*와 소련 간에 발생한 일련의 분쟁 속에서 *스탈린*이 *티토*를 *코민포름*에서 파문하자, 이에 맞서 *티토*는 소련의 경제적 착취 방법을 가차 없이 폭로했다.[1320] *스탈린* 격하운동의 물결이 *폴란드*와 *헝가리*를 휩쓸고 있던 1950년대 후반의 격동기에 동(東)*유럽*의 당(黨) 언론들이 *스탈린*주의자들의 통제로부터 벗어나게 되었을 때 반(反)*스탈린*주의자들은 조심스러운 불만 토로를 통하여 과거의 사실들을 부분적으로나마 공개했다.[1321] 한편

1319) 『スタリン著作集』第10巻, 大月書店(東京)版, p. 51.

1320) *스탈린*과 *티토*를 분열시킨 중요한 원인 중의 하나는 *유고슬라비아*에 대한 소련의 노골적인 경제적 수탈정책이었다. 소련은 석유, 광산, 은행, 민간항공, 조선관계의 각종 合辦會社를 두 나라의 共同投資로 설립한다는 조건을 붙였다. 소련은 극히 불평등한 출자조건을 내세울 뿐만 아니라, 합판회사의 재정을 좌우하고 나아가서는 *유고슬라비아*의 전 경제를 감시하려 들었다. 결국 *유고슬라비아*는 민간 항공회사와 다뉴브 조선회사만의 공동설립을 승인했다. 항공회사는 출자의 면에서는 *유고슬라비아*가 비행장과 中繼場을 완전 설비했고 소련은 비행기를 제공했으며 금전 출자는 평등하게 했다. 그러나 실질적 지배권은 소련人 사장이 쥐고 있었다. 조선 합판회사의 경우에는 *다뉴브*江의 造船 사업을 독점했고 *유고슬라비아*는 회사에서 사용할 모든 선박을 공급했다. 그런데 선박 사용료로 *유고*人은 소련人의 2배를 지불해야만 했고 다른 *다뉴브* 나라 사람들은 *유고*人보다 2배를 지불해야만 했다. 이러한 사용액의 비율을 정한 것은 물론 전권을 가진 소련인 사장이었다. *유고*는 이러한 경제적 수탈을 참을 수 없어서 합판을 폐쇄하고 소련인들을 귀환케 했던 것이다.

이밖에도 소련은 文官 고문을 파견하고 내정, 군사, 경제문제의 정보를 수집하는 한편 이들에게 엄청나게 많은 봉급을 지불케 했다. 이러한 불평등은 소련공산당 중앙위원회에 보낸 1948년 4월 13일 *티토*의 서한에서 폭로되었다. 즉, "貴*소비에트* 顧問들의 급료는 우리나라 육군 지휘관들보다 4배가 많고, 우리나라 연방 대신들보다 3배가 많았습니다. 우리나라 육군중장, 대장의 급료는 월액 9,100*디나르*에서 12,000*디나르*에 불과한데 귀국의 군사교관인 육군중령, 대령, 대장에게는 3만~4만 *디나르*를 지불했습니다. 우리나라 聯邦 大臣의 봉급은 월 12,000*디나르*에 불과했습니다"고. 「The Soviet-Yugoslov Controversy(1948~1958)」, *A Documentary Record*, 1959, p. 16.

1321) 일례로 *폴란드*의 *Po Prostu*紙는 *소비에트*의 경제적 착취에 관해 *스탈린*이 사망(1953. 3)한지 3년 반이 지난 1956년 11월 11일에 가서야 아래와 같이 썼다. "우리 무역관계 당국은 범죄적 과오를 범하여, 불

초기에 연립정부에 가담했다가 탈출한 동(東)*유럽*의 비(非)공산주의 지도자들도 많은 사실을 폭로했다. 그러나 북조선의 경우는 수 10만의 주민들이 목격한 소련 당국의 마구잡이 약탈행위가 거의 기록에 남아있지 않다. 소련은 물론 '조선로동당'도 이에 대해서는 일체 발설을 엄금해왔다. 다만 비(非)공산주의자들이 간신히 부분적으로 남겨놓은 몇몇 목격담에서 당시의 실정을 산견(散見)할 수 있을 따름이다.

소련 군정당국이 북조선에 주둔하면서 평안남도 인민정치위원회에 대하여 먼저 제시해 온 것은 진주군에 필요한 군용미(軍用米) 60만 *톤*을 공여하라는 요구였다.[1322] 그리하여 1945~1946년에 걸쳐 소련군에 의한 양곡반출(糧穀搬出)은 막대한 양으로 추측된다. 평남 인민정치위원회의 최고 간부로 있던 한 인사(李弘根)의 조사에 의하면 북조선 6도(道)에서 소련 군정당국이 반출한 양곡은 1945년도에는 254만석, 1946년에는 290만석에 이르고 있다. 이로 말미암아 1946년에는 함경남북도와 평북지방에서 기아상태가 혹심하여 수천 명의 아사자(餓死者)를 내는 비극이 벌어졌다고 한다.[1323] 양곡 외에도 많은 가축이 소련으로 반출되었다. 그리고 소, 말, 돼지,

---

리한 무역협정을 [소련]과 체결했다. 석탄수출 가격을 융통성 없이 책정하여 상당한 손실을 보았다.……우리[노동자]와 농민들은 자기들의 노동 생산물이 반드시 *폴란드* 인민에게 이익을 주지는 못했고 그 일부가 타국에 갈취되었다는 사실을 아주 확신하고 있었다.…… 우리 노동자와 농민의 생산물을 대부분 탈취해갔던 저 *나치* 독일 점령시대를 상기할 때 사회주의 진영 국가들과의 무역관계가 이러한 비정상적 성격을 지니고 있는데 대해, 우리들 *폴란드* 인민대중은 더한층 비통한 심정을 참을 수가 없다." Wladyslaw K. Kulski, 앞의 책, p. 483에서 인용.

1322) 이에 관해『平壤誌』의 저자는 자기의 경험을 이렇게 쓰고 있다.
"소련군은 신정권(인민정치위원회)에 대하여 군용 미 60만t 공여를 강요하였다. 당시는 일본인들이 쌀의 강제 공출을 가혹하게 시행하였던 뒤인지라 이렇게 거액을 도저히 마련할 수가 없었다. 그런데도 불구하고 소련군 측에서는 해방군대에 대하여 다른 비용 부담은 못할지라도 쌀 공급만이야 못할 것이냐 하는 식으로 강청하였다. 소련군의 얼마만한 숫자가 북조선에 와 있었는지는 모르지만, 그들이 군용 미 공여를 서두는 품으로 보아 본국의 식량사정이 극도로 곤핍하니까 그들의 국내 식구 하나라도 가급적 많이 점령지대로 나이가게 하여 현지에서 식량을 自辦케 하는 방책이었다고 밖에는 해석할 도리가 없었다. 뿐만 아니라 소련군은 식량까지도 저희들 본국으로 반출하여 가는 눈치였다. 그들은 요구 수량을 그 뒤 점점 감축하였지만 신정권에서는 군용 미 공여문제를 갖고 그들과 응수하기에 땀을 뺐다."『平壤誌』, 1964, p. 50.

1323) 大韓民國 公報處 발행(저자는 李弘根)『소聯軍政의 始末』(1950年), pp. 56~57에 수록된 부록, 「北韓實情에 관한 調査報告書」에서 전재. 그의 조사에 의하면 1946년 함남 서천군하 서천면 수하리에서는 273명, 동풍산郡 원남面에서는 2,000여명의 아사자가 났다. 그런데 인민위원회 당국에서는 원남면의 아사자는 248명이라고 발표했다. 한편 함북의 吉州, 淸津, 羅津 지방과 평북의 운산, 북진, 창성, 대유동 지방도 잘 알려진 기근지대였다고 한다.

계란 등이 식용품으로써 각 지방에서 징발되었다.[1324)]

소련 주둔군은 자기들이 필요로 하는 생활필수품을 현지에서 조달한다는 것이 기본정책이었던 듯싶다. 쌀과 가축 외에도 소련군이 접수한 회사, 공장, 창고로부터는 피복, 면포, 잡화, 건축자재, 면사, 의약품, 금광석, 기계부속품, 승용차 등의 각종 재고 물자가 어디론가 반출되었다는 것이다.[1325)] 이상의 물자들은 물론 일제로부터의 "전리품(戰利品)"이라는 명목에 의하여 실려나간 것이다. 그런데 이 땅에서 무엇보다도 긴요한 기계, 설비 등 일제가 남기고 간 산업시설을 대규모로 반출한 것은 신생 후진국의 산업 건설에 큰 타격을 주었다.

이홍근(李弘根)이 조사한 앞의 산업시설 반출상황에 의하면, 수풍(水豊) 발전소의 발전기를 비롯하여 변압기, 공작기계, 전동기, 철판제조기 등 놀랄 만큼 많은 공업시설이 철거, 소련으로 반출되었다.[1326)] 그 위에 심지어는 산금(産金)을 비롯한 각종 광물까지도 골고루 빼내갔다.[1327)] 소련군이 산업시설을 대규모로 철거해 간 실상의 일부는 당시 현지에서 그것을 목격한 일본인들(대개는 기술자)이 남겨놓은 보고와 수기(手記) 등에 의하여서도 어느 정도 정확하게 전해지고 있다.

각 지방에서 쓴 일본인들의 현지기록에 의하면[1328)] 소련군은 청진에서는 일본 제철소와 그 밖의 공장의 시설·기계들의 일부를 떼어갔고 성진(城津)의 '일본 고주파(高周波)공장'에서는 공장 운영에 필요한 정도만을 남겨둔 채, 기계와 부분품·제품을 실어갔으며 개천(价川)의 일철(日鐵)광업소'로부터는 창고에 있던 기계-기구-사업용품들을 옮겨갔다. '일본고주파 성진공장'에서 기계 시설을 반출해 갈 때, 기개 있는 어떤 공장장[쌍포雙浦인민위원회 위원장 김채준 金采俊]은 "그 이상 가져가려면 나를 죽이고서 그렇게 해 달라"고 소련군의 앞을 가로막아 그 반출을 저지했다고 전해지고 있다.

북조선에서 철거한 최대의 시설은 수풍(水豊) *댐* 시설이었다. 1945년 10월 하순 소

1324) 구체적으로는 1945년도에는 약 15만頭, 1946년도에는 약 13만두의 소가 반출되었다. 돼지는 1945년에는 약 5만두, 1946년에는 약 9만두가 징발된 것으로 추산하고 있다. 같은 책, p. 57.

1325) 반출된 물자의 액수는 물론 계산할 수 없다. 일례로 일제 말 가장 풍부하게 물자를 배당받고 있던 興南질소공장의 수 10동 창고에 내장되었던 물자는 총액 50억원대(당시 화폐)로 추산되고 있었다. 같은 책, pp. 59~60 참조.

1326) 李弘根이 조사한 1945년 10월 15일까지의 産業施設 및 그 밖의 물자의 반출상황은 다음 표에서 볼 수 있다. 같은 책, pp. 60~63.

련군 약 3천명이 *트럭*으로 수풍에 와서 일본인-조선인들을 시켜 그해 12월 중순까지 발전소의 제3·4·5호기(機)를 철거해갔다. 그중 중요한 것은 발전기 2대(제3·4호기, 제5호는 오지 않고 있었다. 제4호기는 독일제), 수차(水車) 3대(제3·4·5호), 변압기 2대(제3·4호, 제5호는 아직 오지 않고 있었다.), 배전반(配電盤) 3대(제

공 장 명	반출기계종류	수 량	비 고
咸興 本宮화학공장	6만KW변압기	1대	1945년 8월 26일
元山 朝鮮석유회사	중요기계	전부	進駐직후
원산 석유정제회사	〃	〃	〃
원산 住友輕金屬공장	建設資材及機械	전부	進駐직후
원산 朝鮮석유회사	200톤급計測선박	24 隻	進駐직후
원산 조선은행지점	현 금	3천만원	1945년 8월 19일
平北鴨綠江수력발전주식회사	60싸이클10만KWA발전기	3대	1945년 2월 5일
평북압록강수력발전주식회사	50싸이클10만KWA발전기	3대	1945년 2월 5일
鎭南浦제련소	금	2톤가격 19억560만원	진주직후
진남포제련소	아연	400톤 800만원	진주직후
진남포제련소	동	300톤 200만원	〃
진남포제련소	鐵板製造機	전부	韓國의將來造船事業을爲하여 大損失이다
淸津日鐵공장	공작기계류	2,700대	進駐시
〃	화력발전기	15대 (1대중량35톤)	그 搬出된 代價는무려 20억원 이상이다
〃	전동기	40대大1000마력 小5마력	
〃	電氣爐	전부	
〃	變壓器	600臺 大2000小5KW	
〃	其他鐵材鑄物電線鐵線 등	다량	1945.9.2~1945.11월말
淸津三菱製鐵所	공작기계	3,000대	1945.10.15~1945.11말
淸津漁港 漁具物資倉庫	漁業物資全部	10억원 이상	〃
청진삼릉제철소	電氣爐電氣裝置部分品起動電氣動機及變壓器	전부	1945.10.15~1945.10말
淸津日本原鐵회사	공작기계	1,300대	〃
〃	電動機變壓器	1,000대	〃
〃	其他製鐵材及事務用品	다수	〃
茂山鐵鑛	공작기계	약간	重量이 過大하여 全部의 搬出을면함
城津日本高周波工場	旋盤機械工作機械製版製鍊機械 등	2,000대	
〃	電氣爐 電氣裝置	대부분	
〃	電動機	18대(1대 중량 18톤)	1945.10.15~1945.11.30
성진일본*마크비사이트*회사	生産品과 電動機及變壓器	다량	搬出
청진일본 방직회사	방직기계	600여대	1945.9.15~1945.10.15
〃	電動機 變壓器	250臺 大300小3馬力	〃
〃	紡絲孔	4,000枚	(백금제)
〃	製品人造絹絲	鐵道貨車로 70輛	1945.9.15~1945.10.15
〃	苛性曹達	철도화차로 50량	〃
〃	化學藥品	철도화차로 18량	〃
〃	其他일반시설	다수	〃

3·4·5호. 그중 2대는 독일제), 개폐기(開閉器) 3대(제3·4·5호)였으며 제 1·2·6·7호의 4대에는 손을 대지 않았다고 한다. 패전 때까지 수풍발전소 소장이었던 일본인 *히로다 다네오*(廣田種雄)는 그의 수기(手記) 『수풍퇴거(水豊退去)의 기(記)』에서 다음과 같이 생생하게 기록하였다. 약간 길지만 당시의 실상을 엿보기 위하여 그 일절을 인용한다.

> 10월 하순 3천여 명의 소련군이 *트럭*으로 줄지어 도착했다. 수풍의 기계 해체를 위해 몰려왔던 것이다. 이 생각치 않은 방문객에 대하여 일본인도 조선인도 놀라서 종전(終戰)전의 협력을 되찾았다. 나밖에도 조선인 유력자는 소련군 장교가 줄서있는 곳에 불려가서 명령을 받았다. "소련군 최고사령부의 명에 따라 수풍발전소를 해체한다. 일본인도 조선인도 작업에 협력하라"고. [해방 후에 일본인 대신 취임한] 이 소장(李所長)은 뱃심이 있는 사람이었음으로 "정해졌다니 막을 길이 없다. 잘 협력하여 하루라도 빨리 소련군의 퇴거를 꾀하는 편이 현명하다"고 말했다. 아주 그럴듯한 말이라고 생각했다.
> 3천의 병정(兵丁)은 3교대로 편성되어 주야를 가리지 않고 작업을 시작했다. 수풍(水豊)은 일시 건설 당시의 흥겨운 모습을 나타냈다. 작업은 12월 중순까지 이어져 3호기·4호기·5호기가 해체되었다. 또한 작업에는 *이노베*(井邊)씨 외에 약 50명(가족과 함께)이 [만주]송화강(松花江)발전소의 해체를 끝내고 참가했다. 그 분은 수풍 건설에 종사한 사람이었기에 소련군의 신용을 얻어 정중하게 취급되었다. *이노베*(井邊)씨는 수풍이 해체된 후 소련군과 함께 어딘가로 사라져갔다. [그 분이] 소련으로 끌려갈지도 모른다고 걱정하고 있었다. 우리들도 역시, 기술자는 특히 우대하므로 *모스크바*로 가자고 유혹을 받았으나 그런 일도 없이 끝났다. 이 작업에서 *삐꼽스끼* 중장, *보론스끼* 대좌, *호겔손* 대좌, *스꼴린* 대좌, *이스빠노프* 중좌, *꼬로보프 소좌* 등과 면식을 갖게 되었는데 개인적으로는 친절한 사람들이었다. 소련군은 근소한 수비대를 남기고 철수했다.[1329)]

이 책에 의하면 이상의 사실은 기계의 해체 운반 등이 대규모의 작업이었기 때문에 일반 민중이 목격하고 또한 종업원이 반출작업에 참가함으로써 외부에 알려진 것이다. 특히 압록강 水豊댐 발전시설 반출시에는 이에 반대한 책임자 趙元珏을 月餘에 걸쳐 감금했기 때문에 발병 치사한 불상사도 있었다. 城津 제재공장 3개소는 전국적으로 제2위를 차지하고 있었는데 그 설비를 전부 반출하여 갔다. 그중 한 곳은 한인 金明河 소유의 공장이었다. 같은 책, p. 63.

1327) 이에 관한 『平壤誌』의 증언은 다음과 같다.
"소련군은 쌀 외에도 그들이 북조선에 진주하자 성천의 함흥광산, 雲山의 북진광산, 遂安의 홀골 광산 등 조업에 직접 관여하여 그 산금을 소련으로 반출하였고 '진남포 제련소'의 반제품 중 동 400屯, 鉛 600屯, 기타 200屯, 합계 2,200屯 역시 저의들 나라로 가져갔다. 그것은 순금 함량 200屯, 은함량 25屯 가량에 달하는 것이다" 『平壤誌』, p. 50.

1328) 중요한 例證으로는 森田芳夫, 『朝鮮終戰の記錄』, 巖南堂(東京), 昭和三十九年, p. 207.

소련군의 약탈 행위를 목격한 사람들의 항의가 나올 때마다 공산당은 그런 사실을 의례히 부인, 은폐 또는 강변하는 한편, 그러한 소문은 반동분자들의 날조(捏造)요 악선전이라고 도리어 호되게 규탄했다. 이 암울(暗鬱)한 실제 상황과는 정반대로 김일성은 「중요 산업 국유화 법령」을 공포하는 자리에서 소련 군대가 북조선의 경제 부흥을 위해 베풀었다는 "원조"에 대하여 다음과 같이 감격어린 치사(致辭)를 보냈다.

> 쏘련군 사령부는 조선 사람들의 개인 소유 또는 공동 소유의 재산을 보호함에 있어서 우리를 방조하여 주었을 뿐만 아니라 철도, 운수 및 체신사업을 정리[정비]함에 있어서도 막대한 원조를 주었으며 현재 조선 인민을 위해 생산하고 있는 많은 중요한 공업 기업소들을 자기들의 힘과 자재까지를 제공하여 조업하도록 백방으로 노력하고 있습니다. 쏘련군 사령부의 이 모든 성의 있는 노력을 통하여 우리의 위대한 인접국가–쏘련의 조선에 대한 진정한 친선정책이 명백히 표현되고 있으며 조선 인민과 전 세계 피압박 인민들의 친우인 *스딸린* 대원수의 조선 인민에게 대한 관심과 배려가 표현되고 있습니다…조선 인민들은 영원히 이 형제적 방조를 잊을 수 없습니다.[1330]

제2절 동(東)*유럽*에서의 식민지적(植民地的) 약탈

*스탈린*이 북조선에서 자행한 약탈정책을 방증(傍證)한 것은 동(東)*유럽*의 처참했던 당시의 실정이었다. 동(東)*유럽*에서의 *스탈린*의 경제적 착취는 북조선의 경우에 비하면 훨씬 계획적이고 조직적이었다. *맑스–레닌*주의의 교리 상(敎理上), 사회주의 국가 간에는 절대로 존재할 수 없는 착취정책이 전후(戰後) 문제의 처리 형식으로 교묘하게 자행되었다. 북조선에서와 마찬가지로 동(東)*유럽*에서도 소련군의 점령비용은 현지조달의 방법에 의해 충당되었다. 그리하여 개인주택, 공동창고, 건물들이 철저히게 약탈되었다. *헝가리*에서는 심시어 모든 은행, 금고가 털리고 막대한 현찰이 도난을 당했다. 어떤 위성국에서도 예외 없이 공장시설, 생산품, 공급자재가 전리품으로 마음대로 소련으로 반출되었던 것이다.

*불가리아*를 제외하고는,[1331] 전(前) 추축국(樞軸國)의 속국들은 해방 후 소련과의

1329) 같은 책, p. 209.

1330) 앞의 『김일성선집』 1, 1954년 판, p. 141.

평화조약(1947년)에 따라 소련에 대해 전쟁 배상으로 각각 총액 3억 *달러*를 현물로 써 지불하여야만 했다. 즉 *루마니아*(및 *핀란드*)는 3억 *달러*, *헝가리*의 경우는 2억 *달러*(그중 1억 *달러*는 *유고슬라비아*와 *체코슬로바키아*에 지불)의 재화(財貨)를 6년간에(뒤에 와서 8년으로 연장) 걸쳐 분할 지불하도록 했다. 소련이 배상 지불을 현금이 아니라 물자로 요구한데는 특별한 의도가 있었다. 소련은 배상에 지불되는 *달러*의 가치를 책정하는데서 1938년의 구매력을 기준으로 했으며 그 위에 물자의 각 품목당(品目當) 가격과 인도조건(引渡條件)도 명목은 "쌍무협정(雙務協定)"이었지만 내용은 소련 측의 명령에 의해 결정되었다. 그 결과로 사실상 지불된 배상액은 원(原) 배상액의 2배내지 3배가 되었던 것이다.[1332)]

*폴란드*는 망명정부가 연합국에 가담했던 탓으로 다행히 독일로부터 배상을 지불받을 수가 있었다. 그러나 이 배상 지불업무는 소련이 취급했다. *폴란드*로부터는 배상 지불을 받는 대신 1945년 8월의 협정에 따라, 그의 중요 수출품인 석탄을 1946년 이후 매년 소위 "특별 가격"으로 소련군의 동독(東獨)점령이 끝날 때까지 소련에 수출하기로 했다. 그리하여 1946년에는 800만t, 다음 4년간은 1,300만t, 그 이후는 소련의 독일점령이 계속되는 전(全)기간을 통하여 매년 1,200만t을 공여하기로 약속했던 것이다. 1948년에 이르러 이 수출액은 *폴란드*의 요청에 따라 매년 800만 *톤*으로 감소되었지만, 이러한 "특별가격"에 의하여 *폴란드*는 1956년까지 5억 *달러*의 손실을 보게 되었다.[1333)]

이것은 약탈 무역을 통하여 경제적 착취를 자행한 대표적인 사례였지만 이 밖의

1331) 소련은 *불가리아*로부터 배상 지불을 요구하지 않았다. 평화조약은 그 대신 *그리스*에 2천 5백만 *달러*, *유고슬라비아*에 4천 5백만 *달러*를 각각 지불하도록 *불가리아*의 의무를 규정했던 것이다.

1332) Waldemar Gurian(ed), *The Soviet Union: Background, Ideology, Reality*, 1950, p. 132. 1948년에 이르러 *헝가리*와 *루마니아*의 배상은 "社會主義的 協調"의 정신에서 반으로 감액되었다고는 하지만, 이상과 같은 가격조종 방법에 의하여 소련은 원 배상액 이상을 받아들일 수가 있었다.

폴란드 聯立政府 副 首相이었던 *미콜라이지크*의 증언에 의하면, *스웨덴*과 *덴마크*에서는 t당 12*달러*를 지불했는데 소련은 t당 1.25*달러*로 환산했다는 것이다. 한편 *토니 클리프*에 의하면, 소련이 *폴란드*로부터 수입한 석탄의 대가에 대해서는 소련의 생산물로 지불하는 것이 아니라, 소련이 독일로부터 받을 배상으로 지불되게 되어 있었다. 이 점에 관하여 자기가 아는 한 *폴란드*는 아무 것도 받지 못했다는 것이다. 그리고 국제 시장에서는 *炭價*가 t당 10~14 달러－총액 1억 2천만~1억 4천만 달러의 이득을 보게 되었다고 한다. 이것은 영국 자본가가 인도의 투자로부터 1년간에 올리는 이익 중 최대의 것에 필적하는 액수라는 것이다. トーニ クリフ, 『現代ソ聯論』(Tony Cliff, *Russia-A Marxist Analysis*, 1964), 風媒社, 1968年, p. 158.

방법으로는 동(東)*유럽* 제국(諸國)－소련 간에 강제적으로 체결된 "쌍무(雙務) 현물교환무역"이 있었다. 소련은 "쌍무 현물교환무역"(Bilateral Barter Trade) 협정에 의하여 어떤 위성국과 무역관계를 설정하고, 그 나라로부터 제품 또는 특수 원료를 국제시장가격 이하에 사들이는 한편, 상대방 나라에는 주로 원자재를 국제시장가격 이상으로 팔았다. 이렇게 교환되는 현물들의 가격은 물론 *모스크바*에 의하여 자의적(恣意的)으로 결정되었다. 이에 의하여 소련은 폭리를 보았다. 일례로 *체코슬로바키아*는 소련이 공급한 가죽으로 만든 한 켤레의 생산가가 300*크라운* 하는 구두를 170*크라운*으로 소련에 제공해야만 했다. 이러한 착취의 가장 가혹한 예는 *불가리아*의 담배였다. 소련은 0.5*달러*로(*불가리아* 국내시장 가격보다 35%가 떨어진) 사들인 담배를 *이탈리아*에 1.5~2*달러*로 전매했던 것이다.[1334)]

또한 위성국들은 "삼각무역(三角貿易)"을 통하여 막대한 손실을 보았다. "삼각무역"(Triangular Trade)이란 소련 위성국들 상호간의, 또는 한 위성국과 서(西)*유럽* 제국과의 무역에서 소련은 결제 장소의 역할을 하면서 이득을 취하는 방법이었다. 즉 소련은 어떤 위성국으로부터 사들인 물자를 다른 위성국에 상당한 이윤을 붙여 팔았다. 때로는 위성국들의 생산품을 싼 값으로 사서 비싼 값으로 국제시장에서 판매했고, 기회가 있을 때는 서(西)*유럽*의 제품 또는 원재료를 위성국을 통하여 입수하였다. 이러한 교역관계는 물론 강제적인 것이었으며 위의 어떤 경우에도 위성국은 *모스크바*의 단순한 대행기관의 직무를 수행할 따름이었다. '*불가리아* 공산당' 중앙위원회 서기요, 부수상이었던 T. *꼬스토프*가 "반역자"로 몰려 처형될 때, 그의 최대의 "죄목"의 하나는 *불가리아*가 자본주의 제국(諸國)에 팔고 있던 자국의 일부 생산품 가격을 소련 무역대표단에게 비밀로 했다는 것이었다.[1335)]

이러한 방법 이외에도 소련이 위성국의 공업에 결정적 상처를 입힌 것은 소련과 위성국이 반반씩 공동투자로 설립한 소위 "합판회사(合辦會社)"였다. 소련은 *루마니아*, *불가리아*, *헝가리* 등 전(前) 구축국(樞軸國)편에 가담했던 위성국들 내에 있는 독일의 재산 또는 *이탈리아* 재산을 접수한 후 이것을 전부 소련의 것으로 명의 변경을 단행했다. 이렇게 접수한 재산은 총액 약 6억*달러*로 추산되었다. 소련은 이것을 자

1334) Ygael. Gluckstein, *Stalin's Satellites in Europe*, Beacon Press(Boston), 1952, pp. 66~67.
1335) Walemer Gurian(ed), 앞의 책, pp. 130~131.

국의 현물출자로 하여 위성국과 합판회사를 설립할 것을 강요하였다. 그 목적은 합판회사를 통하여 위성국의 중요산업을 지배하는데 있었다. 패전국인 독일의 재산을 접수하는 것은 전승국 소련의 입장으로서는 결코 불법은 아니었다. '*포츠담*협정'에 의하면 소련의 배상 청구는 주로 소련군 점령지대인 동독에서 반출한 시설과 *불가리아*, 핀란드, *헝가리*, *루마니아* 및 동(東)*오스트리아* 내의 "해외 독일인 자산"에 의하여 충당되기로 되어 있었다. 그런데 문제는 "해외 독일인 자산"이란 규정을 어떻게 해석하느냐에 있었다.

소련당국은 독일인의 전시 투자와 그 밖의 독일인 재산뿐만 아니라, 독일인들이 *나치스* 점령 하에서 피(被)점령국인들로부터 강제로 빼앗은 후 독일인의 것으로 만들었던 일체의 재산과 권리까지도 독일인의 재산으로 간주했다. 이것은 물론 법의 보편적 원칙을 위반하는 처사였다. 한편 이들 전(前) 구축국의 속국들은 평화조약에 의하여 독일 및 독일인에 대한 일체의 채권을 포기하지 않을 수 없게 되었다. 소련의 해석에 의하면 이것은 이 나라들과 독일과의 채권채무 청산에서 변상하거나 받아야 할 채권 채무의 공정한 차액 결산을 사실상 가로막는 조치였다. 즉 소련은 이 나라들에 대한 독일의 채권은 소련의 채권으로 바뀌어 계속 유효케 했으나, 이 나라 정부와 국민들의 독일에 대한 채권은 무효화시켰기 때문에 소련은 큰 이득을 보았다. 이렇게 하여 동(東)*유럽* 경제는 황폐해질 수밖에 없었다.[1336]

합판회사의 경영에서 소련과 위성국들의 권리는 문서상으로는 동등한 것으로 되어 있었으나 실제에 있어서 회사의 운영권을 쥐고 있는 총 지배인은 소련인이었다. 위성국인들은 아무 실권도 없는 사장의 자리에 앉아 있은데 불과했다. *소비에트* 지배하의 그런 합판회사로써는 *헝가리*에서는 6개(수운, 민간 항공, 정유소, *보키사이드*, *알미늄* 등), *루마니아*에서는 16개(수도水道, 해운, 민간 항공, 은행, 보험, 목재, 천연*까스*, 석탄채굴, 화학공업, 야금공업, *트랙터*제조, 건축부문 등), *불가리아*에서는 7개(광업, 조선, 민간항공 등)가 각각 설립되어 소련 측에다 막대한 이익을 안겨다 주었다.[1337] 소련은 이 교묘한 합판회사의 조직을 통하여 3국의 경제를 통제했던 것이다.

합판회사의 비중이 가장 높았고 따라서 소련의 통제가 가장 심했던 나라는 *루마*

1336) 같은 책, p. 133 참조.

1337) W.W. Kulski, 앞의 책, p. 482 및 Z. K. Brzezinski, 앞의 책, p. 126 참조.

*니아*였다. 여기에서는 각 공장, 운수, 은행, 보험 등 기업의 절반 이상이 합판회사로 편성되었다. *루마니아*에 비하면 *헝가리*와 *불가리아*에서의 합판회사의 역할은 훨씬 적었다. '*루마니아*공산당'은 *스탈린* 사후, 동(東)*유럽*에서 일어난 반(反)소의 격동 속에서 소련을 지지해 왔었다. 그러다가 1965년 3월 *게오르규-데지*의 정권을 계승한 *차우셰스쿠*는 공산권의 다원화 현상에 편승하여 민족주의적 정치 노선을 추구했다. *루마니아*는 *티토*이후 그런 목적을 위하여 감투(敢鬪)한 동(東)*유럽*의 첫 번째 국가가 되었다. *차우셰스쿠*의 당시의 자주노선은 위성국시대에 소련으로부터 수탈을 당했던 쓰라린 경험을 배경으로 한 것이었다.

소련의 경제적 수탈이 가장 가혹했던 나라는 패전국 독일(동독)이었다. 소련은 동독에서 전체 공업의 3분의 1을 자국의 재산으로 접수했고[1338] '독일민주공화국'(동독정권)이 수립(1949)된 뒤에도 소련의 점령군 당국은 1954년까지 동독지대에서 과거에 독일인이 소유했던 2백개의 기업체를 계속 운영하고 있었다.[1339] 대체로 이러한 방법을 통하여 1945~1956년간에 소련이 동(東)*유럽*으로부터 거두어 간 재산의 총액은 *우첼라키*(J. Wszelaki)의 조사에 의하면 약 2백억 *달러*에 이르는 것으로 추산되고 있다.[1340] 그러나 북조선의 경우는 *스탈린*의 시설 반출이 북조선 산업에 어느 정도의 파괴를 초래했던 것인지는 거의 알려지지 않고 있다.

제3절 "쏘련의 후원(後援)에 뜨거운 감사"를

일본군은 패전 직후 북조선으로부터 철수할 때, 소련군의 군사력 보강을 저지하기 위하여 고의로 공장, 기업소를 파괴한 사건들이 일어났다. 김일성은 1947년 2월에 가서야 이를 언급한 일이 있었다. 일본인의 파괴행위는 사실이었다.[1341] 그러나 그

1338) トーニ・クリフ, 앞의 책, p. 159.

1339) K. Brzezinski, 앞의 책, P. 126.

1340) 같은 책, p. 286.

1341) 김일성은 소련군이 진주하기 직전, 일본군이 고의로 파괴 또는 침수시켰다는 광산, 공장, 기업소는 약 300개라고 증언했다. 그가 말한 피해상황은 다음과 같았다. 즉,
- 완전 침수……탄광 및 광산 등 64개소
- 완전 파괴 ……淸津 제철공장 2개소, 수풍 수력발전소 2개소, 평양 비행기 공장 2개소

것은 주로 병기창(兵器廠)의 일부 시설에 국한되어 있었고 상당한 수의 공장, 광산, 기업소들은 도리어 조선인 종업원들과 자치대들에 의하여 소련군대의 진주시까지 비교적 깨끗이 보존되고 있었다. 김일성은 일본군의 파괴에 의한 피해 상황을 열거했지만 거기에는 소련군이 시설반출작업 때에 입은 파괴의 일부도 포함된 것으로 추측된다. 그가 8 · 15해방 1주년을 5일 앞두고 「중요산업 국유화 법령」을 선포했던 시기는 일본군의 파손과 함께 소련군의 시설반출에 의하여 파괴된 공장, 기업소들의 복구와 조업의 개시를 위하여 김일성정권이 기술상의 문제해결에 정식으로 착수한 시기이기도 했다.

그러나 김일성은 자재난, 기술난, 자금난 등 심한 난관에 부딪치게 되었다. 이 난관을 극복하는 데는 근로대중의 상당한 희생이 요구되지 않을 수 없었다. 그리하여 김일성은 모든 생산기관에서 노동규율을 강화하고 노동 생산능률을 높이기 위한 투쟁을 줄곧 강조하였다. 한편 소련은 자국 내에서 전후 1년 동안의 복구건설을 통하여 경제가 숨을 돌릴 여유가 있던 때라, 스스로의 약탈에 의해 파괴된 북조선의 산업복구를 위하여 해방국으로써 약간의 시설과 기술상의 원조를 제공해야만 했다. 김일성은 「1947년도 인민경제계획」을 발표한 자기의 보고 연설에서(1947. 2. 19) 소련군대와 기술자들이 제공한 지원을 다음과 같이 격찬했다.

> 1946년도에 쏘련 군대와 쏘련의 기술자들은 [우리]기업소들을 복구시킴에 있어서, 또는 인민들의 요구를 만족시키기 위한 재건사업에 있어서 거대한 사업을 진행하였습니다. 그들의 직접방조로써 228개의 기업체가 완전히 혹은 부분적으로 복구되었는바 …… 파괴된 군수공장의 토대 위에서 우리에게 요구되는 자동차 수선공장, 기계제작 공장을 건축함에 있어서 소련 기술자들은 많은 도움을 주었습니다. 이외에도 소련 기술자들은 594개소의 기업소에서 작업하는 조선 로동자들에게 실질적인 방조를 주었습니다. 쏘련군대는 이전에 일본인들이 소유하였던 1,030개의 기업소를 우리에게 넘겨주었는데 그중에서 822개소는 조업하는 것이었습니다. 소련의 기사 기술자들이 100여명이나 일하였습니다. 지금 남아있는 기술자들은 자기의 기술에 대한 경험과 조직성을 우리의 기술자들과 경리 일군들에게 배워주면서 계속 도와주고 있습니다.[1342]

• 부분적 침수 및 파괴……탄광 및 광산 178개소에서는 전 용광로와 *아그레가드만*
• 심대한 파괴……기업소 47개소, 즉 청진 제철공장내의 *콕스* 화학 분공장, 평양 병기공장내 중요 分工場들. 앞의 『김일성선집』 1, 1954년 판, p. 319.

1946년 8월 12일에는 소련과 북조선 사이에는「임시 체신협약」이 체결되었고[1343] 무역관계도 약간 확장되고 있었다. 김일성이 위의 연설에서 진술한 내용은 다음과 같다.

> … 쏘련은 경제, 문화부문에 있어서 많은 방조를 주었으며 또 주고 있습니다… 소련과 우리의 상업관계는 확장되고 견고하여지고 있습니다. 우리는 이미 쏘련으로부터 350만 *딸라* 가격의 상품을 수입하였는데, 그중 산업부흥에 긴급히 요구되는 원료 즉 *코크스*, 자동차 연료, 관개용 연료, 실량, 일용품과 면직들, 섬유 제품 및 기타가 있습니다. 쏘련과의 호상무역은 주로 중공업과 그중에서도 특히 유색 금속업에 관계됩니다.…우리는 쏘련 인민과 쏘련 군대와 쓰딸린 대원수의 방조와 후원에 대하여 뜨거운 감사를 드리는 바입니다.[1344]

위에서 김일성이 감사해 마지않은 소련의 "방조(傍助)"가 유상이었는지 또는 무상이었는지를 그는 일체 밝히지 않았다. 그리고 무역 품목의 가격이 어떤 기준으로 결정되었는지도 알 수가 없다. 동(東)*유럽* 제국에서 자행한 *스탈린*의 강탈적 경제 원조 정책에 비추어볼 때, 북조선에 대한 소련의 기술 "원조"가 폭리적인 유상원조였으리라는 것, 무역관계도 소련 측의 일방적 의사에 따라 극히 불균등한 조건에서 맺었으리라고 추측할 수 있다. 소련의 수탈방법의 비밀이 북조선에서 부분적으로나마 폭로되기까지[1345]에는 *스탈린* 사망 후 9년 반의 세월을 요했다. 그러나 1947년 당시 김일성은 북조선 인민들에게 "우리는 소련인민과 쏘련 군대와 *스딸린* 대원수의 방조와 후원에 대하여 뜨거운 감사를 드리는 바입니다"고 감격어린 치사(致辭)의 말을 되풀

1342) 같은 책, pp. 348~349. 소련의 "援助"의 역할에 대한 이러한 강조는『김일성선집』1963년도 판에서는 金日成의 "主體路線"을 증명하기 위하여 전부 삭제되어 있다. 이 구절은 ① 소련의 "원조"가 별로 치하할 것이 못되고, ② 사실과 다르며, ③ 중-소 분쟁에서 '중국공산당'을 지지하는 입장을 택한 데서 삭제된 것으로 보인다.

1343)『朝鮮中央年鑑』, 1949년 판, p. 716.

1344) 앞의『김일성선집』1, p. 352. 여기에서의 "감사"운운의 구절도『김일성선집』1, 1963년판에서는 완전히 삭제되고 있다.

1345) 朝鮮勞動黨 기관지『로동신문』이 소련의 북한 경제 수탈방법을 폭로한 것은 1964년 9월 7일자 사설에서 였다. 이 사설은 휴전 후 *스탈린*의 後繼者들이 북조선에 제공한 경제원조의 수탈적 방법을 공격했다. 이들의 수탈 방법은 선임자 *스탈린*의 그것과 마찬가지였다. ≪로동신문≫, 1964년 9월 3일자 社說「왜 평양 경제토론회의의 성과를 헐뜯으려 하는가-제2차 아세아 경제토론회의에 대한 ≪*쁘라우다*≫의 비방을 론박함」참조.

이 했을 뿐이다.

1948년 북조선의 한 신문사설은 38선 이북의 극히 유리한 공업화의 조건을 과시한 일이 있다. 즉 전(全) 조선반도에서 전력자원의 86%, 출력의 92%를 차지하는 풍족한 전력, 생산량의 근 100%를 차지하는 연(鉛)－아연광(亞鉛鑛)－철광－동광－선철－석탄－*마그네사이트* 등의 풍부한 광물자원, 압도적 우위에 있는 금속공업 (생산량의 90%)－화학공업(81%)－요업(71%) 등의 중화학 공업시설이 이북에 압도적으로 편중해 있다는 것을 숫자로 제시했다.[1346] 북조선은 사실상 남한에 비하여 절대적으로 유리한 공업화의 입지조건으로 말미암아 공업화에 보다 일찍이 착수했고, 또한 보다 급속하게 발전시킬 수 있었다. 그러나 소련의 수탈적 경제정책은 그러한 발전을 둔화시켰을 것에 틀림이 없었다. 이에 대하여 당시 김일성은 한마디의 불만이나 항의를 하지 않았다. 들리는 것이라고는 오직 "쏘련 인민의 수령인 위대한 *쓰탈린*과 소련정부의 원조"에 대한 열렬한 찬사뿐이었다.

김일성정권 자신이 후일에 와서 부분적으로나마 폭로한 바에 의하면 소련의 수탈적－"경제원조" 정책은 소련으로부터 기술제공에도 불구하고, 해방직후 허다한 난관과 애로에 직면했던 북조선의 산업부흥을 어렵게 만들었던 것이다. 그런 난관은 중요산업의 국유화만으로는 사회주의 경제가 건설될 수 없다는 복잡한 문제 중의 한 예를 보여주는 것이었다.

1946년 12월 3일 김일성은 '각도 인민위원회 산업부장 및 국영기업소지배인 회의'에서 비교적 객관적으로(소련군에 의한 반출과 파괴는 논외) 공업건설에서의 난관들 중의 몇 개를 지적하였다.[1347] 즉, 첫째는 "공업의 구성자체가 말할 수 없이 편파적이요 기형적"이라는 점이었다. 그 까닭은 일제로부터 넘겨받은 공업은 식민지 약탈자들의 이익을 위해 일본경제의 부속으로 건설되었기 때문이라고 했다. 그위에 국토의 양단 때문에 이러한 편파성(偏頗性)과 기형성(畸形性)은 더 한층 첨예하게 나타나고 있다고 강조했다.

둘째는 "공업부흥에 필요한 원료와 자재가 매우 부족하다"는 점이었다. 그 원인은

1346) ≪朝鮮經濟≫, 1948년 제3호 No. 13의 「社論」. 이 「사론」에서는 『朝鮮總督府統計年表』와 『朝鮮銀行調査日報』, 제5호에 의거하여 「南北朝鮮 重要鑛産物 生産量 對比表」(1939년 현재)와 「南北朝鮮 電力資源比較表」(1945년 초 현재), 「南北朝鮮 産業別生産額 比較表」(1939년 현재)를 작성하여 제시하였다.

1347) 『김일성선집』 1, 1963년 판, pp. 270~272 참조.

일제가 자연자원을 약탈해 갔고, 채취해 놓은 자원마저도 전부 일본으로 실어 갔으며, 당장에 이용할 수 있었던 적은 자원과 자재는 해방 후 1년 동안에 대부분 소비해 버린데 있다고 했다.

셋째는, "기술자와 숙련로동자의 부족"이었다. 일제의 식민지교육이 기술을 가르쳐 주지 않았기 때문에 과학자, 기술자, 기능노동자들이 아주 적었고, 그 위에 공업을 관리 운영할 줄 아는 경제전문가들도 아주 소수였다.

넷째는 공업의 복구건설에 필요한 자금이 부족했다는 점이다. "민간의 자본이 적은 것은 물론, 국영기업소를 운영하는데 필요한 국가자금도 부족하다"고 지적했다.

이러한 난관들을 극복함에 있어서 김일성이 무엇보다도 중요시한 것은 *스탈린*이나 모택동(毛澤東)과 마찬가지로 정치사상 우선주의(優先主義)였다. 그런데 앞에서 언급한 바와 같이 이 시기에 그가 제창했던 것은 아직은 "사회주의"가 아니었다. 그는 "*부르죠아* 민족주의자"들까지도 포섭할 목적에서 "건국사상"을 크게 강조했고 인민대중의 애국적 열의를 불러일으키기 위한 강력한 호소였다. 그는 1946년 12월 3일의 연설에서 다음과 같이 말하였다.

> 경제건설의 난관을 타개하는데 있어서 결정적 의의를 가지는 것은 광범한 인민 대중의 자각적인 <u>건국 사상을 발동시키는 것입니다.</u> 그런데 아직까지도 우리 일꾼들 속에서는 부강한 새민주조선의 건설을 위하여 있는 정력과 지혜를 다 바쳐 헌신적으로 일하는 기풍이 확립되지 못하고 있습니다. 지금 국영기업소 일꾼들 가운데는 자신이 공장의 참다운 주인이라는 것을 옳게 인식하지 못하고 있는 사람들이 적지 않으며 심지어 국가와 인민의 재산을 좀먹는 건달꾼까지도 있습니다. 우리는 <u>애국적 열의와 건국사상을 최고도로 발양함으로써만 모든 난관들을 극복하고</u> 민족 경제의 부흥 발전을 성과적으로 보장할 수 있다는 것을 철저히 인식하여야 합니다.[1348](밑줄은 저자)

그리하여 전국 국영기업소에서는 근로자들의 애국적 열성과 창발성(創發性)이 무엇보다도 강조되었으며, "로동능율을 최대한도로 향상시키며 로동규율을 엄수하라"[1349]는 김일성의 훈시를 받들고 계속적인 증산 돌격운동에 노동자들을 동원했던 것이다.[1350] 그러나 그 "애국적 열의"만으로는 노동대중의 생산의욕, 창발성을 높일

1348) 같은 책, p. 272.

1349) 『김일성선집』 1, 1954년 판, p. 144.

수 없다는 것을 깨달은 공산당은 물질적 우대조건으로 노동의욕을 자극(刺戟)해야만 했다. 그리하여 소련의 방법을 그대로 도입하여 노동의 "질(質)과 양(量)"에 따라 보수를 지불하도록 하는 정책을 수립[1351]하는 한편, 임금의 평등주의를 배격[1352]했던 *스탈린* 식의 북조선 판 *스타하노브*운동[1353]을 일으켰다. 이에 관해 김일성은 다음과 같이 설명했다.

> 또한 일부 종업원들 중에는 노동법령의 근본취지를 그릇되게 해석하여 일은 적게 하고 임금만 많이 받으려는 경향이 있습니다. 누구나 할 것 없이 자기가 지출한 노동의 양과 질에 따라 보수를 받아야 하며 일은 태공[怠工=怠業]하고도 열성적인 일꾼들과 같은 임금을 받겠다고 하는 것은 허용될 수 없습니다. 임금 지불에서의 평균주의는 옳지 않는 것이며 우리는 이것을 배격하여야 합니다. 우리는 각 부문별, 직종별로 작업 기준량을 과학적으로 설정하고, 그것을 초과 수행한 노동자에게는 보수를 더 많이 주는 원칙을 세워야 하겠습니다.[1354](밑줄은 저자)

이와 같은 *스탈린*주의적 국영 기업체의 운영원칙은 1953년 이후 비(非)*스탈린*화

1350) 저간의 사정을 黨 이론가는 이렇게 쓰고 있다.
"노동자들은 국가와 인민에게 더 많은 이익을 주기 위하여 생산 능률의 제고, 원자재의 애호 절약, 기계 애호, 노동규율의 강화, 원가저하, 제품의 質 제고, 誤作品 퇴치 및 기술수준 향상 등 애국주의적 경제 의무조항들을 설정하고 대중적인 생산경쟁 운동을 전개하였으며 생산의 합리화를 위한 각종 창의고안(創意 考案)운동을 전개하였다" 앞의 『조선통사』(하), pp. 72~73.

1351) '*스탈린* 헌법' 제118조는 노동의 질과 양에 따른 분배 원칙을 규정하고 있었다. 즉, "소련연방의 시민은 노동의 권리 즉 노동의 量과 質에 상응하는 지불이 보장된 일을 얻을 권리를 가진다"고.

1352) *스탈린*은 1931년 6월 23일에 열린 '經理 일군들의 협의회'에서 행한 자기의 연설에서 "노동임금에 대한 좌경적 획일제[평등제]"는 *맑스*주의와 *레닌*주의로부터의 절연을 의미하는 것이라고 비난하면서 노동자의 이동을 방지할 수 있고, 노동자들로 하여금 그들의 기술을 연마하고 생산을 제고시키도록 자극을 주어 5개년 계획을 성과적으로 완수할 수 있도록 하는 새로운 임금제도를 마련하여야 한다고 주장했다. 앞의 『スターリン全集』 제13권, pp. 77~80 참조.

1353) *스탈린*이 5개년 계획을 추진하고 있던 때에 고안한 "社會主義競爭"은 노동 생산성을 향상시키는 자는 전국적 대중적 增産運動이 되었다. 즉 책정된 시간당 생산 기준 양(*노르마*)을 초과하여 생산고를 올린 노동자들에게는 누진율에 따라 더 많은 임금을 지불할 뿐만 아니라, 그 업적에 대한 보상으로 "勞動英雄"의 존칭, 많은 상여금, 사회적 특권을 주어 평균 作業率을 전체적으로 높이자는 것이었다. 이것은 강압 정책만으로는 노동생산성을 높일 수 없기 때문에 물질적 자극에 의하여 효과를 거두려는 방법이었다. *스탈린*의 "사회주의경쟁" 운동은 제2차 세계대전 후 세계 모든 공산당 국가에서 모방했고 1957년부터 北조선에서는 "千里馬 作業班運動"으로 정착되어 오늘의 김정일 체제에 계승되고 있다.

1354) 『김일성선집』 1, 1963년 판, 앞의 책, p. 275.

의 개혁의 물결 속에서도 소련이나 동(東)*유럽*에서 그 원형을 대체로는 그대로 유지하고 있었다. 그러나 북조선이 중요산업의 국유화정책에 있어서 보다 계속 중요시해 온 점은 운영상의 효율성, 노동생산성의 문제들이 아니라 "사회주의적 소유형태"가 창설되었다는 계급적 의의였다. 즉 "산업 국유화의 결과 일제와 친일파의 경제적 기반은 완전히 청산되었고 우리나라 인민경제에서 국영부문이 지도적 지위를 차지하게 되었으며 사회주의적 생산관계가 발생하게 되었다"[1355]는 점에서 「중요산업 국유화 법령」의 의의를 찾았던 것이다. 그리고 그러한 "사회주의적" 생산 관계를 창설할 수 있게 했던 공산당의 독재를 북조선의 당(黨) 이론가는 후일 다음과 같은 설명으로 찬양했다.

> 해방 후 우리 당의 영도 밑에 수립된 북조선임시인민위원회가 노동계급이 영도하는 인민민주주의 독재권이었기 때문에 일제와 예속 자본가들의 소유를 가장 철저하게 수탈할 수 있었고 그것을 전체 인민의 소유로 전환시킬 수 있었다.……[1356](밑줄은 저자)

1355) 『정치경제학』(하), 1962년, 평양, p. 15.

1356) 같은 책, p. 28.

제6장

개인기업의 창발력(創發力) 발휘에 대한 결정서(決定書)

제1절 사기업(私企業)의 과도적 이용가치

「중요산업 국유화 법령」의 공포를 뒤따라 나타난 또 하나의 경제법령은 1946년 10월 4일자로 공표된 「개인 기업의 창발력(創發力) 발휘에 대한 결정서」(이하 「결정서」)였다. 「결정서」의 형식으로 된 이 법령의 목적은 그 전문에서 명시된 바로는 개인 기업을 보호하고 사(私)기업가들의 "창발성(創發性)"을 발휘케 하자는데 있었다. 그 전문(全文) 중 후반부는 아래와 같다.

> 북조선임시인민위원회는 북조선에 있는 조선공민들의 개인소유인 공장, 제조소의 개인소유권을 보호하여 산업가 및 상업가들의 산업 및 상업발전에 대한 창발성을 발휘시키기 위하여 아래와 같이 결정한다.[1357]

자본주의적 사영기업(私營企業)을 폐지하고, 착취계급을 일소하며, 생산 수단에 대한 자본주의적 소유를 "전인민적 소유(全人民的 所有)"로 바꾸는 것이 사회주의 경제건설의 제1차적 목표였다. 이 목표를 향하여 '북조선 임시인민위원회'는 중요산업을 모조리 국유화했던 것이다. 동시에 소(小)자본가들의 사유재산을 인정하고, 공산당의 엄격한 감시와 통제 하에 이들의 기업활동을 장려하는 것은 "신경제정책"(NEP) 시대의 소련에서 볼 수 있었듯이 사회주의로 이행하는 과도기에는 극히 중요하고도 필요한 정책이었다. *레닌*의 이른바 "국가독점자본주의"가 그런 것이었다.[1358] 대전

1357) 앞의 『朝鮮中央年鑑』, 1949년 판, p. 80.

1358) *레닌*은 10월 혁명 직후부터 전시에 출현하게 될 "國家獨占資本主義"를 사회주의로 향하는 제1보라고 인식하였다. 1917년 9월 '절박한 破局, 이것과 어떻게 싸울 것인가'라는 논문에서 그는 다음과 같이 주

직후의 동(東)*유럽* 제국과 초기의 '중국공산당' 정권도 모두 예외 없이 그러한 정책을 채택했다. 북조선의 소련 군정당국도 소상품(小商品) 생산이 우세한 후진국에서 개인 상공업의 일시적 이용가치를 중요시하는 *레닌*의 아래와 같은 주장에 따르는 것을 잊지 않았다.

> 자본주의는 사회주의에 비하면 해악(害惡)이다. 자본주의는 중세의 제도, 소규모 생산 그리고 소생산자들의 분산 상태에서 파생하는 관료주의 악폐에 비하면 축복이다.……소규모 생산으로부터 사회주의로 직접 넘어갈 수 있는 힘이 우리들에게 아직 없는 한은, 우리들은 자본주의를(특히 국가자본주의의 통로로 이끌고 나감으로써) 소규모 생산과 사회주의와의 사이의 매개(媒介)의 고리로써, 생산력을 높이는 수단, 길, 방법으로 이용하지 않으면 안 된다.1359)

*맑스*주의의 사회발전법칙(社會發展法則)에 따라, 북조선의 소규모적 생산을 할수 있는 능력밖에 없는 사회가 당장에 직접 사회주의 사회로 이행하는 것은 불가능하다고 '북조선 임시인민위원회'(소련 군정당국)는 인식하고 있었다. 그리하여 자본주의의 요소를 과도기적으로 이용하기 위하여 김일성의 「20개조 정강」에서 제시한대로 개인의 수공업과 상업의 자유를 허락하고 장려할 것을 공약(公約)했고1360) 이러한 공약에 부합되도록 위의 「결정서」는 개인 소유를 보호하고 사기업(私企業)을 장려함으로써 그 창발력을 발휘케 하는 대책을 다음과 같이 구체화 하였다.1361)

첫째로, 조선인민의 개인재산의 몰수는 인민재판소의 결정 또는 북조선임시인민

장했다. "戰爭은 [私的]독점자본주의의 국가독점자본주의에로의 變形을 엄청나게 촉진시켰고 이에 의하여 인류를 사회주의에로 엄청나게 전진시켰다. 이것이야말로 역사의 辨證法이다. …국가독점자본주의는 사회주의를 위한 완전한 물질적 준비며, 사회주의의 입구며, 그것과 사회주의라고 불리 우는 가로대(段)사이에는 어떤 중간적 가로대도 없는, 역사의 사다리에서의 가로대다." V. I. Lenin, *Selected Works*, Vol. 2, International Publishers, 1967, p. 248.

1359) V. I. Lenin, *Selected Works*, Vol. 3, Pregressive Publishers(1967), p. 601.

1360) 이에 앞서 해방 직후(日字미상)에 나온 소련 25軍 司令官 *치스짜꼬프* 大將의 포고문에서는 소련군 사령부가 "모든 조선인 기업소들의 재산보호를 담보[보장]하며 그 기업소들의 정상적 작업을 보장하며 백방으로 원조할 것"을 조선인 기업소 주인들과 상인 또는 기업가들에게 힘차게 호소했으며, 1945년 10월 12일 발포된 「北朝鮮駐屯 소련 25軍 司令官 聲明書」에서도 "산업, 상업, 공장 및 기타 기업소들의 정상적 작업을 보장"(앞의 『조선중앙연감』, 1949년 판, p. 58)한다고 확약했었음을 상기할 필요가 있다.

1361) 앞의 『朝鮮中央年鑑』, 1949년 판, p. 80

위원회의 특별한 결정 없이는 시행할 수 없다.

둘째로, 조선공민의 개인소유인 공장, 제철소, 기업소, 광산, 탄광, 창고, 회사, 상업 기관은 국유화에 포함되지 않는다.

셋째로, 개인자본으로 하여금 주민들의 광범한 수요에 공헌하는 제품 및 상품을 증산시키기 위하여 조선공민의 산업가, 상업가들에게는 노동자 50명 이하를 사용하는 공장, 제철소, 탄광, 임업, 어업 및 과거 일본인의 소유였고 현재 인민위원회가 관리하는 주택, 창고 및 상점, 건물들을 방매(放賣)(필요한 경우에 한함) 또는 임대할 수 있다.

넷째로, 북조선 각 은행은 개인 산업가 및 상업가에게 자금의 단기 융자를 행해야 한다.

1948년 인민공화국 헌법에서도 이 「결정」의 취지에 따라 "중소산업 기업소, 중소 상업기관에 대한 개인소유를 법적으로 보호한다"는 규정과 함께 "개인경리의 창발력을 장려한다"고 명시했다. 특히 "개인소유에 대한 상속권을 법적으로 보장 한다"[1362]는 조항은 순박한 국외자들로 하여금 공산당의 관대성에 대해 환각을 일으키게 할만했다. 개인상공업에 대한 이와 같은 정책은 그 당시 북조선의 실정으로서는 상공업의 전체적 파탄을 피하기 위한 최소한의 필요한 조치였다. 공산당정권은 이러한 일련의 조치를 통하여 사영(私營)상공업자들로 하여금 기업을 유지시키고, 생산을 증대시키고, 자금을 축적케 하고, 공업생산품의 질(質)을 높이도록 하고, 상품과 자재의 유통을 원활하게 함으로써 일정한 기간 이들의 활동과 창의(創意)를 활용코자 했던 것이다.

국영 기업과 협동조합에서 생산되는 상품이 부족하고 경영 기술과 봉사심이 희박한 조건에서 개인상공업은 절대적인 이용가치가 있었다. 특히 유통부문에서 그러했다. 김일성은 이미 사영(私營)기업이 소멸기(消滅期)에 접어들었던 1957년 2월에 와서도 개인상업(유통부문)의 역할만은 중요시하고 있었다.

…현 시기에 개인 상업을 <u>적당하게 리용</u>하는 문제는 국내 상품의 예비 자원을 동원

1362) 「朝鮮民主主義人民共和國 憲法」(1948년) 제8조.

하며 인민들의 생활을 향상시키는데 있어서 적지 않은 의의를 가지고 있습니다. 아직 우리나라 상품 류통의 통로는 좁으며 국가 및 협동단체 상업 기관들은 인민들의 요구를 원만히 충족시키지 못하고 있습디다. 이와 같은 조건에서 개인 상업은 국영 및 협동 단체 상업의 손이 아직 덜 미치고 있는 분야에서 보충적 역할을 담당할 수 있습니다. 그러므로 우리는 개인 상인들이 지방상품 원천을 동원하여 주민들에게 공급하는 것을 장려해야겠습니다. 그뿐만 아니라 개인 상인들에게…그들이 적당한 리윤을 얻어 생활해 나갈 수 있도록 조건을 보장해 주어야 하겠습니다.[1363] (밑줄은 저자)

개인상공업의 과도적 이용가치 때문에 공산당정권이 이것을 잠정적으로 허락하고 법적으로 보호했다고 해서, 북조선사회가 중소사기업(中小私企業)이 안주할 땅이 되었던 것은 결코 아니다. 사영 상공업과 개인수공업을 총체적으로 말살하고 난 시기에 와서까지도 북조선의 당(黨) 이론가들은 법률상으로는 조선인민의 "반역자" 소유의 기업체만을 몰수하고 "예속 자본가"가 아닌 민족 자본가들의 개인경리는 보장했다고 주장했다.

우리나라에서 중요산업 국유화는 일본 제국주의와 예속 자본가들의 소유를 수탈할 것을 목적으로 삼았기 때문에 민족 자본가들의 개인경리는 다치지 않았으며 그들의 자유로운 경제활동을 보장하는 조건 하에서 실시되었다.[1364]

이러한 설명은 '북조선 임시인민위원회'가 "민족 자본가"까지를 포함한 민족통일전선의 기초위에 수립된 "인민정권"이므로 "민족 자본가"의 권익은 당연히 옹호되고 있었다는 당(黨)의 선전을 정당화하기 위한 것이었다. 그러나 이런 말은 진상을 은폐하기에는 너무나 허위적이었다. 무엇보다도 "인민의 반역자" "예속 자본가"를 가려내는 결정권은 공산당에게 독점되어 있었다. 따라서 공산당이 어떤 사영 상공업체를 몰수하려 할 때는 재판소를 거칠 필요도 없이 인민위원회로 하여금 그 기업주들을 "친일 예속자본가", 또는 "민족반역자" 등의 반(反)인민적 낙인을 찍어 "특별한 결정"을 내리게 하면 그 뿐이었다. 사기업(私企業)의 경제 형태를 모조리 착취형태라고 하여 배격하는 공산당정권이 내일이면 계급적 원수가 될 민족 자본가들에 대해 관대할 수

1363) 『김일성선집』 5, 1960년 판, p. 48.
1364) 『정치경제학』(하), 1962년, 평양, p. 28.

없다는 것은 필연적인 사태였다.

*맑스-레닌*주의의 이론가들은 "과학적"이라고 자부하는 스스로의 인식방법(認識方法)에 의하여 문언(文言) 상으로는 일정한 기간 민족자본가들의 기업활동을 보호한다는 정책을 세웠다. 그러나 실제에 있어서는 민족 자본가들에 대한 박해와 수탈은 시간이 지날수록 더욱 혹심해졌던 것이다. 그리하여 공산당정권의 강화와 함께 사영 상공업은 비참한 몰락의 길을 더듬을 수밖에 없었다.[1365] 비록 몰수의 대상에서 벗어나 기업활동을 보장받고 있던 상공업체라고 해도 그것이 독재 정권으로부터 받는 감시와 감독은 면밀하고도 엄중하였다. 요컨대 개인경리에 대한 "이용정책"과 동시에 이른바 "제한정책"이 강행되었던 것이다.

사영(私營) 상공업에 대한 제한정책은 한편으로는 상품가격 통제, 원료와 자재 조달, 융자와 조세정책 등 일련의 강력한 경제적 방책을 통하여, 다른 한편으로는 노동조합의 압력을 통하여 시행되었다. 공산당정권은 사자본(私資本)을 "보호"하고 사기업의 활동을 "보장"하는 「결정서」를 채택했다고 해서 자본주의적 시장경제의 싹이 북조선에서 성장하는 것을 방치해 둘리는 만무했다. 사영상공업은 어디까지나 공산당이 계획 지도하는 인민경제의 발전에 기여할 수 있는 범위 내에서만 보장되었으므로 이것은 국유화된 산업부문에 종속되어야만 했고 인민위원회의 철저한 감독을 받아야 했다.

1365) 당시 인민공화국 정부의 상업성 내 한 국장직에서 일하다가 남하한 趙誠植의 논문 「北韓에 있어서의 개인상공업의 말살과정」(『共産主義問題硏究所』 제1권, 제1호. 1964. 9)은 중소 사기업에 대한 박해를 아래와 같이 생생하게 기록한바 있다. "……自由企業과 자유상업의 가능성으로부터 遊離당하게 된 수많은 도시 주민들은 그 생계수단을 공산당에게 의존하지 않을 수 없게 되었으며 또 많은 기업인들이 투옥 또는 추방당하게 되었다. 다만 일부 개인 상공업자만이 일정한 기간까지 그 영업을 허용 받았으나 법적 제한과 이용 제한 정책으로 갖은 학대를 받아가면서 말살의 결과를 보게 된 것이다.…… 解放 후 상당한 자본을 가졌던 일부 상공업자 중에서는 다행하게도 공산당의 몰수 사태에서 모면되어 일시 은거생활을 하였거나 혹은 영세적인 규모의 상행위를 영위하였다. 그러나 공산당의 정책상의 이용책이 대두되자 북조선 각지의 시장마다에는 지금까지 은거하였거나 혹은 무직 상태에 있었던 개인 상공업자들이 雨後竹筍처럼 상행위를 영위하기 시작하였다. 그런데 공산정권이 아무리 이용정책을 실시한다손 치더라도 국가배급의 혜택은 없었고, 다만 자체능력으로써 모든 생계를 개척하지 않을 수 없었다. 특히 일정한 시기에는 반듯이 법적 경제적인 강압조치가 도래하리라고 예견하고 있는 상공업자들은 자위적인 단결로서 불안한 이 사회에 어떻게 대처할 것인가를 우려하지 않을 수 없었다. 이러한 환경 하에서 자체생계를 위하여서는 가능한 한의 상업기술과 創發性을 발휘하지 않고서는 붉은 獨裁 하에서는 장차 생활해 나갈 수 없었던 것이다."

공산당정권은 도시의 중소 자본가들이 이 보호정책에 편승하여 상품가격을 올리거나 사영기업에서 일하는 노동자들을 "수탈(收奪)"하여 과대한 이윤을 획득함으로써 자기들의 경제적 기반을 강화하며 그 결과로 국영기업의 발전을 저해하는 경향에 대해서는 단호히 저지하여야 한다는 방침을 세웠다. 공산주의자들은 *레닌*이래로 당(黨)이(*프롤레타리아*트의 이름에서) 권력을 장악한 후에도 계급투쟁은 오랜 기간 계속된다는 것을 객관적 법칙 이라고 생각하고 있었다. 그리하여 소(小)*부르죠아*적 사자본(私資本)에 대해서도 이것을 극도로 증오하고 위험시했다. *레닌*은 10월혁명 후 되풀이 다음과 같이 지적했다.

(1) 타도된 착취자들은 모든 방법을 다하여 자기들의 빼앗긴 "천국"을 부활시키려고 언제나 책동하고 있다.

(2) 소(小)*부르죠아*적 분위기 속에서는 새로운 자본주의 분자들이 끊임없이 자연발생적으로 산출된다.

(3) *부르죠아지*의 영향과 함께 小*부르죠아지*의 구석구석에 스며드는 부패한 분위기의 결과로 말미암아 노동계급의 대열과 정부관리 안에는 정치적 타락분자와 새로운 *부르죠아* 분자가 나타날 수 있다.

(4) 국제 자본주의의 포위와 제국주의자들의 무력간섭의 위협, [사회주의 제도의] 평화적 붕괴를 실현하기 위한 그들의 음모활동은 사회주의 국가에서 계급투쟁이 계속 존재하는 외부적 조건이다.[1366)]

이상과 같은 *레닌*의 사고(思考)가 북조선의 소련군정 당국을 통하여 국내 공산당의 정책에 그대로 투영되었음은 물론이다. 그리하여 '북조선 임시인민위원회'는 「국유화 법령」에 의하여 북조선의 전(全) 산업기관의 90% 이상을 장악하고 있었음에도 불구하고, 미약한 민간기업에 대해 경계와 통제를 계속 강화했다. 심지어는 개인상업이 이윤을 추구해서는 안 된다고까지 명령하면서 그러한 "모리배(謀利輩)"는 사영상공업에 대한 "국가적 보장"으로부터 제외되었다. 이에 관해 북조선 당국의 당시의 공식

1366) 「The CCP's Proposal Concerning the General Line of the International Communist Movement」, June 14, 1963에서 인용한 Lenin의 말. *The Sino-Soviet Rift*(analysed and documented by William E. Griffith), George Allen and Unwin Ltd., 1964, pp. 276~277에서 재인용.

기록은 다음과 같이 밝혔다.

> ……북조선에서는 개인주의적 이윤추구에 급급하는 일부 모리배를 제외하고는 전체 이익에 복무하며 민주주의 발전에 협력하는 개인 기업가는 국가적으로 그 발전이 보장되고 있다.[1367](밑줄은 저자)

이윤(利潤)의 유일한 원천은 노동자들이 창출한 잉여가치(剩餘價値)의 착취에 있다고 인식하는 공산주의자들에게 있어서는 "모리 간상배"에 대한 억압은 논리적으로 보아 극히 당연한 조치였다. 이러한 당(黨) 정책에 따라 "예속 자본가", "친일파" 이외에 민족 자본가들 중에서도 "이윤 추구에 급급"하고 있는 "모리 간상배"는 기업 활동에서 추방되었으며 잠정적으로 명맥을 유지한 자는 공산당의 이익에 복무한다고 인정을 받은 기업가뿐이었다. 요컨대 김일성(소련 군정 당국)은 개인 기업체를 당(黨)의 한 외곽조직으로 만들어버렸던 것이다. 개인상업에 관하여 김일성은 아래와 같은 진술로 사영상공업 전반에 대한 그의 통제 원칙을 간명하게 표시하였다.

> ……우리들은 개인 상업의 긍정적 역할을 리용하면서도 그 부정적 측면을 적극 제한하여야 합니다. 만약 우리가 개인 상업의 부정적 작용을 제한하는 사업을 내버려두거나 국영 및 협동단체 상업의 령도적 역할을 약화시킨다면 개인 상업은 언제나 투기와 모리 행위로 전환할 가능성을 가지고 있습니다. 우리들은 개인 상인들의 모리 투기적 행위와 국가의 법질서를 위반하는 행위에 대하여 행정적인 제한과 단속을 계속 강화하여야 합니다.[1368] (밑줄은 필자)

그런데 그의 위의 발언에서 어디까지가 개인 상업의 "긍정적 역할"이며, 어디까지가 "모리 투기행위"인지를 실제에 있어서 분간할 수가 없었다. 개인상공업을 통제하고 조종하는 제한이용정책 중에서 중요한 역할을 한 것은 조세정책이었다. 인민위원회는 기업주들이 자기들의 이윤을 사유재산으로 축적할 여지를 주지 않기 위하여 과다한 세금을 부과하였다. 흔히 과세액은 이윤총액을, 심지어는 전(全) 자산액(資産額)을 초과하였으므로 기업주들은 부득이 업체를 폐쇄하고 다른 생활방도를 찾아 나서

1367) 앞의 『朝鮮中央年鑑』, 1949년 판, p. 80.

1368) 앞의 『김일성선집』 5, pp. 48~49.

서 국영광산이나 공장의 노동자 또는 사무원으로 전직해야 했다.

폐쇄당한 기업체는 예정대로 인민위원회에 의하여 접수(사실상의 몰수)되었다. 최상의 경우라야 협동조합에 흡수되어(대개는 도시 수공업자의 경우)각자가 사유했던 영세한 생산수단과 자산을 집단적 소유로 맡긴 채 "사회주의적 근로자"로써 자기가 습득한 직업을 계속할 수는 있었다. 이러한 정책은 6·25전쟁 직후부터 본격적으로 강행되었다. 그리하여 도시의 민족*부르죠아지*와 소(小)*부르죠아지*가 *프롤레타리아*계급으로 해체되는 현상이 급속하게 촉진되었다. 이미 사경영(私經營)이 소멸된 뒤인 1961년 9월의 '조선노동당' 제4차대회에서 김일성은 자본주의적 수공업을 "사회주의적"으로 개조할 수 있는 "유리한 조건"을 6·25전쟁의 파괴에서 찾았다. 그는 개인상공업이 소멸한 경위를 다음과 같이 설명했다.

> … 전쟁으로 말미암아 수공업적 경리는 바사지고 더욱 영세화 되었습니다. 수공업자들은 자기의 경리를 통합하고 국가의 적극적인 방조에 의거하지 않고서는 생활을 개선하지 않을 수 없이 되었습니다. 이러한 형편에서 수공업자들은 우리 당의 협동화[協同化]방침을 적극 지지하였으며 수공업의 협동화운동은 빨리 발전하여 전후 몇 해 동안에 성과적으로 끝났습니다. …전쟁으로 말미암아 자본주의 상공업은 큰 피해를 입었습니다. 적지 않은 기업가, 상인들이 령락되여 국영 부문에 들어가 노동자, 사무원으로 되었으며 남아 있는 자본주의적 상공업자들도 대부분 수공업자나 소상인들과 거의 같은 처지에 떨어지게 되었습니다. 이러한 형편에서 자본주의적 상공업자들은…자기들의 생산수단과 자금을 련합[聯合]하여 공동으로 일하지 않고는 령락된 경리를 복구할 수 없었습니다.[1369] (밑줄은 사실을 역전 왜곡한 것)

「개인기업의 창발력 발휘에 대한 결정서」가 공포되던 당시 공산당이 의도했던 것은 민간 기업을 조급하게 말살하려는 것은 물론 아니었다. 생산기관이 거의 정돈(停頓)상태에 있던 이 시기에 절실히 요청되었던 것은 북조선 주민들이 당장에 수비해야 할 생활필수품을 생산하고 유통시키는 동시에 생계를 유지시키기 위하여 개인상공업자들의 발랄한 활동을 권력의 통제 밑에서 이용하는 일이었다. 그리면서 개인기업이 자본주의의 온상이 되지 못하도록 서서히 단계적으로 말살 소멸시키고자 했던 것이다. 그런 계획이 바야흐로 강행되고 있던 1957년 2월에 와서까지도 김일성은 개

1369) 『김일성저작선집』 3, 1968년, pp. 69~70.

인 상공업의 몰수에 관하여 점진정책(漸進政策)을 주장하고 있었다.

> 개인 상공업의 사회주의적 개조 사업은 개인 상공업자들의 의식의 성숙 정도와 모든 경제적 조건들을 충분히 따진 기초 우에서 진행하여야 할 것입니다. 농업이나 수공업의 개조에서와 같이 이 사업에서도 조급성은 매우 위험한 결과를 가져 올 수 있습니다.[1370]

제2절 그 후의 사태 - 사기업(私企業)의 전멸

김일성(金日成)의 이러한 주장은 공산주의자들이 설정한 "*부르죠아* 민주주의" 단계에서는 물론 합리적(合理的)이었다. 그러나 합리적 이론과 혁명적 실천욕구 사이의 모순이 유달리 심한 정파(政派)는 공산주의 정당들이다. 김일성의 그런 말이 떨어진지 1년 반이 채 못 되어(1958년 7월경까지에) 북조선에서의 개인상공업은 완전히 자취를 감췄다. 동(東)*유럽*, 중국, 북조선에서 당(黨) 지도권을 장악한 각국 공산당 지도자들은 사회 발전의 법칙에 따라 "우경적" 또는 "좌경적" 편향(偏向)을 극복하면서 사회주의를 점차적으로 건설해 나가야 하고 또 해나가고 있다는 것이 그들의 판에 박힌 주장이었다. 그런데 일체의 생산수단의 사적(私的)소유를 자본주의적 죄악으로써 위험시하고 배척하는 고정관념(固定觀念) 때문에 공산주의자들은 본질상 적대계급인 중소 사기업(私企業)에 대하여 "혁명적" 투쟁을 오랫동안 자제(自制)할 만큼 "신사적"은 못되었다.

그리하여 개인상공업자들에 대한 일정한 제한정책이 개인상공업자들에 대한 과잉투쟁으로 격화하여 과도기의 경제체계에다 파탄을 초래하곤 했다. 그리고 뒤에 와서는 부득이 완화정책을 실시하는 것이 상례였다. 북조선에서 개인공업자에 대한 과잉투쟁의 대표적 예는 이들에게 부과하는 세금이 얼마나 엄청났고, 심지어 "폐업세(廢業稅,1956년)"까지 등장했다는 사실에서 찾아볼 수 있다. 폐업세란 몰락 일로에 있는 개인상공업자들이 기업을 유지할 길이 없어 폐업계(廢業屆) 제출하면, 이들은 영업기간 중에 많은 자금을 축적했다고 인정하여 부과하는 특별 세금이었다. 폐업세가

1370) 앞의 『김일성선집』 5, p. 49.

일단 부과되면 전(全) 재산을 합쳐도 그 세액에는 부족하리만큼 액수가 컸음으로 상공업자들은 재산을 몰수당하고 파산할 수밖에 없었다.[1371]

세계 공산권 내의 어떤 곳에서도 볼 수 없으리만큼 가혹했던 이러한 정책은 상업부문의 책임자였던 최창익(崔昌益)(사업담당 부 수상), 윤공흠(尹公欽)(상업상) 등 '연안파'의 반발에 부딪쳐 일단은 중지되었었으나 이들이 "반당(反黨) 반혁명(反革命) 분자"로 몰려 제거된 후, 즉 1956년 10월경부터는 개인상공업에 대한 세율은 과거보다 몇 배로 올라갔고 폐업세도 부활되었다.[1372] 이때의 조세정책이 얼마나 가혹했고, 파멸적이었는가는 1957년 2월 14일에 소집된 '전국 상업일군 열성자대회'에서 행한 김일성 자신의 연설에서도 교묘한 논법으로 암시되었다.

> 개인상인들에 대한 세금을 너무 높이는 것도 부당합니다. 그들이 바치는 세금 원천은 근로자들에 대한 착취 이외에 있을 수 없습니다. 따라서 우리가 세금을 높이면 개인상인들은 그만큼 생산자나 또는 소비자들을 더 착취하게 될 것은 틀림없습니다. 요컨대 개인 상인들이 국가 법령의 범위 내에서 상업 활동을 전개하여 자기 생활을 유지할 수 있게 하며 그들의 상업 활동을 인민들의 리익에 복무하게 하여야 합니다.[1373](밑줄은 저자)

이 '대회'를 계기로 하여 개인 상공업에 대한 약간의 완화책이 말로써는 논의되었다. 그러나 앞에서 지적한 바와 같이 1958년 7월경까지에는 결국 "사회주의적 개조의 완성"이라는 선전 속에서 말살정책은 종결되었다. 즉 "이용(利用)", "제한(制限)" 및 "개조(改造)"의 정책을 통하여 개인상업은 완전히 소멸했던 것이다. 이에 김일성은 "우리나라에서는 드디어 선진적인 사회주의제도가 전면적으로 확립되었다"[1374]고 자부(自負)하기에 이르렀다. 그는 사회주의제도의 수립과 함께 사회주의건설을 다그

1371) 趙誠植, 앞의 논문『共産主義問題硏究』제1권, 제1호 p. 17.

1372) 이에 관해 趙誠植의 앞의 논문은 다음과 같이 쓰고 있다. "이러한 (崔昌益 일파에 대한) 숙청선풍이 계속되던 1956년 10월부터는 개인 상공업에 대한 제한조치를……훨씬 강력히 집행하기 시작했다. 즉 각종 세금의 세율은 전년에 비해 2배내지 3배 이상을 인상하는 살인적 세금 사태를 야기시키는가 하면, 경이적인 廢業稅까지 부과하기 시작하여 개인 상공업자에 대한 불안과 공포의 시점으로 되었던 동시에 장차 破産을 초래케 할 전초로 되었던 것이다." 같은 책, pp. 20~21.

1373) 앞의『김일성선집』5, p. 48.

1374) 앞의『김일성저작선집』3, p. 75.

쳤다. 그 성과는 무엇이었던가. 그는 1961년 제4차 당(黨)대회에서 누구도 믿지 않을 과장 선전을 늘어놓았다.

> … 지난날에 뒤떨어진 식민지 농업 국가였으며 전쟁으로 말미암아 잿더미로 되었던 우리나라가 오늘은 자립적 경제토대를 가진 사회주의적 공업-농업국가로 되었습니다. 지난날에 우리나라 근로자들은 헐벗고 굶주렸으며 문명세계에서 동떨어져 무지와 몽매 속에서 살아왔습니다. 그러나 오늘 우리 근로자들은 아무런 근심걱정도 없이 행복하고 희망에 가득 찬 생활을 하고 있으며 과학과 기술의 주인으로, 지식 있고 문명한 사회의 건설자로 되었습니다. 이제 와서 우리는 우리나라와 우리 인민이 세기적 낙후와 빈궁에서 완전히 벗어났다는 것을 확신성 있게 말할 수 있습니다.[1375](밑줄은 필자)

이러한 풍요하고 분명한 사회주의 사회에 도달한 과정을 김일성의 "이론 전"은 위에서 분석한바 개인 상공업에 대한 당의 일련의 과도기적 정책을 통하여 실현된다는 정책을 다음과 같이 요약하였다.

> 바로 이렇게 [국영화 부문을 강화]함으로서만 일정한 시기까지 존속하게 되는 소상품 경리가 불가피적으로 산생하는 자본주의적 요소들을 제한하고 사[私]자본주의의 발전과 그의 부정적 측면을 제한하면서 소상품 생산과 자본주의적 생산이 현 단계에 있어서 인민경제 부흥 발전에 기여할 수 있는 모든 가능성을 이용하며 이것들을 점차 사회주의적으로 개조할 수 있는 물질적 력량을 가지게 된다.[1376](밑줄은 필자)

휴전 후 북조선에서 "사회주의적 개조"를 공공연히 제창하면서부터 사영(私營)기업을 전면적으로 몰수할 때까지의 정책실시과정은 이상과 같다. 그런데 「개인 기업의 창발력 발휘에 대한 결정서」가 개인상공업을 장려했던 초기의 특유한 현상은 소련 군표를 통한 물자의 약탈이었다. 해방직후 남북조선에서 공통적으로 통용된 화폐는 일제가 남기고 간 조선은행권(朝鮮銀行券)뿐이었다. 소련군은 평양에 진주하자마자 '평안남도 인민정치위원회' 재정부장으로부터 평안남도 내 은행에 재고 중인 조선은행권 총액의 절반인 3천만원을 군(軍)사령부 비용으로 가져갔고,[1377] 그 위에

1375) 앞의 『김일성저작선집』 3, p. 92.

1376) 『조선통사』(하), 1961년, 평양, pp. 75~76.

1377) 이에 관해 작가 吳泳鎭은 다음과 같이 증언했다. "'平南人民政治委員會'는 순전히 소련군정의 대행기관

1945년 9월 11일에는 유통 총액 100억원으로 추산되는 막대한 액의 군표를 일방적으로 발행하여 사용하기 시작했다. 세칭 "붉은 지폐"로 불리운 군표를 발행하면서도 소련군 사령부는 '평안남도 인민정치위원회' 측과는 아무러한 사전협의도 하지 않았다.

소련군 사령부의 금고와 수 10만 주둔군(駐屯軍)장교, 요원들의 호주머니에서 쏟아져 나온 군표는 곧 악성 *인플레이션*을 조성했고 물가는 올라갔다. 『평양지(平壤誌)』의 다음과 같은 기록은 당시의 정치 정경을 생생하게 전하고 있다.

> 소련군정은 해방 당년 10월경에 청천벽력과 같이 조선인 측 행정기관에는 아무 통고도 없이 군표(軍票)=붉은 지폐를 발행하여 북조선전역에 유통시켰다. 그들이 조선인 측 행정기관에는 도무지 알리지 않고, 유통부터 시켰기 때문에 당시 평양보안서(平壤保安署)(경찰)에서는 위조지폐인 줄 알고 단속하려 하였다. 그제야 소련군 경제부로부터 사람이 와서 도정위원장을 찾아보고 군표를 발행하였으니 유통시켜야 한다고 지시하고 갔다. 이때에 조선인 측 행정기관의 질문에 대하여 군정 측 장교가 답변한 바에 의하면 붉은 지폐의 유통 총액은 우선 100억원(円)이라 추정되었고 유통 이후의 뒷수습은 금(金)으로 태환(兌換)하여 준다는 것이었다. 그러나 이 붉은 지폐 때문에 북조선의 물가는 부쩍 기어 올라가고 소련군은 이것으로 물자를 사들여 일부분은 주둔군(駐屯軍)이 쓰고 나머지는 저들 본국(本國)으로 갹출(搬出)하였으니 붉은 지폐는 나중에 북괴(北傀)로 하여금 화폐 개혁을 하게하고 교환도 아무 것도 없이 거저 회수하여 가고 말았으니 금(金)으로 태환하여 준다는 것은 빨간 거짓말이 된 것은 물론, 북조선에서 *인프레*를 조장하고 물자의 국외반출을 하게하여 2중 3중으로 북조선경제를 파탄 역할만을 하였던 것이다.[1378)]

주둔군의 이 강탈적인 생활물자의 현지 조달정책이 대전(大戰)직후의 가난한 북조선 주민의 신뢰와 호감을 살 수는 없었다. 붉은 지폐를 처음부터 신용하지 않은데다가, 이것은 남북조선에 다 같이 통용되지 못하는 한지용(限地用) 군표였으므로 상인들은 잘 받으려 하지 않았다. 소련 군정당국은 징권에 의해 군표의 통용을 실현시킬 수밖에 없었다. 그리하여 다음과 같은 강제적 조치를 취했던 것이다.

의 구실밖에는 못했다.……그러므로 재정부장 金炳淵씨는 道內 은행의 총 예금 중 그 반분인 3천만 원을 도재정의 파탄을 초래할 줄 뻔히 알면서도 소련군 재정고문 ×××대좌의 명령에 의하여 쓰다 달다 말이 없이 군사령부 비용으로 제공하지 않을 수 없었다……." 앞의 吳泳鎭 『하나의 證言』, p. 124.

1378) 앞의 『平壤誌』, pp. 52~53.

도(道) 재정부장은 소련 군정고문관의 명령으로 평양 방송국을 통하여 붉은 군표는 조선은행권과 꼭 같이 사용되는 것이요, 또 이에 대한 전책임은 소련이 지는 것이니 일반시민은 안심하고 군표를 사용하라는 성명을 발표하지 않으면 안 되었다. 그러나 소련 자체를 믿지 않는 시민에게 金재정부장의 명령이 무슨 힘이 있고, 효과가 있을 것인가? 도리어 군(軍)헌병사령관 *므르찐* 대좌는 평양서장 송창렴(宋昌濂)에게 명하여 "차후로 군표(軍票)를 사용치 않는 자는 엄벌에 처한다"는 협박적 포고문을 곳곳에 내다 붙이게 했다.[1379)]

이렇게 하여 "붉은 지폐"는 시장과 거리를 휩쓸었고 따라서 통화량은 홍수처럼 범람해갔다. 시장의 주요 고객은 소련 군인과 그 가족들이었다. 한편 '조선은행권'은 점점 자취를 감추었다. 중소기업, 수공업자 할 것 없이 모두 붉은 지폐에 의존하여 영업을 할 수밖에 없었다. 통화의 팽창을 타고 올라가는 물가고에 견딜 수 없었던 봉급생활자들은 시계, 양복, *라디오* 등 일제 때의 소지품을 팔아 식생활에 충당하여야만 했다. 이를 사는 사람은 거개가 소련인들이었다. 일부의 소수 단견(短見)한 상공업자들과 노점상인들은 이 군표 *인플레*를 이용, 이득을 추구하는데 급급하여 공산당이 앞으로 취할 가혹한 말살 정책을 예견하지 못하고 있었다.

1947년 12월 1일 개인상공업자, 수공업자들은 돌연히 놀라운 사태에 부딪혔다. 화폐교환 명령이 내린 것이다.[1380)] 이 결정은 구(舊) '조선은행권'과 소련군 사령부가 무한정 발행했던 군표를 북조선 인민위원회가 새로 발행하는 신(新)화폐와 교환케 하는 조치를 취함으로써 상공인들이 보유하고 있던 현금 및 저금을 간단하게 회수해 버릴 수 있었다. 그런데 "화폐교환"이라고는 했지만 인민위원회(실제로는 소련군 사령부)는 구(舊)화폐(조선은행권 및 소련군표)를 동액의 신(新)화폐와 일일이 교환해 준 것이 아니다. 구(舊)화폐를 저금의 형식으로 전부 기한부로 회수 동결시킨 다음,[1381)] 군표만은 소각해 버리고[1382)] 2개여 월 뒤인 1948년 2월 18일에 와서야 각

1379) 吳泳鎭, 앞의 책, p. 125.

1380) 한 기록에 의하면 「北朝鮮 新 貨幣發行과 舊貨幣 交換에 관한 法令」이 결정된 것은 1947년 12월 1일이었고, 교환사업이 시작된 것은 동년 12월 6일이요 끝난 것은 12월 12일이었다.(北朝鮮日誌), 앞의 『朝鮮中央年鑑』 1949년 판, p. 718

1381) '북조선인민위원회'는 1948년 1월 3일 「결정」 제94호로써 경제기관 기타 단체들이 "필요이상으로 사장한" 현금을 회수 동결시켰다. 같은 책, p. 113.

1382) 吳泳鎭, 앞의 책, p. 126.

층의 예금주들을 5등급으로 구분한 후 이에 준거하여 차별적인 지불한도를 결정했던 것이다.[1383)]

민간인들의 저금에 대해 이렇게 등급제에 의한 지불방법을 결정했던 것은 "간상배(奸商輩)들의 도량(跳梁)을 억제하기 위한"[1384)]데 그 목적이 있다고 했다. 그러나 그 근본 의도는 자본이 개인 수중으로 축적되는 것을 저지하는데 있었다. 화폐교환에 의하여 중소 상공인과 수공업자들이 푼푼히 저축했던 돈은 일거에 휴지가 되었다. 소련 군정당국은 자신이 남발했으며 신(新)화폐와 교환해 준다고 성명했던 그 막대한 양의 군표에 대해서는 하등의 책임도 지지 않았다. '북조선 인민위원회'는 "경제기관장 기타 단체들이 이렇게 필요 이상으로 사장한 현금을 회수, 동결"시킨 것은 다음과 같은 사태를 시정하기 위한 것이었다고 변명했다.

> 화폐교환의 결과 나타난 사실은 각 기관 및 기타 단체들이 필요이상으로 거액 현금을 보유하고 있었으며, 모리간상배(謀利奸商輩)들이 유통화폐의 팽창을 기화(奇貨)로 시장물가를 폭등케 한 것이다.[1385)]

여기서 "각 기관 및 기타 단체들"에다는 민간 기업체들을 포함시키고 있음이 명백했다. 요컨대 이들 민간기업체들이 보유하고 있던 현금을 "필요 이상"이라는 구실에서 몰수했다는 것이었다. 이렇게 하여 개인상공업을 법률로 "보장"한다고 선언했던 인민위원회는 그들의 자금을 고갈시킴으로써 이것을 빈사상태(瀕死狀態)로 몰아넣었다. 그 다음에는 시장의 물가를 폭등케 한 책임을 "모리간상배"에 돌리자는 것이었다. 물가가 폭등한 절대적 원인이 소련군 사령부가 무제한 군표를 남발에 있었음에

1383) 이 等級制 支拂限度에 의하면 ① 개인이나 단체를 불문하고 저금 총액이 千円 이하일 때는 그 전액을 新화폐로 지불했고, ② 지금 총액이 2천원이상 5천원 이하 일 때에는 基本支拂 許容額을 2천원으로 하고, 그 나머지는 전액 3천원까지에 대해서는 50%를 지불했고, ③ 저금 총액이 5천원이상 1만 원이하일 경우에는 5천원까지는 앞의 ②항의 규정에 의하고 그 나머지 5천원까지에 대해서는 그 금액의 30%는 지불했고, ④ 저금 총액이 1만원이상 5만 원이하일 때는 1만원까지는 앞의 ③항의 규정에 의하고 그 나머지 4만원까지에 대해서는 그 금액의 20%를 지불했고, ⑤ 저금 총액이 5만원이상일 때는 5만원까지는 앞의 ④항의 규정에 의했으며 그 나머지 금액에 대해서는 10%를 지불했던 것이다. 앞의 『朝鮮中央年鑑』 1949년 판, p. 113.

1384) 위와 같음.

1385) 위와 같음.

도 불구하고 공산당은 "유통 화폐의 팽창을 기화(奇貨)로 하여" 물가를 올렸다고 도리어 상인들만을 비난했다. 이런 비난은 군표를 마구 팽창시켜 개인상공업자들로부터 생활필수품을 실제로는 무상으로 거둬갔던 소련군의 횡포를 감추려는 것이었다.

그 당시는 물론이요, 현재에 이르기까지 소련군 사령부의 이 엄청난 군표 남발사건에 관하여 북조선의 출판물들은 단 한 줄의 언급조차 하지 않고 있다. 개인 기업가들에 대한 억압과 수탈이 이렇게까지 가혹했음에도 불구하고, 북조선정권 당국은 그들이 공약했던 소위 "국가적 보장"의 혜택으로 말미암아 북조선은 자본주의 하의 일제(日帝)시대나 해방 후의 남조선에서는 볼 수 없는 기업의 자유로운 발전을 이룩했다고 어이없는 거짓 주장을 하는데 서슴치 않았다.

> 이상과 같은 국가적 보장이 있기 때문에 오늘 북조선의 개인기업가들은 일찍이 일제시대 또는 오늘의 남조선에서 볼 수 없는 자유스러운 발전을 보이고 있다.[1386)]

이상의 「개인 기업의 창발력 발휘에 대한 결정서」, 즉 「개인 소유권을 보호하며 산업 및 상업 활동에 있어서의 개인의 창발성을 발휘시키기 위한 대책에 관한 결정서」의 채택은 북조선에서 "제반(諸般) 민주개혁" 즉 *레닌*식 "*부르죠아* 민주주의혁명"의 과업을 수행하기 위한 조치였다. 이 과업을 수행하기 위하여 공산당은 도시의 광범한 소(小)*부르죠아* 계층과 민족 *부르죠아지* 까지를 자기들이 "영도"(지배)하는 민족통일전선에로 끌어들임으로써 "인민정권"(실제로는 공산당 독재정권)의 기반을 확대코자 했다. 여기서 공산당은 개인소유의 "보호"와 사기업활동의 "보장"을 하나의 회유책(懷柔策)으로써 공약할 필요가 있었던 것이다.

그러나 북조선에서의 "제반 민주개혁"의 과업은 공산당의 전략과 전술이 객관적으로 정확했기 때문에 "빛나게 완수된 것"이 아니다. 그것은 소련의 군사력의 비호 하에 "인민정권"에 의하여 위로부터 강행되었던 것이다. 그 경위야 어떠했던 해방직후 "제반 민주개혁"이란 것이 실시된 결과로 북조선에 새로이 나타난 사회－경제형태를 공산당은 관례대로 *맑스－레닌*주의적 분석방법에 의하여 설명하였다. 김일성은 1955년 4월에 발표한 「우리 혁명의 성격과 과업에 관한 *테제*」에서 소련 과학*아카데미*가

1386) 같은 책, p. 80.

정식화(定式化)해 놓은 인민민주주의 이론[1387]을 그대로 답습하면서 사회주의로의 과도기에 들어선 북조선의 경제형태를 앞에서 고찰한대로 다음 세 가지로 구분하였다. 즉 첫째는 사회주의적 경제형태이며, 둘째는 소상품 경제형태이며, 셋째는 자본주의적 경제형태라고 했다.

그중에서 "사회주의적 경제형태"는 국영경제와 협동경제 부문으로 구성된다. 이 부문은 산업에서 압도적 우세를 차지하고 있었으며 인민경제에서 "지도적 역량"으로 되어 있었다. 사회주의적 경제부문에서는 근로자들이 착취에서 해방되어 노동의 양과 질에 따라 분배를 받고 있다는 것이다. 한편 "소상품 경제형태"는 농촌 경제에서 압도적 비중을 차지하고 있는 개인농과 도시의 수공업으로 구성된다. 소상품 경제부문은 소규모적 생산수단의 사적(私的)소유에 기초하고 있지만 타인의 노력을 착취하지 않고 자신의 노동에 의하여 생산하며 그 생산물은 자신이 점유한다. 소(小)상품경제에서의 주체인 소(小)*부르죠아지*는 그의 2중(重)적 성격 때문에 사회주의와 자본주의의 두 길 사이에서 동요하고는 있다는 것이다. 그러나 그들을 사회주의적으로 개조할 수 있다는 것이 *맑스-레닌*주의의 일관한 주장이었다.

특히 북조선에서 소(小)*부르죠아지*는 "제반 민주개혁"의 혜택을 받고, 인민 민주주의제도의 우월성과 당(黨) 정책의 정당성을 체험하면서 "자원적(自願的)으로", "사회주의적 근로자"(노동자 또는 협동조합원)로 개조되어 가고 있다는 것이 당의 공식 설명이었다.

1387) 앞의 *Manuel d'économie politique*, pp. 632~640. 다음 제7장 참조.

제7장

역사상의 "첫 민주선거"

제1절 단일후보와 흑백함 투표 강요에 대한 저항

"반제-반봉건적 민주개혁"에서 중요한 정치적 과업의 하나는 김일성이 「20개조 정강」에서 언약한대로 "일반적, 직접적, 평등적 비밀투표"로 인민위원회를 선출하는 것이었다. 그리하여 1946년 11월 3일 북조선에서는 조선 역사상 "첫 민주선거"라고 자찬한 도-시-군 인민위원회가 노동당의 "지도"하에 실시되었다. 선거의 선전사업에는 노동당원을 비롯하여 각 급 학교 학생, 청년, 여성, 예술인들이 광범하게 동원되어 호별방문, 강연회, *써클* 공연 등이 활발하게 시행되었다는 것을 북조선은 크게 자랑하였다.[1388] 이 선거는 단 한사람의 후보자에 대하여 찬반(贊反)만을 묻는 세칭 "흑백함 선거"였다.

이 각급 인민위원회 선거에서는 유권자 4,516,120명 가운데서 4,501,813명이라는 전 유권자의 99.6%가 찬성투표를 던졌다는 것이 북조선의 공식 기록이었다. 김일성은 그 엄청나게 높은 투표 참가율과 찬성 투표율에 대하여, "이는 실로 세계사적 승리"[1389]라고 자찬하였다. 이어 1947년 2~3월에는 면-리 인민위원회의 선거를 실시했다. 여기서는 선거의 참가율과 찬성 투표율은 도-시-군 인민위원회 선거 때보다 더 높았다.[1390]

도-시-군 인민위원회위원 선거가 끝난 다음 1947년 2월 17~20일에는 도-시-군 인민위원회 대표 1,186명으로써 '도-시-군 인민위원회대회'를 소집하여 "북조선 최고 주권기관"이라고 하는 "북조선 인민회의" 대의원을 선출하였다. 이렇게 간접선

1388) 앞의 『조선통사(하)』, p. 67.

1389) 『김일성선집』1, 1953년 판, pp. 267~268.

1390) 일례로 3월 5일에 실시된 面인민위원 선거에서는 전체 유권자의 99.98%가 참가하여 그중 96.8%가 역시 찬성투표를 했다고 한다. 앞의 『조선통사(하)』, pp. 69~70.

거로 구성된 '북조선 인민회의'는 그 "최고 집행기관"인 '북조선 인민위원회'를 조직하고 그 위원장으로 김일성을 "선출"했다. 이 각 급 선거는 형식에 있어서는 민주주의적 절차를 모두 갖추었다. 그러나 내용에 있어서는 노동당이 민족통일전선의 이름으로 추천하여 한 선거구에서 한명씩만 내세운 입후보자에 대하여 투표하는, 말하자면 선택의 자유 없는 *스탈린*식 그대로의 "민주선거"였다. 투표율도 노동당이 그 편이(便易)에 따라 가감했다.

이렇게 사이비(似而非) 민주선거의 절차를 거친 후 '북조선 임시인민위원회'에서 "임시"라는 한시적 규정을 떼버리고 그 이름을 '북조선 인민위원회'로 바꿨다. 이러한 조치는 1946년 2월에 선거 없이 조직하고 선포했던 '북조선 임시인민위원회'에다 민주주의적 합법성(정당성)을 부여하고자 하는 의도에서 취했던 것이다. '로동당'이 선정하여 각 선거구에다 안배한 단일 입후보자에 찬성하는 자는 백색 투표함에 투입하고, 반대하는 자는 검은 함에 투입하도록 만들었고 투표는 엄중한 감시하에 시행되었다. 이러한 식의 검은 함 선거는 국외자가 볼 때는 선거 연극에 불과했다. 그러나 소련군 사령부와 노동당은 이 선거에 마치 자기들의 운명이 걸려있는 것같이 열광적인 선전전을 벌였던 것이다.

11월 1일 김일성은 「력사적인 민주선거를 앞두고 조선 인민에게 고함」이라는 제하의 연설을 했다. 여기서 그는 "민주개혁"의 승리를 자랑한 후, "제반 개혁들을 앞으로 일층 공고 발전시키는 과업들은 '임시적인 인민위원회'로 하여금 "항구적인 인민위원회"로, 즉 일정한 선거에 의하여 수립된 인민위원회로 될 것을 요구한다"고 선거실시의 이유를 들었다. 그의 말대로 이 선거에서는 노동자, 농민, 사무원, 상인, 기업가, 수공업자, 특히 많은 *인텔리* 등 각계각층의 대표들이 후보자로 추천되었다. 그 안에는 정당 대표들은 물론이요 무소속 인사들도 있었다. 이러한 후보자의 선정은 새로 선출되는 인민정권이 결코 로동당의 독무대가 아니라 북조선 사회의 각층 대표들을 총 망라한 민주주의정권이라는 것을 대외적으로 선전하는 동시에, 대내적으로는 모든 정당-사회단체를 비롯하여 무소속 인사들까지를 노동당을 중심으로 결속시켜 통제하자는데 그 의도가 있었다.

김일성은 이때 선거는 "가장 민주주의적 선거"라고 하면서 "친애하는 동포, 형제, 자매들"에게 선거에 열성적으로 참가할 것을 호소했다.[1391] 그는 이때에도 계급이니 혁명이니 하는 용어는 일체 사용하지 않고 "부강한 민주주의 독립국가 창건을 위하여 투쟁하는 자들", 즉 통일전선에서 후보자로 추천한 "진정한 애국자들"에게 투표하라고 호소했다. 특히 선거 참가율을 최대한 높이기 위하여 정치적 관심이 적었던 여성들과 선거에 소극적이었거나 또는 선거를 반대하고 있던 기독교인들, 많은 목사와 승려들은 적극적으로 선거에 참가할 것을 "남녀평등권" 또는 "종교의 자유"를 내세워 독려했다.

김일성(소련군정 당국)이 선거일을 일부러 일요일로 택한데 대하여 기독교 교회는 용기를 내어 항의했다. 일요일에는 안식일(安息日) 규례에 따라 세속적 일은 가급적 피하고 기도를 드리며 성경을 읽는 것이 한국 교회의 전통이었던 때문이다. 이런 이유 이외에도 38선에 의한 남·북 분단은 그대로 내버려둔 채 북조선에서만 일방적으로 선거를 실시하는데 교회는 반발하고 있었던 때문이다. 김일성이 일요일 선거를 강행한 것은 기독교도들의 저항 역량을 시험하는 한편 교회의 분열을 꾀하려는 의도가 숨어있었을 것이다.[1392] 당시에는 벌써 '북조선임시인민위원회' 서기장 강량욱(康良煜) 목사를 중심으로 하여 노동당의 어용기관으로써 '북조선 기독교연맹'을 조직할 준비를 하고 있었다. 그러면서 선거에 솔선 참가할 것을 대대적으로 홍보하고 있었다.

김일성은 갖가지 이유로 유권자들을 선거에 참가하지 못하도록 하여 투표율을 저하시키려는 사람들을 "조선 인민의 원쑤"라고 규정했다. 그리고 선거를 방해하려는 자들을 통틀어 "인민의 원쑤들이며 반동파들에게 매수되어 그들의 간첩으로 된 자들"이라고 앞질러 단죄했다. 특히 그는 종교인들이 선거를 거부할 것을 크게 우려하여 준엄하게 경고하고 협박했다.

> …만일 종교 활동가 중의 어떤 분자들이… 이번 인민위원회 선거에 교인들이나 목사, 승려들이 참가하는 것을 반대하려고 한다면… 그 원인은 <u>외국에게 매수당하여 그의 간첩으로 된 어떤 종교 활동가들</u>이 파괴 공작을 실시하며 선거 시에 교인들의 선량한 감정을 리용하여 그들을 여지없이 기만함으로써 종교를 <u>자기의 반인민적 목적에 리용하려는데</u> 있는 것입니다. 례를 들면 신교의 어떤 목사들이 이렇게 공작하고 있는데 그들은 자유민주조선의 적들이 파견한 간첩들로서 그 적을 방조하는 자들입니다. 그들은 또

1391) 앞의 『김일성선집』1, pp. 262~263.

1392) 澤 正彦, 『南北朝鮮キリスト教史論』, 日本基督教團 出版局, 1982年, pp. 231~232 참조.

다시 조선인민을 노예적 예속에 몰아넣으려고 시도하는 자들입니다.…[1393] (밑줄은 저자)

자유선거에서는 선거 불참도 또한 민주주의적 자유의 하나다. 그런데 "진보적"이요, 가장 "민주주의적인 선거"라고 하는 북조선의 선거에서는 선거에 불참자는 이와 같이 "인민의 원쑤", "외국의 간첩"으로 몰렸다. 그런 비방을 받는다는 것은 독재정권하에서는 곧 죽음을 의미하는 것이나 다를 바 없었다. 그 같은 위협에도 불구하고 단일 후보자에 대한 흑백함 투표를 강요한 사이비 민주선거에 일부 주민들은 불참했고, 특히 기독교도들은 순교를 각오하고 흑백함 선거에 상당한 저항을 보였다. 도-시-군 인민위원회 선거가 끝난 11월 25일 김일성은 선거의 과정과 결과를 종합적으로 평가했다. 그의 왜곡, 축소된 설명만을 들어보아도 그 진상의 일단을 짐작할 수 있었다.

김일성은 그 실례로써 "남조선의 반동분자들"은 선거사업이 개시되자 이번 "선거는 아무것도 아니다", "선거가 비민주적이다", "[선거실시의] 시기가 이르다"는 "요언(妖言)"으로써 인민들의 판단을 혼미케 하려 했다는 사실들을 들어 그들을 규탄했다.[1394] 또한 그는 "반동분자들"이 각 정당을 이간시킬 목적에서 내세운 "[민전(民戰)의] 공동후보는 필요 없다, 자유경쟁이라야 정말 민주선거다", "선거 결과는 모모 당[노동당]의 독판이 [된]다", "모모 당은 이번에 세력을 잡지 못하면 사멸"이다 하는 등의 항의 구호를 내세워 선거를 방해했다고 했다. 다시 그에 의하면 "반동분자들"은 유권자들이 선거에는 참가하되 흑함에 표를 넣으라는 소위 "흑함 운동"을 벌였고, 신의주 같은 곳에서는 뒷골목에 다니면서 부인네를 붙잡고 입후보자들을 찬성한다면 흑함에 투표하라고 선동했다는 것이다.[1395]

김일성은 이 선거사업에서 "절대적인 승리"를 쟁취하게 된 원인으로 다음 세 가지를 들었다. 즉 첫째는 인민 대중의 높은 "정치적 각성과 끓어 넘치는 열성과 단결된 힘"이다. 둘째는 600만의 조직군중을 그 산하에 가지고 있는 '민주주의 민족통일전선'의 "위대한 역할"이다. 셋째는 선거사업에서 "영웅적으로 투쟁한 선전원들"의 역할이

1393) 앞의 『김일성선집』 1, p. 261.
1394) 같은 책, pp. 275~276.
1395) 같은 책, p. 276.

다. 이 선전 사업에는 "소학생으로부터 중학생[아직 대학생이였을 때였다.], 청년, 예술인, 각 사회단체 맹원들"의 거의 전체가 동원되었던 것이다.[1396] 이러한 행태는 정상적 민주주의 국가에서는 상상할 수 없는, 전체주의적 동원 체제에서만 가능한 것이었다. 당시 선거운동을 직접 체험한 한 인사는 그 실상의 일면을 다음과 같이 생상하게 기록하고 있다.

> 공산당은 유권자 등록 100%, 등록자 투표 99%를 발표하여 세계적 기록을 지었다고 구가(謳歌)하였으나 동회(洞會)와 애국반 그리고 공산당의 동(洞), 가(街)의 세포(細胞)와 민청원(民靑員), 경관, 헌병 등 가진 기구의 권력을 총동원함으로써 등록을 편달(鞭撻)하였고, 투표당일은 일체의 행사를 금지하고 가호(家戶)마다 전기(前記) 각종 독려부대들이 성화(星火)같이 방문하여 투표장으로 끌어내니, 투표 안할래야 안할 도리가 없었다. 이러고서도 100%나 99%까지 달하지 못한다면, 그야말로 기적적 사실일 것이다. 개표결과가 *로마넨꼬* 군정사령부에 보고되었을 때 그들은 극히 기뻐하면서 조선인민의 "민주교양(民主敎養)"이 높은 것을 칭찬하였다.[1397]

김일성은 주장하기를 도-시-군 인민위원들은 어느 한 계급이 아니라, "전체 인민의 리익"을 대표하고 "각계각층의 리익"을 옹호하도록 각 계층의 대표로써 구성되었다는 것이다. 그의 발표에 의하면 선거 결과로 선출된 도-시-군 인민위원들의 성분별(成分別) 숫자는 아래와 같다. 즉 총 3,459명의 위원 중, 노동자 510명(14.5%), 농민 1,256명(36.3%), 사무원 1,056명(30.6%), 상인 145명(4.3%), 문화인 311명(9.1%), 기업가 73명(2.1%), 종교인 94명(2.7%), 과거의 지주 14명(0.4%)들이었으며, 그중 여성이 13.1%로 되어있었다.[1398] '로동당'이 위로부터 치밀하게 계획하여 책정한 각급 인민위원회 의원에 당선된 숫자의 이러한 의원 수 안배는 '민족통일전선'의 구색을 맞추기 위한 잔꾀였다. 그것은 공평한 민주주의 선거를 위장한 독재적 인사배치정책의 중요한 일면을 표시한 것이었다. 이런 "민주주의적"선거 방식은 그 후 북조선의 모든 선거의 표본이 되었다.

1396) 같은 책, pp. 278~279.

1397) 앞의 『蘇聯軍政의 始末』, pp. 32~33.

1398) 같은 책, pp. 270~271.

제2절 사이비(似而非) "민주정권 하의 사회주의적 개조"

이 선거에서도 유의할 점은 계급투쟁이라는 말은 고의로 사용하지 않고 있었다. 그러나 "반동파들과의 투쟁"이란 말이 대용어로 사용되었다. 김일성의 당시의 말을 들어보기로 하자.

> 이번 선거사업에서 우리가 반동파들의 행동에서 얻은 교훈은… 인민의 력량이 커 가면 커갈수록…민주주의의 토대가 튼튼하여지면 튼튼하여 질수록 완전 독립의 날이 가까우면 가까울수록 반동세력의 운명이 짧아지면 짧아질수록, 반동파들의 발악은 날로 심해지고 있다는 점입니다… 동지들! 반동파들과의 투쟁은 날로 첨예화하여 갑니다. 우리는 원쑤들에게 조그마한 여유도 빈틈도 주지 말아야 할 것입니다.[1399]

후일에 와서 북조선의 당사가(黨史家)들은 이 선거에서 결행한 "반동파와의 투쟁"에 대하여 말하기를 자기들의 "첫 민주선거는…가열한 계급투쟁을 동반하지 않을 수 없었다'[1400]고 쓰고 있다. 이렇게 그들이 선거의 계급투쟁적 성격을 공언한 것은 김일성이 통일전선 내의 여러 비공산주의 세력들에 더 이상 괘념할 필요가 없었던 때, 즉 한국전쟁에서 민주주의자들이 모두 괴멸한 후의 일이었다. *맑스-레닌*주의에서는 노동계급(*프롤레타리아트*)이 자본가 계급(*부르죠아지*)에 대한 투쟁에서의 목표는 자기계급의 독재권력, 즉 '*프롤레타리아트*의 독재'를 우선 수립하는 것이었다. 그리고 *프롤레타리아트*의 독재정권의 임무는 사회주의를 건설하는데 있다는 공식이다. 그러나 김일성은 휴전 후 수년이 지날 때까지 이 점을 뚜렷이 밝히지 않고 지나갔다.

드디어 1956년 4월 로동당 제3차대회에서 김일성은 처음으로 '북조선 인민위원회'는 우리나라의 "첫 *프롤레타리아*독재정권"으로써 그 지도하에 "북조선인민들은 사회주의로 이행하는 길에 들어섰다"[1401]고 이 정권의 본질과 방향을 밝혔다. 그가 이런 말을 할 수 있었던 것은 공산당의 1당(黨) 독재체제가 이미 북조선에서는 뿌리를 내리고 있던 상황이 조성되었다는 것을 의미했다.

1399) 『김일성 저작선집』, 앞의 1954년판, p. 277.

1400) 앞의 『조선통사(하)』, p. 67.

1401) 『김일성저작선집』 5, 1972년, p. 142.

회고컨대 1953년 7월 27일의 휴전협정 조인 직후, 즉 그해 8월 5일부터 9일까지 김일성은 조선노동당 중앙위원회 제6차 전원회의를 소집하고 새 경제계획을 발표했다. 그는 "전후 경제건설에서 중공업의 선차적 복구 발전을 보장하면서 경공업과 농업을 동시에 발전시키는 방향으로"[1402] 경제건설을 단계적으로 추진한다는 원칙을 내세웠다. 그는 이 계획을 "전후 '인민경제 복구발전 사업'이라고 명명"했다. 이 계획은 한국전쟁 중 혹심하게 파괴된 북조선의 재건 방향과 방법을 제시한 "당의 총노선"이었다.

그러나 이 복구건설 사업은 전화(戰禍)로 말미암아 파괴, 파탄된 북조선의 경제를 단지 전쟁전의 원상으로 회복시키는데 만 국한된 것은 아니었다. 복구 건설을 위한 전반적인 준비기간과 회복기를 통하여 "사회주의 공업화의 기초"[1403]를 축성함으로써 공업화의 제1단계를 완성하자는 것이었다. 3년간의 가열한 남침전쟁은 북조선의 도시와 농촌, 산업과 민생의 황폐화를 자초했지만 이러한 조건들은 김일성에게는 오히려 전면적인 사회주의 경제제도의 수립을 밀고나갈 수 있는 극히 유리한 기회가 되었다. 그리하여 비단 공업에서 뿐만 아니라 1954년부터는 농업에서도 "사회주의적 개조"(즉 농촌협동화)라는 이름에서 집단농장이 조직되기 시작했다.[1404] 이제 그는 "사회주의"라는 용어를 적극적으로 자랑스레 사용하기 시작했고 북조선의 경제를 *스탈린*식 "사회주의"의 이론에 따라 설명했다.

1954년 11월 3월 당중앙위원회 전원회의에서 김일성은 북조선의 경제구조를 ① 사회주의적 국영경제, ② 사회주의적 혹은 반(半)사회주의적 성격을 띤 협동경제, ③ 자본주의적 및 소상품경제인 개인경제의 세 가지 구성 요인으로 분석하였다.[1405] 이러한 분류방법에 의하면 국유화된 중요산업은 "사회주의적 국영경제"에 속한다. 기업

1402) 『김일성선집』 4, 1960년 판, p. 9.

1403) 『조선통사』(하), 1958년, 평양, pp. 281~282. 김일성은 당시 로동당 중앙위원회 제6차 전원회의에서 단지 공업화의 기초를 축성할 것을 말했지만 1956년 4월의 제3차 당 대회에서의 보고연설에서는 "사회주의적 공업화의 기초를 축성" 운운으로 "사회주의"라는 용어를 첨가하였다. 『김일성선집』 4, 1960년 판, p. 459.

1404) 같은 책, p. 177.

1405) 같은 책, p. 176.

1955년 4월 김일성은 『우리 혁명의 성격과 과업에 관한 *테제*』에서 용어를 수정하여 다음과 같은 세 가지 형태를 지적하였다. 즉 ① 사회주의적 경제형태, ② 소상품 경제형태, ③ 자본주의적 경제형태로… 같은 책, p. 202 참조.

체 안에서 근로자들의 경영참가나 노동조건 개선에 대한 일체의 발언권이 봉쇄된 채, 오직 당 관료의 명령에 의하여 위로부터 경영하는 국영기업을 "전 인민적 소유"라는 수사에 의하여 사회주의와 동일시한 것은 *스탈린주*의의 중요한 특징이었다. 북한에서의 국유화는 오늘에 이르기까지도 그러한 *스탈린주*의식 국가사회주의의 *카테고리*를 벗어나지 못하고 있다.

김일성은 성급하고 초조했다. "앞으로 우리나라를 사회주의와 공산주의로 인도해야 한다"는 당의 최고강령에 따라 그가 추구한 목표는, 비단 북조선에서 뿐만 아니라 남한까지 포함하여 전국적으로 "사회주의"를 건설한다는 것이었다.

> 우리는 우리 당원들과 인민들에게 사회주의적 의식을 주입하여 공화국 북반부에서 자본주의적 요소를 점차적으로 소멸[케]하고 우리의 력량을 더욱 튼튼히 하여 조국의 통일독립을 쟁취하고 앞으로 <u>전 조선적으로 사회주의를 건설할 수 있는</u> 사상적 및 물질적 준비를 하여야 하겠습니다.[1406](밑줄은 저자)

이와 같이 김일성이 산업의 국유화정책에 대해 공적(公的)으로 "사회주의"라는 규정을 내리고, 전면적인 "사회주의적 개조"를 거리낌 없이 선포할 수 있게 되기까지는 북조선에서 사적생산(私的生産)과 개인기업은 거의 모두 소멸되어야 했다. 그가 「조선로동당 제3차 대회에서 진술한 중앙위원회 사업총화보고」(1956년 4월 23일)에 의하면 북조선의 총 공업생산액 중에서 "사회주의적"이라고 자부하는 국영 및 협동단체의 공업생산액이 차지하는 비중은 1949년 현재로 90.7%였던 것이 1955년에는 98.3%로 성장했다. 그리하여 사적 생산에 속하는 생산품은 주로 수공업적 일용품들에 불과했고, 개인 기업으로 남은 것은 소규모의 정미소, 타면업(打綿業), 사소한 건재 생산업 같은 것뿐이었다.[1407]

이제 김일성은 북조선에서는 공산당정권의 물질적 기초인 중요 생산수단이 "전 인민의 수중"에 장악되었다고 자신만만하게 되었고, "사회주의"로의 이행(移行)은 자본주의적 요인에 의해 방해를 받는 일 없이, 소련의 역사적 경험에 따라 급속하게 진행되었다는 것을 자랑해 왔다. 이와는 반대로 남조선에서는 김 구, 이승만 등 "매

1406) 같은 책, pp. 259~260.

1407) 같은 책, pp. 472~473.

국로당"이 조선의 산업과 자연자원을 미국사령부의 후원하에 외국자본가들에게 팔아먹고 있다고 아래와 같은 허위·비방 선전을 퍼뜨렸다.

> …미군 사령부의 묵인과 후원을 리용하여……김 구, 리승만 매국도당들은 조선의 산업과 조선의 자연 부원을 외국 자본가들에게 팔아먹고 있습니다. 몇 개의 미국 광산 회사들이 벌써 오래전부터 풍부한 조선의 광산을 욕심내고 있었던 것은 누구나 다 알고 있는 사실입니다. 이 회사들은 자기의 *달라*로 리승만과 김 구를 매수하여 조선에서의 산업, 광산 운영에 대한 조약을 체결하였습니다. 이 회사들은 김 구 리승만 및 국내 반동 자본가들의 후원을 받아 조선의 일체의 산업을 전부 그 수중에 독차지하고, 조선을 자기들의 식민지로 만들며, 우리 인민을 또다시 노예화하려고 애쓰고 있습니다.[1408]

생각컨대 오랜 망명생활로부터 해방 후 한 평민의 자격으로 입국했던 김 구, 이승만이 무슨 권리로 미군정 관리하의 남한의 국가산업과 천연자원을 외국 자본가들에게 팔아넘길 수 있었으며, 아직 주권도 회복하지 않은 나라에서 대통령도 수상도 아닌 그들이 외국 회사와 어떻게 산업의 경영에 관한 "조약"을 체결할 수 있었다고 김일성은 생각한 것일까. 이 황당무계한 *데마고오그*를 통해 공산당이 획책한 것은 사회주의 소련의 군대에 의하여 "해방된" 북조선을 "애국적 *프롤레타리아*"의 혁명진지로, 자본주의 미국군대에 의하여 "강점된" 남한을 "매국적" 반동자본가들의 소굴로 묘사하여 남북조선의 대립에 계급투쟁의 성격을 부여하려는 것이었다.

〈하권에 계속… 〉

1408) 『金日成選集』, 第一卷, 三日書房(京都), 1953년, 日文版, pp. 115~116. 앞의 『김일성선집』 1, pp. 142~143에서는 김 구의 이름은 삭제되어 있다. 그것은 김 구가 1946년 4월 평양에서 열린 남북 정치협의에 참가했던 "공로"를 인정했기 때문이다.

양호민(民道-梁好民)
(1919. 9. 24 ~ 2010. 3. 17)

▌약력

평안남도 평양시 출생
日本 中央大學 專門部 法學科 졸업
서울대학교 문리과대학 정치학과 졸업
대구대학 교수
서울대학교 법과대학 교수
중앙대학교 대학원 교수
朝鮮日報 논설위원
思想界지 주간
KBS 이사
韓國論壇 초대 대표이사
한림대학교 한림과학원 석좌교수
방송위원회 위원
아산재단 이사
한림대학교 명예정치학 박사
서울 言論클럽賞, 世宗文化賞, 湖巖賞(언론부문) 외 다수 수상

▌주요 저서

『共産主義의 理論과 歷史』(1954)
『現代政治의 考察』(1962)
『맑스-레닌주의 비판』(1963)
『北韓의 이데올로기와 政治』Ⅰ(1967)
『北韓의 이데올로기와 政治』Ⅱ(1972)
『社會民主主義』(편저, 1985)
『北韓社會의 再認識 1』(공저, 1987)
『南과 北 어떻게 하나가 되나』(공저, 1992)
『한반도 분단의 재인식(1945~1950)(공저, 1993)
『한국인의 대미인식』(공저, 1994)
『격랑에 휩쓸려간 나날들』(1995)
『現代共産主義의 궤적』(1995)
『한국民族主義와 民主主義의 시련』(1995)
『남북한체제의 强固化와 대결』(공저, 1996)
『平和統一을 위한 南北對決』(공저, 1996)
『민족통합의 역사와 과제』(2000)
『38선에서 휴전선으로』(2004)
其他 : 많은 번역서와 학술논문이 있음

한반도의 격동 1세기 반 (上)

권력, 이데올로기, 민족, 국제관계의 교착

인　쇄 : 2010년 4월 20일
발　행 : 2010년 4월 30일
지은이 : 양 호 민
발행인 : 이 영 선
발행처 : 한림대학교 출판부
200-702 강원도 춘천시 옥천동 한림대학길 39
(출판등록 제48호 : 1983. 3. 10)
전　화 : 033-248-2475~6
팩　스 : 033-248-2879
전자우편 : press@hallym.ac.kr
편집 · 제작 : 정은출판 (T.02-2272-9280)

정가 35,000원
ISBN 978-89-6402-009-8 94910
978-89-6402-008-1 (전 2권)

이 연구는 한림대학교(翰林科學院叢書 123호)의 지원에 의해 이루어졌습니다.